Reinhard Schwarz
Martin Luther – Lehrer der christlichen Religion

Reinhard Schwarz

Martin Luther
Lehrer der christlichen Religion

2. Auflage

Mohr Siebeck

Reinhard Schwarz, geboren 1929; Studium der evangelischen Theologie in Berlin und Tübingen; 1959 Promotion zum Dr. theol.; 1966 Habilitation für das Fach Kirchengeschichte; 1971–1996 Professor für Kirchengeschichte in der Ev.-Theol. Fakultät der Ludwig-Maximilians-Universität München.

1. Auflage 2015
2. Auflage 2016

ISBN 978-3-16-154411-8

Die Deutsche Nationalbibliothek verzeichnet diese Publikation in der Deutschen Nationalbibliographie; detaillierte bibliographische Daten sind im Internet über *http://dnb.dnb.de* abrufbar.

© 2016 Mohr Siebeck Tübingen. www.mohr.de

Das Werk einschließlich aller seiner Teile ist urheberrechtlich geschützt. Jede Verwertung außerhalb der engen Grenzen des Urheberrechtsgesetzes ist ohne Zustimmung des Verlags unzulässig und strafbar. Das gilt insbesondere für Vervielfältigungen, Übersetzungen, Mikroverfilmungen und die Einspeicherung und Verarbeitung in elektronischen Systemen.

Das Buch wurde von Martin Fischer in Tübingen aus der Minion Pro gesetzt und von Gulde-Druck in Tübingen auf alterungsbeständiges Werkdruckpapier gedruckt und gebunden.

Für Marlene, Adrian Leonardo, Felix, Johannes

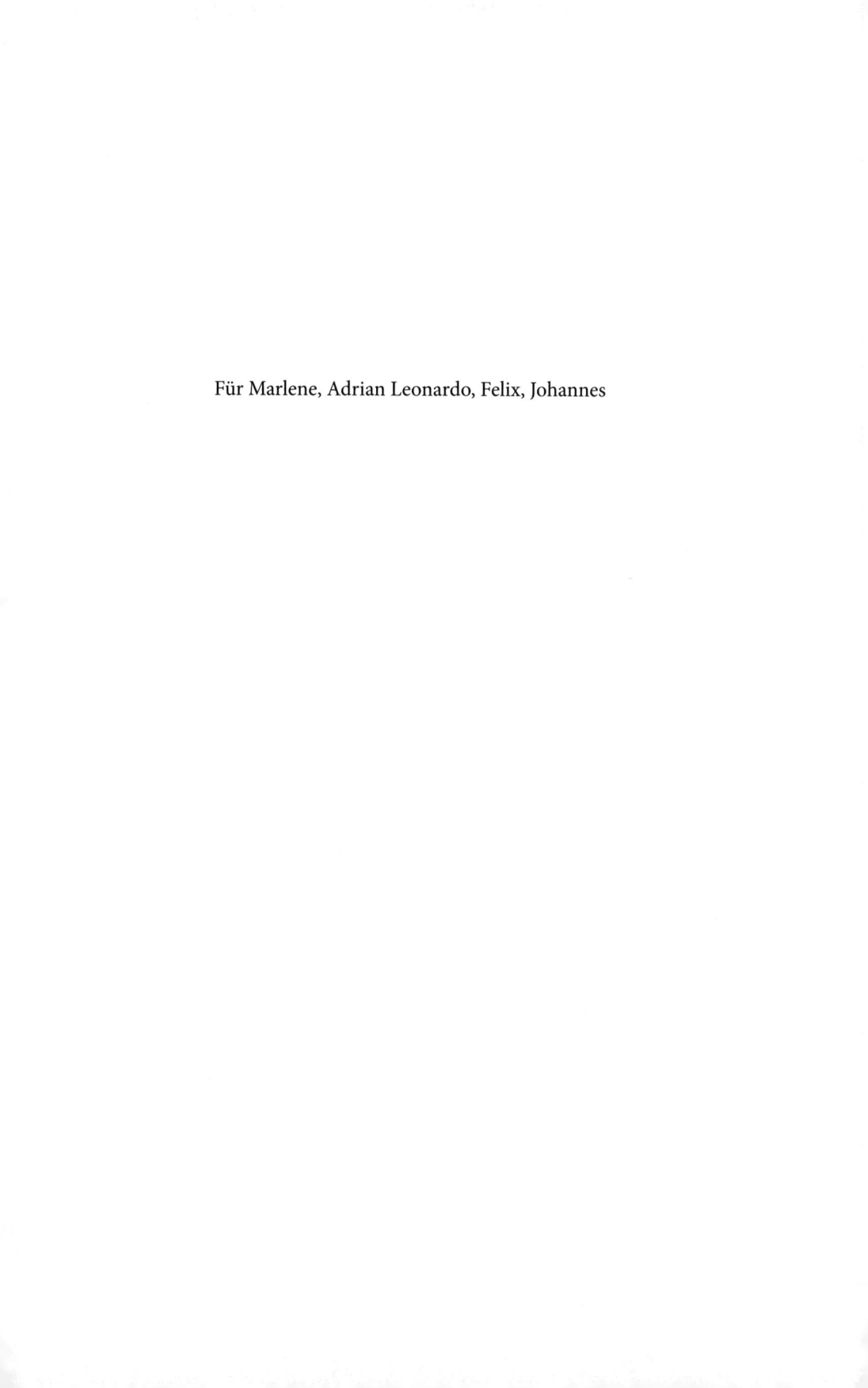

Vorwort

Das Buch ist eine späte Frucht meiner Beschäftigung mit Luther. Während meiner Lehrtätigkeit als Kirchengeschichtler habe ich die Hauptthemen der Theologie Luthers im Kontext seiner Biographie sowie im umfassenderen Duktus der Theologie- und der Kirchengeschichte behandelt. Eine Vorlesung über Luthers reformatorische Theologie in ihrem eigentümlichen Gepräge habe ich jedoch nie gehalten. Denn die Theologiegeschichte hatte mir den Eindruck vermittelt, daß das traditionelle dogmatische System nicht wiedergeben könne, was der Theologie Luthers ihre innere Geschlossenheit verleiht. Unter diesem Aspekt hat er selbst seine Theologie zwar nicht in systematischer Form entfaltet; doch gibt es einen unverwechselbaren theologischen Tenor in allem, was er auf der Kanzel wie auf dem Katheder sowie in seinen Schriften vorgetragen hat. Das Eigengepräge seiner Theologie brachte mich zu der Annahme, daß Luther ein Grundverständnis der christlichen Religion gewonnen hat, das sich von der kirchlichen Lehre des Mittelalters unterscheidet. Diese Differenz hat sich mir bestätigt, als ich mich im Ruhestand noch weiter mit dem Werk Luthers und mit der mittelalterlichen Lehrtradition befaßte.

Daraus entstand die Skizze von Luthers Theologie in Teil II des Luther-Artikels in der 4. Auflage der RGG. Ich hatte dort einen Entwurf gewagt, der noch gründlicher ausgearbeitet werden sollte. Notgedrungen mußte ich bei diesem Vorhaben meine Auffassung im weiteren Studium von Luthers Werk überprüfen. Einige Elemente in Luthers Verständnis der christlichen Religion ließen sich jetzt noch klarer auf den Punkt bringen. Und von den für Luthers Theologie charakteristischen Relationen zeichneten sich vor allem zwei deutlicher ab, die Relation von Jesus Christus als Heilsgabe und als Lebensexempel, ferner die Relation von Glaube und Nächstenliebe, die ein neues Verständnis des christlichen Glaubens voraussetzt und eine Ethik der Nächstenliebe ermöglicht. Hilfreich erwies sich die Unterscheidung von Grundlage und Grundverständnis der christlichen Religion. Bezogen auf die geschichtliche Grundlage in Gestalt der heiligen Schrift ist Luthers reformatorisches Grundverständnis der christlichen Religion konzentriert auf Gesetz und Evangelium. Es sind für ihn die zwei Gestalten von Gottes Wort, in denen der Mensch direkt angesprochen wird, so daß darin seine Gottes- und seine Selbsterfahrung zusammengeschlossen sind. Sobald dem Menschen im unverzichtbaren Umgang mit dem Gesetz seine Verantwortung vor Gott bewußt wird, erkennt er seine Gottesentfremdung. Hingegen erfährt er durch das Christus-Evangelium Gottes befreiendes Heil. Für Luthers Einsicht in das Wesen des Evangeliums ist nun entscheidend, daß diese Gestalt des Gotteswortes in der christlichen Religion freigehalten werden muß von jedem sakralgesetzlichen Zusatz. Wenn Luther die biblischen Texte daraufhin prüft, ob sie „Christum treiben", meint er Jesus Christus als den Erlöser und Befreier des Menschen aus dessen Gottesentfremdung. Nachdrücklich ausgeschlossen hat er die Vorstellung, die Christenheit verehre in Jesus Christus den Stifter eines religiösen Gesetzes, der als Richter nach der Maßgabe seines Gesetzes im Jüngsten Gericht sein Urteil spricht.

Luthers Theologie reflektiert die christliche Religion in ihrer öffentlichen Gestalt, mit der sie die elementaren Bedingungen bereitstellt sowohl für die öffentliche Gemeinschaft der christlichen Kirche als auch für die gelebte individuelle Religion. Indem Luther sein Grundverständnis der christlichen Religion als Auslegung der heiligen Schrift vorträgt, handelt er als Lehrer der christlichen Religion. Er hatte als „Doctor der Theologie" das volle Recht zur öffentlichen Lehre in gleichem Maße wie im Mittelalter zum Beispiel Thomas von Aquin oder andere „Lehrer" an den Universitäten der lateinischen Christenheit; als Lehrer der Theologie waren sie alle der heiligen Schrift, das heißt der Grundlage der christlichen Religion, verpflichtet. Obgleich sie unterschiedlichen Lehrrichtungen folgten, vertraten sie das im Mittelalter herrschende Grundverständnis der christlichen Religion, mit dem nun Luther in offenen Konflikt geriet. Mit seinem Titel „berufener Lehrer der heiligen Theologie" unterschrieb er am 31. Oktober 1517 seinen hochbedeutsamen Brief an Erzbischof Albrecht von Mainz, der damals in Deutschland die Hauptverantwortung trug für den Vertrieb des römischen Petersablasses. Luther ermahnte ihn in seinem Brief, dafür zu sorgen, daß die Ablaßpredigt auf Heilsversprechungen verzichtet, die der von Christus gebotenen Predigt des Evangeliums widersprechen.

Den Leser des Buches möchte ich darauf hinweisen, daß in einem induktiven Vorgehen der Gedankengang weitgehend Schritt für Schritt durch Interpretation von Texten vorangebracht wird. Innerhalb der Darstellung werden deutsche Luther-Texte bevorzugt, während lateinische Texte durch eine Übersetzung ergänzt werden, wenn nicht sogar Luther selbst seiner lateinischen Publikation eine deutsche Parallelversion an die Seite gestellt hat, was allerdings nur in einigen wenigen Fällen geschehen ist. Der Leser kann dem Duktus der Darstellung folgen, ohne gleich die Anmerkungen zu beachten, da dort nur Belege für das im Haupttext Vorgetragene gegeben werden. Die Texte in Luthers Deutsch können selbst Ungeübte leichter lesen, als der erste Eindruck vermuten läßt. Die Schwierigkeit verschwindet, sobald man die Texte halblaut liest und dabei den Reiz dieser Sprache entdeckt.

Beim Abschluß dieses Buches gedenke ich dankbar meiner beiden Tübinger Lehrer Hanns Rückert und Gerhard Ebeling. Ich danke allen Freunden und

Kollegen, die mit ihren ermutigenden Wünschen meine Arbeit auf dem Feld von Luthers Theologie begleitetet haben. Dank sage ich Frau Isabel Hess-Friemann, die als erste das fertige Typoskript nach Schreibfehlern durchgesehen hat. Im Verlag hat der Lektor in vorzüglicher Weise seine Aufgabe bewältigt; dafür danke ich ihm sehr, ebenso Herrn Henning Ziebritzki, der als theologischer Geschäftsführer mit viel Wohlwollen sich des Buches angenommen hat, schließlich allen, die ihn im Verlag unterstützen. Dankbar erfreut hat es mich, daß mein Freund und Kollege Johannes Wallmann mir beim Lesen der letzten Korrektur zur Seite gestanden hat, weil dazu der gemeinsame Freund und Kollege Wilfried Werbeck zu seinem eigenen Bedauern nicht in der Lage gewesen ist. Unschätzbar groß und dankenswert bleibt für mich die Langmut, mit der meine Frau das Entstehen des Buches begleitet hat. Unseren vier Enkelkindern sei das Buch gewidmet.

München, im Juni 2015   Reinhard Schwarz

Vorwort zur 2. Auflage

Eine zweite Auflage in Druck zu geben, wurde durch die große Nachfrage so rasch erforderlich, daß keine Korrekturen am Text vorgenommen werden konnten.

München,
11. November 2015, Martinstag, Luthers Tauftag   Reinhard Schwarz

Inhaltsverzeichnis

Vorwort VII

Kapitel 1: Luthers Theologie der christlichen Religion –
          Der methodische Ansatz 1

1.1 Vorbereitende Überlegungen 1
1.2 Reformatorische Verantwortung für die christliche Religion
     in ökumenischem Bewußtsein 7
1.3 Strukturelemente in Luthers Lehre der christlichen Religion 19
1.4 Begrenzung und Behandlung des Quellenmaterials 22

Kapitel 2: Die heilige Schrift im reformatorischen Grundverständnis
          der christlichen Religion 27

2.1 Bindung und Freiheit durch das exklusive Schriftprinzip 27
2.2 Hermeneutische Konsequenzen aus dem reformatorischen
     Schriftprinzip 34
2.3 Die Bedeutung des Alten Testamentes für die christliche Religion 45
2.4 Die messianischen Verheißungen in Luthers Stellungnahmen
     zu den Juden 63

Kapitel 3: Die christliche Religion in ihren elementaren Relationen 75

3.1 Das Evangelium des Jesus Christus und der Glaube 75
3.2 Jesus Christus – Heilsgabe und Lebensexempel 84
3.3 Christ-Sein in Glaube und Nächstenliebe 91
3.4 Christ-Sein unter dem Kreuz 95

Kapitel 4: Der Mensch in geschöpflicher Verantwortung
          vor Gott und den Menschen 107

4.1 Die geschöpfliche Ursituation des Menschen 107
4.2 Gottes Gesetz, das alle Menschen angeht 119

4.3 Gottes Gesetz kann weder überboten noch erfüllt werden 136
4.4 Die Verantwortung des Menschen in den drei Feldern
    des sozialen Lebens 153
4.5 Die Unterscheidung von zwei Reichen und Regimenten 162
4.6 Der zweifache Gebrauch von Gottes Gesetz 173

Kapitel 5: Die Befreiung des Menschen vom Unheil
           zum Heil durch das Evangelium 187

5.1 Das Thema im Bild eines Holzschnittes von Lukas Cranach (1529) ... 187
5.2 Die strukturierte Rede von Unheil und Heil des Menschen 195
5.3 Die Einheit des Heils in Jesus Christus 205
5.4 Die Befreiung von der unheilvollen Macht des Gesetzes 227
5.5 Das Evangelium von Gottes Sündenvergebung 237

Kapitel 6: Jesus Christus in seinem Dienst zum Heil der Menschen 263

6.1 Jesus Christus ist der Erlöser in der Einheit von Person und Amt 263
6.2 Das messianische Priestertum und Königtum des Jesus Christus 279
6.3 Jesus Christus, wahrer Gott und wahrer Mensch 288
6.4 Der christliche Glaube an den dreieinigen Gott 310

Kapitel 7: Die Lebensmacht des christlichen Glaubens 325

7.1 Die zentrale Funktion des Glaubens im Leben des Christen 325
7.2 Die Gewißheit des Glaubens 349
7.3 Die Anfechtung des Glaubens 361
7.4 Das Gebet des Glaubens 380

Kapitel 8: Die christliche Ethik der Nächstenliebe 391

8.1 Die Nächstenliebe als Frucht des Glaubens 391
8.2 Die Nächstenliebe als Summe des Gesetzes 397
8.3 Die Nächstenliebe in den Verantwortungsfeldern menschlichen
    Lebens 407
8.4 Die ungebundene Nächstenliebe 430

Kapitel 9: Die christliche Kirche mit ihrem Auftrag 443

9.1 Die Unterscheidung von zwei Gemeinschaftsgestalten
    der Christenheit 443
9.2 Die Verbundenheit der beiden Gemeinschaftsgestalten
    der Christenheit 453
9.3 Die geistliche Vollmacht des allgemeinen Priestertums 468

9.4 Das öffentliche Amt mit seinen Diensten 479
9.5 Das Sakrament der Taufe 495
9.6 Das Sakrament des Abendmahls 500

Literaturhinweise 517
Register der Personen und sonstigen Autoritäten
(Antike, Alte Kirche, Mittelalter, Reformationszeit) 525
Register der zitierten Luther-Texte 530

Kapitel 1

Luthers Theologie der christlichen Religion – Der methodische Ansatz

1.1 Vorbereitende Überlegungen

(1.) Die zu seiner Zeit seit langem ersehnte Kirchenreform hielt Luther im Jahr 1518 für unmöglich, solange nicht eine Reform der kirchlichen Lehre stattfinde. Er selbst forderte, daß in der akademischen Lehre von Grund auf alles beiseite geräumt werde, was im Kirchenrecht, in der scholastischen Theologie und in der Philosophie herkömmlicherweise dem kirchlichen System zur Lehrgrundlage diente. Stattdessen sollten völlig gereinigte Studien sich auf die heilige Schrift und die Kirchenväter konzentrieren. Das war das humanistisch fundierte Programm einer Studienreform, mit der man in Wittenberg bereits begonnen hatte. Luther suchte dafür im Mai 1518 auch Jodocus Trutvetter (gest. 1519), einen seiner einstigen Lehrer an der Erfurter Universität, zu gewinnen.[1] Sein eigenes theologisches Programm lautete damals: Studium des Paulus und des Kirchenvaters Augustin als des zuverlässigsten Paulus-Auslegers. Er hatte sein Programm kurz zuvor bei einer Disputation in Heidelberg vertreten. Die deutsche Reformkongregation seines Ordens hatte ihm Gelegenheit gegeben, bei einem Ordenskapitel vor einem akademischen Forum in der Universität sich persönlich mit seiner Theologe vorzustellen, nachdem seine Thesen gegen den Ablaß – von ihm ungewollt an verschiedenen Orten nachgedruckt – weithin Wellen geschlagen hatten. Seine in Heidelberg diskutierten theologischen Thesen hat er in einem Vorspann paradox genannt in dem Sinn, daß sie den gewohnten Meinungen widersprächen.[2] In der Tat drang er mit seinen Thesen ungewöhnlich tief in das Zentrum der paulinischen Theologie vor. Hinter dem Programm der Studienreform kam eine neue Theologie zum Vorschein; sie führte zu einem neuen,

---

[1] Luther an Jodocus Trutvetter, 9.5.1518, Nr. 74, WA.B 1, 170,33–38: Atque ut me etiam resolvam, ego simpliciter credo, quod impossibile sit ecclesiam reformari, nisi funditus canones, decretales, scholastica theologia, philosophia, logica, ut nunc habentur, eradicentur et alia studia instituantur; atque in ea sententia adeo procedo, ut cotidie Dominum rogem, quatenus id statim fiat, ut rursum Bibliae et S. Patrum purissima studia revocentur.

[2] Heidelberger Disputation (disputiert am 26.4.1518), Präskript, WA 1, 353,8–14: Diffidentes nobis ipsis prorsus iuxta illud spiritus consilium [Prov 3,5] ‚ne imitaris prudentiae tuae', humiliter offerimus omnium, qui adesse voluerint, iudicio haec Theologica paradoxa, ut vel sic appareat, bene an male elicita sint ex divo Paulo, vase et organo Christo electissimo [vgl. Apg 9,15], deinde et ex S.Augustino, interprete eiusdem fidelissimo.

biblisch fundierten Verständnis der christlichen Religion und zu einem neuen Ansatz für eine Reform der Kirche.

(2.) Luthers Theologie nach dem herkömmlichen System der theologischen Loci darzustellen, bereitet Schwierigkeiten. Denn dann kommen ihre eigentümliche Geschlossenheit, das Geflecht der tragenden Begriffe und der Erfahrungsbezug nicht deutlich genug zum Vorschein; die Rechtfertigungslehre verliert ihre Kraft als integrierendes Prinzip seiner Theologie und verkümmert leicht zu einem Lehrstück unter anderen, mag sie auch als hochbedeutsam deklariert werden. Es bleibt dann schließlich nur noch der Eindruck, Luther habe zu den einzelnen Loci mehr oder weniger Originelles zu sagen gehabt. Eine solche Darstellungsweise kann schwerlich mit dem anerkennenden Urteil über Melanchthons Loci begründet werden, das Luther 1523 und 1525 abgegeben hat.[3] Er hatte damals die erste Fassung der Loci Melanchthons im Blick, die noch gar nicht das System der späteren Fassungen repräsentiert. Das System der Loci scheint zwar durch die Confessio Augustana gestützt zu werden und hat im Zeitalter des Konfessionalismus die lutherische Theologie beherrscht. Doch war dieses System nie geeignet, Luthers eigene Theologie in ihrer inneren Geschlossenheit zu erfassen. Und erst recht stellt sich jetzt nach dem Ende des konfessionellen Zeitalters die Aufgabe, Luthers Theologie in ihrer inneren Kohärenz zu entfalten. Da Luthers reformatorische Theologie sowohl zeitlich als auch sachlich dem konfessionellen System vorausgegangen ist, sollte sie möglichst nach ihrem eigenen Grundverständnis erfaßt werden. Deshalb meine ich, Luthers reformatorische Theologie werde am ehesten adäquat als eine in sich kohärente Lehre der christlichen Religion begriffen.

(3.) Im Vorgriff auf die beabsichtigte Darstellung seiner Theologie kann gesagt werden: Luthers Theologie will das Wort Gottes in der Doppelgestalt von Gesetz und Evangelium zur Sprache bringen. In dieser Doppelgestalt ist Gottes Wort direkt an den Menschen gerichtet; angesprochen wird der Mensch in seinem Verhältnis zu Gott und zugleich in seinem Verhältnis zu sich selbst und zu anderen Menschen. Will die christliche Religion dem Menschen dazu verhelfen, daß er für sich selbst das Wort Gottes wahrnimmt, so hat Luther sich dieser Aufgabe in den verschiedenen Formen theologischer Kommunikation gestellt, in der akademischen Lehre, in der Predigt, in der Katechismusauslegung, in Schriften unterschiedlichster Art.

Die Begriffe von Theologie und Religion hat Luther noch nicht so scharf unterschieden, wie es inzwischen im wissenschaftlichen Sprachgebrauch üb-

---

[3] Von Anbeten des Sakraments, 1523, WA 11, 432,5: Was aber unßer glawbe sey, mügt yhr auß dem büchlin Philipps Melanchthon erkennen, Darynnen alle gründt und hewbtstück unßers glawbens ynn eyn summa gefasset sind mit grundt der schrifft beweysset. – Vgl. De servo arbitrio, 1525, WA 18, 601,1–8. – In seinen Loci von 1521 hatte Melanchthon als Frucht seiner Beschäftigung mit dem Römerbrief eine Summe der reformatorischen Theologie vorgelegt, wo Gesetz und Evangelium die beherrschende Mitte bildeten.

1.1 Vorbereitende Überlegungen

lich geworden ist. Beide Begriffe hat er noch nicht genau definiert. Wie er sie verwendet, muß hier nicht im einzelnen analysiert werden. Aus Luthers breit gefächertem Wortgebrauch greife ich nur die Bedeutung heraus, an die sich die beabsichtigte Darstellung von Luthers Theologie anlehnen kann. Denn sie geht nicht begriffsanalytisch vor, sondern sucht Luthers eigentümliches Verständnis vom Phänomen der christlichen Religion zu erfassen.

(4.) Während im Mittelalter das griechische Wort „theologia" üblicherweise mit „Rede von Gott" oder „über Gott" (sermo de deo) übersetzt worden ist, hat sich die Wortbedeutung bei Luther so gewandelt, daß theologia die Rede meint, die dem Menschen zum wahrheitsgemäßen Gottesverhältnis verhelfen will. Dazu hält es Luther für zwingend notwendig, den Menschen im Gesetz Gottes einerseits und im Evangelium andererseits zu unterweisen, ihm einerseits seine nicht moralisch einlösbare Verantwortung vor Gott bewußt zu machen, ihm aber auch andererseits das befreiende Gotteswort der Versöhnung mitzuteilen. Mit diesem Verständnis von Theologie wird nicht der vielfältige Gebrauch des Begriffs theologia bei Luther abgedeckt. Doch läßt sich leicht eine Verbindungslinie zu einigen seiner Aussagen über die Theologie ausziehen.

Womit sich die Theologie befassen muß, hat er zum Beispiel 1532 zu Beginn einer Vorlesung über Ps 51 gesagt: Die Theologie hat im Einklang mit der biblischen Botschaft sowohl das Sünder-Sein des Menschen als auch das von der Macht der Sünde befreiende, „rechtfertigende" Handeln Gottes zu verkünden. Indem David in Ps 51 in allgemein gültiger Weise davon redet, wie er sich selbst als Sünder erkannt hat und gleichwohl auf Gottes rettendes Erbarmen vertrauen kann, erfüllt sein Psalm die Aufgabe der Theologie, die den Menschen in der Gottes- und Selbsterkenntnis unterweisen will.[4] Beides ist in diesem Psalm zu finden, Erkenntnis sowohl der Sünde als auch der Gnade, mit anderen Worten: Gottesfurcht und Vertrauen auf Gott.[5]

In dieser Auslegung von Ps 51 spricht Luther wie von der Theologie so auch, inhaltlich damit übereinstimmend, von der „Lehre der geistlichen Religion", die in diesem Psalm enthalten sei. Denn David rede nicht nur exemplarisch von seiner Sünde, sondern erteile dem ganzen Gottesvolk eine „allgemeingültige Unterweisung" in Gottes- und Selbsterkenntnis. Indem Luther anschließend noch die notwendige Einheit dieser Doppelerkenntnis in der Erfahrung des Menschen beschreibt, gibt er eine Kurzfassung der reformatorischen Rechtfertigungslehre.

---

[4] Vorlesung über Ps 51, 1532, zu Ps 51,2, WA 40 II, 327,11–329,1 Ns (327,35–328,33 Dr).

[5] Ebd., Vorrede, WA 40 II, 318,1–3 Ns (317,34–37 Dr): qui vere poenitet, discat hunc psalmum orare et toto corde credere. Peccati cognitionem et gratiae vel Timorem dei Et fiduciam erga deum, utrumque invenis.

Non ergo solum propheta [David] tractat suum exemplum, sed ultra hoc tradit doctrinam religionis spiritualis, ut agnoscamus vera cognitione deum, peccatum, nosipsos, gratiam, poenitentiam, iustificationem, ut sit generalis instructio Totius populi dei, hoc utrumque tractat magnifice. Si cognitio dei ist nicht dabey, sequitur desperatio. [...] Theologia [...] erudit eum [sc. hominem], ut sciat, quis sit ipse, cognoscere se peccatorem et cognoscere peccatum, ut non kunen [:können] entlauffen. [...] Ibi ultra hanc cognitionem peccati opponit deus cognitionem gratiae et iustitiae.⁶	Der Prophet [David] handelt also nicht nur beispielhaft von sich, sondern vermittelt darüber hinaus eine Unterweisung in geistlicher Religion, damit wir in wahrer Erkenntnis Gott, die Sünde, uns selbst, die Gnade, die Buße, die Rechtfertigung erkennen, damit es eine allgemeine Unterweisung des ganzen Gottesvolkes sei; dies beides führt er großartig aus. Wenn die Gotteserkenntnis nicht dabei ist, folgt Verzweiflung. [...] Die Theologie [...] unterrichtet den Menschen so, daß er wisse, wer er selbst sei, sich als Sünder erkenne und die Sünde wahrnehme, wie wir ihr nicht davonlaufen können. [...] An dem Punkt überbietet Gott diese Sündenerkenntnis durch die Erkenntnis seiner Gnade und Gerechtigkeit.

In charakteristischer Weise hat Luther hier die Begriffe Religion und Theologie miteinander verkettet. Sein Blick richtet sich auf die biblisch verankerte christliche Religion und die ihr dienende Theologie, die in einem großen geschichtlichen Bogen begründet sind durch die Verkündigung der Propheten und der Apostel. Was hier von der Selbsterkenntnis des Menschen und von der Gotteserkenntnis, von der Wahrnehmung eigener Sünde und der Wahrnehmung der gerecht machenden Gnade Gottes mehr angedeutet als ausgeführt wird, das beruht für Luther auf der Erfahrung von Gottes Wort als Gesetz und Evangelium.

(5.) Das höchste Gut der christlichen Theologie liegt im Evangelium. Wenn das Evangelium im Menschen Glauben weckt und dem Menschen befreiende Heilsgewißheit schenkt, dann bewahrheitet sich das, was Luther in der großen Galater-Vorlesung, 1531, in dem Satz komprimiert: „Ideo nostra theologia est certa, quia ponit nos extra nos". – „Unsere Theologie hat deshalb Gewißheit, weil sie uns außerhalb unserer selbst versetzt".⁷ Keineswegs ist „unsere" Wittenberger Theologie gemeint, sondern die Theologie des Evangeliums, die alle Christen als ihre Theologie bezeichnen können, sofern sie ihnen in Wahrheit das Evangelium

---

⁶ Ebd., zu Ps 51,2, WA 40 II, 326,5–327,3 Ns (326,25–33 Dr). Anschließend wird daraus die Aufgabe wahrer, dem Heil des Menschen dienender Theologie abgeleitet, ebd. 327,3–329,2 Ns (326,34–328,36 Dr). – Vgl. ebd., Vorrede, WA 40 II, 318,4–7 Ns (318,17–20 Dr): Videtur mihi David voluisse hoc psalmo reliquisse post se veram sapientiam spiritualis doctrinae [Dr: veram sapientiam religionis divinae], ut haberet populus sana verba et haberet veram cognitionem peccati et gratiae.

⁷ Galaterbrief-Vorlesung, 1531, zu Gal 4,6, WA 40 I, 589,3–10 Ns: Evangelium iubet spectare promittentem [deum] [...] hic non est locus dubitandi, sed firmissima promissio. Quia haereo in eo, qui non potest mentiri, qui dicit [vgl. Gal 4,4]: ‚do filium meum sub legem, ut redimat etc., ut tua peccata in eius dorso', ergo non possum dubitare. Ideo nostra theologia est certa, quia ponit nos extra nos; non debeo niti in conscientia mea, sensuali persona, opere, sed in promissione divina, veritate, quae non potest fallere.

der reinen Heilszusage Gottes vermittelt.[8] Deshalb will Luthers Theologie auf den unterschiedlichsten Wegen der Mitteilung dazu anleiten, wie ein Christ als „Theologe" sein Christ-Sein wahrnehmen sollte, indem er sich die Unterweisung zu eigen macht, die ihn dazu bewegt, sich im Glauben an das Gotteswort des Evangeliums zu halten.

(6.) Wenngleich Luther ebenso wenig einen präzisen Begriff von Religion wie von Theologie hat, können doch einige Stellen angeführt werden, die erkennen lassen, wie er von christlicher Religion redet. Sein Begriff von Religion ist vorzugsweise konkret auf die christliche Religion bezogen. War der Begriff der religio im Mittelalter engstens mit der monastischen Gestalt des Christentums verquickt, so hat ihn Luther dem Mönchtum entwunden und nun auf das evangelische Christentum angewandt. Seine ganze Theologie will die wahrhaft christliche Religion zur Sprache zu bringen.

Die biblische Gottesverkündigung ist konkret geschichtlich verankert. So erinnern die Propheten an den Gott, der sich dem Volk Israel in dessen Geschichte mitgeteilt hat und der über der Lade, genauer: der Kapporet, thront.[9] In demselben Zusammenhang vollzieht Luther eine scharfe Abgrenzung von einem allgemeinen Begriff der Gottesverehrung, unter dem verschiedene öffentlich auftretende Religionen subsumiert werden.

Unter der „christlichen Religion" versteht er ganz prägnant die Religion, die für die reformatorische Theologie verpflichtend ist. Denn die christliche Religion bestehe ihrem Wesen nach in etwas weitaus anderem als einerseits in Zeremonien und religiösen Gebräuchen oder andererseits in guten Sitten.[10] Das „Höchste unserer Religion" sei der Glaube, der „im Geist durch das Wort", das

---

[8] Das Zitat (in Anm. 7) ist eingebettet in die Auslegung von Gal 4,6; die Vorlesung greift am 17.10.1531 zurück auf die am Vortag begonnene Auslegung von Gal 4,6, WA 40 I, 586,13–587,4 Ns: Audivimus heri hominem Christianum oportere certissime statuere sese in gratia dei et habere istum clamorem spiritus sancti in corde suo [...] qui enim dubitat se esse in gratia, etiam promissiones divinas incertas [reddit], et nihil relinquitur, quomodo certus [fiat]. Non autem maior abominatio quam dubitare de promissionibus. – Vgl. ebd. 576,4–8 Ns: Da ghehort theologia hin, ut sciant non tantum officium [:als von Gott gestellten Auftrag] sed etiam personam [esse deo placitam] [...] deo placeo pro persona, quae erudita per verbum, baptisata, vivit in societate ecclesiae; [...] quia credo in Christum.

[9] Vorlesung über die Stufenpsalmen, 1532/33, zu Ps 130 Praefatio, WA 40 III, 335,10 f Ns: Saepe audistis, quod prophetae, quando loquuntur de deo, de nullo loquuntur quam suo. – Ebd. 336,11–337,1 Ns: Sicut hodie non de deo, cum deo loquimur nisi in nostro propitiatorio, templo, i. e. Christo, qui est ‚gnadstuel' [Röm 3,25]. Extra eum nihil scire, audire, discere de deo. – Luther übersetzt das Wort propitiatorium der Vulgata mit „Gnadenstuhl", z. B. Ex 25,17 ff, WA.DB 8, 278/279; dementsprechend gebraucht er es in Röm 3,25 und Hebr 4,16.

[10] Vorwort zum Libellus de ritu et moribus Turcorum, 1530, WA 30 II, 206,26–32: Christianam religionem longe aliud et sublimius aliquid esse quam caeremonias speciosas, rasuram, cucullos, pallorem vultus, ieiunia, festa, horas Canonicas et universam illam faciem Ecclesiae Romanae per orbem. [...] Deinde [...] Christianam religionem longe aliud esse quam bonos mores seu bona opera.

heißt durch das Evangelium, geschenkt werde.[11] Und die ethische Spannkraft der christlichen Religion liege darin, daß sie die Christen dazu bewegt, einträchtig gesinnt zu sein und nicht das Ihre zu suchen[12], sondern denen Gutes zu tun, die ihnen Übles angetan haben.[13]

(7.) Wenn ich die Begriffe „christliche Religion" und „Christentum" – lateinisch: Christianismus – synonym verwende, geschieht das im Einklang mit Luther, der den traditionellen monastischen Sinn von religio umformt, wenn er im Nachdenken über die vielfältigen Mönchsorden erklärt: „Die eine heilige und heilig machende Religion ist das Christentum oder der Glaube".[14] Das „Christentum" ist für Luther gelebter Glaube, ist christliche Religion in ihrer konkreten Gestalt. Deshalb bezeichnet er den mit deutscher Liturgie gefeierten Gottesdienst als „eyne offentliche reytzung zum glauben und zum Christenthum".[15] Und als er im Mai 1526 den mansfeldischen Kanzler Kaspar Müller bittet, bei seinem in Bälde zu erwartenden Kind das Patenamt zu übernehmen, nennt er das einen Dienst, damit das Kind „zcum Christenthum mocht geborn werden".[16]

Luthers Theologie als Lehre der christlichen Religion zu begreifen, entspricht demnach annähernd seinem eigenen Sprachgebrauch; es entspricht vor allem der Art und Weise seiner theologischen Arbeit und seiner reformatorischen Praxis. Er will nicht objektivierend über die christliche Religion belehren, vielmehr will er seinen Hörern oder Lesern, die zu seiner Zeit in jedem Falle Christen gewesen sind, ein rein biblisch begründetes Verständnis des Christentums vermitteln. Das wird mit dem Ausdruck „Lehre der christlichen Religion" besser erfaßt als etwa mit „Lehre von der christlichen Religion". Durch Luthers Theologie wird die Reformation der Kirche zu einer Reformation der christlichen Religion. Gemeint ist die christliche Religion in ihrer öffentlichen Gestalt; sie hat gleichsam zu ihrer Innenseite die subjektiv angeeignete Gestalt der christlichen Religion.

---

[11] Deuteronomium cum annotationibus, 1525, zu Dtn 18,19, WA 14, 683,5 f.: maneamus in pura doctrina et scientia Christi scientes summam nostrae religionis esse fidem in spiritu per verbum donatam.

[12] Enarrationes epistolarum et evangeliorum, 1521, zu Röm 15,5, WA 7, 484,10–14: infirmi sapiant ea quae firmi, rursus firmi non secus habeant infirmorum incommoda ac sua propria, ut, sicut sibi vellent fieri, si in loco infirmorum essent, ita faciant et ipsi eisdem [vgl. Mt 7,12]. Hoc enim est idem sapere [vgl. Röm 15,5], non sua quaerere sed quae aliorum, ut Eph 5 [V. 15 f] docet. Hic enim affectus spiritualis est nervus totius Christianae religionis, sine quo subsistere nequeat.

[13] Disputatio de non vindicando, 1520, These 1, WA 6, 575,3 f.: Christianae religionis cultor illatam sibi iniuriam nedum non ulcisci, verum etiam malefacientibus benefacere debet.

[14] Themata de votis, 1521, Reihe 1 These 85, WA 8, 327,5: Una religio sancta et sanctificans est Christianismus seu fides. – Das richtet sich gegen das Heiligungsstreben in der Vielzahl der monastischen Orden, von denen jeder mit eigener Verbindlichkeit eine besondere Gestalt von religio darzustellen beanspruchte; vgl. ebd. These 94, 327,18 f: Vitae tamen ipsum genus, sicut legis vita, pugnat Evangelio et Christianismo.

[15] Deutsche Messe, 1526, WA 19, 75,2; vgl. ebd. 76,2–5: Catechismus aber heyst eyne unterricht, damit man die heyden, so Christen werden wollen, leret und weyset, was sie gleuben, thun, lassen und wissen sollen ym Christenthum.

[16] Luther an Kaspar Müller, 26. 5 1526, Nr. 1013 WA.B 4, 80,10.

1.2 Reformatorische Verantwortung für die christliche Religion in ökumenischem Bewußtsein

Eine differenzierte Sicht auf das Phänomen der christlichen Religion gewann Luther in der Erkenntnis, daß es grundlegende Güter der christlichen Religion gebe, die unter dem Papsttum erhalten geblieben sind. Das sei trotz aller Schärfe der reformatorischen Kritik an der Papstkirche anzuerkennen:

> Wir bekennen aber, das unter dem Bapstum viel Christliches gutes, ia alles Christlich gut sei, Und auch daselbs herkomen sey an uns, Nemlich wir bekennen, das ym Bapstum die rechte heilige schrifft sey, rechte tauffe, recht Sacrament des altars, rechte schlussel zur vergebung der sunde, recht predig ampt, rechter Cathechismus, als das Vater unser, Zehen gebot, die artickel des glawbens.[17]

Mit diesen Gütern hat er die unverzichtbaren Merkmale der christlichen Religion aufgelistet. Wer etwas von ihnen preisgibt, hat deren Grundlage angetastet. Die christliche Religion wird auf diese Weise durch geschichtliche Gegebenheiten definiert, nicht durch dogmatische Lehrsätze. Sachlichen Vorrang vor allen anderen Gütern hat die heilige Schrift des Alten und Neuen Testamentes, wodurch der geschichtliche Zusammenhang mit der israelitischen Religion festgehalten wird.[18] Auch die anderen Güter sind aufweisbare Gegebenheiten der christlichen Religion und signalisieren deren öffentlichen Charakter. Mit dem „Predigtamt" meint Luther die öffentliche Verkündigung, die von Anfang an zur christlichen Religion gehört hat, sowohl in der Verkündigung Jesu als auch in der Predigt der Apostel. Allgemein christlich sind seit apostolischer Zeit auch die beiden Sakramente der Taufe und des Herrenmahls sowie die Praxis der „Schlüsselgewalt"[19], wenngleich die institutionelle Gestalt dieser Handlungen im Laufe der Zeit einem Wandel unterlag. Unter den allgemein christlichen Gegebenheiten kann Luther ferner mit Recht den „Katechismus" nennen, da der Dekalog, das Vaterunser und – im Einklang mit seinen biblischen Wurzeln – das altkirchliche Credo überall dort zu den allgemein anerkannten Texten der christlichen Unter-

---

[17] Von der Wiedertaufe, 1528, WA 26, 147,13–18. Mit dem Adjektiv „recht" (im Sinn von „rechtmäßig") meint Luther, auch in der Papstkirche seien heilige Schrift, Taufe usw. als rechtmäßige Grundlage des Christentums in Geltung, obgleich deren richtiger Gebrauch strittig geworden sei. – Den Gedanken hat Luther im Anschluß an eine Interpretation von 2Th 2,4 (s. u. Anm. 24) unwesentlich abgewandelt, ebd. 147,35–39: Ist denn nu unter dem Bapst die Christenheit, so mus sie werlich [:wahrlich] Christus leib und glied sein, Ist sie sein leib, so hat sie rechten geist, Euangelion, glauben, tauffe, Sacrament [:Altarsakrament], schlussel, predig ampt, gebet, heilige schrifft und alles, was die Christenheit haben sol. – Im gleichen Kontext – ebd. 147,3–6 – nennt Luther nur „die gantze heilige schrifft und das predigt ampt" als das Grundlegende der christlichen Religion, das in der Papstkirche erhalten geblieben ist, so daß man nicht etwa „eine newe heilige schrifft machen" müsse.

[18] Luther kann ebensowenig wie seine Zeitgenossen in objektiver Sicht zwischen der israelitischen Religion des Alten Testamentes und der Religion des Judentums unterscheiden.

[19] Über die reformatorische Praxis der Schlüsselgewalt im neuen Verständnis der Buße s. u. Kap. 9.4.

weisung gehörten, wo man sich zu der Einheit von Altem und Neuem Testament bekannte. Zudem war seit altkirchlicher Zeit die Taufunterweisung in den Katechismustexten ein Zeichen des kirchlichen Willens, die christliche Religion nicht als reine Observanzreligion zu praktizieren. Indem Luther die christliche Religion durch ihre grundlegenden Gegebenheiten definiert, präsentiert sie sich als ein konkret bestimmbares Phänomen. Die Frage nach dem Verbindenden im Christentum wird pragmatisch mit geschichtlichen Gegebenheiten beantwortet.

Das Verbindende der christlichen Religion ist damit klarer umrissen, als wenn auf Inhalte, etwa auf den Glauben an den dreieinigen Gott, als gemeinsames Gut hingewiesen würde. Denn als objektiv identifizierbares Merkmal der christlichen Religion ist der Glaube an den dreieinigen Gott nur greifbar in Gestalt kirchlicher Bekenntnistexte, die jeweils im Lehrzusammenhang der Kirche interpretiert werden müssen. In der Tat sind alle von Luther angeführten grundlegenden Gegebenheiten des Christentums einer unterschiedlichen Interpretation in Theologie und Praxis der Kirche ausgesetzt.

Nachdrücklich reklamiert Luther für sich, daß er die grundlegenden Merkmale der christlichen Religion nicht antaste. Das müsse auch der Papst anerkennen.[20] Die Merkmale der christlichen Religion, die von den Christen richtig verstanden und gebraucht werden sollen, gewinnen in Luthers Urteil einen Vorrang vor der kirchlichen Institution. Weil diese elementaren Gegebenheiten stets die Möglichkeit einschließen, daß ihr wahrer Sinn vom Heiligen Geist einzelnen Gläubigen unabhängig von der offiziellen kirchlichen Lehre erschlossen wird, kann Luther bei der Bestimmung des christlich Gemeinsamen sogar noch einen Schritt weiter gehen und sagen, „daß unter dem Papst die rechte Christenheit ist, ja der rechte Ausbund der Christenheit und vieler frommer größerer Heiligen".[21] Denn wo die rechtmäßige Grundlage der christlichen Religion bewahrt wird, da schafft sich Christus in der unverfügbaren Macht des Heiligen Geistes seine

---

[20] Von der Wiedertaufe, 1528, WA 26, 147,18–20: Gleich wie er [:der Papst] auch widderumb bekennet, das bey uns (wie wol er uns verdampt als ketzer) und bey allen ketzern sey die heilige schrifft, tauffe, schlussel, Catechismus etc. – Luther operiert mit dem Ketzer-Begriff des Hieronymus, der auch im Corpus Iuris Canonici (Decretum Gratiani p. 2 C.24 q.3 c.27, RF 1, 998) zu finden war, so daß ihn Luther hier dem Papst unterstellen kann. Mit kritischem Seitenblick auf die scholastischen Theologen seiner Zeit verweist Luther auf diesen Begriff in seinem Galaterbrief-Kommentar, 1519, zu Gal 5,19–21, WA 2, 590,29–31. – Hieronymus nennt einen Ketzer, wer die heilige Schrift anders versteht, als es der Sinn des Heiligen Geistes fordert, selbst wenn der Betreffende sich nicht von der Kirche absondert. Luther legt den Akzent auf das sinngemäße Verstehen der heiligen Schrift, weil ein Streit um Worte nicht der Wahrheitserkenntnis dienlich ist. Vgl. Kap. 2 Anm. 33.

[21] In Abwehr des Vorwurfs der Täufer, er verhalte sich gegenüber dem Papsttum heuchlerisch, weil er aus seiner Kritik an der Papstkirche nicht die von den Täufern geforderten Folgerungen ziehe, z.B. die Erwachsenentaufe für geboten halte, erklärt Luther, ebd. WA 26, 147,21–26: Wie heuchel ich denn? Ich sage, was der Bapst mit uns gemein hat, So heuchelt er uns und den ketzern widderumb ia so seer und saget, was wir mit yhm gemein haben. Ich will wol mehr heucheln und sol mich dennoch nichts helffen, Ich sage, das unter dem Bapst die recht Christenheit ist, ia der rechte ausbund der Christenheit und viel frumer grösser heiligen.

Kirche, die eine, heilige, christliche Kirche des Glaubensbekenntnisses, die nicht mit der sichtbar organisierten Kirche verwechselt werden darf.

Luther zeigt ein tiefes ökumenisches Bewußtsein, indem er sich zu den Grundlagen bekennt, die der ganzen Christenheit gemeinsam sind und sie als Christenheit ausweisen, obgleich rechtes Verstehen und rechter Gebrauch dieser Grundlagen erst noch zu prüfen sind. Denn das Festhalten an den Grundlagen der Christenheit entbindet nicht von der ständigen Verantwortung für deren theologisches Verständnis und deren religiösen Gebrauch. Deshalb unterwirft Luther der theologischen Kritik alles, was er als „Zusatz" zu den apostolischen Grundlagen des Christentums bezeichnet:

das fechten wir an und verwerffen, das der Bapst[es] nicht bleiben lassen wil bey solchen gutern der Christenheit, die er von den Aposteln geerbet hat, Sondern thut seinen teuffels zusatz da bey und druber.[22]

Nach dem Urteil der reformatorischen Theologie wirken sich die „Zusätze" aus als Mißverständnis und Mißbrauch der Grundlagen des Christentums; sie verändern das wahre, ursprüngliche Grundverständnis der christlichen Religion. Nicht die gemeinsame Grundlage der christlichen Religion, sondern deren Grundverständnis ist durch die Theologie der Reformation strittig geworden. Darum richtet Luther an jene, die wie die Täufer nicht zwischen der Grundlage der christlichen Religion und deren Grundverständnis unterscheiden können, sondern eine undifferenzierte Kritik an der Papstkirche für geboten halten, den Appell: „Den misbrauch und zusatz solten sie uns helffen verwerffen".[23]

Nötig sind allerdings genaues Hinschauen und klares Unterscheiden: „Es gehort ein fursichtiger [:verständiger], bescheidener [:einsichtsvoller] geist dazu, der unter yhm [:dem Papst] lasse bleiben, was Gottes tempels ist, und were seinem zusatz, damit [:womit] er den tempel Gottes zustöret".[24] Es kommt eine Differenz zum Vorschein zwischen dem, was die Grundlage der christlichen Religion bildet, und jenen „Zusätzen", die nach reformatorischem Urteil den legitimen Umgang mit der Grundlage verderben. Alles, was die Grundlage der christlichen Religion bildet, unterliegt in der konkreten öffentlichen Gestalt der christlichen Religion einem Prozeß der Aneignung und Interpretation. Das geschieht in der Form der theologisch vermittelnden Sprache; darüber hinaus schlägt sich das nieder in der kirchlichen Struktur der christlichen Religion. Um die theologische und kirchlich strukturelle Interpretation der Grundlage der christlichen Religion auf den Punkt zu bringen, empfiehlt sich der Begriff „Grundverständnis der christlichen Religion" dadurch, daß er gut erkennbar auf

---

[22] Ebd. WA 26, 148,8–11.
[23] Ebd. WA 26, 148,27.
[24] Ebd. WA 26, 149,6–8. Wenn Luther hier das Grundlegende der christlichen Religion als „Gottes Tempel" bezeichnet, so ist das dadurch bedingt, daß er vorher für die Charakteristik des Papsttums als „Antichrist" auf 2Thess 2,3 f. zurückgegriffen hat, ebd. 147,27 f.: Der Endechrist wird ym tempel Gottes sitzen.

den Begriff „Grundlage der christlichen Religion" bezogen ist. Hinter Luthers kritischem Urteil über die „Zusätze" zur Grundlage des Christentums verbirgt sich ein neues, reformatorisches Grundverständnis der christlichen Religion, das zusammen mit der theologischen Interpretation der Grundlage auch die kirchliche Struktur der christlichen Religion bestimmt.

Schon ehe Luther 1528 gegenüber den Täufern das christlich Grundlegende beleuchtet hat, übt er theologische Kritik an den „Zusätzen" der mittelalterlichen Kirche. Gerne redet er in solchem Zusammenhang von dem „Leviathan"; denn die alte Etymologie für den Namen dieses sagenhaften Seetieres lautete „additamentum", „Zusatz".[25]

Biblisch begründet wird das Verbot aller Zusätze mit Dtn 4,2 „Ihr sollt nichts dazutun zu dem, was ich euch gebiete, und sollt auch nichts davontun, auf daß ihr bewahrt die Gebote des HERRN, eures Gottes, die ich euch gebiete".[26] Das gilt nach Luthers Urteil für das biblische Gotteswort schlechthin und nicht etwa nur für das Mose-Gesetz.[27] Die Auslegung der heiligen Schrift wird damit nicht ausgeschlossen, jedoch alles, was in Sachen der Lehre und des Lebens inhaltlich über die heilige Schrift hinausgehend den Gläubigen als heilsverbindlich auferlegt wird.[28] Das hat Luther in den Jahren 1521 bis 1523 mehrfach als reformatorischen Grundsatz eingeschärft.[29] Der programmatische Sinn dieser Warnungen, Gottes Wort nicht durch Zusätze oder Abstriche zu verfälschen, steht im Hintergrund von Albrecht Dürers monumentalem Doppelgemälde der „Vier Apostel"; dort wird in der Präambel zu den neutestamentlichen Zitaten, die den einzelnen Gestalten beigegeben sind, das Stadtregiment in deutlicher Anlehnung an Dtn 4,2

---

[25] Isidor von Sevilla gibt die etymologische Erklärung von Leviathan durch „additamentum"; Etymologiae sive origines, lib. 8, 11, 27 f: Behemoth [...] Ipse est et Leviathan, id est serpens de aquis, quia in huius saeculi mare volubili versatur astutia. Leviathan autem interpretatur additamentum eorum. – Eine andere Erläuterung gibt WA 2, 451 Anm. 1 mit dem Hinweis auf Reuchlin, De rudimentis linguae Hebraicae. – Der Leviathan wird im Alten Testament Hiob 3,8; 40,25; Ps 74,14; Jes 27,1 erwähnt.

[26] Dtn 4,2, revidierter Luther-Text von 1984. Bei ausdrücklichen Zitaten bevorzugt Luther Dtn 4,2 vor der Parallele Dtn 13,1 (12,32 Vg). Vgl. die Glosse zu Dtn 4,2 b „bewahren", WA.DB 8, 569 (Text 1545): Denn Menschen lere hindert Gottes Gebot, und füret von der warheit. Tit 1 [V. 14].

[27] Von Menschenlehre zu meiden, 1522, WA 10 II, 73,3–13.

[28] Von der Beichte, 1521, WA 8, 141, 25–25; Luther zitiert Dtn 4,2 in der Form „yhr solt nichts zuthun tzu dem wort, das ich rede, und auch nichts davon thun" und fährt fort: Was ist aber ‚tzuthun' anders denn mehr lehren, und ‚abthun' weniger leren, wen [:als] die schrift leret? Es mag [:kann] nit von der außlegung gesagt seyn, denn die außlegung macht seyn nit mehr noch weniger, ßondernn vorcleret nur dasselb. [...] Was seyn nu Bapsts gesetz den [:denn, als] eytell tzusetz, davon die schrifft dem teuffell eynen ßondern namen gibt heyst yhn auff hebreischs Liviathan, das ist, eyn tzusetzer, der eyns dings mehr macht, denn es seyn soll. Darumb alle, die da menschen gesetz tzu gottis gesetzen thun, die seynd gewiß gottis feynd und des Liviathan Apostell, und wer sie auffnympt und hellt, des Liviathan schüler.

[29] Aus diesen Jahren kommen außer den zwei bereits genannten Stellen noch folgende in Betracht: WA 7, 134,4; 663,24; 8, 418,11; 489,3; 10 I 1, 431,8; 10 II, 119,31; WA.DB 8, 16,15.

1.2 Reformatorische Verantwortung für die christliche Religion

ermahnt, keine „menschliche Verführung" zu billigen, die dem Wort Gottes etwas hinzufügt oder nimmt.[30]

Luthers theologische Kritik gilt den religiös qualifizierten Zusätzen, die Gottes Wort in dessen Grundsinn verändern, sobald man nicht bei der von Gottes Wort geforderten Auslegung bleibt. Die „Zusätze" sind in ihrer Relation zur Grundlage der christlichen Religion unterschiedlich zu bewerten. Die Form der Kindertaufe zum Beispiel ist für Luther kein verderblicher Zusatz.[31] Er konnte sie ohne weiteres in reformatorischem Sinn als Sakrament der Heilszusage deuten. Denn die Kindertaufe als solche war nicht erzwungen durch heilsverbindliches Gesetz; sie konnte als Nottaufe auch von Laien gespendet werden, ein Umstand, der es Luther ermöglichte, das allgemeine Priestertum der Christen unter anderem mit der Praxis der Nottaufe durch Laien abzustützen.

Nachdem Luther in der heiligen Schrift ein Grundverständnis der christlichen Religion gefunden hat, dessen Wahrheit er zu vertreten bereit ist, unterliegen seiner theologischen Kritik in besonderem Maße solche Zusätze, durch die jenes genuine Grundverständnis verfremdet worden ist. Die Zusätze beeinflussen das Grundverständnis der christlichen Religion um so mehr, je stärker sie im System der Religion untereinander verflochten sind, so daß sie im Ganzen mehr bedeuten als die Summe der Einzelfaktoren. Denn die christliche Religion bildet in ihrer – geschichtlich wandelbaren – konkreten Gestalt ein Ganzes, das von einem bestimmten Grundverständnis gesteuert wird.

Die von Luther identifizierten Zusätze lassen sich in zwei Sachkomplexe teilen. Den einen Komplex bilden religiöse Auffassungen, die Luthers theologische Kritik hervorrufen, weil sie dem reformatorischen Verständnis von Gottes Wort widersprechen. Der andere Komplex ergibt sich aus den sakramentalen Handlungen, die von der reformatorischen Theologie als „Zusätze" gedeutet werden. Im ersten Komplex kommen gewissermaßen intern heilsrelevante Zusätze zum Wort Gottes zur Sprache, im zweiten Komplex sind die Zusätze konstitutiv für das extern sakramentale Handeln der Kirche. Bei beiden Komplexen ist zu erkennen, daß Luthers Grundverständnis der christlichen Religion bestimmt ist von seiner Einsicht in das Wesen des Wortes Gottes als Gesetz und Evangelium. Das ist nicht nur für die Heilslehre des Christentums, sondern auch für dessen kirchliche Gestalt bedeutsam. Die geistliche Bedeutung des Wortes Gottes ist nicht zu trennen von dessen Einfluß auf die äußere Gestalt der christlichen Religion.

Ein Beispiel für das Ablehnen von internen Zusätzen zum Gotteswort des Evangeliums findet Luther in der Auseinandersetzung des Paulus mit den Ga-

---

[30] Die Texte am Fuß der beiden Tafeln sind wiedergegeben bei Karl Arndt, Bernd Moeller: Albrecht Dürers „Vier Apostel". Eine kirchen- und kunsthistorische Untersuchung, (SVRG 202) Gütersloh 2003, S. 70 f.
[31] Vgl. De captivitate Babylonica ecclesiae, 1520, WA 6, 526,35–527,8 über die Kindertaufe. Die gesetzlich verfaßte Institution des Bußsakramentes hat dann allerdings den rechten Gebrauch der Taufe im Lebensalter persönlicher Verantwortlichkeit verdorben, ebd. 527,9–32.

latern. Der Apostel sah die Galater, denen er das reine Evangelium gepredigt hatte, in der Gefahr, daß sie den jüdischen Brauch der Beschneidung, an dem die judenchristliche Gemeinde von Jerusalem unter ihren angesehenen Leitern noch festhielt, für sich „zusätzlich" als vermeintlich heilsnotwendig übernähmen. Sie waren dabei in Luthers Sicht dem Aberglauben verfallen, es sei wichtiger, die Praxis der Jerusalemer Apostel zu befolgen als das Evangelium, das ihnen Paulus verkündigte, weil dieser das irdische Wirken Jesu nicht erlebt hatte. Die Galater stellten damit das Ansehen von Personen höher als die Botschaft des Evangeliums. In diesem Aberglauben waren sie im Begriff, die Freiheit des Christusglaubens zu verderben durch den Zusatz gewissensbindender Werke. Eine trügerische Autoritätsgläubigkeit drohte die Tür zu öffnen für einen fundamental gefährlichen Zusatz zum Evangelium. Die wahre christliche Religion geriet in Gefahr, sich in Aberglaube (superstitio) oder Gottlosigkeit (impietas) zu verkehren.[32]

Ging es Paulus in seiner Auseinandersetzung mit den Galatern darum, daß die einzigartige Freiheit, in die der Glaubende durch das Evangelium des Jesus Christus versetzt wird, unverfälscht bleibt, so dürfen nach Luthers Urteil auch die Dekaloggebote nicht durch zusätzliche religiöse Gebote ergänzt und praktisch entkräftet werden. Die reformatorische Kritik trifft deshalb auch die religiösen Forderungen, die den Gläubigen zusätzlich zum Dekalog gewissensbindend auferlegt werden oder zu denen sich Gläubige durch Gelübde selbst verpflichten. Durch „Zusätze" oder Auflagen – Luther spricht auch von „Aufsätzen" – will man das religiöse Leben mit gewissen Werken anreichern, verfeinern, vollkommener gestalten, gerät dabei jedoch in gesetzlichen Zwang und belastet das Gewissen mit zusätzlichen religiösen Verbindlichkeiten. Konkret waren das die Verpflichtungen der sog. Kirchengebote oder kirchliche Fastenauflagen oder die Forderungen monastischer Ordensregeln.

So balde ein zusatz kömet uber Gottes gebot, so wendet der Mensch sich von den Zehen geboten und kömet von dem rechten wort der warheit und den Zehen geboten und derselbigen verstande und fellet in verfürung und jrrthum. Also hat man vorzeiten auch wol gepredigt vom glauben, aber man ist dabey nicht blieben, sondern auff die werck geraten. [...] Und [hat] die Leute von Christo und dem glauben an jn [:ihn] auff die guten wercke geführet etc. Das ist daher komen, das sie sich der Möncherey allein befleissen und gar verirret sind, von der Lere des Glaubens auff die Menschensatzungen und leben, das zeucht gewaltig von Gott ab.[33]

---

[32] Vgl. Galaterbrief-Kommentar, 1519, Argumentum, WA 2, 451,2–15, insbesondere ebd. 451,6–10: Neque enim in omni vita mortalium quicquam fallacius est superstitione, hoc est, falsa et infelici imitatione sanctorum. Quorum cum opera sola, non etiam cor, spectaris, in proclivi est, ut simia fias et Leviathan, id est additamentum addas, quo ex vera religione superstitionem vel impietatem facias.

[33] Predigten über das Deuteronomium, 1529, zu Dtn 4,2, WA 28, 549,26–36 Dr. Vgl. ebd. 550,11–13.22–24 Dr: Und so gehets, wenn man nicht acht hat auff den unterscheid geistlichs und leiblichs Reichs, da heist denn zu setzen, das die leute abgewendet werden von der warheit. [...] Itzt verstehet jr, wie weit man solle Menschen gebot halten, nemlich, das man sie halte freiwillig

Auf diese Weise haben im Laufe der Geschichte „Zusätze" den christlichen Glauben verfremdet; mit anderen Worten: Unter verändernd wirkenden Einflüssen ist das ursprüngliche, wahre Wesen der christlichen Religion in Vergessenheit geraten. Hatte Mose nach Dtn 4,2 den Israeliten geboten, Gottes Willen im Gesetz ohne Zusätze oder Abstriche zu beherzigen,[34] dann gilt das in Luthers Sicht genauso in der christlichen Religion und ist dort erst recht auf das Gotteswort des Evangeliums anzuwenden. Hinter der Ansicht, das Gebot von Dtn 4,2 sei auf das Mose-Gesetz einzuschränken, entdeckt Luther die Überzeugung, in der christlichen Kirche könnten gewisse Zusätze zum Gotteswort des Neuen Testamentes erlaubt oder sogar erforderlich sein. Das kann er durchaus nicht billigen.

Es hilfft auch hie keyn außreden, das solchs Moses nit hab vom newen, sondern vom alten testament gesagt, denn der Apostell Heb. 2 [V. 1–3] sagt, es gepur sich vil mehr ubir dem newen testament tzuhalten, wilchs durch Christus selbs, denn [:als] ubir dem alten, das er durch die Engel hatt lassen geben. Drumb wirt die Bepstische secten fur dissem spruch nit mugen [:können] bestehen, es ligt yhr gesetz hie er nyder.[35]

Nicht nur speziell religiöse Werke, sondern menschliche Werke aller Art können durch ihre Fehleinschätzung den christlichen Glauben in seinem wahren Wesen verderben. Denn nicht gute Werke an sich werden vom Evangelium mißbilligt, vielmehr verbirgt sich generell in der verfehlten Wertschätzung guter Werke der verderbliche „Leviathan", den die reformatorische Theologie unbedingt aus dem Christentum ausscheiden will:

Si enim opera comparentur ad iustitiam et perverso Leviathan eaque falsa persuasione fiant, ut per ipsa iustificari praesumas, iam necessitatem imponunt et libertatem cum fide extinguunt, et hoc ipso additamento bona iam non sunt vereque damnabilia, Libera enim non sunt et gratiam dei blasphemant, cuius solius est, per fidem iustificare et salvare, quod opera non potentia praestare, impia tamen praesumptione per nostram hanc stultitiam affectant, ac sic in officium gratiae et gloriam eius violenter irruunt.
Non ergo opera bona reicimus, immo maxime amplectimur et docemus; non enim propter ipsa sed propter impium hoc additamentum et perversam opinionem quaerendae iustitiae ea damnamus, qua fit, ut solum in specie

Dann [:denn] wo der falsch anhang und die vorkerete meynung dryn ist, das durch die werck wir frum und selig werden wollen, [dort] seyn sie schon nit gutt, und gantz vordamlich, denn sie seyn nit frey, und schmehen die gnad gottis, die allein durch den glauben frum und seligk macht, wilchs die werck nit vormügen, und nehmen es yhn [:sich] doch fur zu thun und damit der gnaden ynn yhr werck und ehre greyffenn.
Drumb vorwerffen wir die gutte werck nit umb yhren willen, ßondernn umb des selben boßen zusatzs und falscher vorkerter meynung willen, Wilche macht, das sie nur gutt scheynen, und

allein in diesem leben, denn sie gehören nicht ins ander [:zweite] Gebot zur Heiligung Gottes Namens.

[34] S.o. Anm. 26.
[35] Von der Beichte, 1521, WA 8, 141,35–142,3. – Eine ähnlich einschränkende Interpretation von Gal 1,8 weist Luther ebenfalls zurück, ebd. 148,5–17.

appareant bona, cum revera bona non sint, quibus falluntur et fallunt. [...] Hic autem Leviathan et perversa opinio in operibus insuperabilis est, ubi deest syncera fides; abesse enim non potest a sanctis illis operariis, donec fides vastatrix eius veniat et regnet in corde.[36]	seyn doch nit gutt, betriegen sich und yderman damit. [...] Aber der selb boße zusatz und vorkerete meynung ynn den werckenn ist unübirwindlich, wo der glaub nit ist. Er [:der Zusatz] muß sein ynn dem selben wirckheyligenn, biß der glaub kum und vorstöre yhn.

In dieser Passage seines Freiheitstraktates vermeidet Luther in der kürzeren deutschen Version das Wort „Leviathan" und ersetzt es das eine Mal durch „Anhang", das andere Mal durch „Zusatz", vermutlich weil er weniger gebildete Leser nicht durch ein kaum bekanntes Wort ablenken wollte. Bemerkenswerter ist jedoch, daß er in beiden Versionen einen doppelgliedrigen Ausdruck verwendet, wenn zu guten Werken eine „verkehrte Meinung" (falsa persuasio, perversa opinio) hinzutritt; sie verfälscht selbst jene guten Werke, die nicht unter dem Verdacht der religiösen Zutat stehen. Verfälscht werden die guten Werke, sobald sich in das Selbstverständnis des Menschen die „verkehrte Meinung" einschleicht, die Werke könnten für das eigene Mensch-Sein einen Wert haben, der ihnen nicht zukommt. Die falsche Wertschätzung der Werke gleicht dem Ungeheuer des Leviathan. Das Selbstverständnis des Menschen gerät in Widerspruch zur Gnade Gottes. Davon will der christliche Glaube befreien, der das Evangelium nicht mit dem Gesetz und den von Gott gebotenen guten Werken vermischt.

Das Problem der externen Zusätze bei der rituellen Gestalt des Christentums hat für Luther seinen Brennpunkt in der Meßliturgie. Uneingeschränkt anerkennen kann Luther in diesem Bereich Zusätze, mit denen die urchristliche Herrenmahlfeier des Neuen Testamentes sehr bald in altkirchlicher Zeit ausgestaltet wurde, als man zum Beispiel vor der Segnung von Brot und Wein das Gebet eines Psalms eingeführt habe, sodann als die Liturgie durch das Kyrieleison und durch die Lesung von Epistel- und Evangelienperikopen angereichert worden sei. Das sind für ihn liturgische Adiaphora. Denn so sehr er an ihnen Gefallen fand, schrieb er ihnen doch nicht gesetzliche Verbindlichkeit zu.

---

[36] De libertate Christiana / Von der Freiheit eines Christenmenschen, 1520, WA 7, 63,10–23 / 33,31–34,6. – Vgl. Predigt, 9.6.1522, über Joh 3,16–21, WA 10 III, 163,14–21: Got hat auß lieb unns seinen sun geben, durch den wir selig sollen werden [Joh 3,16], Darumb last [v.l.: laß] dir kein ander pan [:Bahn] machen dan die und hüt dich vor zusatz, den [:denn] der verderbts gar, den [:denn] der ein zusatz macht, der fürt dich von der rechten ban den holtzweg, darumb laß dein gewisssen stellen auff kein wercke, auff keins heyligen verdienst, sunder allein auff das wort gottes, der wirt dir nicht liegen [:lügen], sunder seiner zusagung genug thun. Do ergreifstu got mit seinen aygen worten, darauff du dein hertz und trost pawen, grunden und steen kanst.

1.2 Reformatorische Verantwortung für die christliche Religion

Imprimis itaque profitemur, non esse nec fuisse unquam in animo nostro, omnem cultum dei prorsus abolere, sed eum, qui in usu est, pessimis additamentis vitiatum, repurgare et usum pium monstrare. Nam hoc negare non possumus, Missas et communionem panis et vini ritum esse a Christo divinitus institutum. Qui sub ipso Christo primum, deinde sub Apostolis simplicissime atque piissime, absque ullis additamentis, observatus fuit. Sed successu temporum tot humanis inventis auctus, ut praeter nomen ad nostra saecula nihil de missa et communione pervenerit.

Ac primorum patrum additiones, qui unum aut alterum psalmum ante benedictionem panis et vini levi voce orasse leguntur, laudabiles fuere. [...] Deinde qui Kyrieleison addiderunt, et ipsi placent. [...] Iam Epistolarum et Evangeliorum lectio etiam necessaria fuit et est, nisi quod vitium sit ea lingua legi, quae vulgo non intelligitur.[37]

Aufs erste bekennen wir, daß wir nicht im Sinn haben oder jemals hatten, allen Gottesdienst völlig abzuschaffen, sondern den, der im Brauch und durch gar schlimme Zusätze verderbt ist, zu reinigen und seinen frommen Brauch aufzuzeigen. Denn wir können nicht leugnen, die Messen und die Kommunion an Brot und Wein sind ein von Christus in göttlicher Weise gestifteter Ritus. Zunächst ist er unter Christus selbst, dann unter den Aposteln in der einfachsten und frömmsten Weise vollzogen, ohne irgendwelche Zusätze. Aber mit der Zeit ist er durch so viele menschliche Einfälle angewachsen, daß in unserem Zeitalter nur noch der Name von „Messe" und „Kommunion" übrig geblieben ist. Löblich waren noch die Zusätze der ersten Kirchenväter, die, wie man liest, den einen oder anderen Psalm vor der Segnung von Brot und Wein mit leiser Stimme gebetet haben. [...]

Zustimmung finden auch jene, die danach das Kyrieleison hinzugefügt haben. [...] Die Lesung von Episteln und Evangelien war und ist ebenfalls notwendig, abgesehen von dem Mißstand, daß sie in der Sprache gelesen werden, die das Volk nicht versteht.

Mag Luthers historische Sicht im einzelnen überholt sein durch neuere liturgiegeschichtliche Erkenntnisse, zeigt sie gleichwohl, wie sich in ihr historische Wahrheitserkenntnis mit einem theologischem Wahrheitskriterium verbunden hat. Denn auf der Gegenseite vertrat beispielsweise Hieronymus Emser (1478–1527) gestützt auf ältere Autoren gegenüber Luther die Ansicht, die römische Meßliturgie gehe in ihrer damals vorliegenden Form bis auf Petrus zurück und sei deshalb mit unantastbarer apostolischer Autorität gedeckt.[38] Selbst wenn in nachapostolischer Zeit in der Meßliturgie in Rom noch etwas hinzugefügt worden ist, sei das unter der Leitung des Heiligen Geistes geschehen. Was Luther von der Geschichte der römischen Meßliturgie sage, sei unverschämte Lüge.[39]

---

[37] Formula missae et communionis, 1523, WA 12, 206,15–207,4; die beiden Auslassungen (206,25 und 207,1 f.) enthalten nähere Angaben zu den von Luther anerkannten Zusätzen.

[38] Vgl. ebd. WA 12, 206 Anm. 1. Die zu dieser Schrift Luthers, WA 12, 205–220, in den Anmerkungen zitierten Stellen aus Emsers Schrift Missae Christianorum assertio, 1524, sind jetzt gut zugänglich bei Theobald Freudenberger (Hg.): Hieronymus Emser. Schriften zur Verteidigung der Messe, (CCath 28) 1959, 1–37.

[39] In Polemik gegen den oben zitierten Luther-Text schreibt Emser, Missae Christianorum assertio (Freudenberger, 10,7–13): Cum ritus ille Christi et verba eius in missa nostra permaneant et ea, quae non humanis (ut iste [Luther] ait) inventis sed spiritus sancti directione sive per apostolos primo, sive per legitimos eorum successores deinde adaucta sunt, modum non excedant, sed certa et divina ratione sibi constent parique per totum orbem christianum observatione ab

Das Aufeinanderprallen der entgegengesetzten Auffassungen vom Wesen des Herrenmahls ist ein Indiz dafür, daß etwas Wesentliches im Grundverständnis der christlichen Religion strittig geworden war.

Aus Luthers Sicht wurde das Verständnis des Herrenmahls gegenüber dem Neuen Testament gravierend verändert, als der Text von der Stiftung des Herrenmahls immer fester mit liturgischen Gebetstexten verklammert wurde, die dem Herrenmahl das Gepräge eines priesterlichen Opferritus gaben.[40] Luther hat bei seiner Meßreform diese Gebetstexte als verfremdende Zutat ausgeschieden, nachdem er aus dem Neuen Testament die reformatorische Einsicht gewonnen hatte,[41] daß bei jeder Feier des Herrenmahls die Worte Jesu jeweils gegenwärtig gültige Worte der Heilszusage an die Glaubenden seien (vgl. Kap. 9.6).[42]

Die reine Heilszusage des Evangeliums wurde zum tragenden Begriff der gesamten Sakramentslehre Luthers. Sollte hier das Evangelium frei bleiben von jeder Beimischung eines religiösen Gesetzes, dann besaß das geistliche Geschehen der Sakramente nicht mehr eine sakralrechtlich verankerte Wirkung. Die strikte Unterscheidung von Gesetz und Evangelium hatte für das kultische Handeln der Kirche zur Folge, daß aus den externen Strukturen der christlichen Religion ausgeschieden wurde, was nach dem neuen Grundverständnis der christlichen Religion als verfremdende Zutat beurteilt wurde. Denn der Opfergedanke der Messe hatte sich im Laufe der Geschichte gravierend auf das kirchliche Leben ausgewirkt, zum Beispiel in der Praxis der vielfältigen Meß-

---

initio in hunc diem usque perseverent, non potest esse nisi impudens mendacium, nihil ad nos de missa pervenisse praeter nomen.

[40] Formula missae et communionis, 1523, WA 12, 207,10–22: At ubi iam licentia fiebat addendi et mutandi, prout cuivis libebat, accedente tum et quaestus et ambitionis sacerdotalis tyrannide [...] ibi cepit missa fieri sacrificium, ibi addita offertoria et collectae mercenariae, ibi Sequentiae et prosae inter Sanctus et Gloria in excelsis insertae. Tum cepit Missa esse monopolium sacerdotale, totius mundi opes exhauriens [...] Hinc Missae pro defunctis, pro itineribus, pro opibus. Et quis illos titulos solos numeret, quorum missa facta est sacrificium?

[41] Vgl. De abroganda missa privata, 1521, WA 8, 422,9–15: Scriptura nos non fallet, quae sacrificium esse missas ignorat. Fallent sese potius, qui scripturae non credunt, suo Leviathan nixi. Caveant ob id iterum pia corda, ne missas sacrificent, at legitime illis utantur. Nos certis nitimur scripturis, ideo nec errare nec peccare possumus missis abstinentes sacrificandis. Illi recte incedere non possunt, dum relicta scriptura suis studiis ducuntur citra, ultra, contra divinam autoritatem in re tam sacra, tam metuenda et tremenda. – In dem entsprechenden Abschnitt der Zwillingsschrift Vom Mißbrauch der Messe, 1521, WA 8, 494,24–34, verzichtet Luther auch in diesem Fall auf den Begriff Leviathan.

[42] De captivitate Babylonica ecclesiae, 1520, WA 6, 526,28–33: Est enim testamentum hoc Christi medicina unica praeteritorum, praesentium et futurorum peccatorum, modo indubitata fide ei adhaeseris et credideris tibi gratuito dari id quod verba testamenti sonant. Quod si non credideris, nusquam, nunquam, nullis operibus, nullis studiis conscientiam poteris pacare. Fides enim sola est pax conscientiae, infidelitas autem sola turbatio conscientiae. – Dieser frühe Text findet eine adäquate Ergänzung durch einen ganz späten; Contra 32 articulos Lovaniensium, 1545, a.17, WA 54, 426,19–21: Ad digne percipiendum necessaria est fides, qua firmiter creditur promittenti Christo remissionem peccatorum et vitam aeternam, ut sunt clara Verba in sacramento. – Vgl. deutsche Fassung, a.18, ebd. 432,10–12.

1.2 Reformatorische Verantwortung für die christliche Religion

stiftungen. Schließlich hat dieses Verständnis des Meßritus auch entsprechende „additamenta externa" nach sich gezogen; davon betroffen waren Gewänder und Gefäße, Kerzen, Musikinstrumente, Bilder, was wiederum für Beschäftigung und Verdienst aller möglichen Handwerker sorgte.[43] Luthers historische Sicht, die sich nur auf die abendländische Entwicklung bezieht, ist zwar in manchen Details überholt, sie ist jedoch darin zutreffend, daß die neutestamentlichen Texte das Herrenmahl nicht als eine Form von priesterlichem Opferritus bezeugen und daß der Opfergedanke, nachdem er in der Messe Eingang gefunden hatte, die Kirche in ihrem Selbstverständnis und Handeln tief geprägt hat.[44]

In seiner Schrift De captivitate Babylonica ecclesiae hat Luther 1520 nicht nur sein reformatorisches Abendmahlsverständnis anhand der neutestamentlichen Einsetzungsberichte entwickelt; er hat darüber hinaus alle anderen Sakramente der mittelalterlichen Kirche einer theologischen Prüfung unterworfen. Seinem neuen, am Neuen Testament orientierten Sakramentsbegriff können nur noch Taufe und Abendmahl genügen. Für die übrigen fünf Sakramente kann der Rang eines Sakramentes lediglich aus der späteren kirchlichen Entwicklung abgeleitet werden. Wenngleich im Neuen Testament für einige dieser traditionellen Sakramente, z. B. für Buße und Krankensalbung, gewisse religiöse Elemente aus frühchristlicher Zeit bezeugt sind, halten sie in ihrer späteren kirchlichen Gestalt dem reformatorischen Sakramentsbegriff nicht mehr stand. Das System der sieben Sakramente zerbricht unter seiner theologischen Kritik. Da Luther in der Exegese der biblischen Texte ein Sakramentsverständnis gewonnen hat, das die Sakramentsstruktur der mittelalterlichen Kirche beiseite räumt, ergibt sich für ihn daraus eine klare Unterscheidung zwischen den beiden durch Jesus gestifteten Sakramenten der Taufe und des Abendmahls einerseits und den fünf weiteren Sakramenten andererseits. Bei der Sichtung der sieben Sakramente in De captivitate Babylonica ecclesiae war die neutestamentlich bezeugte Stiftung durch Jesus Christus nicht das einzige Kriterium; stärker war das theologische Kriterium, ob jeweils – wie bei Taufe und Abendmahl – in Verbindung mit einer Zeichenhandlung dem Sakramentsempfänger direkt eine Heilszusage gegeben wird. Obwohl Luther bei den mißbilligten Sakramenten nicht ausdrücklich von „Zusätzen", additamenta, spricht, haben diese fünf Sakramente jenen Cha-

---

[43] Formula missae et communionis, 1523, WA 12, 208,1–4: Nam additamenta externa vestium, vasorum, cereorum, pallarum, deinde organorum et totius musicae, imaginum, quid dicam? Nihil pene fuit in toto orbe artificiorum, quod non magna ex parte sua negotia ac suum quaestum haberet et e missa aleretur. – Ebd. 208,7 f verweist Luther auf seine Schriften von 1520 und 1521, in denen er eine umfassendere theologische Kritik an der herrschenden Meßopferlehre geliefert hat.

[44] Ebd. WA 12, 208,8–12 stellt Luther frei, wie man das Abendmahl bezeichnet – sacramentum, testamentum, benedictio, Eucharistia, mensa domini, caena domini, memoria domini, communio –, wenn nur diese Begriffe den Gedanken an ein sacrificium und ein opus (bonum) ausschließen. – Zu dem Begriffspaar sacrificium und opus (bonum) vgl. De captivitate Babylonica ecclesiae, 1520, WA 6, 512,7 ff; 520,13 ff; 523,8 ff.

rakter des essentiell Zusätzlichen, der mit dem evangelischen Verständnis der christlichen Religion unvereinbar geworden ist. Das traditionelle kirchliche Bußsakrament verwirft Luther, weil es in seinem kirchengesetzlichen Gepräge der reformatorischen Auffassung von Sündenbekenntnis und Vergebungszusage widerspricht (vgl. Kap. 5.5).

Das von Luther aufgebrochene Gefüge der sieben Sakramente war in der mittelalterlichen Kirche längst in Geltung, ehe durch Beschluß des Konzils von Florenz 1439 die Sieben-Zahl der Sakramente für verbindlich erklärt wurde. Welche tragende Funktion das System der Sakramente in dem von der Reformation bestrittenen Grundverständnis der christlichen Religion gewonnen hatte, soll wenigstens mit Blick auf einen religionsgeschichtlich besonders beachtenswerten Aspekt verdeutlicht werden. Die sieben Sakramente sind nach allgemeinen Gesichtspunkten geordnet worden, die unter dem Obergriff „Gesetz" die christliche Religion als neues Gesetz (lex nova) mit der Religion des Alten Testamentes als der des alten Gesetzes (lex vetus) vergleichen. Aufeinander bezogen werden die beiden Kultordnungen mit ihren Sakramenten. In dieser Sicht zieht unter Papst Eugen IV. (1431–1447) das Konzil von Florenz ein Resümee der mittelalterlichen Sakramentenlehre.

Quinto ecclesiasticorum sacramentorum veritatem pro [...] faciliore doctrina sub hac brevissima redigimus formula. Novae Legis septem sunt sacramenta: videlicet baptismus, confirmatio, Eucharistia, paenitentia, extrema unctio, ordo et matrimonium, quae multum a sacramentis differunt Antiquae legis. Illa enim non causabant gratiam, sed eam solum per passionem Christi dandam esse figurabant: haec vero nostra et continent gratiam, et ipsam digne suscipientibus conferunt.[45]	Fünftens bringen wir die Wahrheit der kirchlichen Sakramente für die leichtere Unterrichtung [...] auf folgende knappste Formel. Es gibt sieben Sakramente des Neuen Bundes, nämlich Taufe, Firmung, Eucharistie, Buße, Letzte Ölung, Weihe und Ehe, die sich sehr von den Sakramenten des Alten Bundes unterscheiden. Diese nämlich bewirkten die Gnade nicht, sondern zeigten nur an, daß sie durch das Leiden Christi gegeben werden sollte; diese unsrigen aber enthalten die Gnade und verleihen sie denen, die sie würdig empfangen.

In dieser Weise vergleichen die mittelalterlichen Theologen zwei sakramentale Heilsordnungen miteinander, von denen die „alte" – als Typos oder figura – vorausweist auf eine künftige „neue" Heilsordnung, die ihrerseits als Vollendung und Erfüllung der „alten" aufgefaßt wird. Das Kreuzesleiden Christi ist der Wendepunkt zwischen dem Alten Gesetz mit seinen rein zeichenhaften Sakramenten und dem Neuen Gesetz mit seinen von Gnadenrealität gefüllten Sakramenten.

---

[45] Bulle „Exsultate Deo" vom 22.11.1439 des Konzils von Florenz (1439–1447), DH 1310. Die oben zitierte Übersetzung ist mit den Begriffen „Neuer Bund" und „Alter Bund" unscharf; sie verharmlost die Begriffe Antiqua und Nova Lex, mit denen die alttestamentlich-mosaische Sakralordnung und die christliche Sakralordnung aufeinander bezogen werden. Der Begriff „neuer Bund" täuscht leicht darüber hinweg, daß diese neue Heilsordnung ebenso wie die alte durch ein sakrales, göttliches Gesetz konstituiert wird.

In den beiden Ordnungen wird der Gläubige in seinem Umgang mit den Sakramenten unterschiedlich bestimmt: in der alten Sakralordnung durch eine Glaubensform, die auf den heilsgeschichtlichen Wendepunkt vorausblickt, in der neuen Sakralordnung durch eine Glaubensform, die im zeremoniell regulierten Empfang der Sakramente die Gnadenrealität vermittelt und zugleich auf deren heilsgeschichtliche Ursache zurückblickt. Die christlichen Sakramente sind in dieser Sicht eingebunden in eine Ordnung sakralen Rechtes, die von Christus gestiftet worden ist und für deren Bewahrung in erster Linie die Bischöfe verantwortlich sind. Dank dieser sakralrechtlichen Einbindung vermitteln die kirchlichen Sakramente mit ihrem Vollzug ursächlich das Heil, das ihnen von Christus eingestiftet worden ist. Das System der sieben Sakramente bildet den Kern in der Struktur der christlichen Religion als einer Sakralordnung göttlichen Rechts.

Spätestens hier merkt man, daß das Kriterium „Zusatz" oder „Zutat" dem für Luther brennend gewordenen Problem nicht wirklich genügt. Luthers Sakramentsbegriff, den nur Taufe und Herrenmahl erfüllen, bringt die christliche Religion in eine andere Relation zur Mose-Religion, als das in der mittelalterlichen Korrelation der beiden Religionen geschah. Denn die direkte Heilszusage ist nicht nur für das reformatorische Sakramentsverständnis grundlegend, vielmehr ist das Evangelium als das Gotteswort der Heilszusage konstitutiv für Luthers Grundverständnis der christlichen Religion in ihrer inneren Verfassung. In allen Bereichen, in denen Luther einen theologisch relevanten „Zusatz" erkennt, bricht jetzt eine Differenz im Grundverständnis der christlichen Religion auf. Es muß betont werden, daß Luther an dem Grundlegenden der christlichen Religion – das sind die heilige Schrift und die alten Hauptstücke des Katechismus sowie die Sakramente der Taufe und des Herrenmahls – mit Entschiedenheit festhält. Nur das Grundverständnis der vorgegebenen Grundlage der christlichen Religion ist durch die reformatorische Theologie strittig geworden. Die kirchliche Praxis setzt bewußt oder unbewußt ein Grundverständnis des im Christentum Grundlegenden voraus. Für die christliche Kirche ist es eine uralte Selbstverständlichkeit, daß die heilige Schrift und die Katechismustexte ausgelegt und nicht etwa nur rezitiert werden, weil den Gläubigen ein religiöses Lebensbewußtsein vermittelt werden soll. Mit der reformatorischen Auffassung vom Christentum, die durch die Polarität von Gesetz und Evangelium charakterisiert ist, gerät auch das Verhältnis von Altem und Neuem Testament in ein anderes Licht als in der mittelalterlichen Korrelation der beiden von Mose und Christus gestifteten Sakralordnungen.

1.3 Strukturelemente in Luthers Lehre der christlichen Religion

Luther war Lehrer der christlichen Religion im Auslegen der heiligen Schrift. Er praktizierte das Auslegen der heiligen Schrift sowohl in seinen Vorlesungen als auch in seinen Predigten. Dafür, daß er für seine Vorlesungen Texte des Alten Testamentes bevorzugte, könnte man wohl drei Gründe anführen. Erstens mag es für ihn in den Jahren ab 1522, als seine Übersetzung des Neuen Testamentes erschienen war, nahegelegen haben, die Arbeit an der Übersetzung des Alten Testamentes durch Vorlesungen über alttestamentliche Schriften zu unterstützen.[46] Zweitens schuf er sich mit alttestamentlichen Vorlesungen ein Gegengewicht zu seinen Predigten an Sonn- und Feiertagen, die er meistens über die herkömmlicherweise vorgesehenen Evangelienperikopen hielt. Drittens mag ihn sozusagen ein religionsgeschichtliches Interesse zum Alten Testament hingezogen haben, weil er hier verfolgen konnte, welche Geschichte des Wortes Gottes dem Neuen Testament vorausgegangen ist. Denn mit dem reformatorischen Grundverständnis der christlichen Religion verbindet sich bei Luther eine Auffassung vom Verhältnis der beiden Testamente, die von der traditionellen Sicht abweicht. Strukturelemente seiner Lehre der christlichen Religion sind deshalb in seinen alttestamentlichen Vorlesungen breit verstreut.

Elementare Lehrpunkte von Luthers Grundverständnis der christlichen Religion sind – wie könnte es auch anders sein – in seinen beiden Katechismen des Jahres 1529 zu finden. Diese beiden Werke waren vorbereitet durch Auslegungen der drei katechetischen Hauptstücke.[47] Auch in Reihenpredigten hat Luther die drei Hauptstücke des Katechismus ausgelegt, zunächst (1523) in einer kürzeren Reihe und später (1528) in drei aufeinander folgenden Predigtreihen, in die er, damals mit der Ausarbeitung des Großen und des Kleinen Katechismus beschäftigt, Taufe und Abendmahl einbezogen hat.

Die Frage, was der theologische Kern sei in Luthers Grundverständnis der christlichen Religion, wird man am ehesten mit dem Hinweis auf die Rechtfertigungslehre beantworten wollen, hat Luther doch häufig – vielfach im Anschluß an Röm 3,28 – die Rechtfertigung des Sünders allein durch den Glauben an Jesus Christus als das Entscheidende der christlichen Theologie hervorgehoben. Verknüpft man das mit den Exklusivformeln, dann heißt es, der Mensch werde vor Gott gerecht „allein durch Christus", „allein durch den Glauben", „allein aus Gnaden". Wer aus diesem Zentrum heraus Luthers Theologie entfalten will, stößt unweigerlich schnell auf die Kategorien von Gesetz und Evangelium. Sie umgrei-

---

[46] Diesem Zweck dienten offenbar weniger die Reihenpredigten über Schriften des Alten und Neuen Testamentes. Ergänzend zu den Hauptgottesdiensten an den Sonn- und Feiertagen wurden in Wittenberg liturgisch schlichtere Gottesdienste eingeführt, bei denen auch an Werktagen Reihenpredigten über einzelne biblische Bücher gehalten wurden. In den ersten Jahren nach 1522 hat Luther in Reihenpredigten die Bücher Genesis (1523/24) und Exodus (1524–1527) sowie die beiden Petrusbriefe (1523/24) ausgelegt.

[47] Besonders zu beachten ist Kurze Form der zehn Gebote, des Glaubens, des Vaterunsers, 1520; die drei Teile sind nicht aus einem Guß und können separat zitiert werden: WA 7, 204,1–214,22; 214,23–220,5; 220,6–229,22. Die Schrift bildet den Grundstock für das mit einigen verdeutschten Psalmen angereicherte Betbüchlein, 1522, das in den folgenden Jahren eine bunte Editionsgeschichte erlebt hat (vgl. WA 10 II, 334–350, 355–362, 366–369).

fen das Geschehen der „Rechtfertigung des Sünders". Deshalb empfiehlt es sich, der Darstellung von Luthers Theologie zugrunde zu legen, daß dem Menschen Gottes Wort in der Doppelgestalt von Gesetz und Evangelium begegnet. Durch die Kategorien von Gesetz und Evangelium ergeben sich auch ohne weiteres religionstheologische Zusammenhänge, nicht nur durch die Relation von Altem und Neuem Testament, sondern auch durch die Beziehung der christlichen Religion zur elementaren Konstitution des Menschen in seiner Geschöpflichkeit unter dem Gesetz. Ihre Hauptbestimmung erfährt die christliche Religion jedoch durch das Evangelium des Jesus Christus, auf das sich der Glaube in seinem spezifisch reformatorischen Verständnis gründet.

Wenn mit Gesetz und Evangelium das Gestaltungsprinzip von Luthers Theologie als Lehre der christlichen Religion vorausgesetzt wird, hat das für ihre Darstellung zweierlei zur Folge: Erstens, Luthers Theologie ist in allen Teilen auf die religiöse Erfahrung bezogen; zweitens, Luthers Theologie ist strukturiert durch ein Geflecht von Relationen und Unterscheidungen.

Auf der Grundlage der christlichen Religion will Luthers Theologie unterweisen im Wahrnehmen des Wortes Gottes in der präzis unterschiedenen doppelten Gestalt von Gesetz und Evangelium. Der Bezug zur Erfahrung ist ohne weiteres gegeben, wenn Gottes Wort wahrgenommen wird zum einen als unbedingter Anspruch Gottes an den Menschen, ausgesprochen im Doppelgebot der Gottes- und Nächstenliebe wie auch im Dekalog, zum anderen als Gottes bedingungsloser Zuspruch seines Heils für den Menschen im Evangelium des Jesus Christus. Dementsprechend ist in Luthers Sicht Gottes Wort bereits in den biblischen Ursprungstexten erfahrungsgebunden. Denn diese Texte richteten sich, nicht nur wenn sie aus mündlicher Überlieferung hervorgegangen sind, an Menschen in konkreten Situationen. Gegebenenfalls wurde das Überlieferte unter veränderten Umständen neu zur Sprache gebracht. Zum Beispiel versteht Luther die Verkündigung der Propheten zu einem wesentlichen Teil als vollmächtige Auslegung des Dekalogs.

Die Verbindlichkeit der heiligen Schrift als Grundlage der christlichen Religion bringt es mit sich, daß Luther die heilige Schrift als differenzierte Einheit aus Altem und Neuem Testament betrachtet und in beiden Testamenten Gesetz und Evangelium bezeugt findet (Kap. 2).

Mit der Person des Jesus Christus und der apostolischen Christus-Predigt ist das messianische Heil geschichtliche Wirklichkeit geworden, was in den Schriften des Neuen Testamentes bezeugt wird. Das Evangelium des Jesus Christus, zu dem in Korrelation der christliche Glaube hinzugehört, bestimmt in Luthers Verständnis das Wesen der christlichen Religion. Diese Korrelation zieht noch andere Relationen nach sich, die ähnlich charakteristisch sind für Luthers Auffassung vom Christentum (Kap. 3).

Trotz klarer Unterscheidung vom Gesetz kann das Evangelium nicht erfahren werden, wenn nicht die Macht des Gesetzes im Leben des Menschen bewußt geworden ist. Deshalb muß die christliche Theologie über das Wesen des Gesetzes Auskunft geben und den Menschen unterweisen, wie er mit den Geboten Gottes umzugehen hat (Kap. 4).

Angesichts der Macht des Gesetzes wird in Luthers reformatorischer Theologie die Rechtfertigung des Gottlosen zum Inbegriff eines umfassenden und einheitlichen Geschehens der Befreiung vom Unheil zum Heil (1Kor 15,56f), wenn der Mensch im Glauben an das Evangelium dessen Macht erfährt (Kap. 5).

Die Einheit des Heils ist begründet in der Person des Jesus Christus in ihrem Amt, das Luther ausschließlich als das Amt des Erlösers und Mittlers zwischen Gott und dem Menschen begreift. In diesem Sinn interpretiert er das trinitarische Glaubensbekenntnis der Alten Kirche, das in Gestalt des Apostolicum zum Katechismus gehört (Kap. 6).

Der an das Evangelium des Jesus Christus gebundene Glaube hat eine ungewöhnlich beherrschende Stellung in Luthers Theologie; deshalb muß die Lebensfunktion des Glaubens genauer betrachtet werden. Als sein stärkstes Merkmal erweist sich seine Gewißheit, an der auch das Gebet teilhat (Kap. 7).

Weil der vom Evangelium lebendig gehaltene Glaube aus sich selbst heraus in der Nächstenliebe fruchtbar sein will, ergibt sich daraus als fester Bestandteil der christlichen Religion eine Ethik der Nächstenliebe, in der das Gesetz seine Erfüllung findet (Kap. 8).

Schließlich existiert die christliche Religion in ständiger, geschichtlich bedingter Vermittlung durch die Christenheit. Solche Vermittlung geschieht im verantwortlichen Auslegen der heiligen Schrift; darin besteht letztlich der öffentliche Dienst der Kirche (Kap. 9).

1.4 Begrenzung und Behandlung des Quellenmaterials

Seitdem Luthers eigenes Manuskript seiner 1515/16 gehaltenen Vorlesung über den Römerbrief zum ersten Male 1908 gedruckt zugänglich geworden ist, hat die Forschung durch diesen Text ungeahnten Antrieb empfangen, die Entwicklung von Luthers Theologie möglichst genau historisch zu erfassen. Viel Aufmerksamkeit ist der Frage geschenkt worden, welche Faktoren sowohl der mittelalterlichen Theologie als auch der zeitgenössischen Geisteskultur zur Genese und eigentümlichen Ausformung der Theologie Luthers beigetragen haben. Der Forschungsprozeß und das gegenwärtig vorliegende Ergebnis muß hier nicht referiert werden. Auch die Frage nach der sog. reformatorischen Entdeckung Luthers soll hier nicht erneut aufgeworfen werden. Da Luthers reformatorische Theologie in ihrer Einheit behandelt werden soll, will ich aus methodischen Gründen nicht auf deren Entwicklung bis zum Jahr 1517 eingehen. Ebenso wenig will ich einzelne Probleme von Luthers theologischer Entwicklung in den stürmischen Jahren von 1517 bis 1521 erörtern. Ich setze voraus, daß Luthers Theologie in dieser Zeit definitiv ihr reformatorisches Profil gewonnen hat, nachdem er in den vorhergehenden Jahren bereits zu entscheidenden theologischen Erkenntnissen gekommen war. Man kann in diese Schwellenzeit noch die Zeit seines Wartburgaufenthaltes (5. Mai 1521 bis 1. März 1522) einbeziehen, weil Luther sogar erst in dieser Zeit sich zu einigen brisanten Themen – vor allem zur Meßreform und zu den Ordensgelübden – mit vorbehaltloser Entschlossenheit geäußert hat.

Zum Problem der Genese von Luthers Theologie seit den Anfängen seines Theologiestudiums sei nur angemerkt, daß Luther sich bereits in den Erfurter Studienjahren einer gründlichen Augustin-Lektüre gewidmet hat, wie seine Randbemerkungen zu mehreren großen und kleinen Schriften des Kirchenvaters belegen. Gleichzeitig mit seiner Augustin-Lektüre lernte er zahlreiche Augustin-Exzerpte im Sentenzenwerk des Petrus Lombardus kennen.[48] Augustin blieb der bedeutendste theologische Lehrer Luthers bei seinen ersten Wittenberger Vorlesungen über die Psalmen sowie den Römer- und den Galater-Brief. So sehr Luther bei seiner exegetischen Arbeit in den frühen Wittenberger Jahren auch von anderen Exegeten profitiert hat, empfing er doch von Augustin die stärksten Anregungen, zumal er nicht nur dessen Auslegungen der genannten biblischen Bücher konsultierte, sondern aus dessen antipelagianischen Schriften seit 1515 kräftige Impulse aufnahm zur Auseinandersetzung mit der scholastischen Gnaden- und Willenslehre.[49] Seine exegetische Beschäftigung mit der Bibel wurde dadurch intensiviert, daß der Humanismus von der Theologie nicht nur mehr Beachtung der biblischen Ursprachen forderte, sondern dafür auch philologische Hilfsmittel bereitstellte und eigene exegetische Beiträge lieferte. Das humanistische Werkzeug für die Arbeit mit der Bibel hat Luther gerne benutzt. Mit seiner Wittenberger Promotion zum Doktor der Theologie[50] und der anschließenden Berufung in das akademische Lehramt übernahm er, wie es der akademischen Tradition und der Wittenberger Ordnung entsprach, als Hauptaufgabe die Beschäftigung mit der heiligen Schrift. Formal hatte er den gleichen Lehrauftrag wie die bekannten Lehrer der scholastischen Ära, wie Thomas oder Bonaventura. Daß er in seiner Lehre einen anderen theologischen Weg einschlug als die Scholastiker, verdankte er wohl nicht nur der anhaltenden Beschäftigung mit Augustin, sondern auch der Lektüre der Werke des Bernhard von Clairvaux. Die Frömmigkeit seiner Zeit hat er aufmerksam wahrgenommen, er selbst lebte in

---

[48] Von Luthers Erfurter Randbemerkungen zu Augustin und Petrus Lombardus, 1509–1511 existiert jetzt eine neue kritische Edition, besorgt durch Jun Matsuura, AWA 9, 2009; die frühere Edition in WA 9, 2–94 ist dadurch überholt.

[49] Darum erklärte er 1518 im Präskript zu den theologischen Thesen der Heidelberger Disputation, WA 1, 353,11–14, er schöpfe seine Thesen aus Paulus, dem „vorzüglichsten Gefäß und Instrument, dessen sich Christus bedient" [vgl. Apg 9,15], sodann aus Augustin, dem „treuesten Interpreten" des Paulus, s. o. Anm. 2.

[50] Luthers Promotion ist verzeichnet im Dekanatsbuch der theologischen Fakultät Wittenberg, Liber decanorum facultatis theologiae academiae Vitebergensis, ed. Car[olus] Ed[uardus] Foerstemann, 1838, S. 13.

ihr ursprünglich so selbstverständlich und wurde von ihr so tief geprägt, daß er sich in einer Situation akuter Todesangst aus Sorge um sein ewiges Heil für den Mönchsstand entschieden hat und am 17. Juli 1505 in das Erfurter Kloster der Augustinereremiten eingetreten ist. Aber weder aus der vielfältigen Gestalt der spätmittelalterlichen Frömmigkeit noch aus der Lehrtradition der Scholastik ist seine Theologie in ihrem Kern hervorgegangen. Denn zur Quelle seiner Theologie wurde spätestens seit 1512 in wachsendem Maße die heilige Schrift bei seiner intensiven exegetischen Arbeit, bei der er sich auf der Höhe der Wissenschaft seiner Zeit befand. Im Zuge dieser Arbeit gewann er auch das Grundverständnis der christlichen Religion, das er gegenüber dem römisch-katholischen Lehramt vertreten hat.

Seit der genannten Schwellenzeit (1517–1521/22) präsentiert sich Luthers Theologie, das heißt sein Grundverständnis der christlichen Religion, in so großer Geschlossenheit, daß einige spätere Akzentverschiebungen an Gewicht verlieren, sobald man das Ganze dieser Theologie ins Auge faßt. Und selbst das, was an Entwicklungsmomenten innerhalb jener Schwellenzeit festzustellen ist, verliert an Bedeutung, wenn die Grundzüge der reformatorischen Theologie nachgezeichnet werden sollen. Deshalb habe ich die vor 1517 liegenden Quellen für Luthers Theologie bis auf ganz wenige Ausnahmefälle ausgeklammert und verwende die Zeugnisse jener Schwellenzeit in dem Maße, wie sie mit späteren Zeugnissen im Einklang stehen. Unter diesen Voraussetzungen läßt sich aus Luthers Werk eine im wesentlichen einheitliche reformatorische Theologie herausschälen. Wegen der von mir angestrebten Konzentration auf die Substanz seiner reformatorischen Theologie können viele Partien seiner oft exzessiven Polemik gegen die mittelalterliche Theologie oder gegen die Papstkirche ohne Schwierigkeit ausgeklammert werden. Das theologische Problem seiner Polemik gegen das Judentum wird in einem Abschnitt des nächsten Kapitels angeschnitten (Kap. 2.4).

Auch für die zeitgenössische Rezeption der reformatorischen Theologie Luthers kommen eigentlich nur die Quellen ab 1517 in Betracht, da Luther erst von diesem Jahr an mit gedruckten Schriften vor die breite Öffentlichkeit getreten ist. Was in den Jahren zuvor einzelne, wenige Hörer seiner Vorlesungen von der sich erst noch entwickelnden Theologie Luthers wahrgenommen haben, wird bedeutungslos beim Vergleich mit deren Breitenwirkung ab 1517. Im Prozeß der Rezeption ist Luthers Theologie den unterschiedlichsten Bedingungen der Aneignung ausgesetzt gewesen. Die Rezipienten der ersten Generation waren in vielfältiger Art durch die mittelalterliche Theologie und den Humanismus geprägt. Das Kaleidoskop der Rezeption – mit der Spannung von Einheit und Vielfalt der Theologie der Reformatoren – wird sich um so besser betrachten und beurteilen lassen, je klarer Luthers reformatorische Theologie sich in ihrer eigenen Geschlossenheit präsentiert. Erschwert wird das allerdings dadurch, daß Luther sein Christentumsverständnis nicht in dem inneren Zusammenhang reflektiert hat, aus dem heraus hier eine Rekonstruktion versucht wird. Unter den geschichtlichen Bedingungen, unter denen er seine Theologie gelehrt und mit Leidenschaft verfochten hat, war es für ihn wohl kaum möglich, sein Grundverständnis der christlichen Religion in reflektierter Gestalt vorzutragen.

Absichtlich verzichte ich auf die Auseinandersetzung mit der kaum noch überschaubaren Sekundärliteratur. Ich beschränke mich auf einen möglichst knapp gehaltenen Versuch, Luthers reformatorische Theologie in ihrem eigenen Gefüge auf der Basis von Luther-Texten darzustellen. Um dem Leser einen Eindruck von dieser Quellenbasis zu vermitteln, habe ich nach Möglichkeit signifikante Texte in die Darstellung aufgenommen; sie werden in kleinerem Schriftgrad wiedergegeben, sofern sie nicht in den Anmerkungen zitiert werden. Werden lateinische Texte in die Darstellung eingeschaltet, wird eine Übersetzung beigefügt.

Die Luther-Texte zitiere ich nach der Weimarer Ausgabe (WA); nur in Ausnahmefällen nenne ich daneben die eine oder die andere von den neueren wissenschaftlichen Auswahl-Ausgaben.[51] Bei Zitaten aus der Hauptabteilung der WA wird unter Umständen noch auf den entsprechenden Revisionsnachtrag (RN) hingewiesen.

Da die Weimarer Ausgabe bei der mehr als hundert Jahre sich hinziehenden Edition der Texte nicht einheitlich verfahren ist, erlaube ich mir zur Erleichterung der Lektüre folgende Eingriffe in die Texte:
– Die Interpunktion der Texte wird in behutsamer Weise geändert, wenn das für ein zweifelsfreies Verständnis erforderlich ist.
– Die Orthographie der lateinischen Texte wird generell normalisiert.
– In der Orthographie der lateinischen wie der deutschen Texte wird die Behandlung von „u" und „v" dem modernen Gebrauch angeglichen, z. B. Evangelium statt Euangelium geschrieben, während das griechische Euangelion beibehalten wird.
– In eckiger Klammer werden in die Texte die Worte eingeschaltet, die aus syntaktischen Gründen erforderlich sind.
– In deutschen Texten wird nach Worten, deren Bedeutung dem heutigen Sprachgebrauch fremd geworden ist, in eckiger Klammer mit einem Doppelpunkt ein erläuterndes Wort eingefügt.
– Bietet die Textüberlieferung, die im Apparat der WA notiert ist, eine bessere Lesart, so wird sie in eckiger Klammer mit dem Kürzel v.l. (varia lectio) vermerkt.
– Alle römischen Ziffern werden durch arabische wiedergegeben.
– Bei Bibel-Zitaten werden die biblischen Bücher abgekürzt – nach RGG[4] / Schwendtner – angeführt. Die Verszahl wird in Klammern hinzugefügt.

---

[51] Am ehesten kommt in Betracht die seit kurzem existierende Lateinisch-Deutsche Studienausgabe (LDStA), hg. von Wilfried Härle, Johannes Schilling, Günther Wartenberg, 3 Bde., 2006–2009.

– Die Zählung der Psalmen richtet sich nach der masoretischen Zählung; folgt Luther hingegen in einem zitierten Text der LXX- bzw. Vulgata-Zählung, wird nach einem Schrägstrich oder in runder Klammer die masoretische Zählung ergänzt.

– In den Anmerkungen wird der Titel von Luthers Schriften in verkürzter Form und mit Angabe des Erscheinungsjahres angeführt.

– Bei Luthers Predigten nenne ich das Datum und den Text der Predigt. Bei Vorlesungen wird deren Jahr sowie das biblische Buch und die betreffende Text-Stelle angegeben. Sowohl bei Predigt- als auch bei Vorlesungszitaten mache ich kenntlich, ob es sich um eine Nachschrift (Ns) oder eine Druckbearbeitung (Dr) handelt.

– Bei Zitaten aus der WA-Abteilung Deutsche Bibel (WA.DB) unterscheide ich die Fälle, wo die Textfassungen nur orthographisch voneinander abweichen („Version" mit Jahreszahl), von den Fällen, in denen die Formulierung der Texte variiert („Text" mit Jahreszahl).

Kapitel 2

Die heilige Schrift im reformatorischen Grundverständnis der christlichen Religion

2.1 Bindung und Freiheit durch das exklusive Schriftprinzip

Für Luthers Grundverständnis der christlichen Religion ist das Prinzip „allein die heilige Schrift" (sola scriptura) bindend. Es entzieht religiöse Heilsverbindlichkeit allem, was damals nach dem Willen der kirchlichen Hierarchie der Christ um seines ewigen Heils willen in Sachen der Lehre und der Lebensführung anzuerkennen hatte, obwohl es als kirchliche Tradition über die biblische Heilsbotschaft hinausging. Gegenüber dem biblischen „Gotteswort" erklärt Luther solche kirchliche Tradition zum „Menschenwort", zur Menschenlehre, zum Menschengesetz. Daß er sich dafür auf neutestamentliche Warnungen vor „Menschenlehre" beruft, zeigt seine zweiteilige Schrift Von Menschenlehre zu meiden und Antwort auf Sprüche, so man führt, Menschenlehre zu stärken, 1522.[1] Luther propagiert keineswegs eine allgemeine Verachtung der kirchlichen Traditionen. Sein Kampf richtet sich ausschließlich dagegen, daß kirchliche Traditionen für Glauben und Leben der Christen um des Heils willen verbindlich sein sollten. Solche Traditionen dürfen nicht das Gewissen der Christen binden, selbst wenn sie durch Worte der Kirchenväter, durch Konzilsbeschlüsse oder Papstdekrete sanktioniert sind.[2]

Die kirchlichen Fastenvorschriften lieferten ein eklatantes Beispiel gewissensbindender Tradition. Ein Nicht-Befolgen wurde gegebenenfalls als schwere Sünde gewichtet, die den Gnadenstand des Christen zerstörte und ihn der Ver-

---

[1] Von Menschenlehre zu meiden, 1522, WA 10 II, 72–92; im 1. Teil (10 II, 73–86) erläutert Luther zehn Schriftstellen, die vor „Menschenlehre" warnen. Da die Stellen in der WA nicht verifiziert sind, seien sie hier in der behandelten Reihenfolge genannt: Dtn 4,2; Jes 29,13 bzw. Mt 15,8 f; Mt 15,11; 1Tim 4,1–7 a; Kol 2,16–23; Gal 1,8 f; Tit 1,14; 2Pt 2,1–3; Mt 24,23–26; Lk 17,21. Einige dieser Schriftworte bespricht Luther auch im ersten, grundsätzlichen Teil seiner Schrift Von der Beichte, 1521, WA 8, 140–152. – Im 2. Teil (WA 10 II, 87,1–90,29) entkräftet Luther Beweisgründe, mit denen man die Autorität der Kirche neben der Schriftautorität zu legitimieren suchte.

[2] Bedeutsam ist die 1521 laufende Kontroverse, die in der Erregung über Luthers Adelsschrift begonnen wurde von Hieronymus Emser: Wider das unchristliche Buch M. Luthers an den deutschen Adel, 1521 (Enders 1, 1–145). – Sofort reagierte Luther, Auf das überchristlich Buch Emsers Antwort, 1521, WA 7, 621–688. In dem weiteren Streitschriftenwechsel ist für die theologische Argumentation von Belang Emser, Quadruplica auf Luthers jüngst getane Antwort, 1521 (Enders 2, 129–183).

heißung des ewigen Lebens beraubte, solange diese Sünde nicht gebeichtet und durch Bußwerke bereinigt wurde. Einerseits wurden die Fastengebote zwar in mancherlei Hinsicht durch Ausnahmeregelungen entschärft, andererseits wurde an ihrer generellen Wertung als verbindliches Kirchengebot festgehalten. Hier konnte die reformatorische Kritik an „Menschenlehre" und „Menschengebot" sich direkt auf neutestamentliche Texte berufen wie die Absage Jesu an ein Speisetabu in Mt 15,11 oder die Mahnung von 1Tim 4,3, sich zu hüten vor denen, „die da gebieten [...] Speisen zu meiden, die Gott geschaffen hat, daß sie mit Danksagung empfangen werden von den Gläubigen". Fasten hält Luther für empfehlenswert; was er jedoch als Menschengebot ablehnt, sind die Fastengebote und ähnliche Kirchengebote, deren Übertretung zu den schweren Sünden, nach damaligem Sprachgebrauch zu den „Todsünden", zählte. Nachdem er sich in der Schrift „An den christlichen Adel", 1520, für Freiheit im christlichen Fasten ausgesprochen und damit Widerspruch erregt hatte,[3] geht er auf dieses Thema 1522 ein und erklärt zu Mt 15,11:

Dißen außspruch und urteyll soll man wol fassen, denn er ist mechtig unnd stosset mit gewallt ernydder alle lere, brauch und leben ynn unterscheyd [:Unterscheidung] der speyßen und macht frey alle gewissen von allen gesetzen uber speyß und tranck. [...] Nicht das es boße sey [Fasten] tzu halten, Aber boße ists, eyn nott [:eine Notwendigkeit] unnd gepott drauß machen, das doch frey ist, Unnd fürgeben, es mache unreyn unnd sey sund, das doch Christus selbs sagt, es sey nicht sund und mache nicht unrein.[4]

Der Kontrast zwischen der neutestamentlichen Botschaft und der „Menschenlehre" kann nach Luthers Urteil nicht durch das Argument entkräftet werden, daß auch die Evangelisten und selbst die Apostel Petrus und Paulus Menschen gewesen seien; infolgedessen könne auch die Lehre des Papstes Verbindlichkeit beanspruchen.[5] Dem setzt Luther eine Unterscheidung entgegen, die das neutestamentliche Evangelium und kirchliche Satzungen grundsätzlich voneinander trennt: Die apostolische Predigt hat die Befreiung des Gewissens durch das Evangelium zur Aufgabe. „Menschenlehre" hingegen ist dadurch definiert, daß die Kirche mit ihrer Autorität das Gewissen der Menschen an religiöse Satzungen bindet. Beides verträgt sich nicht miteinander. Die christliche Befreiung des Gewissens einerseits und seine gleichzeitige Bindung durch die Kirche andererseits sind unvereinbar. Für das Christentum ist entscheidend, ob die apostolische

---

[3] Emsers Ausführungen zur Fastenfrage, Wider das unchristliche Buch M. Luthers (Enders 1, 108–114), beziehen sich auf Luther, An den christlichen Adel, 1520, WA 6, 447,5–16.

[4] Von Menschenlehre zu meiden, 1522, WA 10 II, 74,1–4.13–16. – Im Vorwort zu dieser Schrift warnt Luther vor zügellosem wie vor zwanghaftem Mißbrauch der „christlichen Freiheit", ebd. 72,8–20.

[5] Ebd., Tl. 2, WA 10 II, 90,30–33. – Entsprechendes gilt für das Alte Testament; ebd., 91,2–4: Wenn das solt gelten, ßo ist Moses auch eyn mensch gewesen unnd alle propheten. Alßo mehr last uns tzufaren und nichts uberal glewben und halltens alles fur menschen lere und folgen unßerm dunckell.

2.1 Bindung und Freiheit durch das exklusive Schriftprinzip

Botschaft des Evangeliums als Freiheitsbotschaft erhalten bleibt oder in diesem Grundverständnis verfälscht wird durch heilsverbindliche Satzungen der Kirche.

> Wyr aber verdamnen menschen lere nicht darumb, das es menschen lere sind, denn wyr wolten sie ia wol tragen, ßondern darumb, das sie widder das Euangelion und die schrifft sind. Die schrifft macht die gewissen frey und verpeutt, sie mit menschen leren zu fangen [...] Diße tzwytracht unter der schrifft unnd menschen lere konnen wyr nicht eynes machen.[6]

Die Apostel, die selbst Menschen waren, wurden zu ihrer Verkündigung in besonderer, unverwechselbarer Weise von Gott ermächtigt:

> eyn ander ding ist, wenn der mensch selbs odder wenn gott durch den menschen redet. Der Apostel rede ist yhn von gott befolhen und mit grossem wunder bestettigt und beweyßet [:bewiesen], der ist keyns nie geschehen an menschenlere.[7]

Der Charakter des Evangeliums kann nur gewahrt werden, wenn die einzigartige geschichtliche Situation der Apostel und ihrer Vollmacht respektiert wird und der neutestamentliche Kanon gegenüber späterer kirchlicher Lehrtradition deutlich abgegrenzt wird. Die christliche Religion hat in der apostolischen Verkündigung des neutestamentlichen Kanon eine feste Grundlage, wenngleich die Texte differenziert zu beurteilen sind.[8] Die Zäsur zwischen der apostolischen Verkündigung und der kirchlichen Lehrtradition verbietet es, eine apostolische Sukzession der Bischöfe zu behaupten. Darin ist auch Luthers Kritik an der Vollmacht der Konzile begründet, deren Autorität mit dem Problem der apostolischen Sukzession der Bischöfe verkettet ist, weil nach kirchlicher Rechtstradition die versammelten Bischöfe neue heilsverbindliche Lehr- und Disziplinarsatzungen beschließen können. So erklärt Luther in den ersten Thesen zu einer Disputation vom Frühjahr 1536:

1. Nulla auctoritas post Christum est Apostolis et Prophetis aequanda.	1. Nach Christus darf man keinerlei Vollmacht derjenigen der Apostel und Propheten gleichstellen.
2. Caeteri omnes successores tantum Discipuli illorum debent haberi.	2. Alle übrigen Nachfolger haben lediglich als deren Schüler zu gelten.
3. Apostoli certam (non in specie solum, sed individuo quoque) promissionem Spiritus sancti habuerunt.	3. Die Apostel hatten – nicht nur allgemein als Apostel, sondern auch persönlich – eine zuverlässige Verheißung des Heiligen Geistes.
4. Ideo soli fundamentum Ecclesiae vocantur [Eph 2,20], qui articulos fidei tradere debebant.	4. Deshalb nennt man allein sie, die die Lehren des Glaubens zu überliefern hatten, das Fundament der Kirche [Eph 2,20].

---

[6] Ebd., Tl. 2, WA 10 II, 91,21–26. – Vgl. ebd. 92,4–7: Darumb sagen wyr aber mal [vgl. ebd. 91,21–23]: Menschen lere taddelln wyr nicht darumb, das menschen gesagt haben, ßondern das es lügen und gottis lesterung sind widder die schrifft, wie wol sie auch durch menschen geschrieben ist, doch nicht von oder auß menschen ßondern auß gott.

[7] Ebd., Tl. 2, WA 10 II, 91,13–16.

[8] Siehe unten Kap. 2.3 Luthers Urteil über einzelne Schriften des Neuen Testamentes.

5. Nulli successores in individuo promissionem Spiritus sancti habuerunt.	5. Keine Apostel-Nachfolger hatten in Bezug auf ihre eigene Person eine Verheißung des Heiligen Geistes.
6. Quare non sequitur, Apostoli hoc et hoc potuerunt, ergo idem possunt eorum successores.	6. Darum stimmt folgender Schluß nicht: Die Apostel vermochten dies und jenes – also vermögen ihre Nachfolger dasselbe,
7. Sed quidquid volunt docere aut statuere, debent auctoritatem Apostolorum sequi et afferre.[9]	7. Sondern was auch immer die Apostel-Nachfolger lehren oder festlegen wollen, sie müssen der Vollmacht der Apostel Folge leisten und sie zugrunde legen.

Dieser Sachzusammenhang bringt es mit sich, daß den Konzilen die Vollmacht abgesprochen wird, dem Gotteswort der heiligen Schrift mit allgemeiner Verbindlichkeit neue Lehren für den Glauben und neue Gebote für das Leben der Christen hinzuzufügen. Was Konzile beschlossen haben oder jemals beschließen können, kann nicht in gleichem Maße für die Christen verbindlich sein wie das Gotteswort der Propheten und Apostel. Was in diesem Sinne zum Grundsatz der Reformation wurde, war in äußerster Zuspitzung zutage getreten, als Luther im Juli 1519 bei der Leipziger Disputation erklärte, daß Konzile irren können und daß tatsächlich das Konzil von Konstanz (1414–1418) in seiner Verurteilung der Lehren von John Wyclif und Jan Hus geirrt hat.[10] Das war aufsehenerregend, weil sich Luther damit auf die Seite von Jan Hus stellte, dessen Tod auf dem Scheiterhaufen (1415) noch in Erinnerung war, zumal danach die militante Bewegung der Hussiten Mitteleuropa schwer erschüttert hatte. Mit seiner Erklärung zog Luther die Konsequenz aus der grundsätzlichen Unterscheidung zwischen dem unfehlbaren, in der heiligen Schrift bezeugten Wort Gottes und der Autorität eines Konzils der Kirche, die selbst nur Geschöpf des Gotteswortes ist.[11]

Die Autorität des Papstes mit seinem Primatsanspruch war bereits vor der Leipziger Disputation als Streitpunkt zwischen Eck und Luther zutage getreten. Ihre einander widerstreitenden Thesenreihen gipfelten jeweils in der letzten, der 13. These bei der Primatsfrage. Für diesen Streitpunkt verfaßte Luther eine umfangreiche Darlegung seiner Position, die gedruckt erschien, noch ehe er am 24. Juni 1519 nach Leipzig abreiste.[12] Eck behauptete, der römische Bischof sei immer als Amtsnachfolger des Petrus und Stellvertreter Christi anerkannt gewesen und die römische Kirche habe schon vor Papst Silvester I. (314–335), das heißt vor dem Konzil von Nicäa (325), die Vormachtstellung vor allen anderen Kirchen beses-

---

[9] De potestate concilii, 1536, WA 39 I, 184,4–185,7; Übersetzung LDStA 3, 683,1–16 etwas modifiziert. – Ebd. WA 39 I, 185,9–20 folgt in These 8 bis 10 noch eine Begründung mit 1Pt 4,11 und 2Pt 1,21.20.

[10] Leipziger Disputation, 1519, WA 2, 279,4–23; 283,26–284,3; 288,8–29 bzw. WA 59, 466 Zl.1041–1062 (Luther); 472 Zl.1232–1252 (Eck); 479 Zl.1438–1461 (Luther).

[11] Ebd. WA 2, 279,23–32; 288,30–35 bzw. WA 59, 466,1061–1070; 479 Zl.1462–1467.

[12] Resolutio super propositione 13. de potestate papae, 1519, WA 2, 183–240.

2.1 Bindung und Freiheit durch das exklusive Schriftprinzip 31

sen.¹³ Dem hielt Luther entgegen, der Superioritäts- oder Primatsanspruch Roms könne nur durch relativ späte päpstliche Dekrete belegt werden und sei demnach nicht biblisch begründet. Das bestätige die Kirchengeschichte der ersten elf Jahrhunderte und vor allem ein Dekret des hochrangigen ökumenischen Konzils von Nicäa (325).¹⁴ Luther begründete seine These damit, daß der gesamtkirchliche Primat des Papstes nicht im „göttlichen Recht" (ius divinum) der heiligen Schrift begründet ist, obwohl dieser Rechtsgrund dafür in Anspruch genommen wird.¹⁵ Mit anderen Worten: Gegenüber der Gesamtchristenheit kann der Papst keine höchste Vollmacht in heilsverbindlichen Sachen der Lehre und des Lebens für sich reklamieren. Alles, was nach göttlichem Willen heilsverbindlich ist, kann in der heiligen Schrift gefunden werden.¹⁶ Der Universalprimat war nach kirchlichem Recht eingeschlossen in dem Papst-Titel „Stellvertreter Christi" auf Erden. Weil jedoch in Luthers Sicht die Christenheit insgesamt Christus zu ihrem geistlichen Haupt hat, kann die Kirche in ihrer irdischen Verfassung nicht einem Stellvertreter Christi untertan sein.¹⁷ Auch aus der Geschichte der Kirche geht hervor, daß die römische Kirche mit ihrem Bischof niemals eine Primatsstellung in der Christenheit innegehabt hat.¹⁸ Und geistliche Vollmacht werde in der Christenheit nicht nach angeblich göttlichem Recht in einer hierarchischen Ordnung vom Papst auf ihm unterstellte Bischöfe und weiter von den Bischöfen auf die ihnen unterstellten Priester übertragen.¹⁹ Geschichtliche Entwicklungen in der verfaßten Kirche hätten es allerdings mit sich gebracht, daß dem römischen Bischof noch andere Kirchen unterstellt sind. Das sind in Luthers Sicht Gegebenheiten nach Gottes geschichtlichem Walten. Es sind Ordnungsverhältnisse

---

¹³ Ebd. WA 2, 185,2–6 hat Luther seinen Ausführungen Ecks These vorangestellt: Propositio Ecciana. Rhomanam ecclesiam non fuisse superiorem aliis ecclesiis ante tempora Sylvestri negamus. Sed eum qui sedem beatissimi Petri habuit et fidem, successorem Petri et vicarium Christi generalem semper agnovimus. – Ecks These nahm Bezug auf eine beiläufige Äußerung Luthers in den Resolutiones disputationum de indulgentiarum virtute, 1518, ccl. 22, WA 1, 571,16–20.

¹⁴ Ebd. WA 2, 185,7–12: Propositio Lutheriana. Rhomanam ecclesiam aliis ecclesiis fuisse superiorem, probatur ex frigidissimis decretis Rhomanorum pontificum, contra quae sunt textus scripturae divinae, historiae approbatae mille centumque annorum, et decretum Concilii Niceni omnium sacratissimi. – Sachlich übereinstimmend in zwei anderen Publikationen desselben Jahres, WA 2, 161,35–38 und WA 2, 432,16–21.

¹⁵ Außer der schon genannten Erläuterung der 13. These kommt noch in Betracht, was er zu diesem Punkt bei der Leipziger Disputation nach Ausweis des Protokolls – WA 2, 255,20–322,18 bzw. WA 59, 435–525 (Zl.67–2865) – gesagt und gleich nach der Disputation geschrieben hat unter dem Titel Resolutiones super propositionibus suis Lipsiae disputatis, 1519, WA 2, 391–435.

¹⁶ Resolutiones super propositionibus suis Lipsiae disputatis, 1519, ccl.10, WA 2, 427,8–10: certum est, manu Ecclesiae aut Papae prorsus non esse articulos fidei statuere, immo nec leges morum seu bonorum operum, quod haec omnia in sacris literis sint tradita. – Vgl. die Verurteilung dieses Satzes durch Leo X. in der Bulle Exsurge Domine, 1520, a.27, DH 1477.

¹⁷ Vgl. Resolutio super propositione 13. de potestate papae, 1519, WA 2, 239,23–32 und Leipziger Disputation, 1519, WA 2, 257,9–23 bzw. 59, 437 Zl.131–146 (Luther).

¹⁸ Resolutio super propositione 13. de potestate papae, 1519, WA 2, 225,35–226,2.

¹⁹ Ebd. enthält der Schlußabsatz die Folgerung, WA 2, 240,2–4: Ergo nec Papa est episcopis, nec Episcopus est superior presbyteris iure divino.

menschlichen Rechtes, die analog zu weltlichen Herrschaftsverhältnissen nach Röm 13,1f und 1Pt 2,13.15 anerkannt werden sollen.[20] Unter dieser Voraussetzung könne der Einheitswille der Gläubigen sogar besser kirchliche Gemeinschaft schaffen als ein mit göttlichem Recht begründeter Herrschaftsanspruch.[21]

Die grundsätzlichen Reflexionen zur einzigartigen Vollmacht der Apostel sowie zum Unterschied zwischen biblisch begründetem geistlichem Gotteswort und allem mit kirchlicher Autorität gesagten Menschenwort veranlassen Luther dazu, einerseits dem Gotteswort heilsnotwendige Verbindlichkeit für den Glauben zuzuschreiben, andererseits dem Christen ein Freiheitsbewußtsein gegenüber den kirchlichen Autoritäten zu geben.[22] Die Bibel muß uneingeschränkt als Grundlage der christlichen Religion klar abgegrenzt bleiben von der späteren geschichtlichen Gestalt des Christentums.[23] Ausgeschlossen wird von Luther auch die Vorstellung von einer mündlichen apostolischen Tradition, die nicht in den Texten des Kanon enthalten ist, jedoch angeblich auf die Apostel zurückgehe und erst später in der Kirche öffentlich in Geltung gesetzt worden sei. Als Hieronymus Emser, gestützt auf Joh 21,25 und Apostellegenden, mit dem Gedanken einer mündlichen apostolischen Tradition gegen Luther zu argumentieren suchte,[24] hat Luther das kurzerhand mit der Exegese von Joh 21,25 und 20,31 entkräftet.[25] Die Unterscheidung zwischen dem neutestamentlichen Kanon und der kirchlichen Tradition erleichtert es ihm, beide in ihrer geschichtlichen Eigenart zu sehen. Er macht zum Beispiel auf den von Emser ignorierten Bedeutungswandel aufmerksam, den neutestamentliche Begriffe wie *episkopos* und *presbyteros* in der kirchlichen Sprachtradition erfahren haben.[26]

---

[20] In diesem Sinn beginnt Resolutio super propositione 13. de potestate papae, 1519, mit den Ausführungen WA 2, 186,4–187,31; dabei bezieht sich Luther auf Röm 13,1f und 1Pt 2,13.15.

[21] Ebd. WA 2, 187,27–31.

[22] Resolutiones super propositionibus suis Lipsiae disputatis, 1519, ccl.1, WA 2, 404,14–16: Proinde volo liber esse et nullius seu concilii seu potestatis seu universitatum seu pontificis auctoritate captivus fieri; quin confidenter confitear quidquid verum videro, sive hoc sit a catholico sive haeretico assertum, sive probatum sive reprobatum fuerit a quocumque concilio. – Und ebd. WA 2, 406,1f: Denique via iam nobis facta est enervandi auctoritatem conciliorum et libere contradicendi eorum gestis ac iudicandi eorum decreta. – Beide Sätze, kombiniert und nur wenig verkürzt, werden verurteilt in der Bulle Exsurge Domine, 1520, a.29, DH 1479.

[23] Auch die historisch-kritische Erkenntnis spricht dafür, daß bei der schrittweise erfolgten Sammlung der apostolischen Schriften und deren Kanonisierung die frühchristlichen Gemeinden, zunächst mit regionalen Differenzen, sich diesen Texten untergeordnet haben und dabei keineswegs an deren Fortschreiben in Gestalt der kirchlichen Tradition gedacht haben.

[24] Emser, Wider das unchristliche Buch M. Luthers (Enders 1, 10f) argumentiert, wegen der mündlichen Aposteltradition dürfe man „Luther oder anderen Ketzern" nicht folgende Ansicht zugestehen: was nicht schrifftlich gemacht ader in der schrifft mit außgedruckten worten gefunden werd, das dasselbig nichtzit gelten oder beweren sol, Sonder [:hinsichtlich der mündlichen Tradition müsse man, so Emser] sich in dem selben der Christenlichen kirchen nachrichten, gleuben und halten, was die selbig helt.

[25] Auf das überchristlich Buch Emsers Antwort, 1521, WA 7, 640,27–641,27.

[26] Ebd. WA 7, 630,24–631,10.

2.1 Bindung und Freiheit durch das exklusive Schriftprinzip

In der theologischen Lehre des Mittelalters hatte die Argumentation mit Sätzen der Kirchenväter einen hohen Rang. Die Autorität der „Väter" rangierte gleich nach der Autorität der heiligen Schrift. Für die Interpretation einzelner Bibelworte wurden in der theologischen Argumentation einzelne Texte der Kirchenväter herangezogen ohne Rücksicht auf den historischen Abstand, also ohne Reflexion der geschichtlichen Entwicklung des Christentums während des Zeitraums, der die Kirchenväter von der Zeit Jesu und der Apostel trennte. Die Autorität der längst als Heilige verehrten Kirchenväter sollte die Interpretation einzelner Bibelstellen untermauern. Dadurch entstand eine unübersichtliche Gemengelage aus Schrift- und Väter-Argumenten, zumal die unterschiedlichsten Kirchenväter in ein und demselben Beweisgang angeführt werden konnten. Luther markierte schon früh in der Auseinandersetzung mit seinen Gegnern die Trennlinie zwischen der heiligen Schrift und den Kirchenvätern.[27] Er berief sich dafür gerne auf Augustin – nach seinem Urteil der vorzüglichste unter den lateinischen Kirchenvätern –, der in einem Brief an Hieronymus aus dem Jahre 405 ausdrücklich die kanonischen Schriften der Bibel zum unbezweifelbaren Kriterium für die Wahrheit der Schriften anderer christlicher Autoren erklärt hatte; Luther zitiert Augustin:

Ego solis eis libris, qui canonici dicuntur, eum deferre honorem didici, ut nullum eorum scriptorem errasse firmiter credam, caeteros vero, quantalibet sanctitate doctrinaque praepolleant, ita lego, ut non ideo verum credam, quia ipsi sic senserunt, sed si per Canonicas scripturas aut ratione probabili mihi persuadere potuerunt.[28]	Ich habe gelernt, allein diesen Büchern, welche die kanonischen heißen, Ehre zu erweisen, so dass ich fest glaube, dass keiner ihrer Schreiber sich geirrt hat. Andere aber, wie viel sie auch immer nach Heiligkeit und Gelehrtheit vermögen, lese ich so, dass ich es nicht darum als wahr glaube, weil sie selbst so denken, sondern nur insofern sie mich durch die kanonischen Schriften oder einen annehmbaren Grund überzeugen konnten.

Sich auf dieses Wort Augustins zu berufen, hatte für Luther grundsätzlichen Wert für seine Forderung, wie er selbst sich bei seinen Ansichten auf die heilige Schrift stütze, so wolle er von seinen Gegnern mit der heiligen Schrift widerlegt werden. Deshalb behandelt er die prinzipielle theologische Differenz zwischen der heiligen Schrift und den Kirchenvätern 1520 in der Einleitung zu der Schrift,[29] in der er die vom Papst in der Bannandrohungsbulle mit reinem Autoritätsspruch

---

[27] Ad dialogum Silvestri Prieratis responsio, August 1518, WA 1, 647,22–25. – Dies ist das früheste Zeugnis für Luthers Rekurs auf die oben (bei Anm. 28) angeführte Augustin-Stelle, auf die er sich von da an häufig stützte.

[28] Assertio, 1520, WA 7, 99,5–10; LDStA 1, 85,8–14. Luther zitiert etwas gekürzt, jedoch ausführlicher als sonst Augustin, Ep. 82, 1,3, CSEL 34 II, 354,4–15. – Die Augustin-Stelle war auch im Corpus Iuris Canonici zu finden, CorpIC Decretum Gratiani, p. 1 c.5 dist.9 (RF 1,17).

[29] Die grundsätzliche Erörterung umfaßt ebd. WA 7, 95,10–101,8. – Die deutsche Parallelschrift Grund und Ursach, 1521, spricht vom Vorrang der biblischen Schriften vor allen anderen Texten, ebd. 315,28–317,9; Luther zitiert die entscheidende Augustin-Stelle, ebd. 315,34–38.

definitiv verurteilten Sätze seiner Lehre im Gegenzug seinerseits mit biblischen Gründen bekräftigte und in keinem Punkt widerrief. Hier entkräftete er in prinzipieller Reflexion die Argumentation mit den Kirchenvätern, mit der seine theologischen Gegner operierten. Er selbst wolle die Vätertexte keineswegs in Bausch und Bogen verachten. Aber er beabsichtige, sie in ihrem theologischen Rang scharf von der Bibel zu unterscheiden, schärfer als es in der mittelalterlichen Praxis theologischer Beweisführung geschehen war. Die heilige Schrift steht für Luther in dem Ansehen der Verläßlichkeit von Gottes Wort, das in ihr zu finden ist und dem man Glauben schenken soll. Wenngleich die Propheten und die Apostel Menschen gewesen sind, haben sie doch Gottes Wort zur Sprache gebracht. Alle anderen christlichen Autoren, selbst die verehrungswürdigen Kirchenväter, sind in Luthers Augen Menschen, die nicht frei waren von Irrtum und deshalb einer Prüfung an der heiligen Schrift unterworfen werden müssen.

Damit ich auch denen wil antworttet haben, die mir schuld geben, ich vorwerffe alle heylige lerer der kirchen. Ich vorwirff sie nit. Aber die weil yderman wol weyß, das sie zu weilen geyrret haben als menschen, will ich yhn [:ihnen] nit weytter glawben geben, den[n] ßo fern sie mir beweysung yhrs vorstands auß der schrifft thun, die noch nie geirret hat.[30]

2.2 Hermeneutische Konsequenzen aus dem reformatorischen Schriftprinzip

Die klare Scheidelinie zwischen der heiligen Schrift, dem Grundbuch der christlichen Religion, einerseits und der kirchlichen Tradition sowie den kirchlichen Institutionen andererseits drängt zu der Frage nach der theologischen Hermeneutik. Luther machte die Hermeneutik des Schriftprinzips zum Thema der bereits erwähnten Einleitung zu seiner Assertio, seiner lateinischen Bekräftigung der vom Papst verurteilten Artikel.[31] So grundsätzlich hat er sich selten zum Problem der Bibel-Hermeneutik geäußert.

Aus der päpstlichen Rechtstradition greift Luther hier den Satz auf, daß niemand die heilige Schrift nach seinem eigenen Geist auslegen dürfe.[32] Dieser Satz korrespondiert einer bereits (s. Kap. 1.2) erwähnten Definition des Häretikers

---

[30] Grund und Ursach, 1521, WA 7, 315,28–32. Vgl. Assertio, 1520, ebd. 98,30–35.

[31] Assertio, 1520, WA 7, 95,10–101,8. In der deutschen Parallelschrift Grund und Ursach, 1521, behandelt die Einleitung, WA 7, 311,1–317,24, das Problem in weniger grundsätzlicher Weise. Mit der Einleitung zur Assertio hat sich John Fisher in seiner Assertionis Lutheranae confutatio, 1523, eingehend auseinandergesetzt; Opera omnia, 1607, 277–314.

[32] Assertio, 1520, WA 7, 96,9–11: Dicentque illud omnium ore et calamo usitatum, a paucis tamen intellectum, quod in Canonibus pontificum docetur, Non esse scripturas sanctas proprio spiritu interpretandas. – Luthers Quelle konnte bisher noch nicht nachgewiesen werden. Der Verweis auf 2Pt 1,20 in LDStA 1, 76 Anm. 11 kann nicht vollauf befriedigen. Vielleicht meint Luther in Negation die in Anm. 33 zitierte Häresie-Definition des Hieronymus.

bei Hieronymus, die auch im Kirchenrecht überliefert wurde:[33] „Wer die heilige Schrift anders versteht, als es nach dem Sinn des Heiligen Geistes, des Urhebers der Bibel, erforderlich ist, der ist als Häretiker zu bezeichnen, selbst wenn er sich nicht von der Kirche trennt".

Dürfe man bei der Auslegung der heiligen Schrift sich nicht dem eigenen Sinn überlassen, dann – so argumentiert Luther[34] – dürfe man sich nicht auf Augustin oder einen anderen Kirchenvater verlassen, weil selbst ein Kirchenvater in der betreffenden theologischen Sache doch dem eigenen Sinn gefolgt sein könnte. Bei Unklarheit dem einen Kirchenvatertext einen anderen gegenüberzustellen, bringe nicht Gewißheit. So ergibt sich für Luther die Schlußfolgerung: Die heiligen Schriften müssen in dem Geist verstanden werden, mit dem sie geschrieben worden sind. Doch dieser Geist kann nirgendwo unmittelbarer und lebendiger gefunden werden als in den heiligen Schriften, die sich seinem Wirken verdanken.[35] Damit hat Luther die Formel gefunden, die im weiteren Kontext auftaucht: Die heilige Schrift trägt ihr eigenes Sinnverständnis in sich und kann deshalb zum kritischen Urteil über die Kirchenväter – man darf ergänzen: über die ganze kirchliche Tradition – herangezogen werden:

| Oportet enim scriptura iudice hic sententiam ferre, quod fieri non potest, nisi scripturae dederimus principem locum in omnibus quae tribuuntur patribus, hoc est, ut sit ipsa per sese certissima, facillima, apertissima, sui ipsius interpres, omnium omnia probans, iudicans et illuminans.[36] | Man muss nämlich hier mit der Schrift als Richter ein Urteil fällen, was [aber] nicht geschehen kann, wenn wir nicht in allen Dingen, bei denen die Väter herangezogen werden, der Schrift den ersten Rang einräumen. Das heißt, dass sie durch sich selbst ganz gewiss ist, ganz leicht zugänglich, ganz verständlich, ihr eigener Ausleger, bei allen alles prüfend, richtend und erleuchtend. |

Luther vertritt nicht die kurzschlüssige, fundamentalistische Vorstellung von einer platten Textinspiration der biblischen Schriften. Es geht ihm um ein echtes Verstehen, das ein intensives Textstudium erfordert, wie Ps 1,2 den Menschen selig nennt, der „Tag und Nacht dem Gesetz des Herrn nachsinnt", und wie nach

---

[33] Hieronymus, In ep. ad Galatas commentarii, lib.3, zu Gal 5,19–21, ML 26,417, CChr.SL 77A, 189,130–134; zitiert im Decretum Gratiani p. 2 C.24 q.3 c.27 (RF 1, 998): Quicumque [...] aliter Scripturam intelligit quam sensus Spiritus sancti flagitat, a quo conscripta est, licet de ecclesia non recesserit, tamen haereticus appellari potest. – Luther hat das aufgegriffen im Galaterbrief-Kommentar, 1519, zu Gal 5,19–21, WA 2, 590,29–31. – In den Thesen zur Disputatio de divinitate et humanitate Christi, 28.2.1540, kommt die Häresie-Definition des Hieronymus wieder zum Vorschein, These 57 und 64, WA 39 II, 96,23 f.38 f. Zu einer anderen Reminiszenz s. o. Kap. 1 Anm. 20.

[34] Assertio, 1520, WA 7, 96,21–34; LDStA 1, 77,26–79,3.

[35] Nachdem Luther, ebd. WA 7, 96,35 f, noch einmal den Grundsatz (s. o. Anm. 32) angeführt hat, „non licet scripturas proprio spiritu intelligere", zieht er aus dem vorhergehenden Absatz (s. o. Anm. 34) die Folgerung, ebd. 97,1–3: scripturas non nisi eo spiritu intelligendas esse, quo scriptae sunt, qui spiritus nusquam praesentius et vivacius quam in ipsis sacris suis, quas scripsit, literis inveniri potest. – Vgl. Übersetzung LDStA 1,79,11–15.

[36] Ebd. WA 7, 97,20–24; LDStA 1, 79,41–81,5.

Ex 34,29 aus der Gemeinschaft mit dem Wort Gottes das Angesicht des Mose Glanz empfing, nicht aus dem Umgang mit dem Wort von Menschen, seien es auch die heiligsten.[37]

Im hingebungsvollen Bemühen, die heilige Schrift zu verstehen, wird derselbe Geist der Gotteserfahrung gegenwärtig, von dem die Christen glauben, daß dieser Geist stets in der „heiligen christlichen Kirche", das heißt in der Kirche Christi, in der Weise zugegen sei, wie ihn die Christenheit in ihrem Anfang empfangen hat. Das gibt die Freiheit, unabhängig von Kirchenvätern und sonstiger kirchlicher Tradition entweder ausschließlich oder wenigstens zuallererst die heilige Schrift zu studieren, wie das bereits der ersten Christenheit vergönnt war.[38] Das Verstehen der heiligen Schrift, das vom Heiligen Geist erschlossen wird, steht jedoch unter dem Vorzeichen des Unverfügbaren und der Freiheit des Heiligen Geistes bei seinem Wirken.[39]

Auf diese Weise wird die humanistische Parole „ad fontes" zugespitzt.[40] Viel deutlicher, als es selbst die Humanisten für gewöhnlich taten, hebt Luther die Differenz der Kirchenväter gegenüber der heiligen Schrift hervor. Ist das für ihn in erster Linie eine Differenz theologischer Hermeneutik, so ist es doch auch eine historische Differenz, die eine religionsgeschichtliche Entwicklung des Christentums in sich birgt. Was dabei an Einflüssen der religiösen Umwelt auf das Christentum eingewirkt hat, je mehr es sich in der Kultur der Spätantike ausbreitete, war für Luther noch unbekannt.

Um das Verhältnis des in der heiligen Schrift bezeugten Gotteswortes zur kirchlichen Tradition zu beschreiben, übernimmt Luther aus dem philosophischen Denken die Unterscheidung von ersten Prinzipien, die als etwas Unbezweifelbares vorausgesetzt werden können, und Schlußfolgerungen, die allemal kritisch geprüft werden müssen.

Sint ergo Christianorum prima principia non nisi verba divina, omnium autem hominum verba conclusiones hinc eductae et rursus illuc reducendae et probandae: illa primo omnium debent esse notissima cuilibet,	Also sollen die ersten Prinzipien der Christen nichts als die göttlichen Worte sein, aller Menschen Worte aber daraus gezogene Schlussfolgerungen, die auch wieder darauf zurückgeführt und daran erwiesen werden müssen. Jene müssen zuerst vor allem für jeden das Allerbekannteste

---

[37] Ebd. WA 7, 97,3–15; vgl. LDStA 1, 79,15–33. – Ex 34,19 ist die Stelle, die durch die Vulgata-Übersetzung (cornuta [...] facies sua ex consortio sermonis Domini) die Darstellung des gehörnten Mose verursacht hat.

[38] Ebd. WA 7, 97,16–18: Praeterea cum credamus Ecclesiam sanctam catholicam habere eundem spiritum fidei, quem in sui principio semel accepit, cur non liceat hodie aut solum aut primum sacris litteris studere, sicut licuit primitivae Ecclesiae? Vgl. LDStA 1, 79,34–38. – Am Schluß des Zitates denkt Luther wohl an Stellen wie Apg 10,43; 17,11 und Lk 24,25–27; vgl. WA 7, 99,30. – Zu beachten ist hier die Auslegung des dritten Artikels des Apostolicum, die Luther wenig später in Kurze Form des Glaubens, 1520, vorgelegt hat, WA 7, 218,20–220,5.

[39] Vgl. Assertio, 1520, WA 7, 97,34 und 100,13 f.23 f.

[40] Ebd. WA 7, 97,32–35; 100,25–27; 101,5.

non autem per homines quaeri et disci, sed homines per ipsa iudicari.⁴¹	sein, nicht aber dass sie durch Menschen erfragt und gelernt, sondern die Menschen durch sie beurteilt werden.

Ganz formal ist hier die Bestimmung von Gottes Worten – Luther verwendet den Plural – als ersten Prinzipien, auf die alle Menschenworte als Schlußfolgerungen zu beziehen sind. Es bleibt offen, inwieweit Luther bei den ersten Prinzipien an bestimmte theologische Grundaussagen der Bibel oder an elementare Unterscheidungen wie die von Gesetz und Evangelium denkt. Im weiteren Text unterstreicht er die überragende Klarheit und Gewißheit der Worte Gottes gegenüber Menschenworten. Das sei Augustin und anderen Kirchenvätern bewußt gewesen, da sie bei ihren Argumentationen immer wieder auf die heilige Schrift als Grundlage der Theologie zurückgegriffen haben. Sie seien noch von der Klarheit und Gewißheit der heiligen Schrift überzeugt gewesen, während später im Mittelalter die Argumentation mit kirchlicher Überlieferung an Gewicht gewonnen habe.[42]

Auf römisch-katholischer Seite begründete man gegenüber Luther die Notwendigkeit, die Auslegung der heiligen Schrift an die kirchliche Tradition zu binden, damit, daß die Schrift für sich genommen zum einen nicht hinreichend klar sei und zum anderen nicht alles enthalte, was zum Heile dienlich sei.[43] Wie sich das auf die Schriftauslegung auswirkte, ist daran zu erkennen, daß man die Verpflichtung der Gläubigen auf das kirchliche Bußsakrament entweder in die neutestamentlichen Aufforderungen zur Buße hineindeutete[44] oder der Kirche die Vollmacht zu sakralrechtlicher Gesetzgebung zuschrieb und mit neutestamentlichen Texten untermauerte.[45] Zum Beispiel verteidigt Luthers Kontrahent Hieronymus Emser die „Macht" der Kirche, über die heilige Schrift hinaus Neues für Lehre und Leben der Christen verbindlich zu machen oder urchristliche

---

[41] Ebd. WA 7, 98,4–7; LDStA 1, 81,30–35. – Den Begriff primum principium hat er vorher WA 7, 97,26–29 (LDStA 1,81,8–11) als nicht-theologischen Begriff aufgegriffen; LDStA 1, 80 Anm. 17 verweist auf Aristoteles, Metaphysik 5, 1,7.

[42] Ebd. WA 7, 98,7–16; LDStA 1, 81,35–83,7. Darum halte er viel von den Vätern, ebd. WA 7, 100,12–24. Als nachahmenswertes Beispiel fügt er noch Bernhard von Clairvaux hinzu, ebd. 100,25–27.

[43] Überzeugt von der Dunkelheit der Schrift, verteidigt Hieronymus Emser gegenüber Luther die Notwendigkeit, durch die Kirchenväter die Mängel der heiligen Schrift zu beheben, Quadruplica, 1521 (Enders 2, 156–160). Emsers Argumentation macht Luther zum Gegenstand seines Spottes im Nachwort seiner Auslegung zu Ps 36/37, die er von der Wartburg aus 1521 den Wittenbergern zur Ermutigung zukommen läßt, WA 8, 235,7–27.

[44] Bei Biel, Sent.4 d.14 q.1 concl.3 M1–7 (4 I, 428) wird die Notwendigkeit des kirchlichen Bußsakramentes für den Christen bei schwerer Sünde direkt begründet mit Lk 13,3.5; Mk 1,15; Act 3,19; Apk 2,5.

[45] Diese kirchliche Praxis veranlaßte Luther zu zwei Schriften des Jahres 1521: Von der Beichte, WA 8, 138–204 und Das Evangelium von den zehn Aussätzigen, WA 8, 340–397. Später hat er das Thema aufgegriffen in der Schrift Von den Schlüsseln, 1530, WA 30 II, 435–464 / 465–507 (Hs / Dr) und in den Notizen De potestate leges ferendi in ecclesia, 1530, WA 30 II, 681–690.

Gepflogenheiten zu ändern.⁴⁶ Darum habe die Kirche das Recht, Ketzer, wie z. B. Jan Hus, mit dem Tode zu bestrafen. Diese sakralrechtliche Gewalt sei von Christus den Aposteln übertragen worden, von ihnen auf deren Nachfolger, die Päpste und Bischöfe, „erblich" übergegangen und so „von anbeginn der kirchen bis auff unns herkommen".⁴⁷

Von Luthers hermeneutischen Überlegungen in der Assertio, 1520, führt eine gerade Linie zu den knappen Bemerkungen in De servo arbitrio, 1525, über eine doppelte Klarheit der heiligen Schrift, eine äußere und eine innere. Die äußere liegt in der klaren Botschaft der Texte, die innere besteht in dem vom Heiligen Geist geschaffenen Vertrauen auf diese Botschaft.

Duplex est claritas scripturae [...] Una externa in verbi ministerio posita, altera in cordis cognitione sita.	Doppelt ist die Klarheit der Schrift [...] Eine ist äußerlich im Amt des Wortes gesetzt, die andere in der Kenntnis des Herzens gelegen.
Si de interna claritate dixeris, nullus homo unum iota in scripturis videt, nisi qui spiritum Dei habet, omnes habent obscuratum cor, ita, ut si etiam dicant et norint proferre omnia scripturae, nihil tamen horum sentiant aut vere cognoscant, neque credunt Deum, nec sese esse creaturas Dei, nec quicquam aliud, iuxta illud Ps 13/14 [V. 1] ‚Dixit insipiens in corde suo, Deus nihil est.'	Wenn du von der inneren Klarheit sprichst, sieht kein Mensch auch nur ein Jota in den Schriften, es sei denn, er hätte den Geist Gottes. Alle haben ein verdunkeltes Herz, so dass sie auch dann, wenn sie alles von der Schrift vorzubringen behaupten und verstehen, dennoch für nichts davon Gespür haben oder wahrhaft erkennen. Und sie glauben nicht an Gott und nicht daran, dass sie Geschöpfe Gottes sind, noch irgendetwas anderes, nach jenem Wort Ps 13/14 [V. 1]: ‚Der Unverständige spricht in seinem Herzen, es ist kein Gott.'
Spiritus enim requiritur ad totam scripturam et ad quamlibet eius partem intelligendam.	Denn der Geist wird erfordert zum Verständnis der ganzen Schrift und jedes ihrer Teile.
Si de externa dixeris, Nihil prorsus relictum est obscurum aut ambiguum, sed omnia sunt per verbum in lucem producta certissimam et declarata toto orbi quaecunque sunt in scripturis.⁴⁸	Wenn du von der äußeren [Klarheit] sprichst, ist ganz und gar nichts Dunkles oder Zweideutiges übrig. Vielmehr ist alles durch das Wort ans ganz und gar sichere Licht gebracht, und der ganzen Welt ist erklärt, was immer in der Schrift ist.

---

⁴⁶ Emser, Quadruplica (Enders 2, 153–155); ebd. (2, 155) die Folgerung: So volget darauß das der Bapst unnd alle Christenliche Concilia, so bis tzu ennd der werlt ordenlicher weyß gehalten, und in Christo vorsamelt werden, nicht weniger crafft und macht haben, dann die alten gehabt, zu orden [:ordnen] und tzu setzen, Was der Christenheit, nach gelegenheit einer yeden tzeyt, not, nutz unnd bequem seyn wirt.

⁴⁷ Ebd. (Enders 2, 155).

⁴⁸ De servo arbitrio, 1525, WA 18, 609,4–14; LDStA 1, 239,24–39. – Vgl. Predigt, 27.5.1537, über Röm 11,33–36, WA 45, 91,22–28 Ns: Non praedicamus rationem, sed sapientiam, quae non potest comprehendi, sed so tieff, ut dicat [Röm 11,34 b]: ‚Quis eius consiliarius?' praedicamus sapientiam revelatam a Deo e caelo, foris revelatur per verbum, intus revelat in corde. Si ipsi nolunt credere, omittant. Supra rationem philosophorum, Iudaeorum dicimus revelatione e coelo, quod unicus deus in 3 personen. Hoc non dicit cor, sed a deo revelatum per spiritum sanctum, qui dicit sic esse.

2.2 Hermeneutische Konsequenzen aus dem reformatorischen Schriftprinzip 39

Was Luther hier in Kürze über die „äußere Klarheit" der Schrift sagt, beruht nicht nur auf den hermeneutischen Überlegungen, die er in seiner Assertio von 1520 vorausgeschickt hat. Denn er hatte damals gleich anschließend in der Auseinandersetzung mit Hieronymus Emser seine hermeneutischen Ansichten verfochten.[49] Hieronymus Emser hatte in seiner Entgegnung auf Luthers Adelsschrift sich vorgenommen, in wichtigen strittig gewordenen Fragen außer der heiligen Schrift sowohl die lange Tradition der Kirche als auch Texte der Kirchenväter gegen Luther ins Feld zu führen.[50] Beide Kontrahenten verteidigten in einem Streitschriftenwechsel innerhalb weniger Monate ihre hermeneutischen Positionen.

Emser hat gleich das Problem des allgemeinen Priestertums aufgegriffen. In seiner Sicht werden zwar die Christen durch die Taufe zu „Priestern" und „Königen", nämlich „ym geist Innwendig, und nitt außwendig oder eigetlich"; es gibt jedoch außerdem ein Priestertum im eigentlichen Sinn, das auf der speziellen Priesterweihe beruht.[51] Diese Unterscheidung zwischen dem allgemeinen, innerlichen Priestertum der Getauften und dem eigentlichen, kirchlichen Amtspriestertum verquickt sich bei Emser mit der Hermeneutik eines doppelten Schriftsinnes. Während er 1Pt 2,9, die Kernstelle des Themas, nach dem buchstäblichen Sinn auf das allgemeine Priestertum bezieht, findet er in einem höheren, geistlichen Sinn des Textes das Amtspriestertum begründet. Den doppelten Schriftsinn charakterisiert er unter Berufung auf 2Kor 3,6 als tötenden Buchstaben einerseits und lebendigmachenden Geist andererseits.[52] Was der geistliche Sinn besagt, das findet Emser weitgehend durch die kirchliche Tradition und durch Texte der anerkannten Kirchenväter beantwortet. Bei der Frage des Priestertums ist es deshalb für ihn selbstverständlich, daß 1Pt 2,9 im geistlichen Sinn genau das Amtspriestertum meint, das in der kirchlichen Tradition zur heilsverbindlichen Ordnung geworden ist und das bereits einige Kirchenväter mit dem Einklang von Schrift, kirchlichem Brauch und Vernunfterkenntnis gerechtfertigt haben.[53]

---

[49] Aus Luthers Schrift Auf das überchristlich Buch Emsers Antwort, 1521, wurde 1525 der Teil „Von dem Buchstaben und Geist", WA 7, 647,19–671,16, separat gedruckt; vgl. WA 7, 617 Druck a.

[50] Emser, Wider das unchristliche Buch M. Luthers, 1521, (Enders Bd. 1, 9–15) nennt seine drei „Waffen": Schwert (heilige Schrift), langer Spieß (kirchlicher Brauch), kurzer Degen (Kirchenväter).

[51] Zu WA 6, 407,22–24 schreibt Emser, ebd. (Enders 1, 25): gleich wie wyr der touff [:Taufe] halben konig, also werden wir ouch priester, das ist ym geist Innwendig, und nitt außwendig oder eige[n]tlich. – Das „eigentliche" Priestertum des kirchlichen Amtes erläutert Emser ebd. (1, 26 f) in fünf Punkten.

[52] Ebd. (Enders 1, 10). Emser begründet den doppelten Schriftsinn, ebd. (1,9 f): Gleich wie nun godt das alt testament dem gemeynen volck durch den buchstaben schrifftlich gegeben, aber den geistlichen syn darunder ligende alleyn Moisi und den Propheten geoffenbaret, Also hat auch Christus das evangelium und nawe testament auff die tzweyerley weiß gegrundet, das ist auff den buchstaben und den geistlichen syn in der schrifft verborgen. – Es folgt ein Hinweis auf Mt 13,3.13.

[53] Ebd. (Enders 1, 10–14); mit dem Fazit (Enders 1, 13 f): Derhalben ßo hangt die sach nith alleyn an der schrifft oder an dem ewangelio, ßonder auch daneben an dem brauch der Chri-

Gegenüber Emser vertritt Luther die Überzeugung, daß die ganze Botschaft des Neuen Testamentes im buchstäblichen Sinn der Texte zu finden sei als Botschaft des Evangeliums von Gottes Gnade, die unter dem Wirken des Heiligen Geistes erfahren wird. Und Paulus gebe in 2Kor 3,6 keinen Freibrief dafür, einen angeblich geistlichen Sinn in die neutestamentlichen Texte einzutragen. Vielmehr spreche Paulus dort – das kann Luther am Kontext zeigen – von dem fundamentalen Unterschied zwischen dem Evangelium der apostolischen Christus-Verkündigung und dem Gesetz unter der Mose-Autorität.

Nu wollen wir den spruch [2Kor 3,6] vom Geyst und buchstaben handeln. S. Paulus an dem selben ortt schreybt nit ein tuttell vonn dießen tzweyen synnen [sc. buchstäblichem und geistlichem Sinn], ßondern von zweyerley predigtenn odder prediger ampten. Eynis ist des alten testaments, das ander des newen testaments. Das alte testament prediget den buchstaben, das new predigt den geyst.
[Nachdem Luther den ganzen Passus 2Kor 3,3–6 zitiert hat, fährt er fort:] Seyn das nit klare wortt vom predigeten gesagt? Hie sehenn wir klar, das S. Paulus zwo taffeln nennet und tzwo predigett. Moses taffeln waren steynern, da das gesetz ein geschrieben ist mit gottis fingernn Ex. 20 [V. 1 ff; 24,12; 31,18]; Christus taffelln odder (wie er hie sagt) ‚Christus brieff' sein der Christenn hertzen, ynn wilche nit buchstaben, wie ynn Moses taffel, ßondern der geyst gottis geschrieben ist durch des Euangelii prediget und Apostell ampt.[54]

Die Begriffe Altes und Neues Testament meinen hier nicht die beiden Teile der Bibel, sondern gewissermaßen die Mose-Religion und die christliche Religion im Gegenüber von Gesetz und Evangelium. An diese zwei Grundbestimmungen der Religion durch Gesetz oder Evangelium denkt Luther auch bei den zwei Predigtämtern. Die apostolische Botschaft des Evangeliums ist in ihrem Wesen verschieden gegenüber der gesetzlich bestimmten Religion des Mose. Während das Gesetz den Menschen den unverrückbaren Geboten Gottes unterwirft, bringt das Evangelium des Jesus Christus das neue, freiheitliche Leben des Heiligen Geistes in die Herzen der Glaubenden. Gestützt auf den Paulus-Text, daß das Evangelium dem Menschen das Heil in der Freiheit gegenüber dem Gesetz schenkt, insistiert nun die reformatorische Theologie darauf, daß die neutestamentliche Botschaft freigehalten wird von heilsverbindlichen Satzungen der Kirche. Die

---

stenlichen kirchen, außlegung der heyligen lerer unnd vornunfftigen gegrundten ursachen, Wie sich der heilig Augustinus Romet [:rühmt] lib. 4 de Trinitate cap. 8, [lies: c.6 n. 10, CChr.SL 50, 175,47–50] das er all seyn bucher auff disse drey stuck gesatzt hab, unnd henget tzu letzt an disse wort [Augustin, ebd. 175,50–52], Wider die vornunfft strebet keyn kluger, Wider die heiligen schrifft keyn Christenlicher, Wider den brauch oder altherkomen der kirchen keyn fridlicher.

[54] Auf das überchristlich Buch Emsers Antwort, 1521, WA 7, 653,14–18.29–34. – Weiter ebd. 653,35–654,8: Der buchstab ist nit anders denn das gottlich gesetz odder gepott, wilches ym alten testament durch Mosen geben unnd durch Aaronß priesterthum predig unnd gelerett ist. Und heysset darumb der buchstab, das es geschrieben ist mit buchstaben ynn die steynernn taffell und bucher, und bleybt buchstab, gibt auch nichts mehr, denn es wirt kein mensch besser von dem gesetz, ßondern nur erger: Die weyll das gesetz nit hilfft noch gnade gibt, ßondern nur gepeutt und foddert zu thun, das doch der mensch nit vormag noch gerne thuet. Aber der geyst, die gotliche gnade, die gibt sterck und krafft dem hertzen, ja macht eynen newen menschen, der lust zu gottis gepotten gewynnet und thut allis mit freudenn, was er soll.

2.2 Hermeneutische Konsequenzen aus dem reformatorischen Schriftprinzip   41

apostolische Predigt von der allen Menschen angebotenen Freiheit in Christus hat die reformatorische Befreiung des neutestamentlichen Evangeliums von der gesetzlichen Macht kirchlicher Tradition zur Folge. Dadurch gewinnt 2Kor 3,6 reformatorische Aktualität.

Das sein nu die tzwo predigett: des alten testaments priester, prediger und predigeten handeln nit mehr denn das gesetz gottis, ist noch nie offentlich prediget der geyst unnd gnade. Aber ym newen testament prediget man eyttel gnade und geyst, durch Christum uns geben, Syntemal des newen testaments predigt ist nit anders, denn das allen menschen wirt Christus angepotten und furtragen auß lautter gottis barmhertzigkeit, solcher massen, das alle, die ynn yhn glauben, sollen gottis gnade und den heyligen geyst empfahen, da durch alle sund vorgeben, alle gesetz erfullet, gottis kinder und ewiglich selig werden. Darumb nennet hier [2Kor 3,6.8] S. Paulus des newen testaments prediget ‚ministerium spiritus, Ein dienst des geystes', das ist, ein predig ampt, durch wilchs furtragen und angepotten wirt der geyst unnd gnade gottis allen denen, die durchs gesetz beschweret, [ge]tödtet und gnad gyrig [:gnadbegierig] worden seynd, wilchs gesetz heysset er ‚ministerium litere', ‚ein dinst des buchstaben', das ist ein predig ampt, durch wilchs nit mehr denn der buchstab oder gesetz geben wirt, darauß keyn leben folgett, das gesetz wirt auch damit nit erfullet, und der mensch kann yhm auch nit genug thuen. Darumb bleybet es buchstaben, und ym buchstaben wirt nit mehr drauß, on [:außer] das es den menschen todtet, das ist, es tzeygt yhm an was er thun solt und doch nit kann, drob erkennett er, wie er fur gott todt und yn ungnaden ist, des gepott er nit thut und doch thun soll.[55]

Die Gegenüberstellung von Gesetz und Evangelium, die nach reformatorischem Verständnis für das Christentum konstitutiv bleiben muß, stellt die Schriften des Alten Testamentes nicht pauschal unter das Urteil „tötendes Gesetz", weil in jenen Schriften auch schon das befreiende messianische Heilshandeln Gottes prophetisch verkündigt wird (s. Kap. 2.3). Mit 2Kor 3 begreift Luther einerseits – im Bild der steinernen Tafel des Mose – Gottes Gesetz in seiner Eigenart des reinen Gebietens; andererseits versteht er die Verkündigung des Evangeliums so, daß seit Jesus Christus in der Gegenwart des messianischen Heils der Geist der Gnade von Gott gleichsam mit lebendiger Schrift in die Herzen der Menschen geschrieben wird und sie in ihrem Glauben zu einem „Brief Christi" macht (s. Kap. 3.1).

Dießen geyst kann man nu yn keyne buchstaben fassen, lessit sich nit schreyben mit tindten ynn steyn noch bucher, wie das gesetz sich fassen lessit, sondern wirt nur ynn das hertz geschrieben, und ist ein lebendige schrifft des heyligen geysts auf alle mittell. Darumb nennet sie S. Paulus ‚Christus brieff', nit Moses taffelln, die [d. h. die lebendige Schrift] nit mit tindten, ßondern mit dem geyst gottis geschrieben sey.
Durch dißen geyst oder gnade thut der mensch was das gesetz foddert, und betzalet das gesetz, und alßo wirt er ledig von dem buchstaben, der yhn todtet, und lebet durch die gnade des geystis, denn allis was dise gnade des lebendigen geystis nit hatt, das ist todt, ob schon gleysset das gantz gesetz halten euserlich. Darumb gibt der Apostell dem gesetz, das es tödte, macht niemand lebendig unnd behellt ewig ym todt, wo die gnade nit kumpt und erlöset und machet lebendig. [...]

---

[55] Ebd. WA 7, 654,21–655,2.

Nu sehen wir, das alle gepott sein tödtlich, die weyll auch gottlich gepott tödtlich seyn, denn allis, was nit geyst odder gnade ist, das ist todt. Darumb es gar ein grob unvorstand ist, das man die allegorien, tropologien unnd der gleychen will geyst heyssen, ßo die alle mugen yn buchstaben gefasset werden und nit lebendig machen. Aber die gnade hat keyn gefeß denn das hertz.[56]

Keinesfalls – Luther folgt hier unausgesprochen Augustin in der Kritik an einer von Origenes ausgehenden Tradition[57] – darf mit 2Kor 3,6 eine hermeneutische Praxis der Schriftauslegung legitimiert werden, bei der ein buchstäblicher Schriftsinn in der Weise durch einen geistlichen Schriftsinn überhöht wird, daß erst auf dieser zweiten Ebene die Wirklichkeit des Heils aufgezeigt werden kann. Das Evangelium ist von Anfang an als eindeutige Heilsbotschaft verkündigt worden und so auch buchstäblich in den apostolischen Texten des Neuen Testamentes gegeben. Damit ist das reformatorische Grundverständnis der heiligen Schrift gesichert, für das die apostolische Verkündigung des Evangeliums den Ausschlag gibt. Unterschied man herkömmlicherweise von dem buchstäblichen Schriftsinn den höheren geistlichen Schriftsinn, der im allegorischen, moralischen und anagogischen Schriftsinn entfaltet werden konnte, so sah man, wie Emsers Interpretation von 1Pt 2,9 zeigt, sich dadurch legitimiert, in die heilige Schrift kirchliche Ordnungsstrukturen und Moralvorschriften hineinzudeuten und ihnen den Nimbus göttlicher Offenbarung zu geben. Luther entdeckt im apostolischen Evangelium das Grundverständnis der christlichen Religion, das den kirchlichen Traditionen ihre normative Kraft nimmt. So kann er im klaren Bewußtsein des Evangeliums gegebenenfalls bei alttestamentlichen Texten, etwa dem Pentateuch, sowie bei manchen Evangelientexten dem buchstäblichen Sinn noch eine geistliche Deutung an die Seite stellen; jedoch bleibt seine „geistliche" Textinterpretation durch ihr reformatorisches Grundverständnis unverwechselbar vom traditionell geistlichen Schriftsinn geschieden. Denn es muß festgehalten werden: Weil jetzt normative kirchliche Traditionen die Schriftauslegung nicht beeinflussen dürfen, sichert das Prinzip des „sola scriptura" die Reinheit des Evangeliums in der Differenz zum Gesetz. Weil hingegen bisher nicht das evangelische Grundverständnis der heiligen Schrift herrschte, konnte ein mehrfacher Schriftsinn das sola scriptura-Prinzip zu Fall bringen.[58] Auf die

---

[56] Ebd. WA 7, 654,9–20 und 655,25–30.

[57] Ebd. WA 7, 652,13–15 [an Emser gerichtet]: Allis, was du geystlich synn heyssest mit Origine et Hieronymo, wirstu ynn der gantzen Biblien nit eynen buchstaben finden, der mit euch stymme.

[58] Seine Kritik am hermeneutischen Prinzip des vierfachen Schriftsinnes und an dessen kirchlicher Anwendung hat Luther – ebenfalls mit Rückgriff auf 2Kor 3,6 – noch ausführlicher einige Monate später in seine auf der Wartburg vollendete Auslegung von Ps 21/22,19 einfließen lassen: Der Text menschlicher Rede vom Christus-Heil ist das „Gewand" Christi, das nicht im mehrfachen Schriftsinn „zerteilt" werden darf; es darf auch nicht „verlost", das heißt anderer Autorität, etwa der kirchlichen Tradition, ausgeliefert werden. Vielmehr ist im biblischen Text eingehüllt Christus und nichts anderes zu suchen, Operationes in Psalmos, 1519–1521, zu Ps 21/22,19, WA 5, 643,24–647,36.

2.2 Hermeneutische Konsequenzen aus dem reformatorischen Schriftprinzip 43

Interpretation der Worte „Buchstabe" und „Geist" in 2Kor 3,6 durch „Gesetz" und „Evangelium" legte Luther so viel Wert, daß er seit der ersten Ausgabe seiner Übersetzung des Neuen Testamentes, September 1522, beide Worte durch eine Randglosse erläuterte:

> Buchstaben leren ist, das blos Gesetz und werck leren, on der gnade Gottes erkentnis, da durch wird alles verdampt, und des Todes schuldig erkand, was der Mensch ist und thut, Denn er kan on Gottes gnade nichts gutes thun.
> Geist leren ist, die gnade on Gesetz und verdienst leren, dadurch wird der Mensch lebendig und selig.[59]

Brennend empfand Luther den bisher bestehenden Mangel an wahrer Evangeliumserkenntnis beim Bußsakrament, wo ein dichtes Geflecht von kirchlichen Satzungen die Sündenvergebung durch das Evangelium von der gerechtmachenden Gerechtigkeit Gottes verdrängt hatte. Angesichts der Beicht- und Bußhandbücher habe in der kirchlichen Praxis das Evangelium „unter der Bank gelegen".[60]

> Es ist woll war, wo man allein das gesetz predigt und den buchstabenn treybt, wie yhm alten testament geschehen und nit drauff auch den geysst predigt, do ist todt on leben, ßund on gnade, peyn on trost, da werden elende gefangne gewissen, die zu letzt vortzweyffeln, und ynn yhren sunden sterben müssenn, unnd also durch solch predigt ewig vordampt werden; wie zu unßern tzeytten than haben und noch thun die mördischen Sophisten yn yhren summis und confessionalibus, darynnen sie die leutt treyben und martern mit yhren sunden zuberewen, beychten, püssen und gnug thun, darnach gute werck leren und gutte lere predigen, wie sie sagen, und keyn mal den geyst und Christum den betrübten gewissenn furbilden, das itzt ynn aller welt Christus unbekantt, das Evangelium unter der banck ligt, und das gantz ampt des newen testaments geschwigen ist [...] Das mehrer teyll geht mit narrn werck umb und leren das geystlich recht, Bapst gesetz, menschen lere unnd yhre stattute, da hangen sie ynnen, da bleyben sie ynnen, leren teglich und kummen nymmer mehr [dahin], das sie die warheytt erkennen, wie Sanct Paulus sagt [2Tim 3,7].[61]

---

[59] Randglossen seit 1522 zu 2Kor 3,6 „Buchstaben" und „Geist", WA.DB 7, 147 (Version 1546). – Vgl. die Randglosse seit 1522 zu 2Kor 3,13–15 „Decke", ebd. 147 (Version 1546): Die decke Mosi ist, den buchstaben und seine lere nicht erkennen. Das aufgedeckt Angesichte des Herrn, ist klar erkentnis der gnaden und des geists der uns frey machet vom Gesetz, buchstaben und seinen wercken, das jre klarheit und werck müssen auffhören.

[60] Zur Redensart „unter der Bank liegen" ist die WA 7, 641, Anm. 1 genannte Nr. 468 in Luthers Sprichwörtersammlung jetzt zu finden in WA 51, 661 mit Erklärung ebd. 724.

[61] Auf das überchristlich Buch Emsers Antwort, 1521, WA 7, 657,22–658,3. – Im Anschluß an Augustins Deutung von 2Kor 3,6 (De spiritu et littera 14, 23–26, CSEL 60, 176,18–181,4) in dem Sinne, der „Buchstabe" sei das „Gesetz ohne Gnade", schreibt Luther im Kontext der oben zitierten Passage, ebd. 659,26–32: Also mügen [:können] wir widerumb sagen, das der geyst sey nit anders denn die GNADE ON GESETZ. Wo nu der buchstabe ist oder gesetz on gnade, da ist keyn auffhören gesetz machen, leren und wircken, und hillfft doch nichts, wirt niemant davon besser, bleybet alles todt ym buchstaben. Widderumb, wo der geyst gottis ist, da ist freyheit, wie S. Paulus sagt [2Kor 3,17], da [be]darff man keyner lere noch gesetz, und geschicht doch allis, was geschehen soll. – Vgl. Luthers Deutung von Ps 21/22,19 (s. o. Anm. 58), wo er die Geißelung Christi auf dessen geistlichen Leib bezieht, nämlich auf die Christen, deren Gewissen verkehrterweise bei der sakramentalen Beichte und bei der Bußsatisfaktion mit Gesetzen geplagt

Luthers Kontroverse mit Emser läßt gut erkennen, daß die Überzeugung, die heilige Schrift sei ihr eigener Interpret, zweierlei einschließt: erstens ist sie verbunden mit der Ablehnung des herkömmlichen Gebrauchs eines geistlichen Schriftsinnes neben dem buchstäblichen, zweitens setzt sie das reformatorische Verständnis von Gesetz und Evangelium voraus. Deshalb ist zu bedenken: Luther beharrte in der Zeit, als er unter der Anklage der Irrlehre stand, darauf, daß er nur widerrufen könne, wenn er aus der Schrift widerlegt werde. Das konnte im Grunde genommen gar nicht bei einzelnen strittigen Lehrpunkten in Frage kommen, solange nicht das Problem der Schrifthermeneutik mitsamt dem Grundverständnis der christlichen Religion in Betracht gezogen würde. Um das zu verdeutlichen, sei noch eine Passage aus dem Streit mit Emser zitiert.

Item S. Paulus Gal 1 [V. 8] ‚Wer euch anders lere, denn yhr geleret habt, obs ein engell von hymell were, soll vormaledeyet sein.' Und hie Col 2 [V. 8] ‚Was nit nach Christus geleret wirt, da hütt euch fur'. Hie will yhe S. Paulus, das ausser der schrifft nichts soll gelert werden, was wiltu hie zu sagenn, Emßer? Du wirst mir villeicht S. Augustinus, Benedictus, Franciscus, Dominicus und der vetter mehr einfurenn, die alle heylig, doch menschen lere geben und gehalten haben. Antwort ich: damit ist mir auf die schrifft nit gnug gethan. Gottis wort ist mehr denn alle engell und heyligen und alle creaturn. So kann auch niemant sagen, das die selbigen heyligen nit ettwa geyrrett haben, wer will uns denn sicher sein, das sie hyrynn auch nit yrret haben, ßo Aaron und alle außerweleten hie yrren sollen, weyll die schrifft klar da ligt fur mich? Ich will und muß mit schrifft ubirwunden sein, nit mit ungewissen leben und leren der menschen, wie heylig sie ymmer seyn.[62]

Von der Wartburg aus schickt Luther dem „armen heufflin Christen tzu Wittembergk" - so die Anrede im Widmungsschreiben - eine Auslegung von Ps 36/37, in deren Nachwort er noch einmal auf den reformatorischen Umgang mit der heiligen Schrift zu sprechen kommt. Wie eindeutig und klar die heilige Schrift sich für jeden Christen auszulegen vermag, formuliert er in elementarer Kürze:

Solts nit groß schand seyn, das ich odder du eyn Christen genennet were und wisset nit, was ich gleubt? Weyß ich aber, was ich glewb, ßo weyß ich was ynn der schrifft stehet, weyl die schrifft hat nit mehr denn Christum und Christlichen glawben ynn sich.[63]

---

werden, Operationes in Psalmos, 1519–1521, WA 5, 653,17–21: Quare flagella et scorpiones Papae durissimum iugum arbitror, quo per leges suas vulgi conscientias discruciat et gravissime affligit, et potissimum suspicor, carnificinam illam hic figurari, qua in sacramento poenitentiae tyrannisat durissima illa lege occulte et auricularis confessionis et satisfactionis.

[62] Auf das überchristlich Buch Emsers Antwort, 1521, WA 7, 662,27–663,4.

[63] Der 36./37. Psalm Davids, 1521, Nachwort, WA 8, 236,17–20. – Vorher heißt es, ebd. 236,14–17: Es ist eyn grewliche große schmach und laster wider die heylige schrifft und alle Christenheyt, ßo man sagt, das die heylige schrifft finster sey und nit ßo klar, das sie yderman mug [:kann] vorstehen, seynenn glawben zu leren [:lernen] und beweyßen.

2.3 Die Bedeutung des Alten Testamentes für die christliche Religion

A) Mit welchem Grundverständnis die Schriften des Alten und des Neuen Testamentes gelesen werden sollen, hat Luther in seinen Bibel-Vorreden bündig dargelegt,[64] zusätzlich noch in zwei Einleitungsschriften, die eine zu dem auf der Wartburg verfaßten ersten Teil der Kirchenpostille,[65] die andere zu seiner Dekalog-Auslegung im Zusammenhang einer Predigtreihe über 2. Mose (1524/27).[66] Da die Bibel-Vorreden bis weit in die Neuzeit hinein in den Drucken von Luthers Bibelübersetzung ihren festen Ort hatten und auch die beiden anderen, eben genannten Einleitungsschriften für lange Zeit in kirchlichem Gebrauch waren, wurde durch diese Texte das Fehlen einer expliziten Lehre von der heiligen Schrift in den lutherischen Bekenntnisschriften ausgeglichen.

Es ist für Luther keine Frage, daß das Grundverständnis der christlichen Bibel vom Neuen Testament ausgehen muß. Nach dessen Übersetzung auf der Wartburg und erstem Wittenberger Druck im September 1522 nahm er zügig die Übersetzung des Alten Testamentes in Angriff, so daß als erster Teil der Pentateuch mit einer Vorrede zum ganzen Alten Testament schon 1523 erscheinen konnte. Die weitere Übersetzungsarbeit zog sich allerdings in der Unruhe der Jahre lange hin, so daß erst 1534 die ganze Bibel in deutscher Übersetzung gedruckt werden konnte. Das Eigentümliche des Neuen Testamentes ist das Evangelium, von dem Paulus im Proömium des Römerbriefes (Röm 1,1–5) sagt, als Apostel habe er den Auftrag, das von den Propheten verheißene Evangelium Gottes von seinem Sohn Jesus Christus zu verkündigen. Darum hält es Luther für ein grobes Mißverständnis, wenn in der kirchlichen Tradition mit dem Wort „Evangelium" die vier Evangelien des Neuen Testamentes assoziiert werden.[67] In Wirklichkeit gibt es nur das eine Evangelium von dem einen Jesus Christus, dem Sohn Gottes und Messias der David-Verheißung.

So sehen wyr nu, das nicht mehr, denn ein Euangelion ist, gleych wie nur eyn Christus, Syntemal Euangelion nichts anders ist noch seyn kann, denn eyn predigt von Christo Gottis und Davids son [vgl. Röm 1,3], war Gott und mensch, der fur uns mit seinem sterben und aufferstehen, aller menschen sund, tod und helle uberwunden hat, die an yhn glewben.[68]

---

[64] In Betracht kommen v. a. die verschiedenen Vorreden zu den Schriften des Neuen Testamentes, 1522/1546, (WA.DB 6 und 7) und die Vorrede zum Alten Testament, 1523/1545 (WA.DB 8, 10–32).
[65] Klein Unterricht in den Evangelien, 1522, WA 10 I 1, 8–18.
[66] Unterrichtung in Mose, 1526, WA 16, 363–393.
[67] Vgl. Vorrede zum Neuen Testament, 1522, WA.DB 6, 2,12–16.
[68] Ebd. WA.DB 6, 6,22–26. Der erste Satz mit der Gleichung „ein Evangelium – ein Christus" hat eine Parallele, ebd. WA.DB 6, 2,21f: Also das man gewiß sey, das nur eyn Euangelion sey, gleych wie nur eyn buch des newen testaments, und nur eyn glewb, und nur eyn Gott, der do verheysset. – An beiden Stellen fehlt der Satz ab 1534, obwohl Luther den Gedanken nicht fallen gelassen hat.

Das eine Evangelium hat allerdings in den Schriften des Neuen Testaments unterschiedlichen Niederschlag gefunden, in den Briefen der verschiedenen Apostel anders als in den Evangelien, im Johannes-Evangelium anders als bei den Synoptikern. Trotz aller Differenzen stimmen die gewichtigen Schriften des Neuen Testamentes überein in der Botschaft von Jesus als dem Christus, dem Messias. Das ist, dem griechischen Wort euangelion (lateinisch: evangelium) entsprechend, eine „gute Botschafft, gute Mehre, gute Newezeitung, gut Geschrey, davon man singet, saget und fröhlich ist".[69]

[Verglichen mit dem Sieg Davids über den Philister Goliath, der bei den Israeliten Freude auslöste; 1Sam 17,49–51; 18,6f] ist dis Evangelium Gottes und new Testament, ein gute mehre und geschrey, in alle Welt erschollen, durch die Apostel, von einem rechten David, der mit der Sünd, Tod und Teufel gestritten, und uberwunden habe, Und damit alle die, so in Sünden gefangen, mit dem Tode geplaget, vom Teufel uberweldiget gewesen, on jr verdienst erlöset, gerecht [rechtfertig 22¹–27²], lebendig und selig gemacht hat, und damit zu friede gestellet, und Gott wider heimbracht [hat]. Davon sie singen, dancken, Gott loben und frölich sind ewiglich, So sie das anders fest gleuben, und im glauben bestendig bleiben.[70]

Der Begriff „Evangelium" ist für Luther gefüllt mit der Heilsbotschaft, die nur in formelhafter Verkürzung als seine Rechtfertigungslehre bezeichnet werden kann. Das Evangelium will nicht bloß wie ein historischer Bericht von etwas Vergangenem gehört werden, sondern als Heilsbotschaft, die sich selbst dem Hörer zur Aneignung im Glauben anbietet. Unter der Voraussetzung des Evangeliums haben die imperativischen Partien des Neuen Testamentes den Tenor eines ermunternden Aufrufes und freundlichen Mahnwortes, so daß das Neue Testament sich in jeder Hinsicht von dem streng gebietenden Gesetz des Mose unterscheidet.

Das aber Christus im Evangelio, dazu S. Petrus unnd Paulus viel Gebot und Lere geben, und das Gesetz auslegen, Sol man gleich rechnen allen andern wercken und wolthatten Christi. Und gleich wie seine werck und Geschichte wissen, ist noch nicht das rechte Evangelium wissen, Denn da mit weistu noch nicht, das er die Sünde, Tod und Teufel uberwunden hat. Also ist auch das noch nicht das Evangelium wissen, wenn du solche Lere und Gebot weissest, Sondern wenn die stim kompt, die da sagt, Christus sey dein eigen mit leben, leren, wercken, sterben, aufferstehen, und alles was er ist, hat, thut und vermag. Also sehen wir auch, das er nicht dringet, sondern freundlich locket, und spricht [vgl. Mt 5,3; Lk 6,20] ‚Selig sind die armen' etc. Und die Apostel brauchen des worts Ich ermane, ich flehe, ich bitte, Das man allenthalben sihet, wie das Evangelium, nicht ein Gesetz buch ist, sondern eigentlich ein predigt von den wolthaten Christi, uns erzeigt und zu eigen gegeben, so wir gleuben. Moses aber in seinen Büchern, treibet, dringet, drewet, schlecht und straffet grewlich, denn er ist ein Gesetzschreiber unnd Treiber.[71]

---

[69] Ebd. WA.DB 6, 3,23–25 (Version 1546).
[70] Ebd. WA.DB 6, 5,4–11 (Text 1546); zur Textänderung ab 30¹ „gerecht" statt „rechtfertig" s. u. Kap. 5.5.
[71] Ebd. WA.DB 6, 9,12–25 (Version 1546).

Größtes Gewicht legt Luther darauf, daß das „Evangelium" als messianische Freiheitsbotschaft verstanden werden müsse. Keinesfalls dürfe aus dem Neuen Testament ein Buch gesetzlicher Lehr- und Handlungsanweisungen werden. Aus Christus dürfe nicht ein neuer Mose werden, der ein neues Gesetz gelehrt hat, auch nicht auf einer heilsgeschichtlich höheren Ebene als das Mose-Gesetz.[72]

Darumb sihe nu drauff, das du nicht aus Christo einen Mosen machest, noch aus dem Evangelio ein Gesetz oder Lerebuch, wie bis her geschehen ist [...] Denn das Evangelium foddert eigentlich nicht unser werck, das wir da mit from [:gerecht] und selig werden, Ja es verdampt solche werck, Sondern es foddert den glauben an Christo, Das derselbige fur uns Sünde, Tod und Helle uberwunden hat, und also uns nicht durch unser werck, sondern durch sein eigen werck, sterben und leiden, from, lebendig und selig machet, Das wir uns seines sterbens und Siegs mügen [:können] annemen, als hetten wir selbs [es] gethan.[73]

Das im Evangelium zentrierte Grundverständnis des Neuen Testamentes verklammert Luther mit dem Alten Testament, und zwar ebenfalls mit einem Verweis auf Paulus (Röm 1,1–3). Denn Gott hat das „Evangelium" des Heils „durch seine Propheten in der heiligen Schrift verheißen". Während Paulus in Röm 1,3 nur von dem Messias aus dem Geschlecht Davids und in Gal 3,16 von dem Abraham verheißenen messianischen Nachkommen spricht, entdeckt Luther bereits in Gen 3,15 den Anfang der weit gespannten Kette von Christus-Verheißungen. In diesen drei markanten Verheißungsworten des Alten Testamentes – für den Messias als Nachkommen von Adam und Eva, von Abraham und von David – findet Luther das Neue Testament fest mit dem Alten verknüpft.[74]

Die beiden Genealogien in Mt 1,1–17 und Lk 3,23–38 liest Luther als zwei Varianten des Verklammerns der Jesus-Geschichte mit den großen Messias-Verheißungen des Alten Testamentes; denn es sind nicht Genealogien im strengen Sinn, für die das abfällige Wort 1Tim 1,4 zutreffen würde.[75] Matthäus begnügt sich mit der Abraham- und der David-Verheißung, weil er in erster Linie Juden behutsam dazu bewegen will, daß sie den ihnen verheißenen Messias in der Person Jesu für sich annehmen.[76] Wenn Lukas seine Genealogie bis zu Adam zurückführt, dann leitet ihn das Interesse an der Universalität des messianischen Heils für alle Völker. Daß dieses Heil für alle Völker bestimmt ist, sagt zwar auch die Abraham-Verheißung, doch mit Gen 3,15 hat Gottes universale Heilszusage

---

[72] Zu der von Luther abgewiesenen Auffassung von Christus und dem Neuen Testament s. u. Kap. 3.2 und 6.1.
[73] Vorrede zum Neuen Testament, 1522, WA.DB 6, 9,3–11 (Text 1546).
[74] Vorrede zum Neuen Testament, 1522, WA.DB 6, 4,28–6,16; mehr dazu unten bei Anm. 92–96.
[75] Annotationes in aliquot capita Matthaei, 1538, zu Mt 1,1–17, WA 38, 448,24–28: Nam expeditissimam rationem omnium genealogiarum S. Paulus [1Tim 1,4] etiam prohibuit, nedum docere voluit, vocans eas interminatas et inutiles. Evangelistis fuit satis, crassa et pingui ratione ostendere, Christum venisse ex Abraham et David, spectant enim promissiones Dei, magis quam exquisitissimas generationum supputationes.
[76] Ebd. WA 38, 449,4–11.

ihren Ort gleich am Beginn der Menschheitsgeschichte, während sie bei Abraham und erst recht bei David auf eine begrenzte Nachkommenschaft bezogen ist.

B) Die Universalität der Heilszusage von Gen 3,15, die Gott gleich nach dem Ereignis der Ursünde dem Menschen gegeben hat, dürfte Luthers lebhaftes Interesse an diesem Protevangelium erklären.[77] Überaus häufig erwähnt oder zitiert Luther Gen 3,15. In ihrer Universalität hat diese Urverheißung ihre geschichtliche Erfüllung erfahren durch die messianische Botschaft, die Jesus Christus gebracht hat. Im Anschluß an das Jesus-Wort in Mt 11,5 „Den Armen wird das Evangelium gepredigt", mit dem das Prophetenwort Jes 61,1 aufgenommen wird, bringt Luther die Universalität des Evangeliums zum Ausdruck:

Solche tzusagung aber sind alle auff Christum gestellet, von anfang der welt [vgl. Gen 3,15], das gott niemant solch gnade anders tzusagt, denn yn Christum und durch Christum. Christus ist der bott [:Bote] gottlicher tzusagung an die gantze welt. Darum ist er auch komen und hat sie lassen außgehen durchs Evangeli ynn alle wellt, hatt sie aber zuvor altzeyt durch die propheten vorkundigt [...] Es ist alles yn Christum getzogen und beschlossen, wer den nicht horet, der horte keyn tzusagung gottes, denn gleych wie er keyn gesetz außer Moses gesetz und der propheten schrifft erkennet, ßo gibt er auch keyn tzusagung denn durch Christum alleyne.[78]

Weil für Luther Gen 3,15 als messianischer Verheißungstext, das heißt als Protevangelium im Vollsinn des Begriffs, überaus bedeutsam geworden ist, muß ausgeführt werden, wie er zu dieser Auffassung gekommen ist. Daß er in Gen 3,15 eine direkte Messias-Verheißung erkannte, war jedenfalls für die abendländische Tradition ein Novum. Denn die Vulgata verknüpfte den zweiten mit dem ersten Halbvers – entgegen dem hebräischen Text und der Septuaginta – mit dem femininen Pronomen „ipsa".[79] Bei dieser Lesart fand man in Gen 3,15 entweder in Anlehnung an eine allegorische Deutung Augustins einen anthropologischen Sinn, weil hier eine Überlegenheit des moralischen Vermögens des Menschen – einer in Eva („ipsa") verkörperten niederen moralischen Kraft – gegenüber der

---

[77] Ebd. WA 38, 449,25–37; zu beachten ist die wiederholte Rede von „allen Völkern". – Mt 1,1–17 behandelt Luther in drei zusammenhängenden Predigten, 18.–20.12.1533, WA 37, 211–226; dabei kommt er auf die drei großen Verheißungen an Adam, Abraham und David zu sprechen und fügt wegen Mt 1,2 und Gen 49,8ff (s. u. Kap. 2.4) noch Juda als Empfänger einer messianischen Verheißung hinzu. In der Schrift Vom Schem Hamphoras und vom Geschlecht Christi, 1543, (WA 53, 579–648) ist der im Titel genannte zweite Teil (ebd. 610–648) über die beiden Geschlechtsregister in Mt 1,1–17 und Lk 3,23–38 in anstößiger Weise durchsetzt von Luthers spätem Antijudaismus.

[78] Adventspostille, 1522, zu Mt 11,2–10, WA 10 I 2, 158,30–159,4.

[79] Wie die mittelalterliche Vulgata liest auch die nachtridentinische durch Papst Clemens VIII. autorisierte Vulgata Clementina, 1592, Gen 3,15: Inimicitias ponam inter te et mulierem, et semen tuum et semen illius; ipsa conteret caput tuum, et tu insidiaberis calcaneo eius. – In der revidierten Wittenberger Vulgata, 1529, lautet der 2. Halbvers, WA.DB 5,16: Ipsum [scil. semen] conteret caput tuum, et tu mordebis calcaneum eius.

von der Schlange symbolisierten sinnlichen Verführung angesprochen werde.[80] Oder man gab dem Vers eine mariologische Deutung, indem man das Pronomen „ipsa" auf Maria bezog. Diese Deutung erwähnte zwar Christus als Marias Sohn sowie dessen Versuchung durch den Teufel; in der Hauptsache wurde jedoch die heilsgeschichtliche Stellung Marias unterstrichen.[81]

Zunächst zitiert Luther Gen 3,15b mit anthropologischer Deutung.[82] Doch gewinnt er daneben im Jahr 1520 eine neue Sicht.[83] Die Interpretation der Abendmahlsworte Christi als Heilszusage bringt ihn darauf, über große, dem Messias geltende Heilszusagen des Alten Testamentes nachzudenken. So nennt er Gen 3,15 als erste dieser Heilszusagen Gottes. Da er sich noch nicht von der Vulgata-Version lösen kann, ergibt sich der mariologische Bezug, „daß durch ein Weib der Teufel sollte wieder überwunden werden".[84] Den theologischen Hauptakzent legt Luther jedoch auf den Heilswert dieser Zusage Gottes. Indem Adam und

---

[80] Nikolaus von Lyra zu Gen 3,15: Secundum Augustinum per mulierem intelligitur hic [Gen 3,15] ratio inferior et per semen eius operatio bona. Per semen autem daemonis intelligitur suggestio eius prava. – Vgl. Augustin, Enarrationes in Psalmos, zu Ps 35,13; 48,6; 73,14; 103,26, CChr. SL 38, 335 n. 18,18 ff; 556 n. 6,29 ff; 39, 1014 n. 15,5 ff; 40, 1525 n. 5,23 ff.

[81] Nikolaus von Lyra zu Gen 3,15: Aliqui autem sancti exponunt de beata virgine ab illo loco ‚Inimicitias ponam inter te et mulierem' non istam Evam sed aliam ab ea descenderam, scil. virginem Mariam, quae est infesta daemonibus. Unde in Cant [6,3] dicitur: ‚Terribilis es ut castrorum acies ordinata'. ‚Et semen tuum' i. e. alios angelos malos, qui dicuntur semen eius propter similitudinem naturae et malitiae. ‚Et semen illius' scil. Christum qui est Mariae naturalis filius. ‚Ipsa conteret caput tuum' quia per ipsam mediante filio suo potestas daemonis est contrita. ‚Et tu insidiaberis calcaneo eius'. Quia diabolus temptavit Christum exterius tantum modo suggerendo, quae quidem temptatio non fuit vitium in temptato, sed virtutis exercitium, et eodem modo credendum est de virgine. – Anders als Lyra haben andere Autoren die Versuchung Christi gar nicht in ihre rein mariologische Interpretation einbezogen. Bonaventura nennt Augustin und Bernhard als Autoritäten für die mariologische Interpretation; Sent.3 d.3 p. 1 a.2 q.1 co. – Einen historischen Überblick über die mariologische Auslegung von Gen 3,15 gibt Tibor Gallus: Interpretatio mariologica protoevangelii (Gen 3,15) tempore postpatristico usque ad Concilium Tridentinum, 1949. Ders.: Interpretatio mariologica protoevangelii posttridentina; Bd. 1, 1953: Aetas [...] a Concilio Tridentino usque ad annum 1660; Bd. 2, 1954: Ab anno 1661 usque ad definitionem dogmaticam immaculatae conceptionis.

[82] Die anthropologische Interpretation bei Nikolaus von Lyra (s. Anm. 80) vertieft Luther im paulinischen Sinn des Widerstreites von spiritus und caro, z. B. Assertio, 1520, Art. 2, WA 7, 103,26–104,2 (Grund und Ursach, 1521, ebd. 331,3 ff). – In früheren Jahren verwendete Luther die anthropologische Deutung auch in einer ihr verwandten Bezugnahme auf Christus in seiner menschlichen Natur.

[83] Drei Stellen in Nachschriften von Genesis-Predigten Luthers, 1519–1521, den Scholia in librum Genesis, – WA 9, 336,14; 337,21; 348,17 – sind vermutlich die Frucht einer späteren Bearbeitung durch einen der Freunde Luthers.

[84] Sermon von dem neuen Testament, 1520, WA 6, 356,20–27: Alßo wart Adam noch seynem fall ein zusagung than, da got zur schlangen sprach [Gen 3,15]: ‚Ich will zwischen dir und dem weyb ein feintschafft setzen, zwischen yhrem samen und deynem samen, sie sol dir dein haubt zurtretten und du wirst lauren auff yhren fuß', In wilchen worten, wie wol tunckel, got vorspricht hulff der menschlichen natur, das durch ein weyb der teuffell solt wider uberwunden werden. Diße zusage gottis hatt Adam und Eva und alle yhre kind erhalten biß auff Noe, daran sie [ge]glaubt [haben] und durch den selben glauben selig worden sein, sonst weren sie vortzweyfelt. – Diese Schrift Luthers basiert auf seiner Predigt, 8.4.1520, von der eine durch Melanchthon

Eva ihr geglaubt haben, sind sie „selig" geworden, ebenso ihre Nachkommen. Das galt, bis Gott zunächst Noah, dann Abraham, schließlich David neue Heilszusagen gab.[85] Den theologischen Gehalt von Gen 3,15 hat Luther kurze Zeit später, noch immer auf der Vulgata-Version fußend, in De captivitate babylonica ecclesiae, 1520, so gewendet, daß die auf Christus hinauslaufenden Heilszusagen Gottes den Menschen ausschließlich durch den Glauben retten.[86]

Sic Adae post lapsum erigendo dedit hanc promissionem, dicens ad serpentem [Gen 3,15] ‚Inimicitias ponam inter te et mulierem, inter semen tuum et semen illius, Ipsa conteret caput tuum, et tu insidiaberis calcaneo illius'. In hoc promissionis verbo Adam cum suis tanquam in gremio dei portatus est et fide illius servatus, expectans longanimiter mulierem, quae conteret caput serpentis, sicut deus promisit. Et in hac fide et expectatione etiam mortuus est, ignarus, quando et qualis esset futura, futuram tamen non diffidens. Nam talis promissio, cum sit veritas dei, etiam in inferno servat credentes et expectantes eam.[87]	So hat er Adam, um ihn nach dem Fall aufzurichten, diese Verheißung gegeben: ‚Ich werde Feindschaft stiften', so spricht er zur Schlange, ‚zwischen dir und dem Weibe, zwischen deinem Samen und dem ihren; sie wird deinen Kopf zertreten, und du lauerst ihrer Ferse auf'. In diesem Verheißungswort ist Adam samt den Seinen gleichsam in Gottes Schoß getragen worden, und im Glauben daran wurde er bewahrt, in geduldiger Erwartung des Weibes, das ‚den Kopf der Schlange zertreten' wird, wie Gott ihm verheißen hatte. Und in diesem Glauben und in dieser Erwartung ist er auch gestorben, ohne zu wissen, wann und in welcher Form die Erwartung wahr werden würde; dass sie aber wahr werden würde, daran hatte er keinen Zweifel. Denn eine solche Verheißung, weil sie die Wahrheit Gottes ist, vermag jene, die ihr mit Glauben und Erwartung zugetan sind, selbst in der Hölle zu bewahren.

Ein Jahr später, als er auf der Wartburg die Epistel- und Evangelienperikopen der Weihnachtszeit auslegt, weiß er, daß an der Stelle des femininen Pronomen „ipsa" der Vulgata im hebräischen Text ein maskulines Pronomen steht. So kann er Gen 3,15 noch direkter als im Jahr zuvor auf den Messias Gottes beziehen, mit

---

redigierte Nachschrift existiert, WA 9, 445–449; hier geht – ebd. 446,17 f – die Korrektur des Vulgata-Textes durch den hebräischen Text höchstwahrscheinlich auf Melanchthons Konto.

[85] Sermon von dem neuen Testament, 1520, WA 6, 356,27–31: Alßo vorsprach er sich darnach mit Noe und seynen kindern nach der syndflut [Gen 8,21f; 9,9–17], biß auff Abraham Gen 12 [V. 1ff], den er auß seynem vatter land fordert, und sagt ym zu [Gen 22,18], das yn seynem samen sollten alle heyden gebenedeyet werden, wilcher zusagung Abraham glaubt und folget, ist damit rechtfertig [:gerecht gemacht] und gottis freund worden [Gen 15,6]. – Vgl. ebd. 356,34–357,3.

[86] De captivitate Babylonica ecclesiae, 1520, WA 6, 514,12–17: Si enim promissio est, ut dictum est, nullis operibus, nullis viribus, nullis meritis ad eam acceditur, sed sola fide. Ubi enim est verbum promittentis dei, ibi necessaria est fides acceptantis hominis, ut clarum sit initium salutis nostrae esse fidem, quae pendeat in verbo promittentis dei, qui citra omne nostrum studium gratuita et immerita misericordia nos praevenit et offert promissionis suae verbum.

[87] Ebd. WA 6, 514,26–34; zur Übersetzung vgl. LDStA 3, 219,35–221,5. – Es folgen nicht nur die Verheißungen an Noah und Abraham, sondern deutlicher als im Sermon von dem neuen Testament (s. o. Anm. 84 f) werden auch Mose und David einbezogen.

2.3 Die Bedeutung des Alten Testamentes für die christliche Religion 51

dem schon Adam und Eva Gottes Heil zugesagt wurde und ihnen auch durch ihren Glauben zuteil geworden ist.

Sihe, darumb ist von Adam biß auff Abraham niemant selig worden, denn durch den glawben auff des weybs samen, der da solt der schlangen hewbt tzutretten [Gen 3,15], und nach Abraham niemant, denn durch den glawben auff Abrahamß samen [Gen 22,18]; also auch noch niemant selig werden mag, denn alleyn durch den glawben auff denselben samen Abrahe, der nu kommen ist [vgl. Gal 3,29]. O, es thuts nit, das du on dießen mitler woltist zu gott kommen durch dich selb, mit thun deynes vleyssis [...]. Wer will dich tzuvor vorsunen mit gott? Er spricht Joh 6 [14,6 b] ‚Niemant kompt zum vatter, denn alleyn durch mich'.[88]

Die Abkehr von der Vulgata hat er 1521 stillschweigend vollzogen. Erst in späteren Jahren äußert er sich kritisch über die Vulgata-Version und deren mariologische Verwendung. Indem er gegen diese Exegese bei Nikolaus von Lyra polemisiert, kann er ihm, dem guten Kenner des Hebräischen, den Mangel an Kritik konkret vorhalten.[89]

Aus Luthers theologisch reflektierter Sicht haben Adam und Eva dieser vollgültigen auf Christus hinauslaufenden Heilszusage geglaubt; sie haben Gottes Zusage auch ihren Nachkommen weitergesagt, so daß alle, die dem Wort glaubten, dadurch zu „Christen" geworden sind. Deren Glaube hatte dieselbe geistliche Qualität wie der Glaube der Menschen weltweit, die nach dem Erscheinen des Jesus Christus der nunmehr aus ihren Begrenzungen gelösten Christus-Botschaft Glauben schenken.[90] Die Heilszusagen, die Gott vor dem Erscheinen des Messias gegeben hat, waren also nicht Verheißungen, die zu ihrer Zeit nur den

---

[88] Weihnachtspostille, 1522, zu Gal 3,23–29, WA 10 I 1, 471,8–17. – Vgl. ebd. zu Lk 2,23–40, WA 10 I 1, 417,20–418,4 und 418,19–419,7; daneben taucht eine anthropologische Deutung auf, die sich charakteristisch von der augustinischen abhebt, ebd. 419,13–20; 495,3–21.

[89] Genesis-Vorlesung, 1535–1545, zu Gen 3,15, WA 42, 143,8–18: Quis non miretur, imo non execretur Satanae malignum consilium, qui hunc locum, plenissimum consolationis de Filio Dei, per ineptos Interpretes transtulit ad Mariam virginem? Nam in omnibus latinis Bibliis ponitur pronomen in feminino genere: ‚Et ipsa conteret'. Ac Lyra [zu Gen 3,15; s. o. Anm. 81], qui tamen Ebraicae linguae non rudis fuit, hoc errore tanquam grassante et magno impetu ruente flumine abripitur in impiam sententiam, ut non obstante textu, hunc locum accipiat de beata Virgine, per quam, Filio mediante, vis Satanae fracta sit. Accomodat ad eam dictum in Canticis [Cant 6,3]: ‚Terribilis es sicut acies castrorum'. Etsi autem hanc sententiam tanquam ab aliis acceptam allegat, tamen in eo magnum peccatum est, quod eam non refutat. – Beispiele für eine extrem mariologische Verwendung von Gen 3,15 liefert Johannes von Paltz, Werke, Bd. 3, 1989, S. 145,15–20; 149,5–9; 152,17–22; 307,21–25; 312, 28–34 (deutsche Parallele 336,28–35); 314,23–27 (deutsche Parallele 340,36–341,4). – Zu Luthers Kritik an der mariologischen Deutung vgl. WA.TR 1, 376,4–10 Nr. 795.

[90] Genesis-Predigten, 1523/24, zu Gen 3,15, WA 14, 139,9–140,9, Ns Rörer: Si alia via est ad salutem, oportet ille textus falsus sit; si verus, oportet omnes vires, merita et opera sint inutilia. Quam bene intellexit Moses Christum solum omnia facere. Vides quoque Adam fuisse Christianum, quia credidit in venturum Christum, expectavit huius feminae semen, quod habeo in hoc verbo [Mt 18,11] ‚Christus venit salvare mundum'. Una fides est mea et sua. Ego Christum non vidi nec ipse. Ita ab initio mundi fuerunt Christiani. [...] Et eximius locus aureis litteris scribendus. – Vgl. ebd. 139,26–140,19 Ns Roth und Druckbearbeitung WA 24, 98,1–100,14 (lat.) bzw. 98,16–100,31 (dt.).

Wert einer Vorankündigung eines zeitlich ausstehenden Ereignisses hatten und geglaubt werden mußten, weil das Verheißene noch zukünftig war. Vielmehr waren sie schon zu ihrer Zeit Gottes vollgültige Zusagen seiner Heilsmacht an den heilsbedürftigen Menschen. Wer diesen Zusagen Gottes Glauben schenkte, der erfuhr für sich selbst bereits Befreiung von der Macht der Sünde, des Todes, der Verzweiflung. Das ist das Besondere in Luthers Begriff der Zusage (promissio),[91] auch wenn er den Begriff „Verheißung" verwendet. Weil die messianischen Heilszusagen Gottes bereits zu ihrer Zeit denen, die diesen Gottesworten glaubten, volles Heil zugewendet haben, kann Luther von Adam – Gleiches gilt von Eva – sagen, er sei zum Christen geworden, indem er der Heilszusage Gottes, dem „ersten Evangelium", glaubte. Diese Interpretation von Gen 3,15 hat Luther 1523 in seiner Übersetzung der fünf Mose-Bücher mit einer Randglosse zu dieser Stelle publik gemacht:

Dis ist das erst Evangelium und Verheissung von Christo geschehen auff Erden, Das er solt, Sünd, Tod und Helle uberwinden und uns von der Schlangen gewalt selig machen. Dar an Adam gleubet mit allen seinen Nachkomen, Davon er Christen und selig worden ist von seinem Fall.[92]

In der Weihnachtspostille nennt Luther in der Geschichte der biblischen Heilszusagen nach Gen 3,15 noch die Zusagen Gottes an Noah, an Abraham, an David.[93] Doch bereits in seiner Vorrede zum Neuen Testament 1522 läßt er Noah beiseite und beschränkt sich auf die drei großen Messias-Verheißungen an Adam, Abraham, David.[94] Mit feiner sprachlicher Abwechslung umschreibt er nacheinander dreimal die Fülle des Heils, das als Entmachtung von Sünde, Tod und Teufel in Christus zugesagt wird.

[In Gen 3,15 gibt Gott die Zusage, zum Heil des Menschen durch Christus die Macht des Bösen zu überwinden:] Christus ist der Same dieses Weibes, der dem Teufel sein Kopff, das ist, Sünde, Tod, Helle, und alle seine Krafft zutretten hat, Denn on diesen Samen kan kein Mensch der Sünde, dem Tod, noch der Hellen entrinnen.[95]

Zu der Zusage von Gen 3,15 wird allerdings im Neuen Testament kein Bezug hergestellt, es sei denn, man entdecke ihn, wie oben erwähnt, hinter dem Stammbaum Jesu in Lk 3,23–38. Hingegen hat Paulus in Gal 3,16 direkt auf die Abraham-Zusage, Gen 22,18, zurückgegriffen, so daß Luther den dort verheißenen Segen in das Evangelium legen kann, durch das Gott allen Menschen, die an Christus glauben, zuteil werden läßt, „gerecht, lebendig und selig" zu sein.

---

[91] So bereits in den Texten oben Anm. 84 und 85.
[92] Randglosse seit 1523 zu Gen 3,15 b „Der selb", WA.DB 8, 45 (Version 1545).
[93] Weihnachtspostille, 1522, WA 10 I 1, 417,20–419,13 (zu Lk 2,23–40) die Abfolge Adam und Eva, Noah, Abraham, David; die Abfolge Adam, Abraham ebd. 471,8–13 (zu Gal 3,23–29). – Vgl. zur Erwähnung Noahs die oben Anm. 84 und 85 zitierten Texte.
[94] Vorrede zum Neuen Testament, 1522, WA.DB 6, 4,28–6,16.
[95] Ebd. WA.DB 6, 5,32–35 (Version 1546).

2.3 Die Bedeutung des Alten Testamentes für die christliche Religion

Item Gen 22 [V. 18] verhies ers Abraham ‚Durch deinen Samen sollen alle Völcker auff Erden gesegnet werden', ‚Christus ist der same Abrahe', spricht S. Paulus Gal 3 [V. 16], Der hat alle Welt gesegnet, durchs Evangelium. Denn wo Christus nicht ist, da ist noch der Fluch, der uber Adam und seine Kinder fiel, da er gesündiget hatte, das sie alle zumal der Sünde, des Tods und der Hellen schuldig und eigen sein müssen. Wider den Fluch segnet nu das Evangelium alle Welt, da mit, das es ruffet öffentlich, Wer an diesen Samen Abrahe gleubet, sol gesegnet sein, das ist, von Sünde, Tod und Helle los sein, und gerecht, lebendig und selig bleiben ewiglich. Wie Christus selbs sagt Joh 11 [V. 26] ‚Wer an mich gleubet, der wirt nimer mehr sterben'.[96]

Bei der David-Verheißung schließlich (2Sam 7,12–14a), an die Paulus in Röm 1,3 anknüpft, identifiziert Luther das verheißene ewige Königreich mit dem Reich Christi, das für die Glaubenden Erlösung aus dem Gefängnis der Sünde und des Todes bedeutet.

Item So verhies ers David 2Sam 7 [V. 12–14 a] da er saget, ‚Ich wil erwecken deinen Samen nach dir, Der sol meinem Namen ein Haus bawen. Und ich wil den Stuel seines Königreichs bestetigen ewiglich. Ich wil sein Vater sein und er sol mein Son sein' etc. Das ist das reich Christi, davon das Evangelium lautet, ein ewiges Reich, ein Reich des Lebens, der Seligkeit und Gerechtigkeit, dar ein komen aus dem Gefengnis der Sünde und Todes alle, die da gleuben.[97]

Gen 3,15 hat für Luther nicht nur einen zeitlichen, sondern auch einen sachlichen Vorrang vor den anderen Messias-Zusagen des Alten Testamentes, weil hier der Menschheit am Uranfang ihrer Geschichte eine universale Heilszusage gegeben wird. Abgesehen von förmlichen Zitaten des Urevangeliums, denkt Luther immer, wenn er in allgemeiner Redeweise davon spricht, seit „Anfang der Welt" habe Gott seine Sündenvergebung den Menschen zugewendet, an das Gotteswort in Gen 3,15. Nachdem er in diesem Vers eine auf den Messias gerichtete Verheißung entdeckt hatte, wurde dieses „erste Evangelium" zu einem der zentralen Texte der Wittenberger Theologie und unter dem Begriff „Protevangelium" auch der altprotestantischen Theologie.[98]

In der Kette der messianischen Heilszusagen an Adam, Abraham, David gibt es trotz der Abfolge verschiedener Epochen eine bleibende Identität des Heils. Gott, der die Verheißung gibt, ist stets ein und derselbe, ebenso ist der verheißene Messias immer derselbe. Der Glaube, der sich in den einzelnen Epochen auf das Verheißungswort Gottes verläßt, empfängt auf allen Stufen der Verheißungsgeschichte dasselbe Heil. Vor der Menschwerdung des Gottessohnes konnte sich der Glaube in jeder Epoche der Geschichte nur an Gottes jeweils gültige Ver-

---

[96] Ebd. WA.DB 6, 7,1–10 (Version 1546).
[97] Ebd. WA.DB 6, 7,11–16 (Version 1546). – Anschließend erwähnt Luther noch als Beispiele weiterer prophetischer Messias-Verheißungen Micha 5,1 und Hos 13,14; ebenfalls Stellen, auf die im Neuen Testament rekurriert wird.
[98] Tibor Gallus, Der Nachkomme der Frau in der altlutheranischen Schriftauslegung; Bd. 1: Luther, Zwingli und Calvin, 1964. In zwei weiteren Bänden (1973 und 1976) hat T. Gallus die protestantische Auslegung von Gen 3,15 bis in die Gegenwart verfolgt.

heißung halten. Identität und Wandel in den Epochen der Verheißungs- und Glaubensgeschichte thematisiert Luther 1542 in der Thesenreihe für eine Promotionsdisputation.

1. Unus et idem Deus ab initio mundi variis modis per fidem in eundem Christum cultus est.	1. Ein und derselbe Gott ist von Anbeginn der Welt auf verschiedene Weise durch den Glauben an denselben Christus verehrt worden.
2. Certum est, Adam et Hevam in semen mulieris promissum [Gen 3,15], id est, in Deum promissorem credidisse.	2. Es ist gewiß, daß Adam und Eva auf den verheißenen Nachkommen der Frau [Gen 3,15], d.h. auf Gott, der die Verheißung gegeben hat, vertraut haben.
3. Habel offferens placuit Deo [Gen 4,4] promissori seminis [Gen 3,15], in quem seu cuius promissioni credidit.	3. Als Abel sein Opfer darbrachte, fand er Wohlgefallen bei Gott [Gen 4,4], der den heilbringenden Nachkommen verheißen hatte [Gen 3,15]. An diesen Gott oder dessen Verheißung glaubte Abel.
4. Abraham ex Chaldaeis vocatus Deo [Gen 12,1-4], promissori seminis [Gen 22,18], vocanti credidit et iustificatus est.	4. Abraham, der von Gott aus dem Lande der Chaldäer gerufen wurde [Gen 12,1-4], glaubte dem Gott, der ihm den heilbringenden Nachkommen verhieß [Gen 22,18] und ihn rief. Das wurde Abraham zur Gerechtigkeit gerechnet.
5. Aliis quidem personis aliisque temporibus eiusdem promissionis fides renovata est. […]	5. Der Glaube an dieselbe Verheißung wurde durch andere Personen und zu anderen Zeiten erneuert. […]
9. Desierunt per tempora varii illi modi credendi in semen promissum seu in eundem Christum,	9. Im Laufe der Zeiten haben jene verschiedenen Weisen, auf den verheißenen Nachkommen oder auf den einen Christus zu vertrauen, ein Ende genommen,
10. Sicut et ipsa christiana fides novissimo tempore Evangelii innovata desinet in fine mundi,	10. wie auch der christliche Glaube selbst, der in der letzten Zeit des Evangeliums erneuert worden ist, am Ende der Zeiten aufhören wird,
11. ut stet illud verissime dictum: ‚Christus Iesus heri et hodie, ipse et in saecula', Hebr 13 [V. 8].[99]	11. so daß in voller Wahrheit jenes Wort feststeht: Christus Jesus gestern und heute, derselbe auch in Ewigkeit, Hebr 13 [V. 8].

Mit der Person des Jesus als des Christus ist das für alle Völker bestimmte messianische Heil geschichtliche Wirklichkeit geworden. Das Heil der Rechtfertigung allein durch den Glauben ist für die Gemeinschaft der Glaubenden „vom Anfang bis zum Ende der Welt" ausschließlich in der Person des Jesus Christus gegeben. An ihn hat sich Gott mit seiner Heilszusage im Alten Bund genauso gebunden wie im Neuen Bund.

---

[99] Disputation über Hbr 13,8, 7.7.1542, WA 39 II, 187,4–188,6. – Bereits in These 1 klingt die in These 11 zitierte Stelle Hbr 13,8 an. – Die Thesen 12 bis 15 halten fest, daß Adam, Abraham, David – ihre Namen stehen für eine ganze Epoche der Heilsgeschichte – und schließlich Johannes der Täufer vergebens geglaubt hätten, wenn ihr Glaube, der sich an eine neue Heilszusage Gottes halten sollte, womöglich noch an der alten Zusage festgehalten und nicht die neue geschichtliche Situation wahrgenommen hätte, ebd. 188,7–16.

2.3 Die Bedeutung des Alten Testamentes für die christliche Religion

20. Sola enim fide in Christum, olim promissum, nunc exhibitum, tota Ecclesia ab initio mundi usque in finem iustificatur.[100]	20. Denn allein durch den Glauben an Christus, der einst verheißen und nun auch dargeboten worden ist, wird die ganze Kirche vom Anfang bis zum Ende der Welt gerechtfertigt.

Im Neuen Testament findet Luther bezeugt, daß die apostolische Verkündigung von Jesus als dem Messias sich direkt auf Israels heilige Schriften stützen konnte, um die Erfüllung der messianischen Heilsverheißungen in Worte zu fassen. Er zieht die Konsequenz:

So wenig nu des newen Testaments grund und beweisung zu verachten ist, So thewr ist auch das alte Testament zu achten. Und was ist das newe Testament anders, denn ein öffentliche predigt und verkündigung von Christo, durch die Sprüche im alten Testament gesetzt, und durch Christum erfüllet.[101]

Mit dem Neuen Testament haben die Christen das Alte Testament hochzuhalten; sie dürfen nicht meinen, die christliche Religion könne sich mit dem Neuen Testament begnügen oder könnte das Alte Testament nur mit allegorischer Deutung verwenden.

Das Alte Testament halten etliche geringe, Als das dem Jüdischen volck alleine gegeben, und nu fort aus sey, und nur von vergangenen Geschichten schreibe, Meinen, sie haben gnug am newen Testament zu suchen, und geben fur eitel geistliche sinn im alten Testament zu suchen, Wie auch Origenes, Hieronymus und viel hoher Leute mehr gehalten haben. Aber Christus spricht Joh 5 [V. 39] ‚Forschet in der Schrifft, denn dieselbige gibt zeugnis von mir'. Und S. Paulus gebeut Timotheo [1Tim 4,13], Er solle anhalten mit lesen der Schrifft. Und rhümet Rom 1 [V. 2] wie das Evangelium sey von Gott in der Schrifft verheissen. Und 1Kor 15 [lies: Röm 1,2–4] sagt er, Christus sey nach laut der Schrifft von Davids geblüte komen, gestorben und vom Tod aufferstanden. So weiset uns auch S. Petrus mehr denn ein mal enhinder [:zurück] in die Schrifft [vgl. 1Pt 1,10.16.24.25]. Da mit [:Womit] sie uns je [:jedenfalls] leren, die Schrifft des alten Testaments nicht zu verachten, sondern mit allem vleis zu lesen, weil sie selbs das newe Testament so mechtiglich gründen und beweren durchs alte Testament, und sich drauff beruffen. Wie auch S. Lukas Act 17 [V. 11] schreibt, Das die zu Thessalonich teglich forscheten die Schrifft, Ob sichs so hielte, wie Paulus lerete.[102]

C) So bedeutsam die messianischen Verheißungen des Alten Testamentes für das Neue Testament sind, ist doch genau darauf zu achten, wie Luther in christlicher Interpretation mit dem Alten Testament umgeht. Die Formel, er bediene sich einer christozentrischen Auslegung, muß kritisch präzisiert werden. Daß die messianischen Heilszusagen und -hoffnungen nicht die verfaßte Religion des Volkes Israel konstituiert haben, hat Luther nicht übersehen. Von der verfaßten Religion Israels hat er im großen ganzen dieselbe Vorstellung wie die christliche Tradition vor ihm und noch lange nach ihm in der Frühen Neuzeit, Mose habe mit seiner Gesetzgebung der israelitischen Religion die gültige Gestalt gegeben,

---

[100] Ebd. These 20, WA 39 II, 188,26 f. – Vgl. zuvor These 7 und 8, ebd. 187,16–19.
[101] Vorrede zum Alten Testament, 1523, WA.DB 8, 11,19–21 (Version 1545).
[102] Ebd. WA.DB 8, 11,2–19 (Version 1545).

was durch die fünf Bücher Mose dokumentiert sei. Daß sie auch für Luther das Tor zum Alten Testament und zur Religion Israels bilden, zeigt seine Vorrede zum Alten Testament, 1523,[103], genauer zum Pentateuch, dem ersten Teil seiner Übersetzung des Alten Testaments, der bereits August 1523 gedruckt vorlag.[104]

Mit dem Mose-Gesetz in seinem vollen Umfang ist der Hauptunterschied zwischen Altem und Neuem Testament gegeben:

wie des newen Testaments eigentliche Heubtlere ist, gnade und friede durch vergebung der sünden in Christo verkündigen, Also ist des alten Testaments eigentliche Heubtlere, Gesetze leren und Sünde anzeigen, und guts foddern.[105]

Neben diesen „Hauptlehren" kommt allerdings in beiden Testamenten auch das zur Sprache, was jeweils im anderen die Hauptlehre bildet.

Aber gleich wie im newen Testament, neben der Gnadenlere, auch viel andere Lere gegeben werden, die da Gesetz und Gebot sind, das Fleisch zu regieren, sintemal in diesem leben der Geist nicht volkomen wird, noch eitel gnade regieren kann, Also sind auch im alten Testament, neben den Gesetzen, etliche Verheissung und Gnadensprüche, da mit [:durch welche] die heiligen Veter und Propheten unter dem Gesetz im glauben Christi, wie wir, erhalten [:für das Heil bewahrt] sind.[106]

Es herrscht nicht eine einfache spiegelbildliche Entsprechung zwischen den beiden Testamenten. Vielmehr will das jeweils Ausschlaggebende beachtet sein. Nach der Zeit der Urväter und der Patriarchen war in der Zeit des Alten Testamentes das Gesetz des Mose ausschlaggebend für die Religion der Israeliten. Doch wie in der Zeit vor Mose bewirkten selbst „unter dem Gesetz" die Heilszusagen Gottes, daß es Menschen gab, die „im Glauben Christi" Gottes Heil erfahren haben. In Luthers Sicht haben nicht nur Adam und Eva für ihre Person dem Protevangelium von Gen 3,15 geglaubt; sie haben diese Zusage auch ihren Nachkommen vermittelt, nur zeigte sich bereits bei Kain und Abel ein Gegensatz von Unglaube und Glaube.[107] Ähnlich verhielt es sich in der Epoche zwischen Abraham und Mose sowie in der Epoche nach Mose. Denn es gab stets Menschen, die den Messiasverheißungen Glauben schenkten.

Wie die Christen mit dem gewaltigen Komplex des Mose-Gesetzes umzugehen haben, hat Luther schon im Ansatz seiner reformatorischen Theologie bedacht und im Laufe der Jahre in unterschiedlichen Frontstellungen mit Entschiedenheit vertreten.[108] Insgesamt sieht Luther in jenen Mose-Gesetzen, die

---

[103] Ebd. WA.DB 8, 10–32 (Version 1523) / 11–31 (Version 1545), vgl. dazu ebd. S. XLI f. – Der Schluß der Vorrede von 1523, ebd. 30,19–32,35, ist seit 1534 weggefallen.
[104] WA.DB 8, S. XXI.
[105] Vorrede zum Alten Testament, 1523, DB 8, 13,19–22 (Version 1545).
[106] Ebd. DB 8, 13,13–18.
[107] Disputation über Hbr 13,8, 7.7.1542, These 3, WA 39 II, 187,8 f, s. o. bei Anm. 99. – Luther modifiziert den Gedanken Augustins, bei Abel und Kain sei der Gegensatz zwischen civitas Dei und civitas diaboli aufgebrochen.
[108] Zu der Schrift Unterrichtung in Mose, 1526, vgl. Kap. 4.2.

2.3 Die Bedeutung des Alten Testamentes für die christliche Religion 57

alle Lebensbereiche der Israeliten umspannten, einen religiösen Sinn, der auch aus christlicher Sicht ein überhebliches Urteil verbietet:

> Mose das Volck so genaw mit Gesetzen verfasset, das er keinen raum lesst der Vernunfft jrgend ein werck zu erwelen oder eigen Gottesdienst erfinden. Denn er leret nicht allein Gott fürchten, trawen und lieben, sondern gibt auch so mancherley weise eusserlichs Gottesdiensts, mit opffern, geloben, fasten, casteien etc., Das niemand not [:genötigt] sey, etwas anders zu erwelen. Item er leret auch pflantzen, bawen, freien, streitten, Kinder, Gesind und Haus regieren, keuffen und verkeuffen, borgen und lösen, und alles was eusserlich und innerlich zu thun sey, So gar [:ausschließlich], das etliche Satzungen gleich nerrisch und vergeblich an zusehen sind.
> Lieber, warumb thut Gott das? Endlich darum, Er hat sich des Volcks unterwunden, das es sein eigen sein solt, und er wolt jr Gott sein, darumb wolt er sie also regieren, das alle jr Thun gewis were, das es fur jm recht were. Denn wo jemand etwas thut, da Gottes wort nicht zuvor auff gegeben ist, das gilt fur Gott nicht und ist verlorn.[109]

Luther hat hier beim Mose-Gesetz die drei Gattungen im Blick, in die das Gesetz seit altkirchlicher Zeit eingeteilt wurde; an erster Stelle nennt er den Dekalog mit dem Hauptgebot, Gott allein zu fürchten, ihm zu vertrauen und ihn zu lieben; an zweiter Stelle wird auf die Zeremonialgesetze angespielt und an dritter Stelle auf die Gesetze des weltlichen Lebens.[110]

Die erzählenden Texte, die außer den Gesetzen ebenfalls im Pentateuch und im übrigen Alten Testament zu finden sind, wollen Beispiele liefern für Gehorsam und Ungehorsam gegenüber Gottes Gesetz;[111] bei den Erzvätern schildern sie Beispiele für Glauben und Unglauben.[112] Mose ist nicht nur der Gesetzgeber des Volkes Israel. In der für Luther maßgeblichen Sicht gibt Mose als Autor des Pentateuch Aufschluß über die ganze frühe Menschheitsgeschichte, in die auch die ältesten messianischen Verheißungen und der korrespondierende Glaube eingefügt sind.

> [Mose] leret in seinem ersten Buch, wie alle Creatur geschaffen sind, Und (das seines schreibens meiste ursach ist) Wo die Sünde und der Tod herkomen sey, nemlich, durch Adams fall, aus des Teufels bosheit. Aber bald darauff, ehe denn Moses gesetz kompt, leret er, Wo her die Hülffe wider komen solt, die Sünde und Tod zu vertreiben, nemlich, nicht durch Gesetz noch eigen werck, weil noch kein Gesetz war, Sondern durch des Weibes samen, Christum, Adam [Gen 3,15] und Abraham [Gen 22,18] verheissen. Auff das also der

---

[109] Vorrede zum Alten Testament, 1523, WA.DB 8, 17,1–14 (Text 1545). – Ebd. 16,33–18,7 / 17,31–19,7 beschreibt Luther die drei Gesetzesgattungen in umgekehrter Reihenfolge, wobei er den Dekalog mit der Wendung „Gesetze vom Glauben und von der Liebe" umschreibt und in signifikanter Weise auf das Doppelgebot der Gottes- und Nächstenliebe anspielt (s. u. Anm. 117).

[110] Luthers theologisch differenziertes Urteil über die drei Gattungen des Mose-Gesetzes wird in Kap 4.2 behandelt.

[111] Vorrede zum Alten Testament, 1523, WA.DB 8, 13,9–11 (Version 1545): So wisse nu, Das dis Buch ein Gesetzbuch ist, das da leret, was man thun und lassen sol. Und daneben anzeigt Exempel und Geschichte, wie solch Gesetze gehalten oder ubertretten sind.

[112] Ebd. WA.DB 8, 13,31–33 (Version 1545): Also hat das erste buch Mose fast eitel [:sehr erlesene] exempel des glaubens und unglaubens, und was glaube und unglaube fur früchte tragen, und ist fast [:durchaus] ein Evangelisch buch.

glaube von anfang der Schrifft durch und durch gepreiset werde, uber alle werck, Gesetz und verdienst.[113]

Die Ur- und die Erzvätergeschichte wird auf diese Weise mit der Brille der reformatorischen Theologie gelesen. Mose hat mit den messianisch gedeuteten Worten Dtn 18,15 und 18,18 sich selbst als Propheten bezeichnet und über sein Gesetz hinaus auf das andere Wort Gottes in seinem Sohn Jesus Christus hingewiesen. Nach Luthers Schlußfolgerung meint diese Prophetie des Mose nicht einen neuen Gesetzgeber, weil Mose selbst in unüberbietbarer Weise Gesetzgeber gewesen ist.

Also hat Mose auch selbs angezeigt, das sein Ampt und Lere solt wehren bis auff Christum, und als denn auffhören, da er spricht Dtn 18 [V. 15] ‚Einen Propheten wird dir der Herr dein Gott erwecken, aus deinen Brüdern, wie mich, Den soltu hören' etc. Dis ist der edlest Spruch und freilich der kern im gantzen Mose, welchen auch die Apostel [Joh 1,45; Apg 3,22; 7,37] hoch gefurt und starck gebraucht haben, das Evangelium zu bekrefftigen, und das Gesetz abzuthun. [...] So kann je [:jedenfalls] der selb Prophet nicht Gesetz leren, denn das hat Mose auffs aller höhest ausgericht, und were kein not umbs Gesetzs willen einen andern Propheten zu erwecken, Darumb ists gewis von der Gnadenlere und Christo gesagt.[114]

Bei seinem Bild von der alttestamentlichen Geschichte kann Luther mit verschiedenen Nuancen von Mose sprechen: von dem Gesetzgeber Israels, der darin auch die öffentliche Religion des Volkes Israel repräsentiert, von dem Propheten, der grundlegende messianische Verheißungen überliefert und selbst ausspricht, von dem Autor, der vom gegensätzlichen Verhalten der Menschen gegenüber Gott erzählt.

Mit einer kurzen Bemerkung verbindet Luther mit dem Pentateuch die Schriften der Propheten und der Geschichtsschreiber. Dort komme im Kern der Sache immer wieder dasselbe zur Sprache wie bei Mose.

Was sind aber nu die ander Bücher der Propheten und der Geschichten? Antwort, nichts anders, denn was Mose ist, Denn sie treiben alle sampt Moses ampt, und wehren den falschen Propheten, das sie [:die falschen Propheten] das Volck nicht auff die werck füren, sondern in dem rechten ampt Mose und erkentnis des Gesetzes bleiben lassen. Und halten fest drob, das sie durch des Gesetzes rechten verstand die Leute in jrer eigen untüchtigkeit behalten [:festhalten] und auff Christum treiben, wie Mose thut [vgl. Gal 3,24f]. Darumb streichen sie auch weiter aus, was Mose von Christo gesagt hat, Und zeigen an beiderley Exempel, dere[r], die Mose recht haben [:richtig auffassen], und dere[r], die jn nicht recht haben [:nicht richtig auffassen], und aller beider straff und lohn. Also, das die Propheten nichts anders sind, denn handhaber [:Gehilfen] und zeugen [des] Mose und seines Ampts, das sie durch Gesetze jederman zu Christo bringen.[115]

Man darf indessen nicht vergessen, welche Vorgaben das Neue Testament, vor allem Paulus für diese Sicht der Heilsgeschichte geliefert hat. Mit dem paulini-

---

[113] Ebd. WA.DB 8, 13,23–31 (Version 1545).
[114] Ebd. WA. DB 8, 27,25–37 (Version 1545).
[115] Ebd. WA.DB 8, 29,13–23 (Version 1545).

schen Verständnis des Gesetzes bringt Luther, wie man sieht, Mose und die Propheten auf einen Nenner. Seine Auffassung hat er angesichts der Vielfalt der Propheten-Texte später in seinen Vorreden zu den Propheten im ganzen und zu den einzelnen Propheten allerdings noch differenziert.[116] Über die letzte Intention der prophetischen Verkündigung urteilt er jedoch immer wieder in demselben Sinn. Einerseits unterstreicht er die messianischen Verheißungen. Andererseits schärft er ein, was der Dekalog und die Gebote der Gottes- und der Nächstenliebe (Dtn 6,5 bzw. Lev 19,18) – er nennt sie „die Gesetze vom glauben und von der Liebe"[117] – vom Menschen in seinem Verhältnis zu Gott und zum Nächsten fordern. Im Neuen Testament sagt ein Jesus-Wort (Mt 22,40), am Doppelgebot der Gottes- und Nächstenliebe hänge „das ganze Gesetz und die Propheten". So berühren sich in Spannung in dieser Spitze des Gesetzes Altes und Neues Testament. Das Doppelgebot soll Richtmaß sein für einen souveränen Umgang mit anderen Gesetzen, wofür schon das Alte Testament Beispiele liefert,[118] von denen eins auch von Jesus erwähnt wird (Mt 12,3 f).[119]

In den theologischen Rahmen, der den Pentateuch, die Propheten und die Geschichtsbücher des Alten Testamentes umgreift, fügen sich für Luther ohne nennenswerte Schwierigkeiten auch die poetischen Schriften des Alten Testamentes ein, allerdings mit unterschiedlichem Sitz im Leben.[120]

Bemerkenswert ist die Liste der „Bücher des Alten Testaments", die Luther bereits 1523 seiner Übersetzung des Pentateuch beigefügt hat.[121] Sie verrät für das Alte Testament ebenso eine neue Perspektive wie ein Jahr zuvor die korrespondierende Liste für das Neue Testament.[122] Beim Alten Testament verzichtet Luther auf die herkömmliche Gliederung in die vier Gattungen der Gesetzesbücher (libri legales), Geschichtsbücher (libri historiales), Weisheitsbücher (libri

---

[116] Vorrede zu den Propheten, WA.DB 11 I, 2–14 (Version 1532) / 3–15 (Version 1545). Außerdem hat Luther jedem der großen und kleinen Propheten eine Vorrede vorangestellt, alle in WA.DB 11 I und II.

[117] Vorrede zum Alten Testament, 1523, WA.DB 8, 19,3 (Version 1545). – Dies muß Richtschnur aller anderen Gesetze sein; ebd. 19,4–7 (Version 1545): alle ander Gesetz müssen und sollen jr mas haben vom Glauben und von der Liebe, das sie gehen [:gelten] sollen, wo jre werck also geraten, das sie nicht wider den glauben und die Liebe gehen, Wo sie aber wider den Glauben und Liebe geraten, sollen sie schlecht ab sein.

[118] Ebd. WA.DB 8, 19,8–19 (Version 1545).

[119] Ebd. WA.DB 8, 19,24–27 (Version 1545): Denn also sagt auch Christus Mt 12 [Mt 12,11; Lk 14,5], Das man den Sabbath brechen möchte, wo ein Ochs in eine gruben gefallen war, und jm er aus helffen, Welchs doch nur ein zeitliche not und schaden war. – Luthers Folgerung, ebd. 19,27–29 (Version 1545): Wie viel mehr sol man frisch allerley Gesetz brechen, wo es Leibs not foddert, so anders [:sofern] dem Glauben und der Liebe nichts zu wider geschicht.

[120] Das ergibt sich aus den Vorreden zu Hiob, 1524 und 1545 (WA.DB 10 I, 4–6), zum Psalter, 1524 und 1528 ff (WA.DB 10 I, 94–97 und 98–105), zur Neuburger Psalterausgabe, 1545 (WA.DB 10 II, 155–157), ferner zu den Sprüchen Salomos, 1524 (WA.DB 10 II, 2–4), zum Prediger Salomo, 1524 (WA.DB 10 II, 104–106) sowie zu allen drei Büchern Salomos, 1534 ff (WA.DB 10 II, 6–11).

[121] Die Bücher des Alten Testaments, 1523 ff, WA.DB 8, 34 (Version 1523) / 35 (Version 1545).

[122] Die Bücher des Neuen Testaments, 1522 ff, WA.DB 6, 12 (Version 1522) / 13 (Version 1546).

sapientiales), Prophetenbücher (libri prophetales).[123] Er gibt den Büchern des Alten Testamentes eine durchlaufende Zählung.[124] Außerdem stellt er im Sinn des Humanismus die Apokryphen unbeziffert in einen Anhang zur Hauptliste.[125] Der Verzicht auf die Gliederung in vier Gattungen hat tiefere Bedeutung. Denn traditionellerweise wurden die Bücher des Neuen Testamentes in die gleichen Gattungen eingeteilt.[126] Die Evangelien wurden als Gesetzesbücher bezeichnet, weil in ihnen Jesus Christus nicht nur als Erlöser, sondern auch als Gesetzgeber des neuen Gottesvolkes vorgestellt werde. Mit wenigen Worten verwirft Luther diese Einteilung der neutestamentlichen Bücher,[127] mit der Christus in eine Analogie zu Mose gebracht wurde, gewissermaßen als der neue, zweite Mose, der den ersten weit überragt, weil sein Gesetz, die lex evangelica, als ein mit höchster Autorität gestiftetes Gesetz das religiöse Leben und den Kultus auf eine unüberbietbare Höhe hebt.[128]

Der für beide Testamente grundlegende Begriff des Gesetzes, der lex, wurde mit einer augustinischen Formel differenziert, indem das religiöse, an Gottes Willen orientierte Leben unter dem Mose-Gesetz durch Furcht vor Strafen (timor poenarum), unter dem Christus-Gesetz durch Tugendliebe (amor vir-

---

[123] Zu der letzten Gattung gehörten auch die Psalmen, weil David unter die Propheten gerechnet wurde. Das Hiob-Buch hingegen wurde bei den Geschichtsbüchern eingeordnet.

[124] Beim Pentateuch zählt er jedes Buch extra, während die Bücher Samuel, Könige und Chronica jeweils nur eine Ziffer erhalten; auch die zwölf kleinen Propheten werden in der Gesamtliste unter einer Ziffer angeführt, jedoch daneben noch einzeln aufgelistet.

[125] Der Begriff „Apocrypha" erscheint erst in der Wittenberger Vollbibel, 1534, WA.DB 8, 35. Die endgültige Liste der Apokryphen hat sich jetzt verändert (vgl. WA.DB 12, 2f), weil das 3. und 4. Esra-Buch der Vulgata (Nehemia zählte dort als 2. Esra-Buch) ausgeschieden wurden, aber die im hebräischen Text nicht vorhandenen „Stücke" zu Esther und Daniel hinzukamen.

[126] Viele, allem Anschein nach die meisten, Vulgata-Drucke des späten Mittelalters enthalten unter den vorgeschalteten Beigaben eine schematische Einteilung der Bücher des Alten und entsprechend des Neuen Testamentes in die oben genannten vier Gattungen. Nur einen dürftigen Auszug aus dieser Beigabe gibt WA.DB 6, 537 (zu 6, 2,14ff). – In welchen Vulgata-Drucken der Stuttgarter Bibelsammlung diese Beigabe zu finden ist, kann ermittelt werden durch das bibliographische Werk: Die Bibelsammlung der Württembergischen Landesbibliothek Stuttgart, Abt. 1, Bd. 4: Lateinische Bibeldrucke, beschrieben von Christian Heitzmann, Stuttgart-Bad Cannstatt 2002, Teil 1 und 3, S. [1381] unter dem Lemma „Impressor et bibliopola lectori salutem" (incipit: Ne nesciens et ob id ingratus).

[127] Vorrede zum Neuen Tesstament, 1522, WA.DB 6, 2,13–16 (mit Anm. S. 537): abzuthun ist der wahn, das vier Evangelia und nur vier Evangelisten sind, und gantz zuverwerffen, das etlich des newen testaments bucher teyllen ynn legales, historiales, Prophetales, unnd sapientiales, vermeynen damit (weyß nicht wie) das newe, dem alten testament zuvergleychen [:anzugleichen]. – In der systematischen Literatur des Mittelalters nennt diese Einteilung der biblischen Bücher – z. B. Bonaventura, Breviloquium, Prologus § 1 n. 1: Habet [vetus testamentum] [...] libros legales, historiales, sapientiales, et prophetales [...] Novum testamentum similiter habet libros his correspondentes secundum quadruplicem formam. [...] ut sic mira sit conformitas inter vetus et novum testamentum, non solum in continentia sensuum, verum etiam in quadriformitate partium.

[128] Vgl. was die Beigabe „Ne nesciens" zu Vulgata-Drucken (s. Anm. 126) über die vier Evangelien sagt: Libri Legales nominantur, in quibus lex nova, a Christo scil. tradita, continetur.

tutum) charakterisiert wurde.[129] Die Gesetzgebung Christi erfaßt nach mittelalterlicher Ansicht nicht nur die religiösen Tugenden, in denen sich der Christ bewähren soll, sondern auch den Kultus der sieben Sakramente, in denen die göttliche Gnade vermittelt wird, so daß durch Christus ein neues Zeremonialgesetz das alttestamentliche Zeremonialgesetz abgelöst hat.[130]

Das apostolische Briefkorpus wurde in der traditionellen Einteilung zu einer Gattung von Weisheitsschriften, die erst in zweiter Linie nützlich waren zur Deutung des Christus-Gesetzes der Evangelien.[131] Diese Auffassung von der Person des Jesus Christus sowie der neutestamentlichen Evangelien und Briefe konnte Luther mit dem reformatorischen Grundverständnis der christlichen Religion nicht mehr vereinbaren. Seine Vorrede zum Neuen Testament läßt das erkennen, wenn er zum Beispiel davor warnt, Jesus zu einem neuen Mose zu deklarieren. Oder wenn er die Einheit der Evangeliumsbotschaft in den Evangelien und dem apostolischen Briefkorpus unterstreicht und dabei aus dem einen Evangelium alles Gesetzliche eliminiert. Dadurch bekommt der Begriff „evangelisch" einen neuen Inhalt, der die bisherige Rede von einem „evangelischen Gesetz" (lex evangelica), genau genommen, unmöglich macht. Die Abkehr von der bis dahin üblichen Einteilung der biblischen Bücher des Alten und analog dazu des Neuen Testamentes offenbart den Kontrast zwischen dem herkömmlichen und dem reformatorischen, im neuen Sinn „evangelischen" Grundverständnis der christlichen Religion. Welche Konsequenzen es nach sich zieht, daß das Evangelium des Jesus Christus frei ist von gesetzlichen Zusätzen und sogar von der Macht des Gesetzes schlechthin befreit, wird sich noch zeigen.

Im Zusammenhang mit seiner dezidiert „evangelischen" Sicht hat Luther auch die „Bücher des newen Testaments" listenmäßig beziffert und vier Schriften unbeziffert an den Schluß gestellt, den Hebräer-, den Jakobus- und den Judas-Brief sowie die Johannes-Offenbarung. Das begründet er in den betreffenden Vorreden. Beim Hebräer-Brief findet er vor allem die apostolische Urheberschaft

---

[129] Ebd.: Tota biblia in duo dividitur testamenta: Vetus – Novum. Inducens ad observantiam legis: Veteris per Timorem poenarum, Novae [per] Amorem virtutum. – Vgl. Augustin, Contra Adimantum, c.17 n. 2; ML 42, 159, CSEL 25, 166: Haec est brevissima et apertissima differentia duorum testamentorum: timor et amor: illud ad veterem, hoc ad novum hominem pertinet; utrumque tamen unius Dei misericordissima dispensatione prolatum atque coniunctum. – Ferner Bonaventura, Breviloquium, Prologus § 1 n. 2: Quoniam igitur Scriptura sacra est notitia movens ad bonum et revocans a malo, et hoc est per timorem et amorem, ideo dividitur in duo testamenta, quorum brevis differentia est timor et amor.

[130] Vgl. Bonaventura, Breviloquium p. 6 c.4 n. 1: De institutione autem Sacramentorum hoc tenendum est, quod septem Sacramenta legis gratiae Christus instituit tanquam novi testamenti mediator [Hebr 9,15] et praecipuus lator legis, in qua vocavit ad promissa aeterna, dedit praecepta dirigentia et instituit Sacramenta sanctificantia.

[131] Vgl. in der Beigabe „Ne nesciens" zu Vulgata-Drucken (s. Anm. 126) die Bemerkung zu den neutestamentlichen Briefen: Sapientiales appellari licet, in quibus sapientia novae legis per exempla et praecepta beate secundum Christum vivendi plenissime traditur. – Die Apostelgeschichte als einziges Geschichtsbuch und die Johannes-Offenbarung als einziges prophetisches Buch haben nur wenig Gewicht im Vergleich zu den analogen Gattungen im Alten Testament.

nicht verbürgt,[132] während dem Judas-Brief die apostolische Urheberschaft eindeutig fehlt. Beim Jakobus-Brief und bei der Johannes-Offenbarung vermißt er die genuin apostolische Christus-Verkündigung.[133] Seiner Vorrede zum Neuen Testament hat Luther 1522 eine kurze Erklärung darüber beigefügt, welche der neutestamentlichen Schriften er für „die rechten und Edlisten" halte.[134] Zu diesen Schriften rechnet er das Evangelium des Johannes und dessen ersten Brief, ferner die Paulus-Briefe, vor allem die Briefe an die Römer, Galater, Epheser, außerdem den ersten Petrus-Brief; „das sind die bucher, die dyr Christum zeygen, und alles leren, das dyr zu wissen nott und selig ist, ob du schon kein ander buch noch lere nummer sehest noch horist".[135]

Es folgt das bekannte Urteil, im Vergleich zu den eben genannten Schriften sei der Jakobus-Brief eine „rechte stroern Epistel"; „denn sie doch keyn Evangelisch art an yhr hat". Etwas ausgewogener urteilt Luther in der Jakobus-Vorrede; doch bleibt er dabei, daß der Jakobus-Brief, abgesehen von anderen theologischen Schwachpunkten, nicht das Hauptkriterium des „Apostolischen" erfülle, die Verkündigung des mit Jesus Christus allen Menschen angebotenen Heils.

> Denn das ampt eines rechten Apostels ist, das er von Christus leiden und aufferstehung und Ampt predige, und lege des selbigen glaubens grund, […] Und darinne stimmen alle rechtschaffene heilige Bücher uber eins, das sie alle sampt Christum predigen und treiben. Auch ist das der rechte Prüfestein alle Bücher zu taddeln, wenn man sihet, ob sie Christum treiben oder nicht. […] Was Christum nicht leret, das ist noch nicht Apostolisch, wens gleich S. Petrus oder Paulus leret. Widerumb, was Christum prediget, das were Apostolisch, wens gleich Judas, Hannas, Pilatus und Herodes thet.[136]

In Luthers Verständnis der christlichen Bibel aus Altem und Neuem Testament sind beide Testamente klar unterschieden, insbesondere weil mit dem Gesetz des Mose und dem Evangelium des Jesus Christus die Determinante der öffentlichen Religion einerseits Israels, andererseits der Christenheit benannt wird. Gleichzeitig sind Altes und Neues Testament eng miteinander verzahnt, zum einen, weil nach dem Zeugnis des Alten Testamentes an markanten Punkten der Geschichte Gott eine verläßliche Zusage seines Heils in der künftigen Person des Messias gegeben hat, zum andern, weil durch die Botschaft des Neuen Testamentes von Jesus Christus als dem Messias die Christen in die Geschichte der Heilszusagen Gottes einbezogen werden.

---

[132] Vorrede zum Hebräerbrief, 1522 ff, WA.DB 7, 344 / 345 (mit Anm. S. 631 f).

[133] Vorrede zum Jakobus- und Judasbrief, 1522, WA.DB 7, 384–387 (mit Anm. S. 641 f), ferner die Vorreden zur Johannes-Offenbarung in der Fassung 1522, ebd. 404, und in der Fassung 1530, ebd. 406–421 (mit Anm. S. 646 f).

[134] Vorrede zum Neuen Testament, 1522, WA.DB 6, 10,7–34 (mit Anm. S. 537); das Stück fehlt in den NT-Drucken ab 1539, in den Vollbibeln ab 1534.

[135] Ebd. WA.DB 6, 10,31–33; vorher, ebd. 10,20–27, hat Luther angegeben, inwiefern er dem Johannes-Evangelium einen theologischen Vorrang gibt vor den Synoptikern.

[136] Vorrede zum Jakobus- und Judasbrief, WA.DB 7, 385,22–32 (Version 1546); vgl. ebd. 385,20–22: Er [der Jakobus-Brief] nennet Christum etlich mal, Aber er leret nichts von jm, sondern sagt von gemeinem glauben an Gott.

2.4 Die messianischen Verheißungen in Luthers Stellungnahmen zu den Juden

Die messianischen Verheißungen des Alten Testamentes bilden das theologische Rückgrat in Luthers Stellungnahmen zum zeitgenössischen Judentum, die 1523 vielversprechend begannen und in seinen späten Jahren sich in einer fatalen Weise polemisch verhärteten.[137] Seine Schrift von 1523 Daß Jesus Christus ein geborner Jude sei[138] wendet sich nicht direkt an die Juden; sie hat deshalb keinen missionarischen Charakter. Sie wirbt bei den Christen für ein besseres Verhalten gegenüber den Juden, allerdings in der Hoffnung, bei einer reformatorischen Erneuerung der Christenheit werde sich wenigstens ein Teil der Juden leichter dem Glauben an die Messianität Jesu öffnen. Luther erwartet jedoch keine endzeitliche Bekehrung aller Juden. Kurz zuvor hatte er im Weihnachtsteil der Kirchenpostille, 1522, bei der Auslegung von Mt 23,34–39, dem Evangelium für den 26. Dezember, die Erwartung einer endzeitlichen Bekehrung von „ganz Israel", von Paulus in Röm 11,26 ausgesprochen, in den eigenen Wunsch münden lassen, „Gott gebe, das die tzeytt nah bey sey, als wyr hoffen!"[139] Exegetisch begründete er diese Hoffnung mit Mt 23,39, dem Zitat aus Ps 117/118,26: „Gebenedeit sei, der da kommt in dem Namen des Herrn!"[140]; daran anschließend bekräftigte er den Gedanken durch Zitate von Dtn 5,30 f, Hos 3,4 f und 2Chr 15,2–4 und schließlich Röm 11,25 f.[141] Er ließ den Gedanken jedoch schon 1523 fallen und hoffte seither nur noch auf eine partielle Bekehrung der Juden.

In seiner Schrift von 1523 forderte Luther eindringlich von der christlichen Gesellschaft, mit der herkömmlich praktizierten sozialen Ausgrenzung der Juden Schluß zu machen und stattdessen nach der „christlichen Liebe Gesetz" mit ihnen zusammen zu leben.[142] Wie gesagt, erhoffte er sich davon, daß „etliche Juden" sich einem erneuerten christlichen Glauben öffnen würden.[143]

---

[137] Den einschlägigen Schriften von 1543 (s. u. Anm. 169) ging 1538 die Schrift Wider die Sabbather, WA 50, 417–552, voraus, die primär gegen die judenchristliche Bewegung des Sabbathismus gerichtet war. – Nach 1543 hat Luther auch in Predigten seinen Antijudaismus geäußert; seine letzte Predigt, 15.2.1546, in Eisleben gehalten, schließt mit einer Vermahnung wider die Juden, WA 51, 195 f.

[138] Daß Jesus Christus ein geborner Jude sei, 1523, WA 11, 314–336.

[139] Weihnachtspostille, 1522, WA 10 I 1, 289,10.

[140] Ebd. WA 10 I 1, 288,8–10: So ists nu gewiß, das die Juden werden noch sagen tzu Christo: Gebenedeyett sey der do kommet ynn dem namen des herrn.

[141] Ebd. WA 10 I 1, 288,9–289,9.

[142] Daß Jesus Christus ein geborner Jude sei, 1523, WA 11, 336,30–33: Will man yhn helffen, so mus man [...] Christlicher liebe gesetz an yhn uben und sie freuntlich annehmen, mit lassen werben [:Gewerbe treiben] und erbeytten, da mit sie ursach und raum gewynnen, bey und umb uns tzu seyn, unser Christlich lere und leben tzu horen und sehen.

[143] Ebd. WA 11, 315,19–23: Wenn die Apostel, die auch Juden waren, also hetten mit uns heyden gehandelt, wie wyr heyden mit den Juden, es were nie keyn Christen unter den heyden worden. Haben sie denn mit uns heyden so bruderlich gehandelt, so sollen wyr widderumb bruderlich mit den Juden handeln, ob wyr etlich bekeren mochten. – Vgl. ebd. 325,16–19 und

Im Hauptteil der Schrift will Luther die Christen gewissermaßen zum Dialog mit den Juden anleiten, allerdings im Bewußtsein der Wahrheit christlicher Interpretation der alttestamentlichen Messiasverheißungen. Darin eingeschlossen ist einerseits die Meinung, daß die christliche Interpretation übereinstimme mit dem Messias-Glauben der Patriarchen und Propheten,[144] andererseits das Wissen, daß die Juden Blutsverwandte Jesu, „Vettern und Brüder unseres Herrn" seien.[145] Der Dialog, oder eher: die Belehrung, solle nicht, wie es bisher häufig geschehen war, bei der Frage einsetzen, warum „wir unsern Jhesum eyn menschen und doch waren Gott bekennen", obwohl das „mit der zeyt auch krefftiglich aus der schrift" begründet werden könnte.[146] Zunächst kommt es Luther darauf an, das Bekenntnis zu Jesus, dem geborenen Juden, als dem Messias aus der heiligen Schrift zu begründen, und zwar sei zuallererst aus dem Alten Testament verständlich zu machen, daß der Mensch Jesus der wahre Messias sei, und erst danach, daß er auch wahrhaftig Gott sei.[147] Seine Argumentation gegenüber den Juden ist verquickt mit der Abwehr des Vorwurfes, den er gerade in jener Zeit von römisch-katholischer Seite zu hören bekommen hatte, er leugne die nie verletzte Jungfrauschaft der Mutter Jesu.[148] Deshalb betont er bei seiner Auslegung messianischer Verheißungen des Alten Testamentes die Jungfrauschaft der Maria. Eine immerwährende Jungfrauschaft der Maria hält er jedoch nicht für eine theologisch relevante Lehre; sie lasse sich mit der Bibel weder begründen noch bestreiten.[149] Das Entscheidende, auch bei der Jungfrauschaft der Maria, ist das Bekenntnis zu Jesus als dem unableitbar durch Gott bevollmächtigten Messias, ein Bekenntnis, das ganz und gar auf Christus ausgerichtet ist und nicht unter einem Hang zur Marienverehrung leiden darf.

Aber die schrifft preyßet dyße jungfrawschafft gar nichts [:keineswegs] umb der mutter willen. Sie ist auch nicht umb yhrer willen jungfraw erhalten [:geblieben], ja verflucht were

---

zum Abschluß des exegetischen Hauptteils, ebd. 336,22–24: Darumb were meyn bitt und rad, das man seuberlich [:behutsam] mit yhn umbgienge und aus der schrifft sie unterrichtet, so mochten yhr ettliche herbey komen. – Und vorher, ebd. 315,14–16: Ich hoff, wenn man mit den Juden freundlich handelt und aus der heyligen schrifft sie seuberlich unterweyßet, es sollten yhr viel rechte Christen werden.

[144] Ebd. WA 11, 315,16 f.
[145] Ebd. WA 11, 315,25–29.
[146] Ebd. WA 11, 336,14–16.
[147] Ebd. WA 11, 336,16–19: Aber es ist tzum anfang tzu hart, laß sie tzuvor milch saugen und auffs erst dißen menschen Jhesum fur den rechten Messiah erkennen. Darnach sollen sie weyn trincken und auch lernen, wie er warhafftiger Gott sey.
[148] Ebd. WA 11, 314,3–7: Eyn newe lugen ist aber uber mich aus gangen: Ich soll gepredigt und geschrieben haben, Das Maria, die mutter gottis, sey nicht iunckfraw gewesen fur und nach der gepurt, Sondern sie habe Christum vonn Joseph und darnach mehr kinder gehabt. – Vgl. dazu Luther an Georg Spalatin, 22.1.1523, Nr. 574 WA.B 3, 19,26–32 mit Anm. 18.
[149] Ebd. WA 11, 319,32–320,7.

2.4 Die messianischen Verheißungen in Luthers Stellungnahmen zu den Juden 65

dise und alle jungfrawschafft, wo sie umb yhr willen da were und nicht bessers solt wircken denn yhr eygen nutz und lob.[150]

Bei seinem Hauptthema, der Auslegung messianischer Texte des Alten Testamentes, bespricht Luther in einem ersten Argumentationsgang die drei großen messianischen Verheißungen – an Adam (Gen 3,15), Abraham (Gen 22,18) und David (2Sam 7,12 f) –, mit denen er die apostolische Christus-Predigt und das Alte Testament zu verbinden pflegt (s. Kap. 2.3).[151] An vierter Stelle folgt noch das prophetische Zeugnis Jes 7,14 von dem Gotteszeichen zugunsten des Messias, daß eine Jungfrau ihn gebären werde, im Duktus des Traktates eine Bekräftigung seiner zuvor geäußerten mariologischen Ansicht.[152]

Wie Luther auch in diesem Kontext betont, hatten die epochalen messianischen Verheißungen an Adam, Abraham und David für diese Adressaten und für alle, die jeweils in der Folgezeit diesen Zusagen glaubten, volle Heilsbedeutung, wenngleich das messianische Heil in der Universalität für alle Welt erst mit dem Messias selbst und mit der apostolischen Verkündigung zur geschichtlichen Wirklichkeit geworden ist.

Dißer spruch [Gen 3,15] ist nu das aller erst Euangelion gewest auff erden; denn da Adam mit Eva, verfurt vom teuffel, gefallen waren und von got fur gericht geladen wurden, Gen. 3 [V. 10], stunden sie ynn todts notten und ynn der helle angst, da sie sahen, das goth widder sie war und sie verdampte, dem sie gern entflohen weren und kundten nicht. Und wo sie gott ynn der angst hette lassen sticken, weren sie gar baldt vertzweyffelt und gestorben. Aber da er noch [:nach] der grewlichen straff dis trostlich wort horen ließ [Gen 3,15], das er uber der schlangen kopff des weybs samen wolt erwecken, der yhn zu tretten [:zertreten] solt, wart yhr geyst widder erquickt und [sie] schepfften eyn trost aus solchem wort mit festem glauben auff solchen tzukunfftigen seligen [:heilvollen] samen des weybs, der den schlangen kopff, sund und tod tzu tretten solt [...] Diß Euangelion haben nu die Veter von Adam an geprediget und getrieben, da durch sie auch den tzukunfftigen samen dißes weybs erkennet und an yhn gegleubt haben und also behalten [:bewahrt, gerettet] sind durch den glauben an Christum so wol als wyr, sind auch rechte Christen geweßen wie wyr, on das [:nur daß] tzu yhrer tzeyt solchs Euangelion nicht ynn alle welt offentlich gepredigt

---

[150] Ebd. WA 11, 319,8–11. – Vgl. ebd. 319,3–7: siehe an die verkereten preyßer der mutter gottis, welche so man fragt, warum sie so hart ob der jungfrawschafft Marie halten, ßo kundten sie es warlich nicht sagen. Denn die unverstendigen gotzen diener thuns nicht weytter denn nur der mutter gottis tzu ehren, das sie die selben hoch heben umb der jungfrawschafft willen und gleich eyn abgott draus machen.

[151] Ebd. WA 11, 316,5–320,20.

[152] Ebd. WA 11, 320,21–325,15. – Wegen des hebräischen Wortes „alma", auf das jüdischerseits Wert gelegt wird, ist Luther zu der Übersetzung „Magd" bereit, wohl in dem Sinn von Mt 1,18, daß Maria als Josephs Verlobte anzusehen ist, ebd. 322,13–21: Wolan so wollen wyr den Juden tzu dienst Jsaiam nicht alßo verdeutschen: ‚Sihe, eyne jungfraw ist schwanger', das sie ja das wortt ‚jungfraw' nicht yrre [:irritiere], Sondern also: ‚Sihe eyne Magd ist schwanger'. Denn gleich wie ym deutschen ‚Magd' heyst eyn solch weybs bild, das noch jung ist und mit ehren den krantz tregt und ym har gehet, [...] Also ist auch auff Ebreisch [...] ‚Alma' eyn magd, die noch keyn man hatt, nicht wie eyn dienst magd, sondern die noch eyn krantz tregt.

wart, wie nach Christus tzukunfft geschehen solt, sondern alleyne bleyb bey den heyligen Vettern und yhren nach komen bis auff Abraham.[153]

Ganz analog steht die nächste Epoche der Heilsgeschichte im Zeichen der Messiasverheißung an Abraham (Gen 22,18). Im Vertrauen auf diese Zusage, dieses „lebendige Wort Gottes", widerfuhr Abraham und seinen Glaubensnachfolgern uneingeschränkt Gottes Heil.

Dißer spruch [Gen 22,18] ist nu das Euangelion gewest von Abraham an bis auff David, auch bis auff Christum und ist wol eyn kurtzer spruch, aber eyn reich Euangelion und durch die veter hernach wunderbarlich getrieben und geubt beyde [:sowohl] mit schreyben und [:als auch] mit predigen. Es sind gar viel tausent predigt aus dißem spruch geschehen und untzeliche seelen erhalten [:gerettet]. Denn es ist eyn lebendigs wort gottis, daran Abraham gegleubt hat mit seynen nachkomen und dadurch von sunden und tod und aller teuffels gewalt erloset und behalten [:errettet]. Wie wol es auch noch nicht wart offentlich fur aller welt aus geruffen, wie nach Christus tzukunfft geschehen ist, sondern alleyn unter den vettern bei yhren nachkomen [ge]blieben [ist].[154]

Bemerkenswerterweise läßt es Luther in der Schwebe, ob der Messiasverheißung an David (2Sam 7,12f) genau so viel Bedeutung zukomme wie der Abrahamsverheißung. Er begnügt sich mit der kurzen Bemerkung, daß der Text, weil er nicht auf Salomo bezogen werden könne, messianisch verstanden werden müsse, im übrigen jedoch eine genauere Exegese erfordere; denn dieses Gotteswort sei zwar ein Hinweis auf die Gottessohnschaft des Messias, aber zugleich sei darzulegen, daß dieser gleichwohl „eins Weibes Sohn sein müßte", also von Geburt ein Jude sein sollte.[155] Luthers Argumentation in dem ersten Argumentationsgang läuft darauf hinaus, daß das verheißene messianische Heil durch einen geborenen Juden zu erwarten war, einen, der ausschließlich durch Gottes Handeln zum Messias bestimmt sein sollte.

Ein zweiter Argumentationsgang, der im Kontext noch größeres Gewicht erhält, will anhand einiger anderer Messiasverheißungen darlegen, ja sogar beweisen, daß der Messias in der Person Jesu wirklich bereits erschienen sei.[156] Hier entsteht das eigentliche Problem in Luthers Gedankengang, weil er aus einigen messianischen Texten einen historischen Beweis dafür meint führen zu können, daß der Messias einst genau in der angekündigten Zeit und darum in der Person Jesu gekommen ist. Mit viel exegetischem Aufwand führt Luther zwei Texte ins Feld: Gen 49,10–12 und Dan 9,24–27.[157] Den zweiten Text wertet er noch als

---

[153] Ebd. WA 11, 317,11–29.
[154] Ebd. WA 11, 318,29–319,2.
[155] Ebd. WA 11, 320,19.
[156] Ebd. WA 11, 325,16–336,13; im Umfang ist das die Hälfte des Traktates. – Hier ist Luther in seiner Argumentation von mittelalterlicher Tradition abhängig, vor allem von der Exegese der einschlägigen Schriftstellen durch Nikolaus von Lyra und Paulus von Burgos.
[157] Behandelt wird Gen 49,10–12 ebd. WA 11, 325,25–331,22; Dan 9,24–27 ebd. 331,23–336,13. – Luther verweist abschließend noch auf Hagg 2,9 und Sach 8,23, die ebenfalls in Betracht kämen für diesen Beweisgang wie auch noch „viel mehr" Schriftstellen.

2.4 Die messianischen Verheißungen in Luthers Stellungnahmen zu den Juden 67

echte Prophetie; er weiß noch nicht, daß hier ein Text aus der Zeit des Antiochus IV. Epiphanes (175–164 v. Chr.) vorliegt, daß also die Datierung in die Zeit des Darius I. von Persien (522–486) eine Fiktion ist und der Text in Wirklichkeit auf die Schändung des Jerusalemer Tempels durch Antiochus IV. reagiert. Luther folgt alter christlicher Exegese, wenn er die geheimnisvollen Zeitangaben des Textes für echte Prophetie hält, die sich auf die Zeit Jesu und die Zerstörung des Tempels durch die Römer im Jahr 70 bezieht. Das Fazit seiner Auslegung des an sich spröden Textes lautet:

> Nun sage myr yemand, wo will man finden eynen fursten odder Messiah odder konig, auff den sich solchs alles so eben reymet als auff unsern hern Jesum christ. Weyl denn schrifft und geschicht so geweltiglich mit eynander uber eyn treffen, haben ja die Juden nichts, das sie da widder mugen [:können] sagen. Denn yhr verstorung [:Zerstörung, nämlich Jerusalems] fulen sie ja wol, die unmeßlich grosser ist denn sie noch yhe erlitten haben [...] Und unmuglich were, das sie solt Got so lange on Propheten gelassen haben, wo es nicht mit yhn [:ihnen] aus sollt seyn und alle schrifft erfullet weren.[158]

Der andere Text – Gen 49,10–12[159] – spricht in messianischer Erwartung von einer Person aus dem Stamme Juda, die mit dem singulären Wort *silo* oder *schilo* bezeichnet wird; in der Vulgata war das Wort mit „qui mittendus est" übersetzt. Luthers Hauptinteresse richtet sich auf die Angabe, daß in Juda bis zu dem Kommen des „Silo" oder des „Helden" eine eigene weltliche Herrschaft („Scepter") und prophetische Lehre durch einen „Lehrer" oder „Meister" existieren werden. Wenn jedoch beides fehlen werde, dann sei die Zeit des Messias angebrochen. Das war nach der Auffassung Luthers wie auch der exegetischen Tradition mit Herodes d. Gr. (27–4 v. Chr.) in gewisser Weise eingetreten, auf jeden Fall aber im Jahr 70 mit der Eroberung Jerusalems und der Zerstörung des Tempels. Die dann folgende Vertreibung der Juden durch die Römer nennt Luther, beeinflußt von der herkömmlichen christlichen Geschichtsschreibung, die römische Gefangenschaft der Juden. Mit der Auslegung von Gen 49,10 verbindet er die traditionell christliche Deutung der noch immer anhaltenden „römischen Gefangenschaft" als Folge dessen, daß die Juden Jesus nicht als Messias anerkennen. Luther argumentiert mit Gen 49,10:[160] Die Juden könnten nicht leugnen, daß sie seit der

---

[158] Ebd. WA 11, 335,31–336,5.
[159] Der entscheidende Vers Gen 49,10 lautet ebd. WA 11, 325,27: Es soll das scepter nicht von Juda gewandt werden noch eyn lerer von denen zu seynen fussen, biß das kome der Silo und dem selben werden die volcker anhangen. – In Luthers Bibel-Übersetzung heißt es, WA.DB 8, 194 (Text 1523): Es wird das scepter von Juda nicht entwendet werden, noch ein meyster von seynen fussen, bis das der Hellt kome, und dem selben werden die volcker zu fallen. – Die Vulgata liest: Non auferetur sceptrum de Juda, et dux de femore eius, donec veniat qui mittendus est et ipse erit expectatio gentium. – Die revidierte Wittenberger Vulgata, 1529, liest, WA.DB 5, 72: Non auferetur sceptrum de Iuda, nec doctor de subselliis eius, donec veniat Silo, cui adhaerebunt populi.
[160] Ebd. WA 11, 325,34–326,22. – Daß mit Herodes d. Gr., dem Edomiter, zum ersten Mal ein „Fremdling" über die Juden herrschte, betrachtet Luther – ohne Bezug zum christlich-jüdischen Gespräch – bereits in der Weihnachtspostille, 1522, bei der Auslegung von Mt 2,1–12 als ein Si-

Zerstörung Jerusalems, also inzwischen seit rund fünfzehnhundert Jahren, ohne eigene Königs- oder Fürstenherrschaft und ohne Propheten leben müßten, was für ihre einstige babylonische Gefangenschaft nicht zugetroffen habe. „Darumb mus tzuvor der Silo odder Messias komen seyn fur dißen funfftzehen hundert jaren und fur der tzurstorung Jerusalems".[161]

Aus dem Text folgert er weiter,[162] daß die Herrschaft des „Silo" herrlicher sein werde als die untergegangene Herrschaft im Stamm Juda; darum habe das an Juda gerichtete Wort Gen 49,10 wirklich die Herrschaft des Messias angekündigt.

Denn alle Juden wissen wol, das Messias reich soll das aller herlichst und grossist seyn, das auff erden geweßen ist, Wie der 2., 71. und 88. Psalm [Ps 2,8; 71/72,17; 88/89,5] sagen. Denn dem David ist auch verheyssen [2Sam 7,13], das seyn stuel solle ewig weren.[163]

So erfülle sich Gen 49,10 darin, daß Jesus, aus dem Haus Davids stammend, geboren wurde, als die Herrschaft in Juda an den „Fremdling" Herodes überging, daß das messianische Reich des Jesus Christus als ein geistliches Reich seit fünfzehnhundert Jahren bestehe und auch ewiglich bleiben werde, und daß ihm, wie es ebenfalls Gen 49,10 heißt, „die Völker zufallen", weil der Messias ein universaler Herrscher sei.[164]

Mit den beiden Schriftstellen Gen 49,10 und Dan 9,24–27 meint Luther den Juden beweisen zu können, daß mit Jesus der verheißene Messias gekommen sei. Damit verbunden findet er in Gen 49,10 eine besonders deutliche Weissagung auf den Zustand des jüdischen Volkes in der „römischen Gefangenschaft" ohne eigene Herrschaft und ohne Propheten. Nicht nur diese herrschafts- und prophetenlose Existenz der Juden, sondern auch die Ausbreitung des Bekenntnisses zu Jesus als dem Messias unter den Völkern ist in seinen Schriftbeweis eingeschlossen, bei dem exegetische und historische Argumentation miteinander verflochten sind. Nach Luthers Urteil könne man auf diese Weise die Vernunft dazu bewegen, Jesus als den Messias anzuerkennen.

Aus dißem Spruch [Gen 49,10] tzeucht und grundet sich auch eyn vernunfftige ursach tzu beweyßen, das dyßer Silo mus komen seyn tzur zeyt, da unser Jhesus Christus komen ist, und keyn ander seyn kann denn der selbe Jhesus.[165]

Luther schätzt Gen 49,10 als messianischen Verheißungstext auch unabhängig von dem historischen Beweisfaktor, den er 1523 in einer Randglosse zu seiner

---

gnal für die Erfüllung von Gen 49,10, das er hier noch in Übersetzung der Vulgata zitiert, WA 10 I 1, 557,10–558,7 (ebd. 557 nennt Anm. 4 Quellen, die für Luthers Verknüpfung von Herodes und Gen 49,10 in Betracht kommen).

[161] Ebd. WA 11, 325,36–326,2.
[162] Ebd. WA 11, 326,23–327,3.
[163] Ebd. WA 11, 326,26–28.
[164] Ebd. WA 11, 326,31–327,3; vgl. ebd. 329,24–30.
[165] Ebd. WA 11, 330,23–25; es folgt 330,26–331,22 die kirchengeschichtliche Argumentation im Anschluß an die Wendung Gen 49,10: das dißem Silo sollen volcker tzufallen odder anhangen. Vgl. den oben bei Anm. 158 zitierten Passus zu Dan 9,24ff.

2.4 Die messianischen Verheißungen in Luthers Stellungnahmen zu den Juden 69

Übersetzung des Pentateuch ausgeklammert hat. Unter allen Segenssprüchen von Gen 49 gelte nur der Spruch in Vers 10–12 dem Messias:

Hie [V. 10] fehet an der Segen von Christo, der von Juda geborn solt werden. Und heisst jn Silo, das ist, der Glückselig sein, und frisch durchdringen solt, mit geist und glauben, das zuvor durch werck saur und unselig ding war. Darum nennen wir Silo, ein Helt. Denn das vorige teil dis Segens [V. 8 f], betrifft den König David, Und ist sonst in allen segen [d. h. den übrigen Sprüchen von Gen 49] nichts mehr von Christo, Sondern alles ander ist von zeitlichem heil, das den kindern Israel gegeben ist.[166]

Auf den Einwand jüdischerseits, daß die Messias-Verheißungen wegen der Sünden des jüdischen Volkes noch nicht in Erfüllung gegangen seien, entgegnet Luther in der Schrift Wider die Sabbather, 1538, nach biblischem Befund seien Gottes Verheißungen nie von menschlicher Gerechtigkeit oder Sünde abhängig.[167] Da ja aber die Juden seit fünfzehnhundert Jahren ihr Priestertum und Königtum entbehren müßten, könne das nur mit dem Kommen des Messias erklärt werden; seien doch Priestertum und Königtum des Alten Bundes im messianischen Heil aufgehoben. Darum gebe es nur eine logische Alternative, mit der sich entscheide, ob man zu vernünftiger Einsicht fähig oder verstockt sei.

So schleusst sichs hieraus gewaltiglich [:unanfechtbar], das der beider eines mus war sein: Entweder Mesias [sic] mus vor Funffzehen hundert jaren komen sein, odder Gott müsse gelogen (Gott verzeihe mir so schendlich zu reden) und seine verheissung nicht gehalten haben, Und [ich] sage es noch ein mal: Messias hat mussen komen vor Funffzehenhundert jaren, da der Stuel David, das Fürstenthumb Juda, das Priesterhumb Israel, der Tempel und Jerusalem noch stunden, da das gesetze Mose und sein gestifft Gottesdienst noch wehret, und das Volck noch im Regiment bey einander zu Jerusalem wonet, ehe denn es alles so grewlich zu fallen [:zerfallen] und verwüstet ist, Odder wo nicht, so hat Gott gelogen. Solches konnen die Juden nicht leugnen, welche anders [:überhaupt] noch bey vernunfft sind. Die verstockten mügen sich drehen und wenden, ringen und wingen [:krümmen], mit was rencken sie wollen odder mügen [:können], So ist jr behelff und flucht rede [:Vorwand und Ausrede] nichts gegen solche offentlich [:offenkundige] warheit.[168]

Es fällt auf, daß Luther in seiner späten Auseinandersetzung mit den Juden – in erster Linie in der Schrift Von den Juden und ihren Lügen, 1543[169] – auf der

---

[166] Randglosse seit 1523 zu Gen 49,10, WA.DB 8, 195 (Version 1545).
[167] Wider die Sabbather, 1538, WA 50, 313,24–323,7.
[168] Ebd. WA 50, 318,18–31. – Vgl. ebd. 322,19–21.24–36: Die Juden mügen sagen von sunden, darumb sie leiden, was sie wollen [...], So hat Gott nicht jrer sunde noch gerechtigkeit, sondern David einen ewigen stuel zugesagt und geschworen. [...] Weil denn Davids Stuel nu bey funfzehenhundert jar zerstöret ligt, der doch nicht (spricht Gott [2Sam 7,13]) zerstöret werden noch fallen sol, So ists unwiddersprechlich, das Messias mus for Fünffzehenhundert jaren komen sein und den Stuel seines Vaters Davids besessen haben und ewiglich besitzen, oder Got muste jnn seiner aller herrlichsten verheissunge zum lügener worden sein umb böser leute und ungehorsamer Juden willen. [...] Solch Argument weis ich für war, das wo noch vernunfftige Juden sind, mus sie bewegen, Auch die verstockten dennoch ein wenig stossen [:irre machen].
[169] Von den Juden und ihren Lügen, 1543, WA 53, 417–552. Noch in demselben Jahr ließ Luther eine vermehrte Ausgabe drucken; eine lateinische Übersetzung durch Justus Jonas erschien Frankfurt/M. 1544. – Zu dem Komplex antijüdischer Schriften Luthers gehören noch: die Schrift

Linie der messianischen Verheißungstexte ausschließlich jene Argumentation fortführt, die er 1523 mit Gen 49,10 und Dan 9,24–27 bestritten hatte. Nachdem er im ersten Teil dieser späten Schrift einige religiöse Ruhmestitel, die die Juden angeblich für sich beanspruchten, entkräftet hat, will er im zweiten Teil,[170] dem „Heubtstück", erneut den exegetischen Beweis führen, daß der Messias in der Person Jesu bereits gekommen sei.[171] Die Argumentation ist hier sehr weitschweifig geworden, vor allem durch heftige Polemik gegen die jüdische Auslegung der behandelten Schriftstellen. Theologisch bleibt die Beweisführung noch einseitiger als 1523. Luther will jetzt seinen christlichen Lesern nicht mehr Anleitung geben für eine exegetische Unterredung mit den Juden. Ein christlich-jüdisches Gespräch hält er nach dem Tenor der ganzen Schrift nicht mehr für sinnvoll.

Ins Feld der gesellschaftspolitischen Auseinandersetzung gehören der dritte und vierte Teil jener Schrift von 1543. Zunächst erwähnt Luther Lästerungen, die dem Vernehmen nach in der religiösen Praxis der Juden über Jesus, Maria und die Christen ausgesprochen werden.[172] Daran anschließend gibt er den weltlichen Obrigkeiten und den Predigern Ratschläge, wie mit den Juden wegen dieser christenfeindlichen Lästerungen zu verfahren sei.[173] Im krassen Gegensatz zu seinem Wunsch von 1523, für soziale Integration der Juden zu sorgen, empfiehlt er jetzt Maßnahmen der religiösen und sozialen Diskriminierung und Ausgrenzung bis hin zur Ausweisung, wofür er das Beispiel anderer europäischer Länder anführt. Er äußert sich in einer abstoßenden Weise, die bis zu einem gewissen Grade sowohl aus objektiven historischen Umständen als auch aus seiner subjektiven Neigung zu überzogener Polemik erklärt werden kann. Sein Antijudaismus ist jedenfalls noch kein rassistischer Antisemitismus, obgleich Antisemiten des 19. und 20. Jahrhunderts diese Äußerungen Luthers zu ihren Gunsten verwertet haben. Offensichtlich war Luther persönlich darüber verbittert, daß sein früher Versuch, im Gespräch mit Juden den christlichen Messiasglauben

---

Vom Schem Hamphoras und vom Geschlecht Christi, 1543, WA 53, 579–648; dazu ein Entwurf WA 60, 167–169; ferner seine etwa aus dieser Zeit stammenden Randbemerkungen zu Porchetus Salvaticus, Victoria adversus impios Hebraeos, Paris 1520, WA 60, 237–239. – Anderen Charakter hat die Schrift Von den letzten Worten Davids, 1543, WA 54, 28–100.

[170] Von den Juden und ihren Lügen, 1543, WA 53, 449,1–511,24; Luther bespricht der Reihe nach Gen 49,10 (450,19–462,15), 2Sam 23,2f in Verbindung mit 2Sam7,12–16 (462,16–469,7), Jer 33,17–26 (469,8–476,4), Hagg 2,6–9 (476,5–492,6), Dan 9,24 (492,7–510,30). Auf Hagg 2,6ff hatte er schon 1523 hingewiesen; mit den David-Texten 2Sam 23,2f und 2Sam 7,12ff befaßte er sich erneut kurz danach in seiner Schrift Von den letzten Worten Davids, 1543, WA 54, 28–100; der Jeremia-Text steht mit der David-Verheißung in Zusammenhang.

[171] Ebd. WA 53, 449,3 bezeichnet er die Messias-Frage als das „Heubtstück" der Kontroverse. – Im letzten, fünften Teil seiner Schrift, ebd. 543,5–552,14, konfrontiert er die von ihm unsachlich charakterisierte jüdische Messias-Erwartung mit dem christlichen Messiasverständnis, für das er noch einmal auf die im zweiten Teil behandelten Texte zurückgreift.

[172] Ebd. WA 53, 511,25–522,19.

[173] Ebd. WA 53, 522,20–542,4.

2.4 Die messianischen Verheißungen in Luthers Stellungnahmen zu den Juden

mit biblischen Weissagungsbeweisen und „vernünftigen" Gründen plausibel zu machen, keine Resonanz gefunden hatte.[174] Darüber hinaus hatte ihn die aus Böhmen kommende Nachricht beunruhigt, daß sich dort manche Christen auf einen jüdisch-christlichen Sabbatismus eingelassen hätten.[175] Schließlich ist generell zu berücksichtigen: Wie die meisten seiner Zeitgenossen war auch Luther davon überzeugt, daß in einem politischen Gemeinwesen – Europas Staaten waren damals ausnahmslos rein christlich – nur eine einzige Religionsform öffentlich praktiziert werden dürfe, wenn die Existenz des Gemeinwesens nicht gefährdet sein sollte. So konnte man die Ansicht vertreten, das besondere kaiserliche Schutzrecht, das die Juden im Reich genossen, dürfe nicht religiös mißbraucht werden durch Lästerreden über die christliche Verehrung des Jesus Christus; und solche Gotteslästerung dürfe man nicht wissentlich dulden und dadurch gutheißen.[176]

Auf die sozialpolitischen Probleme will ich hier in einer Darstellung von Luthers Theologie nicht weiter eingehen. Für nötig halte ich jedoch eine theologische Anmerkung zu Luthers Weissagungsbeweis. In seiner Schrift Daß Jesus Christus ein geborner Jude sei, 1523, befindet er sich im ersten Teil bei den messianischen Heilszusagen an Abraham und David im Einklang mit dem neutestamentlichen Rückgriff auf alttestamentliche Verheißungstexte. Im zweiten Teil seiner exegetischen Argumentation hingegen entfernt er sich – im Gefolge mittelalterlicher Beweisführung – erheblich vom neutestamentlichen Umgang mit den Verheißungstexten. Denn im Neuen Testament haben die Referenzen auf alttestamentliche Messiasverheißungen eindeutig Bekenntnischarakter. Sie wollen nicht einem vernünftigen Beweis dienen; sie entnehmen deshalb den Verheißungstexten keine historischen Vorhersagen, wie das in der von Luther aufgegriffenen Tradition geschieht. Die in dieser Tradition besonders geschätzten Texte, Gen 49,10–12 und Dan 9,24–27, werden hingegen im Neuen Testament nicht als Stützen des Christus-Bekenntnisses herangezogen.[177]

Luthers Erwartung an die Vernunfteinsicht stößt sich mit dem Vertrauen auf das kontingente Wirken des Heiligen Geistes bei der Verkündigung des Evangeliums. Aus solchem Vertrauen auf das Wirken des Heiligen Geistes hat er jedoch

---

[174] Nach eigenen Andeutungen hat Luther Mitte der zwanziger Jahre mit ein paar Juden einen exegetischen Disput über messianische Texte des Alten Testamentes (v. a. Jer 23,6 b) geführt, bei dem seine Gesprächspartner auf ihrer Auslegungstradition beharrten; vgl. als früheste Erwähnung die Predigt, 25.11.1526, über Jer 23,5–8, WA 20, 569,8–10; aus späteren Jahren stammen die Reminiszenzen WA 31 II, 162,28 f (bzw. 25, 185,24–26); 50, 313,4–6; 53, 461,28–34 und 589,16–19; WA.TR 3, 370,10–14 Nr. 3512; 4, 517,10 f Nr. 4795; 4, 619,21–620,6 Nr. 5026.

[175] Das hat ihn zu der Schrift Wider die Sabbather, 1538, veranlaßt, WA 50, 312–337.

[176] Von den Juden und ihren Lügen, der 4. Teil, WA 53, 522,20–542,4, ist von Anfang bis Ende getragen von dem Gedanken, daß man vor Gott genauso schuldig wird, wenn man die Lästerungen wissentlich duldet und ihnen dadurch zustimmt, z. B. ebd. 522,30–34; 535,25–33; 542,1 f.

[177] Die Bezugnahmen in Apk 5,5; 7,14 und 22,14 auf Gen 49,9 und 11 greifen nur einzelne Worte auf; Gen 49,10 bleibt ganz ausgespart. Aus Dan 9,24–27 wird in Mt 24,15 und Mk 13,14 nur der Ausdruck „Greuel der Verwüstung" aufgegriffen.

im Kleinen Katechismus in der Erklärung des dritten Credo-Artikels ausdrücklich Beweggründe der Vernunfteinsicht ausgeschlossen:

Ich gleube, das ich nicht aus eigener vernunfft noch krafft an Jhesum Christ, meinen Herrn, gleuben odder zu jm komen kan, Sondern der Heilige geist hat mich durchs Euangelion beruffen, mit seinen gaben erleuchtet, jm rechten glauben geheiliget und erhalten; gleich wie er die gantze Christenheit auff erden berufft, samlet, erleucht, heiliget und bey Jhesu Christo erhelt jm rechten, einigen glauben.[178]

Das gilt – im Sinn Luthers – für alle Zeiten; es sollte den Christen bei interreligiösen Gesprächen aller Art immer bewußt sein, weil es im Selbstverständnis der christlichen Religion eine interreligiöse Toleranz ermöglicht.

Hinsichtlich der Zerstörung Jerusalems und des Tempels sowie der „römischen Gefangenschaft" der Juden herrschte zur Zeit Luthers noch der allgemeine Konsens, diese Ereignisse seien religiös zu bewerten als eine Folge dessen, daß die Mehrheit der Juden sich nicht dem Bekenntnis zu Jesus als dem Messias angeschlossen habe. Selbst Johannes Reuchlin, dem man Antijudaismus nicht nachsagen kann, vertrat diese Ansicht in seinem Deutschen Missive, warum die Juden so lange im Elend sind, 1505.[179] Da die religiöse Deutung der Geschehnisse des Jahres 70 sich bereits in einigen danach entstandenen Texten des Neuen Testamentes bemerkbar macht, sind die vor dem Jahr 70 verfaßten Paulusbriefe die herausragenden Zeugnisse für die früheste christliche Botschaft von Jesus Christus als dem Messias zu einer Zeit, als in der Geschichte der Juden noch nicht jene gravierenden politischen Veränderungen eingetreten waren. Da wir geschichtliche Zusammenhänge nicht mehr in derselben verallgemeinernden Weise als Handeln Gottes deuten können, wie das bis in die Frühe Neuzeit geschah, müssen wir eindeutig erklären, jene Umwälzungen des Jahres 70 seien politischer Natur gewesen. Wie solche historisch-politischen Geschehnisse und deren Folgen religiös zu deuten sind, muß den unmittelbar Betroffenen überlassen bleiben. Zwischen politischem Geschehen und dessen religiöser Deutung zu unterscheiden, ist jedoch bis weit in die Neuzeit bei einem weniger differenzierten Wirklichkeitsverständnis kaum möglich gewesen. Auch das ist zu berücksichtigen, wenn Luther trotz seines entschiedenen Rückgriffs auf die Theologie des Paulus sich bei seiner Stellungnahme zu den Juden nicht stärker an Röm 9–11 orientiert hat.

Luthers üble Polemik in seiner antijudaistischen Schrift von 1543 und in verwandten späten Texten sollten genauso wie alle exzessive antirömische Polemik beiseite gelassen werden, wenn Luthers affirmative Unterweisung in der christlichen Religion erfaßt werden soll. Und selbst bei der frühen, ein interreligiöses Gespräch suchenden Schrift Daß Jesus Christus ein geborner Jude sei, 1523,

---

[178] Kleiner Katechismus, 1531, WA 30 I, 367,4–368,3.
[179] Johannes Reuchlin, Werke, Bd. 4,1; 1999, S. 1–12: tütsch missive, warumb die Juden so lang im ellend sind (Pforzheim 1505).

macht die Zäsur zwischen dem ersten und dem zweiten Teil der Argumentation mit alttestamentlichen Weissagungstexten es möglich, den problematischen zweiten Argumentationsgang kritisch auszusondern, weil ihm wegen seiner speziellen, kritikwürdigen Beweisintention keine Bedeutung für die Theologie Luthers zugemessen werden kann.[180] Etwas anderes ist es, wenn Luther im ersten Argumentationsgang in den messianischen Verheißungen des Alten Testamentes, denen er auch sonst einen hohen theologischen Stellenwert einräumt (s. Kap 2.3), das christliche Bekenntnis zu Jesus als dem Messias in der Weise vorbereitet findet, daß sie nicht nur als Weissagung des künftigen Messias gelesen werden sollen, sondern als Gottes gültige Heilszusage für jene, die solchem Gotteswort einst vertraut haben. So hat in Luthers Sicht Gott sein Evangelium in der Zeit des Alten Testamentes vernehmen lassen; es fehlte dem Evangelium allerdings noch die geschichtliche – in christlicher Sicht sogar endgeschichtliche – Erfüllung in der Person des Jesus Christus und in der apostolischen Predigt des Evangeliums für alle Völker. Mit dieser Verknüpfung von Altem und Neuem Testament durch das eine Evangelium ist in Luthers Theologie die herkömmliche Unterscheidung zwischen den zwei Sakralordnungen von Mose-Gesetz und Christus-Gesetz weggefallen.

---

[180] Unabhängig von der problematischen Beweisintention bleibt Gen 49,10 eine messianische Verheißung in dem einfachen exegetischen Sinn der oben (bei Anm. 166) zitierten Randglosse in Luthers deutscher Bibel.

Kapitel 3

Die christliche Religion in ihren elementaren Relationen

3.1 Das Evangelium des Jesus Christus und der Glaube

(1.) Aus dem reformatorischen Schriftprinzip resultiert, daß das Eigentümliche der christlichen Religion primär durch die neutestamentliche Botschaft von Jesus als dem Christus bestimmt werden muß. Unter diesem Vorzeichen kommt allerdings auch das Verhältnis des Evangeliums zum Gesetz in den Blick; gleichwohl soll die Bedeutung des Gesetzes in der Lebenswirklichkeit des Menschen und die Relation von Gesetz und Evangelium erst in den beiden folgenden Kapiteln betrachtet werden.

Über das Spezifikum der christlichen Religion gibt Luther mit mehreren korrelativen Begriffen Auskunft. Auszugehen ist am besten von den beiden Größen „Christus allein" (solus Christus) und „der Glaube allein" (sola fides). In ihre Korrelation ist eingeschlossen „die Gnade allein" (sola gratia) als Ausdruck für das Heil, das in Gottes freier Zuwendung begründet ist und ohne Rücksicht auf Verdienst und Würdigkeit erfahren wird. Weil das Gnadenprinzip, für sich genommen, offen läßt, wie die Gnade vermittelt und erfahren wird, ist Luthers Christentumsverständnis viel eindeutiger bestimmt durch die Korrelation von Jesus Christus und dem Glauben, beide in engster Beziehung und nicht bloß in Addition. Was sie zusammenschließt, ist das Evangelium. Das Evangelium ist Evangelium des Jesus Christus und der Glaube ist Christusglaube im Vertrauen auf das Evangelium.

In dem Ausdruck „Evangelium des Jesus Christus" bezeichnet der Genitiv zugleich den Urheber wie auch den Inhalt des Evangeliums. Die Gottesbotschaft des Jesus von Nazareth ist verschränkt mit der apostolischen Predigt von Jesus als dem Christus, dem Messias. In diesem Sinn spricht ein Passus in Luthers Freiheitstraktat davon, daß Jesus Christus ausschließlich den Auftrag gehabt habe, das Evangelium als das Wort Gottes zu verkündigen, das dem Menschen Leben, Gerechtigkeit und evangeliumsgemäße Freiheit schenkt. Ebenso seien die Apostel zur Verkündigung der Heilsbotschaft Gottes berufen gewesen, und ebenso seien alle kirchlichen Amtsträger „allein um des Wortes willen […] berufen und eingesetzt".

Neque Christus ad aliud officium missus est quam verbi. Et Apostolicus, Episcopalis universusque ordo clericorum non nisi in verbi ministerium vocatus et institutus est.[1]	Christus umb keyns andern ampts willen, den[n] zu predigen das wort gottis, kummen ist. Auch alle Apostell, Bischoff, priester und gantzer geystlicher stand alleyn umb des worts willen ist beruffen und eyngesetzt, wie woll es nu leyder anders gaht.

Weil die Person des Jesus Christus nur gesandt war, um dem Wort Gottes zu dienen, und weil die Christenheit immer angewiesen bleibt auf den Dienst am Wort Gottes, soll das Evangelium des Jesus Christus dem Menschen mitgeteilt werden, damit er für seine Person empfange, was ihm in seinem Gottesverhältnis vonnöten ist: Leben, Gerechtigkeit und christliche Freiheit.

Una re, eaque sola opus est ad vitam, iustitiam et libertatem Christianam. Ea est sacrosanctum verbum dei, Evangelium Christi, sicut dicit Joh 11 [V. 25]: ‚Ego sum resurrectio et vita, qui credit in me, non morietur in aeternum'.[2]	[Es] Hatt die seele keyn ander dinck, widder yn hymel noch auff erden, darynnen sie lebe, frum [:gerecht], frey und Christen sey, denn das heylig Evangely, das wort gottis von Christo geprediget. Wie er selb sagt Joh 11 [V. 25]: ‚Ich byn das leben und aufferstehung, wer do glaubt yn mich, der lebet ewiglich'.

Der Jesus Christus der vier Evangelien ist für Luther identisch mit dem Jesus Christus der genuin apostolischen Evangeliumspredigt. Denn das Neue Testament kennt nur das eine Evangelium (s. o. Kap. 2.1). Luther sieht keinen Graben zwischen dem historischen Jesus und dem Jesus Christus der neutestamentlichen Schriften. Die moderne Frage nach dem historischen Jesus ist ihm noch fremd. Könnte er sie sich zu eigen machen, so würde er sicherlich gleichzeitig auf ihre Problematik hinweisen, sobald dem Menschen das Wort Gottes der neutestamentlichen Botschaft vermittelt werden soll.

(2.) Wie die Verkündigung des Evangeliums durch Jesus dort ihr Ziel erreicht hat, wo er bei seinen Hörern Glauben gefunden hat, so charakterisiert das Evangelium des Jesus Christus in Verbindung mit dem Glauben Luthers Grundverständnis der christlichen Religion. Ungewöhnlich oft hat er das Evangelium des Jesus Christus und den Glauben zusammengebunden, vor allem wenn er in programmatischer Kürze das Anliegen der reformatorischen Theologie hervorkehren wollte.

Besondere Beachtung verdienen in diesem Zusammenhang die sog. Schmalkaldischen Artikel, verfaßt Ende 1536, als der Kurfürst von Sachsen von Luther gewissermaßen dessen theologisches Testament erbeten hatte, um im Falle von Konzilsverhandlungen, die sich am Horizont andeuteten, eine theologische Richtschnur für seine Gesandten zur Hand zu haben. Hier formuliert Luther den „Hauptartikel" der reformatorischen Theologie, indem er die beiden Grundsätze „allein Christus" und „allein der Glaube" miteinander kombiniert:

---

[1] De libertate Christiana / Von der Freiheit eines Christenmenschen, 1520, WA 7, 51,8–11 / 22,19–22.

[2] Ebd. WA 7, 50,33–36 / 22,3–7.

Das Jhesus Christus, unser Gott und HErr, sey umb unser Sünde willen gestorben, und umb unser Gerechtigkeit willen auff erstanden, Röm 4 [V. 25]. Und er allein ‚das Lamb Gottes ist, das der welt sunde tregt', Joh 1 [V. 29]. Und ‚Gott unser aller sunde auff jn gelegt hat', Isa 53 [V. 6]. Item, ‚Sie sind allzumal Sünder und werden on verdienst gerecht aus seiner Gnade durch die Erlösung Jhesu Christi jnn seinem blut' etc. Röm 3 [V. 23–25].
Die weil nu solches mus gegleubet werden und sonst mit keinem Werck, Gesetze noch verdienst, mag erlanget oder gefasst werden, So ist es klar und gewis, das allein solcher Glaube uns gerecht mache, Wie Röm 3 [V. 28] S. Paulus spricht: ‚Wir halten, das der Mensch gerecht werde on werck des Gesetzes durch den glauben'. Item [Röm 3,26] ‚Auff das er alleine Gerecht sey und gerecht mache denen [:den], der da ist des glaubens an Jhesu'.
Von diesem Artikel kann man nichts [:keineswegs] weichen oder nachgeben, Es falle Himel und Erden, oder was nicht bleiben wil. ‚Denn es ist kein ander Name den Menschen gegeben, dadurch wir können selig werden' spricht S. Petrus Act 4 [V. 12]. ‚Und durch seine Wunden sind wir geheilt' Jsaiae 53 [V. 5].
Und auf diesem Artikel steht alles, das wir […] lehren und leben. Darumb müssen wir des gar gewis sein und nicht zweiveln, Sonst ists alles verloren.[3]

Auf alle weiteren substantiellen Sätze verzichtet Luther bei diesem Hauptartikel. Durch die Redeweise in biblischen Zitaten wird die Hauptsache des Evangeliums benannt, obwohl der Begriff „Evangelium" nicht vorkommt. Einige wenige Bibelverse genügen, um den Kern der christlichen Religion zu bezeichnen. Zentrale Verse aus dem Römerbrief werden durch Zitate aus Jes 53 und durch je ein Wort Johannes des Täufers und des Apostels Petrus so ergänzt, daß die Bedeutung Jesu Christi und des Glaubens verstärkten Nachdruck erhält. Auf beiden Seiten, sowohl auf der Seite des Jesus Christus als auch auf der Seite des Glaubens, hat Luther ein „allein" eingeflochten. Wie das „Jesus Christus allein" und „der Glaube allein" zusammengehören, ist nicht auf den ersten Blick zu erkennen, so daß man versucht sein könnte, beide getrennt zu behandeln, das eine in der Lehre von Christus, das andere in der Rechtfertigungslehre. Die Korrelation zwischen dem beiderseitigen „allein" ist jedoch konstitutiv für Luthers Lehre vom „Ampt und Werck Jhesu Christi oder unser Erlösung", so die Überschrift zu diesem Artikel.[4] Wer mit dieser Überschrift nicht gleich die Vermittlung durch das Evangelium und den Glauben hinzunimmt, verfehlt nach Luthers Urteil die neutestamentliche Heilsbotschaft. Seinen römisch-katholischen Kontrahenten bescheinigt er zwar vorher, die Artikel des altkirchlichen Credo zu bekennen. Daß ihnen jedoch der entsprechende, heilsnotwendige Glaube abgehe, ist nicht nur in Luthers Handschrift der Schmalkaldischen Artikel angedeutet,[5] sondern wird von ihm in zwei Thesen einer Disputationsthesenreihe von 1542 pointiert formuliert.

---

[3] Schmalkaldische Artikel, 1538, Tl. 2, Art. 1, WA 50, 198,25–200,6. – Abweichend vom erhaltenen Manuskript enthält der Erstdruck von 1538 einige von Luther vorgenommene beachtenswerte Ergänzungen.

[4] Ebd. WA 50, 198,20 f.

[5] Ebd. Tl. 1, WA 50, 198,13–15, schließt Luther sein Kurzreferat der Hauptpunkte des trinitarischen Credo mit dem Satz: Diese Artikel sind jnn keinem zanck noch streit, weil wir zu beiden teilen die selbigen bekennen. – In seiner Handschrift endete das Zitat ursprünglich: „gleuben und bekennen". Die Streichung hat höchstwahrscheinlich den Sinn, der oben vorausgesetzt wird.

Man entziehe sich dem „für uns" vollbrachten Heilswerk Christi, sobald man das doppelte „allein" nicht gelten lasse.

18. Frustra credunt papistae et sophistae Deum patrem et omnes articulos alios fidei nostrae, dum respuunt opus Christi pro nobis impletum.	18. Vergebens glauben die Papisten und Sophisten an Gott den Vater und alle Artikel unseres Glaubens, da sie das für uns vollbrachte Werk Christi verschmähen.
19. Negant enim, sola fide seu, quod idem est, solius Christi opere impleto nos iustificari.[6]	19. Denn sie leugnen, daß wir allein durch den Glauben oder, was dasselbe ist, durch das allein von Christus vollbrachte Werk gerechtfertigt werden.

Die Ausschließlichkeit, die der Heilsmittlerschaft des Jesus Christus zukommt, wird in Luthers Grundverständnis des Christentums nur gewahrt, wenn zugleich auf Seiten des Menschen ein „allein durch den Glauben" (sola fide) für das Wahrnehmen des Christus-Heils gilt. Dem entspricht es, wenn Luther das „allein durch den Glauben" von Röm 3,28 in seiner Übersetzung des Neuen Testamentes 1522, nachdem er deswegen kritisiert worden ist, außer mit sprachlichen Gründen auch mit dem theologischen Argument eines Wechselbezugs zwischen Christus und dem Glauben rechtfertigt:

Sage mir doch, ob Christus tod und aufferssteen [sic] unser werck sey, das wir thun, oder nicht? Es ist ja nit unser werck, noch einiges [:irgendeines] gesetzes werck. Nu macht uns ja allein Christus tod und aufferstehen frey von sunden und frum [:gerecht vor Gott], wie Paulus sagt Ro. 4 [V. 25] ‚Er ist gestorben umb unser sunde willen, und aufferstanden umb unser gerechtigkeit willen'. Weiter sage mir, Welchs ist das werck, damit wir Christus tod und aufferstehen fassen und halten? Es mus [:darf] ja kein eusserlich werck, sondern allein der ewige glaube ym hertzen sein, der selbige allein, ja gar allein, und on alle werck fasset solchen tod und aufferstehen wo es gepredigt wird durchs Euangelion.[7]

In den Schmalkaldischen Artikeln kontrastieren dem äußerst knapp gefaßten Artikel über das Heil mit der doppelten Exklusivität bei Christus und beim Glauben drei relativ ausführliche Artikel erstens über den priesterlichen Meßopferkult mit etlichen angeschlossenen religiösen Werken und Vorstellungen (Fegfeuer, Wallfahrten, Bruderschaften, Reliquienverehrung, Ablaß, Heiligenanrufung), zweitens über den Ordensstand, drittens über das Papsttum als Institution unantastbaren göttlichen Rechts.[8] Hier muß jetzt nicht geprüft werden, ob und inwiefern Luther in dieser polemischen Abgrenzung übertreibt. Es ist nur festzustellen: Im Licht der dreifach charakterisierten traditionellen Grundgestalt der christlichen Religion erscheint die reformatorische Korrelation von „allein Christus" und „allein der Glaube" als Ausdruck für das reformatorische Grundverständnis der christlichen Religion, das sich auf die biblische Christus-

---

[6] Disputation über Hbr 13,8, 7.7.1542, These 18 f; WA 39 II, 188,22–25. Daß Luther in These 18 das Verb credere verwendet, während bei haargenauer Übereinstimmung mit dem Satz der Schmalkaldischen Artikel das Verb confiteri zu erwarten wäre, sollte nicht stören.

[7] Sendbrief vom Dolmetschen, 1530, WA 30 II, 642,7–15.

[8] Schmalkaldische Artikel, 1538, Tl. 2, Art. 2–4, WA 50, 200,7–219,27.

3.1 Das Evangelium des Jesus Christus und der Glaube

Botschaft stützt und nicht verdunkelt werden darf. Erst durch den Kontrast zu Hauptmerkmalen der römisch-katholischen Ausprägung der christlichen Religion gewinnt der äußerst kurz und schlicht gefaßte evangelische Artikel mit dem doppelten „allein" sein volles Gewicht.

Die Korrelation von Jesus Christus und Glaube in ihrer Ausschließlichkeit besagt mehr als ein theologischer Lehrsatz; der kurze Text mit seiner scharfen Kontur verweist durch die rein biblische Formulierung auf die apostolische Grundlegung der christlichen Religion mit ihrem stets gültigen Anspruch. Unter Voraussetzung des unaufgebbaren apostolischen Grundartikels der christlichen Religion hält es Luther für möglich, mit „gelehrten, vernünftigen" Gesprächspartnern die im dritten Teil der Schmalkaldischen Artikel aufgeführten Lehrpunkte zu verhandeln, darunter so zentrale wie Gesetz, Evangelium, Sünde, Buße usw.

(3.) Für die Korrelation von Christus und Glaube in ihrer Ausschließlichkeit ist ferner zu beachten, daß in Luthers Auffassung das Christus-Geschehen im gegenwärtig vernehmbaren Evangelium seine volle Heilsbedeutung für den Glauben hat. Das Christus-Geschehen sei nicht vergangene Ursache einer Heilsvermittlung, bei der Christus selbst in heilsgeschichtlicher Vergangenheit „draußen" bleibe. Das betont er im Schlußwort seiner Auslegung der sieben Bußpsalmen,[9] mit der er selbst im Frühjahr 1517 zum ersten Mal in deutscher Sprache vor die Öffentlichkeit trat:

Christus ist gottis gnaden, barmhertzickeit, gerechtickeit, warheit, weißheit, stercke, trost und selickeyt, uns von gott gegeben an [:ohne] allen vordinest. Christus sag ich nit, als [:wie] etlich mit blinden worten sagen, causaliter, das er gerechtickeit gebe, unnd bleybe er draußen. dan [:denn] die ist tod, ja sie ist nymmer gegeben, Christus sey dan selbs auch da.[10]

Was hier – ähnlich wie in dem oben besprochenen Text der Schmalkaldischen Artikel – erbaulich wirkt, hat einen harten Kern: Christus darf nicht nur als geschichtlich abständige Ursache des Heils verstanden werden, er selbst will und muß als Gegenwart des Heils erfahren werden,[11] wobei Christus- oder Gottes-

---

[9] Die sieben Bußpsalmen, 1517, WA 1, 158–220; eine von Luther überarbeitete 2. Ausgabe erschien 1525, WA 18, 479–530.

[10] Ebd. WA 1, 219,30–35; nur orthographisch abweichend in der 2. Auflage 1525, WA 18, 529,13–18. – Vgl. ebd. zu Ps 51,14, WA 1, 191,23–25: das heyl gottis wirt genent Christus in der schrifft, der ist uns eyn heyl und selickeit von got geben [vgl. 1Kor 1,30], ynn wilchem aller trost und freud ist der seelen, die yre sunde fület.

[11] Ähnlich wie im Schlußwort zur Auslegung der Bußpsalmen wendet sich Luther in seiner 2. Psalmen-Vorlesung dagegen, daß der Paulus-Text 1Kor 1,30 auf Christus in seiner Heilsbedeutung als abständiges Objekt des Glaubens oder Ursache der Heilsgerechtigkeit bezogen wird, Operationes in Psalmos, 1519–1521, zu Ps 9a,16a/15b „Exsultabo in salutari tuo", WA 5, 310,35–311,12 / AWA 2, 546,26–547,16: Christus aptissime ‚salutare' vocatur, cum ipse sit medium illud, quo nos salvamur. [...] Ipse enim est saluberrimum ungentum, ipse consolatio nostra seu, ut Apostolus 1Cor 1 [V. 30], ipse iustitia, sanctificatio, sapientia, redemptio nostra a deo nobis factus. Quibus verbis optime energiam huius nominis ‚salutare' et usum Christi et incorpora-

erkenntnis und Selbsterkenntnis zusammengehören, wie das in der Auslegung dieser Psalmen wiederholt anklingt und im Untertitel des Werkes angedeutet ist.[12]

Warum betont Luther mit so viel Nachdruck, daß eine Wertschätzung des Heilshandelns Christi als einer bloßen Ursache nicht genügt, ja, geradezu verfehlt ist? Seine Kritik richtet sich gegen eine Sicht der christlichen Heilsgeschichte, die im Mittelalter weithin das kirchliche Denken beherrschte. Zum einen wurde das Christus-Geschehen, in erster Linie der Kreuzestod Christi, verstanden als die Ursache für das Heil, das in den sakralgesetzlich gesicherten Institutionen der Kirche mit ihren priesterlich verwalteten Sakramenten vermittelt wird.[13] Aus dieser Sicht ist Christus in einer heilsgeschichtlichen Vergangenheit der Stifter der christlichen Kirche und Religion gewesen. Zum anderen pflegt die Religiosität des Mittelalters eine intensive Beschäftigung mit der Passio Christi. Der Gläubige wird angeleitet, sich mit Meditation und Gebet in das Leiden Christi zu versenken. Eine engagierte Meditation soll ein Mitgefühl mit dem leidenden Christus wecken. Gleichwohl richtet sie sich auf etwas Vergangenes, das möglichst detailliert und plastisch geschildert wird, damit es umso leichter in der Meditation mental vergegenwärtigt werden kann. In seinen Passionspredigten unterwirft Luther die traditionelle Passionsmeditation einer kritischen Revision.[14] Denn statt Mitleid soll Selbsterkenntnis gewonnen werden mit der Einsicht, in eigener Person gegenwärtig auf das in Jesus Christus dargebotene Heil angewiesen zu sein. Damit hängt zusammen, daß das Heil dem Glauben in der Gegenwart mit dem Evangelium des Jesus Christus mitgeteilt wird und nicht in sakralrechtlich verfaßten Institutionen.

Weder das „allein Christus" (solus Christus) noch das „allein der Glaube" (sola fides) ist für sich genommen etwas völlig Neues. Daß Ursprung und Ursache des christlichen Heils einzig und allein mit Christus gegeben sei, ist in der Kirche des Mittelalters nie bezweifelt worden und konnte mit dem Traditionsprinzip vereinbart werden. Und für den Vollzug der Taufe wurde nur erwartet, daß der Täufling oder bei der Säuglingstaufe die anwesenden Eltern und Paten ausdrücklich den

---

tionem nostri in Christum exposuit; modo vites somniatores sophistas, qui Christum nobis sic iustitiam et sapientiam faciunt, ut semper vel obiectum vel causam iustitiae nostrae statuant, usum vero eius, qui est per fidem in eum, penitus ignorantes, de quo solo loquitur Paulus.

[12] Die sieben Bußpsalmen, 1517, haben im Drucktitel den Zusatz, WA 1, 155f, daß die Auslegung erstens dem „schriftlichen" – d. h. wörtlichen, möglichst aus dem Hebräischen ermittelten (vgl. ebd. 158,5–10) – Sinn des Textes folge, zweitens die wahre Erkenntnis Christi und der Gnade Gottes neben der Selbsterkenntnis intendiere.

[13] Charakteristisch für das Mittelalter ist die heilsgeschichtlich kausale Begründung der Sakramente in der passio Christi; vgl. Biel, Sent.4 d.1 q.2 I11–19 (4 I, 48 f) und Thomas, STh III q.62 a.5: Utrum sacramenta novae legis habeant virtutem ex passione Christi. – Als Autorität zitieren Biel (I13–16) und Thomas (sed c.) eine alte Glosse zu Röm 5,14, Glossa ordinaria bzw. Glossa Lombardi, ML 191, 1392.

[14] Das zeigt sich (trotz gewisser Überlieferungsmängel dieser Texte) bereits in Duo sermones de passione Christi, 1518, WA 1, 336–345.

christlichen Glauben in Gestalt des Apostolischen „Credo" bejahen. Separat betrachtet, bleibt beides – „Christus allein" und „der Glaube allein" – ambivalent in der Perspektive des reformatorischen Grundverständnisses der christlichen Religion.

Denn erstens: Christus soll nicht nur als die einzig gültige Ursache des Heils angesehen werden. Vielmehr soll Christus als der Gegenwärtige vom Glauben wahrgenommen werden; nur dann ist er der einzig tragende Grund des Heils. Erst so gewinnt für Luther das Bekenntnis „solus Christus" – Christus allein ist der Mittler des Heils – seinen vollen Sinn. Das Bekenntnis „Christus allein" darf nicht auf das Ursprungsgeschehen der Kirche oder auf Christus als Ursache der Sakramente reduziert werden. Und christliche Frömmigkeit bleibt unzulänglich, wenn sie sich die Heilsbedeutung des Jesus Christus in einem mentalen Akt des Erinnerns zu vergegenwärtigen sucht, selbst wenn mit diesem Akt der Gläubige sich bewußt macht, alles, was ihm die Kirche an Heil vermittelt, sei allein von Christus einstens der Kirche eingestiftet worden.

Und zweitens: Für die Lebenswirklichkeit des Christen muß das Taufbekenntnis ebenso wie die heilige Schrift eine Interpretation im Sinn des evangelischen Grundverständnisses erfahren. Beide Größen müssen durch das apostolische Evangelium des Jesus Christus für das Lebensbewußtsein des Christen so aufeinander bezogen sein, daß der Christ die exklusive Heilsbedeutung des Jesus Christus im reinen Vertrauen auf das Evangelium für sich selbst wahrnimmt. Wird das auf einen allgemeinen religionswissenschaftlichen Begriff vom Christentum bezogen, dann meint Luther, Christus sei nicht einfach als Stifter der christlichen Religion in ihrer Institutionalität zu begreifen. Wer Christus so auffaßt, dem entgehe das Wesen des Christentums. Begriffe wie Christenheit, Christentum, christliche Religion gewinnen für Luther ihren Sinn erst durch eine aktuale Christus-Relation des Glaubens.

(4.) Genauso nachdrücklich erklärt Luther einen Glauben für unzureichend und verfehlt, der nur an einer heilsgeschichtlichen Vergangenheit orientiert ist. Ein auf Vergangenes fixierter Glaube, eine fides historica, vermittelt genauso wenig geistliches Leben wie ein ursächlich gedachtes Christus-Geschehen.[15] In Luthers Sicht ist Christus im gegenwärtig vernehmbaren Evangelium präsent. Wenn der Glaubende sich ganz an dieses Evangelium hält, dann ergreift er im Glauben für sich im Evangelium des Jesus Christus das Heil Gottes, das ihm Zukunft frei gibt. Das Evangelium verliert jedoch seinen wahren Inhalt, sobald es nicht mehr Jesus Christus als Gottes Heil für uns vergegenwärtigt. In der Aneignung des Heils, das gegenwärtig im Evangelium angeboten wird, erweist sich das wahre Wesen des Glaubens:

---

[15] Themata de votis, 1. Reihe, 1521, WA 8, 323,15–18: 8. Fides nunquam est praeteritarum rerum, sed semper futurarum. – 9. Idem enim deus eademque misericordia antiquis et nobis futura fuit. – 10. Errant itaque sophistae Paulinam fidei definitionem praeteritis tribuentes. – 11. Non enim factis rebus, sed promissionibus dei res facturi creditur.

Derselb glawb ist nit alleyn, das du glewbist, diße historien sey war, wie sie lauttet. Denn das hilfft nichts, weyll all sunder, auch die vordampten, das glewben. Von dem [:diesem] glawben leret die schrifft und gottis wort nicht, es ist eyn naturlich werck on gnaden. Sondern das ist der recht gnadenreych glawb, den gottis wortt und werck foddert, das du festiglich glewbist, Christus sey dyr geporn, und seyne gepurt deyn sey, dyr tzu gutt geschehen. Denn das Evangelium leret, das Christus sey umb unßer willen geporn und alle ding umb unßer willen gethan und geliden. [...] Dißen glawben hatt nit, mag [:kann] auch nit haben yrgent eyn vordampter odder boßer mensch. Den[n] das ist der recht grund aller selickeyt, wilcher Christum und das glewbige hertz alßo voreynigt, das allis gemeyn wirtt, was sie haben auf beyden seyttten.[16]

In der akademischen Auseinandersetzung mit der scholastischen Lehre verwirft Luther die fides historica, den rein auf vergangene Heilstatsachen bezogenen Glauben, der in seiner Sicht als ein Für-wahr-Halten den verschiedensten scholastischen Spezifikationen des Glaubensbegriffes zugrundeliege, nicht nur dem vernünftig erworbenen Glauben (fides acquisita), sondern auch dem Glauben, der als „eingegossener Glaube" (fides infusa) dem Christen mit dem kirchlichen Handeln zuteil wird, jedoch trotz Sünde bestehen kann, weil er durch die Gottesliebe Gestalt gewinnen muß (s. Kap. 7.1). Diesem Lehr-Glauben hält Luther den Glauben entgegen, der das Heil ergreift, das dem Menschen mit der Botschaft des Evangeliums gegenwärtig angeboten wird. Es ist ein Glaube des Ergreifens und Aneignens, eine fides apprehensiva. Es ist der wahre Glaube, von dem Paulus in Röm 3,28 sagt, „daß der Mensch gerecht wird ohne des Gesetzes Werke, allein durch den Glauben".

8. Cum vero Paulus prolixe tribuit iustificationem fidei, necesse est ipsum de istis fidebus (ut sic dicam) acquisita, infusa, informi, formata, explicita, implicita, generali, speciali nihil dicere.	8. Da aber Paulus wortreich dem Glauben die Rechtfertigung zuschreibt, ergibt sich zwingend, dass er nicht über solche Glaubensgestalten (um sie so zu nennen) redet, die man als erworbenen, eingegossenen, ungeformten, geformten, nicht entfalteten, entfalteten, allgemeinen oder besonderen Glauben bezeichnet.
9. Quin et daemonibus et pessimis hominibus concedunt hanc fidem acquisitam [vgl. Jak 2,19].	9. Diesen erworbenen Glauben gestehen sie sogar den Dämonen und den allerbösesten Menschen zu [vgl. Jak 2,19].
10. Oportet igitur de alia fide quadam eum loqui, quae faciat Christum in nobis efficacem contra mortem, peccatum et legem.	10. [Paulus] muss also von einem anderen Glauben sprechen, der Christus in uns zur Wirkung bringt gegen Tod, Sünde und Gesetz,
11. Et quae nos non sinat similes esse daemonibus et hominibus descendentibus in infernum, sed similes faciat sanctis Angelis et filiis Dei ascendentibus in coelum.	11. Und der uns nicht den Dämonen und den Menschen, die zur Hölle fahren, gleichen lässt, sondern uns den heiligen Engeln und den Kindern Gottes, die zum Himmel auffahren, gleich macht.

---

[16] Weihnachtspostille, 1522, zu Lk 2,1–14, WA 10 I 1, 71,3–20; das wird ebd. 71,21–72,18 ausgeführt; ähnlich ebd. 79,10–16.

12. Haec est autem fides apprehensiva (ut dicimus) Christi, pro peccatis nostris morientis, et pro iustitia nostra resurgentis [Rom 4,25],	12. Das aber ist (wie wir ihn nennen) der Glaube, der Christus ergreift, der für unsere Sünden stirbt und um unserer Gerechtigkeit willen aufersteht [Röm 4,25],
13. Hoc est, quae non tantum audiat res a Iudaeis et Pilato in Christo crucifigendo gestas, vel de resurgente narratas.	13. Das heißt, der nicht nur hört, was Juden und Pilatus bei der Kreuzigung Christi getan haben oder was von seiner Auferstehung erzählt wird,
14. Sed quae intelligat caritatem Dei patris, per Christum, pro tuis peccatis traditum, te redimere et salvare volentem.	14. Sondern der erkennt, dass die Liebe Gottes, des Vaters, dich durch Christus, der für deine Sünden hingegeben ist, erlösen und retten will.
15. Hanc fidem Paulus praedicat, quam spiritus Sanctus ad vocem Evangelii in cordibus audientium donat et servat.	15. Paulus verkündigt diesen Glauben, den der Heilige Geist auf die Evangeliumspredigt hin in den Herzen der Glaubenden bewirkt und erhält.
16. Haec est illa fides, quae vere infusa dici debet, nec viribus nostris acquiri (sicut illa acquisita) potest.[17]	16. Das ist derjenige Glaube, der tatsächlich als ein eingegossener bezeichnet werden muss und der nicht (wie jener erworbene Glaube) mit unseren Kräften erworben werden kann.

Wenn Luther unermüdlich in der Auslegung biblischer Heilsworte den personalen Bezug „für mich" unterstreicht, dann hat das seinen vollen Sinn in der Gegenwärtigkeit der Korrelation von Evangelium und Glaube. Denn selbst der Glaube des Für-wahr-Haltens, die fides historica, kann wissen, daß das einstige Christus-Geschehen die Ursache gewesen ist für das Heil, das der Gläubige unter den Bedingungen der kirchlichen Vermittlung für sich empfängt.

In der Korrelation zwischen dem Evangelium des Jesus Christus und dem Glauben der Heilsaneignung (fides apprehensiva) läßt Luther die Externität des Evangeliums nicht verschwinden, auch wenn er mit Eph 3,17a den Gedanken eines Einwohnens Christi im Glauben äußern kann. Für Luther geht der Christus des Glaubens nicht auf in der Glaubenspräsenz. Er bleibt gleichzeitig als der Christus des Evangeliums in einem Gegenüber zum Glauben. Wenngleich das Evangelium dem Glauben eine Teilhabe am Heil in Christus gewährt, wird doch das Sünder-Sein des Glaubenden vor dem Gesetz Gottes nie aufgehoben, er bleibt immer angewiesen auf Gottes Barmherzigkeit im Wort des Evangeliums. Luthers Theologie entläßt den Menschen nie aus der Konfrontation mit der Wirkmacht von tötendem Gesetz und rettendem Evangelium.

---

[17] Thesenreihe 1 über Röm 3,28, De fide, 11.9.1535, WA 39 I, 45,11–30; Übersetzung LDStA 2, 403,25–405,8. – Seinen Begriff fides historica hat Luther in These 2, ebd. 44,5f, zwar nur auf den erworbenen Glauben (fides acquisita) bezogen, später zeigt sich jedoch, daß er für das scholastische Glaubensverständnis generell eine fides historica voraussetzt. Andererseits gibt Luther dem reformatorischen Begriff der fides infusa in der Relation zum Evangelium des Jesus Christus den Sinn eines vom Heiligen Geist geschenkten Glaubens. – Zum Begriff fides historica vgl. Galaterbrief-Vorlesung, 1531, zu Gal 2,20, WA 40 I, 285,4–6 Ns (vgl. ebd. 285,19–23 Dr).

3.2 Jesus Christus – Heilsgabe und Lebensexempel

Die Bedeutung des im Evangelium verkündeten Jesus Christus für den Christenmenschen besteht für Luther in zweierlei: Jesus Christus ist in seiner Person zum einen Gottes Heilsgabe (donum), zum anderen hat er in seinem Leben und Sterben das Grundmuster (exemplum) für das Leben des Christen vorgezeichnet. Beide Aspekte sind verzahnt mit weiteren Relationen, die Luthers Christentumsverständnis prägen.

Luthers Ausführungen in der Vorrede zu den auf der Wartburg 1521/22 verfaßten Teilen der Kirchenpostille sind so grundlegend, daß sie näher betrachtet werden müssen. Bestimmend ist wieder das Interesse an der Reinheit des Evangeliums. Darum darf nicht, wie es in der Vergangenheit geschehen sei, Christus zu einem zweiten Mose und das Evangelium zu einem Lehr- oder Gesetzbuch umfunktioniert werden. Um solche Verkehrung im Wesen des Christentums zu beseitigen oder zu verhindern, müsse Jesus Christus unter den zwei Aspekten der Heilsgabe Gottes und des einzigartigen Beispiels für das Glaubensleben begriffen werden. Beide Aspekte haben in Luthers Sicht unterschiedliches Gewicht und dürfen in ihrer Rangordnung nicht vertauscht werden.

Das hewbtstuck und grund des Evangelij ist, das du Christum tzuvor, ehe du yhn tzum exempel fassist, aufnehmist unnd erkennist alß eyn gabe und geschenck, das dyr von gott geben und deyn eygen sey, alßo das, wenn du yhm tzusihest odder hörist, das er ettwas thutt odder leydet, das du nit tzweyffellst, er selb Christus mit solchem thun und leyden sey deyn, darauff du dich nit weniger mügist vorlassen, denn alß hettistu es than, ia alß werist du der selbige Christus.[18]

Neben diesem „Hauptstück" hat der Aspekt des Beispiels geringere Bedeutung; nur durch den Kontext bedingt, nennt ihn Luther an erster Stelle. Er ermuntert den Christen, er solle den Blick auf Christus richten, jedoch nicht um im Leben Christi ein Gesetz zu finden, das den Menschen zum Christen macht.

[Christi Wort, Werk und Leiden soll aufgefaßt werden] alß eyn exempell dyr furgetragen, dem du folgen sollt und auch alßo thun, wie S. Petrus sagt 1Pt 4 [V. 1]: ‚Christus hatt fur unß gelitten, darynn uns eyn exempel gelassen'; alßo wie du sihest, das er bettet, fastet, den leutten hilfft und liebe ertzeyget, ßo solltu auch thun dyr und deynen nehisten. Aber das ist das geringst vom Evangelio, davon es auch noch nit Evangelium heyssen mag [:kann], denn da mit ist Christus dyr nichts mehr nutz denn eyn ander heylig. Seyn leben bleybt

---

[18] Klein Unterricht in den Evangelien, 1522, WA 10 I 1, 11,12–18. – Luther fährt fort, ebd. 11,18–12,3: Sihe, das heyst das Evangelium recht erkennet, das ist, die ubirschwencklich gutte gottis, die keyn prophet, keyn Apostel, keyn engel hatt yhe mügen außreden, keyn hertz yhe gnugsam vorwundern unnd begreyffen, das ist das grosse fewr der liebe gottis tzu unß, davon wirt das hertz und gewissen fro, sicher unnd tzufriden, das heyst den Christlichen glawben predigt. Davon heyst solch predigt Evangelium, das lautt auff deutsch ßo viel alß eyn froliche gute trostlich bottschafft, von wilcher bottschafft die Apostelln genennet werden tzwellff botten.

bey yhm und hilfft dyr noch nichts, und kurtzlich, die weyße macht keynen Christen, es macht nur gleyßner, es muß noch gar viel hoher mit dyr kommen.[19]

Wieviel Gewicht Luther beiden Aspekten und ihrer Rangfolge beimißt, verrät deren anschließende Wiederholung. Der zweite, stärker theologische Gedankengang wird intoniert mit einem Jesaja- und einem Paulus-Zitat. Gottes Gabe in Jesus Christus will vom Menschen direkt im Glauben angeeignet werden, damit sie ihm zu Heil gereicht. Durch solchen Glauben wird der Mensch zum Christen.

Davon sagt Jsaias 9 (V. 5): ‚Eyn kind ist uns geporen, eyn ßon ist uns geben'. Ist er uns geben, ßo muß er unßer seyn, ßo mussen wyr unß auch seyn annemen alß des unßernn. Und Röm 8 [V. 32]: ‚Wie hat er unß nit alle ding sollen geben mit seynem ßon?' Sihe, wenn du alßo Christum fassist alß eyn gabe dyr tzu eygen geben unnd tzweyffilst nit dran, ßo bistu eyn Christen, der glawbe erloset dich von ßunden, tod und helle, macht, das du alle ding ubirwindist".[20]

Prononcierter als im ersten Gedankengang wird dann auch der zweite Aspekt beschrieben. Christus wird zu einem Beispiel der Hingabe in der Nächstenliebe, wenn Christus in seiner Selbsthingabe vom Christen im Glauben wahrgenommen wird.

Wenn du nu Christum alßo hast tzum grund und hewbtgutt deyner selickeytt, Denne folget das ander stuck, das du auch yhn tzum exempel fassist, ergebist dich auch alßo deynem nehisten tzu dienen, wie du sihest, das er [:Christus] sich dyr ergeben hat.[21]

Wird Jesus Christus so erfaßt, wie er im unverfälschten Evangelium dargeboten wird, in der Rangordnung von Gabe und Beispiel, dann findet das seine Entsprechung beim Menschen in Glaube und Nächstenliebe.

Sihe, da geht denn glawb und lieb ym schwanck, ist gottis gepott erfullet, der mensch frolich unnd unerschrocken tzu thun unnd tzu leyden alle ding. Drumb sihe eben drauff, Christus als eyn gabe nehret deynen glawben und macht dich tzum Christen. Aber Christus als eyn exempel ubet deyne werck, die machen dich nit [zum] Christen, ßondern sie gehen von dyr Christen schon tzuvor gemacht.[22]

Noch deutlicher als vorher wird gesagt, daß der Glaube, der Christus als Gottes Gabe für sich ergreift, den Menschen zum Christen macht. Luther denkt hier an die prädikative Relation, die griffiger lateinisch im Adjektiv „Christianus", auf Christus bezogen, zum Ausdruck kommt. In der prädikativen Relation hat der Glaube „nichts eigenes"; er empfängt für sich alles aus dem Heilswerk und Leben des Jesus Christus. Davon unterschieden geschieht die Liebe in Werken; und wenn sie die Hingabe Christi zum Beispiel hat, dann läßt der Christ in der Liebe „etwas eigenes" dem anderen zugute kommen, läßt es dem anderen zu eigen werden.

---

[19] Ebd. WA 10 I 1, 11,2–11.
[20] Ebd. WA 10 I 1, 12,4–10.
[21] Ebd. WA 10 I 1, 12,12–15.
[22] Ebd. WA 10 I 1, 12,15–20.

Wie ferne nu gabe und exempel sich scheyden, ßo fern scheyden sich auch glawbe und werck, der glawb hatt nichts eygens, ßondern nur Christus werck und leben, Die werck haben etwas eygen von dyr, sollen aber auch nit deyn eygen, ßondern des nehisten seyn.[23]

Diese komprimierten Sätze sind eine Reprise tragender Gedanken der Schrift Von der Freiheit eines Christenmenschen. Trotz der anderen Disposition des Textes begegnen dort die für Luthers Theologie charakteristischen Relationen:

(1.) Die Relation Glaube – Nächstenliebe trägt die beiden Hauptteile des Freiheitstraktates, in dessen zweitem Hauptteil der Nächstenliebe zunächst noch das Verhältnis des Christen zur eigenen Leiblichkeit vorgeschaltet ist.[24]

(2.) Obgleich Jesus Christus nicht begrifflich als Gabe des Heils bezeichnet wird, ist von ihm im ersten Hauptteil ganz im Sinn dieses Begriffs die Rede.[25] Mit aller Klarheit ist er hier als der Träger der Heilsprädikate charakterisiert, einschließlich des Prädikats der Freiheit.

(3.) In welcher Tiefe der Hingabe Christus als Beispiel der Nächstenliebe vorgestellt wird, zeigt sich, wenn Christus mit Phil 2,1–8 als Exempel der Liebe angeführt wird,[26] und wenn es heißt, in der Liebe möge der Christ seinem Nächsten gewissermaßen zum „Christus" werden, um in Wahrheit ein Christ zu sein. Doch müsse beklagt werden, daß die Christen nicht mehr den wahren Grund ihres Christennamens kennen, weil aus Christus ein Gesetzgeber geworden ist, der schlimmer als Mose Leistungen einfordert.

Igitur sicut proximus noster, necessitatem habet et nostra abundantia indiget, ita et nos coram deo necessitatem habuimus et misericordia eius indiguimus; ideo sicut pater coelestis nobis in Christo, gratis auxiliatus est, ita et nos debemus gratis per corpus et opera eius, proximo nostro auxiliari,
et unusquisque alteri, Christus quidam fieri, ut simus mutuum Christi, et Christus idem in omnibus, hoc est vere Christiani.[27]

Denn zu gleych wie unser nehst nott leydet und unßers ubrigen [:Überflusses] bedarff, alßo haben wir fur gott nott geliden und seyner gnaden bedurfft. Darumb wie uns gott hatt durch Christum umbsonst gehofffen, alßo sollen wir durch den leyp und seyne werck nit anders den[n] dem nehsten helffen.

[Und jeder soll dem anderen eine Art Christus werden, damit wir wahrhaft Christen seien, wechselseitig einer des anderen Christus und Christus ein und derselbe in allen.]

---

[23] Ebd. WA 10 I 1, 12,20–13,2.

[24] De libertate christiana / Von der Freiheit eines Christenmenschen, 1520, WA 7, 59,37–60,38 / 30,11–31,16.

[25] Ebd., in zunehmender Konzentration, WA 7, 53,15 ff / 24,22 ff.

[26] Ebd. WA 7, 64,38–65,25 / 34,33–35,19. Luther erinnert zunächst mit Phil 2,1–4 an die selbstlose Nächstenliebe, die dem Wesen des Christ-Seins entspricht; anschließend verweist er mit Phil 2,5–8 auf die Selbstentäußerung des Gottessohnes, der (ebd. 35,18f): ob er wol frey ware, doch umb unßer willenn ein knecht wordenn.

[27] Ebd. WA 7, 66,23–28 / 36,4–8. – In der Fortsetzung hat die lateinische Fassung eine Klage, die in der deutschen Fassung fehlt, WA 7, 66,32–38: [Der Verfall sei so groß] ut prorsus nostrum nomen ipsimet ignoremus, cur Christiani simus et vocemur, certe a Christo vocamur, non absente, sed inhabitante in nobis, id est dum credimus in eum et invicem mutuoque sumus, alter alterius Christus, facientes proximis, sicut Christus nobis facit [vgl. Eph 3,17]. At nunc hominum

3.2 Jesus Christus – Heilsgabe und Lebensexempel 87

(4.) Der zusammenfassende Absatz im Freiheitstraktat bündelt die beiden zentralen Relationen und läßt Gott als den Geber der Heilsgabe aufleuchten.

Concludimus itaque, Christianum hominem non vivere in seipso, sed in Christo et proximo suo, aut Christianum non esse, in Christo per fidem, in proximo per charitatem, per fidem sursum rapitur supra se in deum, rursum per charitatem labitur infra se in proximum, manens tamen semper in deo et charitate eius.[28]

Auß dem allenn folget der beschluß, das eyn Christen mensch lebt nit ynn yhm selb [:sich selbst], sondern ynn Christo und seynem nehstenn, ynn Christo durch den glauben, ym nehsten durch die liebe; durch den glauben feret er uber sich yn gott, auß gott feret er widder unter sich durch die liebe, und bleybt doch ymmer ynn gott und gottlicher liebe.

In der Auseinandersetzung mit Andreas Karlstadt wandte sich Luther emphatisch gegen eine Verkehrung der Relation zwischen den beiden Aspekten; denn sobald dem Lebensbeispiel der Vorrang gegeben wird, wie das seines Erachtens in Karlstadts Theologie geschehe, wird die Heilsbedeutung Christi entwertet; Christus wird wieder zu einem Gesetzgeber. In einem offenen Brief an die Christen zu Straßburg, 1524, bittet er die Prediger, die es mit dem Evangelium halten, daß sie Jesus Christus in den Mittelpunkt des reformatorischen Christentums stellen und nicht einzelne Personen wie Luther oder Karlstadt. Christus müsse aber zuallererst als Gottes Geschenk zum Heil der Menschen ergriffen werden im Sinn von 1Kor 1,24 und 30. Das Beispiel Christi sei nicht höher einzuschätzen als das der Heiligen, wenn es nicht, so muß man ergänzen, im Licht des Heilsgeschenks aufgefaßt wird.

Und bitte ewre Evangelisten, […] das sie euch vom Luther und Carlstad weysen und ymer auff Christum richten, Nicht […] allein auff die werck Christi, wie Christus eyn exempel sey, wilchs das geringst stück an Christo ist, darin er andern heyligen gleych ist, Sondern wie er eyn geschenck Gottes oder (wie Paulus sagt [1Kor 1,24.30]) Gottes krafft, weysheyt, gerechtigkeyt, erlösung, heyligunge, uns gegeben.[29]

In derselben Frontstellung hat er wenig später in einer anderen Schrift eingeschärft, die Rangordnung der beiden Christus-Aspekte sei unbedingt zu beachten. Beide werden von Luther bezogen auf das Verhältnis des Christenmenschen zum Wort Gottes und damit auch auf das Verhältnis des Menschen zu sich selbst. Es sei ein Mißverständnis des Christentums zu meinen, der Mensch werde zum Christen, wenn er sich Christus vorrangig zum Beispiel nimmt für leibliche Verzichtleistungen und eine selbst gesuchte Kreuzesnachfolge. Zum Christen werde man nur im Hören auf Gottes Wort, wenn man sich selbst in eigener Person von

---

doctrinis, non nisi merita, praemia, et ea, quae nostra sunt docemur quaerere, et ex Christo non nisi exactorem longe prae Mose saeveriorem fecimus. – Deutsche Übersetzung von WA 7, 66,27 f.32–38 in LDStA 2, 167,20–25.31–40.
[28] Ebd. WA 7, 69,12–16 / 38,6–10.
[29] Brief an die Christen zu Straßburg, [14./15. 12.] 1524, WA 15, 396,16–21. – Werde die „Hauptsache Christi" verstanden, verliere die zwischen Luther und Karlstadt ausgebrochene Kontroverse um die Entfernung der „Bilder" aus den Kirchen und um das Abendmahl an Gewicht, ebd. 396,5–15.

Gott angesprochen erfährt, so daß man unter dem Wirken des Heiligen Geistes nicht nur sich selbst als Sünder erkennt, sondern auch im Glauben Jesus Christus „als einen ewigen Schatz" ins Herz schließt. Erst aus diesem Verhältnis zu sich selbst kann beim Christen in Freiheit das entspringen, was bei falscher Reihenfolge der Aspekte zu einer zwanghaften Christus-Nachfolge führt.

So hallt nu du, meyn bruder, fest an der ordenung Gottes, Nemlich das die tödtunge des alten menschens, darynnen man Christus exempel folget, wie Petrus sagt [1Pt 2,21], solle nicht das erste seyn, […] sondern das letzte, also das niemant müge [:könne] seyn fleysch tödten, creutz tragen und Christus exempel folgen, er sey denn zuvor eyn Christen und habe Christum durch den glauben ym hertzen als eynen ewigen schatz. Den selben krigt man aber nicht durch werck […] sondern durch hören des Euangelion, das [:so daß] die ordenung also gehe. Zu erst vor allen wercken und dingen höret man das wort Gottes, Darynn der geyst die wellt umb die sünde strafft, Joh 16 [V. 8]. Wenn die sünde erkennet ist, höret man von der gnade Christi, Im selben wort kompt der geyst und gibt den glauben, wo und wilchem er will, Darnach geht an die tödtung [des Fleisches] und das creutz und die werck der liebe.[30]

Jesus Christus im Glauben als Gottes Heilsgabe zu ergreifen, betrachtet Luther in theologischer Reflexion als Lösung eines zentralen Problems der überkommenen Rechtfertigungslehre. Die Frage war: Wenn im Geschehen der Rechtfertigung (iustificatio) aus dem Sünder ein gerechter Mensch wird, wodurch ist es dann wesenhaft begründet, daß dem Menschen das Prädikat „gerecht" zukommt? Herkömmlicherweise wurde geantwortet: Dem Menschen wird – erstmalig bei der Taufe, später im Bußsakrament – durch die sakramental vermittelte Gnade die Qualität der „Gerechtigkeit" eingegossen, eine Qualität, die durch schwere Sünde, sog. Todsünde, wieder verlorengehen kann, so daß der gerechte Mensch wieder zu einem sündigen, heillosen Menschen wird. Das ist nur der Rahmen einer differenzierten scholastischen Problemerörterung. Welche Antwort Luther für das Problem der prädikativen Relation bereithält, hat er 1531 anschaulich formuliert in einer Ergänzung zu einem Brief Melanchthons an den württembergischen Reformator Johannes Brenz (1499–1570). Luther sucht nicht nach herkömmlicher Denkweise den formalen oder wesenhaften Grund für das Gerecht-Sein des Menschen vor Gott in einer Qualität, die im Menschen Gestalt gewinnt als Kombination der religiösen Tugenden von Glaube und Gottesliebe. Für ihn liegt der Grund für das Gerecht-Sein des Christen in der Gerechtigkeit des Jesus Christus. Nach dem herkömmlichen Sprachgebrauch ist es dann allerdings etwas widersinnig, Christus als die formale Gerechtigkeit oder die Qualität zu bezeichnen, in der das Gerecht-Sein des Christen begründet ist. In zweierlei Hinsicht erläutert Luther, worauf es ihm ankommt. Erstens, die Selbstorientierung ist nicht mehr auf irgendein Gesetz und entsprechende Werke fixiert. Zweitens, Jesus Christus ist der wesenhafte Grund der Gerechtigkeit nicht

---

[30] Wider die himmlischen Propheten, Tl. 2, 1525, WA 18, 139,13–25. Dieser Text muß vor dem Hintergrund der Schrift Von der Freiheit eines Christenmenschen gelesen werden.

3.2 Jesus Christus – Heilsgabe und Lebensexempel 89

als deren Geber und Lehrer, das heißt nur in Mittelbarkeit, sondern er selbst ist es als Gottes Gabe und Lehre, im Sinn des johanneischen Ich-bin-Wortes, Joh 14,6.

Et ego soleo [...] hanc rem [...] sic imaginari, quasi nulla sit in corde meo qualitas, quae fides vel charitas vocetur, sed in loco ipsorum pono Iesum Christum, et dico: ‚Haec est iustitia mea, ipse est qualitas et formalis (ut vocant) iustitia mea', ut sic me liberem et expediam ab intuitu legis et operum, imo et ab intuitu obiectivi illius Christi, qui vel doctor vel donator intelligitur,	Und ich [...] pflege diese Sache mir so einzuprägen, als sei es keine Qualität in meinem Herzen, die Glaube oder Liebe genannt werden könne, vielmehr setze ich an deren Stelle Jesus Christus und sage: ‚Das ist meine Gerechtigkeit; er ist die Qualität' oder, wie man sagt, ‚er ist meine wesenhafte Gerechtigkeit', damit ich mich auf diese Weise frei mache vom Blick auf das Gesetz und die Werke, ja auch vom Blick auf Christus als einem Gegenüber, der als Lehrer oder Geber verstanden wird,
Sed volo ipsum mihi esse donum vel doctrinam per se, ut omnia in ipso habeam. Sic dicit [Joh 14,6]: ‚Ego sum via, veritas et vita'; non dicit: ‚ego do tibi viam, veritatem et vitam', quasi extra me positus operetur in me talia. In me debet esse, manere, vivere, loqui.[31]	vielmehr will ich, daß er selbst in Person für mich Gabe oder Lehre sei, damit ich in ihm alles habe. So sagt er [Joh 14,6]: ‚Ich bin der Weg, die Wahrheit, das Leben', er sagt nicht: ‚ich zeige dir den Weg, die Wahrheit, das Leben', als ob er diese Dinge in mir von außen her bewirke. Er muß in mir sein, bleiben, leben, reden.

Verwandte Formulierungen begegnen auch in Luthers gleichzeitiger Vorlesung über den Galaterbrief, z. B. bei der Auslegung von Gal 3,27 in der Bemerkung, der Christus, der in der Taufe wie ein Kleid „angezogen" wird, sei „nicht ein Gesetz oder ein Gesetzgeber, sondern die göttliche und unaussagbare Gabe, die Gott, der Vater, gegeben hat, damit Christus es sei, der uns gerecht, lebendig macht und erlöst. Es werden also nicht Werke und ein Gesetz angezogen, sondern eine unschätzbare Gabe: Vergebung der Sünden, Gerechtigkeit, Trost, Freude im Heiligen Geist".[32] Indem der Glaubende für sich selbst Jesus Christus als Heilsgabe ergreift, ist für ihn die Distanz zu einem Geber ausgeschlossen, analog zu der von Luther abgelehnten Auffassung, Christus sei die vergangene Ursache des Heils. Als Gottes Gabe ist Christus im Evangelium für den Glauben unmittelbar und unteilbar präsent.

Mit dem Doppelaspekt von Christus als Gabe und als Beispiel hat Luther einen Gedanken aufgegriffen und eigenständig modifiziert, den er bei Augustin

---

[31] An Johannes Brenz, 12.5.1531, Nr. 1818 WA.B 6, 100,49–101,58 (Nachschrift zu Melanchthons Brief an Brenz, ebd. 99f, MBW 2 Nr. 1151) – Vgl. Kap. 5 Anm. 218 das Zitat aus WA.TR 6, 71,17–22 Nr. 6602.

[32] Galaterbrief-Vorlesung, 1531, zu Gal 3,27 „baptisati estis, Christum induistis", WA 40 I, 541,1–4 Ns (340,34–341,20 Dr): [Christus] non est lex, legislator sed donum divinum et inenarrabile, quod dedit pater, ut esset iustificator, vivificator, redemptor. Ergo non est induere opera, legem, sed inaestimabile donum: Remissio peccatorum, iustitia, consolatio, laetitia in spiritu sancto. – Ebd., zu Gal 5,8, WA 40 II, 41,6–42,3 Ns (42,19–32 Dr): discendus Christus, prout est donum et exemplum. Oportet me apprehendere Christum ut donum. Ibi nullus defectus. Si ut exemplum, toto tempore vitae non assequor; sed quando credo, fides totum Christum apprehendit.

kennengelernt hatte.³³ Bei Augustin figuriert Christus in Tod und Auferstehung einerseits als sacramentum und andererseits als exemplum, so daß dem einfachen Christusgeschehen auf Seiten des Menschen etwas Doppeltes korrespondiert, und zwar als ein geistliches Geschehen in der Seele und als ein leibliches Geschehen in der Leiblichkeit.

Luther entfernt sich von Augustin nicht nur sprachlich, sondern setzt auch eigene theologische Akzente.³⁴ Mit den Worten „Gabe" oder „Geschenk" kann er sich seinen deutschen Lesern und Hörern viel leichter verständlich machen, als wenn er das Wort „Sakrament" verwendet oder es mit „Geheimnis" übersetzt hätte. „Gabe" und „Geschenk" bezeichnen eindeutig ein korrespondierendes Verhältnis des Gebens bzw. Schenkens bei Gott und des reinen Empfangens von etwas Erfreulichem, Beglückendem beim Menschen, während ein Sakrament oder Geheimnis erst noch der Deutung bedarf und leicht die Richtung des Geschehens in der Schwebe läßt.

Wie Luther Augustins Rede von Tod und Auferstehung Christi als sacramentum und exemplum anfangs übernommen und allmählich abgewandelt hat, kann hier nicht untersucht werden.³⁵ In der zweiten Antinomer-Disputation und in der fünften Thesenreihe gegen die Antinomer hat er noch einmal sehr genau auf Augustin zurückgegriffen,³⁶ offenkundig veranlaßt durch einen Brief seines Hauptkontrahenten in diesem langwierigen Streit, Johann Agricola.³⁷ Luther war damals genötigt darzulegen, daß eigene frühe Texte, in denen er Augustin rezipiert hatte, von Agricola mißverstanden worden sind, wenn er meinte, Tod und Auferstehung Christi als sacramentum, das heißt als ein vom Evangelium bewirktes Geschehen in der Seele, sei zu verstehen als Buße des Christen, die unabhängig sei von der Erfahrung des Gesetzes. Es muß hier nicht geprüft werden, ob Luther sowohl Augustin als auch seine eigene frühe Augustin-Rezeption

---

³³ Augustin, De trinitate 4 c.3 n. 5 f, ML 42, 891, CChr.SL 50, 165,2–4 und 166,49–52. – Bei seiner Erfurter Augustin-Lektüre – im Winterhalbjahr 1509/10 nach der Datierung in AWA 9, S. LVII – hat Luther diese Stelle mit einer Randbemerkung versehen, WA 9, 18,18–32 bzw. AWA 9, 576 f.

³⁴ Über seine theologischen Überlegungen bei dieser Begriffswahl hat er selbst sich nicht geäußert.

³⁵ Luthers Schritt von dem komplexen Begriff sacramentum zur eigenen Rede von Gabe oder Geschenk (donum) ist wohl am ehesten angedeutet in einer Predigt, 25.12.1519, über Mt 1,1–17 in den beiden Passagen WA 9, 439,19–440,5 und 442,23–33.

³⁶ Disputatio 2. contra Antinomos, 12.1.1538, Arg. 15, WA 39 I, 461,19–466,21 Ns (Textvariante WA 39 II 423 f). – Vgl. die erst am 6.9.1538 disputierte Thesenreihe 5 gegen die Antinomer, These 50–54, WA 39 I, 356,35–357,6.

³⁷ Johann Agricola an Luther, [Dez. 1537, zum Datum vgl. ebd. 13, 265], Nr. 3254, WA.B 8, 279,8 f; Agricola hat Augustin nicht namentlich erwähnt; die Briefstelle konnte Luther jedoch leicht veranlassen, sich an den maßgeblichen Augustin-Text zu erinnern, zumal er in dem von Agricola erwähnten Sermon von der Betrachtung des Leidens Christi, 1519, WA 2, 141,8 ff, mit den Begriffen sacramentum und exemplum operiert hatte; außerdem hatte er in Duo Sermones de passione Christi, 1518, WA 1, 337,13 ff bzw. 339,17 ff (doppelte Textüberlieferung), im gleichen Sachzusammenhang ausdrücklich Augustin genannt.

historisch zutreffend sieht, oder ob er jetzt (1538) seine eigene, seit dem Kleinen Unterricht (1522) vertretene Sicht des Doppelaspektes von Christus als Gabe und als Exempel voraussetzt. Dem von Agricola vorgebrachten Argument hält er entgegen: Wenn Christus uns im Evangelium als Heilsgabe und Erlöser angeboten wird, dann ist das auf die Erfahrung des Gesetzes bezogen, weil der Christus des Evangeliums von der Sünde erlösen will, die unter dem Gesetz als eigene Sünde erkannt wird.[38] Ebenso liege in der Rede von Christus als Lebensbeispiel ein Bezug zum Gesetz. Denn nach dem Beispiel Christi gemäß Phil 2,1–11 leben,[39] heißt so im Gehorsam gegen Gott und den Dekalog leben, wie es der Paränese in den Briefen der Apostel Paulus und Petrus entspricht.[40] Mit anderen Worten: Der Doppelaspekt von Christus als Heilsgabe und als Lebensbeispiel muß als Einheit dem apostolischen Evangelium des Jesus Christus zugeordnet werden und steht dadurch auch in einer Beziehung zum Gesetz in der Gestalt des Dekalogs. Unter dem Begriff des Christus-Exempels darf sich nicht ein besonderes Gesetz der Religiosität unter dem Vorzeichen der imitatio Christi einschleichen. Luther warnt vor solchem Mißverständnis des Christus-Exempels.

3.3 Christ-Sein in Glaube und Nächstenliebe

Der Doppelaspekt von Christus als Heilsgabe und als Exempel hat bereits die Relation von Glaube und Nächstenliebe erkennen lassen. Obwohl Glaube und Nächstenliebe in gesonderten Kapiteln noch genauer betrachtet werden, muß hier wenigtens in einigen Punkten das theologische Geflecht markiert werden, innerhalb dessen die Relation konstitutiv ist für Luthers Grundverständnis der christlichen Religion. Die Relation „Glaube und Nächstenliebe" bestimmt nicht

---

[38] Disputatio 2. contra Antinomos, 12.1.1538, WA 39 I, 464,15–18 Ns: Nam si [Christus] venit tibi redemptor et salvator, necesse est, te habere peccatum et ipsa redemptio includit peccatum. Peccatum autem quale sit, non cognoscitur, nisi per legem [vgl. Röm 3,20; 7,7], sed per Christum nobis datum declaratur nos habere peccatum.
Ebd. WA 39 I, 465,2–5 Ns: Eadem ratione dico de Christo proposito ut donum seu redemptor. Nam hoc beneficium cum tantum est vel cum tantum sit, ut nemo eloqui possit, ita etiam cognosci, intelligi impossibile est sine lege, ut iam aliquoties supra diximus. – Vgl. die Unterscheidung von Christus als donum und als exemplum, ebd. 465,7–10.

[39] Signifikant ist in diesem Zusammenhang der Rückgriff auf Phil 2,1–8 in De libertate Christiana / Von der Freiheit eines Christenmenschen, 1520, WA 7, 64,14–66,6 / 34,24–36,2, und in anderen Texten. Luther hat seine Interpretation der zentralen Verse Phil 2,5–8 im Hauptteil des Sermo de duplici iustitia, 1519, dargelegt, WA 2, 145,3–150,31. Seine Interpretation veranlaßte eine im Briefwechsel ausgetragene Kontroverse mit dem Leipziger Theologen Hieronymus Dungersheim von [:aus] Ochsenfart; diese Korrespondenz in den Jahren 1519 und 1520 liegt in WA.B 1 und 2 vor.

[40] Disputatio 2. contra Antinomos, 12.1.1538, WA 39 I, 464,19–23: Nam Christum proponere ut exemplum, nihil aliud est, quam ostendere, quomodo sit vivendum in obedientia erga Deum et parentes et superiores sectatoremque esse omnium bonorum operum ac virtutum, ut recitantur a Paulo et Petro in fine fere omnium epistolarum.

nur die Haupteinteilung des Freiheitstraktates. Sie wird in den folgenden Jahren von Luther immer wieder verwendet, vor allem in Predigten, um den Christen den Kern des reformatorischen Christentums einzuprägen. Und sie bleibt ein zentraler Faktor in Luthers Theologie.

(1.) Glaube und Nächstenliebe bezeichnen in Luthers Sicht das elementare Verhältnis des Menschen zu Gott und zum Nächsten; darauf hat es die ganze heilige Schrift abgesehen. Nachdem er dieses Thema 1520 den beiden Hauptteilen des Freiheitstraktates zugrunde gelegt hatte, formulierte er es prägnant in der Weihnachtspostille, 1522, bei der Auslegung von Tit 3,4-7:

> So leret nu diße Epistel abermal die tzwey stuck, glawben und lieben oder wolthatt von gott empfahen und wolthatt dem nehisten ertzeygen, wie denn die gantz schrifft die zwey treybet und eyniß on das ander nitt sein mag. [...] alle Christlich lere, werck und leben kurtz, klarlich, ubirflussig begriffen ist ynn den zweyen stucken glauben und lieben, durch wilch der mensch tzwischen Gott unnd seynem nehisten gesetzt wirt alß eyn mittell [...] unnd gleych [:gleichsam] eyn gefeß oder rhor wirt, durch wilchs der brun gotlicher gutter on unterlaß fließen soll ynn andere leutt.[41]

Das eben gebrauchte Bild wird erläutert, wenn er wenig später beschreibt, was der Mensch im Glauben von Gott empfängt, und welche Motivation zur Nächstenliebe dadurch in ihm entsteht:

> Nu sihe zu, das du diße wortt [Tit 3,4] lassist dyr gesagt seyn, das gottis freundlicheyt und leudselickeyt offenbart und yderman angepotten ist, und du auff diße wort deynen glawben bawist, teglich daran ubist und sterckist, on allen tzweyffel daruf haltest, es sey alßo, und gott sey und wolle dyr frundlich und leudselig seyn; ßo ist er dyr gewißlich alßo, magist alßdann bitten und begeren mit aller zuvorsicht, was du wilt, was dich dringt, was dyr und andernn nodt ist. [...] wie mag eyn hertz trawrig odder unlustig bleyben, das da nit tzweyffelt, Gott der sey yhm fruntlich und hallte sich gegen yhm als eyn gutter frund, mit dem er sich alß mit yhm selbs [:wie mit sich selbst] alliß dings wol vormüge? Es muß solch freud und lust folgen; folget es aber nit, ßo ist gewißlich der glawb noch nit recht da. Und das heyst der Apostell tzun Galatern [Gal 3,2] den heyligen geyst empfahen ynn und durchs Evangelium; denn das Evangelium ist ßo eyn lieplich predigt von gottis gnaden unnd sussickeyt, das es den heyligen geyst mit sich bringt ym horen und predigen, gleych wie der sonnen glantz naturlich die hitze mit sich bringt.[42]

In der anschließend verfaßten Adventspostille hat Luther bei der Auslegung von Mt 11,2-10 einen kurzen Traktat über Glaube und Nächstenliebe eingeschaltet.[43]

(2.) Dieses Thema hat er nach der Rückkehr von der Wartburg immer wieder aufgegriffen. Den Wittenberger Christen stellte er das Zeugnis aus, sie seien in den letzten Jahren hinlänglich über den evangelischen Glauben unterrichtet worden, es fehle ihnen jedoch an der rechten Liebe; denn in seiner Abwesenheit hatte das neue Glaubensbewußtsein dazu geführt, daß einige Wittenberger

---

[41] Weihnachtspostille, 1522, Tit 3,4-7, WA 10 I 1, 99,20-22 und 100,8-13.
[42] Ebd. WA 10 I 1, 101,3-9.15-23.
[43] Adventspostille, 1522, Mt 11,2-10, zu Mt 11,5, WA 10 I 2, 167,14-170,10 (167,14-168,16 handelt vom Glauben, 168,17-169,10 von der Nächstenliebe, 169,11-170,10 faßt beides zusammen).

Theologen, gemeint ist vor allem Andreas Karlstadt, die Reformation kurzerhand und mit Zwang durchführen wollten, ohne auf die Gemeindeglieder Rücksicht zu nehmen, die noch am Alten hingen und sich nicht so schnell dem Neuen öffnen konnten. Deshalb hat er den Wittenbergern innerhalb einer Woche Tag für Tag in acht Predigten aufgezeigt, wie die Liebe in verschiedenen Sphären des religiösen Lebens – es geht um Bilder, Beichte, Abendmahlsform – auf die traditionsverhafteten Schwachen Rücksicht nehmen sollte (vgl. Kap. 8.3, Teil 2).

Noch in demselben Jahr 1522 bereiste er eine Reihe mitteldeutscher Städte – zuerst Borna, Altenburg, Zwickau, später Weimar, Erfurt –, um die Gemeinden in Predigten im reformatorischen Grundverständnis der christlichen Religion zu unterrichten; in den meisten Fällen hat er mit wechselnden Akzenten das Thema Glaube und Nächstenliebe mit biblischen Worten erläutert. Auf diese Weise konnte er beide Seiten des neutestamentlichen Evangeliums begreifbar machen, daß der Mensch nur durch den Christus-Glauben vor Gott gerecht werden kann, und daß gute Werke nur in Gestalt der Nächstenliebe dem Willen Gottes entsprechen (vgl. Kap. 8.1 f).

(3.) Das Thema Glaube und Nächstenliebe, das wiederholt zum Tenor seiner Gemeindepredigten wurde, behandelte Luther als Summe des reformatorischen Christentums in einigen Briefen, die er – 1523 – dorthin verschickte, wo nach seiner Kenntnis evangelische Predigt zu hören war oder sich Christen offenkundig der evangelischen Lehre geöffnet hatten. Bemerkenswert wegen der theologischen Kraft sind vor allem ein Brief an die „Christen" in den baltischen Städten Riga, Reval und Dorpat (ca. Sept. 1523)[44], ein weiterer an die „christlichen Bürger" der kleinen württembergischen Reichsstadt Eßlingen (11.10.1523)[45] sowie ein lateinisch abgefaßter Brief an Herzog Karl von Savoyen (7.9.1523).[46] Ihnen ist gemeinsam, daß an erster Stelle der Glaube herausgestrichen wird, der durch das Evangelium die befreiende Erlösung durch Christus ergreift und deshalb vor Gott nicht durch Werke gerecht zu werden sucht, auch nicht den Zeremonien einen eigenen Wert bei Gott beimißt. An zweiter Stelle rangiert allemal die Nächstenliebe, in der die Botschaft von der Selbsthingabe Christi zur Wirkung kommt. Immer wieder geht es um das wahre christliche Selbstverständnis des Menschen in seinem Verhältnis sowohl zu Gott als auch zum Nächsten, daß er nämlich vor Gott nichts auf die Möglichkeiten seiner Werke gibt und stattdessen seine Werke auf das Wohl des Nächsten ausrichtet. Vor Gott ist das Gewissen des Christen frei von verbindlichen kirchlichen Geboten und Traditionen. Jedoch kann der Christ manche religiösen Gebräuche in Freiheit des Gewissens pflegen;

---

[44] Brief an die Christen in Riga, Reval und Dorpat, 1523, WA 12, 147–150.
[45] Sendbrief an die Gemeinde der Stadt Eßlingen, 11.10.1523, WA 12, 154–159.
[46] An Herzog Karl III. von Savoyen, 7.9.1523, Nr. 657, WA.B 3, 150–154; ohne Luthers Veranlassung wurde der Brief 1524 in Zürich (kombiniert mit einem tendenziell verwandten Brief Zwinglis) und 1525 in Hagenau (in einer Sammlung lateinischer Briefe Luthers) gedruckt; eine deutsche Übersetzung erschien 1524 in Augsburg.

er kann fasten oder die üblichen Feiertage beachten; Hauptsache ist, daß er nicht meint, er müsse es um seines Gewissens willen tun oder könne sich damit von Schuld entlasten. Der Vergebung Gottes in Jesus Christus kann er sich nur im Glauben vergewissern. Die beiden Zentralpunkte beschreibt Luther in dem Brief an die Eßlinger Gemeinde wie folgt:

> Auffs erst haben wir so gepredigt, geleret und geschriben, das alle unser thun nicht gilt für [:vor] got, und sollen an allen werken und vermügen [:Kräften] verzweyfeln, sonder allein durch Christus blut und verdienst müssen wir von sünden erlöset und selig werden, wie S. Paulus spricht Röm 3 [V. 23–25]: ‚Sie sind alzumal sünder und mangeln des, das sie sich gottes nicht rümen künden [:können], werden aber on verdienst gerechtfertigt, auß seiner gnade, durch die erlösung, so durch Christum geschehen ist, welchen Got hat fürgestelt [:hingestellt] zum gnaden stuel durch den glauben in seynem blut' etc.[47]
> Auffs ander haben wir gelert das ander hauptstuck, Christlichs leben sey die liebe zum nechsten, das wir hin fürt [:hinfort] kein gesetz haben noch yemand schuldig sind, denn lieben, Röm 13 [V. 8]. Auff das wir also unserm nechsten guts thun, wie uns Christus durch sein blut than hat. Derhalben alle gesetz, werck und gepot, die von uns gefordert werden, Got damit zu dienen, die sünd zu büssen, sind nichts [:keineswegs] aus got, unnd wer sie helt, der verleugnet Christum, als da sind fasten, feyren, beichten, walfarten, stifften etc. Aber welche gesetz, werck und gepot von uns gefordert werden dem nechsten zu dienst, die sind gutt, die sollen wir tun, als [:wie] der weltlichen gewalt in yrem regiment gehorchen, folgen und dienen, die hungerigen speysen, den [be]dürfftigen helfen etc.[48]

Schließlich unterweist er die Adressaten noch im richtigen Gebrauch der christlichen Freiheit beim Umgang mit den kirchlichen Gebräuchen:

> War ist, das ich gesagt habe, Es sey gut ding umb beichten. Item ich were [:verwehre] nicht fasten, wallen, fisch essen, feyren etc. Aber doch also, das solichs frey geschehe, und niemand der keins [:davon irgendeins] thu, als muß erß tun bey seim gewissen und bey ainer todsünde, wie der Bapst mit seinen blindenleytern [vgl. Mt 15,14] tobet. Das gewissen wollen und sollen wir frey haben in allen wercken, die nicht zum glauben oder der liebe des nechsten dienen. Beichte nur getrost, Faste frölich, so du wilt, aber dencke nicht, es müsse sein und [du] thuest sünde, so du es lessest, oder du wollest für [:vor] Got damit versünen deine sünde, dann mit der meinung felstu [:fällst du] vom glauben und bist nu nymmer ein Christen.[49]

(4.) In der Freiheit eines Christen gewinnt ein unbeschwertes, „fröhliches" Fasten seinen vollen Sinn, wenn es indirekt der Nächstenliebe dient. Wie aus dem Gedankengang des Freiheitstraktates hervorgeht, sieht Luther die konkrete Nächstenliebe verwoben mit dem Verhältnis zur eigenen Leiblichkeit.[50] In einem umfassenden Horizont der Leiblichkeit versteht der Christ sein Verhältnis zum Nächsten verknüpft mit dem Leben in der weltlichen Gemeinschaft, während

---

[47] Sendbrief an die Gemeinde der Stadt Eßlingen, 11.10.1523, WA 12, 155,4–11.
[48] Ebd. WA 12, 157,5–14.
[49] Ebd. WA 12, 157,23–158,3.
[50] De libertate Christiana / Von der Freiheit eines Christenmenschen, 1520, WA 7, 59,37–60,38 / 30,11–31,16. – Vgl. in der Predigt, 2.2.1521 a.m., WA 9, 565,24–571,14, den Abschnitt ebd. 569,18–570,9.

ihm der Glaube das Bewußtsein gibt, zu einer geistlichen Freiheitsgemeinschaft unter Jesus Christus zu gehören. Die verantwortliche Teilnahme des Christen an der weltlichen Gemeinschaft hat Luther damals im ersten Teil seiner Schrift Von weltlicher Oberkeit, 1523, begründet.[51] Die Verankerung christlicher Gemeinschaftsverantwortung in der Nächstenliebe bringt es mit sich, daß Luther in einer Kurzfassung der reformatorischen Theologie auf die Nächstenliebe leicht mißverständlich gleich den „Gehorsam gegenüber politischen Institutionen" folgen läßt. So schreibt er König Heinrich VIII. von England in einem Brief vom 1. September 1525, er lehre ausschließlich, daß „wir nach dem Zeugnis der Evangelien und der Briefe der Apostel durch den Glauben an Jesus Christus, den Gottessohn, der für uns gelitten hat und auferweckt worden ist, unser Heil finden sollen. Das ist Hauptstück und Fundament meiner Lehre; darauf aufbauend unterweise ich in der Nächstenliebe, im Gehorsam gegenüber den politischen Institutionen, im Kreuzigen des alten Menschen mit seiner Sünde [vgl. Röm 6,6; Gal 5,24], wie das gleichermaßen die christliche Lehre vorschreibt".[52]

Wenn die Relation von Glaube und Nächstenliebe hier nur an Texten bis zum Jahr 1525 vorgeführt worden ist, sollte das nicht suggerieren, diese Struktur sei in späteren Jahren aus Luthers Theologie verschwunden. Im Gegenteil, Glaube und Nächstenliebe bleiben zwei tragende Pfeiler des evangelischen Grundverständnisses der christlichen Religion. Wie sie einander zugeordnet sind, wird oft nur durch den in Mt 7,17 f vorgegebenen Vergleich mit einem guten Baum und dessen Früchten in Erinnerung gebracht.[53] In späteren Kapiteln werden noch Probleme zur Sprache kommen, die in der Zuordnung von Glaube und Nächstenliebe verborgen liegen, nicht zuletzt das Verhältnis zum Doppelgebot von Gottes- und Nächstenliebe.

3.4 Christ-Sein unter dem Kreuz

Das evangeliumsgemäße Christentum, wesenhaft bestimmt vom Christus-Glauben und von der Nächstenliebe steht im Zeichen des Kreuzes. Nicht immer,

---

[51] Von weltlicher Oberkeit, 1523, Teil 1, WA 11, 246,17–261,24. – Eng verwandt damit ist ein Satz über die uneigennützige Beteiligung der Christen an der weltlichen Rechtsgemeinschaft in dem Brief an Herzog Karl III. von Savoyen, 7.9.1523, (s. Anm. 46). Nr. 657, WA.B 3, 152,105–108.

[52] An König Heinrich VIII. von England, 1.9.1525; Nr. 914, WA.B 3, 564;39–46: Tua vero Maiestas apud sese cogitet, quidnam mali possim docere, qui aliud nihil doceam, quam fide Iesu Christi, filii Dei, pro nobis passi et suscitati [vgl. Röm 4,25], salvos fieri oportere, sicut testantur evangelia et epistolae apostolorum. Hoc enim est caput et fundamentum doctrinae meae, super quod postea aedifico et doceo charitatem erga proximum, obedientiam erga politicos magistratus, tum crucifixionem corporis peccati, ut itidem praescribit christiana doctrina [vgl. Röm 6,6; Gal 5,24].

[53] Zu dieser fundamentalen, immer wieder mit Mt 7,17 f illustrierten Relation vgl. Kap. 7.1 und 8.1.

jedoch nicht nur zufällig nennt Luther an dritter Stelle nach dem Glauben und der Nächstenliebe noch das Kreuz als Merkmal der christlichen Existenz.

Den Christen in den baltischen Städten Riga, Reval und Dorpat schreibt er in seinem Sendbrief, sie hätten auf dem Weg eines evangelischen Christentums „Kreuz und Verfolgung" zu gewärtigen. Denn sie gerieten mit dem „bösen Geist" in Konflikt, der ihre Abkehr von einem Christentum der Werkheiligkeit nicht leiden kann, hat doch schon Jesus Christus wegen seines vergleichbaren Konfliktes mit den Pharisäern sein Kreuz auf sich genommen.

> Aber wo yhr an dißer reynen lere hangen und bleyben werdet, wirt das Creutz und verfolgung nicht aussen bleyben, denn der boße geyst kann nicht leyden, das seyne heyligkeyt also tzu schanden und zu nicht soll werden, die er mit wercken durch die geystlichen ynn aller wellt hat auffgericht. Aber seyt yhr bestendig und gedenckt, das yhrs nicht besser haben solt, denn ewr herr und bischoff Christus, der auch umb solcher lere willen, da er die werck heyligkeyt der phariseer strafft, gemartert ist. Es wirt euch solch Creutz nutz und nott seyn, das euch bringe ynn eyn feste sichere hoffnung, da mit [:damit – oder: mit welcher] yhr diß leben hasset und des kunfftigen trostlich wartet, das yhr denn also ynn den dreyen stucken, glawb, liebe und hofnung bereyt und volkomen seyt.[54]

Im Jahr dieses Briefes, 1523, hatten in den Niederlanden, die unmittelbar der Herrschaft Kaiser Karls V. unterstanden, bereits zwei Ordensbrüder Luthers wegen ihres Bekenntnisses zur Lehre des reinen Evangeliums auf dem Marktplatz von Brüssel den Märtyrertod erlitten, für Luther ein Grund, nicht nur sein erstes Lied – „Eyn newes lyed wir heben an"[55] – zu dichten, sondern auch gleich den „Christen im Niederland" einen Trostbrief zu schreiben.[56]

Im Jahr zuvor hat Luther in Erfurt in einer Predigt Grundzüge des evangelischen Christentums dargelegt.[57] Die beiden Punkte Glaube und Nächstenliebe fallen nicht gleich ins Auge. Die Predigt setzt ein bei dem Auftrag des auferstandenen Christus an die Apostel (Mk 16,15), in der ganzen Welt das Evangelium zu predigen. „Das Euangelion aber ist eyn rede und vorkundigung des zugesagten heyls und selikeyt, des ewigen lebens durch vorgebung der sunde, die uns Christus erworben hat".[58] Luther kommt dann bald zu der Frage, warum man Christ sei, mit der Antwort: „des halben das er [:der Christ] glawbe in Christonn unnd das er durch yn die gerechtfertigung und die selikeit hoffe"; es wird hinzugefügt, es sei Christus, „der allein kan und wil uns on unsere wercke, on unsern vordienst selig machen, so wir yhm unnd in yhnn glawben".[59] Nachdem Luther aus-

---

[54] Brief an die Christen in Riga, Reval und Dorpat, 1523, WA 12, 149,30–150,5.
[55] Luthers Lieder Nr. 1, WA 35, 411–415; ebd. 376 bibliographischer Nachweis des ersten Druckes.
[56] Brief an die Christen im Niederland, 1523, WA 12, 77–80.
[57] Die Predigt, 22.10.1522, in der Erfurter Kaufmannskirche, erschien mit der Inhaltsangabe „von Kreuz und Leiden eines rechten Christenmenschen" noch in demselben Jahr zuerst bei Erfurter Druckern in einer deutlich lokal bedingten Orthographie, WA 10 III, 361,20–371,6.
[58] Ebd. WA 10 III, 362,20–22.
[59] Ebd. WA 10 III, 363,9–13.

3.4 Christ-Sein unter dem Kreuz   97

führlich bei diesem reformatorischen Kernthema geblieben ist, spricht er auch, allerdings nur kurz, von den wahrhaft guten Werken eines Christen:

> Wan wir dan also durch den glawbenn Christum ergriffen haben, dan entlich folgen hernach und ergreiffen [wir] auch die rechtschaffene guthe und christliche werck, alß den[n] sindt die, welche got geboten hat unnd welche der mensch nit yhm [:sich] tzu nutze, sunder tzu dinst seynem neschtenn [sic] thut, Alß: wan er bekleidet den nackenden, speiset den hungerien [sic], trenckt den durstigen etc. (wie dan Christus die selbigen werck vortzelt, Mt 25 [V. 35 ff]) und thut gleich wol disse rechtschaffene werck ohn alle vortrawung yrgent einer gerechtikeit, sunnder lauther umb gottes willen unnd zu dinstbarkeit seinem neschten etc.[60]

Gewissermaßen in einem dritten Punkt legt Luther dar, welches Kreuz in Wahrheit zum Leben des Christen gehört, jedenfalls nicht ein selbst gewähltes Kreuz asketischen oder mönchischen Lebens,[61] ebenso wenig das Kreuz, das eine gegenständlich fixierte Frömmigkeit vor Augen hat, wenn ein „holtz, doran Christus gehangen hath",[62] verehrt wird, oder wenn ein Priester in liturgischer Kleidung eine kostbar in Silber oder Gold gefaßte Kreuzreliquie in einer Prozession „umb die kirche trägt" und gibt sie „dem folcke zu küssen, das sie pfennig opfern".[63] Auf ein völlig anderes Tragen des Kreuzes hat sich der Christ einzustellen, wenn er sich an die Worte Christi hält und das „Euangelionn bey seinem Titel laß bleibenn", den Paulus 1Kor 1,18 gebrauchet, „nemlich, das es die rede oder worth sey des creutzes, welchs wir tragen sollen".[64]

Luther erwähnt die Namen der beiden Feiertage, die auf den alten Legenden zur Kreuzesreliquie beruhen, die Feiertage der Kreuzauffindung (inventio crucis; 3. Mai) und der Kreuzerhöhung (elevatio crucis; 14. September).[65] Kritisch merkt er dazu an, es wäre viel besser, das Kreuz wäre nicht „gefunden" worden, sondern „verloren" gegangen, man hätte es auch nicht „erhöhen", sondern „erniedrigen" sollen. Das rhetorische Wortspiel ist die Brücke zu dem Gedanken, ein Christ sollte bei sich selbst das Kreuz finden und die schweren Widerfahrnisse seines Christ-Seins mit Geduld annehmen, um so das Kreuz in der eigenen Existenz zu erhöhen, es sogar zu begrüßen, wenn ihn als Christen Schmach trifft, wie es von den Aposteln Apg 5,41 berichtet wird.

> Aber es wer vil besser, das creutze wer vorloren dan gefunden, ernidert dann erhöht. Nicht das ich diß vorwerff, sonder ummb des mißbrauchs willen, den wir do mit auffgericht haben, wer es vil besser, das ny gefundenn noch erhöht wehr wordenn das heilig creutze.

---

[60] Ebd. WA 10 III, 367,3–10.
[61] Ebd. WA 10 III, 368,3–7.
[62] Ebd. WA 10 III, 368,15.
[63] Ebd. WA 10 III, 369,7–11.
[64] Ebd. WA 10 III, 369,3–6. – 1Kor 1,18 wird in dieser Predigt mehrfach zitiert.
[65] Ebd. WA 10 III, 369,28–32 nennt er beide Feste; an diesen beiden Feiertagen hatte er in demselben Jahr über ein evangeliumsgemäßes Verhältnis des Christen zum Kreuz gepredigt, 3. 5. in Borna, WA 10 III, 113–119, und 14. 9. in Wittenberg, WA 10 III, 332–338,2 (anschließend, 338,3–341,15, wird das Sonntagsevangelium Lk 10,23–37 behandelt).

Dann das wehr guth, so du in dyr erhöhest das heilige creutze durch geduldige auffnemung aller widersachenn [:alles Widerwärtigen] und unglückeß, welche creutze so du sichst, das es ist vorhandenn, so loß es eyn, vorschleus nit, so hast du gefundenn das heilige creutze, und wann du es also gefunden hast, so erhöeß den[n] auch in dir mit freuden, wie dan thathen die heiligen Appostelnn die do gingen (wie die schrifft saget Act 5 [V. 41]) ,mit freuden vonn des radtz angesicht, Darumb das sie wirdig gewesen waren umb den namen Jhesu schmach zu leiden'.[66]

Der Hang zum selbstgesuchten Kreuz regte sich auch unter dem Vorzeichen der Reformation. Eine vermeintliche Kreuzesnachfolge suchte auffällige Lebensformen durch Abkehr von der legitimen sozialen Lebenswelt, in der hingegen nach Luthers Meinung eine unauffällige Nächstenliebe gefragt ist. Die eigenwillige Kreuzesnachfolge konnte auf unterschiedliche Weise Gestalt gewinnen, wie das Luther beispielsweise bei Karlstadt und Müntzer erlebte. In seiner Schrift Wider die himmlischen Propheten, 1525, hält er solchen religiösen Aussteigern vor, daß sie die Kennzeichen des Christentums verkehren, daß sie der Kreuzesnachfolge und „Tötung des alten Menschen" den Vorrang geben, um sich dadurch als wahre Christen auszuweisen. In Wahrheit sollte jedoch das Verhältnis des Christenmenschen zu sich selbst bestimmt sein durch Hören auf das Evangelium, durch den Glauben, der das Christus-Heil für sich ergreift. Der Vorrang der Botschaft von Christus als Heilsgabe Gottes schließt ein, daß man sich in der Erkenntnis eigener Sünde von Gottes Wort zurechtweisen läßt und es dem Heiligen Geist überläßt, den Glauben zu schenken „wo und welchem er will". Das Wesentliche am Christentum darf keinem gesetzlichen Zwang unterliegen. Mit solcher Glaubenserfahrung wird sich der Christ den individual- und sozialethischen Anforderungen stellen, die mit Ausdrücken gemeint sind wie „Tötung des alten Menschen", „das Kreuz tragen" in der Christus-Nachfolge, die „Werke" der Nächstenliebe im eigenen Leben üben.

So hallt nu du, meyn bruder, fest an der ordenung Gottes, Nemlich das die tödtunge des alten menschens, darynnen man Christus exempel folget, wie Petrus sagt [1Pt 2,21], solle nicht das erste seyn, [...] sondern das letzte, also das niemant müge [:könne] seyn fleysch tödten, creutz tragen und Christus exempel folgen, er sey denn zuvor eyn Christen und habe Christum durch den glauben ym hertzen als eynen ewigen schatz. Den selben krigt man aber nicht durch werck [...] sondern durch hören des Euangelion, das die ordenung also gehe. Zu erst vor allen wercken und dingen höret man das wort Gottes, Darynn der geyst die wellt umb die sünde strafft, Joh 16 [V. 8]. Wenn die sünde erkennet ist, höret man von der gnade Christi, Im selben wort kompt der geyst und gibt den glauben, wo und wilchem er will, Darnach geht an die tödtung [des alten Menschen] und das creutz und die werck der liebe.[67]

Einige markante Gedanken der frühen Jahre über das Kreuz der Christen kehren später wieder, zum Beispiel in einer Predigt, gehalten am Karsamstag, 16.4.1530,

---

[66] Ebd. WA 10 III, 369,31–370,6.
[67] Wider die himmlischen Propheten, 1525, Teil 2, WA 18, 139,13–25.

in Coburg,[68] wo Luther am Tag zuvor zusammen mit den befreundeten Wittenberger Theologen sowie dem sächsischen Kurfürsten und dessen Gefolge eingetroffen war. Es ist zu vermuten, daß Luther an diesem Karsamstag seine Predigt mit Absicht auf den Zuhörerkreis des kursächsischen Hofes und der Wittenberger Freunde zugeschnitten hat, die einige Tage später nach Augsburg zum Reichstag weiterreisten.[69] Allen war die Bedeutung des bevorstehenden Reichstages bewußt angesichts der vom Kaiser angekündigten Verhandlungen über die Religionsfrage in seiner eigenen Gegenwart. Im kursächsischen Lager hatte man Grund zu ernsthafter Sorge; denn die wenigen evangelischen Reichsstände sahen sich konfrontiert mit einer einschüchternden Übermacht von Gegnern der in Wittenberg ausgelösten reformatorischen Bewegung. Darum wird es Luthers Absicht gewesen sein, den Hörern seiner Predigt den Rücken zu stärken für die bevorstehende schwierige Aufgabe, die Reformation des christlichen Glaubens und Lebens in einer angespannten politischen Situation zu verteidigen. Einige Gesichtspunkte der Predigt seien kurz erwähnt. Als Leitthema läßt Luther den Doppelaspekt von Christus als Gabe und als Exempel anklingen. Da er schon oft genug von dem Gabe-Sinn der Passion Christi gesprochen habe[70] – dies demnach bei seinen Hörern voraussetzen konnte –, widmet er die Predigt fast ganz dem Kreuz, das der Christ in der Nachfolge Christi auf sich zu nehmen habe. Gleich eingangs will er dem Vorwurf der Täufer entgegentreten, daß das Thema der Leidensnachfolge in seiner Theologie zu kurz komme. Er betont, die Erfahrung des Kreuzes gehöre unvermeidlich zum Leben des Christen.[71] Es dürfe jedoch nicht ein selbstgesuchtes Kreuz sein, sondern eins, das sich für den Christen aus seiner Verantwortung für Gottes Wort und den christlichen Glauben ergibt.[72] Niemand könne dazu gezwungen werden.[73] Wer aber um des Glaubens willen auf zeitliche Vorteile verzichtet, habe Gottes Heilsverheißung für sich.[74]

---

[68] Von der Predigt, 16.4.1530, existiert Veit Dietrichs Druckbearbeitung als Sermon vom Leiden und Kreuz, 1530, WA 32, 28–39, sowie eine Gedankenskizze in deutsch, die höchstwahrscheinlich lateinische Entwurfsnotizen Luthers wiedergibt, ebd. 547f; vgl. RN zu 545f. – Luther blieb mit seinem Gehilfen Veit Dietrich für die Zeit des Augsburger Reichstages auf der Veste Coburg (bis 5. Oktober).
[69] Vgl. WA.B 5, 278 Anm. 2.
[70] Sermon vom Leiden und Kreuz, 16.4.1530, WA 32, 28,12–20: Lieben freunde [...] wir aber und das gantz menschlich geschlecht bedurfften solches leidens, Das es also sol ein geschencke sein und uns hin[ge]geben und aus lauter gnad und barmhertzigkeit geschenckt ist. Von diesem stucke wollen wir itzt nicht handeln.
[71] Notizen für die Predigt, 16.4.1530, WA 32, 547,34 f.: Ja, ein Christ kann so wenig des Creutzes als essen und trincken emberen. – Vgl. Druckfassung, ebd. 38,2f.
[72] Ebd. WA 32, 547,17–19: Das Creutz aber sol also gethan sein, das es wehe thue, sol nicht selbs erwelet sein (wie die Widerteuffer und alle Werckheiligen leren) sondern auffgelegt sein. – Vgl. Druckfassung, ebd. 29,22 f.
[73] Ebd. WA 32, 548,4–6: So aber jemand das Creutz (so im [:ihm] Gott auferlegt) nicht tragen will, den zwingt niemand, der mag jmer hinfaren und Christum verleugnen. – Vgl. Druckfassung, ebd. 38,27 f.
[74] Ebd. WA 32, 548,18–21: Und ob sie [:die Widersacher] gleich jres fürnemens, wie es künfftig

In der Fortsetzung dieser Linie rechnet Luther in seiner Schrift Von den Konziliis und Kirchen, 1539, das Kreuz der Christen zu einer Reihe von sieben Erkennungszeichen, die bei dem „heiligen christlichen Volk" darauf schließen lassen, daß dort das Heil der geistlich verborgenen Kirche Jesu Christi gefunden werden kann.[75] Solche Merkmale sind das öffentlich verkündete Wort Gottes, die Taufe, das Abendmahl, die Schlüsselgewalt, nämlich die Praxis des ausdrücklichen Zuspruchs von Gottes Sündenvergebung, ferner das öffentliche kirchliche Amt und die öffentliche Zusammenkunft der christlichen Gemeinde. Das sind Dinge, die Luther in der Auseinandersetzung mit den Täufern als grundlegend für die christliche Religion bezeichnet hat (vgl. Kap. 1.2). An siebenter Stelle nennt er jetzt das Kreuz, das die Christen zu tragen haben. Da Luther das im Deutschen für den Begriff „Reliquie" übliche Wort „Heiltum" verwendet, entsteht eine Assoziation zu den überaus zahlreichen Reliquien des Kreuzes Christi; jedoch ganz anders als bei den Reliquien erfahre der Christ mit seinem Kreuz ein Verbundensein mit Christus und dessen Kreuz.[76]

Zum siebenden erkennet man eusserlich das heilige Christliche Volck bey dem Heilthum des heiligen Creutzes, das es mus alles unglück und verfolgung, allerley anfechtung und ubel (wie das Vater unser betet) vom Teufel, welt und fleisch [...] leiden, damit es seinem Heubt Christo gleich werde, Und mus die ursache auch allein diese sein, das es fest an Christo und Gottes wort helt, und also umb Christus willen leide, Mt 5 [V. 11]: ‚Selig sind die, so umb meinen willen verfolgung leiden'. [...] sie müssen Ketzer, buben, Teuffel, verflucht und die schedlichsten Leute auff Erden heissen, [...] und doch nicht darumb, das sie Ehebrecher, mörder, diebe oder schelcke sind, sondern das sie Christum allein und keinen andern Gott haben wollen. Wo du nu solchs sihest oder hörest, da wisse, das die heilige Christliche Kirche sey, wie er spricht, Mt 5 [V. 11 f]: ‚Selig seid jr, wenn euch die Leute fluchen', und euren namen verwerffen als ein schedlich böse ding, und das: ‚umb meinen willen, Seid frölich und freuet euch, Eur lohn ist im Himel gros'. Denn mit diesem heilthum macht der Heilige Geist dis Volck nicht allein heilig, Sondern auch selig.[77]

Der Text läßt deutlich erkennen: Obwohl dieses Erkennungszeichen an der „heiligen christlichen Kirche" wahrzunehmen sein soll, geht es gleichzeitig jeden einzelnen Christen an. Denn jeder wahrhaft Glaubende kann sich in eigener

---

geraten möchte, ungewis sind, frewen sie sich doch uber eiteler und allerding verlorner hoffnung. Dagegen wir uns gewisser göttlicher Zusagung zu trösten haben. – Ebd. 548,28–32: [Es] lesst ein Christ das für augen ist, faren, und helt sich ans Wort. So thun die Gottlosen nicht, hangen jtzt am Keiser, das sie zeitlich erhalten [:bewahrt] werden, Weil sie aber das Wort verachten, gehen sie drüber zu boden und sind ewig verloren. – Vgl. Druckfassung, ebd. 36,13–15.

[75] Von den Konziliis und Kirchen, 1539, WA 50, 509–653. Im 3. Teil, 628,16–643,5, geht es um die Anhaltspunkte dafür, „wo solch Christlich heilig Volck in der welt ist". – Zum ekklesiologischen Wert der Erkennungsmerkmale vgl. Kap. 9.2.

[76] Ebd. WA 50, 642,22–27 polemisiert Luther vehement gegen „der Papisten heilthum von todten heiligen, vom holtz des heiligen Creutzes", mit denen die Leute dem echten Christus-Glauben entfremdet werden.

[77] Ebd. WA 50, 641,35–642,7.10 f.14–21. Im Zitat ist u. a. ausgelassen, ebd. 642,7–9, ein kurzer, interpretationsbedürftiger Satz, der die Christen in ihrer hingabebereiten Nächstenliebe charakterisiert, darin eingeschlossen ihr Dienst in der weltlichen Rechtsgemeinschaft, vgl. Kap. 8.3.

Person als zum Volk Gottes gehöriger Christenmensch ansehen, unabhängig von dessen institutioneller Verfassung. Jeder Christ kann zusammen mit dem Kreuz, das vom Volk Gottes getragen wird, auch die damit verbundenen Verheißungen für sich verifizieren. Das wird am Schluß des siebenten Erkennungszeichens dick unterstrichen, nachdem Luther festgestellt hat, daß keine Reliquie als „Heilthum" den Frommen heilig macht, und dann hinzufügt:

> Aber wenn man dich umb Christus willen verdampt, verflucht, schilt, lestert, plagt, das macht dich heilig, Denn es tödtet den alten Adam, das er mus gedult, demut, sanfftmut, lob und danck lernen und im leiden frölich sein. Das heisst denn durch den Heiligen Geist geheiliget [werden] und erneuet [: erneuert] zum neuen leben in Christo, und also lernt sichs Gott gleuben, trauen, hoffen, lieben wie Röm 5 [V. 4]: ‚Tribulatio [patientiam operatur, patientia autem probationem, probatio vero] spem' etc.[78]

Der abschließende kurze Rückblick auf alle sieben Erkennungszeichen ist noch geprägt von der vorher verwendeten Deutung des Begriffs „Heiltum" in Assoziation mit „Reliquie"; doch gleichzeitig greift Luther darauf zurück, daß er zunächst die Heiligkeit der Christenheit von der Wertschätzung des Dekalogs, insbesondere der ersten Tafel, abhängig gemacht hat.[79] Deshalb faßt er zusammen:

> Dis sind nu die rechten sieben heubtstück des hohen heilthums, da durch der Heilige geist in uns eine tegliche heiligung und vivification ubet in Christo [:in Christus-Verbundenheit], und das nach der ersten tafeln Mosi. Die erfüllen wir hie durch, wiewol nicht so reichlich, als Christus gethan hat. Wir folgen aber imer nach unter seiner erlösung oder der vergebung der sunden, bis wir auch einmal gantz heilig werden und keiner vergebung mehr [be]dürffen, Denn dahin ists alles gericht.[80]

Schließlich merkt er an, man könnte die sieben Erkennungszeichen „die sieben Sacrament nennen", wenn dieses Wort nicht in der heiligen Schrift anders gebraucht würde, abgesehen von dem traditionell kirchlichen Gebrauch.[81] Deshalb rede er einfach von den „sieben heubstück Christlicher heiligung oder sieben Heilthumb".

Eine ähnliche Überlegung hatte Luther bereits am Schluß von De captivitate babylonica ecclesiae, 1520, angestellt, nachdem er im Duktus dieser Schrift den Sakramentsbegriff mit dem Begriff der Heilszusage neu gefüllt und in diesem Sinn auf Taufe und Abendmahl angewandt hatte. Er überlegte damals, ob man nicht bei den drei Phänomenen Gebet, Wort, nämlich Wort Gottes, und Kreuz – Oratio, Verbum, Crux – von einem Sakrament reden könne, weil sie mit Zusagen Gottes verknüpft seien.[82] Er verwirft dann jedoch ein Ausweiten des Sakraments-

---

[78] Ebd. WA 50, 642, 27–32.
[79] Ebd. WA 50, 626,15–628,15.
[80] Ebd. WA 50, 642,32–643,2.
[81] Ebd. WA 50, 643,2–5.
[82] De captivitate Babylonica ecclesiae, 1520, WA 6, 571,35–572,9: Sunt praeterea nonnulla alia, quae inter sacramenta videantur censeri posse, nempe omnia illa, quibus facta est promissio divina, qualia sunt Oratio, Verbum, Crux. Nam Christus orantibus promisit exauditionem in multis locis, praesertim Luce 11 [V. 5ff] ubi parabolis multis ad orandum nos invitat, et de verbo

begriffs, damit der Begriff exakt auf die beiden Sakramente bezogen ist, bei denen die Heilszusage Christi mit einer Zeichenhandlung verbunden ist.[83]

Was die Trias von Glaube, Nächstenliebe, Kreuz (fides, caritas, crux) für Luthers Grundverständnis des evangelischen Christentums bedeutet, läßt sich einem „Memoriale", einem Merkzettel, entnehmen, dessen Datum und Zweck unbekannt sind, dessen beachtenswerter Text jedoch authentisch ist.[84] Summarisch gesagt, nennt Luther die Hauptpunkte für Lehre und konkrete Gestalt des evangelischen Christentums. An erster Stelle rangiert die Unterweisung im Glauben, damit den Menschen die Kraft des Glaubens für das Heil im Gottesverhältnis und auch die Auswirkung des Glaubens auf das Handeln bewußt gemacht wird.[85] Die Kraft des Glaubens erweist sich, indem er dem Menschen vor Gott die Gerechtigkeit zuteil werden läßt, die als Gottes einzigartiges Freiheitsgeschenk in Jesus Christus im Evangelium angeboten wird. Von der Unheilsmacht von Sünde, Tod und Teufel wird der Mensch so befreit, daß alle Bemühungen bisheriger Religiosität um Rechtfertigung und Erlösung wegfallen.[86] Seine Anwendung findet der Glaube in der Nächstenliebe, mit der ein Christ anderen Menschen mit ähnlicher Hingabe dient, wie er sie für sich selbst am Beispiel Christi erfährt. Also sind gute Werke die Frucht eines lebendigen Glaubens.[87] Für Luthers Ethik der Nächstenliebe kennzeichnend ist hier davon die Rede, daß der Christ seine Verantwortung sowohl in der weltlichen Rechtsgemeinschaft als auch in der häusli-

---

[Lk 11,28]: ‚Beati qui audiunt verbum dei et custodiunt illud'. Quis autem perceaseat, quoties tribulatis, patientibus, humiliatis promittat adiutorium et gloriam?

[83] Ebd. WA 6, 572,10–14: Proprie tamen ea sacramenta vocari visum est, quae annexis signis promissa sunt. Caetera, quia signis alligata non sunt, nuda promissa sunt. Quo fit, ut, si rigide loqui volumus, tantum duo sunt in Ecclesia dei sacramenta, Baptismus et panis, cum in his solis et institutum divinitus signum et promissionem remissionis peccatorum videamus.

[84] Memoriale, [10.7.1545?], WA.B 11, 136f, als Beilage zu Nr. 4133, einem Brief Luthers an Georg von Anhalt, 10.7.1545; auf die fragwürdige Zuweisung zu diesem Brief macht der Herausgeber in seiner Vorbemerkung aufmerksam. Die theologischen Hauptpunkte des Memoriale können verglichen werden mit einer Predigt, 31.7.1524, über die „größten Hauptstücke eines christlichen Lebens", Lk 19,41–44, WA 15, 664,1–671,6; hinsichtlich der hier unterschiedenen fünf Lehrpunkte gilt die Nachschrift, ebd. 665,16–667,5.

[85] Memoriale, WA.B 11, 136,2–6: Imprimis docendum, ut fidem et vim ac usum eius recte intelligant discantque esse cognitionem divinitus donandam nec posse humanitus concipi aut retineri. Ne scilicet libertatem carnis et pretium boni operis inde discant, Cum fides mortificet carnem et opera eius et spiritus assidue militet et pugnet contra peccatum et diabolum et mundum.

[86] Ebd. WA.B 11, 136,7–12: Vis autem fidei est, nos iustificare alienaque iustitia, nempe Christi induere, quod est donum illud ineffabile Dei, quo redimit nos a peccatis et morte et Satana. Hinc sequi [docendum est] frustanea fuisse et esse omnia studia et opera nostra, pro iustificatione et redemptione, ubique per ordines, ceremonias, vota, missas, peregrinationes etc. reperta, aucta et hactenus defensa.

[87] Ebd. WA.B 11, 136,13–17: Usus fidei est charitate servire et vicissim induere nostra iustitia, sapientia et omnibus opibus nostris fratrem, sicut nos assumpti sumus a Christo [vgl. Röm 15,7] et eius bonis vestiti et ditati. Hinc sequi [docendum] necessaria esse opera bona, tanquam fidei vere et efficaciter viventis [vgl. Gal 5,6].

3.4 Christ-Sein unter dem Kreuz 103

chen Gemeinschaft bejaht und den Dienst der Kirche fördert.[88] Nachdrücklich erwähnt er gleich noch das Gebet für diese drei Lebensbereiche, ein Zeichen ihrer zentralen Stellung in der reformatorischen Ethik.[89] Als eigener Punkt des evangeliumsgemäßen Christentums folgt das „Kreuz", das die Christen im Geist der Feindesliebe (Mt 5,44) auf sich nehmen, wodurch ihre geistliche Hoffnung und Gewißheit gestärkt werden kann.[90] Schließlich kommt Luther mit knappen Bemerkungen auf die konkrete Gestaltung des evangelischen Gemeindelebens zu sprechen; wie gewohnt unterstreicht er, daß die notwendigen Änderungen beim Gottesdienst sich auf das religiös Unumgängliche beschränken und nur mit öffentlich anerkannten Rechtsmitteln durchgeführt werden sollen. Des weiteren hält er es für notwendig, daß in den Gemeinden Vermögenskästen zur Versorgung von Armen und Pfarrern eingerichtet und daß Schulen für Kinder beiderlei Geschlechts geschaffen und mit guten Lehrern ausgestattet werden.[91]

Ein kurzer Text muß noch berücksichtigt werden, weil er Luthers theologische Reflexion der drei Größen, die das Christ-Sein bestimmen – Glaube, Nächstenliebe, Kreuz –, aufschlußreich ergänzt. Es ist eine Gedankenskizze, die er in dem Handexemplar eines Druckes seiner Psalterübersetzung von 1528 hinterlassen hat.[92] Der Ton liegt auf dem Gegensatz des Christen zur „Welt" (mundus). Den neutestamentlichen Sinn des Begriffes „Welt" hat Luther in seiner Vorlesung über den 1. Johannesbrief, 1527 – zu 1Joh 2,15 a „Habt nicht lieb die Welt, noch was in der Welt ist". – entfaltet: Gemeint ist keinesfalls die kreatürliche Welt als solche; denn sie ist Gottes gute Schöpfung. Es sind vielmehr die Menschen, die in Mißachtung Gottes, ihres Schöpfers, ihre eigenen Dinge betreiben und so die Schöpfung mißbrauchen. Durch diesen Mißbrauch wird die Schöpfung

---

[88] Ebd. WA.B 11, 136,18–25. Zu diesem Punkt vgl. Kap. 8.3.
[89] Ebd. WA.B 11, 136,25–28. Ante omnia et opus illud necessarium urgeatur: Oratio scilicet pro omnibus ordinibus iam dictis sedula et studiosa, sciendo, quod quidem deus id tam copiose praecipit, opulenter promittit gratissimumque habet. – Das Gebet für die drei „Stände" erhielt einen festen Platz in den evangelischen Gottesdienstordnungen.
[90] Ebd. WA.B 11, 136,29–31: Post opera docendum est de cruce et affectu erga hostes et inimicos quoscunque [vgl. Mt 5,44], ut omnia feramus mala et pro malis oremus. Quo usu acquiritur spes et certitudo nostrae fidei et vocationis [vgl. Röm 5,3–5; 1Pt 3,9]. – In seiner Fastenpostille, 1525, beginnt Luther die Auslegung von Röm 5,3–5 mit dem Satz, WA 17 II, 5,17–19: In den vorigen Postillen hab ich reychlich gnug geschrieben vom glauben, von der liebe und von dem Creutz und leyden, da hoffnung aus kompt [vgl. Röm 5,3f], ynn wilchen dreyen eyn Christlich leben und wesen steht.
[91] Ebd. WA.B 11, 137,32–39. – Für die Ordnung eines gemeinen Kastens, 1523, der kursächsischen Gemeinde Leisnig, WA 12, 11–30, hat Luther, ebd. 11–15, die Richtlinien für die Errichtung eines solchen Kastens verfaßt. Für dieselbe Stadt entwarf er damals eine Skizze Von Ordnung Gottesdiensts in der Gemeine, 1523, WA 12, 35–37.
[92] Die Psalternotiz steht WA.DB 4, 515,25–516,4; in seinem Handexemplar stand sie auf dem ersten hinteren Vorsatzblatt, verso. Sie kann kaum später als 1530 niedergeschrieben worden sein; denn sie wurde wörtlich von Veit Dietrich übernommen in die Notizen Luthers für die geplante Schrift De loco iustificationis, 1530, WA 30 II, 673,18–34, vgl. dazu RN. – In Luthers Handexemplar war der deutsche Psalterdruck von 1528 zusammengebunden mit einer lateinischen Psalterausgabe, Wittenberg 1529, vgl. WA.DB 4, 509 und 10 II, 181 Druck A.

der Nichtigkeit unterworfen (Röm 8,20). Wegen der verdorbenen Verkettung von Mensch und Welt kann Luther beides sagen: Die „Welt" sind die Menschen selbst, insofern sie gottvergessen das Ihre betreiben.[93] Die „Welt" meint aber zugleich auch den perversen Gebrauch der von Gott geschenkten Dinge.[94] In dieser Interpretation bedeutet der neutestamentliche Begriff „Welt" die Welt des Menschen in seiner Gottesentfremdung; ihr ist auch der Christ, abgesehen von seinem Glauben, mit seinem „alten Adam" lebenslang verhaftet. Deshalb werden die Christen ermahnt, die Welt nicht lieb zu haben (1Joh 2,15). Die Menschenwelt mag nicht begreifen, was es mit Glaube, Nächstenliebe und Kreuz der Christen in Wahrheit auf sich hat – das ist Gegenstand jener Notiz Luthers in seinem Handpsalter.[95] Die Menschenwelt fürchtet das „Kreuz" als etwas Schlimmes, weil sie nicht weiß, daß durch das „Kreuz" der Glaube erprobt wird und Gottes Kraft sich erweist (vgl. Röm 5,3f; 2Kor 12,9). Sie flieht die uneigennützige Nächstenliebe, die um Gottes willen Gutes tut, während die „Welt" Gutes tut, um Lohn und Ruhm zu ernten und Gleiches dafür zu empfangen (vgl. Mt 5,46f). In Unkenntnis des wahren Christus-Glaubens bevorzugt sie den Glauben an einen Gott, der eine Gerechtigkeit der Werke und des Gesetzes beim Menschen einfordert.[96] Sie erkennt nicht, mit wem es die Christen in Glaube, Nächstenliebe und Kreuz zu tun haben. Denn sie hält den Gott Jesu Christi für einen Feind des Menschen. Sie verschließt sich dem andersgearteten Nächsten, weil in ihren Augen jeder sich selbst der Nächste ist. Sie hat keinen Blick für jene teuflisch verwirrende Macht, die in der Menschenwelt hintergründig aktiv ist, dem christlichen Glauben feindselig gegenübersteht und das „Kreuz" der Christen begrüßt. Diese verderbliche Macht hält die Menschenwelt in ihrer Blindheit für ihren Freund.[97] Ergänzend notiert Luther: Die Menschenwelt hat kein Verständnis für das Gebot Gottes (Lev 19,18;

---

[93] Vorlesung über den 1. Johannesbrief, 1527, zu 1Joh 2,15, WA 20, 661,14–662,2 Ns: Mundus sunt homines ipsi, in quantum student suis neglecto deo, Ro [Rom 8,20] ‚Subiecta est vanitati' etc. Dedit boves, oves, aurum, sed donata non cognoscuntur donata. Ideo subiecta vanitati creatura, i. e. homines utuntur vane.

[94] Ebd. WA 20, 661,10–14 Ns: Perversus usus donatarum rerum a deo est mundus. Est affectus humanus depravatus prorsus a cognitione et usu creaturarum dei. Qui non recte cognoscit creaturas, [erg.: eis non recte] utitur, amat, hoc est omnis homo. Homo non cognoscit se et alios ut creaturam sed pro sua voluptate, gloria. – Vgl. die Parallele ebd. 661,33–36 Ns.

[95] In der Psalternotiz skizziert Luther seine Gedanken jeweils in einem triadischen Schema, das hier nicht so übersichtlich wiedergegeben werden kann; die Notiz beginnt mit der Feststellung, WA.DB 4, 515,25–27: Mundus non capit fidem – Charitatem – Crucem – [auf alle drei Begriffe bezogen:] i. e. Vitam, sapientiamque piorum.

[96] Ebd. WA.DB 4, 515,28–32: Quia Crucem horret ceu malum, ignara [lies: ignarus, scil. mundus] quod sub ipsa fides exercetur et Dei Virtus ostenditur [vgl. Röm 5,3f ; 2Kor 12,9]. Charitatem fugit, quia haec benefacit propter Deum, sed mundus propter praemium, gloriam, retributionem. Fidem ignorat, esse fiduciam nostram in gratiam Dei, sed ipse [:mundus] putat opinionem esse de Deo iustitiam exigente.

[97] Ebd. WA.DB 4, 515,33–36: Sic obiecta harum virtutum non videt: Deum – proximum – Adversarium – Quia putat [auf die 3 obiecta bezogen:] – hunc hostem – nullum esse, nisi se ipsum – hunc amicum.

Mt 19,19 bzw. 22,39) „Liebe deinen Nächsten wie dich selbst". Notwendigerweise haßt sie Gott und das Seine, nämlich sein Wort und seine Heiligen; denn, in jeder Hinsicht verliebt in sich selbst, orientiert sie sich am Teufel – von Luther gerne mit Joh 12,31 u. ö. als „Fürst dieser Welt" bezeichnet – und sucht bei ihm Frieden und Ruhm. Dessen Herrschaft ist erkennbar in den Worten und Taten aller Völker und Weisen.[98]

---

[98] Ebd. WA. DB 4, 515,37–516,2: Corrolarie sequitur: Non intelligi a mundo illud praeceptum [Lev 19,18; Mt 19,19; 22,39] ‚Diliges proximum tuum sicut te ipsum'. – Necessario etiam: Odit deum et sua, i. e. verbum et sanctos eius. Diligit se ipsum et sua in omnibus. Quaerit Diabolum et sua i. e. pacem, gloriam eius.

Kapitel 4

Der Mensch in geschöpflicher Verantwortung vor Gott und den Menschen

4.1 Die geschöpfliche Ursituation des Menschen

In Luthers Theologie erhält die Kategorie des Gesetzes einen erstaunlich hohen Rang; sie sprengt die Dimension des Moralischen, ohne sie zu negieren. Das Gesetz wird zu einer umfassenden Kategorie menschlichen Lebens; ob ungeschrieben oder geschrieben, erinnert es den Menchen an seine Verantwortung. Während das spezifisch Christliche in der Relation von Evangelium und Glaube ein gesetzliches Verfaßtsein der christlichen Religion ausschließt, ist Luthers Theologie intensiv damit beschäftigt, das elementare Verfaßtsein des menschlichen Lebens durch das Gesetz zu bedenken. Erst wenn die volle Dimension der Rede Luthers vom Gesetz erkannt ist, kommt das Evangelium in seiner befreienden Macht zur Geltung, weil es den Menschen auch von der Macht des Gesetzes befreit. Darum spricht Luther häufig, jedoch nicht immer, erst von dem Gesetz, ehe er auf die Wohltat des Evangeliums zu sprechen kommt. Das Wesen der christlichen Religion wird jedoch durch das Evangelium bestimmt, wie denn auch in definitorischer Hinsicht für Luther das Neue Testament vor dem Alten Testament zu rangieren hat. Hingegen ist das Alte Testament sein Leitfaden, um dem konkreten Phänomen des Gesetzes nachzugehen. Das beginnt bei der Interpretation der biblischen Urgeschichte.

An einer Lehre von der Schöpfung ist Luther nicht in der Weise interessiert, als ginge es der Bibel und der Theologie um eine objektive Beschreibung des Schöpfungsgeschehens. Auf dem Grund des unbestrittenen biblischen Geschichtsbildes beginnt für ihn wie für alle seine Zeitgenossen mit dem Schöpfungsakt nicht nur die Natur-, sondern auch die Menschheitsgeschichte. Selbstverständlich unterscheidet er auch noch nicht literarisch einen ersten und einen zweiten Schöpfungsbericht. Theologisch relevant ist für ihn alles, was in der Urgeschichte über das Verhältnis des Menschen zu Gott, seinem Schöpfer, gesagt wird, und zwar wie der Mensch aus seinem ursprünglichen Heil ins Unheil geraten sei, und welche Hilfe Gott ihm trotzdem unverzüglich habe zuteil werden lassen.

[Mose schreibt] in seinem ersten Buch, wie alle Creatur[en] geschaffen sind, Und (das seines schreibens meiste ursach ist) Wo die Sünde und der Tod her komen sey, nemlich, durch Adams fall, aus des Teufels bosheit. Aber bald darauff, ehe denn Moses gesetz kompt, leret er, Wo her die Hülffe wider komen solt, die Sünde und Tod zu vertreiben, nemlich, nicht durch Gesetz noch eigen werck, weil noch kein Gesetz war, Sondern durch des Weibes samen, Christum, Adam [Gen 3,15] und Abraham [Gen 22,18] verheissen. Auff das also der glaube von anfang der Schrifft durch und durch gepreiset werde, uber alle werck, Gesetz und verdienst. Also hat das erste buch Mose fast eitel [:sehr reine] exempel des glaubens und unglaubens, und was glaube und unglaube fur früchte tragen, und ist fast [:durchaus] ein Evangelisch buch.[1]

(1) Die Gottebenbildlichkeit des Menschen

Die biblische Urgeschichte (Gen 1–3) handelt in Luthers Sicht vom Menschen schlechthin. Denn das hebräische Wort „Adam" steht für „Mensch".[2] Er ist vor allen anderen Geschöpfen ausgezeichnet durch ein unmittelbares Verhältnis zu Gott, seinem Schöpfer. Daß der Mensch (nach Gen 1, 27) in Gottebenbildlichkeit geschaffen ist, war in der seit Augustin herrschenden Interpretation auf eine neutrale triadische Struktur der menschlichen Seelenkräfte – Gedächtnis, Verstand, Wille – bezogen worden in Entsprechung zu den Personen der göttlichen Trinität.[3] Und man war überzeugt, es komme darauf an, daß diese Struktur in der religiösen Gottesbeziehung aktualisiert werde.[4] Anders Luther: In dem Doppelausdruck in Gen 1,26 a – in der lateinischen Tradition „imago et similitudo" – erkennt er mit Recht rein literarisch bedingte Synonyme,[5] so daß eine dogmatische Unterscheidung sich für ihn erübrigt. Indem er in seine Exegese zugleich neutestamentliche Texte einbezieht, denkt er an eine qualifizierte Ebenbildlichkeit des Heils, die der Mensch preisgegeben hat, als er dem Wort des Versuchers Gehör schenkte, während Gott ihn dennoch nicht preisgibt, ihm vielmehr in Christus eine neue Ebenbildlichkeit des Heils anbietet.[6] Luther hat

---

[1] Vorrede zum Alten Testament, 1523, Summar zur Genesis, WA.DB 8, 13,23–31 (Version 1545).

[2] Ohne Verweis auf Gen 5,2 heißt es in einer Randglosse, seit 1523, zu Gen 3,8 „Adam versteckt sich", WA.DB 8,45 (Version 1545): Adam heisst auff Ebreisch Mensch, darumb mag man mensch sagen, wo Adam stehet, und widerumb [:umgekehrt].

[3] Zur augustinischen imago-Lehre der Tradition vgl. z. B. Thomas, STh I q.93 a.1–9, Alexander Halesius, STh 1 II n. 320–330.505–523 (2, 384–402.727–784), Bonaventura, Sent.1 d.3 p. 2 a.1 q.1, Sent.2 d.16 a.1 q.1, s. u. Anm. 10.

[4] Vgl. Ludolf von Sachsen, Vita Jesu Christi, p. 2 c.85 n. 1: Quomodo autem ad imaginem suam [Deus hominem fecit], attende. Deus semper meminit sui, intelligit se, amat se. Et tu ergo si pro modulo tuo infatigabiliter memor fueris Dei, intellexeris Deum, amaveris Deum, eris ad imaginem eius, quia hoc facere niteris, quod semper facit Deus. Ad memorandum ergo et intelligendum atque amandum summum bonum, totum debet homo referre quod vivit. Ad hoc omnis cogitatio, omnis voluntas cordis retorqueatur, arceatur, confirmetur, ut infatigabili affectu sis memor Dei, intelligas Deum, ames Deum, et tuae creationis dignitatem, qua ad imaginem Dei creata es, salubriter exprimis.

[5] Präparationsnotiz zur Genesis-Vorlesung, 1535–1545, zu Gen 1,27 in Relation zu Gen 1,26, WA 42, XXI,33: Repetit ‚ad Imaginem dei', Similitudinem tacet, ut idem esse significet.

[6] In Genesin declamationes, 1527, zu Gen 1,26, WA 24, 49,6–51,4: Hic Doctores nostri authore Augustino quem sequuntur, multa dicunt de imagine Trinitatis, memoria, intelligentia et voluntate. Nos simpliciter dicimus de imagine, sicut Paulus 1Cor 15 [V. 48] ‚Qualis terrenus' etc., Eph 4 [V. 22] ‚Induite novum hominem qui secundum Deum creatus est in iustitia et sanctitate veritatis'. Col. 3 [V. 9] ‚Expoliantes vos veterem hominem cum actibus suis et induite novum,

bei der Interpretation von Gen 1,26f gleich Gen 2–3 mit im Blick. Der Mensch hatte, verbunden mit dem Bewußtsein seiner eigenen Geschöpflichkeit,[7] ursprünglich die innigste Gottesgemeinschaft, die Gott dem Menschen als seinem Geschöpf gewährt. Adam war „voll Gottes".[8] Er war so im Heil, wie es dem Menschen, nachdem er aus diesem ursprünglichen Gottesverhältnis herausgefallen ist, in Christus erneut gewährt wird als neue Ebenbildlichkeit in Liebe, Gnade, Weisheit. Adams Leben war ursprünglich allen anderen Kreaturen nützlich und für niemanden nachteilig. Als ihm diese Integrität verloren ging, verkehrte sich seine Gottebenbildlichkeit ins Gegenteil eines unseligen Verhältnisses zu Gott und den anderen Kreaturen; sie wurde zur „imago diaboli".[9] Die Antithetik von Heil und Unheil, von Gottverbundenheit und Gottlosigkeit oder Gottesfeindschaft ist für Luther das Hauptthema von Gen 1–3. Nach herkömmlicher Ansicht besaß Adam in seiner Gottebenbildlichkeit noch nicht das volle Heil, sondern mußte sich das erst noch im verdienstvollen Gehorsam bei Gott erwerben.[10] In Luthers Sicht hatte der Mensch mit der ursprünglichen Gottebenbildlichkeit das beste geschöpfliche Verhältnis zu Gott und zur übrigen Schöpfung. Vor allem war er in einem elementaren Vertrauen Gott zugewandt; das wird in Luthers weiterer Interpretation der Urgeschichte deutlich.

(2) Gottes Ur-Gebot Gen 2,16f

Daß es zu den elementaren Lebensbedingungen des Menschen gehört, den Willen des Schöpfers zu respektieren und die eigene Geschöpflichkeit anzuerkennen, findet Luther in den Worten angezeigt, die Gott in der Urgeschichte an den Menschen richtet (Gen 1,28; 2,16f). Die geschöpfliche Konstitution

---

qui renovatur in agnitione Dei secundum imaginem eius qui creavit illum'. – Vgl. Genesis-Predigten, 1523/24, zu Gen 1,26, WA 14, 110,7–111,5 Ns Rörer.

[7] Präparationsnotiz zur Genesis-Vorlesung, 1535–1545, zu Gen 1,26f, WA 42, XXI,29–32: Vere Imago dei, quia nulla creatura alia cognoscit creatorem nec scit, unde sit aut cur facta sit, Sed homo novit, unde, Sicut Heva testatur [Gen 3,2f], dum nominat dominum et praeceptum eius.

[8] Vgl. Genesis-Predigten, 1523/24, zu Gen 1,26, WA 14, 111,5f (Ns Rörer): plenus fuit sapientia, charitate absque mala concupiscentia, quia plenus deo. – Ebd. 14, 111,23f (Ns Roth): ‚Faciamus hominem' etc. ‚Last uns machen ein menschen, ein bildnuß uns ehnlich'. Primus homo war vol gotts, sic sapiens etc.

[9] In Genesin declamationes, 1527, zu Gen 1,26, WA 24, 50,9: Dei imagine creatus est, quam peccans perdidit et diaboli imaginem induit. – Vgl. Genesis-Predigten, 1523/24, zu Gen 1,26, WA 14, 111,4–9 Ns Rörer.

[10] Bonaventura, Breviloquium p. 2 c.9 n. 2: Est igitur anima rationalis forma beatificabilis. Et quia ad beatitudinis praemium pervenire non est gloriosum nisi per meritum; nec mereri contingit, nisi in eo quod voluntarie et libere fit. Ebd. n. 3: Rursus, quia forma beatificabilis est capax Dei per memoriam, intelligentiam et voluntatem, et hoc est esse ad imaginem Trinitatis propter unitatem in essentia et trinitatem in potentiis: ideo animam necesse fit esse intelligentem Deum et omnia ac per hoc Dei imagine insignitam. Et quia nihil beatum potest beatitudinem amittere, nihil poterat esse beatificabile, nisi esset incorruptibile et immortale, necesse fit animam rationalem immortali vita de sui natura esse viventem [vgl. Gen 2,7].

des Menschen steht von Anfang an unter Gottes Wort, das dem Menschen in direkter Anrede Ort und Auftrag in der Welt zuweist: in Gen 1,28 ist es der Auftrag verantwortlicher Herrschaft über die ihm anvertrauten Kreaturen, in Gen 2,16 die Erlaubnis, „von allerlei Bäumen" zu essen, und zugleich in Gen 2,17 die Einschränkung, nicht „von dem Baum der Erkenntnis des Guten und Bösen" zu essen. Den größten Nachdruck erhält das Gotteswort in Gen 2,17, gleichsam Gottes Ur-Gebot für den Menschen.

Gen 2,17 bezweckt nach Luthers Interpretation nicht einen Gehorsam, der sich den Lohn gesteigerter Gottesgemeinschaft verdienen sollte, wie das in der Theologie des Mittelalters gesehen wurde.[11] Hatte vielmehr der Mensch in seiner Gottebenbildlichkeit schon vollkommen sein geschöpfliches Heil empfangen, so forderte Gott von ihm in Gen 2,17 nicht noch einen besonderen, Lohn verdienenden Gehorsam. Luther denkt nicht an eine Bewährungsprobe, mit deren Bestehen Adam auf höherer Stufe „selig" geworden wäre. Mit seinem Gebot (Gen 2,16 f) wollte Gott auf sich selbst als den Schöpfer hinweisen und den Menschen an seine eigene Geschöpflichkeit erinnern.[12] Das sollte den Menschen vor der Sünde bewahren, in die er dennoch gefallen ist mit Verlust seiner ursprünglichen Gerechtigkeit.

Bereits die ursprüngliche Gottesgemeinschaft des Menschen – Luther legt darauf offensichtlich Wert – war zentriert in dem Wort, das Gott an den Menschen richtet.[13] Die beiden Gottesworte Gen 1,28 und 2,16 hätten Anlaß gegeben, Gott für unbegrenzte Wohltaten zu danken, weil Gott dem Menschen die geschaffene Welt zu verantwortlichem Handeln zugewiesen hat. Gleichzeitig hätte Gottes

---

[11] Vgl. Bonaventura, Breviloquium p. 2 c 11 n. 1: Datum est ei [:homini] duplex praeceptum, scilicet naturae et disciplinae; praeceptum naturae [Gen 2,16]: ‚Crescite et multiplicamini'; praeceptum disciplinae [Gen 2,17]: ‚De ligno scientiae boni et mali ne comedas'. – Das wird erläutert ebd. n. 5: duplex datum est homini praeceptum: unum naturae ad custodiendum bonum datum, alterum disciplinae ad promerendum bonum promissum, quod nullo modo melius potuerat mereri quam per meram obedientiam. Obedientia autem mera est, quando praeceptum ex se solo obligat, non ex aliqua alia causa; et tale dicitur praeceptum disciplinae, quia per ipsum discitur quanta sit virtus obedientiae, quae suo merito ducit ad caelum, suo vero contrario praecipitat in infernum. Non ergo datum est illud mandatum homini propter indigentiam aliquam quam Deus haberet de humano obsequio, sed ad dandam viam merendi coronam per meram et voluntariam obedientiam. – Zum praeceptum disciplinae vgl. Bonaventura, Sent.2 d.17 dub.5 und Augustin, De Genesi ad litteram 8 c.6 n. 12, ML 34, 377, CSEL 28, 239 f.

[12] In Genesin declamationes, 1527, zu Gen 2,16 f, WA 24, 72,3–7 (vgl. 14, 122,17–21): Adam non accepit hoc praeceptum, ut per ipsum iustificaretur. Non iustificat preceptum, quia iam iustus erat. Adam rectus a Deo conditus erat [vgl. Pred 7,29] corpore et anima, sed signum erat [praeceptum], ut sciret se habere deum. Vult se deus agnosci in suo praecepto; potuit fieri peccator in hoc praecepto, non iustus. – Luther übersetzt Pred 7,29 (Vg: hoc inveni, quod fecerit Deus hominem rectum), WA.DB 10 II, 123 (Version 1545): Ich habe funden, das Gott den Menschen hat auffrichtig gemacht.

[13] Präparationsnotiz Genesis-Vorlesung, 1535–1545, WA 42, XXII,27–31: Praedicatio in Ecclesia fuisset ista ‚Dominamini' [Gen 1,28] – ‚Comedite' [Gen 2,16] – ‚Non Comedite' [Gen 2,17] – Id est beneficia dei infinita, gratiarum actio – prohibitio addita ad signum praedicationis [lies: praevaricationis].

4.1 Die geschöpfliche Ursituation des Menschen

Gebot in Gen 2,17 den Menschen an die Grenze seiner Geschöpflichkeit im Gegenüber zu Gott erinnert; es wäre eine warnende Mahnung gewesen, diese Grenze nicht zu überschreiten. So ist für Luther mit den drei Gottesworten, die als Gottesworte unter den Menschen nie in Vergessenheit geraten sollten, der Ur-Anfang von Theologie und Kirche gegeben. Im Festhalten an Gottes Wort hätte der Mensch sich sein Vertrauensverhältnis zu Gott und das Heil seiner Gottebenbildlichkeit bewahren können. Davon kann nur im Irrealis gesprochen werden, weil die Sünde sofort das ursprüngliche Heil verdorben hat. Die Urgeschichte will in ihrem mythischen Charakter eigentlich gar keinen historischen Ablauf schildern. Deshalb läßt Luther, ohne von der Erzählweise des Mythos zu wissen, Schöpfung und Sündenfall des Menschen an ein und demselben Tage geschehen.

In der Redeweise des Irrealis gibt Luther in seiner Genesis-Vorlesung, 1535–1545, der theologischen Phantasie über den Urstand des Menschen etwas Raum. Im Gotteswort Gen 2,16 f hätte der Mensch die ganze Weisheit gehabt, die ihm als Gottes Geschöpf nötig gewesen wäre; es hätte ihm völlig die Bibel ersetzt; Bücher wären überhaupt überflüssig gewesen. Was Theologen, Juristen, Mediziner – die Gelehrten der drei höheren Universitätsfakultäten seiner Zeit – aus einer grenzenlosen Zahl von Büchern an Gelehrsamkeit schöpfen, wäre Bodensatz im Vergleich mit der Weisheit, die Adam aus diesem einzigen Gotteswort geschöpft hätte.[14] Am Baum der Erkenntnis des Guten und Bösen hätte sich Adam mit seiner Nachkommenschaft am Sabbat zum Gottesdienst zusammengefunden, vor allem um Gott zu loben angesichts des Reichtums seiner Schöpfung und ihm für die einzigartige Auszeichnung des Menschen als seinem Ebenbild zu danken.[15] Denn, das wagt Luther ohne Gebrauch des Irrealis zu sagen, Gott hatte dem Menschen eine höchst einfache Religion ohne aufwendigen Kult und vielerlei fromme Werke aufgetragen.[16] Anklänge an diese Religionsgestalt seien durch Christus wiederhergestellt worden.[17]

Eng vernetzt mit dem Sündenfall wird die Androhung des Todes (Gen 2,17 b) gedeutet, falls Adam das Gebot Gottes übertrete. Dem Einwand, nach der Übertretung des Gebotes seien Adam und Eva gar nicht gleich gestorben, hält Luther

---

[14] Genesis-Vorlesung, 1535–1545, zu Gen 2,16 f., WA 42, 80,3 f.7–10.15–17: Haec enim contio, Adae et omnibus nobis, si in innocentia perstitisset, fuisset tanquam Biblia, nec opus habuissemus [...] Totum studium sapientiae haec brevis contio absolvisset, ac ostendisset nobis tanquam in tabula pictam bonitatem Dei, qui sine illis incommodis naturam hanc creasset, quae postea per peccatum sunt consecuta. [...] Hodie librorum infinitus est numerus, in quibus instituuntur, Theologi, Iureconsulti, Medici. Sed quicquid adiuti libris discimus, vix faeces merentur dici comparatione illius sapientiae, quam ex hoc unico verbo hausit Adam.

[15] Ebd. WA 42, 80,19–25.

[16] Ebd. WA 42, 80,41–81,4: Utile autem est, ut hoc quoque consideremus: Deum Adae verbum, cultum et religionem dedisse nudissimam, purissimam et simplicissimam, in qua nihil laboriosum, nihil sumptuosum fuit. Non enim praecipit mactationem taurorum, non fumum thuris, non vota, non ieiunia, non alias afflictiones corporis. Hoc tantum vult, ut laudet Deum, ut gratias ei agat, ut laetetur in Domino et ei in hoc obediat, ne ex vetita arbore comedat.

[17] Ebd. WA 42, 81,5–8.

die Todesangst entgegen, die Adam mit dem Bewußtsein seiner Schuld befallen habe, als Gott ihn zur Rede stellte. Da gewann der Tod Macht über ihn; er „wußte nicht, wo er sich hinwenden sollte vor Gott".[18] In diesem Zusammenhang unterstreicht Luther noch einmal, an den Menschen schlechthin sei zu denken sowohl bei Adams Gotteserfahrung im Bewußtsein seiner Schuld als auch im Vernehmen von Gottes Freispruch.[19] Das Ur-Gebot Gottes bleibt stets für den Menschen gültig. Es erweist seine volle geistliche Wirkung, indem es den Menschen in seinem Gewissen bei seiner Sünde behaftet, ihm seine Sünde vorhält, ihn in seiner Gottesentfremdung mit Unruhe erfüllt und ihn Gottes Zorn spüren läßt.[20]

(3) Die Verführung des Menschen zur Preisgabe von Gottes Wort im Unglauben (Gen 3,1–5)

In seiner Interpretation von Gen 3 – d. h. in seiner theologischen Reflexion der Gottesentfremdung des Menschen – hängt für Luther alles davon ab, daß der Mensch Gottes Ur-Gebot, dem er sich als Gottes Geschöpf hätte anvertrauen können, mißachtet hat. Er hat ein Ur-Vertrauen gegenüber seinem Schöpfer preisgegeben. Deshalb kommt bereits hier mit dem Wort Gottes auch der Glaube als ein vertrauensvolles Anerkennen von Gottes Wort zur Sprache.

Die Versuchung des Menschen beginnt in Luthers Sicht nicht mit der Verlockung zu einem Laster, sondern damit, daß sich der Mensch zum Zweifel an Gottes Wort und zum Unglauben verführen läßt. Die Glaubwürdigkeit von Gottes Wort zu untergraben, ist der Teufel am allermeisten bestrebt. Hat er dem Menschen das Vertrauen auf Gottes Wort zerstört, dann hat er sein Spiel gewonnen. Daß darin das Wesen des Teufels liege, kann man generell für Luthers Theologie behaupten; mit anderen Worten: in der theologischen Redefigur „Teufel" bündeln sich alle Kräfte, die in der Lebenswirklichkeit des Menschen das echte Vertrauen auf Gottes Wort und dessen wahres Verständnis verderben. Zu Gen 3,1–3 erklärt Luther:

---

[18] Genesis-Predigten, 1523/24, zu Gen 2,17, WA 14, 125,21–24 (Ns Roth): Verum hoc est: Adam et Eva non statim mortui sunt, nec [mortem] senserunt statim, primum [Gen 3,7] nudi erant, postea [Gen 3,8] pudore afficiebantur. Adam cum loqueretur cum domino [Gen 3,9 ff], do stund ehr in todes nothen. Ehr was uneins mit Got, ehr wuste nit, wo ehr sich hin wenden solde vor Gott etc. – Vgl. ebd. 124,23–27.
[19] Vgl. ebd. zu Gen 2,17, WA 14, 124,23–34; 125,13–20 (Ns Roth).
[20] In den Präparationsnotizen der Genesis-Vorlesung, 1535 ff, notiert Luther mehrere Anzeichen verlorener Heilsgerechtigkeit, WA 42, XXII,32–37: Descriptio iustitiae amissae: 1. Vident se nudos [Gen 3,7.10]. – 2. Construunt cinctoria [Gen 3,7]. – 3. pavent ad ventum ipso claro die [vgl. Gen 3,8], a folio sonante [vgl. Lev 26,36]. – 4. abscondunt se et fugiunt a facie dei; non ferunt Deum, est absconsio [Gen 3,8]. – Zu dem furchtsamen Fliehen vor Gott merkt Luther an, ebd. XXIII,6–8: Multi loci prophetarum ex hac historia [es folgen Zitate aus Prov 10,29; Jes 57,20; 28,16; dieselben – zusätzlich Prov 28,1 – noch einmal ebd. XXIV,10–13].

4.1 Die geschöpfliche Ursituation des Menschen

Hie ist der glaub angefochten, si illa [scil. fides] evertitur, ßo ist es vorlorn. Hic proprie est diaboli color, non aliquo vitio tentat, nam adhuc nullum sciebatur, sed infidelitate, hoc est verbo, quod acceperunt, amittendo. Sathan verbum primum aufert.[21]	Hier ist der Glaube angefochten; wenn er zerrüttet wird, so ist es verloren. Besonders hier zeigt sich die Überredungskunst des Teufels; er verführt nicht zu einem Laster; denn es war noch keins den Menschen bekannt. Er verführt jedoch zum Unglauben, d. h. zur Preisgabe des ihnen gesagten Wortes. Der Satan entzieht das Wort Gottes als erstes.

Eva geht auf das Wort Satans ein, ergänzt aber in Gottes Ur-Gebot, das sie von Adam gehört hat, die Todesandrohung in Gen 3,17b mit einem „möglicherweise", was dem Text der Vulgata entspricht.[22]

Hic mulier incepit cogitare ‚forte verum est verbum, contra quis scit, an verbum dei sit?' Ista dubitatio est verbi negatio. Verbum dei wil kein wanckende sehel haben.[23]	Da begann Eva zu meinen: ‚Gottes Wort ist möglicherweise wahr. Jedoch wer weiß, ob es Gottes Wort ist?' Dieser Zweifel bedeutet Leugnung des Wortes. Gottes Wort will keine wankende Seele haben.

Auf die Verführung zum Unglauben, der sich dem Wort Gottes versagt, hat es der Teufel viel eher abgesehen als auf Verführung zum Unmoralischen, sogar noch mehr als auf Verführung zum Hochmut. Deshalb beunruhigt er die Menschen, die sich im Glauben an Gottes Wort halten, während er die Glaubenslosen in Ruhe läßt.[24] Wird erst einmal der elementare Anspruch von Gottes Wort in Zweifel gezogen, so lauert gleich die Gefahr, ihm offen zu widersprechen und dann Gottes Güte in Frage zu stellen, schließlich Gott zu hassen. Das ist eigentlich – im Unterschied zu moralischem Abgleiten – die schiefe Ebene, auf die der Mensch durch die Einflüsterungen des Teufels gerät.[25]

---

[21] Genesis-Predigten, 1523/4, zu Gen 3,1–3, WA 14, 130,34–131,19 (Ns Roth). – Vgl. In Genesin declamationes, 1527, zu Gen 3,1, WA 24, 85,9–11.

[22] Gen 3,3 Vg: de fructu vero ligni, quod est in medio paradisi, praecepit nobis Deus ne comederemus, et ne tangeremus illud, ne forte moriamur.

[23] Genesis-Predigten, 1523/24, zu Gen 3,1–3, WA 14, 131,19–21 (Ns Roth).

[24] Ebd. WA 14, 131,21–31 (Ns Roth): Sathan sucht die groste sunde des unglaubens. Sic sentit: ‚Nihil agam commovendo ad superbiam, ad libidinem et alia, nisi abstulero verbum, i. e. Evangelium, quo sano frustra ago, etiamsi in multis errent et cadant sancti'. [...] Diabolus contra molitur, cui non est res cum iis qui fidem non habent, sed sinit eos in quiete [...] Non impetit gentes et infideles, sed eos qui verbum habent, wen ich das hauptstuck vorliehr, den glauben, ßo ist es auß. [...] Infidelitas omnia vitia secum trahit. Ablata fide nihil nisi infidelitas manet. – Ebd. WA 14, 135,32–34 (Ns Roth): Maximum peccatum in hoc lapsu ablatio verbi. Nam ubi verbum non est, ibi nulla est vita. Fructus mortui cordis cupiditas ad pomum und andere boße luste etc. – Vgl. In Genesin declamationes, 1527, zu Gen 3,7, WA 24, 92,6–9.

[25] Ebd. WA 14, 132,11–19 (Ns Roth): [Mulier] prodidit infidelitatem. ‚Ne forte', inquit, ‚moriamur.' Vides eam hic dubitare. Da dringet ehr [:der Teufel] hynach und spricht frey contra verbum dei ‚Non morieris' [Gen 3,4]: ‚Gott gundts euch nicht, ehr ist nicht ein gutter Gott'. Sic enim infert diabolus: ‚non mandavit talia deus, non esset rectum verbum domini. Quin et non est benignus deus, qui vobis invidet scientiam.' Haec est tentatio diaboli, qua se interponit inter fidem et infidelitatem in omnibus, qui rectam fidem habent hodie et semper. Prima: Quis scit

In Evas Reaktion auf den diabolisch suggerierten Zweifel an Gottes Gebot entdeckt Luthers detailfreudige Exegese noch ein anderes Element, das nach seinem Urteil eine Religion kennzeichnet, die sich nicht mehr einfach mit Gottes Wort begnügt, sondern sich lieber auf kirchliche und doch nur menschliche „Zusätze" verläßt, weil sie praktikabler und verläßlicher erscheinen (vgl. Kap. 1.2). Denn dem Gebot, nicht vom Baum der Erkenntnis des Guten und Bösen zu essen, fügt Eva das Gebot hinzu, ihn auch nicht zu berühren.[26] Ebenso überträgt Luther auf die religiöse Praxis seiner Zeit, daß Adam und Eva, nachdem sie Gottes Wort mißachtet und sein Gebot übertreten haben, sich einen Schurz von Feigenblättern gemacht haben (Gen 3,7): „nach Preisgabe des Glaubens wollen wir heute unsere Sünden mit Werken und unseren Bemühungen im mönchischen Leben und mit anderem bedecken, aber das ist vor Gott vergeblich, zumal wir selbst vor den Menschen unsere Blöße nur vorübergehend verbergen können".[27] Da hilft kein Appell an den Menschen, wieder zu Gottes Wort zurückzukehren. Gott selbst muß mit seinem Wort helfen: „Da ist kein Heil, wenn nicht das Wort zurückkehrt, durch das Adam und Eva vor dem Fall glücklich waren".[28]

(4) Die Gewissensnot des gottentfremdeten Menschen

Nachdem das Vertrauen auf Gottes Wort verlorengegangen ist, hat das Gewissen auf Dauer keine Ruhe. Ein „Schurz", wie ihn sich Adam und Eva gemacht haben, hilft den Menschen nur notdürftig dazu, voreinander die Scham über ihre Sünde zu bedecken. In der Tiefe des Gewissens bleibt das Gottesverhältnis gestört, solange es nicht Gott selbst mit dem Wort seiner Gnade wiederherstellt und Herz und Gewissen wieder heilt. Das besagt in knapper Präzision eine Randglosse Luthers zu Gen 3,8 („da der Tag kühl geworden war"), die bereits 1523 in Luthers Pentateuch-Übersetzung zu lesen war; sie schlägt von Gen 3,8 einen Bogen zu dem Heilswort in Gen 3,15.

Das war umb den abend, wenn die hitze vergangen ist. Bedeut [:Das bedeutet], das nach gethaner Sünde, das Gewissen angst leidet, Bis das Gottes gnedige stim kome und wider

---

an verum sit? 2ᵃ: nihil est. 3 cia: Ehr ist nit ein freuntlicher Gott. Hic sollicitat ad odium dei, quae est pessima tentatio.

[26] In Genesin declamationes, 1527, zu Gen 3,3, WA 24, 87,1 f: Mulier addidit verbo Dei ‚Ne tangamus', quae est infidelitas hominum, quae semper nititur aliud melius addere verbo Dei. – Ebd. zu Gen 3,4 f, WA 24, 88,1–6: Speciem praeterea praetendit [diabolus], quasi sentire contra purum verbum non displiceat Deo. Sic hodie tentat ipsos Episcopos, monachos, clericos, iustitiarios, quos in hanc inducit opinionem, ut relicto Verbo sua tantum amplectantur, quae et sola ipsis placent sine verbo, cum tamen hoc sit contra legem Dei. Deutero[nomio] [Dtn 12,32] ‚Non addas verbo Dei quicquam nec adimas'. Item [Dtn 12,8] ‚Non facias quod tibi bonum videtur'. Summa: primum curat diabolus, ut negetur Verbum; deinde, ut statuatur humanum.

[27] Genesis-Predigten, 1523/24, WA 14, 134,36–38, übersetzt. – Vgl. In Genesin declamationes, 1527, zu Gen 3,7, WA 24, 91,5–92,4.

[28] Ebd. WA 14, 134,38 f, übersetzt. – Vgl. In Genesin declamationes, 1527, zu Gen 3,7, WA 24, 92,4 f.

küle und erquicke das hertze. Wie wol sich auch die blöde [:schwache] Natur entsetzt und fleucht fur dem Evangelio, weil es das creutz und sterben leret.²⁹

Was in Gen 3,8 schlicht erzählt wird, „sie höreten die stimme Gottes des HERRN, der im Garten gieng", möchte Luther so deuten, daß sich das Wort Gottes, das Adam und Eva verachtet haben, jetzt im Gewissen zurückmeldet. Im Bewußtsein dessen, was mit ihrer Absage an Gott geschehen ist, spüren sie in ihrem Gewissen mit Schrecken ihr ganzes Unheil unter der Macht von Sünde, Tod und Teufel. Sie fliehen vor Gott und können ihm doch nicht entkommen. Sie sind aus dem ursprünglichen Vertrauensverhältnis des Geschöpfes zu seinem Schöpfer herausgefallen; die Freundschaft hat sich in Feindschaft verkehrt. Gottes freundlich gemeinte Warnung (Gen 3,17) bewahrheitet sich; denn sie spüren die Gegenwart ihres Todes.

Verum cum audiunt verbum Domini quod contempserant, deambulantis in horto, calore cessante et die declinante ad vesperam iam se abscondunt et iam omnia eos terrent, iam sentiunt, quid fecerint. Sentiunt peccatum, mortem, diabolum, inferos, fugiunt nec effugere possunt. Sentiunt Deum inimicum, hic coelum et terra incumbit illis. Vere iam sunt in horrore mortis praesentis. Conscientia iam adest peccati dictante corde: quid feceris, hic non prosunt circumcinctoria. Non potest hic res occultari, Adam coram Eva tegebat se et haec coram illo: coram Deo autem nihil tegit, etiamsi omnia folia consuissent. Summa: nihil aliud hic regnat quam angustiae mortis et ipsissima mors.³⁰	Als aber die Tageshitze nachläßt und der Abend anbricht, verstecken sie sich; denn sie spüren den HERRN im Garten umherwandeln und sie hören sein Wort, das sie verachtet hatten. Nunmehr erschreckt sie alles; nunmehr spüren sie, was sie getan haben. Sie spüren Sünde, Tod, Teufel, Hölle. Sie fliehen und können nicht entfliehen. Sie spüren Gott als Feind. Da stürzen Himmel und Erde auf sie ein. Sie sind nun wahrhaft im Schrecken gegenwärtigen Todes. Nunmehr ist das Bewußtsein der Sünde zugegen, während das Herz sagt, was du getan hast. Der umgegürtete Schurz nützt hier nicht. Die Angelegenheit kann hier nicht verborgen werden. Adam verhüllte sich vor Eva und sie vor ihm; vor Gott verhüllt nichts, selbst wenn sie alle vorhandenen Blätter zusammengefügt hätten. Kurz: hier herrscht nur noch die Todesangst und der Tod selbst.

Angesichts der Gegenwart Gottes können Adam und Eva in ihrem Erschrecken des Gewissens nichts verbergen. Was kann nicht alles zur Angst ihres Gewissens beitragen? Selbst „ein rauschendes Blatt", wie das Luther gerne metaphorisch mit Lev 26,36 ausdrückt.³¹

Die Frage Gottes „Adam, wo bist du?" (Gen 3,9) wird zu einem Phänomen der Gotteserfahrung des Menschen, weil Gott um seiner selbst willen diese Frage

---

²⁹ Randglosse seit 1523 zu Gen 3,8 „Tag küle war", WA.DB 8, 45 (Version 1545).
³⁰ In Genesin declamationes, 1527, zu Gen 3,8, WA 24, 93,3–94,3. – Vgl. Genesis-Predigten, 1523/24, zu Gen 3,8, WA 14, 135,36–136,22 (Ns Roth).
³¹ Genesis-Vorlesung, 1535–1545, Präparationsnotiz zu Gen 3,7f, WA 42, XXII,32–37, s.o. Anm. 20. – Vgl. z.B. Genesis-Vorlesung, zu Gen 3,8 und 3,10, WA 42, 127,16.38; 130,17. – Unter den zahlreichen Zitationen von Lev 26,36 ist aus früheren Jahren bemerkenswert eine Stelle in Resolutiones disputationum de indulgentiarum virtute, 1518, ccl. 15, WA 1, 557,11.

Kap. 4: Der Mensch in geschöpflicher Verantwortung vor Gott und den Menschen

nicht nötig hat. Luther deutet sie in Analogie zum geordneten Rechtsverfahren, bei dem der Täter vorgeladen wird, damit er die Anklage höre und sich dazu äußere, ehe das Urteil gesprochen wird. Daß im guten Rechtsverfahren außer dem Kläger auch der Angeklagte angehört werden soll, damit er nicht ohne Gelegenheit zur Verteidigung verurteilt werde, findet Luther im Mose-Gesetz wiederholt gefordert.[32] Die Schlange hingegen wird nicht zur Anhörung vorgeladen. Anders als für den Menschen ist für sie weder das Gesetz noch das Evangelium von Belang. Sie wird ohne weiteres von Gott verflucht; es kümmert eben den Teufel keineswegs, ob man zu ihm sechshundertmal sagt: „Du hast böse gehandelt".[33]

In Luthers Genesis-Predigten von 1523/24 blitzt in der Auslegung von Gen 3,9 noch ein anderer Gedanke auf, den Luther später in der Genesis-Vorlesung 1535–1545 an dieser Stelle nicht wieder aufgenommen hat. Luther gibt der Frage Gottes an Adam „Wo bist du?" im Kontext der folgenden Verse den Sinn, daß Gott den Menschen, der vor ihm in ein Versteck geflohen ist, vermißt und sucht. Das von Gott am meisten geliebte Geschöpf ist ihm verlorengegangen. Solange der Mensch vor dem Angesicht Gottes lebte, brauchte Gott ihn nicht zu suchen. Nun aber ist tiefe Entfremdung zwischen Gott und dem Menschen eingetreten, für Adam der Tod und die Hölle, für Gott Anlaß zu jener von Liebe getragenen Frage.[34]

Nachdem Adam die erste Frage Gottes (Gen 3,9) nur mit einer Ausflucht beantwortet hat, erinnert eine weitere Frage (Gen 3,11) Adam ohne Umschweife an seine Übertretung des Gottesgebotes, ruft jedoch beim Angesprochenen keine Einsicht und kein Schuldbekenntnis hervor. Im Gegenteil, Adam schiebt die Schuld auf Eva, die ihn angestiftet habe. Und indem er von Eva sagt, Gott habe sie ihm „zugesellt", beschuldigt er Gott als den Schöpfer. Von menschlicher Vernunft verlassen, verrennt er sich in größte Ruchlosigkeit.[35]

---

[32] In Genesin declamationes, 1527, zu Gen 3,9, WA 24, 105,7–12: ‚Adam, ubi es?' etc. Adam hic vocatur ad iudicium, ut non ferant iudices sententiam, antequam audiant, licet sciant esse sontes. Quid enim ignoravit Deus? Et tamen dixit ‚Adam, ubi es?' Voluit itaque hunc ordinem servari in iudicio, ut vides ubique in lege Mosi, ut nemo indicta causa damnetur, quamvis de peccato certum sit, sed audiatur prius uterque: et accusator et reus.

[33] Ebd. zu Gen 3,9, WA 24, 106,10–107,2: Serpens omnino non vocatur ad iudicium, iam enim iudicatus est nec prodest ei aut lex aut Evangelium, ideoque tantum maledicitur ei [Gen 3,14f]. Non curat diabolus, etiamsi sexcenties ei dixeris: male fecisti.

[34] Ebd. zu Gen 3,9, WA 24, 95,2–5: Horrenda haec vox Dei fuit in auribus Adam et Evae, cum divina maiestas ita se ostendat, quasi non noverit eos qui paulo ante erant filii dilectissimi. Non te iam video perditum, qui ante te ut filium dilectum et Evam filiam dilectam vidi. – Vgl. Genesis-Predigten, 1523/24, zu Gen 3,9, WA 14, 136,14–137,2 (Ns Rörer): quando conscientia ita terretur, tum locum non invenit in mundo, quantum se occultarunt, adeo propinquior fuit illis deus, ut etiam diceret [Gen 3,9] ‚ubi es?', q. d. ‚prius eras dilectus filius, tu filia, ubi perdidi te', hec alienatio dei ab Adam fuit mors et inferi [:die Höllenängste, subst. pl. m. von inferus] Adami.

[35] Ebd. zu Gen 3,11f, WA 24, 96,4–9: ‚Quis indicavit tibi, quod nudus esses' [Gen 3,11], nisi quod comedisti ex arbore vetita? Hic plane condemnatus stat coram Deo, sed quid agit? Num precatur veniam culpae? Imo auget peccatum et culpam in Deum reicit stultus, cum inquit [Gen

Wäre Adam sich seiner Schuld vor Gott bewußt gewesen, so hätte er zugegeben, daß er in seiner geschöpflichen Verantwortung für Eva, sie vor dem Akt des Ungehorsams hätte bewahren sollen. Mit seiner Antwort auf Gottes Frage hat er sich in noch größere Schuld verstrickt als bei der Übertretung des Gottesgebotes von Gen 2,17. Mit seiner Vernunft und freien Willensentscheidung hat er es nicht fertig gebracht, Gott seine Schuld zu bekennen. Sein moralisches Vermögen hat ihn im Stich gelassen, so daß er, menschlich beurteilt, vor Gott in eine erschreckende Ausweglosigkeit geraten ist.[36] Eva verhält sich nicht anders; von Gott zur Rede gestellt, schiebt sie die Schuld auf die Schlange. Da auch die Schlange Gottes Geschöpf ist, wird ihre Selbstentschuldigung – nicht weniger als die Adams – zu einer Blasphemie Gottes, der auch die Schlange erschaffen hat.[37] Bei Eva wie bei Adam liegt in der Selbstentschuldigung eine erschreckende Steigerung der eigenen Schuld. Indem sie, wenngleich nur indirekt, Gott, ihrem Schöpfer, die Schuld zuschieben, kommt in ihrer Gottesentfremdung abgrundtiefe Gottesverachtung zum Vorschein. Der Mensch ist in seiner Gottesentfremdung unfähig geworden, vor Gott sich selbst aus seiner Gewissensnot zu helfen, aus äußerster Verlorenheit, aus dem Unheil des geistlichen Todes herauszutreten. Deshalb entspringt in Luthers Sicht Adams Reaktion auf Gottes zupackende Frage in Gen 3,11f einer Verzweiflung. Und die Unfähigkeit Adams und Evas zur Reue hat ihre Wurzel darin, daß sie es nicht mehr vermögen, Gott für ihren väterlich gütigen Schöpfer zu halten und ihn vertrauensvoll um Vergebung zu bitten.[38] Das Ur-Vertrauen gegenüber ihrem Schöpfer, in dem sie Gottes Ur-Gebot (Gen 3,17) bewahren sollte, haben sie verloren.

3,12] ‚Mulier quam dedisti mihi' etc. q. d. ‚tua est culpa, tu fecisti, quare creasti mulierem?' Haec est impietas maxima quae etiam caret humana ratione.

[36] Ebd. WA 24, 96,10–97,3: Si quicquam boni reliquum fuisset in Adam, si quicquam valuisset Liberum Arbitrium, nonne sic potius sentire debuisset: ‚mea culpa est, ego eram mulieri constitutus et rector, ego debebam prohibere'? Peiora ergo iam facit Adam quam ante et multo gravius hoc peccatum est quam esus vetiti pomi. Horrenda desperatio est, non solum peccatum. – Vgl. ebd. zu Gen 3,11f, WA 24, 97,9 f: Hactenus damnatus est Adam, et vides quam misere in illis tentationibus angatur et aestuet.

[37] Ebd. zu Gen 3,13 f, WA 24, 97,3–8: Similiter et Eva facit: culpam reicit in serpentem [Gen 3,13 b], ut tandem culpa redeat ad Deum qui serpentem creavit, horrendae blasphemiae divinae maiestatis sunt; atque haec est occultissima accusatio divinae praedestinationis, id quod summe notandum est. Et praeterea vides, quam omnino non Liberum sit Arbitrium hominis, dum non potest vel det gloriam Deo.

[38] Ebd. zu Gen 3,9 ff, WA 24, 95,5–8: Et egregium hic exemplum habes, quid faciat natura amisso Verbo Dei, et quid valeat liberum arbitrium: cogitat quidem se iuvare, sed nihil valet, frustra agit, perizomata non tegunt. Non habuit vel tantum gratiae, ut potuisset agnoscere patrem et veniam precari.

(5) Gottes rettendes Heilswort

Gott überläßt Adam und Eva nicht ihrem Unheil. Er gibt ihnen in Gen 3,15 unverzüglich seine rettende Heilszusage.[39] Welche Bedeutung für Luther Gen 3,15 als universale und direkte Messiaszusage gewonnen hat, ist bereits in anderem Zusammenhang (Kap. 2.3) gezeigt worden. Hier ist im Kontext der Urgeschichte nur noch zum einen hervorzuheben, daß sich das Heilswort Gen 3,14f nahtlos anschließt an die Verse Gen 3,8–13, in denen die verzweifelte, ausweglose Situation Adams und Evas zutage tritt, als sie von Gott in ihrem Gewissen angesprochen werden. Doch sobald sie im Bewußtsein der Gegenwart Gottes in Gewissensnot geraten sind, läßt sich Gott mit seinem Heilswort vernehmen. Zum anderen ist beachtenswert, daß Luther im Duktus von Gen 3,8–15 die Relation von Gesetz und Evangelium angelegt findet. In seiner Interpretation von Gen 3,8–13 bringt er genau die Gewissenserfahrung zur Sprache, die der Mensch macht, wenn ihm unter dem unverkürzten Anspruch von Gottes Gesetz seine eigene Gottesferne bewußt wird. Weil jedoch Adam – daran hat Luther keinen Zweifel – dem Heilswort Gottes in Gen 3,15 voll vertraut, wird ihm auch die Erfahrung zuteil, die das Evangelium allen Menschen durch den Glauben erschließt. Adam wäre in seiner Gewissensnot zugrunde gegangen, wenn ihn nicht das Gotteswort des Evangeliums aufgerichtet, befreit und lebendig gemacht hätte.[40] Vernimmt der Mensch Gottes Anspruch im Gesetz, so wird ihm bewußt, was er vorher ignorierte oder mit Selbstentschuldigung verdrängte; ihm geht auf, in welcher Gottesferne er sich mit seiner Sünde und seinem Tod befindet, solange ihn nicht das Evangelium aus seiner Not rettet.[41]

---

[39] Das mit der Heilszusage in Gen 3,14f verbundene Fluchwort an die Schlange gilt dem Teufel, der aus ihr geredet hat. Das besagt seit 1534 eine Randglosse zu Gen 3,15b „in die Ferse stechen", WA.DB 8, 45 (Version 1545): ‚Stechen' [d.h.] Plagen, creutzigen und martern. Denn so gehets auch; Christus zutritt dem Teufel seinen Kopff (das ist sein Reich des Todes, [der] Sünd und Helle), So sticht jn [:ihn] der Teufel in die Verschen [:Fersen] (das ist, er tödtet und martert jn und die seinen leiblich). – Das Fluchwort an die Schlange [Gen 3,14] ist für Adam nur schwach tröstlich, erst das Heilswort [Gen 3,15] bringt ihm wirklich Leben; In Genesin declamationes, 1527, zu Gen 3,15, WA 24, 98,1–99,3.

[40] In Genesin declamationes, 1527, zu Gen 3,8–15, WA 24, 94,4–10: Quod hic in solo Adamo totius humani generis parente gestum est, id geritur et in omnibus hominibus per praedicationem legis et Evangelii. Omnes enim in eodem peccato sumus, quotquot ab Adam propagati sumus et eodem modo terrebimur per vocem Dei, quamvis iam non sentiamus. Et sicut hic Adam plane in pulverem redactus fuisset, nisi verbo Dei iterum sublevatus et vivificatus fuisset, Ita qui Evangelio crediderint, a peccato, morte et inferno liberantur et vivificantur.

[41] Ebd. zu Gen 3,9, WA 24,105,13–106,3: Post peccatum non statim sentimus peccatum et mortem, sed ignoramus, donec Deus lege conscientiam terreat et quid fecerit, indicet. [...] hic necesse est legem esse ante Evangelium, quae aperit oculos, ut videamus malum nostrum a quo per Evangelium liberabimur.

4.2 Gottes Gesetz, das alle Menschen angeht

(1) Die kritische Sichtung des Mose-Gesetzes

Einigen Aufschluß über das Selbstverständnis des Christentums liefert seit frühchristlicher Zeit die Beurteilung des Mose-Gesetzes, auf das man sich, abgesehen von den messianischen Heilsverheißungen, beziehen mußte, wenn man sich selbst im Gegenüber zur israelitischen Religion des Alten Testamentes begreifen wollte. Wesentliches zum reformatorischen Urteil über das Mose-Gesetz hat Luther erstmals 1523 in seinem Vorwort zum Alten Testament geäußert,[42] sodann erneut in einer Predigt am 27. August 1525 innerhalb einer Predigtreihe über das Exodus-Buch, und zwar als Einleitung zur Auslegung von Ex 19f. Diese Predigt erschien in einer separaten Druckbearbeitung, 1526, unter dem Titel „Eine Unterrichtung, wie sich die Christen in Mosen sollen schicken" (kurz: Unterrichtung in Mose), ehe sie ab 1527 in einer verwickelten Druckgeschichte weite Verbreitung fand.[43] Die in der Predigtreihe folgende Auslegung von Ex 19f erschien gleichfalls in einer Druckbearbeitung.[44]

Da der ganze Pentateuch unter der Autorität des Mose steht, betont Luther, daß man bei „Mose" mehr finden kann als nur Gesetze, nämlich grundlegende messianische Verheißungen und in den Erzählungen schöne Beispiele für Gotteserfahrungen.[45] Gestützt auf das Neue Testament, gibt Luther dem Mose-Gesetz, obwohl es Gottes Wort ist, eine anders geartete Bedeutung als dem Wort des Evangeliums. Gott spreche im Mose-Gesetz nicht in derselben Unmittelbarkeit wie im Evangelium. Deshalb heiße es im Neuen Testament (Gal 3,19; Apg 7,53; Hbr 2,2), Gott habe dieses Gesetz durch Engel mitgeteilt. Gleichwohl hat - in Luthers Sicht - gewissermaßen Gott selbst durch Engel zu Mose gesprochen.

Hier wollen wyr sehen, wie die erst prediget sey erschollen, und mit was pracht Gott das gesetz hab geben auf dem berg Sinai. [...] Nu die wort, die hie geschriben stehen, sind geredt worden durch ein Engel, nicht das allein eyn Engel da sey gewesen, sondern ein grosse menge, die da Gott gedienet haben und geprediget fur dem volck Israel auf dem berg Sinai. Der Engel aber der hie geredt hat und die wort furet, redet gleych als Got selber redte und spreche [Ex 20,2] ‚Ich byn ewer Gott, der euch aus Egypten land gefurt hat' etc.

---

[42] Luthers Vorrede zum Alten Testament bezieht sich genau genommen nur auf den Pentateuch, mit dessen Übersetzung sie 1523 erschien, WA.DB 8, 10/11–30/31.

[43] Zur Druckgeschichte, die eine lateinische Übersetzung einschließt, vgl. WA 16, XII-XVII und 24, XVI-XXI. Den deutschen Text der Unterrichtung in Mose, 1526, bietet WA 16, 363–393 in zwei verschiedenen Fassungen (beide untereinander unter Georg Rörers Predigt-Nachschrift) und WA 24, 2–16 in einer weiteren Fassung, 1527. – Im Folgenden wird zitiert WA 16 (obere Fassung).

[44] Auslegung von Ex 19f, 1528, WA 16, 394–528,6. Die Druckbearbeitung verwertet die Nachschriften Rörers und Bugenhagens von acht Predigten Luthers vom 10. 9. bis 12.11.1525.

[45] Unterrichtung in Mose, 1526, WA 16, 381–383 über die Messias-Verheißungen, ebd. 391f über die „schönen exempel des glawbens, der liebe und des creutzes" bei den Vätern von Adam an und die Exempel des Unglaubens der Gottlosen.

Als ob Petrus oder Paulus an der stadt Gotes redten und sprechen: Ich byn ewr Got etc. Paulus zu den Galatern spricht [Gal 3,19], das das gesetz geordnet sey durch die Engel, Das ist: es sind Engel verordnet gewesen, das sie an stad Gottes das gesetz Gottes geben, und Moses als ein mitler solts empfahen von den engeln. Das sage ich darumb, das yhr wisset, wer das gesetz geben hab.[46]

Damit ist auch angezeigt, daß das Gesetz dem Menschen nicht zum Heil verhelfen kann, wie ja Paulus im Zusammenhang von Gal 3,19 ähnlich wie an anderen Stellen dem Gesetz sogar die Macht zuschreibt, der Sünde ihr wahres Gewicht zu geben und dem Menschen seine Gottlosigkeit bewußt zu machen. Anders als Jesus Christus können Engel nicht stellvertretend für den Menschen das Gesetz erfüllen; sie können den Menschen nicht aus seiner Gottesferne befreien und mit Gott versöhnen. Sie können nur als Gottes Diener das Gesetz weiterreichen, das letztlich mit Gottes Autorität versehen ist.[47] Das Neue Testament nötigt jedoch zu einer kritischen Sichtung des Mose-Gesetzes. Aus den im Pentateuch überlieferten Mose-Gesetzen bezieht Luther das Material, um dem konkreten Phänomen des Gesetzes nachzugehen. Darf das Evangelium als Wesenselement des Christentums nicht mit dem Gesetz vermischt werden, so hat es doch einen unverzichtbaren Bezug zu dem Phänomen des Gesetzes, das in allem menschlichen Leben angetroffen wird.

Die christliche Tradition unterschied seit altkirchlicher Zeit in dem gewaltigen Komplex des Mose-Gesetzes drei Gattungen, und zwar Judizial-, Zeremonial- und Moralgesetze.[48] In der Vorrede zum Alten Testament greift Luther die Unterscheidung auf.

[Dreierlei Arten von Gesetzen seien zu unterscheiden] Etlich die nur von zeitlichen gütern sagen, Wie bey uns die Keiserlichen gesetze thun. Diese sind von Gott allermeist umb der Bösen willen gesetzt, das sie nichts ergers theten. Darumb sind solche Gesetze nur Wehrgesetz [:prohibitive Gesetze], mehr denn Leregesetz [:eher als Gesetze der Belehrung]. [...] Etliche aber sind, die von eusserlichen Gottesdienst[en] leren [...]. Uber diese beide gehen nu die Gesetze vom glauben und von der Liebe, Also, das alle ander Gesetz müssen und sollen jr mas haben vom Glauben und von der Liebe, das sie gehen sollen [:gelten sollen], wo jre werck also geraten, das sie nicht wider den glauben und die Liebe gehen, Wo sie aber wider den Glauben und Liebe geraten, sollen sie schlecht ab sein.[49]

---

[46] Ebd. WA 16, 367,17 f., 368,16–369,13; vgl. Druckfassung 1527, WA 24, 4,22 ff.

[47] Im Galater-Kommentar, 1519, WA 2, 523,24–524,10, war Luther noch unsicher, ob die Wendung Gal 3,19 „in manu mediatoris" auf Mose oder in umständlicher Exegese auf Christus zu beziehen sei. In der überarbeiteten Auflage von 1523 deutet er den Text nur noch auf Mose; vgl. den Text-Apparat zu WA 2, 523,34 ff und 524,2 ff.

[48] Unter den Hauptrepräsentanten der Hochscholastik behandelt das Gesetz besonders ausführlich Alexander Halesius, und zwar dem Sachunterschied der drei Gattungen, STh III n. 266–268 (4, 389–394); es folgen die praecepta moralia in der Gestalt des Dekalogs, n. 276–410 (4, 413–598), die Judizialgesetze, n. 411–515 (4, 599–758), die Zeremonialgesetze, n. 516–542, (4, 758–836); anschließend wird das von Christus gestiftete Gesetz, die lex evangelica, in zwei Traktaten behandelt, n. 543–605 (4, 837–939). – Mit diesen Gattungen befaßt sich Biel, Sent.4 d.1 q.4 Q13–23.51–67 (4 I, 87.88 f.); vgl. Sent.3 d.37 H und ebd. d.40 A (3, 632.698 f.).

[49] Vorrede zum Alten Testament, 1523, WA.DB 8, 17,31–19,7 (Version 1545); unter einem

4.2 Gottes Gesetz, das alle Menschen angeht

Die Judizialgesetze charakterisiert er als zeitlich bedingte Gesetze; er vergleicht sie mit den zu seiner Zeit geltenden kaiserlichen Gesetzen als den wichtigsten weltlichen Gesetzen. Solche Gesetze sollen in konkret justiziabler Weise strafbares Handeln in Schranken halten; als Beispiele nennt Luther Dtn 24,1ff und Num 5,11 ff. Die beiden anderen Gattungen dienen zwei grundverschiedenen Formen der „Lehre". Die Zeremonialgesetze belehren über die kultische Gottesverehrung.[50] An dritter und höchster Stelle stehen für Luther die Gesetze, die herkömmlich als Moralgesetze bezeichnet werden, die er in dem zitierten Text einfach „Gesetze vom Glauben und von der Liebe" nennt.[51] Zu dieser Gattung von Gesetzen gehören im Alten Testament vor allem die Zehn Gebote, die komprimiert sind in dem Doppelgebot der Gottes- und Nächstenliebe (Mt 22,37–40). Sie sollen in ihrer christlich rezipierten Fassung normativ sein für alle von Menschen erlassenen Gesetze.

Diese erste Übersicht muß ergänzt werden durch genauere theologische Ausführungen Luthers. Generell läßt sich sagen: Das Evangelium des Jesus Christus eröffnet einen freien Umgang mit dem Mose-Gesetz, weil Mose nicht als höchstverbindliche Autorität in Fragen des Gesetzes angesehen wird. Das Mose-Gesetz wird gewissermaßen zu einem Phänomen der biblischen Religionsgeschichte, allerdings mit überragender Bedeutung.

Den minutiösen Regelungen des alttestamentlichen Zeremonialgesetzes wie auch des Judizialgesetzes kann Luther einen begrenzten theologischen Sinn abgewinnen. Die Israeliten sollten dadurch in der Gewißheit bestärkt werden, daß Gott sie zu seinem Volk erwählt habe. Zugleich sollte ihnen so verwehrt sein, sich auf selbsterwählte Werke zu verlassen und in ihrer Gottesverehrung „eigener Vernunft und freiem Willen zu folgen" oder sich an fremden Kulten zu orientieren.[52] Für das Christentum ist das alttestamentliche Zeremonialgesetz in Luthers Sicht eindeutig erledigt. Keines dieser Gesetze sollte im reformatorischen Christentum Geltung beanspruchen, nicht einmal in symbolischer Interpretation, wenn dadurch ein vermeintlich in Christus begründetes Zeremonialgesetz höherer Ordnung legitimiert werden sollte. Die ganze levitische Kultordnung ist in der Person des Jesus Christus ein für allemal außer Kraft gesetzt worden,

---

anderen Gesichtspunkt hat er vorher die drei Gattungen unterschieden, ebd. 16,1–9 / 17,1–9; vgl. Kap. 2.3 bei Anm. 109f.

[50] Luther verweist hier nur auf das, was er vorher über das israelitische Zeremonialgesetz gesagt hat, ebd. WA.DB 8, 16,4–6.23–32 / 17,4–6.22–30.

[51] Mit diesen zwei Kategorien gliedert Luther das Deuteronomium, von dem er zuvor das Fehlen zeremonialgesetzlicher Bestimmungen angemerkt hat, ebd. WA.DB 8, 14 / 15,33–37 (Version 1545): [Das Deuteronomium] helt eigentlich nichts anders innen, denn den glauben zu Gott, und die liebe zum Nehesten, Denn da hin langen alle gesetze Gottes, Darumb wehret Mose mit seinem verkleren, alle dem, das den glauben an Gott verderben mag, bis hin an in das 20. Cap. [genauer Dtn 6,1–19,21]. Und alle dem, das die Liebe hindert, bis an des Buchs ende [genauer Dtn 20,1–28,68].

[52] Ebd. WA.DB 8, 16,1–32 / 17,1–30. – Die Unterrichtung in Mose, 1526, geht auf das Zeremonialgesetz gar nicht ein.

ohne Stiftung eines neuen sakralgesetzlich verfaßten Kultus. Denn durch unvermeidliche Übertretungen wird jeder sakralgesetzlich verfaßte Kultus zur Ursache von Sünden, die das Gewissen belasten. Ein Kultus dieser Art vermag nicht die wahre, jeden Menschen vor Gott verurteilende Radikalsünde zu tilgen, von der nur Gott durch Jesus Christus den Menschen befreit.

Nu sihe, mit welcher gewalt Mose solchs sein Ampt treibet und ausrichtet, Denn das er ja die Natur auffs allerhöhest schende, gibt er nicht allein solche Gesetz, die von natürlich und warhafftigen Sünden sagen, als da sind die zehen Gebot, Sondern macht auch sünde, da [:wo] von natur sonst keine sünde ist, und dringet und drücket auff sie mit hauffen sünden. Denn unglaube und böse lust ist von art sunde und des todes werd. Aber das man nicht sol gesewert Brot essen auff Ostern, und kein unrein Thier essen, kein Zeichen an dem Leib machen, und alles was das Levitisch Priesterthum mit sünden schaffet, das ist nicht von art sünde und böse, sondern wird allein darumb sunde, das [es] durchs Gesetz verboten ist, welchs Gesetz wol [:mit Recht] kan absein.[53]

Eine „geistliche" Deutung des levitischen Priestertums muß streng auf die Person des Jesus Christus ausgerichtet sein. Die Stütze dafür findet Luther im Hebräerbrief. Was einst zum Amt Aarons und der ihm nachfolgenden Hohenpriester gehörte, ist für die christliche Religion als einmaliges und endgültiges Versöhnungsgeschehen in der Person Christi aufgehoben.

Wenn du wilt wol und sicher deuten, So nim Christum fur dich, Denn das ist der Man, dem es alles und gantz und gar gilt. So mache nu aus dem Hohenpriester Aaron niemand denn Christum alleine [...] Wie nu der Levitische Hohepriester, durch solche Opffer nur die gemachten sunde wegnam, die von natur nicht sunde waren, Also hat unser Hohepriester Christus, durch sein selbs Opffer und Blut, die rechte sunde, die von natur sunde ist, weggenomen. Und ist ein mal durch den Vorhang gegangen zu Gott, das er uns versüne [vgl. Hebr 6,19 f; 10,20]. Also, das du alles, was vom Hohenpriester geschrieben ist, auff Christum persönlich, und sonst auff niemand deutest.[54]

Und was im levitischen Gesetz vom Opferdienst der Söhne des Hohenpriesters Aaron gesagt wird, deutet Luther im Sinn von Röm 12,1 auf das Opfer, das den Christen obliegt als Teil ihres allgemeinen Priestertums, indem sie das Evangelium in ihrem leiblichen Leben predigen und einüben.[55]

(2) Die christliche Entgrenzung des Dekalogs

Während Luther in diesem Kontext zwischen den Judizialgesetzen bei Mose und den kaiserlichen Gesetzen seiner Zeit eine Parallele herstellt, nennt er sonst

---

[53] Ebd. WA.DB 8, 23,31–25,2 (Version 1545). – Vgl. ebd. 25,20 f.25 f (Version 1545): Darumb, wo nu Christus kompt, da höret das Gesetz auff, sonderlich das Levitische, welchs sunde macht, da sonst von art keine sunde ist. [...] Denn durch Christum ist die sünde vergeben, Gott versünet, und das hertz hat angefangen dem Gesetz [der Dekalog ist gemeint] hold zu sein.

[54] Ebd. WA.DB 8, 29,32–31,6 (Version 1545).

[55] Ebd. WA.DB 8, 30,7–7 / 31,6–17. – Im Rahmen des allgemeinen Priestertums der Christen wird derselbe Auftrag ebenfalls mit Röm 12,1 begründet (s. u. Kap. 9.3).

zum Vergleich gerne das Rechtsbuch des Sachsenspiegels, das in Süddeutschland im Schwabenspiegel ein Pendant hatte. Hier, bei den alttestamentlichen Judizialgesetzen, kommt Luther in seiner Unterrichtung in Mosen, 1526, auf ein Thema zu sprechen, in das er den Dekalog einbezieht. Es geht ihm um die Abwehr einer Art von neuem Fundamentalismus, den er als pseudo-christlich und pseudo-reformatorisch – in Luthers Vokabular: schwärmerisch – verurteilt. In der reformatorischen Bewegung lauerte die Gefahr eines besonderen Fundamentalismus: Nachdem das göttliche Recht der mittelalterlichen Kirche hinfällig geworden war, veranlaßte ein falsch verstandener Biblizismus einige Anhänger der Reformation dazu, gewisse Gebote des Mose-Gesetzes, die nicht zum Zeremonialgesetz gehören, als höchstverbindlich anzusehen mit der Begründung, es handle sich um Gottes Wort. Mit solchem Biblizismus hatten zum Teil die Bauern 1524/25 ihre Forderungen und deren bedingungslose Durchsetzung begründet. Dem hält Luther ein grundsätzliches Urteil über die Mose-Gesetze entgegen, ehe er eine gewisse Differenzierung vornimmt. In der Unterrichtung in Mosen heißt es unter der Überschrift „Das gesetz Mosi bindet die Heyden nicht, sondern allein die Juden" von der in Ex 20,19 beginnenden Gesetzgebung am Sinai:

Das Gesetz Mosi gehet hie an, wilchs uns fur hyn [:forthin] nicht mehr bindt, denn das gesetz ist allein dem volck Israel gegeben, Und Israel hat es angenomen fur sich und seyne nachkomen, und sind die Heyden hie ausgeschlossen [...] Das sage ich umb der schwürmer geyster willen, Denn yhr sehet und höret, wie sie den Mosen lesen, ziehen [ihn] hoch an und bringen herfur, wie Moses das volck mit gepotten hab regirt, wollen klug seyn, wollen etwas weyters wissen denn ynn dem Euangelion begriffen ist, achten fur klein den glauben, bringen etwas newes auff, rümen sich und geben fur, es stehe ym alten testament, wollen nach dem buchstaben des gesetzes Mosi das volck regiren, als ob mans vor nie gelesen hab. Das wollen aber wyr nicht haben [...] Wyr wollen Mosen nicht fur eyn regenten odder gesetz geber mehr haben, ja Gott wil es auch selber nicht haben. Moses ist eyn mitteler gewesen des Judischen volcks alleyn, denen hat er das gesetz geben.[56]

Luther verwirft den Gedanken, im Christentum müßten jetzt wenigstens einige der alttestamentlichen Judizialgebote, mit denen man das gesellschaftliche Leben reformieren wollte, absolut verbindlich gemacht werden. Gestützt auf Gal 5,3 argumentiert er, wollte man auch nur ein einzelnes Gebot aus dem Mose-Gesetz mit der dort geltenden gesetzlichen Strenge übernehmen, so müßte man sich dem ganzen Mose-Gesetz beugen und Mose als Gesetzgeber anerkennen. Man müßte dann auch das Gebot der Beschneidung und andere Kultvorschriften anerkennen. Mit Christus ist jedoch in dieser Hinsicht eine Zäsur eingetreten; die Heiden, d.h. die nicht-jüdischen Völker, werden mit der Christus-Botschaft nicht dem Mose-Gesetz unterworfen. Für sie hat Mose seine legislatorische Autorität verloren.

---

[56] Unterrichtung in Mose, 1526, WA 16, 371,27–373,5.

Wenn ich Mosen anneme ynn eym gepot, so mus ich den gantzen Mosen annemen [vgl. Gal 5,3], also wurd daraus volgen, wenn ich Mosen zum Meyster anneme, so must ich mich lassen beschneyden, die kleider wasschen nach Judischer weis, also und also [:so und so] essen und trincken, mich kleiden und sollichs geschwirm alles halten. Also wollen wyr Mosen nicht halten noch annemen, Mosen ist tod, seyn regiment ist aus gewesen, do Christus kam, er dienet weiter nicht.⁵⁷

Die Christen sollten die alttestamentlichen Judizialgesetze nur wie die weltlichen Gesetze anderer Völker betrachten und im einzelnen prüfen, was dort in Israel vorbildlich gerecht geregelt worden ist. Von diesen Gesetzen gilt formelhaft ausgedrückt: „Moses ist der Juden Sachsenspiegel".

Also sind andere aus der massen schöne gepot ynn Mose, die man mocht annemen, brauchen und ym schwanck lassen gehen, nicht das man da durch solt zwingen oder gezwungen werden, sondern [...] der Keyser mocht eyn exempel daraus nehmen, eyn feyn regiment aus dem Mosi stellen, wie auch die Römer ein feyn regiment gefurt haben, wie auch der Sachssen spiegel ist, dar nach sich das landt helt. Die Heyden sind dem Mosi nicht schuldig gehorsam zu seyn. Moses ist der Juden sachsen spiegel. Wenn aber also eyn feyn exempel zum regiment daraus genomen wurd, mochte man das halten on gezwungen als lang man wolt etc.⁵⁸

Nach Luthers Ansicht könnte man bei näherer Prüfung einige Judizialgebote bei Mose so sinnvoll finden, daß sie gute Beispiele abgeben könnten für die eigene Gesellschaft.⁵⁹ An erster Stelle und am ausführlichsten spricht er über die Regelungen der Zehntabgabe.⁶⁰ An zweiter Stelle erwähnt er das Hall- oder Jubeljahr⁶¹ und an dritter Stelle noch die sog. Leviratsehe, die in Dtn 25,5 f geregelt wird.⁶² Nie dürfen jedoch die überlegenswerten Beispiele die Autorität von Gottes allgemein geltenden Dekalog-Geboten erhalten.

Selbst der Dekalog – das sind nach traditioneller Terminologie die Moralgebote als die dritte Kategorie innerhalb des Mose-Gesetzes – fällt für Luther unter das Urteil „Moses ist der Juden Sachsenspiegel", solange er als Teil des Mose-Gesetzes betrachtet wird. Denn von den Christen kann er nur in einer universal geltenden

---

⁵⁷ Ebd. WA 16, 373,8–13. Vgl. ebd. 375,10–14: Wenn nu dier [:dir] eyner Mosen furhelt mit seynen gepotten und wil dich dringen die zuhalten, sprich: Gehe hyn zu den Juden mit deynem Mose, Ich bin kein Jude, las mich unverworren mit Mose. Wenn ich Mosen anneme ynn eym stück (sprichtt Paulus zun Galatern am 5. cap. [Gal 5,3]) so bin ich schuldig das gantz gesetz zu halten, Aber keyn pünctlin gehet uns an ym Mose.
⁵⁸ Ebd. WA 16, 377,17–378,13.
⁵⁹ Ebd. WA 16, 376,8–12.
⁶⁰ Ebd. WA 16, 376,13–19: Ich wolt auch gern, das die Herrn regirten nach dem exempel Mosi, Und wenn ich kayser were, wolt ich daraus ein exempel nehmen der satzungen, nicht das mich Moses solt zwingen, sondern das myr frey wer, yhm nach zu thun, wie er regirt hat. Als mit dem zehenden geben ist eyn recht feyn gepot, Denn mit dem zehenden geben wurden auff gehaben alle ander zins, und wer auch dem gemeynen man leydlicher zu geben den zehenden denn rent und gilt. – Konkrete Anwendung, ebd. 376,3–377,13. Die „gilt" oder „gült" bezeichnet einen Pachtzins.
⁶¹ Ebd. WA 16, 377,14–17.
⁶² Ebd. WA 16, 378,14–18.

4.2 Gottes Gesetz, das alle Menschen angeht

Fassung rezipiert werden. Den zu universaler Bedeutung entgrenzten Dekalog hat Luther immer im Sinn, wenn er von dem Gesetz Gottes redet, das alle Menschen angeht. Das zeigt sich nicht erst, wenn auch am besten, in den beiden Katechismen von 1529, den zwei bekanntesten Früchten der intensiven Beschäftigung Luthers mit dem Dekalog.[63] Unmittelbar vorausgegangen waren 1528 drei Predigtreihen über die Katechismusstücke.[64] Eine frühe Predigtreihe über den Dekalog (1516/17) hat Luther in eigener lateinischer Bearbeitung 1518 veröffentlicht.[65] Seine Dekalog-Auslegung in dem Traktat Von den guten Werken, 1520, muß zu den reformatorischen Schriften dieses Jahres gerechnet werden.[66] Aus demselben Jahr stammt eine kurze Auslegung der drei Hauptstücke des Katechismus.[67] In seiner Predigtreihe über das Buch Exodus (1524–1527) schenkte Luther dem Dekalog besondere Aufmerksamkeit;[68] auf Predigtnachschriften beruht eine den Dekalog betreffende zeitgenössische Druckbearbeitung.[69] In der Vorlesung über das Deuteronomium hingegen wird der Dekalog (Dtn 5,6–21) nur kurz gestreift.[70]

In der katechetischen Behandlung des Dekalogs übernimmt Luther aus der kirchlichen Tradition eine Fassung, die vom biblischen Text Ex 20,2–17 bzw. Dtn 5,6–21 erheblich abweicht; aus ihr sind bereits die Elemente ausgeschieden, die für den israelitischen Kult charakteristisch waren. Zunächst seien die Punkte genannt, an denen Luther mit gewissen Modifikationen an der traditionell entgrenzten Dekalogfassung festhält.

1.) In der Regel entfällt in Luthers katechetischen Texten wie in der Tradition bei Ex 20,2 nicht nur der zweite, sondern auch der erste Halbvers.[71] Es fehlt

---

[63] Großer Katechismus, 1529, WA 30 I, 123–238; Kleiner Katechismus, 1531, ebd. 346–402 (mit Erläuterungen).

[64] Katechismuspredigten, 1. Reihe (18. 5. bis 30.5.1528) ebd. WA 30 I, 2,1–27,24. – 2. Reihe (14.9. bis 25.9.1528) ebd. 27,25–57,4. – 3. Reihe (30. 11. bis 19.12.1528) ebd. 57,5–122,21.

[65] Decem praecepta, 1518, WA 1, 398–521. – Die deutsche Übersetzung durch Sebastian Münster, 1520, die nicht exakt dem Text Luthers folgt, liegt jetzt in kritischer Edition vor: Martin Luthers Dekalogpredigten in der Übersetzung von Sebastian Münster, hg. von Michael Basse (AWA 10), 2011.

[66] Von den guten Werken, 1520, WA 6, 202–276.

[67] Kurze Form der 10 Gebote, des Glaubens, des Vaterunsers, 1520, WA 7, 204–229. Die Dekalog-Auslegung hat eine Vorform in: Kurze Erklärung der zehn Gebote, 1518, WA 1, 250–256; die lateinische Parallelfassung ebd. 258–265. – Mit den katechetischen Schriften verwandt ist Eine einfältige Weise zu beten, 1535, WA 38, 358–375. Aus eigener Meditationspraxis schöpfend betrachtet Luther im Anschluß an das Vaterunser auch die beiden anderen Hauptstücke des Katechismus, indem er jedes Teilstück in den vier Schritten von Lehre, Dank, Beichte und Gebet verinnerlicht, und zwar die Zehn Gebote, ebd. 364,28–373,3, das Glaubensbekenntnis, ebd. 373,4–375,8.

[68] Exodus-Predigten, 1524–1527, WA 16, 1–646; 17 I, 512–515.

[69] Auslegung von Ex 19 f, 1528; WA 16, 394,10–528,6.

[70] Deuteronomium cum annotationibus, 1525, WA 14, 497–744; die Behandlung des Dekalogs ebd. 603,32/37–605,5/37.

[71] Stephan von Landskron, Die Hymelstraß, 1484, bestätigt als Ausnahme die Tradition, c.10 (Bl. 49 r, korrigiert: 39 r): Das erste [Gebot] ist [Ex 20,2 a.3]: ‚Ich bin der herr dein got. Du wirst nicht haben frömde götter'.– Es fehlt der Schluß von Ex 20,3, in der Vulgata „coram me".

außerdem der Schluß von Ex 20,3, den die Vulgata textgetreu mit „coram me" wiedergibt. Deshalb lautet das erste Gebot in der originalen Fassung von Luthers Großem und Kleinem Katechismus noch kurz: „Du sollst nicht andere Götter haben".[72] Etwas später hat Luther in einem Text katechetischer Art Ex 20,2a mit Vers 3 kombiniert.[73] In der lutherischen Katechismustradition hat sich diese erweiterte Fassung des ersten Gebotes vermutlich durch Nürnberger Katechismusdrucke der Jahre 1531 ff eingebürgert.[74]

2.) Mit der Kombination von Ex 20,2a mit Ex 20,3 ist der traditionelle Wegfall der Erinnerung an die Befreiung Israels aus dem ägyptischen „Haus der Knechtschaft" in Ex 20,2b augenfällig geworden. Luther erklärt das damit, daß die Christen sich die universale, alle Menschen angehende Befreiungstat Gottes in Jesus Christus ins Gedächtnis rufen können,[75] die ihnen in der Taufe zugeeignet wird.

3.) Das Bilderverbot Ex 20,4–6 entfällt als eigenes Gebot, weil es nach Luthers Meinung im ersten Gebot eingeschlossen ist.[76] Zum Ersatz dafür wird Ex 20,17 als neuntes und zehntes Gebot gezählt, so daß bei der Einteilung des Dekalogs in zwei Tafeln (vgl. Ex 31,18; 32,19; 34,1) die erste Tafel nur noch drei, hingegen die zweite Tafel sieben Gebote umfaßt.

4.) Abweichend von der Tradition hat Luther die Einschärfung des Bilderverbotes (Ex 20,5b.6) mit neuer Gewichtung rezipiert; er hat sie in beiden Katechismen mit Nachdruck ausgelegt;[77] denn alle Gebote sollen ernst genommen werden im Bewußtsein echter Gottesfurcht und wahren Gottvertrauens.

5.) Beim dritten Gebot (Ex 20,8–10) übernimmt er den Gebotstext (Ex 20,8) ohne die anschließende Begründung (Ex 20,9f). In den deutschen Texten über-

---

[72] Vgl. Großer Katechismus, 1529, WA 30 I, 132,32, und Kleiner Katechismus, 1531, ebd. 353,12. – Beachtenswert sind in Luthers Glossen zum Dekalog, 1530, die zwei Glossen zu Ex 20,2a und 20,3, WA 30 II, 358,1–7: [zu Ex 20,2a] Promissio omnium promissionum, fons et omnis religionis et sapientiae caput, Evangelium Christum promissum complectens. [zu Ex 20,3] Hoc est proprie primum praeceptum, quia nihil praecipitur, dicens [Ex 20,2a]: Ego sum dominus deus tuus.
[73] Eine einfältige Weise zu beten, 1535, WA 38, 365,5f: ‚Ich bin der Herr dein Gott' etc. ‚Du solt kein ander Götter haben neben mir' etc. – Hier darf das „etc." nicht so gepreßt werden, als sollte bei den beiden Textstücken jeweils noch etwas ergänzt werden.
[74] Vgl. WA 30 I, 621, Anm. 1.
[75] Unterrichtung in Mose, 1526, WA 16, 374,8–13: Darumb ist es hell gnug, das Moses der Juden gesetz geber ist und nicht der Heyden, [denn er] hat den Juden also eyn zeychen geben, dar bey sie Gott sollen ergreyffen, wenn sie yhn anruffen als den Gott, der sie aus Egypten gefurt hab. Die Christen haben eyn ander zeychen, da bey sie Gott fassen als den, der yhn seyn son geben hab. – Vgl. Auslegung von Ex 19f., 1528, WA 16, 424,7/14–429,2/27.
[76] Vgl. Auslegung von Ex 19f, 1528, zu Ex 20,3, WA 16, 445,23–446,29.
[77] Im Großen Katechismus steht der Text Ex 20,5b.6 mit verschieden akzentuierter Auslegung sowohl nach der Behandlung des 1. Gebotes (WA 30 I, 136,32–139,12) als auch am Schluß des ganzen Dekalogs (ebd. 179,30–182,15). Im Kleinen Katechismus folgt der Text, kurz ausgelegt, auf die Erklärung aller Gebote (ebd. 361,11–362,8; vgl. für die Nürnberger Rezeption ebd. 403,15–404,4 und 620 zu 361,14).

setzt er das „dies sabbati" der lateinischen Bibel mit „Feiertag" im Sinn von „Ruhetag".[78] Der Gemeinde kann er das mit der hebräischen Bedeutung von Sabbat begründen.[79] Er findet im dritten Gebot zweierlei akzentuiert: In allgemeiner Hinsicht ist es ein Ruhegebot; der stärkere, religiöse Akzent liegt jedoch auf dem Gebot, den Ruhetag zu „heiligen" durch aufmerksames Hören von Gottes Wort.

In der Auseinandersetzung mit dem pseudo-reformatorischen Fundamentalismus mußte Luther deutlich machen, daß der christlich rezipierte Dekalog nicht mit dem Christentum als neues Gesetz gepredigt wird und auch die frühe apostolische Predigt nicht so verfahren sei. Vielmehr sei das, was im entgrenzten Dekalog formuliert ist, auch den Heiden „ins Herz geschrieben" (Röm 2,14 f).

Wenn nu die rotten geyster [die sog. Schwarmgeister] kommen und sprechen: Mose hat es gepotten, so las du Mosen faren und sprich: Ich frage nicht nach dem, was Moses gepoten hat. Ja (sprechen sie) er hat gepotten, man soll eyn Gott haben, dem trawen und glewben, nicht bey seynem namen schweren, Vatter und mutter ehren, nicht todten, stelen, eebrechen, nicht falsch gezeugnis geben und nicht begeren, Soll man denn das nicht halten? Spricht [lies: Sprich]: die natur hat die gesetz auch, die natur gibt, das man Gott soll anruffen, das zeygen auch die heyden an, denn es ist nie kein heyd gewesen, er hat seyne abgötter angeruffen, wiewol sie gefelt haben des rechten Gottes, wie auch die Juden, denn die Juden haben auch abgötterey gehabt wie die heyden, allein das die Juden das gesetz empfangen haben, Die heyden aber habens ym hertzen geschrieben, und ist kein unterscheid, wie auch S. Paulus zun Römern am andern anzeygt [Röm 2,14 f]: ‚Die heiden die kein gesetz haben, die haben das gesetz ym hertzen geschrieben'.[80]

So gesehen, bietet der Dekalog eine mustergültige Formulierung dessen, was dem Menschen „von Natur" geboten und „ins Herz geschrieben" ist. Wird der Dekalog rein als Mose-Text betrachtet, dann ist er nicht mehr als „der Juden Sachsenspiegel". Wird er jedoch entgrenzt zu einem vorzüglichen Ausdruck der elementaren Gebote Gottes an jeden Menschen, dann verdient er uneingeschränkt höchste Beachtung. Es sind – analog zu den beiden „Tafeln" des Dekalog – die elementaren Forderungen an den Menschen in seinem Verhältnis zu

---

[78] Auslegung von Ex 19 f, 1528, WA 16, 479,35–480,16: Sabbath auff hebreisch heisset feyr odder ruge [...] Und der selb Sabbath ist nu uns ynn den Sontag verwandelt, und die andern tage heissen werck tage, Der Sontag aber heist ruge tag odder feyertag odder heilig tag. Es ist wol verdeudscht feyertag, darum das wir dar an feyren und müssig stehen.
[79] Katechismuspredigten, 1528, 2. Reihe, 3. Gebot, WA 30 I, 31,37–32,2 Ns: Sabbatum heisst das, da man an feyert. Iudaei vocaverunt Sabbatum, denn auff deudsch heists „feyer". Nos: auffhorn, mussig gehen, lassen ansthen.
[80] Unterrichtung in Mose, 1526, WA 16, 378,19–379,17. – Ebd. 379,18–380,11: Wie aber die juden felen, also felen auch die Heiden. Also ist es natürlich Gott ehren, nicht stelen, nicht ehebrechen, nicht falsch gezeugnis geben, nicht todt schlagen, und ist nicht new, das Moses gepeut. Denn was Gott von hymel geben hat den Juden durch Mosen [am Sinai], das hat er auch geschrieben ynn aller menschen hertzen [vgl. Röm 2,15]. Also halt ich die gepot, die Moses geben hat, nicht darumb, das Moses gepotten hat, sondern das sie myr von natur eyngepflantzt sind und Moses gleich mit der natur stympt etc. – Vgl. ebd. 371,14–372,10 und 373,14–375,9.

Gott und zu seinem Nächsten, unüberbietbar knapp formuliert im Doppelgebot der Gottes- und Nächstenliebe (Mt 22,37.39).[81]

Was meint Luther, wenn er im Rückgriff auf Röm 2,14 f sagt, die Gebote des Dekalogs seien den Heiden „ins Herz geschrieben"? Er wird so zu verstehen sein: Die Forderungen des Dekalogs sind in einer elementaren Weise allen Menschen von Natur aus zugänglich. Sie sind ihnen plausibel wie die Goldene Regel von Mt 7,12. Das bedeutet nicht mehr, als daß die Menschen bereit sind, sich wenigstens in ihrem äußeren Verhalten nach der Goldenen Regel oder dem Dekalog in seiner universalen Form zu richten.

Das natürliche Gesetz ist, Was du wilt dir gethan und uberhaben [:verschont] sein von einem andern, das thu und uberhebe du auch einen andern. Darinnen das gantze Gesetz Mosi begriffen ist, wie Christus sagt Mt 7 [V. 12]. An welchem Gesetz die Heiden auch nicht mehr denn das eusserliche werck thun, wie die Juden an Moses Gesetz.[82]

In solchem Zusammenhang spricht Luther auch von der Härte des menschlichen Herzens, die es verhindert, die Gebote Gottes mit beherztem Affekt zu erfassen und in die Tat umzusetzen. Die Hartherzigen haben, wenn sie nicht von Gottes Geist angerührt werden, das Gesetz zum Zeugnis gegen sich selbst.[83]

Sonst, wo es nicht naturlich ym hertzen geschrieben stünde, müst man lange gesetz leren und predigen, ehe sichs das gewissen an neme. Es mus es auch bey sich selbs also finden und fulen, Es würde sonst niemand keyn gewissen machen, Wie wol der teuffel die hertzen so verblend und besitzt, das sie solch gesetz nicht allzeyt fulen, drumb mus man sie schreyben und predigen, bis Gott mit wircke und sie erleuchte, das sie es ym hertzen fulen, wie es ym wort lauttet.[84]

An der Deduktion eines allgemeinen Naturrechts, das der menschlichen Vernunft mitgegeben ist, zeigt Luther kein Interesse. Er hält es für unerläßlich, mit der Goldenen Regel und noch expliziter mit dem Dekalog die Menschen mit dem allgemein geltenden Anspruch Gottes an seine Geschöpfe zu konfrontieren. Denn das allen Menschen gepredigte Evangelium ist in seiner befreienden Macht bezogen auf ein universales Gesetz, das dem Menschen nicht erst mit der christlichen Religion auferlegt wird, wenngleich Gottes universaler Anspruch dem Menschen voll bewußt gemacht werden muß.

---

[81] Aus dem Alten Testament kommt für das Gebot der Gottesliebe Dtn 6,5 und für das Gebot der Nächstenliebe Lev 19,18 in Betracht.

[82] Randglosse seit 1522 zu Röm 2,14 f „von Natur", WA.DB 7, 35 (Version 1546). – Vgl. Wider die himmlischen Propheten, 1525 (1. Tl.), WA 18, 80,30 f: Auch Christus Mt 7 [V. 12] selbst fasst alle propheten und gesetze ynn dis naturliche gesetze. – In Kurze Form der zehn Gebote, 1520, faßt Luther mit Mt 7,12 die beiden Dekalogtafeln zusammen, WA 7, 207,8.

[83] Deuteronomium cum annotationibus, 1525, zu Dtn 10,1–5, WA 14, 638,2–8: Scriptae autem sunt leges in tabulis lapideis, quia opus legis scriptum est in omnium cordibus teste eorum conscientia Rom 2 [V. 15]. Sed duritia cordis [vgl. Mt 19,8; Mk 16,14] facit, ut nec affectu capiatur, ametur, servetur nec opere impleatur, sicut tabulae lapideae tantum servant literas scriptas sed nihil faciunt. Ita corda dura sine spiritu legem habent tantum in testimonium contra se ipsa.

[84] Wider die himmlischen Propheten, 1525 (1. Tl.), WA 18, 80,35–81,3.

4.2 Gottes Gesetz, das alle Menschen angeht

Ein Beitrag Luthers in einer späten Wittenberger Universitätsdisputation ist instruktiv dafür, wie nach seiner Vorstellung die Dekalog-Unterweisung auf einen Menschen so zu wirken vermag, daß er in der Betroffenheit seines Herzens Gott Recht gibt, ohne daß er damit der Autorität des Mose oder irgendeiner institutionellen Autorität als Gesetzgeber unterworfen würde. Angesprochen vom Dekalog, erkennt der Mensch sich selbst in seinen Verfehlungen.

At quando dicit [scilicet lex]: Tu es incredulus Deo, non credis Deo, non times Deum, es adulter, moechus, inobediens et quicquid tale est, hic statim perhorresco et pavesco et sentio in corde, me certe hoc debere Deo, non quia traditus et scriptus decalogus sit nobis, sed quod scimus vel leges has nobiscum in mundum attulimus et hac quidem praedicatione statim velamen tollitur [vgl. 2Kor 3,13] et ostenditur mihi, quod facio peccatum. Nam etsi decalogus singulari modo et loco et pompa datus sit, tamen impietatem, inobedientiam, contemptum Dei, furta, adulteria, pollutiones omnes gentes faventur peccata esse et iniquitates, ut Paulus Rom 2 [V. 15]: ‚Mutuo excusantium et accusantium‘. Sunt itaque naturales leges, non politicae seu Mosaicae.[85]

Und wenn das Gesetz sagt: Du bist ungläubig vor Gott, du glaubst nicht Gott, du fürchtest nicht Gott, bist ein Ehebrecher, ein Mörder, ungehorsam und was es noch dieser Art gibt, da erschrecke ich sofort und gerate in Furcht und spüre im Herzen, daß ich gewiß dieses Gott schulde, nicht weil uns schriftlich der Dekalog überliefert ist, sondern weil wir es wissen oder diese Gesetze mit uns in die Welt gebracht haben, und zwar wird mit dieser Predigt die Decke [vgl. 2Kor 3,13] sogleich aufgehoben und es wird mir bewußt, daß ich Sünde begehe.
Denn wenngleich es beim Dekalog einzigartig ist, wie, wo und mit welchem Aufwand er mitgeteilt worden ist, so bestätigen doch alle Völker, daß Gottlosigkeit, Ungehorsam, Gottesverachtung, Diebstahl, Ehebruch, sittliche Befleckungen Sünden und Unrecht sind, wie Paulus Röm 2,15 von den Gewissensregungen spricht, die sich untereinander verklagen und entschuldigen. Es gibt also natürliche Sittengesetze, nicht [nur] die öffentlichen Gesetze oder die Mose-Gesetze.

Der Dekalog behält für Luther einen einzigartigen Rang; gereinigt von den spezifisch israelitischen Elementen, formuliert er in vorzüglicher Weise, was die allgemeine Zustimmung des Gewissens finden kann. Er muß jedoch im Kontext der christlichen Unterweisung ausgelegt werden, damit der Mensch erkennt, welche Verantwortung vor Gott er in seiner Geschöpflichkeit von Natur aus in sich trägt.

Warumb hellt und leret man denn die zehen gepot? Antwort: Darumb, das die naturlichen gesetze nyrgent so feyn, und ordentlich sind verfasset als ynn Mose, Drumb nympt man billich das exempel von Mose.[86]

---

[85] Disputatio 3. contra Antinomos, 6.9.1538, WA 39 I, 540,8–541,2 Ns. Der Kontext des Zitates antwortet auf den Einwand, ebd. 539,4 f Ns: Lex data est certo populo, nempe Iudaeis. Nos non sumus Iudaei. Ergo ad nos non pertinet lex. – Vgl. Unterrichtung in Mose, 1526, WA 16, 372,6–9: Wiewohl die Heiden auch etlich Gesetz haben gemein mit den Juden, als: daß ein gott sei, daß man niemand beleidige, daß man nicht ehebreche, totschlage, stehle, etc., das ist ihnen natürlich ins Herz geschrieben und habens nicht von Himmel herab gehört wie die Juden.
[86] Wider die himmlischen Propheten, 1525, Tl. 1, WA 18, 81,18–20.

(3) Die reformatorische Auslegung des entgrenzten Dekalogs

Luthers Dekalog-Auslegung kann hier nicht in ihrem ganzen Reichtum entfaltet werden, zumal Luther in einer Tischrede aus eigener Erfahrung äußert: „decalogum kann man nit aus studirn, man findet ymmer etwas sonders drinn".[87] Es kann nur eine Linie seiner Dekalog-Interpretation verfolgt werden, die sich für sein Grundverständnis der christlichen Religion als besonders folgenreich erweist. Sie begegnet in Gestalt einer zweistufigen Auslegung der Dekalogsätze in prägnanter Kürze im Kleinen Katechismus. Luther gibt in den meisten Fällen zuerst eine knappe Konkretion des Verbotes und fügt dann ebenso knapp ein entsprechendes Gebot hinzu.[88] Eine Ausnahme macht er beim ersten und beim sechsten Gebot, die er nur in positiv gebietender Weise auslegt.[89] Das affirmative, fordernde Gebot radikalisiert den Anspruch der einzelnen Dekalogsätze. Als Beispiel der doppelgliedrigen Dekalogauslegung sei die Erklärung des fünften Gebotes zitiert.

Wir sollen Gott fürchten und lieben, das wir unserm nehisten an seinem leibe keinen schaden noch leid thun, sondern jm helffen und foddern [:fördern] jnn allen leibes nöten.[90]

Indem Luther das erste Gebot lediglich affirmativ fordernd auslegt, übernimmt er aus Dtn 6,5 das reine Gebot der Gottesliebe.[91] Die affirmative Wendung des vierten Gebotes wie auch der folgenden Gebote der zweiten Dekalog-Tafel ist im Sinn des radikalen Gebotes der Nächstenliebe zu verstehen. Auf diese Weise kommt das neutestamentliche Doppelgebot der Gottes- und Nächstenliebe (Mt 22,34–40) zum Tragen.

Seine Absicht, alle Gebote des Dekalogs mit einer affirmativen Spitze zu versehen, hat Luther 1520 durch Anknüpfen an die Goldene Regel von Mt 7,12 deutlich gemacht:

Kurczer beschluß der czehen gebott. Spricht Christus selber: Was yhr wöllet, das euch die menschen thun sollen, dasselb thut yhr yhn auch, das ist das gantz gesetz und all propheten, Mt 7 [V. 12]. Dan niemant will undanck leyden vor [:für] sein wol that oder seynen namen eym andern lassen. Niemandt wil hoffart gegen ym [:sich] ertzeyget haben. Nie-

---

[87] WA.TR 1, 159,33 Nr. 369.

[88] So verfährt er selbst beim dritten und vierten Gebot, von denen das eine im Katechismus-Text, das andere im originalen Dekalog-Text bloß als positives Gebot formuliert ist, Kleiner Katechismus, 1531, WA 30 I, 357, 1–6; 358,1–7.

[89] Kleiner Katechismus, 1531, WA 30 I, 354,2: Wir sollen Gott uber alle ding fürchten, Lieben und Vertrawen. – Ebd. 359,5 f: Wir sollen Gott fürchten und lieben, das wir keusch und züchtig leben jnn worten und wercken, Und ein jglicher sein gemahl lieben und ehren.

[90] Ebd. WA 30 I, 358,12–14. – Fordert das fünfte Gebot, das leibliche Leben des Nächsten zu schützen und zu fördern, so enthalten das siebente und das achte Gebot analoge Forderungen für den Besitz und Lebensunterhalt sowie für den guten Ruf des Nächsten, ebd. 359,11–13 und 360,2–4.

[91] Die Auslegung aller folgenden Gebote bindet der Kleine Katechismus mit den Eingangsworten „Wir sollen Gott fürchten und lieben" so an Gottes Willen, daß eine unfreie Motivation ausgeschlossen wird; s. u. Anm. 97.

mandt will ungehorsam, tzorn, unkeuscheit seyns weybs, beraubung seyner gutter, liegen, triegen, affterreden leyden, sondern lieb und freuntschafft, danck und hulf, warheyt und trew erfinden [:erfahren] von seynem nechsten, das gebieten aber alles die tzehen gebott.[92]

In seine umfangreiche Dekalogauslegung in den Decem praecepta, 1518, die auf Predigten von Juni 1516 bis Februar 1517 zurückgeht,[93] hat Luther eine grundsätzliche Reflexion über die seines Erachtens unerläßliche affirmative Interpretation aufgenommen.[94] Es gehöre zur Eigenart biblischer Rede, das affirmativ Gemeinte gerade in der Negation zu bekräftigen.Wenn etwa Jesus (Lk 10,42) sagt, das gute Teil, das Maria erwählt habe, solle nicht von ihr genommen werden, dann heiße das, es werde ihr auf ewig bewahrt werden. Oder wenn Psalm 1,1 den Menschen selig nennt, der sich nicht zu den Gottlosen hält, sei gemeint, er halte sich ganz zu den Frommen. Und Paulus habe im Römerbrief (Röm 7,7 ff) das Verbot (Ex 20,17) „Du sollst nicht begehren" durch das positive Wollen des Guten in Gestalt einer uneigennützigen Liebe interpretiert, allerdings mit der Feststellung (Röm 7,18 f), dieses Wollen des Guten bringe er im eigenen Handeln nicht zustande.[95]

In Anwendung auf den Dekalog werden die negativen Verbote zu höchst anspruchsvollen Geboten. Der Dekalog erfährt die geistliche Deutung, die ihm im biblisch theologischen Sinn zukommt, weil nach einem Wort des Paulus (Röm 7,14), das Gesetz geistlich ist. Denn „geistlich" – so definiert Luther kurz vorher – ist das Gesetz, weil es den Geist fordert und nur durch den Geist vollbracht wird, nämlich mit dem Herzen und einem gut motivierten Willen. Dieser Geist wird nicht im Menschen vorgefunden, sondern wird ihm zuteil durch die Gnade des Heiligen Geistes, die für Gottes Gesetz willentliche Menschen schafft.[96] So verstanden, schließen Gottes Gebote bereits den Anspruch ein, daß sie ohne Furcht vor Strafe – im Sinn einer traditionellen Formel ist zu ergänzen: und ohne Vor-

---

[92] Kurze Form der zehn Gebote, 1520, WA 7, 207,8–16; vgl. ebd. 206,25–207,2 eine vorläufige Zusammenfassung.

[93] Decem praecepta, 1518, WA 1, 398–521. – Zur Datierung der einzelnen Predigten vgl. WA 59, 334–337.

[94] Ebd. WA 1, 470,4–471,29. Diese Ausführungen bilden den dritten, letzten Punkt einer theologisch scharf zupackenden Auseinandersetzung – ab 468,35 – mit Ansichten der mittelalterlichen Lehre.

[95] Ebd. WA 1, 470,8–16: Negativa enim in scripturis ideo ponitur, quia affirmativa non est tam vehemens, ut ibi [Lk 10,42] ‚Maria optimam partem elegit, quam non auferetur ab ea', id est, in aeternum ei cumulabitur. [...] Et illud Ps 1 [V. 1] ‚Beatus vir qui non abiit', id est, maxime hic inter pios profecit. Et sic de multis aliis. Nam et Apostolus Rom 7 exponit illud [V. 7] ‚Non concupisces' affirmative dicens [V. 19] ‚quod volo bonum', id est, contrarium concupiscentiae, scilicet castitatem et amorem, ‚non facio': facere enim positive significat.

[96] Ebd. WA 1, 461,25–31: [nach Zitat Rom 7,14 ‚lex est spiritualis'] Et hic notandum, quod, quando lex dicitur spiritualis, intelligitur non quod sit mystice intelligenda, sicut intelliguntur figurae et mysteria. Aliud enim est mysticum et aliud spirituale. Sed spiritualis dicitur, quia solo spiritu impletur et spiritum requirit, hoc est, nisi corde et hilari voluntate impleatur, non impletur. Sed talis spiritus non est in nobis, sed datur per gratiam spiritus sancti, quae facit voluntarios in lege domini [vgl. Ps 1,2]. – Ebd. 461,35–462,12 wird mit antischolastischer Spitze die Unterscheidung von „mysticum" und „spirituale" hinsichtlich des Gesetzes weiter ausgeführt.

teilserwartung[97] – freiwillig und mit Freude getan werden. Da uns das affirmativ Geforderte nicht von uns aus gelingt, veranlaßt uns das Gesetz, Gottes Gnade zu suchen.[98] Wenngleich Luther dem negativen Verbot die stärkere Wirkung auf den menschlichen Affekt zuschreibt, hat der Dekalog in seinem affirmativen Sinn keineswegs geringere Verbindlichkeit. Vielmehr wird dadurch der „geistliche" Anspruch ausgedrückt, mit dem uneingeschränkt der ganze Mensch gefordert wird.

Die affirmative Interpretation des Dekalogs hat praktisch zur Folge, daß Gottes konkrete Forderung an den Menschen in der Dimension des „Geistlichen" das moralische Gesetzesverständnis sprengt. Wer bei der moralischen Interpretation bleibt, sieht nur die Hülle und erkennt nicht den Kern der Gesetzesforderung.[99] Der affirmative Sinn der Dekaloggebote verbindet sich in Luthers Sicht mit deren Formulierung im futurischen Indikativ, die in der herkömmlichen lateinischen Übersetzung aus dem hebräischen Text übernommen worden ist. Theologisch bedeutet das: Mit dieser Redeweise wolle Gottes Gesetz dem Menschen seine vergangene und gegenwärtige Sünde bewußt machen, weshalb Paulus dem Gesetz zuschreibt (Röm 3,20), daß es – Luther fügt „lediglich" hinzu – Erkenntnis der Sünde bewirke. Wird der Mensch dadurch veranlaßt, für sich Gottes Gnade zu erbitten, so wird sie das Erfüllen von Gottes Gesetz bewirken. Menschliche Gesetze hingegen sollen in ihrer imperativischen Verbotsform künftige Verfehlungen verhindern.[100]

Die affirmative Interpretation der ersten drei Gebote ergibt sich für Luther recht leicht. Denn das erste Gebot hat im Einklang mit Dtn 6,5 seine affirmative Entsprechung in der Forderung ungeteilter Gottesliebe.[101] Das zweite Gebot wird

---

[97] Luther verwendet die Kombination von timor poenae und amor commodi, die eine unfreie Motivation bezeichnet, z. B. WA 1, 462,20–22 (s. u. Anm. 111); auf deutsch erscheint sie in Die sieben Bußpsalmen, 1517, zu Ps 51,14 b, WA 1, 191,26–33.

[98] Decem praecepta, 1518, WA 1, 461,31–34: Unde quando auditur lex quaecunque, praecipiens illa vel illa, semper oportet cogitare et subaudire, quia praecipit voluntate talia facere, id est, libere sine timore poenae et ex hilaritate, quod cum in nobis non sit, statim intelligitur, quod lex cogit ire ad gratiam, ut impleatur.

[99] Von den scholastischen Theologen, die er zuvor – ab ebd. WA 1, 468,35 – in zwei anderen Punkten kritisiert hat, sagt er nun, ebd. 470,4–6: Tertio ex eadem caligine concludunt, quaedam esse praecaepta tantum negativa, quaedam affirmativa. Hoc iterum non est verum, nisi corticem syllabarum teneas.

[100] Ebd. WA 1, 398,6–9 beginnt Luther seine Dekalogauslegung mit der Doppelfrage, weshalb das erste Gebot – Ex 20,3 „Non habebis deos alienos" – nicht als affirmatives Gebot und im Indikativ formuliert ist. Er beantwortet beide Fragen zugleich, ebd. 398,10–18: omne praeceptum dei magis positum est, ut ostendat iam praeteritum et praesens peccatum quam ut futurum prohibeat, Siquidem iuxta Apostolum [Rom 3,20]: ‚Per legem nihil nisi cognitio peccati'. [...] Ideo praeceptum dei veniens invenit peccatores et auget, ut amplius abundet peccatum, Rom 5 [V. 20]. Leges vero hominum propter futura peccata ponuntur. Ideo spiritus, ut est benignissimus Magister, magis loquitur indicative.

[101] Ebd. WA 1, 470,27–29: et illud primum ‚Non habebis deos alienos' est affirmativum, scil. [vgl. Dtn 6,5] ‚dominum deum tuum diliges' et coles, unum, super te et omnia, alioquin non

in affirmativer Form in dem exklusiv gemeinten Prophetenwort Joel 3,5 – „Wer den Namen des Herrn anrufen wird, soll errettet werden" – ausgesprochen, das Paulus in Röm 10,13 aufgegriffen hat.[102] Und wenn im dritten Gebot jede Arbeit am Sabbat untersagt wird, legt Luther den Ton auf das affirmative Einschärfen einer Ruhe, die der Mensch für sein geschöpfliches Leben nötig hat, und die er heiligen soll, indem er dem öffentlich gepredigten Wort Gottes Gehör schenkt.[103]

Bei den Geboten der zweiten Dekalogtafel ergibt sich die affirmative Deutung aus dem Gebot der Nächstenliebe in seiner biblischen Radikalität (Mt 22,39; Lev 19,18), ebenso aus dem apostolischen Wort 1Tim 1,5 „die Heubtsumma des gebotes ist Liebe von reinem hertzen und von gutem gewissen und von ungeferbtem glauben".[104]

Man möchte folgern: Die theologische Vorrangstellung des ersten Gebotes mit seinem gebietenden Sinn (nach Dtn 6,5) verlangt auch für den übrigen Dekalog eine affirmative Interpretation oder – was auf dasselbe hinausläuft – eine Interpretation, die den prohibitiven, moralischen Sinn sprengt, indem sie für jedes Gebot die Anwendung des ersten Gebotes im Sinn von Dtn 6,5 zugrundelegt. Denn aus Luthers lapidar affirmativer Erklärung des ersten Gebotes fließt die positiv gebietende Deutung aller anderen Gebote,[105] so daß es im Großen Katechismus in der abschließenden Auslegung von Ex 20,5b.6 zum fünften bis zehnten Gebot heißt:

---

erit unus, si aliud cum eo diligitur. – Vorher, bei der Auslegung des ersten Gebotes, hat Luther über die fides Christi zur affirmativen Fassung hingeführt, ebd. 399,29–400,3: Fides Christi tollit omnem fiduciam sapientiae, iustitiae, virtutis propriae [...] ubi audis, quod pro te passus est, et credis, iam oritur fiducia in eum et amor dulcis; et sic periit omnis rerum affectus ut inutilium. Et oritur aestimatio solius Christi, ut rei necessariae vehementer, remansitque tibi non nisi solus Ihesus, solus satis et sufficiens tibi, ita ut de omnibus desperans unicum habes hunc, in quo omnia speras, ideoque super omnia eum diligas. At Ihesus est verus, unus, solus deus. Quem cum habes, non habes alienum deum.

[102] Ebd. WA 1, 470,29–34: Et illud secundum similiter ‚Non assumes nomen domini dei tui in vanum'. Haec est litera, sed spiritus dicit [...] [Joel 3,5] ‚Omnis qui invocat nomen domini salvus erit', Vult ergo assumi nomen dei assidua reverentia et timorosa invocatione, magis autem glorificari et benedici humili suae ignominiae confessione. – Vgl. ebd. 430,15 in Auslegung des zweiten Gebotes: notandum, quod hoc praeceptum subindicat affirmative, nomen dei esse assumendum in os vere vel in necessitate salutis, et quod solum ibi prohibetur, ne in vanum assumatur. Unde in scripturis frequenter praecipitur nomen domini invocari, laudari, confiteri, benedici. Sic Rom 10 [V. 13] ‚Omnis quicunque invocaverit nomen domini, salvus erit.'

[103] Ebd. WA 1, 470,34–37: Et illud tertium ‚Sabbata sanctifices', id est ad litteram nullum opus in eo facias: littera est negativa, cum ibi affirmentur nobilissima et maxima opera dei in audiendo, docendo, meditando verbo dei in spiritu intus: foris quies, intus maxima actuositas dei operantis.

[104] Luthers Übersetzung, WA.DB 7, 261 (Version 1546). – Vgl. WA.TR 1, 542,25–27 Nr. 1067 (parallel WA.TR 3, 175,22–24 Nr. 3115): Decem praecepta exponenda et intelligenda sunt affirmative iuxta illud 1Tim 1 [V. 5]: ‚Finis praecepti est charitas'; item iuxta primum [Dtn 6,5; Mt 22,37]: ‚Diliges Dominum Deum tuum' etc.

[105] Im Kleinen Katechismus macht das Luther beim zweiten Gebot und allen weiteren Geboten deutlich durch die Eingangsworte „Wir sollen Gott fürchten und lieben".

Item [5.–10. Gebot] das du deinem nehisten kein leid, schaden noch gewalt thuest, noch einerley weise zu nahe seiest, es treffe sein leib, gemahl, gut, ehre odder recht an, wie es nacheinander gepoten ist, ob du gleich rawm [:Gelegenheit] und ursach dazu hettest und dich kein mensch drumb straffete, Sondern yderman wolthuest, helffest und fodderst [:förderst], wie und wo du kanst, allein Gotte zu liebe und gefallen yn dem vertrawen, das er dir alles reichlich will erstadten. Also sihestu, wie das erste gepot das heubt und quell born ist, so durch die andern alle gehe, und widderumb alle sich zurück ziehen und hangen ynn diesem, das end und anfang alles ynn einander geknüpfft und gebunden ist.[106]

Ganz unverblümt hat Luther 1529 in einer Predigt zu Dtn 6,5 seinen Hörern die rhetorische Frage gestellt, ob es etwa heiße Gott über alle Dinge zu lieben, wenn man im konkreten Leben über den Nächsten Übles redet, sich an dessen Frau vergeht oder beim Handel auf dem Markt einen anderen hintergeht, also „einen schäbigen Heller mehr liebt als Gott".[107] Weil das erste Gebot mit allen anderen vernetzt sei, gelte die Mahnung, auf Gottes Wort im Dekalog zu hören in allem, was es gebiete und was es verbiete: „laß es dir das Größte sein, nicht deine Ehre, deine Besitztümer".[108] An der Gottesfurcht und am Gottvertrauen sollte sich alles Reden und Tun so orientieren, daß man keinem anderen Menschen Schaden zufügt, sondern allen nützlich ist. Wenn man etwa nach einem Jahr sich Rechenschaft gebe, ob man so Gott geliebt habe, dann merke man, daß man „das liebe ABC" des Christentums noch nicht gelernt habe.[109]

In den Decem praecepta, 1518, befaßt sich Luther besonders eingehend mit der affirmativen Deutung des fünften Gebotes, indem er es mit der Rede Jesu in Mt 5 als schlechthin forderndes Gebot Gottes interpretiert, so daß die Auslegung Jesu nichts Neues hinzufügt. Jesus ist in seiner „Bergpredigt" kein neuer Gesetzgeber. Er erinnert nur an den wahren Sinn der Gebote Gottes.[110] Denn

---

[106] Großer Katechismus, 1529, WA 30 I, 181,15–24. – Im Großen Katechismus hat Luther bei der Dekalogauslegung die in Ex 20,5 f angekündigten Folgen des Mißachtens wie des Ernstnehmens der Gebote im Gedanken an die Volksunterweisung kräftig unterstrichen. – Der Grundgedanke des zitierten Textes beherrscht schon den Traktat Von den guten Werken, 1520, WA 6, 204–276.

[107] Predigten über das Deuteronomium, 1529, zu Dtn 6,5, WA 28, 623,10–12 Ns: Num hoc praeceptum [Dtn 6,5] dei servari est, quando pessime loqueris de proximo [8. Gebot] und schendst im sein weib [6. Gebot] vel in foro circumvenis [7. Gebot], ein schebichten heller plus diligis quam deum tuum?

[108] Ebd. WA 28, 624,2–5 Ns: Sic 1. praeceptum greifft hin, i. e. audi dei verbum et sinito tibi placere et quod praecipit et prohibet, das las dir das grost sein, non sit tibi dein ehr, gut et omnia quae habes so lib. Sed nos pro uno schebichten heller lauffen wir uber die praecepta dei.

[109] Ebd.WA 28, 632,1–5 Ns: semper cogites in tuis verbis, factis und gescheften, ut deum timeas et fidas, nemini incommodes, sed omnibus utilis sis. Heb das an und greiff dein leben an, tum dic post annum, quid scias de 1. praecepto. Cogita, quod non velis tuum quaerere [vgl. 1Kor 13,5; Phil 2,4.21], non deinen nechsten [schädigen], tum videbis, quid sit deum diligere, tum videbis te non didicisse das lieb abc.

[110] Decem praecepta, 1518, WA 1, 462,28–464,11 gibt Luther eine Interpretation des fünften Gebotes in Verbindung mit Mt 5,20–22 mit der Quintessenz, ebd. 463,38–464,8: Ideo hoc praeceptum est profundissimum, nec ullus est qui id impleat sine gratia, cum nullus sit, quin habeat cui irascatur, si recte seipsum consideret […] Sine charitate enim impossibile est, ut hoc

auch Saul verging sich in seinem Herzen an Davids Leben, als er „dachte: Meine Hand soll nicht gegen ihn sein, sondern die Hand der Philister" (1Sam 18,17).[111] Der affirmative Sinn des fünften Gebotes deckt sich mit dem Menschenbild, das in den Seligpreisungen der Bergpredigt und in der Person Jesu selbst aufleuchtet (Mt 11,28): „ich bin sanftmütig und von Herzen demütig". Darauf spielt Luther an, wenn er das fünfte Gebot zusammenfaßt:

Igitur hoc praeceptum est quidem negativum secundum litteram, sed affirmativissimum secundum spiritum, quia dominus requirit, ut sint ‚mites' [Mt 5,5] et ‚pacifici' [Mt 5,9].[112]	So ist dieses Gebot zwar nach dem Buchstaben negativ, nach dem Geist ist es jedoch höchst affirmativ; denn der Herr fordert, daß man ‚sanftmütig' und ‚friedfertig' sei.

In demselben Zusammenhang interpretiert Luther in Kürze auch die anderen Dekaloggebote fordernd. Beim vierten Gebot, das als einziges affirmativ formuliert ist, merkt er an, auch hier werde in „geistlicher" Weise der Affekt des Menschen in Anspruch genommen, so daß es ohne Wirkung der Gnade nicht erfüllt werden könne.[113] Indem die beiden letzten Gebote dem Menschen ein Begehren im Verhältnis zu seinem Nächsten untersagen, fordern sie positiv, dem Nächsten von Herzen alles Gute zu gönnen und nichts Böses zu wollen.[114] Noch ausdrücklicher als bereits im parallelen sechsten und siebenten Gebot werde hier das Herz des Menschen gefordert, so daß dem Menschen vollends bewußt werden sollte, wie wenig er selbst sein zutiefst verkehrtes Wollen überwinden kann und auf Gottes Erbarmen angewiesen ist.[115] Für diese Grundsünde verwendet Lu-

---

praeceptum non transgrediatur: aut enim diligit aut odit homo proximum suum [...] Quare qui vult hoc praeceptum implere, studeat omnibus modis omnem hominem dulci affectu diligere, immo petat a domino gratiam dilectionis. Et non sibi frustra palpet, quod neminem odiat: valde enim mitis et humilis [vgl. Mt 11,29] est homo, qui hoc praecepto non peccat. – Vgl. Sebastian Münsters Übersetzung (wie Anm. 65), AWA 10, 100,10–21.

[111] Ebd. WA 1, 462,20–27: Et opera hominum acriter arguuntur, quod sunt similia quidem veris, sed vera non sunt, quia sine voluntate gratuite fiunt, sed semper habent vel timorem poenae vel amorem commodi pro fine. [...] Sic Saul quoque de David [1Sam 18,17]: ‚Non sit manus mea in illum', et tradidit illum in manibus Philistinorum, quasi ideo esset innocens, quia non manu occideret, sed corde.

[112] Ebd. WA 1, 470,16–18. – Zu Luthers Gebrauch des Wortes „friedfertig" vgl. Kap 5.5.

[113] Ebd. WA 1, 471,13–18: Unum restat affirmativum ‚Honora patrem et matrem': [...] subtus affectum timoris et obedientiae promptitudinem requirit, quae sine gratia non est possibile fieri, ut patet in probatione tentationis, ubi occasio venit ipsum observandi contra votum uniuscuiusque. – Luther scheint hier, wenn er die Verbindlichkeit des vierten Gebotes höher stellt als ein Gelübde, auf seinen eigenen Konflikt mit seinem Vater bei seinem Eintritt ins Kloster anzuspielen (vgl. seinen an den Vater gerichteten Brief, 21.11.1521, als Widmungsbrief zu De votis monasticis iudicium, 1521, WA 8, 573–576).

[114] Ebd. WA 1, 471,21–23: Reliqua duo similiter nota sunt, quod non concupiscere ad literam hoc sit ex corde favere proximis omnia bona et nolle ullum malum. – Dem entspricht, daß diese beiden Gebote für die Beichtpraxis ausscheiden; vgl ebd. 467,37–468,1.

[115] Ebd. WA 1, 515,9–14.24–32: Verum videtur meo iudicio istis duobus praeceptis prohiberi ipse fomes et invincibilis cupiditas, ipsa inquam radix malarum cogitationum, ut scilicet 6. et 7. intelligantur prohibiti consensus cordis et signum membrorum, verbum oris et opus corporis

ther zwar den traditionellen Begriff für „Zunder" (fomes), gewissermaßen eine leicht entzündbare Anlage im Menschen, aus der erst durch bewußtes Wollen schuldhaftes Handeln entstehe. Luther verschärft jedoch diesen Begriff; denn er meint mit dem „Zunder" geheime, schuldhafte Regungen des Herzens und wagt zu sagen, das neunte und zehnte Gebot richte sich gegen die „wesenhafte und ursächliche Unreinheit in uns", die alle, selbst äußerlich Heilige, zu Sündern macht.[116]

Rückblickend läßt sich sagen: Luther erreicht eine radikale Auslegung des Dekalogs, des für alle Menschen gültigen Gottesgesetzes, indem er alle Gebote mit dem ersten Gebot verknüpft, so daß in allen Geboten der Mensch hingewiesen wird auf seine Verantwortung vor Gott und auf sein Gottvertrauen, für das er sich nur auf Gottes Heilszusage stützen kann. Zugleich wird der Mensch durch den affirmativen Sinn der Gebote aufgefordert, sich selbst in seinem Leben sowohl Gott als auch dem Nächsten ganz zuzuwenden. Der Mensch wird ungeteilt mit seinem Herzen und mit seinem Handeln in Anspruch genommen. Die Forderungen der Bergpredigt werden ganz in die Dekalogauslegung aufgenommen; sie entsprechen dem Vollsinn des Dekalogs. Durch die radikale Dekalogauslegung wird dem Menschen seine Grund- oder Radikalsünde, herkömmlich als Erbsünde bezeichnet, aufgedeckt; es wird ihm bewußt, daß er die Gebote Gottes in ihrem affirmativ fordernden Sinn nicht erfüllen kann. Zugleich kann er zu der Einsicht kommen, der affirmative Dekaloganspruch stimme letztlich überein mit der allgemein menschlichen Hoffnung auf eine Welt der Gerechtigkeit und des Friedens; es werde also nicht etwas Fremdes von ihm gefordert, sondern genau das gebiete ihm Gott, was seinem geheimen Verlangen nach einer heilen Welt entspricht.

4.3 Gottes Gesetz kann weder überboten noch erfüllt werden

Die Spannung zwischen den zwei Polen dieses Themas resultiert aus der radikalen Interpretation des Dekalogs. Beide Teilthemen werfen Licht auf Luthers Grundverständnis der christlichen Religion, müssen jedoch nacheinander betrachtet werden.

---

mali, hic vero etiam ipsi primi motus una cum fomite, qui est origo illorum. [...] Et hinc sequitur, quod sola ista duo sunt praecepta, quae a nullo quantumlibet sancto aliquo modo implentur: caetera omnia implent, quia opus, verbum, consensum fortiter opprimunt, Sed hic manent rei et peccatores, quia nihil de istis praeceptis implent, cum sint infecti invincibili concupiscentia carnis et rerum: ideo omnes peccant et egent gloria dei [vgl. Röm 3,23], ideo omnes orant [Mt 6,9 f.12] ‚Sanctificetur nomen tuum, fiat voluntas tua, dimitte nobis debita nostra', ideo omnes desperant in meritis suis timore suae immunditiae et confidunt de misericordia dei, ut sic beneplacitum stet dei super timentes eum et sperantes in misericordia eius [vgl. Ps 147,11].

[116] Ebd. WA 1, 516,6f, nach Rückgriff auf Röm 7, v. a. V. 7: ergo fomitis malum et, ut sic dixerim, essentialis seu causalis impuritas in nobis hic prohibetur.

A) Eine erste Folge aus der radikalen, affirmativen Dekaloginterpretation zeigt sich im Wegfall der herkömmlichen Unterscheidung zwischen den Dekaloggeboten und den sog. „evangelischen Ratschlägen" (consilia evangelica). Der traditionelle Begriff ergab sich daraus, daß aus den Evangelientexten, vor allem aus der Bergpredigt, Ratschläge für die christliche Lebensführung abgeleitet wurden, durch die eine spezifisch christliche Ethik über den Dekalog hinausgehoben wurde. Die Ratschläge waren Dokumente der neuen Gesetzgebung Christi. Im Sinn der reformatorischen Theologie sind diese „Ratschläge" keineswegs „evangelisch". Einerseits vertragen sie sich nicht mehr mit dem neuen Verständnis des Evangeliums als der Heilsbotschaft, in der Jesus Christus selbst hinter diesen Ratschlägen nicht mehr als neuer Gesetzgeber erscheint. Andererseits macht der radikal verstandene Dekalog überflüssig, daß seine Forderungen durch zusätzliche Ratschläge verschärft werden. Mit dem reformatorischen Wegfall der Lehre von den „evangelischen Ratschlägen" verschwindet ein wesentliches Element nicht nur der religiösen Ethik, sondern der traditionellen Grundstruktur der christlichen Religion. Die Kombination des Dekalogs mit zusätzlichen „evangelischen Ratschlägen" ist gewissermaßen Indiz einer dualen Struktur der christlichen Religion und ihrer Ethik. Während die Zehn Gebote von allen Christen befolgt werden müssen, geben die „evangelischen Ratschläge" zusätzliche religiöse Lebensanweisungen, durch deren freiwilliges Befolgen jeder Christ sein Christsein vervollkommnet und sich besondere Verdienste für die himmlische Seligkeit erwerben kann.[117] Sie werden auch empfohlen als Schutz vor den Versuchungen, die zur Übertretung der Zehn Gebote führen.[118] Der Normalchrist darf sich in freiem Belieben an den „evangelischen Ratschlägen" orientieren; wenn er sie nicht beachtet, begeht er keine schwere Sünde. Um seines ewigen Heils willen ist er jedoch verpflichtet, die Kirchengebote zu befolgen, das heißt unter anderem sich an die kirchlichen Fastenvorschriften zu halten, die gebotenen Feiertage zu beachten, jeden Sonntag einen Meßgottesdienst zu besuchen, mindestens einmal im Jahr sowohl das Bußsakrament in Anspruch zu nehmen als auch zur Kommunion zu gehen.[119]

Es war üblich, zwölf Empfehlungen für die christliche Vollkommenheit nach Worten Jesu und nach dem Vorbild seines Lebens aufzuzählen.[120] Luther hat in späten Jahren eine solche Liste von zwölf Ratschlägen in einem erst postum

---

[117] Neun Punkte der Differenz zwischen den praecepta und den consilia evangelica sind zusammengefaßt bei Hugo Ripelin von Straßburg, Compendium theologicae veritatis, 1506, lib.5 c.69 De consiliis in genere.

[118] Ludolf von Sachsen, Vita Jesu Christi, p. 2 c.12 n. 1.

[119] Zehn Kirchengebote sind aufgezählt unter dem Titel Legis canonicae praecepta in den Annexa, die in Nürnberger Drucken – vgl. VD 16: S 8699–8701 – der Schrift Decisio quaestionis de audientia missae in parochiali ecclesia des Johannes von Staupitz angehängt und als unecht weggelassen sind in dessen Sämtliche Schriften, Bd. 5, 2001.

[120] Hugo Ripelin (wie Anm. 117), lib.5 c.70 De consiliis evangelicis. – Ludolf von Sachsen (wie Anm. 118), p. 2 c.12 n. 2 f.

gedruckten „Zettel" zusammengestellt.[121] Er versieht sie mit kritischen Bemerkungen und referiert in wenigen Sätzen die Kernpunkte ihrer Unterscheidung von den Dekaloggeboten.[122] In seinen kritischen Sätzen erinnert Luther daran, daß Jan Hus, der vom Konstanzer Konzil 1415 als Häretiker verurteilt und sofort auf dem Scheiterhaufen verbrannt worden war, gleichwohl an dieser für die traditionelle Religionsgestalt des Christentums wichtigen Unterscheidung festgehalten habe.[123]

Auf der Grundlage seiner radikalen Dekaloginterpretation hat Luther bereits 1518 in seinen Erläuterungen der Ablaßthesen erklärt, das Jesus-Wort Mt 5,40 und das Paulus-Wort Röm 12,19 seien nicht als Ratschläge, sondern als Inhalt der Dekaloggebote aufzufassen.[124] Die Pariser Universitätstheologen haben 1521 in ihrer Verurteilung von gut hundert Sätzen Luthers unter der Rubrik „De consiliis evangelicis" unter anderem auch auf diese Äußerung Luthers Bezug genommen und darauf bestanden, daß die von Luther angeführten Sätze des Neuen Testamentes „Ratschläge" ohne allgemeine Verbindlichkeit seien. In Unkenntnis von Luthers Definition des Evangeliums im Kontrast zum Gesetz behaupten sie gleichzeitig, Luthers Ansicht mache aus dem „Gesetz Christi" eine allzu schwere Last und widerstreite der heiligen Schrift.[125]

Luther hält es für völlig inakzeptabel, wenn die Kirche zu Gottes Geboten religiöse „Ratschläge" hinzufügt, die sie zur Lebensnorm des geistlichen Standes erklärt.[126] Dadurch werden Gottes Dekaloggebote in ihrem vollen affirmativen

---

[121] Duodecim consilia evangelica, (1540/41?), WA 51, 459f. Ursprünglich scheint dieser Text als ein inzwischen verschollener Einblattdruck vorgelegen zu haben. Denn in Luthers Vorlesung über Jes 9, 1543/44, heißt es, WA 40 III, 666,40–667,2: Edita est a me quoque Scheda de 12 consiliis Evangelicis; Fuit enim meo tempore haec receptissima Theologia; Et Iohannes Hus in concilio Constantiensi eam defendit. – Ebd. 666,36–674,27 macht Luther zu dem Messias-Titel ‚consiliarius' in Jes 9,5 kritische Bemerkungen über die consilia evangelica. - Luthers Liste weicht nur geringfügig ab von der Liste bei Jan Hus, De ecclesia, c. 17 (Thomson 154f.). – In der Assertio, 1520, Art. 30, WA 7,136,12f, erwähnt Luther mit Bedauern, daß Jan Hus die Lehre von den zwölf consilia evangelica geteilt habe.

[122] Duodecim consilia evangelica, (1540/41?), WA 51, 459,29–460,3 und 460,11–15; vgl. auch zu diesen Passagen Jan Hus, De ecclesia, c. 17 (Thomson 154–156).

[123] Ebd. WA 51, 460,4–10.16–26.

[124] Resolutiones disputationum de indulgentiarum virtute, 1518, ccl. 69, WA 1, 619,5–8.

[125] Urteil der Theologen zu Paris. Ein Gegenurteil, 1521, WA 8, 284,2–7; die lateinische Fassung CR 1, 382. Das Pariser Urteil bezieht sich hier auf Luthers Resolutiones disputationum de indulgentiarum virtute, 1518, ccl. 69, WA 1, 619,5–11, in der Pariser Formulierung: Illud verbum Christi Mt 5 [V. 39] ‚Qui te percusserit in maxillam dextram' etc. Et illud ad Rom 12 [V. 19] ‚Non vos defendentes, charissimi' etc. non sunt consilia, sicut etiam multi Theologi errare videntur, sed praeceptum. – Dazu das Pariser Urteil (CR 1, 382): Haec propositio est falsa, legis Christianae nimium onerativa et sanae intelligentiae scripturae adversa. – Besonders auf diesen Punkt in dem Pariser Lehrurteil hat Luther wiederholt mit Verachtung hingewiesen, z.B. Wochenpredigten über Mt 5–7, 1530–1531, Vorrede, WA 32, 300,20–22; Disputation über Hbr 13,8, 7.7.1542, These 37, WA 39 II, 189,29–31.

[126] Duodecim consilia evangelica, (1540/41?), WA 51, 460,22–26: Ex his enim intelligis, quid voverint viri illi perfecti, Monachi et Sacerdotes, dum Consilia (id est Dei praecepta) primo

Sinn entschärft; was ihnen als Anspruch Gottes entzogen wird, ist in Gestalt der „Ratschläge" zu einer verkehrten Menschenlehre geworden.

Im Gegensatz zur kirchlichen Tradition versteht Luther jene Sätze, die zu „evangelischen Ratschlägen" deklariert worden waren, als legitime, sogar notwendige Auslegung der Gebote Gottes.

[In der kirchlichen Lehrtradition werde Mt 5,17 ff so verdreht,] das Christus hie nicht von seinen Christen alles geboten noch gehalten wolle haben, was er jm funfften Capitel leret, sondern habe viel stuck allein geraten denen, so volkomen sein wollen, und [es] möge sie halten wer do wolle, unangesehen das Christus daselbs zorniglich drewet [Mt 5,19], sie sollen jm hymel nichts sein, wer der geringsten solcher geboten eines auflöset, und nennets mit dürren worten ‚Gebote'. Daher haben sie die zwelff Consilia Evangelij ertichtet, zwelff guter rat jm Evangelio, die man halten müge, wer da wolle, so er etwas fur und uber andern Christen höhers und volkomers sein wil.[127]
Und ist gar gemein bey jn [:ihnen] die lere von den zwelff Consilijs Evangelicis, Als da sind: Nicht böses vergelten, nicht rechen, den andern backen darbieten, dem ubel nicht widderstehen, den mantell zum rock lassen, zwo meil fur eine gehen, Geben allem der bittet, Leyhen dem der abborget, Bitten fur die verfolger, Lieben die feinde, Wolthun den Hessern [:Hassern] etc., wie Christus hie leret.[128]

Von den drei, für das Mönchtum fundamentalen Ratschlägen der Armut, des Gehorsams und der Keuschheit – in den Listen der zwölf Ratschläge bilden sie den Anfang – läßt Luther nach dem exegetischen Befund des Neuen Testamentes nur für die Keuschheit gelten, daß sie von Paulus in 1Kor 7,25 und von Jesus in Mt 19,12 empfohlen werde, aber nur als eine besondere „Gnade".[129] Hat man die mönchische Armut mit dem Bericht Apg 4,32 ff über die urchristliche Gütergemeinschaft begründen wollen, so hält Luther dem entgegen, daß man dort nicht mit einem Gelübde einen Ordensstand begründet habe, sondern ein Beispiel der Nächstenliebe in sozialem Verhalten gegeben habe.[130] Der Ratschlag eines speziellen mönchischen Gehorsams entfällt mit der grundsätzlichen Absage an den Dualismus von Geboten und zusätzlichen Ratschlägen.

---

non necessaria Christiano ad salutem docerent, deinde nova Idolatria in traditiones humanas, imo daemoniacas doctrinas deformata voverent. Nam Praecepta Dei facere Consilia nonne est humana traditio, imo horribilis et Diabolica blasphemia?

[127] Wochenpredigten über Mt 5–7, 1532, Vorrede, WA 32, 299,28–300,8.
[128] Ebd. WA 32, 300,15–20.
[129] Kleine Antwort auf Herzog Georgen Buch, 1533, WA 38, 161,10 f: im Evangelio kein Consilium ist, on [:ausgenommen] die Jungfrawschafft, jnn 1 Cor 7 [V. 25] Und Mt 19 [V. 12]. – Vgl. ebd. 162,10–36 die Ausführungen zur Keuschheit des Ehestandes.
[130] Ebd. 38, 163,11–164,6, mit dem Fazit ebd. 163,35–164,1: Der Apostel werck ware eine gesellschafft [:soziale Maßnahme] und nicht ein Orden des armuts, den sie gelobten, da durch heilig und from zu werden, wie die Münche thun, Sondern, Es war ein gut exempel gegen die menschen, den selben zu helffen, und nicht ein Gottes dienst, gegen Gott, da mit heilig zu werden. – Im Kontext ist hier Luthers Kritik am Mönchtum verschärft durch den Gedanken an die monastische Praxis, die besonders qualifizierten geistlichen Fürbittleistungen der Ordensleue den Weltchristen anzubieten als Gegenwert für deren materielle Zuwendungen an die Klöster nach dem Grundatz „Beneficium propter officium" (ebd. 38, 164,28).

140 Kap. 4: Der Mensch in geschöpflicher Verantwortung vor Gott und den Menschen

[Luther schreibt von den Theologen des Mittelalters] das sie das Evangelium ynn tzwey teyll geteylt haben, ynn Consilia et praecepta, gepott und redte. Christus hatt ym gantzen Evangelio nur eynen radt geben, nemlich die keuscheytt [Mt 19,12 ff], die man auch ym leyhenstandt hallten mag, wer die gnade hatt. Aber sie haben tzwölff redte drynnen [:im Evangelium] gemacht. [...] Damit haben sie nu die wellt aber teyllet unnd sundertt [:wiederum zerteilt und gesondert], yhr leben ynn die redte, der leyhen ynn die gepott gesetzt, geben fur, yhr leben sey hoher denn die gepott gottis; daruber ist des gemeynen Christen leben und der glawbe worden wie eyn fawll, sawr bier, da hat yderman die augen auffthan, die gepott vorachtett und [ist] nach den redten gelauffen.[131]

Die theologische Wurzel in Luthers Ablehnung eines religiösen Sonderstatus der „evangelischen Ratschläge" liegt in seiner bereits 1518 veröffentlichten radikalen Interpretation des für alle Menschen gleichermaßen verbindlichen Dekalogs (s. o. Kap. 4.2). Daraus erwächst seine Kritik an dem Dualismus einer einfachen und einer höheren Religiosität, die im Laienstand einerseits und im Ordensstand andererseits ihre Lebensform hat. Sein Urteil über diese duale Struktur christlicher Religiosität läßt sich nicht trennen von der Einsicht in die abgrundtiefe Gottesentfremdung des Menschen und das absolut gesetzesfreie Heil des Evangeliums.

Die Problematik der „evangelischen Ratschläge" verstärkt sich, wenn sie als Gelübde des Ordensstandes gesetzliche Verbindlichkeit erhalten, zumal sie in der feierlichen Profeß vor Gott abgelegt werden als unauflösliches Versprechen auf Lebenszeit. Aus der reformatorischen Kritik an der Dualität von Gottes Geboten und speziellen religiösen Ratschlägen entstand für jene Ordensleute, die unter den Einfluß der reformatorischen Theologie gerieten, die dringliche Frage nach der Vereinbarkeit bereits geleisteter Gelübde mit dem neuen, evangelischen Verständnis des Christentums. Luther hatte das Problem für sich selbst als brennende Gewissensfrage zu durchdenken. Nach zwei Thesenreihen, die er während seines Wartburg-Aufenthaltes den Wittenberger Freunden zukommen ließ,[132] verfaßte er die umfangreiche, von persönlicher Betroffenheit diktierte Schrift De votis monasticis iudicium, 1521, mit dem biographisch eindrucksvollen Widmungsbrief an seinen Vater.[133]

---

[131] Weihnachtspostille, 1522, zu Gal 3,28, WA 10 I 1, 497,20–498,7. Zum Kontext s. u. das Zitat bei Anm. 140.

[132] Das Problem, das sich notwendigerweise mit der reformatorischen Theologie aufdrängte, behandelte während Luthers Wartburg-Aufenthalt Andreas Bodenstein aus Karlstadt, gen. Karlstadt, im Sommer 1521 in Disputationsthesen sowie in einem Traktat; Melanchthon hat das Thema in seinen Loci communes, 1521, aufgegriffen. Sowohl Karlstadts Texte als auch die ersten Druckbogen von Melanchthons Loci communes erhielt Luther zugesandt. Dadurch wurde er angetrieben, seine eigene Auffassung zu explizieren. In einem Brief an Melanchthon, 9.9.1521, ist er auf dessen Ansicht eingegangen, Nr. 428 WA.B 2, 382,5 ff. Gleichzeitig schickte er die erste Reihe von Themata de votis, kurz danach die zweite Reihe nach Wittenberg; dort wurden beide Thesenreihen in einem Druck vereinigt; Themata de votis, 1.und 2. Reihe, 1521, WA 8, 323–329 und 330–335.

[133] De votis monasticis iudicium, 1521, WA 8, 573–669; ebd. 573–576 der Brief an den Vater, 21.11.1521. – Einige Gedanken dieser Schrift beggnen auch in dem wenig später verfaßten

4.3 Gottes Gesetz kann weder überboten noch erfüllt werden

Luthers Reflexion ist im Hintergrund davon bestimmt, daß im Christentum einerseits Gottes Dekaloggebote in ihrem vollen Anspruch hochzuhalten sind und andererseits das ganze Heil als Freiheit von jeder Art Gesetz dem Evangelium und dem Christus-Glauben zugeschrieben werden muß. Seine Auseinandersetzung mit dem Ordensleben ist auf die Gelübde konzentriert, während Merkmale des monastischen Lebens wie Armut, Askese und Keuschheit nicht im Vordergrund stehen; diese drei Kennzeichen des monastischen Lebens behandelt erst der letzte Teil der Abhandlung.[134] Tatsächlich bilden die Ordensgelübde das Rückgrat des monastischen Lebens. Sie bestimmen, theologisch betrachtet, das institutionelle Wesen dieser religiösen Lebensform, deren Praxis durch die Ordensregeln und Ordensstatuten geordnet wird. Die Gelübde als solche, nicht die äußerlich erkennbaren Lebensmerkmale, konstituieren den geistlichen Charakter des Ordensstandes. Luther läßt durchblicken, daß er mit den Gelübden das „Institut" des Ordenslebens im Visier habe.[135]

Nach dem traditionellen Grundverständnis des Christentums entscheidet sich jeweils ein einzelner Christ in individueller Willensfreiheit für das monastische Leben. Auf die Freiwilligkeit der persönlichen Entscheidung wird großer Wert gelegt. Niemand soll unter Zwang das Ordensleben wählen. Der Lebensstatus des Christen ändert sich jedoch grundlegend, wenn er in einem feierlichen Gottesdienst bei der Profeß das „ewige", das heißt nicht mehr auflösbare, Ordensgelübde leistet. Von nun an ist der Mönch oder die Nonne sowohl gegenüber Gott als auch gegenüber dem Orden verpflichtet, das Gelübde einzulösen. Das prägt von nun an dieses Christenleben. Häufig wird eine an Ps 75/76,12 anknüpfende Sentenz zitiert: „Vovere est voluntatis, sed reddere est necessitatis". – „Geloben ist eine Willenssache, aber das Einlösen des Gelübdes ist eine Notwendigkeit".[136] Luther umschreibt den Satz und fügt sinngemäß hinzu, daß durch das Gelübde aus dem Ratschlag ein Gesetzesgebot geworden ist.[137] Im Ordensstand steht der Christ unter einem besonderen Gesetz. Das Gott und dem Orden geleistete Gelübde gibt den „evangelischen Ratschlägen" höchste Verbindlichkeit, mit Vorrang den drei Gelübden der Armut, des Gehorsams, der Keuschheit.[138]

Exkurs der Weihnachtspostille zu Mt 2,1–12, WA 10 I 1, 681,24–709,9, separat gedruckt als Bedenken und Unterricht von den Klöstern und Gelübden der Geistlichen, 1522.

[134] De votis monasticis iudicium, 1521, WA 8, 641,23–666,11.

[135] Ebd. WA 8, 612,23–30; 614,22 f; 617,28 f; 618,1–6; 628,35–38.

[136] Der Satz wird vielfach auf eine Glosse zu Ps 75,12 Vg „Vovete et reddite" zurückgeführt; vgl. Glossa Lombardi, PL 191,709A: Vovere enim consulitur voluntati, sed post voti promissionem necessario redditio exigitur. – Manchmal wird der Satz Augustin zugeschrieben; vgl. Thomas, STh 2 II q.10 a.8 ad 3; Bonaventura, Sent.4 d.38 a.1 q.2 arg.a und a.2 q.3 arg.a; Biel, Canonis missae expositio, lect.69 F8–10 (3,141).

[137] De votis monasticis iudicium, 1521, WA 8, 595,16–18: Quid est enim votum nisi lex quaedam? Teste ipsorummet voce, qua dicunt: Id quod ante votum liberum erat, post votum necessarium est, et iam non consilium, sed praeceptum est.

[138] Vgl. Weihnachtspostille, 1522, zu Mt 2,1–12, WA 10 I 1, 696,20–697,1: Daher ists kommen, dass sie die gelubd geteyllt haben yn substantialia und accidentalia. Das ist: ettlich gelubd sind

Das höchstverbindliche Gelübde macht den Ordensstand zum Exponenten einer sakralgesetzlichen Gestalt des Christentums und verleiht ihm das Ansehen eines Standes christlicher Vollkommenheit. Diese Einschätzung des Mönchtums bestätigen die führenden Theologen des Mittelalters, die größtenteils selbst dem Ordensstand angehörten.[139] Luther spricht über die allgemein geltende Auffassung von der christlichen Vollkommenheit des Mönchtums so, als sei sie von den Theologen eingeführt worden.

[Die Theologen haben die Meinung] ynn die wellt bracht unnd ßo tieff ynn alle hertzen trieben, [...] das der geystlich stand sey eyn stand der volkomenheyt; damit haben sie eyn solch ßonderung tzwischen sich unnd dem gemeynen Christenman gemacht, das sie fast alleyn fur Christen geachtet sind, die andern als die untüchtigen, furwurffen asschenprodel gehalten [...] yderman ist tzugelauffen und hatt wollen volkommen seyn unnd den gemeynen standt vorachtet als das nichtige, biß das sie dahynn kommen seynd, das sie meynen, es muge niemandt frum noch selig werden, er sey denn geystlich. Sihe, alßo ist der glawbe zu poden gangen und die werck und orden auffkommen, gerad als stund nit alleyn [:nicht nur] frum und selig werden ynn yhrem weßen [:im Ordenswesen], ßondern auch die volkommenheyt, ßo es doch alles alleyn ym glawben ligt, beyde frum und volkommen seyn.[140]

Luthers theologische Analyse des Ordensstandes reflektiert auch die Situation, in der er selbst und mancher andere sich befindet, weil mit dem Evangelium die einzigartige Freiheit des Heils in Jesus Christus erfahren und öffentlich zur Sprache gebracht wird. Das neue, reformatorische Verständnis der christlichen Religion dürfe dem Gewissen des einzelnen nicht auf rigorose Weise aufgenötigt werden. Dafür nimmt er als Muster, daß Johannes der Täufer nach Mt 11,2 f seine Jünger, die anders als er selbst noch zweifelten, ob Jesus der erwartete Messias sei, dazu veranlaßt, sich von Jesus selbst ihre Frage mit Gewißheit beantworten zu lassen.

Außer Christo ist keyn hulff noch rad, wie heylig die menschen ymer seyn mugen, gleychwie auch itzt, was hulffs die munch und nonnen, das sie S.Benedict, Bernhard, Franciscus, Dominicus, Augustinus regel hallten und folgen, wo sie nicht den eynigen Christum alleyn ergreyffen, und auch yhren Johannem vorlassen? Alle Benedicter, carthußer, barfusser, prediger [:Dominikaner], Augustiner, carmeliten, alle munch und nonnen sind gewißlich vorloren, und alleyne die Christen selig, was nicht Christen ist, den[en] hilfft auch Johannes der teuffer nicht. [...] Doch gehet Johannes sanfft mit yhn umb, duldet yhren schwachen glawben, biß das sie starck werden, furwirfft sie nicht drumb, ob sie yhm nit ßo

---

unbeweglich, ettlich beweglich. Der unbeweglichen haben sie drey gemacht: Armut, keuscheyt und gehorsam. Die andern alle mit der gantzen regel unnd orden nennen sie bewegliche. – Die theologische Kritik folgt ebd. 697,17–698,3.

[139] Entscheidende Elemente dieser Lehrtradition liefern Thomas, STh 2 II q. 186–189 (de his quae pertinent ad perfectionem religiosorum) und Bonaventura, Breviloquium, p. 5 c.9 n. 1.3.6.

[140] Weihnachtspostille, 1522, zu Gal 3,28, WA 10 I 1, 496,6–19. Luther stützt sich in seinem Urteil auf die mit Gal 3,27 f. in Taufe und Christusglauben begründete Einheit und Gleichheit der Christenheit in Christus.

festiglich glawben [vgl. Mt 11,2]. Alßo muß man auch thun den gewissen, die ynn heyliger menschen exempel und regell ausser Christo gefangen sind, biß man sie erauß bringe.[141]

Bernhard von Clairvaux war für Luther ein leuchtendes Beispiel dafür, daß man im Ordensstand leben könne, ohne aus dem eigenen Ordensleben für sich selbst Heilsverdienste abzuleiten. Bernhards geistliche Freiheit gegenüber dem Mönchsstand findet er in zwei, disparat überlieferten Sätzen ausgesprochen.[142] Beide kann Luther ohne weiteres als zusammengehörig betrachten, da sie sich inhaltlich ergänzen; in dem einen leugnet Bernhard den Heilswert seines eigenen Mönchslebens, in dem anderen setzt er seine ganze Heilszuversicht auf Christus.[143]

Muste doch Sanct Bernhard, der aller frömest Münch, da er [...] ein mal tödlich kranck war, an aller seiner Müncherey verzweyveln und widderumb ein Christ werden und also sagen [...] ‚Ich habe verdamlich gelebt und mein leben verloren, Aber das ist mein trost, das mein Herr Jhesus Christus das himelreich mit zweyerley recht jnne hat, Eines ist, das er natürlicher Gottes Son ist, darumb er nicht allein selig, sondern auch ein Herr aller seligkeit ist, Das ander: Er ist auch Marien Son und mensch, der durch sein leiden das himelreich verdienet und mit recht erworben hat und solchen verdienst und recht (denn ers nichts [:keineswegs] bedurfft) mir geschenckt hat' etc.[144]

Die geistliche Freiheit im Ordensleben, wie sie Bernhard gehabt habe, empfiehlt Luther denen, die in ihrem Gewissen nicht mehr am traditionellen Verständnis ihres Ordensstandes festhalten können, weil die Wahrheit des Evangeliums sie überzeugt hat. Wo es einem Ordensangehörigen gegeben sei, im wahrhaft christlichen Glauben sein Heilsvertrauen absolut ausschließlich auf Christus zu gründen und seinem Mönchsleben keinerlei Heilswert zuzuschreiben, da lautet Luthers Rat: „Bleib dank der Freiheit des Christenmenschen im Ordenssstand". Wo jedoch die Möglichkeit fehle, in der geistlichen Glaubensfreiheit des Christen monastisch zu leben, wo solch Leben etwa durch psychischen Druck verhindert werde, da lautet Luthers Rat: „Verlaß mit gutem Gewissen das Kloster und die mönchische Lebensweise".

Kanstu deyn gewisssen und seele erlößen durch diße lere unnd ym geystlichen stand alßo leben, das du nit dadurch frum [:gerecht] und selig zu werden gedenckist, sondern nur deynen glawben drynn uben willt ubir deynen leyb unnd dienen deynem nehisten, ßo bleyb drynnen, darffst nit erauß lauffen; kanstu aber nitt, und deyn gewissen will gefangen bleyben, ßo ists besser, du tzureyssest kappen und platten, lassist meß unnd gepett

---

[141] Adventspostille, 1522, zu Mt 11,2 f, WA 10 I 2, 151,18–30.
[142] Der eine steht bei Bernhard, Super Cantica sermo 20, c.1 n. 1, ML 183,867, ed.crit. 1, 114,16–18, der andere in der Vita autore Alano, sog. Vita secunda, 13,39, ML 185,491.
[143] Luther hat beide Texte lose verbunden in De votis monasticis iudicium, 1521, WA 8, 601,18–24; in anderen Fällen wie in dem oben folgenden Zitat behandelt er sie als eine Einheit.
[144] Kleine Antwort auf Herzog Georgen Buch, 1533, WA 38, 154,7–16.

ewiglich faren und werdist ettwa eyn sawhyrtt; kann dyrß nitt besser werden, denn die seel unnd gewissen tzurloßen, soll man sich keyn ding ym hymell unnd erden hallten lassen.[145]

Gleichzeitig warnt Luther davor, den Klosteraustritt zu leicht zu nehmen, weil ohne gute Gewissensprüfung diese schwerwiegende Entscheidung später eine Gewissensbelastung werden könnte. Das Verhältnis zu Gott dürfe nicht durch ein unlauteres Motiv belastet werden. Innere und äußere Freiheit dürften nicht verwechselt werden. Die Gewissensprüfung brauche sich nur auf die gegenwärtige Situation zu beziehen, nicht auf die Motivation, mit der man einst das Ordensgelübde abgelegt habe.

Doch sihe tzu, das du nitt den schalck kucken [:den Bösewicht Kuckuck rufen] lassist und lassist [:verlassest] solchen stand nicht auß rechtem grund; denn der allt Adam schmückt sich gar gernn [...] Menschen magistu triegen, Gott wirstu nicht triegenn; lessistu deynen standt alleyn, das du frey leben und des orden loß werden mugist [:möchtest] und nit alleyn des gewissen erlößung suchist, ßo hastu myr nit gefolgett, ich hab [es] dyr auch nicht geradten, das solltu wissen; du kanst ym orden woll bleyben und das gewissen frey behalten nach dißer lere. [...] Bistu aber yhe ßo schwach und kanst nit das gewissen alßo frey behalten, ßo ists besser: nur weyt von dem stand.[146]

Ob man in der Freiheit des Glaubens im Ordensstand bleibt oder aus dem Orden austritt, in jedem Fall drängt die reformatorische Erkenntnis dazu, als Christenmensch in der Freiheit des Evangeliums die Gebote Gottes ernst zu nehmen. Es gibt für das Leben des Christen kein Feld höherer Verbindlichkeit jenseits der für alle Menschen geltenden Gebote Gottes, die in ihrem radikalen Sinn begriffen werden müssen; denn Jesus hat in seiner Verkündigung den geistlichen Sinn des Dekalogs nicht überboten. Den Teil seiner Schrift über die Mönchsgelübde, der über deren Widerspruch zu Gottes unüberbietbaren Geboten handelt,[147] schließt Luther mit dem Satz:

Quare liberum semper manet, imo necessarium, mutare et revocare hoc votum et redire ad libertatem Christianam et mandata divina.[148]	Deshalb bleibt es immer frei, aber gewiß doch notwendig, dieses Gelübde zu verändern und zu widerrufen und zur christlichen Freiheit sowie zu Gottes Geboten zurückzukehren.

---

[145] Weihnachtspostille, 1522, zu Gal 3,28, WA 10 I 1, 493,14–494,1. – Die Wendung „fromm und selig", oder „gerecht und selig" bzw. lateinisch „iustus et salvus" (so mehrfach in De votis monasticis iudicium, 1521) bezeichnet das ganze Heil in der Einheit von gegenwärtigem Gerecht- und ewigem Selig-Sein.

[146] Ebd. WA 10 I 1, 494,6–16.

[147] An die vorhergehenden drei Kapitel anknüpfend, beginnt das 4. Kapitel De votis monasticis, 1521, WA 8, 617,17–21: Vidimus itaque, ut monastica institutio sit non solum non ex deo (cuius nullum habet testimonium de scriptura, neque ullum signum aut prodigium, quo sit coelitus comprobata, quin magis prohibita ac reprobata, ut et aliae omnes traditiones humanae), verum etiam adversus fidem christianam et libertatem Evangelicam pugnet. – Kurz danach erklärt Luther, ebd. 617,28 f: Non disputo, ut sancti vixerint sub instituto isto, sed de ipso instituto.

[148] Ebd. WA 8, 629,18–20.

4.3 Gottes Gesetz kann weder überboten noch erfüllt werden

B) Wird der Dekalog in seiner ganzen Schärfe verstanden und dem Menschen bewußt gemacht, so zeigt sich, daß Gottes Gesetz den Menschen in seiner gegenwärtigen Situation der Gottesentfremdung mit dem Anspruch des Unmöglichen konfrontiert.[149] Denn Luther ist davon überzeugt, daß der Mensch durch Einsicht in Gottes Gesetz die volle Erkenntnis seiner selbst vor Gott gewinnt, wenngleich erst das Evangelium den Menschen zur wahren Gotteserkenntnis befreit. Nur an der Radikalität des Gesetzes will sich die Reinheit des Evangeliums bewähren.

Allerdings gerät Luther mit der herrschenden kirchlichen Lehre in Konflikt, weil er darauf besteht, daß das Gesetz Gottes vom Menschen Unmögliches fordere. In der kirchlichen Tradition galt weithin der Satz: „Wer da sagt, Gott habe etwas Unmögliches geboten, der sei verdammt". – „Anathema sit, si quis ait Deum aliquid impossibile praecepisse". Die Sentenz wurde dem Kirchenvater Hieronymus zugeschrieben; de facto stammt sie jedoch von dessen Zeitgenossen Pelagius.[150] Dank der Autorität des Hieronymus war der gewichtige Satz allgemein anerkannt,[151] zumal er in das herrschende Grundverständnis der christlichen Religion integriert werden konnte.

Mit mehreren Anspielungen auf diesen Satz in seiner Römerbrief-Vorlesung (1515–1516) verrät Luther, daß er dessen herkömmliche Verwendung kennt und mißbilligt. Unmißverständlich übt er in der 1518 publizierten lateinischen Dekalogauslegung theologische Kritik an der Ansicht, Gottes Gebote verlangten vom Menschen nichts Unmögliches.[152] Er erklärt: Gottes Gebote fordern tatsächlich Unmögliches vom Menschen in seiner gegenwärtigen Gottesentfremdung; sie richten sich gegen tief wurzelnde Sünden wie z. B. den Zorn, der den Menschen

---

[149] Enarrationes epistolarum et evangeliorum, 1521, zu Mt 11,2 ff, WA 7, 509,3 f: per legem non nisi cognitio peccati [vgl. Röm 3,20], qua intelligimus impossibile esse, nos ex nobis esse aut fieri bonos. – Ebd. 510,5–7: Hi vero recte docent, qui per legem terrent homines, dum eos docent, non posse unum opus legis facere, quia corda eorum pura esse non possunt, sicut lex requirit, esseque legem eis impossibilem factu.

[150] Mit leichten Varianten ist der Satz mehrfach belegt bei Pseudo-Hieronymus, z. B. Ep. 16 ad Demetriadem, ML 30, 181 (= Symboli explanatio ad Damasum n. 6, ML 39, 2183). – Authentische Quelle ist jedoch Pelagius, Libellus fidei ad Innocentium n. 10, ML 45, 1718.

[151] Z. B. Petrus Lombardus, Sent. 2 d.36 c.6 n. 344. – Thomas, STh 1 II q.109 a.4 arg.2. – Bonaventura, Sent.1 d.47 q.4 ad 3; Sent.3 d.27 a.2 q.6 arg.b; Sent.4. d.4 p. 2 q.1 co. – Biel, Sent.2 d.28 K12 (2, 539); Sent.3 d.27 P11 f. (3,502) u. ö. – Im Rechtfertigungsdekret des Konzils von Trient wird der Satz zustimmend aufgegriffen, Decretum de iustificatione c.11 und can.18; DH 1536 und 1568.

[152] Decem praecepta, 1518, WA 1, 467, 37–468,8: Igitur cogitandum semper, ut non tantum ira, sed fomes ipse irae et totus Adam occidatur, arbor cum fructibus et radice. ‚Ira enim viri iustitiam dei non operatur' [Jac 1,20]. Non enim praecepta sic tantum sunt discenda, ut scias confessionem facere, Quia iste fomes non pertinet ad confessionem, sed tantummodo opera, neque tollitur per confessionem, quia neque per baptismum, Sed ad cognoscendum peccatum, et quid faciendum tibi sit, et quid a deo petendum; per legem enim cognitio peccati [Rom 3,20], Quia praeceptum dei plus requirit quam possumus. sed hic clamant ‚ergo impossibilia praecipit?' Haec est blasphemia. ‚ergo iniuste damnat?' Respondetur: non. Sed ideo praecipit, ut misereatur et humiliet ad gratiam quaerendam. Qui enim solum discit ea [:praecepta decalogi], ut possit confiteri, vadit praesumens facere quae didicit, et peius semper ruit, nihil aliud faciens nisi quod conscientiam auget et magnificat.

zum Sünder macht, was Jesus in Mt 5,21 ff als Sünde gegen das fünfte Gebot aufdeckt,[153] während die kirchliche Morallehre diese im Menschen sitzende Regung nicht als wirkliche Sünde, sondern lediglich als „Zündstoff" für Sünde gewertet habe. Wenn deshalb Gottes Gebote fordern, daß der Mensch von seiner Grundsünde frei und der „ganze Adam" in ihm getötet werde, so wird Unmögliches vom Menschen gefordert, kann doch weder der Taufritus noch die kirchliche Beichtpraxis den Menschen von seiner Radikalsünde befreien. Für Luther hat Gottes Forderung des Unmöglichen einen geistlichen Sinn, weil sie den Menschen zur vollen Selbsterkenntnis vor Gott bringt und ihn dazu antreibt, Gottes befreiende Gnade für sich selbst zu suchen.

Die eindeutigen Ausführungen Luthers in seiner großen Dekalogauslegung, 1518, hatten zur Folge, daß die Theologen der Universität Löwen daran Anstoß nahmen. In ihrer Verurteilung von Lehrsätzen Luthers verwarfen sie unter anderem die Sätze Luthers, daß es dem Menschen unmöglich sei, Gottes Gebote zu erfüllen, und daß Gottes Gebote vom Menschen Unmögliches fordern. Die Löwener Theologen haben das zu Recht begründet gefunden in der Ansicht Luthers über das abgründige Sünder-Sein des Menschen, was sie mit weiteren Sätzen aus derselben Schrift belegt haben.[154]

Das Lehrurteil seiner Fakultät hat der Löwener Theologe Jacobus Latomus in einer Schrift, 1520,[155] verteidigt, mit der sich Luther in seiner Wartburg-Zeit auseinandergesetzt hat.[156] Dort kommt er auch auf dieses Thema zu sprechen.[157] Die Frage war nicht, ob der von der Autorität des Hieronymus gedeckte Satz authentisch sei oder nicht. Der Diskurs drehte sich auch nicht nur mehr oder

---

[153] Vgl. ebd. WA 1, 469,4–13.

[154] Zusammen mit einer Verurteilung der Lehre Luthers durch die Kölner Theologen haben die Löwener Theologen ihr durch Zitate aus Schriften Luther spezifiziertes Verwerfungsurteil publiziert. Das Lehrdokument hat Luther seiner Responsio vorangestellt; Condemnatio doctrinalis librorum Martini Lutheri per Lovanienses et Colonienses. Responsio Lutheriana, 1520, WA 6, 174–180.181–195. – Das Lehrurteil der Löwener Theologen, enthält u. a. ein Konglomerat von Sätzen aus Luthers Decem praecepta, 1518, in Luthers Publikation, 1520, WA 6, 177,22–30: Circa mandata dei dicit: [1.] vgl. WA 1, 468,3 f] ‚Deus ligat hominem ad impossibile', et quod [2.) vgl. WA 1, 515,5–32] divino praecepto tenemur ad non habendum fomitem peccati, quem quia habemus et in hac vita carere non possumus, semper peccamus, item quod [3.) WA 1, 399,11] ‚omnes filii Adae sunt idolatrae', et infra [4.) WA 1, 429,12–14]: ‚Si hoc praeceptum [: primum praeceptum] servaremus, nulla esset superbia, id est nulla radix peccati, nullum initium peccati ac per hoc nulla peccata essent, sed pax, amor' etc. addens [WA 1, 429,15–17] ‚quod non in hac vita sperandum est, ideo semper manemus peccatores et huius praecepti transgressores, solo hoc sacrificio salvi, quod hanc transgressionem non ignoramus neque negamus'.

[155] Jacobus Latomus, Articulorum doctrinae fratris Martini Lutheri per theologos Lovanienses damnatorum ratio ex sacris litteris et veteribus tractatoribus, 1521. Das Widmungsschreiben ist auf den 31.12.1520 datiert.

[156] Rationis Latomianae confutatio, 1521, WA 8, (36) 43–128.

[157] An die Spitze seines Werkes stellt Latomus vier von ihm verworfene theologische Sätze Luthers, deren erster lautet: Deus praecepit impossibilia; vgl. Luthers Entgegnung WA 8, 53,11–57,2 (hier wird als Autorität dieses Satzes Hieronymus namentlich erwähnt, ebd. 53,17 und 56,8). Den Streitpunkt berührt Luther noch einmal ebd. 93,21–29.

weniger explizit um die Interpretation des Dekalogs, sondern um Kernfragen der Rechtfertigungslehre mit all ihren strittigen Begriffen, wie Sünde, freier Wille und dessen Leistungsfähigkeit sowie Gnade und menschliche Disposition für die Gnade. Die Kluft zwischen Luther und der kirchlichen Lehre, die von Latomus mit Berufung auf Kirchenväterzitate verteidigt wurde, trat in vollem Maß zutage.

Die Theologen des Mittelalters haben nicht uneingeschränkt behauptet, Gottes Gesetz fordere vom Menschen nichts Unmögliches, sondern könne von ihm erfüllt werden. Sie haben eine Differenzierung vorgenommen, die ihrem Grundverständnis der christlichen Religion entsprach. Indem Luther diese differenzierende Lehre angreift, wird deutlich, daß das Grundverständnis der christlichen Religion strittig geworden ist. Gleichzeitig schneidet er in seiner Polemik verschiedene Punkte der scholastischen Lehre an, die ihm durch sein eigenes theologisches Studium besonders gut aus der spätfranziskanischen Lehrtradition vertraut waren. Diese Details können hier ausgeblendet werden, weil die grundlegende Unterscheidung von der scholastischen Theologie generell geteilt worden ist und in ihrer Allgemeingültigkeit von Luthers Kritik getroffen wird.

Die scholastische Lehre erklärt, der Mensch könne Gottes Gesetz nur nach dem Tatbestand (secundum substantiam facti) erfüllen. Mit diesem faktischen Erfüllen von Gottes Gesetz wird der Mensch jedoch noch nicht dem Heilswillen Gottes gerecht. Die allgemein geteilte Meinung lautet grob skizziert: Nach Gottes Willen muß der Mensch, damit er das ihm bestimmte ewige Heil erlange, in seiner Seele mit der sakramental vermittelten Gnade – sie ist für die franziskanische Lehrtradition identisch mit der habituellen Gabe der Gottesliebe – ausgestattet werden. Im Besitz der übernatürlichen Gnade kann er dann Werke vollbringen, mit denen er sich Verdienste für sein ewiges Heil erwirbt. Die allgemeine Lehrmeinung läßt sich, frei von scholastischen Detailproblemen, mit Johannes Gerson (1363–1429) belegen:

Demzufolge kann man sagen, daß die Erfüllung der Gebote, irgendwie in vielen Fällen, nach dem Tatbestand des Gebotes nicht zugleich die gerechtmachende Gnade erfordert, obwohl damit nicht der Absicht Gottes als des Gebietenden entsprochen wird, wenn sie nicht in der Gnade oder aus der Gnade heraus getan werden. Gottes Absicht ist allerdings bei jedem Gebot, daß wir dadurch den Eintritt in das ewige Leben verdienen [vgl. Mt 19,17]. Aber diese Absicht Gottes ist unseres Erachtens nicht immer so verpflichtend, daß bei ihrer Nicht-Beachtung Sünde begangen wird. Gottes Absicht ist nur bedingungsweise verpflichtend [...], wenn wir verdienstvoll handeln wollen oder müssen, wie das der Fall ist beim Empfang der Sakramente oder wenn wir nach Sünde die Gnade wiedererlangen oder aus dem Gnadenbesitz heraus handeln müssen. In diesem Sinn wird das Wort Christi verstanden [Mt 19,17]: ‚Wenn du zum ewigen Leben eintreten willst, befolge die Gebote'.[158]

---

[158] Johannes Gerson, De vita spirituali animae, lect.1 (Glorieux 3, 118): Deinde dici potest quod impletio praeceptorum ut in multis quantum ad substantiam praecepti non coexigit gratiam gratum facientem, quamvis intentio praecipientis non observetur, si non fiant in gratia vel ex gratia; intentum quippe est in omni praecepto ut per illud mereamur ad vitam ingredi [Mt 19,17]; sed hanc intentionem non semper ponimus esse obligatoriam simpliciter ad peccatum si non observetur; tantummodo conditionaliter obligat, [...] si mereri volumus aut dum mereri

Die Unterscheidung läuft darauf hinaus, daß der Mensch mit zwei Gerechtigkeitsforderungen konfrontiert ist, denen er gerecht zu werden hat, wenn er des ewigen Heils teilhaftig werden soll: Zum einen fordert von ihm das mit dem Dekalog identifizierte Gesetz eine moralische Gerechtigkeit.[159] Zum anderen fordert Gottes Heilsordnung eine übernatürliche, durch die kirchlichen Gnadenmittel ermöglichte Gerechtigkeit, die dem Menschen den Zugang zum ewigen Heil freigibt. Das Verhältnis beider Größen zueinander ist in den großen Lehrrichtungen der scholastischen Theologie unterschiedlich formuliert worden. Wie auch immer diese beiden Größen genauer aufeinander bezogen werden, das grundlegende Problem liegt in der Abstufung zwischen einer moralischen und einer übernatürlichen Gerechtigkeitsforderung oder Handlungsebene. Wird die eine durch das moralische Gesetz, also den Dekalog, repräsentiert, so die andere durch das in Christus gestiftete Heilsgesetz, das vom Gläubigen bestimmte religiöse Leistungen verlangt. Die übernatürliche Gerechtigkeitsforderung ist auf die moralische in der Weise bezogen, daß die moralische Gerechtigkeit aufgebracht werden muß, damit sie von der übernatürlichen Gerechtigkeit des Gnadenstandes mit höherer Qualität ausgefüllt wird. Deshalb wird in der theologischen Tugendlehre die sakramental vermittelte Gnade eng verknüpft oder gleichgesetzt mit der umfassenden übernatürlichen Tugend der Liebe, die als Königin der Tugenden unter dem Primat der Gottesliebe auch die Selbst- und die Nächstenliebe auf Gott hin ausrichtet und alle moralischen Tugenden mit religiöser Verdienstlichkeit aufwertet.

Es ist festzuhalten: Die geforderte Erfüllung des Gesetzes nach dem Tatbestand ist dem Menschen möglich; sie muß jedoch der von Gott gesetzten christlichen Heilsordnung unterstellt werden, sobald der Mensch für sich die ewige Seligkeit erlangen will. Die christliche Heilsordnung fordert vom Menschen, daß er über den Dekalog hinaus alle Forderungen erfüllt, die im Zusammenhang des kirchlichen Gnadensystems an ihn gestellt werden, und daß er sich möglichst die als „evangelische Ratschläge" begriffenen Forderungen der Bergpredigt zu eigen macht. Die Erfüllung aller übernatürlichen, dem ewigen Leben dienenden Forderungen wird im Ordensstand am vollkommensten ermöglicht.

Luther verwirft die mittelalterliche Zuordnung von zwei Gerechtigkeitsforderungen oder Handlungsebenen, der moralischen und der übernatürlich religiösen. Seine Kritik resultiert aus einem neuen Verständnis sowohl der Gebote Gottes als auch des Evangeliums. Indem er durch die Auslegung des Dekalogs die Radikalität und Unerfüllbarkeit von Gottes schlechthin geltendem Anspruch an den Menschen zur Sprache bringt, versteht er zugleich das Evangelium als die

---

tenemur; quemadmodum contingit in susceptione sacramentorum aut dum ad gratiam resurgere vel ex ea iam habita debemus operari. Hoc modo intelligunt illud Christi [Mt 19,17]: ‚si vis ad vitam ingredi serva mandata'.

[159] Thomas z. B. gibt eine positive Antwort auf die Frage: Utrum omnia praecepta moralia veteris legis reducantur ad decem praecepta decalogi, STh 1 II q.100 a.3.

4.3 Gottes Gesetz kann weder überboten noch erfüllt werden

Botschaft des messianischen Heils, dem keine gesetzlichen Elemente beigemischt sind. In seinen Augen vertritt Johannes der Täufer mit seiner Bußpredigt das radikale Verständnis von Gottes Gesetz. Wer durch diese Predigt zum Eingeständnis seines Sünder-Seins vor Gott gebracht wird, der kann auch dem Hinweis des Täufers auf Christus (Joh 1,29) folgen und durch das Evangelium eine noch radikalere Erfahrung von Gottes Gnade machen.

Iohanni et Christo, idest, Evangelio et gratiae, nemo pertinacius resistit quam iustiarii illi, qui in littera et operibus legis fidunt: hi enim interpretationem legis non suscipiunt nec patiuntur sese peccatores et stultos argui in suis factis, Sicut Christus [Mt 23,33] et Iohannes [Lk 3,7] uterque phariseos ob hoc genimina viperarum vocat et [Christus] publicanos et meretrices praecessuros eos in regno coelorum dicit [Mt 21,31b]. Nam qui Iohanni non credit, Christum non accipit, qui legis interpretationem recusat, gratiam non consequitur, quia non vult humiliari in peccatum suum. Tales sunt et hodie, qui liberum arbitrium iactantes nolunt immundi et mali esse et lege dei non patiuntur se argui, sed bona intentione legem discunt facere ad substantiam factorum, in quo non peccent, etsi non mereantur, nec isti indigent agno dei qui tollit peccata eorum [Joh 1,29].[160]	Niemand leistet Johannes dem Täufer und Christus, d. h. dem Evangelium und der Gnade, hartnäckiger Widerstand als jene Selbstgerechten, die auf Buchstaben und Werke des Gesetzes bauen: denn sie akzeptieren nicht die Auslegung des Gesetzes und ertragen es nicht, daß sie als Sünder und Toren in ihren Taten hingestellt werden, wie denn deswegen sowohl Christus [Mt 23,33] als auch Johannes [Lk 3,7] die pharisäisch Gerechten ‚Otterngezücht' nennt und Christus von ihnen sagt [Mt 21,31b]: ‚Zöllner und Huren kommen eher ins Himmelreich als ihr'. Denn wer dem Johannes nicht glaubt, nimmt auch nicht Christus auf; wer die Auslegung des Gesetzes zurückweist, empfängt nicht die Gnade, weil er sich nicht zum Bewußtsein seiner Sünde erniedrigen will. Solcher Art sind auch heute jene, die im Ruhm freier Willensentscheidung nicht als schuldige und böse dastehen wollen, und [es] nicht ertragen, von Gottes Gesetz zurechtgewiesen zu werden, sondern [wie sie meinen] in guter Absicht bemüht sind, ohne Sünde dem Gesetz nach dem Tatbestand zu genügen, wenngleich sie dadurch keine Verdienste erwerben; doch solche Leute haben kein Verlangen nach dem ‚Lamm Gottes, das ihre Sünden auf sich nimmt' [Joh 1,29].

In seiner Auseinandersetzung mit der doppelten Gerechtigkeitsforderung stößt Luther bis zur Gotteserfahrung vor. Das gibt seiner Kritik die äußerste Schärfe, hinter der die Polemik gegen einzelne scholastische Lehrmeinungen zurücktritt. Da nach der Lehrtradition die religiöse Gerechtigkeitsforderung in der sakramentalen, sakralgesetzlichen Lebensordnung erfüllt werden muß, damit der Gläubige für sich die ewige Seligkeit erwarten kann, erscheint Gott hier für die geistliche Erfahrung noch einmal als ein Fordernder, obwohl er fordernd schon hinter dem moralischen Gesetz des Dekalogs steht. Mit der moralischen Forderung des Dekalogs, die angeblich vom Menschen erfüllt werden kann, gibt Gott sich nicht zufrieden; in seiner Heilsordnung fügt er noch eine neue Forderung hinzu. Er wird in doppelter Weise zu einem Fordernden oder – wie Luther

---

[160] Enarrationes epistolarum et evangeliorum, 1521, zu Mt 11,2–10, WA 7, 510,13–24.

das lateinische Wort exactor[161] für den Eintreiber von Abgaben übersetzt – zu einem „Dränger" oder „Treiber".[162] Was der Mensch in der übernatürlichen Heilsordnung mit der sakralgesetzlich gebundenen Gnade auf sich nehmen muß, erscheint im Lichte des gesetzesfreien Evangeliums als ein „Zusatzgebot", eine Auflage, oder gewissermaßen als eine Kontribution, die unter Strafandrohung auferlegt wird, und zur Zeit Luthers als „Brandschatzung" bezeichnet wurde. Denn das ewige Leben ist fest mit der Erfüllung des übernatürlichen Heilsgesetzes verzahnt. So erklärt sich Luthers Traditionskritik, die er 1533 in einer deutschen Schrift äußert:

> Ja, sie haben […] geleret, Das ein mensch kündte wol aus eigen krefften on Gottes gnaden die gebot Gottes halten. […] Und brusteten sich mit dem spruch Sanct Hieronymj: ‚Wer da sagt, das Gott unmügliche gebot gegeben habe, der sey verflucht'. Hie waren wir aller erst gute gesellen [:fühlten uns zufrieden], da wir hören, unser Frey wille were so frissch und gesund, das wir kündten Gottes gebot halten on Gottes gnaden, quo ad substantiam facti, so viel zum werck gehöret. Das man sie aber jnn gnaden muste halten, das war ein ubergebot und auf satz [:Auflage], da mit uns Gott uber seine gebot beschweret und brandschetzet.[163]

In gleichem Sinne hat er in seiner Auseinandersetzung mit Jacobus Latomus, 1521, mit der scholastischen Lehre abgerechnet:

[Scholastische Theologen lehren] ‚Mandata dei implentur dupliciter, uno modo secundum substantiam factorum, alio modo secundum intentionem praecipientis'. Hoc invento effugio […] gratia non opus esse duxerunt ad implenda mandata dei, sed ad implendam intentionem dei ultra mandata exactam. Scilicet deus iniquus exactor, non est contentus impleri mandata, sed exigit in gratia impleri ut gratia sit non gratia sed exactio quaedam. Nempe legi dei satisfecit liberum arbitrium, et deus in hoc non est con-	[Scholastische Theologen lehren]: ‚Gottes Gebote werden in zweifacher Art erfüllt, einerseits nach dem Tatbestand, andererseits nach der Absicht des Gebietenden'. Mit der Erfindung dieser Ausflucht […] meinten sie, die Gnade sei nicht nötig zur Erfüllung der Gebote Gottes, sondern nur zur Erfüllung der über die Gebote hinausgehenden, fordernden Absicht Gottes. So ist Gott ein unbillig Fordernder, ist nicht zufrieden damit, dass die Gebote erfüllt werden, sondern verlangt, dass sie in der Gnade erfüllt werden, so dass die Gnade nicht Gnade, sondern sogar eine Art Forderung ist. Dem Gesetz Gottes nämlich hat der freie Wille Genüge getan,

---

[161] Da das Substantiv ‚exactor' sich ableitet von dem Verb ‚exigo', ist bei Luther in diesen Zusammenhängen auch auf das Verb zu achten.

[162] Das hebräische Wort, das in der Vulgata mit ‚exactor' wiedergegeben wird, übersetzt Luther mit ‚Vogt' (Ex 5,6.10.14), ‚Dränger' (Job 3,18; Jes 14,2.4), ‚Treiber' (Job 39,7; Jes 9,3; Sach 9,8), ‚Gebieter' (Jes 3,12), ‚Herrscher' (Sach 10,4) oder verbal mit ‚treiben' (Ex 22,24). Im Neuen Testament verwendet er ‚Stockmeister' für ‚exactor' der Vulgata (Lk 12,58).

[163] Kleine Antwort auf Herzog Georgen Buch, 1533, WA 38, 160,1–11. – Anschließend kritisiert Luther die weit verbreitete scholastische Lehre, daß der Mensch die fürs ewige Heil notwendige Gnade von Gott erhält, „wenn einer thette, so viel an jm ist"; vgl. z. B. Biel, Sent.4 d.14 q.1 L25 f. und U32 f.(4 I, 427.437).

tentus, quae est sententia omnium impiissima et sacrilegissima.¹⁶⁴	doch Gott ist damit nicht zufrieden. Das ist die gottloseste und schändlichste Lehre von allen.

In der Dekalog-Auslegung, 1518, hat er ebenfalls dargelegt, daß die Behauptung, Gottes Gesetz könne nach dem Tatbestand in der moralischen Lebensordnung erfüllt werden, darauf schließen läßt, daß weder die Radikalität der Gebote Gottes noch die innere Unfähigkeit des Menschen zu deren Erfüllung verstanden wird und deshalb Gottes Gebote nicht um ihrer eigenen Erfüllung willen auf die vergebende Gnade Gottes hindrängen. Darum werde die in Gottes Heilsabsicht verankerte Ordnung kirchlicher Gnadenvermittlung zu einer neuen Leistungsauflage über Gottes Gesetz hinaus. Gottes Gnade wirke dann abstoßend, hassenswert, wenn sie nur bedingungsweise notwendig ist und nicht Gottes Gesetz selbst in seiner Unbedingtheit sie für den Menschen notwendig und erflehenswert macht.[165]

Diese Texte sind sehr instruktiv für Luthers autobiographischen Rückblick von 1545, und zwar für einen Passus, dessen theologische Tragweite leicht unterbewertet wird, wenn er nur als Erinnerung an Luthers subjektive Befindlichkeit bei seiner Suche nach dem echt biblischen Verständnis der „Gerechtigkeit Gottes" gewertet wird. Luther beschreibt – in rückblickender Deutung –, wie er selbst in seiner Gotteserfahrung dadurch in einen schweren inneren Konflikt geraten war, daß der Gerechtigkeitsforderung Gottes im Dekalog eine andere Gerechtigkeitsforderung hinzugefügt war durch das „Evangelium", das heißt durch das von Christus gestiftete „evangelische Gesetz" des kirchlichen Heilssystems, dem der Mensch gerecht werden mußte, wenn er für sich die himmlische, ewige Seligkeit erwarten wollte.

---

[164] Rationis Latomianae confutatio, 1521, WA 8, 54,3–11; zur Übersetzung vgl. LDStA 2, 213,42–215,11.

[165] Decem praecepta, 1518, WA 1, 469,29–470,3: inveniunt [...] illius caecitatis monstra, scilicet quod gratia non est necessaria nec intenta in praeceptis, nisi conditionaliter, et hoc non propter defectum hominum, sed propter intentionem praecipientis, ut gratia fiat odiosa cunctis, dum potius velut nova exactio imponitur supra legem et impossibiliorem faciat salutem quam lex ipsa. Et non sit potius adiutorium et consolatio iis, qui legem debent implere. Sic, sic cogunt imaginari theologi [...] Igitur in gratia fieri praecepta non solum est intentio praecipientis, sed indigentia facientis. Nam verum est quod ille peccat, qui non occidit existens extra gratiam [...] quia intus occidit corde, in spiritu, ubi sine gratia non potest esse sine ira et fomite indignationis, ut patet experientia tentationis et occasione data per adversitates: hoc enim latens malum irae facit, ut non possit non occidere, ergo reus est praecepti spiritualis; licet sit non reus eiusdem praecepti litteralis; patet ergo quod de lege loquuntur ad litteram. – Vgl. Resolutiones super propositionibus suis Lipsiae disputatis, 1519, ccl.2, WA 2, 419,15–28; hier am Schluß die Warnung: Cave ergo, ne putes a te non requiri totum mandatum, ne forte ignores te, quantum debes deo ac per hoc superbias ac tepidus fias, gratiam eius fastidiens, ad quam te quam maxime urgere voluit mandato tibi impossibili.

152 Kap. 4: Der Mensch in geschöpflicher Verantwortung vor Gott und den Menschen

Ego autem, qui me, utcunque irreprehensibilis monachus vivebam, sentirem coram Deo esse peccatorem inquietissimae conscientiae, nec mea satisfactione placatum confidere possem, non amabam, imo odiebam iustum et punientem peccatores Deum, tacitaque si non blasphemia, certe ingenti murmuratione indignabar Deo, dicens: quasi vero non satis sit, miseros peccatores et aeternaliter perditos peccato originali omni genere calamitatis oppressos esse per legem decalogi, nisi Deus per evangelium dolorem dolori adderet, et etiam per evangelium nobis iustitiam et iram suam intentaret.[166]	Ich aber, der ich, so untadelig ich auch als Mönch lebte, mich vor Gott als Sünder mit ganz unruhigem Gewissen fühlte und nicht darauf vertrauen konnte, durch mein Genugtun versöhnt zu sein, liebte Gott nicht, ja, ich haßte vielmehr den gerechten und die Sünder strafenden Gott und empörte mich im Stillen gegen Gott, wenn nicht mit Lästerung, so doch mit ungeheurem Murren und sagte: Als ob es nicht genug sei, daß die elenden und durch die Ursünde auf ewig verlorenen Sünder durch jede Art von Unheil niedergedrückt sind durch das Gesetz der Zehn Gebote, vielmehr Gott nun auch durch das Evangelium noch Schmerz zum Schmerz hinzufügt und uns mit seiner Gerechtigkeit und seinem Zorn zusetzt!

Auch im Urstand befand sich der Mensch nicht unter dem Anspruch, durch seinen Gehorsam gegenüber Gott sich noch eine vollkommenere Gottesgemeinschaft zu verdienen (vgl. Kap. 4.1). Das läßt Luther anklingen, wenn er in der Auslegung von Ps 50 / 51,2, nachdem er wieder einmal die doppelte Gerechtigkeitsforderung verworfen hat,[167] die reformatorische Auffassung vom Gottesverhältnis des Menschen im Urstand und im stets gegenwärtigen Zustand der Gottesentfremdung andeutet. Er hat eine ganzheitliche Sicht vom Menschen vor und nach dem Fall in die Gottesentfremdung. Im Urstand befand sich Adam, der Mensch, in einem heilen Gottesverhältnis ohne Defizit, das auch ein ungetrübtes Verhältnis zur übrigen geschöpflichen Welt (Gen 1,28) umfaßte. Nachdem das

---

[166] Vorrede zu Bd. 1 der lateinischen Schriften, 1545, WA 54, 185,21–28; deutsche Übersetzung LDStA 2, 505,29–39. – Wegen des immer wieder aufbrechenden chronologischen Problems seiner anschließend beschriebenen Entdeckung des wahren Sinns der biblischen Rede von ‚iustitia Dei' sei angemerkt, daß Luther bereits in der Römerbrief-Vorlesung die doppelte Gerechtigkeitsforderung, die in der scholastischen Theologie argumentativ untermauert worden war, im gleichen Sinn verwirft wie in den oben behandelten späteren Texten; WA 56, 274,11–18; 279,12–21; 355,5–13.

[167] Vorlesung über Ps 51, 1532, zu Ps 51,2, WA 40 II, 323,8–324,3 Ns: Contra dicimus: Naturalia sunt corrupta. Adam habuit rectam voluntatem, erat laetus, confidebat in deum etc. Sic Eva. Administrabat terrena etiam in fide et laude dei. Da waren sie recht. ‚Creavit deus hominem rectum' etc. [Eccles 7,30] Sed ubi peccasset, corrupta est voluntas et omnia naturalia [...] Ideo non dicitur Integer, quia homo amisit rectum iudicium, bonam voluntatem erga deum, nihil recte statuit de deo, sed omnia perverse. – Noch stärker wird der Textschluß auf den Gottesgedanken zugespitzt in der Druckbearbeitung, 1538, ebd. 323,30–324,29: Nos enim sic dicimus, naturalia esse extreme corrupta. Nam Adam, cum esset conditus, habuit rectam voluntatem et intellectum, integre audiebat, videbat, integre curabat terrena in laude et fide Dei, sed per lapsum postea corrupta est voluntas, intellectus et omnia naturalia, ita ut homo non amplius sit integer, sed incurvatus per peccatum, ut qui amisit iudicium rectum coram Deo et omnia perverse statuit contra voluntatem et legem Dei, qui non amplius cognoscit Deum nec amat, sed fugit et metuit ac statuit eum non Deum, hoc est misericordem et bonum esse, sed iudicem et tyrannum. – Zuvor hat Luther die doppelte Gerechtigkeitsforderung mit speziellem Bezug auf die Lehre der spätfranziskanischen Theologie angegriffen ebd. 323,2–8 Ns bzw. 322,29–323,29 Dr.

heile Gottesverhältnis zerbrochen ist, sind durch diesen Bruch auch alle „natürlichen" Fähigkeiten des Menschen verdorben, so daß auch die kreatürliche Welt unter der Gottesentfremdung des Menschen leidet (Röm 8,19–22) und sich danach sehnt, daß der Mensch durch die Macht des Heiligen Geistes zur Heilsgemeinschaft mit Gott befreit wird. Anders kann Gottes Gesetz nicht erfüllt werden. Denn Gottes Gesetz läßt sich nicht moralisch eingrenzen und zugleich durch eine übernatürliche Gesetzesordnung überbieten. Gottes Gesetz stellt den Menschen in uneingeschränkte Verantwortung vor Gott, seinen Schöpfer (vgl. Gal 3,10; 5,3). Es verlangt nach einer Erfüllung, die nicht dem Zwang eines Gesetzes geschuldet wird.

Aber das Gesetz erfüllen ist, mit lust und liebe seine werck thun, und frey on des Gesetzes zwang göttlich und wol leben, als were kein Gesetze oder straffe.[168]

4.4 Die Verantwortung des Menschen in den drei Feldern des sozialen Lebens

Der klaren Absage an den Mönchsstand korrespondiert ein vorbehaltloses Ja zu drei „Ständen" des sozialen Lebens, in die jeder Christ als Glied der Gesellschaft eingebunden ist. Sie sind nicht exklusives Merkmal einer christlichen Gesellschaft, wenngleich in Europa zur Zeit Luthers die christliche Gesellschaft das Normale ist. Mit biblischer Begründung besteht Luther darauf, daß die drei Stände des sozialen Lebens allgemein verbindlich sind und deshalb der Christ sich in ihnen zu bewähren habe.

In der Unterscheidung der drei Stände scheint Luther an die mittelalterliche Drei-Stände-Ordnung anzuknüpfen. In Wirklichkeit erfährt die traditionelle Drei-Stände-Auffassung jedoch durch die reformatorische Theologie einen entscheidenden Strukturwandel.[169] Die mittelalterliche Vorstellung bringt drei sozialrechtlich getrennte Stände in Relation zueinander und ist auf die damalige christliche Gesellschaft zugeschnitten. In einer beliebten Kurzformel erteilt der himmlische Christus dem Papst als dem Haupt des geistlichen Standes den Auftrag, in hingebungsvollem Gebetsdienst für die Christenheit einzutreten („Tu supplex ora"); der Kaiser als höchster Inhaber weltlicher Gewalt und Repräsentant des Adelsstandes wird beauftragt, die Christenheit mit Waffengewalt zu schützen („Tu defende"); schließlich wird der arbeitenden Bevölkerung – den Bauern, Handwerkern und Kaufleuten – befohlen, durch ihre Arbeit und deren

---

[168] Vorrede zum Römerbrief, 1522, WA.DB 7, 7,12–14 (Version 1546).
[169] Das wird im Revisionsnachtrag zu WA 30 III, 504,20 verkannt. Wenn Luther, was nur selten passiert, die traditionelle Drei-Stände-Vorstellung berührt, geschieht das meistens mit kritischem Unterton.

Erträgnisse für den Lebensunterhalt der ganzen Christenheit zu sorgen („Tuque labora").[170]

Luther hat keinen einheitlichen Oberbegriff für seine Stände-Auffassung; am häufigsten spricht er von „Ständen" oder „Stiften", aber auch von „Hierarchien", ohne die herkömmliche Bedeutung dieser Begriffe zu übernehmen. Gerne läßt er beim Gebrauch der traditionellen Begriffe Orden oder Stift den Gegensatz zu den Orden oder Stiften des bisherigen kirchlichen Lebens anklingen. Unabhängig von der traditionellen Verwendung meint der Begriff „Orden" oder lateinisch „ordo" bei ihm in erster Linie ein Verbundensein von Menschen in bestimmten Relationen und Aufgaben; ähnliches gilt in diesem Kontext von dem Begriff „Stift". Der Begriff „ordinatio" bezeichnet am ehesten eine Anordnung, Anweisung oder Aufgabe, die dem Menschen mit seinem Leben in den drei Ständen gegeben ist.

Für die Interpretation empfiehlt sich der Oberbegriff „Verantwortungsfeld" oder „Handlungsfeld". In allen drei Feldern ist in unterschiedlicher Weise Verantwortung für die soziale Lebenswelt des Menschen wahrzunehmen. Im letzten Teil seiner großen Abendmahlsschrift von 1528, der mit dem Titel „Bekenntnis" bezeichnet wird,[171] beschreibt Luther diese drei Handlungsfelder, nachdem er alle institutionellen Formen monastischen Lebens als unvereinbar mit dem Christus-Heil verworfen hat:[172]

> Aber die heiligen orden und rechte stiffte von Gott eingesetzt sind diese drey: Das priester ampt, Der Ehestand, Die weltliche oberkeit, [1.] Alle die, so ym pfarampt odder dienst des worts funden werden, sind ynn einem heiligen, rechten, guten, Gott angenemen orden und stand, als die da predigen, sacrament reichen, dem gemeinen kasten furstehen, küster und boten odder knechte, so solchen personen dienen etc. Solchs sind eitel heilige werck fur [:vor] Gott, [2.] Also [:ebenso] wer Vater und mutter ist, haus wol regirt und kinder zeucht zu Gottes dienst, ist auch eitel heiligthum und heilig werck und heiliger orden, Des gleichen, wo kind odder gesind den Eldern odder herrn gehorsam ist, ist auch eitel heiligkeit, und wer darynn funden wird, der ist ein lebendiger heilige[r] auf erden.[173] [3.] Also

---

[170] Lichtenberger, Johannes: Pronosticatio Latina emendata, 1492, bringt Bl. A 6 r einen ganzseitigen Holzschnitt; er zeigt den auf einem Regenbogen thronenden Christus und unter ihm die Repräsentanten der drei Stände. Die Bildüberschrift lautet: Salvator dicens summo pontifici: Tu supplex ora. Imperatori: Tu protege. Rustico: Tuque labora. – Im folgenden Text (Bl. A 6 v) wird die Formel so erweitert, daß die Beziehung auf die ganze Christenheit deutlich wird: Tu supplex ora pro cuncto populo catholico. – Tu protege armata manu. – Tu labora ut sustentas eosdem.

[171] In der Schrift Vom Abendmahl Christi, 1528, WA 26, 261–509, hat Luther diesem Teil, ebd. 499,15–509,28, keinen Sachtitel gegeben, nur die Drucke fügen auf der Titelseite dem Haupttitel das Wort „Bekenntnis" hinzu; dieser Teil kann wie eine selbständige Schrift behandelt werden, zumal 1528 f mehrere Separatdrucke erschienen sind, vgl. WA 26, 252–255.

[172] Bekenntnis, 1528, WA 26, 503,35–504,22.

[173] Luther ergänzt, ebd. WA 26, 505,23–25: Was aber vom Ehestand gesagt ist, sol man auch vom widwen und Jungfraw stand verstehen, Denn sie gehören doch zum hause und zum haushalten etc.

auch furst odder oberherr, richter, ampleute, Cantzler, schreiber, knechte, megde und alle, die solchen dienen, dazu alle, die untertheniglich gehorsam sind.[174]

Anschaulich werden in anderem Zusammenhang die drei Stände durch ihren Ort innerhalb der städtischen Bürgerschaft gekennzeichnet, zugleich ein Hinweis darauf, daß Luther bei dem Begriff „weltliche Obrigkeit" nicht nur an die Fürstenherrschaft, sondern ebenso an die städtische Magistratsherrschaft denkt.

Summa, die Schule mus das nehest sein bey der Kirchen [...] Darnach des Bürgers haus nehest an der Schule ist [...] Darnach das Rathaus und Schlos, so Bürger schützen müssen [...] Gott aber mus der öberst und nehest sein, der solchen ring oder cirkel erhalte [...] Also sagt Ps 127 [V. 1 f], das auff erden allein zwey leiblich regiment sind, Stad und Haus [...] Das erst ist Haushalten, daraus komen Leute. Das ander ist Stad regirn, das ist Land, leute, Fürsten und Herrn (das wir weltliche Oberkeit heissen) [...] Darnach kömpt das dritte, Gottes eigen Haus und Stad, das ist die Kirche, die mus aus dem Hause Personen, aus der Stad schutz und schirm haben. Das sind drey Jerarchien, von Gott geordent, und [be]dürffen keiner mehr, haben auch gnug und uber gnug zu thun, das wir in diesen dreien recht leben [...] Denn sihe allein das Haus an, was da zu thun ist [...] das wir gnug zu thun hetten mit dem Hausrecht, wenn sonst nichts mehr zu thun were. Darnach gibt uns die Stad, das ist weltlich regiment, auch gnug zu thun [...] das [:so daß] wir uberaus reichlich an diesen zweien rechten zu lernen, zu leben, zu thun und zu leiden haben. Darnach ist das dritte recht und Regiment, wo das der Heilige Geist regirt, so heisst es Christus [Mt 11,30] ein tröstlich, süsse, leichte bürden.[175]

Weil er alle drei „Orden" biblisch begründet findet, subsumiert er sie unter dem Prädikat „heilig", das er von dem Prädikat „selig" unterscheidet. Denn dieses dürfe nur auf jenes Heil bezogen werden, das allein dem Christus-Glauben zuteil wird, während „Gottlose", das heißt alle anderen, ein „heiliges" Leben führen können, ohne daß sie deswegen „selig" sind.[176]

Das Eigentümliche in Luthers Rede von drei Verantwortungsfeldern des menschlichen Lebens kommt zum Vorschein bei den am häufigsten verwendeten Begriffen für die einzelnen Felder: ecclesia, oeconomia, politia, das sind die Kirchengemeinde, der Hausstand, das öffentliche Gemeinwesen, und zwar auch das städtische, mit eigener Rechtsvollmacht ausgestattete Gemeinwesen, wie der

---

[174] Ebd. WA 26, 504,30–505,7. – An vierter Stelle rangiert noch, ebd. 505,11–15: der [all]gemeine orden der Christlichen liebe. – S.u. Kap. 8.4.
[175] Von den Konziliis und Kirchen, 1539, WA 50, 652,1–30.
[176] Bekenntnis, 1528, WA 26, 505,7–10: [Nach Beschreibung der drei „Orden" heißt es] alles eitel heiligthum und heilig leben fur Gott, Darumb das solche drey stiffte odder orden ynn Gottes wort und gebot gefasset sind, Was aber ynn Gotts wort gefasset ist, das mus heilig ding sein, denn Gotts wort ist heilig und heiliget alles, das an yhm und ynn yhm ist. – Über die Differenz zwischen „heilig" und „selig" spricht er ebd. 505,15–23: Dennoch ist keiner solcher orden ein weg zur seligkeit, Sondern bleibt der einige weg uber diese alle, nemlich der glaube an Jhesum Christum, Denn es ist gar viel ein anders heilig und selig sein. Selig werden wir allein durch Christum, Heilig aber beide durch solchen glauben und auch durch solche Göttliche stiffte und orden. Es mügen [:können] auch gottlose wol viel heiliges dinges haben, sind aber drumb nicht selig drynn [...] Und alle die, so ynn dem glauben Christi selig sind, die thun solche werck und halten solche orden.

synonym gebrauchte Begriff magistratus signalisiert.[177] An dem verbreiteten Gebrauch des Begriffes magistratus, im Sinne von weltlicher Obrigkeit, kann man erkennen, daß in dieser Zeit die Obrigkeitsaufgaben nicht mehr exklusiv standesgebunden dem Adel zugeschrieben werden, sondern primär als Aufgaben der öffentlichen Rechtsinstanzen angesehen werden. Luther eröffnet z. B. die Wittenberger Disputation über das Recht des Widerstandes gegen den Kaiser am 9. Mai 1539 mit den Worten:

Suscepimus disputandum illum locum de magistratu sive politia, de ecclesia et oeconomia, ut et apud nostros posteros forte relinqui posset certa distinctio istarum ordinationum Dei.[178]	Wir haben es uns vorgenommen, jenen Lehrpunkt zu erörtern, bei dem es um den Magistrat oder das öffentliche Gemeinwesen, die Kirche und den Hausstand geht, damit vielleicht auch unseren Nachkommen eine zuverlässige Unterscheidung dieser von Gott angeordneten Institutionen hinterlassen wird.

Hat sich Luther in seiner Trias der drei Stände einerseits deutlich von der mittelalterlichen Drei-Stände-Lehre verabschiedet, berührt er sich andererseits eng mit der traditionellen Unterscheidung von drei Gattungen der philosophischen Ethik, mit denen der Gebildete Luthers Begriffe leicht assoziieren konnte. Im Anschluß an einschlägige Werke des Aristoteles stellte man nebeneinander eine Morallehre, die auf der Nikomachischen Ethik fußte,[179] eine Hausstandslehre und eine Lehre vom öffentlichen Gemeinwesen. Es erhebt sich dabei vor allem die Frage, wie sich innerhalb von Luthers Stände-Trias sein Begriff von Kirche zur Moralphilosophie verhält. Daß er „Kirche" nicht mehr im traditionellen Sinn meinte, war jedem klar, zumal er im Kontext seiner Stände-Trias immer wieder gegen die herkömmlichen Institutionen von Kirche, Priesterstand, Ordensstand polemisierte.

In seinem moralphilosophischen Werk erklärte damals Johannes Rommingius,[180] die Moralphilosophie habe den Menschen zum Gegenstand, insofern er

---

[177] Bei den Disputationsthesen über Mt 19,21, 9.5.1539, – WA 39 II, 39–44,6 (lateinisch), ebd. 44,7–51,22 (deutsch) – gibt die deutsche Übersetzung „magistratus" mit „Oberkeit" wieder, z. B. These 36–49. – Die Disputation erörtert zentrale Fragen der reformatorischen Ethik.

[178] Disputation über Mt 19,21, 9.5.1539, Praefatio, WA 39 II, 52,6–8 Ns.

[179] Im gehobenen Bildungswesen des Spätmittelalters waren Kurzfassungen in Gebrauch; genannt seien zwei Werke: Summa philosophiae moralis quam Aethicen dicunt Aristotelis [...] ad Nicomachum, 1504, herausgegeben von dem Leipziger Magister der Artistenfakultät Gregor Breitkopf (Gregorius Laticephalus), der dem Humanismus zugewandt war. – Ein Schüler Breitkopfs, der Nürnberger Schulrektor Johannes Rommingius erläuterte eine andere Kurzfassung, Parvulus philosophiae moralis commentariolo enarratus, 1516. – Manchmal verwendete man für die ethica moralis den Begriff ethica monastica, mit „Individualethik" zu übersetzen.

[180] Johannes Rommingius, Parvulus philosophiae moralis, 1516, Bl. A4r: Est itaque homo libere agens propter finem philosophiae moralis subiectum. [...] Quicquid libere agit propter finem est felicitabile; omnis homo liber voluntarie agit propter finem; igitur omnis homo liber est felicitabilis. [...] moralis philosophiae [subiectum] homo libere agens propter finem; quippe cuius gratia omnia agunt. [...] Felicitas vero (quam in humana operatione ducta rationis dictamine constituunt) ultimus quidam et optimus humanae vitae finis comprobatur. De ea nimirum felicitate, qua praesentis est vitae, deque virtutibus perinde ac mediis eam consequendi, praesens

4.4 Die Verantwortung des Menschen in den drei Feldern des sozialen Lebens 157

frei handelnd ein Ziel anstrebe und eben deshalb glücklich werden könne. Sein finales Lebensglück erreiche der Mensch am besten, wenn sein freies, von der Vernunft geleitetes Handeln von den moralischen Tugenden geprägt werde. Das finale Glück als höchstes moralisches Lebensziel bleibe jedoch auf dieses gegenwärtige Leben beschränkt. Über die Moralphilosophie hinaus sage die Theologie, wie der Mensch die ihm von Gott bestimmte ewige Glückseligkeit, die felicitas aeterna, erlangen könne. In diesem Sinne wird z. B. bei Gabriel Biel der moralische Unterbau aufgestockt durch ein auf ewige Glückseligkeit ausgerichtetes Verhalten, zu welchem der Mensch angeleitet wird durch das Gesetz der Kirche, insoweit es mit dem göttlichen Gesetz übereinstimmt.[181] In seinen gegen die scholastische Theologie gerichteten Disputationsthesen vom 4. September 1517 hat Luther diese Konkordanz von moralischer und kirchlicher Zielbestimmung des menschlichen Lebens als Irrtum verworfen.[182]

Offenkundig setzt Luther das reformatorische Verständnis von Kirche voraus, wenn er sie in der Trias der Stände mit dem Hausstand und dem öffentlichen Gemeinwesen sozial vernetzt. Das deutet er an beim Aufzählen der in der Kirche diensttuenden Personen, die nicht mehr wie bisher der Klerus in einem sozialrechtlichen Sonderstatus leben, vielmehr in der Regel auch verheiratet und ihrem Hausstand verpflichtet sind, genauso wie die im „Rathaus" und im „Schloß" dem Gemeinwesen dienenden Personen. Deshalb kann der oben zitierte Text aus Von den Konziliis und Kirchen, 1539, sagen, die Institution des Hausstandes sorge für die Leute, die teils in Kirche und Schule, teils als weltliche Obrigkeit tätig sind. Die Kirche hat im Unterschied zum Hausstand und zur öffentlichen Rechtsgemeinschaft keine eigene Rechtsgewalt; sie ist angewiesen auf den „Schutz" durch das öffentliche Recht. In der Gestalt, in der sie innerhalb der Stände-Trias betrachtet wird, ist sie eine Gemeinschaft, die öffentlich den Gliedern der Gesellschaft mit der Mitteilung der christlichen Religion dienen will. Ihr Dienst mit dem Wort Gottes ist nicht mehr eingebettet in eine sakrale Rechtsordnung.

Es muß hier nicht des näheren erläutert werden, daß in dem reformatorisch gestalteten Handlungsfeld von Kirche und Schule mit der Auslegung von Gottes Wort in dessen Doppelgestalt von Gesetz und Evangelium der Christ in einem anderen Lebensverständnis unterwiesen wird als in der moralphilosophischen Lehre und einer darauf aufbauenden kirchlichen Moraltheologie. Die christliche Unterweisung im Sinn Luthers geschieht durch Auslegung sowohl der heiligen Schrift als auch des Katechismus; ihre elementaren Komponenten sind zum

---

libellus agere intendit. Illa vero omnium summa futurae patriae felicitas non est praesentis instituti, maioris enim est negotii atque sublimioris, quia theologici.

[181] Biel, Sent.3 d.37 q.un. D1–14 und E1–9 (3,630); die Ausführungen sind zwei Werken des Johannes Gerson entlehnt.

[182] Disputatio contra scholasticam theologiam, 1517, These 42 [44], WA 1, 226,12 f: Error est, Aristotelis sententiam de felicitate non repugnare doctrinae catholicae. Contra Morales. – Die Zählung der Thesen in WA wurde nach Entdeckung der zwei frühesten Drucke in StA 1, 165–172 und LDStA 1, 19–33 korrigiert.

einen die radikale Interpretation des Dekalogs als Anspruch durch Gottes Gesetz, zum anderen das Heilswort des Evangeliums. Beides geschieht im Kontext der ganzen Bibel, die damals mühelos in den Horizont der Lebenswirklichkeit des Menschen einbezogen werden konnte, so daß große Teile des Schulunterrichtes dem Zweck der Bibel- und Katechismuskenntnis dienten, im gehobenen Schulwesen zugleich der Vorbereitung auf die höheren Berufe im öffentlichen Leben. Als Institutionen der allgemein christlichen Gesellschaft waren Kirche und Schule noch eng miteinander verknüpft, ehe viel später in der neuzeitlichen Entwicklung das allgemeine Bildungswesen unter staatliche Aufsicht gestellt wurde. Ideologischer Mißbrauch der Bildungsaufgaben kann, wie die Geschichte lehrt, ebenso in einem totalitären Staat geschehen wie bei einer fundamentalistischen Religiosität.

Der Hausstand schloß zur Zeit Luthers das Gesinde mit ein. Der bäuerliche und der handwerkliche Hausstand trugen noch die Güterproduktion, während zum Hausstand des Kaufmanns der Güterhandel gehörte. Die weltliche Obrigkeit hatte Maße und Preise zu überwachen, hatte jedoch ansonsten im Wirtschaftsleben relativ wenig zu sagen. Viel eigene Verantwortung hatten der Hausherr und seine Frau wie bei der Erziehung der Kinder so auch bei der Behandlung des Gesindes. Es wurde von ihnen ein ethisches Rechtsbewußtsein erwartet im internen Umgang mit den Leuten ihres Hausstandes. Erst viel später sind gewaltige Veränderungen eingetreten, als der Hausstand zur reinen Familie wurde und seine tragende Funktion im Wirtschaftsleben verlor, während die staatliche Verantwortung für Industrie und Handel immens wuchs. Die Eltern werden in Luthers Sicht ihrer Aufgabe nicht gerecht, wenn sie dem Selbsterhaltungstrieb, den er als animalisches Bestreben charakterisiert, nachgeben statt für die Ausbildung ihrer Kinder so zu sorgen, daß sie nach Gottes Willen Berufe in den beiden anderen Ständen übernehmen können. Das Bewußtsein der Verantwortung vor Gott, nicht purer Fortschrittswille, trägt nach Luthers Ansicht das kulturelle Niveau der Gesellschaft, wenn bewußt die Bildung der Jugend gefördert wird. Für die Bildung der Jugend müssen im „Haus" die Eltern möglichst gute Voraussetzungen schaffen, im wesentlichen liegt der Bildungsauftrag bei der Schule, die in ihrer Aufgabe ebenso von der „Kirche" wie von der Ratsobrigkeit gestützt werden soll. Nachdem Luther 1524 die Magistratsobrigkeiten aufgefordert hatte, für „christliche Schulen" zu sorgen,[183] appellierte er 1530 energisch an die Eltern im einfacheren Volk, daß sie sich die Schulbildung ihrer Kinder angelegen sein lassen, damit diese später bis in die hohen Positionen des öffentlichen Lebens aufsteigen könnten.

---

[183] An die Ratherren aller Städte, daß sie christliche Schulen aufrichten, 1524, WA 15, 27–53. – Nach dem Gesamttenor dieses Aufrufs werden die geforderten Schulen „christlich" sein, wenn sie mit ihrem humanistisch gefärbten Bildungsprogramm wesentlich zur Gestaltung der Gesellschaft im Geist des reformatorischen Christentums beitragen.

4.4 Die Verantwortung des Menschen in den drei Feldern des sozialen Lebens

Darumb las deinen son getrost studirn, und solt er auch die weil nach brot gehen, so gibstu unserm Herr gott ein feines höltzlin, da er dir einen Herrn aus schnitzen kann. Es wird doch da bey bleiben, das dein und mein son, das ist: gemeiner leute kinder werden die welt müssen regirn, beide inn geistlichem und weltlichem stande, [...] Denn die reichen geitz wanste könnens und wollens nicht thun [...] So vermügens die gebornen Fursten und Herrn alleine nicht, [...] Also mus wol beide regiment auff erden bleiben bey den armen mittelmessigen und gemeinen leuten und bey ihren kindern.[184]

Welche Vollmacht der weltlichen Rechtsgewalt verliehen ist, und in welcher Weise sie von den Christen bejaht wird, soll gesondert im nächsten Abschnitt zur Sprache kommen.

Explizit biblisch begründet wird die Stände-Trias auf zwei Wegen, und zwar aus dem Neuen Testament sowie aus dem Alten Testament. In der sog. „Haustafel", die irreführend auf diesen Begriff reduziert wird, hat Luther noch 1529 dem Kleinen Katechismus eine Liste „etlicher Sprüche fur allerlei heilige Orden und Stände" angefügt.[185] Die Begriffe der Überschrift sind im Sinn des im Bekenntnis von 1528 Gesagten zu verstehen. Bei den drei „Ständen" – hier in der Reihenfolge: Kirche, weltliche Obrigkeit, Hausstand – werden die betroffenen Personen mit neutestamentlichen Sätzen an ihre Pflicht erinnert; bei den ersten beiden Ständen nur die Hauptverantwortlichen, beim Hausstand acht verschiedene Kategorien von Personen. Wie im Bekenntnis, 1528, werden im vierten Hauptpunkt alle Christen insgesamt mit Röm 13,9 an das Gebot der Nächstenliebe und mit 1Tim 2,1 an das Gebet „für alle Menschen" erinnert.[186] Auf diese Weise hat Luther seine Drei-Stände-Lehre breiten Volkskreisen bekannt gemacht.

In der Auslegung von Gen 1–4 läßt er die Unterschiede in Ursprung und Wesen von Kirche, Hauswesen und Gemeinwesen erkennen. In knappster Form ist das angedeutet in handschriftlichen Stichwortnotizen für seine große Genesis-Vorlesung von 1535 ff. „Theologie und Kirche" haben ihren Ursprung bereits in den ersten Worten Gottes an den Menschen;[187] das sind Worte der Vollmacht

---

[184] Predigt, daß man Kinder zur Schulen halten solle, 1530, WA 30 II, 577,21–31. – Ähnlich äußert er sich in seiner Vorrede zu Justus Menius, Oeconomia Christiana, 1529, WA 30 II, 62,22–27: Hastu ein kind das zur lere geschickt ist, so bistu nicht frey dasselbige auff zu ziehen wie dichs gelüstet, stehet auch nicht yn deinem wilköre damit zu faren wie du wilt, sondern du must darauff sehen, das du Gott schuldig bist seine beide regiment zu foddern [:fördern] und yhm darynn zu dienen. Got bedarff eines pfarherrs, predigers, schulmeisters yn geistlichem reich, Und du kanst yhm den selbigen geben und thust es nicht. – Ebd. 63,10–13: Also auch ym weltlichen regiment kanstu deinem herrn odder stad [:Stadt] mit der kinder zucht mehr dienen, denn das du yhm schlösser und stedte bawetest und aller welt schetze samletest. Denn was hilfft solches alles, wenn man nicht gelerte, weise, frome [:rechtschaffene] leute hat?

[185] Kleiner Katechismus, 1531, WA 30 I, 397,1–402,4: Die Haus Tafel etlicher spruche für allerley heilige orden und stende, da durch die selbigen als durch eigen lection jhres ampts und diensts zu ermanen.

[186] Ebd. WA 30 I, 401,21–402,2.

[187] Präparationsnotizen zur Genesis-Vorlesung, 1535–1545, WA 42, XXII,17–19 (auf Gen 2,7 ff zu beziehen): Theologia et Ecclesia incipitur ab uno homine ante Evam et filios, ut paradisus sit Arx et templum hominis. Cetera sunt Atrium: Agri, campi, in quo cum bestiis exerceretur.

gegenüber den anderen Geschöpfen (Gen 1,28) sowie Worte der Einladung, die Gaben der Schöpfung dankbar für sich zu nutzen (Gen 2,16), verbunden mit dem Gebot, das die Grenze der geschöpflichen Vollmacht anzeigt und dadurch den Menschen an seine Geschöpflichkeit erinnert (Gen 2,17).[188] Was Adam und Eva als Gottes Wort zur Wahrnehmung ihrer eigenen Geschöpflichkeit gesagt war, wurde mit ihrer Gottesentfremdung in der Sünde nicht hinfällig, sondern erhielt den Grundton eines Gesetzes, dessen dunkler Macht dann sogleich Gott seine Heilszusage entgegensetzte (Gen 3,15). So hatten Gesetz und Evangelium ihre erste Gestalt gefunden; indem beides unter den Menschen in den folgenden Generationen weitergesagt wurde, gewann die „Kirche" ihre erste soziale Erscheinungsform. Daß die Schöpfungsgeschichte, speziell Gen 2,18.21–24 sowie Gen 4,1f, auch den Ursprung der Familie schildert, liegt auf der Hand. Luther macht sich dazu die Notiz, daß mit dem Hausstand nach dem Sündenfall ein Rest der Schöpfung geblieben ist.[189] Nach dem Eintreten der Gottesentfremdung liegt hingegen die Aufgabe der Kirche in der Befreiung des Menschen von seinem Unheil und in der Wiederherstellung der Geschöpflichkeit des Menschen im versöhnten Gegenüber zu seinem Schöpfer.[190] Die Institution einer Rechtsgewalt zum Schutz menschlichen Lebens vor Verbrechen war für Adam und Eva noch nicht nötig; diese dritte Größe nach „Hausstand" und „Kirche" ist erst nach Kains Brudermord nötig geworden;[191] sie ist gleichsam ein „Brenneisen für die gefallene Natur", weil sie bösartigem Handeln der Menschen, das wie eine Wucherung dem Willen Gottes widerspricht, entgegenwirken soll.[192] Kains Furcht [Gen 4,14b], wegen seiner Mordtat selbst getötet zu werden, verrät, daß es bereits seit Adam ein Bewußtsein von der Strafwürdigkeit verbrecherischen Tuns gegeben hat. Um Kain vor einem ungeordneten menschlichen Strafakt zu bewahren, nimmt ihn Gott unter seinen besonderen Schutz [Gen 4,15] und verleiht erst nach der Sintflut mit einem der noachitischen Gebote [Gen 9,6] den Menschen Rechtsgewalt für eine legitime Strafverfolgung. Das sind die Etappen in der Entstehung der weltlichen Rechtsgewalt nach dem Sündenfall.

---

[188] Ebd. WA 42, XXII, 27–31: Praedicatio in Ecclesia fuisset ista ‚Dominamini' [Gen 1,28], ‚Comedite' [Gen 2,16], ‚Non comedite' [Gen 2,17]. Id est beneficia dei infinita, gratiarum actio; prohibitio addita ad signum praedicationis [lies: praevaricationis]. – Ebd. XXI,28–32 notiert Luther als Folgerung aus Gen 1,27f in Verbindung mit Gen 3,2f: Ergo necesse fuit cognitionem omnium rerum fuisse: dei, caeli, terrae et animalium; o Sapientia faciens regem, dominum. Vere Imago dei, quia nulla creatura alia cognoscit creatorem nec scit, unde sit aut cur facta sit, Sed homo novit, unde, Sicut Heva testatur, dum nominat [Gen 3,2f] dominum et praeceptum eius.
[189] Ebd. WA 42, XXII,24: Oeconomia reliquum naturae.
[190] Ebd. WA 42, XXII,25: Ecclesia redemptio et reparatio naturae.
[191] Ebd. WA 42, XXII,23: Politia est Cauterium lapsae naturae. – Vgl. WA 42, 82,36f zu Gen 2,16f: Politia et legibus ceu cauterio […] non fuisse opus in integra natura.
[192] Ebd. WA 42, XXII,20–22 (auf Gen 1–3 bezogen): Politia adhuc nulla est, Sed sequenti capitulo [Gen 4] in Cain incipitur, Quia politia non fuisset opus, sicut nec medicina aut artibus. Omnia sana fuissent, omnia recta sub dominio hominis.

4.4 Die Verantwortung des Menschen in den drei Feldern des sozialen Lebens 161

Auch ist des selben schwerds recht von anfang der welt gewest. Denn da Kain seynen bruder Habel erschlug, furcht er sich so fast [sehr], man würde yhn wider tödten, das auch Gott eyn besonders verpott drauffegt [Gen 4,14f] und das schwerd umb seynen willen auffhub, unnd niemandt sollt yhn tödten. Wilche furcht er nicht gehabt hett, wo er nicht gesehen unnd gehört hett von Adam, das man die mörder sollte tödten. Datzu hats Gott mit außgedruckten wortten nach der sindfluth widderumb eyngesetzt und bestettiget, da er spricht Gen 9 [V. 6] ‚Wer menchen blutt vergeusst, des blut soll durch menschen widder vergossen werdenn'. […] es ist von des schwerds recht gesagt, das eyn mörder des tods schuldig ist, unnd man yhn mitt recht durchs schwerd tödten solle.[193]

In seiner Pentateuch-Übersetzung, 1523, gibt Luther erst zu Gen 9,6 mit einer kurzen Randglosse einen Hinweis auf Gottes Stiftung der weltlichen Rechtsgewalt: „Hie ist das weltlich Schwert eingesetzt, Das man die Mörder tödten sol".[194] Somit haben die drei Institutionen des Gemeinschaftslebens ihren Aufgaben entsprechend einen unterschiedlichen Ursprung. Die kirchliche Gemeinschaft und der Hausstand waren dem Menschen bereits vor seinem Sündenfall aufgetragen, müssen nun aber seiner Gottesentfremdung Rechnung tragen. Hingegen ist die weltliche Rechtsgemeinschaft erst von Gott gestiftet worden, als infolge der Gottesentfremdung verbrecherisches Handeln der Menschen untereinander um sich griff und ihr Gemeinschaftsleben durch öffentliche Rechtsgewalt gesichert werden sollte. Alle drei Institutionen verleihen einerseits dem menschlichen Sozialleben unentbehrliche elementare Strukturen. Alle drei können andererseits vom Menschen mißachtet und korrumpiert werden. Da in allen drei Feldern der Mensch seine Verantwortung vor Gott wahrzunehmen hat, muß sein Gewissen in umfassender Weise durch klare Auslegung des Dekalogs geschärft werden.

Indem Luther die Stände-Trias in der biblischen Urgeschichte von Gen 1–4 begründet findet und ihr deshalb einen absolut normativen Rang zuschreibt, ist er davon abhängig, daß für ihn – wie für alle Zeitgenossen in der Christenheit – das biblische Geschichtsbild konkurrenzlos für alle Menschen gültig ist. Unter der Voraussetzung einer absolut gesetzten Auffassung der drei Stände beurteilt er auch den Islam, dessen Gestalt bei den „Türken" er durch einige literarische Zeugnisse kannte, mit dem negativen Ergebnis, dort seien die drei Stände entstellt worden.[195] Seine Ausführungen dazu, die im einzelnen hier beiseite gelassen werden können, lassen in ihrem theologischen Kern erkennen, wie stark Luthers Auffassung von dem Wesen der drei „Stände" geprägt ist durch sein reformatorisches Verständnis der christlichen Religion. Die „Kirche" erhält in

---

[193] Von weltlicher Oberkeit, 1523, WA 11, 247,31–248,10. – Im Mose-Gesetz findet Luther die weltliche Rechtsgewalt durch Ex 21,14.23–25 legitimiert, ebd. 248,16–20.

[194] Randglosse seit 1523 zu Gen 9,6 „durch Menschen", WA.DB 8, 59 (Version 1545). – Vgl. Genesis-Vorlesung, 1535–1545, zu Gen 9,6, WA 42, 360,30–34: Hic igitur fons est, ex quo manat totum ius civile et ius Gentium. Nam si Deus concedit Homini potestatem super vitam et mortem, profecto etiam concedit potestatem super id, quod minus et, ut sunt fortunae, familia, uxor, liberi, servi, agri. Haec omnia vult certorum hominum potestati esse obnoxia Deus, ut reos puniant. – Vgl. ebd. 360,35–41 und 361,1–6.28–32.

[195] Vom Kriege wider die Türken, 1529, WA 30 II, 120,25–127,18.

dem Gefüge der drei Verantwortungsfelder eine Schlüsselfunktion, weil ihr die grundlegende Unterweisung im Verständnis der ganzen Lebenswirklichkeit im Lichte des unverfälschten christlichen Glaubens zufällt. Darum hält es Luther für einen gravierenden Mangel, daß unter den „Türken" Christen zwar mit ihrer Religion leben, jedoch ihre Religion nicht öffentlich bekannt machen dürfen.[196]

4.5 Die Unterscheidung von zwei Reichen und Regimenten

A) Im Zuge des reformatorischen Aufbruchs erhob sich ziemlich früh die Frage nach der Legitimität der weltlichen Rechtsgewalt.[197] Es erschien fraglich, ob die weltliche Rechtsgewalt vereinbar sei mit den radikalen neutestamentlichen Forderungen der Feindesliebe und des Verzichts auf Bestrafung von Unrecht. Darauf antwortet Luther in grundlegender Weise in seiner Schrift Von weltlicher Oberkeit, 1523.[198] Er unterstreicht auch hier, daß Herrenworte der Bergpredigt wie Mt 5,38–41 a.44 oder apostolische Worte wie Röm 2,19, 1Pt 3,9 nicht zu „Ratschlägen" entschärft werden dürfen,[199] die nach herkömmlicher Meinung nur im monastischen Ordensstand vollkommen befolgt werden.[200] Die weitere Behandlung des Problems bereitet er vor, indem er die innere, geistliche Vollkommenheit des Christ-Seins anspricht, die unabhängig von äußeren Merkmalen den Christen durch Glaube und Liebe bestimmt, das heißt durch eine der elementaren Relationen des Christ-Seins (s. Kap. 3.3).

Darumb müssen wyr anders datzu reden, dass Christus wortt yederman gemeyn bleyben, er sey volkomen oder unvolkomen. Denn volkomenheyt unnd unvolkomenheyt steht nicht ynn wercken, macht auch keynen [be]sondern esserlichen standt unter den Christen, sondern steht ym hertzen, ym glawben und liebe, das wer mehr glewbt unnd liebt, der ist volkomen, er sey eußerlich eyn man oder weyb, furst odder baur, münch odder leye. Denn liebe unnd glawbe machen keyne secten noch unterscheyd eußerlich.[201]

Diesen Gedanken verfolgt er zunächst nicht weiter. Vielmehr legt er dar, wie schon im Alten Testament die weltliche Rechtsgewalt – „Schwert und Recht"[202] –

---

[196] Ebd. WA 30 II, 120,29–121,14.
[197] Während seiner Wartburg-Zeit erörtert Luther das Problem in einem Brief an Melanchthon, in welchem er auf dessen nicht erhaltene Anfrage eingeht, 13.7.1521, Nr. 418 WA.B 2, 357,32–359,107. – Das Problem hat Luther wieder aufgegriffen in zwei Predigten im Schloß von Weimar, 24. und 25.10.1522, WA 10 III, 371–379–385 Ns.
[198] Von weltlicher Oberkeit, 1523, WA 11, 245–281; abgesehen vom Widmungsbrief hat die Schrift drei thematisch unterschiedene Teile, Teil 1: ebd. 247,21–261,24; Teil 2: ebd. 261,25–271,26; Teil 3: ebd. 271,27–280,19.
[199] Ebd. WA 11, 248,32–249,8.
[200] Ebd. WA 11, 249,9–17.
[201] Ebd. WA 11, 249,17–23.
[202] Ebd. WA 11, 248,30. – Diese Wortverbindung begegnet auffallend häufig in dieser Schrift; sie stellt sicher, daß die weltliche Rechtsgewalt gemeint ist.

4.5 Die Unterscheidung von zwei Reichen und Regimenten 163

durch Gottes Willen legitimiert sei.²⁰³ Im Neuen Testament habe Johannes der Täufer, der in seiner Predigt das Volk „recht Christlich unter weyßen" wollte, „klar gnug" gesagt (Lk 3,14), „wie es Gottis will ist, das welltlich schwerd und recht handhaben zur straff der bößen und zu schutz der frumen [:rechtschaffenen Menschen]".²⁰⁴ Und Jesus habe in seinem Wort Mt 26,52 inhaltlich das noachitische Gebot von Gen 9,6 bestätigt.²⁰⁵ Mit der hohen Autorität der Apostel Paulus und Petrus sei für die Christenheit die weltliche Obrigkeitsgewalt ausdrücklich in Röm 13,1f und 1Pt 2,13f anerkannt worden.²⁰⁶

Zur Lösung des Problems, wie der Christ sich gegenüber der weltlichen Rechtsgewalt zu verhalten habe, bedient sich Luther der Unterscheidung von zwei Reichen, dem „Reich Gottes" und dem „Reich der Welt". Bei Luthers theologischer Rede vom Reich Gottes muß sofort zweierlei beachtet werden; erstens, er setzt es gleich mit dem Reich Christi; zweitens, er bezieht es in seiner Argumentation auf die Christen, die in ihrem Christus-Glauben dem Reich Gottes oder Christi angehören. Sie sind unter Christus, ihrem „König und Herrn" zu einer Gemeinschaft zusammengeschlossen, die als Heilsgemeinschaft der Glaubenden bezeichnet werden kann. Sie darf nicht mit der Kirche verwechselt werden, wie sie in der Trias der Stände als ein eigenes Feld der sozialen Lebenswelt umschrieben wird. Innerhalb von Luthers Kirchenverständnis (Kap 9.1) wird die Differenz von Heilsgemeinschaft der Glaubenden und sozial wahrnehmbarer Kirche genauer zu betrachten sein.

Die zum reych Gottis gehören, das sind alle recht glewbigen ynn Christo unnd unter Christo. Denn Christus ist der könig unnd herr ym reych Gottis, wie der ander Psalm [Ps 2,6] sagt unnd die gantze schrifft, Und er auch darum komen ist, das er das reych Gottis anfienge und ynn der wellt auffrichtet. Darumb spricht er auch fur Pilato [Joh 18,36f]: ‚meyn reych ist nit von der welt, sondern wer auß der warheytt ist, der höret meyne stym', und ymer ym Evangelio das reych Gottis antzeucht und spricht [Mt 3,2]: ‚Bessert euch, das reych Gottis ist erbey komen'. Item [Mt 6,33] ‚sucht am ersten das reych Gottis und desselben gerechtickeyt'. Und nennet auch das Euangelion [Mk 1,14] eyn ‚Euangelion des reych Gottis', darum das es das reych Gottis leret, regirt und enthellt.²⁰⁷

Indem Luther von den Christen in diesem theologisch qualifizierten Sinn spricht, rechnet er sie nicht zum „Reich der Welt", das heißt sie gehören mit dem Wesen ihres Christus-Glaubens nicht ins Feld der weltlichen Rechtsgewalt. Die Heilsgemeinschaft der Christen darf nicht mit der weltlichen Rechtsgemeinschaft

---

²⁰³ Zu der Passage, ebd. WA 11, 247,31–248,20, über Gottes Stiftung der weltlichen Rechtsgemeinschaft s. o. Kap. 4.4 bei Anm. 191–194.
²⁰⁴ Ebd. WA 11, 248,25–31; die Wendung „zur straff der bößen und zu schutz der frumen" bezeichnet die doppelte Aufgabe der weltlichen Rechtsgewalt und ist abgeleitet aus 1Pt 2,14 und Röm 13,3.
²⁰⁵ Ebd. WA 11, 248,20–25.
²⁰⁶ Ebd. WA 11, 247,23–30. In der Argumentation dieses Traktates spielen Röm 13,1–7 und 1Pt 2,13f eine Hauptrolle.
²⁰⁷ Ebd. WA 11, 249,26–35.

vermengt werden. Beide Gemeinschaften sind in ihrem Wesen himmelweit verschieden. Von den Christen in ihrer Zugehörigkeit zum Reich Christi heißt es nun, daß sie „für sich selbst keines Gesetzes noch Rechtes" bedürfen, sondern aus ihrer geistlichen Natur heraus das Rechte tun. Damit ist eine Spannung vorbereitet, in die der Christ in seinem irdischen Leben hineingestellt ist, weil er der geistlichen Heilsgemeinschaft und zugleich der weltlichen Rechtsgemeinschaft angehört.

Nu sihe, diße leutt [be]dürffen keyns welltlichen schwerdts noch rechts. Und wenn alle welt recht Christen, das ist, recht glewbigen weren, so were keyn furst, könig, herr, schwerd noch recht nott odder nütze. Denn wo zu sollts yhn[en]? Die weyl sie den heyligen geyst ym hertzen haben, der sie leret unnd macht, das sie miemant unrecht thun, yderman lieben, von yderman gerne und frölich unrecht leyden, auch den todt. Wo eyttel unrecht leyden und eyttel recht thun ist, da ist keyn zanck, hadder, gericht, richter, straff, recht noch schwerdt nodt. Darumb ists unmüglich, das unter den Christen sollte welltlich schwerd und recht zu schaffen finden, Syntemal sie viel mehr thun von yhn selbs, denn [:als] alle recht unnd lere foddern [:fordern] mügen [:können] [...] Also sind alle Christen durch den geyst und glawben aller ding genatur [:durchaus so geartet], das sie wol und recht thun mehr, denn man sie mit allen gesetzen leren kan, und [be]dürffen fur sich selbs keyns gesetzs noch rechts.[208]

An der weit aufgerissenen Differenz zwischen Heilsgemeinschaft und Rechtsgemeinschaft hat Luther festgehalten bei der Charakteristik des „Reiches der Welt", wenn er die weltliche Rechtsgewalt nur auf das Verhindern strafbaren Handelns bezieht und die Christen in dem vorher beschriebenen Sinn ausklammert.

Zum reych der wellt oder unter das gesetz gehören alle, die nicht Christen sind. Denn syntemal wenig glewben und das weniger teyl sich hellt nach Christlicher art, das es nicht widderstrebe dem ubel [vgl. Mt 5,39], Ya das es nicht selb ubel thue, hat Gott den selben ausser dem Christlichen stand unnd Gottis reych eyn ander regiment verschafft unnd sie unter das schwerd geworffen, das, ob sie gleych gerne wollten, doch nicht thun kunden yhr boßheyt, und ob sie es thun, das sie es doch nit on furcht noch mit fride unnd glück thun mügen [:können].[209]

Allerdings spricht Luther dann doch von einem positiven Verhältnis des Christen zur weltlichen Rechtsgemeinschaft. Er nennt die Nächstenliebe als inneren Beweggrund, mit dem sich Christen aktiv in die Rechtsgemeinschaft eingliedern. So tritt die Nächstenliebe als Frucht ihres Glaubens zutage. Die große Spannung zwischen Reich Christi und Reich der Welt wird überbrückt, sobald Luther den Christen in den Blick nimmt, wie er bestimmt ist sowohl durch den Christus-Glauben als auch durch die Nächstenliebe.[210] Der so definierte Christ hat, ohne Preisgabe seiner Zugehörigkeit zum Reich Christi, einen aus seinem Glauben entspringenden Grund, sich im Reich der Welt, das heißt in der weltlichen

---

[208] Ebd. WA 11, 249,36–250,8.18–20. In den ausgesparten Zeilen werden erläuternd 1Tim 1,9 und Mt 7,17 f angeführt.
[209] Ebd. WA 11, 251,1–8.
[210] Ebd. WA 11, 249,17–23; zur Sache vgl. Kap. 3.3.

4.5 Die Unterscheidung von zwei Reichen und Regimenten 165

Rechtsgemeinschaft, zu engagieren. Denn Christen sind sich nicht selbst genug in ihrer Glaubensteilhabe am Reich Christi, vielmehr suchen sie die Möglichkeiten zum Dienst der Nächstenliebe wahrzunehmen. Die Möglichkeit dazu bietet das Feld der weltlichen Rechtsgemeinschaft. Dort wollen sie mit den Mitteln weltlicher Rechtsvollmacht – das heißt mit guter Gesetzgebung, gerechter Rechtsprechung, angemessener Strafverfolgung – verhindern, daß Menschen sich gegenseitig Schaden zufügen und dadurch Unfrieden verursachen; so ist in Luthers Sicht Röm 13,4 und 1Pt 2,14 zu verstehen.[211] Der durch Rechtsmittel erreichte Friede wird von den Christen bejaht, obgleich sie wissen, daß es nur ein brüchiger Friede bleibt, solange nicht die im Menschen selbst sitzenden Wurzeln von Unrecht und Unfrieden beseitigt sind. Gleichwohl beteiligen sie sich um des äußeren, sozialen Friedens willen am weltlichen Rechtsleben (vgl. Kap. 8.3).

Da Luther den Christen durch dessen Teilhabe am Reich Christi definiert, riskiert er in diesem Text zunächst den Eindruck, ein Christenmensch habe es nicht nötig, die weltlichen Rechtsmittel für sich selbst anzuerkennen. Aus dem theologischen Sachkontext ergibt sich jedoch, daß der Christ in der Teilnahme an der weltlichen Rechtsgemeinschaft deren Rechtsgewalt auch für sich selbst im Bewußtsein seiner eigenen, von der Radikalsünde geprägten Existenz gelten läßt.

[Im Rückgriff auf seine Charakteristik der Christen durch ihre Teilhabe am Reich Christi erklärt Luther] das die Christen unternander und bey sich und fur sich selbs keyns rechten noch schwerds [:keiner Rechtsgewalt] [be]dürffen, Denn es ist yhn keyn not noch nütz. Aber weyl eyn rechter Christen auff erden nicht yhm [:sich] selbs, sondern seynem nehisten lebt unnd dienet, ßo thut er von art seyns geystes auch das, des er nichts [:keineswegs] bedarff, sondern das seynem nehisten nutz und nott ist. Nu aber das schwerd eyn groß nodlicher nutz ist aller wellt, das frid erhalten, sund gestrafft und den bösen geweret werde, ßo gibt er sich auffs aller willigst unter des schwerds regiment, gibt schos [:Steuer], ehret die uberkeyt, dienet, hilfft und thut alles, was er kan, das der gewalt fodderlich [:förderlich] ist, auff das sie ym schwang und bey ehren und furcht erhalten werde, wie wol er des für sich keynes[wegs] [be]darff noch yhm nott ist. Denn er sihet darnach, was andern nutz und gutt ist, wie Paulus Eph 5 [V. 21] leret.[212]

Der Christ unterstützt die weltliche Obrigkeit in ihrer echten Aufgabe, für Recht, Gerechtigkeit, Frieden zu sorgen, weil das dem Willen Gottes entspricht, und weil ihm selbst das Wohl der Schutzbedürftigen am Herzen liegt. Luther verdeutlicht das an den Extremen: Wer sich als Christ persönlich dazu geeignet findet, übernimmt womöglich die Aufgabe des Henkers oder stellt sich für die Aufgabe eines „Herrn oder Fürsten", das heißt ein hohes Regierungsamt, zur Verfügung.

Antwortt: du hast itzt zwey stück gehört. Eyns, das unter den Christen das schwerd nicht sein kann, [...] Da ist das ander stück, das du dem schwerd zu dienen schuldig bist und

---

[211] Ebd. WA 11, 251,18–21. – Luther übersetzt 1Pt 2,14, 1522, WA.DB 7, 304: zur rache der ubelthetter, unnd zu lob der wolthetter. – Die letzte Wendung lautet ab 1531, ebd. 305 (Version 1546): zu lobe der Frumen [:Rechtschaffenen]. – Der Begriff „Rache" stand damals auch für „Strafe"; das ist bei Röm 12,19 (Zitat von Dtn 32,35) und 13,4 zu beachten.
[212] Ebd. WA 11, 253,21–32.

fodern [:fördern, unterstützen] sollt, wo mit du kanst, es sey mit leyb, gut, ehre und seele. Denn es ist eyn werck, des du [als Christ] nichts bedarffest aber gantz nutz und nott aller wellt und deynem nehisten. Darumb wenn du sehest, das am henger [:Henker], böttell [:Büttel, Gerichtsdiener], richter, herrn oder furstten mangellt und du dich geschickt fundest, solltistu dich datzu erbieten und darumb werben, auff das jah die nöttige gewallt nicht veracht und matt würde oder untergienge. Denn die wellt kann unnd mag yhr nicht geratten.[213]

Der Christ wird so beschrieben, daß er gleichzeitig dem „Reich Gottes" und dem „Reich der Welt" verbunden ist. Das wirkt so, als sei es ein starrer Spagat. Luther geht hier nicht darauf ein, wie der Christ mit seinem Herzen und Gewissen in den wechselnden Situationen seines Lebens wahrzunehmen hat, ob es nur um sein eigenes Recht geht, auf das er verzichten kann, oder ob er für das Recht anderer aus Nächstenliebe zu streiten habe.

Also gehets denn beydes feyn mit eynander, das du zu gleich Gottes reych und der wellt reich gnug thuest, eußerlich und ynnerlich, zu gleich ubel und unrecht leydest und doch ubel und unrecht straffest, zu gleych dem ubel nicht widderstehist unnd doch widderstehist. Denn mit dem eynen sihestu auff dich und auff das deyne, mit dem andern auff den nehisten und auff das seyne. An dyr und an dem deynen helltistu dich nach dem Evangelio und leydest unrecht als eyn rechter Christ fur dich, An dem andern und an dem seynen helltistu dich nach der liebe unnd leydest keyn unrecht fur deynen nehisten, wilchs das Euangelion nicht verpeutt, ja viel mehr gepeutt am andern ortt [Mt 22,39].[214]

Die Einsicht, die Welt könne nicht durch das Evangelium regiert werden, erstreckt sich so weit, daß ein Christ sich selbst mit einschließt, die Gesetze der Rechtsgemeinschaft für sich selbst bejaht und als „Untertan" seiner „Obrigkeit" handelt, weil er sie für sich selbst wegen seiner eigenen, von der Radikalsünde geprägten Existenz anerkennt. Seinem eigenen egoistischen Empfinden z. B. fällt das Zahlen von Steuern gar nicht leicht.[215] Andererseits wird er prüfen, ob die Forderungen der Obrigkeit wirklich dem Gottesgebot der Nächstenliebe dienen.

B) Mitten im Gedankenfluß wechselt Luther zuweilen seine Redeweise; statt von den zwei Reichen kann er von zwei Regimenten sprechen. In seinem lateinischen Denken sind beide Ausdrücke – regnum und regimen – eng miteinander ver-

---

[213] Ebd. WA 11, 254,30–255,4. – Ebd. 255,5–12: Ursach: Denn yn dem fall giengstu eynher gantz ynn fremdem dienst […] und thettests nicht der meynung, das du dich rechen oder böses umb böses geben woltist, sondern deynem nehisten zu gutt unnd zur [er]halltung schutz und frids der andern. Denn fur dich selbs bleybstu an dem Evangelio und heltist sich nach Christus wort [Mt 5,39 f], das du gern den andern backen streych leydest, den mantel zum rock faren lassest, wenn es dich und deyne sach betreffe.
[214] Ebd. WA 11, 255,12–21. – Vgl. die Randglosse ab 1522 zu Röm 13,5 „Gewissen", WA.DB 7, 69 (Version 1546): Weltliche gewalt ist, umb zeitliches Friedes willen, darumb ist das Gewissen aus pflichtiger liebe schuldig, derselbigen unterthan zu sein.
[215] Vgl. die Randglosse ab 1530 zu Röm 13,6 „Schos geben", WA.DB 7, 69 (Version 1546): Sehet wie gut es ist, schos geben, und gehorchen, das jr damit helffet die Frumen [:Rechtschaffenen] schützen, und die Bösen straffen [vgl. Röm 13,3 f], Darumb lassets euch nicht verdriessen.

wandt; noch direkter als „regnum" leitet sich „regimen" ab von dem Verb „rego / regere", lenken, leiten, regieren. Während bei den zwei Reichen die geistliche Heilsgemeinschaft des Jesus Christus und die weltliche Rechtsgemeinschaft im Blick sind, denkt Luther bei den zwei Regimenten an zwei Regierweisen, die für die beiden Reiche bestimmend sind. Daß Gesetz und Recht die weltliche Rechtsgemeinschaft und das dort herrschende Rechtsbewußtsein lenken, also die weltliche Regierweise bilden, liegt auf der Hand. Die andere Regierweise ist in dem Wort des Evangeliums gegeben, durch das der Heilige Geist und mit ihm die geistliche Heilsgemeinschaft vermittelt wird. Erst hier beim Stichwort „geistliches Regiment" kommt die Kirche als eins der drei Felder innerhalb der sozialen Wirklichkeit ins Spiel (s. o. Kap. 4.4). Denn indem in dieser Gestalt von Kirche dem Menschen das Evangelium des Jesus Christus mitgeteilt wird, geschieht jenes „geistliche Regiment", das den Glaubenden in die Gemeinschaft mit Jesus Christus versetzt. Hingegen darf das Reich Christi keineswegs mit dieser Gestalt von Kirche identifiziert werden, obgleich Luther das Wort „Kirche" auch auf die geistliche Heilsgemeinschaft beziehen kann, weil er unter „Kirche" die geistliche Gemeinschaft versteht, die der Christ im dritten Artikel des Credo als Wirklichkeit des Heiligen Geistes bekennt (s. u. Kap. 9.1).

Darum hatt Gott die zwey regiment verordnet, das geystliche, wilchs Christen unnd frum [:gerechte] leutt macht durch den heyligen geyst unter Christo, unnd das welltliche, wilchs den unchristen und bößen weret, daß sie eußerlich müssen frid hallten und still seyn on yhren danck [:ob sie wollen oder nicht].²¹⁶

Die Unterscheidung zwischen der geistlichen Größe „Kirche" als der im Christus-Glauben erfahrenen Heilsgemeinschaft und dem sozialen Phänomen „Kirche" ist sachbedingt notwendig, weil der Heilige Geist das unverfügbar Geistliche nur durch das menschlich vorgetragene Wort des Evangeliums, also durch das geistliche „Regiment", vermittelt. Bei der weltlichen Rechtsgemeinschaft entfällt eine analoge Differenz, weil hier das herrschende Gesetz zugleich das „Regiment" dieser Gemeinschaft bildet und keine andere Wirklichkeit vermittelt. Gemäß dem reformatorischen Grundverständnis des Christentums muß das geistliche Regiment in der Gestalt des Evangeliums freigehalten werden von allem Gesetzlichen. Nur dann empfängt der Mensch die vor Gott geltende Gerechtigkeit, wird er als Person unabhängig von Gesetz und Werken „gerecht" gemacht. Keine der beiden Regierweisen kann die andere ersetzen. In der Rechtsgemeinschaft muß durch das Gesetz regiert werden, damit weltliche Gerechtigkeit und äußerer Friede hergestellt und Unrecht sowie verbrecherische Gewalt verhindert werden. Nicht verhindert werden kann jedoch selbstgerechte Heuchelei, die unter jeder Art von Gesetz den Menschen befallen kann. Davon will das Evangelium befreien, wenn es in geistlich verborgenem Wirken Menschen in der Heilsgemeinschaft unter Christus zu Christen macht.

---

[216] Von weltlicher Oberkeit, 1523, WA 11, 251,15–18.

168 Kap. 4: Der Mensch in geschöpflicher Verantwortung vor Gott und den Menschen

Darumb muß man diese beyde regiment mit vleyß scheyden und beydes bleyben lassen: Eyns das frum [:gerecht] macht, Das ander das eusserlich frid schaffe und bösen wercken weret. Keyns ist on das ander gnug ynn der wellt. Denn on Christus geystlich regiment kann niemant frum werden fur got durchs welltlich regiment. So gehet Christus regiment nicht uber alle menschen sondern allezeyt ist der Christen am wenigsten und sind mitten unter den unchristen. Wo nu welltlich regiment oder gesetz alleyn regirt, da muß eytel heuchley seyn, wens auch gleych Gottis gepott selber weren. Denn on den heyligen geyst ym hertzen wirtt niemant recht frum [:gerecht vor Gott], er thue wie feyne werck er mag. Wo aber das geystlich regiment alleyn regiert uber land und leutt, da wirtt der boßheyt der zaum loß unnd raum geben aller büberey. Denn die gemeyne wellt kans nicht an nehmen noch verstehen.[217]

Luther appelliert an die Einsicht, daß es neben dem geistlichen Regiment des Evangeliums, ausgeübt in der Kirchengemeinde, notwendigerweise auch das weltliche Regiment in der Hand der Rechtsgemeinschaft geben muß. Keine der beiden Regierweisen kann die andere ersetzen. Die Regierweise des Evangeliums darf so wenig in ein Gesetz verwandelt werden, wie die Welt nicht mit dem Evangelium regiert werden kann.

Wenn nu yemand wollt die wellt nach dem Evangelio regirn und alle welltliche recht und schwerd auffheben und fur geben, sie weren alle getaufft und Christen, unter wilchen das Euangelion will keyn recht noch schwerd haben, auch nicht nott[wendig] ist – lieber, radt [:rate, überlege], was würde der selb machen? [...] Also würden die bößen unter dem Christlichen namen der Evangelischen freyheytt mißbrauchen, yhr büberey treyben unnd sagen, sie seyen Christen und keym gesetz noch schwerd unterworffen, wie itzt schon ettlich toben und narren.[218]

Weil das Reich Christi als geistliche Wirklichkeit durch das geistliche Regiment des Evangeliums innerhalb der sozial organisierten Kirche vermittelt wird, muß bei der Rede vom geistlichen Regiment immer die Doppelgestalt von Kirche beachtet werden. In diesem Zusammenhang ist Luthers Wortgebrauch zuweilen nicht eindeutig. Trotz ihrer Vermittlung durch das geistliche Regiment dürfen die beiden Gestalten von Kirche nicht vermengt werden. Innerhalb der Trias der drei Stände bildet die Kirche eine Sozialgemeinschaft mit der Hauptaufgabe, den Menschen das Wort Gottes auszurichten;[219] das Hauptgewicht muß dabei

---

[217] Ebd. WA 11, 252,12–23.
[218] Ebd. WA 11, 251,22–31. – Vgl. Luthers dritte Predigt in Wittenberg nach der Rückkehr von der Wartburg, 11.3.1522, WA 10 III, 24,8–11: Also, lieben freunde, es ist klar genug gesagt, jch meyne, jr soltens verstan unnd keyn gebott auß der freyheit machen Sprechende: der pfaff hat ein weyb genommen, darumb müssen sie alle weyber nemmen, noch nitt [:weit gefehlt!] [...] oder der priester hatt keyn weyb, darumb muß [:darf] keyn priester eelich werden, noch nit [:weit gefehlt!].
[219] Als Sozialgemeinschaft trat die Kirchengemeinde auch darin in Erscheinung, daß sie, spätmittelalterliche Vorformen ausgestaltend, mit einem Gemeindekasten einen Vermögensfonds schuf, aus dem nicht nur die Personalkosten der Kirchengemeinde bestritten, sondern auch soziale Nöte in der Gemeinde beseitigt wurden, wobei Bürger- und Christengemeinde in enger Verflechtung handelten. Die Kastenordnungen wurden zu einem Bestandteil oder Anhang der Kirchenordnungen.

4.5 Die Unterscheidung von zwei Reichen und Regimenten

auf dem Evangelium des Jesus Christus liegen, wenn nicht das Wesentliche der christlichen Religion verkürzt werden soll. In welcher Hinsicht allerdings auch das Gesetz als Anspruch Gottes an den Menschen zur Sprache gebracht werden muß, soll im nächsten Abschnitt behandelt werden.

Die legitime Macht der weltlichen Rechtsgemeinschaft erreicht ihre Grenze dort, wo sie den Menschen nicht nur äußerlich in seinem erkennbaren Handeln in Anspruch nimmt. Überschritten wird die Grenze, sobald die Obrigkeit auch über die Seele oder das Gewissen ihrer Untertanen herrschen will. Sollte das geschehen, werden Christen dem grenzüberschreitenden Anspruch der Obrigkeit den Gehorsam verweigern. Denn wenn Luther mit reicher Argumentation den Christen empfiehlt, die Rechtsgewalt aktiv zu bejahen, dann gilt das nur unter der Voraussetzung, daß die Grenze beachtet wird, die jeder für sich selbst in seinem Gewissen feststellen soll. Akut konnte das erfahren werden, als gleich in der Frühzeit der Reformation einige Obrigkeiten den Erwerb und Besitz von Luthers Übersetzung des Neuen Testamentes zu unterbinden suchten.[220] Luther behandelt das Problem im zweiten Teil des Obrigkeitstraktates, 1523. Wichtige Gesichtspunkte aus seiner theologischen Reflexion seien herausgegriffen.

Zunächst markiert er in der Differenz von Leib und Seele eine allgemein einleuchtende Grenze, an der die Unterscheidung zwischen dem weltlichen Regiment und dem Regiment Gottes beachtet werden müsse.

Denn eyn iglich reych muß seyne gesetz unnd rechte haben, unnd on gesetz keyn reych noch regiment bestehen kann, wie das gnugsam teglich erfarung gibt. Das welltlich regiment hatt gesetz, die sich nicht weytter [er]strecken denn uber leyb und gutt und was eußerlich ist auff erden. Denn uber die seele kann und will Gott niemant lassen regirn denn sich selbs alleyne. Darumb wo welltlich gewallt sich vermisset, der seelen gesetz zu geben, do greyfft sie Gott ynn seyn regiment und verfuret und verderbet nur die seelen.[221]

Er greift, zweitens, zurück auf die Grundunterscheidung zwischen dem Wort Gottes, das allein den Glauben des Menschen für sich fordern darf, und dem kirchengesetzlichen Traditionssystem, dessen bisher geltende Verbindlichkeit jetzt von der reformatorischen Theologie verworfen wird. Zugleich argumentiert er mit dem neuen Verständnis der Kirche, die sich ohne sakralgesetzliche Bindung allein auf Gottes Wort gründet und deshalb ihre geistliche Vollmacht mit keiner weltlichen Rechtsgewalt teilen kann.

Darumb ists gar uberauß eyn nerricht ding, wenn sie gepieten, man solle der Kirchen, den Vetern, Concilien glewben, ob gleych keyn Gottis wortt da sey. [...] Denn die kirche ge-

---

[220] Am stärksten war Luther davon berührt, daß im sächsischen Nachbarterritorium Herzog Georg der Bärtige am 7.11.1522 ein Mandat gegen Erwerb und Besitz des von Luther übersetzten Neuen Testamentes erlassen hat; Akten und Briefe Herzog Georgs von Sachsen, Bd. 1, 1905, 386 f Nr. 400; der Herzog erklärte, mit seinem Mandat wolle er bei seinen Untertanen ‚den gehorsam Cristlicher kirchen und derselben obersten heubter, sovil uns mogelich, handhaben' (ebd. 387,20 f), also die Ausbreitung der von Papst und Kaiser verurteilten Lehre Luthers unterbinden.
[221] Von weltlicher Oberkeit, 1523, WA 11, 262,5–12.

peutt nichts, sie wisse denn gewiß, das Gottis wort sey, wie S. Petrus sagt [1Pt 4,11]: ‚Wer da redet, der rede als gottis wort'. Sie werden aber gar lange nicht beweyßen, das der Concilien setze Gottis wort sind. Viel nerrichter ists aber, wenn man sagt, die könige unnd fursten und die menge glewbt alßo. Lieber, wyr sind nicht getaufft auff könige, fursten noch auf die menge, sondern auff Christum und Gott selber. Wyr heyssen auch nicht könige, fursten oder menge, wyr heyssen Christen. Der seelen soll und kann niemandt gepieten, er wisse denn yhr den weg zu weyßen gen hymel. Das kann aber keyn mensch thun, sondern Got alleyn. Darumb ynn den sachen, die der seelen selickeytt betreffen, soll nichts denn Gottis wort geleret und angenomen werden.[222]

Daraus folgert er, drittens, daß die weltliche Gewalt es sich nicht anmaßen darf, einen Menschen, das heißt irgendein Glied der Rechtsgemeinschaft, zu einem bestimmten Glauben zu zwingen. Das richtet sich kritisch gegen die im Mittelalter immer fester gewordene Allianz von kirchlicher und weltlicher Rechtsgewalt bei der Abwehr von Ketzerei.

Uber das mag mans auch dabey greyffen, das eyn iglich gewallt soll und mag nur da handelln, da sie sehen, erkennen, richten, urteylen, wandeln und endern kann. [...] Nu sage myr, wie kann die hertzen sehen, erkennen, richten, urteylen und endern eyn mensch? Denn solchs ist alleyn Gott fur behallten. [...] Eyn gericht soll und muß gar gewiß seyn, wenn es urteylen soll, und alles am hellen liecht habe. Aber der seelen gedancken und synnen kunnen niemant denn Gott offenbar seyn. Darumb es umb sonst unnd unmüglich ist, yemant zu gepieten oder zu zwingen mit gewallt, sonst oder so zu glewben. Es gehört eyn ander griff datzu, Die gewallt thutts nicht. Und mich wundert der grossen narren, Syntemal sie selb allesampt sagen: De occultis non iudicat Ecclesia, ‚Die kirche richtet nicht heymlich[e] sachen'.[223]

Viertens führt Luther das reformatorische Glaubensverständnis ins Feld. Jeder Christ sei in seinem Glauben unvertretbar. Jedem liege der eigene Glauben auf seinem Gewissen. Das tue der weltlichen Rechtsgewalt keinen Abbruch; nur dürfe sie nicht Zwang auf den persönlichen Glauben eines Menschen ausüben. Der Glaube sei „ein göttliches Werk im Geist", jeder menschlichen Gewalt entzogen. Dafür kann er einen Satz Augustins anführen, der sogar ins ältere Kirchenrecht Eingang gefunden hatte.

Auch ßo liegt eym iglichen seyne eygen fahr dran, wie er glewbt, und muß fur sich selb sehen, das er recht glewbe. Denn so wenig als eyn ander fur mich ynn die helle odder hymel faren kann, so wenig kann er auch fur mich glewben oder nicht glewben, und so wenig er myr kan hymel oder hell auff odder zu schliessen, so wenig kann er mich zum glawben oder unglawben treyben. Weyl es denn eym iglichen auff seym gewissen ligt, wie er glewbt odder nicht glewbt, und damit der welltlichen gewallt keyn abbruch geschicht, sol sie auch zu friden seyn und yhrs dings wartten und lassen glewben sonst oder so, wie man kan unnd will, und niemant mit gewallt dringen. Denn es ist eyn frey werck umb den glawben, datzu man niemandt kann zwingen. Ya es ist eyn gottlich werck ym

---

[222] Ebd. WA 11, 262,31–263,6.
[223] Ebd. WA 11, 263,26–264,7. – Ebd. WA 11, 268,19–270,29 setzt sich Luther noch ausführlicher mit der Verflechtung der traditionell kirchlichen und der weltlichen Rechtsgewalt im Kampf gegen Häresien auseinander. Seit dem Wormser Reichstag 1521 war er selbst davon betroffen durch die Verkettung von päpstlicher Exkommunikation und kaiserlicher Reichsacht.

geyst, schweyg denn das es eußerliche gewallt sollt erzwingen und schaffen. Daher ist der gemeyne spruch genomen, den Augustinus auch hatt: ‚Zum glawben kann unnd soll man niemants zwingen'.[224]

Abschließend, fünftens, landet Luthers Argumentation bei der akuten Frage, wie sich Christen gegenüber solchen Mandaten verhalten sollen, wie sie z. B. im benachbarten Herzogtum Sachsen die Verbreitung des von Luther übersetzten, im September 1522 gedruckten Neuen Testamentes unterbinden sollten.[225] Es handelte sich um ein Buch besonderer Art, was für Luthers Begründung der Gehorsamsverweigerung nicht unerheblich ist. Auf der Titelseite war zwar Wittenberg als Erscheinungsort genannt; nirgendwo in dem Werk erschien jedoch Luthers Name, sicherlich nicht, weil er für seine Person Repressalien fürchtete; vielmehr sollte das Grundbuch der christlichen Religion für sich selbst sprechen, zugleich jedoch das reformatorische Grundverständnis des Christentums bezeugen, wie die verschiedenen Vorreden Luthers deutlich machten.[226] Die Hauptvorrede läßt gleich mit ihrem ersten Absatz die reformatorische Absicht erkennen.

Es were wol recht und billich, das dis buch on alle vorrhede unnd fremden namen außgienge, und nur seyn selbs eygen namen und rede furete, Aber die weyl durch manche wilde deuttung und vorrhede, der Christen synn da hyn vertrieben ist, das man schier nit mehr weys, was Evangeli oder gesetz, new oder alt testament, heysse, fodert die noddurfft eyn antzeygen und vorrhede zu stellen, da mit der eynfellige man, aus seynem allten wahn [:Meinung], auff die rechte ban gefuret und unterrichtet werde, wes er ynn disem buch gewartten solle, auff das er nicht gepott unnd gesetze suche, da er Evangeli und verheyssung Gotis suchen sollt.[227]

Wer dieses Buch erwarb und las, wurde mit der Quelle des reformatorischen Christentum vertraut! Das Vorgehen einer weltlichen Obrigkeit gegen das Wittenberger Neue Testament gehörte eindeutig zu dem Kampf gegen die lutherische Häresie. Luther wendet sich nun seinerseits an Menschen, die in ihrem Herzen der reformatorischen Lehre anhingen und sich fragen mußten, ob sie einem Obrigkeitsbefehl zur Herausgabe des Neuen Testamentes Folge leisten sollten, während sie andererseits von Luther belehrt wurden, daß sie als Christen sich

---

[224] Ebd. WA 11, 264,11–23. Das Zitat stammt aus Augustins antidonatistischer Schrift Contra litteras Petiliani 2, c.83 n. 184, ML 43,315, CSEL 52, 112,25–27; vgl. CorpIC Decretum Gratiani p. 2 c.23 q.5 can.33 (RF 1,939): Ad fidem quidem nullus est cogendus invitus.

[225] Ebd. WA 11, 267,1–13 (s. u. bei Anm. 229) ist als ein Rat in der 2. Person Singular formuliert; es folgen, ebd. 267,14–29, mit Erwähnung der bereits erlassenen antireformatorischen Mandate allgemein gehaltene Ausführungen, wie sich reformatorisch gesonnene Untertanen verhalten sollen.

[226] Daß Luther für das ganze Druckwerk verantwortlich war, lag so nahe, daß Herzog Georg in seinem Mandat Luther als den allgemein vermuteten Urheber nennen konnte. Für ärgerlich hält er ausdrücklich die Randglossen und die Holzschnitte zur Johannes-Offenbarung, die unverkennbar „bebstlicher heiligkeit zu schmehe" bezweckten; der Zusatz, das Werk diene „zu bekreftigunge" der Lehre Luthers, war vermutlich durch die Vorreden veranlaßt; Akten und Briefe (wie Anm. 220), Bd. 1, 386,28–32.

[227] Vorrede zum Neuen Testament, September 1522, WA.DB 6, 3,2–11.

172 Kap. 4: Der Mensch in geschöpflicher Verantwortung vor Gott und den Menschen

aktiv in die weltliche Rechtsgemeinschaft eingliedern sollten. Nach Luthers Urteil überschreiten die Obrigkeiten mit ihrem antireformatorischen Vorgehen die Grenzen ihrer Macht. Wer es mit der reformatorischen Lehre hält und jetzt mit dem Obrigkeitsmandat konfrontiert wird, dem wird von Luther geraten, er solle das apostolische Wort (Apg 5,29) beachten: „Man muß Gott mehr gehorchen denn den Menschen".[228] Wolle die weltliche Obrigkeit ihrer Gewalt den Glauben unterwerfen, durch den jetzt einzelne Christen sich allein dem Wort Gottes verpflichtet wissen, dann handle sie als ein Tyrann, dann sei es an dem Christen, den Gehorsam zu verweigern und notfalls die Konsequenzen weltlicher Strafe zu erleiden. Sonst hätte er mit dem Wort Gottes seinen Glauben preisgegeben und Gott verleugnet.

Wenn nu deyn furst oder welltlicher herr dyr gepeut, mit dem Bapst zu hallten, sonst oder so zu glewben, oder gepeutt dyr bücher von dyr zu thun, soltu also sagen: [...] ‚Lieber herr, ich bynn euch schuldig zu gehorchen mit leyb unnd gutt, giepietet myr nach ewr gewalt maß auff erden, so will ich folgen. Heysst yhr aber mich glewben unnd bücher von myr thun, so will ich nicht gehorchen. Denn da seyt yhr eyn tyrann unnd greyfft zu hoch, gepietet, da yhr widder recht noch macht habt' etc. Nympt er dyr drüber deyn gutt unnd strafft solchen ungehorsam, selig bistu unnd danck gott, das du wirdig bist umb gotlichs worts willen zu leyden, laß yhn nur toben den narren, Er wirtt seynen richter wol finden. Denn ich sage dyr, wo du yhm nicht widdersprichst und gibst yhm raum, das er dyr den glawben odder die bücher nympt, so hastu warlich Gott verleucket.[229]

Das Vorgehen gegen die Verbreitung des von Luther übersetzten Neuen Testamentes traf jeden einzelnen Untertan in der Gewissensfrage seines eigenen Glaubens. Bei dieser Entscheidung stritt Luther für die Freiheit des persönlichen Glaubens. Etwas anderes war es, wenn er an der allgemein herrschenden Überzeugung festhielt, daß in einem Gemeinwesen nur einer Religion die öffentliche Praxis gestattet sein könne. Es fiel für moderne Sicht unbegreiflich leicht, über eine andere Religionspraxis das Urteil zu fällen, in ihr werde die herrschende Lehre verlästert und deshalb dürfe sie nicht geduldet werden. Für die römische Kirche war mit der Verurteilung der reformatorischen Lehre als Häresie sowohl deren private Rezeption als auch deren öffentliche Praxis ausgeschlossen. Umgekehrt urteilte die reformatorische Theologie über die römische Lehre, in ihr werde das echte biblische Verständnis der christlichen Religion verlästert. Deshalb wurde dort, wo die reformatorische Lehre sich durchsetzte, die öffentliche Ausübung der römischen Christentumsgestalt unterbunden. Luther hielt

---

[228] Von weltlicher Oberkeit, 1523, WA 11, 265,28–266,32., behandelt Bibeltexte, mit deren Interpretation er die weltliche Gewalt auf das vor Gott verantwortbare Gemeinschaftsleben der Menschen bezieht; der Diskurs schließt, ebd. 266,32–37: Und summa, ist das die meynung, Wie S. Petrus spricht Act. 4 [Apg 5,29] ‚Man muß Gott mehr gehorchen denn den menschen', Da mit er yhe auch klerlich der welltliche[n] gewalt eyn zill steckt. Denn wo man alles müst hallten, was welltlich gewallt wollte, ßo were es umb sonst gesagt: Man muß Gott mehr gehorchen denn den menschen.

[229] Ebd. WA 11, 267,1–13. – In grelleren Farben malt Luther die Situation im folgenden Absatz, ebd. 267,14–24.

das für legitim, weil er die Auffassung teilte, daß in einem Gemeinwesen nicht zwei „zwieträchtige" Lehren öffentlich geduldet werden könnten. Ohne religiöse Eintracht hielt man allgemein den Fortbestand des Gemeinwesens für gefährdet. Wer privat die reformatorische Lehre nicht teilte, der sollte keinem Glaubenszwang unterliegen. Von ihm wurde allerdings die Teilnahme an der öffentlichen Praxis des reformatorischen Christentums erwartet. Er mußte keine Inquisition fürchten. Auszuwandern wurde ihm außerdem freigestellt.[230] Luthers Unterscheidung von privatem Glauben und einheitlich öffentlicher Religionspraxis dokumentieren zwei sich ergänzende Briefe, die er 1529 an einen Adligen und an dessen Pfarrer gerichtet hat.

Wiewohl niemand zum Glauben zu zwingen ist, so soll wiederum dawider [:hingegen] nicht gestattet werden, daß sie die Lehre lästern, sondern sollen anzeigen ihren Grund und hören das Widerteil [:die Widerlegung]. Mögen [:Können] sie dann bestehen, gut; wo nicht, daß sie das Maul halten, und glauben bei sich selbst, was sie wollen. So haben die zu Nürnberg, und wir zu Wittenberg getan. Denn wo man's schaffen [:erreichen] kann, soll man in einerlei Obrigkeit zwieträchtige Lehrer nicht dulden, zu vermeiden weiteren Unrat [:Schaden, Unheil]. Und ob sie nicht glauben, sollen sie dennoch um der zehn Gebot willen zur Predigt getrieben werden, daß sie zum wenigsten äußerliche Werke des Gehorsams lernen.[231]

4.6 Der zweifache Gebrauch von Gottes Gesetz

Der Mensch ist in seiner ganzen Lebenswirklichkeit unausweichlich dem Willen Gottes verpflichtet, der als Gottes Gesetz begriffen wird. Das Gesetz wird jedoch vom Menschen nicht immer in der gleichen Weise wahrgenommen. Es ist offen, ob und wie er sich der Forderung des Gesetzes bewußt ist und sie für die eigene Person wirksam werden läßt. Wie reagiert der Mensch auf das Gesetz, mit dem er konfrontiert ist? Holzschnittartig beschreibt Luther drei Weisen, wie sich die Menschen gegenüber dem Gesetz zu verhalten pflegen. In der ersten Verhaltens-

---

[230] Eine reichsrechtlich gültige Regelung für die Existenz der beiden konfessionellen „Religionsparteien" hat erst der Augsburger Religionsfrieden, 1555, gebracht.
[231] An Joseph Levin Metzsch auf Mylau, 26.8.1529, Nr. 1466 WA.B 5, 136,5–137,15. – Von demselben Tag datiert der Brief an Pfarrer Thomas Löscher in Mylau, Nr. 1467 WA.B 5, 137,4–10.13–20: Sicut ad fidem et euangelion nemo cogendus est, ita sub eodem magistratu permittendum non est, ut blasphement; sed vocati audiantur et audiant, et, ubi rationem reddere non poterint nec credere voluerint, prorsus etiam tacere cogantur, ne alatur seditionis seminarium. Qui enim volet contradicere, faciat hoc publice et palam, aut privatim coerceatur magistratus autoritate. Sic nos et facimus et consulimus. […] Caeterum, quando decalogus et catechismus docent etiam politica et oeconomica et is sit frequentissime praedicandus, cogendi sunt ad contiones, quibus discant politicam obedientiam et officia oeconomica, sive credant evangelio sive minus, ne sint aliis scandalo, similiter [lies?: sin aliter] contemnentur doctrinae et politicae et oeconomicae. Si enim in plebe volunt vivere, iura eiusdem plebis discant et audiant etiam inviti, non solum propter eos [lies: se], sed propter liberos et familiam ipsorum.

Kap. 4: Der Mensch in geschöpflicher Verantwortung vor Gott und den Menschen

weise ist den Menschen das Gesetz völlig gleichgültig; sie leben gewissenlos, bar jeder Verantwortung.

[Wir sehen] das dreyerley brauch des gesetzs seyn, odder das sich die menschen dreyerley weyße datzu stellen: Die ersten, die es gantz und gar ynn die schantz schlahen [:aufs Spiel setzen, verachten] und vrech dawidder ynn eynem freyen leben thun, dißen ists eben als were es nitt eyn gesetz.[232]

In der zweiten Einstellung anerkennen sie das Gesetz wenigstens mit ihrem äußeren Verhalten, während sie innerlich das Gesetz nach dessen wahrer Intention nicht bejahen, sondern im Grunde ihres Herzens ablehnen. Ihr Verhalten ist motiviert durch Furcht vor Straffolgen oder, damit zusammenhängend, durch Streben nach eigenem Vorteil. Mit dieser unfreien Motivation der Furcht vor Strafen und der Vorteilserwartung bleiben sie unfrei gegenüber dem Gesetz. Sie leben wie in weltlicher so auch in religiöser Hinsicht nach den äußeren Ansprüchen der Moral. Ihnen genügt gegenüber anderen Menschen der Eindruck von Rechtschaffenheit.

Die andern, die dadurch sich fur solchem wusten leben enthalten und ynn eynem erbern leben bewartt werden, gehen alßo ynn der tzucht eußerlich, aber ynnwendig sind sie dem tzuchtmeyster [vgl. Gal 3,24f] feynd, alle yhr ding gehtt auß furcht des tods unnd der hellen. Und alßo hallten sie das gesetz nur eußerlich, ia, das gesetz hellt sie eußerlich, ynnwendig hallten sie [es] nit und werden auch nit gehalten.[233]

Erst eine dritte Verhaltensweise entspricht wirklich dem Gesetz Gottes und der geschöpflichen Verantwortung vor Gott. Das ist der Fall, wenn das Gesetz nicht nur äußerlich befolgt, sondern auch innerlich bejaht wird, wenn das Doppelgebot der Gottes- und Nächstenliebe in seinem ganzen Anspruch oder der Dekalog in seinem affirmativen Sinn beherzigt wird, also ohne unfreie Motivation. Wo das geschieht, ist man so frei gegenüber dem Gesetz, daß man nicht mehr durch dessen Befolgen die eigene Gerechtigkeit aufzubauen sucht. Das Leben ist bestimmt von der Freiheit der Kinder Gottes und nicht mehr von der Knechtschaft unter dem Gesetz. Hier spricht Luther von der Freiheit des Christen und der Erfüllung des Gesetzes, wie sie sich durch das Evangelium des Jesus Christus erschließen.

Die dritten, die haltens außwendig und ynnewendig, das sind die taffelln Moses, außwendig unnd ynnwendig von gotts finger selb geschrieben [vgl. in Kombination Ex 31,18; Ez 2,10; Apk 5,1; 10,8]. Wie nu die ersten wider außwendig noch ynnwendig frum [:gerecht] seyn, alßo die andern nur außwendig frum und ym hertzen nit frum. Aber diße [dritten] sind durch und durch gutt.[234]

---

[232] Weihnachtspostille, 1522, zu Gal 3,23–29, WA 10 I 1, 456, 8–11.
[233] Ebd. WA 10 I 1, 456,12–17. Luther hätte hier als Motivation des Handelns genau so gut, wie es zuweilen geschieht, das Vorteilsverlangen, den amor commodi, neben der Furcht vor Strafe, dem timor poenae, nennen können (s. o. Kap. 4.2 bei Anm. 97).
[234] Ebd. WA 10 I 1, 456,17–21. – Ebd. 457,2–5: wer das gesetz wil recht predigen, muß diße drey

4.6 Der zweifache Gebrauch von Gottes Gesetz

Zu diesen drei Einstellungen gegenüber dem Gesetz bietet Luthers Vorrede zum Alten Testament eine Variante; sie arbeitet, angeregt durch Paulus, mit einer übertragenen Deutung des Verhältnisses von Mose und dem Volk Israel bei der Gesetzgebung. Hier ist beim dritten Punkt die Rede von der Erfahrung des Gesetzes, die durch dessen geistlichen Anspruch über die zweite Einstellung hinausführt.

Denn es sind dreierley Schüler des gesetzes. Die ersten, die das Gesetz hören und verachten, füren ein ruchlos Leben on furcht, Zu diesen kompt das Gesetz nicht. Und sind bedeut, durch die Kalbdiener in der wüsten [Ex 32,19], umb welcher willen Mose die Tafeln entzwey warff, und das Gesetz nicht zu jnen bracht.
Die andern, die es angreiffen mit eigener krafft zu erfüllen on gnade. Die sind bedeut durch die, so Mose andlitz nicht sehen kundten, da er zum andern mal die Tafeln bracht [Ex 24,29–35]. Zu diesen kompt das Gesetz, aber sie leidens nicht. Darumb machen sie eine Decke drüber, und füren ein heuchl[er]isch Leben mit eusserlichen wercken des Gesetzes, welchs doch das Gesetz alles zu sünden macht, wo die Decke abgethan wird, Denn das Gesetz erweiset, das unser vermügen nichts sey, on Christus gnade.
Die dritten sind, die Mosen klar on Decke sehen [vgl. 2Kor 3,13; Ex 34,33f]. Das sind sie, die des Gesetzes meinung verstehen, wie es unmüglich ding foddere. Da gehet die sünde in der krafft, da ist der Tod mechtig, da ist des Goliaths spies wie ein Weberbawm, und sein stachel hat sechs hundert sekel Ertz, das alle kinder Israel fur jm flihen [1Sam 17,7.24.32], On [:wenn nicht] der einige David Christus unser Herr erlöset uns von dem allen. Denn wo nicht Christus klarheit [vgl. 2Kor 4,6 mit 2Kor 3,7.13] neben solcher klarheit Mose keme, kündte niemand solche glentze [:solchen Glanz] des Gesetzes, der Sünd und des Tods schrecken ertragen. Diese [dritten] fallen abe von allen wercken und vermessenheit, und lernen am Gesetze nicht mehr, denn allein sünde erkennen, und nach Christo zu seufzen, Welchs auch das eigentlich ampt Mose und des Gesetzs art ist.[235]

In der Charakteristik der zweiten und dritten Einstellung zum Gesetz oder dieser Arten von „Schülern des Gesetzes" ist Luthers spätere Unterscheidung von zweierlei Gebrauch des Gesetzes vorbereitet, die begrifflich allgemeiner formuliert ist, so daß andere Zusammenhänge mit der Lehre vom Gesetz sichtbar werden. Bei einem doppelten Gebrauch des Gesetzes ist der eine Gebrauch moralischer Natur; er wird im öffentlichen oder bürgerlichen Rechtsleben angewandt und deshalb meistens als der „politische" oder „bürgerliche" Gebrauch (usus politicus, civilis) bezeichnet.[236] Hier wird der Mensch bei seiner Verantwortung gegenüber anderen Menschen behaftet.

---

unterscheydt furen, das er yhe bey leyb den dritten nit predige das gesetz, als sollten sie dadurch frum [:gerecht] werden; denn das were vorfurerey.
[235] Vorrede zum Alten Testament, 1523, WA.DB 8, 27,3–24 (Version 1545).
[236] Das Adjektiv „politicus" ebenso wie das Substantiv „politia" oder deutsch „Polizei" meinen im damaligen Sprachgebrauch das gesetzlich geordnete gesellschaftliche Leben, das notwendigerweise der menschlichen Gesetzgebung und Rechtsprechung unterworfen ist (vgl. Kap. 4.4).

Quod ergo officium legis? [...] Man kans exponere moraliter, quia deus ordinavit, ordinavit etiam Civiles [leges], in Civili sensu. Ibi sunt ad cohercendas transgressiones. Sic omnis lex posita ad impedienda peccata; ergo iustificat? quod ego non occido, furor [...] non facio ex voluntate; quis prohibet? [...] Carcer, vincula. Arcere a peccatis non est iustitia, imo signum, quod is iniustus, quia indomitae bestiae additur vinculum. ergo cohercet peccatorem, qui vult ulterius etc. Das sunt civiles etc. [...] Ideo ordinavit deus magistratus, parentes, praeceptores ad hoc, ut coherceant saltem Satanae manus, [...] adest Magistratus et cohibet manus et pedes [...] et istam cohercitionem instituit [Deus] propter publicam pacem, [...] is civilis [usus] non iustificat. Non dicitur is frey et los, cum ligantur manus et pedes. Sic totus mundus est ligatus vinculis legum, sed ideo non iustus.[237]	Was ist also die Aufgabe des Gesetzes? [...] Man kann es moralisch auslegen; denn Gott hat auch die bürgerlichen Gesetze, ja er hat alle Gesetze auch in einem öffentlichen Sinn verordnet. Dann sind sie da, um den Übertretungen zu wehren. So ist alles Gesetz gegeben, um die Sünden zu verhindern. Macht es damit gerecht? Daß ich nicht töte, Diebstahl begehe, [...] tue ich [unter weltlichem Gesetz] nicht bereitwillig. Wer verhindert das Tun des Verbotenen? [...] [Das tut die Furcht vor] Kerker und Ketten! Von Sünden abhalten, das gibt noch keine Gerechtigkeit, sondern ist ein Zeichen, daß der ungerecht ist, [den man gebunden hält]; denn ein wildes Tier legt man in Ketten. Folglich hält [das Gesetz] den Sünder in Schranken, der ungebunden sein will. Das sind die bürgerlichen Gesetze. [...] Deshalb hat Gott Obrigkeiten, Eltern, Gebieter eingesetzt, daß sie dem Satan wenigstens die Hände [:zur Tatsünde] fesseln. [...] Der Magistrat ist vorhanden und legt Hände und Füße in Fesseln [:verhindert unrechte Taten] [...] und diesen Zwang hat Gott eingesetzt um des öffentlichen Friedens willen [...] Dieser bürgerliche Gebrauch macht nicht gerecht [vor Gott]. Den nennt man nicht frei und ungebunden, dessen Hände und Füße gefesselt sind. So sind alle Menschen gebunden durch Fesseln der Gesetze, doch sind sie deswegen [vor Gott] nicht gerecht.

Den anderen Gebrauch des Gesetzes nennt Luther den geistlichen oder theologischen Gebrauch. Er hat seinen Ort in der „geistlichen" Unterweisung, wenn beispielsweise der Dekalog nicht nur in seinem prohibitiven Sinn angewandt, sondern in seinem affirmativen Sinn ausgelegt wird, wie es in der Bergpredigt geschieht. Hier wird dem Menschen seine Verantwortung vor Gott ins Bewußtsein gerufen, so daß er sein Unvermögen erkennt, dem radikal fordernden Gesetz gerecht zu werden.

Alter usus legis. Ne cogitetis legem esse inutilem, conculcandam. lex est in hoc utilis, ut augeat transgressiones [vgl. Gal 3,19; Röm 5,20]. Ille est Sanctus usus, qui maxime quaeritur	Der andere Gebrauch des Gesetzes: Ihr sollt nicht denken, das Gesetz sei unnütz, es müsse verachtet werden! Das Gesetz ist dazu nütze, daß es die Übertretungen steigert. Das ist der heilige Gebrauch, der im Gesetz Moses [d.h. im Dekalog]

---

[237] Galater-Vorlesung, 1531, zu Gal 3,19, WA 40 I, 479,1–11; 480,1–10 Ns. Die Nachschrift Georg Rörers, in der oben nur Nebensächliches ausgelassen ist, läßt Luthers präzise Behandlung des Themas im Kolleg erkennen. In seiner Druckbearbeitung, 1535, gibt Rörer dem Stoff noch mehr lehrhaftes Gepräge, ebd. 479,17–480,31.

4.6 Der zweifache Gebrauch von Gottes Gesetz

in lege Mosi, ut per eam crescat et multiplicetur peccatum, praesertim intensive vel in conscientia. [...] Lex revelat homini sua peccata, infirmitatem, cecitatem, mortem, infernum, iudicium apud deum, promeritam iram suam. Hoc est verum officium legis et proprius usus.[238]	am meisten erstrebt wird, nämlich daß durch das Gesetz die Sünde wachse und vermehrt werde, besonders in der Intensität oder im Gewissen. [...] Das Gesetz bringt dem Menschen eine Erkenntnis seiner Sünden, Schwachheit, Blindheit, Tod, Hölle, Gericht bei Gott, was er als Zorn Gottes verdient hat. Das ist die wahre Aufgabe des Gesetzes und sein eigentlicher Gebrauch.

Eine der relativ häufigen Kurzfassungen der beiden Gebräuche des Gesetzes formuliert die Relation zu den zwei „Ständen" oder Lebensfeldern der Verantwortung vor den Menschen und vor Gott so straff lateinisch, daß die Übersetzung paraphrasieren muß.

[Lege] utimur ad arcendos homines impios in politia; in Theologia ad terrendos. Lex [est posita] iniustis, dicit [1Tim 1,9], ut arceantur civiliter et terreantur theologice.[239]	Wir gebrauchen das Gesetz im öffentlichen Rechtsleben, um verbrecherische Menschen in Schranken zu halten, im geistlichen Leben, um ein Erschrecken [über die Gottesferne] zu wecken. Der Apostel sagt [1Tim 1,9], das Gesetz sei den Ungerechten gegeben, damit ihnen in bürgerlicher Hinsicht Fesseln angelegt werden und in theologischer Hinsicht ein erschrockenes Bewußtsein erzeugt wird.

Ähnlich erläutert er das zweifache Anwenden des Gesetzes in der Auslegung der eben angeführten Stelle 1Tim 1,9.

Usus eius [:legis] duplex: Civiliter arcere [peccata per] vim, et spiritualiter revelare peccata.	Der Gebrauch des Gesetzes geschieht zweifach: Im bürgerlichen Leben verhindert es mit [Rechts]gewalt die Vergehen; und im geistlichen Leben deckt es die Sünden auf.
Es weret den bosen buben, ut non mutwillig leben, Et ostendit peccatum pharisaeis, ne superbiant.[240]	Es verwehrt den bösen Buben mutwillig zu leben. Und den heuchlerisch Gerechten zeigt es ihre Sünde, damit sie nicht hochmütig sind.

Durch die Unterscheidung der doppelten Anwendung des Gesetzes kann nicht nur die Notwendigkeit sondern auch die Grenze der weltlichen Rechtsprechung deutlich gemacht werden. Die weltliche Rechtsgewalt hat die Aufgabe, Unrecht, das sich Menschen untereinander in den vielfältigsten Formen antun, in Schranken zu halten. Sie hat nachweisbare Schuld im Verletzen der geltenden Gesetze zu strafen und so für sozialen Frieden zu sorgen. Sie kann hingegen dem Menschen nicht bewußt machen, was Gott jedem Menschen in Wahrheit geboten hat; noch weniger kann sie den Menschen zu der persönlich hingebungsvollen Nächstenliebe bewegen, die dem Gebot Gottes gerecht wird.

---

[238] Ebd. WA 40 I, 480,12–481,4 Ns (vgl. 480,32–481,16 Dr).
[239] Ebd. zu Gal 4,9, WA 40 I, 620,11–621 Ns. Das Wort „theologia" meint die Unterweisung im Gesetz, die das Gottesverhältnis des Menschen in seinem Herzen und Gewissen betrifft.
[240] Vorlesung über den 1. Timotheus-Brief, 1528, zu 1Tim 1,9, WA 26, 15,30–32 Ns.

Der Jurist zeiget nur an, was einer fur der Welt schuldig ist. Solchs ist noch eitel tille und kummel [vgl. Mt 23,23], die Hulsen und schalen von der muscaten. Fur Gott mustu etwas anders und meherer haben, das du sonst fur der Welt nicht schuldig bist zu geben. Als, kein Henker zwinget dich, das du deinem nehesten almusen gibst, das du deinem bruder verzeiest, was er unrecht wider dich gethan hat, aber fur gott heist es so: Ich bin euer aller vater, ir sollet Bruder und Schwester unter einander sein. Drumb, wen[n] do furfellet, das du sihest deinen nehesten darben und Hunger lejden und speisest ihnen nicht, reichest ihme nicht ein stucke brod, so hastu die Gerechtigkeit des Gesetzes ubertretten, den Gott hat geboten, das wir uns unter einander gleich als bruder und schwister lieben sollen, das keins das ander [im Stich] lasse, es sej in leiblicher oder geistlicher noth.[241]

Im zweifachen Gebrauch des Gesetzes wird eine innere Dynamik wirksam, bei der sich das reformatorische Grundverständnis von Gesetz und Evangelium auswirkt. In beiden Weisen des Umganges mit dem Gesetz geht es um das eine Gesetz Gottes, das alle Menschen angeht und im Dekalog einen mustergültig konkreten Ausdruck gefunden hat (s. Kap. 4.2).

Der zivile Gebrauch hat seinen Ort im weltlichen Gemeinschaftsleben. Die Kirche muß sich jedoch in ihrer Verkündigung um beiderlei Gebrauch des Gesetzes kümmern. Sie hat nicht etwa nur den geistlichen Gebrauch zur Aufgabe. Sie muß mit ihrer Verkündigung die Menschen daran erinnern, daß sie in ihrer geschöpflichen Verantwortung das weltliche Gemeinschaftsleben an dem für alle geltenden Gebot der Nächstenliebe auszurichten haben. Damit verbunden soll die kirchliche Verkündigung auch das affirmative Verständnis des Gesetzes aufzeigen. Sie hat darzulegen, wie das Gesetz allemal – auch in seinem zivilen Gebrauch – den Menschen in seiner Verantwortung vor Gott anspricht. Im geistlichen Gebrauch des Gesetzes wird die Tiefendimension ausgeleuchtet, die jedem Anspruch des Gesetzes mitgegeben ist. Deshalb heißt es Röm 7,14, das Gesetz sei „geistlich". Im Ausleuchten der Tiefendimension des Gesetzes bricht die Frage auf, wie der Mensch in seiner Veranwortung vor Gott das Gesetz erfüllen und dadurch „gerecht" werden kann. Erst mit dem Erfüllen des Gesetzes hat der Mensch das Prädikat „gerecht" für sich erworben.

Die Frage, wer in Wahrheit das Gesetz erfüllt und dadurch vor Gott gerecht ist, findet eine Antwort in der bedeutsamen Vorrede zum Römerbrief, 1522.[242] Luther erläutert zunächst sechs für die paulinische Theologie zentrale Begriffe, an erster Stelle und am ausführlichsten den Begriff des Gesetzes. Er warnt vor

---

[241] Mt 18–24 in Predigten ausgelegt, 1537–1540, zu Mt 23,23 f, Aurifabers Bearbeitung WA 47, 486,21–487,9 (vgl. 486,40–487,29 Ns). – Vgl. ebd. 487,13–18 (vgl. 487,32–37 Ns): weltliche gerechtigkeit will unser herr gott auch gehalten haben, auff das ein […] friedlich leben bleibe. Aber dardurch wird man nicht selig, den[n] Gott wil haben, man soll das [Gute] thun und seine gebott halten, nicht alleine das böse meiden, […] auch den Nechsten lieben als mich selbst. Thustu es nun nicht, so magstu vor der Welt wohl from [:gerecht] sein, aber fur Gott bistu verdampt.

[242] Vorrede zum Römerbrief 1522 / 1546, WA.DB 7, 2–26 / 3–27. Eine lateinische Übersetzung von Justus Jonas mit dem Titel Praefatio methodica totius scripturae in epistolam Pauli ad Romanos erschien zum ersten Mal 1523 in Straßburg; vgl. WA 59, 818 f. Sie wurde in die Wittenberger Vulgata-Revision, 1529, übernommen, WA.DB 5, 619–632.

jenem Gesetzesverständnis, das sich an den Werken des Menschen orientiert, wie das beim zivilen Gebrauch des Gesetzes geschieht. Anders verhält es sich mit dem theologischen oder geistlichen Gebrauch des Gesetzes. Denn was im Gesetz vom Menschen letztlich gefordert wird, reicht bis in „des Herzens Grund". Vor Gott ist entscheidend, ob Gottes Gesetz von „Herzensgrund" bejaht wird mit freier Freude, das Gute zu tun und nicht nur das Verbotene zu meiden; angewandt auf den Dekalog heißt das, ob der Mensch mit vollem Herzen sich an den affirmativen Gebotssinn hält. Der Mensch findet sich dann mit einer Forderung konfrontiert, der niemand genügen kann, weil niemand sich zutiefst ganz dem Willen Gottes zu widmen vermag. Hinter äußerlich gutem Werk bleibt das Herz verschlossen für das von Gott Gebotene. In diesem Sinn, nicht im moralischen Sinn, wird der Mensch durch das Gesetz der Lüge und Heuchelei überführt.

Das wörtlin Gesetz mustu [:darfst du] hie [im Römerbrief] nicht verstehen menschlicher weise, das [es] eine Lere sey, was fur werck zu thun oder zulassen sind, Wie es mit Menschen gesetzen zugehet, da [:wo] man dem gesetz mit wercken gnug thut, obs hertz schon nicht da ist. Gott richtet nach des hertzen grundt, darumb foddert auch sein Gesetz des hertzen grund und lesset jm [:sich] an wercken nicht benügen, Sondern straffet [:weist zurecht] viel mehr die werck on [:ohne] hertzen grund gethan, als heuchley und lügen. Da her alle Menschen lügner heissen, Ps 116 [V. 11; vgl. Röm 3,4], darumb das [:weil] keiner aus hertzen grund Gottes gesetz helt noch halten kann, Denn jederman findet bey sich selbs unlust zum guten und lust zum bösen, Wo nu nicht ist freie lust zum gutten, da ist des hertzen grund nicht am gesetz Gottes, Da ist denn gewislich auch sünde und zorn verdienet bey Gott, ob gleich auswendig viel guter werck und erbars leben scheinen [:erscheinen].[243]

Indem Gott das Herz des Menschen ansieht [1Sam 16,7; Apg 1,24; 15,8], prüft er die tiefste Motivation des menschlichen Handelns. Wird nur aus Furcht vor nachteiligen Folgen und Vorteilsverlangen Gottes Gesetz mit vorweisbaren Werken befolgt oder mit bereitwilliger Hingabe? Paulus kommt bei seiner Argumentation in Röm 2,21 zu dem Schluß, daß jemand zwar ohne weiteres anderen z. B. das 7. Gebot – „Du sollst nicht stehlen" – vorhält, jedoch sich selbst nicht dem radikalen Sinn des Gebotes stellt und „im Herzen selbst ein Dieb ist". Am faktischen Stehlen hindert ihn nur das Verbot des Gesetzes und seine eigene unfreie Motivation.

Denn ob du wol auswendig das Gesetz mit wercken heltest, aus furcht der straffe, oder liebe des lohns, So thustu doch alles, on freie lust und liebe zum Gesetz, sondern mit unlust und zwang, wolltest lieber anders thun, wenn das Gesetze nicht were. Daraus denn sichs schleust, das du von hertzen dem Gesetze feind bist. Was ist denn, das [Röm 2,21b] du andere lerest nicht stelen, so du im hertzen selbs ein Dieb bist, und eusserlich gerne werest, wenn du thürstest [:dich getrautest]? [...] Also lerestu andere, Aber dich selbs nicht, [...] hast auch das Gesetz noch nie recht verstanden. Ja dazu mehret das Gesetz die sünde, wie er saget am 5. Cap. [Röm 5,20]. Darum, das jm der Mensch nur feinder wird, je mehr es foddert, des er keines kan.[244]

---

[243] Vorrede zum Römerbrief 1522, WA.DB 7, 3,20–5,8 (Version 1546).
[244] Ebd. WA.DB 7, 5,18–28 (Version 1546).

Auf dieser Grundlage kann Luther erklären, daß ein bloßes Tun der vom Gesetz geforderten Werke nicht verwechselt werden darf mit dem Erfüllen des Gesetzes. Die Werke vermag der Mensch mit seinem eigenen, in moralischer Hinsicht freien Willen zu leisten. Das heißt jedoch nicht, daß er im Grund seines Herzens dem Gesetz Gottes zustimmt und ihm gerne folgt. Sein Herz bleibt Gott entfremdet. Mit den geleisteten Werken des Gesetzes wird er vor Gott, der auf das Herz sieht, nicht gerecht.

So gewehne dich nu der rede, Das viel ein ander ding ist, des Gesetzes werck thun und das Gesetz erfüllen. Des Gesetzes werck ist alles, das der mensch thut oder thun kan am Gesetze, aus seinem freien willen und eigen krefften. Weil aber unter und neben solchen wercken bleibet im hertzen unlust und zwang zum Gesetz, sind solche werck alle verloren, und kein nütze. Das meinet S. Paulus am 3. Cap. [Röm 3,20] da er spricht, Durch gesetzes werck wird fur Gott kein Mensch gerecht. [...] Wie sol das werck Gott gelüsten [:gefallen], das aus einem unlustigen und widerwilligen hertzen gehet [?][245]

Vor Gott gerecht ist nur, wer das Gesetz in seinem tiefsten Sinn erfüllt, weil er mit ganzem Herzen Gottes Gebote zu befolgen bereit ist und nicht bloß äußerlich mit Werken sich dem Gesetz fügt. Er ist in seinem Tun nicht mehr in unfreier, selbstbezogener Weise motiviert, vielmehr entspringt sein Handeln einer inneren Freiheit und entspricht dem Gesetz Gottes, „als wäre kein Gesetz". Solche Freiheit verdankt er dem Heiligen Geist, der ihm durch den Glauben an das Evangelium des Jesus Christus zuteil wird.

Aber das Gesetz erfüllen ist, mit lust und liebe seine werck thun, und frey on des Gesetzes zwang göttlich und wol leben, als were kein Gesetze oder straffe. Solche lust aber freier liebe, gibt der heilige Geist ins hertz, wie er spricht im 5. Cap. [V. 5]. Der Geist aber wird nicht denn allein in, mit und durch den glauben an Jhesum Christ gegeben, wie er in der Vorrede [:in den vorhergehenden Versen, Röm 5.1ff] saget. So kompt der glaube nicht, on alleine durch Gottes wort oder Evangelium, das Christum prediget, wie er ist Gottes Son und Mensch, gestorben und aufferstanden umb unsern willen, wie er am 3. [V. 25], 4. [V. 25] und 10. [V. 6 ff] Cap. saget. Daher kompts, das allein der Glaube gerecht machet und das Gesetz erfüllet, Denn er bringet den Geist aus Christus verdienst. Der Geist aber machet ein lustig und frey hertz, wie das Gesetz foddert, so gehen denn die guten werck aus dem glauben selber.[246]

Die Gerechtigkeit des Glaubens, das Zentrum der reformatorischen Rechtfertigungslehre, ist für Luther fest mit seinem Verständnis der Erfüllung des Gesetzes vernetzt; das eine kann nicht ohne das andere begriffen werden. Dem korrespondiert das Verständnis von Sünde. Wie der Glaube, mit dem sich des Menschen Herz an das Evangelium hält, gerecht macht, so ist „der Unglaube im Grunde des Herzens" auch „die Wurzel und Hauptquelle aller Sünde".

Sünde heisset in der Schrifft, nicht allein das eusserliche werck am Leibe, Sondern alle das Geschefte, das sich mit reget und weget zu dem eusserlichen werck, nemlich, des hertzen

---

[245] Ebd. WA.DB 7, 7,1–11 (Version 1546).
[246] Ebd. WA.DB 7, 7,12–23 (Version 1546).

4.6 Der zweifache Gebrauch von Gottes Gesetz 181

grund mit allen krefften. Also, das das wörtlin „Thun" sol heissen, wenn der Mench gantz dahin felt und feret in die sünde. Denn es geschicht auch kein eusserlich werck der sünde, der Mench fare denn gantz mit leib und seele hin an. Und sonderlich sihet die Schrifft ins hertz, und auf die wurtzel und heubtquelle aller sünde, welche ist der Unglaube im grunde des hertzen.[247]

Der Blick bis in den Grund des Herzens erfaßt den ganzen Menschen mit seinem Tun. Und beide, Glaube wie Unglaube, bringen im Handeln des Menschen ihre Früchte.

Darum auch, ehe denn gute oder böse werck geschehen, als die guten oder bösen Früchte [vgl. Mt 7,17 f], mus zuvor im hertzen da sein Glaube oder Unglaube, als die wurtzel, safft und heubtkrafft aller Sünde.[248]

Im Herzen, im Gottesverhältnis des Menschen entscheidet sich, ob er durch den Glauben ein Täter des Gesetzes ist.[249] Bei seiner Reflexion über das Verhältnis des Menschen zum Gesetz befindet sich Luther im Konsens mit dem Satz Röm 2,13, daß „vor Gott nicht die das Gesetz hören, gerecht sind, sondern die das Gesetz tun, werden gerecht sein".[250] Nur wer vor Gott als Täter des Gesetzes angesehen wird, erfüllt das Gesetz, indem er in seinem Herzen sich selbst ganz und gar dem Anspruch des Gesetzes stellt. Zugleich anerkennt er eher das richtende Urteil des Gesetzes für sich selbst, als daß er über andere mit dem Gesetz urteilt.

Daher schleusst S. Paulus am 2. Cap. [Röm 2,13], [...] Das alleine die theter des Gesetzes gerecht sind bey Gott. Wil damit, das niemand mit wercken des Gesetzes theter ist, sondern sagt viel mehr zu jnen also [Röm 2,22] ‚Du lerest, man solle nicht ehebrechen, und du brichest die ehe'. Item [Röm 2,1 b] ‚worinnen du einen andern richtest, darinnen verdamnes du dich selbs, weil du eben dasselbige thust, das du richtest'. Als solt er sagen, Du lebest eusserlich fein in des Gesetzes wercken, und richtest die nicht also leben, und weissest [:weißt, erlaubst dir] jederman zu leren, Den Splitter sihestu in der andern auge, Aber des Balcken in deinem auge wirstu nicht gewar [Mt 7,2 f].[251]

Später, in der Galater-Vorlesung, 1531, taucht diese Interpretation von Röm 2,13 erneut auf bei der Auslegung von Gal 3,10, wo Luther, wieder veranlaßt durch den Text, mehrfach auf das „Tun" des Gesetzes zu sprechen kommt. Die breit angelegte Exegese läuft darauf hinaus, daß dieses Tun realisiert wird, wenn mit dem Christus-Glauben, der von der Macht des Gesetzes befreit, dem Menschen der Heilige Geist zuteil wird, der den Glaubenden dazu bewegt, Gott und den Nächsten zu lieben, also das Gesetz nach dem Doppelgebot der Liebe und in Kongruenz dazu den Dekalog zu erfüllen. Der Glaubende wird zum „wahren Täter"; er gleicht (Mt 7,17 f) einem guten Baum, der gute Frucht trägt. Als Täter des Ge-

---
[247] Ebd. WA.DB 7, 7,27–34 (Version 1546).
[248] Ebd. WA.DB 7, 9,5–7 (Version 1546).
[249] Das ist auch Luthers Perspektive seiner Dekalogauslegung im Traktat Von den guten Werken, 1520, WA 6, 209,24–276,20.
[250] Luthers Übersetzung von Röm 2,13, WA.DB 7, 35 (Text 1546), orthographisch modernisiert.
[251] Vorrede zum Römerbrief 1522, WA.DB 7, 5,9–17 (Version 1546); der Absatz folgt auf den bei Anm. 243 zitierten Passus.

182 Kap. 4: Der Mensch in geschöpflicher Verantwortung vor Gott und den Menschen

setzes ist er vor Gott gerecht, nicht auf Grund geleisteter Werke, sondern weil er im Glauben durch das Evangelium die Zusage seiner Gerechtigkeit empfängt und sich einfach dem Tun des Guten in der Nächstenliebe hingeben kann.[252] Indem Luther den doppelten Gebrauch des Gesetzes anklingen läßt, fügt er hinzu: Dem Menschen dieses Selbstverständnis zu vermitteln, sei Aufgabe der Theologie, das heißt der Unterweisung in der christlichen Religion. Anders verhalte es sich beim bürgerlichen Gebrauch des Gesetzes und in der moralischen Unterweisung, wo der Mensch angewiesen wird, durch geforderte Werke sich als gut und gerecht zu qualifizieren.[253]

---

[252] Galater-Vorlesung, 1531, zu Gal 3,10, WA 40 I, 400,11–14 Ns: ‚Facere' est 1. credere et sic per fidem legem facere. Oportet spiritum sanctum accipere qui facit nos diligere deum et proximum; qui [spiritus sanctus] non accipitur per legem [...] sed ex promissione. – Ebd. 401,5–7 Ns: Das ist facere legem, i. e. simpliciter est credere in Iesum Christum et accepto spiritu sancto operari quae scripta in lege. – Ebd. 401,11 f: Et est clarum: factor legis extra promissionem Evangelii non potest esse. – Ebd. 402,1–8 Ns: Das ist verus factor: qui accepit spiritum sanctum per fidem Christi, incipit diligere deum et bona opera, quia fides facit arborem, postea fiunt fructus [vgl. Mt 7,17 f]. [...] ubi statuero arborem, i. e. personam, factorem, tum inveniam facta. Factor ergo est arbor, quae fit per fidem in Christum, post sequentur facta. Et sic factor legis reputatur iustus.

[253] Ebd. WA 40 I, 402,24–28 Dr (vgl. ebd. 402,8–11 Ns): Christiani non fiunt iusti operando iusta, sed iam fide in Christum iustificati operantur iusta. Illud alterum politicum est, scilicet ex factis fieri factorem, [...] Sed in Theologia factor non fit ex operibus legis, Sed oportet prius esse factorem, postea sequuntur facta.

Ro. 1. Es wird offinbart gottes zorn von hymel vber
aller menschen gotlos wesen vnd vnrecht

Sie sind alle zumal sunder/ Die sunde ist des todes spies/ Durchs gesetz kompt ekentnu
vnd mangeln/ das sie sich Aber das gesetz ist der sunden der sunden Ro. 3. Das g
gottes nicht rhümen mügen krafft 1.Co 15. Das gesetz setz vnd die propheten gehen b
Ro. 3. richtet zorn an Ro. 4. auff Johannes zeit. Math.

Jsaia .7. Der Herr wirt euch selbe ein zeichen geben/Sihe/ eine Jungfraw wirt schwanger sein vnd einen son geperen/

er gerecht lebt seines glaubens Ro.1. Wir halten das
ein mensch gerecht werde
durch den glauben/on werg
des gesetz. Ro. 3.

Sihe/das ist Gottes lamb/das der
welt sünde tregt S. Joh.bap. Jo.1.
Jn der heyligunge des geystes/zum
gehorsam/ vnd besprengung des
bluuts Jhesu Christi 1. Pet. 1.

Der tod ist verschlungen ym sieg/
Tod/ wo ist dein spieß: Helle/ wo
ist dein sieg: Danck habe Gott/
der vns den sieg gibt durch Jhesum christū vnsern herrn 1. Cor.

Kapitel 5

Die Befreiung des Menschen vom Unheil zum Heil durch das Evangelium

5.1 Das Thema im Bild eines Holzschnittes von Lukas Cranach (1529)

Der bekannte Einblattholzschnitt von Lukas Cranach, wohl aus dem Jahr 1529, zeigt ein theologisches Bildprogramm, das sich mit dem Thema dieses Kapitels deckt. Da dem Holzschnitt selbst eine Überschrift fehlt, sind ihm in der Literatur unterschiedliche Titel gegeben worden. Von ihnen ist der Titel „Gesetz und Evangelium"[1] zutreffender als „Sünde und Gnade" oder „Sünde und Erlösung". Selbst der Titel „Gesetz und Evangelium" erfaßt allerdings nicht den ganzen Reichtum des Bildes. Denn schon auf den ersten Blick sieht man in der linken Bildhälfte nicht nur Mose mit den Gesetzestafeln und in der rechten Bildhälfte nicht nur Johannes den Täufer als den Prediger des Evangeliums. Die Fülle der Bildelemente läßt sich jedoch leicht unter der Überschrift „Unheil und Heil des Menschen" zusammenfassen. Das Bildkonzept einschließlich der beigefügten Texte ist so dicht mit Luthers Theologie verwoben, daß ein Gedankenaustausch zwischen Cranach und Luther bei der Entstehung des Bildes stark vermutet werden muß.

Beide Bildhälften trennt ein Baum mit dürren Ästen auf der linken Seite und belaubten Ästen auf der rechten Seite. Bereits in diesem zentralen Bildelement ist ein Kontrast wie Unglück und Glück, Unheil und Heil, Fluch und Segen angedeutet. Der Holzschnitt muß unserer gewohnten Lese- und Betrachtungsweise entsprechend von links nach rechts gelesen werden. Im Leseduktus betrachtet, schildert das Bild ein Geschehen, das den auf beiden Hälften erscheinenden Menschen aus dem Unheil ins Heil versetzt. Daß dem Unheil die linke und dem Heil die rechte Hälfte des Bildes zugewiesen wird, verdient Beachtung. Bei umgekehrter Verteilung von Heil und Unheil sieht der Betrachter von mittelalterlichen Bildern des Jüngsten Gerichtes auf der linken Seite das himmlische Heil und auf der rechten Seite die Höllenverdammnis. Das ist vom richtenden Christus her gedacht, weil er in der Perikope Mt 25,31–46 denen zu seiner Rechten das Heil

---

[1] Diese Bezeichnung wählt z.B. Heimo Reinitzer: Gesetz und Evangelium. Über ein reformatorisches Bildthema, seine Tradition, Funktion und Wirkungsgeschichte, 2 Bde., 2006; Bd. 1: Text; Bd. 2: Abbildungen. Er gibt Bd. 1, S. 312 f Nr. 434, eine kurze Beschreibung des einzigen Exemplars von Cranachs Holzschnitt, das vollständig mit den Texten erhalten ist; Format des Blattes 27 × 32,5 cm, des Bildes 23,3 × 32,3 cm.

zuteilt (V. 34 ff) und denen zu seiner Linken das Unheil zuweist (V. 41 ff). Diese Anordnung von Heil und Unheil zeigt sich in einem ebenfalls unbetitelten Einblattholzschnitt des Hans Schäufelin, der in thematischer Hinsicht zum Vergleich mit Cranachs Holzschnitt herausfordert.[2] Abgebildet ist rechts das Unheil von Sünde und Tod, verursacht durch den Sündenfall. Adam und Eva stehen bei einem Baum, in dem sich eine Schlange windet, während einige Früchte am Baum die Fratze des Unheils zeigen. Der Kopf der Schlange ist auf Eva gerichtet, die mit der rechten Hand nach einer vergifteten Frucht greift. Bei Adam und Eva sieht man als Repräsentanten des weltlichen Lebens einen König und einen Bürger. Verschlungen mit diesem Unheilsbaum beherrscht die linke Seite ein Olivenbaum, in dessen Ästen ein Engel mit dem Pflücken von Früchten beschäftigt ist. Unter diesem verheißungsvollen Baum steht Maria, geschmückt mit Krone und Heiligenschein. Eine Frucht, die sie von dem Engel empfangen hat, hat sich in ihrer Hand in eine Hostie verwandelt, die sie den bei ihr stehenden Vertretern des geistlichen Standes – Papst und Kardinal – reicht. Die Texte zu den beiden Bildhälften geben knappe theologische Deutungen, sie lauten übersetzt:

> Der Tod hat Eintritt gefunden in den Erdkreis durch den Neid des Teufels, weil er mit seiner Anstiftung und Einflüsterung ein Übertreten des vom Schöpfer erlassenen Gebotes bewirkte, denn er neidete es dem Menschen, daß er einmal den Platz [im Himmel] einnähme, von dem er wegen seines übermäßigen Hochmutes vertrieben worden ist.
> Die mit Demut gepaarte jungfräuliche Keuschheit der Maria hat bei Gott Gnade gefunden; so hat sie es verdient, die Mutter des Erlösers zu werden, der uns das Sakrament seines Leibes und Blutes gestiftet hat, damit es uns für die Seele als Wegzehrung [zum Himmel] diene, im Verein mit den anderen Sakramenten zur Vergebung aller Sünden, sofern wir seinen Geboten gehorsam sein würden.[3]

Um den anders komponierten Holzschnitt Cranachs in seinem theologischen Gehalt zu verstehen, müssen die Schriftzitate am oberen und unteren Bildrand in die Betrachtung einbezogen werden. Cranachs Graphik hat den Menschen in seinem Gottesverhältnis zum Gegenstand, wie im Unheil so auch im Heil. Adam, im Vordergrund als Einzelperson dargestellt, steht für den Menschen schlechthin. Er wird bedrängt von den Mächten des Unheils. Im Hintergrund der linken Bildhälfte wird durch eine Anspielung auf den Sündenfall (Gen 3) auf die Ursache des menschlichen Unheils hingewiesen. Der Mensch ist von Gott abgefallen, hat sich ihm entfremdet, als er sich von Gottes Wort abgewandt hat (s. o. Kap. 4.1). Das ist ausgesprochen in dem ersten Zitat am unteren Bildrand,

---

[2] Das mit dem Signet von Hans Schäufelin versehene Blatt im Folio-Format, entstanden um 1516, ist einschließlich der beiden unter dem Bild gedruckten lateinischen Texte wiedergegeben in dem Katalog der Ausstellung Lukas Cranach, Basel 1974 (1976), S. 508 Nr. 353. Hier ist es betitelt: Eva und Maria am Baum des Todes und des Lebens.
[3] In Transkription bietet den lateinischen Text das Werk von Ernst Guldan: Eva und Maria. Eine Antithese als Bildmotiv, 1966, S. 222 (Erläuterung zu Nr. 158).

dem Paulus-Wort (Röm 3,23): „Sie sind alle zumal Sünder und mangeln, daß sie sich Gottes nicht rühmen mögen [:können]".[4]

Vor den gegenwärtig bedrängenden Unheilsmächten flieht der Mensch in Richtung Hölle, wo nach uralter Vorstellung ihn die ewige Verdammnis erwartet. In die Flucht treibt ihn ein Spieß, mit dem das Todesgerippe hohnlachend ihm zusetzt. Neben dem Tod springt der Teufel hinter dem Menschen her. Daneben steht ganz vorne eine Gruppe männlicher Gestalten; als vorderste von ihnen steht Mose mit der zweiteiligen Gesetzestafel, auf die er mit einer Gebärde des Nachdrucks den rechten Zeigefinger legt. Voll Schrecken richtet der Mensch seinen Blick auf die Gesetzestafel. Das alles wird am unteren Bildrand erläutert durch das Zitat an zweiter Stelle, wo mit 1Kor 15,56 die drei Größen von Gesetz, Tod und Sünde miteinander verkettet werden. Dieses Paulus-Wort ist für Luther zu einem der bedeutsamsten Schlüsseltexte zum Verständnis der christlichen Religion geworden,[5] während es in der mittelalterlichen Theologie keine vergleichbar zentrale Funktion hatte.

Im oberen Bildteil erscheint ein Bildzitat: Zu sehen ist Jesus Christus, wie er im Spätmittelalter vielfach als der Richter des Jüngsten Gerichtes nach Mt 25,31–46 dargestellt worden ist. Schwert und Lilienzweig bei seinem Haupt sind Symbol der Gerechtigkeit, mit der er sein Urteil spricht. Ihn flankieren zwei die Gerichtsposaune blasende Engel und Maria zu seiner Rechten sowie Johannes der Täufer zu seiner Linken. Maria und der Täufer sind in Gebetshaltung dargestellt, ein ikonographisches Motiv, das wegen seines byzantinischen Ursprunges als „Deesis" bezeichnet wird. Das Bildzitat muß in den Zusammenhang der linken Bildhälfte eingefügt werden; es gehört hier zum Thema des Unheils, und zwar trotz der Deesis. Das Deesis-Motiv ist in der lateinischen Christenheit seit dem Hochmittelalter zugunsten des Prinzips der richterlichen Gerechtigkeit Christi umgedeutet worden, so daß in Texten vom Jüngsten Gericht Maria mit ihrer Fürbitte von Christus zurückgewiesen wird. Ganz schroff geschieht das z.B. in dem Berner Weltgerichtsspiel, wo die abweisende Antwort Christi an Maria mit den Worten endet: „Min hercz kein erbermde hatt".[6] Hingegen hat Luther

---

[4] Oben ist das Zitat orthographisch modernisiert. – Luther hat seine erste Übersetzung von Röm 3,23, 1522, in den folgenden Jahren mehrfach geändert, vgl. WA.DB 7, 38 mit Textapparat und Revisionsprotokoll 1544, WA.DB 4, 325. Sie lautet ab 1527², WA.DB 7, 38: sie sind alle zumal sunder, unnd mangeln des rhumes, den sie an Gott haben solten.

[5] Luther übersetzt in 1Kor 15,56 das Wort κέντρον bzw. „stimulus" ab 1522 mit „Stachel", WA.DB 7, 135 (Version 1546): Aber der Stachel des Todtes ist die Sünde. Die Krafft aber der Sünde ist das Gesetz. – Im Traktat Von der Freiheit eines Christenmenschen, 1520, wählte er das Wort „Spieß", WA 7, 29,28.

[6] Berner Weltgerichtsspiel, hg. von Wolfgang Stammler (TSMA 15), 1962, Zl. 795. In diesem Spiel spricht zunächst Maria eine Fürbitte für die Sünder, die ohne Buße gestorben sind, Zl. 718–753, danach der „Zwölfbote" Johannes, also der Evangelist, Zl. 754–763. Christus antwortet lediglich seiner Mutter Maria, ihre Fürbitte helfe den Sündern nur vor deren Tod, jetzt im Gericht könne er ihre Bitte nicht mehr erhören, Zl. 764–795. Vorher hat Christus die Apostel zu Beisitzern im Gericht berufen. Dadurch wird bedingt sein, daß in diesem Text der Evangelist

in seiner reformatorischen Theologie seit relativ früher Zeit ausdrücklich die mittelalterliche Lehre abgelehnt, Jesus Christus werde am Jüngsten Tage über die Werke der Christen mit strenger Gerechtigkeit urteilen.

Hie hut dich nu fur ergerniß mit allem vleyß; wer sind sie, die dich hie ergern? Alle dieihene [:diejenigen], die dich leren wircken [:Werke tun] und nit glewben, die dyr Christum tzu eynem gesetzmacher und richter machen, und lassen dyr yhn nicht bleyben eynen lautern helffer und troster, die dich engsten mit wercken fur gott und gegen got tzu handelln, dadurch deyne sund bussen und gnade erwerben. [...] und auf eynen andern Christum dich furen, und nehmen dyr dißen rechtschaffen Christum.[7]

In Luthers Theologie entspricht die mittelalterliche Vorstellung vom richtenden Christus so wenig dem echten Evangelium, daß sie von Cranach auf der Seite des Unheils untergebracht wird. Wer an dieser verkehrten Vorstellung sein Leben orientiert, findet in Christus nicht das Heil, sondern bleibt unter Gottes Zorn; er bleibt im Unheil.

Wenn man dir in [:ihn] nu predigt als ein[en] Richter (wie er denn tzu künfftig sein wirt am jungsten tag) unnd wie du solt vil gutter werck thun, das er sie dir belone, und du nimpst es also ahn, so wirt er dir gewis ein Richter sein unnd nichtt ein heyland, Und wenn man in [:ihn] dir so fürhelt, [...] das ist eygentlich den Teuffel predigen und nicht Christum, der allein gibt und nicht nimptt.[8]

Deshalb ist das Bildzitat in Cranachs Holzschnitt keine Konzession an die mittelalterliche Christus-Vorstellung. Es soll im Gegenteil dieses Christus-Bild als unheilvoll abweisen. Luther war sich dessen bewußt, welcher theologische Zusammenhang zwischen der Vorstellung von Christus als dem Gesetzgeber und dem endzeitlichen Richter der Christenheit besteht. Weder die eine noch die andere Komponente dieser Christologie ist für ihn mit dem apostolischen Evangelium des Jesus Christus vereinbar.

Von den Schriftzitaten am unteren Bildrand der linken Bildhälfte sind noch drei weitere zu berücksichtigen, die alle drei die Aufmerksamkeit auf das Gesetz und dessen Funktion lenken. Was das Gesetz in unheilvoller Weise beim Menschen bewirkt, zeigt Cranach im schreckerfüllten Gesicht des Menschen, dessen Blick auf die Gesetzestafel gerichtet ist. Die in Schrecken versetzende Funktion des Gesetzes weitet sich aus auf die anderen den Menschen peinigenden

---

Johannes Fürbitte tut und nicht Johannes der Täufer, wie es die Deesis-Ikonographie erfordert. Große Übereinstimmung anderer Spiele mit dem Berner Spiel ist ersichtlich aus Hansjürgen Linke: Die deutschen Weltgerichtsspiele des späten Mittelalters. Synoptische Gesamtausgabe, 2 Bde., 2002.

[7] Adventspostille, 1522, zu Mt 11,6, WA 10 I 2, 167,25–32.

[8] Sommerpostille, 1526, zu Mt 9,18–26, WA 10 I 2, 434,13–18. Der Druckbearbeitung Stephan Roths liegt zugrunde Rörers Nachschrift der Predigt, 19.11.1525, WA 17 I, 472,7–12: Evangelium debet nihil praedicare quam Christi personam, nec Mariam nec Papam, sed solum Christum [...], ut ab eo accipiamus. Si praedicatur, quod sit Iudex tuus, ut erit, et ut facias bona opera, quae tibi solvat, tum non est salvator, sed iudex. [...] sic diabolum praedicarunt, non Christum, qui dat.

5.1 Das Thema im Bild eines Holzschnittes von Lukas Cranach (1529) 191

Mächte. Dem Gesetz wird in Luthers Theologie bei allem, was das Unheil des Menschen ausmacht, eine besonders gravierende Funktion zugeschrieben, weil es dem gottlos gewordenen Menschen sein Verhältnis zu Gott aufdeckt. Davon sprechen zwei dieser Zitate, die dem Römerbrief entnommen sind (Röm 4,15 und 3,20);[9] beide ergänzen den Satz des vorhergehenden Zitates (1Kor 15,56), daß das Gesetz der Sünde Kraft sei. Zum einen – das besagt der Vers Röm 4,15 – wird dem Menschen durch das Gesetz, wenn es in seiner vollen Radikalität verstanden wird, enthüllt, wie tief er sich Gott, seinem Schöpfer, entfremdet hat und völlig auf Gottes erlösendes Handeln angewiesen ist, damit er nicht mehr unter Gottes „Zorn" leben muß. Zum anderen – das besagt das Zitat Röm 3,20 – verhilft das Gesetz dem Menschen, wenn er es für sich persönlich in seiner Verantwortung vor Gott anerkennt, zur Erkenntnis seiner selbst als Sünder vor Gott. Was das Gesetz im Sinn dieser beiden Zitate für den Menschen bedeutet, wird schließlich durch das letzte Zitat unter der linken Bildhälfte – Mt 11,13[10] – mit einer Grenze versehen durch den Hinweis auf Johannes den Täufer, der dann in neuer Funktion auf der rechten Bildhälfte in Erscheinung tritt. Alles, was die linke Bildhälfte an Unheil des gottentfremdeten Menschen schildert, steht unter dem Paulus-Zitat aus Röm 1,18a, das am oberen Bildrand zu lesen ist: „Es wird offenbart gottes zorn von hymel uber aller menschen gottlos wesen und unrecht".[11]

Die Grenze zwischen Unheil und Heil markiert Cranachs Holzschnitt durch den halb toten, halb lebenden Baum. Wird durch Johannes den Täufer dem Gesetz eine Grenze gesetzt, weil er vor dem Kommen des Messias als letzter Prediger des Gesetzes zur Buße gerufen hat, so verkündet er nun auf der rechten Bildhälfte die heilvolle Gegenwart des Messias. In Rückenansicht dargestellt, predigt er das Evangelium, indem er – gemäß Joh 1,29[12] – mit ausgestreckter rechter Hand auf den gekreuzigten Christus hinweist; am Fuß des Kreuzes steht das Lamm, das mit der Siegesfahne auf den verborgenen Sinn des Johannes-Wortes verweist. Der Mensch, der dem Wort des Täufers Gehör schenkt und glaubend das Evangelium des Jesus Christus für sich ergreift, gilt

---

[9] Luther übersetzt, 1522, Röm 4,15, WA.DB 7, 40: das gesetz richt nur zorn an. – Und Röm 3,20, ebd. 7, 38: durch das gesetz kompt nur erkenntnis der sund. – In beiden Versen ist das „nur" die Frucht der theologischen Hermeneutik Luthers.

[10] Luther übersetzt, 1522, Mt 11,13, WA.DB 6, 52: alle propheten und das gesetz haben geweyssagt bis auff Johannes. – Wegen der in den Synoptikern mehrfach begegnenden Kombination von „Gesetz und Propheten" kann man vermuten, daß in Cranachs Holzschnitt die anderen Gestalten neben Mose Propheten sein sollen.

[11] Luther übersetzt, 1522, Röm 1,18a, WA.DB 7, 30: Denn gottis zorn von [!] hymel wirt offinbart ubir alles gottloßes wesen und unrecht der menschen.

[12] Auch unter der rechten Bildhälfte stehen drei Kolumnen von Zitaten aus dem Neuen Testament. In der mittleren Kolumne wird an erster Stelle Joh 1,29 angeführt: Sihe, das ist Gottes lamb, das der welt sunde tregt, S. Joh[annes] bap[tista]. Joh 1. – Das Zitat stimmt mit Luthers Übersetzung ab 1527² überein; vgl. WA.DB 6,328 mit Textapparat.

durch seinen Glauben vor Gott nicht mehr als Sünder, sondern als Gerechter. Darauf beziehen sich unten am Blatt in der linken Kolumne zwei Paulus-Worte, die in der reformatorischen Theologie für das Gerechtwerden des Sünders von größtem Gewicht sind: „Der gerechte lebt seines glaubens, Ro 1 [V. 17 b].[13] Wir halten das ein mensch gerecht werde durch den glauben, on werg des gesetzs, Ro 3 [V. 28]".[14]

Unübersehbar steht das Kreuz mit dem Christus crucifixus auf einer Felskuppe. Unterhalb des Kreuzes ist der Fels auf der Ansichtsseite aufgesprengt; ein großer Felsbrocken ist herausgerissen und liegt neben der Felsöffnung, in deren Hintergrund ein Grab angedeutet ist. Vor der Felsöffnung steht Christus, der Auferstandene, als Sieger, von dessen Schulter der Siegermantel flattert, während er mit seiner linken Hand die Siegesfahne hält und, mit dem Blick zu Johannes dem Täufer und dem Menschen, seine rechte Hand segnend emporhebt. Er ist Sieger über Tod und Teufel; das wird durch die Figuren illustriert, die unter seinen Füßen flach am Boden liegen. Bekräftigt wird das am unteren Blattrand in der rechten Textkolumne durch das Zitat aus 1Kor 15,55 und 57, das vom Sieg Christi über die Mächte des Unheils spricht: „Der tod ist verschlungen ym sieg. Tod, wo ist dein spies? Helle, wo ist dein sieg? Danck habe Gott, der uns den sieg gibt durch Jhesum christum unsern herrn, 1Cor [15,55.57]".[15]

Neben Johannes dem Täufer steht der Mensch, jetzt aufmerksam dem Täufer zugewandt, die Hände in Gebetshaltung. Daß dem Menschen die Botschaft des gekreuzigten Christus als Evangelium gepredigt wird, bringt Cranach in einer eigentümlichen Weise zum Ausdruck.[16] Der Seitenwunde des gekreuzigten Christus entspringt ein Blutstrahl, der bis zu dem Menschen reicht. Verbunden mit dem Blutstrahl schwebt die Taube des Heiligen Geistes zum Menschen. Dadurch wird im Sinn der Theologie Luthers angedeutet, daß mit der Predigt des Evangeliums der Glaubende durch den Heiligen Geist dessen vergewissert

---

[13] Im September-Testament 1522 lautet Röm 1,17b, WA.DB 7,30: Der gerechte wirt leben aus seynem glawben. – Seit dem Dezember-Testament 1522 heißt es: Der Gerechte wirt seynes glawbens leben.

[14] Luthers Übersetzung von Röm 3,28 lautet ab September-Testament 1522, WA.DB 7, 38: So halten wyrs nu, das der mensch gerechtfertigt werde, on zu thun der werck des gesetzs, alleyn durch den glawben. – Vgl. ebd. im Textapparat die Änderung ab 1530: „gerecht" statt „gerechtfertiget".

[15] An der unteren Blattecke sind die Lettern der Kapitelziffer 15 offensichtlich abgesprungen. Die beiden Verse 1Kor 15,55 und 57 übersetzt Luther 1522, WA.DB 7,134: Der Tod ist verschlungen ynn den sieg, Todt, wo ist deyn stachel? Hell, wo ist deyn sieg? [...] Got aber sey danck, der uns den sieg geben hat, durch unseren hern Jhesum Christum. – Zu zwei Abweichungen vom Holzschnitt vgl. WA.DB 4, 374: in V. 55 entspricht „in den Sieg" dem griechischen, hingegen „im Sieg" dem lateinischen Text; in V. 57 hält sich „[ge]geben hat" an den lateinischen, jedoch „gibt" an den griechischen Text. Zu 1Kor 15,56 s. o. bei Anm. 5.

[16] Die Bedeutung dieses Bildelementes ist entdeckt worden durch Friedrich Ohly: Gesetz und Evangelium. Zur Typologie bei Luther und Lucas Cranach, zum Blutstrahl der Gnade in der Kunst, 1985.

5.1 Das Thema im Bild eines Holzschnittes von Lukas Cranach (1529)   193

wird, daß ihm in seinem Vertrauen auf den gekreuzigten Jesus Christus das Heil geschenkt ist. Auf dieses Bildelement ist das Zitat der mittleren Kolumne am unteren Blattrand zu beziehen: „In der heyligunge des geystes, zum gehorsam, und besprengung des blutts Jhesu Christi, 1Pt 1 [V. 2]".[17] Dazu seien einige Sätze aus Luthers Auslegung der zitierten Stelle des 1. Petrus-Briefes angeführt, weil sie dieses Bildelement mit dem theologischen Kontext des Bildes und mit der paulinischen Redeweise koordinieren.

Damit, spricht er [1Pt 1,2], wirt man heylig, wenn wyr unterthenig seyn und glewben dem wortt Christi, und werden gesprengt mit seynem blut. Und hier furet S. Peter eyn wenig eyn ander weyß zu reden denn S. Paulus, Ist aber eben als viel, als wenn Paulus spricht, das wir selig werden durch den glauben ynn Christum. [...]
Da Moses hat den Tabernackel gebawet, nam er bocksblut und besprengt die hutten und alles volck Ex 24 [V. 5 ff; vgl. Hbr 9,19]. Das besprengen heyliget aber nicht ym geyst, sondern nur eusserlich. Drumb muß ein geystlich reynigung werden, yhens [:jenes] war wol eyn eusserliche und fleyschliche heylickeyt, die fur Gott nicht gilt. Darumb hatt Gott mit dißem besprengen bedeut das geystlich besprengen. Darumb sagt Petrus: die Juden sind yn der heylickeyt, die eusserlich ist, [...] Ihr habt aber noch eyn besser besprengung, yhr werdet ym geyst besprengt, das yhr lautter werdet von ynnwendig. Die Juden besprengten sich mit bocksblutt eußerlich, Wyr aber werden ynnerlich ym gewissen besprenget, das das hertz reyn und frölich wirt.[18]

Ein subtiler Zug der Bildkomposition mag darin liegen, daß links der Spieß der Sünde den gottentfremdeten Menschen von hinten zur Flucht in die Hölle treibt, während fast parallel zum Spieß auf der rechten Seite der Blutstrahl der Gnade auf das Gesicht des Menschen trifft, der andächtig auf das Wort vom Kreuz Christi hört.

Im Hintergrund der rechten Bildhälfte wird bildlich auf die Geschichte hingewiesen, die in Num 21,8f davon berichtet, daß Mose bei der Wüstenwanderung der Israeliten nach Gottes Weisung eine eherne Schlange aufgerichtet hat, damit jeder, der von einer Schlange tödlich gebissen würde, doch noch vor dem Tod bewahrt werde, wenn er Gottes Hilfe suchend die Schlange anblicke. Die Geschichte wird in Joh 3,14 im Sinn eines typologischen Hinweises auf die Erhöhung Christi am Kreuz aufgegriffen, worauf Luther ziemlich häufig Bezug nimmt.

An die Menschwerdung des Gottessohnes erinnern zwei weitere Bildelemente. Auf einem Berg, der sich hinter dem Kreuzigungsfelsen erhebt, steht in Gebetshaltung Maria. Zu ihr schwebt von den Wolken her auf einem Strahlenbündel der Gottessohn, sein Kreuz auf der Schulter tragend,[19] weil er seinem Vater gehorsam

---

[17] Luthers Übersetzung von 1Pt 1,2 lautet 1522 bis 1527², WA.DB 7, 300: ynn der heyligung des geystis, zum gehorsam unnd zur besprengung des bluts Jhesu Christi.
[18] 1. Petrus-Brief ausgelegt, 1523, zu 1Pt 1,2, WA 12, 263,13–17; 263.27–264,6. Vgl. ergänzend das Zitat Kap. 7.2 bei Anm. 115.
[19] Mit Bezug auf Jes 9,5b (‚Und seine hirschafft wird liegen auff seiner schulder') deutet Luther dieses Bildelement auf die im Kreuzestod gipfelnde Königsherrschaft Christi im Kontrast zur Herrschaft weltlicher Könige, Die Epistel des Propheten Jesaja [Jes 9,1–6] ausgelegt, 1526,

sein will bis zum Tod am Kreuz (Phil 2,8); er ist in kleiner Gestalt gezeichnet, um zu verdeutlichen, daß er wie jeder Mensch als Kleinkind von Maria geboren wird. Auf diese Szene der Menschwerdung des Gottessohnes bezieht sich das Zitat aus Jes 7,14 am oberen Blattrand rechts: „Der Herr wird euch selbs ein zeichen geben. Sihe, eine Jungfraw wird schwanger sein und einen son geperen".[20] Ergänzend wird in der rechten Bildhälfte in Anlehnung an Lk 2,8 ff den Hirten, die bei ihren Schafen auf dem Felde sind, von einem herabschwebenden Engel die Geburt des Heilandes verkündet, während über Maria zwei weitere Engel schweben. Die rechte Bildhälfte erfaßt das ganze Evangelium von der Menschwerdung des Gottessohnes bis zu dessen Kreuzigung und Auferstehung, also die ganze Heilsgegenwart Gottes bei den Menschen.

Wie ist das Bild als Einheit der beiden Seiten zu verstehen? Die Relation einer heilsgeschichtlichen Abfolge kommt nicht in Betracht. Denn alle Texte zur linken Bildhälfte reden von einem Elementarbefund des Menschen in seiner Gottesentfremdung. Dementsprechend weist Mose mit der Dekalogtafel nach reformatorischem Verständnis weit über das Alte Testament hinaus auf Gottes Gesetz, das alle Menschen angeht. Und in der rechten Bildhälfte ist das Alte Testament durch zwei Zeugnisse von Gottes Heil in Jesus Christus präsent, sowohl mit dem Bildzitat der ehernen Schlange (Num 21,8 f, vgl. Joh 3,14) als auch mit dem Zitat aus Jes 7,14 (vgl. Mt 1,23).

Die beiden Bildhälften dürfen dennoch nicht in einer einfachen Parallelstellung betrachtet werden. Daß vielmehr beide Bildhälften in einer inneren Relation der Gleichzeitigkeit zusammengehören, erkennt man daran, welche Funktion dem Gesetz auf der einen und dem Evangelium auf der anderen Seite zugewiesen wird. Das Wort Gottes in dessen zweifacher Gestalt gilt unmittelbar dem Menschen, der auf beiden Seiten dargestellt ist. Einerseits wird er durch das gebietende Wort des Dekalogs angeredet, andererseits wird er durch das Wort Johannes des Täufers auf Jesus Christus verwiesen. Das eine Wort, so könnte man im Anschluß an 2Kor 3,3.6 hinzufügen, ist in Buchstaben auf steinerne Tafeln geschrieben, das andere Wort ist ein gesprochenes Wort, dem der Heilige Geist, bildhaft mit der Taube angedeutet, seine den Menschen befreiende Wirkung verleiht. Die innere Beziehung der beiden Bildhälften verdeutlichen die auf beide Seiten verteilten Verse von 1Kor 15,55–57. In der linken Bildhälfte versetzt das Gesetz den Menschen in Erschrecken über seine Sünde, die als „Spieß" dem Tod

---

WA 19, 151,17–20 und 152,3 f. – Das Bildelement begegnet vereinzelt in spätmittelalterlichen Darstellungen der Verkündigung Mariä (Lk 1,26 ff); die Verkündigungsszene fehlt jedoch in Cranachs Holzschnitt. Vgl. Gertrud Schiller: Ikonographie der christlichen Kunst, Bd. 1, 1966, S. 55–57 mit Abb. 103–105; ferner Lexikon der christlichen Ikonographie, Bd. 4, 1972, S. 430 f.

[20] Luther legt darauf Wert, daß diese Wendung nicht wie hier bei Cranach – mit der Vulgata: concipiet – futurisch übersetzt wird, sondern präsentisch, wie er selbst übersetzt, z. B. in Daß Jesus Christus ein geborner Jude sei, 1523, WA 11, 320,22: ‚Sihe eyne jungfraw ist schwanger'; vgl. dazu ebd. 323,7–20. – So lautet Jes 7,14 auch in seiner Übersetzung 1528 ff, WA.DB 11 I, 42 / 43.

in die Hände gegeben ist. Wie Gesetz, Sünde und Tod dem Menschen zu schaffen machen, findet den Beifall des Teufels, der den Menschen gerne immer weiter in die Gottesferne treibt. Diese Mächte des Unheils finden ihre Überwindung auf der rechten Bildhälfte in dem Evangelium des Jesus Christus: Der auferstandene Christus triumphiert über den Tod und den Teufel, die unter seinen Füßen am Boden liegen. Dem Gesetz wird die Macht über den Menschen genommen durch das Christus-Evangelium, mit dem ihm die Vergebung seiner Sünde zugesprochen wird. Denn der Spieß der Sünde in den Händen des Todes hat sein Gegenbild in dem Blutstrahl der Gnade, der bildhaft dem Glaubenden das Heil zuteil werden läßt, das sich ihm im gekreuzigten Jesus Christus eröffnet. Von dem Sieg über die Mächte des Unheils spricht 1Kor 15,55 und 57, der letzte Text unter der rechten Bildhälfte, der inhaltlich antithetisch dem Zitat von 1Kor 15,56 unter der linken Bildhälfte entspricht.

Mit dem Sieg über die Mächte des Unheils werden die beiden Seiten des Bildes in einem Geschehen verkettet, das dem Menschen widerfährt. Er ist doppelt dargestellt, das eine Mal bedrängt von den Mächten des Unheils, das andere Mal im empfangsbereiten Hören auf das Evangelium des Jesus Christus, das ihm im Glauben das Heil einer von Gott befreiten Person vermittelt.

5.2 Die strukturierte Rede von Unheil und Heil des Menschen

Cranachs Holzschnitt „Unheil und Heil des Menschen" demonstriert auf der linken Bildhälfte, daß verschiedene Mächte den Menschen im Unheil bestimmen: Sünde, Tod, Teufel, Hölle, Gesetz. Gleichzeitig lehrt die rechte Bildhälfte, daß all diese Mächte für den Menschen in Jesus Christus überwunden sind. Allerdings bleibt offen, inwiefern die einzelnen Unheilsmächte für den Menschen überwunden sind; denn im Bild erscheint die eine Person des Jesus Christus allein als Sieger über die verschiedenen Mächte des Unheils. Außerdem können theologische Texte Luthers darüber Aufschluß geben, welche Verbindungslinien zwischen Unheil und Heil in der Erfahrung des Menschen sich abzeichnen. Die Betrachtung des Bildes in gewohnter Leserichtung läßt darauf schließen, daß dem Bild eine Bewegung zugrunde liegt, die als Befreiung vom Unheil zum Heil zu verstehen ist.

In signifikanter Weise kann Luther für den traditionellen Begriff der Erlösung synonym den Begriff der Befreiung verwenden. Für den zweiten Artikel des Glaubensbekenntnisses, den er im Kleinen Katechismus unter das Stichwort „Erlösung" (redemptio) stellt, verwendet er z.B. während der Vorbereitung der Katechismen 1528 in einer Predigt das thematische Stichwort „Befreiung" (liberatio), dokumentiert in der Predigtnachschrift Georg Rörers, der als geübter, lateinisch denkender Theologe sofort das gehörte deutsche Wort ins Lateinische übersetzte.

Cum interrogaris: was meinstu damit, quando dicit: ‚Credo in Iesum Christum' etc.? responde: das meine ich damit, quod Iesus Christus verus dei filius, sit meus dominus factus. Quo modo? Quod me liberaverit a morte, peccatis, inferis et omni malo etc.	Wenn du gefragt wirst: Was meinst du damit, wenn es heißt: ‚Ich glaube an Jesus Christus' etc.? Dann antworte: Das meine ich damit, daß Jesus Christus, der wahre Gottessohn, mein Herr geworden sei. – Auf welche Weise? – Dadurch, daß er mich befreit hat von Tod, Sünden, Hölle und allem Übel etc.
Iam Christus liberat nos a morte, diabolo, peccatis, dat iustitiam, vitam, fidem, potentiam, salutem, sapientiam etc. De illo articulo dicimur Christiani. Ego […] credo, quod Christus sit dominus meus, i. e. quod me redemerit, […] Vicit mortem, peccatum et ab his me liberavit. […] serviebam peccato, morti etc. da kam Christus, qui mortem passus, ut liberarer a morte et fierem ipsius filius et ducerer in iustitiam, vitam etc.[21]	Nunmehr befreit uns Christus von Tod, Teufel, Sünden, er schenkt Gerechtigkeit, Leben, Glauben, Kraft, Heil, Weisheit etc. Auf Grund dieses Glaubensartikels werden wir Christen genannt. Ich […] glaube, daß Christus sei mein Herr, d. h. daß er mich erlöst hat, […] Er hat den Tod, die Sünde besiegt und mich von ihnen befreit. […] Ich war Knecht der Sünde, des Todes etc., da kam Christus, der den Tod erlitten hat, damit ich vom Tode befreit zu seinem Sohn würde und zur Gerechtigkeit, zum Leben gebracht würde etc.

Ebenso spricht Luther in anderen Texten von einem Befreit-Werden des Menschen im gleichen Sinne wie von seinem Erlöst-Werden.[22] Die „Freiheit eines Christenmenschen" verdankt sich einem Geschehen der Befreiung, das dem ersten Teil von Luthers Freiheitstraktat, 1521, zugrunde liegt. In der Erfahrung des Christen ist dieses Geschehen nie abgeschlossen in der unauflöslichen Relation des Glaubens zum Evangelium des Jesus Christus. Gleichwohl hat dieses Geschehen ein Gefälle vom Unheil zum Heil. Betroffen ist der Mensch in seiner gegenwärtigen Situation, einer Situation unheilvoller, schuldverhafteter Gottesentfremdung, einer Lebensmacht, die Luther mit dem herkömmlichen Begriff der Erbsünde (peccatum originale) oder, sein eigenes Verständnis besser treffend, als Grund- und Wurzelsünde (peccatum radicale) bezeichnet.[23]

In dem Geschehen, das dem Menschen als Erlösung oder Befreiung widerfährt, ist in eigentümlicher Weise die Freiheit des Heils bereits präsent trotz der Unabgeschlossenheit des Geschehens. So hat es einen inneren Grund, wenn Luther in seiner theologischen Rede häufig Unheil und Heil des Menschen gegeneinander hält. Er spricht nicht summarisch von Unheil und Heil, vielmehr sind beide Seiten strukturiert in einer Reihe von Teilphänomenen, von denen die wichtigsten in Cranachs Holzschnitt abgebildet sind. In diese einheitliche,

---

[21] Predigt, 10.12.1528, über den 2. Credo-Artikel, WA 30 I, 89,7–10.19–21; 90,11–16 Ns. Im Kontext dieser Zitate taucht das Verb liberare noch mehrfach auf. Die im Kleinen Katechismus verwendeten Titelstichworte für den 1. und 2. Credo-Artikel begegnen ebd. 89,17f: dixi articulum 1. docere de creatione, 2. de liberatione etc.

[22] Z. B. Disputatio de homine, 1536, These 23; s. u. Anm. 25.

[23] Rationis Latomianae confutatio, 1521, WA 8, 105,14.

deutlich strukturierte Soteriologie ist Luthers Rechtfertigungslehre eingebunden; sie erscheint relativ selten als ein isoliertes theologisches Lehrstück.[24]

Was sich unter dem Begriff Unheil zusammenfassen läßt, sind elementare Phänomene der religiösen Erfahrung und der theologischen Deutung menschlichen Lebens. Ihnen stellt das Christentum auf der Seite des Heils analoge Teilphänomene entgegen, die alle zusammengefaßt sind in der durch Jesus Christus geschenkten Erlösung oder Befreiung des Menschen. So zeigt sich in Luthers Theologie eine gleichsam symmetrisch strukturierte Auffasung von Unheil und Heil des Menschen.

Das vom Menschen als unheilvoll erfahrene Phänomen des Todes fokussieren alle Religionen in ihrer Lehre und Praxis. Im Kontext der einzelnen Religionen resultieren daraus spezifische Deutungen von Leben und Tod des Menschen. Die Interpretation des Urgeschichtsmythos von Gen 1–3 liefert dem Christentum seit jeher einen Grundstock für die Lehre vom Menschen, der sein ursprüngliches Heil preisgegeben hat und dem Tod als einer Macht verfallen ist, unter der er Gott entfremdet ist. Luther hat sein Verständnis von Gen 1–3, das oben (Kap. 4.1) entfaltet worden ist, in einigen Thesen der Disputatio de homine, 1536, unter dem Gesichtspunkt zusammengefaßt, daß der Mensch, nachdem er sich in Adams Preisgabe von Gottes heilvollem Ur-Gebot dem Teufel ausgeliefert hat, dem Unheil von Sünde und Tod verhaftet ist und von diesen Mächten nur durch das Vertrauen auf Jesus Christus befreit werden kann.

20. Theologia vero de plenitudine sapientiae suae hominem totum et perfectum definit.	Die Theologie hingegen definiert aus der Fülle ihrer Weisheit den ganzen und vollkommenen Menschen.
21. Scilicet quod homo est creatura Dei carne et anima spirante constans [Gen 2,7], ab initio ad imaginem Dei facta [Gen 1,26f] sine peccato, ut generaret [Gen 1,28a] et rebus dominaretur [Gen 1,28b] nec unquam moreretur [Gen 2,16f].	Nämlich: Der Mensch ist Gottes Geschöpf aus Fleisch und lebendiger Seele bestehend, von Anbeginn zum Bilde Gottes gemacht ohne Sünde, mit der Bestimmung, Nachkommenschaft zu zeugen und über die Dinge zu herrschen und niemals zu sterben;
22. Post lapsum vero Adae subiecta [scil. creatura Dei] potestati diaboli, peccato et morti, utroque malo suis viribus insuperabili et aeterno.	[Gottes Geschöpf] das aber nach Adams Fall der Macht des Teufels unterworfen ist, nämlich der Sünde und dem Tode – beides Übel, die durch seine Kräfte nicht zu überwinden und ewig sind;
23. Nec nisi per filium Dei Christum Iesum liberanda (si credat in eum) et vitae aeternitate donanda.[25]	und das nur durch den Sohn Gottes Christus Jesus zu befreien ist (sofern es an ihn glaubt) und mit der Ewigkeit des Lebens zu beschenken.

---

[24] Z. B. Schmalkaldische Artikel, 1538, Teil 3, Art. 13, WA 50, 250,12–251,14.

[25] Disputatio de homine, 1536, These 20–23, WA 39 I, 176,5–13; Übersetzung bei Gerhard Ebeling, Lutherstudien, 2 I, 1977, S. 19f. – Mit der adversativen Konjunktion in These 20 setzt Luther seine theologische Definition des Menschen der im Mittelalter gängigen aristotelischen Definition entgegen. – These 22 wird in These 25 noch einmal aufgegriffen, ebd. 176,17–19: 25.

Offensichtlich ist Luther in seinem Verständnis der christlichen Religion sehr daran gelegen, das unheilvolle Doppelphänomen von Sünde und Tod bewußt zu machen und mit dem Evangelium des Jesus Christus zu überbieten durch das Geschenk von Gerechtigkeit und Leben, mit denen der Mensch vor Gott auf ewig bestehen kann, und zwar „Gerechtigkeit" als Freispruch durch das Evangelium von dem Schuldspruch durch das Gesetz und „Leben" als ewiges Leben gegenüber einer Todesverlorenheit, von der Herz und Gewissen betroffen sind. Den inneren Konnex zwischen der Grundsünde des Menschen in der Gottesverachtung und seiner Todeserfahrung entnimmt Luther nicht nur der biblischen Urgeschichte in Gen 2 f.,[26] sondern auch korrespondierenden Worten des Neuen Testamentes, vor allem 1Kor 15,56, viel seltener greift er auf Röm 5,12 und 5,21 sowie Röm 6,23 zurück.[27]

Was die biblischen Texte über den Zusammenhang von Sünde und Tod des Menschen sagen, beziehen die Christen auf sich selbst in dem Osterlied „Christ lag in Todesbanden":

Den tod niemand zwingen kund / bey allen menschen kinden,
Das macht alles unser sund, / keyn unschuld war zu finden.
Davon kam der tod so bald / und nam uber uns gewald,
hielt uns ynn seym reich gefangen.[28]

Daß die unheilvolle Verkettung von Sünde und Tod mit dem Kreuzestod des Jesus Christus, des Mensch gewordenen Gottessohnes, zerbrochen worden ist, bringt dann gleich die nächste Strophe zur Sprache, verflochten mit einer Anspielung auf das Paulus-Wort 1Kor 15,56a „Der Stachel des Todes ist die Sünde".

Jhesus Christus Gottes son / an unser stat ist komen
Und hat die sund abgethon, / damit dem tod genomen
All seyn recht und seyn gewalt, / da bleybt nichts denn tods gestalt,
Die stachel hat er verloren.[29]

Ut homo totus et omnis, sive sit rex, dominus, servus, sapiens, iustus, et quibus potest huius vitae bonis excellere, tamen sit et maneat peccati et mortis reus sub diabolo oppressus.

[26] In der Supputatio annorum mundi, 1541, charakterisiert er das allererste Jahr der Welt- und Menschheitsgeschichte antithetisch durch Unheil und Heil, WA 53, 28 (Text 1541): A condito mundo et exilio de Paradiso, A peccato et morte et Satanae regno [...] promittitur Gratia contra peccatum, Vita contra mortem, Spiritus sanctus contra Satanam, per semen mulieris [Gen 3,15].

[27] In der Predigt vom 11.7.1535, meint er, daß in Röm 6,23 das Wort „Sold" leicht mißverstanden werde, WA 41, 378,24–379,15 Ns; dem entspricht der Passus in Crucigers Sommerpostille, 1544, WA 22, 114,23–115,2 Dr.

[28] Luthers Lieder Nr. 16, Strophe 2, WA 35, 443,14–20.

[29] Ebd. Strophe 3, WA 35, 443,21–444,5 – „Stachel" als Femininum hat seit 1526 Luthers Übersetzung von 1Kor 15,55 (Version 1546) WA.DB 7, 135: Tod, wo ist deine Stachel? – Zu 1Kor 15,55 gibt Luther seit 1541 die Randglosse, WA.DB 7, 135 (Version 1546): Das ist, Der Tod ligt darnider und hat nu keine macht mehr, Sondern das Leben ligt oben, und spricht, Hie gewonnen, Wo bistu nu Tod? etc.

5.2 Die strukturierte Rede von Unheil und Heil des Menschen

Für den Menschen, der sich seiner Verantwortung vor Gott bewußt ist und in Herz und Gewissen seine Gottesentfremdung wie einen „Stachel" spürt, hat der Tod einen bitteren Geschmack. In Luthers Lied „Nun freut euch, lieben Christen g'mein" lautet der Auftrag, mit dem Gott seinen Sohn zum Heil des Menschen in die Welt sendet:

Er sprach zu seynem lieben son, / Die zeyt ist hie zurbarmen,
Far hyn meyns hertzen werde kron / Und sey das heyl dem armen,
Und hilff yhm aus der sunden not, / Erwurg fur yhn den bittern tod
Und las yhn mit dyr leben.[30]

Und ein anderes Lied komprimiert den ganzen Heilsauftrag Jesu dergestalt in dessen Taufe, daß zugleich in diesem Geschehen die Taufe der Christen mit ihrer ganzen Lebensbedeutung gegründet ist:

Da wolt er stifften uns ein Bad, / Zu waschen uns von sünden,
Erseuffen auch den bittern Tod / Durch sein selbs Blut und Wunden,
Es galt ein newes Leben.[31]

Was als Stachel des Todes wirkt und als Bitternis des Todes gespürt wird, ist die Sünde im Gewissen des Menschen, die sein Leben vor Gott zunichte macht. Nicht erst im Sterben wird die Macht des Todes akut; sie ist bereits im Leben präsent, meist nur als ein verborgener oder verdrängter Begleiter des Bewußtseins. Wegen der Gott geschuldeten Lebensverantwortung, ausgedrückt in dem radikalen, affirmativen Sinn seiner Gebote, lauert hinter dem zeitlichen Tod der „ewige Tod" eines bleibenden Gottesverlustes.[32] Er ist das gravierendste Übel, das in der siebenten Bitte des Vaterunsers zu bedenken ist.

Von allem Übel uns erlös, / Es sind die zeit und tage bös.
Erlös uns vom ewigen Tod / Und tröst uns inn der letzten not.
Bescher uns auch ein seligs end, / Nim unser Seel inn deine Hend.[33]

Im Kontrast zur unheilvollen Bitternis, die der Tod aus der Sünde des Menschen bezieht, spricht Luther ähnlich bildhaft davon, daß der Tod für das Glaubensbewußtsein zum „Schlaf" wird, weil für den Christus-Glauben die geistliche Macht des Todes gebrochen ist.

---

[30] Luthers Lieder Nr. 5, Strophe 5,1–7, WA 35, 424,11–17. – In demselben Lied spricht Christus zu dem Glaubenden, Strophe 8,5–7, ebd. 425,8–10: Den tod verschlingt das leben meyn, / Meyn unschuld tregt die sunde deyn, / Da bistu selig worden.
[31] Luthers Lieder Nr. 33, Strophe 1,5–9, WA 35,469,1–5. – Ein weiteres Beispiel für den Ausdruck „bitterer Tod" ist die Bitte in Lied Nr. 24, Mitten wir im Leben sind von dem Tod umfangen, Strophe 1,12, WA 35, 454,8: las uns nicht versincken ynn des bittern todes not.
[32] Vgl. WA.TR 6, 105,5–8 Nr. 6663: Der Sünden Straf ist endlich [:am Ende] der Tod, beide zeitlich und ewig, wie S. Paulus sagt Röm 6 [V. 23]. Darum kann er nicht süße, sondern bitter sein; denn Gott spricht [Gen 2,17]: ‚Welches Tages du wirst davon essen, sollt du des Todes sterben'.
[33] Luthers Lieder Nr. 31, Strophe 8, WA 35, 465,1–6.

Die Lebenszusage, die dem Christus-Glauben gegeben ist, hebt das Unheil des ewigen Todes auf, so daß der Glaube, der sich die Zusage zu eigen macht, den Tod nur noch für einen Schlaf hält. So wird es von Adam gesagt: Ihn hat Gottes Gegenwart und Ruf „Wo bist du?" (Gen 3,8–10) in Todesschrecken versetzt; doch hat ihn das Vertrauen auf Gottes Heilszusage (Gen 3,15) befreit von dem Urteil ewigen Todes (Gen 2,17 b), und der Tod wurde ihm zum Schlaf.[34]

Gerne stützt sich Luther auf Joh 8,51 f, wenn er dem auf dieses Christus-Wort bauenden Glauben es zuschreibt, daß er die Kraft von Gottes Wort als Entmachtung des Todes zu einem Schlaf erfährt. Unter knapp dreihundert überlieferten Bibel- und Bucheinzeichnungen Luthers gelten siebzehn dem Christus-Wort Joh 8,51; einige sprechen ausdrücklich von dem entmachteten Tod als einem Schlaf; zwei von ihnen seien zitiert:

‚Wer mein Wort hellt: Der wird den Tod nimer mehr sehen'[Joh 8,51]. On zweivel widerumb [:andererseits]. Wer mein Wort nicht hellt, der mus den tod ewiglich sehen, (das ist) erfaren. Wer aber also stirbet, das er den tod nicht sihet, fulet noch erferet, dem ist der tod wie ein schlaff, Das ist ein gros wunder und krafft Gottlichs worts. ‚Halten' heisst hie Gleuben und nicht zweiveln, das ist ein recht[es] halten.[35]

‚Wer mein wort helt, der wird den Tod nimermher sehen' [Joh 8,51]. Sterben müssen wir und den Tod leiden, Aber das ist ein Wunder, das wer sich an Gottes wort helt, sol den Tod nicht fülen, sondern gleich wie in einem Schlaff dahin faren, Und sol im [:ihm] nu nicht mher heissen, Ich sterbe, sondern ich mus schlaffen. Aber wer sich ausser dem wort finden lesst, der mus mit engsten sterben.[36]

Den Gedanken hat Luther auch in seine Liedfassung von Simeons Lobgesang (Lk 2,29–32) aufgenommen.

Myt frid und freud ich far do hyn / ynn Gotts wille,
Getrost ist myr meyn hertz und syn / sanfft und stille,
Wie Gott myr verheyssen hat, / der tod ist meyn schlaff worden.[37]

Noch in anderer Weise kann der christliche Glaube von der Entmachtung des Todes reden. Er kann in der Gewißheit ewigen Lebens den alten Liedvers „Media vita in morte sumus" – von Luther in Liedform übersetzt: „Mitten wir im Leben sind mit dem tod umbfangen" – umkehren zu dem Vers: „Media morte in vita sumus" – „Mitten im Tode sind wir im Leben".

Also wirts auch geen im sterben und allen andern nöten, da wirdt die natur dappen [:tappen, unsicher tasten] und sich weyt umb sehen, und wenn sie dann gleich nymmer zu dappen hat, nymmer sehen kann, wie es zu geet, so wirdt sy zu ruck fallen und ver-

---

[34] Supputatio annorum mundi, 1541, WA 53, 28 (Text 1545): Mortuus enim tunc fuit Adam, dum sensit iudicium mortis [vgl. Gen 3,8 ff bezogen auf Gen 2,17]. Nam mors sine sensu non est mors, sed somnus, Joh 8,52: ‚Non gustabit mortem' etc. […] Sic passim fatetur David [Ps 16,10; 49,16; 71,20; 86,13; 116,3] sese ex inferno inferiore liberatum, id est ex morte vere aeterna, quam gustavit.
[35] Bucheinzeichnung Nr. 203, zu Joh 8,51, WA 48, 156.
[36] Ebd. Nr. 205, zu Joh 8,51, WA 48, 157.
[37] Luthers Lieder Nr. 13, Strophe 1, WA 35, 438 f.

zweyffeln; da muß ich dann so geschickt sein, das ich sag ‚Ey mitten in dem todt wil ich das leben finden, Ich wil hie sterben, Ich waiß, mein Herr ist bey mir', wie auch der prophet im Psalm [Ps 4,9] sagt ‚In pace inidipsum dormiam et requiescam, quoniam in spe constituisti me'. ‚Du hast mich in ein gutte zuversicht gestellt, das ich werdt das leben finden. Derhalben will ich mich in frid hyn wagen'. Also kert sich dann das liedlein umb, das man singt ‚Media vita in morte sumus' etc.[38]

In der Vorlesung über Psalm 90 hat Luther von den beiden kontrastierenden Liedzeilen die eine als erschreckende Stimme des Gesetzes, die andere als glaubensstärkende Stimme des Evangeliums gedeutet. Beide Stimmen könne man in diesem Psalm vernehmen.[39]

Ohne bildhafte Redeweise ausgedrückt: Gottes befreiende Vergebung bewirkt ein „seliges Sterben", gewissermaßen ein vom Heil umschlossenes Sterben. Befreiung von Sünden und ein seliges Sterben ist in einem weiteren Lied Luthers Gegenstand einer Bitte, die erst an Gott Vater, dann an Jesus Christus und schließlich an den Heiligen Geist gerichtet wird:

Gott der vater won uns bey / und las uns nicht verterben,
Mach uns aller sunden frey / und helff uns selig sterben,
für dem teuffel uns bewar, / hallt uns bey festem glauben
und auff dich las uns bawen, / aus hertzen grund vertrawen.[40]

Als dritte Unheilsmacht bezeichnet die „Verdammnis" oder die „Hölle" ein völliges und womöglich endgültiges Ausgeschlossensein aus der Gemeinschaft mit Gott, auch dies als ein Phänomen im Gewissen des schuldverstrickten Menschen. Es ist das Urteil des Gesetzes, unter dem alle Menschen stehen; es ist nicht etwa das Urteil Christi im Jüngsten Gericht, da in Luthers Theologie die Vorstellung von Christus als Gesetzgeber und Gerichtsherrn der Christenheit keinen Platz mehr hat. Vielmehr hat der christliche Glaube durch das Evangelium die Furcht vor Verdammnis oder Hölle verloren, weil er dessen gewiß ist, daß Christus sein Gottesheil mit allen teilen will, die seinem Evangelium Glauben schenken. Deshalb beschreibt Luther in deutlicher Anspielung auf das Herrenmahl das Evangelium als Austeilen der Heilsgüter, die Christus als sein Erbgut hinterlassen hat.

---

[38] Predigt, 2.7.1523, über Lk 1,39–56, WA 12, 609,13–22 Dr. Auf welchen Nachschriften diese 1523 außerhalb Wittenbergs publizierte Druckfassung beruht, ist dunkel. Im Wesentlichen wird der Text gedeckt durch die beiden bekannten Nachschriften von Stephan Roth (WA 12, 608–617 unterer Text) und Georg Rörer (WA 11, 141–144).

[39] Vorlesung über Ps 90, 1534/35, WA 40 III, 496,3–5 Ns: Sic media morte in vita sumus, ut canitur. Das ist vox legis: Mitten [im Leben]; Vox Evangelii: Media [morte] etc., quia remissionem peccatorum habemus. – Vgl. ebd. 496,16 f: Legis vox terret, cum occinit securis: Media vita in morte sumus. At Evangelii vox iterum erigit et canit: Media morte in vita sumus. – Der Gedanke kehrt wieder in der Genesis-Vorlesung, 1535–1545, zu Gen 22,11a, WA 43,218,40–219,10 und 219,35–38. – Die ins Christliche gewendete Liedzeile verwendet Luther 1535 fast spielerisch in drei Briefen an gut vertraute Adressaten, an Justus Menius, 24.8.1535, Nr. 2227 WA.B 7, 240,17, an Justus Jonas 24.8.1535, Nr. 2228 ebd. 241,4, an Georg von Anhalt, 17.9.1535, Nr. 2244 ebd. 275,20 f.

[40] Vgl. Luthers Lieder Nr. 21, Strophe 1,1–8, WA 35, 450,2–9.

Solch geschrey und tröstliche mehre [:Mär, Botschaft], oder Evangelische und göttliche newezeitung, heisst auch ein new Testament, darumb, das gleich wie ein Testament ist, wenn ein sterbender Man sein gut bischeidet, nach seinem tode den benanten Erben aus zu teilen, Also hat auch Christus vor seinem sterben befolhen und bescheiden, solchs Evangelium nach seinem Tode auszuruffen in alle Welt. Und damit allen, die da gleuben, zu eigen gegeben alles sein Gut, Das ist, sein Leben, damit er den Tod verschlungen, seine Gerechtigkeit, damit er die Sünde vertilget, und seine Seligkeit, damit er die ewige Verdamnis uberwunden hat. Nu kan je der arme Mensch, in Sünden, Tod und zur Helle verstricket, nichts tröstlichers hören, denn solche thewre, liebliche botschafft von Christo.[41]

Die Reihenfolge dieser Unheils- und Heilsphänomene kann variieren, da sie untereinander zusammenhängen. Doch für gewöhnlich haben Sünde und Tod und mit ihnen korrespondierend Gerechtigkeit und Leben den Vorrang vor der Verdammnis oder Hölle; das entspricht dem Gefälle der gegenwärtigen inneren Erfahrung. Es geht Luther ja nicht um eine objektivierende Vorstellung von der Hölle als einem jenseitigen Ort der Verdammnis. Vielmehr sieht er den Menschen dann der Hölle ausgeliefert, wenn ihn im Bewußtsein der Sünde und angesichts des unweigerlich drohenden Todes die nackte Verzweiflung auswegloser Gottverlassenheit packt. In abgewandelter Reihenfolge der Prädikate bringt Luther das beispielsweise zum Ausdruck in seiner Umdichtung der mittelalterlichen Antiphon „media vita in morte sumus", wo ihm der Einsatz beim stets drohenden Tod vorgegeben war, während erst von ihm die Höllen-Anfechtung und das Umgetriebensein durch das Sündenbewußtsein hinzugefügt wurde, so daß die drei Strophen beginnen:

Mitten wyr im leben sind / mit dem tod umbfangen [...] – Mitten ynn dem tod anficht / uns der Hellen rachen [...] – Mitten ynn der Hellen angst / unser sund uns treyben.[42]

In allen drei Strophen – präziser als in der mittelalterlichen Antiphon – wird Gott in der Person des Jesus Christus als alleiniger Retter aus dem Unheil angerufen, und zwar im Bewußtsein des berechtigten göttlichen Zorns über die nun bereute „Missetat", ferner im Wissen von der Barmherzigkeit des Herrn, sodann in der Gewißheit der Sündenvergebung, die der Beter bei dem gekreuzigten Christus findet.

Nennt Luther an Stelle oder in Verbindung mit der Verdammnis den Teufel, so meint er eine Macht, die den an Sünde und Tod verfallenen Menschen mit

---

[41] Vorrede zum Neuen Testament, 1522, WA.DB 6, 5,12–21 (Version 1546). – Vgl. Von Anbeten des Sakraments, 1523, WA 11, 453,26–35: Wyr halten alßo: Wenn der heylige geyst Christus werck und verdienst außwendig durchs Euangelion, ynnwendig durch sein gabe uns kundt macht unnd schenckt unnd macht uns an das selbe gleubendt, ßo sey denn der selb glawb nicht anders denn eyn tröstlich lebendig verlassen auff Christus gegeben verdienst, das der mensch on alle seyne werck sich von hertzen grundt drauff verlest, das nicht seyn eygen, sondern Christus werck und verdienst seyne sund vertilgen, todt uberwinden und helle verschlingen, alßo das er keyner werck datzu [be]darff, das er ynn gott glewbe odder eynen lebendigen rechten glawben habe, ßondern solcher lebendiger glawbe an gott sey der, der gute werck darnach dem nehsten thue, wie Christus yhm than hatt.

[42] Luthers Lieder Nr. 24, WA 35, 453,20 f. 454,10 f.23 f.

allen Mitteln in der Gottesferne festhalten oder noch tiefer hineintreiben will. Christus hingegen will den Menschen wieder in die schuldfreie geschöpfliche Gottesnähe heimbringen.

Also ist dis Evangelium Gottes und new Testament, ein gute mehre [:Mär, Botschaft] und geschrey, in alle Welt erschollen, durch die Apostel, von einem rechten David, der mit der Sünde, Tod und Teufel gestritten, und uberwunden habe, Und damit alle die, so in Sünden gefangen, mit dem Tode geplaget, vom Teufel uberweldiget gewesen, on jr verdienst erlöset, gerecht, lebendig und selig gemacht hat, und damit zu friede gestellet, und Gott wider heimbracht [hat]. Davon sie singen, dancken, Gott loben und frölich sind ewiglich, So sie das anders [:übrigens] fest gleuben, und im glauben bestendig bleiben.[43]

In einem seiner Weihnachtslieder läßt Luther den Engel der Weihnachtsbotschaft den Hirten verkündigen, daß der Gottessohn, der in seiner Menschwerdung mit ihnen solidarisch geworden ist, ihnen die Furcht vor allen vier Unheilsmächten nehmen will und kann.

Was kan euch thun die Sünd und Tod, / Ir habt mit euch den waren Gott,
Lasst zürnen Teuffel und die Hell, / Gotts Son ist worden ewr Gesell.[44]

Alle Rede von Unheil und Heil betrifft den Menschen in seinem inneren oder geistlichen Wesen, das bestimmt ist durch seine geschöpfliche Verantwortung vor Gott. Beherrschen ihn einerseits die Mächte des Unheils, so empfängt er mit dem Glauben andererseits durch das Evangelium des Jesus Christus Prädikate des Heils, die den einzelnen Unheilsprädikaten kontrastieren; seine Sünde wird aufgehoben durch die Christus-Gerechtigkeit, sein Tod durch das Christus-Leben.

Mit welchen Prädikaten Luther von Unheil und Heil des Menschen spricht, hängt oft vom Textzusammenhang ab. In der Schrift Von der Freiheit eines Christenmenschen, 1520, verbindet er, thematisch bedingt, häufig die Prädikate der Gerechtigkeit und der Freiheit. Ihnen stellt er in der Überleitung zum Hauptteil die entsprechenden Unheilsprädikate entgegen. Im Blick auf alles Folgende erklärt er, daß vom Heil wie vom Unheil der Mensch in seinem inneren oder geistlichen Wesen betroffen ist, wo ihn nichts Äußerliches bestimmen darf, wenn er nicht zum Heuchler werden will.

Primum [...] interiorem hominem apprehendimus visuri, qua nam ratione iustus, liber, vereque Christianus, hoc est spiritualis, novus, interior homo, fiat. Et constat, nullam prorsus rerum externarum [...] aliquid habere momenti ad iustitiam aut libertatem Christianam, sicut nec ad iniustitiam aut servitutem parandam [...]	So nehmen wir fur uns den ynwendigen geystlichen menschen, zu sehen was datzu gehöre, das er eyn frum [:gerecht], frey, Christen mensch sey und heysse. So ists offenbar, das keyn eußerlich ding mag [:kann] yhn frey, noch frum machen, [...] denn seyn frumkeyt und freyheyt, widerumb seyn boßheyt und gefencknis, seyn nit leyplich noch eußerlich. [...]

---
[43] Vorrede zum Neuen Testament, 1522, WA.DB 6, 5,4–11 (Version 1546).
[44] Luthers Lieder Nr. 35, Strophe 4, WA 35, 472,5–8.

Neutra harum [externarum] rerum pertingit ad animae sive libertatem sive servitutem. […] longe alia re opus erit ad iustitiam et libertatem animae.⁴⁵	Dißer [äußerlichen] ding reychet keyniß biß an die seelen, sie zu befreyhen oder fahen [:gefangen zu nehmen], frum oder boeße zu machen. […] Es muß noch allis etwas anders seyn, das der seelen bringe und gebe frumkeyt und freyheit.

Dieses andere, das dem Menschen die Gerechtigkeit und Freiheit des Heils gibt, wird in der weiteren Reflexion mit dem Evangelium des Jesus Christus identifiziert.⁴⁶

Zuweilen begegnen ganze Ketten von Unheils- und Heilsprädikaten, die auf den ersten Blick willkürlich zusammengestellt zu sein scheinen; erst bei näherem Betrachten ist der Einfluß des Kontextes oder bestimmter Bibelstellen zu erkennen. In jedem Fall hat Luther Unheilsphänomene des menschlichen Daseins im Blick, von denen der Mensch durch das Evangelium befreit wird, so daß er im Glauben die Prädikate des angebotenen Heils auf sich beziehen kann. Auch in der Redundanz solcher Prädikatsreihen bleibt ein realistischer Lebensbezug gewahrt. Zwei Beispiele können das illustrieren.

Im Freiheitstraktat werden einmal die Güter des Heils ohne die entgegengesetzten Phänomene des Unheils in lockerer Folge aufgezählt, darin eingestreut die beiden für diese Schrift elementaren Güter der Gerechtigkeit und der Freiheit.

Habens [anima] autem verbum, dives est, nullius egens, cum sit verbum vitae, veritatis, lucis, pacis, iustitiae, salutis, gaudii, libertatis, sapientiae, virtutis, gratiae, gloriae, et omnis boni inaestimabiliter.⁴⁷	Wo sie [die Seele] aber das wort hatt, ßo [be]darff sie auch keyneß andern dings mehr, sondern sie hat in dem wort gnugde, speiß, freud, frid, licht, kunst, gerechtickeyt, warheyt, weyßheyt, freyheit und allis gutt überschwenglich.

Eine verwandte Aufzählung von Heilsgütern besagt, daß das „lautere Evangelium" und der „reine Glaube" zu predigen sind, um dem Menschen vor Augen zu führen, in welche Phänomene des Unheils er verwickelt ist.

Aber diß sind gotis geheymnisße, da leben und selickeyt ynnen ist. Szo haben wyr nu des Apostels meynung ynn dißen wortten [1Kor 4,1], das eyn diener Christi sey eyn haußhalter yn den geheymnißen gottis, das ist: er soll dafur sich hallten unnd hallten lassen, das er nichts anders denn die ding predige unnd dem gesind gottis gebe, die Christus ist unnd

---

⁴⁵ De libertate Christiana / Von der Freiheit eines Christenmenschen, 1520, WA 7, 50,13–17.23 f.27 / 21,18–22.26 f.32 f. – Die deutschen Äquivalente für „iustus" und „iustitia" sind im Freiheitstraktat durchgängig „from[m]" und „from[m]keit", so daß sie auch synonym begegnen, z. B. ebd. 23,20–23: der glaub, darynn kurtzlich aller gebot erfullung steht, wirt uberflussig rechtfertigen alle die yhn haben, das sie nichts mehr bedurffen, das sie gerecht und frum seyn. Alßo sagt S. Pauel Röm 10 [V. 10] ‚Das man von hertzen glaubt, das macht eynen gerecht und frum'. – Vgl. unten Anm. 63.
⁴⁶ Ebd. WA 7, 50,32–52,4 / 22,3–23,6.
⁴⁷ Ebd. WA 7, 51,1–3 / 22,11–14.

ynn Christo sind, das ist: er soll das lautter Evangelium, den reynen glawben predigen, wie alleyn Christus sey unser leben, weg, weyßheyt, krafft, preyß und selickeytt etc. Und das unßer ding eyttel todt, yrthum, torheytt, unkrafft [:Schwachheit], schand und vordamniß sey.[48]

Die strukturierte Rede Luthers von Unheils- und Heilsprädikaten ergibt als Resumee:

(1.) Das Schwergewicht liegt stets auf der Sünde; gemeint ist die Wurzelsünde der Gottesentfremdung mit ihren Erscheinungsweisen, die mit dem Dekalog aufgewiesen werden können. Dieser Unheilsmacht kontrastiert, in variierenden Ausdrucksweisen, die Gerechtigkeit, die Gott durch die Sendung seines Sohnes dem Menschen zugute kommen läßt.

(2.) Wie die Sünde den ewigen Tod zur Folge hat, so bringt die Gerechtigkeit des Christus-Glaubens auch ewiges Leben mit sich. Anders ausgedrückt: Wie die Sünde dem Tod den Stachel der Bitternis verleiht, so verliert für den Glauben der Tod seinen Schrecken und wird gleichsam zu einem Schlaf.

(3.) Daß die beiden elementaren Unheilsmächte von Sünde und Tod im Anschluß an 1Kor 15,56 mit der Macht des Gesetzes über das Gewissen des Menschen verbunden werden, kennzeichnet Luthers reformatorisches Grundverständnis der christlichen Religion. Denn in seiner Eigenart verleiht das Evangelium des Jesus Christus dem Glauben Freiheit gegenüber dem Gesetz. In richtiger Unterscheidung haben beide, Gesetz und Evangelium, unüberbietbare Relevanz für die Gottes- und Selbsterfahrung des Menschen.

5.3 Die Einheit des Heils in Jesus Christus

Cranachs Holzschnitt zeigt auf der linken Seite bildhaft die verschiedenen Phänomene des Unheils – die Sünde als Spieß in der Hand des Todes sowie Tod, Teufel und Hölle in der üblichen Bildhaftigkeit, ferner das Gesetz als Gesetzestafel in der Hand des Mose –, auf der rechten Seite hingegen fehlt den Phänomenen des Heils eine vergleichbare Bildhaftigkeit. Für das Evangelium ist lediglich dessen Prediger dargestellt, der auf den Grund und Inhalt des Evangeliums hinweist in der Gestalt des gekreuzigten und des auferstandenen Jesus Christus. Daß in Jesus Christus die Mächte des Unheils überwunden sind, wird angedeutet: Der Sieg über die Sünde wird in Anspielung auf Joh 1,29 sichtbar gemacht durch das Lamm mit der Siegesfahne beim gekreuzigten Christus, der Sieg über Tod und Teufel wird in Anspielung auf 1Kor 15,54f vor Augen geführt durch den auferstandenen Christus, der als Sieger auf diesen beiden, von ihm

---

[48] Adventspostille, 1522, zu 1Kor 4,1, WA 10 I 2, 129,6–14. Bei den Heilsprädikaten, denen Punkt für Punkt die Unheilsprädikate entgegengesetzt werden, klingen Joh 14,6 und 1Kor 1,30 an.

erledigten Gestalten steht. Die damit angedeutete Einheit des Heils in Jesus Christus ist von wesentlicher Bedeutung in Luthers Theologie. Sie umschließt die Rechtfertigungslehre in einer Einheit des Heilsverständnisses.

A) Luther zeigt eine eigentümliche Vorliebe für eine prädikative Rede von Christus als dem Grund des Heils. Christus wird prädikativ die Gerechtigkeit und das Leben genannt und auf diese Weise als der Überwinder von Sünde und Tod dem Glauben zugesprochen. Um diese prädikative Christologie, die bereits im dritten Kapitel (Kap. 3.1) berührt worden ist, in ihrem vollen Gewicht zu verstehen, muß kurz beleuchtet werden, wie in der kirchlichen Lehre des Mittelalters in prädikativer Weise von der Rechtfertigung des Menschen geredet wurde. In dem signifikanten Ausschnitt aus der Gnadenlehre, der hier genügt, können die subtileren Differenzen zwischen den Schulen der Scholastik zurückgestellt werden. Gabriel Biel (gest. 1495), dessen Hauptwerke – ein Sentenzenkommentar und eine Auslegung der Meßliturgie – Luther gründlich studiert hat, kann als Vertreter eines recht breiten kirchlichen Lehrkonsenses zitiert werden.

Die scholastische Theologie beschreibt die Rechtfertigung des Sünders als den Empfang einer übernatürlichen Gnade, durch deren Besitz der Empfänger aus einem gottlos sündigen zu einem gottgefälligen gerechten Menschen wird. Diese, der Seele verliehene Gnadenqualität wird als eine bei Gott angenehm- und gerechtmachende Gnade begriffen. Sie wird nach kirchlicher Lehre erstmalig bei der Taufe dem Täufling „eingegossen"; sie geht jedoch später, wenn die moralisch verantwortliche Vernunft erwacht ist, wieder verloren, sobald willentlich ein Akt schwerer Sünde begangen wird, der gegen die Gebote Gottes und der Kirche verstößt. Im Beicht- und Bußsakrament kann dann der Besitz der gerechtmachenden oder rechtfertigenden Gnade wiederhergestellt werden. Wer als Erwachsener für sein Tun verantwortlich ist, besitzt mit der rechtfertigenden Gnade die Voraussetzung dafür, daß seine moralisch und religiös guten Werke für sein ewiges Leben verdienstlich sind; solche Wirkung der Gnade ist von einem Kind noch nicht zu erwarten, weil es noch nicht seine moralische Vernunft für sein Handeln einsetzen kann.[49] Die Gnade qualifiziert in doppelter Hinsicht. In einem grundlegenden Aspekt verleiht sie, solange sie nicht durch eine schwere Sünde zerstört wird, der Seele eine essentielle Qualität, gewissermaßen als Glanz oder Schmuck, so daß der Seele das Prädikat der gottgefälligen Gerechtigkeit zukommt. Unter diesem Aspekt wird die Gnade analog zu einer Tugend als ein Habitus, als ein qualifizierender Besitz der Seele begriffen. Unter einem zweiten Aspekt veranlaßt

---

[49] Biel, Sent.2 d.26 q.un. H17–23 (2,506): Similiter est eadem gratia in infantibus et adultis, licet in adultis inclinet ad opera meritoria et non in infantibus, non propter defectum gratiae, sed usus rationis. Sic est eadem gratia omnium sacramentorum, licet gratia baptismalis et paenitentiae iustificent impium, non autem ceterorum sacramentorum; quia gratia baptismalis et paenitentiae non praesupponunt aliam gratiam praeviam […] et possunt infundi ei, qui fuit iniustus et per eius infusionem fit iustus.

die Gnade den verantwortlich handelnden Menschen, sein Handeln möglichst weitgehend auf Gott und die in Aussicht stehende ewige Seligkeit auszurichten und dadurch gute, religiös verdienstvolle Werke hervorzubringen.[50] Als habituale Qualität der Seele – substantivisch ausgedrückt als deren „Gerechtigkeit" – bildet die sakramental mitgeteilte Gnade die Grundlage und Voraussetzung dafür, daß ihr Besitzer das Prädikat „gerecht" verdient. Obwohl die scholastischen Theologen den theologischen Sachverhalt in ihren dogmatischen Systemen unterschiedlich begründen, lassen sie keinen Zweifel daran, daß die sakramentale Gnade in der Rechtfertigung des Sünders dem Gläubigen eine übernatürliche Qualität verleiht. Der Charakter des Übernatürlichen basiert letztlich auf dem von göttlichem Recht getragenen sakramentalen System der Kirche.

Mit diesem Ansatz der mittelalterlichen Gnaden- und Rechtfertigungslehre, die durch eine inhärente, der Seele anhaftenden Qualität der Gnadengerechtigkeit gekennzeichnet ist, hat Luther gebrochen. So stark hat ihn die prädikative Relation des Christen zu Christus beschäftigt, daß er daraus einen Impuls für die reformatorische Rede vom Wesen des Christ-Seins gewann. Die Christen sind nach Christus benannt. Wenn sie das ernst nehmen, dann ergreifen sie Christus als ihr Heil, weil er von Gott den Menschen zu ihrem Heil gesandt ist.[51] Was Christus als Heil der Menschen bedeutet, kann Luther in einer Reihe von Begriffen entfalten, für die er sich gerne auf 1Kor 1,30 stützt.[52] Erinnert sei an das bereits zitierte Schlußwort zu seiner Auslegung der Bußpsalmen, 1517, wo er in der Zeitform der Gegenwart Christus mit mehreren Heilsbegriffen identifiziert, die dem Christen durch seinen Christus-Glauben „ohne allen Verdienst" zuteil werden.[53] In der ungefähr gleichzeitigen Predigt vom 24. Februar 1517 findet man Sätze, die das weiter ausführen. Luther spricht von dem Wechselbezug zwischen Gott Vater und seinem Sohn. Das bezieht er auf die Heilsprädikate, so daß die Christen in Christus wirklich Gottes Heil finden und Gott sein Heil ihnen in seinem Sohn „zurechnet".

---

[50] Ders., Sent.2 d.26 q.un. B3–6 (2,500): Gratia gratum faciens est [...] qua habens amicus Dei constituitur et dignus vita aeterna. Est enim quaedam forma animae a Deo infusa, qua anima formaliter redditur Deo cara et grata, et qua ordinatur ad vitam aeternam possidendam, nisi obicem posuerit vel impedimentum. – Vgl. ebd. d.27 q.un. M9–16 (2,520): in gratia duo considerantur: Unum, quod est habitus quidam inclinans voluntatem ad actum certo modo eliciendum sicut quilibet habitus. Secundum, quod est decor quidam divinae complacens voluntati, propter quem actus (ad quem tamquam partialis causa inclinat) ordinatur ad praemium beatitudinis tamquam dignus sic praemiari.
[51] S.o. Kap. 5.2 bei Anm. 30 das Zitat aus Luthers Lied Nr. 5, Strophe 5,4, WA 35. 424,14: Und sey das heyl dem armen.
[52] Bei wichtigen Vertretern der scholastischen Theologie – Alexander Halesius, Bonaventura, Thomas von Aquin, Gabriel Biel – spielt 1Kor 1,30 so gut wie keine Rolle, auch nicht bei Johannes Tauler und Johannes von Staupitz.
[53] S.o. Kap. 3.1 bei Anm. 10 das Zitat Die sieben Bußpsalmen, 1517, WA 1, 219,30–32: Christus ist gottis gnaden, barmhertzickeit, gerechtickeit, warheit, weißheit, stercke, trost und selickeyt, uns von gott gegeben an [:ohne] allen vordinest.

Scite itaque, quod iustitia, virtus, sapientia nostra sit ipse Christus a Deo nobis factus, in quem posuit Deus Pater omnem sapientiam, virtutes, iustitiam suam, ut nostra fieret. Hoc est nosse Filium.	Wisset also, daß unsere Gerechtigkeit, Tugend, Weisheit Christus selbst ist, uns vom Vater dazu gemacht; in ihn hat Gott der Vater alle seine Weisheit, Tugenden, Gerechtigkeit gelegt, damit sie unser würde. Das heißt den Sohn erkennen.
Deinde scite, quod Pater miericordia sua nobis reputet iustitiam Filii sui, i. e. suam ipsius, quia eadem est iustitia Patris et Filii, eadem vita, virtus nobis donata. Hoc est nosse Patrem Christi.[54]	Ferner sollt ihr wissen, daß der Vater in seiner Barmherzigkeit uns die Gerechtigkeit seines Sohnes, das ist seine eigene, zurechnet; denn die Gerechtigkeit des Vaters und des Sohnes ist dieselbe, das Leben ist dasselbe, die Tugend dieselbe, sie sind uns geschenkt. Das heißt den Vater Christi erkennen.

Das Heil, das Gott den Menschen in Jesus Christus zuteil werden läßt, ist das Heil der messianischen Vollendung der Heilsgeschichte, angekündigt in Gottesworten der Propheten.

Solche ewigkeit des Reichs Messia zeucht [:bezeugt] Jesaias an mehr örtern, als Cap. 51 [V. 5]: ‚Meine Gerechtigkeit ist nahe und mein Heil ist ausgangen'. Und bald hernach [Jes 51,6] ‚Mein heil sol ewig bleiben und meine gerechtigkeit sol kein ende haben', Dis ist die ewige Gerechtigkeit [...] Und ist [der] Messias, wie es alle alten Ebrei verstanden haben. Ewige gerechtigkeit aber und Heil kann kein schlechter [:gewöhnlicher] Mensch noch Engel sein, Sondern mus Gott selber sein, und doch Davids Son naturlicher Mensch [...] Also nennet jn das newe Testament auch 1Kor 1 [V. 30]: ‚Jhesus Christus ist uns von Got worden eine Weisheit, Gerechtigkeit, Heiligung und Erlösung'.[55]

In solcher Redeweise bewährt es sich, daß Jesus Christus in erster Linie als Gottes Heilsgabe gepredigt werden soll und erst in zweiter Linie als Lehrer und Beispiel eines guten Lebens.[56] Jesus Christus selbst steht eindeutig und ausschließlich für die Heilsprädikate. Nur von ihm heißt es: Er ist für uns das Heil.[57] Das hält Luther für das „Hauptstück" im 1. Korintherbrief.[58] Wird die Einheit des Heils in Jesus Christus hochgehalten, dann bringt das Evangelium des Jesus Christus den Christen die Freiheit vom Gesetz. Weil sich jedoch die Korinther nicht mit diesem einfachen Evangelium begnügen wollten, kam es sogleich zusammen mit einer neuen Gesetzlichkeit auch zur Uneinigkeit.

---

[54] Predigt, 24.2.1517, über Mt 11,25–27, WA 1, 140,8–13.

[55] Von den letzten Worten Davids, 1543, zu 1Chron 17,17, WA 54, 46,18–31.

[56] Vgl. oben Kap. 3.2 bei Anm. 18 f das Zitat aus Klein Unterricht in den Evangelien, 1522, WA 10 I 1, 11,1–12,1. – Wird die Gabe-Relation vergessen, dann wird aus dem Evangelium ein Gesetz, aus Christus ein Gesetzgeber, aus dem Helfer und Heiland ein Eintreiber, ebd. WA 10 I 1, 17,13 f.

[57] Die sieben Bußpsalmen, 1517, zu Ps 51,14, WA 1, 191,23–25: das heyl gottis wirt genent Christus in der schrifft, der ist uns eyn heyl und selickeit von got [ge]geben, ynn wilchem aller trost und freud ist der seelen, die yre sunde fület.

[58] Vorrede zum 1. Korintherbrief, 1530, WA.DB 7, 83,12–16 (Version 1546): In dieser Epistel vermanet S. Paulus die Corinther, Das sie sollen eintrechtig sein im Glauben, und in der Lere, Und darauff sehen, das sie das Heuptstück, nemlich (das Christus unser Heil ist) wol lernen, An welchem sich alle vernunfft und weisheit stösset.

Also giengs S. Paulo auch, da er seine Corinther hatte den Christlichen glauben und die Freiheit vom Gesetz geleret, Funden sich auch die tollen Heiligen und unzeitige Klüglinge, zutrenneten die eintregtige Lere, und machten spaltung unter den gleubigen. Einer wolt Paulisch, der Apollisch, einer Petrisch, der ander Christlich sein. Einer wolt die Beschneitung haben, der ander nicht. Einer wolt die Ehe, der ander nicht. Einer wolt Götzenopffer essen, der ander nicht. [...] Und etliche nichts von der Todten aufferstehung hielten. Etliche nicht viel vom Sacrament. Und in summa [...] jglicher wolt Meister sein und leren, und mit dem Evangelio, Sacrament, Glauben, machen, was jn [:ihnen] gut daucht. Und liessen dieweil das Heuptstück fein faren und liegen, Das Christus unser Heil, Gerechtigkeit, Erlösung ist [vgl. 1Kor 1,30].[59]

Der einzelne Christ sollte aber nicht meinen, wenn ihm Sätze der reformatorischen Predigt wie „Christus ist unser Heil", „Christus ist unsere Gerechtigkeit" vertraut seien, könne er sich damit zufrieden geben. Es kommt dann immer noch darauf an, daß er den Sinn solcher Kernsätze in den Anfechtungen des Gewissens beherzigt, daß er, wenn ihn plötzlich eigene Sünden und Todesfurcht in innere Unruhe versetzen, nicht womöglich doch das Gewissen mit eigenen Werken und gesetzlichem Denken zu beruhigen sucht.

Ja diese wort ‚Christus ist unser heil', ‚Er ist unser gerechtigkeit', ‚Unser werck helffen uns nicht von sünden und tode', ‚Der einige verworffen Eckstein mus es thun' [vgl. Ps 118,22] etc. sind balde gelernet und gesagt, [...] Aber wenns an ein treffen gehet [:zur Gewissensanfechtung kommt], das ich mit dem teuffel, sünden, tod, not und wellt mich sol beissen, das sonst kein hülffe, rat und trost da ist on [:außer] der einige Eckstein, Da finde ich wol, was ich kann, und was es fur kunst ist, an Christum zu gleuben.[60]

Luther sieht die Prädikate des in Christus präsenten Heils nicht isoliert von der geschichtlich einmaligen Selbsthingabe des Jesus Christus in seinem Leben und Sterben. Sind Kreuzestod und Auferweckung des Jesus Christus Ereignisse der Vergangenheit, so bringen die prädikativen Sätze die gegenwärtige Heilsbedeutung der Person des Jesus Christus in besonders prägnanter Weise zum Ausdruck. Im Evangelium des Jesus Christus sind alle Phänomene des Heils gebündelt, in denen die korrespondierenden Mächte des Unheils überwunden sind.[61] Der Sünde setzt das Evangelium die Christus-Gerechtigkeit entgegen, mit der Gott den Menschen von seiner Schuld freispricht; an die Stelle der Todesverlorenheit tritt in Christus die Lebenszusage Gottes, und anstelle eines finalen Gottesverlustes erfährt der Mensch in Christus die Seligkeit der Gottesgewißheit. So ist Jesus als der Christus der Träger des messianischen Heils:

---

[59] Ebd. WA.DB 7, 83,26–85,8.
[60] Das schöne Confitemini, 1530, zu Ps 118,23, WA 31 I, 174,32–175,1.
[61] Der Sermon von der Bereitung zum Sterben, 1519, bietet eine relativ frühe Fassung dieses Gedankens, wenn die drei „Bilder", d. h. Bewußtseinsmächte, von Tod, Sünde, Hölle oder Verdammnis (in dieser thematisch bedingten Reihenfolge) ein gemeinsames Gegenbild finden in Christus, wo dem Menschen das ganze Heil von Leben, Gnade, Himmel angeboten ist, WA 2, 688,35–690,25 und 691,15–21.

> Die Schrifft, so von Messia durch und durch zeuget, sagt nicht, Das er solle [...] ein Weltkönig und Herr sein [...] Sondern es ist zu thun darum, das wir der Sünden und des Todes los werden und ewige Gerechtigkeit, Leben und seligkeit haben sollen.[62]

Einen willkommenen Anlaß, die messianische Heilsmacht des Jesus Christus gegenüber den Unheilsmächten herauszustreichen, findet Luther in dem messianischen Prophetenwort Sach 9,9, das in Mt 21,5 beim Einzug Jesu in Jerusalem zitiert wird; dort fehlen jedoch zwei Prädikate, mit denen das Sacharja-Wort den verheißenen König von Zion als den „Gerechten und Helfer" oder „Heiland" bezeichnet,[63] der trotz seiner äußeren Armseligkeit seine Macht gegenüber Sünde, Tod und Hölle erweist.

> [Christus] tritt ynn unßer sund, geht ynn den todt, und ubirwindt fur uns, beyde [:sowohl] sund und [:als auch] todt und helle, das hynfurt alle, die ynn yhn glewben und seynen namen anruffen, sollen gerecht unnd selig seyn, on sund unnd todt, eyn gutt, frolich, sicher, unerschrocken, selig gewissen haben ewiglich.[64]

Was das Gewissen an Befreiung erfährt, wenn der Glaube sich an Christus hält, wirkt sich darin aus, daß der Mensch sich nicht mehr darum bemühen muß, mit seinem eigenen Handeln selbst Stärke zu zeigen gegenüber den bedrohenden Mächten; er wird wahrhaft frei zur Nächstenliebe.

> Gutte werck muß man thun, aber nit auff sie, ßondern auff [des] Christus werck die tzuvorsicht bawen, unnd die sund, den tod und die helle nit mit unßern wercken antasten, ßonderrn sie von uns weyßen, auff den rechtfertigen [:gerechten] Heyland, auff den konig von Zion, der auff dem esell reytt, der weyß mit der sund, tod unt hell umbtzugehen, das ist der sunde tödter, der todtwurger unnd der hellefresser; den man [:Mann] laß mit solchen sachen schaffen, unnd lege deyne werck an deynen nehisten.[65]

Für die Glaubenserfahrung hat die Einheit des Heils in Jesus Christus einen doppelten Zeitaspekt. Zum einen erfährt der Glaube in der Gegenwart eine volle Befreiung vom Unheil zum Heil; das wird von Luther bildhaft als ein Tausch beschrieben. Zum anderen umschließt die Einheit des Heils in Jesus Christus für den Glauben auch dessen Hoffnung auf zukünftige Vollendung.

B) Die Befreiung, die der Mensch im vorbehaltlosen Vertrauen auf das Evangelium erfährt, beschreibt Luther als einen wunderbaren Tausch oder Wechsel: Indem Christus das Unheil des Menschen auf sich nimmt, versetzt er in seiner Person den Glaubenden in das volle Heil. Er entäußert sich seines eigenen Heils,

---

[62] Bucheinzeichnung Nr. 176,6–10, zu Lk 24,46f, WA 48, 130.

[63] In der Adventspostille, 1522, macht sich Luther bei der Auslegung von Mt 21,1–9, zu Mt 21,5 (Sach 9,9), Gedanken über den Wegfall dieses doppelten Attributes sowie über andere Differenzen zwischen Sach 9,9 und Mt 21,5, WA 10 I 2, 32,22–37,31; in diesem Kontext, ebd. 36,4–21, plädiert er dafür, die biblischen Worte iustus und iustitia mit ‚frum und frumkeyt' zu übersetzen, damit eine Verwechslung mit der ‚streng gerechtickeytt gottis' vermieden werde.

[64] Ebd. WA 10 I 2, 43,3–7.

[65] Ebd. WA 10 I 2, 45,7–16.

5.3 Die Einheit des Heils in Jesus Christus

um es dem Menschen zuzuwenden (vgl. Phil 2,6–8). Das Unheil des Menschen nimmt er auf sich, um den Menschen ganz am Heil Gottes teilhaben zu lasssen.[66]

Der Tausch versetzt den Menschen vom ganzen, mehrgestaltigen Unheil ins ganze, ungeteilte Heil, das in Christus gefunden wird. Christus tauscht in seiner Selbstentäußerung seine Prädikate „Gerechtigkeit, Leben, Seligkeit" (etc.) gegen die Prädikate „Sünde, Tod, Verdammnis" (etc.) auf seiten des Menschen. Im Zusammenhang des Tausches findet Luther zu einer plastischen Rede von Christus als dem Heilsmittler; es ist zugleich die theologisch hochgesättigte Redeweise von der befreienden Heilserfahrung des Christus-Glaubens. Man kann das Luthers theologische Mystik nennen.

Da her kumpt dan der wunderbarliche wechsel, das Christus sich und seine gutter dem glauben gibt und nympt an sich das hertz und was es auff im [:ihm, sich] hat tzu eigen. Was ist aber nu in Christo? Onschuldt, fromkeit, gerechtikeit, seligkeit und alleß gutt, Item Christus hat uberwunden die sundt, den todt, die hell und den teuffel. Also geschicht, daß alles in dem der solichs begrifft, veste gleubt unnd vertrawt, das er wirt in Christo Jesu ein uberwynder der sundt, des todts, der hell und deß teuffels. Auch die unschuld Christi wyrt sein unschuld, der gleichen Christi fromkeyt, heylikeit, selykeyt und was in Christo ist, ist alles in einem glaubigen hertzen mit Christo.[67]

Luther greift auch auf die Vorstellung von der beseligenden Verbundenheit von Bräutigam und Braut zurück. Die Vorstellung ist bei Luther stets gefüllt mit der verläßlichen Aussicht auf die Befreiung vom eigenen Unheil durch Jesus Christus, der in seinem Heil sich dem Menschen zu eigen gibt.

Darumb mus es ia ein gros gewaltig ding umb den glauben sein, das soliche guter mein eigen sein sollen und sein gerechtikeit mein eigen. So dan in todes noten mein sundtt her[vor]quellen, so hab ich dar wider [d.h. wider die Sünde] die fromkeit unnd gerechtikeitt meynes breutigams, der stet bey mir wyder den teuffel, der sich dann nit vorsaumpt tzu der selbigen stundt; wider die hell Hab ich den hymel, und ich wyrdt in Christo und durch Christum ein uberwinder der sund, der hell und des teuffels, und mein naturlicher todt wirdt uberwunden, wan [:denn] itzund far ich von disem todtlichen leben in die ewige ruwe.[68]

Hier wie in anderen Texten, in denen der Gedanke des erfreulichen Tausches begegnet, spürt man, welchen seelsorgerlichen Wert Luther der Rede von dem Tausch „Heil gegen Unheil" beimißt. Denn in den Situationen der Anfechtung, in denen dem Menschen sein Unheil bewußt wird, bietet sich Christus mit seinem

---

[66] S. u. bei Anm. 84 das Zitat Luthers Lieder Nr. 5, Strophe 7 f, WA 35, 424,25–425,10. Was dort als ein stellvertretendes Ringen des Christus angedeutet wird, hat den gleichen Sinn wie der Streit oder Krieg zwischen Christus und den Mächten des Unheils, von dem andere Texte sprechen, z. B. Luthers Lieder Nr. 16, Strophe 4,1–4, WA 35, 444,6–9, s. u. Anm. 74.

[67] Predigt, 21.10.1522, über Mt 25,1–13; WA 10 III, 356,21–30. – Predigt, 2.2.1521 p.m., über Lk 2,22–32, WA 9, 574,4–7: Er [:Gott] gibt uns sein genad lawtter umb sunst, und nicht allein das, sunder thuet eyn solchen wechsel, das er uns gibt frwmkeit fur sundt, leben fur Todt, himell fur die hell. – Zum Begriff „Frommkeit" i. S. von Gerechtigkeit, Rechtschaffenheit s. o. Anm. 45 und 63.

[68] Predigt, 21.10.1522 (wie Anm. 67), WA 10 III, 358, 10–17.

Heil dem Menschen zur Rettung an. Der Glaube darf dann sein enges Vereintsein mit Christus und dessen Heilsgütern für sich in Anspruch nehmen.

Der heilbringende Tausch wird im Freiheitstraktat einprägsam entfaltet. Die Charakteristik von Unheil und Heil ist etwas ausführlicher in der lateinischen Fassung[69] als in der deutschen, die sich auf den Gegensatz von Sünde und Gerechtigkeit konzentriert.[70] Luthers Ausführungen stehen in einem größeren Kontext,[71] der die Kraft des Glaubens zum Thema hat, die nun als gnadenhafte Kraft im Tausch des Unheils der Seele mit den Heilsgütern des Jesus Christus entfaltet wird. Seine Gedanken über den Tausch entwickelt er in drei Schritten.

Zunächst übernimmt Luther aus Eph 5,31 f[72] das Bild von der innigen ehelichen Gemeinschaft, angewandt auf die Gemeinschaft zwischen der Seele als der Braut und Christus als dem Bräutigam. Die Gemeinschaft wird sofort theologisch verstanden als eine Gemeinschaft des Tausches ungleicher, ja sogar völlig entgegengesetzter Größen von Heil und Unheil. Den Gegensatz bilden im lateinischen Text auf der Seite Christi die Größen Gnade, Leben, Heil und genau kontrastierend Sünde, Tod, Verdammnis. Eph 5,31 spricht im Zitat von Gen 2,24 davon, daß in der Ehegemeinschaft beide „ein Fleisch" werden; das gibt Luther in der deutschen Fassung mit „ein leib" wieder. Das ist hilfreich, weil Luther, wie sich nachher zeigt, den Kontext von Eph 5,25 bff durch die Vorstellung vom geistlichen Leib Christi interpretiert; das ist in seinem Verständnis die geistliche Heilsgemeinschaft, in der Christus jedem, der sich im Glauben an ihn hält, am ganzen Heil teilhaben läßt, zumal Christus das ganze Unheil des Menschen auf sich genommen hat. In der lateinischen Fassung wird der Tausch dadurch angedeutet, daß Christus alles Unheil der Seele als das Seine auf sich nimmt, die Seele hingegen kraft des Glaubens alles Heil des Christus für sich so völlig gelten läßt, daß sie darin ihren Ruhm findet.

---

[69] De libertate Christiana, 1520, WA 7, 54,36–55,36; mit Übersetzung in LDStA 2, 135,19–137,40. – Eine andere Übersetzung bietet Reinhold Rieger: Von der Freiheit eines Christenmenschen. De libertate christiana; (KSLuth 1), 2007, S. 178–195.

[70] Von der Freiheit eines Christenmenschen, 1520, WA 7, 25,30–26,12. – Die folgende, notgedrungen gedrängte Interpretation bezieht sich primär auf die lateinische Version.

[71] Nach der Unterscheidung von Gesetz und Heilswort des Evangeliums – WA 7, 52,20ff / 23,24ff – spricht Luther von einer dreifachen Kraft des Glaubens, WA 7, 53,15ff / 24,22ff. In der deutschen Fassung erinnert Luther zu Beginn der dritten Kraft an die erste, WA 7, 25,26f, s. u. bei Anm. 73.

[72] In der lateinischen Fassung rezipiert Luther aus Eph 5,32 den Begriff sacramentum der Vulgata, obwohl er in De captivitate Babylonica ecclesiae, 1520, bereits erklärt hatte, daß der Begriff hier nicht im traditionellen Sinn ein kirchliches Sakrament meint. Er übersetzt das Wort deshalb 1522 mit „Geheimnis" und gibt dazu seit 1522 die Randglosse, WA.DB 7, 207 (Version 1546): Sacrament oder mysterium, heisset Geheimnis oder ein verborgen ding, das doch von aussen seine bedeutung hat. Also ist Christus und seine Gemeine ein Geheimnis, ein gros heilig verborgen ding, das man gleuben und nicht sehen kann. Es wird aber durch man und weib als durch sein eusserlich zeichen bedeut. Das gleich wie man und weib ein leib sind, und alle güter gemein haben, Also hat auch die Gemeine alles was Christus ist und hat.

5.3 Die Einheit des Heils in Jesus Christus

Tertia fidei gratia, incomparabilis est haec,	Nit allein gibt der glaub ßouil, das die seel dem gottlichen wort gleych wirt aller gnaden voll, frey und selig,
Quod animam copulat cum Christo, sicut sponsam cum sponso, Quo sacramento (ut Apostolus docet [Eph 5,31f]) Christus et anima efficiuntur una caro,	sonderrn voreynigt auch die seele mit Christo als eyne brawt mit yhrem breudgam. Auß wilcher ehe folget, wie S. Paulus sagt [Eph 5,31f], das Christus und die seel eyn leyb werden,
Quod si una caro sunt, verumque inter eos matrimonium, immo omnium longe perfectissimum consumatur (cum humana matrimonia huius unici figurae sint tenues)	[Wenn sie nun ein Fleisch sind und zwischen ihnen eine wahre Ehe, ja die bei weitem vollkommenste Ehe von allen geschlossen wird (während die Ehen der Menschen nur schwache Abbilder dieser einzigartigen Ehe sind)]
Sequitur et omnia eorum communia fieri, tam bona quam mala, ut quaecunque Christus habet, de iis tanquam suis, praesumere et gloriari possit fidelis anima,	ßo werden auch beyder gutter, fall, unfall und alle ding gemeyn, das was Christus hatt, das ist eygen der glaubigen seele,
Et quaecunque animae sunt, ea sibi arroget Christus tanquam sua, Conferamus ista et videbimus inaestimabilia, Christus plenus est gratia, vita et salute, Anima plena est peccatis, morte et damnatione,	was die seele hatt, wirt eygen Christi. So hatt Christus alle guetter und seligkeit, die seyn der seelen eygen. So hatt die seel alle untugent und sund auff yhr, die werden Christi eygen.
Intercedat iam fides, et fiet, ut Christi sint peccata, mors et infernus, Animae vero gratia, vita et salus; oportet enim eum si sponsus est, ea simul quae sponsa habet, acceptare et ea quae sua sunt, sponsae impartire. Qui enim corpus suum et se ipsum illi donat, quomodo non omnia sua donat? Et qui corpus sponsae accipit, quomodo non omnia quae sponsae sunt accipit?[73]	[Wenn jetzt der Glaube vermittelnd dazwischentritt, wird es geschehen, dass die Sünden, der Tod und die Hölle Christus gehören, der Seele aber die Gnade, das Leben und das Heil; er muss nämlich, wenn er der Bräutigam ist, zugleich die ganze Mitgift der Braut übernehmen und alles, was ihm selbst gehört, mit seiner Braut teilen. Wenn einer ihr nämlich seinen Leib und sich selbst hingibt, wie soll er ihr dann nicht alles geben? Und wer den Leib der Braut empfängt, wie soll der dann nicht alles an sich nehmen, was die Braut besitzt?]

Beim zweiten Gedankenschritt blickt Luther auf den christologischen Grund des Tausches in der Person des Jesus Christus. Gott ist in Jesus Christus Mensch geworden, um die Menschen aus ihrem Unheil zu erlösen. Deshalb hat die Person des Jesus Christus die Heilsgüter – Gerechtigkeit, Leben, Seligkeit – in einer siegesmächtigen Überlegenheit zu eigen, so daß seine Person den Mächten des Unheils – Sünde, Tod, Verdammnis – nicht erliegen kann, auch nicht erlegen ist. Gleichwohl hat sich Jesus Christus den Unheilsmächten in seinem Leben, Leiden und Sterben ganz und gar bis ins Verdammtsein ausgesetzt. In dem

---

[73] De libertate Christiana / Von der Freiheit eines Christenmenschen, 1520, WA 7, 54,31–55,6 / 25,26–34; teilweise deutsch in eckiger Klammer ergänzt durch LDStA 2, 135,22–25.32–40.

Duell zwischen Gottes Heil und des Menschen Unheil ist Gottes Heilsmacht Sieger geworden.[74] Als Sieger wird die Person des Jesus Christus zum Bräutigam der Seele. Luther nimmt das Bild von Eph 5,31f wieder auf und deutet es noch weiter aus. Der Glaube, der sich an die Christus-Person hält, wird nun als der Braut- oder Verlobungs- und Ehering bezeichnet; und die Heilsgüter des Bräutigams sind nun der „Mahlschatz" oder das Ehegut, das der Braut zuteil wird. Indem Luther jetzt mit Eph 5,26f von dem „Wort des Lebens" spricht, das der Glaube ergreift, wird der ganze Passus eingebunden in das Evangelium des Jesus Christus, das Luther zusätzlich zurückbindet an das prophetische Gotteswort von Hos 2,21f.

Hic iam dulcissimum spectaculum prodit non solum communionis, sed salutaris belli et victoriae et salutis et redemptionis.	Hie hebt sich nu der froelich wechßel und streytt.
Cum enim Christus sit deus et homo, eaque persona, quae nec peccavit, nec moritur, nec damnatur, sed nec peccare, mori, damnari potest,	Die weyl Christus ist gott und mensch, wilcher noch nie gesundigt hatt
Eiusque iustitia, vita, salus insuperabilis, aeterna omnipotens est.	und seyne frumkeyt [:Gerechtigkeit] unubirwindlich, ewig und almechtig ist,
Cum, inquam, talis persona peccata, mortem, infernum sponsae et propter annulum fidei sibi communia, immo propria facit, et in iis non aliter se habet quam si sua essent, ipseque peccasset, laborans, moriens et ad infernum descendens, ut omnia superaret, peccatumque mors et infernus eum absorbere non possent,	ßo er denn der glaubigen seelen sund durch yhren braudtring, das ist der glaub ym selbs eygen macht und nit anders thut, denn als hett er sie gethan,
necessario in ipso absorpta sunt, stupendo duello.	ßo mussen die sund ynn yhm vorschlunden und erseufft werden.
Nam iustitia sua omnium peccatis superior, vita sua omni morte potentior, salus sua omni inferno invictior,	Denn sein unubirwindlich gerechtigkeyt ist allenn sunden zustarck;
Ita fit anima fidelis, per arram fidei suae in Christo sponso suo, omnibus peccatis libera, a morte secura et ab inferno tuta, donata aeterna iustitia, vita, salute sponsi sui Christi,	also wirt die seele von allen yhren sunden lauterlich durch yhren malschatzts, das ist des glaubens halben, ledig und frey und begabt mit der ewigen gerechtickeyt yhrs breudgamß Christi.
Sic exhibet sibi sponsam sine macula et ruga gloriosam, mundans eam lavacro in verbo vitae [vgl. Eph 5,26f], (id est per fidem verbi vitae, iustitiae et salutis), Sic ‚sponsat eam sibi, in fide, in misericordia et	[So verschafft er sich eine herrliche Braut ohne Makel und ohne Falten, indem er sie reinigt und badet im Wort des Lebens (das heißt, durch den Glauben an das Wort des Lebens, der Gerechtigkeit und des Heils).

---

[74] Davon singt das Osterlied, Luthers Lieder Nr. 16, Strophe 4,1–4, WA 35, 444,6–9: Es war eyn wunderlich krieg, / da todt und leben rungen, / Das leben behielt den sieg, / es hat den tod verschlungen.

5.3 Die Einheit des Heils in Jesus Christus

miserationibus, in iustitia et iudicio', ut Oseae 2 [V. 21 f] dicit.⁷⁵	So verlobt er sie sich im Glauben, in Barmherzigkeit und Erbarmen, in Gerechtigkeit und Recht, wie Hosea im 2. Kapitel sagt.]

Im letzten Gedankenschritt gibt Luther der Metapher der Verlobung, die eben mit Hos 2,21f angeklungen ist, noch schärfere Konturen. Er spricht, sicherlich im Gedanken an Mt 22,2–14, von einer königlichen Hochzeit.⁷⁶ Die Grenzen des Standesgemäßen werden durchbrochen. Christus, der reiche, liebevolle Bräutigam, nimmt sich zum Ehegemahl eine armselige, schuldbefleckte, verachtete Hure. Es ist gut möglich, daß Luther bei dem Zitat Hos 2,21f das ganze Kapitel Hos 2 mit bedenkt, wo zuvor dem Gottesvolk Hurerei als Abfall von Gott in völlige Gottesvergessenheit vorgehalten wird (Hos 2,15). In Luthers Text verleiht das eheliche Verhältnis, in das die Seele entgegen allen Diskrepanzen von Stand und Würde von Christus aufgenommen wird, dem Glauben selbst Stärke gegenüber den Mächten des Unheils. Wird der auf Christus vertrauende Mensch in seinem Gewissen durch Sünde, Tod, Hölle bedrängt, kann er sich auf Christus berufen und dessen Heil für sich in Anspruch nehmen; in kühnem Glaubensbewußtsein kann er sagen: „Wenngleich ich gesündigt habe, so ist doch Christus, auf den ich mein Vertrauen setze, frei von Sünde; alles, was sein ist, ist mein, und alles, was mein ist, macht er sich zu eigen". In der lateinischen Fassung weckt Luther zwar mit dem Hohelied-Zitat eine Assoziation mit der Brautmystik, den Schlußpunkt setzt er jedoch mit 1Kor 15,55–57, einem für die traditionelle Mystik unbedeutenden Text.

Quis ergo has nuptias regales satis aestimet? Quis divitias gloriae gratiae huius comprehendat? Ubi dives et pius hic sponsus Christus ducit uxorem hanc pauperculam, impiam meretriculam, redimens eam ab omnibus illius malis, et ornans omnibus suis bonis.	Ist nu das nit ein frölice wirtschafft, da der reyche, edle, frummer breüdgam Christus das arm vorachte boeßes huerlein zur ehe nympt und sie entledigt von allem uebell, zieret mit allen guetern?
Iam enim impossibile est, ut peccata sua eam perdant, cum super Christum posita sint et in ipso absorpta; habeatque ipsa eam iustitiam in Christo sponso suo, de qua ut sua propria praesumat et adversus omnia peccata sua, contra mortem et	So ists nit muglich, das die sund sie vordampne, denn sie liegen nu auff Christo und sein ynn yhm vorschlunden, so hat sie ßo ein reyche gerechtickeyt ynn yhrem breutgam, das sie abermals wider alle sund bestahn mag, ob sie schon auff yhr legen. [...]

---

⁷⁵ De libertate Christiana / Von der Freiheit eines Christenmenschen, 1520, WA 7, 55,7–23 / 25,33–26,4; teilweise deutsch in eckiger Klammer ergänzt in Anlehnung an LDStA 2, 137,18–23.
⁷⁶ Den „nuptiae regales", ebd. WA 7, 55,24 korrespondiert die „froelice wirtschafft", das erfreuliche Hochzeitsmahl, WA 7, 26,5. – In Luthers Theologie hat der Glaube die Bedeutung des „hochzeitlichen Kleides" (vestis nuptialis) in Mt 22,11f, seit 1522 macht er dazu die Randglosse, WA.DB 6, 99 (Version 1546): Ist der glaube, Denn dis Evangelium verwirfft die Werckheiligen und nimpt an die Gleubigen. – Eine Auseinandersetzung mit der herkömmlichen Deutung bietet die Disputatio de veste nuptiali, 15.6.1537, WA 39 I, 265 (Disputationsnachschriften ebd. 266–333).

infernum possit cum fiducia illam opponere et dicere: ‚Si ego peccavi, at Christus meus non peccavit, in quem credo, cuius omnia mea sunt et omnia mea illius', sicut in Canticis [Cant 2,16]: ‚Dilectus meus mihi, et ego illi'.
Hoc est, quod Paulus dicit 1. Cor. 15 [V. 57]: ‚Deo gratias, qui dedit nobis victoriam per IHESUM Christum dominum nostrum', Victoriam autem peccati et mortis, sicut illic [ebd. V. 56] inducit, ‚peccatum stimulus mortis est, virtus vere peccati lex'.[77]

[Sie kann sagen: ‚Wenn ich gesündigt habe, so hat doch mein Christus nicht gesündigt, an den ich glaube, dessen ganzer Besitz auch mir gehört so wie der meine ihm'. Wie es auch im Hohenlied heißt: ‚Mein geliebter ist mein, und ich gehöre ihm'.]
Davon sagt Paulus 1. Cor. 15 [V. 57]: ‚Gott sey lob und danck, der uns hatt gegeben ein solch übirwindung ynn Christo Jhesu', ynn wilcher [ebd. V. 55 a] ‚vorschlunden ist der todt mit der sund'.

Mit welcher Kontinuität und Intensität Luther an dem theologischen Grundgedanken des Tausches – und, wenn man so will, an seiner Mystik – festgehalten hat, erweist seine Auslegung von Gal 2,20 in der Galaterbrief-Vorlesung, 1531.[78] Den Paulus-Text mit seiner ungewöhnlichen Redeweise nimmt Luther zum Anlaß, das einzigartige Einssein des Glaubens mit Christus zu umschreiben. Er schließt wieder einmal einen historisierenden Glauben aus, der Lehrsätze über vergangene Heilstatsachen für wahr hält.[79] Im reformatorischen Verständnis richtet sich der Glaube auf den im Evangelium gegenwärtigen Jesus Christus. Der rechtfertigende Glaube sucht und findet sein ganzes Heil in Jesus Christus.

Der dialektischen Redeweise von Gal 2,20 folgend, redet der Christ vom eigenen Ich und seinem Selbstbewußtsein in Anbetracht seiner Situation unter dem Gesetz, das von seiner Person Werke fordert und ihn aus diesem Anspruch erst entläßt, wenn er ihm gerecht geworden ist. Davon befreit das Evangelium und richtet den Blick des Glaubens weg von der eigenen Person ganz und gar auf Jesus Christus, der um unsertwillen gekreuzigt und auferweckt worden ist (Röm 4,25).

Itaque cum disputandum est de iustitia Christiana, prorsus abicienda est persona. Nam si in persona haereo vel de ea dico, fit ex persona, velim nolim, operarius legi subiectus. Sed hic oportet Christum et conscientiam meam fieri unum corpus, ita ut in conspectu meo nihil maneat nisi Christus crucifixus et

Deshalb muß im Streit über die christliche Gerechtigkeit die Person völlig beiseite gelassen werden. Denn wenn ich an meiner Person haften bleibe oder von ihr spreche, so wird aus der Person, ob ich will oder nicht will, ein Handelnder, der dem Gesetz unterworfen ist. Hier ist jedoch nötig, daß aus Christus und meinem Gewissen in der Weise

---

[77] De libertate Christiana / Von der Freiheit eines Christenmenschen, 1520, WA 7, 55,24–36 / 26,4–12; teilweise deutsch in eckiger Klammer ergänzt durch LDStA 2, 137,33–36.

[78] Georg Rörer selbst hat seine Nachschrift dieser 1531 (3.7. bis 12.12.) gehaltenen Galaterbrief-Vorlesung für den 1535 publizierten Druck bearbeitet und für die zweite Auflage 1538 überarbeitet. Im Folgenden wird, wenn nicht anders angegeben, der Druck 1535 zitiert.

[79] Galaterbrief-Vorlesung, 1531, WA 40 I, 282,15–288,16 Dr (282,3–288,2 Ns). – Die Kritik erfaßt auch den scholastischen Begriff eines Glaubens, der erst durch die Tugend der Gottesliebe rechtfertigend wirkt; s. u. Kap. 7.1.

resuscitatus. Si vero in me tantum intueor excluso Christo, actum est de me.⁸⁰	ein Leib werde, daß in meinem Gesichtskreis nur der gekreuzigte und auferweckte Christus bleibe. Sobald aber Christus ausgeschlossen ist und ich nur auf mich blicke, ist es um mich geschehen.

Da es um die Freiheit gegenüber dem Gesetz und somit um die Rechtfertigung geht, ist der Glaube mit gesammelter Aufmerksamkeit auf Christus gerichtet. Es kommt zu einem Einssein mit Christus, der seinem Wesen entsprechend sich mit seinem Heil dem Glaubenden mitteilt. Es kommt zu dem wunderbaren Verbundensein, von dem Paulus hier spricht: Christus lebt in mir und ich in ihm. Luther reflektiert in seiner Exegese in erster Linie das, was Christus an Heil ins lebendige Bewußtsein des Glaubens bringt. Was dabei an Unheil von dem Menschen genommen wird, bleibt im Hintergrund. Für das Einswerden mit Christus verwendet Luther Worte aus dem Schatz der Braut-Mystik: vermittelt durch das Evangelium werden der Glaubende und Christus gleichsam zusammengefügt, zusammengeleimt, sie hängen aneinander und haften ineinander.⁸¹

Interim foris quidem manet vetus homo, subiectus legi; sed quantum attinet ad iustificationem, oportet Christum et me esse coniunctissimos, ut ipse in me vivat et ego in illo. [...] Quia vero in me vivit, ideo, quidquid in me est gratiae, iustitiae, vitae, pacis, salutis, est ipsius Christi et tamen illud ipsum meum est per conglutinationem et inhaesionem quae est per fidem, per quam efficimur quasi unum corpus in spiritu [vgl. 1Kor 6,17].⁸²	Inzwischen bleibt immer äußerlich der alte Mensch, der dem Gesetz unterworfen ist. Aber was die Rechtfertigung angeht, müssen Christus und ich ganz fest verbunden sein, so daß er in mir lebt und ich in ihm. [...] Weil er aber in mir lebt, deshalb ist das, was in mir ist an Gnade, Gerechtigkeit, Leben, Frieden, Heil, das ist Christus zugehörig und dennoch ist genau das auch meins dank dem Zusammengefügtsein und Aneinanderhängen, das durch den Glauben geschieht, durch den wir [mit Christus] im Geiste gleichsam ein Leib werden.

Der Glaubende läßt sein Lebensbewußtsein davon bestimmen, daß er selbst gegenüber der fordernden und richtenden Macht des Gesetzes sich an den Christus des Evangeliums halten kann. Wenn ihn die Frage nach Unheil oder Heil seiner Person bedrängt, macht ihn der Glaube im innigen Vereintsein mit Christus dessen gewiß, daß er das Christus-Heil uneingeschränkt als sein eigenes Heil betrachten kann oder sogar betrachten muß, wenn der Glaube seinem Wesen entsprechend am Evangelium festhalten will. Der erfreuliche Tausch mit Christus gehört zum Wesen des christlichen Glaubens. Und die Unterweisung in der reformatorisch verstandenen christlichen Religion soll einen Glauben

---

⁸⁰ Ebd. WA 40 I, 282,18–23 Dr (282,4–7 Ns).
⁸¹ Luther bezieht auf den Glauben das lateinische Vokabular, das in der Theologie des Mittelalters mit der Gottesliebe verbunden wird: conglutinor, conglutinatio, copulo, adhaereo, adhaeresco, inhaereo, inhaeresco, inhaerentia, inhaesio.
⁸² Galaterbrief-Vorlesung, 1531, WA 40 I, 284,20–26 Dr (284,4–7 Ns).

vermitteln, der den erfreulichen, befreienden Tausch mit Christus zu Herzen nimmt und in kritischen Situationen der Gewissensbedrängnis anzuwenden vermag. Dann kann der Glaubende die ihn als Sünder anklagende Macht kühn abweisen mit der Identifikation: „Ich bin Christus". Denn gleichzeitig ist dank des Evangeliums Christus zugegen und hält dem Ankläger entgegen: „Ich bin jener Sünder, weil er an mir festhält und ich an ihm festhalte". Auf diese Weise bringt Luther seine Interpretation von Gal 2,20 auf den Gipfelpunkt. Der Tausch wird zur angewandten Stellvertretungslehre. Christus stellt sich vor den Sünder, der Sünder wird in seinem Glauben restlos befreiend von Christus vertreten.

Verum recte docenda est fides, quod per eam sic conglutineris Christo, ut ex te et ipso fiat quasi una persona quae non possit segregari sed perpetuo adhaerescat ei	Man muß aber richtig den Glauben lehren, durch den du so mit Christus zusammengeleimt wirst, daß aus dir und ihm gleichsam eine Person wird, die von ihm nicht abgesondert werden kann, sondern beständig an ihm hängt
et dicat: ‚Ego sum ut Christus', et vicissim Christus dicat: ‚Ego sum ut ille peccator, quia adhaeret mihi, et ego illi';	und spricht ‚Ich bin wie Christus'; und wiederum Christus spricht: ‚Ich bin wie jener Sünder, weil er an mir festhält und ich an ihm festhalte'.
Coniuncti enim sumus per fidem in unam carnem et os, Eph 5 [V. 30]: ‚Membra sumus corporis Christi, de carne eius et de ossibus eius'. Ita, ut haec fides Christum et me artius copulet, quam maritus est uxori copulatus.[83]	Denn wir sind durch den Glauben zu einem Fleisch und Gebein verbunden, wie Eph 5,30 steht: ‚Wir sind Glieder des Leibes Christi, von seinem Fleisch und Gebein', derart, daß dieser Glaube Christus und mich enger verbindet als Ehemann und Ehefrau verbunden sind.

Wie der Glaubende den Tausch als befreiende Stellvertretung des Christus gegenüber den bedrängenden Mächten des Unheils erfahren kann, kleidet Luther in dem Lied „Nun freut euch, lieben Christen g'meyn" in Worte des Mensch gewordenen Gottessohnes an den Glaubenden.

Er sprach zu myr, halt dich an mich, / Es soll dyr itzt gelingen,
Ich geb mich selber gantz fur dich, / Da will ich fur dich ringen,
Denn ich byn deyn und du bist meyn, / Und wo ich bleyb da soltu seyn,
Uns soll der feind nicht scheyden.
Vergiessen wird er myr meyn blut, / Dazu meyn leben rauben,
Das leyd' ich alles dyr zu gut, / Das hallt mit festem glauben.

---

[83] Ebd. WA 40 I, 285,24–286,17 Dr (285,5–286,1 Ns). Dem Handschriftenapparat kann man entnehmen, wie Rörer in diesem Passus einiges in der 2. Auflage seiner Druckbearbeitung 1538 geändert hat. – Zu der im Kontext wiederholt anklingenden Kritik an der scholastischen Lehre ist hilfreich die präzisere Formulierung in den Operationes in Psalmos, 1519–1521, zu Ps 22,2b, WA 5, 608,6–22: admirabili commercio peccata nostra [...] Christi sunt, et iustitia Christi [...] nostra est [...] ut iam non modo obiective (ut dicunt) sit nostra Christi iustitia, sed et formaliter, sicut non tantum obiective Christi sunt peccata nostra, sed et formaliter. [...] ille in nostris peccatis dolet et confunditur [...] nos in illius iustitia laetamur et gloriamur, ut ipse revera et formaliter in illis dolet, ut hic [Ps 22,2b] videmus.

Den tod verschlingt das leben meyn, / Meyn unschuld tregt die sunde deyn,
Da bistu selig worden'.⁸⁴

Den Kerngedanken des beglückenden Tausches hat Luther in einem komprimierten Gebetswort des Glaubenden auf den Punkt gebracht in einer handschriftlichen Notiz in seinem lateinischen Handpsalter von 1529.

TU Iustitia MEA, Ego peccatum TUUM.⁸⁵   Du bist meine Gerechtigkeit, Ich bin Deine Sünde.

Das mutet an wie eine Reprise eines ebenfalls als Gebet formulierten Satzes in seinem Brief an den Ordensbruder Georg Spenlein, 8.4.1516, wo er so zu beten empfiehlt, damit das Glaubensbewußtsein sich stärke gegenüber der Anfechtung.⁸⁶

Zwei miteinander verkettete Punkte kennzeichnen Luthers Gedanken über den Tausch zwischen dem Glaubenden und Christus.

(1.) Der Glaube des Christenmenschen erfährt den Tausch, nicht etwa die Tugend der Gottes- oder Christus-Liebe. Auch in diesem Zusammenhang grenzt Luther den Glauben ab von einem historisierenden Glauben sowie von einem Glauben, der erst noch durch eine religiöse Liebestugend gerechtmachende Kraft erhält.

(2.) Tragende Kraft des Tausches ist das Evangelium des Jesus Christus, das in gegenwärtiger Glaubenserfahrung das Heil dem Menschen zuwendet und ihn von seinem Unheil befreit. In der Relation zum Evangelium ist der Glaube extern auf das Wort des Evangeliums bezogen.

C) Die Einheit des Heils birgt in sich die Relation von gegenwärtiger Heilserfahrung und jener Heilsvollendung, die üblicherweise mit dem „ewigen Leben" identifiziert wird. Über diese Relation spricht Luther ausdrücklich in einer Predigt über Joh 17,3, jenem wie eine Definition anmutenden Vers im hohenpriesterlichen Gebet Jesu: „Das ist aber das ewige Leben, daß sie dich, der du allein wahrer Gott bist, und den du gesandt hast, Jesus Christus, erkennen".⁸⁷

---

⁸⁴ Luthers Lieder Nr. 5, Strophe 7 und 8, WA 35, 424,25–425,10. In Strophe 7,5 wird Hhld 2,16 aufgegriffen.

⁸⁵ Handschriftlicher Eintrag im Psalterium translationis veteris correctum, Wittenberg, 1529, WA.DB 4, 510,19 f. – Im Kreis der Mitarbeiter Luthers, die zu dessen Büchern Zugang hatten, entstanden erweiterte Fassungen, Bucheinzeichnungen, Anhang III B, WA 48, 243. Vgl. Frieder Schulz: Die Gebete Luthers, 1976, Nr. 71 und 241.

⁸⁶ An Georg Spenlein OESA, 8.4.1516, Nr. 11 WA.B 1, 35,24–27: Igitur, mi dulcis Frater, disce Christum et hunc crucifixum, disce ei cantare et de te ipso desperans dicere ei: ‚tu, Domine Ihesu, es iustitia mea, ego autem sum peccatum tuum; tu assumpsisti meum, et dedisti mihi tuum; assumpsisti, quod non eras, et dedisti mihi, quod non eram'. – Vgl. Frieder Schulz: Die Gebete Luthers, 1976, Nr. 243.

⁸⁷ Innerhalb einer Reihe von sog. Wochenpredigten, bei denen Luther in Vertretung Bugenhagens im Zeitraum vom 6.6.1528 bis 19.6.1529 zur Samstagsvesper Joh 16–20 ausgelegt hat, kommt für Joh 17,3 v. a. die Predigt, 22.8.1528, in Betracht, WA 28, 95,6–107,3 Ns / 95,19–107,24

Dieses Wort, so Luther, dürfe man nicht, wie bisher geschehen, auf eine jenseitige Gottes- und Christus-Erkenntnis beziehen. Im Gegenteil gehe es darum, in dem von Gott gesandten Christus auch Gott zu erkennen. „Es soll hier anfangen, was wir dort besitzen sollen".[88] Der Sohn ist um seines Erlösungswerkes vom Vater gesandt. In seinem Sohn wird Gott in seiner Barmherzigkeit erkannt. Wer den Sohn in seiner Sendung und seinem Werk erkennt, dem ist Gott nicht mehr ein Gott des Zorns. Es ist eine Erkenntnis des Glaubens, die tief ins Herz dringt.[89]

Nach der traditionellen Heilslehre herrscht eine Kluft zwischen dem gegenwärtigen, in der Taufe begründeten Gnadenstand des Christen einerseits und dem Stand des ewigen Lebens in der himmlischen Seligkeit andererseits. Abgesehen von denen, die in der Kirche bereits jetzt als Selige und Heilige verehrt werden, wird den Christen die Aufnahme in den Seligkeitsstand erst im Jüngsten Gericht durch das Urteil Christi zuteil, wenn sie auf Grund ihres Lebens im Gnadenstand dann auch des ewigen Heils für würdig befunden werden.[90] Drei Faktoren konstituieren nach Gabriel Biel die Würdigkeit dieses Verdienstes.[91] Erstens muß der Christ bei seinem verdienstlichen Werk Gottes Freund sein, das heißt er muß sich im Gnadenstand befinden, den er nicht durch eine schwere Sünde

---

Dr. Von den Predigten über Joh 17 hat Kaspar Cruciger eine deutsche Druckbearbeitung, 1530, vorgelegt. Unter den traditionellen Sonntagsperikopen war Joh 17 damals nicht vertreten.

[88] Predigt, 22.8.1528, zu Joh 17,3, WA 28, 95,7–96,3 Ns: Nunc loquendum de illa cognitione. Theologi haben den spruch gespart auf gens [:jenes] leben et putarunt eum yn diesem leben uns nichts angehen, Sed oportet hic incipiat was wir durt sollen besitzen. Ideo illa cognitio nihil aliud est, quam quod sciatur, quid tenendum de patre et Christo. [...] haec vera Christiana doctrina, ut sciat Christum Iesum missum a patre.

[89] Ebd. WA 28, 98,6–99,2 Ns: Oportet sciam, quod nullum remedium a peccatis nisi quod vir iste missus a patre. Si hoc credo, quid habeo? quod pater benignus mihi et nulla ira apud eum. Hoc folgt draus quia textus dicit: quem misisti, eia vil ist charitas, barmhertzickeit uberschwenglich. Fides adfert ergo, quod homo habeat remissionem peccatorum. – Ebd. 100,3–8 Ns: Sed vita aeterna consistit in nullo opere sed in agnitione. Haec est maxima cognitio, quod homo sciat nihil requiri ad salutem quam istius viri [Jesu Christi] agnitionem. Ideo bin ich dem spruch so holt, das er so dur [:dürre] abschneid omnia opera. Dicit ‚ut agnoscant', non est opus, Ieiunium etc. sed steckt yhm hertzen [...]. Ideo ligt die selickeit in agnitione, die in profundissimo corde. – Ebd. 106,8–107,2 Ns: Si Christus a deo missus, so ist kein zornig got mher, oportet sit misericors, qui filium suum pro me misit, und da dint das wortlin allen [lies: ‚allein'] ad affectum et spiritum, das er deum nicht furcht, quia nullus alius deus quam qui misit Iesum.

[90] Biel definiert das Würdigkeitsverdienst (meritum condigni sive de condigno) Sent. 2 d.27 q.un. C3–8 (2,510) und in der Sache gleich Canonis missae expositio, lect. 59 N3–5.12–15 (2,440).

[91] Biel, Sent. 2 d.27 q.un. C16–29 (2,511): meritum de condigno exigit aliquid in operante, aliquid in opere, et aliquid in praemiante. In operante quod sit amicus [...] In opere requiritur quod sit ordinabile ad utilitatem vel honorem praemiantis. Ideo opus existentis in gratia non ordinatum finaliter in deum non est meritorium de condigno. [...] In praemiante requiritur acceptatio sive ordinatio actus sic eliciti vel imperati ad tale praemium. Est autem haec ordinatio in proposito nihil aliud nisi divina voluntas. – Vgl. Canonis missae expositio, lect. 59 N22–36 (2,441). – Die Frage, ob der Mensch im Gnadenstand mit seinen Werken Verdienste für das ewige Leben erwerben könne, beantwortet Thomas, STh 1 II q.114 a.4 co., indem er für den Anteil des freien Willens nur eine Angemessenheit (congruitas), jedoch für den Anteil der vom Heiligen Geist stammenden Gnade ein Würdigkeitsverdienst gelten läßt. Vgl. ebd. 1 II q. 109 a.5 ad 1.

5.3 Die Einheit des Heils in Jesus Christus

beschädigt haben darf, es sei denn, er hat die Sünde im Bußsakrament bereinigt. Zweitens muß sein Werk mit eigener Willensentscheidung und Gott zuliebe zustande gekommen sein. Schließlich wird sein Werk mit der ewigen Seligkeit belohnt, weil Gott in seinem ewigen Heilswillen sich selbst daran gebunden hat. Dieser dritte Faktor umklammert die beiden anderen. In der religiösen Praxis stimuliert die Lehre vom Würdigkeitsverdienst die Christen dazu, gute Werke aller Art zu leisten und zugleich auf den eigenen Gnadenstand bedacht zu sein.

Wie tief Luthers Auffassung von der Einheit des Heils in seinem Grundverständnis des Christentums wurzelt, tritt in seiner Kritik an der traditionellen Lehre vom Würdigkeitsverdienst und an der damit zusammenhängenden Aufspaltung des Heils zutage. Für Luther gibt es ein Kontinuum des Heils, das über den Tod hinausreicht, obgleich die menschliche Erfahrung im Tod an eine Grenze stößt. Die Verheißungen ewigen Heils meinen eine „Folge" dessen, was gegenwärtig als Heil mitgeteilt und erfahren wird. Das Thema hat Luther 1522 in zwei Predigten über zwei verschiedene Texte angeschnitten.[92] Ihm liegt daran, daß die Christen in ihrem Glaubensleben frei sind von dem Gedanken, sie sollten in ihrem christlichen Leben sich das ewige Leben verdienen. Wie beim Christen gute, dem Willen Gottes entsprechende Werke als Folge des vom Evangelium befreiten Glaubens genauso selbstverständlich sich zeigen wie bei einem guten Baum die guten Früchte (Mt 7,17 f), so wird der Christ gleichzeitig frei von der Sorge um ein Verdienen des ewigen Lebens.

Sondern also hellt sichs mit dem ewigen lohn, das gleych wie die werck naturlich dem glawben [als dessen Früchte] folgen, [...] (alßo das nicht nott ist sie zugepieten, ßondern unmuglich, das sie der glawbe nicht thun sollte, on das sie darumb gepotten werden, [...]) Alßo folget auch naturlich on alles suchen das [:der] ewige lohn dem rechten glawbenn, alßo das unmuglich ist, das es nicht komen sollt, ob seyn auch nymer begerdt noch gesucht wirdet.[93]
Wenn nu Christus spricht [Lk 16,9; Mt 6,20] ‚Macht euch freunde', ‚ßamlet euch schetze' und des gleychen, So sihestu das die meynung ist: Thu gutts, ßo wirts folgen von yhm selber on deyn gesuch, das du freundt habest, schetz ym hymell findist, lohn enpfahist, alßo das deyn auge eynfeltiglich [vgl. Mt 6,22] auffs gutte leben wartte [:achtsam sei] unnd nichts umb den lohn sorgist, ßondern genug habist, das du weyssist und gewiß bist, das es folget, und lessist gott dafur sorgen.[94]

Man kann einwenden, warum manche Christus-Worte – wie Lk 16,9 und Mt 6,20 in dem eben zitierten Text – zum Tun des Guten auffordern und dabei ewiges

---
[92] Predigt, 17.8.1522, über Lk 16,1–9, WA 10 III, 283,1–292,25, und Predigt, 1.11.1522, über Mt 5,1–10, ebd. 400,1–407,16.
[93] Predigt, 17.8.1522, WA 10 III, 289,14–22.
[94] Ebd. WA 10 III, 289,33–290,3. – Ähnlich in der Predigt, 1.11.1522, in der Auslegung der Seligpreisungen, WA 10 III, 400,19–24: Item, es leßt sich auch also ansehen, es [:das Evangelium] verhaisse ein lon den[en] die es thun, In dem da er spricht [Mt 5,3] ‚Der[er] sol sein das reich der hymel', Item [Mt 5,5]: ‚die sollen die erden besitzen' und also fort an, Die weyl wir doch nit sollen lonsüchtig sein, sunder lauter umb sunst frumm sein, nit unser nutz, sunder allain zu gots eer und dem nechsten zu nutz.

Leben in Aussicht stellen, wenn doch das ewige Leben so selbstverständlich einem wahrhaft christlichen Leben folgt. Solche Christus-Worte, zu denen auch die Seligpreisungen (Mt 5,3 ff) gehören, sind nach Luthers Ansicht sinnvoll, weil es gut und nötig ist, daß die Menschen ermuntert werden, sich der Frage nach ihrem ewigen Heil zu stellen und als Christen sich zu prüfen, ob sie in ihrem Glauben frei sind vom Schielen auf Verdienst und Lohn.

[Die Frage, ob die Seligpreisungen mit einer Verheißung von Lohn gekoppelt seien, erhält die Antwort] das nit die verhaissung hynzuthan seind als verhaissung des lons den wir verdienen sollen, sunder als eine liebliche reytzung unnd lockung, damit unns Got lustig macht frumm [:rechtschaffen] zu sein und das von jm selbst volgen muß, wir dorffens nit suchen, sunder das es sey ein gewisse volge des gutten lebens, wie die hell ein volge ist des bösen lebens. Die muß dem bösen nach volgen ungesucht und unbegert, [...] also ist das ewig leben hie auch verhaissen. Nit das wir darumb sollen frumm sein als umb ein belonung, sunder das es sey ein lockung und reytzung, das uns lustig mach zur frumkeit, got zu dienen und loben, so muß es dann von jm selbst volgen. Das bildet uns für den freundtlichen veterlichen willen gottes und Christi holtseligkait, das er uns so freundtlich lockt.[95]

Ähnlich verhalte es sich, wenn biblische Warnungen vor Ungehorsam gegenüber Gott auf die Folgen in Gestalt von Tod und Hölle hinweisen, von denen zu reden eigentlich nicht nötig wäre, weil einerseits niemand unwiederbringlich Gott verlieren möchte, andererseits ein Leben in Gottesverachtung ohnehin nicht folgenlos bleibt für das Menschsein des Menschen.

Des nym eyn grob gleychnis. Sihe, die helle und der todt ist auch gedrewet der sunden unnd folget der sunden noch [:nach] von yhr selb, on suchen. Denn niemant thutt darumb ubell, das ehr wolle verdampt werden, ßondernn wolt viel lieber entpfliehen, aber dennoch ist die folge da und were auch nicht nott, das mans verkundigt, denn es wurd sich doch selb finden, aber darumb wirts verkundigt, das man wisse, was folgen werde nach boßem leben. Wie nu hie dem boßen leben seyn lohn folget on seyn gesuche, alßo folget auch dem gutten leben seyn lohn on gesuche.[96]

Indem Luther begründet, weshalb biblische Worte mit Verheißungen und Warnungen den Menschen auf die Folgen seiner Lebenseinstellung gegenüber Gott hinweisen, rührt er an den Nerv einer Religion, die sich nicht mit dem bloßen Vollzug ritueller Akte begnügt, sondern dem Menschen seine Verantwortung vor Gott ins Bewußtsein rufen will, und mit dem richtig verstandenen Evangelium den Menschen dazu befreien will, daß er seine Verantwortung ohne Verlangen nach Lohn gerne wahrnimmt. Luthers Ausschluß eines Verdienstes aus der Heilserwartung impliziert das Urteil, zu diesem Lebenszusammenhang könne das vernunftgeleitete, freie Willensvermögen des Menschen nichts beitragen.

---

[95] Predigt, 1.11.1522, über Mt 5,1–10, WA 10 III, 401,16–26. – Vgl. Predigt, 17.8.1522, über Lk 16,1–9, WA 10 III, 289,20–22: Doch wirtts antzogen und verheyssen auch darumb, das die falsch glewbigen und rechtglewbigen erkennet werden, und yderman wisse, was nach gutem leben von ym selber folgen werde.

[96] Predigt, 17.8.1522, über Lk 16,1–9, WA 10 III, 289,23–30.

5.3 Die Einheit des Heils in Jesus Christus

Ein Plädoyer für den Gedanken an ein Verdienen des ewigen, himmlischen Lebens hat Erasmus von Rotterdam in seiner Streitschrift De libero arbitrio diatribe, 1524, vorgetragen. Er hat das Problem auf das Vermögen des Menschen zu freier Willensentscheidung zugespitzt und vertritt die Ansicht, biblische, nicht zuletzt neutestamentliche Texte appellierten an den freien Willen, wenn sie mit Drohungen und Verheißungen den Christen zu verdienstvollen Werken anhalten, damit ihnen als Lohn die zukünftige, ewige Seligkeit zuteil wird.[97] Erasmus trifft in diesem Teil seiner Schrift genau das Thema, das Luther in den eben herangezogenen Texten von 1522 behandelt hat, so daß in Luthers Gegenschrift De servo arbitrio, 1525, seine Ansicht noch etwas schärferes Profil erhält. Eine Skizze der Hauptgesichtspunkte Luthers in diesem Teil der Kontroverse soll hier genügen.[98] Er operiert bei der Relation von Verdienst und Lohn mit dem begrifflichen Gegensatz von Würdigkeit und Folge. Weil in Sachen des Heils der Mensch ohne Gottes Gnade kein Wollen des Guten aufbringen kann, vermag der freie Wille nichts Verdienstvolles zu leisten, was eines ewigen Lohnes würdig wäre. Biblische Texte, die den gottesfürchtigen oder gottgefälligen Frommen einen Lohn verheißen, setzen nicht etwas Verdienstvolles voraus, vielmehr sprechen sie vom Lohn als einer Folge des gegenwärtigen Wohlgefallens bei Gott.[99] Luthers Argumentation ist unausgesprochen geprägt durch seine theologische Antithetik von Unheil und Heil; nur terminologisch folgt er Erasmus mit der Rede von den Gottlosen und den Gottesfürchtigen. Die Gottlosen erwartet das Verwerfungsurteil durch Gottes Gesetz als eine Folge ihres gegenwärtigen Lebens. Die Gottesfürchtigen, die ausschließlich auf Gottes Heilszusage bauen, erwartet hingegen das Reich Gottes, das ihnen Gott der Vater von Anbeginn der Welt bereithält (Mt 15,24).[100] Es fällt ihnen zu als die Folge ihrer Gottesfurcht, gerade weil sie es nicht eigennützig von Gott als Lohn für Verdienste erwarten. Als Gottes Kinder fragen sie nur nach Gottes Willen und tun das Gute mit uneigennützigem Willen; handelten sie andernfalls aus Furcht vor Strafe oder aus Verlangen nach Lohn, so wären sie nicht Gottes Kinder, sondern müßten zu den Gottlosen gerechnet werden.[101]

---

[97] In Betracht kommen bei Erasmus, De libero arbitrio, v.a. die Abschnitte II b1 und 2, in denen Erasmus mit Worten der Evangelien argumentiert; AS 4, 1969, S. 72/73–78/79.

[98] Luther, De servo arbitrio, 1525, WA 18, 692,1–698,23; mit deutscher Übersetzung LDStA 1, 420,24 / 421,30–436,20 / 437,36.

[99] Ebd. WA 18, 693,38–694,1: In merito vel mercede agitur vel de dignitate vel sequela. Si dignitatem spectes, nullum est meritum, nulla merces. [...] quis non videt, solius gratiae esse bonam illam voluntatem, meritum et praemium? – Ebd. 694,5–8: Si sequelam spectes, nihil est, sive bonum, sive malum, quod non suam mercedem habeat.

[100] Ebd. WA 18, 694,9–14: Manet enim impios infernus et iudicium Dei, necessaria sequela, etiam si ipsi talem mercedem pro suis peccatis neque cupiant neque cogitent. [...] Ita manet pios regnum, etiam si id ipsi neque quaerant nec cogitent, ut quod illis a patre suo paratum est [Mt 25,34], non solum antequam essent ipsi, sed etiam ante constitutionem mundi [Eph 1,4].

[101] Ebd. WA 18, 694,15–20: Quin si [pii] bonum operarentur propter regnum obtinendum, nunquam obtinerent et ad impios potius pertinerent, qui oculo nequam et mercenario [Mt

Nachdem Luther erklärt hat, in welcher Weise die biblische Rede von „Lohn" im Sinn von „Folge" zu verstehen sei,[102] widmet er sich der Frage, warum der Mensch durch Gottes Wort auf die Folgen seines gegenwärtigen Lebens in Gottlosigkeit oder Gottesfurcht aufmerksam gemacht wird. Die generelle Auskunft bezieht sich auf das akute Lebens- und Selbstbewußtsein des Menschen und lautet, der Mensch werde durch das Gotteswort der heiligen Schrift auf die künftigen Folgen seines unheilvollen oder heilvollen Lebens hingewiesen, damit er unterrichtet, bewegt, erregt und erschreckt werde.[103] Angewandt auf das Gesetz – im weitesten Sinn des theologischen Begriffes – heißt das, der Mensch kommt zur Erkenntnis seiner Sünde (Röm 3,20) und angesichts seiner Gottesentfremdung auch zu der Einsicht in sein Unvermögen, dem Willen Gottes gerecht zu werden. Diese elementare Erkenntnis soll in Erinnerung gebracht werden durch alle mit dem Gesetz verbundenen Zusagen und Drohungen. Sie haben es nicht auf das Erzeugen von verdienter Würdigkeit abgesehen.[104] Ähnlich verhält es sich bei allem, was Gottes Heilszusagen beigefügt ist an Ermahnungen und Warnungen; dadurch werden die wahrhaft Gottesfürchtigen ermuntert, nicht nachzulassen im Tun des Guten und Ertragen des Üblen.[105] So ist das Gotteswort an Abraham (Gen 15,1) „Ich bin dein sehr großer Lohn" ein Wort der Ermutigung, wie auch Menschen dadurch andere trösten und ermutigen, daß sie zu ihnen von Gottes Gefallen an ihrem Tun reden.[106] Das gegenwärtige Glaubensleben zu stärken, ist

---

6,23; 20,15], ea quae sua sunt, quaerunt [Phil 2,21] etiam in Deo. Filii autem Dei gratuita voluntate faciunt bonum, nullum praemium quaerentes, sed solam gloriam et voluntatem Dei, parati bonum facere, si, per impossibile, neque regnum neque infernus esset.

[102] Vgl. ebd. WA 18, 694,30-39: Quid igitur volunt verba promittentia regnum, minantia infernum? Quid toties repetita vox mercedis per scripturas? ,Est (inquit) merces operi tuo' [2Chr 15,7]. ,Ego merces tua magna nimis' [Gen 15,1]. Item: ,Qui reddit unicuique secundum opera sua' [Ps 61/62,13; vgl. Rom 2,6]. Et Paulus Rom 2 [V. 7]: ,Patientia boni operis quaerentibus vitam aeternam', et multa similia? Respondetur, iis omnibus nihil probari, quam sequelam mercedis, et nequaquam meriti dignitatem, Scilicet quod ii qui bona faciunt, non servili et mercenario affectu propter vitam aeternam, faciunt, quaerunt autem vitam aeternam, id est, sunt in ea via, qua pervenient et invenient vitam aeternam, ut quaerere sit: studio niti et instanti opera eo conari, quod sequi solet ad bonam vitam.

[103] Ebd. WA 18, 694,39-695,2: Denuntiantur autem in scripturis ea futura esse et secutura post bonam vel malam vitam, ut erudiantur, moveantur, excitentur, terreantur homines.

[104] Ebd. WA 18, 695,2-6: Nam ut per legem fit cognitio peccati [Rom 3,20], et admonitio impotentiae nostrae, ex qua non infertur, quod nos aliquid possimus, ita per istas promissiones et minas fit admonitio, qua docemur, quid sequatur peccatum et impotentiam illam nostram lege monstratam, non autem tribuitur per ipsas aliquid dignitatis merito nostro.

[105] Ebd. WA 18, 695,6-13: Proinde, sicut verba legis sunt vice instructionis et illuminationis, ad docendum quid debeamus, tum quid non possumus, ita verba mercedis, dum significant quid futurum sit, sunt vice exhortationis et comminationis, quibus pii excitantur, consolantur et eriguntur ad pergendum, perseverandum et vincendum, in bonis faciendis et malis ferendis, ne fatigentur aut frangantur, sicut Paulus Corinthios suos exhortatur, dicens [1Kor 16,13; 15,58] ,Viriliter agite, scientes, quod labor vester non est inanis in Domino'.

[106] Ebd. WA 18, 695, 13-17: Sic Abraham erigit Deus dicens [Gen 15,1] ,Ego merces tua magna nimis'. Non aliter quam si hoc modo aliquem soleris, quod opera eius certo placere Deo signifi-

der Sinn dessen, was für seine Heilszukunft zu hoffen dem Menschen verläßlich zugesagt wird, wenngleich das für die Gottesfürchtigen nicht Grund ihres Hoffens ist und sie es nicht um ihrer selbst willen – als verdienten Lohn – erwarten. Mit Ankündigungen des zukünftigen Gerichts unter Gottes Gesetz sollen hingegen die Gottlosen in Schrecken versetzt werden, damit sie das Böse lassen und ja nicht in ihren Sünden selbstsicher werden.[107]

Da Luther den Verdienstgedanken und mit ihm ein Mitwirken des freien Willens aus dem Kontinuum des Heils ausgeschlossen hat, könnte gegen ihn eingewandt werden: Warum überläßt er nicht Heil wie Unheil des Menschen einem dunklen deterministischen Wirken Gottes? Welchen Wert hat für ihn, daß der Mensch der doppelten Gestalt von Gottes Wort ausgesetzt ist?[108] Darauf antwortet er, es habe Gott gefallen, das heißt es gehöre zu dem unableitbaren geschichtlichen Wirken Gottes, daß er seinen Heiligen Geist nur durch sein von Menschen mitgeteiltes Wort – gemeint ist das Evangelium des Jesus Christus – wirken lasse, und zwar in kontingenter Weise, wie es die Art des Heiligen Geistes sei, daß er inwendig im Menschen blase, wo immer er wolle (Joh 1,8). Durch die Bindung seiner unverfügbaren Geistesgegenwart an das von Menschen zur Sprache gebrachte Heilswort, mache Gott Menschen zu seinen Gehilfen (1Kor 3,9).[109] Außerdem ist zu bedenken, daß das echte Erschrecken des Menschen vor dem ihn treffenden Gericht unter dem Gesetz sich ähnlich kontingent im geistlichen Gebrauch oder Verstehen des Gesetzes ereignet (s. o. Kap. 4.6). Luther hat damit einen theologischen Schlüsselgedanken wiederholt, den er kurze Zeit vorher in anderem Sachkontext gegenüber frühen Vertretern eines reformatorisch beeinflußten Spiritualismus ins Feld geführt hatte.[110]

Für die Einheit des Heils in der Hoffnung des Glaubens bürgt Jesus Christus in seiner Identität als Erlöser (s. u. Kap. 6.1); das wird von Luther in einer Exegese

---

ces, quo genere consolationis non raro scriptura utitur. Nec parva consolatio est nosse, placere se Deo, ut nihil aliud sequatur, licet id sit impossibile.

[107] Ebd. WA 18, 695,18–22: Huc pertinent omnia quae dicuntur de spe et expectatione, quod certo sint futura, quae speramus, licet pii non propter ipsa sperent, aut talia quaerant sui gratia. Ita verbis comminationis et futuri iudicii terrentur et deiciuntur impii, ut desinant et abstineant a malis, ne inflentur, securi fiant et insolescant in peccatis.

[108] Vgl. ebd. WA 18, 695,22–28.

[109] Ebd. WA 18, 695,28–32: Dicemus: Sic placitum est Deo, ut non sine verbo, sed per verbum tribuat spiritum, et nos habeat suos cooperatores [1Kor 3,9], dum foris sonamus, ipse solus spirat, ubi ubi voluerit [Joh 3,8], quae tamen absque verbo facere posset, sed non vult. Iam qui sumus nos, ut voluntatis divinae causam quaeramus [Rom 9,20]? – Ebenso verknüpft Luther zum Abschluß dieser grundsätzlichen Ausführungen das allein von Gott durch seinen Geist gewirkte Kontinuum des Heils mit dem äußeren Wort, ebd. 696,6–11.

[110] Wider die himmlischen Propheten, 1525 (Teil 2), WA 18, 139,13–25. – Wenige Jahre später, 1529, ist die Verklammerung von äußerer Mitteilung des Evangeliums und kontingenter Mitteilung des rechtfertigenden Glaubens durch den Heiligen Geist sowohl von den Schwabacher Artikeln (Art. 7, WA 30 III, 88,23–31 Hs bzw. 180,13–21 Dr) als auch von den Marburger Artikeln (Art. 6 und 8, ebd. 163,7–15; 164,16–165,7) übernommen worden und von dort in den Artikel 5 des Augsburgischen Bekenntnisses, 1530, eingeflossen.

von Tit 3,4–7 beispielhaft ausgesprochen. In dieser Epistelperikope heißt es Tit 3,7[111] von den Glaubenden im Präsens, sie seien durch Christus „gerecht und Erben des ewigen Lebens". Für die Gegenwärtigkeit des ewigen Lebens findet Luther parallele Texte in 2Pt 1,4 und Joh 3,16. Der präsentische Zusammenschluß von Glaubensgerechtigkeit und ewigem Leben oder Seligkeit ist nicht beschränkt auf die Exegese von Tit 3,4–7, er prägt generell Luthers Redeweise vom christlichen Heil. Unter Seligkeit und verwandten Worten wurde herkömmlicherweise jenes himmlische Leben begriffen, über das Christus erst in seinem Gerichtsurteil am Jüngsten Tag entscheidet. In Luthers Rechtfertigungslehre sind Begriffe wie Seligkeit und ewiges Leben bereits eingebunden.

Sihe, ßo gar ubirflussig [:überreich] sind wyr on alle werck gerechtferttigett und geseligett, ßo wyrß nur glewben. Drumb spricht auch S. Peter 2Pt 1 [V. 4] ‚Durch Christum sind unß große und kostlich ding [ge]geben, das wyr mitgenossen werden gottliches weßens', [er] spricht nit: sie werden unß [ge]geben werden, ßondern: sie sind unß [ge]geben. Und Christus Joh 3 [V. 16] ‚Szo lieb hatt gott die wellt gehabt, das er seynen eynigen ßon für sie [ge]geben hatt, auff das alle, die ynn yhn glewben, nitt vorterbett [werden], ßondernn haben das ewige leben'. Sihe da, sie haben das ewige leben alle, die da glewben, ßo sind sie gewißlich gerecht und heylig, on alle yhre werck, und die werck datzu nichts thun, ßondern es ist [Tit 3,5f] eyttel bloße gnade und barmhertzickeyt da reychlich ubir unß auß[ge]gossen.[112]

Der erste Satz dieses Textes kann als eine Summe des reformatorisch verstandenen Evangeliums gelesen werden: In Christus sind wir aus Gnade ohne alle Werke mit Gerechtigkeit und Seligkeit beschenkt, „so[fern] wir es glauben". Dieser Glaube lebt nicht in selbstbezüglicher Subjektivität. Wie er ständig auf den Christus des Evangeliums bezogen ist, bringt Luther bildhaft anschaulich zur Sprache.

Drumb hutt dich fur falschen predigen, ya, auch fur falschem glawben, bleyb nit auff dyr selb oder auff deynem glawben, kreuch inn Christum, hallt dich unter seyne flugel [vgl. Mt 23,37], bleyb unter seynem deckel [:Decke], laß nit deyn, ßondern seyne gerechtickeyt unnd seyne gnad deyn deckel [:Decke] seyn, das du nit durch deyne empfangene gnade, sondern, wie alhie [Tit 3,7] S. Paulus sagt, durch seyne gnade eyn erbe seyist des ewigen lebens. Alßo sagt auch Ps 90/91 [V. 4]: ‚Er wirtt dich mit seynen schuldern [:Fittichen] ubirdecken und unter seynen flugeln wirtt deyne hoffnung bestehen'. Und ynn Cant [Hhld 2,14a] spricht er: Meyne brawtt ist ‚eyn tawbe, die do nistet ynn den löchernn des felßen unnd ynn den maurklufften', das ist, ynn Christus wunden wirtt die seel behallten. Sihe, das ist der rechte Christliche glawbe, der nit ynn und auff yhm [:sich] selber [besteht], […] ßondern yn Christum kreucht und unter yhn unnd durch yhn behallten [:bewahrt, gerettet] wird.[113]

Dem Glauben wird das ganze Heil nicht undifferenziert zuteil. In Christus ist dem Glauben das ganze Heil „auf einmal" gegeben; das Erbe des ewigen Lebens

---

[111] Tit 3,4–7 war traditionell die Epistelperikope für die zweite der drei Messen am 25. Dezember.

[112] Weihnachtspostille, 1522, zu Tit 3,4–7, WA 10 I 1, 118,14–119,4.

[113] Ebd. WA 10 I 1, 126, 13–127,6.

ist jedoch ein Hoffnungsgut des Glaubens, das noch „bis in den Tod zugedeckt" ist.

> Das wyr erbe[n] sind des ewigenn lebenß ynn der hoffnung [vgl. Tit 3,7], ist [...] gesagt, wie die gnad on alle werck alliß gibt auff eynmal, selickeyt, erbe etc., doch ynn der hoffnung; denn es ist noch tzugedeckt biß ynn den todt, da werden wyr sehen, was wyr ym glawben empfangen und besessen haben.[114]

Die Hoffnung des Glaubens gilt nicht einem zukünftigen Status, für den im gegenwärtigen Gnadenstand noch Verdienste erworben werden müssen. Denn für den Christus-Glauben ist die Erfüllung seiner Hoffnung die „Folge" seines gegenwärtigen Lebens, von der oben die Rede gewesen ist. Daß dieser Glaube einem guten Baum gleicht, der gute Früchte trägt, würde der größere Zusammenhang dieser Auslegung von Tit 3,4–7 zeigen.[115]

5.4 Die Befreiung von der unheilvollen Macht des Gesetzes

In der ersten These der Heidelberger Disputation, 1518, hat Luther auf den Widerspruch aufmerksam gemacht, der das Verhältnis des Menschen zu Gottes Gesetz beherrscht. Das Gesetz – das ist der Dekalog, verstanden im Sinn des Doppelgebotes der Gottes- und Nächstenliebe – ist eine sehr heilsame Lebenslehre. Dennoch kann es dem Menschen nicht zu der Gerechtigkeit verhelfen, die er mit der Erfüllung des Gesetzes haben sollte. Es hindert den Menschen sogar daran.[116] Sein eigenes Selbstverständnis verstrickt den Menschen im Umgang mit dem Gesetz in ein unglückseliges Verhältnis zum Gesetz. Er kann sich dem Gesetz nicht entziehen, weil es ihn bei seiner geschöpflichen Verantwortung vor Gott behaftet. Er begnügt sich mit Werken, die das Gesetz vordergründig fordert, und hält sich etwas darauf zugute, daß er mit seinem äußeren Verhalten dem Gesetz nachkommt. In seiner Gottesentfremdung nimmt er nicht wahr, daß er sich mit dem Grund seines Herzens dem Gesetz verweigert (vgl. Kap. 4.6). Er lebt in einer Fehleinschätzung seiner Werke und versagt sich der wahren Radikalität des Gesetzes. Deshalb wird das Gesetz für ihn zu dem Ankläger und Richter, der ihm alle vor Gott geltende Gerechtigkeit abspricht, ihn zum ewigen Tode verurteilt. Luther findet das in einer Reihe von Paulus-Sätzen des Römer- und Galaterbriefes ausgesprochen, von denen er einige in einer anderen These der Heidelberger Disputation bündelt, wobei schon anklingt, daß Gott den Menschen durch das Christus-Evangelium aus dieser fatalen Situation unter dem Gesetz befreit.

---

[114] Ebd. WA 10 I 1, 127,7–10.
[115] Vgl. ebd. WA 10 I 1, 119,5–120,17.
[116] Heidelberger Disputation, 1518, These 1, WA 1, 353,15 f: 1. Lex Dei, saluberrima vitae doctrina, non potest hominem ad iustitiam promovere, sed magis obest. – Die Resolutio, WA 1, 355,32–356,4, erläutert mit mehreren Paulus-Worten nur die zweite Hälfte der These. Bei deren erster Hälfte wäre an Röm 7,12.14 und 1Tim 1,8 zu denken.

23. Et ‚Lex iram operatur' [Rom 4,15], occidit, maledicit, reum facit, iudicat, damnat, quicquid non est in Christo. Sic ad Gal 3 [V. 13]: ‚Christus liberavit nos de maledicto Legis'. Et ibidem [Gal 3,10]: ‚Qui sunt ex operibus Legis, sub maledicto sunt'. Et Rom 4 [V. 15]: ‚Lex iram operatur'. Et Rom 7 [V. 10]: ‚Quod erat ad vitam, inventum est mihi esse ad mortem'. Rom 2 [V. 12]: ‚Qui in Lege peccaverunt, per Legem iudicabuntur'.	23. Und das Gesetz bewirkt [Gottes] Zorn, es tötet, verflucht, verklagt, verurteilt und verdammt alles, was nicht in Christus ist. So [heißt es im Brief] an die Galater 3: ‚Christus hat uns vom Fluch des Gesetzes befreit'. Und ebendort: ‚Die aus den Werken des Gesetzes sind, sind unter dem Fluch'. Und Röm 4: ‚Das Gesetz bewirkt Zorn'. Und Röm 7: ‚Was zum Leben [gegeben] war, fand sich, dass es mir zum Tod gereichte'. Röm 2: ‚Welche im Gesetz gesündigt haben, werden durch das Gesetz verurteilt werden'.
Igitur qui gloriatur in Lege tanquam sapiens et doctus, gloriatur in confusione sua, in maledicto suo, in ira Dei, in morte, ut illi Rom 2 [V. 23]: ‚Quid gloriaris in Lege'.[117]	Darum, wer sich des Gesetzes rühmt als weise und gelehrt, der rühmt sich seiner Beschämung, seines Fluches, des Zornes Gottes und des Todes, wie ihm Röm 2 [vorhält]: ‚Was rühmst du dich des Gesetzes?'

Wird beispielsweise durch Auslegung des Dekalogs, wie sie Luther im Kleinen Katechismus vorgelegt hat, dem Menschen die Radikalität des Gesetzes bewußt gemacht, so kann es dazu kommen, daß der Mensch einsieht, wie ihm die wahre Erfüllung des Gesetzes unmöglich ist. Das Gesetz weckt in ihm Zweifel an seinem eigenen Vermögen. Diese Art Verzweiflung nennt Luther als Alternative zu einer Vermessenheit, zu einer Selbstüberschätzung, die das Gesetz häufig durch seine Forderung von Werken bewirkt. Diese alternative Wirkung des Gesetzes auf die Selbsteinschätzung des Menschen hat Luther in der Adventspostille, 1522, im Zuge einer Auslegung der Perikope Mt 11,2–10 beschrieben.

Die Charakteristik des Gesetzes endet mit folgenden Zeilen:

> Weyl nu das alles alleyn das gesetz wirckt, spricht Paulus wol, es sey ein gesetz des todts [Röm 8,2], und eyn buchstabe der do tode [2Kor 3,6], und eyn gesetz, das die sund krefftig mache [1Kor 15,56] und den tzorn wircke, Röm 4 [V. 15] denn es gibt und hilfft nicht, foddert nur und treybt und tzeygt uns alßo unsern iamer und vorterben.[118]

Ebenso bringt in der späten Galater-Vorlesung, 1531, ein einziger Satz auf den Punkt, daß das Gesetz – allem Anschein zuwider – dem Menschen nicht zur

---

[117] Ebd. These 23 mit Resolutio, WA 1, 363,15–23; Übersetzung in Anlehnung an LDStA 1, 57,3–16.

[118] Adventspostille, 1522, zu Mt 11,2–10, WA 10 I 2, 157,33–158,4. – Bei derselben Perikope bringt er in den Enarrationes epistolarum et evangeliorum, 1521, einen Exkurs über Gesetz und Evangelium und beginnt beim Gesetz definitorisch, WA 7, 503,4–7: Lex quaecumque, praesertim divina, est verbum irae [vgl. Rom 4,15], virtus peccati [vgl. 1Kor 15,56], lex mortis [vgl. Rom 8,2], quod sic intelligitur: Postquam homo, per peccatum corruptus, factus est pronus ad omne malum [Gen 8,21; vgl. Gen 6,5] et, ut scriptura dicit, quia caro est Gen 6 [V. 3], nulla lege potest cohiberi et curari, ut non sit pronus ad omne malum. – Gegen Schluß heißt es, ebd. 503,37–504,2: Atque ita homo per legem docetur, quis sit, quam impius et inimicus dei, cuius bonam, sanctam, iustam legem [Rom 7,12] ex corde non solum non amat, sed odit quoque, malletque deum cum lege non esse, ut liceret concupiscentiam suam habere liberam, Et sic dicitur vere [Rom 3,4] ‚Omnis homo mendax', quia veritati divinae contrarius hostis est.

5.4 Die Befreiung von der unheilvollen Macht des Gesetzes

Gerechtigkeit vor Gott verhelfen kann. Denn sobald das Gesetz in seiner Radikalität ernst genommen wird, macht es dem Menschen in seiner gegenwärtigen Situation nur sein Unvermögen bewußt, durch Werke sich das im Gesetz geforderte Prädikat „gerecht" zu erwerben, so daß er einsehen muß, wie tief er vor Gott in Sünde verstrickt ist, und daß ihm das Gesetz Gottes Zorn und Gericht zu erkennen gibt.[119]

Die angeführten Texte sprechen generell von dem Gesetz als einer Unheilsmacht, so daß es als Wort des Zorns, des Todes, des Gerichtes und der Verdammnis bezeichnet werden kann. Das gilt stets vom Gesetz in seinem „geistlichen" Wesen (Röm 7,14). So wird es auch nur im geistlichen Gebrauch wahrgenommen (s. o. Kap. 4.6), wenn die Radikalität seiner Forderung dem Menschen in seiner Gottesentfremdung bewußt wird. Von der Macht des Gesetzes als Wort des Zorns, des Todes, des Gerichtes wird der Mensch befreit durch Jesus Christus, wie das der Apostel in Gal 2,19 von sich selbst sagt.[120]

Die subjektive Erfahrung der Befreiung von der beunruhigenden Macht des Gesetzes als Ankläger und Richter entwickelt Luther am liebsten im Anschluß an 1Kor 15,56. In seiner Theologie hat dieser Vers eine Schlüsselfunktion gewonnen.[121] Mit 1Kor 15,56 hat er die zwei messianischen Heilsworte in Jes 9,3 (9,4Vg) und Jes 61,1 interpretiert, die für sein Verständnis der Befreiung vom Gesetz besonders aufschlußreich sind, weil er auch hier die drei Unheilsmächte von Gesetz, Sünde und Tod miteinander verkettet findet. Die Auslegung dieser beiden prophetischen Worte in der Kombination mit 1Kor 15,56 ist reich an theologischem Ertrag für sein Verständnis des messianischen Heils, das den Menschen aus seinem Unheil befreit. Beide Texte hat er in der Jesaja-Vorlesung, 1528 bis 1530, ausgelegt.[122] Weil er in Jes 9,1–6 eine besonders schätzenswerte Perikope der Weihnachtszeit entdeckt hat, hat er über sie häufiger gepredigt als über Jes 7,10 ff.[123] Zwei zusammengehörige Predigten über Jes 9,1–6 zu Weihnachten 1525

---

[119] Galaterbrief-Vorlesung, 1531, zu Gal 3,10, WA 40 I, 403,6–8 Ns: Lex non data, ut per opera iustificemur, sed ut cognoscamus, quod non possumus facere. Cognitio irae, peccati, iudicii dei sol lex [:soll das Gesetz bewirken]. – Ebd. 403,21–23 Dr: Lex enim non est data, ut iustificat, sed ut iram operetur, ostendat peccatum, revelet iram et iudicium Dei et comminetur mortem aeternam.

[120] Luther übersetzt Gal 2,19, WA.DB 7, 179 (Version 1546): Ich bin aber durchs Gesetz dem gesetz gestorben, auff das ich Gotte lebe, ich bin mit Christo gecreutziget.

[121] Luthers eminentes Interesse an 1Kor 15,55–57 dokumentiert seine exegetische Studie zu Hos 13,12–14, 1545, WA 40 III, 760–775. Die Studie erschien in Veit Dietrichs In Hoseam prophetam enarratio, 1545, Bl. 354 v–366 v als Additio zu Hos 13,12–14. Zu einem Teil der Additio ist Luthers Manuskript erhalten.

[122] Bei der Jesaja-Vorlesung, 1528–1530, verdient die z.Tl. redigierte Vorlesungsnachschrift, WA 31 II, 1–585, den Vorzug vor der Druckbearbeitung durch Veit Dietrich, WA 25, 87–401; 518–522. Von Georg Rörers Nachschrift existiert nur ein Bruchstück (zu Jes 47,12 f), WA 59, 386 f.

[123] Von Jes 9,1–6 (9,2–7Vg) wurden in der Kirche des Mittelalters lediglich einzelne Versstücke in den Introiten der drei Weihnachtsmessen rezitiert.

hat Luther selbst gedruckt veröffentlicht.[124] Außerdem hat er diesen Text in einer eigenen kleinen Vorlesung behandelt.[125] Als messianische Verheißung hat Jes 61,1 im Neuen Testament Beachtung gefunden (Lk 4,18 f; vgl. Mt 11,5 f; Lk 7,22) und ist wohl deswegen für Luther bedeutsam geworden, obgleich er Jes 61,1 nicht wie Jes 9,1–6 als selbständigen Text traktiert hat.

In seiner Auslegung von Jes 9,3 [9,4 Vg] – „Denn das Joch ihrer Last und die Rute auf ihrer Schulter und den Stecken ihres Treibers hast du zerbrochen wie zur Zeit Midian" – hält Luther für bedeutsam, daß dreimal ein kombinierter Ausdruck begegnet. Denn bei allen drei Größen geht es um die Erfahrung, die der Mensch mit ihnen macht. Sie üben im Bewußtsein des Menschen eine Herrschaft über ihn aus. Der Tod wird nicht einfach eine Last genannt, sondern eine Last, die uns unterjocht.[126] Dem Menschen wird in seiner Gottesentfremdung der Tod zur niederdrückenden Macht. Wenn es von der Sünde heißt, sie wirke wie die Rute auf der Schulter, dann ist eine Macht gemeint, die über uns herrscht, der wir unterworfen sind und die uns zwingt, die beunruhigende Last des Todes zu tragen.[127] Es handelt sich um jene in 1Kor 15,56 angezeigte Verkettung von unheilvollen Mächten, zu denen die dritte Größe unbedingt hinzugehört. Wird das Gesetz in Jes 9,3 ein Stecken genannt, so ist es der Stecken eines Treibers. Vom Gesetz ist in seinem „geistlichen" und nicht in seinem moralischen Verständnis die Rede. Geistlich wahrgenommen, macht das Gesetz dem Menschen seine Sünde im Horizont seiner Gottesentfremdung bewußt; es zerschlägt ihm das Bemühen, durch vorweisbare Werke dem Gesetz Genüge zu leisten. Diese Erfahrung des Gesetzes im Gewissen macht auch die Macht von Sünde und Tod voll im Bewußtsein präsent.

---

[124] Die Epistel des Propheten Jesaja [Jes 9,1–6] ausgelegt, 1526, WA 19, 131–168. – Nachschriften der beiden Predigten, 25. 12. p.m. und 26.12.1525, WA 17 I, 500–507.

[125] Vorlesung über Jes 9 [V. 1–6], 1546 (Druckbearbeitung), WA 40 III, 597–682. – Von einer Nachschrift Rörers existiert nur ein Bruchstück, und zwar als redigierte Abschrift, ebd. 597–600.

[126] Die Epistel des Propheten Jesaja [Jes 9,1–6] ausgelegt, 1526, WA 19, 143,3–5.9–13: Denn er spricht nicht schlecht [:einfach] ‚yhre last', sondern ‚das joch yrer last'. Mit dem ‚joch' zeigt er an, wie wir sind dem tod unter worffen gewest, seine last zu tragen, und er uber uns gehirscht hat. [...] ‚joch der last' oder ‚last ym joch' begreyfft mit sich ein unterworffen wesen, darynn eins gezwungen wird die last zu tragen. Also haben wir auch mussen den tod, die schwere Last, tragen, gezwungen, als die dem tod und seiner gewalt und recht unter worffen sind, durch die sunde, und er uber uns hirschet.

[127] Ebd. WA 19, 143,15–25: Also laut auch das, da er nicht schlecht [:einfach] spricht: ‚Die rhute', sondern ‚die rhute auf yhrer schulder', als solt er sagen: die sunde ist nicht eine schlechte [:einfache] rhute, die man williglich tregt odder auff die achsel legt, sondern man treibt damit und schlegt uns auff die schulder, die last zu tragen, also das diese rhute eine hirschafft ist und wir ihr unter than. Denn wie gesagt ist, wo die sunde nicht uber uns hirschete, so kund der tod auch nicht uber uns hirschen. Nu aber die sunde uber uns hirschet und wir yhr unterworffen und gefangen, sind wir der last des tods wol feind und wolten der gerne on [:los] sein. Aber die sunde ist hinter uns, als die rhute, und treibt und zwingt uns, die last zutragen; das ist: die sund treibt uns, das wir sterben und dem tod unterworffen sein mussen.

5.4 Die Befreiung von der unheilvollen Macht des Gesetzes 231

Das dritte ist ‚der stecke des treibers', das ist das gesetze, wie Paulus sagt [1Kor 15,56 b]: ‚das gesetze ist der sunden krafft'. Ich rede aber vom gesetz geistlich verstanden, wenn es die sunde offenbart, Röm 3 [V. 20] und 7 [V. 7] ‚durchs gesetz kompt erkentnis der sunden', und nicht fleischlich [verstanden], wenn es [:das Gesetz] heuchler macht durch die werck, Röm 2 [V. 17 ff]. Denn wilche das gesetz nicht geistlich vernemen, die fülen auch nicht die ‚rhute auff der schulder', das ist die Sünde. Die rhute ist wol da, aber sie druckt yhre schulder nicht; das ist: sunde haben sie, aber sie fülen und achten yhr nicht; gleich wie die last, das ist der tod, ist auch da, Aber das ‚joch der last' haben sie nicht; denn sie fülen nicht, wie sie der tod unter sich hat und über sie regirt. Also hie auch: Der stecke ist wol da, aber sie hören die stymme des treibers nicht, das also auch zweyerley sey, ‚der stecke' und ‚der treiber', gleich wie ‚die rhute' und ‚auf der schulder liegen' zweierlei ist und ‚das joch' und ‚die last'. Denn wir haben alzumal [:allesamt] den tod, die sunde, das gesetz. Aber wir fülen nicht alle den stachel und den sieg [vgl. 1Kor 15,55], das ist die krafft und hirschafft des tods, der sunden, des gesetzs uber uns, bis das stundlin [des Todes] kome.[128]

Mit seinem radikalen Fordern und Treiben läßt das Gesetz, wenn nichts verdrängt wird, dem Menschen keine Ruhe. Seine fordernde oder anklagende Stimme macht dem Gewissen zu schaffen. Das Gesetz wird zum herrischen Gebieter und Eintreiber (exactor). Unter der Macht des Gesetzes ballt sich die Wirkung aller drei Größen im Bewußtsein des Menschen zusammen.

So ist nu ‚der stecke' das gesetz, ‚der treiber' ist seine gewalt und hirschafft. Denn wo kein gesetze nicht were, so were auch keine sunde [vgl. 1Kor 15,56 b]. Nu aber das gesetze da ist, wolten wir wol gerne der sunden los sein. Aber wir konnen nicht; denn das gesetze ist da und treibt, jagt, uberzeuget und uberwindet uns, das wir sunder sind, und zwinget uns also mit gewalt unter die sunde; da ist die stymme des ‚treibers', das ist die hirschafft und gewalt des gesetzes uber uns, die uns der sunden knecht macht; denn darumb heisst des gesetzes krafft ein ‚treiber' oder auffsetzer, ‚Exactor', das [:weil] es ymmer von uns foddert gehorsam, lest auch dem gewissen fur solchem foddern und treiben keine ruge. Nu wir denn solchem foddern nicht mügen [:können] gnugthun, noch gehorsam leisten, so treibt er [:der Treiber] uns so bald unter die sunde und urteilt [:erklärt] uns fur knechte der sunde; die sunde aber gibt [:übergibt] uns denn also balde dem tode. Da liegen wir denn als gefangene knechte unter tod, sunde und gesetze, das ist unter dem ‚joch der last', unter der ‚rhuten auff der schulder', unter dem ‚stecken des treibers'.[129]

Die Befreiung von allen drei Mächten spitzt sich zu auf die Befreiung von der treibenden, sowohl fordernden als auch anklagenden Macht des Gesetzes. Der Prophet spricht von einer Befreiung, die Gott zu verdanken sein wird wie einst Gideons Sieg über die Midianiter (Richter 7), wenn Gott seinem Volk das „Joch der Last", die „Rute der Schulter" und den „Stecken des Treibers" zerbrechen wird. Das bezieht Luther mit 1Kor 15,56 auf das messianische Heil der Erlösung von der Macht des Todes, der Sünde und des Gesetzes. Der „Stecken des Treibers" wird dann „zerbrochen", weil das Gesetz nicht mehr mit einer letztlich unerfüllbaren Forderung den Menschen umtreibt. Wer durch das Evangelium im Christus-Glauben die Zwangsmacht des Gesetzes los wird, der tut in innerer

---

[128] Ebd. WA 19, 143,26–144,6.
[129] Ebd. WA 19, 144,6–20.

232 Kap. 5: Die Befreiung des Menschen vom Unheil zum Heil durch das Evangelium

Freiheit, was dem Willen Gottes gemäß ist. Er muß nicht mehr darum bemüht sein, daß er sich unter der Forderung des Gesetzes das Prädikat der Gerechtigkeit erwirbt.

Aber wie ist das gesetz zubrochen? Sunde und tod, wie gesagt ist, haben yhre krafft und recht verloren, das sie uns nicht mehr unter sich haben. Und sie mussen auch gar auffhören. Aber das gesetz ist also zu brochen, das es nicht mehr treibet, und [wir] werden frey von seinem foddern und treiben, damit das wir yhm gnugthun durch Christum unsern herrnn. Und leben nu und thun aus dem geist alles frey willig, was das gesetz uns abtreiben und abzwingen wolte. Derhalben durffen wir keins gesetzs mehr. Und weil sein treiben und foddern ab ist, so ist auch alle seine macht, recht und ursache ab. Und leben, als die kein gesetz haben, gleich wie ein gesunder mensch lebt, isset und trincket on gesetz und treiben, [so] das er keins gesetzs dazu [be]darff.[130]

Das messianische Heil schenkt Freiheit gegenüber dem Gesetz, weil es dem Gesetz das Recht und die Macht nimmt, vom Menschen Gerechtigkeit vor Gott zu fordern und ihn im Gewissen zu bedrängen, anzuklagen und zu verurteilen. Innerhalb seiner Jesaja-Vorlesung hat Luther bei Jes 61,1 die Befreiung vom Gesetz bemerkenswert präzis beschrieben.[131] Er schenkt in seiner Exegese dem Gesetz mehr Aufmerksamkeit als der Sünde und dem Tod, wenngleich es ihm ständig um das Verkettetsein aller drei Größen geht.[132] Als Wort des Gottesknechtes liefert der Text, ganz im Einklang mit seiner neutestamentlichen Vergegenwärtigung, den Hauptgesichtspunkt, daß Christus hier von seinem Heilsauftrag spricht, Arzt und Helfer der Armen, der Elenden, der Hilfsbedürftigen zu sein, also derer, die in ihrem Leben auf Gott angewiesen sind. Nach der Einsicht, die Paulus zuteil geworden ist, benötigt der Mensch eine ihm helfende Macht gegenüber der Sünde und dem Tod, besonders aber gegenüber dem Gesetz. Denn wenn das Gesetz in seiner ganzen Macht wahrgenommen wird, so macht es dem Menschen seine Gottesentfremdung brennend bewußt, beunruhigt ihn mit der Erkenntnis seiner Schuld und der Furcht vor ewiger Verlorenheit im Tode. „Da kann kein Mensch raten".[133] Der Auftrag Christi liegt ausschließlich

---

[130] Ebd. WA 19, 145,4–14; im Anschluß an das Zitat verweist Luther auf seine Weihnachtspostille, 1522, zu Gal 4,1–7, WA 10 I 1, 359,21–362,8.

[131] Die Jesaja-Vorlesung, 1528–1530, behandelt Jes 9,3 relativ kurz: WA 31 II, 69,1–70,6 (vgl. WA 25, 121,20–122,42), erheblich ausführlicher Jes 61,1: WA 31 II, 514,27–518,12 (vgl. WA 25, 369,36–371,28). – Zu Jes 61,1 gibt es eine Art Präparationsnotiz, WA.DB 4, 516,5–20 (dazu WA 59, 387); davon existiert eine Kopie Georg Rörers mit leichten Textvarianten, WA.TR 5, 420,12–17 Nr. 5889 t.

[132] Luther vertauscht in der Jesaja-Vorlesung, 1528–1530, WA 31 II, 515,23–518,12, die Reihenfolge der drei Unheilsmächte im Zuge des theologischen Gedankenflusses, wie er auch beim Zitieren von 1Kor 15,56 u.U. die Reihenfolge der beiden Vershälften verändert.

[133] Ebd. zu Jes 61,1, WA 31 II, 516, 31–517,4: Qui sunt illi ‚pauperes'? Exponit: ‚Ut alligarem' etc. Meum officium est mederi vel alligare, vorbinden, sicut medici. Haec tria describit officia. Nam 1Kor 15 [V. 56] tria vulnera describit: legem, peccatum, mortem. Contra haec vulnera hic describit officium Christi. Nam Paulus loquitur de lege, quae sentitur, percipitur eius ira, convincit nos non praestare potentes. Tunc sequitur consequentialiter peccatum, quo nos anxit. Deinde

darin, aus diesem dreifachen Unheil zu retten.[134] Das geschieht „allein durch das Wort"; das ist hier konkret das Wort des Gottesknechtes in Jes 61,1f, das nach dem Zeugnis des Neuen Testamentes mit dem Wort der Antrittspredigt Jesu (Lk 4,18f) als Motto seines ganzen Wirkens zu lesen ist (vgl. Mt 11,5). Die Druckbearbeitung bringt das noch deutlicher zum Ausdruck.[135] Die Befreiung durch das Evangelium erfahren wir auch nur, wenn wir diesem Wort Glauben schenken, obgleich der „Himmel", die Gegenwart Gottes, für uns verborgen ist hinter dem Unheil unserer Sünden, des Todes und des Gesetzes.[136] Der Glaubende ist so kühn, mit dem Christus-Wort des Evangeliums den Triumph über die Unheilsmächte für sich in Anspruch zu nehmen. Für ihn ist das Gesetz durch das Evangelium entmachtet.

Der Mensch erfährt bei sich selbst in diesem Leben noch nicht voll und ganz die Freiheit gegenüber dem Gesetz, die Gerechtigkeit gegenüber der Sünde, das Leben gegenüber dem Tod. Das alles hat durch den Glauben erst einen Anfang genommen, noch nicht die Vollendung gefunden. Obgleich Christen in diesem Leben noch die Macht des Gesetzes, der Sünde, des Todes spüren, sind sie gehalten, mit dem Wort Christi den Sieg über diese Mächte für sich gelten zu lassen.[137] Luther legt dem Christen nahe, der Anklage durch das Gesetz Christus als den Verkündiger der Freiheit im Gottesfrieden entgegenzuhalten. So wird die in Christus gegebene Befreiung vom Gesetz als ein Geschehen der Gewissenserfahrung verstanden und seelsorgerlich angewandt.[138]

---

sequitur aeterna mors. Ista tria sunt principalia, cum quibus luctatur noster episcopus Christus: Lex virtus peccati, peccatum est stimulus mortis [1Kor 15,56b.a]. Do kann kein Mensch raten.

[134] Ebd. WA 31 II, 517,8–11: Contra haec tria mala Christi cognitio valet, si scierimus Christum esse illum virum, qui nos possit liberare ab illis malis. Ideo sciamus Christum non esse iudicem, doctorem legis, sed contraria facit: Medetur, consolatur, liberat nos ab illis. – Im Folgenden bezieht Luther das dritte Versglied auf das Gesetz, ebd. 517,15–17: Tertia ‚Vinctis apertionem' scil. legis. Nam lege sumus vincti, cum simus peccatores. Ab illis vinculis liberat nos Christus, ut non damnemur per legem.

[135] Jesaja-Vorlesung, 1528–1530, Druckbearbeitung, WA 25, 371,2–4: Hoc vero longe difficillimum est credere, quod per nudum verbum Christus haec possit facere, qualia sunt in Evangelio ‚Non mortuus est filius tuus' [vgl. Joh 4,50], ‚Dimissa sunt peccata tua' [vgl. Mt 9,2.5; Mk 2,5.9; Lk 5,20.23; 7,48]. Item ‚Non estis sub lege sed sub gratia' [Röm 6,14] etc.

[136] Jesaja-Vorlesung, 1528–1530, Nachschrift, WA 31 II, 517,17–26: Summa: attendas Christum esse praedicatorem pauperum et legatum [lies: ligatorum, scil. lege], ut nos liberet, succurrat nobis. Hoc fit solo verbo. Nam per verbum ‚medeor' [1. Pers. Sing. wie Jes 61,1] illis, ut sciant se liberos peccato, Morte et lege. [...] Ista, inquam, liberatio illarum est nobis per Christum, sed in hoc deficit, quod non possumus credere illis verbis. Nam arbitramur caelum repletum peccatis nostris, lege et morte. Ideo haec verba diligenter perpendenda. Ex his videamus vitam, salutem, liberationem.

[137] Ebd. WA 31 II, 517,26–30: Ex his videamus vitam, salutem, liberationem. Hoc in hac vita non fiet; videbimus tantum per fidem rem esse inceptam, non impletam. Nam hic ponit Vincturam, Captivitatem, Contritionem mortis. Nam haec in hac vita sentimus, sed tamen in verbo Christi debemus triumphare contra haec contraria.

[138] Ebd. WA 31 II, 517,30–518,7: Nam cum lex sit abrogata quoad spiritum, scil. ut non nos accuset et anxiet. Sic, inquam, est abrogata, non, quod non sit amplius lex, sed quod nos non

Kap. 5: Die Befreiung des Menschen vom Unheil zum Heil durch das Evangelium

Evangelium und Glaube erweisen ihre Macht gegenüber dem Gesetz im Menschen selbst, wird doch auch erst durch das innere Wahrnehmen des Gesetzes die Sünde zu einer beunruhigenden Macht im Gewissen. So versteht Luther den Satz in 1Kor 15,56b „Die Kraft der Sünde ist das Gesetz" und den anderen (Röm 3,20b; vgl. Röm 7,7) „Durch das Gesetz kommt Erkenntnis der Sünde", indem er beide Sätze direkt auf die Gewissenserfahrung des Menschen in seinem Verhältnis zu Gott bezieht. Weil das Evangelium des Jesus Christus in Wahrheit frei ist von jeder gesetzlichen Beimischung, vermag es den Menschen zu befreien, der durch den Glauben sich das Evangeliumswort Christi zueigen macht und es in seinem Gewissen der anklagenden Macht des Gesetzes entgegenhält. Dann wird das Evangelium im Gewissen des Glaubenden zum stärksten Widerpart des Gesetzes; es nimmt ihm dessen anklagende und ängstigende Macht. Das Gesetz verliert dann auch seine anstachelnde Kraft, die den Menschen dazu antreibt, sich in seinem Bewußtsein durch seine Werke das Prädikat der Gerechtigkeit zu beschaffen. Das Evangelium hingegen befreit von dieser zur Selbstgerechtigkeit anstiftenden Kraft des Gesetzes. Wer auf das Evangelium baut, tut gerne ohne inneren Zwang, was dem Gesetz entspricht, weil er nicht mit Werken die Gerechtigkeit seiner Person erwerben will. Dieser klare Gegensatz von Gesetz und Evangelium ist der Grundtenor der reformatorischen Rechtfertigungslehre, so daß der oben zitierte Passus aus der Auslegung von Jes 9,3 von den Christen sagen kann, als vom Gesetz befreite Menschen leben sie, als ob sie „kein Gesetz haben, gleich wie ein gesunder Mensch lebt, ißt und trinkt ohne Gesetz und Treiben, so daß er keines Gesetzes dazu bedarf".

Im Kreis einiger Anhänger Luthers wurde – seit 1527 – die Ansicht vertreten, die Freiheit des Christen gegenüber dem Gesetz bedeute, daß das Gesetz den Christen grundsätzlich nichts mehr angehe und in der kirchlichen Verkündigung nur noch das Evangelium Platz haben solle, während das Gesetz „aufs Rathaus gehöre", also nur noch im weltlichen Rechtsleben gelten müsse. Diese als „Antinomismus" deklarierte Ansicht forderte Luthers energischen Widerspruch heraus. In der zweiten Phase seiner akademischen Disputationen (1533 ff) hat er sechs Thesenreihen gegen die Antinomer aufgestellt; über vier ist tatsächlich disputiert worden.[139] In der fünften, am 6. September 1538 disputierten

---

mordeat, ita ut Christianus dicat: ‚Quamvis sentio legem, peccatum, habeo contra hoc Christum praedicatorem, qui medetur et consolatur me'. Nam maior est Christus quam lex, peccatum et mors. Nam officium eius est speciale non vinci ab illis, sed illos vincere et alios iuvare ab illis. Habes ergo definitionem Christi praedicatoris pacis. ‚Pauperum' i. e. adflictorum et fere desperantium. Sic potest humanum cor discere, quo fugiat, scil. ad solum Christum mediatorem. – Im Vorlesungsvokabular taucht hier der Ausdruck lex abrogata auf; in der Vulgata ist das Verb abrogare mit seinen Derivaten nicht belegt. In der Antike ist die abrogatio ein Fachausdruck des Rechtslebens; Der Neue Pauly, Bd. 1, 1996, Sp. 32 f s. v. Abrogatio: „Im öffentlichen Recht bedeutet abrogatio die Aufhebung eines Rechts oder Gesetzes".

[139] Die sechs Thesenreihen gegen die Antinomer stehen WA 39 I, 345,14–358,37. Die erste und zweite sowie die fünfte und sechste Thesenreihe wurden Gegenstand einer Disputation; die

5.4 Die Befreiung von der unheilvollen Macht des Gesetzes

Thesenreihe formuliert Luther seine Ansicht über die Geltung des Gesetzes für den Christen, indem er die drei Größen Gesetz, Sünde, Tod im Sinn von 1Kor 15,56 als einen einheitlichen Komplex zur Sprache bringt.[140] Indirekt wird in der Argumentation deutlich, inwiefern das Gesetz den Menschen in anderer Weise unheilvoll berührt als Sünde und Tod, da das Gesetz gewissermaßen extern dem Menschen entgegentritt, wenn es in seiner Radikalität ausgelegt und bewußt gemacht wird, damit der Mensch sich selbst vor Gott in seiner geschöpflichen Verantwortung erkennt.

Seine grundsätzliche theologische Kritik an den Antinomern formuliert Luther in zwei Doppelthesen; die erste Doppelthese richtet sich gegen ein Mißverständnis von Gottes Sündenvergebung, was die zweite Doppelthese anwendet auf die Befreiung des Christen von Gesetz, Sünde, Tod. Den Antinomern wirft Luther vor, sie würden die Sündenvergebung wie generell das christliche Heil falsch verstehen, nämlich in einem philosophisch wesenhaften oder juridischen Sinn. Die christliche Rede hat jedoch in Wahrheit einen relationalen Sinn; sie erweist sich als wahr in der Relation des Glaubens zu Christus; nur im Glauben an das Evangelium des Jesus Christus wird die Befreiung von Unheil zum Heil wahrgenommen.

46. Videtur satis aperte, Antinomos opinari, peccatum esse formaliter et philosophice seu iuridice sublatum per Christum.	Deutlich genug sieht man, daß die Antinomer meinen, die Sünde sei durch Christus wesenhaft und in philosophischer oder juridischer Weise aufgehoben,
47. Et eos prorsus nescire, solum reputatione et ignoscentia Dei miserentis [peccatum] esse sublatum.	Und daß sie geradezu nicht wissen, die Sünde sei aufgehoben, nur weil Gott in seinem Erbarmen sie verzeiht und nicht anrechnet.
48. Relative enim, non formaliter aut substantialiter est peccatum sublatum, lex abolita, mors destructa.	Denn in Relation, nicht wesenhaft oder substantiell, ist die Sünde aufgehoben, das Gesetz abgeschafft, der Tod vernichtet.
49. Et hoc totum propter Christum in hac vita, ,donec occurramus in virum perfectum', in plenitudine Christi [Eph 4,13].[141]	Und das alles gilt wegen Christus für dieses Leben, bis wir in der Fülle des Christus hinangelangen zum vollendeten Mann.

Die Befreiung vom Gesetz reflektiert Luther noch eingehender in doppelter Hinsicht, einerseits welches Verhältnis zum Gesetz Jesus Christus durch sein Menschsein bis in seinen Tod gehabt hat und seit seiner Auferstehung hat, andererseits welches Verhältnis zum Gesetz der Christ hat, solange er seinen leiblichen Tod noch vor sich hat und mithin wegen seiner Sünde den „Stachel" des Todes

---

vier, durch Nachschriften dokumentierten Disputationen erfolgten am 18.12.1537, am 12.1.1538, am 6.9.1538 und am 10.9.1540. – Den Gegenstand seiner Kontroverse mit Johann Agricola und dessen Anhängern hat Luther mit der Schrift Wider die Antinomer, 1539, WA 50, 468–477, publik gemacht. Theologisch ergiebiger ist der postum (1549) veröffentlichte Text Wider den Eisleben, 1540, WA 51, 429–444.

[140] Thesenreihe 5 gegen die Antinomer, 6.9.1538, WA 39 I, 354–357.
[141] Ebd. These 46–49, WA 39 I, 356,27–34.

in seinem Gewissen zu spüren bekommt, weil er deshalb noch die anklagende Macht des Gesetzes erfährt.[142] Luthers Argumentation bezieht sich in diesem Kontext darauf, daß das Gesetz nach Erfüllung verlangt, die dem Menschen in seiner Gottesentfremdung nicht möglich ist.[143] In Jesus Christus, dem Mensch gewordenen Gottessohn, hat Gott zum Heil des Menschen das Gesetz erfüllt, die Sündenschuld getilgt, den Tod zunichte gemacht.[144] Daran haben die Christen teil, sofern sie durch den Glauben in Christus dem Gesetz gestorben und mit Christus gekreuzigt sind.[145] In der Realität seines Lebens befindet sich der Christ in einem Spannungsverhältnis: Durch die Bedingtheit seines vorfindlichen Lebens in der Gottesentfremdung – biblisch gesprochen, in seiner Bedingtheit nach dem „Fleisch" – bleibt er dem Gesetz unterworfen. Durch den Glauben ist ihm jedoch im Evangelium der auferstandene Jesus Christus präsent, der die Macht von Gesetz, Sünde, Tod gebrochen hat.[146] Diese Polarität in der Existenz des Christen reflektiert Luther in Bezug auf die Person des Jesus Christus: Der auferstandene Christus ist in denen, die im Glauben ihm zugehören, gegenwärtig noch nicht vollkommen auferstanden, vielmehr hat er, der Erstling der Auferstehung (1Kor 15,20), in den Seinen erst angefangen, vom Tode zum Leben auferweckt zu werden.[147] Das haben die Christen auf sich selbst anzuwenden.

40. Quatenus Christus in nobis est suscitatus, eatenus sumus sine lege, peccato et morte.	Sofern Christus in uns auferweckt ist, insofern sind wir ohne Gesetz, Sünde und Tod.
41. Quatenus vero nondum est in nobis suscitatus, eatenus sumus sub lege, peccato et morte.[148]	Sofern er aber noch nicht in uns auferweckt ist, insofern sind wir unter Gesetz, Sünde und Tod.

In der Kontroverse mit den Antinomisten ist die Konsequenz: Die Kirche muß bei den Christen das Bewußtsein wachhalten, daß auch ihnen Gottes Gesetz gilt, damit sie ja nicht selbstsicher werden, sondern das, was an altem, dem Willen Gottes widerstrebenden Leben sich in ihnen regt, gemäß Gal 5,24 „kreuzigen",

---

[142] Ebd. umreißen die ersten Thesen die allgemeine Lebenssituation, in These 6f wird dazu 1Kor 15,56 angeführt mit dem Zusatz, alle drei Größen seien untrennbar, WA 39 I, 354, 23 f.

[143] Ebd. These 9, WA 39 I, 354,27 f: 9. Legem accipimus extra Christum, hoc est, litteram nondum impletam, tamen implendam necessario a nobis.

[144] Ebd. These 10, WA 39 I, 354,29 f: 10. In Christo quidem lex impleta est, peccatum deletum, mors destructa est. – Daß Luther in Gedanken hier Gal 4,4 parat hat, zeigt ebd. These 36; s. u. Anm. 146.

[145] Ebd. These 11, WA 39 I, 354,31 f: 11. Hoc est, si in Christo per fidem crucifixi et mortui sumus [vgl. Gal 2,19], talia sunt vera in nobis quoque.

[146] Ebd. These 35 f, WA 39 I, 356,7–10: 35. In piis eadem [lex] est posita, quatenus nondum mortui sunt et in carne adhuc vivunt. 36. In Christo suscitato certe nullum est peccatum, nulla mors, nulla lex, quibus subiectus erat vivens [Gal 4,4].

[147] Ebd. These 37, WA 39 I, 356,9 f: 37. Sed idem Christus nondum est in suis fidelibus perfecte suscitatus, imo coepit in eis, ut primitiae, suscitari a morte.

[148] Ebd. These 40 f, WA 39, I, 356,15–18.

weil das Gesetz nicht ihre Heilszuversicht begründen kann.[149] Positiv gewendet heißt das, in der Freiheit des Glaubens leben sie, wie es ihnen ihre Taufe im Sinn von Röm 6,4 vorgezeichnet hat.

5.5 Das Evangelium von Gottes Sündenvergebung

A) Bei allem, was zur Befreiung des Menschen von seinem Unheil geschieht, hat das Evangelium von Gottes Sündenvergebung für Luther eindeutig einen Vorrang, weil es zugleich aus der Macht des Todes befreit. Als Wort von Gottes Vergebung befreit das Evangelium von der Macht des Gesetzes und verleiht dem Glaubenden die Gerechtigkeit, auf die der Mensch vor Gott angewiesen ist.

Als Luther in den Jahren 1517 bis etwa 1520 genötigt war, sein Verständnis der Rechtfertigung des Sünders zu präzisieren, hat er das Rechtfertigungsgeschehen aus dem Verschluß im sakralgesetzlichen System des Bußsakramentes herausgelöst.[150] In der Kirche des Mittelalters konnte der Christ nach seiner Taufe nur durch das Bußsakrament Gottes Vergebung schwerer Sünden finden, nur so konnte er vor Gott aus einem Sünder wieder zu einem Gerechten werden. Schwere Sünden hießen „tödliche Sünden", weil sie die Aussicht auf das ewige Leben zerstörten; sie waren so definiert, daß sie jeder normale, für sein Handeln verantwortliche Christ immer wieder beging. Das Sakrament Buße konnte ihm erneut die verlorengegangene rechtfertigende Gnade einflößen, sofern kirchenrechtlich fixierte Bedingungen erfüllt wurden, die letztlich im göttlichen Recht des kirchlichen Heilshandelns wurzelten. Bestimmte Bedingungen mußte der Christ erfüllen in seiner Reue, bei seiner Beichte und bei den Bußwerken, die der Priester ihm als begrenzte satisfaktorische Leistung auferlegte. Ebenso mußte der Priester kirchenrechtliche Vorschriften beachten, um einem wirksamen Sakramentsvollzug gerecht zu werden. Pastoraltheologische Handbücher informierten über das Verfahren des Bußsakramentes; Beichtsummen erörterten detailliert die Fülle der kirchenrechtlichen Bestimmungen und der Anwendungsfälle.[151]

---

[149] Ebd. Th. 44 f, WA 39 I, 356,23–26: 44. Piis [lex docenda est], ut admoneantur, carnem suam crucifigere cum concupiscentiis et vitiis [Gal 5,24], ne securi fiant. 45. Securitas enim tollit fidem et timorem Dei facitque novissima peiora prioribus [vgl. 2Pt 2,20].

[150] Wie eng nach katholischer Lehre der ganze Komplex der Rechtfertigung (iustificatio) mit dem Bußsakrament verflochten war, demonstrierte später eine Reihe von 32 Artikeln der Löwener Theologen, die Kaiser Karl V. für die antireformatorische Lehrzucht in den Niederlanden verbindlich gemacht hat, 1545, WA 54, 416–422. – Luther reagierte darauf mit 75 lateinischen Gegenartikeln (bzw. 76 Artikeln in der deutschen Fassung): Contra 32 articulos Lovaniensium theologistarum, 1545, WA 54, 425–443; mit moderner Übersetzung LDStA 3, 687–705.

[151] Luther benutzte die Summa de casibus conscientiae, kurz: Summa angelica, des Angelus de Clavasio. Das Werk gehörte zu den Büchern, die am 10.12.1520 zusammen mit der Bannandrohungsbulle Leos X. vor dem Wittenberger Elstertor verbrannt wurden; Luther an Georg Spalatin, 10.12.1520, Nr. 361 WA.B 2, 234,7.

Im System des Bußsakramentes bildete der Ablaß nur die Spitze des Eisberges. Nach kirchlicher Lehre wurde dem Gläubigen mit der göttlichen Vergebung seiner Schuld zugleich die ewige Höllenstrafe erlassen, die er sich mit seiner tödlichen Sünde verdient hatte. Jedoch wurde ihm nicht in vollem Maße eine zeitliche Sündenstrafe erlassen, die sich Gott allemal vorbehalten und der Gläubige in diesem Leben und noch danach im Fegfeuer abzuleisten hat, nicht nur um einem Gerechtigkeitsprinzip zu genügen, sondern auch um selbst zu voller Läuterung zu gelangen. Dank spezieller Vollmacht kann die Kirche im sog. „Ablaß" die zeitliche, dem Gläubigen von Gott auferlegte Sündenstrafe entweder zum Teil oder in Gänze erlassen, auch das nur unter kirchenrechtlich genau geregelten Bedingungen.

Im Zuge seiner Kritik am kirchlichen Ablaß in den 95 Thesen und deren Erläuterungen hat Luther die Vergebung der Sünden vor Gott, das heißt die Rechtfertigung des Sünders vor Gott, herausgelöst aus dem sakralgesetzlich verwickelten, gleichwohl religiös bedeutsamen Bußsystem der Kirche. Seine 95 Thesen eröffnet er in den ersten vier Thesen damit,[152] daß er den Bußruf Jesu Mt 4,17 auf eine ständige, lebenslange Buße des Christen in seinem Verhältnis zu seinem geistlich-leiblichen Dasein bezieht; es sei hingegen unzulässig, mit diesem Jesuswort das Bußsakrament in den beiden priesterlich verwalteten Teilen der Beichte und der Bußsatisfaktion zu begründen.[153] In Buße führt der Christ sein Leben vor Gott; er sucht und findet im Glauben Gottes Vergebung seiner Schuld. Dennoch verweist Luther den Christen auf den Dienst der Kirche, sogar in der damals existierenden Gestalt. Der Priester hat gegenüber dem Christen einen Dienst Gottes zu versehen, wenn auch nicht in allen Stücken des Bußsakramentes. Dem Glaubenden wird Gottes Vergebung vermittelt durch das Absolutionswort, das der Priester im Vollzug des Bußsakramentes spricht.[154] Je stärker der Gläubige ein sakralrechtlich verfaßtes Bußsystem erlebte, desto mehr hatte für ihn das Absolutionswort des Priesters einen rechtlichen Charakter im Sinne einer Erklärung, daß der bußfertige Gläubige alle Erfordernisse des Bußsakramentes erfüllt habe und in der Bußsatisfaktion noch erfüllen werde. Dadurch war er wieder mit Gott und mit der Kirche versöhnt und war wieder im Besitz der rechtfertigenden Gnade. Indem Luther den priesterlichen Dienst auf das Absolutionswort bezieht, läßt er für den Glaubenden den kirchenrechtlichen Kontext der Buße bedeutungslos werden. Gewicht behält nur noch der Glaube des Christen, der für sich Gottes Gnade mit der Vergebung seiner Sünden in

---

[152] Thesen gegen den Ablaß, 1517, These 1–4, WA 1, 233,10–17 (LDStA 2, 3,9–19); dazu Luthers Erläuterungen in den Resolutiones disputationum de indulgentiarum virtute, 1518, WA 1, 530,15–534,18.

[153] Vermutlich hat Luther mit Absicht die Reue (contritio) des Gläubigen und die Absolution durch den Priester ausgeklammert, weil sie für die positive Wertung des priesterlichen Dienstes am ehesten in Betracht kommen.

[154] Thesen gegen den Ablaß, 1517, These 7, WA 1, 233,24 f (LDStA 2, 3,27–29).

5.5 Das Evangelium von Gottes Sündenvergebung

Christus sucht und in diesem Glauben durch das Absolutionswort des Priesters vergewissert wird. Mt 16,19 wird von Luther verstanden als ein Christus-Wort, das den Glauben der Vergebung Gottes in dessen gegenwärtiger Gnade vergewissert. Das hat Luther in der Erläuterung seiner siebenten These gegen den Ablaß so nachdrücklich entfaltet,[155] daß Kardinal Cajetan in der ersten Unterredung mit Luther in Augsburg, am 12. Oktober 1518, die dort vorgetragene Lehre als einen Irrtum bezeichnete.[156] Was Luther in der ihm zugestandenen schriftlichen Form darauf entgegnete, ist theologisch noch pointierter als seine im August veröffentlichten Erläuterungen der Ablaßthesen.[157] Er hatte ohnehin seit dem Herbst 1517 mit der weiteren Reflexion des Verhältnisses von Glaube, Sündenvergebung und Bußsakrament begonnen. Ehe davon die Rede ist, muß noch ein Punkt der Ablaßdiskussion berührt werden, bei dem ihm Kardinal Cajetan ebenfalls einen Irrtum angelastet hat.[158]

Die Kirche des Spätmittelalters bezeichnete die Verdienste Christi und der Heiligen als den Schatz, auf den sie zurückgreift, wenn sie den Gläubigen vollen oder partiellen Nachlaß der von Gott verhängten zeitlichen Sündenstrafen gewährt. Es lag der Gedanke zugrunde, daß Strafen durch Ersatzleistungen anderer aufgewogen werden können und deshalb die Kirche bei ihren Ablässen zum Ausgleich der erlassenen Sündenstrafen aus einer unausschöpflichen Menge an Verdiensten schöpfen könne, die Christus zusätzlich zu seinem Erlösungswerk hinterlassen habe; dieser Schatz sei noch durch Verdienste der Heiligen vermehrt worden. Das hat Luther in den Ablaß-Thesen bestritten.[159] Positiv erklärt er in seiner 62. These: „Der wahre Schatz der Kirche ist das hochheilige Evangelium der Herrlichkeit und Gnade Gottes".[160] Die These und deren Erläuterung wird

---

[155] Resolutiones disputationum de indulgentiarum virtute, 1518, zu These 7, WA 1, 539,32–545,8. – In demselben Sinn rekurriert Luther auf Mt 16,19 auch in den Erläuterungen anderer Thesen; ergänzend zu These 7 muß v. a. die Erläuterung von These 38 beachtet werden, WA 1, 593,39–596,39.

[156] Acta Augustana, 1518, WA 2, 7,35–38: Secundo obiecit, quod propositione 7. inter declarandum docueram, necessariam esse fidem accessuro ad sacramentum aut in iudicium accessurum. Hanc enim novam et erroneam doctrinam putari voluit. Sed potius incertum esse omnem accedentem, gratiam consequeretur nec ne.

[157] Ebd. WA 2, 13,6–16,5. – Luther hat in seine Acta Augustana das Schriftstück aufgenommen, in dem er argumentierend die zwei Irrtumsvorwürfe Cajetans zurückweist, WA 2, 9,16–16,21. Seine Replik hat er bei der dritten, letzten Unterredung dem Kardinal überreicht.

[158] Ebd. WA 2, 7,29–32. – Gegen Luthers 58. These (siehe folgende Anm.) beruft sich Cajetan auf die Bulle Unigenitus Dei Filius des Papstes Clemens VI. (1342–1352) von 1343, die bereits ins amtliche Kirchenrecht aufgenommen worden war, CorpIC Extravag. commun. V,9,2 (RF 2, 1304–1306), im Auszug DH 1025–1027. – Luther repliziert in dem oben erwähnten Schriftstück innerhalb der Acta Augustana, WA 2, 9,25–13,5.

[159] Thesen gegen den Ablaß, 1517, These 58, WA 1, 236,14 f.: Nec sunt [thesauri ecclesiae] merita Christi et sanctorum, quia haec semper sine Papa operantur gratiam hominis interioris et crucem, mortem infernumque exterioris.

[160] Ebd. These 62, WA 1, 236,22 f: Verus thesaurus Ecclesiae est sacrosanctum Evangelium gloriae et gratiae dei. – Erläutert werden die Thesen 58 und 62 in den Resolutiones disputationum de indulgentiarum virtute, 1518, WA 1, 605,26–615,9 und 616,10–617,3.

verständlich durch die knappe grundsätzliche Bemerkung Luthers im Schlußwort seiner Auslegung der Bußpsalmen, 1517, Christus dürfe nicht in ursächlicher Weise (causaliter) so zu der Gerechtigkeit – bei der Rechtfertigung des
Sünders – in Beziehung gesetzt werden, daß er zwar „Gerechtigkeit gebe", jedoch
er selbst „bleibe draußen".[161] Solche ursächliche Relation zwischen Christus
und der Kirche lag auch dem kirchlichen Ablaß zugrunde. Denn der Schatz der
Kirche, der ihr für ihren Ablaß verfügbar war, wurde auf das einstige Heilswerk
Christi zurückgeführt. Ganz anders geht es Luther um Jesus Christus, wenn er
das Evangelium des Jesus Christus den wahren Schatz der Kirche nennt. Das ist
kein Schatz an Verdiensten Christi, über den die Kirche verfügen kann, um mit
ihrem Ablaß die Gläubigen von Widerfahrnissen zu entlasten, die als Strafen
Gottes empfunden werden. Das Evangelium ist auch kein Schatz der Kirche, bei
dem Jesus Christus „draußen bleibt". In der Christus-Predigt der Kirche, mit der
sie sich der apostolischen Christus-Verkündigung anzuschließen hat, ist Christus
als das Heil des Menschen präsent, weil der Glaube ihn so erfährt. Darum versieht Luther das Evangelium mit den Heilsprädikaten, die ebenso Jesus Christus
zukommen.

Est autem Evangelium secundum Apostolum Rom 1 [V. 1.3 f] sermo de filio dei incarnato, nobis sine meritis in salutem et pacem donato. Est verbum salutis, verbum gratiae, verbum solacii, verbum gaudii, vox sponsi et sponsae [vgl. Cant 2,8.14; 5,2], verbum bonum, verbum pacis, Sicut ait Jes 40 [V. 9; vgl. Jes 52,7]: ‚Quam iucundi pedes evangelisantium, evangelisantium pacem, praedicantium bona'.[162]	Das Evangelium ist aber dem Apostel Paulus zufolge, Röm 1,1.3 f, die Predigt von dem Mensch gewordenen Sohn Gottes, der uns unverdient zum Heil und Frieden geschenkt ist. Es ist das Wort der Rettung, das Wort der Gnade, das Wort des Trostes, das Wort der Freude, die Stimme des Bräutigams und der Braut, das gute Wort, das Wort des Friedens, wie Jes 40,9 sagt. ‚Wie erfreulich sind die Füße derer, die das Evangelium verkündigen, die Frieden verkündigen, die Gutes predigen'.

Dem Evangelium mit seinen Prädikaten kontrastiert das Gesetz mit einer analogen Kette von Unheilsprädikaten. Mitten in der Kette von Ausdrücken für
das Christus-Evangelium mit seinen Heilsprädikaten ist unvermutet die Rede
von der Stimme des Bräutigams und der Braut, offenbar im Gedanken an ein
Vergebungswort Christi und die Glaubensantwort des Angesprochenen. Genau
korrespondierend erscheint anschließend auf der Seite des Gesetzes ‚die Stimme
des Richters und des Schuldigen'.

---

[161] Die sieben Bußpsalmen, 1517, WA 1, 219,30–35; s. o. Kap. 3 bei Anm. 10.
[162] Resolutiones disputationum de indulgentiarum virtute, 1518, zu These 62, WA 1, 616,20–24. – Zu der Wendung ‚vox sponsi et sponsae' vgl. ebd. zu These 7, WA 1, 541,32 f, wo Luther das Vergebungswort Christi an die Ehebrecherin in Joh 8,10 f. ‚vox sponsi' nennt.

Lex vero est verbum perditionis, verbum irae, verbum tristitiae, verbum doloris, vox iudicis et rei, verbum inquietudinis, verbum maledicti. Nam secundum Apostolum [1Kor 15,56] ‚Lex est virtus peccati', et [Rom 4,15] ‚lex iram operatur', est ‚lex mortis' [vgl. Rom 7,5.13]; ex lege enim nihil habemus nisi malam conscientiam, inquietum cor, pavidum pectus a facie peccatorum nostrorum, quae lex ostendit nec tollit nec nos tollere possumus.[163]	Das Gesetz ist jedoch das Wort des Verderbens, das Wort des Zorns, das Wort der Trübsal, das Wort des Schmerzes, die Stimme des Richters und des Schuldigen, das Wort des Unfriedens, das Wort des Fluches. Denn beim Apostel heißt es [Röm 4,15]: ‚Das Gesetz ist die Kraft der Sünde' und [Röm 4,15] ‚Das Gesetz bewirkt Zorn'; es ist [vgl. Röm 7,5.13] ‚das Gesetz des Todes'; denn aus dem Gesetz haben wir nur das schlechte Gewissen, das unruhige Herz, die angsterfüllte Brust angesichts unserer Verfehlungen, die das Gesetz aufzeigt und nicht aufhebt, die auch wir nicht aufheben können.

Auf beiden Seiten, beim Wort des Gesetzes und beim Wort des Christus-Evangeliums, ist der Mensch in seiner gegenwärtigen Gewissenserfahrung angesprochen, so daß der Glaube, wenn er das Wort des Evangeliums hört, Jesus Christus als den Gegenwärtigen erfährt, der nicht heilsgeschichtlich abständig „draußen bleibt".[164] Das stimmt zusammen mit Luthers siebenter Ablaßthese und deren Erläuterung, wo der Glaube fest an das Absolutionswort gebunden wird.[165] Wenn solcher Glaube durch das Evangelium das Gewissen von seiner Furcht unter dem Gesetz befreit, dann verschwindet auch die Furcht vor vermeintlichen Sündenstrafen Gottes. In höchsten Tönen spricht Luther von dem Gewissen, das die Botschaft des Evangeliums vernommen hat, voller Vertrauen in tänzerisches Frohlocken versetzt wird und nicht mehr den Tod noch dergleichen Strafen, auch nicht die Hölle fürchtet.[166] Auf diese Weise entzieht das echte Evangelium dem ganzen kirchlichen Ablaß seine Berechtigung. In den Ablaßangeboten der Kirche ist nicht die Stimme des Evangeliums zu vernehmen, sondern die Stimme eines sakralgesetzlichen Systems.

Nachdem Luther bei seiner Kritik am kirchlichen Ablaß bereits Gottes Vergebung der Sünden in den theologischen Diskurs einbezogen hatte, konzentrierte er sich in anderen Texten auf die Sündenvergebung als Kernstück des Bußsakramentes und ließ den Ablaß als Randphänomen beiseite. Seine Intention, die

---

[163] Ebd. WA 1, 616,24–30.

[164] Ebd. WA 1, 616,30–34: Sic itaque captis ac tristibus omninoque desperatis venit lux Evangelii et dicit [Jes 35,4; 40,1]: ‚Nolite timere. Consolamini, consolamini, popule meus. Consolamini pusillamines, ecce deus vester'; [Joh 1,29] ‚Ecce agnus dei, ecce qui tollit peccati mundi'; Ecce qui solus implet legem pro vobis, qui ‚factus a deo vobis [1Kor 1,30: nobis] iustitia, sanctificatio, sapientia, redemptio', omnibus qui credunt in eum.

[165] Ebd. WA 1, 539,32–545,8 – Vgl. Luthers Replik auf Cajetans zweiten Irrtumsvorwurf, Acta Augustana, 1518, WA 2, 13,6–16,5.

[166] Resolutiones disputationum de indulgentiarum virtute, 1518, zu These 62, WA 1, 616,34–38: Hoc suavissimum nuntium cum audierit conscientia peccatrix, reviviscit et tota exultat in tripudio plenaque fiducia, iam nec mortem nec amica mortis poenarum genera formidat neque infernum; ideo qui poenas adhuc timent, nondum audiverunt Christum nec vocem evangelii, sed vocem potius Mosi.

Rechtfertigung des Sünders aus dem System des sakramentalen Bußreglements herauszuschälen, dokumentieren einige markante Texte der Jahre 1518 bis 1520.

An erster Stelle ist es der Sermo de poenitentia, 1518, ein lateinischer Traktat, der die drei dem Sünder auferlegten Teile des Bußsakramentes – Reue, Beichte, Genugtuung (contritio, confessio, satisfactio) – kritisch beleuchtet.[167] Ebenfalls ins Jahr 1518 gehört eine relativ lange Thesenreihe, die für den internen akademischen Disputationsbrauch bestimmt war; sie hat in der Hauptsache die Sündenvergebung (remissio peccatorum) zum Gegenstand, die dem Christen in der Absolution durch den Geistlichen erteilt wurde, wenn der Priester die Voraussetzungen auf seiten des Gläubigen für erfüllt ansah.[168] Noch etwas eindringlicher hat Luther die reformatorischen Gedanken dieser beiden lateinischen Dokumente der breiteren Öffentlichkeit im Herbst 1519 in einer deutschen Abhandlung vorgelegt, Sermon von dem Sakrament der Buße.[169] Den Abschluß dieses Klärungsprozesses bildet die Schrift De captivitate Babylonica ecclesiae, 1520, in der Luther die Abschnitte über Taufe und Bußsakrament inhaltlich miteinander verklammert.[170]

Welche Feinheiten der Gedankenentwicklung Schritt für Schritt sich in diesen vier Texten niedergeschlagen haben, muß hier nicht analysiert werden. Hier sollen nur einige beachtenswerte Argumente herausgegriffen werden, mit denen Luther sein reformatorisches Verständnis von Sündenvergebung und Rechtfertigung des Sünders aus dem herrschenden System des Bußsakramentes herausgelöst hat. Dabei ist zu bedenken, daß Luther zu dieser Zeit noch ganz als Angehöriger der römisch-katholischen Kirche argumentiert. Wenngleich er nicht der scholastischen Theologie folgt, will er mit seinen biblisch fundierten Gedanken der Kirche, die ihn noch nicht exkommuniziert hat, einen Dienst leisten und die Hoffnungen auf eine Reform der Kirche befördern.

Die genannten vier Dokumente lassen die ersten Texte des Ablaßstreites hinter sich, die 95 Thesen gegen den Ablaß vom 31. Oktober 1517[171] und deren Erläute-

---

[167] Sermo de poenitentia, 1518, WA 1, 319–324, mit deutscher Übersetzung LDStA 2, 35–51.

[168] Disputatio de remissione peccatorum, 1518, WA 1, 630–633, mit deutscher Übersetzung LDStA 2, 25–33. Es sind 50 Thesen für eine sog. Zirkulardisputation, deren genaues Datum nicht überliefert ist. Die in WA 1, 629 angegebene Überschrift bildet den Anfang des im damaligen Stil formulierten Präskriptes (vollständig WA 1, 630,1–4), das den theologischen Zweck der Disputation hervorheben soll. Aus dem Inhalt der Thesen kann das Thema De remissione peccatorum abgeleitet werden. Ebenso ist bei den meisten anderen Thesenreihen Luthers die übliche Überschrift erst später hinzugefügt worden.

[169] Sermon von dem Sakrament der Buße, 1519, WA 2, 713–723. Noch 1519 folgten der Sermon von dem Sakrament der Taufe, WA 2, 727–737, und der Sermon von dem Sakrament des heiligen Leichnams Christi, WA 2, 742–758.

[170] De captivitate Babylonica ecclesiae, 1520: De sacramento baptismi, WA 6, 526,34–543,3; De sacramento poenitentiae, ebd. 543,4–549,19. Am Ende dieses Abschnittes muß wohl der Passus eingefügt werden, der beim ersten Druck an eine verkehrte Stelle geraten ist, ebd. 552,28–553,8.

[171] In der Diskussion um Faktum und Datum des Thesenanschlages wird häufig der Brief übersehen, den Luther am 31. Oktober 1517 an den Mainzer Erzbischof Albrecht, der für den Vertrieb des großen Petersablasses in Deutschland die Verantwortung trug, mit Beilage der

5.5 Das Evangelium von Gottes Sündenvergebung

rungen in den Resolutiones disputationum de indulgentiarum virtute, 1518, wie auch den Sermon von Ablaß und Gnade, 1518. Nachdem Luther dort die Auflage von Bußwerken als einer gottgefälligen Satisfaktionsleistung und das damit vernetzte kirchliche Ablaßangebot theologisch entwertet hat, konzentriert er sich jetzt auf die beiden anderen Teile des Bußsakramentes, die Reue und die Beichte.

Hinsichtlich der Reue, die vom Priester in ihrer religiösen Qualität geprüft werden sollte, kommt Luthers Analyse bereits in dem Sermo de poenitentia, 1518, zu einem doppelten Ergebnis. Zum einen, wahre Reue ist ein Geschenk der Gnade Gottes; solche Reue kann der Mensch nicht bei sich selbst willentlich erzeugen, er kann vielmehr im Kampf gegen die Sünde nur an sich selbst verzweifeln und bei Gottes Barmherzigkeit Hilfe suchen.[172] Zum anderen, die Reue darf nicht auf die Zeit der Beichte beschränkt bleiben, wie das eine laxe Beichtlehre suggerierte; denn die Reue begleitet das ganze Christenleben,[173] was bereits die erste der 95 Thesen gegen den Ablaß eingeschärft hat mit Berufung auf die Bußpredigt Jesu (Mt 4,17). Für die Beichtpraxis zieht Luther die Folgerung, der Gläubige dürfe bei einer Qualitätsprüfung der Reue – sie stehe dem Priester eigentlich gar nicht zu – nicht anworten, er habe Reue. Der Gläubige könne dem Priester lediglich sagen: „Ich weiß nicht, ob ich Reue habe. Gleichwohl bitte ich den Herrn und vertraue darauf, daß ich durch seine Gnade Reue empfinde und das täglich immer mehr".[174] Die kirchlich vorgeschriebene vollständige Beichte aller schweren Sünden, die der Gläubige seit der letzten Beichte begangen hat und ihm in Erinnerung sind, lehnt Luther mit biblischen Argumenten rundweg ab.[175] Praktisch entfällt ein Verhör des Beichtenden durch den Priester. Wer in einer Not seines Gewissens zum Priester kommt, sollte nicht geprüft werden, ob er wahre und ausreichende Reue empfinde, er sollte viel eher gefragt werden, ob er für seine Gewissensnot die Absolution in der Vollmacht Christi begehre, um sie im Glauben für sich gelten zu lassen.[176] Beides gehört zusammen, das Absolutionswort in der Vollmacht Christi und der Glaube.

---

95 Thesen geschrieben und ihn zu besserer Wahrnehmung seiner pastoralen Pflicht in der Ablaßkampagne aufgefordert hat, WA.B 1, 110–113 Nr. 48.

[172] Sermo de poenitentia, 1518, WA 1, 322,8–10: Corollarium I. Contritio vera non est ex nobis, sed ex gratia dei; ideo desperandum de nobis et ad misericordiam eius confugiendum.

[173] Ebd. WA 1, 322,11–13: Corollarium II. Contritio incipit in poenitente, sed non cessat per totam vitam usque ad mortem, et non (ut multi putant) durat per horam confessionis duntaxat.

[174] Ebd. WA 1, 322,16–19: Nullus debet sacerdoti respondere se esse contritum, nec sacerdos requirere, nisi quod potest dicere ‚Nescio an sim contritus. Rogo tamen dominum atque confido me sua gratia contritum et cottidie magis conterendum'.

[175] Ebd. WA 1, 322,22–323,22. – In Fortführung eines vom 4. Laterankonzil, 1215, beschlossenen Dekretes, DH 812f, hat das Konzil von Florenz in seiner Bulle zur Union mit den Armeniern, 22. November 1439, für die Beichte vorgeschrieben, DH 1323: Secunda [pars poenitentiae] est oris confessio; ad quam pertinet, ut peccator omnia peccata, quorum memoriam habet, suo sacerdoti confiteatur integraliter.

[176] Ebd. WA 1, 324,2–6: Quare plus est a confitente requirendum, an credat sese absolvi, quam an sit vere contritus, sicut Christus a caecis quaesivit [Mt 9,28]: ‚Creditis me posse vobis hoc

Fides autem et verbum Christi sunt verissima, certissima, sufficientissima.[177]	Der Glaube aber und das Wort Christi sind wahrhaftig wahr, völlig gewiss und absolut hinreichend.

Um diesen zentralen Punkt – das Vergebungswort des Jesus Christus, das der Christ im Glauben für sich ergreift – kreist alles, was Luther dann in den folgenden Jahren zum Thema der Rechtfertigung des Sünders oder des Gottlosen in vielfältigen Variationen vorträgt. Da im Folgenden aus dem bunten Komplex von Gesichtspunkten eine Auswahl getroffen werden muß, sollen die Sachpunkte und Texte bevorzugt werden, die damals geeignet waren, eine größere Öffentlichkeit im evangelischen Verständnis der christlichen Religion zu unterweisen.

[1.] Bereits in seiner frühen Kritik am kirchlichen Reglement des Bußsakramentes benutzte Luther als starkes Argument das Vollmachtswort des Jesus Christus in Mt 16,19, das er nicht als Stiftung einer kirchenrechtlich fixierten Vollmacht verstand.[178] Manchmal verstärkte er seine Deutung von Mt 16,19 noch durch Mt 18,18 und Joh 20,23. An diese Worte soll sich der Christ halten und aus ihnen Gewißheit der Vergebung Gottes schöpfen, wenn er bei einem Geistlichen die Absolution sucht.

Daß der Christenheit mit dem Evangelium die Vergebungsvollmacht übertragen worden ist, findet Luther in Mt 16,19 verbürgt, weil er dieses Wort in Parallele zu Mt 18,18 und Joh 20,23 interpretiert und bestreitet, hier werde die Vollmacht sakralrechtlich an Petrus und die Hierarchie der römischen Kirche gebunden.

Alßo ist es war, das eyn priester warhafftig die sund und schuld vorgibt, aber er mag [:kann] dem sunder den glauben nit geben, der dye vorgebung empfehet unnd auffnympt, den muß gott gebenn. Nichts deste weniger ist die vorgebung warhafftig, alß war, als wenß gott selber sprech, es haffte durch den glauben odder nit. Und diß gewalt, die sund zuvorgeben [...] ym Newenn Testament hatt sie eyn yglicher Christen mensch, wo eyn priester nit da ist, durch die zusagung Christi, da er sprach zu Petro [Mt 16,19] ‚Was du wirst lößen auff erden, soll loß seyn ym hymell‘, Dan ßo das alleyn Petro were gesagt, ßo het er Matthei 18 [V. 18] nit zu allen yn gemeyn gesagt ‚Was yr auff loßet auff erden, soll loß seyn ym hymell‘, Da redt er zu der gantzenn Christenheit und eynem yglichen yn ßonderheit.[179]

Die Begründung des singulären päpstlichen Vollmachtsanspruches durch Mt 16,15 ff hat Luther für die breite Öffentlichkeit in der Schrift Von dem Papsttum zu Rom, 1520, aus den Angeln gehoben, wobei er das Wort der Schlüsselvollmacht in Mt 16,19 in dem Sinn ausgelegt hat, daß Petrus an Stelle der Christenheit genannt werde. Die drei Herrenworte Mt 16,19, Mt 18,18, Joh 20,23 seien „Zu-

---

facere?‘ Et merito, quia contritio nunquam est vera satis, quod si esset vera, non est tamen certa, et si esset certa, non tamen esset satis.

[177] Ebd. WA 1, 324,6 f; Übersetzung LDStA 2, 51,2 f.

[178] Sermo de poenitentia, 1518; WA 1, 323,25. – Disputatio de remissione peccatorum, 1518, WA 1, 631,5.22. – Sermon von dem Sakrament der Buße, 1519, WA 2, 715,8; 717,11; 722,38. – De captivitate Babylonica ecclesiae, 1520, WA 6, 543,16.

[179] Sermon von dem Sakrament der Buße, 1519, WA 2, 722,28–723,3.

5.5 Das Evangelium von Gottes Sündenvergebung

sagen" an die Christenheit, daß sie mit Vollmacht Gottes die Vergebung jedem danach verlangenden Gewissen zusprechen könne.

Die wort Christi seinn eytel gnedige zusagunge der gantzenn gemein, aller Christenheit gethan, wie gesagt ist, das die armen sundige gewissen einen trost haben sollen, wo sie durch einen menschen werden auffgelost odder absolvirt, unnd reychen alßo die wort nur auff die sundige, blode betrubte gewissen, wilch da durch sollen gesterckt werden, ßo sie anders gleuben.[180]

Als er auf der Wartburg in der Schrift Von der Beichte, ob die der Papst Macht habe zu gebieten, 1521, noch einmal die kirchenrechtliche Einbindung von Beichte und Absolution verurteilte, brachte er die drei Sätze der „Schlüsselgewalt" (Mt 16,19; 18,18; Joh 20,23) auf den gemeinsamen Nenner, daß Christus der ganzen christlichen Gemeinde diese Vollmacht übertragen habe.[181] Mit dieser Interpretation von Mt 16,18 f war zugleich die Behauptung entkräftet, Petrus und seinen Nachfolgern sei damals von Christus eine sakrale Gesetzgebungsvollmacht übertragen worden.[182]

[2.] Ein weiteres starkes Argument für die Vergebungsvollmacht, die der Christenheit anvertraut ist, erkennt Luther in dem für die Verkündigung Jesu beispielhaften Wort, mit dem Jesus in Mt 9,2 dem Gichtbrüchigen Sündenvergebung zuspricht und dadurch seine Vollmacht erweist (Mt 9,6).[183] Vergebungsworte Jesu wie Mt 9,2 und Mt 9,22[184] signalisieren für Luther das mit Jesus angebrochene messianische Heil. Um die theologische Bedeutung dieses Gesichtspunktes für das reformatorische Grundverständnis des Christentums zu ermessen, muß Luthers exegetische Beschäftigung mit einigen dieser Texte beachtet werden.

Das Jesus-Wort der Sündenvergebung in der Perikope Mt 9,1–8, wo auch die Frage nach der Vollmacht Jesu aufbricht, verknüpft Luther mit der Perikope Mt 11,2–10, in der Jesus das prophetische Wort Jes 61,1 vom vollmächtigen Handeln des Messias auf sich selbst bezieht, was parallel dazu auch in Lk 4,18 f geschieht. Ein Beispiel für seine Interpretation lieferte Luther in der Leipziger Disputation, 1519. Johannes Eck rekurrierte zur Verteidigung des Ablasses von Sündenstrafen auf die Autorität Christi, indem er Lk 4,18 mit der Zitation von Jes 61,1

---

[180] Von dem Papsttum zu Rom, 1520, WA 6, 312,31–35. – Vgl. De captivitate Babylonica ecclesiae, 1520, WA 6, 543,15–21.
[181] Von der Beichte, 1521, WA 8, 173,12–33.
[182] Den päpstlichen Anspruch auf höchste geistliche Gesetzgebungsvollmacht kritisiert Luther z. B. Warum des Papstes Bücher verbrannt sind, 1520, WA 7, 171,10–18, und Auf das überchristlich Buch Emsers Antwort, 1521, WA 7, 644,15–17, später in der Schrift Von den Schlüsseln, 1530, WA 30 II, 435–464 (Hs); 465–507 (Dr). – Aus derselben Zeit stammen die Notizen De potestate leges ferendi in ecclesia, (1530), WA 30 II, 681–690.
[183] Sermo de poenitentia, 1518, WA 1, 323,17. – Disputatio de remissione peccatorum, 1518, WA 1, 632,5. – Sermon von dem Sakrament der Buße, 1519, WA 2, 720,21; 722,19.
[184] Der Sermon von dem Sakrament der Buße erwähnt Mt 9,22 zusätzlich zu Mt 9,2, WA 2, 720,22.

anführte.[185] Dem hielt Luther entgegen, im Zusammenhang von Lk 4,18–21 läge das ganze Gewicht darauf, daß mit der Gegenwart des Jesus Christus die prophetische Ankündigung des Messias sich erfülle und dessen Heil in der vollen Vergebung der Sünden bestehe, was im Einklang mit der ganzen heiligen Schrift stehe.[186] In der gegensätzlichen Argumentation der beiden Kontrahenten kommt ihr unterschiedliches Grundverständnis der christlichen Religion zum Vorschein.

Der Anbruch des messianischen Heils mit der Verkündigung des Evangeliums durch Jesus Christus hat Luther zu einer intensiven Auslegung von Mt 11,2–10, der Evangeliumsperikope vom 3. Advent, veranlaßt, zunächst bei seiner lateinischen Auslegung der Epistel- und der Evangelienperikopen der vier Adventssonntage, 1521,[187] ein Jahr später in der auf der Wartburg verfaßten Auslegung der Perikopen für die Advents- und Weihnachtszeit.[188] Die messianische Heilsdefinition in den Jesus-Worten von Mt 11,4–6, in denen Jes 61,1 in freier Kombination mit Jes 35,5.6 a zitiert wird, findet Luther darin begründet, daß der Messias von sich selbst rede, wenn er sich als den von Gottes Geist Gesalbten bezeichnet, was sowohl dem Messias-Titel im Hebräischen als auch dem Christus-Titel im Griechischen entspreche.[189] Der Messias weise sich aus an seinen Werken wie ein guter Baum an seinen Früchten.

Denn hie haben wyr, das, wo nicht die werck sind, da ist auch Christus nicht; Christus ist eyn leben, thettig, fruchtbar weßen, das ruet nicht, es wirckt on unterlaß, wo es ist.[190]

---

[185] Leipziger Disputation, 1519, WA 59, 563 f,4096–4104 (Eck). Um den Begriff remissio in Lk 4,18 auf den Ablaß beziehen zu können, weist Eck darauf hin, daß in Jes 61,1 der für den Ablaß übliche Begriff indulgentia stehe.

[186] Ebd. WA 59, 568 f,4260–4267 (Luther): Adduxit etiam auctoritatem Esaiae 66 [Jes 61,1], ubi Christus Lucae 4 [V. 18] legens ex Esaia dicit: ‚Spiritus domini super me, eo quod unxerit me praedicare captivis indulgentiam‘, ubi Christus: ‚remissionem‘. […] Quod illa auctoritas nihil faciat ad rem, ipsa verba et consequentia textus declarant, quia Christus ibidem [Lk 4,21] dicit: ‚Hodie impleta est scriptura haec in auribus vestris‘, deinde quia loquitur [Christus] de vero anno iubilei, hoc est de plenitudine temporis, de corona anni benignitatis [Lk 4,21; Gal 4,4; Ps 64/65,12], et non de remissionibus poenarum sed de remissione peccatorum, de qua tota scriptura loquitur.

[187] Die Enarrationes epistolarum et evangeliorum, 1521, WA 7, 463–537, von Luther bereits 1519 begonnen, sollten sich eigentlich nicht nur auf die vier Adventssonntage erstrecken; Luther hat die Arbeit, ehe er am 2. April nach Worms abreiste, abgebrochen und mit dem Widmungsbrief an Kurfürst Friedrich den Weisen, 3. März 1521, ebd. 463–465, drucken lassen. – Die Auslegung von Mt 11,2–10, ebd. 500,1–511,40.

[188] Die Adventspostille erschien separat, 1522, WA 10 I 2, 1–208, gleich nach der Weihnachtspostille, die den je acht Epistel- und Evangelien-Perikopen vom 25. Dezember bis 6. Januar gewidmet ist, WA 10 I 1, 18,4–728,22.

[189] Adventspostille, 1522, zu Mt 11,2–10, WA 10 I 2, 152,23–30. – Ebd. 153,6–9 zitiert Luther auch Jes 35,4 c–6 a, und zwar nach der Vulgata.

[190] Ebd. WA 10 I 2, 153,20–22.

5.5 Das Evangelium von Gottes Sündenvergebung

Bei den sechs, in Mt 11,5 f genannten Werken des Messias legt Luther das Hauptgewicht auf das zuletzt genannte, die Predigt des Evangeliums, in der Jesus Christus gegenwärtig wird.

Darumb ist tzu mercken, das leren auch eyn werck ist, iha das furnhemist werck Christi; denn hie unter seynen wercken tzelet er auch, das [Mt 11,5] den armen das Evangelium predigt wirtt; [...] Wo Christus ist, da wirtt das Euangelion gewißlich [ge]predigt, wo es nicht [ge]predigt wirt, da ist Christus nicht.[191]

Weil so viel darauf ankomme, das Evangelium im Unterschied zum Gesetz richtig zu verstehen, unterbricht Luther hier seine Auslegung der Perikope mit einem Exkurs über diese zwei „Worte oder Predigten", in denen der Mensch „von Anbeginn allzeit" Gottes Anspruch und Zuspruch vernimmt.[192] Bei der Predigt des Evangeliums gibt Luther allen Nachdruck dem Wort, mit dem Gottes Gnade und die Vergebung der Sünde dem Menschen zugesagt wird, so daß er in seinem Gewissen von den Fesseln der Schuld befreit wird und in solcher Freiheit Gottes Gebote für sein eigenes Handeln bejahen kann.

Das Euangelion [...] ist nicht gesetz noch gepott, foddert auch nichts von uns, ßondern wenn solchs durchs erste wortt des geseczs geschehen, und der elend iamer und armut ym hertzen zugericht ist, ßo komt er denn, und beutt an seyn lieblich, lebendig wort, und vorspricht, zusagt und vorpflicht sich, gnade und hulff zu geben, damit wyr auß solchem iamer komen sollen, und alle sund nicht alleyn vorgeben, ßondern auch vortilget, datzu lieb und lust zurfüllung [:zur Erfüllung] des gesetzs geben seyn sollen. Sihe, solch gottlich tzusagung seyner gnade unnd vorgebung der sund heysst eygentlich Evangeli[um]. Und ich sage noch eyn mal und abermal, das du das Evangeli[um] ia nichts anders vorstehist, denn: gottliche zusagung seyner gnade und vorgebung der sunde.[193]

Wenn er nach dem Exkurs wieder zur Auslegung der Perikope zurückkehrt, wird die Sündenvergebung eingefügt in das umfassende Heil, das in der Universalität für „alle Welt" erst mit Jesus als dem Christus oder Messias Wirklichkeit geworden ist.[194] Mit dem in Mt 11,5 an letzter Stelle genannten Werk wird das ganze messianische Heilswerk des Jesus Christus auf seinen Gipfel gebracht.

‚Den armen wirt das Euangelion [ge]predigt' [...] unter allen wercken Christi keyn grosser ist, denn das den armen das Euangelion [ge]predigt wirt, dieweyl es nit anders denn ßo viel ist gesagt: Den armen wirt vorkundigt gottliche tzusagung aller gnaden und trost ynn Christo und durch Christo angeboten und furgelegt, das, wer da glewbt, dem sollen alle sund vorgeben, das gesetz erfüllet, das gewissen erlost, und endlich [:endgültig]

---

[191] Ebd. WA 10 I 2, 154,10–15.
[192] Ebd. WA 10 I 2, 155,20–24: Hie mussen wyr wissen, was das Euangelion sey, [...] darumb ist wol und mit vleyß tzu mercken, das gott tzweyerley wortt oder predigt ynn die wellt hatt von anbegynn alltzeyt gesandt: gesetz und Euangelion, diße tzwo predigt mustu wol unterscheyden und erkennen. – Ebenso unterbricht in den Enarrationes epistolarum et evangeliorum, 1521, ein Exkurs die Auslegung der Perikope, WA 7, 502,34–504,32.
[193] Ebd. WA 10 I 2, 158,5–15.
[194] Ebd. (noch innerhalb des Exkurses) WA 10 I 2, 158, 32–34: Christus ist der bott [:Bote] gottlicher tzusagung an die gantze welt. Darum ist er auch komen und hat sie lassen außgehen durchs Evangeli ynn alle wellt, hatt sie aber zuvor altzeyt durch die propheten vorkundigt.

ewigs leben geschenckt seyn; was mocht eyn arm, elend hertz, und bekummert gewissen, frolichers horen? Wie kund eyn hertz trotziger und mutiger werden, denn von solchen trostlichen reychen wortten und tzusagungen? Sund, todt, hell, welt und teuffel, und alles ubel ist voracht, wenn eyn arm hertz solchen trost gottlicher tzusagung empfehet und glewbt. Blinden sehend machen, und todten auffwecken [Mt 11, 5], ist gar eyn schlechts [:einfaches, geringes] ding gegen dem Evangelio den armen vorkundiget; drum setzt erß tzuletzt, als das aller grossist und bestes unter dißen wercken.[195]

In diesen Zirkel von Luthers theologisch reflektierter Exegese muß seine Auslegung von Mt 9,1–8 aufgenommen werden. Das Jesus-Wort Mt 9,2 mit dem direkten Zuspruch der Vergebung in Gottes Vollmacht zitiert Luther bereits in den frühen Traktaten der reformatorischen Revision des Beichtsakramentes in dem Sinn, daß das Absolutionswort des Geistlichen als Wort Christi geglaubt sein will.[196] In den Predigten über die Perikopen Mt 9,1–8 und Mt 9,18–26 erhalten die Vergebungsworte Jesu immer wieder stärksten Nachdruck. Was Jesus in seiner messianischen Vollmacht den Menschen, die glaubend bei ihm Gottes Heil suchten, als Gottes Vergebung zugesprochen hat, das ist im Evangelium des Jesus Christus der Christenheit übertragen worden, so daß die Christenheit die Vollmacht gewonnen hat, Gottes Vergebungswort auszurichten.

Dan diß gewalt, die sund zuvorgeben, ist nit anders, dan das eyn priester, Ja ßo es nott ist, eyn yglich Christenn mensch mag zu dem andern sagen, und ßo er yhn betrubt und geengstet sicht yn seinen sunden, frölich eyn urteyl sprechen [Mt 9,2] ‚sey getrost, dir seyn deyn sund vorgeben', Unnd wer das auff nympt und glaubt es alls eyn wort gottis, dem seyn sie gewißlich vorgeben. Wo aber der glaub nit ist, hulffs nit, ob gleych Christus und gott selbs das urteyll sprech, den gott kann niemant geben, der es nit will haben, Der will es aber nit haben, der nit glaubt, das yhm geben sey, und thut dem wort gottis eyn groß uneere […]. Alßo sihestu, das die gantz Kirch voll ist vorgebung der sund, Aber wenig seynd yhr, die sie auffnehmen und empfahen, Drumb das sie es nit glauben, und wollen sich mit yhren wercken gewiß machen.[197]

In einer anderen Predigt spricht Luther, vor allem an Mt 9,6.8 anknüpfend, von der christlichen Vollmacht in Kontinuität zu der Sündenvergebung, die mit Jesus unter den Menschen ihren Anfang genommen hat und von ihm der Christenheit zum Erbe hinterlassen worden ist. Obgleich diese Vollmacht unter den Christen in erster Linie von denen ausgeübt wird, die dazu beauftragt sind, ist sie doch prinzipiell jedem Christen übertragen. Ein Christ kann einem anderen Menschen aus dessen Gewissensnot helfen und ihm sagen: „Warum bist du betrübt? Als ein Christ sage ich dir: Du tust dir selbst unrecht. Gott ist dir nicht ungnädig".

---

[195] Ebd. WA 10 I 2, 159,20–35.
[196] Wie wichtig es sei, im Beichtgespräch der zugesagten Vergebung „festiglich" zu glauben, unterstreicht Luther im Sermon von dem Sakrament der Buße, 1519, mit dem Hinweis auf die Christus-Worte in Mt 9,2 und 9,22, WA 2, 720,15–23: gleych wie Christus sprach zu dem gichtprüchigen [Mt 9,2] ‚Meyn sun, glaub, ßo sein dir dein sund vorgeben', Und zu dem weyb [Mt 9,22] ‚Glaub, meyn tochter, deyn glaub hatt dich gesund macht'.
[197] Ebd. – im Anschluß an Mt 9,6–8 –, WA 2, 722,16–27.

5.5 Das Evangelium von Gottes Sündenvergebung

Einen Zuspruch dieser Art soll der Hilfesuchende annehmen, als ob Christus die Worte vom Himmel her gesprochen hätte.[198]

[3.] Bei der Kontinuität der Vollmacht weiß Luther zu differenzieren zwischen der Vollmacht Jesu und der in der Christenheit gebrauchten Vollmacht; dazu gibt ihm Anlaß die Perikope Mt 15,21–28 von der kanaanäischen Frau, die bei Jesus Hilfe sucht, jedoch von ihm das abweisende Wort zu hören bekommt (Mt 15,24): „Ich bin nur gesandt zu den verlorenen Schafen des Hauses Israel". In seiner eigenen Person hatte Jesus seinen Messias-Auftrag mit der Vollmacht der Sündenvergebung nur gegenüber dem Volk Israel auszuführen, was nicht hinderte, daß er einzelnen Nicht-Israeliten die von ihnen erbetene Hilfe gewährte. Erst seit seiner Erhöhung zur Rechten Gottes und der Sendung des Heiligen Geistes läßt er sein Evangelium aller Welt in der vollendeten Universalität des messianischen Heils predigen.[199] Beide Etappen des messianischen Heilsgeschehens sind auf die Person Christi bezogen. In seiner irdischen Existenz stand Jesus Christus im Dienst an seinem jüdischen Volk, während er als der erhöhte Herr und Erlöser mit der weltweiten Predigt des Evangeliums seine universale Heilsherrschaft ausübt. Er ist handelnd präsent in dem Evangelium, durch das der Glaube Gottes Sündenvergebung empfängt.[200] Ein Wesenszug des messianischen Heils ist es, daß es an kein Gesetz gebunden ist; das kontingente Wirken des Heiligen Geistes ist jedoch unlösbar verbunden mit dem Evangelium des Jesus Christus, das in der Christenheit vernehmbar ist. Deshalb spricht der dritte Artikel des Glaubensbekenntnisses von der Vergebung der Sünden als einem Werk des Heiligen Geistes in der Gemeinschaft der Christen.

Ich glaub, das do sey yn der selben gemeyne, und sonst nyrgend, vorgebung der sund, [...] wilche bleybt, wo und wie lange die selben eynige gemeyne bleybt, Wilcher Christus

---

[198] Predigt, 19.10.1533, über Mt 9, 2–8, WA 37, 174,28–175,4 Ns: Et textus dicit [Mt 9,8], quod deus dederit hominibus hanc potestatem und hats durch Christum angefangen, von dem ererbets auff die andern, praesertim, qui in officio sunt. Nichts deste weniger hat illam potestatem auch quisque Christianus seorsim, das er sol und kann zu dir sagen: ‚Cur tristis es? Ich als ein Christ sag dir: du thust dir selb unrecht, Gott ist dir nicht ungnedig', der wort sol er sich trosten, als spreche sie Christus e caelo. Ideo ligts daran, ut cor videat, das es gnad hat. – Vgl. ebd. 174,22–27.
[199] Predigt, 26.2.1526, über Mt 15,21–28, WA 20, 285,7–12 Ns: Christus dividendus in duo ista tempora, ante spiritum sanctum et post. Ante datum spiritum sanctum Christus ist gangen auff erden et ipse praedicavit et expedivit officium a patre commissum, ut praedicaret Jes 61 [V. 1], sacramentum institueret etc. et postea passione sua redimeret genus humanum. Das ist ein stuck. Post ubi Christus sedet in regno et regit per sanctum spiritum mundum, da hebt das Evangelium an. – Ebd. 285,23–286,3 Ns: Deus promiserat Abrahae et patribus Messiam daturum et missurum Iudaeis. Ideo ita mansit inter Iudaeos. Christus seiner person halben mansit in populo Israel et expedivit officium. Postea spiritus sanctus. Ubi mortem vicit et occupavit regnum, [...] et ille thesaurus distributus in totum mundum. Ita passio tantum facta inter Iudaeos, sed thesaurus inter omnes gentes fuit dispersus.
[200] Ebd. WA 20, 286,10 f Ns: Serviens Christus pertinet ad Iudaeos, regnans ad omnem terram. – Ebd. 287,1–3 Ns: In seim herlichen wesen dat omnibus, quae dedit Iudaeis. Im dinstlichen wesen serviit tantum Iudaeis.

die schlussell gibt unnd spricht Mt 18 [V. 18 b] ‚Was yhr werdet auffbinden auff erden, soll auff gepunden seyn yn dem hymell'. Desselben gleychen zu dem entzelen [:einen] Petro an statt und bedeutung der entzlen [:einen] eynigen kirchen Mt 16 [V. 19 b] ‚Was du wirst auffbinden' etc.[201]

B) Der Beter, der in Luthers Lied zu Psalm 130 „Aus tiefer Not" zu Gott ruft, bekennt:

Bey dyr gillt nichts den gnad und gonst / die sunden zu vergeben.
Es ist doch unser thun umb sonst / auch ynn dem besten leben.
Fur dyr niemant sich rhumen kan, / des [:deshalb] mus dich furchten yderman
Und [von] deyner gnaden leben.[202]

Gott suchen heißt – jedenfalls in der christlichen Rezeption des Psalms –, nichts anderes von ihm erwarten als seine „Gnade und Gunst" im Erweis seiner Sündenvergebung. In den synonym gemeinten Worten „Gnade und Gunst" steckt Luthers theologisch reflektierter Gnadenbegriff, der sich nun mit Gottes Sündenvergebung auf die elementare Situation des Menschen vor Gott bezieht. In Luthers qualifizierter Rede von Gottes Gnade ist dieser Begriff definiert als Gottes ungeteilte Gunst oder Huld,[203] seine rettende Zuwendung zum Menschen. So verstanden wird Gottes Gnade durch das Evangelium erfahren. Unter dem Gesetz hingegen erfährt der Mensch in seiner Gottesentfremdung den Zorn Gottes, wenn das Gesetz mit dem Doppelgebot der Gottes- und Nächstenliebe ihm vorhält, was er in seiner geschöpflichen Verantwortung Gott schuldig bleibt. Präzise formuliert Luther in seiner Schrift gegen den Löwener Jacobus Latomus die Situation des Menschen unter dem Gesetz und unter dem Evangelium.

Evangelium [...] sic tractat peccatum, ut ipsum tollat, et sic pulcherrime legem sequitur. Lex enim introduxit et nos obruit peccato per cognitionem eius, quo fecit, ut ab illo liberari peteremus et gratiam suspiraremus.[204]	Das Evangelium [...] behandelt die Sünde so, dass es sie aufhebt, und so folgt es sehr schön auf das Gesetz. Das Gesetz nämlich hat uns hineingeführt und uns unter der Sünde begraben durch deren Erkenntnis, wodurch es bewirkt hat, dass wir von ihr befreit zu werden baten und nach der Gnade seufzten.

Ehe er auf die Polarität von Gottes Gnade und seinem Zorn zu sprechen kommt, nennt er unter den Begriffen Gerechtigkeit und Gnade eine doppelte Wirkung des Evangeliums auf den Menschen, Bei dem Begriff der Gerechtigkeit denkt

---

[201] Kurze Form des Glaubens, 1520, WA 7, 219,17–25.
[202] Luthers Lieder Nr. 4, Strophe 2, WA 35, 419,11–420,26. Der zugrundeliegende Vers Ps 130,4 lautet in seiner Übersetzung seit 1524, WA.DB 10 I, 541 (Version 1545): Denn bey dir ist die vergebung, Das man dich fürchte.
[203] Ein Beispiel für Huld als Synonym für Gnade bietet das Osterlied, Luthers Lieder Nr. 17, Strophe 2, WA 35, 445,12–16: Der on sunden war geporen / trug fur uns Gottes zorn, / Hat uns versunet, / das Gott uns seyn huld günnet. / Kyrieleyson.
[204] Rationis Latomianae confutatio, 1521, WA 8, 105,36–39; LDStA 2, 341,40–343,2.

er hier an die innere Wirkung, die zusammen mit dem Glauben eintritt. Der effektive Aspekt wird nur angedeutet als Prozeß einer Heilung von der Sünde.

Nam Evangelium etiam duo praedicat et docet, iustitiam et gratiam dei. Per iustitiam sanat corruptionem naturae, iustitiam vero, quae sit donum dei, fides scil. Christi.[205]	Denn auch das Evangelium predigt und lehrt zweierlei: die Gerechtigkeit und Gottes Gnade. Durch die Gerechtigkeit heilt es die Verderbnis der Natur, und zwar durch die Gerechtigkeit, die Gottes Gabe ist, nämlich der Christusglaube.

Was das Evangelium zusammen mit dem Christus-Glauben im Menschen heilend und befreiend bewirkt, wird begleitet von Gottes Gnade, das heißt von Gottes Erbarmen mit dem Menschen, von seinem reinen Wohlwollen für den Menschen. Mit dem Evangelium und seiner Wirkung im Glaubenden erschließt sich Gottes dem Menschen zugewandtes Wesen. Für die Wirkung des Gesetzes liegt eine analoge Unterscheidung parat, das ist die Sünde, unter der das Gesetz den Menschen gefangen hält und damit verkettet der Zorn Gottes; hier, unter dem Gesetz, bleibt dem Menschen Gottes wesenhafte Gnade verborgen und verwehrt. In der Polarität der Erfahrung von Gottes Gnade und Gottes Zorn erhält die Gnade Gottes das größere Gewicht. Luther merkt an, mit diesem Verständnis von Gottes Gnade teile er nicht den scholastischen Begriff von Gnade, der eine seelische Qualität im Menschen bezeichnet. Gemeint ist jene gerechtmachende Gnade, die nach kirchlicher Lehre dem Gläubigen mit der Taufe verliehen und nach schweren Sünden immer wieder im Bußsakament erneuert werden muß. Die von Luther vorher genannte Wirkung des Evangeliums im Menschen ist anderer Natur als der von ihm abgelehnte Begriff einer Gnadenqualität im Menschen. Für ihn ist die innere Wirkung des Evangeliums an den Christus-Glauben gebunden, während das Evangelium mit der Zusage von Gottes Gnade oder Barmherzigkeit dem Glauben ein neues Gottesverhältnis erschließt, weil es den Zorn Gottes unter dem Gesetz vertreibt.

Huic fidei et iustitiae comes est gratia seu misericordia, favor dei, contra iram, quae peccati comes est, ut omnis qui credit in Christum, habeat deum propitium. [...] Gratiam accipio hic proprie pro favore dei, sicut debet, non pro qualitate animi, ut nostri recentiores docuerunt atque haec gratia tandem vere pacem cordis operatur, ut homo a corruptione sua sanatus, etiam propitium deum habere se sentiat.[206]	Begleiter dieses Glaubens und dieser Gerechtigkeit ist die Gnade oder Barmherzigkeit, Gottes Huld, wider den Zorn, der der Begleiter der Sünde ist, so dass jeder, der an Christus glaubt, einen gnädigen Gott hat. [...] Gnade verstehe ich hier im eigentlichen Sinn als Gottes Huld, wie es sein muss, nicht als Beschaffenheit des Geistes, wie unsere Neueren gelehrt haben. Und diese Gnade wirkt endlich wahrhaft den Frieden des Herzens, so dass der Mensch, von seiner Verderbnis geheilt, auch fühlt, dass er einen gnädigen Gott hat.

---

[205] Ebd. WA 8, 105,39–106,2; LDStA 2, 343,2–5.
[206] Ebd. WA 8, 106,6–8.10–13; LDStA 2, 343,11–14.17–21.

Gottes Gnade sowie Gottes Zorn bleiben für den Menschen außerhalb seiner selbst; sie bestimmen extern sein Gottesverhältnis. Beide müssen unterschieden werden zum einen von der inneren, heilenden Wirkung des Evangeliums im Glaubenden, zum anderen von dem Übel der Sünde, von dem sich der Mensch unter dem Gesetz nicht befreien kann. Die beiden externen Größen sind für den Menschen bedeutsamer; sie verdienen seine höhere Aufmerksamkeit als die Phänomene von Unheil und Heil, die in ihm angetroffen werden. Denn der Gnade oder Huld Gottes verdankt er die Vergebung seiner Sünden.

Proinde sicut ira maius malum est, quam corruptio peccati, ita gratia maius bonum, quam sanitas iustitiae, quam ex fide esse diximus. Nemo enim (si posset fieri) non mallet carere sanitate iustitiae, quam gratia dei. Nam remissio peccatorum et pax proprie tribuitur gratiae dei, sed fidei tribuitur sanitas corruptionis. Quia fides est donum et bonum internum oppositum peccato [...]. At gratia dei est externum bonum, favor dei, opposita irae.[207]	Sodann, wie der Zorn ein größeres Übel ist als die Verderbnis der Sünde, so ist die Gnade ein größeres Gut als die Gesundheit der Gerechtigkeit, von der wir sagen, dass sie aus dem Glauben komme. Denn niemand würde (wenn es geschehen könnte) nicht lieber die Gesundheit der Gerechtigkeit entbehren als die Gnade Gottes. Denn Vergebung der Sünden und Frieden werden eigentlich der Gnade Gottes zuerkannt, dem Glauben aber wird die Heilung der Verderbnis zugerechnet Denn der Glaube ist eine Gabe und ein der Sünde entgegengesetztes inneres Gut [...]. Doch die Gnade Gottes ist ein äußeres Gut, Gottes Huld, die dem Zorn entgegentritt.

Bedeutsam für die Gotteserfahrung des Menschen unter dem Evangelium und unter dem Gesetz ist schließlich noch ein Gesichtspunkt. Gottes Gnade oder Gottes Zorn treffen die Person des Menschen. Als externe Größen sind sie unteilbar für den Menschen. Sie bedeuten für ihn Heil oder Unheil im Ganzen, so daß er im Evangelium von Gottes Gnade auch fürs ewige Leben angenommen wird, unter dem Gesetz jedoch dem Zorn Gottes und dem ewigen Tod verfallen bleibt.

Habemus ergo duo bona evangelii, adversus duo mala legis, donum pro peccato, gratiam pro ira. Iam sequitur, quod illa duo ira et gratia, sic se habent (cum sint extra nos) ut in totum effundantur, ut qui sub ira est, totus sub tota ira est, qui sub gratia, totus sub tota gratia est, quia ira et gratia personas respiciunt. Quem enim deus in gratiam recipit, totum recipit, et cui favet, in totum favet. Rursus, cui irascitur, in totum irascitur [...], ut longe, sicut dixi, gratia	Wir haben also zwei Güter des Evangeliums gegen zwei Übel des Gesetzes, die Gabe statt der Sünde, die Gnade statt des Zornes. Daraus folgt, dass diese zwei, Zorn und Gnade, sich so verhalten (da sie außerhalb von uns sind) dass sie im Ganzen ausgeschüttet werden, so dass, wer unter dem Zorne ist, ganz unter dem Zorne ist, wer unter der Gnade, ganz unter der ganzen Gnade ist, weil Zorn und Gnade die Personen betreffen. Wen nämlich Gott in die Gnade aufnimmt, nimmt er ganz auf, und wem er Gunst zuwendet, wendet er sie ganz zu. Wiederum, wem er zürnt, dem zürnt er im Ganzen [...], so

---

[207] Ebd. WA 8, 106,15–22; LDStA 2, 343,25–36.

a donis secernenda sit, cum sola ‚gratia' sit ‚vita aeterna' Rom 6 [V. 23], Et sola ira sit mors aeterna.[208]	dass, wie ich sagte, die Gnade bei weitem von den Gaben zu trennen ist, da allein die Gnade das ewige Leben ist, Röm 6 [V. 23], und allein der Zorn der ewige Tod.

Ehe im Folgenden das Geschehen der Rechtfertigung des Sünders genauer beleuchtet wird, sei eine Vorbemerkung zum Wortfeld „rechtfertigen" vorausgeschickt. Mit dem Wort „rechtfertigen" und seinem Substantiv „Rechtfertigung" ist im Mittelalter das lateinische Verb „iustificare" und das Substantiv „iustificatio" übersetzt worden. Im Deutschen begegnet auch das Adjektiv „rechtfertig", das heißt „gerechtfertigt"; es entspricht im theologischen Sprachgebrauch dem lateinischen „iustificatus". In beiden Sprachen ist der Wortstamm zusammengesetzt und enthält im Lateinischen neben dem Adjektiv „iustus" das Verb „facere", dem im Deutschen das „fertigen" entspricht, wie man es heutzutage im Verb „anfertigen" antrifft. Im theologischen Gebrauch des Mittelalters bedeutet das „iustificare" und ebenso die „iustificatio" ein spezifisches Gerechtmachen, wenn vor allem im Bußsakrament aus dem Sünder ein Gerechter gemacht wird durch Wiederherstellen des Gnadenstandes. Eine analoge Wortbildung liegt bei dem Verb „pacificare" mit seinen Derivaten vor. Als Luther 1522 bei der Übersetzung des Neuen Testamentes für die Seligpreisung Mt 5,9 die Formulierung „Selig sind die Friedfertigen" (Beati pacifici) wählte, erläuterte er in einer Randglosse sogleich seine Wortwahl. Mit „friedfertig" sei mehr gemeint als mit dem Wort „friedsam", mit dem er dasselbe lateinische Adjektiv in Jak 3,17 übersetzt hat. Die „Friedfertigen" seien es, die unter anderen Menschen Frieden machen, fördern und erhalten; er fügt hinzu, so habe „Christus uns bei Gott Frieden gemacht", wobei er offenkundig an Kol 1,20 denkt.[209] Was in diesem umfassenden theologischen Sinn die Seligpreisung der Friedfertigen in Mt 5,9 besagt, hat er der Gemeinde lebensnah ausgelegt:

Das ist die nit allain fridsam sein, sunder auch fride machen, da ein gut wort verleyhen, dort ein gut wort darlegen, allenthalben stillen und schweygen, und das sein die gottes kinder, wie Christus ist, und der hats auch frey erzaygt. Dann er ist herab vom hymel gestigen und hat von got alles guts, alles süsses, alle barmhertzigkait gesagt, Nemlich das unns der vater unnser sündt vergeben hab, und darnach ist er wider auffgestigen zu got und hat got widerumb alles guts von unns gesagt, Nemlich ‚vater, sie haben kain sündt mer, ich hab sie auff mich geladen und wegk genummen'.[210]

Der Seitenblick auf Luthers Übersetzung und Interpretation von Mt 5,9 hilft zu erklären, weshalb Luther 1530 in seiner revidierten Bibelübersetzung das Wort

---

[208] Ebd. WA 8, 106,35–107,3.11 f; LDStA 2, 345,12–20.31–33.
[209] Randglosse seit 1522 zu Mt 5,9 „Friedfertigen", WA.DB 6, 27 (Version 46): Die Friedfertigen sind mehr denn [:als] Friedsamen, nemlich, die den friede[n] machen, fordern [:fördern] und erhalten unter andern [Menschen]. Wie Christus uns bey Gott hat friede[n] gemacht.
[210] Predigt, 1. 11. (Allerheiligen) 1522, über Mt 5,1–10, zu Mt 5,9, WA 10 III, 407,1–8 Dr.

„rechtfertigen" an etlichen Stellen durch „gerechtmachen" ersetzt hat.[211] Vor dem Hintergrund der Übersetzung von Mt 5,9 kann man vermuten, daß Luther bei dem Wort „rechtfertigen", das durch den traditionellen kirchlichen Gebrauch fixiert gewesen ist, sich nun durch Erwägen des Sprachkontextes entschlossen hat, an geeigneten Schriftstellen, keineswegs überall, lieber von „gerechtmachen" als von „rechtfertigen" zu sprechen.[212] Einige damit zusammenhängende herkömmliche Wortbildungen hat er ebenfalls geändert.[213] Doch an dem Wort „Rechtfertigung" hat er festgehalten; er hätte es durch das unschöne Wort „Gerechtmachung" ersetzen müssen. Der Gesamteindruck läßt vermuten, daß Luther von Anfang an wußte, aus welchen Bestandteilen das lateinische iustificare (iustum facere) und seine Derivate gebildet sind, daß er jedoch bei der im biblischen Sprachgebrauch vielfältig auftauchenden Wortfamilie zunächst im Deutschen an der Wortfamilie „rechtfertigen" festhielt, zumal sie im kirchlichen Gebrauch fest verankert war. Erst bei der 1530 abgeschlossenen Revision sah er sich in der Lage, in einer recht differenzierten Weise die Wortfamilie „rechtfertigen" aufzulockern. Es bleibt die Frage, ob Luther nicht nur eine sprachliche, sondern auch eine theologische Absicht verfolgte, ob etwa die Änderung von „rechtfertigen" in „gerecht machen" den effektiven Charakter im Geschehen der Rechtfertigung unterstreichen sollte. Das berührt die immer wieder aufbrechende Überlegung, in welchem Sinne im Kontext des Rechtfertigungsgeschehens die verwendeten Ausdrücke für ein „imputatives" Handeln Gottes sprechen, inwieweit die Rechtfertigung sich darauf beschränkt, daß Gott dem Sünder die Gerechtigkeit Christi zurechnet. Unbedingt muß auf den Sachzusammenhang im Grundverständnis der christlichen Religion geachtet werden. Das reformatorische Verständnis der Rechtfertigung des Sünders oder des Gottlosen blieb bei der Revision des Neuen Testamentes unverändert und implizierte nach wie vor ein anderes „Gerechtmachen" als in der herkömmlichen kirchlichen Lehre und Praxis.

Wenn Luther davon spricht, daß Gott dem Menschen durch das Evangelium die Sünde vergibt, dann ist das sowohl ein imputatives als auch ein effektives Geschehen; dem Glaubenden wird die Gerechtigkeit zugerechnet und zugleich wird er in diesem Geschehen gerecht gemacht.

Sündenvergebung bedeutet in Luthers Theologie genau so viel wie „Rechtfertigung", ergreift doch der Glaube die im Evangelium angebotene Gerechtigkeit

---

[211] Über die von Luther gemeinsam mit Melanchthon vorgenommene Revision des Neuen Testamentes, deren Ergebnis in der Ausgabe des Neuen Testamentes 1530 vorlag, informiert WA.DB 6, S. LXIII f.

[212] Ein Teil der Randglossen Luthers ist ebenfalls von der Änderung betroffen.

[213] Die Übersetzung von Röm 5,18 lautet ab 1522, WA.DB 7, 44: Wie nu durch eynes sund die verdamnis uber alle menschen komen ist, also ist auch durch eynes rechtfertickeyt die rechtfertigung des lebens uber alle menschen komen. – Seit 1530 lautet V. 18 b, WA.DB 7, 45: Also ist auch durch eines Gerechtigkeit die Rechtfertigung des Lebens uber alle Menschen kommen. – Seit 1522 erläutert Luther Röm 5,18 durch die Randglosse, ebd. 7, 45 (Version 1546): Wie Adams sunde unser eigen worden ist. Also ist Christus gerechtigkeit unser eigen worden.

5.5 Das Evangelium von Gottes Sündenvergebung

des Jesus Christus; sie allein ist die Gerechtigkeit, die vor Gott gilt. Die Gerechtigkeit, die der Christ für sich als Gottes Vergebung glaubt, kann er für sich ins Feld führen, wenn er in seinem Gewissen vom Gesetz als Sünder angeklagt wird.

An Luthers Übersetzung von Röm 3,23–26 kann man ablesen, wie für den Glaubenden Gottes Vergebung der Sünde zusammenfällt mit dem Empfangen der Christus-Gerechtigkeit, wie demnach die Sündenvergebung und das Gerecht-Werden im Geschehen der Rechtfertigung zusammengehören.

[23]Denn es ist hie kein unterscheid, Sie sind allzumal Sünder, und mangeln des Rhumes, den sie an Gott haben sollen,
[24]Und werden on verdienst gerecht [1522–1527²: gerechtfertiget] aus seiner Gnade, durch die Erlösung, so durch Christo Jhesu geschehen ist,
[25]Welchen Gott hat furgestellet zu einem Gnadenstuel, durch den glauben in seinem Blut, da mit er die Gerechtigkeit, die fur jm gilt, darbiete, in dem, das er SUNDE VERGIBT [seit 1533¹ in Majuskeln], welche bis an her blieben war, unter göttlicher gedult,
[26]auff das er zu diesen zeiten darböte die Gerechtigkeit, die fur jm gilt, Auff das er allein Gerecht sey, und gerecht mache [1522–1527²: rechtfertige] den, der da ist des glaubens an Jhesu.[214]

Zusätzlich sind zwei Randglossen aufschlußreich. Seit 1522 existiert eine Randglosse zu Röm 5,23 a; sie lautet in der letzten Fassung:

Merck dis, da er saget ‚Sie sind alle sünder' etc., Ist das Heubtstück und der Mittelplatz dieser Epist[el] und der gantzen Schrifft, nemlich, Das alles sünde ist, was nicht durch das blut Christi erlöset, im glauben gerecht [1522¹–1527² gerechtfertiget] wird. Darumb fasse diesen Text wol denn hie ligt darnider aller werck verdienst und rhum, wie er selbs hie saget, und bleibet allein lauter Gottes gnade und ehre.[215]

Seit 1533 läßt Luther in Röm 3,25 die Worte „Sunde vergibt" in Majuskeln drucken und macht zu „bis an her" folgende Randglosse:

Die sünde kundte weder Gesetz noch kein gut werck wegnemen, Es muste Christus und die Vergebung thun.[216]

Um das Geschehen der Rechtfertigung zu verstehen, muß an die prädikative Redeweise erinnert werden, mit der Luther die Situation des Menschen zwischen Unheil und Heil beschreibt.

Erstens, mit der Erlösung, das heißt mit der Befreiung vom Unheil zum Heil, wird dem Menschen durch den Christus-Glauben statt der Sünde die Gerechtigkeit, statt des Todes das Leben, statt ewigen Gottesverlustes die ewige Gottesgemeinschaft oder Seligkeit zuteil.

Zweitens, die Gerechtigkeit – ebenso die anderen Heilsprädikate – werden dem Glaubenden nie so zugeeignet, daß sie in ihm selbst durch eigene Qualität begründet sind, vielmehr behalten sie ihren Grund außerhalb des Glaubenden

---

[214] Röm 3,23–26, WA.DB 7,39 (Text 1546); lediglich die Textvarianten sind vermerkt, die für das Thema „Rechtfertigung" von Belang sind.
[215] Randglosse seit 1522 zu Röm 3,23 a „Sie sind alle Sünder", WA.DB 7, 39 (Text 1546).
[216] Randglosse seit 1533¹ zu Röm 3,25 „bis an her", WA.DB 7, 39 (Version 1546).

in Christus. Als eine „fremde" Gerechtigkeit bezeichnet Luther 1530 in einem Brief an Prediger der reformatorischen Lehre in Lübeck die Gerechtigkeit, die in Jesus Christus durch Gottes Gnade dem Glaubenden zuteil wird und ihn in seinem Gewissen von der bedrängenden Macht des Gesetzes befreit.[217] Das deckt sich völlig mit seiner Deutung dieser Gerechtigkeit in einem Brief von 1531 an Johannes Brenz (s. o. Kap. 3.2) wie auch in einer Tischrede:

> Christliche Gerechtigkeit ist nicht eine solche Gerechtigkeit, die in uns ist und klebet, wie sonst eine Qualitas und Tugend, das ist, das man bei uns findet oder das wir fühlen; sondern ist eine fremde Gerechtigkeit gar außer uns, nehmlich Christus selber ist unsere formalis Iustitia, vollkommene Gerechtigkeit und das ganze Wesen.[218]

Die prädikative Redeweise impliziert ein Gerecht-Werden des Menschen, allerdings nicht so, daß die Gerechtigkeit als solche in seinen Besitz überginge. Als ein effektives Geschehen bleibt das Gerecht-Werden begründet in Gottes Zuwendung seiner Vergebung; insofern ist ein imputativer Akt in Gottes Handeln eingeschlossen. Etwas anders gewendet: Der Glaube des Christen ergreift im Evangelium des Jesus Christus Gottes Vergebung als ein Geschehen, in dem Gott die Sünde dem Glaubenden nicht zurechnet, ihm jedoch die Gerechtigkeit Christi zurechnet, ihn für gerecht erachtet. Solcher Glaube hat in Luthers Sicht eine effektive Eigenschaft; er „reinigt die Herzen" (Apg 15,9), er befreit die Gewissen, „als „ein lebendig, [ge]schefftig, thettig, mechtig Ding" bewirkt er neues Leben und bringt Früchte der Nächstenliebe hervor.[219]

Im Theologischen scheint nicht der Grund zu liegen für die seit dem Druck vom Frühjahr 1530 erfolgte Änderung im Text des Neuen Testamentes. Denn seit dieser Zeit 1530 spricht Luther nicht seltener als vorher davon, daß Gott dem Glauben die Gerechtigkeit „zurechnet".[220] Die imputative Redeweise war durch

---

[217] An die Prediger zu Lübeck, 12.1.1530, Nr. 1520, WA.B 5, 221,15–19: primo loco autem caput doctrinae nostrae tractetis et plantetis, quod est de iustificatione nostri, aliena scilicet iustitia nempe Christi per fidem nobis donata, quae pervenit per gratiam iis, qui per legem prius territi et peccatorum conscientia afflicti suspirant redemptionem. – Als iustitia aliena bezeichnet Luther im Sermo de triplici iustitia, 1518, die Gerechtigkeit Christi, die Gott dem peccatum alienum, nämlich der in „Adam" eingetretenen Macht der Gottesentfremdung, entgegensetzt, WA 2, 44,32f; wegen der Gerechtigkeit Christi wird der Mensch als „Christ" gerettet, nicht wegen einer Qualität, die an seinem Eigennamen hängt, ebd. 45,30f: Nullus salvatur nomine suo proprio, sed appellativo (id est non ut Petrus, Paulus, Ioannes, sed ut Christianus). – Noch intensiver hat Luther dann im Sermo de duplici iustitia, 1519, im Anschluß an Phil 2,5f den Begriff der iustitia aliena in Relation zur iustitia propria reflektiert, WA 2, 145–152.

[218] WA.TR 6, 71,17–22 Nr. 6602 (ohne Datum in Aurifabers Sammlung), lateinische Version WA 48, 649,10–13.

[219] Römerbrief-Vorrede, 1522, WA.DB 7, 10,9; vgl ebd. 10,10–12; 11,6–21.

[220] Ein Beispiel liefert die Übersetzung der letzten Worte von Phil 3,9; sie lautet 1522¹, WA.DB 7, 220: die gerechtickeyt, die von Got kompt ym glawben. – Nach einigen weniger gravierenden Änderungen (vgl. Textapparat z.St.) heißt es 1530¹, WA.DB 7, 221: die Gerechtigkeit, die von Gott dem Glauben zugerechnet wird.

5.5 Das Evangelium von Gottes Sündenvergebung 257

biblische Texte vorgegeben, vor allem durch Gen 15,6 und die korrespondierenden neutestamentlichen Texte, besonders Röm 4,3 ff.

Das Problem von imputativer oder effektiver Rechtfertigung verliert an Schärfe, sobald man in Betracht zieht, daß in Luthers Theologie das Gottesverhältnis des Menschen bestimmt ist durch Gesetz und Evangelium, durch die Macht der Sünde und durch Gottes Heilszusage, auf die der Glaube vertraut. Ist es Gott, der dem Menschen seine Grundsünde mit ihren Folgen nicht zurechnet (Ps 32,2; Röm 4,6–8) und ihn aus reiner Barmherzigkeit als „gerecht" ansieht, so ist der Mensch in der Tiefe seines Person-Seins davon betroffen, einerseits weil das Gesetz ihm seine schuldverhaftete Gottesentfremdung aufdeckt, andererseits weil im Evangelium ihn der Zuspruch von Gottes Vergebung erreicht und ihn in seinem Gewissen im Glauben realiter von der Macht der Sünde befreit. Es geht um den Menschen als Person vor Gott.

Daß die von Gott dem Menschen zugerechnete Gerechtigkeit als solche unteilbar und unwandelbar ist, hat Luther 1536 dargelegt in Antworten auf grundsätzliche Fragen, die ihm Melanchthon schriftlich vorgelegt hatte.[221] Die Frage, ob der Mensch allein durch Gottes Barmherzigkeit gerecht wird,[222] beantwortet er eindeutig bejahend. Ausschließlich durch Gottes Barmherzigkeit ist der Glaubende schlechthin eine gerechte Person. Er hat dann in Gottes gnädiger „Reputation" einfach keine Sünde.[223] Der Glaube macht den Menschen auch nicht nur in einem anfänglichen Geschehen der Sündenvergebung gerecht, so daß anschließende gute Werke einen weiteren Beitrag zu seiner Gerechtigkeit leisten müßten, der Glaube demnach seine rechtfertigende Kraft dann an seine Werke abtreten müßte. Die vom Glauben hervorgebrachten guten Werke bleiben seine Früchte, die nicht für die vor Gott geltende Gerechtigkeit der Person noch ergänzend notwendig wären. In ihrem Ansehen bei Gott kann die Person nicht in zeitliche Phasen aufgeteilt werden. Die Frage, ob der Satz „Allein durch den Glauben werden wir gerecht" („Sola fide iustificamur") sich auf den Anfang der Rechtfertigung durch den Empfang von Sündenvergebung beziehe, beantwortet Luther deshalb verneinend, weil der Mensch als ganze Person von Gott als gerecht angesehen wird und das auch ist, solange er das für sich glaubt. Würde der Mensch im Glauben nur eine anfängliche Gerechtigkeit für sich ergreifen können, damit zeitlich anschließende Werke seine Gerechtigkeit vor Gott vollenden, dann würden sie den Wert des Glaubens übertreffen, während in Wahr-

---

[221] Antworten auf schriftliche Fragen Melanchthons, (1536), WA.B 12, 191–195. Im Folgenden wird mit dieser originalen lateinischen Fassung die bessere Überlieferung zugrunde gelegt, als sie Aurifaber für seine Übersetzung benutzt hat, WA.TR 6, 148,29–153,15 Nr. 6727.

[222] Ebd. WA.B 12, 191,11: An homo sola illa misericordia iustus est?

[223] Ebd. WA.B 12, 191,27–33: Hominem sentio fieri, esse et manere iustum seu iustam personam simpliciter [:schlechthin] sola misericordia. Haec est enim iustitia perfecta, quae opponitur irae, morti, peccato etc. et absorbet omnia. Et reddit hominem simpliciter sanctum et innocentem, ac si revera nullum esset in eo peccatum, quia reputatio gratuita Dei nullum vult ibi esse peccatum.

heit vor Gott die Werke nur wegen des Glaubens der Person etwas gelten, nicht umgekehrt.[224]

Diese Äußerungen Luthers zum Thema der imputativen Rechtfertigung werden abgerundet in den Schmalkaldischen Artikeln, 1538, wo der Artikel „Wie man vor Gott gerecht wird und von guten Werken" die reformatorische Lehre bekräftigt,

> das wir ‚durch den Glauben' (wie S.Petrus sagt [Act 15,9]) ein ander new rein hertz kriegen, und Gott umb Christi willen, unsers Mitlers, uns fur gantz gerecht und heilig halten wil und hellt, ob wol die sunde im fleisch noch nicht gar weg oder tod ist, so wil er sie doch nicht rech[n]en noch wissen.[225]

Gottes imputativer Akt der Rechtfertigung – in der Korrelation eines Zurechnens von fremder Gerechtigkeit und eines Nicht-Anrechnens der Sünde – gilt dem Menschen, sofern er sich im Glauben an Jesus Christus als den Mittler seines Heils hält. Dem Glauben attestiert Luther, an die von ihm gern zitierte Stelle Apg 15,9 erinnernd, eine verändernde Wirkung, weil er das Herz durch den Heiligen Geist reinigt, und zwar vom Unglauben. Daß Gott den Glaubenden „ganz" und uneingeschränkt für „gerecht und heilig" erachtet, ist Ausdruck seiner wesenhaften Zuwendung zum Menschen in „Gnade und Gunst"; denn auch der Christ erfährt bei sich selbst noch die Grundsünde seiner Gottesentfremdung. Gottes imputative Rechtfertigung geschieht nicht ohne eine Veränderung im Menschen, daran läßt Luther keinen Zweifel. Was effektiv beim Gerecht- und Heilig-Werden des Christenmenschen geschieht, wurzelt im Christus-Glauben und in der Erfahrung von Gottes Sündenvergebung, bleibt aber stets umklammert von Gottes Imputation. Nach der eben zitierten Stelle fährt Luther fort:

> Und auff solchen glauben, vernewerung und vergebung der sunde folgen denn gute werck, Und, was an denselben auch noch sundlich oder mangel ist, soll nicht fur sunde oder mangel gerechnet werden, eben umb desselben Christi willen, sondern der Mensch sol gantz, beide nach der person und seinen wercken, gerecht und heilig heissen und sein aus lauter gnade und barmhertzigkeit jnn Christo uber uns ausgeschut und ausgebreit. Darumb können wir nicht rhümen viel verdienst unser wercke, wo sie on gnad und barmhertzigkeit angesehen werden, Sondern wie geschrieben stehet [1 Kor 1,31; 2Kor 10,17] ‚Wer sich rhümet, der rhüme sich des HErrn', das ist, das er einen gnedigen Gott hat, So ists alles gut. Sagen auch weiter Das: wo gute werck nicht folgen, so ist der glaube falsch und nicht recht.[226]

---

[224] Ebd. Luthers Antwort auf eine entsprechende Frage Melanchthons, WA.B 12, 192,68–74: De principio, medio, fine, quia persona iusta iusta est perpetuo et tam diu iusta ex fide, quam diu fides manet. Mala ergo divisio est personam dividere in principium, medium et finem. Opera igitur fulgent radiis fidei et propter fidem placent, non econtra, alioqui sequentia opera fidem excellerent iustificando, quia diutius (ut medio et fine vitae) iustificarent, et ita fides tantum esset in principio iustificatrix, post abiens vel cessans operibus relinqueret gloriam et ita fieret inanis et praeterita.

[225] Schmalkaldische Artikel, 1538, Tl. 3 Art. 13, WA 50, 250,17–25.

[226] Ebd. WA 50, 250,26–251,14. – Vgl. in den vorhin herangezogenen Antworten Luthers, WA.B 12, 193,85–87: fides est efficax vel non est fides. Ideo quicquid opera sunt aut valent, hoc sunt et valent gloria et virtute fidei, quae est Sol istorum radiorum immutabiliter.

5.5 Das Evangelium von Gottes Sündenvergebung

Gerecht wird der Christ nicht, weil er mit einer Tugend der Gerechtigkeit ausgestattet wird, vielmehr erfährt er ganz, sowohl für sich als Person als auch für seine Werke, Gottes Zuwendung der Gerechtigkeit, weil er mit dem Glaubensbewußtsein lebt, daß Gottes „Gnade und Barmherzigkeit" – zweimal begegnet diese Wendung in dem Absatz – für ihn in Jesus Christus „ausgeschüttet und ausgebreitet" ist. Indem er das im Glauben wahrnimmt, geschehen seine Werke in einem Freiheitsbewußtsein gegenüber der Macht des Gesetzes; er „rühmt" sich der ihm im Evangelium vermittelten Gotteserfahrung.

Gottes barmherzige Zuwendung einer ungeteilten Gerechtigkeit schlägt sich in der Selbsterfahrung nieder als ein Gerecht-Werden. Der Glaubende hört nicht auf, nach Gottes Barmherzigkeit für sich zu verlangen, weil der Glaube ganz aufs Empfangen und Werden eingestellt ist, nicht auf ein Sein und Haben. An Psalm-Worten macht Luther deutlich, wodurch der Vorgang des Gerecht-Werdens in Bewegung gehalten wird.

Eins heiligen menschen leben stehet mehr ynn nemen von Gott, denn ynn geben, mehr ym begeren, denn ynn haben, mehr ynn frumb [:gerecht] werden, denn ynn frum sein, [...] darumb ist bitten, begeren, suchen das rechte wesen eins ynnwendigen menschen, als ym 32. Psalm [Ps 33/34,11]: ‚die da Gott allezeit suchen, denen wird kein guts mangeln', und ym 104. Psalm [Ps 104/105,4]: ‚Suchet sein andlitz allezeit'. Widderumb am 12. Psalm [Ps 13/14,2.3], von den hoffertigen heiligen, ‚Es ist niemand der da Gott suchet', denn sie habens gar funden.[227]

Dieser Text bietet ein Plus an theologischer Klarheit gegenüber der häufig angeführten Passage, die zwar poetischer klingt, jedoch den Lebenskontext des Glaubenden nicht richtig erkennen läßt.

Das alßo ditz leben nit ist ein frumkeit [:Gerechtigkeit], ßondern ein frumb [:gerecht] werden, nicht ein gesuntheit, ßondernn eyn gesunt werden, nit eyn weßen, sunderen ein werden, nit ein ruge, ßondernn eyn ubunge, wyr seyns noch nit, wyr werdens aber. Es ist noch nit gethan unnd geschehenn, es ist aber ym gang unnd schwanck. Es ist nit das end, es ist aber der weg, es gluwet [:glüht] und glintzt noch nit alles, es fegt sich aber alleß.[228]

In dem oben angeführten Text aus den Schmalkaldischen Artikeln heißt es, daß „der Mensch ganz", „nach der Person und seinen Werken", dank der reinen „Gnade und Barmherzigkeit" Gottes „gerecht und heilig heißen und sein" solle. Die Kombination der Person und ihrer Werke provoziert die Frage nach dem hier auftauchenden Begriff der Person, den Luther, wie sich zeigen wird, ganz bewußt dem Begriff der Werke voranstellt.[229] Die Frage wird beantwortet, zugleich

---

[227] Die sieben Bußpsalmen, 2. Fassung, 1525, zu Ps 143,1a „HERR, erhöre meyn gebet", WA 18, 522,11–15 (nur orthographisch weicht dieser Passus ab von der 1. Fassung, 1517, WA 1, 212,19–22).
[228] Grund und Ursach, 1521, zu Art. 2, WA 7, 337,30–35. – Theologisch etwas gehaltvoller ist die lateinische Parallele Assertio, 1520, WA 7, 107,7–13. – Die deutsche Fassung wird z.B in der bayerischen Ausgabe des EG, S. 396, zitiert, jedoch sprachlich nicht korrekt modernisiert, weil es „Gerechtsein" und „Gerechtwerden" heißen müßte statt „Frommsein" und „Frommwerden".
[229] Angemerkt sei, daß der Begriff „inwendiger Mensch" bzw. „homo interior" in De libertate Christiana / Von der Freiheit eines Christenmenschen, 1520, im ersten Teil (WA 7, 50,8 / 21,18)

das Thema der Rechtfertigung weiterführend, durch Luthers Auslegung von Gen 4,4 b.5 a: „Und der HERR sahe gnediglich an Habel und sein Opffer, Aber Kain und sein Opffer sahe er nicht gnediglich an".[230] Auf diesen Text war Luther längst aufmerksam geworden, ehe er ihn bei seiner grundsätzlichen Erläuterung der Rechtfertigungslehre in der Weihnachtspostille im Zuge der Auslegung von Gal 4,1–7, der Epistel für den Sonntag nach Weihnachten, heranzog.[231] Der fundamentale Satz, daß die vor Gott geltende Gerechtigkeit nicht wie eine Tugend durch Akte oder Werke erworben werden könne, wird mit Gen 4,4 f am Beispiel von Abel und Kain zugespitzt auf ein alternatives Urteil Gottes über die Person, unabhängig von ihren Werken, wobei die Werke der beiden Brüder in der Gestalt von kultischen Opfern sogar Werke von höchstem religiösen Wert darstellen.

Nu gehörtt die rechtfertigung auff die person und nit auff die werck. Denn die Person und nit die werck wirt gerechtfertigt, selig, vorurteyllt odder vordampt. Szo ists auch beschlossen, das keyn werck die person rechtfertigt, ßondernn sie muß tzuvor on alle werck durch ettwas anderß rechtfertig [:gerecht] werdenn. Alßo sagt Moses Gen 4 [V. 4 b]: ‚Gott sahe auff Habel und seyn offer.' Zuerst sahe er auff Habell die person [:als Person], und darnach auffs opffer, das die person tzuvor frum [:gerecht], recht unnd angenehm war, darnach auch das opffer umb der person willen, nit die person umb des opffers willen. Widderumb [Gen 4,5 a] ‚auff Cain unnd seyn opffer sahe er nicht.' Auch tzum ersten sahe er nit auff Cain die person [:als Person], und darnach auch nitt auff seyn opffer. Auß wilchem text beschlossen wirtt, das nit muglich ist, eyn werck fur gott gutt seyn, die person sey denn tzuvor gutt und angenehm. Widderum nit muglich, das eyn werck böße sey fur gott, die person sey denn tzuvor böße und ungenehm.[232]

Unweigerlich muß die Frage kommen, wodurch denn die Person zu einer „guten" oder „bösen" Person wird. Warum findet die eine Person Gottes Wohlgefallen, die andere hingegen nicht? Luthers Antwort springt gleich hinüber zum Hören und Glauben der Christus-Zusage Gottes; so könne aus einem Kain ein Abel werden. Denn nur der Glaube mache die Person gerecht, ja, er selbst sei die Gerechtigkeit; ihm, das heißt dem Christus-Glauben, vergebe Gott alle Sünde „um Christus, seines lieben Sohnes willen, dessen Name in diesem Glauben ist". Die Vergebung gilt der Person mit ihrer Grundsünde, die mit den Namen von Adam und Kain bezeichnet ist. Wie der Glaube unverfügbar unter dem Hören von Gottes Wort lebendig wird, so gibt Gott mit dem Glauben seinen Heiligen

---

tragender Begriff ist und im zweiten Teil (WA 7, 61,29 / 32,8) abgelöst wird durch den Begriff „Person" bzw. „persona".

[230] So Luthers definitive Übersetzung von Gen 4,4 b.5 a, WA.DB 8, 47 (Text 1545). – Farbloser war die Übersetzung 1523 bis 1528, ebd. WA.DB 8, 46 (Text 1523): Und der HERR hielt sich zu Habel und zu seynem opffer, Aber zu Kain und zu seynem opffer hielt er sich nicht. – Über das affektiv gefärbte hebräische Verb äußert er sich in Rationis Latomianae confutatio, 1521, WA 8, 86,7–28; vgl. Revisionsprotokoll, 1539–1541, WA.DB 3, 174,9–12 (mit Anm. 3) und Genesis-Vorlesung 1535–1545, WA 42, 186,31–187,2.

[231] Weihnachtspostille, 1522, WA 10 I 1, 324,12–378,23; Luther beginnt mit einer prinzipiellen Darlegung der Rechtfertigungslehre, ebd. 325,14–341,24, ehe er die Perikope Vers für Vers auslegt.

[232] Weihnachtspostille, 1522, zu Gal 4,1, WA 10 I 1, 325,17–326,3.

5.5 Das Evangelium von Gottes Sündenvergebung

Geist, der die Person zuinnerst erfaßt und verändert, so daß sie als „neuer Mensch" zu wirklich gutem Handeln fähig wird.

Szo sprichtstu denn: Was soll ich denn thun? Wie wirt meyn person tzuvor gutt und angenem? Wie ubirkome ich dieselb rechtfertigung? Da anttwortt das Evangelium: Du must Christum hören und ynn ihn glewben, schlecht [:schlechthin] an dyr selb vortzagen und dencken, das du auß Cayn eyn Habel werdist und alßdenn opfferst deyn opffer. Dißer Glaub, on alle deyn werck, wie er on deyn vordienst [ge]predigt ist, ßo wirtt er auch on deyn vordienst auß lauter gnaden [ge]geben. Sihe, derselb rechtfertigt die person und ist auch selbs die rechtfertigung, dem [Glauben] schenckt und vorgibt gott alle sund, den gantzen Adam und Cayn datzu, umb Christus seyniß lieben sonß willen, des nam ynn demselben glawben ist. Datzu gibt er demselben [Glauben] seynen heyligen geyst, der macht die person anderß und wandellt sie ynn eyn new mensch, der alßdenn eyn ander vornunfft, eyn andernn willen hatt, geneygt tzum gutten; die [:diese] person, wo sie ist, die thut eyttel gutte werck, und was sie thutt, ist gutt. [...] Darum gehortt tzur rechtfertigung nichts, denn [:außer] hören und glewben Jhesum Christum alß unßern seligmecher [:Seligmacher, Heiland], das ist aber alles beydes nit natur, ßondern gnadenwerck.[233]

Enger beim Kontext von Gen 4,4f bleibt Luther in seinen Genesis-Predigten, 1523/24:[234] Abel und Kain haben von ihren Eltern das Evangelium des Gotteswortes von Gen 3,15 mitgeteilt bekommen. Der eine hat dem Wort Gottes Glauben geschenkt, der andere jedoch nicht. Denn Kain gründete sein Grundvertrauen auf das Faktum seiner Erstgeburt. Sein Vertrauen auf etwas Vorweisbares verdirbt seine elementare Lebensorientierung, stempelt sie zum Unglauben. Abel hingegen hat den Glauben, der sich ganz an Gottes Heilszusage hält. Daß er in Hbr 11,4 in der Kette der alttestamentlichen Glaubenszeugen genannt wird, ist für Luther eine neutestamentliche Stütze für das Kriterium von Glaube und Unglaube in Gottes Urteil über die beiden Brüder, das völlig anders ausfällt als das menschliche Urteil, zumal man nach gewissen alttestamentlichen Texten annehmen kann, daß Kains Opfer „von den Früchten des Feldes" wertvoller war als Abels Opfer „von den Erstlingen seiner Herde und von ihrem Fett" (Gen 4,3.4a). Bereits bei Kain und Abel trifft es zu (1Sam 16,7): „Ein Mensch sieht, was vor Augen ist; der HERR aber sieht das Herz an". Das große Gewicht, das Gen 3,15 für Luther gewonnen hat, erlaubt es ihm, sich Abels Glauben vorzustellen und dessen Selbstverständnis in Worte zu fassen. Was die Nachschriften festgehalten haben, wird in der deutschen Druckbearbeitung zutreffend wiedergegeben mit Worten, die Abel in seinem Herzen gesprochen hat:

Sihe der allmehtige Gott hat das wort und zusagung Adam geben und uns verkündigen lassen [Gen 3,15], das ein same komen solle vom weibe, wilcher alles unglück zutrete, das

---

[233] Ebd. WA 10 I 1, 328,7–329,1.
[234] Luthers Genesis-Predigten, 1523/24, sind überliefert einerseits von der Hand Georg Rörers, jedoch in redigierter Fassung, andererseits als Nachschrift von Stephan Roth, WA 14, 97–488. Höchstwahrscheinlich stammt von Stephan Roth auch die Druckbearbeitung, In Genesin declamationes, 1527; für seine fast gleichzeitig publizierte deutsche Ausgabe hat Kaspar Cruciger, nach den Indizien zu urteilen, Rörers Aufzeichnungen verwendet, Über das erste Buch Mose Predigten, 1527, beide Texte untereinander in WA 24, 1–710.

der Teuffel gestifftet hat, Nu bin ich auch unter dem selben jamer, habe es mit mir von vater und mutter bracht [:mitgebracht] und bin natürlich [:von Natur aus] ein kind des zorns und des tods, Weil ich aber sehe, das mir Gott solche gnade erzeigt und lesset mir durch sein wort anbieten, das er mir von allem unglück wolle helffen durch den samen der komen sol, so will ich mich drauff erwegen [:verlassen] mit gantzer zuversicht, yhn loben und dancken.²³⁵

Hingegen Kains Selbstverständnis besteht in einer menschlich fundierten Selbstgewißheit, weil ihm mit der Erstgeburt die im Familienverband geltenden geistlichen und weltlichen Rechte eines Priesters und Gebieters zustehen. Da seinem Bruder Abel das Privileg der Erstgeburt fehlt, wird für dessen Selbstverständnis der nach menschlichem Urteil geringere Wert seines Opfers in Betracht gezogen:

Kain meynet, er hette es so gewis, das [es] yhm nicht künde feylen [:ausbleiben], das sein opffer Gotte gefallen würde, dazu viel mehr gefallen denn des bruders, Dacht also: ‚Ich bin yhe [:jedenfalls] der erste son, mir gebürt fur Gott das Priesterthum, dazu das regiment, bringe auch das beste opffer, Darumb wird Gott yhe mein opffer ansehen und yhm besser gefallen lassen denn Habels meines bruders'. Widderumb dacht Habel also: ‚Ich bin der geringste, er ist der beste, hat viel vorteil fur mir, hat auch das beste opffer bracht, darumb mus Gott mein opffer aus lautter gnaden ansehen'.²³⁶

Indem in dieser Weise die beiden Brüder in ihrer religiösen Selbsteinschätzung skizziert werden, gewinnt Luthers Entgegensetzung von Glaube und Unglaube eine eigentümliche Tiefenschärfe. Deshalb ist es nicht verwunderlich, wenn in der parallelen Überlieferung dieser Predigt Worte aus dem Gleichnis vom Pharisäer und Zöllner anklingen, weil Abel für sich Gottes Barmherzigkeit erfleht hat, so daß dann von ihm wie von dem Zöllner mit Lk 18,14 gesagt werden kann: „er ging gerechtfertigt hinab".²³⁷ Beide, Kain genauso wie Abel, sind „Person" in der Weise, wie sie sich selbst in ihrem Verhältnis zu Gott verstehen. Dabei ist entscheidend, wie sie sich zu Gottes Heilszusage, zu seinem Evangelium verhalten.

---

²³⁵ Über das erste Buch Mose Predigten, 1527, WA 24, 129,32–130,13.
²³⁶ Ebd. WA 24, 128,25–32.
²³⁷ Ebd. WA 24, 127,1–128,3: Sacrificia quae de frumentis fiebant, praeferuntur in Mose reliquis holocaustis et oblationibus, ideoque oblatio Cain opus per se erat bonum. Sed personam offerentis primum respicit Deus, si persona non est bona, nec opus respicit Deus. Cain sic sensit: ‚Ego sum primogenitus, mihi debetur regnum' etc. Abel vero sic cogitavit: ‚Ego non sum talis, tu, Deus, tamen suscipe quod offero, per misericordiam tuam, quia mihi nulla debetur praerogativa', hic fide gloriam Deo tribuit ideoque descendit ‚iustificatus ab illo' [Lk 18,14].

Kapitel 6

Jesus Christus in seinem Dienst zum Heil der Menschen

6.1 Jesus Christus ist der Erlöser in der Einheit von Person und Amt

A) Sobald die Christologie ins Wanken gerät, kann nicht mehr in christlich verantwortbarer Weise von Gott geredet werden; davon ist Luther fest überzeugt. Die Bibel offenbart auch nicht eine Lehre von Gott und von Jesus Christus, die unabhängig wäre von dem Verhältnis des Menschen zu Christus. Denn der Gott entfremdete Mensch kann nur durch Christus wieder in Wahrheit Gott erkennen und finden.

Denn also ists beschlossen (spricht S. Paulus [Kol 2,9]), das jnn Jhesu Christo hat wonen sollen leibhafftig oder personlich die gantze vollige Gotheit, Also, das, wer nicht jnn Christo Gott findet oder kriegt, der sol ausser Christo nimermehr und nirgent mehr Gott haben noch finden [...] Denn hie will ich wonen (spricht Gott) jnn dieser menscheit.[1]

Die Einheit von Person und Amt des Jesus Christus ist die Achse, um die sich Luthers Christologie dreht.[2] Wer diese Einheit mißachtet, verfällt einer Irrlehre, die Luther in der eben zitierten Schrift von 1538 den beiden Irrlehren an die Seite stellt, um die in der Alten Kirche gerungen wurde. Alle großen Irrlehren im Christentum sind demnach Verfehlungen in der Lehre von Jesus Christus und seinem Amt. In Luthers Sicht entstanden in der Alten Kirche zwei Richtungen von Irrlehren, weil man entweder die Gottheit oder die Menschheit in Jesus Christus nicht angemessen gewürdigt hat.[3] Einen dritten Typ von Irrlehre identifiziert Luther dort, wo das Amt, der Heilsauftrag des Jesus Christus verkürzt und nicht in seiner vollen Reichweite anerkannt wird. Die Lehre von der Person Christi und

---

[1] Die drei Symbola des Glaubens Christi, 1538, WA 50, 267,7-10. – In dieser Schrift stellt Luther eingangs in deutscher Übersetzung drei altkirchliche Bekenntnistexte zusammen, das Symbolum Apostolicum, das Symbolum Athanasii und das Te Deum (nicht in der Umformung, Luthers Lieder Nr. 28, WA 35, 458f), ebd. 263,18–266,31; im Hauptteil äußert er sich über die Christus-Relation des christlichen Glaubensbekenntnisses generell, ebd. 266,32–282,26. Erst am Schluß zitiert er das Symbolum Nicaenum, ebd. 282,26–283,10.

[2] Ebd. WA 50, 266,36–267,2: Denn wer hierinn recht und fest stehet, Das Jhesus Christus rechter Gott und mensch ist, fur uns gestorben und aufferstanden, dem fallen alle andere artickel zu und stehen jm fest bey. Also gar gewis ists, das S. Paulus sagt [Eph 1,22], Christus sey das heubt gut, grund, boden und die gantze summa, zu dem und unter welchem sichs alles samlet und findet, Und [Kol 2,3] jnn jm seien alle schetze der weisheit und verstand verborgen.

[3] Ebd. WA 50, 267,28 f: Etliche haben angegriffen seine Gottheit und solches mancherleiweise getrieben. – Ebd. 268,4 f: Etliche haben seine Menschheit angegriffen und seltsam genug das Spiel getrieben. – Für beide Lehrverfehlungen nennt Luther einige Beispiele.

die Lehre von dem in Christus eröffneten Heil – Christologie und Soteriologie – hängen in Luthers Theologie engstens zusammen. Auch die Trinitätslehre, die christliche Lehre von Gott, läßt sich davon nicht trennen.

Und summa: Es hat der Teuffel keinen friede können haben, wo der liebe Christus gepredigt wird nach dem ersten Symbolo, das er sey Gott und mensch fur uns gestorben und erstanden. Es ist der same des weibes, der jm [dem Teufel] den kopff zu trit und er jn [:ihn] jnn die fersen beisst. [Gen 3,15] Darumb horet die feindschafft nicht auff bis an den jüngsten tag.[4]

Die Wahrheit der christlichen Religion kann nur auf Jesus Christus zentriert wahrgenommen werden. Christologie, Soteriologie und Trinitätslehre bilden ein zusammenhängendes Ganzes. Keiner der drei christologischen Aspekte darf vernachlässigt werden.

Denn was hilffet es, ob du bekennest, das er Gott sey, wo du nicht auch gleubest, das er mensch sey? Denn damit hastu nicht den gantzen rechten Christum, sondern ein gespenst des Teufels. Was hilfft es, ob du bekennest, das er mensch sey, wo du nicht auch gleubest, das er Gott sey? Was hilffts, das du bekennest, Er sey Gott und mensch, wo du nicht auch gleubest, das er fur dich alles worden sey und gethan habe? […] Es müssen warlich alle drey stück gegleubt sein, nemlich, das er Gott sey, item, das er mensch sey, item, das er fur uns solcher mensch worden sey […] Feilets an einem stücklin, so feilen alle stück, Denn der glaube sol und mus gantz und rund sein, ob er wol schwach sein kan und angefochten werden, dennoch sol und mus er gantz und nicht falsch sein. Schwach sein thut den schaden nicht, Aber falsch sein, das ist der ewige tod.[5]

Was Luther 1538 unter diesen drei Aspekten des Christusglaubens entfaltet, ist nicht erst eine späte Reflexion seiner Theologie. Im Kerngehalt hat er das schon 1521, am Tag vor seiner Abreise nach Worms, der Wittenberger Gemeinde gepredigt. Luther lag daran, an diesem Ostermontag in der Auslegung der Perikope der Emmausjünger (Lk 24,13–35), den Glauben konzentriert auf den gekreuzigten und auferstandenen Jesus Christus auszurichten. Dabei mochte mitschwingen, daß Luther der Gemeinde vor seiner Abreise, die er mit keinem Wort erwähnt, besonders nachdrücklich sagen wollte, worauf es im reformatorisch christlichen Glauben ankomme. Es gehe darum, die Christus-Verkündigung im Glauben für die eigene Person „in Brauch und Nutz" zu nehmen, weil Christus „meine Sünde auf sich genommen und sie erwürgt hat durch seine Auferstehung". Er mißbilligt scholastische Spekulationen über die zwei Naturen Christi, die den Heilsnutzen für den persönlichen Glauben vernachlässigen. Das schaffe keine Betroffenheit, sondern befasse den Glauben lediglich mit einem historisch vergangenen Christus; das sei gerade so, als wenn „ich glaube, der Papst sei zu Rom". Damit ist jedoch niemandem geholfen. Erst wenn der eigene Glaube sich den gegenwärtigen

---

[4] Ebd. WA 50, 268,15–20. Im ersten Satz liegt der Nachdruck auf „für uns". – Luther hat vorher, ebd. 268,11–15, einen ersten Seitenblick auf die Trinitätslehre geworfen, auf die er später, ebd. 273,20–282,26, ausführlicher eingeht.
[5] Ebd. WA 50, 269,7–20.

Heilssinn der Christus-Verkündigung aneignet, kommt es zu einem lebendigen Glauben; durch den „lebt und wohnt Christus in dir".

Das erkenntniß oder der brauch und nutz Christi ist nichts anders dan der glaube, das er mein sund auff sich hatt genummen und die erwurget durch sein aufferstehung. Durch diesen glauben erkennet man yn recht, sunst kennet man yn nichtt. Nicht also [ist er zu erkennen], wie die Scholastici und magistri sententiarum [:die Ausleger des Sentenzenwerkes des Petrus Lombardus] speculiert [haben], wie zwue natur bey einander sein in Christo etc. Ist eben als [wenn] ich glaube, der Babst sey zcu Rome, aber was hillfft mich das? Drumb ist nitzs [:keineswegs] genug, sunder ich muß noch etwas dar zcu thun [:hinzufügen] und sagen ,Mir', alßo das mirs gelte, wash ich von ym hore, allß sey es mein. Alßo lebet und wonet Christus in dir. Alßo ist das newe Testament nichts dan die predig sulcher nuzung und lebendigs glaubens und suliches erkentnuß Christi.⁶

Man merkt, wie nachdrücklich Luther darauf besteht, daß die Bedeutung des Heilswerkes Christi „für mich" in einem „lebendigen Glauben" erkannt werde. In der Relation „für mich" verbirgt sich ein Problem, bei dem erneut Luthers Kritik an der herkömmlichen kirchlichen Lehre und Praxis der Kirche aufbricht. Ein frühes Signal dieser reformatorischen Christus-Auffassung hat Luther in seiner Anfang 1517 gedruckten Auslegung der sieben Bußpsalmen gegeben, in deren Schlußwort er bekenntnishaft sein Christus-Verständnis kurz aufleuchten läßt.

Seh eyn iglicher auff sich; das beken ich vor mich, alß offt ich weniger yn der schrifft dan [:denn] Christum funden hab, byn ich nach [:noch] nie sat wurden, […] das mich auch das war dunckt, daß gott der heilig geist nit meer weyß nach wissen wil dan Jesum Christum, als er [:Christus] sagt von dem selben [Joh 16,13 f]: ,Er wirt mich vercleren. Er wirt nichts von ym selb reden, sunder von dem meynen wird ers nemen unnd euch verkunden'.⁷

Diesem Selbstzeugnis folgt seine programmatische Ablehnung einer kausalen Auffassung vom Heilswerk Christi. Was zur theologischen Relevanz dieser Abkehr von der Lehrtradition bereits oben (Kap. 3.1) ausgeführt worden ist, muß in Luthers Rede vom Heilsdienst Christi ständig bedacht werden. Ergänzend sei hier noch angemerkt, daß die kausale Relation zwischen dem Kreuzestod Christi und den heilsvermittelnden Sakramenten in Bildern veranschaulicht wurde, auf denen der zentral positionierte Jesus Christus in Beziehung gesetzt wird zu den kleiner dargestellten sieben Sakramenten. Das Altarsakrament ist zentral lokalisiert in der Mitte direkt unter oder über dem Gekreuzigten, während von den übrigen sechs Sakramenten je drei untereinander links und rechts vom Ge-

---

⁶ Predigt, 1.4.1521, Ostermontag, über Lk 24,13–35, WA 9, 666,24–34. – Zum Inhalt des Zitates vgl. den vorhergehenden Passus, ebd. 666,15–21: das ist die recht erkenntniß, wen dw menschlich und gottlich natur [Christi] brauchen kanst, alß es dir nutz ist. Durch das erkentniß wonet er bey uns, sunst ist er nicht neher bey uns dan […] den Unglawbigen. Nur mit gedancken und worten, wan ich alßo gedenck: Er sizcet doben [:droben] im himel, kummet nicht zcu mir, hat nichts mit mir zcuschaffen. Aber wan ich yn geistlich erkenne und weyß, wo zcu ich sein brauchen soll, so wonet er recht in mir und bleybt in mir. – Die Predigt ist handschriftlich überliefert durch Johannes Poliander (vgl. WA 9, 314 f; 319 f); auf ihn geht die eigenwillige Orthographie zurück.
⁷ Die sieben Bußpsalmen, 1517, WA 1, 219,24–30.

kreuzigten dargestellt sind.⁸ In anderer ursächlicher Verknüpfung wurde die bischöfliche Hierarchie der Kirche mit dem letzten Mahl Christi begründet, indem der Satz, der in der römischen Messe die Einsetzungsworte beschließt, „Haec quotiescumque feceritis, in mei memoriam facietis" – „Tut dies, sooft ihr es tut, zu meinem Gedächtnis" –, gedeutet wurde als Übertragung der Konsekrationsvollmacht an die Apostel und zugleich an deren kirchenrechtlich legitime Nachfolger, die Bischöfe.⁹ In diesem System der kirchlichen Heilsvermittlung bleibt Christus als Ursache des Heils in einer religionsgeschichtlichen Vergangenheit, und zwar liegt die Heilsursache in seinem Kreuzestod, der im Altarsakrament kultisch und mental vergegenwärtigt wird. Der mentalen Vergegenwärtigung dienen auch die vielfältigen bildlichen Darstellungen des gekreuzigten Christus sowie literarische Anleitungen zur Passionsmeditation.

Was ist Luthers theologische Intention bei seiner Kritik an einer kausalen Deutung des Heilswerkes Christi? Luther intendiert offenkundig eine Gegenwart Christi, bei der sich der Christ im Glauben so im Gegenüber zu Christus erfährt, daß er sich dabei nicht auf kultische oder mentale Akte der Vergegenwärtigung stützt, sondern die Gegenwart des Jesus Christus mit dessen Heil, speziell dessen Gerechtigkeit, im Glauben erfährt, weil ihm in seinem eigenen Unheil im Evangelium das Heil des Jesus Christus gegenwärtig angeboten wird. Dem Menschen, der sich als Sünder ganz auf Gottes Erbarmen angewiesen weiß, läßt Gott im Evangelium des Jesus Christus seine Gerechtigkeit zuteil werden, so daß der Mensch im Christus-Glauben vor Gott gerecht ist. In diesem Sinn interpretiert Luther in seiner Auslegung der Bußpsalmen, 1517, Ps 143,1 b.c.

‚Nym tzu deyn oren mein flehen in deiner warheit', Nit yn meiner warheit, dan die ist ein itelkeit und falscheit. ‚Erhore mich in deiner gerechtickeit', Nit in meiner gerechtickeit, dan dieselb ist sund und ungerechtickeit. Als sprech er: Mach mich auß gnaden warhafftig und gerecht, den ich sehe etlich, die durch yre eygen warheit und gerechtickeit war und recht haben und seyn wollen; do behut mich fur. [...] Hie ist zu mercken, das das wortleyn ‚deyn warheit' und ‚dein gerechtickeit' nit heyst die, do got mit war und gerecht ist,

---

⁸ Ein Beispiel ist der Holzschnitt, der von Leipziger Druckern verwendet wurde, sowohl 1514 bei einem Werk des Leipziger Theologen Hieronymus von Dungersheim (1465–1540) – VD 16: D 2947 – als auch 1520 bei dem Nachdruck von Luthers zwei Sermonen zu den Sakramenten von Taufe und Herrenmahl, 1519, (zweifellos ohne dessen Wissen): 1.) WA 2, 724 f (Druck C, D, E) und 2.) WA 2, 739 (Druck E). Statt des Gekreuzigten zeigt der Holzschnitt Christus im Bildtypus des Schmerzensmannes, der seine rechte Hand an seine Seitenwunde hält und seine linke Hand segnend erhoben hat. Von der Seitenwunde führen Linien zu den sieben Sakramenten, was auf eine traditionelle Deutung von Joh 19,34 zurückgeht. Vgl. Arey von Dommer: Lutherdrucke auf der Hamburger Stadtbibliothek 1516–1523, 1888 (Nachdruck 1962), S. 223 f Nr. 31.

⁹ Biel, Canonis missae expositio, lect. 53 X29–36 (2,333): Qualitercunque autem haec verba exponantur, iuxta tamen doctorum probabiliorum sententiam prolata sunt a Christo duntaxat ad apostolos, et in ipsis ad quoslibet eorum legitimos successores. Istis quidem dictum est a domino: ‚Hoc facite in meam commemorationem'. ‚Facite', id est conficite. Hic eos in sacerdotes ordinasse creditur, et ipsis potestatem consecrandi contulisse [...]. Si ergo ad omnes fideles generaliter se extenderent tanquam ad omnes a Christo prolata, omnes recepissent potestatem consecrandi, quod nemo dicit.

alß etlich vill meinen, sundern die gnad, da mit uns gott warhafftig macht unnd gerecht durch Christum, wie dan Apostolus Paulus Röm 1. und 2. und 3. nennet die gerechtickeit gottis und warheit gottis, die uns durch denn glauben Christi geben wirt. Auch heyst gottis warheit hie nit die wort allein, ja meer [:vielmehr] die werck und erfullung seyner wort [...] gottis ist sie, der die rechten grundgute gerechticket gibit, wilch ist der glaub Christi.[10]

Als einzig gültige Heilsgabe Gottes, die Luther mit 1Kor 1,30 einem kausal begriffenen Heilswerk Christi entgegensetzt, gewinnt Jesus Christus im reformatorisch begriffenen Evangelium eine Identität, wie sie in der mittelalterlichen Lehre von Christus und seinem Heilswerk Luther nicht gefunden hat. Dort hat die kausale Deutung des irdischen Heilswerkes Christi zur Folge, daß bis zur Wiederkunft Christi zum Gericht das christliche Heil der sakralgesetzlich verfaßten Kirche anvertraut ist.

B) Wenn im christlichen Glaubensbekenntnis Jesus Christus als der HERR der Christenheit bekannt wird, so findet Luther darin das Amt des Erlösers als höchstes und umfassendstes Amt Christi begründet.[11] Unter diesen Gesichtspunkt stellt er in beiden Katechismen die Auslegung des zweiten Credo-Artikels. Das ist ihm möglich, weil er das Apostolikum nicht, wie es in der Tradition üblich gewesen ist, in zwölf (oder vierzehn) Lehrpunkte aufteilt. Er bringt mit den drei Artikeln Schöpfung, Erlösung, Heiligung den Christen in eine Erfahrungsrelation zu den drei Personen der Trinität. Auf diese Weise kann er ohne irgendwelche Polemik die Auslegung des zweiten Artikels mit dem reformatorischen Grundverständnis der christlichen Religion in Einklang bringen. In beiden Katechismen gibt der Christ auf die Frage nach seinem Verständnis dieses Glaubensartikels – wie bei den beiden anderen Artikeln – seine Antwort in der Ich-Form und erklärt im Großen Katechismus:[12]

Wenn man nu fragt: was gleubstu ym andern articke von Jhesu Christo? Antwort auffs kürtzte: Ich gleube, das Jhesus Christus, warhafftiger Gottes son, sey mein HErr worden. – Was ist nu das ‚Ein Herr werden'? Das ists, das er mich erlöset hat von sunde, vom Teuffel, vom Tode und allem unglück. Denn [ich war] zuvor [...] unter des Teuffels gewalt gefangen, zu dem tod verdampt, ynn der sunde und blindheit verstrickt gewesen.[13]

Und kurz danach wird gesagt:

---

[10] Die sieben Bußpsalmen, 1517, WA 1, 212,26–213,9.
[11] Hinter dem Titel „HERR" verbirgt sich die in jüdischer Tradition obligate Wiedergabe des Jahwe-Namens, der deshalb griechisch mit κύριος und lateinisch mit Dominus übersetzt worden ist.
[12] Großer Katechismus, 1529, vor dem bei Anm. 13 folgenden Zitat heißt es einleitend, WA 30 I, 186,1–8: Hie lernen wir die andere person der Gottheit kennen, [...] nemlich wie er sich gantz und gar ausgeschüttet hat und nichts behalten, das er nicht uns gegeben habe. Dieser artikel ist nu seer reich und weit [...] das man heraus lerne, wie wir erlöset sind, Und sol stehen auff diesen worten ‚An Jhesum Christum, unsern HERRN'.
[13] Ebd. WA 30 I, 186,9–15.

> Also sind nu ihene Tyrannen und Stockmeister [Sünde, Tod, Teufel] alle vertrieben und ist an yhre stad getretten Jhesus Christus, ein Herr des lebens, gerechtickeit, alles guts und selickeit, und hat uns arme verlorne menschen aus der helle rachen gerissen, gewonnen, frey gemacht und widderbracht yn des Vaters huld und gnade und als sein eigenthumb unter seinen schirm und schutz genomen, das er uns regire durch seine gerechtickeit, weisheit, gewalt, leben und selickeit.[14]

Und schließlich faßt Luther zusammen:

> Das sey nu die Summa dieses Artickels, das das wortlin HERRE auffs einfeltigste soviel heisse als ein Erloser, das ist der uns vom Teuffel zu Gotte, vom tod zum leben, von sund zur gerechtickeit bracht hat und dabey erhelt.[15]

Wie exklusiv die Rede von Jesus Christus als dem Erlöser und der durch ihn bewirkten Erlösung gemeint ist, zeigt sich an einem leicht übersehenen Element seiner Auslegung. Das Jüngste Gericht bleibt im Kleinen Katechismus unerwähnt. Im Großen Katechismus kommt es zwar zur Sprache, jedoch in einer Weise, die nicht identisch ist mit der traditionellen Vorstellung vom Jüngsten Gericht, bei dem Jesus Christus als strenger Richter über die Christen je nach ihren Werken das Urteil des ewigen Lohns oder der ewigen Strafe fällt. Für Luther vollendet Jesus Christus am Jüngsten Tage in ungebrochener Konsequenz sein Erlösungswerk an denen, die von ihm durch den Christus-Glauben bereits „vom Tod zum Leben, von der Sünde zur Gerechtigkeit", kurz vom Unheil zum Heil befreit worden sind. Weil Jesus Christus mit seiner Erhöhung zur Rechten Gottes für immer Gewalt hat über alle Mächte des Unheils, haben die Christen in der Erwartung des Jüngsten Tages die Gewißheit, daß der HERR sie „endlich am iüngsten tage gar scheide und sondere von der bösen welt, Teuffel, tod, sunde".[16] Im Kleinen Katechismus ist diese Erwartung vollendeter Erlösung darin impliziert, daß der Christ für sich selbst glaubt und bekennt, Christus sei in seinem Leiden und Sterben für ihn auf ewig zum Erlöser geworden, „auff das ich sein eigen sey und jnn seinem reich unter jme lebe und jme diene jnn ewiger gerechtigkeit, unschuld und seligkeit, gleich wie er ist aufferstanden vom tode, lebet und regieret jnn ewigkeit".[17]

Beide Katechismen enthalten mit ihrer Auslegung des zweiten Credo-Artikels ein wesentliches Element des reformatorischen Grundverständnisses der christlichen Religion. Denn Luthers Abkehr von der Lehre, daß die Christenheit in Jesus Christus ihren Richter in Analogie zu einem irdischen Gerichtsherrn zu erwarten habe, korrespondiert sein Nein zur Vorstellung von Christus als

---

[14] Ebd. WA 30 I, 186, 22–28.
[15] Ebd. WA 30 I, 186,29–32. – Mit dem Stichwort „Erlösung" bereitet Luther seine Deutung aller weiteren Aussagen des Credo-Artikels vor, ebd. 186,32–34: Die stücke aber, so nacheinander ynn diesem artikel folgen, thuen nichts anders, denn das sie solche erlösung verkleren und ausdrücken, wie und wodurch sie geschehen sey.
[16] Ebd. WA 30 I, 187,9 f.
[17] Kleiner Katechismus, 1531, WA 30 I, 366,4–7.

einem Gesetzgeber, einem zweiten Mose, dessen Gesetzgebung allerdings subtiler erfolgt wäre als die des alttestamentlichen Mose (vgl. Kap. 2.3 und 4.2). Im herkömmlichen Verständnis der christlichen Religion gehörte sinnvollerweise zu der Vorstellung von Jesus Christus als Gesetzgeber auch die andere von ihm als dem Richter, der die Christen nach dem Gesetz richten wird, das er ihnen gegeben hat. Bei der Gliederung des Symbolum apostolicum in zwölf, seltener vierzehn, Einzelaussagen wurde der Schluß des Bekenntnisses zu Jesus Christus – „inde venturus est iudicare vivos et mortuos" – als Lehraussage über Jesus Christus als Gerichtsherrn im endzeitlichen Gericht interpretiert.[18] Tief eingegraben hatte sich die Vorstellung von der Christenheit als dem Gottesvolk unter Jesus Christus, dem Gesetzgeber und Gerichtsherrn, in geistlicher Analogie zur weltlichen Relation von Volk und Herrscher. Das Erlösungswerk Christi diente in diesem theologischen Zusammenhang der Konstitution eines Gottesvolkes mit eigener gesetzlicher Verfassung.

Versteht Luther Jesus Christus, den HERRN, in exklusivem Sinn als Erlöser, wie er das im Großen Katechismus unmißverständlich sagt und im Kleinen Katechismus indirekt deutlich macht, so ist nicht nur der Gedanke an Jesus Christus als religiösen Gesetzgeber ausgeschlossen, vielmehr wird die Erlösung verstanden als Befreiung von der Macht des Gesetzes schlechthin. In beiden Katechismen ist die Auslegung des zweiten Credo-Artikels eine Quintessenz des reinen Evangeliums.[19] Im Evangelium wird dem Menschen Freispruch angeboten gegenüber dem unerbittlichen Urteil des für jeden Menschen geltenden Gesetzes, jenes Urteils, das mit der radikalen Deutung des Dekalogs dem Menschen in der Verantwortung vor seinem Schöpfer bewußt gemacht wird. Die Befreiung von der Macht des Gesetzes braucht Luther – zum Beispiel in den Katechismen – nicht zur Sprache zu bringen, solange kein Zweifel daran aufkommen kann, daß das Evangelium des Jesus Christus dem Menschen volle Vergebung seiner Sünde verkündigt und ihm durch den Christus-Glauben die Gerechtigkeit vor Gott schenkt, die von Gottes Geboten eigentlich gefordert wird. Abgesehen von den wiederholten Warnungen, Christus als einen zweiten Mose zu begreifen, hat Luther relativ selten eingeschärft, daß Christus kein Gesetzgeber gewesen ist. Der theologische Sachverhalt ist im Kontext seiner Theologie evident durch

---

[18] Ein erwähnenswerter Traditionszeuge ist die anonyme deutsche Übersetzung „Erklärung der zwölf Artikel des christlichen Glaubens", gedruckt Ulm 1483 und 1485, von einem lateinischen, nur handschriftlich überlieferten Werk des Johannes von Marienwerder, Expositio symboli apostolici. In der deutschen Übersetzung ist die Erklärung des Artikels von der Wiederkunft Christi zum Gericht (Ulm 1485, Bl.56v–71r) nur schwach mit dem Glaubensbekenntnis verzahnt; sie stimmt inhaltlich überein mit spätmittelalterlichen Traktaten, die das Jüngste Gericht in anderen Kontexten behandeln.

[19] Vgl. Großer Katechismus, 1529, Schlußsatz zum 2. Credo-Artikel, WA 30 I, 187,14–16: Auch stehet das gantze Euangelion, so wir predigen, darauff, das man diesen artikel wol fasse, als an dem alle unser heil und seligkeit ligt und so reich und weit ist, das wir ymer gnug daran zulernen haben.

die immer wieder betonte, für die Glaubenserfahrung wesentliche Differenz von Gesetz und Evangelium. Auf der anderen Seite macht Luther sehr häufig, vor allem in Predigten und Vorlesungen, seinem Ärger darüber Luft, wie man im traditionellen Christentum die Gläubigen mit dem Gedanken an das Jüngste Gericht und an Christus als unerbittlichen Richter in Schrecken versetzt hat. Eine Passage aus der Adventspostille läßt zugleich erkennen, daß Luther der Zusammenhang der Vorstellung von Christus als Gesetzgeber und Richter präsent ist.

> Hie hut dich nu fur ergerniß mit allem vleyß; wer sind sie, die dich hie ergern? Alle die-ihene [:diejenigen], die dich leren wircken [:Werke tun] und nit glewben, die dyr Christum tzu eynem gesetzmacher und richter machen, und lassen dyr yhn nicht bleyben eynen lautern helffer und troster, die dich engsten mit wercken fur gott und gegen got tzu han-delln, dadurch deyne sund bussen und gnade erwerben.[20]

Um das Amt Christi in seinem umfassenden Sinn zu erfassen, ist es unerheblich, daß Luther den Begriff der Erlösung häufiger gebraucht als den der Versöhnung. Deshalb kann noch ein Text aus Aurifabers Tischreden angeführt werden; wenngleich die Formulierung auf Aurifabers Konto geht, stimmt der theologische Kern überein mit Luthers häufig geäußerter Kritik an der Vorstellung von Christus, wie er zum Jüngsten Gericht auf einem Regenbogen erscheinen werde.

> Christus ist je [:jedenfalls] nicht ein solcher Mann, der von uns etwas des Unsern fodere, sondern ist vielmehr ein Versöhner, welcher alle Sünder in der ganzen Welt mit Gott versöhnet. Darum, so du ein Sünder bist, wie wir denn in der Wahrheit alle sind, so bilde dir bei Leib und Leben Christum nicht also für, wie er auf dem Regenbogen sitzt und Richter ist, sonst wirst du erschrecken und verzweifeln müssen; sondern fasse ihn in seinem rechten Bilde, als nehmlich in dem, daß du ihn siehest und erkennest als einen Sohn Gottes und der Jungfrauen Maria. In derselben Person schrecket er Niemand, viel weniger aber martert und plaget er, ja verachtet auch nicht uns armen Sünder, fodert keinerlei Rechenschaft von uns unsers Lebens, das wir so böslich zubracht haben; sondern ist eine Person, so der ganzen Welt Sünde hinweg genommen, durch sich selbs gecreuziget und vertilget hat. [...] Christus nach seinem rechten Contrafect [:Konterfei] und Ebenbilde je kein Moses, kein Stockmeister noch Henker, sondern ein solcher Mittler ist, der uns armen Sünder mit Gott versöhnet, Gnade, Leben und Gerechtigkeit gibet, der sich selber gegeben hat [...] fur unsere Sünde. Denn ob wol Christus dass Gesetz bisweilen auslegt, so ist aber gleich wol solchs nicht sein eigen und recht amt, damit er zu thun hat und dazu ihn der Vater gesandt hat.[21]

Es kann nicht als ein Ausfluß polemischer Leidenschaft abgetan werden, wenn Luther häufig die mittelalterliche Erwartung verwirft, Christus werde bei seiner

---

[20] Adventspostille, 1522, über Mt 11,2–10, zu V. 6, WA 10 I 2, 167,25–29. – Vgl. ebd. 158,18–20: sie [die Theologen des Mittelalters] halten Christum fur eynen geseczmacher, unnd das Euangelion fur eyttel lere newer gesecz, das ist nicht[s] anders, denn das Euangelion zuschliessen, unnd aller dinge [:völlig] vorbergen. – Vgl. Jesaja-Vorlesung, 1528–1530, zu Jes 61,1, WA 31 II, 517,10 f: sciamus Christum non esse iudicem, doctorem legis, sed contraria facit: Medetur, consolatur, liberat nos ab illis [:Gesetz, Sünde, Tod].

[21] Tischrede WA.TR 6, 87,32–88,3; 88,16–22, Nr. 6628 (Johannes Aurifabers Sammlung). In seiner Theologie unterscheidet Luther nicht dogmatisch zwischen Erlösung und Versöhnung.

6.1 Jesus Christus ist der Erlöser in der Einheit von Person und Amt

Wiederkunft im Jüngsten Gericht die Christen genauestens danach beurteilen, ob sie die übernatürliche Gnadengabe, die sie in den Sakramenten empfangen haben, für gute Werke genutzt haben, durch die sie des ewigen Lebens würdig geworden sind. Luthers eindeutiges Verwerfen der traditionellen Vorstellung vom richtenden Christus erwächst aus der Überzeugung, das Bekenntnis zu Jesus Christus, dem Erlöser, vertrage keine Abstriche. Auch im Jüngsten Gericht, wenn die Geschichte der geschöpflichen Welt an ihr Ende kommen wird, bleibt Christus der Erlöser für alle, die auf ihn als ihren Erlöser ihr Vertrauen setzen. Das ist der Sinn der oben zitierten Sätze aus dem Großen Katechismus. Mit anderen Worten, Christus hat in seinem zweiten Advent genauso wie in seinem ersten Advent das Amt des Erlösers, dem nur ein Vertrauen auf diesen Dienst seiner Person entsprechen kann, während im herkömmlichen Verständnis Christus bei seinem ersten Advent das Amt des Gesetzgebers und Erlösers, bei seinem zweiten Advent jedoch das Amt eines nach Würdigkeit urteilenden Richters ausübt.

In der Aufspaltung des Amtes Christi einerseits in das Erlösungswerk bei seinem ersten Erscheinen und andererseits in sein nach Würdigkeit und Verdienst urteilendes Gericht bei seinem endzeitlichen Erscheinen sieht Luther die Ursache für die Heiligenverehrung. Man habe das uneingeschränkte Vertrauen in den Mittler- und Erlöserdienst Christi verloren und dafür in der Heiligenverehrung Ersatz gesucht. Damit gibt Luther seine eigene theologische Erklärung des Phänomens; historisch betrachtet ist das Verhältnis von Christus- und Heiligenverehrung viel komplexer.

Ich bin [...] fur Christo geflohen und [habe] fur seinem namen gezittert. Denn meyn hertz hatt diese gedancken von Christo geschöpfft [:in sich aufgenommen], das er ein Richter were, dem ich am Jungsten Tage muste rechenschafft geben von allen wortten und wercken, do [:obwohl] ich doch diese wortt [Joh 3,17] wohl wuste und sie teglich las, aber ohne verstande, den[n] ich hielt Christum fur einen Richter. [...] Drumb so hat man fur Christo sich gefurcht, und sind von ihme wir alle gelauffen zu den Heiligen und [haben] Mariam und andere angeruffen fur notthelffer, und waren dieselbige[n] alle heiliger als Christus. Christus war allein der Hencker, die Heiligen aber waren unsere Mitteler. Und hat diesen hehrlichen Text [Joh 3,17] niemands sehen konnen noch in unsere hertzen einbilden [:einprägen] die wortt, so er alhier saget: ‚Ich bin nicht in die welt kommen, das ich die welt richte', das er nicht ein Richter, sondern mittler, helffer, Troster, gnadenthron, Bischoff, Hirtte, Bruder, Fursprache [:Fürsprecher], unser Geschenck und notthelffer sei, und nicht Richter, den[n] ehr sei uns gegeben und geschanckt, das wir nicht fur ihme flöhen.[22]

Greifbar – nach Luthers Urteil angreifbar – ist die traditionelle heilsgeschichtliche Reduktion des Mittlerdienstes Christi in der Unterscheidung zwischen einem Mittlerdienst der Genugtuung und einem Mittlerdienst der Fürsprache. Dieser terminologische Kunstgriff erlaubte es im Mittelalter den Theologen

---

[22] Auslegung von Joh 3–4, 1538–1540, zu Joh 3,17 f, WA 47, 99,34–100,12 Dr. – In den Worten, Christus „sei uns gegeben und geschanckt", klingt Joh 3,16 nach; zu erinnern ist auch an Luthers Grundbegriff von Christus als Gabe, s. o. Kap. 3.1.

zu sagen, den heilsgeschichtlich bedeutsamen satisfaktorischen Mittlerdienst habe nur Christus auf sich genommen, bei den Heiligen der Kirche hingegen fände man den Mittlerdienst der Fürsprache.[23] In solcher Einschränkung kann Christus zwar als der einzige Mittler bezeichnet werden, gleichzeitig wird jedoch sein Mittlerdienst auf ein vergangenes Faktum reduziert, dessen Wirkung in der kirchlichen Institution vermittelt wird, während daneben für die gegenwärtige religiöse Erfahrung die Heiligen mit ihrer himmlischen Fürsprache hochgehalten werden. Diese traditionelle Rechtfertigung der Heiligenverehrung, die augenfällig den Heilsdienst Christi auf ein historisch vergangenes, allerdings einzigartiges Faktum reduziert, erwähnt Luther in einer polemischen Schrift gegen die Heiligenverehrung.[24] Seine hitzige Polemik verhindert in diesem Fall zu zeigen, was er selbst mit seinem Verständnis des Amtes Christi theologisch zu entgegnen weiß. Das bringt er in exegetischem Kontext zur Sprache, und zwar vor allem in der Auslegung von Texten des Johannes-Evangeliums.

In der Perikope Joh 3,16–21, dem Evangelium zum Pfingstmontag, findet Luther die biblische Basis für seine theologische Auffassung vom bleibenden Erlöser- und Mittlerdienst des Gottessohnes. Einen Einblick in seine reformatorische Auslegung dieser Perikope liefert die Predigt von 1522, die bei einzelnen Punkten aus späteren Predigten ergänzt werden kann.[25] Da hier der menschgewordene Gottessohn spricht, hat der Text gleich in Joh 3,16 das volle Gewicht von Gottes eigenem Wort als Zusage seines Heilswillens, die uneingeschränktes Vertrauen verlangt. Wer sein Gewissen nicht an diesem Wort orientiert, wer sein Heil daneben noch zusätzlich durch eigenes Tun oder Fürsprache von Heiligen absichern will, gerät auf einen „Holzweg". Gott will mit seinem eigenen Wort ergriffen werden.

Got hat auß lieb unns seinen sun geben, durch den wir selig sollen werden [Joh 3,16], Darumb last [v.l.: laß] dir kein ander pan [:Bahn] machen dan die und hüt dich vor zusatz, den [:denn] der verderbts gar, den der ein zusatz macht, der fürt dich von der rechten ban den holtzweg, darumb laß dein gewissen stellen auff kein wercke, auff keins heyligen verdienst, sunder allein auff das wort gottes, der wirt dir nicht liegen, sunder seiner zusagung

---

[23] Leicht zugänglich ist diese Unterscheidung bei Johannes Eck, Enchiridion locorum communium, c.15, S. 186.

[24] Wider den neuen Abgott, 1524, WA 15, 197,9–15: Über das, weyl sie [darauf] gestossen sind, das sie keyne schrifft haben fur sich, das man heyligen solle anruffen und mittler seyn lassen, Sondern die schrifft Christum alleyne zum mittler unnd furbitter macht, wie Paulus Rom 3 [V. 24f], 5 [V. 1ff.6ff.15ff] und 1Tim 2 [V. 5] leret und viel ortter mehr, Faren sie zu und suchen newe aussflucht und wenden die schrifft von sich und sagen, mittler sey zweyerley, Satisfactorius et intercessorius, das ist eyner der uns gnug thut, das ist alleyne Christus, Die andern heyligen sollen intercessorii, furbitter seyn. – Diese Schrift hatte zum aktuellen Anlaß, daß der zur Zeit des Investiturstreites amtierende Bischof von Meißen, Benno (gest. ca. 1106), als Heiliger kanonisiert und seine Reliquie mit üblichem Kultus „erhoben" worden ist.

[25] Predigt, 9.6.1522, über Joh 3,16–21, WA 10 III, 160,17–169,20; neben dem dort reproduzierten Druck müssen an manchen Stellen aus dem Apparat die Lesarten anderer zeitgenössischer Drucke herangezogen werden.

genug thun. Do ergreifstu got mit seinen aygen worten, darauff du dein hertz und trost pawen, grunden und stehen [v.l.: stellen] kanst.[26]

Die Zusage von Gottes unwiderruflich rettender Liebe in der Sendung seines Sohnes – das schärft der folgende Vers Joh 3,17 ein – darf nicht dadurch eingeschränkt werden, daß der Gottessohn nicht nur als der Erlöser oder Heiland, sondern daneben noch als der endzeitliche Richter vorgestellt und geglaubt wird, indem diese beiden Aufgaben auf den ersten und zweiten Advent verteilt werden.[27] Der Gottessohn hat in seiner Menschwerdung nur einen einzigen, ihm ewig wesenseigenen Auftrag, die Menschen aus ihrem Unheil zu befreien und ihnen Gottes Heil zu bringen. Das trifft die Menschen in ihrer gegenwärtigen Situation des Unheils unter der Macht tiefer Gottesentfremdung mit der Folge der Todesverlorenheit sowie unter der Macht des Gesetzes, sofern es dem Menschen suggeriert, mit seinen Werken könne er diese Situation ändern oder wenigstens einen Teil zu seiner Rettung beitragen. In dem Vers Joh 3,18 a.b findet Luther ausgesprochen, daß der Glaube im Festhalten am Gotteswort des Evangeliums aus dem Unheil befreit. Wer sein Heil vorbehaltlos an Jesus Christus bindet, „wird nicht gerichtet", weil Jesus Christus auf ewig der Retter bleibt.

[Christus] aber saget inn [:ihnen, den Menschen], wie sie herauß wöllen kummen [v.l.: herauß kommen sollen] auff die weyß: Es wirt ein gericht sein, dem wirt niemanndt entpfliehenn, denn allein der do glaubet on allen zusatz. Thust du ein zusatz dartzu, so bistu den holtzweg gangen und bist verdorben, dann was nit glaubt das ist schon verloren. Ich bin die aynig [:einzige] pfort, die zum himel geet [vgl. Joh 10,9 und Mt 7,14 f], der weg ist enge, du must schmal werden, wilt du hyn durch kummen […]; die mit wercken […] behengt sein, die kunnenn nit durch dringen.[28]

Wer sich jedoch Jesus Christus nicht anvertraut, der bleibt im Unheil und hat damit sein Urteil bereits empfangen. Das gilt vom Unglauben, solange er sich nicht dem Evangelium öffnet, wie auf der Gegenseite der Glaube des ewigen Heils gewiß sein kann, solange er sich ganz auf das Evangelium verläßt.

Mit der Verkündigung durch die Apostel ist das Evangelium des Jesus Christus so in der Welt zu Gehör gebracht worden, daß es durch die Zeiten hin stets als

---

[26] Ebd. WA 10 III, 163,14–21. – Vgl. ebd. 164,8–20: Denn mein gewissen muß sten auff eim grund, das die ewig wissende warheyt ist, sunst felts. Nun aber ist got allein die warheit, auf dem muß stehen das gewissen und auff nichtz mer. Wenn man nur Christum also einbildet, das er herr [v.l.: richter] allein sey, den forcht ich, so volget den[n] baldt darauß, das ich ym feindt werde und werdt auch forchtsam vor got und haß auch den, so ist dann das hertz vol gifft und gotslesterung; aber wen ich yn also erkenn wie in [:ihn] das Evangelium abemalt, das ich in [:ihn] erlange vor den grösten freundt den mein hertz erwellen kundte, so steet es wol und folget baldt lieb drauß, denn es kann uns keyn freundt sovil thun als uns der than hat; […] do wirt zuversicht, sunst wen man in [:ihn] forcht, so felt man hyn auf werck und stost den Christum auß dem mittel und will also zu got lauffen, do bricht man den halß ab.
[27] Vgl. ebd. WA 10 III, 163,23–164,5 (s. u. bei Anm. 31).
[28] Ebd. zu Joh 3,18 a, WA 10 III, 165,13–20.

gegenwärtiges Wort Gottes zu vernehmen ist. Unter dem Wort des Evangeliums scheiden sich Glaube und Unglaube.

Nun hört, wie er hie ein urteyl fellet [Joh 3,18 b]: ‚wer nit gelaubet der ist schon verdambt' und das ist nun die ursach wie hernach folget [Joh 3,19]: ‚Das Liecht ist kummen in die welt, aber die welt hat dye Finsternuß lieber gehabt wen [:als] das liecht'. Das Liecht ist der herr Christus und sein erkantnuß, das man yn also erkenne, wie er hie abgemalet stehet. [...] das liecht ist kummen in die welt durch den mundt der Apostelen [...], und man ist ihm feindt.[29]

Die Verkündigung des Evangeliums bringt zwar das Licht des vom Unheil befreienden Glaubens. Wem dieser Glaube zuteil wird, bleibt jedoch ein unverfügbar individuelles Geschehen des geistlichen Lebens, so daß der Glaube dem einzelnen nicht zum Besitz wird. Die Scheidung zwischen Glaube und Unglaube bleibt dem menschlichen Unterscheiden entzogen. Sie ist nicht institutionell greifbar, hier die „Gläubigen" der institutionellen Kirche – dort die „Ungläubigen" außerhalb der verfaßten Kirche. Der Glaube, der in Wahrheit das Christ-Sein definiert, läßt sich jedoch nicht vom Evangelium des Jesus Christus trennen.

Allerdings erfährt der Christ bei sich selbst Anfechtungen, die ihn vom Evangelium zu trennen drohen. Es ist das natürliche Bestreben, durch Vorweisbares die eigene Identität vor Gott zu definieren. Es sind die „Werke", durch die sich der Mensch als „gerecht" begründen möchte; zu diesem Selbstbewußtsein verhilft in Luthers Sicht die Vernunft, weil sie auf das Verfügbare baut.[30]

Im Verständnis Luthers hat der Glaube des Christen im Blick auf das Jüngste Gericht dieselbe Gewißheit wie im Angesicht des eigenen Todes. Einerseits verwirft Luther in der Auslegung von Joh 3,17 die Vorstellung von Christus als dem endzeitlichen Gerichtsherrn, die das wahre christliche Gottesbild in Joh 3,16 f verkennt.

Mit den worten [Joh 3,17] kann man aber got ergreiffen, wie er dan zu ergreiffen ist: so kanst du im [:ihm, Gott] nit nach lauffen, er laufft dir nach und bildt dir seinen sun also vor, das er sey ein heyland unnd nicht ein Richter, dardurch wechst dir nun dein zuversicht zum vater. Nun haben sie den frummen heylandt gebildt vor einen Richter, darumb ist her kummen der heyligen dinst, das man sich abwendt von Christo und zuflucht hat tzu den heyligen, den[n] wir meinen, die heyligen sein uns gnedig unnd genaigter den got selber.[31]

Andererseits hält er denselben Text für eine feste Stütze der Heilsgewißheit in der Todesanfechtung.

O wenn einem der spruch [Joh 3,17] ein fiel ym sterben wenn es an dye züg [:die letzten Atemzüge] geet, das einer an den spruch alhie gedachte, wie der herr niht wer [ge]khomen zuverdammen die welt, sonder selig zu machen, der kundt nicht untter geen sunder wurde

---

[29] Ebd. WA 10 III, 166,9–16.
[30] Ebd. WA 10 III, 167,8–10: Denn liecht ist der glaub und das erkentnuß Christi, Finsternuß ist aber die vernunft und gutdunckel, die unns lerett auf werckh bawen.
[31] Ebd. WA 10 III, 163,23–164,5.

6.1 Jesus Christus ist der Erlöser in der Einheit von Person und Amt 275

erhalten [:gerettet]. [...] Und beschleusts also: die weil es dan also ist, das der Christus [...] ist [ge]kummen das er sein sol unßer heylandt, so glaub in den.[32]

C) Zu Luthers Erwartung des Jüngsten Tages paßt weder eine illusionär optimistische Einschätzung der Menschheitszukunft noch eine resigniert pessimistische Tatenlosigkeit. In der Predigt über Joh 3,16 ff, die eben für seine vom Johannes-Evangelium geprägte Umformung des Gerichtsgedankens herangezogen worden ist, betont er, daß die Heilsgewißheit des Glaubens in der Erwartung des Jüngsten Tages Hand in Hand geht mit achtsamer Nächstenliebe.

Ja du darffst nichts mer thun, das da nott sey zur seligkeyt, zur vergebung der sünd und zur errettung der gewissen, du hast genugsam an deinem glauben, aber dein nechster hat noch nit gnugsam, dem must du auch helffenn, darumb lest dich auch gott leben [...], das du mit deinem leben nicht dir, sunder deinem nechsten dienest.[33]

Luthers Auslegung von Joh 3,16 ff ist hermeneutisch bedingt durch das theologische Grundverständnis, daß Jesus Christus in der Einheit von Person und Amt ausschließlich als der Erlöser geglaubt sein will. Wie aber der einzelne Mensch in seinem Gewissen immer wieder und ganz besonders angesichts seines Todes der Anfechtung durch das Gesetz und die Sünde ausgesetzt ist, so hat die Menschheit mit dem Ende ihres geschöpflichen Daseins ein Jüngstes Gericht zu erwarten; das steht für Luther außer Zweifel. Wenn er vom Jüngsten Gericht spricht, dann nur als der letzten, definitiven Konfrontation mit dem Gesetz und den anderen Mächten des Unheils. Und Jesus Christus wird dann nicht anders der Erlöser sein, als er jetzt im Evangelium dem Glauben gegenwärtig ist.[34] Deshalb kann der Christus-Glaube dem Jüngsten Tage sehnsuchtsvoll entgegensehen in der Gewißheit einer definitiven Befreiung vom Gesetz und den anderen Mächten des Unheils.

Das Jüngste Gericht wird in Luthers Theologie zu der vom Christus-Glauben erhofften Vollendung der Befreiung von den Mächten des Unheils. Mit apokalyptischen Spekulationen und mit einer juridischen Vorstellung vom Jüngsten Gericht hat Luther nichts im Sinn. Ihm genügt es, die Rede vom Jüngsten Tag mit dem gegenwärtigen Glaubensleben zu verknüpfen.

Also beschreybt Petrus diesen tag, als der ytzt schon komen soll, das sie drauff bereyt seyn sollen, mit freuden drauff hoffen und auch eylen yhm entgegen zulauffen als dem, der uns erlöst von sund, tod und helle.[35]

---

[32] Ebd. WA 10 III, 165,1–6.
[33] Ebd. WA 10 III, 168,19–24.
[34] Die Eigenart von Luthers Gerichtsverständnis könnte verdeutlicht werden durch einen Vergleich mit mittelalterlichen Traktaten vom Jüngsten Gericht, in denen den Gläubigen eine juridisch geprägte Vorstellung nach dem Muster eines Strafprozesses eingeprägt wurde.
[35] 2. Petrus- und Judas-Brief ausgelegt, 1523/24, zu 2Pt 3,11 f, WA 14, 72,8–10 Dr (vgl. 71,6–72,1 Ns).

Ebenso verfährt Luther bei der Auslegung der apokalyptischen Evangelienperikope Lk 21,25–36. In der Glaubenseinstellung des Christen verzahnt er gegenwärtige und zukünftige Erlösung. Wer als Christ in seiner Sünde die Macht der Gottesentfremdung erfährt und mit Freude im Evangelium Gottes Sündenvergebung ergreift, der hat Sehnsucht nach vollendeter Gottesgemeinschaft.

Es ist niemant baß gerust auff den iungsten tag, denn der do begert on sund tzu seyn. Bistu yn solcher begird, was furchstu dich? Bistu doch dadurch mit dißem tag eyner meynung. Er kompt, das er von sunden erloßen will alle, die es begeren, und du bist auch der meynung, das du alßo wilt loß seyn. [...] Christus spricht, es sey eyn erloßung seyne tzukunfft. [...] eyn hertz, das warhafftig der sund gern loß were, das frewet sich gewißlich dißes tages, der yhm seyn begird erfullen wirt. Frewet sichs aber nicht, ßo ist nicht grundlich begirde da, von sunden loß tzu seyn.[36]

Für den christlichen Glauben, der am Ende der Zeit in Christus den Retter und nicht den Richter erwartet, verwandelt sich der Jüngste Tag aus einem schrecklichen in einen erfreulichen Tag.

Aber den glewbigen soll er [der Jüngste Tag] trostlich und lieblich seyn, es wirt der tag seyn tzugleych die hohist freud und sicherheytt den glewbigen, und das hohist schrecken und flucht den unglewbigen, [...] Warumb sollten sich die glewbigen furchten, und nicht auffs hohist sich frewen? Syntemal sie auff Christum vortrawen, unnd der richter umb yhrer erloßung willen kompt und yhrß teylls ist?[37]

Gottesfeindschaft erzeugen jedoch die Prediger, die bei den Leuten Furcht vor dem Jüngsten Gericht erregen mit der Erwartung, daß Christus dann als strenger Richter wiederkommen werde. Solche Prediger verderben die christliche Gotteserfahrung, weil Jesus Christus als der Erlöser durch das Evangelium den Zugang zu Gott frei macht vom Gesetz und den Werken.

Die heylloßen trawmprediger sind tzu straffen, wilche mit yhrem predigen den hertzen diße wort Christi vorpergen und den glawben davon wenden, wollen die leutt mit blossem schrecken frum [:rechtschaffen] machen, und darnach durch eygene gutte werck und gnugthun fur die sund tzu dißem tage bereytten. Da muß denn [...] gottis feyndschafft yn den hertzen auffgericht werden. Dieweyl sie lernen [:lehren] Christum nicht anders ynn sich bilden [:einprägen], denn nur als eynen strengen richter, den sie mit yhren wercken stillen und ßünen sollen, und halten yhn nymmer fur eynen erloßer, wie er sich selb hie nennet und erbeutt, des ym festen glawben tzu wartten sey, das er uns durch lautter gnaden erloße von sunden und allem ubel.[38]

---

[36] Adventspostille, 1522, Perikope Lk 21,25–36 (2. Advent), zu V. 28 ‚Wenn diße ding anfahen, ßo sehet auff und hebt auff ewre hewbter, denn es nahet sich ewre erloßung', WA 10 I 2, 111,11–15.16–23. – Ebd. 110,7–11: Christus [...] spricht nicht: furcht euch odder schlagt den kopff unter; denn es kompt, was wyr ßo ernstlich unnd sehnlich gepetten haben. Wollen wyr denn nu ernstlich von sunden, todt unnd helle loß werden, ßo mussen wyr diße tzukunfft auffs hohist begeren und liebhaben. – Im Kontext derselben Perikope behandeln die Enarrationes epistolarum et evangeliorum, 1521, den Vers Lk 21, 28, WA 7, 490,13–492,15.
[37] Ebd. WA 10 I 2, 110,27–33.
[38] Ebd. WA 10 I 2, 112,23–34.

6.1 Jesus Christus ist der Erlöser in der Einheit von Person und Amt

Jesus Christus, der Gottessohn, erschließt in seinem eindeutigen Heilsdienst eine ebenso eindeutige Gotteserfahrung von Gott als dem Vater. Luthers Grundverständnis der christlichen Religion ist zwar in hohem Maße auf Jesus Christus konzentriert, um mit der heiligen Schrift die christliche Identität des Christentums zu bekräftigen; indes verliert er nicht aus dem Blick, daß dem Menschen wie in aller Religion Klarheit über sein Gottesverhältnis vermittelt werden soll. Das gibt er exemplarisch in einer Auslegung von Röm 15,6 – „Auff das yhr einmutig und eynmundig preysset gott und den vatter unßers herrn Jhesu Christi"[39] – zu bedenken: Die ganze Botschaft des Neuen Testamentes hat zum Brennpunkt, daß Jesus Christus uns zu Gott als zu unserem Vater hinführt und wir unsere ganze Zuversicht auf Gott, den gnädigen Vater, setzen, der in Christus zu finden ist.

> Christus selbs ym gantzen Evangelio uns tzum vater weyßet, und auch darumb komen ist, das wyr durch yhn tzum vater komen sollen. Nu ist tzum vater komen [...] mit hertzlicher tzuvorsicht auff yhn sich vorlassen, als auf eynen gnedigen vatter, wie das vatter unßer anfehet [Mt 6,9]; yhe mehr solch tzuvorsicht ym hertzen zunympt, yhe [:desto] neher wyr tzum vatter komen. Nu muß das bekennen die vornunfft und die erfarung, wo die zuvorsicht zu gott ym hertzen ist, da felt abe alle tzuvorsicht zu allen creaturn, es seyen heyligen ym hymel oder auff erden; widderumb, wo die tzuvorsicht tzu gott abnympt, da hebt sich [:erhebt sich] ditz suchen und tzuvorsehen bey den heyligen.[40]

Dem Johannes-Evangelium verdankt Luther Wesentliches für seine theologische Rede von Jesus Christus in seiner Bedeutung für die wahrhaft christliche Gotteserkenntnis. Der Mensch gewordene Gottessohn vollbringt den Heilsauftrag Gottes, seines Vaters. Von seinem Vater gesandt, ist er für die Menschen der einzige Weg zu ihrem Vater (Joh 14,6). In der Sendung seines Sohnes ist Gott mit seinem ganzen Herzen in rettender Liebe dem Menschen zugewandt. Gottes Heilswille definiert sich in der Person des Jesus Christus, der sich selbst zum Heil des Menschen dem Tod ausliefert. So wird er im Evangelium verkündigt. Und der Christ soll diesen Jesus Christus in sein Herz fassen und nicht etwa nur auf das Faktum des Erlösungswerkes blicken. Wer Gott anders finden will als in Jesus Christus, dem in die Welt gesandten Gottessohn, dem bleibt Gott unerreichbar außerhalb der Welt, außerhalb der gegenwärtigen Lebenswirklichkeit. So meint

---

[39] Adventspostille, 1522, Perikope Röm 15,4–13 (2. Advent), WA 10 I 2, 62,10–93,5. Auslegung von Röm 15,6, ebd. 80,18–84,31. – In den Enarrationes epistolarum et evangeliorum, 1521, ist diese Perikope ausgelegt WA 7, 480,7–487,21; die Exegese von Röm 15,6 ebd. 484,34–485,4.

[40] Ebd. WA 10 I 2, 83,13–23. – Vgl. ebd. 84,17–23: darumb sollen wyr auch mit aller zuvorsicht yhn [Gott als den Vater] lieben unnd loben ubir solcher ubirschwencklicher gütte, auff das unßer hertz gewone [:pflege] auff yhn sich zu trosten und alles guten tzuvorsehen ynn leben und sterben, doch durch Christum, und nit durch uns selbs; denn er ist datzu geben, das wyr durch yhn tzum vatter mit solcher tzuvorsicht kommen sollen und mugen, wie sagt Joh 6 [14,6b]: ‚Niemandt kompt tzum vater denn alleyn durch mich'.

es ein Stück aus einer Predigt Luthers über Joh 3,16–21, die lediglich als Nachschrift überliefert ist.[41]

Einige Texte des Johannes-Evangeliums geben Luther die Grundlage, um wiederholt die christliche Gotteserkenntnis an das Christus-Verständnis zu binden, das die Inkarnation des Gottessohnes unverkürzt ernst nimmt und dadurch für einen rationalen Gottesgedanken anstößig und ärgerlich wirkt. In der Heidelberger Disputation verficht er im Anschluß an 1Kor 1,18 ff eine Theologia crucis, die ihm als ein neues reformatorisches Grundverständnis des Christentums vorschwebt.[42] Solche Theologie verträgt sich nicht mit einer Theologia gloriae, die ihr Gottesverständnis nicht radikal an die neutestamentliche Verkündigung des Mensch gewordenen Gottessohnes bindet.

Sic Joh 14 [V. 8], Cum Philippus iuxta Theologiam gloriae diceret: ‚Ostende nobis Patrem‘, Mox Christus retraxit et in seipsum reduxit eius volatilem cogitatum quaerendi Deum alibi, dicens [Joh 14,9]: ‚Philippe, qui videt me, videt et patrem meum‘. Ergo in Christo crucifixo est vera Theologia et cognitio Dei. Et Joh 10 [Joh 14,6b] ‚Nemo venit ad Patrem nisi per me‘. [Joh 10,9]: ‚Ego sum ostium‘ etc.[43]	So Joh 14, als Philippus im Sinne der Theologie der Herrlichkeit sagte: ‚Zeige uns den Vater‘, da holte Christus alsbald seinen hochfliegenden Gedanken, Gott anderwo zu suchen, zurück und führte ihn auf sich selbst zurück, indem er sagte: ‚Philippus, wer mich sieht, sieht auch meinen Vater‘. Also ist im gekreuzigten Christus die wahre Theologie und Erkenntnis Gottes. Und Joh 10 [richtig: 14]: ‚Niemand kommt zum Vater, denn durch mich‘; ‚Ich bin die Tür‘ usw.

Mit der Theologia crucis ist für Luther auch alles juridische Denken aus dem Grundverständnnis der christlichen Religion ausgeschlossen, das sich dort einschleicht, wo man das Erlösungswerk Christi auf das vergangene Faktum seines Kreuzestodes begrenzt, die Vermittlung des Heils jedoch in der christlichen Kirche mit einem Gesetz verquickt und den Gläubigen auf seine eigenen guten Werke verweist.[44]

---

[41] Predigt, 5.6.1525, über Joh 3,16–21, WA 17 I, 272,21–33 Ns: ‚Misit filium‘ [Joh 3,16f] i. e. Christus trahit nos per se ad patrem. Cor vestrum ne hic quiescat, quod feci opus redemptionis, sed videte hunc [:deum patrem], qui iussit. Est enim magna dilectio personam, quae deus et homo est, mori pro peccatis tuis. ‚Nemo venit ad patrem nisi per me‘ [Joh 14,6b], qui alias vult deum inspicere, angustus fit sibi mundus et tangit eum [:deum] externe, ubi nimium altus [zu hoch]. Sed hic tangendus [deus], ubi apparet, ac si non esset deus, da er sich ins fleisch wirfft. Ibi non est mihi terribilis, sed amabilis. Ille est filius et vadit pro me ad mortem. Haecque est voluntas patris, sic trahimur per Christum ad patrem. Et hanc dilectionem, quod pater sic dilexit mundum, videmus in hac vita per fidem, in futura integre videbimus. Et hoc fuit profunde occultum, quod deus datus esset pro nobis, donec per Evangelii praedicationem notum fieret. Itaque una via est Christus Iesus [Joh 14,6a].
[42] Vgl. Kap. 1.1 bei Anm. 2.
[43] Heidelberger Disputation, Probation zu These 20, WA 1, 362,15–19; LDStA 1, 53,29–35.
[44] Daß die Theologia crucis die religiöse Wertschätzung von Gesetz und guten Werken ausschließt, ergibt sich in der Heidelberger Disputation aus den Thesen 21 sowie 23 und 24 (samt ihren Probationen), WA 1, 362,20–33; 363,15–37.

Wie Luther in dem eben zitierten Text die Kreuzestheologie mit der Antwort Christi auf die Philippus-Frage in Joh 14,8 f. illustriert und durch weitere johanneische Christus-Worte unterstreicht, so dokumentiert eine exegetische Studie zu Joh 6,37–40, die er 1519 für Georg Spalatin, seinen engsten Vertrauten am kurfürstlichen Hofe, verfaßt hat, sein intensives Nachdenken über das Verwobensein von Christus- und Gotteserkenntnis.[45]

Der Gottessohn ist ausschließlich als Erlöser von Gott, seinem Vater, in die Welt gesandt (Joh 3,16 f.). Seine Sendung entspringt dem tiefsten, reinen Heilswillen des Gottes, der sich des erlösungsbedürftigen Menschen erbarmt. Mit gutem Grund spricht Luther von Gottes Vaterherz, dem der Mensch sein Vertrauen schenken kann, indem er sich von Jesus Christus zu Gott, seinem Vater, hinführen läßt. Seine johanneisch geprägte Theologie komprimiert er in zwei Strophen des Liedes „Nun freut euch, lieben Christen g'mein".

Da iamert Gott ynn ewigkeyt / Meyn ellend uber massen,
Er dacht an seyn barmhertzigkeyt, / Er wolt mir helffen lassen.
Er wand zu myr das vater hertz, / Es war bey yhm furwar keyn schertz,
Er lies [sich's] sein bestes kosten.
Er sprach zu seynem lieben son, / Die zeyt ist hie zurbarmen,
Far hyn meyns hertzen werde kron / Und sey das heyl dem armen,
Und hilff yhm aus der sunden not, / Erwurg fur yhn den bittern tod
Und las yhn mit dyr leben.[46]

6.2 Das messianische Priestertum und Königtum des Jesus Christus

Den Ausführungen über das Erlöseramt des Jesus Christus muß sein messianisches Amt des Priesters und Königs an die Seite gestellt werden. In seinem Freiheitstraktat, 1520, widmet Luther eine längere Reflexion dem geistlich verstandenen Königtum und Priestertum des Christus und der Christen. Beim Zitieren von 1Pt 2,9, der Kernstelle für das allgemeine Priestertum der Getauften,[47] benutzt er die zugrunde liegende alttestamentliche Stelle Ex 19,6 und ergänzt das „königliche Priestertum" (sacerdotium regale) durch das „priesterliche Königreich" (regnum sacerdotale).[48] Beide Größen entfaltet er aus ihrer christologischen Wurzel, so daß bei diesen beiden Ämtern Christi sogleich

---
[45] Studie über Joh 6,37–40, 1519, Nr. 145 (Beilage) WA.B 1, 327–331. Nähere Aufschlüsse über den Anlaß der Studie gibt der Begleitbrief an Georg Spalatin, 12.2.1519, Nr. 145 WA.B 1, 326 f. – Die Studie beginnt mit einer grundsätzlichen Charakteristik der Theologie des Johannes-Evangeliums. Im Zuge der Studie äußert sich Luther abfällig über die spekulative Eigenart der scholastischen Christologie.
[46] Luthers Lieder Nr. 5, Nun freut euch, lieben Christen g'mein, Strophe 4–5, WA 35, 424,4–17.
[47] Die allen Getauften verliehene Vollmacht des allgemeinen Priestertums und Königtums wird in Kap. 9.3 entfaltet.
[48] De libertate Christiana / Von der Freiheit eines Christenmenschen, 1520, WA 7, 56,39 ff / 27,20 f.

deren Heilsbedeutung für die Glaubenden zutage tritt. Unter dem Thema, was der Christus-Glaube bewirkt,[49] kommt er auf die Abhängigkeit der Christen von Christus zu sprechen und wendet das sogleich darauf an, daß im Alten Testament – Luther verfährt nicht historisch-kritisch – dem erstgeborenen Sohn eine Sonderstellung im Hinblick auf seine jüngeren Brüder zukam. Der Erstgeborene hatte ihnen gegenüber ein herrschaftliches und ein priesterliches Vorrecht.

Ut autem hanc gratiam, quam in Christo habet interior ille homo noster, latius videamus, sciendum quod deus in veteri testamento sibi sanctificabat omne primogenitum masculinum [Ex 13,2; 22,28],	Weytter zu sehen, was wir yn Christo haben, und wie groß gutt sey ein rechter glaube, Ist tzu wissen, das fur und ynn dem altenn testament gott yhm außtzog und furbehilt alle erste menliche gepurt, von menschen und von thieren [Ex 13,2].
Eratque primogenitura magni pretii, duplici honore prae ceteris pollens, sacerdotio et regno.[50]	Und die erste gepurt war koestlich und hatt tzwey grosse forteyll fur allen andern kindernn, nemlich die hirschafft und priesterschafft odder kuenigreych und priesterthum,

Die doppelte Würde kommt Christus zu, weil er über die Heilsgüter – Gerechtigkeit, Wahrheit etc. – gebietet und verfügt. Als ein König ist er der Freie, der keinen Gesetzgeber und Gerichtsherrn über sich hat. Er übt seine geistliche Herrschaft aus in einem Reich der Freiheit und trägt den Titel „HERR" als Erlöser oder Befreier, indem er eine Gemeinschaft der von ihm Befreiten stiftet, identisch mit dem geistlichen Leib, dessen Haupt er ist. Luther fügt hinzu, der Macht Christi sei schlechthin alles unterworfen, so daß er die Seinen bewahren kann, wenn ihnen unheilvoll Bedrohendes widerfährt.

In coelestibus et spiritualibus ipse regnat et consecrat, quae sunt Iustitia, veritas, sapientia, pax, salus etcetera. Non quod non omnia, etiam terrena et inferna, subiecta sint ei (alioqui quomodo posset nos ab illis tueri et salvare?) sed quod non in iis nec ex iis regnum eius constet.[51]	Denn seyn reych ist [...] yn geystlichen guttern, als da seyn warheyt, weyßheyt, frid, freud, seligkeyt etcetera. Damit aber nit außgetzogen [:ausgeschlossen] ist zeytlich gutt, denn es ist yhm alle ding unterworffen, ynn hymell, erdenn und helle, wie wol man yhn nit sicht, das macht, das er geystlich, unsichtlich regirt.

Christus versieht seinen priesterlichen Dienst vor Gott, indem er in Fürbitte für die Seinen eintritt und ihnen seine geistlichen, himmlischen Heilsgüter zuwendet. Luther folgt dem Hebräerbrief mit dem Gedanken an Christus, der als der Auferstandene ständig bei Gott im unsichtbaren Dienst eines Hohenpriesters für

---

[49] Der Sachkontext beginnt ebd. WA 7, 54,31 / 25,26.
[50] Ebd. WA 7, 56,15–18 / 26,32–27,1. – Im Nebeneinander der beiden Texte zeigt sich anfangs ein Schwanken in der Reihenfolge der Titel sacerdos, sacerdotium bzw. priesterschafft, priesterthum einerseits und rex, regnum bzw. hirschafft, kuenigreych andererseits. Erläutert werden die Titel jedoch in der Reihenfolge von Königtum und Priestertum zunächst für Christus, dann für die Christen.
[51] Ebd. WA 7, 56,22–26 / 27,5–9.

6.2 Das messianische Priestertum und Königtum des Jesus Christus

die Seinen einsteht. Damit ist in Luthers Christus-Verständnis ausgeschlossen, daß Christus zur Rechten Gottes nicht mehr eindeutig die Identität des Erlösers behält, weil er als künftiger Richter geglaubt und erwartet wird. Ausgeschlossen ist ebenfalls die Vorstellung, daß Christus ein äußerliches Priestertum für die Seinen gestiftet habe, wie es das aaronitische Priestertum des Alten Testamentes gewesen ist und in anderer Gestalt, gleichwohl ebenfalls unter einem kultischen Gesetz zur Zeit Luthers das Christentum beherrschte. Für Luther bleibt Christus in seiner Gegenwärtigkeit bei Gott der einzigartige Priester, der in seinem Tod am Kreuz sich selbst einmalig dahingegeben hat (vgl. Hbr 6,20; 7,11 f).

Ita nec sacerdotium eius consistit in vestium gestuumque pompa externa, quale fit humanum illud Aaronis et nostrum hodie Ecclesiasticum sacerdotium,	Alßo auch seyn priesterthum steht nit ynn den eußerlichenn geperdenn und kleydern, wie wir bey den menschen sehen,
sed in spiritualibus, per quae in coelis invisibili officio pro nobis interpellat apud deum,	ßonderrn es steht ym geyst unsichtlich, alßo das er fur gottis augen on unterlaß fur die seynen steht [:einsteht]
ibique se ipsum offert, et omnia facit, quae sacerdotem facere oportet,	und sich selb opffert und allis thut, was eyn frum [:rechtschaffene] priester thun soll.
sicut eum describit Paulus ad Hebraeos ex figura Melchisedech [Hbr 5,6.10; 6,20; 7,1–28; vgl. Gen 14,18].⁵²	

In dem ganzen Passus über das himmlische Priestertum Christi hält sich Luther an den Hebräerbrief, nicht erst, wenn er Melchisedek (Gen 14,18) als eine auf Christus vorausweisende Figur anführt und dabei mit dem Hebräerbrief (Hbr 7,1–28) höchstwahrscheinlich auch an Ps 110,4 denkt. Als er 1518 zu diesem Psalm eine deutsche Auslegung erscheinen ließ, hatte er ihn als eine Prophetie auf das Königtum wie auf das Priestertum des Christus interpretiert.⁵³ Die Melchisedek-Stelle Gen 14,18 hatte er 1518 wie auch jetzt im Freiheitstraktat als eine Opferhandlung verstanden.⁵⁴ Wenige Jahre später ist ihm bei der Übersetzung des Alten Testamentes aus dem hebräischen Text klar geworden, daß es sich hier nicht um einen Akt des Opferns, sondern des Bewirtens handelt, was er, 1523 die Deutung des Melchisedek auf Christus beibehaltend, in einer Randglosse zu Gen 14,18 auf ein geistliches Bewirten durch das Evangelium des Jesus Christus bezogen hat.⁵⁵

---

⁵² Ebd. WA 7, 56,26–31 / 27,10–13.
⁵³ Auslegung von Ps 109 / 110, 1518, WA 1, 689–710.
⁵⁴ Ebd. zu Ps 109/ 110,4b „nach der weyse oder ordnung Melchisedech", WA 1, 703,25–34: Melchisedech was ain künig und priester, und opfferet wein und prot auch für den heyligen patriarchen Abraam und für sein gesind.
⁵⁵ Randglosse seit 1523 zu Gen 14,18 [Melchisedech …] „trug brot" [und wein erfur], WA.DB 8, 73 (Version 1545): Nicht das ers opfferte, sondern das er die Geste speiset und ehret, Dadurch Christus bedeut ist, der die Welt mit dem Evangelio speiset. – In einem Brief vom 11.12.1522 an Wolfgang Stein, Hofprediger in Weimar, argumentiert Luther auf Grund des hebräischen Textes gegen eine Inanspruchnahme von Gen 14,18 für den Opfergedanken, Nr. 552 WA.B 2, 624,96–100. Sein neues Verständnis von Gen 14,18 trägt Luther in seinen Genesis-Predigten 1523/24 vor,

Zum priesterlichen Amt Christi rechnet Luther im Freiheitstraktat neben dem Eintreten für andere in Selbsthingabe und Fürbitte an zweiter Stelle, daß er mit der lebendigen Lehre seines Geistes die Glaubenden „inwendig im Herzen" (so die deutsche Version) im Evangelium unterrichtet. Gemeint sind nicht irgendwelche Geheimlehren oder allegorischen Deutungen von biblischen Texten abseits des Evangeliums. Die wahre Lehre Christi wird im Sinne Luthers dem Herzen und Gewissen beispielsweise unter dem Christus-Wort „Dir sind deine Sünden vergeben" zuteil.

Nec solum pro nobis orat et interpellat, sed et intus in spiritu nos docet, vivis doctrinis spiritus sui, quae duo sunt proprie officia sacerdotis, quod in carnalibus sacerdotibus figuratur precibus et contionibus visibilibus.[56]	Er bittet fur uns, Wie S. Paulus Rom 8 [V. 34] sagt. So leret er uns ynnwendig ym hertzen, wilchs sein tzwey eygentliche recht ampt eyniß priesters. Denn alßo bitten und leren auch eußerlich menschlich tzeytlich priester.

Seine doppelte Erstgeburtswürde besitzt Christus nicht für sich, vielmehr macht er selbst sie zu einem gemeinschaftlichen Gut unter den Seinen; denn er macht alle Christen in ihrem Christus-Glauben zu Königen und Priestern.

Quemadmodum autem Christus primogenitura sua has duas dignitates obtinuit, ita impartit et communes easdem facit cuilibet suo fideli, [...] Hinc omnes in Christo sumus sacerdotes et reges, quicunque in Christum credimus,	Wie nu Christus die erste gepurtt hatt mit yhrer ehre und wirdigkeit, alßo teyllet er sie mit allenn seynen Christen, das sie durch den glauben mussen auch alle kuenige und priester seyn mit Christo,
Sicut 1Pt 2 [V. 9] dicit: ‚Vos genus electum, populus acquisitionis, sacerdotium regale et regnum sacerdotale, ut virtutes enarretis eius, qui vocavit vos de tenebris in admirabile lumen suum'.[57]	Wie S. Petrus sagt 1Pt 2 [V. 9] ‚Ihr seyt ein priesterlich kuenigreych' und ‚ein kueniglich priesterthum'.

Obwohl Luther im Freiheitstraktat das königliche und priesterliche Amt Christi nicht als einen isolierbaren dogmatischen Lehrpunkt, sondern im Zuge einer Entfaltung des Christus-Glaubens zur Sprache bringt, soll hier wegen des Hauptthemas dieses Kapitels ausgespart bleiben, wie Luther anschließend die königliche und die priesterliche Würde der Christen expliziert.[58] Es ist ohnehin schon annähernd deutlich geworden, wie die Christen in ihrem Glauben an der königlichen Freiheit und dem priesterlichen Mittlerdienst Christi Anteil haben. In ihrem Christus-Glauben haben sie für ihre eigene Person eine königliche Souveränität gegenüber allem, was das Heil des Evangeliums in Frage stellen

---

WA 14, 234,21–238,5. – Zur Zitation von Gen 14,18 im Canon Missae vgl. Biel, Canonis missae expositio, lect. 55 C1 ff. D5 ff.25 ff (2, 347.348 f.).

[56] De libertate Christiana / Von der Freiheit eines Christenmenschen, 1520, WA 7, 56,31–34 / 27,13–16.

[57] Ebd. WA 7, 56,35–57,2 / 27,17–21.

[58] Es sei auf Kap. 9.3 verwiesen.

und sie erneut im Unheil gefangennehmen will, wie auch gegenüber äußerer Unterdrückung und Ohnmacht, die sie in ihrem Christ-Sein erfahren.[59] Höheren Rang als die königliche Würde hat die priesterliche Würde, die ihnen einen unverstellten Zugang zu Gott freigibt und sie dazu veranlaßt, sich für andere Menschen zu verwenden.

Nec solum reges omnium liberrimi, sed sacerdotes quoque sumus in aeternum, quod longe regno excellentius, quod per sacerdotium digni sumus coram deo apparere, pro aliis orare,	Ubir das seyn wir priester, das ist noch vil mehr, denn [:als] kuenig sein, darumb das das priesterthum uns wirdig macht fur gott zu tretten und fur andere zu bitten.
et nos invicem ea quae dei sunt docere.	
Haec enim sacerdotum officia sunt, quae prorsus nulli incredulo concedi possunt.	Denn fur gottis augen zu stehn und bitten, gepuert niemant denn den priestern.
Ita Christus nobis obtinuit, si in eum credimus, ut [...] consacerdotes ei simus, audentes cum fiducia per spiritum fidei, coram deo prodire [vgl. Hbr 10,19.22] et clamare ‚Abba pater' [vgl. Röm 8,15; Gal 4,6],	Alßo hatt uns Christus erworben, das wir muegen geystlich fur ein ander tretten und bitten,
et alter pro altero orare	
et omnia facere, quae videmus visibili et corporali officio sacerdotum geri et figurari.[60]	wie ein priester fur das volck leyplich tritt und bittet.

Das breite Spektrum von Luthers Explikationen des doppelten Amtes Christi kann hier nicht vorgeführt werden. Der Befund in der Adelsschrift und im Freiheitstraktat soll allerdings noch in der Absicht ergänzt werden, daß der messianische Charakter des zweifachen Amtes Christi in seiner Bedeutung für das reformatorische Grundverständnis der christlichen Religion deutlicher werde. Der messianische Charakter von Königtum und Priestertum Christi impliziert in Luthers Auffassung zugleich in religionsgeschichtlicher Hinsicht eine Eigenart der christlichen Religion, in der sie sich wesentlich nicht nur von der Mose-Religion, sondern auch von der nun abgelehnten Gestalt des Christentums unterscheidet. Ertragreich ist in dieser Hinsicht Luthers Auslegung von Ps 110 im Duktus von acht Predigten im Jahr 1535, von denen drei dem gewichtigen Vers Ps 110,4 gewidmet sind: „Der HERR hat geschworen, und wird jn nicht gerewen, Du bist ein Priester ewiglich, nach der weise Melkisedek".[61]

---

[59] Ebd. WA 7, 57,2–23 // 27,21–28,5; der Absatz schließt mit dem Satz. Ecce haec est Christianorum inaestimabilis potentia et libertas. / Sihe, wie ist das ein koestlich freyheyt und gewalt [:Macht] der Christen.
[60] Ebd. WA 7, 57,24–32 / 28,6–11. – In der Auslegung von Ps 109 / 110, 1518, gibt Luther im Hinblick auf Christus der Priesterwürde größeres Gewicht als der Königswürde, zumal der biblische Text dem Gotteswort von Ps 110,1–3 weniger Nachdruck verleiht als dem Gotteswort von Ps 110,4, WA 1, 702,21–32.
[61] So übersetzt Luther seit 1524 Ps 110,4, WA.DB 10 I, 476 / 477 (Version 1545). – Die drei Predigten über Ps 110,4 hielt er am 30. 5. sowie am 5. und 9.6.1535, WA 41, 167,14–215,3 Ns / Dr.

Gestützt auf neutestamentliche Zeugnisse versteht Luther Psalm 110 (109 Vg) – er gehört zu den Psalmen, mit denen er sich besonders intensiv beschäftigt hat – als eine von David stammende Prophetie auf den Messias, dem von Gott die doppelte Würde sowohl des Königs als auch des Priesters übertragen wird. Es ist angemessen, in diesem Zusammenhang den Messias-Titel inhaltlich zu füllen mit Luthers theologischem Urteil von der Vereinigung beider Würden in der einen Person des Jesus Christus, des Gottessohnes, der durch seine Geburt als Mensch jener Nachkomme Davids geworden ist, auf den im Alten Testament sich die großen Hoffnungen auf ein messianisches Königtum gerichtet hatten (vgl. Röm 1,4).

(1.) In der Person des Jesus Christus werden beide Würden auf einer neuen, geistlichen Ebene vereinigt. Die alten Institutionen von davidischem Königtum und levitischem Priestertum finden ihr Ende. Das davidische Königtum findet seine messianische Erfüllung. Auch das levitische Priestertum, das Mose nach Gottes Willen eingeführt hatte, wird in diese neue geistliche, geschichtlich endgültige Wirklichkeit aufgenommen. Daß David mit seiner Prophetie in Ps 110,4 die von Gott gewollte Trennung zwischen dem Königtum in der Nachfolge Davids und dem Priestertum aufhebt, mußte Widerspruch wecken.

> Da mocht man David wol ein ketzer schelten, denn was er hie saget, das ist stracks widder Mosen und alle ordnung, Moses hat nichts geordnet an [:ohne] aus befelh Gottes, und sein ordnung heisst so: Levi sey Priester, Juda sey konig. Hie feret David zu und reisset es zu sammen. Tu, Christe, ex tribu Iuda, solt inn das hause Levi und Aaron komen und solt David und Aaron i. e. rex et sacerdos zu gleich sein.[62]

(2.) In welcher Abstufung das Königtum und das Priestertum des Jesus Christus voneinander unterschieden sind, findet Luther angezeigt in den Einführungsformeln, mit denen der Psalm von Gottes Einsetzung Christi in die Königswürde (V. 1) und in die Priesterwürde (V. 4) spricht, das eine Mal mit der einfachen Wendung „Der HERR sprach", das andere Mal in der feierlichen Form: „Der HERR hat geschworen und wird yhn nicht gerewen". Mit dem höchsten Nachdruck der Gottesrede erhält das Priestertum Christi einen höheren Rang als sein Königtum.

> ‚Iuravit' q. d. [:‚Er hat geschworen', das heißt] wenn das geschicht [die messianische Vereinigung von Königtum und Priestertum], so wird sich ein lermen anheben, man wird's lugen schelten, alle Juden werden sagen: es ist ketzerey, wenn es gleich Gott redet, Ideo dicit [:Deshalb sagt er] Gott hats nicht allein gesagt, sed [:sondern] geschworen, mit eim eid zugesagt und Gott hats so feste furgenomen.[63]

Bei den Nachweisen in den folgenden Anmerkungen werden die drei Predigten als eine Einheit behandelt.
[62] Predigten, 1535, über Psalm 110,4, WA 41, 169,13–170,3 Ns.
[63] Ebd. WA 41, 172,2–6 Ns.

(3.) Zusätzlich wird in Ps 110,4 die einzigartig hohe Bedeutung des Priestertums Christi dadurch unterstrichen, daß Gott seinen Sohn in ein ewiges Priestertum einsetzt. Ihm ist durch den Heiligen Geist die priesterliche Würde übertragen worden, ohne den sakralen Ritus einer Priesterweihe. Er zeigt auch im übrigen an seinem Äußeren keine Zeichen priesterlicher Würde. Luthers Interpretation läßt erkennen, welcher Grund damit für die christliche Religion gelegt ist, wenn dieses Priestertum ausschließlich Jesus Christus, dem Sohn Gottes, zukommt, und zwar auf ewig. In der christlichen Religion darf es keinen Zweifel daran geben, daß zu jeder Zeit nur dieser eine Mittler zwischen Gott und dem Menschen verehrt und angerufen werden darf.

Sic Christus est Sacerdos und von Gott selb geweyhet per spiritum sanctum, hat kein schmier [:keine Ölsalbung] gehabt, platte [:Priestertonsur], Casel, et tamen dicit hic [Ps 110,4 b] aeternus sacerdos. Damit ist das priesterampt uber alle mas seer hoch gesetzt und gerhumet, cum dicit: sein ampt sol ein pfaffen ampt sein, Da hat unser herr Gott die priester ehr [:Priesterehre] hoch gnug gesetzt, weil er sie seinem einigen son hat auffgesetzt [:übertragen], das er sol ein ewiger priester heissen.[64]

(4.) Die drei Dienste eines Priesters hat Jesus Christus nicht nur in seinem irdischen Leben ausgeübt, vielmehr versieht er ständig zur Rechten Gottes seinen priesterlichen Dienst mit Opfer, Gebet und Lehre. Deshalb kann der Glaube an den erhöhten Christus stets gewiß sein, daß Christus die Identität seines Priestertums in vollem Umfang behalten hat.

Christus ist priester und hat sein priesterschafft nicht weg geworffen noch auffgehört im ampt, noch das ampt nidergelegt, sed er bleybet sitzen [zur Rechten Gottes, Ps 110,1] ein ewiger priester, redet, opferet, betet ewig.[65]

In seiner irdischen Existenz hat Christus an vielerlei Orten – Luther charakterisiert ihn geradezu als einen Wanderprediger – mit der Predigt des Evangeliums sich dem Dienst der Lehre gewidmet. Das geschah bei ihm, dem Gottessohn, im vollen Einklang mit dem Willen Gottes, seines Vaters. Seine Lehre war grundverschieden von dem, was Mose gelehrt hat. Denn das von Jesus Christus gelehrte und gelebte Evangelium besagte: Die Zehn Gebote retten uns nicht, geschweige irgendein anderes Gesetz. Uns rettet nur Gottes Gnade, wie er sie uns in der Taufe bedingungslos zuwendet. Jesus Christus hört nicht auf, sein Evangelium zu predigen. Nachdem er auferstanden und seither zur Rechten Gottes gegenwärtig ist, gibt es Menschen, denen Christus, wie zuerst den Aposteln, „sein Wort in den Mund und seinen Geist in ihr Herz" legt. Durch die christliche Predigt des Evangeliums wird die heilige Schrift mit ihrem Zeugnis von Jesus Christus ausgelegt. Jesus Christus selbst ist als der lebendige Gottessohn gegenwärtig in der Verkündigung seines Evangeliums. Sein Dienst der Predigt des Evangeliums geht immer weiter.

---

[64] Ebd. WA 41, 187,11–16 Ns.
[65] Ebd. WA 41, 206,9–11 Ns.

Was hat er [:Christus] nu fur ein ampt? Opfer, betten, lere. Vide iam, an ista sint in Christo. Quod docuit, est clarum ex Evangelio, das er inn Judaea durch all sted ist gangen, hat kein eigen stad gehabt, sed vagatus huc, illuc, docens. Das ist eins gewest erga nos. Quid autem docuit? Sic ipse dicit [vgl. Joh 8,28; 12,50]: wie mir mein vater befolhen hat, so rede ich. [...] er hat die lere war gemacht, quod decem praecepta non salvent, sed quod baptisari debemus [vgl. Joh 3,3.5]. Das ist die recht heubt lere, da mit er uber Mosen weit gehet. [...] Das [Lehren] horet er noch nicht auff, quia in textu [Ps 110,4] est: er sol ewig predigen, wie wol er nicht personlich redet, tamen mandavit Apostolis, hat sein wort inn iren mund und seinen geist inn ir hertz gelegt. Hoc enim nisi faceret, were die bibel langst hin weg, et nisi nos suo spiritu incitaret, wurde kein mensch das Evangelium horen.[66]

Ebenso versieht er immer weiter seine beiden anderen priesterlichen Dienste des Opfers und des Gebetes, die beide in der Weise zusammengehören, daß Christus in ihnen vor Gott für die heillosen Menschen eintritt. Im völligen Einssein mit Gottes Erbarmen über die Menschen hat der Gottessohn gelebt und hat dafür den Kreuzestod auf sich genommen, „nicht aus eigener Andacht", sondern damit Gottes Wille, die Menschen mit sich zu versöhnen, offenbar werde. Mit seiner Selbsthingabe und seinem priesterlichen Gebet ist er vor Gott für die Menschen eingetreten, die ihn verspottet, verhöhnt und zum Tode verurteilt haben (Lk 23,34). Für sie hat er im eigenen vergebenden Gebet Gottes Vergebung erfleht „mit starkem Geschrei und Tränen" (Hbr 5,7). In seiner Auferstehung und Erhöhung zu Gott ist er erhört worden.

Das opfern und betten ist noch grosser [als das Lehren], er opfert, quod deus praecepit, non elegit aus andacht, sed aus gehorsam. Sicut Paulus [Phil 2,8]: ‚humiliavit se usque ad mortem', nicht aus eigener andacht, sed fecit, quod pater voluit, hat sein eigen leib und blut geopfert, Drumb ist [er] ein priester, der nicht scheps [:Hammel], blut, fleisch geopfert [...], sed hat sich selbs geopfert et adhuc. Der altar fuit das heilig Creutz, ibi obtulit seinen heiligen, unschuldigen leib und blut, das ist das opfer, quod sacra scriptura rhumet, et nemo potest satis praedicare: Gotts son selbs obtulit etc. et hoc fecit mit hefftigem gebet, ad Ebraeos, ‚Pater ignosce' [Lk 23,34], ‚cum clamore valido et lachrymis' [Hbr 5,7], hat sein eigen leib und blut geben zum angenemen opffer. Cur? pro hominibus.[67]

In seiner Person und seinem priesterlichen Dienst (vgl. Kap. 6.1) behält der auferstandene und erhöhte Jesus Christus seine Identität bis zum Jüngsten Tag. In dieser Eindeutigkeit ist er für den Glauben stets gegenwärtig, so daß der Glaube daraus die Gewißheit von Gottes Vergebung schöpft.

Und [Christus] horet noch nicht auff bis an den jungsten tag, quia sedet ad dexteram patris und zeigt das selbige opfer, seinen leib, dem vater one unterlas, Inn ewigkeit sihet unser herr Gott das opffer. Coepit quidem in cruce, sed er stehet noch imer fur unserm herr Gott,

---

[66] Ebd. WA 41, 188,1–14 Ns.
[67] Ebd. WA 41, 189,8–191,4 Ns. – Zur Kombination von Hbr 5,7 mit Lk 23,34 vgl. Hebräerbrief-Vorlesung 1517/ 1518, Zeilen- und Randglosse zu Hbr 5,7, WA 57 III, 29,2 f, 14 ff Ns, ferner die Scholien zu Hbr 5,7 und 9,24, ebd. 173,28 ff Ns; 218,10 ff Ns.

wenn er nu das opffer an sihet, sihet er kein sunde, und wer sich des opffers an nimpt, is habet remissionem peccatorum umb des priesters willen und opffers.[68]

(5.) Einen exegetisch überraschenden Aspekt für das Priestertum Christi findet Luther in den Worten von Ps 110,4 b, der verheißene Messias sei Priester „nach der Ordnung Melchisedek". Nicht mehr in Frage kommt für ihn ein Rekurs auf die traditionelle Deutung von Gen 14,18, Melchisedek habe Brot und Wein dargebracht, wie man ein Opfer darbringt.[69] Er stützt sich jetzt – im Anschluß an Hbr 7,2 – auf Melchisedeks doppelten Titel, zum einen als König der Gerechtigkeit (rex iustitiae) wegen seines Namens, zum anderen als König des Friedens (rex pacis) wegen seines Königssitzes in Salem, das heißt Jerusalem. Beide Titel bezieht Luther auf Christus, den Priester und König, in dessen messianischem Heilsdienst. Er schenkt den Seinen Gerechtigkeit und Frieden: Gerechtigkeit ist seine Heilsgabe an erster Stelle. Denn mit dem Opfer seiner Selbsthingabe hat er den Zugang zu Gottes Sündenvergebung eröffnet, ohne daß noch nach Verdiensten gefragt wird. Er ist der König dieser Gerechtigkeit, und Kinder dieser Gerechtigkeit sind alle, die der Zusage seiner Sündenvergebung vertrauen.

Ergo heist der konig hie Melchisedech, sol heissen regnum iustitiae et regnum pacis das gantze reich, quia Melchizedech ist ein konig zu Salem, Salem friede, Fridrich, so heisst der Priester, Ein konig iustitiae et pacis. Drumb ist sein reich regnum iustitiae et pacis, ergo so sind wir auch [in] dem reich iustitiae et pacis. Si sumus in iustitia et gehorn unter den Melchisedec und sind seine kinder, sumus filii iustitiae. Ergo peccatum abiit. Per quid? non per nostrum meritum, sed ideo remissum peccatum, quod ipse pro nobis sacrificavit seipsum und hat also die sunde bezalet, Da her heist er Rex iustitiae et nos filii iustitiae, quod remittit peccata et dat iustitiam.[70]

Friede ist die Folge seiner ersten Heilsgabe. Denn wer die Gerechtigkeit des Christus für sich wahrnimmt, erfährt den Frieden, den Luther als Fülle des Heils bezeichnet: Wohlergehen, Glück, Heil, Seligkeit, Leben, Freude.

Et quando sic sunt filii iustitiae, fiunt etiam filii pacis [:Und wenn sie in dieser Weise Kinder der Gerechtigkeit sind, werden sie auch zu Kindern des Friedens]. Pax heisst wolgehn, gluck, heil, selickeit, Ergo betrifft es leben, wolghen und selickeit, i. e. quando iustitia adest, ibi leben da, quando Melchizedech adest, ist vita, iustitia et laetitia da, Das man sicher ist, Gott zürne nicht. Sic sumus filii iustitiae et pacis. Quando vero peccatum weg ist per iustitiam, so ist alles unglück hin weg.[71]

---

[68] Predigten, 1535, über Psalm 110,4, WA 41, 192,6–193,5. – Die von Luther beschriebene Vorstellung enthält eine Absage sowohl an die Anrufung der Heiligen um ihre Fürbitte als auch an eine Vergegenwärtigung des Opfers Christi durch das Meßopfer (vgl. ebd. 195,2–197,5). Aus dem Einssein von Gott und Gottessohn in ihrem lebendigen Wesen schöpft der Glaube die Gewißheit des Heilswillens des Vaters wie des Sohnes.
[69] Auf die Interpretation, die er 1523 in einer Randglosse an seine Übersetzung von Gen 14,18 angeschlossen hatte, verzichtet er jetzt; vgl. oben Anm. 55.
[70] Predigten, 1535, über Psalm 110,4, WA 41, 214,1–9 Ns.
[71] Ebd. WA 41, 214,10–15 Ns.

6.3 Jesus Christus, wahrer Gott und wahrer Mensch

Großen Wert legt Luther darauf, daß die christliche Rede von Jesus Christus in dieser einen Person zugleich Gott und Mensch zur Sprache bringt und in einzigartiger Weise aufeinander bezieht. Gerät die Christologie ins Schwanken, kann auch nicht mehr in der christlich verantwortbaren Weise von Gott geredet werden. Die Bibel verlangt in Luthers Verständnis eine Lehre von Gott und von Christus, die zugleich bezogen ist auf den Menschen in seinem Verhältnis zu Christus und zu Gott, soll doch der Gott entfremdete Mensch durch Jesus Christus wieder zu Gott finden.

A) In Luthers Weihnachtslied „Vom Himel kam der Engel schar"[72] verkündigen die Engel die Botschaft von der Menschwerdung Gottes in dem Kind in der Krippe mit ihrer ganzen Heilsbedeutung für den Christus-Glauben, dem die Überwindung der Unheilsmächte zugesagt wird. Der Hinweis auf die Erfüllung der Prophetie von Micha 5,1 (vgl. Mt 2,6) deutet nicht nur lokal auf „Davids Stadt" Bethlehem hin, vielmehr versteht Luther Micha 5,1 als Messias-Prophetie in ihrem vollen theologischen Sinn. Das läßt sich seiner Interpretation der Epiphanias-Perikope Mt 2,1–2 in der Weihnachtspostille entnehmen.[73] Die in Mt 2,6 aus Micha 5,1 zitierte Prophetie sagt in Luthers Deutung erstens, daß Gott Israel einen Herrscher geben will, der nicht verglichen werden kann mit allen bisherigen Herrschern, weil ihm sein Volk zu eigen sein werde.[74] Und daraus folgt zweitens, daß dieser Herr der Messias oder Christus sein werde, der nicht nur ein Mensch sein kann, sondern Gott sein und in geistlicher Weise herrschen muß, weil nur dann seine Herrschaft über sein ihm zugehöriges Volk kein Ende haben werde.[75] Indem Luther in seine Auslegung von Micha 5,1 den Versschluß einbezieht, der in Mt 2,6 nicht zitiert wird, redet für ihn das Gotteswort nicht nur von der zeitlich-menschlichen Geburt des verheißenen Messias, die in Bethlehem zu erwarten ist, das heißt als Geburt eines neuen Davididen, sondern auch von dessen zeitlosem, ewigem Hervorgehen aus Gott, von seiner ewigen Geburt als Gottessohn. Spricht aber der Prophet hier von einem ewigen Hervorgehen des Sohnes aus Gott, dann ist auch der Gottessohn von Ewigkeit her Gott und hat keinen geschöpflichen Anfang.

---

[72] Luthers Lieder Nr. 35, WA 35, 471,16–472,17.

[73] Weihnachtspostille, 1522, zu Mt 2,1–12 (6. Januar), WA 10 I 1, 555,16–728,22.

[74] Ebd. WA 10 I 1, 599,9–13: [Das Gotteswort besage] Ich will dem vollck Israel auch eynmal eynen herrnn geben, das sie auch eynen eygen fursten haben, bißher sind die konige und fursten nur knecht geweßen, und das volck ist nit yhr eygen geweßen. Aber ditz soll eyn herr seyn, des das volck eygen sey.

[75] Ebd. WA 10 I 1, 599,13–17: [Das sei schon immer so verstanden worden,] das Christus nit alleyn mensch, sondern auch gott seyn muste und seyn hirschafft keyn ende haben wurde, auch nit leyplich, ßondern geystlich regiren solte. Denn keyn mensch, ia, keyn engel hatt eyn volck, das seyn ist. Alleyn gott ist eyn herr ynn seynem eygen volck.

Darumb folgt auch nach dissen wortten ynn dem propheten Michea [5,1b]: ‚Und seyn außgang ist von anbegynn von den tagen der welt', als solt er sagen: Ich vorkundige den herrn, der von Bethlehem kommen wirt, aber derselb wirtt nit alda anfahen, er ist schon geweßen ym anfang und von der welt an, alle tage, das [:so daß] man keynen tag, keynen anfang nennen mag [:kann], da er nicht schon außgangen sey und seyn weßen habe. Nu ist yhe nichts von anbegynn geweßen unnd alle tage der wellt, denn alleyn der recht, naturlich gott; ßo muß auch das außgehen von anbegynn nit eynen alleyn haben [:betreffen]. Denn ‚außgehen' tzeygt an ettwas, davon es außgehet; alßo tzwingt Micheas, das dißer herr muß gottis geporner naturlicher ßon, und der eynige ware gott mit yhm seyn fur allen creaturn ewiglich.[76]

Luther teilt die alte kirchliche Lehre, daß Jesus Christus in einer Person zugleich wahrer Gott und wahrer Mensch ist. Daß Jesus Christus als Gottes Sohn keinen geschöpflichen Ursprung hat, ist von der christlichen Kirche auf ihrem ersten „ökumenischen", das heißt gesamtkirchlichen, Konzil in Nicäa, 325, in das Glaubensbekenntnis aufgenommen worden in der Abwehr der von dem alexandrinischen Presbyter Arius verfochtenen Lehre, Christus sei vor allen anderen Geschöpfen, selbst vor den Engeln, von Gott geschaffen worden, er sei jedoch nicht göttlichen Wesens wie Gott. Zum Abschluß seiner Ausführungen zur Micha-Prophetie greift Luther noch einmal den Gedanken auf, in der Person des Jesus Christus habe der Messias ein Volk zu eigen – als das Gottesvolk des messianischen Heils ist es das „rechte Israel" –; das sind alle Menschen, die in ihm ihren Herrn erkennen und sich von ihm „regieren" lassen. Das weckt eine Assoziation zu dem, was Luther in anderem Zusammenhang das Königtum des Jesus Christus genannt hat (vgl. Kap. 6.2), und deutet hin auf die Sammlung des messianischen Gottesvolkes durch das Evangelium.

Widderumb, ßo er auß Behlehem zeyttlich kommen soll, muß er warer naturlicher mensch seyn, und das ist das hewbtstuck des Christlichen glawbens, das ist seyn eygen volck unnd das recht Israel, das yhn fur eynen solchen herrn erkennett und yhn lissit ynn yhm [:in sich] regirn und wircken.[77]

Der Kleine Katechismus übernimmt in elementarer Formulierung das altkirchliche Bekenntnis zu Jesus Christus, dem wahren Gott und wahren Menschen in einer Person, von dem zugleich bekannt wird, es sei der HERR, das heißt, der Erlöser:

---

[76] Ebd. WA 10 I 1, 600,10–21. – Vorher hat Luther bereits Gesagtes neu formuliert, ebd. WA 10 I 1, 600,3–9: Solt nu Christus eyn herr seyn des volcks als seynes eygen, mocht seyn hirschafft nit tzeytlich noch leyplich seyn, ßondern must ubir das gantz volck regirn, das da vorgangen, kegenwertig und tzukunfftig war; darumb must er eyn ewiger herr seyn, das muß gewißlich nur geystlich tzugehen. Nu yhm aber gott gibt seyn eygen hirschafft, mag [:kann] er nitt pur mensch seyn; denn es ist unmuglich, das gott seyn ehre, seyn hirschafft, seyn eygenthum, seyn volck eynem andern gebe, der nit der recht, ware gott sey.

[77] Ebd. WA 10 I 1, 600,21–601,2.

Ich gleube, das Jesus Christus warhafftiger Gott vom Vater jnn ewigkeit geborn, und auch warhafftiger mensch von der jungfrawen Maria geborn, sey mein HERR.[78]

Der „Gottessohn" ist dank seiner Menschwerdung zugleich der „Menschensohn", weil dieser Titel damals noch nicht als Hoheitstitel erkannt worden war. Einerseits betont Luther beharrlich, daß Gott und Mensch, in der einen Person des Jesus Christus vereint sind. Davon darf keinesfalls abgesehen werden. Andererseits versagt sich Luther aller dogmatisch objektivierenden Spekulation über die Vereinigung von Gott und Mensch in Jesus Christus. Die Heilsbedeutung des Jesus Christus hat er stets im Blick.

In seiner Schrift Von den Konziliis und Kirchen, 1539, richtet Luther bei der Behandlung der vier reichskirchlichen, zugleich gesamtkirchlichen Konzile des 4. und 5. Jahrhunderts den theologischen Blick auffallend scharf auf die Lehre von der Person des Jesus Christus, in der Gottheit und Menschheit vereint sind mit wechselseitiger Teilhabe an ihren Merkmalen. Die vier Konzile – Nicäa 325, Konstantinopel 381, Ephesus 431, Chalcedon 451 – waren in der kirchlichen Tradition zu höchstem Ansehen gekommen.[79] Wenngleich Luthers Bericht über das historische Geschehen in vielem überholt ist wie auch sein Referat der theologischen Lehren im einzelnen nicht mehr neuerer Interpretation der Texte Stich hält, bleibt dennoch festzuhalten, was er an Grundsätzlichem über die Autorität dieser Konzile schreibt und mit welchem theologischen Kriterium er die verhandelten Lehrfragen beurteilt. Sehr willkommen war es Luther, daß diese Konzile in ihrer Selbsteinschätzung keine Autorität über der heiligen Schrift für sich beanspruchten; sie wollten keine neuen, über die Bibel hinausgehenden Lehren heilsverbindlich machen, sondern die biblisch begründete Lehre der Kirche gegenüber Irrlehren verteidigen. Wenn diese hochrangigen frühen Konzile der Christenheit ihre Vollmacht von sich aus der Autorität der heiligen Schrift untergeordnet haben, dann durften spätere Konzile sich nicht herausnehmen, daß sie, über die heilige Schrift hinausgehend, heilsverbindliche Dekrete über Glaubenslehren, über Gebote der Ethik, über kultische Ordnungen beschließen, eine gravierende Folgerung Luthers im Blick auf die hoch- und spätmittelalterlichen Konzile der westlichen Christenheit. Es war de facto eine Bekräftigung seiner früheren Kritik am Autoritätsanspruch der Konzile des Mittelalters (s. o. Kap. 2.1).

---

[78] Kleiner Katechismus, 1531, WA 30 I, 365,15–366,1; die älteste lateinische Übersetzung lautet, ebd. 294,26–296,1: Credo, quod Iesus Christus sit verus Deus a Patre ab aeterno genitus, credo quoque quod sit verus homo natus ex Maria virgine, quod sit Dominus meus. – Zu Luthers Deutung des Titels „HERR" s. o. Kap. 6.1.

[79] Von den Konziliis und Kirchen, 1539, WA 50, 522,7f und 605,24–26, spielt an auf einen Satz im Kirchenrecht, in welchem diese vier Konzile auf den Rang der vier Evangelien gehoben werden, CorpIC Decretum Gratiani p. 1 c.2 D.15 (RF 1,35), zitiert wird Gregor I., Ep. 1,24, ML 77, 478, CCh.SL 140, 32,357–367.

Haben nu diese vier Heubtconcilia [...] nicht neues wollen noch können in glaubens Articel machen oder setzen, wie sie selbs bekennen, Wie viel weniger kann man solche macht geben den andern Concilien, die man geringer mus halten, wo diese vier sollen die Haubtconcilia sein und heissen.[80]

Für die theologischen Lehrfragen haben die vier Konzile die Lehre von Jesus Christus als zentrales Thema vorgegeben. Bekräftigten die ersten beiden Konzile erst die Gottheit Christi, sodann die Gottheit des Heiligen Geistes, so haben die beiden anderen Konzile die rechte kirchliche Lehre über das Verhältnis von göttlicher und menschlicher Natur in der Christus-Person fokussiert. Das findet vornehmlich Luthers Interesse, zumal in dieser Lehrfrage jedes der beiden Konzile eine pointierte Lehre für häretisch erklärt hat, zuerst auf dem Konzil von Ephesus 431 die Lehre des Nestorius, danach auf dem Konzil von Chalcedon 451 die Lehre des Eutyches.[81] Was Luther im einzelnen über diese beiden Konzile und die dort erörterten Lehren schreibt, kann hier unberücksichtigt bleiben. Denn den beschlossenen Lehrtexten will er den Konsens mit der biblischen Botschaft zubilligen.

Die Vereinigung von Gott und Mensch in der Person Jesu Christi zieht für Luther sofort nach sich, daß in ihm zwischen den Eigentümlichkeiten, in denen Gott und Mensch unterschieden sind, eine einzigartige Gemeinschaftlichkeit zustande gekommen ist, die in der theologischen Tradition als communicatio idiomatum bezeichnet wurde.[82] Die in der Christus-Person beggenende Gemeinschaftlichkeit des Eigentümlichen von Gott und Mensch ist Luthers Kriterium bei seinem Urteil über die Lehren des Nestorius und Eutyches. Er meint, die Positionen vergröbernd,[83] sowohl Nestorius als auch Eutyches bekennen sich zwar zur Menschwerdung Gottes in Jesus Christus, nur schrecken sie zurück vor der Konsequenz der konkreten wechselseitigen Teilhabe Gottes und des Menschen in der Christus-Person.

---

[80] Ebd. WA 50, 605,24–606,2. – Vgl. die rhetorische Frage ebd. 606,37–607,5: [Ist etwa die Meinung zu billigen] was ein Concilium schleusst, das sey ein Artickel des glaubens, oder je [:wenigstens] fur ein nötig werck zur seligkeit zu halten, also das, wer des Concilij Decret nicht helt, der könne nimer mehr selig werden, als der dem Heiligen Geist, des Concilij meister, ungehorsam ist? Wolan, ich achte mein gewissen frey, das kein Concilium (wie droben gesagt) macht habe, neue Artickel des glaubens zu setzen, weil es die vier heubt Concilia nicht gethan haben.

[81] Ebd. WA 50, 605,15–20: Also haben wir die vier Haubtconcilia und die ursachen, warumb sie gehalten sind. Das erst zu Nicea hat die Gottheit Christi wider Arium verteidigt. Das ander zu Constantinopel die Gottheit des Heiligen Geists wider Macedonium verteidigt. Das dritte zu Epheso in Christo eine Person wider Nestorium verteidigt. Das vierde zu Calcedon zwo natur in Christo wider Eutychen verteidigt.

[82] Vgl. Biel, Sent.3 d.7 q.un. A12f (3,154): Est autem communicatio idiomatum in Christo mutua praedicatio concretorum utriusque naturae de seinvicem et de supposito in his subsistente. – Die Beispiele für diese Redeweise, die Biel ebd. A16–18 nennt, werden entschärft in der weiteren scholastischen Reflexion, die Luther v. a. in der Disputatio de divinitate et humanitate Christi, 28.2.1540, verworfen hat, WA 39 II, 93–96 (Thesen), mit Übersetzung LDStA 2,469–479.

[83] Daß er die Positionen etwas differenzierter beschreiben kann, zeigt seine Schrift Von den letzten Worten Davids, 1543, WA 54, 90,20–91,9.

[Seine Kritik bringt er so auf den Punkt:] gewis ists jr ernst gewest, das sie alle beide Christum fur Gott und Mensch in einer Person gehalten haben, [...] und doch in die folge oder consequentz sich nicht haben können richten, das die Person, so Gott und Mensch ist, wol gecreutzigt und den Himel geschaffen hat, aber Gott müge [:könne] nicht werden gecreutzigt, noch [der] Mensch Himel schaffen.[84]

Die Eigenschaften oder Eigentümlichkeiten der beiden Naturen stellt Luther einander gegenüber in Begriffen allgemeinster Art. Auf der einen Seite sind es Kennzeichen des menschlichen, kreatürlichen Lebens wie z. B. geboren werden, leiden, sterben, hingegen bei Gott, daß er unsterblich, allmächtig, ewig ist und ihm die Kennzeichen des kreatürlichen Lebens fehlen.

Idioma heisst, was einer natur anhangt oder jr eigenschafft ist, Als sterben, leiden, weinen, reden, lachen, essen, trinken, schlafen, trauren, freuen, geboren werden [...] und was des mehr ist, heissen idiomata naturae humanae, das ist eigenschafft, die einem menschen von natur anhangen, als die er thun oder leiden kan, auch wol mus, Denn Idioma griechisch, proprium latine, ist ein ding, Lasts uns dieweil ein eigenschafft heissen. Wiederum Idioma Deitatis, Göttlicher natur eigenschafft ist, das sie unsterblich, allmechtig, unendlich, nicht geborn, nicht isset, trinckt, schlefft, stehet, gehet, trauret, weinet [...] Es ist gar ein unmeslich [:unermeßlich] ander ding, Gott, weder [:als] ein mensch ist.[85]

Angewandt auf die Person des Jesus Christus gewinnen diese Prädikate eine ungeheuerlich anmutende Konkretion. Wird z. B. Maria als die Gottesmutter oder Gottesgebärerin verehrt, so gewinnt dieser Titel seine volle Wahrheit erst dann, wenn von der Menschwerdung Gottes so gesprochen wird, daß die Eigenschaften des Menschseins uneingeschränkt auf Maria als der Gottesmutter und das von ihr geborene Kind als dem Gottessohn bezogen werden.

Also sol man auch sagen, das Maria des kindes, so Jhesus Christus heisst, rechte natürliche Mutter ist, und sie die rechte Gottes Mutter, Gottes gebererin, und was mehr von Kindsmüttern gesagt kan werden, wie seugen, wasschen, etzen, trencken, das Maria Gott seuget, Gott wiget, Gotte brey und suppen macht etc. Denn Gott und mensch ist eine Person, Ein Christus, Ein Son, Ein Jhesus, nicht zwo Person, nicht zween Christus, nicht zween Söne, nicht zween Jhesus.[86]

Die Menschwerdung Gottes darf nicht verharmlost werden, sie soll mit allen Konsequenzen zur Sprache gebracht werden, auch mit der Konsequenz, daß in der Person des Jesus Christus Gott gekreuzigt wurde und gestorben ist.

Denn wir Christen müssen die jdiomata der zwo naturn in Christo, der Personen [Singular], gleich [:gleichermaßen] und alle zu eigen, Als, Christus ist Gott und mensch in einer Person, darumb, was von jm gered wird als menschen, das mus man von Gott auch reden, Nemlich, Christus ist gestorben, Und Christus ist Gott, drumb ist Gott gestorben, Nicht der abgesonderte Gott, sondern der vereinigte Gott mit der Menscheit, Denn vom abgesonderten Gott ists beides falsch, Nemlich, das Christus Gott sey, und Gott gestorben sey; Beides ist falsch, denn da ist Gott nicht mensch. Dünckts aber Nestorium wunderlich

---

[84] Von den Konziliis und Kirchen, 1539, WA 50, 598,15-22.
[85] Ebd. WA 50, 587,22-32.
[86] Ebd. WA 50, 587,10-16.

sein, das Gott stirbt, [dann] solt er dencken, das [es] ja [eben]so wunderlich ist, daß Gott mensch wird, Denn damit wird der unsterbliche Gott dasjenige, so [:welches] sterben, leiden und alle menschliche jdiomata haben mus. Was were sonst derselb mensch, mit dem sich Gott Personlich vereinigt, wenn er nicht rechte menschliche jdiomata haben solt? Es müste ein gespenst sein, wie die Manicheer zuvor hatten gelert.[87]

Die Rede von der Menschwerdung Gottes – das läßt Luther hier einfließen – bringt den Gottesgedanken in Bewegung. Von einem „abgesonderten Gott" kann man gar nicht sagen, daß er Mensch geworden sei und in Jesus Christus an allen Eigentümlichkeiten des Menschseins teilhat. Wer nicht mit dem Blick auf die Christus-Person in neuer, christlicher Weise von dem Mensch gewordenen Gott redet, sondern an dem Begriff eines welten-fernen Gottes festhält, der macht Jesus Christus zu einem Gespenst ohne menschliche Realität. Ihm bleibt Gott abgesondert von der Realität des Menschen, um dessentwillen und zu dessen Heil er Mensch geworden ist.

Der Vorwurf eines starren Gottesgedankens trifft nicht nur den 431 auf dem Konzil von Ephesus verurteilten Nestorius, sondern eigentlich auch den 451 auf dem Konzil von Chalkedon verurteilten Eutyches. Beide blieben einem unbiblischen Gottesgedanken verhaftet. Bei Eutyches hatte das die Konsequenz, daß er das Menschsein des Jesus Christus letztlich nicht teilhaben läßt an den Eigentümlichkeiten Gottes.

Widerumb Eutyches wil die jdiomata der Gottheit nicht geben der menscheit, ob er gleich auch festhelt, das Christus warer Gott und mensch ist. [...] Wenn ich aber fortfare und predige, das der selbige mensch Christus sey Schepffer Himels und der Erden, da stösset sich Eutyches und entsetzt sich fur diesem wort: ‚Ein Mensch schaffet Himel und Erden', und spricht: nein, Denn solch Göttlich jdioma (als [:wie z. B.] Himmel schaffen) stehet nicht menschen zu, Denckt aber nicht, das er zuvor hat zugelassen, das Christus sey wahrhafftiger Gott und Mensch in einer Person.[88]

Denn wer das bekennet, das Gott und Mensch eine Person ist, der mus umb solcher vereinigung willen der zwo naturn in einer person schlecht[hin] auch zulassen, das dieser mensch Christus, von Maria geborn, sey Schepffer Himels und der erden, Denn er ist dasjenige worden in einer Person, nemlich Gott, der Himel und erden geschaffen hat.[89]

Alles, was von dem Sieg des gekreuzigten Menschen Jesus Christus über die Unheilsmächte gesagt wird, hat seinen Grund darin, daß in der Person des Jesus Christus einerseits Gott das Kreuzes-Geschick dieses Menschen geteilt hat, andererseits seine göttlichen Eigenschaften dem Menschen mitgeteilt hat. Deshalb war der Tod des Jesus Christus verschlungen in den Sieg von Gottes Leben, oder anders gewendet: indem in Jesus Christus Gott den Tod erlitten hat, ist durch Gottes Leben dem Tod die Macht über das Leben genommen worden, hat Gott dem Tod den Todesstoß versetzt.

---

[87] Ebd. WA 50, 589,21–33. – Eine Sachparallele bietet die Predigt, 6.1.1538, WA 46, 135,29–136,2 Ns.
[88] Ebd. WA 50, 595,5–16.
[89] Ebd. WA 50, 595,18–22.

Darum man sagen mus, dieser mensch Christus, das fleisch und blut Marie, ist schepffer Himels und der Erden, hat Tod überwunden, Sünde vertilgt, Hölle zerbrochen, welchs eitel Göttliche jdiomata sind, Und doch der Person, die Marie fleisch und blut ist, recht und Christlich zugeeigent werden, weil es nicht zwo, sondern eine Person ist.[90]

Diese Christologie spricht aus Luthers Osterlied „Christ lag in Todesbanden":

Jhesus Christus Gottes son / an unser stat ist komen
Und hat die sund abgethon, / damit dem tod genomen
All seyn recht und seyn gewalt, / da bleybt nichts denn tods gestalt,
Die stachel hat er verloren [vgl. 1Kor 15,56].
Es war eyn wunderlich krieg, / da todt und leben rungen,
Das leben behielt den sieg, / es hat den tod verschlungen.
Die schrifft [Hos 13,14; 1Kor 15,54f] hat verkundet das, / wie eyn tod den andern fras,
Eyn spott aus dem tod ist worden.[91]

Derselbe christologische Gedanke steht im Hintergrund, wenn er in dem Lied „Nun freut euch, lieben Christen g'mein" den Mensch gewordenen Gottessohn zum Christenmenschen sprechen läßt:

Den tod verschlingt das leben meyn, / Meyn unschuld tregt die sunde deyn.[92]

Die Menschwerdung des Gottessohnes wird – das ist festzuhalten – theologisch ausgelegt, indem gesagt wird, in der einen Person des Jesus Christus seien Gott und Mensch in wechselseitiger Kommunikation vereint, und zwar in einem Geschehen, mit dem Gott dem Menschen sein Vaterherz,[93] seine Liebe[94] erschließt. Jesus Christus, Gott und Mensch in einer Person, ist Gottes Heilsgeschenk, Gottes Evangelium für den Menschen. Er ist der Messias in Kontinuität mit den alttestamentlichen Heilszusagen.

Wir Christen wissen [...], das [der] Messia[s] ist Gottes Einiger ewiger Son, den er gesand hat in die Welt, unser sunde auff sich zu nemen, fur uns zu sterben und den Tod fur uns zu uberwinden, wie Jes 53 [V. 6] klerlich sagt: ‚Wir giengen alle jrre, Gott aber hat unser aller sunde auf jn gelegt, Und er hat sein leben zum schuld opffer gegeben' etc. Daher singen und rhümen wir mit allen freuden, Das Gottes Son, der rechte Einige Gott, mit dem Vater und Heiligem geist, sey fur uns Mensch [geworden], ein Knecht [Jes 42,1; 49,3; 52,13], ein Sünder, ein Wurm [vgl. Ps 22,7], Gott sey gestorben, Gott trage unser sunde am Creutz, in seinem eigen leibe, Gott hat uns Erlöset durch sein eigen blut; Denn Gott und Mensch ist eine Person. Was der Mensch hier thut, leidet und redet, das thut, leidet und redet Gott. Und was Gott thut und redet, das thut und redet der Mensch, Welcher ist einerley [:zugleich] Son Gottes und Marien in einer unzertreneten person und zwo unterschiedlichen Naturn.[95]

---
[90] Ebd. WA 50, 596,6–10.
[91] Luthers Lieder Nr. 16, Strophe 3 und 4, WA 35, 443,21–444,12.
[92] Luthers Lieder Nr. 5, Strophe 8,8f, WA 35, 425,8f.
[93] Ebd. (Strophe 4) WA 35, 424,4–10; s. o. bei Anm. 46.
[94] Im Weihnachtslied – Luthers Lieder Nr. 10 – „Gelobet seystu, Jhesu Christ, das du mensch geboren bist" faßt Strophe 7 das vorher gerühmte Inkarnationsgeschehen zusammen, WA 35, 435,1f: Das hat er alles uns gethan, / seyn gros lieb zu zeygen an.
[95] Von den letzten Worten Davids, 1543, WA 54, 92,8–20. – Die Niedrigkeitstitel ‚Knecht',

6.3 Jesus Christus, wahrer Gott und wahrer Mensch

Weil herkömmlicherweise von den zwei in Christus vereinten Naturen geredet wurde, die mit den Abstraktbegriffen „Gottheit" (divinitas) und „Menschheit" (humanitas) bezeichnet und von den konkreten Begriffen Gott (deus) und Mensch (homo) unterschieden wurden, galten gewisse Regeln, wann in der Christologie die konkreten und wann die abstrakten Begriffe anzuwenden sind.

In der Thesenreihe für eine der späten Disputationen über Probleme der Christologie nennt Luther in Kürze (Thesen 1–4) die Grundregel für den richtigen Gebrauch der christologischen Begriffe. Wenn die Redeweise der Kommunikation der Eigentümlichkeiten von Gott und Mensch gebraucht wird, dann bekennt der christliche Glaube zwei Spitzensätze von Jesus Christus, dem wahren Gott und wahren Menschen: „Dieser Mensch hat die Welt geschaffen" und „Dieser Gott hat gelitten, ist gestorben, war tot, wurde begraben".

1. Fides catholica haec est, ut unum dominum Christum confiteamur verum Deum et hominem.	1. Der (gemein-)christliche Glaube ist dieser, dass wir den einen Herrn Christus als wahren Gott und [wahren] Menschen bekennen.
2. Ex hac veritate geminae substantiae et unitate personae sequitur illa, quae dicitur communicatio idiomatum.	2. Aus dieser Wahrheit von der zweifachen Substanz und aus der Einheit der Person folgt jene sogenannte wechselseitige Anteilhabe der Eigenschaften,
3. Ut ea, quae sunt hominis, recte de Deo et e contra, quae Dei sunt, de homine dicantur.	3. so dass das, was dem Menschen zukommt, mit Recht von Gott, und andererseits das, was Gott zukommt, vom Menschen gesagt wird.
4. Vere dicitur: ‚Iste homo creavit mundum' et ‚Deus iste est passus, mortuus, sepultus' etc.[96]	4. Wahrheitsgemäß wird gesagt: Dieser Mensch hat die Welt erschaffen, und: Dieser Gott hat gelitten, ist gestorben und begraben worden, usw.

Die kommunikative Redeweise muß stets an den Begriffen „Gott" und „Mensch" festhalten. Es dürfen nicht statt dessen die Begriffe „göttliche Natur" und „menschliche Natur" eingesetzt werden. Es geht immer um die eine Person des Jesus Christus, in der konkret Gott und Mensch miteinander kommunizieren. Bei beiden Spitzensätzen geht es dem Glauben um die Person des Jesus Christus in den beiden Extremsituationen seiner irdischen Existenz; das ist einerseits der gekreuzigte Jesus Christus, der zum Heil des Menschen von Gott verworfen wurde [Gal 3,13], und andererseits der Mensch gewordene Gottessohn als hilfsbedürftiges Kind in Windeln gewickelt und in der Krippe liegend oder als Säugling an der Brust Marias. Einem Pfarrer, der mit der christologischen Redeweise Probleme hatte, erläuterte Luther brieflich, worauf es ankomme. Am Kreuz

---

‚Sünder', ‚Wurm' belegt Luther vorher, ebd. 91,16–21, mit Schriftstellen, und zwar das Prädikat ‚Sünder' mit vier Psalmversen (Ps 41,5; 69,6.10; 40,13), die er als Christus-Worte versteht.

[96] Disputatio de divinitate et humanitate Christi, 28.2.1540, WA 39 II, 93,2–9; Übersetzung LDStA 2, 471,1–10. – Zum Begriff substantia mit doppelter Anwendung auf Christus (in These 2) vgl. den christologischen Satz im Symbolum Athanasianum (DH 76 n. 31): Deus est ex substantia patris ante saecula genitus, et homo est ex substantia matris in saeculo natus. – Luther übersetzt substantia mit „natur", Die drei Symbola des christlichen Glaubens, 1538, WA 50, 265,14 f.

ist nicht die göttliche Natur gestorben, sondern Gott hat in der Person Christi den Tod erlitten; denn Christus hat als Person allerdings göttliche und menschliche Natur, doch darf die Einheit dieser Person in der kommunikativen Rede nicht aufgespalten werden. Entsprechendes gilt bei dem anderen Extremsatz: In der Person des Christus ist Gott als Mensch zur Welt gekommen, und dieser neugeborene Mensch, nicht etwa die menschliche Natur, hat in der Person des Christus Himmel und Erde geschaffen.[97]

Die beiden Sätze verweisen jeweils mit ihrem Subjekt „Gott" und „Mensch" auf die fundamentalen Relationen der christlichen Religion. Der Satz „Gott ist tot", der auf die gekreuzigte Person Christi verweist, erinnert den Menschen an die Erlösung, die ihm im Kreuzestod Christi zuteil wird. Der auf Christus hinweisende Satz „Dieser Mensch hat die Welt geschaffen", enthüllt seine theologische Bedeutung, wenn ihn der Mensch auf eigenes Angewiesensein und Vertrauen auf seinen Schöpfer bezieht.

Luther hat dafür ein Beispiel gegeben in einem Brief an seine Frau, als er Anfang des Jahres 1546 nach Eisleben gereist war, um im Streit zwischen den Grafen von Mansfeld zu vermitteln. Damals machte sich seine Frau, menschlich gesehen berechtigte Sorgen um ihren von Alter und körperlichen Leiden geschwächten Mann. Der verwehrte ihr das Sorgen, weil er sich von dem Gottessohn in der Krippe am besten umsorgt wußte.

Denn du wilt sorgen fur deinen Gott [:an Stelle deines Gottes] grade als were er nicht allmechtig [...] Las mich zu frieden mit deiner Sorge, Ich hab einen bessern sorger, denn du und alle Engel sind, der ligt ynn der krippen und henget an einer Jungfrawen Zitzen, Aber sitzet gleich wol Zur rechten hand Gottes des allmechtigen Vaters, Darum sey zu frieden, Amen.[98]

Wesentliche Einsichten seiner an Jesus Christus orientierten Theologie hat Luther durch das Johannes-Evangelium gewonnen. Das dokumentiert eine 1519 von ihm für Georg Spalatin verfaßte Studie zu Joh 6,37–40. Die johanneische Christologie wird hier zum Schlüssel der christlichen Gotteserkenntnis, die sich von den Voraussetzungen eines rationalen Gottesbegriffs gelöst hat. Die scholastischen Theologen hingegen seien einem allgemeingültigen, spekulativen Gottesgedanken verhaftet geblieben. Das wahre Menschsein Christi kam zu kurz durch das prinzipielle Festhalten an Gottes Macht, Majestät und Weisheit, die

---

[97] Luther an Pfarrer Melchior Frenzel, 13.7.1542, Nr. 3767, WA.B 10, 97,12–15: Non enim divinitas est mortua, Sed ille Deus, Christus scilicet, non natura, sed persona existens Deus seu habens divinitatem, est mortua. Sicut e contra humanitas non creavit, Sed illa persona existens homo, seu habens humanitatem assumptam, creavit coelum. – Der Brief Frenzels ist nicht erhalten. – Ein größeres Schriftstück zum Problem der christologischen Redeweise wurde zeitweise als ein Brief Luthers an den Pfarrer Franziskus Groß überliefert (vgl. WA.B 9, 568), gehört aber in originaler lateinischer Fassung, obwohl es sich nicht um eine Tischrede handelt, in die Tischreden-Überlieferung, WA.TR 6, 67,6–70,12, Nr. 6600, vgl. lateinische Fassung WA 48, 646–648.

[98] Luther an seine Frau, 7.2.1546, Nr. 4201, WA.B 11, 286,5–12.

als solche nicht der Seele des Menschen rettenden Halt geben können.[99] Für das Heil des Menschen ist die grundlegende Wahrheit (vgl. Joh 14,6), außer durch Christus könne niemand zu Gott, dem Vater, kommen. Wer ihr folge, schreibt Luther an Spalatin, werde zu einem „tiefer schürfenden Theologen als alle Scholastiker, denen dieser Zugang und dieser Weg nicht nur unbekannt ist, die ihn sich sogar versperren mit unfruchtbaren Erwartungen wie auch künstlichen Konstruktionen ihres spekulativen Denkens.[100]

Explizit verurteilt Luther die Christologie der Ockhamisten, mit denen er in seinem Theologiestudium besonders gut bekannt geworden war. Sie hatten die traditionelle Lehre von der in Christus erfolgten Vereinigung der göttlichen und der menschlichen Natur so konstruiert, daß die göttliche Natur, das suppositum, den Träger oder die Unterlage bilde für die menschliche Natur.

46. Nulli vero insulsius loquuntur, quam Moderni, quos vocant, qui omnium volunt subtilissime et propriissime loqui videri.	46. Niemand aber redet ungereimter als die sogenannten Modernen, die den Anschein erwecken wollen, als würden sie von allen am genauesten und angemessensten argumentieren.
47. Hi dicunt, humanam naturam sustentari seu suppositari a divina natura, seu supposito divino.	47. Diese sagen, die menschliche Natur werde von der göttlichen Natur oder einer göttlichen Unterlage emporgehalten oder unterfangen.
48. Hoc et portentose dicitur et cogit pene Deum velut portare vel gestare humanitatem.[101]	48. Dies ist eine ungeheuerliche Aussage und führt beinahe zwangsläufig zu der Vorstellung, Gott trage die Menschheit gleichsam oder führe sie bei sich.

Die dogmatische Konstruktion der suppositalen Union verkürzt das Menschsein Christi zu einem äußerlichen Gestus. Die Christologie gewinnt doketische Züge. Gleichzeitig bleibt die göttliche Natur eine abstrakte Größe. Das wahre Gottsein Christi wird nicht wahrgenommen in seinem Heilssinn, der immer bezogen ist auf das wahre Menschsein der Person des Jesus Christus. Luthers Christologie steht und fällt mit den beiden Sätzen: „Dieser Mensch ist Gott" und „Dieser Gott ist Mensch", mit denen er auch in seiner Kritik an der eucharistischen Transsubstantiationslehre argumentiert.[102]

---

[99] Für Georg Spalatin 1519 verfaßte Studie zu Joh 6,37-40, WA.B 1, 328,45-329,49: Et is [der in Joh 6,37-40 sprechende Jesus Christus] est unicus et solus modus cognoscendi Dei, a quo longe recesserunt Doctores Sententiarum, qui in absolutas divinitatis speculationes irrepserunt, omissa Christi humanitate, Et ideo a magnitudine potentiae, Maiestatis, sapientiae eius non potest subsistere anima; In quo studio ego miserrime et periculosissime sum versatus, et multi alii.

[100] Ebd. 329,61-65: Audis absolutam sententiam [Joh 14,6]: Neminem nisi per Christum ad patrem venire. In hac via exercere, et eris brevi profundior Theologus omnibus Scholasticis, qui hoc ostium [vgl. Joh 10,9] et hanc viam [vgl. Joh 14,6] non solum ignorant, Sed suis infelicibus praesumptionibus, velut machinis speculationum, sibi praecludunt.

[101] Disputatio de divinitate et humanitate Christi, 28.2.1540, These 46-48, WA 39 II, 95,32-37; LDStA 2, 475,34-42.

[102] De captivitate Babylonica ecclesiae, 1520, WA 6, 511,34-38: Sicut ergo in Christo res se habet, ita et in sacramento. Non enim ad corporalem inhabitationem divinitatis necesse est transsubstantiari humanam naturam, ut divinitas sub accidentibus humanae naturae teneatur.

Also haben sie auch solche falsche philosophia gebraucht ynn dem artikel incarnationis, Als, wenn ich spreche: ‚Dieser mensch ist Gott', ‚dis kind Marie ist schepffer der welt', oder ‚Dis ist mein lieber son' [vgl. Mt 3,17; 17,5] etc., Solche rede lassen sie nicht bleiben, das Gott und Mensch ein ding, oder Marie kind und schepffer ein ding sey.[103]

B) Anders als bei der dogmatischen Lehre von der suppositalen Union verhält es sich, wenn in gleichsam poetischen Vergleichen von der Menschwerdung Gottes in Christus gesprochen wird. Dann wird nicht wie in der dogmatischen Lehre etwas Grundsätzliches formuliert. Bei Autoren, die Vergleiche benutzen, kann man aus den Kontexten meistens ein zutreffendes Sinnverständnis erschließen.[104] Als Beispiel dafür zitiert er den altkirchlichen Dichter Sedulius (5. Jh.), der in einem Christus-Hymnus die Inkarnation des Schöpfers der Welt mit dem Anziehen eines Sklavenkleides vergleicht.[105] An und für sich sei der Vergleich häretisch, weil das Anziehen eines Kleides nicht die betreffende Person konstituiert, wie die Christus-Person durch Gott und Mensch konstituiert wird. Doch durch sein übriges Werk sei Sedulius frei vom Verdacht der Häresie. Ungeniert hat Luther den Vergleich beibehalten, als er den Hymnus des Sedulius in sein Weihnachtslied „Christum wir sollen loben schon" umgestaltete.[106] Erneut benutzt er ihn in dem von ihm selbst gedichteten Weihnachtslied „Gelobet seist du, Jesu Christ":

Des ewgen Vaters eynig kind / itz man ynn der krippen find,
Inn unser armes fleisch und blut / verkleydet sich das ewig gut. / Kyrioleys.[107]

Noch zwei weitere, für Luther akzeptable Metaphern für die Einheit von Gott und Mensch in Christus könnten vor einem begrifflich strengen Urteil nicht bestehen. Zum einen ist es der Vergleich mit der Verbindung, die Feuer und Eisen in einem glühenden Eisen miteinander eingehen. Gleichwohl bezeichnet Luther

---

Sed integra utraque natura vere dicitur: ‚Hic homo est deus', ‚hic deus est homo'. Quod et si philosophia non capit, fides tamen capit.

[103] Aufzeichnung Luthers für Fürst Georg von Anhalt, 12.6.1541, WA.B 9, 444,51–55.

[104] Deshalb erklärt Luther in der Disputatio de divinitate et humanitate Christi, 28.2.1540, These 49 f, in Bezug auf die Autoren der vorher (These 36–45) angeführten christologischen Vergleiche, WA 39 II, 96,1–4: 49. Sed omnes illi recte et catholice sapiunt, ideo condonanda est illis incommoda locutio. 50. Quia rem ineffabilem volebant effari, deinde omnis similitudo claudicat nec unquam (ut dicunt) currit quatuor pedibus.

[105] Ebd. These 36–39, WA 39 II, 95,11–18 (Übersetzung LDStA 2, 475,7–15): 36. Sedulius poeta christianissimus canit: ‚Beatus auctor saeculi servile corpus induit', idque per totam ecclesiam, 37. Cum nihil possit magis dici haereticum, quam humanam naturam esse vestem divinitatis. 38. Non enim vestis et corpus constituunt unam personam, sicut Deus et homo constituunt unam personam. 39. Tamen piissime sensisse Sedulium, caetera carmina probant evidentissime. – Aus dem Hymnus des Sedulius „A solis ortus cardine" zitiert Luther die ersten zwei Zeilen der zweiten Strophe, CSEL 10, (163–168) 163,5 f; der Hymnus (im Breviarium Romanum ein Text für das Weihnachtsfest) ist der Anfangsteil einer (als Abecedarium) 23 Strophen umfassenden Dichtung auf Jesus Christus (die ersten sieben Strophen WA 35, 150).

[106] Luthers Lieder Nr. 9, Strophe 2,1 f, WA 35, 432,3 f: Der selig schepffer aller ding / zoch an eyns knechtes leyb gering.

[107] Luthers Lieder Nr. 10, Strophe 2, WA 35, 434,7–11.

6.3 Jesus Christus, wahrer Gott und wahrer Mensch

das als einen sehr schönen Vergleich, den er selbst wiederholt gebraucht.[108] Zum anderen ist es der Vergleich mit der Einheit, die zwischen Seele und Leib in der Person des geschaffenen Menschen besteht.[109]

Eine andere metaphorische Rede greift Luther auf, wenn er das Zusammenwirken von Gott und Mensch in der Christus-Person im Blick auf das Heil des Menschen verständlich machen will und dafür eine alte, von Gregor I. stammende allegorische Deutung von Hiob 40,25 zu Hilfe nimmt. Dieser Vers aus der zweiten Gottesrede an Hiob lautet in Luthers Übersetzung: „Kanstu den Leviathan ziehen mit dem hamen [:Angelhaken], und seine Zungen mit einem strick fassen?"[110] Wie es scheint, ist Luther bei seiner Hebräerbrief-Vorlesung auf die christologische Deutung von Hiob 40,25 bei Gregor I. aufmerksam geworden;[111] er hat sie nicht mehr aus dem Gedächtnis verloren,[112] so daß sie relativ häufig bei ihm auftaucht.

Grob umrissen, bezieht Luther das Bild in der Weise auf die Heilsbedeutung der Christus-Person, daß in Christus dessen Gottheit in dessen Menschheit verborgen war, wie an einer Angel der eiserne Haken in dem weichen Köder versteckt ist. Als der Teufel meinte, er könnte Christus in dessen Mensch-Sein überwältigen, scheiterte er mit seiner widergöttlichen Macht an der in Christus verborgenen Macht Gottes. Das Scheitern des Teufels bezieht Luther sogleich auf die Unheilsmächte, die dem Menschen zu schaffen machen. Denn mit seiner verborgenen göttlichen Macht hat Christus mit dem Teufel auch Tod, Sünde und Hölle entmachtet, so daß in der Christus-Person dem Menschen Leben, Gnade, Himmel zugänglich werden.

---

[108] Disputatio de divinitate et humanitate Christi, 28.2.1540, These 43, WA 39 II, 95,26 f (Übersetzung LDStA 2, 475,26–28): 43. Neque illa consisteret, ubi divinitatem igni et humanitatem ferro similant, etiamsi sit pulcherrima similitudo. – Der Vergleich geht zurück auf Origenes, De principiis 2 c.6 n. 6, MG 11, 213/214, GCS 5, 145; das Register WA 63, 460 verzeichnet weitere WA-Stellen mit diesem Vergleich.

[109] Ebd. WA 39 II, 95,28 f (Übersetzung LDStA 2, 475,29–31): 44. Neque illam ferre liceret, quam Athanasius ponit: Sicut anima rationalis et caro unus est homo, ita Deus et homo unus est Christus. – Vgl. die Nachschrift dieser Disputation, ebd. 110,19–24 (im Apparat zu Zl.21 die richtige Lesart). Der Vergleich stammt aus dem sog. Symbolum Athanasianum; WA 50, 265,26 f; DH 76 n. 37.

[110] Hiob 40,25 / 41,1 WA.DB 10 I, 89 (Version 1545). Der Vers Hiob 40,25 (40,20 Vg) ist Hiob 41,1 nach der älteren lutherischen Verszählung. – Luthers Randglosse zu diesem Vers lautet seit 1524, WA.DB 10 I, 89 (Version 1545): ‚Leviathan' nennet er die grossen Walfisch im meer, Doch darunter beschreibt er des der welt Fürsten [vgl. Joh 12,31 u. ö.], den Teufel mit seinem Anhang.

[111] Hebräerbrief-Vorlesung 1517/18, Scholion zu Hbr 2,14, zitiert Luther Hiob 40,19–21.24.26.25 nach der Vulgata in dieser Reihenfolge der Verse mit dem anschließenden Vermerk: „De his vide Gregorium in Moralibus", WA 57 III, 128,20–129,6. In Betracht kommt Gregor I., Moralia 33, 7,14–18,34 zu Job 40,19–26; ML 76, 680–696, CChr.SL 143B, 1684–1705.

[112] WA.TR 6, 72,15 f Nr. 6603: Mir hat oft die similitudo im Hiob [Hiob 40,19–26] gar wol gefallen von einem Angel[haken], den die Fischer ins Wasser werfen und stecken ein Regenwürmlein dran.

Also gibt Job auch ein gleichnis von dem Leviathan, dem grossen walfisch. [...] Gregorius gehet auch fein mit diesem spruch umb, Als wolt er sagen: Er wird dir viel zu gros sein [...] Dennoch hats Gott mit geendet [mit dem Leviathan ein Ende gemacht], Er nam einen scharffen angel und hengte ein regenwurmlein dran und wurff den angel yns meer: Das regenwurmlein ist nu Christus, Der scharff angel ist sein Gottheit. An den angel ist das regenwurmlein gebunden, nemlich die menscheit Christi und das fleisch. Das betreugt den Teufel, Er denckt: sol ich das klein regenwurmlein nicht verschlingen kunnen? versihet sich des scharffen angels gar nicht, fehret zu und bellt [lies: beist] ynn angel, Da kompt Christus und ruckt yhn er aus und bringt mit sich er aus, was der Teufel yhe gethan hat, Denn es war ya zu hoch angeloffen [:zu hoch gegriffen], tod widder das leben, sunde wider gnade, hell widder himel.[113]

Dieser Gedanke, den Luther in der Coburger Osterpredigt von 1530 vorgetragen hat, findet sich ähnlich schon in seiner Osterpredigt von 1521.

Szo ist Christus ein person auß einem menschsen [sic] und gotth. Was der menscheyt widerfert, Ist Christo widerfaren, und was Christus thut, das hat Gotth than. Szo ist der Todt in dem leben erseufft, wie Paulus sagt [1Kor 15,55]. Drumb wirt in Christo alle sundt und boeß gewissen erseufft, Szo dw in yn glawbst, das es dir nichs thuen kan.[114]

Wie hier wird auch in einem verwandten Text[115] die Sündenerfahrung des Gewissens berührt, die „in Christus ersäuft" wird, wenn der Glaube sich an die Christus-Person hält, damit er sie als befreiende Macht in der eigenen Gewissensnot dem Teufel entgegenhalten kann.

Die verschiedenen Texte, in denen Luther das Bild von dem geköderten Leviathan aus Hiob 40,25 aufgreift, hinterlassen den Gesamteindruck, daß Luther dieses Bild auf das Christus-Geschehen in seiner ganzen Fülle bezieht, nicht etwa nur punktuell auf den Kreuzestod und die Auferstehung Christi. In den Texten klingt zwar der Gedanke einer Überlistung des Teufels an; den Grundtenor bildet jedoch das volle Menschsein des Jesus Christus in Solidarität mit dem Menschen in der Absicht, ihn zu seinem Heil zu befreien. Deshalb ist in Jesus Christus die göttliche Natur mit ihrer rettenden Macht verborgen geblieben unter seiner menschlichen Natur, in der er die Ohnmacht des Menschen in dessen Gottesferne geteilt hat. Das besingt Luther in der sechsten Strophe seines Liedes „Nun freut euch, lieben Christen g'mein".

Der son dem vater g'horsam ward, / Er kam zu myr auff erden
Von eyner iungkfraw reyn und zart, / Er solt meyn bruder werden,

---

[113] Predigt, 17.4.1530 a.m. (Ostersonntag), Rörers Bearbeitung seiner Nachschrift, WA 32, 41,12–26. – Vgl. Galaterbrief-Vorlesung, 1531, zu Gal 3,10 WA 40 I, 417,9–11 (Ns): Humanitas Christi non vicisset peccatum, mortem, Sed hamus, qui latebat sub vermiculo, in quem impegit Satan. [...] divinitas quae coniuncta humanitati, illa sola fecit.

[114] Predigt, 31.3.1521 (Ostersonntag), WA 9, 661,16–20; anschließend, 661,20–33, deutet er Hiob 40,25 metaphorisch auf die Auferstehung Christi.

[115] Auslegung von Joh 1 und 2, 1537/38, zu Joh 1,3b, WA 46, 556,25–40 (Druckbearbeitung Aurifabers).

Gar heymlich furt er seyn gewalt, / Er gieng ynn meyner armen gstalt,
Den teuffel wollt er fangen.[116]

C) Intensive Reflexionen widmet Luther der christologischen Deutung des Kreuzestodes Christi. Die Heilsbedeutung der Christus-Person wird zugespitzt in dem bekennenden Satz: In der Christus-Person hat Gott gelitten und ist in den Tod gegangen, um den Tod zu besiegen, um ihm die Macht zu nehmen, die er über den Menschen in dessen schuldbeladener Gottesferne gewonnen hat.

(1.) In seiner 1521 auf der Wartburg verfaßten Schrift gegen den Löwener Theologen Jacobus Latomus, der das über Luther gefällte Lehrurteil seines Kollegiums verteidigt hat, bringt Luther in prägnanter Weise den Grundsatz der Christologie in Verbindung mit den Grundbegriffen der Rechtfertigungslehre. Mit weit ins Feld der Schriftauslegung vorstoßenden Gedankengängen hält er seinem scholastisch denkenden Gegner die reformatorische Rechtfertigungslehre entgegen. Im Schlußwort bringt er den theologischen Gegensatz auf den Punkt mit dem kategorischen Satz, nur wer die wahrhaft christliche Rede von Gott und Mensch in der einen Person des Jesus Christus beherzige, könne auch theologisch angemessen von Sünde und Gnade, von Gesetz und Evangelium reden. Christliche Theologie müsse so von der ganzen Christus-Person reden, daß in dieser Person Gott und Mensch in eine Gemeinschaftlichkeit gebracht sind, die Luther hier mit den Ausdrücken „fleischgewordener Gott" und „gottgewordener Mensch" bezeichnet. Etwas anderes sei es, wenn ohne Bezug zu Christus von Gott und Mensch schlechthin zu reden ist. Der Akzent liegt darauf, daß die Gemeinschaftlichkeit von Gott und Mensch in der Person des Jesus Christus zur Folge hat, daß die Rede von dem „menschgewordenen Gott" und korrespondierend von dem „gottgewordenen Menschen" erforderlich geworden ist.

Nam qui de peccato et gratia, de lege et Evangelio, de Christo et homine volet Christianiter disserere, oportet ferme non aliter quam de deo et homine in Christo disserere. Ubi cautissime observandum, ut utramque naturam de tota persona enuntiet cum omnibus suis propriis, et tamen caveat, ne quod simpliciter deo aut simpliciter homini convenit, ei tribuat. Aliud enim est, de deo in	Denn wer von Sünde und Gnade, Gesetz und Evangelium, Christus und dem Menschen christlich reden will, braucht von fast nichts anderem zu handeln als von Gott und dem Menschen in Christus. Wobei sehr sorgfältig zu beachten ist, dass er beide Naturen von der ganzen Person aussagt mit all ihren Eigenschaften und sich gleichwohl davor hütet, ihm beizulegen, was Gott schlechthin oder dem Menschen schlechthin zukommt. Denn das eine ist es, vom fleischgewordenen Gott oder gottgewordenen Menschen zu

---

[116] Luthers Lieder Nr. 5, Strophe 6, WA 35, 424,18–24. – Vgl. Predigt, 6.1.1533 p.m., über Joh 1,6–14, WA 37, 5,31–34: [Der Gottessohn wählt die Verborgenheit in Maria, um den Teufel zu täuschen] Ideo sic occultum in matre, ut diabolus nesciret. Sed quia must offenbar werden, oportebat 1. [:primo] esse, qui praenunciaret [scil. Johannes der Täufer] eum adesse, qui fuit lux ante mundum creatum in der Gottheit, et per quem patres illuminati.

| carnato vel homine deificato loqui, et aliud de deo vel homine simpliciter.[117] | reden, und ein anderes, von Gott oder dem Menschen schlechthin. |

Luther erklärt nicht des näheren, wie er die Gemeinschaftlichkeit von Gott und Mensch in der Person des Jesus Christus versteht. Ihm liegt hier an der Konsequenz für die christliche Theologie, wenn sie von Sünde und Gnade, von Gesetz und Evangelium spricht, wenn sie Christus und den Menschen evangeliumsgemäß zueinander in Beziehung bringt. Was das für die christliche Rechtfertigungslehre bedeutet, läßt er in kühner Formulierung aufblitzen. Für eine christologisch begründete, das heißt für eine vom Evangelium des Jesus Christus bestimmte Rechtfertigungslehre sei die Gnade mit der Sünde verschränkt (gratia impeccatificata) und zugleich sei die Sünde mit der Gnade verschränkt (peccatum gratificatum).

| Ita aliud est peccatum extra gratiam, aliud in gratia, ut possis imaginari gratiam seu donum dei esse impeccatificatum et peccatum gratificatum, quam diu hic sumus, ut propter donum et gratiam peccatum iam non peccatum sit.[118] | So ist das eine die Sünde außerhalb der Gnade, ein anderes [die Sünde] in der Gnade: dass du dir die Gnade oder Gabe Gottes als in die Sünde gebracht und die Sünde als zur Gnade gemacht vorstellen kannst, solange wir hier weilen, so dass wegen der Gabe und der Gnade die Sünde nicht mehr Sünde ist. |

Hat Luthers ganze Schrift gegen Latomus sich mehr oder weniger ausdrücklich mit der scholastischen Rechtfertigungslehre auseinandergesetzt, so werden hier die scholastischen Begriffe von Gnade und Sünde aus den Angeln gehoben. Denn nach scholastischer Lehre wird die rechtfertigende Gnade (gratia iustificans), die den Menschen für Gott angenehm macht (gratia gratificans), dem Menschen als eine Qualität verliehen, mit der sich die Sünde als eine gleichfalls den Menschen qualifizierende Größe ebenso wenig verträgt wie eine mit der Gnade verschränkte Sünde, von der Luther redet. Er formuliert hier Begriffe, die für scholastisches Denken absurd klingen mußten. Für ihn sind sie sinnvoll, weil die Christologie, die er voraussetzt, durch das Evangelium auf die Rechtfertigung des Sünders bezogen wird. Die Gnade ist Gottes reines Erbarmen mit dem Menschen; in der eindeutigen Zuwendung seines Vaterherzens wird Gott Mensch in Jesus Christus. Und mit der Sünde ist die im Menschen wirksame Grundsünde gemeint, die ihn vor Gott zum Sünder macht. Sünder ist in diesem Sinn auch der Christ, der trotz der Taufe immer noch der Grundsünde seiner Gottesentfremdung verhaftet bleibt,[119] aber zugleich im Glauben durch das Evangelium,

---

[117] Rationis Latomianae confutatio, 1521, Schlußteil, WA 8, 126,23–29; deutsche Übersetzung LDStA 2, 395,4–12.

[118] Ebd. WA 8, 126,29–32; deutsche Übersetzung LDStA 2, 395,12–16. – Zu dem Begriffspaar Gnade und Gabe Gottes vgl. ebd. 106,20–107,36.

[119] Ebd. WA 8, 58,7 und 59,2 zitiert Luther Latomus, der die Löwener Lehrverurteilung ausdehnt auf Luthers 2. These der Leipziger Disputation, WA 2, 410,35–38: In bono peccare

das ihm in der Taufe zugesagt worden ist, Gottes Gnade für sich ergreift, so daß seine ihm bewußte und von ihm anerkannte Sünde für ihn in Gottes Gnadenzusage vergeben ist und in seinem Gewissen nicht mehr Macht über ihn haben muß; sie ist, wie Luther vorher im Anschluß an Röm 6,12 dargelegt hat, aus einer herrschenden Sünde (peccatum regnans) zu einer unterworfenen, entmachteten Sünde (peccatum regnatum) geworden;[120] sie ist jetzt eine in Gottes Gnade aufgenommene Sünde (peccatum gratificatum). In gleicher Weise ist die durch das Evangelium erfahrene Gnade Gottes bei dem Christen, der sich immer noch seiner Grundsünde bewußt ist, mit dessen Sünde verschränkt (gratia impeccatificata), also keine übernatürliche Qualität. Der Christenmensch weiß, wie er in der Kraft seines Glaubens der entmachteten Grundsünde widerstehen soll, damit sie nicht wieder über ihn Macht gewinnt, wenn er die befreiende Macht der Gnade Gottes preisgibt. In sich selbst bleibt er Sünder.

(2.) Mit einer Interpretation von 2Kor 5,21 reflektiert Luther in derselben Schrift gegen Latomus, wie in Christus die Sünde entmachtet worden ist; die Sünde ist begriffen als die im Menschen aktive Gottesentfremdung, nicht als moralische Größe. Paulus bedient sich einer metaphorischen Rede, wenn er sagt, Christus sei von Gott „für uns zur Sünde gemacht" worden, als er für uns am Kreuz geopfert wurde. Wie der Mensch wurde Christus zum Sünder, als er in seinem Kreuzestod zuschanden wurde, sogar von Gott verlassen war und das Urteil des Verdammt-Seins ertrug. Die Schuld und Sünde, die er auf sich nahm, war jedoch nicht seine eigene; das unterschied ihn von dem gottentfremdeten Menschen, dem auf Erlösung angewiesenen Sünder.

| Christus, dum offerretur ‚pro nobis, factus est peccatum' [2Kor 5,21] metaphorice, cum peccator ita fuerit per omnia similis, damnatus, derelictus, confusus, ut nulla re differret a vero peccatore, quam quod reatum et peccatum quod tulit, ipse non fecerat.[121] | Als Christus für uns geopfert wurde, ist er metaphorisch zur Sünde gemacht, als er verdammt, verlassen, zuschanden gemacht war, darin dem Sünder so sehr in allem ähnlich, dass er sich in nichts von einem wahren Sünder unterschied als darin, dass er Schuld und Sünde, die er trug, nicht selbst getan hatte. |

Wie es bei Metaphern üblich ist, besteht auch hier, wie Luther anmerkt, neben einer Gleichheit ein Unterschied gegenüber der „wirklichen Sache". Sonst be-

---

hominem, et peccatum veniale non natura sua sed Dei misericordia solum esse tale, aut in puero post baptismum peccatum remanens negare, hoc est Paulum et Christum simul conculcare. – Dieser Satz Luthers war inzwischen von Leo X. in der Bulle Exsurge Domine, 1520, a.31 (DH 1481), verurteilt worden.

[120] Ebd. WA 8, 93,35–94,15; das Thema bestimmt das Folgende bis ebd. 98,26.

[121] Ebd. WA 8, 86,31–34; LDStA 2, 293,34–39. – 2Kor 5,20f lautet in Luthers Übersetzung, WA.DB 7, 153 (Text 1546): So sind wir nu Botschafften [:Bevollmächtigte] an Christus stat, denn Gott vermanet durch uns. So bitten wir nu an Christus stat, Lasset euch versönen mit Gott, Denn er hat den, der von keiner sünde wuste, fur Uns zur sünde gemacht. Auff das wir würden in Jm die gerechtigkeit, die fur Gott gilt.

stünde eine Identität zwischen der auf Christus übertragenen Sünde und der wirklichen Sünde des Sünders.

Oportet autem in metaphora aliquam differentiam esse a re vera, quia similitudo (ut aiunt) non identitas est. Et quae transferuntur secundum similitudinem se transferunt, alioqui ne translatio quidem esset.[122]	Es muss aber in der Metapher ein gewisser Unterschied sein zur wirklichen Sache, weil Gleichgestalt, wie man sagt, nicht Identität ist. Und was übertragen wird, überträgt sich der Gleichgestalt gemäß, sonst wäre es ja keine Übertragung.

Der Text spricht metaphorisch von unserer Sünde als der Sache, die auf Christus übertragen wird. Es handelt sich nicht nur um eine metaphorische, das heißt übertragende Redeweise; vielmehr ist die Rede davon, daß die Sünde – die zwischen Gott und dem Menschen relevante Sache – auf Christus übertragen worden ist, und zwar so, daß sie von dem Glaubenden, der sich auf Christus verläßt, weggenommen ist und ihn nicht mehr verurteilen kann. Der Text erweist sich wirklich als Evangelium; sein Inhalt ist eine entlastende, befreiende Botschaft. Dazu paßt seine bildliche Redeweise, die allemal „lieblicher und wirkungsvoller ist als die einfache und kunstlose" Rede.

Et in hac translatione non solum est verborum sed et rerum metaphora. Nam vere peccata nostra a nobis translata sunt et posita super ipsum, ut omnis qui hoc ipsum credit, vere nulla peccata habeat, sed translata super Christum absorpta in ipso, eum amplius non damnent. Proinde sicut figurata locutio est dulcior et efficatior quam simplex et rudis, ita peccatum verum nobis molestum et intolerabile est, sed translatum et methaphoricum iucundissimum et salutare est.[123]	Und in dieser Übertragung gibt es nicht nur eine Metaphorik der Worte, sondern auch der Dinge. Denn wahrhaftig sind unsere Sünden von uns übertragen und auf ihn gelegt worden, so dass jeder, der eben dies glaubt, wirklich keine Sünden [mehr] hat, sondern auf Christus übertragen, in ihm selbst verschlungen, können sie ihn nicht mehr verdammen. Ebenso wie die bildliche Rede lieblicher und wirkungsvoller ist als die einfache und kunstlose, so ist die wirkliche Sünde für uns lastend und unerträglich, die übertragene und metaphorische aber ist hocherfreulich und heilsam.

Etwas später verwendet Luther noch einmal die christologisch heilsbedeutsame Redeweise in 2Kor 5,21, jetzt dient sie zur Auslegung von Röm 8,3f.

Paulum de peccato audiamus, Rom 8 [V. 3f] dicentem: ‚Misit deus filium suum in similitudinem carnis peccati, et de peccato damnavit peccatum in carne, ut iustificatio legis impleretur in nobis, qui non secundum carnem ambulamus, sed secundum spiritum'. Quid est ‚peccatum damnari de peccato'? Diximus Christum esse peccatum factum	Lasst uns [...] Paulus über die Sünde hören, der in Röm 8,3f sagt: ‚Gott hat seinen Sohn gesandt in die Gleichgestalt des Sündenfleisches und hat über die Sünde die Sünde im Fleisch verdammt, damit die Gerechtigkeit des Gesetzes in uns erfüllt würde, die wir nicht nach dem Fleisch, sondern nach dem Geist wandeln'. Was heisst, dass die Sünde über die Sünde verdammt wird? Wir haben gesagt, dass

---

[122] Ebd. WA 8, 87,2–4; LDStA 2, 295,2–5.
[123] Ebd. WA 8, 87,6–12; LDStA 2, 295,8–16.

pro nobis, sicut dicit 2Kor 5 [V. 21] ‚Eum qui non noverat peccatum, pro nobis peccatum fecit, ut iustitia dei essemus in illo'. Hic utrunque peccatum utroque loco ponit. Metaphoricum vel allegoricum est Christus, de quo peccato damnavit nostrum verum peccatum. Nam quod peccatum nostrum tollatur, unde habemus, nisi de Christo, facto peccato pro nobis? Non utique de nostris viribus aut meritis, sed de peccato dei, id est, quem deus peccatum fecit.[124]

Christus zur Sünde gemacht wurde für uns, wie er 2Kor 5,21 sagt: [‚…'] Hier setzt er beiderlei Sünde an beiden Stellen. Metaphorisch oder allegorisch ist es Christus; über diese Sünde hat er unsere wahre Sünde verdammt. Denn dass unsere Sünde weggenommen werde – woher haben wir das, wenn nicht von Christus, der für uns zur Sünde gemacht ist? Nicht jedenfalls von unseren Kräften und Verdiensten, sondern von der Sünde Gottes, das heißt von dem, den Gott zur Sünde gemacht hat.

(3.) Indem Christus in seinem Tod am Kreuz unter dem Fluchurteil des Gesetzes gestorben ist, gewährt sein Tod Erlösung vom Fluch des Gesetzes. So sagt es Gal 3,13, ein mit 2Kor 5,21 eng verwandter Text. Beide Texte kombiniert Luther in seinem Galater-Kommentar, 1519. Nach 2Kor 5,21 wird die Sünde des Menschen so zum Heil der Glaubenden auf Christus übertragen, daß an den Glaubenden Gottes Gerechtigkeit in Christus zum Vorschein kommt. Nach Gal 3,13f ist Christus aus dem Grunde zum Fluch geworden, damit den Heiden in Christus der Segen Abrahams als messianisches Heil eröffnet werde. Die Gegensätze von Sünde und Gerechtigkeit sowie Fluch und Segen erweitert Luther noch durch die Gegensätze von Tod und Leben sowie Schmach und Ruhm, jeweils in der Relation von 2Kor 5,21 und gültig in der Relation von Christus und dem Glauben.[125]

Der Glaube erfährt als gegenwärtiges Heil, was ihm im Evangelium mitgeteilt wird als ein Handeln Gottes in seinem Sohn Jesus Christus, durch das Gott seine Barmherzigkeit und seine den Fluch in Segen verwandelnde Liebe dem Menschen offenbart.

Sihe, das heyst gottis ßon unter das gesetz gethan, das er uns, die unter dem gesetz waren, erlösete. Uns, uns hatt erß zu gutte than, nit tzu seyner notdtdurfft; eyttell liebe, gütte und barmhertzickeyt hatt er wollen ertzeygen, wie Paulus sagt Gal 3 [V. 13]: ‚Christus hatt uns von dem urteyll der vormaledeyung ym gesetz erlöset, da er wart fur uns eyn maledeyung', als sollt er sagen: Er hatt sich selb fur uns unter das gesetz und solch seyn urteyl gethan, auff das alle, die solchs glewben, auch vom gesetz und seynem urteyl erlöset wurden. Da sihe nu, wilch eyn ubirschwencklich reychtumb habe der Christlich glawbe, wilchem alle diße werck und leyden Christi zu eygen werden geben, das er mag sich drauff vorlassen, als hett er sie selbist than und weren seyn eygen. […] er [:Christus] hatt uns den schatz ge-

---
[124] Ebd. WA 8, 91,4–15; LDStA2, 305,2–16.
[125] Galaterbrief-Kommentar, 1519, zu Gal 3,13 f, WA 2, 516,30–37: Sicut autem ad Corinthios [2Kor 5,21] dicit, Christum esse pro nobis factum peccatum, ut nos essemus iustitia dei in illo, ita hic [Gal 3,13 f] maledictum, ut benedictio Abrahae fieret in Christo eodem in gentibus. Simili omnino tropo: Sic mortuus est, ut nos essemus vita in illo; sic confusus, ut nos gloria fieremus in illo; omnia pro nobis factus, ut omnia fieremus in illo. Hoc est: si credimus in eum, iam legem implemus et liberi sumus a maledictione legis. Nam hoc, quod nos merebamur, maledici et damnari, pro nobis subiit et exolvit.

samlet, das wyr dran hangen, glawben und besitzen sollen; datzu solcher glawb mitbringt den heyligen geyst. Was soll gott mehr thun?[126]

(4.) Um Luthers Auslegung der beiden markanten Paulus-Stellen 2Kor 5,21 und Gal 3,13 abzurunden, muß sein Gebrauch des Wortes Johannes des Täufers in Joh 1,29 beachtet werden: „Siehe, das ist Gottes Lamm, das der Welt Sünde trägt".[127] Nachdem in der Perikope Joh 1,19–28, der Täufer sich selbst als Prediger des Gesetzes und der Buße charakterisiert hat, wird er angesichts der Gegenwart Jesu mit seinem Wort in Joh 1,29 zum Prediger des Evangeliums, indem er in Luthers Vorstellung mit ausgestrecktem Finger auf den Mensch gewordenen Gottessohn hinweist.

Da gehet nu das ander teyl der lere [Predigt des Evangeliums] an, das Johannes auff Christum die leutt von sich weyßet und spricht [Joh 1,29]: Sehet da, das ist das lamb gottis, das der wellt sund auff sich nympt, das ist alßo viel gesagt: ich hab euch tzuerst, durch meyn lere [d. h. durch die Gesetzespredigt] alle zu sundern gemacht, alle ewre werck verdampt und gesagt, das yhr an euch selbst müsset vertzagen. Aber auf das yhr auch nicht an gott vertzaget, sehet da, ich will euch tzeygen, wie yhr ewr sund sollt loß werden, und seligkeyt erlangen. Nicht kund yhr ewr sund ablegen odder euch durch werck frum [:gerecht] machen. Eyn ander man gehoret datzu, ich kanß auch nicht thun, doch tzeygen kann ich yhn. Es ist dißer Jhesus Christus, das lamb gottis, Der, Der, und sonst niemant wider yn hymel noch auff erden, nympt die sund auff sich, ßo gar, das auch du nicht die aller kleynist sund kundtist betzalen. Er muß alleyn auff sich nehmen, nicht deyn sund alleyne, ßondern der wellt, und nicht ettlich sund der wellt, ßondern alle sund der welt, sie seyen groß, kleyn, viel odder wenig; das heysßet denn das lautter Euangelion [ge]predigt und gehoret, und den finger Johannis erkennet, damit er dyr Christum, das lamb gottis, tzeyget.[128]

Das Wort des Evangeliums weist hin auf Jesus Christus als den, der für den Hörer gegenwärtig ist, um ihn von der Last seines Gewissens zu befreien. Luther bringt keine Assoziationen mit alttestamentlichen Lammopfer-Riten ins Spiel, weil nach reformatorischem Verständnis in Christus nicht der Opferritus des Alten Testamentes durch einen neuen Ritus höherer Dignität abgelöst worden ist. Luther legt das ganze Gewicht auf das, was der Satz dem Hörer selbst sagen will, damit er in der Christus-Person Gottes unermeßlichen „Reichtum seiner Barmherzigkeit" für sich erkenne und sich selbst einbeziehe in die universale Weite der „Welt", das heißt der Menschheit. Es gilt darauf zu vertrauen, Gott habe in diesem

---

[126] Weihnachtspostille, 1522, zu Gal 4,4f, WA 10 I 1, 367,7–20.

[127] Joh 1,29 ist eine der vier Bibelstellen, mit denen Luther in den Schmalkaldischen Artikeln das christologische Fundament der evangelischen Lehre abgesteckt hat (s. Kap. 3.1); sie gehört außerdem zu den erläuternden Texten des Cranach-Holzschnittes (s. Kap. 5.1).

[128] Adventspostille, 1522, zu Joh 1,19–28, WA 10 I 2, 206,30–207,10. – Luther hat, ebd. 204,17–208,2, an die Auslegung der Perikope eine grundsätzliche Betrachtung über „das predigeampt des newen testaments" angefügt, in die er Joh 1,29 einbezieht. Noch weiter hat er bei derselben Perikope in den Enarrrationes epistolarum et evangeliorum, 1521, ausgeholt, WA 7,530,21–537,11. – Die Vorstellung (WA 10 I 2, 207,9f), das Wort Joh 1,29 sei mit ausgestrecktem Finger gesprochen, erinnert zwar an die Kreuzigungstafel in Matthias Grünewalds Isenheimer Altarretabel; dort steht jedoch bei dem Täufer dessen Wort aus Joh 3,30: „Illum oportet crescere, me autem minui".

Jesus als dem Christus mit der Last der Sünde zugleich das ganze Unheil des Menschen auf sich genommen und zerbrochen. So wird der Hörer zum Christen.

Kanstu nu glewben, das solche stym Johannis war sey, und seynem finger nachsehen, und das lamb gottis erkennen, das es deyne sund auf yhm trage, ßo hastu gewonnenn, ßo bistu eyn Christen, eyn herr ubir sund, todt, helle und alle ding; da muß deyn gewissen fro werden und dem tzartten lamb gotis auß hertzen hold werden, und den hymlischen vatter, uber solchem abgruntlichem reychtum seyner barmhertzickyt, durch Johannem gepredigt und ynn Christo [ge]geben, lieben, loben, dancken, und auffs aller willigist werden, seynen gottlichen willen tzu thun, was du kanst auß allen krefften.[129]

(5.) In dem reformatorischen Fundamentalartikel der Schmalkaldischen Artikel nennt Luther nach dem Täufer-Wort von Joh 1,29 gleich noch Jes 53,6.[130] Andererseits hat er bei der Jesaja-Vorlesung in seine Interpretation von Jes 53,4–6 das Täufer-Wort Joh 1,29 eingeflochten und erneut den Gedanken der Übertragung aufgegriffen, mit dem er gegenüber Latomus das evangelische Verständnis der Sünde dem scholastischen Sündenbegriff entgegengestellt hat. In der Person des Gottesknechtes von Jes 53 nimmt Gott die Sünde und das ganze Unheil des Menschen auf sich. Sache des Glaubenden ist es, solche Rede der Propheten und der apostolischen Verkündigung unverkürzt ernst zu nehmen und für das eigene Heil zu verifizieren, was für ihn die beim Gottesknecht geschehene Übertragung bedeutet.[131] Das prophetische und apostolische Wort von der Erlösung und Befreiung durch den Gottesknecht in der Gestalt des Jesus Christus verlangt nach einer wirklich befreienden Anwendung im Gewissen; sie wird dem Heiligen Geist verdankt. Denn von Natur aus sträubt sich der Mensch gegen solche Gewissensbefreiung, weil er lieber mit eigener moralischer oder religiöser Leistung sein Gewissen zufriedenstellen will.[132] Doch der Glaubende, der seinen Blick auf Christus richtet, kann sich in seinem Gewissen sagen, seine eigene

---

[129] Ebd. WA 10 I 2, 207,11–19. – Luther fährt fort, ebd. 207,19–25: Denn was kann trostlicher und lieblicher gehoret werden, denn das unßere sund sind nicht mehr unßer, noch auff uns ligen, ßondern auff dem lamb gottis? Wie kann die sund eyn solchs unschuldigs lamb verdannen [sic]? Sie muß auff yhm ubirwunden und vertilget werden. Szo muß gewißlich der todt und die helle auch mit der sund (als der sunden verdienst) ubirwunden werden. Da sihe, was uns gott der vater ynn Christo geben hatt.

[130] Schmalkaldische Artikel, 1538, Tl. 2 Art. 1, WA 50, 198,29–199,3. – S.o. Kap. 3.1.

[131] Jesaja-Vorlesung, 1528–1530, zu Jes 53, WA 31 II, 432,33–433,3: Hic habes definitionem Christi perfecte et absolute, quia hoc Caput [Jes 53] loquitur de illo. Christus est homo, minister verbi, qui patiendo tulerit nostra peccata. [...] Paulus in solo illo Christo portatore [vgl. Jes 53,4 a] haeret. Ioannes Baptista hoc unico verbo [Joh 1,29] ‚Agnus dei' hoc sacrificium leviticum comprehendit, quod passus est pro omnium peccatis. – Ebd. 433,10 f: Hic igitur textus vere hanc consequentiam concludit: Christus solus portat peccata nostra [Jes 53,4 a].

[132] Ebd. WA 31 II, 433,20–31: Christianus solus est ille, qui credit Christum laborantem pro nobis et agnum dei [Joh 1,29] pro peccatis nostris occisum. [...] Ad hunc textum [Jes 53] lege omnes Pauli epistolas de redemptione, salvatione et liberatione, quae derivantur ex hoc fonte. [...] Igitur non est satis nosse et tenere rem, sed usum et vim rei. Hoc adepto stamus invicti in regia via praesente spiritu sancto contra omnes sectas et deceptiones. [...] Nostra natura pugnat contra usum et vim passionis.

Sünde sei nicht mehr seine, sondern sei auf Christus übertragen und von ihm, dem Gottesknecht, übernommen.[133] Vorher hat Luther Jes 43,24b exegetisch mit Joh 1,29 vernetzt durch den Gedanken, daß die Mühsal mit den Sünden von „uns auf Christus übertragen wird", sei die „erstaunliche Übertragung", die „uns in der wahren Freiheit viel freier macht als alle anderen", weil alle anderen Lehren jedem Menschen die Last seines eigenen Werkes auferlegen.[134]

(6.) Luthers christologische Auslegung der eben behandelten Texte hat ihr Zentrum in der Bedeutung des Kreuzestodes Jesu Christi. Das veranlaßt die Frage, wie Luther generell bei der theologischen Deutung von Leiden und Tod Christi mit den beiden Begriffen von Opfer und Genugtuung umgeht, zum Beispiel in seinen Karfreitagspredigten. Bei dem Begriff des Opfers konzentriert sich das Problem auf das Verständnis des Herrenmahls, da herkömmlicherweise das sog. Memorialmandat (Lk 22,19; 1Kor 11,24.26) interpretiert wurde als Auftrag an die Kirche, das Herrenmahl als kultisches Gedenken an den Opfertod Christi zu feiern. In Luthers seit 1520 vorliegendem Abendmahlsverständnis hat das Memorialmandat diese traditionelle Deutung verloren.[135] Dem Begriff der Genugtuung oder Satisfaktion gibt Luther, wenn er ihn im Zusammenhang mit dem Kreuzestod gebraucht, eine polemische Spitze in erster Linie gegen die bisher beim Bußsakrament vom Gläubigen neben Reue und Beichte geforderte Bußleistung einer religiösen, Gott geschuldeten Genugtuung für die bereute und gebeichtete Sünde. In der reformatorischen Theologie verträgt sich eine Gott geschuldete Satisfaktionsleistung des Christen keineswegs mit dem Heilssinn des Kreuzes Christi. Die Ausschließlichkeit des Heilswerkes Christi bezieht sich, reformatorisch verstanden, unmittelbar auf die jederzeit im Christus-Glauben wahrzunehmende Befreiung von religiösem Leistungsdenken. Diesen befreienden Sinn hat es, wenn Luther dem Kreuz Christi einen satisfaktorischen Wert zuschreibt. Er meint dann nicht eine Satisfaktion, die Christus einer Gerechtigkeitsforderung Gottes geleistet hat. Im Gegenteil, die Rede von einer Satisfaktion

---

[133] Ebd. WA 31 II, 433,35–434,17: Ideo cave, ut peccata tua in conscientiam tuam ponas, ne terrearis, sed libere pone in Christum, ut hic textus dicit [vgl. Jes 53,4a.5a]: ‚Ipse portavit iniquitates nostras'. Oportet nos plane deponere peccata a nobis in Christum. [...] ergo dic: ‚Ego peccatum meum in Christo video, ergo peccatum meum non est meum, sed alienum, in Christo video'. Magna res est cum fiducia dicere: ‚Peccatum meum non est meum', [...] ‚specto peccata in Christo collata'. [...] ‚Mea peccata translata in Christum. Ille haec habet'. [...] opus est, ut sciat Christianus haec esse peccata sua, quamvis sint peccata, quia per Christum sunt portata, a quo sumus redempti et salvati. Hic est salvator etc. ab aeterno, a morte et peccato. Ita hoc fulmine lex iustitiaeque eius prosternitur, sicut copiosum vides Paulum tractatorem.

[134] Ebd. zu Jes 43,24b, WA 31 II, 339,16–29: Tui labores nihil effecerunt, sed meus labor efficacissimus est, quo peccatis et laboribus tuis succurri, ut Ioannes dicit [Joh 1,29]: ‚Ecce agnus dei'. Ille labor a nobis transfertur ad Christum. Haec est mirabilis translatio; [...] Ita hic labor Christi: fecit nos omnium liberrimos vera libertate. Omnes aliae doctrinae hoc agunt, ut quisque suum opus portet.

[135] Zu Luthers reformatorischem Abendmahlsverständnis s. u. Kap. 9.6. – Zum Opfergedanken im Kontext des priesterlichen Amtes Christi s. o. Kap. 6.2.

Christi erhält nun insofern einen religionskritischen Sinn, als sie auch dem religiösen Satisfaktionsstreben des Menschen ein Ende setzen will. In einer Predigt am Osterdienstag 1531 meint Luther, das Wort „Genugtuung" sollte aus dem religiösen Gebrauch verschwinden. Die kirchliche Tradition habe den Begriff den Juristen „gestohlen". Die bisherigen drei Zentralbegriffe der Buße – Reue, Beichte, Genugtuung – seien entstellt worden; das Wort „Genugtuung" solle nur noch dem juristischen Gebrauch überlassen bleiben.[136] Wenn Luther doch noch von einer Genugtuung Christi spricht, dann hat er zwar das bisher gebräuchliche Wort aufgegriffen, doch wird es gleichzeitig durch den reformatorischen Sinn des „solus Christus" verabschiedet.[137]

Nicht nur von einem juridisch infizierten Verständnis von Genugtuung will Luther die Christologie evangeliumsgemäß reinigen, sondern auch von jener heilsgeschichtlichen Sicht des Kreuzestodes, die das Kreuzesgeschehen als die Ursache betrachtet für die institutionelle Gnadenvermittlung der Kirche, was zur Folge hatte, daß einerseits der auferstandene, zur Rechten Gottes erhöhte Jesus Christus als der Gerichtsherr des Jüngsten Gerichtes erwartet wurde, während andererseits der heilsgeschichtlich abständig gewordene Jesus Christus in seinem Lebenswandel zum Gegenstand eines religiös verdienstvollen Bestrebens der Nachfolge werden konnte. In solchem Bestreben entdeckt Luther eine Neigung menschlicher Vernunft, gerne einem Vorbild nachzueifern, obgleich das nachahmenswerte Vorbild dann zum gesetzlichen Maßstab und Richter wird. Bei solcher Tendenz christlicher Religiosität wird in Luthers Augen die Person des Jesus Christus herausgelöst aus ihrer tiefsten Verwicklung in die Not des Menschen in seinem Unheil, besonders durch die Not unter dem alle Menschen angehenden Gesetz.[138] Mit anderen Worten, die nicht auflösbare Gemeinschaftlichkeit von Gott und Mensch in der Person des Jesus Christus wird gelöst von ihrer einzig gültigen Heilsbedeutung in der stets gegenwärtigen Identität des Erlösers des Menschen, stets gegenwärtig im Wort der Heilszusage Gottes im Evangelium, wie es bereits Adam und Eva in Gen 3,15 gesagt wurde. Von derselben Tendenz, sich auf Distanz zu bringen zur Person des Jesus Christus trotz religiöser Ver-

---

[136] Predigt, 11.4.1531 a.m., WA 34 I, 303,1–3 Ns R: Ideo istud verbum ‚satisfactio' non patiemur in nostris scholis et praedicatoribus, sed wollens den Richtern und Juristen, Henckern heimschicken, Et Papa istis hat ers gestolen. – Vgl. ebd. 302,25 f Ns N: wyr wollen satisfactionis nomen nicht leyden, wyr sollens reyn abscheyden und dem Richter und Juristen geben.

[137] Ebd. WA 34 I, 301,12–14 Ns R: In papatu doctum, quod poenitentia sthehe in 3 istis: beicht, rew und gnugthuung. Et nos den Papisten zu willen behalten ‚gnugthuung', sed aliter gedeut, quod sit, quod Christus fur uns gnug gethan, non nos.

[138] Galaterbrief-Vorlesung, 1531, zu Gal 3,13, WA 40 I, 434,21–28 Dr (vgl. 434,5–9 Ns): Hac cognitione Christi et consolatione suavissima, Quod Christus pro nobis factus sit Maledictum, ut nos a maledicto legis redimeret, privant nos Sophistae [:die Theologen des Mittelalters], cum [...] eum tantum proponunt ut exemplum nobis imitandum. Hoc modo reddunt Christum nobis non solum inutilem, sed etiam Iudicem et Tyrannum constituunt qui irascatur peccatis et damnet peccatores. Nos vero debemus involvere Christum et involutum cognoscere ut carne et sanguine, ita peccatis, maledictione, morte et omnibus malis nostris.

ehrung, sind in Luthers Diagnose auch die sog. „Schwärmer" auf dem linken Flügel der Reformation erfaßt worden.[139] Daß dem Selbstverständnis auch des säkularisierten Menschen ein Verlangen nach Entlastung durch eigenes Genugtun innewohnt, das war für Luther impliziert in dem Phänomen des Menschen unter dem Gesetz schlechthin.

6.4 Der christliche Glaube an den dreieinigen Gott

A) Mit Luthers theologischer Rede von der Person des Jesus Christus, dem Mensch gewordenen Gottessohn, ist die Schwelle zu seiner Rede von dem dreieinigen Gott erreicht, weil gemäß der christlichen Lehrtradition mit dem Wort „Gottessohn" stets die zweite Person der göttlichen Trinität gemeint ist. Was Luther zur Explikation der trinitarischen Gotteslehre formuliert hat, folgt im wesentlichen der westlichen Überlieferung, die in hohem Grade von Augustin geprägt worden ist und von den beiden Bekenntnissen repräsentiert wird, die Luther dem apostolischen Glaubensbekenntnis an die Seite stellt: dem Athanasianum und dem TeDeum.[140] Wie er in seinen späten Jahren zwei akademische Disputationen (1539/40) der Christologie gewidmet hat, so hat er danach in den Jahren 1543 bis 1545 in drei Disputationen Fragen der Trinitätslehre behandelt.[141] Unbestreitbar sei, so heißt es in den Thesen zu einer dieser Disputationen, die biblisch fundierte Lehre von dem einen und zugleich dreieinigen Gott, dem einzigen Schöpfer aller Dinge, die als geschaffene Dinge außerhalb von ihm existieren.[142] Das Verhältnis der drei Personen zu dem einen Gott wird in drei Sätzen formuliert:

1. Scriptura sancta docet esse Deum simplicissime unum, et tres (ut vocant) personas verissime distinctas.	1. Die heilige Schrift lehrt, daß schlechthin nur ein Gott ist und drei, wie man sagt, wahrhaft unterschiedene Personen.
2. Harum personarum quaelibet totus est Deus, extra quam nullus est alius Deus.	2. Von jeder dieser drei Personen gilt: sie ist ganz Gott und neben ihr ist kein anderer Gott.

---

[139] Jesaja-Vorlesung, 1528–1530, zu Jes 43,24, WA 31 II 340,2–6: Eyn guldener text. Christus laborat in peccatis nostris. Labor quidem et molestia fuit Christi, sed non extinctio, immo finivit hunc laborem resurrectionis virtute. Haec Sacramentarii et Anapaptistae non intelligunt, ex corde multa de imitatione de memoria Christi iactantes, de labore huius agni dei tollentis peccata [vgl. Joh 1,29] nihil vere dicunt.
[140] Die drei Symbola des Glaubens Christi, 1538, WA 50, 262–283, s. o. Anm. 1.
[141] Es sind die drei Promotionsdisputationen (1.) vom 24.8.1543, WA 39 II, 253–255 (Thesen), 255 f (Disputation), (2.) vom 12.12.1544, ebd. 287–289 (Thesen), 290–320 (Disputation, ebd. 320–336 Präparationsnotiz von Georg Maior), (3.) vom 3.7.1545, ebd. 339–342 (Thesen), 343–398 (Disputation, ebd. 399–401 Präparationsnotiz von Petrus Hegemon).
[142] Disputation, 12.12.1544, These 5 f, WA 39 II, 287,13–16: 5. Indisputabilis veritas, est, unum esse Deum et trinum, omnium rerum extra se creatorem unicum. – 6. Ac si hic aliquid diceretur improprie, tamen res ipsa defendenda est per scripturas contra Diabolum.

6.4 Der christliche Glaube an den dreieinigen Gott

3. Nec tamen dici potest, quamlibet personam solam esse Deum.[143]

3. Dennoch kann man nicht sagen, jede Person allein sei Gott.

Die drei Personen der Trinität werden von Luther im Einklang mit der ganzen kirchlichen Tradition als Vater, Sohn und Heiliger Geist unterschieden. Als eine im Grundbestand der christlichen Tradition verankerte Lehre, die allerdings nur vom Glauben nachvollzogen werden könne, referiert Luther im Anschluß an das Athanasianum die innertrinitarischen Relationen der drei Personen:

> Der Vater ist von niemand, weder geborn noch gemacht noch geschaffen, Der Son ist vom Vater, nicht gemacht noch geschaffen, sondern geborn, Der Heilige Geist ist vom Vater und Sone, nicht geborn noch geschaffen, sondern ausgehend. [...]
> Gleich wie nu der Son vom Vater geborn wird und doch aus der Gotheit nicht fellet, sondern jnn der selben Gottheit bey dem Vater bleibt und mit jm ein Gott ist, Also gehet aus der Heilige geist, vom Vater und vom Son gesand, und fellt auch nicht aus der Gottheit, sondern bleibt bey dem Vater und Son jnn der selben Gottheit, und ist ein Gott mit beiden. Darumb ist dis gar viel ein andere geburt denn der menschen geburt, Und viel ein ander ausgang denn der menschen ausgang. [...] hie wird der Son geborn jnn eine andere person und bleibt doch jnn seines Vaters wesen [...] hie gehet der Heilige geist aus vom Vater und Sone (Wie er auch gesand wird vom Vater und Sone) und scheidet sich wol jnn eine andere person, aber bleibet doch jnn des Vaters und sons wesen und der Vater und Son jnn des Heiligen Geists wesen, das ist: alle drey personen jnn einer einigen Gottheit.[144]

Was die christliche Lehre von den drei Personen und ihrem Verhältnis zueinander sagt, muß unterschieden werden von der kreatürlichen Wirklichkeit und ist unverständlich für das philosophische Denken, das von dieser Wirklichkeit bestimmt wird.[145]

Auffallend stark hat Luther eine Lehrfrage beschäftigt, die im 12. Jahrhundert aufgebrochen war und dann auf dem 4. Laterankonzil, 1215, entschieden worden ist. Petrus Lombardus (gest. 1160 als Bischof von Paris) hatte in seinem Sentenzenwerk die Ansicht vertreten, daß das göttliche Wesen (essentia) nicht

---

[143] Disputation, 24.8.1543, These 1–3, WA 39 II, 253,2–6. – Vgl. Disputation, 12.12.1544, These 7–10, ebd. 287,17–23.

[144] Die drei Symbola des Glaubens Christi, 1538, WA 50, 274,1–4.10–15.16–30. Den ersten Absatz übernimmt Luther fast wörtlich aus dem Symbolum Athanasianum, ebd. 264,35–38. In dem ausgelassenen Stück, ebd. 274,4–10, zitiert er als Christus-Worte zum einen Ps 2,7 für das Geboren-Werden des Sohnes vom Vater, zum anderen Joh 15,26 für das Ausgehen bzw. Gesandt-Werden des Heiligen Geistes. Man merkt v. a. beim letzten oben zitierten Absatz sein Einverständnis mit dem Filioque, das in der lateinischen Christenheit im dritten Artikel des Symbolum Nicaeno-Constantinopolitanum (DH 150) eingefügt und vom Athanasianum (DH 75 n. 23) übernommen worden ist.

[145] Disputation, 3.7.1545, These 11, WA 39 II, 339,26 f: 11. Sane tamen intelligenda est relatio in divinis et longe alia quam in creatura vel philosophia. – Ebd. These 17, 340,12 f: 17. Summa, per rationem et philosophiam de his rebus maiestatis nihil, per fidem vero omnia recte dici et credi possunt. – Vgl. Die drei Symbola des Glaubens Christi, 1538, WA 50, 275,1–4: Es ist gnug, das wir eine gewisse unterschied der personen mit dem glauben erhasschen mügen [:können], Nemlich, das der Vater von niemand, der Son vom Vater, aber geborn, der Heilige Geist vom Vater und Sone, aber ausgehend.

einbezogen ist in den innergöttlichen Vorgang der Differenzierung der drei Personen.[146] Das hatte der Zisterzienserabt Joachim von Fiore (gest. 1202) bestritten. Ohne deswegen Joachim von Fiore als Person zum Irrlehrer zu erklären, hatte das 4. Laterankonzil seine umstrittene Ansicht verurteilt und deklariert, jeder, der dennoch diese Ansicht billigen oder verteidigen werde, sei als häretisch zu betrachten.[147] Luther hält die Kritik des Joachim von Fiore an Petrus Lombardus für berechtigt und stützt sich dabei auf Augustins Trinitätslehre. Gleichzeitig bekundet er Verständnis für die Ansicht des Lombarden.[148] Dem Lehrurteil des genannten Konzils kann er hingegen gar nichts abgewinnen.[149] Viel stärker wog für ihn die Rede von dem relationalen Unterschiedensein der drei Personen der Trinität.[150] Das hängt zusammen mit seiner Sympathie für die theologische Redeweise der Kirchenväter, insbesondere für die theologische Sprache Augustins. Gleichzeitig verschmäht er begriffliche Unterscheidungen, die von gewissen Scholastikern in diesem Zusammenhang vorgenommen worden waren.[151]

In dem Bemühen, selbst bei alttestamentlichen Texten in der Sprachgestalt von Gottesworten[152] oder Gebeten den trinitarischen Gott bezeugt zu finden, ist Luther nach Maßstäben unvoreingenommener Exegese entschieden zu weit gegangen.[153] Er konnte seine Deutung mit der Trinitätstheologie vereinbaren, weil der Sohn des Vaters als Gottes Wort von Ewigkeit her bei Gott ist. In der Mitte seiner eigenen Theologie ist der Grundsatz verankert, die Trinitätslehre müsse zugleich die Menschwerdung des Gottessohnes, die zum Heil des Menschen geschehen ist, im Auge behalten.[154] Das „Wort", das sich inkarniert hat (Joh 1,14),

---

[146] Disputation, 24.8.1543, These 15 f, WA 39 II, 287,31–288,2: 15. Quin M[agister] Sententiarum, non satis recte docuit, Essentiam divinam nec generare nec generari. 16. Sed recte ab Ioachim Abbate reprehenditur, quod in divinis quaternitatem asseruerit. – Vgl. Petrus Lombardus, Sent.1 d.5 c.1. – Mit diesem Streitpunkt befaßt sich Luther bis einschließlich These 26.

[147] Ebd. These 17 erwähnt Luther die Verurteilung der Ansicht des Joachim von Fiore durch das Concilium Lateranense IV., 1215, canon Firmiter de trinitate, DH 803–806; CorpIC Gregor IX., Decretalium lib. I tit.1 c.2 (RF 2,6 f).

[148] Disputation, 12.12.1544, These 15 f, WA 39 II, 287,31–288,2.

[149] Ebd. These 17 und 20, WA 39 II, 288,3 f.9 f. – Abfällig urteilt Luther über diese und einige andere Lehrentscheidungen mittelalterlicher Konzile bereits in De captivitate Babylonica ecclesiae, 1520, WA 6, 509,27–34, und in der Assertio, 1520, Art. 27, WA 7, 131,37–32.

[150] Ebd. These 18 f.21–25, WA 39 II, 288,5 f.11–20. – Vgl. Disputation, 3.7.1545, These 11–16, WA 39 II, 339,26–340,11. – Das Thema wurde in der Disputation, 12.12.1544 erörtert, Arg. 41, WA 39 II, 312,18–314,11 Ns.

[151] Ebd. These 14, WA 39 II, 287,29 f. Gleichwohl konnte er den Spätscholastiker Pierre d'Ailly als einen Sympathisanten seiner Geringschätzung dieses Konzilsdekretes betrachten, ebd. These 26, WA 39 II, 288,21 f.

[152] Zum Beispiel wird der Plural der ersten Person in Gen 1,26 und 11,7 trinitätstheologisch gedeutet in der Genesis-Vorlesung 1535–1545, WA 42, 43,1 ff/12 ff (zu Gen 1,26) und 422,20–423,4 (zu Gen 11,7).

[153] Solche trinitätstheologische Exegese bestimmt einige Partien der Schrift Von den letzten Worten Davids, 1543, WA 54, 28–100.

[154] Disputation, 24.8.1543, These 37 f, WA 39 II, 255,20–23: 37. Qui scrutando non volet errare, nec a maiestatis gloria opprimi, is fide tangat et apprehendat Filium Dei in carne manifesta-

6.4 Der christliche Glaube an den dreieinigen Gott

hat von Ewigkeit her innertrinitarisch den Charakter eines Wortes, das Gott hervorbringt und das ewig bei Gott bleibt (Joh 1,1). Es ist nicht etwa zunächst nur der Gedanke Gottes oder sein Heilsplan.[155]

Für diesen theologischen Zusammenhang ist eine Predigt Luthers vom Weihnachtstag 1541 aufschlußreich. Als Predigttext legt Luther die Verse Joh 1,1 und Joh 1,14 zugrunde. Das veranlaßt ihn, zunächst das uranfängliche „Wort" in Joh 1,1 mit dem Wort Gottes im Schöpfungsbericht Gen 1 gleichzusetzen. Dieses „Wort" ist als „Sohn" Gottes zu bezeichnen und ist als gesprochenes Wort in und bei Gott selbst als andere Person von Gott, dem Sprecher dieses Wortes, zu unterscheiden. Es gehört zu Gott „außer, über, vor" jedem Geschöpf; darum ist es am Schöpfungshandeln Gottes voll beteiligt. Dennoch verehren die Christen keineswegs zwei Götter oder, wenn man den Heiligen Geist hinzunimmt, drei Götter.[156]

Nachdem Luther die monotheistische Gottesverehrung der christlichen Religion betont hat, kommt er gleich darauf zu sprechen, welchen Sinn das christliche Bekenntnis zu dem dreieinigen Gott hat. Er anerkennt eine Gemeinsamkeit der Christen mit der Religion der Juden und der Muslime im monotheistischen Glauben an den einen Schöpfergott, den auch antike Dichter und Philosophen aus Gründen der Vernunft teilen.[157] Damit könne sich der christliche Glaube

---

tum. – 38. Hic enim ‚splendor gloriae' paternae [Hbr 1,3] tangit obiectum, et fit radius reflectus, illuminans omnem hominem venientem in hunc mundum' [Joh 1,9]. – Vgl. Disputation, 12.12.1545, These 21–23, WA 39, 340,21–26: 21. Tamen articulus de creatione rerum ex nihilo difficilior est creditu quam articulus de incarnatione. – 22. Et Christus per incarnationem suam nos reducit in cognitionem creatoris qua cognitione angeli beati sunt [Eph 3,10, 1Pt 2,12]. – 23. Quod fieri non potuit, nisi ipse per suam personam, qui est ‚imago Dei' [2Kor 4,4; Kol 1,15], peccatum (quod mortis est regnum et victoria) tolleret a nobis [vgl. Joh 1,29].

[155] Disputation, 24.8.1543, WA 39 II, 256,22–26 Ns: [Einwand] Vocabulum ‚verbum' significat cogitationem, Iohannis 1 [V. 1]. Ergo non personam distinctam a patre. – R[esponsio] Nos dicimus, quod sit verbum prolatum, sicut verbum nostrum est res distincta ab ore. Ita enim verbum Filius est prolatum a Patre, et tamen manet in eadem substantia Deus.

[156] Predigt, 25.12.1541, WA 49, 236,11–237,9 Ns: Contra haereticos sciendum, quod Iohannes vocet ‚verbum' propter Mosen, da noch kein liecht war, sed merae tenebrae et nulla creatura, dicit Mose [Gen 1,3]: ‚Deus dixit'. Er lies ein wort ausgehen, war ein volkomen wort und illud verbum, per quod omnia creata, ‚war bey Gott' [Joh 1,1]. [...] Et tamen non erat persona, quae dicebat. Das wort muste ja bey dem sprecher sein. Non erat apud creaturam, quae nondum condita, sed ausser, uber, vor der Creatur, scilicet ‚apud deum'. Ergo sunt duo dii? Non, est apud deum et tamen distincta persona. Sic Johannes sterckt fidem nostram, quod sciamus, quod pater, filius, spiritus sanctus sint tres personae, sed non distincti tres dii. Adoramus tantum unum deum. – Ebd. 238,3–5: Certe dicimus non nisi unum deum, qui omnia creavit, non plures. Gegen[über] der Creatur zu rechen tantum est unus deus. – Der letzte Satz entspricht dem trinitätstheologischen Grundsatz, der auf Augustin zurückgeht: Opera Trinitatis ad extra sunt indivisa; vgl. Biel, Sent.1 d.14 q.1 A9 (1,395) und d.20 q.un. C6 (1,486). Unerheblich ist es, wenn Luther (s. folgende Anm.) den augustinischen Satz mit ‚ab extra' statt ‚ad extra' zitiert, falls nicht dem Predigtnachschreiber ein Fehler unterlaufen ist.

[157] Ebd. WA 49, 239,2–5 Ns: Augustinus et alii veteres dixerunt: Opera trinitatis ab extra sunt indivisa, pater, filius, spiritus sanctus est schepffer unicus, non tres gegen[über] der Creatur. So weit komen Turcken und Juden, Heiden. – Ebd. 240,3–5 Ns R: Habens doch die Heiden er-

allerdings nicht begnügen: „Wir Christen haben nicht genug daran, den einen Gott in seinem Verhältnis zur Schöpfung zu betrachten". Die Christen könnten, gestützt auf die heilige Schrift, davon reden, „was Gott in sich selber ist".[158] Die heilige Schrift, genauer: die neutestamentliche Botschaft von der Menschwerdung des Gottessohnes, ermächtigt die Christen dazu, das Bekenntnis zu dem einen Gott zu vertiefen. Die Christen können und müssen davon reden, wie Gott, der Schöpfer der Welt, sich selbst in seinem Sohn „abgemalt" hat, wie er in seinem Sohn sein eigenes Wesen ausgeschüttet hat. Demnach hängt die christliche Rede von dem, „was Gott in sich selber ist", engstens zusammen mit der Inkarnation Gottes in Jesus Christus; der Gottessohn offenbart den reinen Heilswillen des Vaters.

An diesem Punkt greift Luther die altkirchliche Trinitätslehre auf, die Gott Vater, Sohn und Heiligen Geist in einem innergöttlichen Geschehen aufeinander bezieht. Wieder spricht Luther zunächst mit dem Johannes-Evangelium von dem Gottessohn als dem Wort Gottes: Zu Gottes Wesen gehöre es, daß er sich selbst in seinem Wort ausspricht, und der Heilige Geist „willigt drein".[159] Im reinen Einssein mit sich selbst teilt Gott sich selbst in seinem Wort mit. Trotz dieser innertrinitarischen Relationen wird Gott von außen in seinen Schöpfungswerken und seinem Heilshandeln als der eine Gott wahrgenommen und verehrt. Daß die christliche Religion von dem einen Gott gleichwohl mit der Unterscheidung der drei Personen spricht, besagt – das ist für Luther entscheidend – Gottes wesenhaft eindeutige Zuwendung zum Menschen, die dem Glauben mitgeteilt wird in dem Evangelium der Christus-Person.[160]

Übernimmt Luther die Grundzüge seiner Trinitätslehre aus der kirchlichen Lehrtradition, so wiederholt er doch nicht einfach ein lehrgesetzliches Dogma der Kirche. Ihm liegt offenkundig daran, daß im Einklang von heiliger Schrift und altkirchlicher Überlieferung trinitarisch von Gottes Wesen gesprochen wer-

---

schnappt mit naturlicher vernunfft. Homerus [Ilias 2, 204]: ‚Sit unus dominus'. Poetae et gentiles intellexerunt. – Vgl. ebd. 240,11 f Ns S das freie Zitat aus Aristoteles, Metaphysik 12,10; 1076 a 4, wo die genannte Homer-Stelle zitiert ist.

[158] Ebd. WA 49, 238,5–11 Ns: Nos Christiani non haben gnug daran, wie ein creator sey zu rechen gegen[über] der Creatur. Sed docemus postea ex scriptura, was Gott in sich selber ist, fatemur fester unum deum esse quam gentiles. [...] interrogo: quid est deus in seipso? Quando Creator est, scio tantum unum und halt und rechne in [:ihn] gegen[über] der welt et Creaturas omnes. Sed quid ist er bey sich selber, da er sein Gottlich wesen bey sich selbs hat?

[159] Ebd. WA 49, 238,11–239,2 Ns: Ibi Christiani: Is unicus dominus, rex et creator, per filium sic depinxit se, quod in deitate so stehe. Verbum wird gesprochen, spiritus sanctus willigt drein, das ein gedritts ist et tamen in sich selbs eins. – Luther berührt hier beim Heiligen Geist dessen sog. Appropriation, die mit Augustin als Eintracht (concordia) der Liebe bezeichnet wird, vgl. Gabriel Biel, Sent.1 d.31 q.un. G14–21 (1,611).

[160] Ebd. WA 49, 239,6–11 Ns: Non solum inspiciendus deus ab extra in operibus. Sed deus vult etiam, ut agnoscamus eum etiam ab intra. Was ist er inwerds? Da ist pater, filius, spiritus sanctus. Das ist nicht tres deos adorare. Inwendig ist ein einig wesen und tres person. Wie gehe[t]s zu? Ist unausprechlich. Angeli konnen sich nicht gnugsam verwundern fur freuden. Nobis in verbo wird's gefasst und furgepredigt: pater, filius, spiritus sanctus.

6.4 Der christliche Glaube an den dreieinigen Gott 315

den muß, wenn mit dem Neuen Testament die Menschwerdung Gottes in Jesus Christus ernst genommen wird, damit der Mensch sich im Christus-Glauben zu Gott dem Vater hinführen läßt und die Freiheit der Gotteskindschaft erfährt.[161] Das Evangelium des Jesus Christus will öffentliches Zeugnis geben von Gott. Hier hat Gott sein Wesen „ausgeschüttet"; hier wird Gott nicht nur als Schöpfer verehrt; hier wird er als der „Vater" erkannt, der sich ganz in seinem „Sohn" zum Heil der Menschen mitteilt und dies durch seinen Heiligen Geist dem Menschen zur Gewißheit werden läßt, einst im geschichtlichen Wirken des Jesus Christus und auch immer weiter in der Geschichte durch die der Christenheit anvertrauten Mittel der Christus-Verkündigung – Taufe und Abendmahl eingeschlossen –, durch die dem Menschen „ohne Unterlaß" Gottes Vergebung zugesprochen, Gerechtigkeit vor Gott und Rettung aus der Todesverlorenheit geschenkt wird.[162] Der tiefste, ewige Grund der Heilsbotschaft im Evangelium liegt in Gottes Wesen, der sich als Vater, Sohn und Heiliger Geist dem Menschen mitteilt.

Die Weihnachtspredigt von 1541, die zunächst so bemerkenswert den monotheistischen Schöpfungsglauben als Gemeinsamkeit von Judentum, Christentum, Islam sowie antikem Vernunftdenken ins Auge faßt, nimmt eine befremdliche Wendung, nachdem sie den Blick auf das christliche Bekenntnis zu dem trinitarischen Wesen Gottes gelenkt hat. Luther betont nicht nur, daß damit der christliche Glaube über den monotheistischen Schöpfungsglauben hinausgeht, vielmehr disqualifiziert er die Religionen, die nicht das Bekenntnis zu Jesus Christus und zum trinitarischen Wesen Gottes teilen. Die Verehrung Gottes als des einen Schöpfers sei völlig unzureichend und geradezu verfehlt.[163] Dem Christentum wird eine absolute Überlegenheit gegenüber den nicht-christlichen Religionen zugeschrieben, die sich noch in der Geschichte erweisen werde. Wie

---

[161] Ebd. WA 49, 240,8–241,5 Ns: Deus non hat gnug dran, quod dicitur creator. Christus Ioh 8 [vgl. V. 19]: Vocatis patrem et non agnoscitis. Ideo hoc gentile agnoscere thuts nicht. Vult agnosci secundum Evangelium, quod deus misit filium in carnem etc. Mundus in sapientia non cognoscit etc. [vgl. 1Kor 1,21] Romani videbant an den operibus, quod unus deus, sed noluerunt eum agnoscere Rom 1 [V. 21]. Non contentus ergo vocari Creator etc. Ich hab mein Gottlich wesen ausgeschut [:ausgeschüttet] et significavi per Evangelium me habere filium, so wil ich erkand, geehret werden.

[162] Ebd. WA 49, 242,4–243,5 Ns: Ich [Gott] habs offenbar und klar gnug gemacht, dedi virginem matrem notam. Item per spiritum sanctum hab ich in [:ihn] lassen predigen, todten auffwecken, leprosos mundare etc. Mt 11 [V. 5]; der [Jesus Christus] baptismum, Sacrament, Claves et remissionem peccatorum dedit et adhuc furet peccatores ad iustitiam, ex morte in vitam. Das treib ich [Gott] an [:ohne] unterlas. Ad haec ordinavi filium, qui hunc non adorat dicens cum Thoma [Joh 20,28] ‚Deus et dominus meus', is est perditus. Non habs heimlich in eim winckel gemacht, sed offentlich geschrieben per Apostolos habentes spiritum sanctum et mit signis bestettiget [vgl. Mk 16,20].

[163] Ebd. WA 49, 241,5–10 Ns: Satis notum per filium, qui baptismum, Sacramentum, claves gestifftet et miraculis confirmavit doctrinam. Ideo honorate me in filio, quam volo deum esse, vel me non habebitis. Non satis credere deum creatorem. Sed dixi [Mt 17,5, vgl. Mt 3,17]: ‚Is filius, in quo mihi beneplacitum, Illum' accipite et ‚audite', honorate pro deo et domino vel me non habebitis deum, ut maxime vocetis patrem Creatorem.

Christus einst seine Macht gezeigt habe gegenüber den Herrschern, die das Christentum verfolgten, so werde er sich schließlich gegenüber den christentumsfeindlichen Türken überlegen zeigen.[164] Im Bewußtsein der Überlegenheit des Christentums unterläßt es Luther, zwischen der weltlichen Macht der Türken und ihrer Religion zu unterscheiden, wie er auch dem Jesus Christus, der als Gottes Sohn zur Rechten Gottes sitzend an Gottes Weltherrschaft teilhat, weltpolitische Macht zuschreibt.[165] Allerdings verzichtet er auch in diesem Zusammenhang auf den von ihm abgelehnten Kreuzzugsgedanken und gibt den politischen Mächten der Christenheit kein Recht zu einem angeblichen Exekutionsmandat der weltpolitischen Macht Christi. Man könnte Luther zugute halten, daß er den Hörern seiner Predigt von 1541, als die Türkengefahr erneut akut geworden war, tiefsitzende Ängste nehmen wollte. Es bleibt jedoch das Problem, daß Luther, zeitbedingt, die Ansicht einer objektiven Absolutheit des Christentums teilt, was auch sein Verhältnis zum Judentum belastet (s. o. Kap. 2.4). In dieser Hinsicht ist seine Vorstellung vom Gang der Weltgeschichte eng begrenzt durch das biblische Geschichtsbild, das von niemandem bestritten wurde. Etwas anderes ist es, wenn er in derselben Predigt dem Christen, der sich unter dem Wirken des Heiligen Geistes in seinem Glauben auf das Evangelium verläßt, eine ihm selbst geltende Gewißheit seines Heils zuschreibt, und wenn diese Gewißheit nur dem einzelnen Christen zuteil wird, obgleich das Evangelium öffentlich gepredigt wird.[166] In ihrem theologischen Kern führt diese Predigt Luthers Heilsverständnis zurück auf den trinitarischen Gottesgedanken. Wie Gott von Ewigkeit her sein „Wort", das heißt seinen Sohn, bei sich hat (Joh 1,1), so hat er von Ewigkeit her ein Vaterherz für die Menschen; mit der Menschwerdung seines Sohnes (Joh 1,14) hat er es den Menschen offen zugewandt.[167] Bei Gott und seinem Sohn ist von Ewig-

---

[164] Ebd. WA 49, 244,1–7 Ns: [Worte, von Gott gesprochen:] ich hab filio meo das regnum ubergeben, ut dominus sit et adoretur ac colatur eo honore, quo ego, volo, ut dicas deum tuum et creatorem. Si facis, habes propitium patrem, tu filius es et heres meus [vgl. Rom 8,17], et dabo filium, qui te defendat. Si non, dedi filio sceptrum ferreum [vgl. Ps 2,9]. Et sedet ad dexteram meam et hic sessurus, donec ponat inimicos suos scabellum pedum suorum [Ps 110,1]. Sic fecit maximis regibus, monarchis, ita etiam Turcis faciet etc.

[165] Hingegen hat Luther im Kontext einer Auslegung von Kol 1,15 die herrschaftliche Macht des Gottessohnes in die gleiche Unerforschlichkeit gehüllt wie Gottes weltgeschichtliche Macht, Predigt, 21.11.1537, über Kol 1,9–17, WA 45, 280,4–281,1 Ns / 280,37–281,14 Dr.

[166] Aus dem Text WA 49, 244,1–7 (s. o. Anm. 164) läßt sich eine subjektive Heilsgewißheit erschließen, mit der sich auch die Fortsetzung verträgt, sofern die derbe Schlußwendung ganz auf das subjektive Bewußtsein bezogen bleibt, ebd. WA 49, 247,6–10: Non diabolis, angelis, non sibiipsi, sed nobis factus homo. Quare? Propter tuam salutem, ut sis intrepidus, ut gratias agas eo inaeternum, quod datus tibi in salutem, ut ab omnibus malis redimereris et dominus fieres super peccatum, mortem und dem Bapst, Turcken die feigen weisest [Handgebärde der Verachtung, italienisch: fica].

[167] Luthers Lieder Nr. 5, Nun freut euch, lieben Christen g'mein, Strophe 4 f, WA 35, 424,4–17; s. o. Anm. 46.

6.4 Der christliche Glaube an den dreieinigen Gott

keit her der Heilige Geist, den die Christenheit geschenkt bekommt, damit er sie tröste und in der Wahrheit des Evangeliums unterweise.[168]

B) Luthers Verständnis des trinitarischen Glaubensbekenntnisses hat erheblich dadurch an Prägnanz gewonnen, daß er die drei Artikel des Credo mit den Überschriften „von der Schöpfung", „von der Erlösung" und „von der Heiligung" bezeichnet und in der Auslegung auf die individuelle Erfahrung des Glaubenden bezieht.[169] Anders hatte man im Mittelalter den Text behandelt: Vorzugsweise teilte man ihn in zwölf Einzelpunkte kirchlicher Lehre, die den zwölf Aposteln zugewiesen wurden.[170] Das war für die Popularisierung des Credo vorteilhafter als eine andere, stärker lehrhafte Einteilung in vierzehn Lehrpunkte.[171] In Abkehr von der zerstückelnden Interpretation faßt Luther im Großen noch knapper als im Kleinen Katechismus das Credo zu einer einheitlichen, direkt auf den Glaubenden gezielten Interpretation zusammen.

> Aber das mans aufs leichteste und einfeltigste fassen künde [...], wöllen wir den gantzen Glauben kürtzlich fassen ynn drey heubtartikel nach den dreyen personen der Gottheit, dahin alles was wir gleuben gerichtet ist, Also das der erste artikel von Gott dem vater verklere die Schepffung, der ander von dem Son die erlösung, Der dritte von dem Heiligen Geist die heiligung. Als were der glaube auffs aller kürtzte ynn soviel wort gefasset: Ich gleube an Gott vater der mich geschaffen hat, Ich gleube an Gott den Son der mich erlöset hat, Ich gleube an den Heiligen geist der mich heilig machet. Ein Gott und glaube, Aber drey person, darumb auch drey artickel odder bekendnis.[172]

Ehe Luther seiner Credo-Deutung seit 1529 im Großen und Kleinen Katechismus große Breitenwirkung gab, hatte er in seinem Bekenntnis, 1528, seine persönliche, im Ich-Stil gehaltene Reflexion der drei christlichen Glaubensartikel vorgetragen. Dort hat er in die ausführliche Interpretation beim dritten Artikel eine Kurzfassung eingeschoben, die Beachtung verdient.

> Das sind die drey person und ein Gott, der sich uns allen selbs gantz und gar gegeben hat mit allem, das er ist und hat. Der Vater gibt sich uns mit hymel und erden sampt allen creaturen, das sie dienen und nütze sein müssen. Aber solche gabe ist durch Adams fal verfinstert und unnütze worden, Darumb hat darnach der son sich selbs auch uns gegeben,

---

[168] Ebd. Strophe 9 f, WA 35, 425,11–24.

[169] In dieser Weise gliedert Luther bereits 1520 das Credo, ohne es im einzelnen wie später zu interpretieren, Kurze Form des Glaubens, WA 7, 214,24–220,5. Diese Credo-Auslegung wurde zusammen mit der kurzen Auslegung von Dekalog und Vaterunser in das Betbüchlein, 1522, aufgenommen, WA 10 II, 376–402.

[170] Diese Einteilung erwähnt Luther im Großen Katechismus, 1529, WA 30 I, 182,32 f. – An den Wänden des Kirchenschiffs wurden im Mittelalter den Gläubigen zuweilen die Apostel, jeder mit einem Textband versehen, in Gemälden oder Plastiken vor Augen gestellt. Die Zuordnung der Credo-Artikel wurde literarisch durch biblische Texte angereichert, vgl. z. B. das anonyme katechetische Werk Fundamentum aeternae felicitatis, 1503, p. 1–5.

[171] Sie wird bevorzugt von Thomas, STh 2 II 1.1 a.8 co.; ebenso von Stephan von Landskron, Die Hymelstraß, 1484, Kap. 45, Bl. 169 v–173 r.

[172] Großer Katechismus, 1529, WA 30 I, 183,1–11.

alle sein werck, leiden, weisheit und gerechtickeit geschenckt und uns dem Vater versunet, damit wir widder lebendig und gerecht, auch den Vater mit seinen gaben erkennen und haben möchten [:könnten]. Weil aber solche gnade niemand nütze were, wo sie so heymlich verborgen bliebe, und zu uns nicht komen kündte, So kompt der heilige geist und gibt sich auch uns gantz und gar, der leret uns solche wolthat Christi, uns erzeigt, erkennen, hilfft sie empfahen und behalten, nützlich brauchen und austeilen, mehren und foddern [:fördern], Und thut dasselbige beide, ynnerlich und eusserlich: Ynnerlich durch den glauben und ander geistlich gaben. Eusserlich aber durchs Euangelion, durch die tauffe und sacrament des altars, durch welche er als durch drey mittel odder weise zu uns kompt und das leiden Christi ynn uns ubet und zu nutz bringet der seligkeit.[173]

Jeden der drei Credo-Artikel interpretiert Luther als eine Selbstmitteilung Gottes in der Unterscheidung der drei Personen Gottes, zugleich jeweils als Gotteserfahrung des christlichen Glaubens. Alle drei Weisen der Gotteserfahrung sind miteinander verkettet: Am ersten Artikel hängt alles weitere, er spricht von der Erfahrung Gottes, der als Schöpfer sich mit väterlicher Güte in allen seinen Schöpfungsgütern dem Menschen mitteilt, damit ihm diese Güter dienen und nützlich sind. Dieses ursprüngliche Verhältnis des Menschen zu Gott und zur geschöpflichen Welt, zugleich zu sich selbst, hat in der Gottesentfremdung des Menschen einen Bruch erlitten. Um ihn zu heilen, teilt sich Jesus Christus dem Menschen ausschließlich als dessen Erlöser mit. In ihm, dem Gottessohn, empfängt der Mensch wieder die Gerechtigkeit und das Leben, die er in seiner Grundsünde der Gottesverachtung verloren hat.[174] Die Interpretation des dritten Artikels handelt vom Heiligen Geist gleichsam als dem Zueigner dessen, was in Jesus Christus dem Menschen angeboten wird. Im Christus-Glauben macht der Heilige Geist das Heil des Evangeliums dem einzelnen Menschen zu eigen. In seinem Glauben an den dreieinen Gott erfährt der Christenmensch in seiner Lebensrealität Gott selbst als sein Heil. An der Selbstmitteilung Gottes zum Heil des Menschen ist jede der drei Personen der Trinität beteiligt. Das geschieht in einem unverfügbaren Zusammenwirken von extern vernehmbarem Evangelium und internem Wirken des Heiligen Geistes.

Alle drei Pfingstlieder Luthers richten an den Heiligen Geist die Bitte, er möge – im Lebenskontext der Christenheit – durch das äußerlich vernehmbare Wort erleuchtend wirken und den Glaubenden bei dem Evangelium des Jesus Christus erhalten, das Gottes väterliches Erbarmen erschließt. Eine an den Heiligen Geist gerichtete Bitte dieser Art formuliert Luther in dem Lied „Komm, Gott Schöpfer, Heiliger Geist" in Anlehnung an den alten Hymnus „Veni creator spiritus".

---

[173] Bekenntnis, 1528, WA 26, 505,38–506,12.
[174] Wenn Luther vorher in der längeren Auslegung Christus die „mittel person ynn Gott" nennt, ist wohl nicht nur die innertrinitarische Stellung des Gottessohnes gemeint, sondern zugleich dessen Mittlerdienst zur Erlösung des Menschen, ebd. WA 26, 500,33.

6.4 Der christliche Glaube an den dreieinigen Gott

Ler uns den vater kennen wol,	Per te sciamus, da, Patrem,
dazu Jhesu Christ seynen Son,	Noscamus atque Filium,
Das wyr des glaubens werden vol,	Teque utriusque Spiritum
dich beyder geyst zuversthon.[175]	Credamus omni tempore.[176]

Mehr an eigenem theologischen Gepräge gibt Luther der Bitte in seinen beiden anderen Pfingstliedern, indem er sie ganz auf den Glauben des Christen bezieht, der durch den Heiligen Geist in Christus Gott in seiner väterlichen Zuwendung erfährt. Am kräftigsten ist das ausgesprochen in dem Lied „Komm, Heiliger Geist, Herre Gott".

Du heyliges liecht, edler hort, / las uns leuchten des lebens wort
Und lern [:lehr] uns Gott recht erkennen, / von hertzen vater yhn nennen.
O Herr behut fur fremder leer, / das wyr nicht meyster suchen mehr
Denn Jhesum mit rechtem glauben / und yhm aus gantzer macht vertrawen.
Alleluia, Alleluia.[177]

Etwas schwächer pointiert ist der Gedanke in dem dritten Pfingstlied.

Du werdes liecht gib uns deynen scheyn, / lern [:lehr] uns Jhesum Christ kennen alleyn,
Das wyr an yhm bleyben dem trewen Heyland, / der uns bracht hat zum rechten vaterland. / Kyrioleys.[178]

Luthers knappe Interpretation des Credo im Bekenntnis, 1528, ist der Schlüssel, um in anderen Credo-Auslegungen die innere Einheit der Artikel zu erkennen. Vor allem wird nun der erste Artikel vom zweiten und dritten Artikel her verstanden als Bekenntnis der im Glauben befreiten Geschöpflichkeit und nicht als ein allgemeines Bekenntnis zur Kreatürlichkeit des Menschen, erst recht nicht als lehrhaftes Bekenntnis zu Gott, dem Schöpfer. Im Kleinen Katechismus bekennt der Christ von sich selbst, Gottes väterliche Güte und Barmherzigkeit begründe sein nicht auf Verdienst und Würde beruhendes Bewußtsein des eigenen geschöpflichen Lebens und dieses Bewußtsein bewege ihn, sowohl Gott zu danken und ihn zu loben als auch seinem Willen entsprechend zu leben.[179] Diesem mit Dank und Gotteslob einhergehenden Gehorsam gegenüber dem Schöpfer korre-

---

[175] Luthers Lieder Nr. 18, Komm, Gott Schöpfer, Heiliger Geist, Strophe 6, WA 35, 447,3–6.
[176] Hrabanus Maurus: Hymnus Veni creator spiritus, Strophe 6 (andere Zuschreibung und Textvariante WA 35, 161).
[177] Luthers Lieder Nr. 20, Komm, Heiliger Geist, Herre Gott, Strophe 2 WA 35, 449,6–14.
[178] Luthers Lieder Nr. 19, Nun bitten wir den Heiligen Geist, Strophe 2, WA 35, 448,1–5.
[179] Kleiner Katechismus, 1531, 1. Artikel, WA 30 I, 365,1–4: [Das Bekenntnis ‚Ich glaube, das mich Gott geschaffen hat', faßt die ganze Vielfalt des eigenen geschöpflichen Daseins zusammen:] das alles aus lauter Veterlicher Göttlicher güte und barmhertzigkeit on alle mein verdienst und wirdigkeit, des alles ich jm zu dancken und zu loben und dafür zu dienen und gehorsam zu sein schuldig bin. – Vgl. Großer Katechismus 1529, 1. Artikel, WA 30 I, 184,34–38: Hieraus will sich nu selbs schliessen und folgen: weil uns das alles, so wir vermügen [:besitzen], dazu was ym hymel und erden ist, teglich von Gott gegeben, erhalten und bewaret wird, so sind wir ia schuldig yhn darum on unterlas zulieben, loben und dancken und kürtzlich yhm gantz und gar damit zudienen, wie er durch die zehen gepot foddert und befolhen hat.

spondiert beim zweiten Artikel der abschließende Halbsatz, der nicht auf einen anderen Gehorsam zielt.[180] In Jesus Christus wird der Mensch aus der Gottesentfremdung erlöst und in seine mit Gott versöhnte Geschöpflichkeit versetzt, so daß er in geschenkter Freiheit seine geschöpfliche Verantwortung ausüben kann. Zu solcher Freiheit verhilft der Heilige Geist durch das Evangelium.[181]

Ähnlich wie im Bekenntnis, 1528, hat Luther sein Verständnis der drei Credo-Artikel in einer weiteren Schrift katechetischen Charakters in dem Sinn zusammengefaßt, daß Gott, der Heilige Geist, in der Christenheit durch das erlösende, heiligende Gotteswort den Glauben an Gott, den Schöpfer, und an Gott, den Erlöser, ins Leben ruft.

> Das ist das dritte grosse liecht, Das uns lert, wo solcher Schepffer und erlöser auff erden eusserlich zu finden und anzutreffen sey [...] Und ist kurtz die summa: Wo die heilige Christliche kirche ist, da findet man Gott schepffer, Gott erlöser und Gott heiligen geist, das ist, der da teglich heiliget durch vergebung der sunden etc. Da ist aber die kirche, wo Gottes wort von solchem glauben recht gepredigt und bekand wird.[182]

Es dient der Unterweisung in der christlichen Religion, wenn Luther für die drei Personen der Trinität die „Werke" der Schöpfung, der Erlösung, der Heiligung nennt.[183] Alle drei sind zusammengehörende Momente der Gotteserfahrung des Christen. Durch das Evangelium des Jesus Christus verhilft der Heilige Geist dem Christen zu einer Gewißheit von Gottes barmherzigem Wesen. Der Christ versteht sich in seinem Glauben als Gottes Geschöpf, dazu befreit, daß er seinem Schöpfer in Kenntnis von dessen Geboten bereitwillig dient. In der Einheit der drei Artikel des Credo wird die Gotteserkenntnis des reinen Evangeliums vermittelt; sie läßt die Gotteserfahrung unter dem Gesetz hinter sich. Das Bewußtsein einer schuldbeladenen Gottlosigkeit weicht dem Glaubensbewußtsein von Gottes eindeutig heilschaffender Liebe. In unverwechselbarer Weise faßt Luther seine Credo-Auslegung im Großen Katechismus zusammen:

> Sihe, da hastu das gantze Göttliche wesen, willen und werck [...] auffs allerfeinest abgemalet, [...] Denn da hat er selbs offenbaret und auffgethan den tieffsten abgrund seins veterlichen hertzens und eitel unsaussprechlicher liebe yn allen dreyen artikeln. Denn er hat uns eben da zu geschaffen, das er uns erlösete und heiligte; [...] hat er uns auch seinen

---

[180] Kleiner Katechismus, 1531, 2. Artikel, WA 30 I, 366,4–7: [Das Bekenntnis der Erlösung durch Jesus Christus geschieht in dem Bewußtsein:] auff das ich sein eigen sey und jnn seinem reich unter jme lebe und jme diene jnn ewiger gerechtigkeit, unschuld und seligkeit, gleich wie er ist aufferstanden vom tode, lebet und regiret jnn ewigkeit.

[181] Ebd., 3. Artikel, WA 30 I, 367,4–368,1: Ich gleube, dass ich nicht aus eigener vernunfft noch krafft an Jhesum Christ meinen Herrn gleuben odder zu jm komen kan, Sondern der Heilige geist hat mich durchs Euangelion beruffen, mit seinen gaben erleuchtet, jm rechten glauben geheiliget und erhalten.

[182] Eine einfältige Weise zu beten, 1535, Credo, 3. Artikel, WA 38, 374,31–375,2.

[183] Die in der theologischen Tradition entwickelten Unterscheidungen zwischen dem einen Wesen Gottes und den drei Personen in Gott läßt Luther nicht völlig außer acht; vgl. z. B. die Thesen zu den drei Disputationen, 24.8.1543 sowie 12.12.1544 und 3.7.1545, WA 39 II, 253–255; 287–289, 339–342.

Son und Heiligen geist geben, durch welche er uns zu sich brechte. Denn wir künden [...] nymer mehr dazu komen, das wir des vaters hulde und gnade erkenneten on durch den HERRN Christum, der ein spiegel ist des veterlichen hertzens, ausser welchem wir nichts sehen denn einen zornigen und schrecklichen Richter. Von Christo aber kündten wir auch nichts wissen, wo es nicht durch den Heiligen geist offenbaret were.[184]

C) Das spezifisch christliche Gottesverständnis hat Luther, wie oben bei seiner Predigt vom 25. Dezember 1541 deutlich wurde, entschieden abgegrenzt von dem Gottesverständnis sowohl anderer Religionen als auch der Vernunft.[185] Die Differenz zwischen einem der Vernunft folgenden und dem christlichen Gottesverständnis, das er selbst biblisch fundiert findet und mit theologischer Leidenschaft vertritt, hat Luther in seiner Auseinandersetzung mit Erasmus, 1525,[186] auf den Punkt gebracht durch die Unterscheidung zwischen dem „verborgenen Gott" und dem „offenbarten Gott".

Aliter de Deo vel voluntate Dei nobis praedicata, revelata, oblata, culta, Et aliter de Deo non praedicato, non revelato, non oblato, non culto disputandum est. quatenus igitur Deus sese abscondit et ignorari a nobis vult, nihil ad nos. Hic enim vere valet illud: ‚Quae supra nos, nihil ad nos'.[187]	Anders ist über Gott oder über den Willen Gottes zu disputieren, der uns gepredigt, offenbart, dargeboten und von uns verehrt wird, und anders über Gott, der nicht gepredigt, nicht offenbart, nicht dargeboten, nicht verehrt wird. So weit also Gott sich selbst verbirgt und von uns nicht gekannt werden will, geht er uns nichts an. Hier hat wahrlich jenes Wort Geltung: ‚Was über uns ist, geht uns nichts an'.

Luthers Unterscheidung von offenbartem und verborgenem Gott (deus revelatus – absconditus) ist tief in seiner Theologie verwurzelt. Hinter dem Begriff des offenbarten Gottes verbirgt sich Luthers Auffassung von Gottes Wort, das als Anspruch und Zuspruch Gottes an den Menschen durch Propheten und Apostel verkündet wird; Luther hat nicht geoffenbarte Sätze im Sinn, die über Gott belehren. Vielmehr wird Gott für den Menschen dadurch „offenbar" und vernehmbar, daß er selbst in seinem Wort, das als Gesetz und Evangelium eindeutig unterschieden ist, zu dem Menschen spricht, um ihm seine Situation vor Gott bewußt zu machen. Wo Gott sich nicht mit seinem Wort direkt an den Menschen wendet, da entzieht sich Gott dem Menschen, da bleibt Gott in seiner unbegreiflichen Majestät dem Menschen „verborgen", da findet der Mensch keine Antwort auf seine Frage nach seiner Situation vor Gott. Wo Gott für den Menschen ver-

---

[184] Großer Katechismus, 1529, WA 30 I, 191,28–192,8.
[185] Zu der Abgrenzung gegenüber dem Gottesbegriff der Vernunft s. o. Anm. 161 (Predigt, 25.12.1541, WA 49, 240,8–241,5 Ns).
[186] Auf die Schrift des Erasmus von Rotterdam: De libero arbitrio diatribe, 1524, antwortete Luther mit seiner Schrift De servo arbitrio, 1525, WA 18, 600–787; LDStA 1, 219–661. – Luthers erste Reaktionen auf die Schrift des Erasmus finden sich in seinen Briefen an Georg Spalatin, 1.11.1524, Nr. 789 WA.B 3, 368,29–31, und an Nikolaus Hausmann, 17.11.1524, Nr. 793 ebd. 373,6–8.
[187] De servo arbitrio, 1525. WA 18, 685,3–7; zur Übersetzung vgl. LDStA 1, 405,17–22.

borgen bleibt, da läßt Luther das pseudo-sokratische Diktum gelten: „Was über uns ist, geht uns nichts an" (Quae supra nos nihil ad nos).[188]

Relinquendus est igitur Deus in maiestate et natura sua, sic enim nihil nos cum illo habemus agere, nec sic voluit a nobis agi cum eo. Sed quatenus indutus et proditus est verbo suo, quo nobis sese obtulit, cum eo agimus, quod est decor et gloria eius, quo Psalmista [Ps 20/21,6] eum celebrat indutum.[189]	Zurückgelassen werden muss also Gott in seiner Majestät und Natur, denn so haben wir nichts mit ihm zu schaffen, und er wollte nicht, dass wir so mit ihm zu schaffen haben. Vielmehr haben wir mit ihm zu schaffen, insoweit er umkleidet und bekannt gemacht ist durch sein Wort, mit dem er sich uns angeboten hat, welches sein Schmuck und sein Ruhm ist, mit dem umkleidet ihn der Psalmist feiert [Ps 20/21,6].

Seine Unterscheidung zwischen offenbartem und verborgenem Gott macht Luther hermeneutisch fruchtbar in dem Zusammenhang, in dem Erasmus einige Stellen aus Ez 18 in seinem exegetischen Plädoyer für die freie Willensentscheidung im Christentum anführt. Die Gottesworte des Propheten mahnen das Volk, sich abzuwenden von der Sünde und dem tödlichen Verderben und sich zu Gott hinzuwenden. Erasmus verficht in seinem Streit mit Luther die Ansicht, daß der Mensch in seinem Verhältnis zu Gott seine vernünftig freie Willensentscheidung einsetzen kann und nicht von einer Alleinwirksamkeit Gottes abhängig ist. Nach seiner Ansicht wird eine Alleinwirksamkeit Gottes in Frage gestellt durch das Prophetenwort Ez 18,31f: „Warum wollt ihr sterben, ihr vom Haus Israel. Denn ich habe kein Gefallen am Tod des Sterbenden [...] Darum bekehrt euch, so werdet ihr leben". Das veranlaßt Erasmus zu der Frage: „Beklagt der treue Gott den Tod seines Volkes, den er selbst in ihnen bewirkt?"[190] Seine Antwort besagt, wenn Gott den Tod des Sünders nicht wolle, müsse es unserer Willensentscheidung angerechnet werden, wenn wir im Unheil zugrunde gehen.[191]

Luther greift die auf ihn gezielte Frage auf, ob Gott in widersprüchlicher Weise des Sünders Tod beklage, obwohl er selbst in seiner Allmacht ihn bewirke. Aus demselben biblischen Text hört Luther Gottes Erbarmen über sein Volk, das er selbst durch sein Wort aus dessen Unheil von Sünde und Tod erretten will, wie das in Ps 107,20 bezeugt wird. Hier offenbart Gott sein Erbarmen mit dem angesprochenen Menschen, dem dieses Wort zu hören Heil bringt.

---

[188] Das pseudo-sokratische Diktum ist überliefert bei Minucius Felix, Octavius 13,1; CSEL 2, 17,17 f und bei Hieronymus, Apologia adversus libros Rufini 3, 28, ML 23,478. Erasmus behandelt es, Apophthegmata 3, Socrat. c. 23, LB 4, 157. – Für die Zitation bei Luther vgl. WA 63, 551 s.v. Sokrates.

[189] Ebd. WA 18, 685,14–17; zur Übersetzung vgl. LDStA 1, 405,31–36.

[190] Erasmus, De libero arbitrio diatribe (II a15), AS 4, 64 / 65: Deplorat pius dominus mortem populi sui, quam ipse operatur in illis?

[191] Ebd. AS 4, 64 / 65: Si ille non vult mortem, utique nostrae voluntati imputandum, si perimus.

6.4 Der christliche Glaube an den dreieinigen Gott

Sic dicimus: Deus pius non deplorat mortem populi quam operatur in illo. Sed deplorat mortem quam invenit in populo et amovere studet. Hoc enim agit Deus praedicatus, ut ablato peccato et morte salvi simus. ‚Misit enim verbum suum et sanavit eos' [Ps 106/107,20].[192]	So sagen wir: Der treue Gott beklagt nicht den Tod des Volkes, den er in ihm bewirkt. Vielmehr beklagt er den Tod, den er im Volk vorfindet und den er abzuwenden trachtet. Dies nämlich tut der gepredigte Gott, dass er Sünde und Tod wegnehme und wir heil seien. Denn [Ps 107,20] ‚er sandte sein Wort und heilte sie'.

Damit hat Luther die strittige Stelle Ez 18,31f auf das Handeln des sich selbst mitteilenden Gottes bezogen. Er grenzt es ab von Gott in seiner verborgenen Majestät, von dem wir nicht erfahren, ob er sich des Menschen in dessen Unheil erbarmt und ihn daraus zu befreien sucht. In seiner unbegreiflichen Majestät und Natur[193] wirkt Gott in unbegrenzter Freiheit alles in allem. Hingegen hat sich Gott in seinem vernehmbaren Wort als der Heil schaffende Gott definiert und dem Glauben verbindlich gemacht.

Caeterum Deus absconditus in maiestate neque deplorat neque tollit mortem, sed operatur vitam, mortem et omnia in omnibus. Neque enim tum verbo suo definivit sese, sed liberum sese reservavit super omnia.[194]	Im Übrigen beklagt der in seiner Majestät verborgene Gott weder den Tod noch hebt er ihn auf, sondern wirkt Leben, Tod und alles in allem. Denn da hat er sich ja nicht in seinem Wort festgelegt, sondern sich frei bewahrt über allem.

In der gedrängten Interpretation von Ez 18,31f bei Erasmus einerseits und bei Luther andererseits steckt der Kern ihrer Kontroverse und zugleich ihres gegensätzlichen Grundverständnisses des Christentums. Erasmus hält das Gotteswort des Propheten für ein allgemein lehrhaftes Wort über Gottes Verhalten gegenüber der Sünde des Menschen, das indirekt an den Menschen appelliert, mit seinem freien Willen sich für Gott zu entscheiden. Dem Menschen bleibt ein Spielraum für anerkennenswerte Werke. Unausgesprochen wird ein Verständnis des Christentums vorausgesetzt, bei dem der Mensch in einem religiösen Handlungsspielraum sich für Gott entscheidet. Luther hingegen liest das Prophetenwort als ein Wort, das den Menschen Gottes ungeteilten Heilswillen durch dessen direktes Zusagewort erfahren läßt. Eindeutig hat sich Gott in Jesus Christus so definiert, daß er sein Heil mit dem Wort des ungesetzlichen Evangeliums dem Menschen verspricht und so den Menschen von der Macht selbst eines religiösen Gesetzes befreit. Das Evangelium des Jesus Christus ist das Wort des reinen Erbarmens Gottes, dem sich der Mensch restlos anvertrauen kann, ohne auf anerkennenswerte Werke angewiesen zu sein. Weil Gott in Jesus Christus Mensch geworden ist, wird dort der offenbarte Gott gefunden. Das verbietet, einem von der Vernunft vorgegebenen Gottesbegriff zu folgen und Gott in seiner

---

[192] De servo arbitrio, 1525, WA 18, 685,18–21; zur Übersetzung vgl. LDStA 1, 405,36–40.
[193] Wie ebd. WA 18, 685,14 (s. o. bei Anm. 189) verbindet Luther verschiedentlich die Worte Majestät und Natur Gottes zu einem Doppelbegriff.
[194] De servo arbitrio, WA 18, 685,21–24; zur Übersetzung vgl. LDStA 1, 405,41–407,2.

„Majestät", das heißt außerhalb der Christus-Person, erkennen und finden zu wollen. Versucht es die Vernunft, dann kann es passieren, daß sie zu der Einsicht kommt: „Was dir zu hoch ist, das laß unerforscht". Der Vernunft widerstreitet es allerdings, die Menschwerdung Gottes in der Radikalität anzuerkennen, daß in Jesus Christus „die creatur solt der Schepffer selbs sein".

Hie sind uns erst genomen und geweret die klugen gedancken, da mit die vernunfft gen himel fladdert und Gott jnn der Maiestet suchet und forschet, wie er im himel regiere etc., und das ziel hie her steckt, das ich aus der gantzen welt lauffe gen Bethlehem jnn den stal und krippen, da das kindlin ligt, odder Maria jnn dem schos, Das heisst die vernunfft doch gar gedempfft, Denn das vorige stück [das Forschen nach Gottes Majestät] ist uber alle mas hoch, das die vernunfft selbs möchte dencken: Quae supra nos nihil ad nos, ‚Was dir zuhoch ist, das lasse ungeforschet', Und leichter daran verzweivelt und sich gefangen gibt, Aber hie kompt es herunter mir für die augen, das ich das kindlin sehe jnn der mutter schos, das sich lesst handlen [:wickeln], seugen, heben und warten aller masse wie ein ander kind, und sol erst die vernunfft kempffen mit jr selbs und widder alle synne, Da ligt ein mensch, der da geborn wird wie ein ander kind und lebet wie ein ander kind und füret kein ander wesen, werck, geberde denn ein ander mensch, Das keinem menschen jmer mehr jns hertz fallen künde, das die creatur solt der Schepffer selbs sein, Wo sind da die weisen, die das je hetten erdencken odder jnn synn nehmen können?[195]

Im großen Zusammenhang von Luthers Theologie versteht es sich von selbst, daß die christliche Religion sich nur insofern auf Gott einlassen darf, als er sich in seinem durch die Christus-Person definierten Evangelium offenbart hat und in der Christenheit für alle Menschen öffentlich verkünden läßt, damit er so vom Glauben erfahren werde.

Sihe, so greyffistu hie [...] keyn höher, ynnerlicher weßen ist denn der glawbe, denn der hanget blos an gottis wortt und ist nacket ausgezogen von allem, das nicht gottis wortt ist. Nu ist yhe nichts höhers ynnerlichers, widder ynn hymel noch erden, denn gottis wortt, wilchs auch Got selber ist.[196]

---

[195] Predigt über den 2. Credo-Artikel, 16. / 17. 4.1533, WA 37, 43,6–21. – Vgl. ebd. 43,26–28: Darumb mus man sich hie widder alle vernunfft und synne allein an das wort hengen, von himel ofenbaret [Mt 3,17; 17,5]: ‚DIS ist mein lieber Son' etc., Wie die Engel bey der geburt Christi den hirten verkündigten [Lk 2,10ff]. – Und ebd. 43,33–35: Da mus allein der Heilige geist meister und lerer sein, Sonst wird nichts draus, Denn hie fichtet die vernunfft mit jrer weisheit: Wie kan Gott mensch odder der schepffer eine creatur sein?
[196] Das Kapitel 1Kor 7 ausgelegt, 1523, WA 12, 107,21–27.

Kapitel 7

Die Lebensmacht des christlichen Glaubens

7.1 Die zentrale Funktion des Glaubens im Leben des Christen

A) In den vorhergehenden Kapiteln dürfte der Leser gespürt haben, welches eigentümliche Gewicht dem Glauben in Luthers Theologie zukommt. Deshalb muß das Wesen des christlichen Glaubens jetzt noch eigens thematisiert werden. Die Differenz zum Glaubensbegriff der mittelalterlichen Theologie tritt zutage, sobald man die elementare religiöse Funktion des Glaubens in Betracht zieht. Sie ist in Luthers programmatischen Schriften des Jahres 1520 am ehesten in den zwei Schriften zu erkennen, die auf die Zeitgenossen am wenigsten aufrüttelnd wirkten, in der Schrift Von den guten Werken und erst recht in dem Traktat, den er in den beiden Fassungen De libertate Christiana und Von der Freiheit eines Christenmenschen veröffentlichte. Obwohl der Freiheitstraktat auf Lateinisch erschien, dauerte es einige Jahre, bis er durch Vertreter der traditionellen Lehre öffentliche Kritik erfuhr. Die Kritiker warfen Luther mehr oder weniger deutlich vor, er beachte nicht, wie notwendig die Liebe mit ihren Werken für die Rechtfertigung des Menschen sei. Sie hatten damit ins Schwarze getroffen. Jakob van Hoogstraten brachte die Differenz auf den Punkt, indem er Luther vorhielt, er habe den Glauben nicht dem höheren Prinzip der religiösen Liebe untergeordnet und habe dieses Prinzip mißachtet.[1]

Für diesen fundamentalen Differenzpunkt und für einige andere damit verknüpfte Aspekte in Luthers Glaubensverständnis müssen ein paar Elemente des scholastischen Glaubensbegriffes skizziert werden, vorzugsweise anhand des von Luther gründlich studierten Sentenzenkommentars von Gabriel Biel (gest. 1495). Zunächst muß man beachten, daß in der kirchlichen Tradition die religiöse Tugend der Liebe für eine komplexe Tugend gehalten wird,[2] die in einem abgestuften Objektbezug die Akte von Gottesliebe, Nächstenliebe und Selbstliebe in der richtigen Wertordnung koordiniert, damit der Gottesliebe, die für das ewige Leben der Seele unerläßlich ist, der höchste Rang zukomme, während bei der nachgeordneten Nächsten- wie bei der Selbstliebe das Seelenheil vor dem leib-

---

[1] Jakob van Hoogstraten, Epitome de fide et operibus, 1525, c. 5, Bl. b3r.
[2] Glaube, Hoffnung und Liebe wurden im religiösen Kontext als „theologische Tugend" bezeichnet, jedoch weitgehend wie andere Tugenden nach dem aristotelischen Tugendbegriff behandelt; vgl. Biel, Sent.3 q.1 H1–5 (3,371).

lichen Wohl rangieren solle.³ In dieser Eigenschaft hat die religiöse Liebestugend die höchste Stellung unter allen Tugenden. Weil sie den Menschen in seinem Willen und seinen Werken auf die wahre Ordnung der elementaren Werte des Lebens ausrichtet, ist sie die Königin aller Tugenden. Sie verleiht allen anderen Tugenden das spezielle Gepräge, das zum ewigen Heil erforderlich ist, so daß alle religiösen Akte letztlich auf die Gottesliebe bezogen, von ihr geprägt und durch sie mit Verdienstlichkeit geschmückt sein sollen.⁴ Der Primat der religiösen Liebe schlägt sich in der Rechtfertigungslehre nieder. Geht es um die Gerechtigkeit des Menschen vor Gott, um die höchste Auszeichnung des Menschen im Urteil Gottes, so kann das nur der Liebe zu verdanken sein, die Gott über alles liebt und alle anderen Tugendakte der Gottesliebe unterordnet. Diese religiöse Tugend der Liebe wird dem Menschen zusammen mit der göttlichen Gnade durch die kirchlichen Sakramente vermittelt, in grundlegender Weise durch die Taufe und später, wenn der mündig gewordene Mensch um seiner Seligkeit willen zu einem religiös tugendhaften Leben aufgerufen ist, durch das Bußsakrament.⁵ Denn jede schwere Sünde hat durch schuldhaft verkehrte Willensorientierung die religiöse Tugend der Liebe so stark beschädigt, daß sie nur in der kirchlich geordneten Buße wiederhergestellt werden kann, wenn die gerechtmachende Gnade (gratia iustificans) und mit ihr die Tugend der Liebe erneut dem Christen „eingegossen" wird. Auf diese Weise geschieht im Bußsakrament die Rechtfertigung des Sünders nach Lehre und Praxis der mittelalterlichen Kirche.

Es bricht das Problem auf, ob der Glaube ebenso wie die religiöse Liebe von der Sünde berührt wird. Der Glaube wird in der gängigen kirchlichen Lehre als kognitive Tugend definiert. Gabriel Biel nennt in einer Generaldefinition den

---

³ Biel, Sent.3 d.29 Summarium textus 5–7 (3,521): Hic est ordo caritatis debitus, ut primo diligatur quod supra nos est, Deus; secundo nosipsi; tertio quod iuxta nos est, id est proximus; quarto quod infra nos est, nostrum proximique corpus. – Ebd. q.un. C8–10 (3,523): non solum actus caritatis, sed etiam ordo et modus est in praecepto, Unde dicitur [Mt 22,37.39]: ‚Diliges Dominum Deum tuum ex toto corde etc. et proximum tuum sicut teipsum'. – Vgl. Jakob Cajetan de Vio, Tractatus de fide et operibus, 1532, c.4: perspicuum est unam atque eandem esse caritatem, qua diligimus Deum propter seipsum et proximum propter Deum, ut habetur primae Ioh 4 [1Joh 4,20 f] et de tali duntaxat fratrum dilectione verificatur [vgl. 1Joh 3,14] translatio de morte ad vitam.

⁴ Biel, Sent.3 d.23 q.2 S7–18 (3,426): caritas dicitur forma vitutum et formare virtutes, […] pro quanto per caritatem actus virtutum perficiuntur, quia per caritatem in debitum finem ultimum, scilicet summum bonum propter seipsum, quod Deus est, referuntur. […] Unde habitus fidei informis nihil aliud est quam habitus fidei, cui non assistit in eodem subiecto caritas. Et per oppositum fides formata est, cui in eodem subiecto seu in eadem anima assistit caritas. – Ebd. Sent.3 d.26 q.un. R5–9 (3,479): nullus actus fidei et cuiuscumque virtutis alterius a caritate de se est meritorius, nisi simul eliciatur a gratia, quae identificatur caritati, […] Elicitur autem actus alterius virtutis a gratia, quando per actum gratiae in finem ultimum ordinatur. Nam actus gratiae est actus, quo diligitur Deus super omnia et cetera propter Deum.

⁵ In der scholastischen Theologie war es strittig, ob die sakramental vermittelte Gnade mit der religiösen Tugend der Liebe identisch oder von ihr unterschieden ist. Diese Lehrdifferenz wird in der Konfrontation mit der reformatorischen Theologie zweitrangig.

Glauben eine „auf Offenbarung gestützte Kenntnis, die sich sicher und fest an das hält, was die Wahrheit der Religion ausmacht".[6] Mit der Wahrheit, die sich auf die Religion bezieht, sei, wie er im Anschluß an Augustin erläutert, das gemeint, was zum Erreichen der ewigen Seligkeit in der Gottesverehrung dienlich ist, die hier auf Erden den höchsten Gott verehrt, um schließlich durch ihn das ewige Heil zu erhalten.[7] Die weit gefaßte Formulierung kann alle Lehre abdecken, die von der Kirche für die christliche Gottesverehrung unter der Autorität der heiligen Schrift verbindlich gemacht wird.

In ihrer kognitiven Eigenschaft wird die Glaubenstugend nur durch die Sünde bewußter Verachtung der offenbarten Lehren zerstört. Infolgedessen hat beim Christen die Tugend des Glaubens selbst bei schwerer Sünde meistens nur insofern Schaden genommen, als sie das heilsnotwendige Gepräge durch die Tugend religiöser Liebe verloren hat. Darauf beruht die fundamentale Unterscheidung zwischen einem von gerecht machender Gnade und Liebe geprägten und einem ungeprägten Glauben (fides caritate formata und fides informis).[8] Und noch eine andere Differenzierung im Glaubensbegriff muß erwähnt werden, bei der das Zustandekommen des Glaubens beim einzelnen Christen reflektiert wird: Er kann einerseits seinen Glauben als kognitive Tugend sich erwerben durch aktives Zurkenntnisnehmen der Glaubenslehren (fides acquisita); er kann andererseits den Glauben im sakramentalen Handeln der Kirche eingegossen bekommen (fides infusa), das heißt, der Glaube kann im Kontext des kirchlichen Handelns als übernatürliches Geschenk eingegossen werden. Eins schließt das andere nicht aus. Denn der eingegossene Glaube kann gewissermaßen entweder zusammengefaltet oder aufgefaltet sein (fides implicita, fides explicita). Einen eingefalteten Glauben erhalten bei der Taufe die kleinen Kinder, die noch nicht ihre Vernunft gebrauchen und deshalb noch nicht einzelne Glaubensgegenstände erfassen können.[9] Die verschiedenen scholastischen Differenzierungen beim Glaubensbegriff verwirft Luther, da es sich für ihn beim christlichen Glauben um ein anderes Phänomen handelt als für die Kirche des Mittelalters.

---

[6] Biel, Sent.3 d.23 q.2 D3-5 (3,407): Fides est notitia adhaesiva certa et firma veritatis ad religionem pertinentis per revelationem accepta. – Die Wendung ‚per revelationem accepta' wird erläutert, ebd. F24-26 (3,411): Nam fides non innititur demonstrativis probationibus nec experientiae, quae generant notitiam evidentem, sed tantum auctoritati revelantis. – Die Autorität der Offenbarung, auf die sich der Glaube stützt, ist letztlich Gott als erste und unfehlbare Wahrheit, ebd. D 31-35 (3,408).
[7] Ebd. F18-20 (3,410 f.) im Rückgriff auf Augustin, Enchiridion c.16 n. 5 (CChr 46, 56,4; ML 40, 239): ‚quaecumque non pertinent ad felicitatem conseqendam' neque ad illam conducunt, non pertinent ad religionem, qua Deus summus colitur in via, ut tandem beatificet in patria.
[8] Vgl. das erste Biel-Zitat in Anm. 4.
[9] Ebd. d.25 q.un. E30-33 (3,447)]: Habens fidem infusam omnia credibilia credit implicite, etiam si actu nihil apprehendat. Hinc infantes baptizati nondum rationis usum habentes omnia credenda implicite credunt. – Die Differenz zwischen fides explicita und fides implicita erläutert Biel ebd. E1-16 (3,446). – Zur Differenz zwischen fides acquisita und fides infusa und zu ihrer möglichen Verbindung vgl. ebd. d.23 q.2 G1-27 (3,411f) und H1-95 (3,412-414).

Er bewegt sich in einem anderen Grundverständnis der christlichen Religion, wenn er im Traktat Von den guten Werken dem wahrhaft christlichen Glauben die Erfüllung des ersten Gebotes zuschreibt und ihm deswegen das Prädikat „gut" zuerkennt, so daß er keiner zusätzlichen Qualifikation bedarf; von solchem Glauben macht er auch die Erfüllung aller anderen Gebote abhängig und läßt nur für solche Werke des Menschen das Prädikat „gut" gelten, die aus dem Glauben heraus geschehen.[10]

Im Freiheitstraktat läßt er die traditionelle Zuordnung der religiösen Tugenden Glaube und Liebe hinter sich; statt dessen unterscheidet er in den beiden Hauptthesen und dementsprechend in den beiden Hauptteilen Glaube und Nächstenliebe so, wie er es am Schluß zusammenfaßt:

Concludimus itaque, Christianum hominem non vivere in seipso, sed in Christo et proximo suo, aut Christianum non esse, in Christo per fidem, in proximo per charitatem, per fidem sursum rapitur supra se in deum, rursum per charitatem labitur infra se in proximum, manens tamen semper in deo et charitate eius.	Auß dem allenn folget der beschluß, das eyn Christen mensch lebt nit ynn yhm selb [:sich selbst], sondern ynn Christo und seynem nehstenn, ynn Christo durch den glauben, ym nehsten durch die liebe; durch den glauben feret er uber sich yn gott, auß gott feret er widder unter sich durch die liebe, und bleybt doch ymmer ynn gott und gottlicher liebe,
Sicut Christus Joh 1 [V. 51] dicit: ‚Amen dico vobis, deinceps videbis coelum apertum et Angelos dei ascendentes et descendentes super filium hominis'.	Gleych wie Christus sagt Joh 1 [V. 51] ‚Ihr werdet noch sehen den hymell offen stehn, und die Engell auff und absteygenn ubir den Sun des menschenn'.
Et haec de libertate satis, quae ut vides, spiritualis veraque est libera faciens corda nostra ab omnibus peccatis, legibus et mandatis, sicut dicit Paulus 1Tim 1 [V. 9] ‚Lex iusto non est posita',	Sihe das ist die rechte, geystliche, Christliche freyheyt, die das hertz frey macht von allen sundenn, gesetzen und gepotten,
quae superat omnes alias libertates externas, quantum coelum superat terram, quam nobis Christus faciat et intelligere et servare. AMEN.[11]	wilch alle andere freyheyt ubirtrifft, wie der hymell die erdenn, Wilch geb uns gott recht zuvorstehen und behalten. AMEN.

Das Gottesverhältnis des Christen wird vom Glauben allein getragen, weil der Glaube im Evangelium des Jesus Christus Gott in seinem wahren, heilschaffenden Wesen erfährt. Mit der Erfahrung von Gottes Heilszuspruch im Evangelium hat sich Luthers Glaubensbegriff gegenüber dem herkömmlichen Glaubensbegriff gewandelt, der sich an objektiven Lehrwahrheiten der Offenbarung und der kirchlichen Lehre orientierte. In Luthers Glaubensverständnis figuriert Gott nicht als Objekt des menschlichen Erkennens und Wollens an der Spitze aller

---

[10] Von den guten Werken, 1520, in den ersten grundlegenden Abschnitten, WA 6, 204,13–207,14. – Nebenbei hält er seinen Gegnern vor, daß sie die Eigenart des christlichen Glaubens verkennen, indem sie ihn der üblichen Kategorie der Tugend unterordnen, ebd. 206,18–27.

[11] De libertate christiana / Von der Freiheit eines Christenmenschen, 1520, WA 7, 69,12–23 / 38,6–15.

Objekte, die der Mensch erkennen und lieben soll. Vielmehr wird Gott in seinem befreienden Wort wahrgenommen. Mit dem hörenden Wahrnehmen der Evangeliumszusage umschließt der Glaube eine affektive Bindung an das Gotteswort; er ist affiziert vom reinen Empfangen, so daß auch das Gebot der Gottesliebe sich im Glauben erfüllt. Dem vom Evangelium affizierten Glauben kann Luther jene Kräfte des Vereinens und Verwandelns zuschreiben, die als Eigenschaften der Gottesliebe in der Mystik besonders betont wurden. Wird in der herkömmlichen Mystik für die Gottesliebe eine ekstatische Wirkung angenommen, so kann Luther wie im zitierten Schluß des Freiheitstraktates vom Glauben sagen, der Mensch werde dadurch sich selbst entrissen, er gerate in eine Bewegung weg von sich selbst. Wenn Luther bisher geltende Wirkungen der Gottesliebe auf den vom Evangelium erfaßten Glauben überträgt, so muß das im Kontext des reformatorischen Grundverständnisses der christlichen Religion gesehen werden. Sobald seine Gegner die Zusammenhänge erkannten, mußten sie den unerbittlichen Ausschluß der Werke aus dem Rechtfertigungsgeschehen mißbilligen. In ihren Augen konnte die Gottesliebe sich nicht in den – von Luther anders begriffenen – Glauben verlagern und ohne religiöse Werke bleiben, weil für sie die Gottesliebe sich in religiösen Werken erweisen sollte wie jede Liebe, die als aktives Geschehen vom objektbezogenen Willen getragen wird. Hingegen korrespondiert bei Luther dem rein empfangenden Glauben das Handeln der Nächstenliebe, die nach dem Willen Gottes im affirmativen Sinn seiner Gebote fragt. Der Glaube ist keine kognitive Tugend; in seinem eigenen Wesen verschafft er dem Mensch ein heilvolles Gottesverhältnis, so daß er nicht durch die Tugend religiöser Liebe vervollkommnet werden muß.

B) Bei der Auslegung von Ps 13/14,1 in der zweiten Psalmenvorlesung, 1519/21, fragt Luther nach dem Wesen des Glaubens in Auseinandersetzung mit dem scholastischen Glaubensbegriff.[12] Gestützt auf Röm 14,23 (s. u. unter D) sprengt er mit einem theologisch fundierten Gewissensbegriff dessen moralische Grenzen. Denn Paulus meine: „Wenn der Mensch bei einer Sache in seinem Tun oder Leben nicht glaubt, daß es Gott gefalle, es also gegen sein Gewissen sei, dann dient ihm das zur Hölle. Wirklich, all das Tun und Treiben, was gegen das Gewissen geht, das heißt was nicht aus dem Glauben geschieht, oder wo man nicht das Bewußtsein hat, daß es Gott gefällt, gereicht zur Hölle. Das ist überaus wahr. Denn einem Christenmenschen gebührt es, daß er bei allen Dingen

---

[12] Operationes in Psalmos, 1519–1521, zu Ps 13/14,1, WA 5, 392,4–408,24; der Hauptteil der Auslegung – 394,3–408,13 – ist ein Exkurs, in dessen erster Hälfte (bis 401,4) Luther den Glaubensbegriff behandelt, während er in der zweiten Hälfte ein reformatorisches Verständnis der christlichen Zeremonien reflektiert. In dem Exkurs sind manche Gedanken der beiden bald danach konzipierten Traktate Von den guten Werken (v. a. im ersten Teil des Exkurses) und Von der Freiheit eines Christenmenschen (v. a. im zweiten Teil) angebahnt. Die Auslegung von Ps 13/14 muß man auf Anfang 1520 datieren.

glaube, er gefalle Gott".¹³ Im weiteren Kontext bezieht Luther das erste Gebot in seine Reflexion mit ein; er zieht eine Parallele zwischen dem ersten Gebot und dem Glauben in ihrer Bedeutung für das Leben des Menschen. Wie das erste Gebot alle anderen Gebote in Kraft setzt, so ist der Glaube nicht nur das „Werk" des ersten Gebotes, sondern „Haupt, Leben und Kraft aller anderen Werke", die dem Menschen aufgetragen sind, er ist in der Tat im Leben des Menschen das „umfassend Wirkliche", das „eine in allem", „so daß kein Werk gut ist, wenn es nicht der Glaube bewirkt hat, wenn es nicht vom Glauben wie von einem neuen Sauerteig ganz und gar durchsetzt ist".¹⁴ Den Glauben nennt Luther das „Werk" der Gottesverehrung, das im ersten Gebot gefordert wird,¹⁵ von dem in Jes 5,12b die Rede ist,¹⁶ von dem Jesus in Joh 6,29 spricht.¹⁷

Schließlich erklärt Luther, was der Glaube für das Leben des Menschen bedeutet. Er nennt ihn eine Meinung oder Überzeugung, durch welche der Mensch für sich selbst in allem, was sein Leben ausmacht, gewiß ist, daß er Gott gefalle, und zwar in der Weise, daß er für sein eigenes Tun der Gnade und Vergebung Gottes gewiß ist.

Fides autem esse nullo modo potest, nisi sit vivax quaedam et indubitata opinio, qua homo certus est, super omnem certitudinem sese placere deo, se habere propitium et ignoscentem	Der Glaube kann aber keinesfalls etwas anderes sein als eine ganz lebendige und zweifelsfreie Meinung, in der ein Mensch gewiß ist, über alle Gewißheit hinaus gefalle er Gott, habe er bei allem, was er tue oder ausführe, einen gnädigen

---

¹³ Ebd. WA 5, 394,8-17: [Nach einem kritischen Referat der Ansicht der Scholastiker] resistit eis [...] Apostolus Rom 14 [V. 23], ubi omne quod non est ex fide, peccatum vocat. [...] Si enim homo aliquid faciens aut vivens, quod non credit deo placere [vgl. Hbr 11,6] idest contra conscientiam suam est, aedificat ad geennam, Iam vere omnia eorum opera et studia, quae contra conscientiam faciunt, idest quae non sunt ex fide, seu quae non credunt deo placere, aedificant ad geennam, quod et verissimum est. Oportet enim, christianum hominem credere, sese in omnibus placere deo. – Den Ausdruck „aedificare ad geennam" nennt Luther eine traditionelle Redensart, De votis monasticis, 1521, WA 8, 593,14. Die Redewendung begegnet ebenfalls in einer Deutung von Röm 14,23 bei Gabriel Biel, Sent.3 d.23 q.1 I56 (3,373).

¹⁴ Ebd. WA 5, 395,6-12: Cum sicut primum praeceptum [Ex 20,2f; Dtn 5,6f] est metrum, mensura, regula, virtus omnium aliorum praeceptorum, in quo tanquam in capite omnia membra pendent, vivunt, vegetantur, ita fides, opus eiusdem praecepti, est caput, vita et virtus omnium aliorum operum et verissime universale illud reale, quod est unum in omnibus, ut nullum opus sit bonum, nisi fides ipsum operata fuerit, immo nisi fide ut fermento novo penitus imbutum ac perfusum fuerit.

¹⁵ Ebd. WA 5, 394,29-34: Maior enim scripturae totius pars hoc agit, ut opus domini (idest fidem) commendat, ut Isa. 5 [V. 12 b] ‚Opus domini non respicitis'. Et Ioh 6 [V. 29] ‚Hoc est opus dei, ut credatis in eum, quem ille misit'. Et Ps 80 [/81, V. 9 f] ‚Israel, si audieris me, non erit in te deus recens, nec adorabis deum alienum', quasi dicat: hoc erit opus, cultus dei, si audias seu credas, idest fides est vere latria et primi mandati primum opus.

¹⁶ Luther macht seit 1528 bei Jes 5,12b „Und sehen nicht auff das werck des HERRN" zu „werck" die Randglosse, WA.DB 11 I, 37 (Version 1545): Das ist, was Gott gebeut und haben wil.

¹⁷ Vgl. Von den guten Werken, 1520, WA 6, 204,25-28; De libertate Christiana / Von der Freiheit eines Christenmenschen, 1520, WA 7, 52,4-11 / 23,7-13. – Der im ersten Gebot geforderte Glaube ist für Luther identisch mit dem Christus-Glauben.

7.1 Die zentrale Funktion des Glaubens im Leben des Christen 331

deum in omnibus, quae fecerit aut gesserit: propitium in bonis, ignoscentem in malis. Quid enim est fides, quae non est talis opinio?[18]

und verzeihenden Gott, der ihm gewogen ist bei dem, was er Gutes tue, der ihm verzeiht, was er Böses tue. Was ist denn der Glaube, wenn nicht solche Überzeugung?

Nach dieser Definition ist der Glaube gewissermaßen das Selbstverständnis des Glaubenden in seinem Verhältnis zu Gott, wie er es aus Gottes Wort für sich empfängt, wenn das Gewissen von der unter dem Gesetz erfahrenen Schuld durch das Evangelium befreit wird. Keineswegs ist der Glaube ein Selbstverständnis, das der Mensch aus sich selbst und seinen eigenen Werken gewonnen hat. Daß er ein „Werk" genannt wird, erklärt sich aus seiner Relation zum ersten Gebot. Denn in seiner Relation zu Gottes Wort ist er ein reines Empfangen. Ihm gebührt eine Sonderstellung gegenüber allen sonstigen Werken des Menschen, bei denen der Glaubende keine Wertskala kennt, auch keinen Unterschied zwischen gleichsam religiösen und profanen Werken. Der Glaube hält nicht irgendwelche Werke für besonders gottgefällig, vielmehr sieht er darauf, was Gott dem Menschen gerade zu tun aufgetragen hat.[19] Deshalb darf die Kirche den Gläubigen nicht irgendwelche religiösen Werke vorschreiben, mit denen man das Gewissen vor Gott entlasten könnte, etwa Werke der Bußsatisfaktion oder Ablaßwerke.[20]

Den herkömmlichen Begriff der Tugend hält Luther für untauglich, um das Wirken und den Ort des Glaubens im Menschen zu erfassen; er kann nicht nach Art der Tugenden in einer bestimmten Kraft der Seele lokalisiert und durch entsprechende Akte definiert werden. Vielmehr ist er eine Macht, die sich auf das ganze Leben des Menschen auswirkt.[21] In der Vorrede zum Römerbrief umschreibt er das Phänomen des Glaubens, er nennt ihn ein „göttliches Werk", das den Menschen durch den Heiligen Geist verwandelt. Der Mensch gewinnt ein neues Verhältnis zu sich selbst, weil er sich nicht mehr, nach Art des „alten

---

[18] Operationes in Psalmos, 1519–1521, WA 5, 395,12–16. – Vgl. ebd. 396,22–24: in omni operum varietate manet ipsa eadem fides, in omni opere credens et confidens, deo sese placere [vgl. Hbr 11,6], seu potius illum ignoscere et propitium esse.

[19] Ebd. WA 5, 396,31–397,8: Itaque in fide omnia opera sunt aequalia, utcunque sese obtulerint. Ipsa enim sola est opus operum omnium. Ubi autem differentia operum fuerit, hic vel fides deest, vel in oculis insipientium apparet differentia operum aliqua esse. Credenti enim deo idem est, si ieiunet sive oret sive fratri serviat, in omnibus enim deo se servire novit et placere aequaliter, sive magna sive parva sint opera, pretiosa sive vilia, brevia sive longa, Nec eligit proprie aliquod opus, rursus nec reprobat ullum. [...] Ubi autem fides non est, ibi fervet miserrimum negotium distinguendorum, eligendorum, reprobandorum operum, dum stulta et impia opinione credunt, se hoc opere minus et illo magis placituros esse.

[20] Ebd. WA 5, 397,30–34.

[21] Ebd. WA 5, 396,24–31: Error ergo est, fidem et opus eius iuxta alias virtutes et opera collocare, quam oportet supra omnia elevare et tanquam incessabilem quandam et generalem influentiam super omnia opera existimare, qua movente et agente omnia moveantur, agant, vigeant, placeant, quae sunt in homine. Sic Samuel ad Saul[um] 1Reg 10 [1Sam 10,6 f] nullum praescripsit opus [folgt Zitat des Samuel-Wortes].

Adam" aus sich selbst und seinen Werken zu begründen sucht. Zugleich erweist sich der Glaube als eine lebensmächtige Kraft, die „ohne Unterlaß" Gutes bewirkt, zumal er nicht besondere Werke suchen muß, mit denen er sich auszeichnen könnte.

Aber der Glaube ist ein göttlich werck in uns, das uns wandelt und new gebirt aus Gott, Joh 1 [V. 13]. Und tödtet den alten Adam, machet uns gantz ander Menschen von hertzen, mut, sinn, und allen krefften und bringet den heiligen geist mit sich. O es ist ein lebendig, [ge]schefftig, thettig, mechtig ding umb den glauben, das [:so daß] unmüglich ist, das er nicht on unterlas solte guts wircken. Er fraget auch nicht, ob gute werck zu thun sind, sondern ehe man fraget, hat er sie gethan, und ist jmer im thun. [...] Daher der Mensch on zwang willig und lustig wird jederman guts zu thun, jederman zu dienen, allerley zu leiden, Gott zu liebe und zu lob, der jm solche gnade erzeigt hat. Also, das unmüglich ist, werck vom glauben [zu] scheiden.[22]

In seiner Himmelfahrtspredigt 1523 vergleicht Luther die Lebensmacht des Glaubens mit der natürlichen Lebenskraft des Menschen, die ihn recht genau wissen läßt, was für ihn gerade an der Zeit ist.

So sprichstu, wie geht es denn zu, das man dennoch muß gutte werck thun, weyl es alleyn am glauben gelegen ist? Antwort. Wo der glaub recht ist, kann er on gutte werck nit seyn. Gleych als widderumb, wo unglawb ist, da kann auch keyn gutt werck seyn, darumb glaubstu, so mussen auß dem glauben eytel gute werck volgen. Denn wie dir der glaub die selickeyt und das ewig leben bringt, so bringt er dir auch mit sich gutte werck und ist unauffgehalten. Denn gleych wie eyn lebendig mensch sich nit kan enthalten, es [:das menschliche Leben] muß sich regen, essen und trincken und zu schaffen haben, und nit müglich ist, das solche werck können aussen bleyben, weyl es lebt, das man yhn nit bedarff heyssen und treyben, solche werck zu thun, ßondern, wenn er nur lebendig ist, ßo thut ers. Alßo auch bedarff man nit mer darzu, das man gutte werck thu, denn das man sage ‚Glaube nur', so wirstu es allis von dir selbs thun, darumb bedarffstu nit lange gutte werck fordern von dem der da glawbt. Denn der glaube leret es yhn alles und denn ists allis wol gethan was er thut, und sind eyttel köstliche gutte werck, wie gering sie auch sind; denn der glawb ist ßo edel, das ers alles gutt macht, was am menschen ist. Nun ist es unmüglich, das, ßo eyn mensch auff erden lebe, nit etwas tzu thun hab, darumb sind solche werck ßo auß dem glawben geschehen, eytel köstliche werck.[23]

Die Aufforderung „Glaube nur" meint in diesem Zusammenhang nicht eine unbestimmte Lebenszuversicht, erst recht nicht ein Fürwahrhalten religiöser Lehren; vielmehr denkt Luther an den dezidiert christlichen Glauben, der vom Evangelium als Lebenskraft im Menschen hervorgerufen wird. Das zeigt die Fortsetzung des Zitates.[24] In seiner Rede vom Glauben als einem „lebendig, [ge]schefftig, thettig, mechtig ding" überträgt er auf den Glauben eine Eigen-

---

[22] Römerbrief-Vorrede, 1522, WA.DB 7, 11,6–12.19–22 (Version 1546).
[23] Predigt, 14.5.1523 (Christi Himmelfahrt), über Mk 16,25–20, WA 12, 559,15–33 Dr. – Vgl. die Sachparallele in der Weihnachtspostille, 1522, zu Gal 4,1–7, WA 10 I 1, 360,24–361,11.
[24] In der Predigt, 14.5.1523, folgt die negative Art des Unglaubens, WA 12, 559,33–36: Widderumb wo unglaub ist, kann auch der mensch nicht on werck seyn, darumb sind auch die selbige werck alle sund [vgl. Röm 14,23], denn da ist Christus nit, darum ist es allis verloren.

schaft, die man herkömmlicherweise der religiösen Liebestugend zugeschrieben hat, für die man ein Wort des Kirchenvaters Gregor I. anführen konnte: „Die Liebe zu Gott ruht niemals".[25] Ob Luther an das Wort Gregors I. dachte, läßt sich nicht belegen. Indem er in seiner reformatorischen Theologie den Glauben als eine Lebensmacht zur Sprache bringt, verläßt er die traditionelle Anthropologie, die mit ihrer Seelenlehre die religiösen Tugenden analog zu anderen Tugenden in den Seelenkräften lokalisiert hat.

Um den anthropologischen Ort des Glaubens in Luthers Sicht zu benennen, hilft die Beobachtung, wie häufig Luther den Glauben im Herzen und Gewissen des Menschen ansiedelt. Relativ selten spricht er von der Seele als Ort des Glaubens oder der Glaubenserfahrung. Da er kein Begriffspurist ist, vermeidet er es keineswegs, zwischen dem Glauben und der Seele einen Lebensbezug herzustellen, allerdings mit Rückhalt an biblischen Texten und nicht an einer aristotelisch geprägten Anthropologie.

Zur Illustration von Luthers Gebrauch der Begriffe „Herz" (cor) und „Gewissen" (conscientia) können Ausschnitte aus dem Sermon von dem Sakrament der Buße, 1519, dienen. In reformatorischer Deutung dieses Sakramentes legt Luther allen Nachdruck auf das Wahrnehmen der zugesagten Vergebung Gottes, die er den „himmlischen Ablaß" nennt im Kontrast zum kirchlichen Ablaß, der in einer weiten Begriffsanwendung auf das priesterliche Absolutionswort bezogen werden kann.

[Gottes] vorgebung der schuld adder hymlischer ablaß legt ab die forcht und blodikeit [:Schwäche, Verzagtheit] des hertzen gegen gott, und macht leicht und frölich das gewissen ynnerlich, vorsunet den menschen mit gott [...] Wo der Mensch nit yn sich selb befindt und fület eyn solch gewissen und fröhlich hertz zu gottis gnaden, den [:denen] hilfft keyn ablaß [:kirchlicher Ablaß] [...] Aber an [:ohne] frölich gewissen und leichtes hertz zu gott (das ist an [:ohne] vorgebung der schuld) mag niemant selig werden.[26]

Dem korrespondiert ein Satz über das Wort der Schlüsselvollmacht in Mt 16,19:

Diße heylige trostliche gnadenreiche wort gottis muß eyn yglich Christen mensch tieff behertzigenn unnd mit grossem danck yn sich bilden, dan [:denn] hirynne ligt das sacrament der puß, vorgebung der sund, trost unnd frid des gewissens, alle freud und seligkeit des hertzen widder alle sund, widder alle erschreckung des gewissens, wider vorzwyfflung und anfechtung der pforten der hellen.[27]

Ähnlich wie hier erscheinen in anderen Texten Herz und Gewissen in engster Nachbarschaft, so daß ein Begriff den anderen interpretieren kann.[28] In der

---
[25] Gregor I., Homiliae in Evangelia II hom.30 n. 2, ML 76, 1221, CChr.SL 141, 256–258: Nunquam est Dei amor otiosus. Operatur etenim magna, si est; si vero operari renuit, amor non est. – Vgl. Biel, Sent.3 d.27 q.un. C12f (3, 485) und Sent.4 d.14 q.3 Q15f (4 I, 498).
[26] Sermon von dem Sakrament der Buße, 1519, WA 2, 714,15–17.21–26.
[27] Ebd. WA 2, 715,15–20.
[28] Beispielsweise in der Randglosse seit 1533 zu Sir 50,25 „Er gebe uns ein frölich hertz", WA.DB 12, 287 (Version 45): „Frölich hertz" Gut Gewissen.

Glaubenserfahrung hat jeder der beiden Begriffe Gewicht. Im Gewissen erfährt der Mensch durch den Glauben die Befreiung von dem Schuldspruch, mit dem das Gesetz sich im Gewissen meldet. In der Kontroverse mit Johannes Cochläus (1479–1551) hält Luther seinem Gegner vor,[29] wenn Paulus gegen die Gerechtigkeit des Gesetzes kämpfe, dann geschehe das auf dem Feld des Gewissens, wo allein der Glaube alles entscheidet, während die Werke, auf denen das Gesetz insistiert, nichts gelten; denn, sollten sie vor Gott etwas gelten, dann nur als Früchte des durch den Glauben gut und gerecht gemachten Baumes (vgl. Mt 7,17), das heißt sie gelten vor Gott nur als Werke des im Gewissen vom Urteil des Gesetzes befreiten Menschen. Deshalb habe Cochläus sich nicht auf die eigentliche Sachfrage eingelassen und sei in seiner Polemik gegen Luthers Glaubensverständnis dem herkömmlichen Glaubensbegriff verhaftet geblieben, wenn er darauf Wert legte, daß der Glaube als eine von Gott geschaffene Qualität der Seele eingegossen werde. Ihm, Luther, hingegen gehe es um das Gewissen als eine Urteilsinstanz, wenn er vom Glauben und den Werken disputiere.[30]

Das Herz ist für Luther ähnlich wie das Gewissen ein Ort der Glaubenserfahrung, offenbar, weil der Mensch im Herzen persönlich betroffen ist, einerseits wenn er vom Wort des Gesetzes mit dessen ganzem Ernst sich affizieren läßt, andererseits wenn er im Glauben das erlösende Wort des Evangeliums wahrnimmt. Deshalb spricht Luther im Kontext der Rechtfertigungslehre recht gerne mit Apg 15,9b davon, daß der Glaube die Herzen reinige. Dafür ist besonders instruktiv ein Passsus in der Weihnachtspostille, 1522.

S.Peter sagt Act 15 [V. 9 b]: Durch den glawben macht er [:Christus] die hertzen reyn; drumb sihestu auch, das man dyr Christum nitt gibt ynn die hand, legt yhn nitt ynn den kasten, steckt dyr nitt ynn bußen, gibt dyr ynn nitt ynß maul, ßondern man tregt dyr yhn fur, alleyn mit dem wort und Evangelij, und hellt yhn durch deyn oren fur deyn hertz, und beutt dyr yhn an, alß denen, der fur dich, fur deyn unrechtickeyt, fur deyn unreynickeyt sich geben hat; drumb kanstu yhn auch mitt keynem andern, denn mit dem hertzen auffnehmen, das thustu wenn du auffthuist unnd sprichst mit hertzen, ya ich glewb, es sey alßo. Sihe alßo geht er durchs Evangeli zu den oren eyn ynn deyn hertz und wonet alda

---

[29] In seiner Schrift De gratia sacramentorum, 1522, setzt sich Johannes Cochläus mit Luthers Assertio, 1520, auseinander, speziell mit Art. 1, WA 7, 101–103, wo Luther aus den für ihn entscheidenden Schriftstellen folgert (ebd. 102,14): Sola ergo fides iustificat.

[30] Adversus armatum virum Cocleum, 1523, WA 11, 300,7–11: Contendit enim [scil. Paulus] contra opera et iustitiam legis et prorsus in re conscientiarum versatur, ubi sola fides totum est, opera nihil sunt, imo opera fructus sunt iam iustificatae per fidem arboris [vgl. Mt 7,17 f], ut etiam iuxta communem sensum impossibile sit operibus iustificari. – Mit Bezug auf das, was in der bisher dominanten Lehre und Praxis begegne, heißt es dann, ebd. 300,28–33: Omnia enim haec super opera nituntur non super solam fidem. Et fingunt fidem nescio quid in anima latentis formae, quae sit veluti pars non summa omnium virtutum. Quare non est, ut verbum meum extra argumentum seu materiam trahas, et ubi de fide et operibus disputo pro conscientiae iudicio instituendo, tu de potestate dei fidem creantis cogites. – Eine in der Seele ruhende habituale Qualität – im zitierten Text ist das die „latens forma" – muß nach scholastischer Lehre vom menschlichen Willen aktiviert werden. Darum spricht Luther gelegentlich spöttisch von solchen in der Seele „schnarchenden" Tugenden.

durch deynen glawben [Eph 3,17 a]; da bistu denn reyn und gerecht, nit durch deyn thun, ßondernn durch den gast, den du ym hertzen durch den glawbenn hast empfangen.[31]

In einer Randglosse zu Gal 5,3 – Paulus schärft hier ein, wer sich nach jüdischer Weise beschneiden lasse, sei auch das ganze Mose-Gesetz schuldig zu tun – richtet Luther den Blick auf das Herz, das im Glauben von der Selbstbezogenheit gereinigt wird, die für die Werke des Menschen verderblich ist.

Denn on glauben ist kein hertz rein, On hertzen reinigkeit ist kein werck recht und rein.[32]

In der Vorlesung über Psalm 51, 1532, hat er bei Vers 12 b angemerkt, daß er hier „Geist" im Sinn von „Herz" verstehe. Das Wort „Herz" habe im Deutschen besonders breite Bedeutung. In diesem Vers erbitte sich der Psalmist ein aufrichtiges, reines Herz.[33]

In den folgenden Ausführungen (unter C und D) wird der Wandel in Luthers Glaubensverständnis zutage treten bei der Behandlung von zwei exegetisch fokussierten Aspekten, die damals in hohem Grade theologisch kontrovers geworden sind. Der eine Aspekt mit dem Fokus Gal 5,6 betrifft direkt das Verhältnis von Glaube und Liebe, der andere mit dem Fokus Röm 14,23 hat das Verhältnis von Glaube und Sünde zum Thema.

C) Ins Zentrum der Kontroverse um Luthers reformatorische Theologie geriet bald Gal 5,6, wo es in Luthers Übersetzung heißt:[34] „in Christus Jesus gilt weder Beschneidung noch Unbeschnittensein etwas, sondern der Glaube, der durch die Liebe tätig ist". Die gängige kirchliche Theologie interpretierte die Stelle in dem Sinn, daß „in Christus" nur der Glaube etwas gilt, der durch die hinzukommende Tugend der Gottesliebe das vollkommen heilsrelevante Gepräge erhält.[35] In Lu-

---

[31] Weihnachtspostille, 1522, WA 10 I 1, 48,8–20.
[32] Randglosse seit 1522 zu Gal 5,3 „schuldig", WA.DB 7, 187 (Version 1546).
[33] Vorlesung über Ps 51, 1532, zu Ps 51,12 b, WA 40 II, 425,1–3 Ns: ‚In medio mei spiritum rectum innova'. ‚Spiritum': Cor, anima, spiritus. Nos: cor; germanice latissime capitur. ‚Spiritum' accipimus ipsum ‚cor'; cupit, ut sit rectum [Ps 51,12 b], mundum [Ps 51,12 a]. – Die Druckbearbeitung subsumiert noch weitere lateinische Begriffe unter dem deutschen Wort ‚Herz', ebd. 425,19 f: Latine dicimus ‚Animam, Intellectum, Voluntatem, Affectum', haec fere omnia Germani vocabulo Cordis reddunt.
[34] Revidierte Fassung von 1984; vgl. Gal 5,6 WA.DB 7, 187 (Text 1546): in Christo Jhesu gilt weder Beschneitung noch Vorhaut etwas, Sondern der Glaube der durch die Liebe thetig ist. – Statt Unbeschnittensein heißt es bei Luther stets „Vorhaut". – In der Vulgata lautet Gal 5,6: in Christo Jesu neque circumcisio aliquid valet, neque praeputium, sed fides, quae per charitatem operatur. – Die revidierte Wittenberger Vulgata, 1529, hat ‚operatur' geändert in ‚efficax est', WA.DB 5, 680.
[35] Z. B. führt Cajetan, um die Lehre von der Rechtfertigung durch die fides caritate formata abzustützen, nach Worten Jesu sowie der Apostel Petrus und Johannes schließlich noch mehrere Paulus-Stellen ins Feld, u. a. Gal 5,6, Tractatus de fide et operibus c.4 (s. o. Anm. 3): [‚In] Christo Iesu neque circumcisio aliquid valet, neque praeputium, sed fides, quae per dilectionem operatur'. Ubi clare non fidei qualicunque, sed per dilectionem operanti attribuit valere in Christo. – Aus allen angeführten Autoritäten folgert Cajetan die allgemeine kirchliche Lehre, ebd.:

thers Interpretation sagt Gal 5,6 vom christlichen Glauben, er werde in der Liebe tätig, und zwar in der Nächstenliebe. In diesem Sinn taucht das Paulus-Wort in seinem Freiheitstraktat an der Stelle auf, wo er auf die Nächstenliebe zu sprechen kommt, wobei er in der lateinischen Version unterstreicht, daß der christliche Glaube, weil er selbst die Fülle des Heils erfährt, mit Freude den völlig freiwilligen und ungeschuldeten Dienst der Nächstenliebe auf sich nimmt.

Ideo in omnibus operibus suis ea debet opinione esse formatus et huc solum spectare, ut aliis serviat et prosit in omnibus quaecunque fecerit, nihil ante oculos habens nisi necessitatem et commoditatem proximi. [...] Ecce haec est vere Christiana vita, hic vere fides efficax est per dilectionem [vgl. Gal 5,6], hoc est cum gaudio et dilectione prodit in opus servitutis liberrimae, qua alteri gratis et sponte servit, ipsa abunde satura fidei suae plenitudine et opulentia.³⁶	Darum soll seyne meynung ynn allen werckenn frey und nur dahynn gericht seyn, das er andernn leutten damit diene und nuetz sey, Nichts anders yhm [:sich] furbilde, denn was denn andern nott ist, das heyssit denn ein warhafftig Christen leben, und da geht der glaub mit lust und lieb ynß werck, als Sankt Paulus leret die Galatas [vgl. Gal 5,6].

Ganz im Einklang damit steht für Luther das, was Paulus den Philippern mit dem sog. Christus-Hymnus (Phil 2,5–11) sagen will, dem der Apostel die lebenspraktische Anwendung (Phil 2,1–4) vorausschickt. Luther hält sich an die sachliche Gedankenfolge:

Sic Philippenses cum Paulus docuisset, quam divites facti essent per fidem Christi, in qua omnia obtinuissent, docet eos deinceps dicens [Phil 2,1–4]: [...]. Hic clare videmus, Vitam Christianorum ab Apostolo in hanc regulam esse positam, ut omnia opera nostra ad aliorum commoditatem ordinentur, cum per fidem quisque suam sic abundet, ut omnia alia opera totaque vita ei superfluant, quibus proximo spontanea benevolentia serviat et benefaciat.³⁷	Denn zu den Philippern, do er sie geleret hatte, wie sie alle gnad und gnugde hettenn durch yhren glauben yn Christo, leret er sie weytter und sagt [Phil 2,1–4]: [...]. Sihe da hat Paulus klerlich ein Christlich leben dahynn gestellet, das alle werck sollen gericht seyn, dem nehsten zu gutt, Die weyl ein yglicher fur sich selb gnug hatt an seynen glauben, und alle andere werck und leben yhm ubrig seyn, seynem nehsten damit auß freyer lieb zu dienen.

Der Christus-Hymnus schildert in Luthers Sicht die Selbstentäußerung des Gottessohnes als ein Beispiel völliger Hingabe in der Nächstenliebe. Da Luther ausdrücklich (s. Kap. 4.3) zwischen Christus als Heilsgabe Gottes und als Beispiel eines zur Liebe befreiten Lebens unterscheidet, ist die Heilsgabe hier dem Glauben zugeteilt, der alle Heilssehnsucht des Menschen zufriedenstellt, während die Nächstenliebe in seiner Selbstentäußerung zu erkennen ist.

Perspicuum est igitur, verissimum esse communem Ecclesiae doctrinam, quod non per fidem informem, sed per fidem formatam caritate fit remissio peccatorum.

³⁶ De libertate Christiana / Von der Freiheit eines Christenmenschen, 1520, WA 7, 64,24–37 / 34,29–33. – In der lateinischen Fassung wird im ausgelassenen Passus, 64,27–34, ohne Parallele in der deutschen Version, der Gedanke durch Eph 4,28 angereichert.

³⁷ Ebd. WA 7, 64,38–65,9 / 34,33–35,12.

7.1 Die zentrale Funktion des Glaubens im Leben des Christen 337

Ad hoc inducit Christum pro exemplo dicens [Phil 2,5–8] ‚Hoc sentite in vobis, quod et in Christo IHESV, qui cum in forma dei esset non rapinam arbitratus est, esse se aequalem deo, sed exinanivit semetipsum, formam servi accipiens, in similitudinem hominum factus et habitu inventus ut homo, factus est obediens usque ad mortem'. [...] sic egit laborans, operans, patiens, moriens, ut similis esset caeteris hominibus, et habitu et gestu non aliud quam homo, quasi iis omnibus egeret et nihil haberet formarum dei, quod tamen totum propter nos fecit, ut nobis serviret, et nostra fierent omnia, quae hac forma servi operaretur.[38]

Dartzu furet er ein Christum zu eynem exempell und sagt ‚Seyt also gesynnet, wie yhrs seht yn Christo. Wilcher ob er wol voll gottlicher form ware' und fur sich selb gnug hatte, und yhm sein leben, wircken und leydenn nicht nott ware, das er damit frum odder seligk wurd, Dennoch ‚hatt er sich des alles geeußert, und geperdet wie ein knecht', allerley gethan und gelidenn, nichts angesehen, denn unßer beßtis, und alßo ob er wol frey ware, doch umb unßer willenn ein knecht wordenn [ist].

Vor allem in den späteren Jahren umschreibt Luther das Verhältnis zwischen dem heilsgewissen Glauben und der Nächstenliebe gerne in lapidarer Weise durch den biblisch – in Mt 7,17 f (und Mt 12,33) – vorgegebenen Vergleich mit dem Baum und seinen Früchten: Der gute Baum, nur er, trägt selbstverständlich gute Frucht; das heißt für Luther, der im Christus-Glauben seines Heils gewisse Mensch trägt auch gute Frucht, er wird ohne gesetzlichen Zwang in seinem praktischen Leben von der Nächstenliebe geleitet.

Wegen der Differenz im Grundverständnis der christlichen Religion mußte Luther daran liegen, daß bei theologischen Gesprächen mit der römisch-katholischen Seite die Relation von Glaube und Liebe möglichst präzise bestimmt wird. Das wurde auch akut bei dem Religionsgespräch, das auf Wunsch des Kaisers während des Regensburger Reichstages 1541 römisch-katholische und protestantische Theologen miteinander in der Absicht führten, die theologischen Lehrdifferenzen zum Ausgleich zu bringen. Die Rechtfertigungslehre erscheint in einem eigenen Artikel (Art. 5) des erzielten Konsensdokumentes.[39] Gemeinsam mit Bugenhagen hat Luther damals zweimal auf Wunsch des sächsischen Kurfürsten zum Konstenstext der Rechtfertigungslehre Stellung genommen.[40] Werden diese beiden Texte mit dem divergierenden Grundverständnis der bei-

---

[38] Ebd. WA 7, 65,10–25 / 35,12–19. – Hier ist der ausgelassene lateinische Passus, ebd. 65,14–22, der in der deutschen Version keine Parallele hat, ein Exkurs zur Interpretation von Phil 2,5ff.

[39] Das erarbeitete Konsensdokument, das „Regensburger Buch", ist neuerdings lateinisch und deutsch ediert in den Akten der deutschen Reichsreligionsgespräche im 16. Jahrhundert (abgekürzt: ADRG), Bd. 3 I, S. 268/269–390/391 Dokument 150 / 151; strittig wurde vor allem Art. 5 De iustificatione hominis, ebd. S. 288/289–294/295.

[40] In einem ersten Schreiben an Kurfürst Johann Friedrich äußerten sich Luther und Bugenhagen am 10. oder 11.5.1541 lediglich zu Art. 5 des Regensburger Buches, WA.B 9, 406–410 Nr. 3616. – Das zweite Schriftstück vom 29.6.1541, WA.B 9, 459–463 Nr. 3637 nimmt zusätzlich auf drei weitere Punkte Bezug (dieser Text wird in ADRG 3 II, 555ff Nr. 194 weniger kommentiert als in WA.B). – Bei beiden Briefen darf man Luther für den eigentlichen Verfasser halten.

den Parteien aufgeschlüsselt, dann verschwindet der vordergründige Eindruck eines Streites um leblose Formeln in verbissenem Fixiertsein auf ein starres Feindbild. An Gal 5,6 scheiden sich die Geister, sobald man die Rechtfertigungslehre in klare Worte faßt und sich nicht auf ein Flickwerk von Konsens einläßt.[41] Während die evangelischen Theologen mit Röm 3,28 darauf bestehen, daß „der Mensch gerecht werde durch den Glauben ohne Werke des Gesetzes", wollen die römisch-katholischen Theologen unter Berufung auf Gal 5,6 den rechtfertigenden Glauben durch die Prägekraft der religiösen Tugend der Gottesliebe konstituieren.[42] Dem hält Luther entgegen, daß das Gerecht-Werden des Menschen als Person zu unterscheiden ist von dem Tun der gerechten Person; handelt es sich zuerst um das Passivum des Gerecht-Werdens vor Gott, so geht es danach um das aktive Handeln des vor Gott gerechten Menschen, praktiziert in der Nächstenliebe. Von dem einen spricht Röm 3,28, von dem anderen Gal 5,6.

Der spruch Gal 5 [V. 6] redet nicht vom gerecht werden, Sondern vom leben des gerechten. Es ist gar viel ein anders fieri et agere, Esse et facere, wie die knaben ynn der schulen lernen Verbum passivum und activum. Das ist Eigentlich und unterschiedlich davon zu reden [...]: Wenn man fragt, Wodurch man fur Gott gerecht wird, ist gar viel ein ander frage, Denn so man fragt, was der gerecht thut oder lesst. Werden und thun ist zweyerley, Baum werden und frucht tragen ist zweyerley. Nu ist ynn diesem artikel nicht die frage vom Thun oder leben, Sondern vom werden, wie die wort S. Pauli [Röm 3,28] da stehen: Gerecht Werden on werck durch den glauben. On zweifel, das der, so gerecht worden ist, on werck nicht bleibet, wie der baum nicht on fruchte [vgl. Mt 7,17 f].[43]

Beide Ansichten unterscheiden sich in ihrer Auffassung von der Vermittlung der vor Gott geltenden Gerechtigkeit des gerechtfertigten Sünders. Luther verweist in diesem Zusammenhang auf Jesus Christus, der allein vor Gott „rein und heilig" ist. Nur an ihm hat Gott Wohlgefallen. Doch Gottes Wohlgefallen erstreckt sich auf den Menschen, der durch den Glauben Christus ins Herz faßt. Das „allein Christus" und „allein der Glaube" korrespondieren einander. Selbstverständlich

---

[41] Nach Luthers Urteil habe man aus zwei Texten Melanchthons und Ecks den Konsenstext hergestellt, Nr. 3616 WA.B 9, 406,14–407,21: [Man habe] zu samen gereymet und geleymet. Daraus ist diese weitleufftige geflickte Notel komen. Darin sie recht und wir auch recht haben. [...] So ists eine vergleichung, wie Christus spricht Mt 9 [V. 16]: ‚Ein new tuch auffm alten rock gelapt, da der riss erger wird'. – Das Konsensdokument hatte schon Kaspar Cruciger eine consarcinatio, ein Flickwerk, genannt, Brief aus Regensburg an Bugenhagen, 4.5.1541, CR 4, 252.

[42] Im ersten Brief vom 10./11.5.1541 scheibt Luther, Nr. 3616 WA.B 9, 406,10–13: [Melanchthon] eine recht notel [:Schriftstück] gestellet hat, wie wir Rom 3 [V. 28] allein durch den glauben on werck gerecht werden. Diese haben ihene nicht leiden konnen Und eine andere gestellt: ‚Der glaube (Gal 5 [V. 6]) ist thetig durch die liebe'. – Luther rechnet damit, daß Johannes Eck sich auf Gal 5,6 berufen werde, ebd. 407,18 f. Tatsächlich hat Eck bei den Regensburger Beratungen die römisch-katholische Rechtfertigungslehre mit Gal 5,6 untermauert; vgl. Ecks Vorschlag zum Artikel über die Rechtfertigung, o. O.u.D., ADRG 3 I, 96,20–22 Nr. 63: Itaque fides illa viva et efficax recte dicitur iustificare peccatorem, quam Paulus [Gal 5,6; in ADRG nicht nachgewiesen] affirmat per dilectionem operari, et in scolis compendio loquendi dicta est fides formata.

[43] Ebd. Nr. 3616 WA.B 9, 407,40–50.

meint Luther auch hier den Glauben, für den Christus als Gottes Heil im Evangelium gegenwärtig ist.

[Luther schreibt dem Kurfürsten:] fur Gott gilt nichts, denn blos und allein sein lieber son Jhesus Christus, der ist gantz rein und heilig fur yhm. Wo der ist, da sieht er hin und hat seinen wolgefallen an ym Luce 3 [V. 22; vgl. Mt 3,17]. Nu wird der son nicht durch werck, sondern allein durch den glauben, on alle werck ergriffen und ym hertzen gefasset. Da spricht denn Gott: Das hertz ist heilig umb meines sons willen, der drinnen wonet durch den glauben [vgl. Eph 3,17 a].[44]

Das Prädikat der „reinen Gerechtigkeit" kommt nur Christus zu, und nur durch den Glauben kann der Mensch als Person daran teilhaben, wenn er Gottes Gnade als dessen Wohlgefallen passiv sich gefallen läßt. Hingegen die Werke der Liebe, die als Nächstenliebe dem Glauben entspringen, haben in sich vor Gott kein Recht auf Gottes Anerkennung; gerecht und heilig sind sie nur, weil und solange der Mensch im Glauben das Evangelium des Jesus Christus für sich gelten läßt. Allein in Christus ist ihnen Krone und Lohn des ewigen Lebens verheißen.

Die liebe und werck sind nicht, konnen auch nicht sein der son Gottes oder solche gerechtigkeit, die fur Gott so rein und heilig seien, als der son ist, darumb konnen [sie] fur sich selbs nicht bestehen fur Gott als eine reine gerechtigkeit, Wie der Son bestehet. Das sie [:die Liebe und Werke] aber gerecht und heilig heissen, geschicht aus lauter gnaden, nicht aus recht. Denn Gott will sie nicht ansehen gleich seinem son, sondern umb seins sons willen zu gut halten und yhre unreinigkeit nicht rechnen, dazu noch kronen und belohnen, Aber alles umb des Sons willen, der ym hertzen durch den glauben wonet [Eph 3,17 a]. Sonst heissts [Ps 142/143,2]: ‚Non intres in Iudicium cum Sancto et servo tuo'.[45]

In dem zweiten an den sächsischen Kurfürsten gerichteten Schreiben werden vier theologische Kontroversartikel besprochen. Beim Artikel „vom glauben und guten wercken" beschribt Luther das Verhältnis von gerechtmachendem Glauben und Nächstenliebe ähnlich wie in dem ersten Brief.

[Es] ist hierin zu leren [...], das der glaub die person gerecht mache, Rom 3 [V. 28] ‚wir halten, das der mensch on zuthun der werck gerecht werde, allein durch den glauben', Die werck aber oder liebe, welchs gleich viel ist, nicht die person gerecht machen, sondern von der gerecht[ge]machten person geschehen, als früchte des glaubens.[46]

Es steht außer Frage, daß weder der Glaube noch die Liebe für Luther einen habitualen Charakter haben, und daß sie nicht eingebettet sind in eine gerechtmachende Gnade, die ihrerseits als eine habituale Größe in den Sakramenten von Taufe und Buße vermittelt wird. Mit seiner Verhältnisbestimmung von Glaube und Nächstenliebe stellt sich Luther der zentralen kirchlichen Lehre entgegen, daß die religiöse Tugend der Gottesliebe die entscheidende Kraft ist im Geschehen der Rechtfertigung, sei es in Identität mit der eingegossenen Gnade,

---

[44] Ebd. Nr. 3616 WA.B 9, 407,55–408,61.
[45] Ebd. Nr. 3616 WA.B 9, 408,62–70.
[46] Luther und Bugenhagen an Kurfürst Johann Friedrich, 29.6.1541, Nr. 3637, WA.B 9, 463,114–119.

sei es in engster Gemeinschaft mit ihr. Luther konzentriert das ganze Rechtfertigungsgeschehen auf die Relation des Glaubens zum Evangelium Jesu Christi, durch das Gott in seiner Gnade – auch als Gottes Huld, Gunst oder Wohlgefallen bezeichnet – erfahren wird. Dadurch wird die Nächstenliebe als Frucht des Glaubens freigesetzt, so daß das Hohelied der Liebe in 1Kor 13 zu einem Loblied auf die im Glauben gründende Nächstenliebe wird. Das zeigen zwei Randglossen, die er gleich 1522 den beiden Versen beigefügt hat, die das Verhältnis von Glaube und Liebe berühren.

[Zu 1Kor 13,2] Wiewol allein der Glaube gerecht machet, als S. Paulus allenthalben treibet, Doch wo die Liebe nicht folget, were der glaube gewislich nicht recht, ob er gleich Wunder thete.[47]
[Zu 1Kor 13,13] Liebe macht nicht gerecht, sondern der glaube, Röm 1 [V. 17]. Weil aber glaube und hoffnung gegen Gott handeln und nur gutes empfahen, dazu auffhören müssen, Die Liebe aber gegen dem Nehesten handelt, und nur gutes thut, da zu ewig bleibet, ist sie grösser, das ist weiter, thettiger und warhafftiger.[48]

D) Ein anderer Aspekt in Luthers Glaubensbegriff kommt zum Tragen in seiner Interpretation von Röm 14,23 b: „Was aber nicht aus dem glauben gehet, das ist sünde".[49] Der Vers ist für Luther zu einem theologischen „Hauptspruch" geworden. Deshalb müssen einige Gesichtspunkte seiner theologischen Inanspruchnahme von Röm 14,23 b zusammengestellt werden.

(1.) Weit verbreitet war in der mittelalterlichen Theologie eine knappe Glossen-Interpretation von Röm 14,23 b in dem Sinn, Sünde sei, was gegen das Gewissen getan wird, verstanden als ein Handeln gegen einen bestimmten moralischen Gewissensgrundsatz.[50] Luther lehnt diese Interpretation rundheraus ab.[51] Er führt dagegen Augustin ins Feld, der den Begriff der fides als fides Christi erläutert habe. Damit verknüpft nun Luther einen Begriff von Gewissen, wie er ihn theologisch so vertieft gebraucht, daß es der Ort ist, an dem der Mensch im Glauben für sich selbst Gottes Vergebung im Zuspruch des Evangeliums wahr-

---

[47] Randglosse seit 1522 zu 1Kor 13,2 „allen Glauben", WA.DB 7, 123 (Version 1546).
[48] Randglosse seit 1522¹ zu 1Kor 13,13 „die grössest" WA.DB 7, 123 (Text seit 1530¹). Statt „Liebe macht nicht gerecht" hieß es vorher ab 1522¹, ebd. 122: Liebe rechtfertigt nicht.
[49] Luthers Übersetzung seit 1522, WA.DB 7, 73 (Version 1546). – Bei Röm 14,23 b „aus dem glauben" steht seit dem September-Testament 1522 die Randglosse, ebd. 73 (Version 1546): Mercke, Dis ist ein gemeiner [:allgemein gültiger] Heubtspruch wider alle werck, on glauben gethan. Und hüte dich fur falscher glosen, so hie ertichtet sind von vielen Lerern.
[50] Luther bezieht sich offenbar auf die weit verbreitete Interpretation der Glossa interlinearis (ML 114, 516), vgl. z.B. Biel, Sent.3 d.23 q.2 A12 (3,403), ebd. q.1 I56 (3,373) und Sent.2 d.39 L4 (2,666). – Die Tradition einer anderen, Augustin zugeschriebenen Glosse wird z.B. vertreten von Thomas, STh 1 II q.63 a.2 arg.1. Auch diese Glossen-Tradition läßt sich mit Luthers eigener Deutung von Röm 14,23 b nicht vereinbaren.
[51] De votis monasticis iudicium, p. 2, WA 8, 591,15–22: negabunt, fidem eo loco [Rom 14,23 b] fidem Christianam esse, habentes humanam glosulam [...], ut more suo scripturae vim eludant eiusmodi commentis, quibus plus credunt, quam puris et apertis verbis dei, nulla causa, nisi quod principio perfidiae suae repugnant, quo statuerunt, non omnia extra fidem esse peccata. [...] Est autem glosa eiusmodi, ‚Fidem' eo loco accipi pro ‚conscientia'.

nimmt.⁵² Angeregt durch Augustin, hat Luther den moraltheologischen Begriff des Gewissens ersetzt durch einen theologischen Begriff von Gewissen, mit dem er das Bewußtsein des Christen erfaßt, einerseits in eigener Gottesentfremdung unter der Macht von Sünde, Tod und Gesetz zu stehen und andererseits durch den Glauben die Befreiung durch Gottes Evangelium zu erfahren. In dieser Weise hat er in seiner kritischen Auseinandersetzung mit den Mönchsgelübden, 1521, in einer gewichtigen Partie jene traditionelle Deutung von Röm 14,23 b überbietend, das Urteil gefällt, daß die Mönchsgelübde unvereinbar sind mit dem Glauben, der dem Gewissen volle, befreiende Gottesgewißheit schenkt.⁵³

(2.) In seinen Erläuterungen der Ablaßthesen, 1518, nennt es Luther eine Irrlehre, wenn in der gängigen kirchlichen Lehre behauptet wird, vom Christen werde beim Bußsakrament eigentlich nur erwartet, daß er den Empfang der sakramentalen Gnade nicht seinerseits durch einen sog. „Riegel" (obex) verhindere.⁵⁴ Dabei setzte die Kirche voraus, der Gläubige sei würdig für den Sakramentsempfang, habe also die Bedingungen von Reue, Beichte und versprochener Bußleistung erfüllt. Darüber hinaus dürfe es bei ihm kein Hindernis geben, wenn ihm beim Sakramentsvollzug die rechtfertigende Gnade durch den priesterlichen Absolutionsakt vermittelt wird. Als hinderlicher Riegel wurde gewertet, in der Situation des Sakramentsempfanges den Vorsatz zu einer Sünde zu haben. Wenngleich die genauere Definition eines solchen Hindernisses verschieden ausfiel, ging es um einen moraltheologisch definierten Akt, den der Gläubige vermeiden sollte. Für die eigentliche Wirkung des Sakramentes sollte dessen sakralrechtlich vorgeschriebener Vollzug auch dem Christen genügen.

Das Irrlehre-Verdikt Luthers über diese moralische Forderung für den Sakramentsempfang erschien in der päpstlichen Bannandrohungsbulle 1520 an erster

---

⁵² Heidelberger Disputation, Praeparatorium, 2. Beweisgang, WA 1, 372,32–42: Sextodecimo, Rom 14 [V. 23 b] ‚Omne quod non est ex fide, peccatum est', Quod B. Augustinus de fide Christi intelligit, Licet alii exponant de conscientia. Veruntamen etiam fides Christi est conscientia bona, Sicut Petrus ait [1Pt 3,21]: ‚Conscientiae bonae interrogatio in Deum', id est, quod in Deum bene confidit, Igitur si opus extra fidem non esset peccatum mortale, sequeretur, quod Paulus ibi propter veniale peccatum adeo laboraret, quod est falsum, cum sine veniali nullus possit vivere. Ergo omne, quod non est ex fide, peccatum mortale est et damnabile, quia et contra conscientiam; conscientiam, inquam fidei in Christum, quia non in fiducia eius operatur, Non enim credit sese placere Deo [vgl. Hbr 11,6] ad meritum, Et tamen agit in tali infidelitate et conscientia. – Luther denkt wohl an Augustin, Contra Julianum 4, 3, 24 f, ML 44,750; vgl. seinen Verweis auf diesen Augustin-Text, Römerbrief-Vorlesung, 1515/16, Scholion zu Rom 14,23, WA 56, 512,4.

⁵³ De votis monasticis iudicium, 1521, p. 2 „Vota adversari fidei", WA 8, 591,32–595,27. – Vgl. Weihnachtspostille, 1522, Auslegung von Mt 2,1–12 (Epiphanias), innerhalb des langen Exkurses WA 10 I 1, 681,24–709,9 die Argumentation mit Röm 14,23 b, ebd. 686,6 und 689,5.

⁵⁴ Resolutiones disputationum de indulgentiarum virtute, 1518, in einem abschließenden Abschnitt zu Conclusio 6 und 7, WA 1, 544,35–38: nec ipsi adversarii cum omnibus suis Magistris usque hodie possunt ostendere, quomodo sacerdos remittit culpas, nisi haereticam illam sed usitatam sententiam proferant, qua dicitur sacramenta novae legis iustificantem gratiam dare illis, qui non ponunt obicem. – Vgl. Sermo de poenitentia, 1518, WA 1, 324,8–11. – Zu Luthers Häresie-Begriff vgl. Kap. 1 Anm. 20.

Stelle unter den 41 verurteilten Sätzen.[55] Mit der Frage nach der Wirksamkeit der Sakramente rührt Luther an einen empfindlichen Nerv des kirchlichen Handelns. In seinem eigenen Verständnis der christlichen, von Christus gestifteten, Sakramente, wird zu deren tragendem Pfeiler die Relation von Heilszusage des Evangeliums und Glaube. Denn ob ein Christ die Sakramente für sich zum Heil empfängt, beruht allein darauf, daß er die ihm geltende Heilszusage, die Christus in den Sakramenten als sein Evangelium mitteilt, für sich selbst glaubt. Zwei Weisen des Glaubens stehen einander gegenüber: Die Kirche fordert für die Zulassung zu ihren Sakramenten das gläubige Anerkennen des Glaubensbekenntnisses sowie der kirchlichen Lehren; es ist ein Glaube, der auch bestehen bleibt, wenn er in Folge von Sünde nicht mehr von der religiösen Liebestugend geprägt ist. Hingegen erklärt Luther, daß dem Sinn der Sakramente nur ein direkt auf die Heilszusage Christi gerichteter Glauben entspricht;[56] darum ist Unglaube, begriffen im Gegensatz zu solchem Glauben, die eigentliche Sünde und sozusagen der massivste Riegel, der den evangeliumsgemäßen Sakramentsempfang verhindert.

Als er in einer ersten Stellungnahme wenigstens auf einen Teil der verurteilten Sätze einging, bekräftigte er beim ersten Satz der Bulle nachdrücklich mit Röm 14,23 b, daß die Sakramente dort ihren Sinn erfüllen, wo der Mensch im Glauben offen ist für das ihm geltende Heil. Luther schreibt einerseits auf lateinisch für theologisch Gebildete, andererseits auf deutsch für einfache Gläubige.

[Sacra scriptura] docet Rom 14 [V. 23 b] ‚Omne quod non est ex fide peccatum‘ esse. Ex quo sequitur sacramenta novae legis non dare gratiam incredulis, cum incredulitas sit maximum peccatum et obex crassissimus, sed [dant gratiam] solum credentibus. Sola enim fides non ponit obicem; caetera omnia sunt obex, etiam si obicem illum non ponant, quem sophistae somniant de actuali tantum proposito externi pecati. [...] [Die Scholastiker] neglecto peccato incredulitatis insaniunt, obicem tolli, si homo peccare desinat, etiam si nihil incredulus boni cogitet.[57]

Viel wort sein nodt einem leyen dissen artickel zuvorkleren, umb der sophistischen wort willen, die darinnen berurt sein. Kurtzlich, sie leren alßo, das die sacrament gnad geben yderman, ob er schon nit rew fur sein sund habe, oder auch kein gut gedancken, ßondern sey gnug, das er nit ein rigel fursteck, das ist, das er nit einen mutwilligen fursatz zu sundigen habe. Da widder hab ich gesagt und noch sag, es sey yrrig und ketzrisch, den[n] es ist [...] nit allein not rew fur die sund, das sacrament zuempfahen, sondern es muß auch ein glaub da sein, der das sacrament wirdiglich empfahe, die weil sanct Paul Rom 14 [V. 23 b] saget, das alle ding sund sein, die nit auß dem glauben geschehen. Den selben grossen rigel des unglaubens sehen sie nit.

---

[55] Leo X., Bulle Exsurge Domine, 1520, a.1, DH 1451: Haeretica sententia est, sed usitata, sacramenta Novae Legis iustificantem gratiam illis dare, qui non ponunt obicem. – Den Satz Luthers hat bereits das Lehrurteil der Löwener und Kölner Theologen vom 7.11.1519 (publiziert im Februar 1520) verurteilt, WA 6, 176,24–26.

[56] Die fundamentale Relation zwischen dem Glauben und dem Zusagewort Christi explizieren die Resolutiones (wie Anm. 54) am Beispiel der Beichtabsolution, bei der sich der Glaube auf Mt 16,19 stützen soll, z. B. zu conclusio 7, WA 1, 540,41–541,11; 542,12–19; 542, 39–543,2; 543,5–9.

[57] Adversus Antichristi bullam / Wider die Bulle des Endchrists, 1520, zu Art. 1, WA 6, 608,14–23 / 622,10–19.

(3.) Indem Luther unter Berufung auf Röm 14,23b und andere Stellen des Neuen Testamentes die Entscheidung über Sünde oder Gerechtigkeit des Menschen auf die Alternative von Unglaube und Glaube zuspitzt, befindet er sich nicht nur in der Sakramentslehre in einem Gegensatz zur herrschenden Theologie. Er verwirft darüber hinaus das herkömmliche Verständnis der Sünde des Menschen und gibt eine ungewöhnliche Antwort auf die Frage, was die Werke des Menschen als „gut" qualifiziere. Dieses Thema wurde zu einem wichtigen Gegenstand in Luthers Auseinandersetzung mit der theologischen Tradition in den Jahren 1519 bis 1521. Drei Konfrontationen haben sich damals überschnitten. Johannes Eck eröffnete die öffentliche Konfrontation durch eine Publikation von Thesen, in denen Luther und dessen Wittenberger Kollege Karlstadt (1486–1541) – sein voller Name: Andreas Bodenstein von Karlstadt – mit der kirchlichen Lehre gebrochen hätten. Deshalb wollte er mit ihnen ein Streitgespräch führen, das tatsächlich im Juli 1519 unter dem weltlichen Schutz von Herzog Georg von Sachsen in Leipzig stattfand.[58] In eine weitere Konfrontation geriet Luther durch das Lehrurteil, das die Löwener Theologen, sekundiert durch ihre Kölner Kollegen, Anfang 1520 veröffentlichten.[59] Der Löwener Theologe Jacobus Latomus (ca. 1475–1544) publizierte Anfang 1521 eine Schrift, in der er aus der heiligen Schrift und aus Zeugnissen der Kirchenväter das Löwener Lehrurteil begründen und Luther theologisch widerlegen wollte.[60] Seine Entgegnung verfaßte Luther während seines Aufenthaltes auf der Wartburg.[61] Schließlich hatte die päpstliche Bannandrohungsbulle mit der Verurteilung von 41 exemplarischen Sätzen seiner Lehre zur Folge, daß er zu diesen Sätzen, statt sie zu widerrufen, eine theologische Bekräftigung sowohl auf lateinisch als auch auf deutsch verfaßte.[62] In allen drei Kontroversen behandelt Luther das genannte theologische Problem auf eng ineinander verschlungenen Linien. Einen Knotenpunkt bildet seine zweite Leipziger Disputationsthese.

---

[58] Eck publizierte eine Reihe von 12 Thesen der neuen Wittenberger Lehre mit dem Datum des 29.12.1518, WA 9, 208–210; eine 2., durch Hinzufügen einer 7. These vermehrte Fassung von 13 Thesen datierte vom 14.3.1519, vgl. WA.B 1, 319–323. – Genau entsprechend verteidigte Luther, der in erster Linie Angegriffene, seine Positionen zweimal in Thesen; seine zweite Fassung mit 13 Thesen bildete die Grundlage für seine nach der Disputation verfaßten Resolutiones super propositionibus Lipsiae disputatis, 1519, WA 2, 391–435. – Zu seiner 13. These veröffentlichte er bereits vor der Disputation die Resolutio super propositione 13. de potestate papae, 1519, WA 2, 183–240.

[59] Von Luther zusammen mit seiner Entgegnung erneut publiziert, Frühjahr 1520, unter dem Titel: Condemnatio doctrinalis librorum Martini Lutheri per quosdam Magistros nostros Lovanienses et Colonienses facta. Responsio Lutheriana ad eandem condemnationem, WA 6, 174–180; Luthers Responsio ebd. 181–195.

[60] Jacobus Latomus, Articulorum damnatorum ratio, 1521. – Latomus stützte sich für seine Argumentation v. a. auf Luthers Resolutiones super propositionibus Lipsiae disputatis, 1519 (s. o. Anm. 58).

[61] Rationis Latomianae confutatio, 1521, WA 8, 43–128.

[62] Mit abgekürztem Titel sind es die beiden Schriften: Assertio, 1520, WA 7, 94–151, sowie Grund und Ursach, 1521, WA 7, 308–457.

In bono peccare hominem et peccatum veniale non natura sua sed dei misericordia solum esse tale aut in puero post baptismum peccatum remanens negare, hoc est Paulum et Christum semel conculcare.[63]	Leugnen, [1.] daß der Mensch bei einem guten Werk sündigt, und [2.] daß eine läßliche Sünde nicht nach ihrer Natur, sondern nur durch Gottes Barmherzigkeit läßlich ist, oder überhaupt [3.] daß in einem Kind nach der Taufe die Sünde weiterhin bleibt, – dies leugnen, heißt Paulus und Christus ein für allemal mit Füßen treten.

Die in dieser These vereinten drei Sachpunkte wurden in der römischen Bulle Exsurge Domine, 1520, so aufgeteilt, daß gleich der zweite Artikel der Bulle den dritten Punkt als eine Irrlehre Luthers verurteilt.[64] In seiner Bekräftigung des zweiten Artikels der Bulle deckt Luther die theologischen Gründe auf, die dann auch seiner Stellungnahme zu den beiden anderen Sachpunkten Rückhalt geben. Das Problem der Sünde, die nach der Taufe bleibt, erörtert er grundsätzlich, nicht eingeengt auf die Kindertaufe. Gestützt vor allem auf Schriftstellen, verficht er die Meinung, auch der getaufte Christ sei der Grund- oder Wurzelsünde verhaftet. Denn Gottes Gebote in ihrer affirmativen Radikalität zu erfüllen, sei dem Menschen in seiner Gottesentfremdung schlechthin unmöglich (vgl. Kap. 4.3). Nach der traditionellen Lehre, die sich im römischen Lehrurteil ausspricht, wird die Erbsünde für den Christen durch die Taufe entschärft; sie ist dann nur noch ein Gebrechen, eine Schwäche. Erst durch einen bewußten Willensakt wird daraus eine unheilvolle Sünde, die auch den Christen wieder der ewigen Verdammnis ausliefert und deshalb herkömmlicherweise als „tödliche Sünde" bezeichnet wurde.

Ich weiß aber wol, was sie zu dissem allen pflegen zu sagen. Nemlich, das sulchs ubel, das ubrig bleibt nach der tauff, sey nit sund, und ertichten yhm ein newen namen, sagen: Es sey ein pein unnd nicht schult, ia es sey mehr ein feyl odder geprechen denn sund. Hier antwort ich und sag, das sie das alles auß eignem mutwillen on schrifft, grund und ursach sagen. Datzu widder die schrifft, denn sanct Paulus sagt nit alßo: ich find einen feyl ynn mir, ßondernn mit außgedruckten wortten [Röm 7,25]: ich dine nach dem fleisch dem gesetz der sundenn. Item [Röm 7,20]: die sund, die yn mir wonet, thut das böße. Unnd sanct Ioannes sagt nit: wenn wir sagen, das wir keinen feyl haben, ßondernn [1Joh 1,10]: wenn wir sagen, das wir kein sund haben.[65]

---

[63] Resolutiones super propositionibus Lipsiae disputatis, 1519, ccl. 2, WA 2, 410,34–421,15. – Vgl. ebd. 416,36–38: [Eck leugne] iustum in omni opere bono peccare aut iustum peccare mortaliter (si iudicium divinum spectes), aut peccatum in baptisato remanere. – Ecks 2. These lautete, WA 9, 208,37–209,2: 2. Etsi peccata venialia sint cottidiana, tamen iustum semper peccare in omni opere bono, etiam bene moriendo, negamus; Sicut erroneum dicimus iustum manente iustitia peccare posse mortaliter aut peccatum post baptismum alienae voluntatis peccatum remanere. – In den beiden bestimmten Verben „wir bestreiten" und „wir nennen es einen Irrtum" versteht sich Eck als Verfechter der herrschenden Lehre im Gegensatz zu den zitierten Ansichten Luthers.

[64] Die Bulle Exsurge Domine, 15.6.1520, verurteilt den dritten Punkt in a.2, DH 1452, den ersten und zweiten in a.31 und a.32, DH 1481f.

[65] Grund und Ursach, 1521, Art. 2, WA 7, 339,14–23. – Die Assertio, 1520, behandelt das Thema mit detaillierter Problemerörterung, WA 7, 107,29–108,33.

7.1 Die zentrale Funktion des Glaubens im Leben des Christen 345

Indem Luther es verwirft, daß die Grundsünde durch die Taufe entschärft werde, trifft er die kirchliche Lehre nicht nur von der Taufe, sondern auch von der Bußpflicht, weil der moralisch zurechnungsfähige Christ sich nur durch das Bußsakrament von tödlicher Sündenschuld befreien konnte. Kontrovers sind nicht einzelne Begriffe, sondern die Frage nach Unheil und Heil des Menschen in seiner Situation abgründiger Gottesentfremdung, in der sich der Mensch der Radikalität von Gottes Gebot stellen muß, ohne in seinem Gottesverhältnis einen Spielraum für moralische Leistungen zu behalten. Letztlich geht es für Luther beim zweiten Artikel der römischen Bulle um das reformatorische Grundverständnis des Christentums.

Es leidet sich nit, [...] gottes wort zwingen unnd ‚feyl' heissen, was got leßt ‚sund' heissen, [...] Freylich sein es feyl und geprechenn. Es seyn aber sundlich feyl und geprechen, die durch gnaden mußen heil werden. Zornn, boße lust und neigung zu allem boßen seind feyel, sein es aber nit auch sund? Sein sie nit widder gottes gepot, der do gepeut: ‚du solt nit boß begird habenn' [Ex 20,17; Dtn 5,21, vgl. Röm 7,7], ‚du solt nit zornenn' [vgl. Mt 5,22].[66]

Der getaufte Christ ist nicht frei von jenen tief im Menschen wurzelnden Affekten, die wie der Zorn oder das Begehren den Geboten Gottes in deren affirmativer Radikalität widerstreiten. In dieser Hinsicht hat der Christ anderen Menschen nichts voraus. Wer aber weiß, was es heißt, Christ zu sein, für den tritt das Paulus-Wort Röm 8,1 in Kraft: „So ist nu nichts verdamlichs an denen, die in Christo Jesu sind, die nicht nach dem Fleisch wandeln, sondern nach dem Geist".[67] Der Christ lebt im Bewußtsein einer Unterscheidung zwischen dem, was er einerseits glaubend – das heißt im „Geist" – in Christus durch Sündenvergebung als Heil für sich empfängt, und dem, was ihm andererseits bei sich selbst – in seinem „Fleisch" – mit seiner sich ständig regenden Grundsünde zu schaffen macht. Beides gehört im Leben des Christen zusammen. Beides erlebt der Christenmensch in einem Streit des Geistes wider das Fleisch, das wiederum dem Geist widerstreitet (Gal 5,17).

[Paulus] spicht [in Röm 8,1] nit, es sey nichts sundlichs ynn yhnen, sondernn nichts verdamlichs, denn er hatt zuvor [Röm 7,18.23] gesagt, wie yn denn gliedern und ym fleisch sund sey, die widder den geist streitet, aber die weil der geist widder sie ficht unnd yhr nit folget [vgl. Gal 5,17], ßo thut sie nit schadenn, unnd got den menschen richtet nit nach der sund, die yhn anficht ynn seinem fleisch, ßondernn nach dem geist, der widder die sund streit, und damit gotlichem willen gleich ist, der die sund hasset unnd vorfolget.[68]

---

[66] Grund und Ursach, 1521, Art. 2, WA 7, 339,24-33.
[67] Luthers Übersetzung von Röm 8,1 ab 1522, WA.DB 7, 53 (Version 1546). – Dazu die Randglosse seit 1522 zu Röm 8,1 „Verdammliches" – inhaltlich bezogen auf Röm 8,1-4 – ebd. 7, 53 (Version 1546): Ob wol noch sunde im fleisch wütet, so verdampt es doch nicht, Darumb das der Geist gerecht ist, und da wider streitet. Wo derselbige nicht ist, da wird das Gesetz durchs Fleisch geschwecht und ubertretten, Das [:so daß] unmüglich ist, das dem Menschen das Gesetz helffen sollte, denn nur zur sunde und tode. Daumb sandte Gott seinen Son, und lud auff jn unser sünde, und halff uns also das Gesetz erfüllen, durch seinen Geist.
[68] Grund und Ursach, 1521, WA 7, 343,20-27. Vgl. Assertio, 1520, ebd. 109,30-34.

Das wird angewandt auf die Auseinandersetzung mit der kirchlichen Tradition, derzufolge nach dem Empfang der gerechtmachenden Gnade in den Sakramenten der Taufe und der Buße die Erbsünde beim Christen nur noch in der reduzierten Gestalt eines „Gebrechens" vorhanden ist, solange er sich nicht einer schweren Sünde schuldig macht. Für Luther ist der Christ in dem Streit zwischen „Geist" und „Fleisch" hineingestellt in den Gegensatz zwischen Heil und Unheil; zwischen dem Heil von Gottes Vergebungswort im Evangelium und dem Unheil der in ihm selbst sich regenden Gottesentfremdung, die ihn am vollkommenen Erfüllen von Gottes Geboten hindert.

Alßo das es zweyerley gesagt ist, [daß] ‚sund vorgeben sein' unnd ‚kein sund da seyn'; nach der tauff unnd puß sein alle sund vorgeben; es ist aber dennoch sund da biß ynn den todt, wye wol sie durch die vorgebung nit schadet an der selickeit, ßo ferne wir widder sie streitten und yhr nit folgenn.[69]

Verglichen mit der traditionellen kirchlichen Lehre vertritt Luther hier eine paradoxe Sicht der christlichen Existenz, weil einerseits nach der „Taufe und Buße" alle Sünden vergeben sind, andererseits der Christ sich stets noch mit der Sünde auseinandersetzen muß, und zwar mit der in ihm selbst sich regenden Sünde, die von Gottes Gebot mit der Strenge der Jesus-Worte in Mt 5,21 ff verurteilt wird. „Taufe und Buße" verbindet er in ihrem reformatorischen Verständnis, wie er es programmatisch in der Schrift De captivitate Babylonica ecclesiae, 1520, verfochten[70] und später z. B. im Kleinen Katechismus als Bedeutung der Taufe für das christliche Leben im Sinn von Röm 6,4–6 dargelegt hat, daß nämlich der alte Mensch „in uns durch tägliche Reue und Buße" sterben und „täglich herauskommen und auferstehen" solle „ein neuer Mensch, der in Gerechtigkeit und Reinigkeit vor Gott ewiglich lebe".[71]

Für seine Sicht der Existenz des Christenmenschen beruft sich Luther auf einen Satz Augustins:

Die sund wirt ynn der tauff vorgeben, nit das sie nit mehr da sey, ßondernn das sie nit wird gerechnet.[72]

---

[69] Grund und Ursach, 1521, WA 7, 343,27–30. – Weil Luther Gottes Gnade mit der aktuell vom Glauben angeeigneten Zusage der Sündenvergebung identifiziert, kann er schreiben, ebd. 343,31 f: Drumb sollten sie nit leugnen, [daß] sund nach der tauff uberbleibenn, gerad alß [be]dorfften wir keiner gnade mehr, die do sund vortreibt.
[70] De captivitate Babylonica ecclesiae, 1520, WA 6, 533,29–535,26.
[71] Kleiner Katechismus, 1531, WA 30 I, 382,7–383,2: der alte Adam jnn uns durch tegliche rew und busse sol erseufft werden und sterben mit allen sunden und bösen lüsten, Und widderumb teglich eraus komen und auferstehen Ein newer mensch, der jnn gerechtigkeit und reinigkeit für Gott ewiglich lebe.
[72] Grund und Ursach, 1521, WA 7, 345,10–12, vgl. Assertio, 1520, ebd. 110,5 f; der Satz lautet bei Augustin, De nuptiis et concupiscentia 1, c.25 n. 28, ML 44, 430, CSEL 42, 240,17: dimitti concupiscentiam carnis in baptismo, non ut non sit, sed ut in peccatum non imputetur. – Vgl. Augustin, Contra Julianum Pelagianum 6, 17, 51 ML 44, 852.

Das Augustin-Zitat nimmt er zum Anlaß, wie schon im Anschluß an Röm 8,1, von der Polarität zu sprechen, die das Christenleben bestimmt. Was er in der Deutung von Röm 8,1 als Kraft des Geistes gegenüber dem „Fleisch" des alten Menschen bezeichnet hat, das erscheint nun als der Glaube, der in Christus Gottes Heilsgabe für sich ergreift. Der Christ lebt mit dem Christus-Glauben in der externen Relation zum Evangelium und zugleich in einer internen Relation zu sich selbst als einem Sünder, der stets auf Gottes Barmherzigkeit angewiesen ist. Aus der externen Relation gewinnt der Glaube eine befreiende Kraft gegenüber dem alten Menschen.

Hie [in dem Augustin-Zitat] sehen wir klar, das sund uberbleibe, aber sie wirt nit [an]gerechnet, Und das umb die zwo [...] ursach[en]. Die erste, das wir ynn Christum glewben, wilcher durch den glawben fur unß tritt und sie vordeckt mit seiner unschuldt. Die ander, das wir da widder on underlaß streitten, sie zuvortilgenn, dann wo die zwey nit sein, da wirt sie [:die Sünde] gerechnet und ist nit vorgebenn unnd vordampt ewiglich. Das ist die freud, trost und selickeit des newen testaments, hyrynnen lernet man, wo zu Christus gut und not ist, hirauß wechst lieb und lust, lob und danck gegen Christo und dem ‚vatter aller barmhertzickeyt' [vgl. 2Kor 1,3]. Hyrauß werden frey, froliche, mutyge Christen, die auß liebe die sund vorfolgen unnd mit lust pussen [:büßen].[73]

Der Christ lebt nicht in beschaulicher Geruhsamkeit, er lebt im Streit mit den verkehrten Affektregungen, die er in sich selbst wahrnimmt. Er betrachtet sie als seinen alten Menschen, während er als ein neuer Mensch ihnen Widerstand leistet in der Souveränität des Glaubens und des Heiligen Geistes, so daß er sich in diesem Streit nicht Leistungen abringen muß, die ihm bei Gott Ruhm einbringen sollen. Das Evangelium des Jesus Christus gibt seinem Glauben Gewißheit von Gottes Vergebung. Er gibt seinen alten Menschen in den Tod, weil der neue Mensch Leben gewinnen will als Ebenbild Gottes, ein Leben, das sich in der Nächstenliebe verwirklicht.

4. Fides Christi affert remissionem et mortificationem peccatorum per Spiritum sanctum,	4. Der Glaube an Christus bringt die Vergebung und die Tötung der Sünden durch den Heiligen Geist,
5. Qui [Spiritus sanctus] veterem hominem cum suis concupiscentiis et crucifigit [vgl. Gal 5,24] et renovat ad imaginem Dei.[74]	5. der den alten Menschen mit seinen Begierden kreuzigt und erneuert zum Ebenbilde Gottes.

In einer späten Thesenreihe kehren noch einmal einige Streitpunkte wieder, die Luther in der Kontroverse mit dem römischen Lehrurteil und mit Jacobus Latomus berührt hat.[75] Erneut wird der scholastische Glaubensbegriff mit seinen

---

[73] Grund und Ursach, 1521, WA 7, 345,13–21; vgl. Assertio, 1520, ebd. 109,34–110,4.
[74] Disputatio de fide iustificante, 24.4.1543, Thesenreihe 1, These 4 f, WA 39 II, 236,3–6; LDStA 2, 483,15–18.
[75] Die späte Thesenreihe ist überliefert unter dem unsachlichen, polemischen Titel Contra Satanam et Synagogam ipsius [1542], WA 59, 720–723.

Distinktionen verworfen.[76] Außerdem wird den Scholastikern vorgehalten, daß sie in Unkenntnis gewesen wären über jene Grundsünde, die tiefsitzend sich auch im getauften Christen regt; sie hätten die Aufmerksamkeit der Christen auf moraltheologisch begriffene Aktualsünden gelenkt, die in der sakralgesetzlich geordneten Buße bewältigt werden mußten.[77]

1. Necesse est fidei (in Christum) tribuere iustificationem seu remissionem peccatorum propter solum Christum, Rom et Galat. (Randnotiz: Rom 3 [V. 21ff] Gal 3 [V. 1ff])	1. Dem Glauben (an Christus) muß die Rechtfertigung oder Sündenvergebung, die allein um Christi willen geschieht, zugeschrieben werden, Röm [Röm 3,21ff], Gal [Gal 3,1ff]
2. Ipsa est enim ‚scientia salutis', quae est ‚in remissione pecatorum', ut canit Zacharias Luc 1 [V. 77].	2. Denn dieser Glaube ist die ‚Erkenntnis des Heils', die ‚in der Sündenvergebung' gegeben ist, wie Zacharias spricht, Lk 1 [V. 77].
3. ‚Omne, quod non est ex hac fide, peccatum est', Joh 15 [V. 22] et Rom 14 [V. 23]. Sicut contra: [Mk 9,23]: ‚Omnia credenti sunt possibilia'.	3. ‚Alles, was nicht aus diesem Glauben kommt, ist Sünde', Joh 15 [V. 22.24] und Röm 14 [V. 23]. Wie es andererseits heißt [Mk 9,23]: ‚Dem Glaubenden sind alle Dinge möglich'.
4. Sophistae docent fidem informem stare cum peccato mortali et de remissione peccatorum dubitare, quod est vere Christum negare.	4. Die Scholastiker lehren, daß ein nicht durch die religiöse Liebe geprägter Glaube zusammen mit einer Todsünde bestehen und daß an der Sündenvergebung gezweifelt werden könne. Das zu lehren, heißt in Wahrheit Christus zu verleugnen.
7. Promissio autem divina non accipitur corde vano, incredulo et idolatrico, cum efficiat ipsa [:promissio divina] veram Dei cognitionem in credente.	7. Gottes Zusage wird aber von einem eingebildeten, ungläubigen und abergläubischen Herzen nicht aufgenommen, weil sie [:Gottes Zusage] die wahre Gotteserkenntnis im Glaubenden bewirkt.
8. Quare impossibile est promissionem Dei posse accipi seu credi fide informi.	8. Deshalb ist es unmöglich, daß Gottes Zusage von einem ungeprägten Glauben aufgenommen oder geglaubt werden könne.
9. Nec est opus hominis, sed Spiritus donum fides Christi, fides informis est cogitatio seu imaginatio hominis, id est nulla fides.[78]	9. Der Christus-Glaube ist auch nicht ein Werk des Menschen, sondern ein Geschenk des [Heiligen] Geistes; der ungeprägte Glaube ist ein Gedanke oder eine Einbildung des Menschen, das heißt: kein Glaube.

---

[76] Ebd., These 14, WA 59, 721,19 f: 14. Extra synagogam pellendae sunt istae barbarae sophistarum voces: Fides informis, formata, gratia gratum faciens.

[77] Ebd., These 27–29, WA 59, 722,25–723,4: 27. Impossibile est apud eos intelligi, quid sit peccatum, promissio, fides, iustificatio, imputatio, lex et impletio eius. 28. Non sunt haec in eorum libris, sed contritio, satisfactio et opera humanis viribus gratiam Dei merentia. 29. Ignorant, imo negant peccatum originale post baptismum et tantum de actualibus disputant.

[78] Ebd., These 1–4 und 7–9, WA 59, 720,1–8; 721,5–10. – In These 3 wird Röm 14,23 ergänzt durch Verweis auf Joh 15,22a. – Luther übersetzt Joh 15,22a, WA.DB 6, 391 (Version 1546): Wenn ich nicht komen were, und hette jnen gesaget, so hetten sie keine sunde. – Vgl. die Randglosse seit 1522 zu Joh 15,22a „keine Sünde", WA.DB 6, 391 (Text 1546): […] durch Christum ist die Erbsunde auffgehaben, und verdampt nach Christus zukunfft [:dem Kommen Christi] niemand, On [:außer] wer sie nicht lassen, das ist, wer nicht gleuben wil.

Den wahren christlichen Glauben bezeichnet Luther – im Gedanken an Hbr 11,1 – als einen Grundhalt des Herzens, nämlich ein mit Gewißheit festes Vertrauen auf den Gott, der für den Menschen der Gott der Zusage von Barmherzigkeit und Hilfe ist.[79]

7.2 Die Gewißheit des Glaubens

Für Luther steht und fällt der christliche Glaube mit der Gewißheit des Heils, weil er fest an das Evangelium des Jesus Christus gebunden ist. Die Gewißheit ist nicht eine zufällige, entbehrliche Begleiterscheinung des Glaubens. Die Eindeutigkeit des reinen, nicht gesetzlich verfälschten Evangeliums gibt dem Glauben Heilsgewißheit.[80]

A) Einer der wichtigsten biblischen Haftpunkte für Luthers Rede von der Heilsgewißheit des Glaubens ist das Herrenwort von Mk 16,16.[81] Es bringt Glaube und Unglaube so in Antithese, daß über Heil und Unheil entschieden wird. Da die zweite Vershälfte nur vom Unglauben spricht, unterstreicht das in Luthers Augen für die erste Vershälfte die höhere Bedeutung des Glaubens gegenüber dem Taufakt. Mk 16,16 ist für ihn ein Wort der Heilszusage, auf das sich die Zeichenhandlung der Taufe bezieht. Die Zusage des ganzen Heils gilt dem Glauben und soll das ganze Leben des Christen bestimmen.[82] Allein am Glauben, der sich auf diese Taufzusage verläßt, entscheidet sich das Heil. Diese Deutung von Mk 16,16 nimmt einen anderen Weg als die im Mittelalter begegnende Deutung, die mit Anklang an Gal 5,6 hinzufügt, daß der von der religiösen Liebestugend geprägte Glaube gemeint sei, der zum ewigen Heil verhilft.[83] Durch seine Interpretation

---

[79] Ebd., These 22, WA 59, 722,15 f: 22. ‚Fides' vera est ‚substantia' cordis [vgl. Hbr 11,1], id est firma et certa fiducia in Deum promissorem misericordiae et auxilii. – Vgl. Glossen zum Dekalog, 1530, zu Ex 20,2 a: Ego sum dominus deus tuus, WA 30 II, 358,2–5: Promissio omnium promissionum, fons et omnis religionis et sapientiae caput, Evangelium Christum promissum complectens.

[80] Luther verwendet im Lateinischen zwar vorzugsweise das Wort certitudo, aber auch das Wort securitas; der Kontext entscheidet über die Art der Gewißheit, während im Deutschen das Wort „Sicherheit" eher negativ besetzt ist.

[81] Mk 16,16 Vg: Qui crediderit, et baptizatus fuerit, salvus erit; qui vero non crediderit, condemnabitur. Luthers Übersetzung 1522, WA.DB 6, 207 (Version 1546): Wer da gleubet und getaufft wird, der wird selig werden, Wer aber nicht gleubet, der wird verdampt werden.

[82] Kleiner Katechismus, 1531, WA 30 I, 380,7–9: Sie [die Taufe] wirckt vergebung der sunden, erlöset vom tod und teuffel und gibt die ewige seligkeit allen die es gleuben, wie die wort und verheissung Gottes lauten. [Es folgt Mk 16,16.] – Großer Katechismus, 1529, ebd. 215,3–12. – Der Taufbefehl Mt 28,19, anders gefaßt in Mk 15,15, unterstützt die Heilszusage; vgl. Großer Katechismus, ebd. 212,30–213,5; 213,9–16.

[83] Ludolf von Sachsen, Vita Jesu Christi p. 2 c.82 n. 3: Deinde salutem promittendo credentibus et damnationem comminando incredulis, subiunxit: ‚Qui crediderit' fide formata et per dilectione operante [vgl. Gal 5,6], scilicet per se, ut in adultis, vel per alium, ut in parvulis; ‚et

von Mk 16,16 kann Luther dem Glauben die volle Heilsgewißheit zuerkennen. Sich des eigenen Getauftseins zu erinnern, soll selbst bei der Erwachsenentaufe nicht den Wert einer biographischen Erinnerung haben, sondern im Glauben die mit der Taufe ein für allemal gegebene Zusage Gottes vergegenwärtigen.

Primum itaque in Baptismo observanda est divina promissio, quae dicit [Mk 16,16]: ‚Qui crediderit et baptizatus fuerit, salvus erit'. Quae promissio praeferenda est incomparabiliter universis pompis operum, votorum, religionum et quicquid humanitus est introductum. Nam in hac pendat universa salus nostra; sic autem est observanda, ut fidem exerceamus in ea, prorsus non dubitantes, nos esse salvos, postquam sumus baptizati. Nam nisi haec assit aut paretur fides, nihil prodest baptismus, immo obest non solum tum cum suscipitur sed toto post tempore vitae. Incredulitas enim eiusmodi mendacem arguit promissionem divinam, quod est summum omnium peccatorum.[84]	Zunächst also ist in der Taufe die göttliche Verheißung zu beachten, welche sagt: ‚Wer da glaubt und getauft wird, der wird selig werden'. Diese Verheißung ist dem ganzen Gepränge an Werken, Gelübden, Mönchsregeln samt allen menschlichen Neuerungen unvergleichlich vorzuziehen, hängt doch unser ganzes Heil daran. Sie ist aber in dem Sinne zu beachten, daß wir unseren Glauben an ihr üben und gar keinen Zweifel daran aufkommen lassen, daß wir des Heils teilhaftig sind, nachdem wir getauft sind. Denn wenn dieser Glaube nicht vorhanden ist oder nicht hinzukommt, dann hilft die ganze Taufe nichts, dann schadet sie sogar, und das nicht nur dann, wenn sie empfangen wird, sondern das ganze Leben lang danach. Ein solcher Unglaube bezichtigt nämlich Gottes Verheißung der Lüge, das ist die allergrößte Sünde überhaupt.

Analog zu Mk 16,16 wertet Luther das Herrenwort der Schlüsselvollmacht in Mt 16,19 nicht nur als Begründung dieser Vollmacht in der Christenheit, sondern zugleich als Vergebungszusage Gottes, die im menschlichen Dienst der Seelsorge ausgerichtet wird. Er betont beim Wort von der Schlüsselgewalt, daß dadurch der Kirche keine Rechtsgewalt übertragen wird, die in der traditionellen Praxis vor allem beim Bußsakrament den Christen ständig in ein Rechtssystem eingespannt hat. Mit diesem subtilen Rechtssystem hat Luther 1530 während seines Coburger Aufenthaltes in einer ziemlich umfangreichen Schrift Von den Schlüsseln abgerechnet.[85] Die kirchliche Rechtsgewalt wurde als „geistliche" Gewalt definiert, weil sie der ewigen Seligkeit des Gläubigen dienen sollte. Dem Priester wurde primär die Aufgabe eines Richters zugeschrieben.[86] Einen medizinalen Aspekt lieferte zusätzlich die dem Priester übertragene „Sorge um die Seelen" (cura animarum) seiner Gläubigen. Sofern den Gläubigen die priesterliche Schlüssel-

---

baptizatus fuerit', baptismo aquae si fieri poterit, ‚salvus erit' aeterna salute a peccatis et poenis liberante.

[84] De captivitate Babylonica ecclesiae, 1520, De sacramento baptismi, WA 6, 527,33–528,2; deutsche Übersetzung in Anlehnung an LDStA 3, 255,31–257,1. – Vgl. ebd. WA 6, 533,29–36.

[85] Von den Schlüsseln, 1530, gedruckte Fassung, WA 30 II, 465–507; eine erste Fassung ist in Luthers Originalmanuskript erhalten, ebd. 435–464.

[86] Mit Rückgriff auf Petrus Lombardus, Sent.4 d.18 c.2, definiert Biel die „geistliche" Schlüsselgewalt der Kirche, Sent.4 d. 18 q.1 a.1 A21–23 (4 II, 519): Est potestas iudicandi, i. e. solvendi et ligandi, qua dignos recipere et indignos excludere debet a regno Dei ecclesiasticus iudex.

7.2 Die Gewißheit des Glaubens 351

gewalt Zugang zum Himmelreich verschaffte, wurde sie begründet durch die Satisfaktionsleistung, die Christus mit seinem Kreuzestod erworben hatte, die jedoch nun im Bußsakrament durch die Bußleistungen der Gläubigen ergänzt werden sollte.[87] In strikter Abkehr von solcher Heilsvermittlung unterstreicht Luther das Vertrauen auf Gottes Vergebungswort und die Gewißheit, die der Glaube dabei erfährt.[88] Wer Gottes Vergebung sucht und im Glauben dieses Wort für sich gelten läßt, der kann der Vergebung Gottes gewiß sein.

Quare sicut ibi, cum dicit [Mk 16,16] ‚Quicunque crediderit et baptizatus fuerit, salvus erit', fidem provocavit baptizandorum, ut hoc promissionis verbo homo certus sit, si baptizaretur credens, salutem sese consecuturum, ubi nihil prorsus potestatis tributum, sed ministerium duntaxat baptisantium institutum sit, Ita hic, cum dicit [Mt 16,19] ‚Quodcunque ligaveris' etc., fidem provocat poenitentis, ut hoc promissionis verbo certus sit, si solveretur credens, vere solutum se esse in coelo, ubi plane nihil potestatis, sed ministerium tangitur absolventis.[89]	Wie er [:Christus] also dort durch die Worte: ‚Wer das glaubt und getauft wird, der wird selig werden', den Glauben der Täuflinge herausgefordert hat, damit der Mensch auf Grund dieses Verheißungswortes gewiß sein kann, daß er die Seligkeit erlangen wird, sofern er als Glaubender getauft wird – womit keinerlei Macht verliehen, sondern lediglich ein Dienst derer, welche taufen, eingesetzt wurde –, genauso verhält es sich auch hier, wenn er sagt: ‚Was auch immer du bindest' usw.: Er fordert den Glauben des Büßenden heraus, damit er auf Grund dieses Verheißungswortes, sofern er als Glaubender freigesprochen wird, gewiß sein kann, daß er wahrlich auch im Himmel freigesprochen ist – womit gar nichts an Macht ins Spiel gebracht wird, sondern nur der Dienst dessen, der freispricht.

Beim Herrenmahl sind die Einsetzungsworte Christi selbst das Evangelium der Sündenvergebung, das dem Abendmahlsgast zugesprochen wird. In der Auslegung der Abendmahlsworte ist Luthers Hauptinteresse, jeder Kommunikant solle „festiglich glauben", daß er die Worte Christi in der Gegenwart auf sich selbst beziehen kann. Mit dem „für euch" sowohl im Brot- als auch im Kelchwort

---

[87] Bei Biel heißt es im Kontext der eben zitierten Stelle, B31–34 (4 II, 520): Potestas aperiendi regnum eminenter et excellenter est in Christo secundum naturam assumptam, in qua pro nobis satisfecit et meruit, ministerialis vero collata est ministris sacramentorum, per quae virtus passionis Christi in nos fluit et operatur salutem. – Biel hat vorher, B26–31, das Werk Christi und der Gläubigen miteinander verkettet. Vgl. Bonaventura, Sent.4 d.18 p. 1 a.1 q.1 resp.
[88] Von den Schlüsseln, 1530, WA 30 II, 496,22–25: Denn unser seele mus warlich des gar trefflich gewis sein, darauff sie sich verlassen und trösten sol widder die sunde und ewigen tod, Darumb müssen der schlüssel urteil eitel gewisse Gottes wort sein, odder sind nicht die rechte[n] schlüssel.
[89] De captivitate Babylonica ecclesiae, 1520, WA 6, 543,31–37; deutsche Übersetzung in Anlehnung an LDStA 3, 299,10–21. – Vgl. Resolutiones disputationum indulgentiarum, 1518, These 38, WA 1, 595,1–8: Adde, si etiam non putes te satis contritum (tibi enim non potes nec debes confidere), nihilominus, si credis ei qui dixit [Mk 16,16]: ‚Qui crediderit et baptizatus fuerit, hic salvus erit', Dico tibi, haec fides eius verbi facit te verissime baptizari, quicquid sit de contritione tua. Ideo fide ubique opus est. Tantum habes quantum credis. [...] Ita hic. Absolutio est efficax, non quia fit, a quocunque tandem fiat, erret sive non erret, sed quia creditur.

ist jeder einzelne Abendmahlsgast angesprochen; jeder einzelne erhält die Zusage der Sündenvergebung, in der Gottes ganzes Heil umschlossen ist.

Sic in sacramento panis datur corpus Christi in verbo istius promissionis [Mt 26,26] ‚Accipite et manducate, hoc est corpus meum, quod pro vobis tradetur'. Oportet ergo manducantem omnino et firmiter credere, corpus Christi non tantum pro aliis sed et pro se esse datum et sanguinem Christi pro se fusum in remissionem peccatorum, sicut verba promissionis aperte sonant; alioqui irridebit promissionem istam Christi et iudicium sibi manducabit [vgl. 1Kor 11,29].[90]	Alßo ym Sacrament des Altars, die weil es geben wirt ynn crafft dyßer wort Christi [Mt 26,26]: ‚Nemet und esset, das ist meyn leichnam, der fur ewch gebenn wirdt'. Szo muß der zum sacrament geht, festiglich glewben, das wie die wort Christi lauten, ßo sey es yn der warheit, das sein leichnam [:Leib] sey fur yhn geben und sein blut fur yhn vorgossen. Gleubt er das nit, odder glewbt [er], es sey nit fur yhn, ßunder fur ander geben, ßo ist Christus aber mal ein lugener und muß sein wort und zeichen zu nicht werden.

Somit haben bei allen von Christus eingesetzten Sakramenten die Herrenworte das volle Gewicht von Heilsworten Gottes, denen der Mensch Glauben schenken, auf die er sich verlassen kann.

Quia in omni sacramento est verbum promissionis divinae, quod affirmative promittit et exhibet gratiam dei ei, qui suscipit sacramentum. Ubicunque autem deus promittit, ibi exigitur fides audientis, ne deum faciat mendacem sua incredulitate, quare in sacramentis suscipiendis necessaria est fides suscipientis, quae credat id, quod promittitur.[91]	Die weil denn yn einem iglichen Sacrament ist ein gotlich wort und zusagen daryn got uns anbeut und zusagt seyn gnade, […] muß ein unwanckender, unschwanckender glawb da sein ym hertzen, der die selbige zusagung und zeichen auffnehm unnd nit zweiffel, es sey alßo, wie got aldo zusagt und zeich[n]et. Szo wirt yhm gewißlich die gnad [ge]geben noch [:nach] laut der zusagung und außweisen des zeichens odder Sacraments. Ist der glawb nit da, ßo […] wirt [Gott] aldo auffs hohist gelestert und unehret, alß were er ein lugener odder leichtfertiger gauckler.

Von den Herrenworten, die bei der Taufe, beim Gebrauch der Schlüsselvollmacht und beim Abendmahl dem Glaubenden Heilsgewißheit geben, hat Mk 16,16 für Luther eine generelle Bedeutung gewonnen. Weil in Mk 16,16 Glaube und Heil aufs engste miteinander verknüpft sind, ist dieses Herrenwort bei Luther ein Indiz dafür, daß Gottes Heil schlechthin im Glauben des einzelnen mit Gewißheit erfahren wird. Das zeigt holzschnittartig ein Text, den er 1522 für den mit ihm gut bekannten Antoniter Wolfgang Reißenbusch[92] verfaßt hat.[93] Zur geistlichen Freude vor Gott in der Gewißheit von Gerechtigkeit, Leben und Heil – im Kontrast zur Beunruhigung des Gewissens durch Sünde, Furcht vor Tod und

---

[90] Assertio, 1520, a.1, WA 7, 102,1–6; Grund und Ursach, 1521, a.1, WA 7, 325,11–18.

[91] Assertio, 1520, a. 1, WA 7, 101,22–27; Grund und Ursach, 1521, a. 1, WA 7, 323,13–21.

[92] Wolfgang Reißenbusch war seit 1515 Kanzler der Universität Wittenberg und Präzeptor des Antoniterhauses im nicht weit von Wittenberg entfernten Lichtenberg b. Prettin; an ihn richtete Luther eine Christliche Schrift, sich in den ehelichen Stand zu begeben, 1525, WA 18, 275–278.

[93] Der für eine Predigt am Sonntag Quasimodogeniti, 27.4.1522, vorbereitende Text erschien lateinisch als Sermo de S. Antonio Heremita, 1522, WA 10 III, 80–85.

Verdammnis⁹⁴ –, verhelfen Gottes Zusagen. An erster Stelle nennt Luther Mk 16,16 als generelle Heilszusage, auf die sich der Christ am allerbesten gegenüber dem Teufel berufen kann in den verschiedenen Situationen innerer Bedrängnis durch Sünde, Tod, Mühsal.⁹⁵ Für diese drei besonderen Situationen führt er noch je extra ein Gotteswort an, und zwar Mt 18,18 für die Gewissensnot angesichts eigener Sünde; Joh 11,25 f für die Beunruhigung angesichts des Todes; Mt 11,28 für die Last einer Mühsal.⁹⁶

B) Bei allem, was Luther über die Gewißheit des Glaubens sagt, ist zu erkennen, daß der Glaube gemeint ist, der sich auf das Evangelium des Jesus Christus stützt. Darin unterscheidet sich das reformatorische Verständnis der Heilsgewißheit von der Gewißheit, die der Gläubige nach herkömmlicher Lehre haben konnte. Luther vergröbert allerdings den Unterschied, wenn er behauptet, die Kirche habe bisher dem Gläubigen keine Heilsgewißheit gegeben. Er verweist dabei gerne auf den Bibelvers Pred 9,1 c, der im Mittelalter zu dieser Frage häufig zitiert wurde.⁹⁷

[Pred 9,1] deuten sie also: Wenn ein mensch gleich from und gerecht ist, so weis er doch nicht, ob er für Gott jnn gnaden odder ungnaden sey, sondern es bleibt alles ungewis bis auffs zu künfftige, (vernim [:nämlich]) das Jüngste gericht. Dieser spruch [...] hat alle gewissen erchreckt und betrübt, Denn er hat regieret uber alle Klöster, Stifft, Schulen und was nur Christen heissen [...] und ich sampt meines gleich elendiglich erfaren haben [...] Denn ach, lieber Herr Gott, wenn ein betrübt gewissen gern wolt ruge und einen gnedigen Gott haben und mit ernst gern selig were und dieser spruch Ecclesiastes am neunden [V. 1] jnn seinem hertzen stickt, was sol odder kan es [:das Gewissen, das Herz] doch anders thun denn verzweiveln? Und die weil es denckt: Wer weis, ob ich jnn gnaden bin odder nicht, so ist der Teuffel flugs da und gibt den hellischen mordstos [:Todesstoß] und spricht: O du bist jnn ungnaden und verloren.⁹⁸

---

⁹⁴ Ebd. WA 10 III, 82,23–27.
⁹⁵ Ebd. WA 10 III, 83,18–21: Quaeris autem: quot sunt verba promissionis divinae? Respondeo, quod multa. Primum quidem et generale contra omne malum sive peccatum sive mortem sive tribulationem quamcumque [Mk 16,16] ‚Quicumque crediderit et baptizatus fuerit salvus erit' etc. – Das führt Luther, ebd. 83,21–34, weiter aus und erwähnt dazu ohne Namensnennung das Beispiel der Mechthild von Hackeborn (vgl. WA 25, 325,26), die in allen Anfechtungen dem Teufel die Worte ‚Christiana sum' entgegengehalten habe, was soviel bedeute wie ‚baptizata sum et credo, sathan, quia stat contra te invictissimum promissionis verbum: qui crediderit' [Mk 16,16].
⁹⁶ Ebd. WA 10 III, 83,35–84,17. – Die Ausführungen schließen mit dem bündigen Satz, ebd. 84,17 f: Ita omnino non est pax, non est laetitia, nisi in verbo dei promittentis bona sua.
⁹⁷ Im Mittelalter zitiert man Eccles 9,1 c Vg: Et tamen nescit homo utrum amore an odio dignus sit. – In seinen Annotationes in Ecclesiasten, 1532, denen eine 1526 gehaltene Vorlesung zugrunde liegt, verwirft Luther sowohl in der Praefatio, WA 20, 7,17–28, als auch zur Stelle, ebd. 158,6–8, deren traditionelle Verwendung in der Lehre von der Heilsgewißheit. – In der Disputatio de veste nuptiali (Mt 22,1–14), 15.6.1537, führt er ins Feld, daß rein exegetisch Pred 9,1 für die theologische Argumentation nicht in herkömmlicher Weise verwendet werden könne, weil der Text von der unsicheren Verläßlichkeit der Menschen untereinander handele, WA 39 I, 330,9–331,5 Ns A bzw. 330,30–331,21 Ns B.
⁹⁸ Kleine Antwort auf Herzog Georgen Buch, 1533, WA 38, 153,26–154,4.

Luthers Urteil über die mittelalterliche Lehre verkürzt einseitig. In diesem, wie in manchen anderen Fällen, läßt sich das zu einem gewissen Grade aus der verschiedenen theologischen Christentumsauffassung erklären. Für die mittelalterliche Auffassung sei nur die Interpretation von Pred 9,1 c bei Nikolaus von Lyra angeführt; in ihr ist die Grundstruktur der traditionellen Diskussion vorgezeichnet. Zunächst stellt Nikolaus von Lyra fest, daß kein Mensch, wie gerecht er auch erscheinen mag, wissen kann, ob er würdig sei, bei Gott Liebe zu finden oder verworfen zu werden. Das bleibt bis in die Zukunft hinein, das heißt bis zum Jüngsten Gericht, ungewiß. Erst dann wird das eine oder das andere offenbar werden, wenn das göttliche Urteil über den Menschen entscheiden wird, ob er würdig für die himmlische Seligkeit oder für die Verdammnis der Hölle.[99] Die Frage der Heilsgewißheit ist damit zunächst im Hinblick auf das Urteil im Jüngsten Gericht beantwortet. Wenngleich in diesem Aspekt, so fährt Nikolaus von Lyra fort,[100] der Mensch weder von sich noch von einem anderen auf menschlichem Erkenntnisweg reine Gewißheit gewinnen kann, ob er von Gott geliebt ist oder nicht, so kann er doch für seine gegenwärtige Situation eine konjekturale, vermutende Gewißheit gewinnen. Dafür kann man zwei Anhaltspunkte bei sich selbst finden, zum einen daß man sich keiner Todsünde bewußt ist, zum anderen daß man willig ist, Gottes Gebote zu befolgen. Stillschweigend wird für solchen Rückschluß vorausgesetzt, daß die beiden Indizien den gegenwärtigen Besitz der habitualen Gnade anzeigen, die Gottes Wohlgefallen findet. Die konjekturale Gewißheit beruht also auf einer Selbstprüfung oder Selbsterfahrung des Gläubigen im Rahmen der kirchlichen Gnadenvermittlung. Nur einigen Heiligen wird für ihre eigene gegenwärtige Situation eine reine Gewißheit der Liebe Gottes zuteil, wenn Gott ihnen das durch eine Offenbarung als spezielle Gnade mitteilt, um ihnen innere Stärke zu verleihen. Zur Struktur der Problemlösung gehört die Unterscheidung von zwei Blickrichtungen des Frommen; zum einen blickt er auf das zukünftige definitive göttliche Urteil im Jüngsten Gericht, das auch für ihn völlig offen ist; zum anderen blickt er, um wenigstens eine mutmaßende Heilsgewißheit zu bekommen, auf positive Anzeichen im eigenen gegenwärtigen Gnadenbesitz, die ihm Hoffnung auf sein ewiges Heil geben könnten.

Was Luther von der Heilsgewißheit des Christen zu sagen hat, setzt das reformatorische Grundverständnis der christlichen Religion voraus. Für ihn gründet die Heilsgewißheit in der Einsicht, daß das in Christus gegebene Heil sich nicht

---

[99] Nikolaus von Lyra, Postilla, zu Eccles 9,1: ‚Et tamen nescit homo', quantumcumque iustus videatur, ‚utrum amore an odio' scil. dei ‚dignus sit', sed omnia in futurum servantur incerta. Tunc enim manifeste videbitur quos diligit et quos odit.

[100] Ebd.: Et licet homo non possit scire certitudonaliter de seipso et multo minus de alio via humana, utrum sit dilectus a deo an non, potest tamen habere aliquam coniecturam, utpote si non sit peccati mortalis sibi conscius, et ad implendum dei mandata sit voluntarius. Potest etiam scire certitudonaliter revelatione divina, sicut revelatum est aliquibus sanctis ex speciali gratia ad eorum consolationem. – Andere Autoren nennen für die Selbstprüfung noch andere Anhaltspunkte, die eine konjekturale Gewißheit ermöglichen.

7.2 Die Gewißheit des Glaubens

aufspalten läßt in den gegenwärtigen Gnadenbesitz und die ewige Seligkeit, die von Christus im Jüngsten Gericht jenem Gläubigen zuerkannt wird, der dank des Gnadenbesitzes und des eigenen Bemühens die nötigen Verdienste erworben hat. Vielmehr ist in Luthers Sicht dem Glauben Heilsgewißheit gegeben, weil das unteilbar und eindeutig im Christus-Evangelium angebotene Heil vom Glauben ergriffen wird. Der Glaube schöpft seine volle Gewißheit aus dem Evangelium, dem höchstverläßlichen Wort Gottes; sie ist nicht eine bloß mutmaßende Gewißheit, weil sie nicht aus dem eigenen religiösen Selbstbefund erschlossen wird. Die Gewißheit ist unteilbar, weil das Heil in Christus unteilbar ist (s. o. Kap. 5.3). Sie ist eindeutig, weil Jesus Christus eindeutig der Erlöser ist und bleibt (s. o. Kap. 6.1). Sie hat ihren Grund extern im Wort Gottes des Evangeliums.

In der späten Galater-Vorlesung setzt sich Luther in einem Passus zu Gal 4,6 mit der traditionellen, mit Pred 9,1 operierenden Auffassung von der konjekturalen Gewißheit auseinander, die dem Zweifel Raum läßt. Im Gegensatz zu solcher subjektiv mutmaßenden Gewißheit verleiht der Heilige Geist im Christus-Glauben eine Gewißheit, die über allen Zweifel erhaben ist. Denn sie vernimmt im Evangelium Gottes eigene, unbedingt verläßliche Zusage seines Heils. Daran zweifeln heißt, Gottes Heilsgabe in der Sendung seines Sohnes nicht ernst nehmen, das heißt Gott zum Lügner machen. Weil der Glaube sich an das externe Evangelium heftet, hat er eine Gewißheit, die den Zweifel ausschließt.[101] Das berechtigt Luther, von der reformatorischen Theologie zu sagen: „Unsere Theologie gibt Gewißheit, weil sie uns auf einen Grund stellt, auf dem wir außerhalb unserer selbst sind".[102]

In der extern begründeten Gewißheit korrespondieren einander in ihrer Wesensart der Glaube und das Evangelium des Jesus Christus. Der Glaube ist, wie bereits dargelegt worden ist, keine kognitive Tugend, die ihrer Natur nach einen Zweifel vertragen könnte. Der christliche Glaube ist vielmehr eine unverfügbare Lebensmacht, die vom Evangelium gespeist wird und sich ihm anvertraut. Das Vertrauen, mit dem der Mensch als Person mit Herz und Gewissen sich auf das Wort von Gottes befreiender Liebe verläßt, verträgt seiner Natur nach keinen Zweifel. Das Evangelium will nicht in distanzierender Weise gehört werden als

---

[101] Galaterbrief-Vorlesung, 1531, zu Gal 4,6, WA 40 I, 589,2–7 Ns (vgl. 589,15–25 Dr): spiritus sanctus debet in corde meo [clamare] et sit gemitus ille inenarrabilis in corde meo [Luther assoziiert Gal 4,6 mit Röm 8,15.26] et non dubitem, quod Evangelium iubet spectare promittentem [...] hic non est locus dubitandi, sed firmissima promissio. Quia haereo in eo, qui non potest mentiri, qui dicit [vgl. Gal 4,4]: ,do filium meum sub legem, ut redimat etc. ut [vgl. Jes 53,4f] tua peccata in eius dorso', ergo non possum dubitare. – Der Passus über die Heilsgewißheit umfaßt ebd. 586,13–591,7.

[102] Ebd. 589,8–10 Ns: Ideo nostra theologia est certa, quia ponit nos extra nos; non debeo niti in conscientia mea, sensuali persona, opere, sed in promissione divina, veritate, quae non potest fallere. – In der Druckfassung lautet der Satz, ebd. 589,25–28: Atque haec est ratio, cur nostra Theologia certa sit: Quia rapit nos a nobis et ponit nos extra nos, ut non nitamur viribus, conscientia, sensu, persona, operibus nostris, sed eo nitamur, quod est extra nos, Hoc est, promissione et veritate Dei, quae fallere non potest.

eine Rede über Christus. Was so in allgemein lehrhafter Weise von Christus gesagt wird, das halten, wie Luther es auf Jak 2,19 anspielend ausdrückt, auch die Teufel für wahr. Hingegen will Gott im Evangelium den Menschen so ansprechen, daß er für sich selbst höre und mit Gewißheit glaube, „für mich" gilt, was mir von Gottes Menschwerdung in Jesus Christus und dessen Selbsthingabe zum Heil der Menschen gesagt wird. Das Evangelium will den Menschen, der sich vor Gott unvertretbar erfährt, im Gewissen von der Macht der Sünde, des Todes, des Gesetzes befreien.

Sie heyssen das glawben, das sie von Christo gehortt haben, und halten, es sey allis war, wie denn die teuffel auch glawben [Jac 2,19] und werden dennoch nit frum dadurch. Aber das ist nit eyn Christlich glawb, ia es ist mehr ein wahn denn eyn glawb; […] eynem menschen nit gnug ist, ßo er Christen seyn will, das er glewb, es sey allis war, was von Christo gesagt ist, […] ßondern er muß nit dran tzweyffeln noch wancken, er sey eyner von denen, den[en] solch gnade und barmhertzickeyt geben sey worden und hab sie gewißlich durch die tauff oder sacrament [:Herrenmahl] erlangt. Wo er das nu glawbt, ßo muß er frey von yhm selb sagen, er sey heylig, frum, gerecht und gottis kind, der selickeyt gewiß, und muß hyran gar nit tzweyffeln, nit auß yhm oder umb seyner vordienst und werck willen, sondern auß lautter barmhertzickeyt gottis, ynn Christo ubir yhn außgossen. […] Und wo er daran tzweyffelt, thett er seyner tauff und sacrament die hochsten unehre und lügenstrafft gottis wort und gnaden ynn den sacramenten. Denn es soll hie nit furcht oder wancken seyn, das er frum und gottis kind sey auß gnaden, ßondern alleyn furchten unnd sorgen, wie er also bleybe biß anß ende bestendig, ynn wilchem alleyn alle fahr und sorg steht; denn es ist alle selickeyt da gewißlich.[103]

Der Glaube verdankt stets in der Gegenwart seine Heilsgewißheit dem Wort des Evangeliums. Es ist keine Gewißheit für die eigene biographische Zukunft. Denn der Glaube ist immer wieder Anfechtungen ausgesetzt, weil im Christenmenschen die Mächte des Unheils erneut die Herrschaft über Herz und Gewissen gewinnen wollen. Der Teufel suggeriert Zweifel an der Glaubwürdigkeit des so schwach menschlich mitgeteilten Gotteswortes. Es ist kein kognitiver Zweifel an der Wahrheit einer objektbezogenen Lehre; vielmehr gerät der Trost, die Ermutigung durch das Evangelium ins Wanken. Herz und Gewissen verlieren den Mut des Glaubens, mit dem Wort von Gottes Vergebung zu leben. Sobald der Christenmensch nicht mehr dem Evangelium vertraut, ist es um den Glauben mit seiner Gewißheit geschehen.

[Von dem Glauben, der dem Evangelium volles Vertrauen schenkt] solcher glawb pocht nicht auff werck odder sich selb, ßondernn alleyn auff gott unnd seyne gnade, dieselb mag unnd kann yhn auch nit lassen, dieweyl [:solange] das pochen weret. Aber wie lang es [:das Pochen] weren wirtt, weyß er nit; ob yhn eyn anfechtung davon treyben mocht, das solchs pochen auffhöret, so höret die gnade auch auff. […] nit, das es gegenwerttig ungewiß sey, ßondernn tzukunfftig, Darumb, das der mensch nitt weyß, ob er bleyben wird fur den anstossen der anfechtung.[104]

---

[103] Weihnachtspostille, 1522, zu Gal 4,6, WA 10 I 1, 331,11–332,5.
[104] Kurz nach der eben zitierten Stelle, ebd. WA 10 I 1, 332,9–18. – Vgl. Sermo de S. Antonio Heremita, 27.4.1522 (s. o. Anm. 93), WA 10 III, 84,32–37: Ita in isto spirituali negotio conscientiae,

C) Gewißheit des Glaubens hat der Christ, weil er sich in eigener Person von Gottes Wort direkt ansprechen läßt. Seinen Glauben kann ihm niemand abnehmen. Er ist in seinem Glauben unvertretbar. Mit der Unvertretbarkeit des Glaubens konfrontierte Luther die Wittenberger Gemeinde am 9. März 1522, dem Sonntag Invocavit, als er kurz nach seiner Rückkehr von der Wartburg die von hitziger Reformunruhe bewegte Stadt zur Besinnung bringen wollte durch das Einprägen eines klaren Glaubensbewußtseins, gepaart mit duldsamer Nächstenliebe.

Wir seindt allsampt zu dem tod gefo[r]dert und wirt keyner für den andern sterben. Sonder ein yglicher in eygner person für sich mit dem todt kempffen. In die oren künden wir woll schreyen. Aber ein yeglichr muß für sich selber geschickt sein in der Zeyt des todts, ich würd denn [:werde dann] nit bey dir sein noch du bey mir. Hierjnn so muß ein yederman selber die Hauptstück so einen Christen belangen, wol wissen und gerüst sein.[105]

Zweierlei müsse jedem im Glauben gegenwärtig sein, zum einen die eigene abgrundtiefe Heillosigkeit und Nichtigkeit vor Gott, die jede Werkfrömmigkeit ausschließt, zum anderen das in Jesus Christus zuteil gewordene Heil des Angenommenseins bei Gott. Unausgesprochen ist es das persönliche Angesprochensein durch Gottes Wort in der Doppelgestalt von Gesetz und Evangelium.

Hierjnn [:im persönlichen Glauben] so muß ein yederman selber die Hauptstück so einen Christen belangen, wol wissen und gerüst sein, und seindt die, die euwer lieb vor vil tagen von mir gehört hat.
Zum ersten, wie wir kinder des zorn seind, und all unßer werck, synn und gedancken sonderlich nichts sein. Hierinnen müssen wir einen klaren starcken spruch haben solchs bezeygende. Als ist der spruch S. Pauli zun Ephesern 2 [V. 3], den merck wol, und wiewol jr [ihrer] vil sein in der Bibel, aber ich will euch nit mit vil sprüchen überschütten, ‚wir sind all kinder des zorns' und nymm dir nicht für sprechende: Ich hab ein altar gebawet, messe gestifft etc.
Zum andern, das uns got sein eingebornen son gesant hat, auff das wir in jn glauben, und der in jn vertrawen wirt, sol der sünde frey sein und ein kind gottes. Wie Johan. an seinem ersten cap. sagt [Joh 1,12]: ‚Er hat jn [:ihnen] gewalt gegeben kind[er] gottes zu werden, allen den[en], die in seinen namen glauben'.[106]

Der in seinem neuen evangelischen Verständnis erwachte Glaube sollte im Herzen fest und unverrückbar bleiben. Hingegen sollte in den akut anstehenden Problemen der kirchlichen Praxis die Nächstenliebe auf jene Christen Rücksicht nehmen, die noch an der traditionellen Gestalt des Christentums hängen.[107]

---

scilicet quando urgetur peccatis aut morte aut quacumque temptatione, oportet primo verbum dei arripere, cum sit artem invictam nosse et apprehendere dimissis aliis omnibus quae diabolus suggerit, deinde fortiter se eidem verbo credere et dubitationi non consentire quam diabolus movet, et sic ingredi in castellum domini securum et firmum et credere fortiter promissioni dei.
[105] Predigt, 9.3.1522, WA 10 III, 1,7–2,2; vgl. Kap. 8.3 Anm. 71 ff.
[106] Ebd. WA 10 III, 2,1–14.
[107] Ebd. WA 10 III, 7,12–8,5; s. u. Kap. 8.3 bei Anm. 71.

Mit teilweise ähnlichen Worten wie in der Invocavit-Predigt von 1522 hat er einige Jahre später in der Auslegung von Jes 9,4 den persönlichen Einsatz des Glaubens etwas anders akzentuiert. Der Christ wird durch seinen Glauben einbezogen in den Befreiungskampf, den Christus dem Menschen zuliebe in seiner Person gegen die Mächte des Unheils siegreich ausgefochten hat. Unter diesem Vorzeichen streitet der Christ bei sich selbst gegen die Macht von Sünde, Tod und Gesetz, indem er sich nur auf die Siegeszusage der Christusbotschaft verläßt. Das besagt Luthers Auslegung von Jes 9,4 innerhalb einer breit angelegten Exegese der Perikope Jes 9,1–6.

[Jes 9,4 spricht prophetisch vom Reich Christi, d. h. von der Herrschaft des Evangeliums:] darynnen wird kein leyblicher krieg sein, noch einer fur den andern kriegen, noch einer dem andern bey stehen, sondern ein iglicher mus alleine fur sich selbs durch den glauben und geist wie Christus den tod, sunde und gesetze uberwinden und thar [:darf] sich kurtz umb auff niemand verlassen on [:außer] auff Christum. Alleine mus er stehen; denn er kann nicht wissen, wer gleubig odder ungleubig sey. Drumb ists ein wunder[sames] streiten ynn der Christenheit, das ein eintzeler mensch solll stehen widder alle teuffel, widder die gantze wellt, widder tod, sund und gesetz, und dennoch den sieg behalten.[108]

Ebenso betont Luther im Kontext seiner Deutung des Herrenmahls, es müsse jeder einzelne Christ für sich selbst die Abendmahlsworte zu Herzen nehmen.

Verba dei non fallunt nos nec deserunt, etiam in medio umbrae mortis. Quae, ut vides, quam nihil exigant nisi fidem, cum sint purissimae, tenerrimae, opulentissimae promissiones. At fides in promissionem sua cuique seorsum est, nulli potens applicari aut communicari.	Die wort gotlicher majestat werden uns nit verfuren noch betriegen, auch mitten ym todt. Die selbigen furdern von uns nicht mehr denn den glawben, die weyll sie lautter, reyne und gnadenreyche verheyssung sind. Aber eyn iglicher muß seyn eygen glauben tzu der verheyssung haben, das er ynn seym hertzen do fur hallde, es werd yhm widderfarn, wie gott verheyssen und versprochen hatt, welchs fur keyn andern gescheen kan.
Neque enim ego pro te credere possum, sicut nec tu pro me. Ita non est meum promissionem dei tibi applicare vel communicare, sed tua propria fide eam tibi applices necesse est. Stat enim sententia [Mk 16,16]: ‚Qui non crediderit, condemnabitur‘.[109]	Ich kan nicht fur dich glewben, als du auch fur mich nit. Darumb kan ich dich der verheyssung gotts nicht teylhafftig machen, es muß deyn eygener glawbe thun, wie geschrieben stett [Mk 16,16]: ‚Wer nicht glewbt, der wirt verdampt werden‘.

Gottes Heilszusage kann immer nur der einzelne für sich selbst verifizieren. Das ist für Luther ein Argument gegen die Auffassung, der Priester verrichte beim Vollzug des Altarsakramentes ein gutes Werk, weil er mit seinem kultischen Gebetshandeln anderen Menschen etwas Gutes zuwenden könne. Dem hält Luther

---

[108] Die Epistel des Propheten Jesaja (Jes 9,1–6) ausgelegt, 1526, zu Jes 9,4, WA 19, 146,35–147,8.
[109] De abroganda missa privata, 1521, WA 8, 443, 12–19; Vom Mißbrauch der Messe, 1521, WA 8, 519,36–520,7.

entgegen, daß der Priester wie jeder Glaubende die Zusage dieses Sakramentes lediglich für sich selbst glauben kann.

Stet ergo insuperabilis veritas: ubi promissio divina est, ibi unusquisque pro se stat, sua fides exigitur, quisque pro se rationem reddet et suum onus portabit, sicut dicit Marci ult. [Mk 16,16] ‚Qui crediderit et baptizatus fuerit, salvus erit; qui autem non crediderit, condemnabitur‘.[110]	Es soll also als unüberwindliche Wahrheit feststehen: wo eine Verheißung Gottes ist, da steht ein jeder Mensch für sich! Da wird sein eigener Glaube verlangt! Da gibt jeder für sich selbst Rechenschaft und trägt seine eigene Last, wie es heißt im letzten Kapitel des Markus [Mk 16,16]: ‚Wer da glaubt und getauft wird, der wird selig werden; wer aber nicht glaubt, der wird verdammt werden‘.

In seinem unvertretbar persönlichen Glauben hält sich der Christ an Gottes Wort, wie es ihn in Gesetz und Evangelium so anspricht, daß er für sich selbst das Evangelium als Gottes sieghaftes Wort gegenüber dem Schuldspruch durch das Gesetz erfährt. Der Christ soll sich also nicht auf allgemein verbindliche Lehrsätze stützen. Dem Glauben ist deshalb nur mit einer Auslegung des Gotteswortes gedient, die dessen Klarheit gerecht wird. Neben der Schriftauslegung soll die Unterweisung in den Katechismus-Hauptstücken dem einfachen Christen ein eindeutiges Grundverständnis von Gottes Wort vermitteln. Deshalb lehnt Luther einen Glauben ab, der sich blindlings an die Autorität der Kirche hält oder pauschal alles glaubt, was die Bibel zwischen den beiden Buchdeckeln enthält. Das nannte man bereits damals einen Köhlerglauben.[111] Luther beschreibt den Köhlerglauben mit einer Legende:

Also sagt man, wie ein Doctor hab einen Köler zu Prage auff der brücken aus mit leiden [:aus Mitleid], als uber einen armen leyen, gefragt: ‚Lieber man, Was gleubstu?‘ Der Köler antwortet: ‚Das die Kirche gleubt‘. Der Doctor: ‚Was gleubt denn die Kirche?‘ Der Köler: ‚Das ich gleube‘. Darnach, da der Doctor hat sollen sterben, ist er vom Teuffel so hart angefochten im glauben, das er nirgent hat können bleiben noch ruge haben, bis das er sprach: ‚Ich gleube, das der Köler gleubt‘.[112]

Ihren bündigsten Ausdruck findet die Heilsgewißheit des Glaubens, wenn Luther – häufig im Anschluß an Mk 16,16 – beinah formelhaft von der Macht des Glaubens sagt: „Wie du glaubst, so hast du". Der Satz begegnet mit allerlei Varianten der Formulierung in den unterschiedlichsten Zusammenhängen, auffällig konstant jedoch im Kontext von Taufe, Buße und Abendmahl, wo herkömm-

---

[110] De captivitate babylonica ecclesiae, 1520, WA 6, 521,20–24; LDStA 3,237,37–239,1.

[111] Vgl. Johann Agricola, Dreihundert gemeiner Sprichwörter, 1529, Bl. 101 r/v Nr. 234.

[112] Sendschreiben an die zu Frankfurt/M., 1533, WA 30 III, 562,27-33. – Mit einer anderen Legende spottet Luther anschließend über den blinden Glauben an die Autorität der heiligen Schrift, ebd. 562,33-36. – Die scholastische Theologie bezeichnete den Pauschalglauben als fides implicita im Unterschied zur fides explicita, dem Glauben an einzelne Lehrsätze, vgl. z.B. Bonaventura, Sent.3 d.25 a.1 q.3 resp. und Biel, Sent.3 d.25 q.un. E, F, M, Q (3,446-448, 453, 457f.), ferner die katechetische Schrift des Stephan von Landskron, Die Hymelstraß, 1484, c.1, Bl.3 v und c.45, Bl. 171 v.

licherweise die sakralrechtliche Konstitution der Sakramente für deren Wirkung den Ausschlag gab. Das reformatorische Verständnis der Sakramente bindet die Wirkung der Sakramente ganz an den Glauben, der sich direkt auf ein dem Sakrament eigentümliches Zusagewort bezieht und sich nicht auf die institutionelle Wirksamkeit der kirchlichen Handlungen stützt.

Nu seynd drey dingk yn dem heyligen Sacrament der puß. Das erst ist die Absolutio das seyn wort des priesters, die zeygen an, sagen und vorkunden dir, du seyst loß und deyn sund seyn vor gott vorgeben, [...] Das ander ist die gnad, vorgebung der sund, der frid und trost des gewissen, wie dan die wort lauten. [...] davon das hertz getrostet wirt und befridet. Das dritte ist der glaube, der do festiglich darfür helt, das die Absolutio und wort des priesters seyn war, yn der krafft der wort Christi [Mt 16,19] ‚was du lösest, soll loß seyn' etc. Und an dem glauben ligt es als [:alles] miteynander, der allein macht, das die sacrament wircken, was sie bedeuten, und alles war wirt, was der priester sagt, dan wie du glawbst, ßo geschicht dir [vgl. Mt 8,13; 9,29]. An [:Ohne] welchen glauben alle absolution, alle sacrament umbsonst seyn, ja mehr schaden dan frummen [:als nützen].[113]

Beide Katechismen legen beim Abendmahl den Wert der Kommunion ganz auf den Glauben, der sich an die Zusageworte Jesu heftet.

Und weil er vergebung der Sunde anbeutet und verheisset, kann es nicht anders denn duch den glauben empfangen werden. Solchen glauben foddert er selbs yn dem wort, als er spricht: ‚Fur euch gegeben und fur euch vergossen', als solt er sagen: Darumb gebe ichs und heisse euch essen und trincken, das yhr auchs solt annemen und geniessen. Wer nu yhm solchs lesset gesagt sein und gleubt, das war sey, der hat es. Wer aber nicht gleubt, der hat nichts, als ders yhm lesset umbsonst furtragen und nicht will solchs heilsamen guts geniessen.[114]

Der Horizont, innerhalb dessen der Glaube das Heil empfängt, weitet sich aus zur gegenwärtigen Predigt des Evangeliums, dem Wort der Gnade Gottes; das illustriert Luthers Interpretation von 1Pt 1,2, wo den Adressaten gewünscht wird, sie mögen sich mit dem Blut Jesu Christi besprengen lassen und Gottes Gnade und Friede möge sich bei ihnen mehren.

Es muß eyn besprengung seyn, die uns umbkeret und geystlich machet. Besprengen aber heysst predigen, das Christus seyn blutt hab vergossen und fur uns tritt zu seynem vatter und spricht: ‚Lieber vatter, da sihistu meyn blutt, das ich fur disen sunder vergossen hab'. Glewbstu das, so bistu besprenget. [...]

---

[113] Sermon von dem Sakrament der Buße, 1519, WA 2, 715,21–34. – Ebd. 719,7–12: Es ligt nicht am priester, nicht an deynem thun, ßondern gantz an deynem glauben: ßo vill du gleubist, ßo vill du hast. An [:Ohne] welchen glauben, ßo es müglich were, das du aller welt rewe hettist, ßo were es doch Judas rewe, die mehr got erzürnet dan versunet. Dann nichts vorsunet got baß, dan das man yhm die eere gebe, er sey warhafftig und gnedig, das thut niemant, dan wer seynen worten glaubt.

[114] Großer Katechismus, 1529, WA 30 I, 226,23–30. – Kleiner Katechismus, 1531, ebd. 390,9–391,3: Wie kan leiblich essen und trincken solch gros ding thun? Antwort. Essen und trincken thuts freilich nicht, Sondern die Wort, so das stehen: ‚Fur euch gegeben' und ‚vergossen zur vergebung der sunden'. Welche wort sind neben dem leiblichen essen und trincken als das heubtstück jm Sacrament. Und wer den selbigen worten gleubt, der hat was sie sagen, und wie sie lauten, Nemlich Vergebung der sunden.

Gnad ist Gottis hulde, die fehet ytzt ynn uns an, muß aber fur und fur wircken und sich mehren, biss ynn todt. Wer nu das erkennet und glewbt, das er eyn gnedigen Gott hab, der hatt yhn, so gewynet seyn hertz auch frid und furcht sich wider [:weder] fur der wellt noch fur dem teuffel. Denn er weyß, das Gott, der aller ding gewaltig ist, sein freund ist, und wil ihm auß todt, hell allem unglück helffen, drumb hat sein gewissen frid und freud.[115]

7.3 Die Anfechtung des Glaubens

Bei den Anfechtungen, denen der Christ in mehrfacher Weise ausgesetzt ist, macht Luther ebensowenig wie die mittelalterliche Tradition einen reflektierten Unterschied zwischen den Begriffen „Anfechtung" und „Versuchung" und den entsprechenden Verben. Als dritten synonymen Begriff kennt Luther noch den im Spätmittelalter[116] häufig gebrauchten Begriff „Bekorung" (Bekörung) und das Verb „bekoren" (bekören).[117] Er bevorzugt den Begriff „Anfechtung" vor den damals geläufigeren Begriffen „Versuchung" und „Bekorung". In der Auslegung deutsch des Vaterunsers für die einfältigen Laien, 1519, schreibt er zur sechsten Vaterunser-Bitte:

‚Und nit eynfure uns yn dye vorsuchung' adder ‚anfechtung'. Wan [:Wenn] das wortlin ‚vorsuchung' ader ‚bekorung' nit so gemeyn [:allgemein gebräuchlich] were, stund es vill baß und were clerlicher tzu sagen also: ‚Und nit fure uns yn anfechtungen'.[118]

A) Unter den verschiedenen Gestalten der Anfechtung, die Luther theologisch reflektiert, ohne sie förmlich zu klassifizieren, schält sich ein erster Aspekt bei seiner Auslegung der sechsten Vaterunser-Bitte heraus.

Er übernimmt das traditionelle Schema von drei anfechtenden Mächten: Fleisch, Welt, Teufel.[119] Angefochten wird der Christ durch das „Fleisch" oder den „alten Adam", weil er mit seiner Grundsünde einer unbefreiten Selbstsucht verhaftet bleibt. Das verführt zu egoistischem, dem Nächsten schädlichen Handeln.

---

[115] 1. Petrus-Brief ausgelegt, 1523, zu 1Pt 1,2, WA 12, 264,8–12.28–33.
[116] Man vergleiche z. B. zu Johann Taulers Predigten, hg. von Ferdinand Vetter, 1910 (Nachdruck 1968), das Wortverzeichnis S. 442 ff s. v. anevehten, anevehtunge, bekorn, bekorunge, versuochen, versuochunge. – Etymologisch ist Bekorung (Bekörung) nicht mit Bekehrung verwandt.
[117] Großer Katechismus, 1529, 6. Vaterunser-Bitte, WA 30 I, 208,20–28: Drumb müssen wir aber mal bitten, ob wir nu from [:gerecht durch Gottes Vergebung] sind und mit gutem gewissen gegen Gott stehen, das er uns nicht lasse zu rück fallen und der anfechtung odder versuchunge weichen. Die versuchung aber oder (wie es unsere Sachssen von alters her nennen) bekörunge ist dreierley: des fleischs, der welt und des Teuffels.
[118] Auslegung deutsch des Vaterunsers, 1519, WA 2, 122,34–37.
[119] Vgl. in Anm. 117 das Zitat WA 30 I, 208,20–28. – Der Kleine Katechismus, 1531, hat bei der 3. wie bei der 6. Vaterunser-Bitte die umgekehrte Reihenfolge, WA 30 I, 373,4; 376,10 f.

Denn ym fleisch wonen wir und tragen den alten Adam am hals, der regt sich und reitzet uns teglich zur unzucht, faulheit, fressen und sauffen, geitz [:Habgier] und teuscherey, den nehisten zu betriegen und ubersetzen [:übervorteilen].[120]

Die Anfechtung durch die „Welt" entspringt aus den Verflechtungen des individuellen Lebens mit dem Leben anderer Menschen. Was man von anderen Menschen an echter oder vermeintlicher Lieblosigkeit, Mißgunst oder Bösartigkeit erfährt, erzeugt auch beim Christen Zorn, Ungeduld, Haß und dergleichen.

Darnach ist die Welt, so uns mit worten und wercken beleydigt und treibet zu zorn und ungedult, Summa da ist nichts denn hass und neid, feindschafft, gewalt und unrecht, untrew, rechen, fluchen, schelten, afftterreden, hoffart und stoltz mit uberflüssigem schmuck, ehre, rhum und gewalt, da niemand wil der geringste sein sondern oben an sitzen und fur yder man gesehen sein [vgl. Mt 23,5 f].[121]

Der Teufel – im Vaterunser-Lied ist es der „böse Geist" –, der hinter allen Anfechtungen steckt, macht sich unmittelbar bemerkbar, wenn er dazu antreibt, „Gottes Wort und Werk zu verachten", und den Glauben in Aberglauben oder Unglauben zu verkehren droht. Hier ist alles in Gefahr, was den Christen zum Christen macht.

Dazu kompt nu der Teuffel, hetzet und bleset auch allenthalben zu, aber sonderlich treibt er, was das gewissen und geistliche sachen betrifft, nemlich das man beide Gottes wort und werck yn wind schlage und verachte, das er uns vom glauben, hoffnung und liebe reisse und bringe zu missglauben, falscher vermessenheit und verstockung odder widderumb zur verzweivelung, Gottes verleugnen und lesterung und andern unzelichen greulichen stücken.[122]

Will man diese Ausführungen Luthers über die Anfechtung in die umfassende Korrelation von Gesetz und Evangelium einordnen, so kann man sagen, es sind die elementaren Anfechtungen des Christen. Der Christ gerät in Gefahr, daß er das freie, im Glauben gewonnene Ja zu Gottes Willen, der ihm im Dekalog wie im Doppelgebot der Liebe begegnet, wieder preisgibt und zurückfällt in jenen unheilvollen Umgang mit dem „Gesetz", bei dem trotz guter Moral die Selbstbehauptung des „alten Adam" und die Konformität mit den Verhaltensweisen der „Welt" dominiert. Das Einwilligen in Gottes Gebote, das auf die Befreiung durch das Evangelium folgt – wie Jesus seinem Heilswort hinzufügt „sündige hinfort nicht mehr" (Joh 5,14; 8,11) –, wird in den Anfechtungen brüchig; der Glaube wird verdrängt vom Besorgtsein um sich selbst zum Schaden der Nächstenliebe. Dieser Zusammenhang ist angedeutet in einer kurzen Auslegung des Vaterunsers von 1519, wo Luther die fünfte und die sechste Vaterunser-Bitte miteinander verzahnt.

---

[120] Großer Katechismus, 1529, WA 30 I, 208,28–33.
[121] Ebd. WA 30 I, 209,1–6.
[122] Ebd. WA 30 I, 209,7–12.

7.3 Die Anfechtung des Glaubens

Zum fünfften. Nach dem wir aber [...] on sund nicht seynd, [...] derhalben bitten wir umb die sicherhait [i. S. von Gewißheit] unsers gewissens, durch welche wir mügen [:können] sicher und gewiß sein, das uns unsere sünd vergeben seind, und also mit frölichem hertzen den willen gotes mit worten und wercken verbringen [:verrichten].

Zum sechsten, wenn wir nun die sicherhait unsers gewissens erlangt haben, das uns unsere sünd vergeben sein, so ist von nöten, das die selbig sicherhait bestendig behalten wird, dann weil wir mit mancherleay versuchung angefochten werden und nach dem willen gotes darin stehen [:uns befinden], demnach bitten wir noch nit solcher anfechtung ledig und loß zuwerden, sunder wir bitten, das wir mügen underhalten [:bewahrt], geseligt und nit in versuchung gefürt werden.[123]

Die genannten Anfechtungen bekommt der Christ allemal zu spüren. Deshalb betet er nicht darum, daß ihm Anfechtungen erspart bleiben. Vielmehr ist seine Bitte, in der Anfechtung nicht zu „ersaufen" und ihr mit dem richtigen Widerstand zu begegnen. Den Widerstand leistet er in doppelter Weise, zunächst, indem er der Anfechtung nicht zustimmt.

Solchs heisset nu ‚nicht einfüren yn versuchunge', wenn er uns krafft und sterke gibt zu widerstehen, doch die anfechtung nicht weggenomen noch auffgehaben [ist]. Denn versuchung und reitzunge kann niemand umbgehen, weil [:solange] wir ym fleisch leben und den Teuffel umb uns haben, Und wird nicht anders draus, wir müssen anfechtung leiden, ia daryn sticken. Aber da bitten wir fur, das wir nicht hynein fallen und daryn ersauffen. Darumb ists viel ein ander ding, anfechtung fülen und darein verwilligen odder ia dazu sagen. Fülen müssen wir sie alle, wiewol nicht alle einerley, sondern etliche mehr und schwerer. [...] Aber solch fülen, weil es wider unsern willen ist und wir sein lieber los weren, kan niemand schaden. Denn wo mans nicht fülete, künde es kein anfechtung heissen. Bewilligen aber ist, wenn man yhm den zawm lesset, nicht dawidder stehet noch bittet.[124]

Sodann kann der Christ, dem seine christliche Freiheit kostbar ist, der Anfechtung widerstehen, indem er der Vaterunser-Bitte entsprechend darum bittet, Gott möge ihn in seinem Glaubensleben stärken mit dem Beistand des Heiligen Geistes.

Darumb ist kein rath noch trost, denn hieher gelauffen, das man das Vater unser ergreiffe und von hertzen mit Gott rede: ‚Lieber Vater, du hast mich heissen beten, las mich nicht durch die versuchung zurückfallen', So wirdstu [:wirst du] sehen, das sie ablassen mus und sich endlich gewonnen [:überwunden] geben. Sonst wo du mit deinen gedancken und eigenem rat unterstehest dir zu helffen, wirdstus [:wirst du es] nur erger machen und dem Teuffel mehr rawm geben.[125]

In diesem Sinn paraphrasiert Luther in seinem Vaterunser-Lied die sechste Bitte:

Für uns, HERR, inn versuchung nicht, / Wenn uns der böse geist anficht.
Zur linken und zur rechten Hand / Hilff uns thun starcken widerstand,
Im glauben fest und wolgerüst / Und durch des Heiligen Geistes trost.[126]

---

[123] Kurze Auslegung des Vaterunsers, 1519, WA 6, 21,30–22,7.
[124] Großer Katechismus, 1529, WA 30 I, 209,22–35.
[125] Ebd. WA 30 I, 210,5–11.
[126] Luthers Lieder Nr. 31, Strophe 7, WA 35, 464,35–30. – Vgl. Eine einfältige Weise zu beten, 1535, WA 38, 362,12–18: Ah, lieber Herr Gott Vater, Erhalte uns wacker und frisch, hitzig und

Die Gegenwart der Anfechtung läßt dem Christen keinen Spielraum, um sich auf seinen vernunftgeleiteten, moralisch freien Willen zu verlassen und es sich womöglich als eigene Stärke anzurechnen, wenn ihm dank seiner religiösen Tugenden Widerstand geglückt sein sollte. Von einer moraltheologischen Wertung der Anfechtung ist Luther dadurch geschieden, daß für ihn der Christ in gleichem Maße wie jeder andere Mensch in sich selbst durch die Grundsünde der Gottesentfremdung gefährdet ist und deshalb die akute Anfechtung als Gefährdung seines Christ-Seins wahrnimmt, was ihn unverzüglich zur Bitte um Gottes Hilfe veranlaßt.

B) Eine andere Konstellation von Anfechtung erfährt der Christ, wenn ihn die Vergangenheit in seinem Gewissen einholt. Das Vergebungswort des Evangeliums befreit das Gewissen des Christen von der Beunruhigung durch begangene Sünde und von der hintergründigen Anklage durch das Gesetz.[127] Der Glaube mit seiner Gewißheit wird angefochten, sobald dem Gewissen das Evangelium entschwindet. Denn die Mächte des Unheils versuchen erneut, Herz und Gewissen des Christen zu beherrschen. In einer Auslegung von Joh 8,51– „Wer mein Wort hält, der wird den Tod nicht sehen in Ewigkeit." – betont Luther zunächst, daß das „Halten" des Wortes, das heißt hier des Evangeliums, verstanden werden muß als ein Ins-Herz-Fassen mit dem Glauben, während man das Gesetz mit Werken hält oder befolgt. Dann gibt Luther dem „Halten" noch eine andere Nuance, indem er die Konfliktsituation des Herzens oder Gewissens anspricht, in der sich der Christ festhalten kann am Christus-Evangelium, um den inneren Streit mit der Sünde, dem Tod und der Hölle eines rettungslosen Gottesverlustes auszufechten.

Und daraus mag man wol verstehen, was er meyne mit dem ,hallten', das es nicht sey gesagt vom hallten, wie man das gesetz hellt mit wercken. Denn solch wort von Christo mus ym hertzen mit dem glauben gehallten seyn und nicht mit der faust oder werck. [...] Und nicht umbsonst heysst es ,halten', denn es giltt streyttens und kempffens, wenn die sunde beysst, der tod drücket, die helle dringet [:bedrängt], da heysst es denn feste hallten an dem wort und sich nicht davon lassen teylen [:trennen].[128]

---

vleissig jnn deinem wort und dienst, das wir nicht sicher, faul und trege werden, als hetten wirs nu alles, [...] sondern gib uns durch deinen Geist weisheit und krafft, das wir jm [:dem Teufel] ritterlich wider stehen und den sieg behalten.

[127] Vgl. z. B. in dem Vaterunser-Lied, Luthers Lieder Nr. 31, Strophe 6,1 f, WA 35, 464,19 f: All unser schuld vergib uns HErr, / Das sie uns nicht betrüben mehr. – Ebenso meint eine Bewahrung vor Anfechtung durch begangene Sünde die Paraphrase der 5. Vaterunser-Bitte in Deutsche Messe, 1526, WA 19, 96,9–11: Wolt auch uns unser schuld vergeben, wie wyr denn unsern schuldigern vergeben, das unser hertz ein sicher frolich gewissen fur yhm habe und fur keiner sunde uns nymmer furchten noch erschrecken.

[128] Fastenpostille, 1525, zu Joh 8,46–59 (Judika), WA 17 II, 234,20–28. – Wie in Joh 8,51 „mein Wort" zu verstehen ist, unterstreicht seit 1522 eine Randglosse z.St., WA.DB 6, 363 (Version 1546): Das ist vom wort des glaubens oder Evangelium gesagt.

7.3 Die Anfechtung des Glaubens

Die Verben verdeutlichen den inneren Kampf, in den der Christ hineingerissen wird, wenn begangene Sünde ihm Gewissensbisse verursacht, wenn sein Herz deswegen von Ängsten bedrückt wird. Dennoch ist diese Situation für den Christen selbst bei schwachem Glauben nicht aussichtslos, solange er am Evangelium festhält.

Der Christ erfährt seine Freiheit nicht als eine unangefochtene Freiheit. Luther beschreibt solche Anfechtungssituationen in unterschiedlicher Weise. Ein großes Beispiel gibt er in seiner Auslegung von Psalm 118, die er 1530 während seines Aufenthaltes auf der Veste Coburg verfaßt hat.[129] Bei der Auslegung von Vers 17a „Ich werde nicht sterben, sondern leben" geht Luther ausführlich auf die Anfechtungen ein, die dem Christen widerfahren wie einst David, dem Beter des Psalms, und anderen Propheten oder generell den „Heiligen" im biblischen Sinn dieses Begriffs. Wie es der Text nahelegt, setzt Luther mit der Todesbedrängnis ein; doch er fügt gleich die Anfechtung durch Sünde und Gesetz hinzu, so daß die drei Unheilsmächte von 1Kor 15,56 sich in der Anfechtung gebündelt bemerkbar machen.

Der 17. vers dieses liedes ,Ich werde nicht sterben, sondern leben' etc. rüret und bekennet die not, daraus Gottes hand den heiligen hilfft, nemlich den tod, Sie fülen warlich den tod, wenn sie jnn todes fahr komen, Und ist dem fleisch nicht ein süsses trüncklin, wenn der tod unter augen stösst [:entgegentritt], So kompt der tod nicht [erg.: allein], er bringt auch sünde und gesetze mit sich.[130]

Fast wie zu erwarten, nennt Luther den Teufel als Urheber der Anfechtungen; denn er ist dem Wort Gottes feind. Darum setzt er allen zu, die es mit dem Wort Gottes halten.[131] Seine Anfechtungen werden sowohl im Leben als auch im Sterben erfahren.

Im leben thut ers mit den hohen anfechtungen des glaubens, der hoffnung und der liebe gegen Gott, da kann er ein hertz so belegern und stürmen mit erschrecken, zweivel, verzagen, das es Gott scheuhet, feind wird und lestert, das dem elenden gewissen nicht anders ist denn Gott, teuffel, tod, sünd, helle und alle Creatur seien ein ding, und alle sein ewiger unablessiger feind worden.[132]

Offensichtlich veranlaßt durch den Text von Psalm 118,17 konzentriert Luther seine Auslegung dieses Verses auf die Anfechtung „im Sterben". In dieser Situation ist die Gottesgewißheit am stärksten gefordert. Wenn es Gott zuläßt, bringt dann der Teufel das Gewissen in Not, indem er im Gewissen vergangene Sünden

---

[129] Die Auslegung erschien 1530 unter dem Titel: Das schöne Confitemini [...] der 118. Psalm, WA 31 I, 65–182. – Manche Gedanken begegnen bereits in dem 1529 konzipierten Scholion zu Ps 118, WA 31 I, 49–64.
[130] Das schöne Confitemini, 1530, WA 31 I, 146,30–147,30. – 1Kor 15,56 erwähnt Luther zu V. 16a und zu V. 19, ebd. 146,1/18; 163,6/24; vgl. auch das Scholion zu Ps 118, 1529, zu Ps 118,19, ebd. 58,11 / 59,12.
[131] Ebd. WA 31 I, 147,21–23: Der [Teufel] kann das wort Gottes nicht leiden, noch alle die, so es halten und leren. Er setzt jhn zu, sey es jm leben odder jm sterben.
[132] Ebd. WA 31 I, 147,23–28.

wachruft und gar noch aufbauscht, so daß der Mensch sich dem Zorn Gottes ausgeliefert fühlt und in Höllenangst gerät. Allerdings kommen die „rechten Hauptsünden" des Herzens gar nicht zum Vorschein, nämlich der Unglaube und die Gottesverachtung. Gott hat dem Teufel nur zugestanden, Tatsünden dem Gewissen vorzuhalten; das kann er jedoch meisterhaft.[133] Er treibt's noch weiter; selbst die „besten Werke", für die der Mensch Gott danken dürfte, macht der Teufel madig und steigert dadurch die Bedrängnis, um den Angefochtenen gar zur Gotteslästerung zu bringen.[134] Die Propheten, besonders David, haben solche Anfechtungen erfahren und reden davon mit Worten wie „des Todes Pforten", „Hölle", „Zorn Gottes".[135]

Was können die „Heiligen" gegen solche Anfechtungen aufbieten? Luther bleibt bei dem Text des Psalms; vor allem aus den beiden Versen Ps 118,15 f hört er ein rückhaltloses Gottvertrauen des Psalmisten: „Man singt mit Freuden vom Sieg in den Hütten der Gerechten: Die Rechte des HERRN behält den Sieg! Die Rechte des HERRN ist erhöht; die Rechte des HERRN behält den Sieg!" Wer sich dieses „Liedlein der Heiligen" zu eigen machen kann, dem ist in seinen Anfechtungen der Sieg nahe. Der Beter vertraut so grenzenlos auf Gottes Macht, daß er zugleich sich selbst verleugnet und, wie Luther mit einem Anklang an die Sprache der Mystik formuliert, selbst nichts sein will, ausgeleert von sich selbst und allem, was sein ist. Deshalb kann der Teufel bei ihm nichts mehr ausrichten.

Es ist aber jnn solchem kampff das allerbeste und nehest zum sieg, dis liedlin der heiligen [V. 15f] lernen singen, das ist sich selbs verleugnen und an die rechte hand Gottes sich

---

[133] Ebd. WA 31 I, 147,31–148,24: Im sterben odder jm todbette kann ers auch, wo jhm Gott raum lesst, Da ist er ein meister, mit sünden auffblasen [:aufbauschen] und Gottes zorn anzeigen. Es ist ein wunderlicher mechtiger geist, der aus einer geringen sünde solch eine angst anrichten und solche helle bawen kann, Denn das ist gewislich war, das kein mensch nimer mehr seine rechten heubtsünde[n] sihet, als da ist unglaube, verachtung Gottes, das er nicht Gott fürchtet, trawet und liebet, wie es wol sein sollte, und der gleichen sünde des hertzen, da die rechten knoten jnnen sind, Were auch nicht gut, das er sie sehen solt, Denn ich weis nicht, ob jrgent ein glaube auff erden sey, der dafur bestehen und nicht fallen und verzweiveln würde. Darum lesst jhm [:dem Teufel] Gott raum zu den wercklichen sünden [:Werksünden], Da sol er dir bald eine helle und verdamnis zurichten.

[134] Ebd. WA 31 I, 148,27–149,21: Und das noch wol erger ist, Er sol dir deine besten werck fur nehmen und dir sie jnn dein gewissen treiben und stecken, so schendlich vernichtet und verdampt, das dir alle deine sünde[n] nicht so bange machen solten, als dir jtzt machen deine besten werck, die doch fur war recht gut sind, aber jtzt woltestu, du hettest eitel grosse sünde, an stat solcher werck gethan, Und damit sucht er, dass du sie auch solt verleugnen, als nicht durch Gott geschehen, damit du also Gott lestern sollest, Da ist denn der Tod auch nicht ferne, ja die helle dazu, Aber wer kann alle seine kunst erzelen, wie er [:der Teufel] sünde, tod und hellen könne zurichten? Es ist sein handwerck, [...] und kans fur einen meister allzu wol [:mehr als meisterhaft], so ist er auch ein fürst des todes solange gewest. Er wirds freilich offt versucht [haben] und wol geübt sein, wie er solt einem armen gewissen ein trünncklin vom tode bey bringen.

[135] Ebd. WA 31 I, 149,22–24: Die Propheten, sonder [:besonders] der liebe David, habens wol gefület und versucht [:erprobt, erfahren], Denn sie klagen, leren und reden warlich davon, als seien sie offt dabey gewest, sagen jtzt von des todes pforten [Ps 9,14], jtzt von der helle [Ps 16,10; 49,16; 86,13; 88,4; 116,3; Jes 38,10], jtzt vom zorn Gottes [Ps 6,2; 27,9; Jes 12,1 u. ö.].

hengen, So geschicht dem teuffel eine grosse schalckheit, das er leer stro zu dresschen findet, nemlich also, ‚Ich will nichts sein, all meine macht sol der HERR sein', wie droben [V. 14] gesagt ist, Wenn ich das thu, so bin ich rein aus geleeret, von mir selbs und alle dem, das mein ist, und kann sagen, ‚Was fichtestu teuffel? Suchstu gute werck und meine eigen heiligkeit zu taddeln fur Gott, jhe [:ja doch], hab ich doch keine, Meine macht ist nicht meine macht, der HERRE ist meine macht […] Suchstu aber meine sünde zu verklagen, jhe, hab ich doch auch keine, Hie ist die macht des HERRN, die magstu jmer hin verklagen, bis du sat werdest, Ich weis widder von sünden noch von heiligkeit jnn mir, Nichts, nichts weis ich denn von Gottes krafft jnn mir'.[136]

Diese Art von Selbstverleugnung ist eine „Kunst", die zu allen Zeiten die „Heiligen" noch zu lernen haben. Der Anfechtungskampf mit der Sünde und dem Tod bleibt ihnen nicht erspart.[137] Worauf sie sich in diesem Kampf berufen können, wie sie den anfechtenden Mächten mit Entschlossenheit widersprechen können, demonstriert Luther, indem er die Situation der Anfechtung in einer Paraphrase von Vers 17 vergegenwärtigt.

Denn siehe, wie dieser vers [V. 17] solchen kampff anzeigt, Der teufel odder verfolger dringt auch mit dem tode auff die heiligen, Was thun sie aber? Sie keren die augen, ja sich selbs gar davon, leeren sich gantz aus [:entäußern sich] und halten sich an die hand Gottes und sprechen: ‚Ich mus nicht sterben, wie du Teufel oder Tyrann fur gibst, Du leugest, Ich werde leben, Denn ich will nicht von meinen noch von menschen wercken reden, Ich weis nichts jtzt von mir noch meiner heiligkeit, Sondern des HERRN werck[e], die hab ich fur mir, davon will ich reden, die rhüme ich, auff die verlasse ich mich, der ists, der von sünden und tod hilfft. Kanstu die[se] werck störtzen, so hastu mich auch gestörtzt'.[138]

Hier wird in der Anfechtung eine Gottesgewißheit aufgeboten, von der im Folgenden noch mehr gesagt wird. Der Psalmist ist in seinem Glauben dessen gewiß, daß er, wenngleich er stirbt, in Gott Leben hat. Für den Menschen in seiner Todesanfechtung kann Gott nur dann das höchste Lebensgut sein, wenn er als ein Gott der Gnade erfahren wird. So kann Luther ohne Schwierigkeit das Heil benennen, das der Beter hier meint: Vergebung der Sünde und Entmachtung des Todes.

Darumb lasst uns mercken hie jnn diesem vers ein meister stück, wie gewaltiglich er den Tod aus den augen schlegt und will nichts wissen vom sterben noch von sünden. Widde-

---

[136] Ebd. WA 31 I, 149,28–150,23. – So entschieden, wie es Luther hier schildert, muß man dem Teufel entgegentreten; mit ihm darf man sich nicht auf einen Disput einlassen; ebd. 150,32–151,20: Fellestu aber von diesem liede, Und er dich ergreifft jnn deinen sünden odder guten wercken, und gestehest jhm seiner disputation [:gehst darauf ein], das du jhm zu sehen und hören wilt, So sol er dich zurichten, wie er dich nach seinem wundsch gerne hat, das du Gott mit seiner rechten hand vergessest und verleurest [:verlierst].

[137] Ebd. WA 31 I, 151,21–27: Es ist kunst, sich selbs verleugnen, wir haben dran zu lernen, weil [:solange] wir leben, so wol als alle heiligen fur uns, neben uns und nach uns thun müssen. Derhalben, wie wir sünde noch fülen, so müssen wir den tod auch fülen, Und wie wir kempffen müssen, das wir der sünden los werden und fest an der Rechten hand Gottes hangen, die uns sein wort verkündigt, also müssen wir auch mit dem tode und todes fürsten odder todes amptman, dem teuffel, kempffen, bis wir gar los [:frei] werden.

[138] Ebd. WA 31 I, 151,27–152,20.

rumb das leben so feste fur sich bildet [:sich vergegenwärtigt], Und will nichts denn vom leben wissen, Wer aber den tod nicht sihet, der lebt ewiglich, wie Christus spricht Joh 8 [V. 51] ‚Wer mein wort hellt, der wird den tod nimer mehr sehen'. Also senckt er sich gar jns leben, das der tod jm leben verschlungen wird und gantz verschwindet, Das macht, das er an der rechten hand Gottes henget mit festem glauben, Also haben alle heiligen diesen vers gesungen und müssen jhn vollend bis ans ende singen.[139]

Dem Gedanken des Heils gibt Luther einen doppelten Bezug, der für sein Verständnis des Glaubens und dessen Gewißheit instruktiv ist. Zum einen lenkt er den Blick auf den christlichen Glauben nach dem dritten Artikel des Credo. Zum anderen ist Gott selbst Grund des Heils und des ewigen Lebens, dem Menschen zugesprochen im ersten Gebot, genauer: im Vorspruch des Dekalogs (Ex 20,2 a; Dtn 5,6 a), „Ich bin dein Gott". Beides gehört zusammen; denn das christliche Bekenntnis zu dem Gott des Heils, das er den Menschen zuwendet, gründet in jener alttestamentlichen Selbstzusage Gottes.

Und hie sollen wir die regel lernen, das, wo jm Psalter und jnn der schrifft die heiligen also mit Gott handeln vom trost und hülffe jnn jhren nöten, das daselbst gewislich vom ewigen leben und aufferstehung der todten gehandelt wird, Und das solche text[e] allzu mal gehören auff den artickel von der aufferstehung und ewigem leben, Ja auff das gantze dritte stück des glaubens [:des Glaubensbekenntnisses], als vom heiligen geist, von der heiligen Christenheit, von vergebung der sünde, von der aufferstehung, vom ewigen leben. Und fleusst alles aus dem ersten gebot, da Gott spricht [Ex 20,2 a; Dtn 5,6 a] ‚Ich bin dein Gott' etc. Dis wort gibt dasselbige dritte stück des glaubens gewaltiglich [:eindringlich, überzeugend], Denn weil sie klagen, das sie sterben und not leiden jnn diesem leben, Und sich doch gleich wol trösten eines andern denn dieses lebens, nemlich Gottes selbs, der uber und ausser diesem leben ist, so ists nicht müglich, das sie sollten gantz und gar sterben und nicht widderumb ewiglich leben.[140]

Luther führt den Gedanken noch fort und legt den Ton darauf, daß die Heiligen, die sich voller Vertrauen auf Gott verlassen und „an ihm hangen",[141] auf diese Weise mit ihm als „ihrem Gott" im Glauben so eng verbunden sind, daß sie „in Gott leben", weil sie von ihm Vergebung der Sünde und ewiges Leben empfangen. Denn er ist ein Gott der Lebenden und nicht ein Gott der Toten. Luther zitiert das Wort aus Mt 22,32 b, weil in seiner Sicht Jesus in diesem Wort den Gott bezeugt, der selbst ewiges Heil und Leben ist für alle, die sich im Glauben an seine Heilszusage halten.

---

[139] Ebd. WA 31 I, 153,31–154,23. – Zu Luthers Vertonung von Ps 118,17 „Non moriar, sed vivam, et narrabo opera Domini" vgl. WA 35, 535–538.

[140] Ebd. WA 31 I, 154,27–155,19. – In ungefähr dieselbe Zeit wie die Auslegung von Ps 118 gehören Luthers Glossen zum Dekalog, 1530, wo er zu Ex 20,2 a als Gottes umfassendste Heilszusage vom 1. Gebot abgrenzt, s. o. Anm. 79.

[141] Das lateinische Verb (ad)haerere mit dem Dativ Deo begegnet im Alten Testament mehrfach als Ausdruck für das im Gebot der Gottesliebe (Dtn 6,5) gemeinte Gottesverhältnis, z. B. Dtn 10,20; 30,20; Jos 22,5; 23,8; Ps 72/ 73,28; 118/ 119,31; im Neuen Testament hat es eine spezielle Nuance in 1Kor 6,17. Das adhaerere Deo (oder Domino) hat in der Mystik eine gewisse Bedeutung gewonnen; Luther dürfte jedoch v. a. vom biblischen Sprachgebrauch beeinflußt sein.

7.3 Die Anfechtung des Glaubens

Nicht allein darumb, das Gott, an dem sie hangen und sich sein[er] trösten, nicht sterben kann, Und sie also jnn jhm leben müssen, Sondern auch darumb, das Gott nicht kann sein ein Gott der todten, und die nichts mehr sind, Sondern wie Christus sagt [Mt 22,32 b], Er mus ein Gott der lebendigen und nicht der todten sein, Drumb müssen sie ewig leben, sonst were er nicht jhr Gott, und sie köndten auch nicht an jhm hangen, wo sie nicht lebeten, Also bleibt denn der tod bey diesem heufflin nicht mehr denn ein schlaff. – Ist aber das war, das sie jnn Gott leben, So mus das zuvor war sein, das sie vergebung der sünde haben, Haben sie nicht sünde, so haben sie gewislich den heiligen geist, der sie heiliget, Sind sie heilig, so sind sie die rechte, heilige Christliche Kirche und das kleine heufflin und herrschen uber alle gewalt des teuffels, müssen also widder aufferstehen und ewig leben.[142]

In der Auslegung von Ps 118,17 hat Luther nur beiläufig das Gesetz als Macht der Anfechtung genannt. Von den Texten, in denen Luther die Anfechtung des Christen ausdrücklich als einen Antagonismus von Gesetz und Evangelium beschreibt, sei einer beleuchtet, der besonders illustrativ ist für Luthers theologische Redeweise in engem Anschluß an den biblischen Text. Es handelt sich um seine Auslegung von Ps 131,2 im Duktus einer Vorlesung (1532/33) über die Stufenpsalmen.[143] Der Vers Ps 131,2 wird heute auf Grund neuer philologischer Erkenntnisse erheblich anders gelesen als früher. Der für Luther gültige Text spricht von einer Selbsterfahrung des Psalmisten: Als er auf eigenes Rühmen vor Gott nicht verzichtete statt sich ganz auf Gottes Gnade zu verlassen, da erging es seiner Seele wie einem Säugling, dem plötzlich die Mutterbrust entzogen wird.[144] In den Summarien über die Psalmen gibt Luther diese Paraphrase von Ps 131:

Der 131 Psalm. Ist ein Leresalm [...] Als solt er sagen: [V. 1] Ich kan nicht so hoch herfaren [:großtun, protzen] und pochen [:prahlen] mit meiner heiligkeit, als die leute thun, so [:die] auff sich selbs bawen, Denn [V. 2] so offt ichs habe wollen thun und mein hertz nicht auff Gottes Gnade gründete und stillete, das ist rugen lies, So geschach mir, als einem entwehneten kinde, Ich verlore den zitzen der verheissung und Gnade, schrey [:schrie] tag und nacht und hatte keine ruge jnn meinem gewissen, Darumb schliesse ich also [V. 3], Das Israel und jederman trawe und hoffe auff Gott und verlasse sich blos auff seine Gnade, Diesen zitzen las dir nicht nehmen, das rate ich dir, Denn der verheissen[e] und künfftige Christus ist darinnen.[145]

---

[142] Das schöne Confitemini, 1530, WA 31 I, 155,19–31. – Das ist zu ergänzen durch zwei weitere Sätze, ebd. WA 31 I, 156,21 f: Nu leben solche heiligen nicht allein in jhenem leben sondern fahens hie an jm glauben, Und wo glaube ist, da ist auch ewigs leben angefangen. – Ebd. 156,25–28: Und der glaube auch nicht hangen noch hafften kann an irgent etwas, das jnn diesem leben gillt, Sondern bricht hinaus, und henget an dem, das uber und ausser diesem leben ist, das ist Gott selbs.
[143] Von der Vorlesung über die Stufenpsalmen, 1532/33, existiert eine Nachschrift Georg Rörers und eine Druckbearbeitung durch Veit Dietrich von 1540, WA 40 III, 9–475. – Die Auslegung von Ps 131,2 steht ebd. 384,7/16–388,5/30. Luthers Exegese folgt dem grammatischen Duktus des Textes, bei dem der Beter im Präteritum auf seine Anfechtung als vergangen und überwunden zurückblickt, so daß er für sich und andere eine Lehre daraus ziehen kann.
[144] Ps 131,2 lautet seit 1531 in Luthers Deutscher Bibel (Version 1545), WA.DB 10 I, 543: Wenn ich meine Seele nicht setzet und stillet, So ward meine seele entwenet, wie einer von seiner Mutter entwenet wird.
[145] Summarien über die Psalmen, 1531/33, WA 38, 61,15–26.

Luther versteht die vom Psalmisten angedeutete, äußerst bedrohliche Situation als existentielle Erfahrung des Widerstreites von Gesetz und Evangelium. Das Gesetz verlockt den Menschen dazu, die mit Recht geforderten Werke für sich selbst zum eigenen, trotzigen Ruhm zu verbuchen. Wer sich in dieser Weise in seinem Selbstverständnis der Macht des Gesetzes ausliefert, setzt sein Vertrauen auf einen Gott, der durch das Gesetz verehrt wird, er entzieht sein Vertrauen dem Gott des Evangeliums.[146] An diesem kritischen Punkt des Selbstverständnisses vertragen sich Gesetz und Evangelium keineswegs. Wem unter dem Gesetz das Vertrauen auf das Evangelium verlorengeht, dem geht es wie einem Kleinkind, dem die Mutterbrust entzogen ist. Er ist abgeschnitten von der Lebensquelle, auf die er völlig angewiesen ist. Im Ausmalen des Bildes wird das Evangelium gleichsam zur Mutterbrust; der Christus des Evangeliums gleicht der Zitze oder sogar dem Mutterleib, weil er durch sein Wort die Glaubenden gebiert, nährt und umhegt.[147] Luthers Interpretation führt bildhaft drastisch vor Augen, wie gefährlich es für den Christen ist, wenn ihm der Glaubensgrund des Evangeliums entgleitet und er sein Bewußtsein vom Gesetz bestimmen läßt. Das Gesetz, das eigentlich in seinem geistlichen Sinn und Gebrauch ein vermessenes Vertrauen auf eigene Werke verhindern sollte, kann andererseits den Menschen in seinem Streben nach Eigengerechtigkeit unterstützen, um ihn schließlich der Verzweiflung auszuliefern. Jeder Christ ist deshalb genötigt, in seiner eigenen Situation die Macht des Gesetzes richtig einzuschätzen und für sich selbst Gesetz und Evangelium klar zu unterscheiden, damit ihm der vom Evangelium genährte Glaube nicht abhanden kommt.[148] Vor allem in einer Situation der Anfechtung sollen Gesetz und Evangelium in ihrem wahren Charakter erkannt und gegeneinander gehalten werden. Man sollte ja nicht meinen, in dieser Sache sicher zu sein. Der

---

[146] Luther läßt den Beter seine Lehre ziehen aus jener Konfliktsituation, Vorlesung über die Stufenpsalmen 1532/33, WA 40 III, 384,13–385,2 Ns: ideo abstinebo a confidentia iustitiae legis, dei per legem culti; wen [:denn] ich mich da [:dort, im Vertrauen auf Gesetzesgerechtigkeit] nicht confitirt peccatorem. […] Si incedebam in gloria et iustitia mea, het ich zu lohn: […] ging mirs wie eim kind, das Entwhenet [wird]. – Vgl. ebd. 384,32–385,14 Dr: cum non facerem silere animam meam, hoc est, cum non humiliabar, cum non abstinerem a praesumptione ex fiducia propriae iustitiae, legis, imo etiam Dei per legem culti, Cum non humiliarem me […], tum eram vere sicut ablactatus.

[147] Ebd. WA 40 III, 385,5–9 Ns (385,15–24 Dr): Sic quando amitto illam consolationem remissionis, propitiationis, Mamillam consolationis. Eo ablato: Zitzen, i. e. Christo, qui lactat; non tantum in genibus, sed uberibus etc.! […] Sic animae meae, quando consolationem et promissionem amisi. Et est verum. – Ebd. 386,8–12 Ns (386,28–36 Dr.): Oportet veniat alius praedicator, qui loquitur verbum consolationis, Christus; das ist der Zitz. Sicut puer cruciatur, acciditur [:Lebenskraft verliert], moritur absente matre, Sic ego affligor absente mea matre, alvo, quia Evangelium est mamma, alvus [:Mutterleib] dei; per Evangelium genuit nos et lactat, fovet.

[148] Ebd. WA 40 III, 385,9–386,3 Ns (385,25–386,16 Dr): Distinguenda lex et Evangelium; lex est necessaria ad contundendam illam superbiam: praesumptio in propria iustitia, […] donec desperatio et diffidentia, Donec venit diabolus cum lege; tum, si non Christus [adest], desperant ut Iudas, nullum remedium. Quia conscientiae peccatis morsae nullum remedium, nisi apud deum propiciatio [vgl. Ps 130,4].

Teufel ist ein Tausendkünstler; er möchte den Unterschied zwischen Gesetz und Evangelium verwirren, das Gesetz zur Heilsbotschaft und das Evangelium zum Gesetz verkehren, wenn er z. B. aus den Evangelien einzelne Stellen herauszieht, die eigentlich an die kritische Funktion des Gesetzes erinnern sollten, nun aber das Gesetz zum Heilsweg verfälschen.[149] Kein Christ kann sich einbilden, er verstünde es allemal, zwischen Gesetz und Evangelium zu unterscheiden. In der kritischen Situation muß er für die eigene Person das Evangelium dem Gesetz entgegenhalten. Wenn das Gesetz seinem Gewissen vorhält, er habe den Willen Gottes nicht befolgt, er habe seine Verantwortung vor Gott und den Menschen versäumt, ist er gehalten, einfach im Glauben beim Evangelium von Gottes Vergebung zu bleiben, sich nicht von dieser Lebensquelle zu trennen, damit er nicht in tödliches Verderben gerät.[150]

C) An die eben behandelte Situation der Glaubensanfechtung durch den Widerstreit zwischen dem heilvoll befreienden Evangelium des Jesus Christus einerseits und der durch Werkgerechtigkeit suggestiven Macht des Gesetzes andererseits lassen sich noch andere Anfechtungssituationen anschließen, die ebenfalls von Luther seelsorgerlich bedacht werden. Eine scharfe Trennlinie kann nicht gezogen werden, da Luther die von ihm angesprochenen Anfechtungen nicht systematisiert hat.

Daß Christen seiner Zeit angefochten wurden durch die Frage nach Gottes Heilsprädestination, hat Luther sehr ernst genommen. Er hat die Frage bereits in den Operationes in Psalmos, 1519–1521, aufgegriffen, und zwar innerhalb des Exkurses zum Thema „Hoffnung" im Zuge der Auslegung von Ps 5,12.[151] Einige der dort vorgetragenen und andere, inzwischen reflektierte Gedanken begegnen erneut in den Texten, in denen er später das Thema in ausgesprochen seelsorgerlicher Weise behandelt hat. Von diesen späteren Texten soll dem Brief Luthers an Barbara Lißkirchen vom 30.4.1531 der Vorzug gegeben werden.[152] Inhaltlich

---

[149] Ebd. WA 40 III, 386,12–387,5 Ns (386,37–387,26 Dr): Sint quidam, qui praesumunt et certi, quod ista intelligant. Diabolus est artifex mille [:Tausendkünstler]. Er kan dir istam distinctionem confundirn, ut legem pro Evangelio et econtra apprehendas. Ex Evangelio adducit locos, qui proprie legis, ut [Mt 19,17]: ‚Si vis in vitam ingredi', etc.; Item [Mt 7,21]: ‚Non omnis, qui dicit' etc. Es sol dich in legem furen, ut nihil videas nisi factum faciendum, legem condemnantem, et aufert Christum, ut nihil de promissione videas.

[150] Ebd. WA 40 III, 387,5–12 Ns (387,26–37 Dr): Ideo nemo cogitet se scire, quomodo distinguatur per verba inter legem et Evangelium. Sed in terroribus, periculis, ostensione irae et Iudicii dei. Ibi sis bonus dialecticus. Hic disputator de lege, quae dicit: Non fecisti voluntatem patris; – faciam autem iam! – Quomodo? – credam in Christum, Joh. 6 [V. 29]. Iubet, ut toto corde confidam et adhaeream! Qui istam distinctionem trifft in tempore, bene, sed [diabolus] lest einen nicht gern dazu komen. Oportet deus faciat ut mater, quae ubera hengt iterum in os, alioqui moreretur.

[151] Operationes in Psalmos, 1519–1521, zu Ps 5,12, Exkurs WA 5, 158,3–177,27 / AWA 2, 284,1–321,5; von der Prädestinationsanfechtung handelt WA 5, 172,1–175,10 / AWA 2, 311,3–315,12.

[152] Luthers Brief an Barbara Lißkirchen, 30.4.1531, Nr. 1811, in WA.B 6, 86–88 ist überholt durch die Edition der Urschrift in WA.B 12, 35f Nr. 4244a. – Barbara Lißkirchen, geb. Weller,

stimmt mit ihm im Wesentlichen überein, was er dem Grafen Albrecht von Mansfeld in einem Brief vom 23.2.1542 zu dessen Prädestinationsanfechtungen geschrieben hat.[153]

Die Prädestinationsanfechtung der Barbara Lißkirchen betrachtet Luther ohne Vorbehalt als ein Phänomen, das seelsorgerlich behandelt werden will. Wenn er es eine „Krankheit" nennt, meint er eine geistliche Notsituation, die nicht mit einer psychischen Krankheit gleichgesetzt werden darf, sondern mit dem Jesus-Wort in Mt 9,12 assoziiert werden muß. Wie er schreibt, kenne er selbst solche Anfechtung aus eigener Erfahrung; er berichtet jedoch nur kurz, wie ihm Hilfe zuteil geworden ist, so daß man dieser Situation nicht völlig hilflos ausgeliefert bleiben müsse.

[Ich] kenne die kranckeyt wol und hab bis auff den ewigen tod ynn dem Spital gelegen. Nu wolt ich uber [:außer] mein gebet euch gerne raten und trosten. So ists mit schrifften ynn solcher sachen ein schwach Ding, Aber doch, so viel ich kann, sol ichs nicht lassen, ob Gott gnade wolt dazu geben, Und wil euch anzeigen, wie mir Gott davon geholffen und mit welcher kunst ich auch noch teglich mich dawider erhallte.[154]

Ist er mitteilsamer, dann erinnert er sich daran, wie ihm in seiner Klosterzeit Johannes von Staupitz die Prädestinationszweifel genommen habe:

ich etwa auch drinnen gestecket, Und wo mihr D. Staupitz, oder viel mehr Gott durch Doctor Staupitz, nicht heraus gehollfen hette, so were ich darinn ersoffen und langst in der helle. Denn solche Teufflische gedancken machen zuletzt, wo Blöde [:schwache] hertzen sindt, vorzweifeldte leuthe, die an der gnade gottes verzagen. Oder sind sie kühne und mutig, werden sie Gottes verechter undt feinde, Sagen: ‚las her gehen, ich will thun was ich will, ists doch verloren'.[155]

Seinen seelsorgerlichen Rat für Barbara Lißkirchen gibt er in vier Schritten. Er beginnt mit einem grundsätzlichen Gedanken.

Erstlich musset yhr feste ynn ewr hertz fassen, das solche gedancken gewislich des leidigen teufels einblasen und feurige pfeil [Eph 6,16] sind. Solches sagt die schrifft, wie Ecclesiastes spricht [Prov 25,27b], ‚Wer der Maiestet hohe forschet, der wird unterdruckt'. Nu sind solche gedancken eitel forschung der Gottlichen Maiestet und wollen seine hohe

---

war eine in Freiberg /Sa. lebende Schwester des Hieronymus Weller, der damals in Wittenberg „Hausgenosse" Luthers gewesen ist und ihm von den Anfechtungen seiner Schwester erzählt hat.

[153] Luther an Graf Albrecht von Mansfeld, 23.2.1542, Nr. 3716 WA.B 9, 626–629; in Betracht kommen 627,16–628,80. – In zeitlich und inhaltlich engster Nähe zu diesem Brief steht die Nachschrift der Kollegstunde Luthers am 18.2.1542, in der er innerhalb seiner Genesis-Vorlesung, 1535–1545, bei Gen 26,9 einen Exkurs über die Prädestinationsanfechtung eingeschaltet hat. Die leicht geglättete Kollegnachschrift, die in die Tischreden-Überlieferung geraten ist, findet sich WA.TR 5, 293–296 Nr. 5658a; vgl. dazu Textemendationen WA 48, 363f. Diesem Text entspricht in der Druckbearbeitung der Genesis-Vorlesung WA 43, 457,32–463, 2/17.
[154] An Barbara Lißkirchen (wie Anm. 152), WA.B 12, 135,6–11.
[155] An Graf Albrecht von Mansfeld (wie Anm. 153), WA.B 9, 627,23–29 – Noch etwas genauer in der Genesis-Vorlesung (wie Anm. 153), WA.TR 5, 295,15–18 (Druckbearbeitung WA 43, 460,42f; 461,11ff).

7.3 Die Anfechtung des Glaubens

versehung forschen. Und Ecclesiasticus 3 [Sir 3,22] spricht, ‚Altiora te ne quaesieris' etc. ‚du solt nicht forschen, das dir zu hoch ist, Sondern was dir Gott geboten hat, da dencke ymerdar an'. Und David klagt auch Ps 130/131 [V. 2], Das er ubel angelauffen [:zuschanden geworden] sey, wenn er hohe ding hat wollen forschen. Darumb ists gewis, das [es] nicht aus Gott, sondern aus dem teufel kompt, der plagt ein hertz damit, auff das der mensch Gott feind werden und verzweiveln solle, welchs doch Gott ym ersten gebot [Ex 20,3; Dtn 5,7] alles hart verboten hat, und wil, das man yhm trawen, lieben und loben solle, davon wir leben.[156]

Gott will nicht, daß wir seinen geheimen Heilsratschluß zu ergründen suchen. Es steht uns nicht zu, Gottes Majestät zu erforschen, mit anderen Worten, wir sollen uns an den offenbaren Gott halten, nicht an den verborgenen. Zur Stütze dienen Luther zwei Stellen, die er in diesem Sachzusammenhang wiederholt anführt, wobei er noch die Vulgata-Fassung im Gedächtnis hat, Prov 25,27 b[157] und Sir 3,22.[158] Der Sache nach findet Luther das auch in dem pseudo-sokratischen Diktum ausgedrückt, das er zwar nicht in diesem Brief, jedoch in verwandten Texten zitiert: „Quae supra nos, nihil ad nos"; „Was uns zu hoch ist, geht uns nichts an".[159] Was in biblischen und profanen Weisheitsworten gesagt wird, gewinnt für Luther vollen theologischen Sinn, den er auch durch David in Ps 131,2 bezeugt findet, in jenem Vers, mit dessen Auslegung er bei anderer Gelegenheit den Gewißheitsgrund des Glaubens im Evangelium dargelegt hat.[160] Die zitierten Bibelworte sollen angefochtene Christen, wie die Briefempfängerin Barbara Lißkirchen, dessen vergewissern, daß es nicht Gottes Wille ist, über seinen verborgenen Heilsratschluß zu grübeln, daß vielmehr der Teufel solche Gedanken einflüstert, um den Menschen möglichst weit in die Gottesferne und in die Verzweiflung zu treiben. Das widerspricht jedoch dem, was Gott nach dem ersten Gebot (Ex 20,3; Dtn 5,7) von uns will, daß wir ihm vertrauen, ihn lieben und loben sollen. Mit dem ersten Gebot können „wir leben", lebensfeindlich hingegen ist zweifelndes Grübeln.

Nachdem Luther eben das erste Gebot hier wie im Kleinen Katechismus (1529) rein affirmativ interpretiert hat, greift er beim zweiten Schritt auf Gottes Selbstzusage zurück, die dem Dekalog vorausgeht [Ex 20,2 a; Dtn 5,6 a]: „Ich bin dein Gott." Daraus formuliert er mit seelsorgerlicher Kunst, wie der angefochtene

---

[156] An Barbara Lißkirchen (wie Anm. 152), WA.B 12, 135,12–23.

[157] Prov 25,27 b [Vg: qui scrutator est maiestatis opprimetur a gloria] lautet in Luthers Deutscher Bibel 1524 / 1545, WA.DB 10 II, 84 / 85: wer schweer ding forschet, dem wird's zu schweer.

[158] Sir 3,22.23 a lautet in Luthers Deutscher Bibel 1533 / 1545, WA.DB 12, 159 (Version 1545): Stehe nicht nach hohem Stande, und dencke nicht uber dein vermögen, Sondern was Gott dir befohlen hat, des nim dich stets an. – Sir 3,22 = Ecclesiasticus 3,22 Vg: Altiora te ne quaesieris, et fortiora te ne scrutatus fueris; sed quae praecepit tibi Deus, illa cogita semper.

[159] Luther verwendet das pseudo-sokratische Diktum z. B. in der Genesis-Vorlesung (wie Anm. 153), WA.TR 5, 293,33 (Druckbearbeitung WA 43, 458,40) – Zur Überlieferung des Diktums und dessen Gebrauch in De servo arbitrio, 1525, WA 18, 605,20; 685,6 f vgl. Kap. 6.4 Anm. 188.

[160] S.o. bei Anm. 143 f, 146–150.

Christenmensch mit der Gottesgewißheit des Glaubens den anfechtenden Gedanken des Teufels entgegentreten soll.

Zum andern: wenn nu solche gedancken ein fallen, solt yhr lernen, bey euch selber fragen: Lieber [:mit Verlaub], ynn welchem gebot stehets, das ich davon gedencken sol oder handeln. Wenn sich kein gebot findet, so lernet sprechen: Ey so heb dich, leidiger teuffel, Du wilt mich dahin treiben, das ich solle fur mich sorgen, So doch Gott allenthalben spricht, Ich solle lassen yhn fur mich sorgen, und sagt [Ex 20,2 a; Dtn 5,6 a]: ‚Ich bin dein Gott', das ist, Ich sorge fur dich, hallt mich auch dafur und warte [:befolge], was ich heisse [:gebiete], und lasse mich sorgen, wie S. Petrus leret [1Pt 5,7]: ‚Werfft alle ewr sorge auff yhn, denn er sorget fur euch', Und David [Ps 55,23]: ‚Wirff dein anligen auff den HERRN, der wird dich versorgen'.[161]

Die in der Anfechtung aufgebrochene Frage nach dem eigenen Heil verwandelt sich in die Frage, ob wir das Besorgtsein um uns selbst Gott überlassen, wie es Gott mit seiner Selbstzusage von uns erwartet. Das unterstreicht noch der dritte Gedankenschritt. Ein weiteres Mal formuliert Luther einen Satz, mit dem der angefochtene Christ den Teufel abweisen soll, damit er, weil er in der Gewißheit seines Gottvertrauens frei ist von der Sorge um sich selbst, einfach so leben kann, wie es ihm Gottes Gebot ans Herz legt.

Zum dritten: ob nu wol die gedancken so bald nicht ablassen (Denn der teuffel lesst ungern ab), So musst yhr widderumb auch nicht ablassen und ymer das hertz davon wenden [:von den verkehrten Gedanken abwenden], Und sagen: ‚horestu nicht, teuffel, das ich solche gedancken nicht haben wil, und Gott hat sie verbotten; heb dich, ich mus itzt an seine gebott dencken und lasse yhn die weil fur mich selbs sorgen; bistu ia so klug ynn solchen sachen, So fare hin gen himel und disputir mit Gott selbs, der kan dir gnug antworten'. Und [ihr] solt also ymerdar [den Teufel] von euch weisen und das hertz auff Gottes gebot keren.[162]

Im vierten Punkt seines Briefes spricht Luther den Christus-Glauben der Adressatin an. Gottes Vorhersehung zum Heil findet im Christus-Glauben letzte Klarheit und tiefste Gewißheit. Damit der Mensch sich einpräge, wie sein Heil in Gottes Willen beschlossen ist, gilt ihm Gottes dringender Rat, sich beharrlich Jesus Christus vor Augen zu halten, um in ihm zu erkennen, „wie lieb uns Gott hat", wie er sich in Wahrheit als unser Gott erweist, weil es ihm in Jesus Christus nur um unser Heil zu tun ist. Wer sich den Jesus Christus des Evangeliums vergegenwärtigt und nicht sich selbst wie in einem Spiegel betrachtet, gewinnt für sich selbst Gewißheit von Gottes Heilswillen. Die Gewißheitsformel „Glaubst du, so hast du" wird von Luther mit dem Blick auf Gottes Vorhersehung zum Heil in direkter Anrede an die Adressatin abgewandelt: „Glaubt Ihr, so seid Ihr berufen. Seid Ihr berufen, so seid Ihr auch gewiß vorhergesehen", mit anderen Worten: dann seid ihr gewiß in Gottes Heilsratschluß einbezogen.

Zum vierden: Unter allen geboten Gottes ist das hohest, das man [lies: wir] seinen lieben son, unsern herrnn Jhesum Christum, sollen fur uns bilden [:uns vor Augen stellen], der

---

[161] An Barbara Lißkirchen (wie Anm. 152). WA.B 12, 135,24–32.
[162] Ebd. WA.B 12, 135,33–40.

7.3 Die Anfechtung des Glaubens

sol unsers hertzen teglicher und furnemster spiegel sein, darinn wir sehen, wie lieb uns gott hat und wie er so hoch als ein frumer [:rechter] Gott fur uns hat gesorget, das er auch seinen son fur uns gegeben hat [vgl. Joh 3,16; Röm 8,32]. Hie, Hie, sage ich, lernet man die rechte kunst von der versehung und sonst nirgent. Da wird sichs finden, das yhr an Christum gleubt. Gleubt yhr, so seid yhr beruffen. Seid yhr beruffen, so seid yhr auch versehen gewislich.[163]

Mit einem Bekräftigen durch seine eigene Erfahrung fügt Luther hinzu, daß der Mensch sich stets die liebevolle Selbstzuwendung Gottes in Jesus Christus vor Augen halten solle, das meine Gott so ernst wie das erste Gebot des Dekalogs. Damit greift er auf alles zurück, was er vorher bei den ersten drei Punkten ausgeführt hat, und verbindet Gottvertrauen und Christusglauben zu einer Einheit. Ja, er entdeckt in der Prädestinationsanfechtung eine Analogie zu dem, was von Adam als Urerfahrung des Menschen geschildert wird; es ist die böse Versuchung, daß wir die Sorge um unser Selbst oder unser Ich selbstvermessen uns zumuten statt Gott wirklich unseren Gott sein zu lassen, der für uns sorgt.

So hat mir Gott geholffen, Denn es ist Gottes ernst gebot, das wir den son uns einbilden [:vor Augen stellen, einprägen], damit er sich reichlich erzeigt hat, Das er unser Gott sey (wie das erste gebot leret), der uns helffe und fur uns sorge. Drumb wil er nicht leiden, das wir uns selber helffen oder fur uns selbs sorgen wollen, Denn das heisst, Gott und das erste gebot und Christum dazu verleugnen. Der leidige teufel, der Gott und Christo feind ist, der wil uns mit solchen gedancken widder das erste gebot von Christo und Gott auff uns selbs und auff unser sorge reissen, das wir uns sollen Gottes ampt (welchs ist, fur uns sorgen und unser Gott sein) unterwinden [:anmaßen], wie er [:der Teufel] Adam ym Paradis auch wolte zum Gott machen [Gen 3,5], das Adam sein[er] selbs Gott sein und selbs fur sich sorgen solte, Und Gotte solche sorge und Göttlich werck rauben, Daruber Adam auch so grewlich gefallen ist.[164]

Im abschließenden Wunsch des Briefes wird der Adressatin Gottes Heilszuwendung in Jesus Christus warm ans Herz gelegt, weil wir zu unserem Heil Gott nur dort erfahren können, wo er im Evangelium des Jesus Christus sich uns mitteilt. Alles andere soll uns nicht an Gott irre machen und beunruhigen.

Summa: Was uns nicht geboten ist, das sol uns nicht yrren noch bekummern. Es ist des teufels getrieb [:Betreiben, Anstiften] und nicht Gottes. Unser lieber herr Jhesus Christus zeige euch seine fusse und hende [vgl. Joh 20,27] und grusse euch freundlich ym hertzen, auff das yhr yhn allein ansehet und horet, bis yhr frolich ynn yhm werdet.[165]

---

[163] Ebd. WA.B 12, 136,41–48. Luther fährt fort, ebd. 136,48–53: Diesen spiegel und thron der gnaden [vgl. Hbr 4,16; Röm 3,25] lasst euch nicht aus den augen des hertzen reissen, Sondern, wenn solche gedancken komen und beissen wie die feurigen schlangen, So sehet yhr ia nicht den gedancken noch den schlangen zu, Sondern keret ewr augen ymer ab und schawet die eherne schlangen [Num 21,8; Joh 3,14f], das ist Christum, fur uns gegeben, So wird's besser werden, ob Gott wil. Es mus aber (wie gesagt) gestritten sein und ymer von den gedancken lassen.

[164] Ebd. WA.B 12, 136,55–66. Die Gewichtung der Prädestinationsanfechtung durch die Analogie zur Paradiesesversuchung kehrt wieder bei der Auslegung von Gen 26,9 in der Genesis-Vorlesung (wie Anm. 153), WA.TR 5, 293,14f.

[165] Ebd., WA.B 12, 136,71–75.

Dem Grafen Albrecht von Mansfeld rät Luther dringend, in den Prädestinationsanfechtungen seinen Glauben durch „Wort und Sakrament" zu stärken.[166] Bei allem, was er angesichts solcher Anfechtungen zur Sprache bringt, geht er einen völlig anderen Weg als die religionspraktische Literatur des Spätmittelalters, die den Angefochtenen zu verdienstvollen Werken auffordert, weil einerseits Gott in seiner Prädestination schon die Verdienste des Frommen vorhersieht, und weil andererseits der Fromme durch gute Werke seine Hoffnung auf das ewige Leben bestärken soll.

D) Anderer Art als die Prädestinationsanfechtung ist die Anfechtung durch Schwermut oder Melancholie;[167] deshalb haben auch Luthers Briefe an Schwermütige einen anderen Tenor. Den von Schwermut heimgesuchten Adressaten, besonders wenn sie in jugendlichem Alter sind, gibt er den Rat, Gesellichkeit zu suchen und Einsamkeit zu meiden. Mit praktischem Blick berücksichtigt er die standesbedingten Lebensumstände. Dem 25 jährigen Fürsten Joachim von Anhalt-Dessau (1509–1561), in dessen Familie er eine gewisse Neigung zum Einzelgängerleben und zur Schwermut bemerkt, schreibt er:

Darumb wollt ich E. F. G., als einen jungen Mann, liber vermahnen, immer fröhlich zu sein, zu reiten, jagen und ander guter Gesellschaft sich fleißigen, die sich göttlich und ehrlich mit E. F. G. freuen können. Denn es ist doch ja die Einsamkeit oder Schwermut allen Menschen eitel Gift und Tod, sonderlich einem jungen Menschen. So hat auch Gott geboten, daß man solle fröhlich fur ihm sein, und will kein trauriges Opfer haben, wie das im Mose oft geschrieben stehet und Ecclesiastes 12 [Pred 11,9]: ‚Freu dich, Jüngling, in deiner Jugend, und laß dein Herz guter Ding sein!' Es gläubt niemand, was Schaden es tut einem jungen Menschen Freude wehren und zur Einsamkeit oder Schwermut weisen.[168]

Daß bei jungen Menschen die Anfechtung durch Schwermut besonders gefährlich ist, bewegt Luther auch in seinen Briefen, die er während seines Aufenthaltes auf der Veste Coburg mehrmals an den 30 jährigen, zur Schwermut neigenden Hieronymus Weller (1499–1572) richtet, der damals im Luther-Haus lebte und sich besonders um Luthers vierjährigen Sohn Johannes zu kümmern hatte.[169] Ihm empfiehlt er das Gespräch mit anderen Menschen und Spiele; ja er solle mit Luthers Frau und anderen scherzen. Wenn er es mit Trinken, Spielen und ungezwungenem Plaudern gelegentlich etwas übertreibt und es dazu dient, den Geist der Schwermut zu vertreiben, brauche er sich daraus kein Gewissen zu

---

[166] Luther an Graf Albrecht von Mansfeld, 23.2.1542, Nr. 3716 WA.B 9, 628,74 f: Demnach bitte ich E. G. gantz hertzlich, E. g. wollten sich nicht endtziehen vom wort undt Sacrament, Dann der Teuffel ist ein böser geist.

[167] Wenn Luther beide Begriffe additiv verknüpft, scheint er nicht unterschiedliche Phänomene zu meinen (s. u. Anm. 176).

[168] An Joachim von Anhalt-Dessau, 23.5.1534, Nr. 2113 WA.B 7, 66,7–16.

[169] An Hieronymus Weller, 19.6.1530, Nr. 1593 WA.B 5, 374,6–8: Significavit mihi praeterea Magister Vitus [Veit Dietrich], solere te aliquando vexari tristitiae spiritu, quae tentatio maxime nocet iuventuti. – Zum Beleg dafür, wie sehr dieser Geist in der heiligen Schrift mißbilligt werde, zitiert Luther mehrere Bibelstellen, u. a. Pred. 11,9 (s. o. bei Anm. 168).

machen.¹⁷⁰ Denn gegen solchen Geist müsse man Mut zum Frohsinn aufbieten; man dürfe sich nicht auf ein „Disputieren", ein Hin- und Her-Erwägen einlassen, sondern müsse diesen unguten Geist kühn verachten und vertreiben.¹⁷¹ Gegenüber dem jungen Theologen – wenige Jahre später wurde er von Luther zum D.theol. promoviert¹⁷² – schlägt Luther in seinem seelsorgerlichen Rat kräftige theologische Töne an. Gott, der uns in Jesus Christus begegnet, ist ein Gott des Trostes und der Freude.¹⁷³ Mit dem Geist Gottes und Jesu Christi wird dem Angefochtenen eine externe Hilfe zuteil. Der Glaubende muß nicht aus sich selbst heraus, mit eigener Willensanstrengung den Schwermutsgeist niederringen, er kann ihm einfach mit dem fünften Gebot entgegenhalten, daß Gott keine lebensfeindlichen Gedanken dulden will, wie er auch durch den Propheten Ezechiel [Ez 33,11] uns sagen läßt, er wolle nicht, daß wir in Gottlosigkeit zugrunde gehen, sondern zu Gott hingewandt leben.¹⁷⁴ Damit Hieronymus Weller, der auf die Wiederkehr von Schwermutsgedanken gefaßt sein sollte, dennoch nicht verzage, ermutigt ihn Luther, die Sorge um sich selbst auf Gott zu werfen und dabei die Gewißheit zu haben, „der Herr Jesus wird Dir zur Seite stehen als starker Streiter und unbesiegter Sieger".¹⁷⁵

„Äußerlicher" und „geistlicher Trost" gehören für Luther zusammen; die äußerliche Aufmunterung durch Gespräche, Spiele und dergleichen helfe wenig, wenn sie nicht dazu dient, die „geistliche" Ermutigung zu erwecken;¹⁷⁶ denn

---

¹⁷⁰ Ebd. WA.B 5, 374, 34–40. – Vgl. an Joachim von Anhalt-Dessau (wie Anm. 168), WA.B 7, 66 f,26–31: ich furwahr denke, E. F. G. möchte zu blöde [:schüchtern] sein, fröhlich sich [zu] halten, als wäre es Sünde; wie mir oft geschehen und noch wohl zuweilen geschieht. Wahr ist's, Freude in Sünden ist der Teufel, aber Freude mit guten, frommen Leuten in Gottesfurcht, Zucht und Ehren, obgleich ein Wort oder Zötlin [:Späßchen] zu viel ist, gefället Gott wohl.
¹⁷¹ An Hieronymus Weller [Juli 1530], Nr. 1670 WA.B 5, 518,13–519,24.
¹⁷² Hieronymus Weller wurde zusammen mit Nikolaus Medler nach der am 11.9.1535 erfolgten Disputation promoviert, WA 39 I, 44–62.
¹⁷³ An denselben (wie Anm. 169), WA.B 5, 374,18–24: Igitur ante omnia tibi statuendum est firmiter istas cogitationes malas et tristes a Deo non esse, sed a diabolo, quia Deus non est deus tristitiae, sed deus solacii et laetitiae, velut Christus ipse dicit [Mt 22,32b]: ‚Non est Deus mortuorum, sed vivorum'. Quid vero est vivere, nisi laetum esse in Domino? Quare hic assuesce te ipsum ad huiusmodi cogitationes, ut mox repellas, dicens: ‚Non te misit Dominus'. Non est haec persuasio ab eo, qui vocavit te.
¹⁷⁴ An denselben, 15.8.1530, Nr. 1684 WA.B 5, 547,13–19: Deus, qui praecepit: ‚Non occides' [Ex 20,13], certe testatur hoc praecepto, se nolle has tristes et mortiferas cogitationes, sed vivas et laetiores cogitationes; quemadmodum et Psalmus [Ps 29,6 Vg] exponit, dicens: ‚Vita in voluntate eius', Et Ezechiel [Ez 33,11]: ‚Nolo mortem peccatoris, sed magis ut convertatur et vivat'. Cum igitur certum sit, Deo displicere eiusmodi tristitias, solacium firmum habemus, quod, si omnino carere non possumus eo daemonio, at mitius feremus tamen, illis verbis Dei roborati.
¹⁷⁵ Ebd. WA.B 5, 547,19–24: Scio non esse opis nostrae eas cogitationes amovere, quando volumus; at scio e contra, eas non superaturas esse, quia dicit [Ps 54,23 Vg]: ‚Non dabit in aeternum fluctuationem' etc., modo curam nostram in ipsum proicere discamus [vgl. 1Pt 5,7]. Sed Dominus Iesus aderit tibi, fortis luctator et invictus triumphator, Amen.
¹⁷⁶ An Joachim von Anhalt-Dessau (wie Anm. 168), WA.B 7, 67,32–37 (Briefschluß): E. F. G. sein [:seien] nur immer fröhlich, beide inwendig in Christo selbs und auswendig in seinen Gaben und Gütern; er will's so haben, ist drumb da, und gibt darumb uns seine Güter sie zu

„alle Heiligen machen sich fröhlich mit Psalmen und Saitenspielen", wie im Alten Testament an Elisa [2Kg 3,15 f] und David [Ps 57,9] zu sehen sei.[177] Auch bei sich selbst habe er erfahren, wie die Erkenntnis des Evangeliums ihm einen frohen und dankbaren Umgang mit Gottes Gaben geschenkt habe.

> Ich, der ich mein Leben mit Trauren und Saursehen habe zubracht, suche itzund und nehme Freude an, wo ich kann. Ist doch itzt, Gott Lob, so viel Erkenntnis, daß wir mit gutem Gewissen können fröhlich sein und mit Danksagung seiner Gaben brauchen, dazu er sie geschaffen und Wohlgefallen dran hat.[178]

Angefochten „mit Überdruß des Lebens und Begierde des Todes" war Jonas von Stockhausen, wie Luther im Herbst 1532 durch „gute Freunde" erfahren hatte.[179] Der an ihn gerichtete Brief hat einen dringlicheren Seelsorgeton als seine Briefe, mit denen er anderen von Schwermut Angefochtenen helfen wollte. Der Angefochtene solle sein Herz ja nicht dem verschließen, was Gott ihm durch die Worte anderer Menschen sagen läßt, um ihn gegen die Gedanken der Lebensmüdigkeit und des Selbstmordes zu wappnen.[180] Da Luther den Lebenswillen seines Briefadressaten akut gefährdet sieht, erinnert er ihn ohne Umschweife an den Willen Gottes, der das Leben gegeben hat. Diesem Willen soll man gehorsam sein und das eigene Leben sich bewahren, solange nicht Gott die Todesstunde kommen läßt. Auch Jesus wollte „nicht sterben ohne seines Vaters Willen".[181] Deshalb müssen unnachgiebig die Gedanken des Lebensverdrusses zurückgewiesen werden, weil sie vom Teufel eingegeben werden.[182] Weil der Angefochtene sich selbst gegen die Gedanken zu wehren hat, die nicht dem Willen Gottes entsprechen, gibt Luther den Rat:

---

gebrauchen, daß wir sollen fröhlich sein und ihn loben, lieben und danken immer und ewiglich. Schwermut und Melancholia wird das Alter und andere Sache selbs wohl überflüssig bringen. Christus sorget fur uns und will uns nicht lassen. Dem befehl ich E. F. G. Amen.

[177] An denselben, 26.6.1534, Nr. 2122 WA.B 7, 78,11–16.

[178] An denselben (wie Anm. 168), WA.B 7, 66,20–24.

[179] An Jonas von Stockhausen, 27.11.1532, Nr. 1974 WA.B 6, 386–388. Der Adressat hatte zu Michaelis 1532 seinen Dienst als Stadthauptmann von Nordhausen wegen „Schwachheit" aufgegeben, vgl. Vorbemerkung zu WA.B 6, 386.

[180] Ebd. WA.B 6, 386,4–9: O mein lieber freund, hie ists hoch zeit, dass yhr ewrn gedancken ia nicht trawet noch folget, Sondern horet andere leute, die solcher anfechtung frey sind. Ja bindet ewer ohren fest an unsern mund und lasst unser wort ynn ewr hertz gehen, So wird Gott durch unser wort euch trosten und stercken.

[181] Ebd. WA.B 6, 386,9–14: Erstlich wisset yhr, das man sol und mus Gotte gehorsam sein Und fleislich sich hüten fur ungehorsam seines willens. Weil yhr denn gewis seid und greiffen musset, das euch Gott das leben gibt und noch nicht den tod will haben, So sollen solchem gottlichem willen ewr gedancken weichen und yhr yhm willigklich gehorsam sein. – Ebd. 386,17–387,24: Es war unserm herrn Christo das leben auch saur und bitter, Noch [:Dennoch] wollte er nicht sterben on seins vater willen Und floch den tod, hielt das leben, wo er kunde und sprach [Joh 7,6]: ‚Mein stundlin ist noch nicht komen.' – Andererseits mußten Gottesmänner wie Elia, Jona und andere trotz des Verdrusses an ihrem Leben warten, ,bis yhr stundlin kam', ebd. WA.B 6, 387,20–24.

[182] Ebd. WA.B 6, 386,14–17; 387,26–31.

7.3 Die Anfechtung des Glaubens

Darumb musset yhr ein hertz und trotz fassen gegen euch selbs und mit zorn zu euch selbs sprechen: ‚Nein, gesell, wenn du noch so ungern lebetest, so soltu leben und must mir leben, Denn so wills mein Gott, so will ichs haben, hebt euch yhr teuffels gedancken, ynn abgrund der helle mit sterben und tod, Hie habt yhr nichts zuschaffen etc.' […] Werdet yhr euch so angreiffen [:etwas zumuten] und wider euch selbs kempffen, So wird euch Gott gewislich helffen. Wenn yhr euch aber [gegen die Schwermutsgedanken] nicht sperret noch wehret, sondern lasst die gedancken mit aller mussen [:in aller Ruhe, ungestört] frey euch plagen, so habt yhr bald verloren.[183]

Dieses Gespräch der Selbstbesinnung auf Gottes Willen wird gesteigert in Sätzen, mit denen der Angefochtene sich gegenüber dem Teufel mit dessen lebensfeindlichen Gedanken zur Wehr setzen soll, ohne sich notfalls vor den gröbsten Worten zu scheuen.

Aber der aller beste rat uber allen rat ist, Wenn yhr nichts uber all mit yhn [:ihnen, den Schwermutsgedanken] kempffen mochtet, Sondern kundet sie verachten und thun, als fulet yhr sie nicht, Und gedechtet ymmer ettwas anders, und sprecht also zu yhn: ‚Wolan, teuffel, las mich ungeheyet [:unbehelligt], Ich kann itzt nicht deiner gedancken warten [:nachgeben], Ich mus reiten, faren, Essen, trincken, das oder das thun, Item ich mus itzt frolich sein, kom morgen wider etc.' Und was yhr sonst kundet furnemen, spielen und der gleichen, damit yhr solch gedancken nur frey und wol verachtet und von euch weiset, auch mit groben unhofflichen worten, Als: ‚lieber [:mit Verlaub] teufel, kanstu mir nicht neher [kommen], so lecke mich etc. ich kann dein[er] itzt nicht warten'.[184]

Wie sich zeigt, hält Luther auch bei diesem Angefochtenen daran fest, daß innere, geistliche Ermutigung und äußeres, praktisches Verhalten sich ergänzen sollen. Damit die Frau des Herrn von Stockhausen sich ebenfalls um die Aufmunterung ihres Mannes kümmere, richtet Luther an sie gleich noch einen ergänzenden Brief.[185] Er macht ihr handfeste Vorschläge, wie sie ihren Mann von seinen lebensgefährlichen Stimmungen ablenken solle.

Sehet aber ia drauff, das yhr den Mann kein augenblick allein lasset, auch nichts bey yhm [sei], da mit er yhm [:sich] mocht schaden thun; Einsamkeit ist yhm eitel gifft, dar umb treibt yhn der teuffel daselbs zu. Wenn man aber fur yhm viel historien, newzeitung und seltzam ding redet oder lese, schadet nicht, obs zu weilen faule oder falsche teyding [:Gerede, Geschwätz] und mehrlin were, […] ob er damit zu lachen und schertzen kund erregt werden, Und denn flugs drauff mit trostlichen spruchen der schrifft. Was yhr thut, So lassts nicht einsam noch still umb yhn sein, das er nicht ynn die gedancken sincke.[186]

Verglichen mit den anderen, vorher behandelten Anfechtungen, bringt Luther bei seinem seelsorgerlichen Rat für Jonas von Stockhausen den Glauben als Gewißheit der Entmachtung von Tod und Sünde durch Christus nicht so ausdrücklich zur Sprache, obgleich er am Schluß schreibt: „Hie mit befelh ich euch unserm lieben herrn, dem einigen Heiland und rechtem Siegman Jhesu Christo,

---

[183] Ebd. WA.B 6, 387,31–42.
[184] Ebd. WA.B 6, 387,43–52. Anschließend nennt Luther noch zwei deutsche und einen lateinischen Titel passender Lektüre.
[185] An Frau von Stockhausen, 27.11.1532, Nr. 1975, WA.B 6, 388 f.
[186] Ebd. WA.B 6, 388,9–389,18.

der wolle seinen sieg und triumph ynn ewrem hertzen behalten wider den teuffel".[187] Jedoch auch darin, wie Luther den akut von Selbstmordgedanken Gefährdeten zum Gehorsam gegenüber dem Lebenswillen seines Schöpfers ermutigt, übt er christliche Seelsorge, die sich nicht auf einen moralischen Appell verlegt. Die externe Bindung des Glaubensbewußtseins liegt im Hinweis auf den Willen des Schöpfers, dem das eigene Leben zu verdanken ist, wofür Christus ein Beispiel gegeben hat. Im Kontrast dazu werden die lebensfeindlichen Gedanken des Teufels auf eine andere Art von externem Ursprung zurückgeführt. Denn bei allen Anfechtungen durch den Teufel – ebenso bei Verfälschung wahrer Lehre durch den Teufel – hat Luther nicht die Vorstellung von einer Besessenheit durch den Teufel. Er läßt nicht einmal andeutungsweise den Gedanken aufkommen, die Anfechtungen könnten eine Strafe Gottes sein.

7.4 Das Gebet des Glaubens

A) Das Gebet ist mit dem Glauben ebenso eng verzahnt, wie in der christlichen Katechismustradition das zweite Dekalog-Gebot an das erste Gebot angeschlossen wird. In seiner Auslegung des zweiten Gebotes (Ex 20,7; Dtn 5,11) im Großen Katechismus fragt Luther nach dem rechten Gebrauch von Gottes Namen und beantwortet die Frage so, daß er dem prohibitiven Verbot des Mißbrauchs von Gottes Namen das affirmative Gebot hinzufügt. Wenn Gott uns seinen Namen mitteilt und dessen Mißbrauch verbietet, so ist es erst recht sein Wille, daß sein Name richtig, im wahren Sinne gebraucht wird. Das exemplifiziert er im Großen Katechismus in dreifacher Hinsicht, und zwar mit legitimem Schwören, wenn es im Rechtsleben erforderlich ist, mit wahrer Lehre und mit dem Anrufen von Gottes Namen. In doppelter Hinsicht ist der Mensch gehalten, Gottes heiligen Namen anzurufen, sowohl im Bittgebet angesichts von Not als auch im Gebet des Dankes für erfahrene Güte Gottes.

Daneben mustu auch wissen, wie man des namens recht brauche. Denn neben dem wort, als er sagt ‚Du solt Gottes namen nicht vergeblich brauchen', gibt er gleichwol zuverstehen, das man sein wol brauchen solle, denn er ist uns eben darum offenbaret und gegeben, das er ym brauch und nutz sol stehen. Darum schleust sich nu selbs, weil hie verpoten ist den heiligen namen zur lügen odder untugent zufuren, das widderumb gepoten ist yhn zur warheit und allem guten zubrauchen. Als nemlich, so man recht schweret, wo es not ist und gefoddert wird, Also auch wenn man recht leret, Item wenn man den namen anruffet ynn nöten, lobt und danckt ym guten etc. Welchs alles zuhauff gefasset und gepoten ist ynn dem spruch Ps 50 [V. 15]: ‚Ruffe mich an zur zeit der not, so will ich dich erretten, so soltu mich preisen'. Denn das heisset alles yhn zur warheit angezogen und seliglich gebraucht und wird also sein name geheiligt, wie das vater unser betet.[188]

---

[187] An Jonas von Stockhausen (wie Anm. 179), WA.B 6, 387,55–58; vorher, ebd. 387,54 f, hat er den Angefochtenen seiner und „aller fromen Christen" Fürbitte versichert.
[188] Großer Katechismus, 1529, 1. Teil, WA 30 I, 141,12–25.

Im Kleinen Katechismus beschränkt er die affirmative Deutung auf das Gebet.

Wir sollen Gott fürchten und lieben, das wir bey seinem namen nicht Fluchen, Schweren, Zaubern, Liegen odder Triegen, sondern den selbigen jnn allen nöten Anruffen, Beten, Loben und dancken.[189]

Bereits 1520 hat Luther in der Schrift Von den guten Werken einen engen sachlichen Konnex von erstem und zweitem Gebot hergestellt. Wird das erste Gebot in seinem vollen Sinn nur in jenen Akten des Glaubens, Hoffens und Liebens erfüllt, mit denen allein der Mensch zu seinem eigenen Heil sich zu Gott hinwenden kann, so wird dieses Gottesverhältnis im Leben bewährt, wenn Gottes Name geehrt, angerufen, gepriesen, gelobt und gepredigt wird. Sobald das alles ohne die Zuversicht zu Gottes Gnade geschieht, werden die äußerlichen Akte zur Heuchelei.

Gleich wie das erst gebot vorbeut, wir sollen kein andere gotter haben, und darunder gebeut, wir sollen einen, den rechten got haben durch einen festen glaubenn, trawen, tzuvorsicht, hoffen unnd lieb, wilchs allein die werck sein, damit man einen got haben, ehren und behalten mag [:kann] (Dan mit keinem anderen werck mag man got erlangenn odder vorliren, dan allein mit glauben odder unglaubenn, mit trawen odder tzweiffeln; der andern werck reichet keins nit biß tzu got), also auch im andern gebot wirt vorbottenn, wir sollen seinen namen nit unnutz brauchenn. Doch will das nit gnug sein, ßondern wirt darunder auch geboten, wir sollen seinen namen ehren, anruffenn, preyssen, predigen und loben. Unnd tzwar [:fürwahr] ists nit muglich, das gotis namen solt nit vorunehret werdenn, wo er nit recht geehret wird. Dann ob er schon mit dem mund, knye bogen, kussen odder ander geberden wirt geehret, ßo das nit im hertzenn durch denn glaubenn, in gotttis hulde tzuvorsicht geschicht, ist es doch nichts, dan ein schein und farb der gleissenerey.[190]

In der oben zitierten affirmativen Deutung des zweiten Gebotes im Großen Katechismus hat Luther für den richtigen Gebrauch von Gottes Namen auf die erste Vaterunser-Bitte hingewiesen. Andererseits führt er in den generellen Reflexionen über das christliche Gebet, mit denen er die Auslegung des Vaterunsers einleitet, das zweite Gebot als den Grund dafür an, daß das Gebet dem Christen geboten ist.

Und sol nemlich das erst sein, das man wisse, wie wir umb Gottes gepots willen schuldig sind zubeten. Denn so haben wir gehört ym Andern gepot [Ex 20,7; Dtn 5,11]: ‚Du solt Gottes namen nicht unnützlich füren‘, das daryn gefoddert werde den heiligen namen preisen, ynn aller not anruffen odder beten. Denn ‚anruffen‘ ist nicht anders denn beten.[191]

Die Begründung des Gebetes durch das zweite Gebot verleiht dem Gebet den Rang eines unverzichtbaren Grundaktes der christlichen Religion, der nicht dem Belieben des Glaubenden überlassen ist. Wie Luther in allen Dekaloggeboten einen universalen, für alle Menschen gültigen Anspruch Gottes ausgesprochen findet, so steht das Gebet unter einer universal geltenden Verbindlichkeit. Im

---

[189] Kleiner Katechismus, 1531, WA 30 I, 356,4–6.
[190] Von den guten Werken, 1520, WA 6, 217,30–218,7.
[191] Großer Katechismus, 1529, 3. Teil, WA 30 I, 193,16–21.

Gebet soll der Mensch seine Lebenswirklichkeit als Geschöpf so, wie er sie gerade wahrnimmt, vor Gott darlegen. Das im ersten Gebot geforderte vorbehaltlose Vertrauen auf Gott wird dem zweiten Gebot entsprechend im Gebet situationsbezogen realisiert.

> Also das es streng und ernstlich geboten ist, so hoch als alle andere [Gebote Gottes], kein andern Gott haben, nicht tödten, nicht stelen etc., das niemand dencke, es sey gleich soviel, ich bete odder bete nicht, wie die grobe[n] leute hyngehen ynn solchem wahn und gedancken: Was solt ich beten, wer weis, ob Gott mein gebet achtet odder hören will? Bete ich nicht, so betet ein ander und komen also ynn die gewonheit, das sie nymmer mehr beten […] Das heisset aber gebet, wie das ander gepot leret [Ex 20,7; Dtn 5,11]: Gott anruffen ynn allen nöten. Das will er von uns haben und sol nicht ynn unser wilköre [:Belieben] stehen, sondern sollen und müssen beten, wollen wir Christen sein, so wol als wir sollen und müssen vater, mutter und der Oberkeit gehorsam sein. Denn durch das anruffen und bitten wird der name Gottes geehret und nützlich gebraucht.[192]

In seinem Gebet realisiert der Christ einen elementaren Akt universal geforderter Religion, da der Dekalog in seiner christlichen Entgrenzung einen universalen Sinn hat. Über das Gebet, das mit der universalen Geltung des Dekalogs allen Menschen aufgetragen ist, erhebt sich – nach dem reformatorischen Grundverständnis der christlichen Religion – kein priesterlicher Gebetsdienst mit höherer Würde. Das Gebet wird zu einem Definitionselement des allgemeinen Priestertums der Christen. In einer Beschreibung von drei Diensten des allgemeinen Priestertums der Christen nennt Luther 1521 an erster Stelle das Gebet, für das allen Christen priesterliche Vollmacht zusteht, weil nach Röm 5,2 durch Christus allen Christen in ihrem Glauben der Zugang zu Gott freigegeben ist, wodurch zugleich die messianische Verheißung von Jes 65,24 erfüllt ist.

Hoc sacerdotium spirituale est et omnibus Christianis commune. Omnes enim eodem, quo Christus, sacerdotio sacerdotes sumus, qui Christiani, id est, filii Christi, summi sacerdotis, sumus. Neque nobis ullo prorsus alio sacerdote et mediatore opus est praeter Christum: cum ‚omnis sacerdos in hoc assumatur', teste Apostolo Heb 5 [V. 1], ‚ut pro populo oret et populum doceat'. At Christianus quisque per seipsum orat in Christo habens per ipsum, ut Rom 5 [V. 2] dicit, ‚accessum ad deum', sicut promisit Isaiae 65 [V. 24] ‚Eritque, antequam clament, ego exaudiam, adhuc illis loquentibus ego audiam'.[193]	Diß ist eyn geystlich priesterthum, allen Christen gemeyn, da durch wyr alle mit Christo priester sind, das ist, wyr sind kinder Christi, des hochsten priesters, wyr durffen [:bedürfen] auch keyns andern priesters odder mittlers denn Christum. ‚Eyn iglicher priester', Heb 5 [V. 1], ‚wirt dotzu auffgenommen, das er bit fur das volck und predige'. Szo mag eyn iglicher Christen durch sich selbst ynn Christo betten unnd fur gott tretten, Röm 5 [V. 2], wie es denn Esaias 65 [V. 24] verkundigt hat: ‚Es wirt geschehen, ehe sie schreyen, will ich horen, und, die weyl [:während] sie noch bitten, wil ich sie erhören'.

---

[192] Ebd. WA 30 I, 193,21–26.33–194,2.
[193] De abroganda missa privata / Vom Mißbrauch der Messe, 1521, WA 8, 415,22–29 / 486,27–34. – Zum ganzen Komplex des allgemeinen Priestertums s. u. Kap. 9.3.

Das Gebet des Christen teilt mit dem Glauben dessen Gewißheit. Luther erklärt als doppelte Voraussetzung eines „guten" Gebetes, zum einen, daß Gott vom Menschen angerufen werden will, zum anderen, daß Gott das Gebet erhören will. Der christliche Beter kann erstens gewiß sein, aus reiner Güte wünsche Gott das Gebet des Glaubenden ohne Bedingungen der Würdigkeit.

[Das] erste, Das man von gott eyne vorheyssung odder zu sage habe unnd die selbe zuvor bedencke, gott der selben vormane, und sich dadurch bewege trostlich [:zuversichtlich] zu bitten, dan [:denn] ßo gott nit hette heyßen pitten und erhorung zugesagt, mochten alle creaturen mit allen pitten nit eyn kornleyn erlangen. Darauß dan folget, das niemant ettwas von gott erlanget seyner oder seyns gepeets wirdickeit halben, sondern alleyn auß abgrund gottlicher gutickeit, der [...] durch seyn gnedig zusagen unnd heyßen [:Gebieten] unß beweget zu pitten und begeren, auff das wir [...] kuhn werden, trostlich zu bitten.[194]

Zweitens kann der christliche Beter sich völlig auf Gottes Zusage verlassen. Ein Zweifel ist beim Gebet des Glaubens genauso ausgeschlossen wie in der Gewißheit des Glaubens (s. o. Kap. 7.2). Wie der Glaube so empfängt das Gebet die Gewißheit seiner Erhörung allein aus Gottes Zusage. Als Gottes Zusage seiner Erhörung des vertrauensvollen Gebetes bevorzugt Luther neutestamentliche Christus-Worte; im vorliegenden Text zitiert er Mt 21,22 bzw. Mk 11,24 und einige Verse aus der Perikope vom bittenden Freund Lk 11,5–13.

[Zweitens] Ist nott, das man yhe nit zweyfele an der zusagung des warhafftigen und getrawen gottis. Dan eben darumb hatt er erhorung zugesagt, ya zu bitten befolen, das man yhe gewissen und festen glauben hat, es wird erhoret, als er sagt Mt 21 [V. 22] und Mk 11 [V. 24]: ‚Ich sag euch, alles das yhr bitten gleubt nur, das yhrs empfahen wede, ßo geschichts es gewiß'. [... Lk 11,9.11–13 zitiert] Auff diße und der gleychen zusagung und befele muß man sich trostlich [:zuversichtlich] erwegen und mit rechtem vortrawen betten.[195]

Im festen Vertrauen auf Gottes Erhörung des Gebetes verzichtet der Beter darauf, Gott auf ein bestimmtes Handeln festzulegen.

[Ferner] Soll man sich yn dißem vortrawen alßo halten, das man gott nit eyn tzill steck, tag odder statt [be]stymme, noch die weyße odder maße setzen seyner erhorung, sondern das alles seynem willen, weyßheit und allmechtigkeit heymgeben, Nur frisch und frolich warten der erhorung, doch nit wissen wollen, wie unnd wo, wie bald, wie lang, durch welche [Hilfe].[196]

Gottes väterliche Erwartung, von jedem Menschen ohne Vorrang oder Voraussetzung angerufen zu werden, und die Gewißheit des Beters, Gott habe sein

---

[194] Sermon von dem Gebet und Prozession in der Kreuzwoche, 1519, WA 2, 175,5–17. – Daß Gott nichts an Würdigkeit des Beters oder des Gebets erwartet, sondern lediglich das Vertrauen auf die von ihm zugesagte Barmherzigkeit, das betont Luther nachdrücklich, ebd. 176,21–177,11.
[195] Ebd. WA 2, 175,19–32. Die Perikope Lk 11,5–13 gehörte zur Liturgie der sog. Kreuzwoche, den Tagen zwischen Rogate und Himmelfahrt mit Gebetsprozessionen durch die Felder. Der zweite Teil des Traktates handelt von den Prozessionen, ebd. 177,36–179,32.
[196] Ebd. WA 2, 177,12–16.

Gebet erhört, bilden zusammen die Klammer, mit der Luther in seinem Vaterunser-Lied die sieben Bitten umschließt.

Vater unser im Himelreich, / Der du uns alle heissest gleich
Brüder sein und dich ruffen an / Und wilt das beten von uns han,
Gib das nicht bett allein der mund, / Hilff das es ghe von hertzen grund.
Amen, das ist, Es werde war, / Sterck unsern glauben ymerdar,
Auff dass wir ia nicht zweiveln dran, / Das wir hiemit gebeten han.
Auff dein Wort inn dem Namen dein, / So sprechen wir das Amen fein.[197]

Die Not, die den Menschen zum Gebet drängen soll, ist immer da. Sie muß nur in der Lebenswirklichkeit des Menschen erkannt und anerkannt werden. In vorzüglicher Weise kann sie anhand des Vaterunsers bewußt gemacht und vor Gott benannt werden. In seinen sieben Bitten erfaßt das Vaterunser elementare Nöte, die der Beter als seine eigenen wie auch anderer Menschen Nöte vor Gott bringt.[198] Die ersten drei Bitten des Vaterunsers dienen der Erkenntnis von Nöten des Menschen in seinem Verhältnis zu Gott. Im Kleinen Katechismus wird besonders deutlich dem Beter jeweils klar gemacht, er bitte für sich selbst, daß bei ihm der Name Gottes geheiligt werde, zu ihm das Reich Gottes komme, bei ihm der Wille Gottes geschehe.

Gottes name ist zwar an jm selbs heilig, Aber wir bitten jnn diesem gebet, das er bey uns auch heilig werde.
Gottes Reich kompt wol on unser gebet von jme selbs, Aber wir bitten jnn diesem gebet, Das [es] auch zu uns kome.
Gotes guter gnediger wille geschicht wol on unser gebet, Aber wir bitten jnn diesem gebet, das er auch bey uns geschehe.[199]

Wird das Gebet nicht als ein Werk verstanden, das bei Gott als eine Leistung verbucht sein will; wenn es vielmehr dem inneren Wahrnehmen der eigenen Situation vor Gott entspringt, dann verhilft es dem Beter zu wachsender Erkenntnis seiner selbst. Und gleichzeitig gewinnt er an Gotteserkenntnis, weil er in der Gewißheit seines Glaubens die Art von Gottes Erhörung seines Gebetes immer besser verstehen lernt. Zu dem Gebet, das sich im Bewußtsein eigener Not an Gott wendet, gesellt sich das Gebet, das Gott dankt und ihn lobt.

Sprichstu aber: Warumb lesset er uns denn bitten und unsere not furtragen und gibts nicht ungebeten, weil er [:da er doch] alle not besser weis und sihet denn wir selbs [vgl.

---

[197] Luthers Lieder Nr. 31, Strophe 1 und 9, WA 35, 463,17–22; 465,7–12. – Vgl. die Vaterunser-Paraphrase in: Deutsche Messe, 1526, WA 19, 95,22–96,19.

[198] Predigt, 9.3.1523, über das Vaterunser, WA 11, 56,5–11.17 f Ns: Si vere orare vis, oportet ut sit angustia quaedam, pro qua oras: si non habes, non est oratio. Oportet ergo, ut aliquid sit in corde, quod te urgeat, a quo liberari non potest nisi per deum, ut sunt 7 petitiones in pater noster. Propone vel ei malum spirituale vel corporale, quicquid obest vel corpori vel animae, dic ‚illud cogit me te orare'. Sic cum sentis iram, invidiam etc.: ‚Hoc sentio in corde, ad hoc vitium propensus sum, liber [me fac]'; si hoc non sentis, non est oratio. […] Oportet ergo, ut tuam ex illis 7 necessitatem adferas, quam in corde sentis.

[199] Kleiner Katechismus, 1531, WA 30 I, 370,7 f; 371,7 f; 372,7 f.

Mt 6,8 b]? [...] Antwort: Darumb heisset ers [:fordert er das Gebet] freilich nicht, das wir jn [:ihn] mit unserm beten solchs sollen leren, was er geben sol, Sondern darumb das wirs erkennen und bekennen was er uns fur güter gibt und noch viel mehr geben wil und kan, Also das wir durch unser gebet mehr uns selbs unterrichten denn jn, Denn damit werde jch umbgekert, das jch nicht hin gehe wie die Gottlosen, die solchs nicht erkennen noch dafur dancken, Und wird also mein hertz zu jm gekert und erwecket, das jch jn lobe und dancke und jnn noten zu jm zuflucht habe und hulffe von jm gewarte, Und dienet alles da zu, das jch jn ye lenger ye mehr lerne erkennen was er fur ein Gott jst, Und weil jch bey jm suche und anklopffe [vgl. Mt 7,7], so hat er auch lust deste mehr und reichlicher zu geben. Sihe das jst denn ein rechter bitter [:Beter], nicht den andern unnutzen wesschern gleich, die wol viel plappern aber solchs nimer erkennen, Er aber weis, das es Gottes gabe jst was er hat. [...] Aber ein Christlich hertz, so aus Gottes wort lernet, das wir alles von Gott und nichts von uns haben, das nimpt solchs an jm glauben und ubet sich darin, das sichs kan alles zu jm versehen und von jm [er]warten [:erhoffen]. Also leret uns das gebet, das wir beide, uns und Gott, erkennen und lernen was uns feilet [:fehlt] und woher wirs nemen und suchen sollen.[200]

B) Man mag fragen, ob das Gebet „im Namen Christi" mit höherer Gewißheit geschieht als das Gebet, bei dem der Beter im Gehorsam gegenüber dem ersten Gebot Gott anruft und alle seine Sorge auf ihn wirft. Hier ist zu bedenken, daß Luther für das erste Gebot in theologischen Kontexten, wie den oben berührten, die christliche Rezeption des Dekalogs und zugleich dessen affirmative Deutung voraussetzt. Für die christliche Dekalog-Deutung ist der Gott des ersten Gebotes selbstverständlich der Vater Jesu Christi. Was es dann aber bedeutet, daß das christliche Gebet im Namen Jesu Christi geschieht, zeigt sich zum Beispiel dort, wo Luther auf die Vorstellung vom „Gnadenstuhl" zu sprechen kommt, etwa bei seiner Exegese des Satzes im Gebet des Jona, in dem es heißt (Jona 2,8) „Mein Gebet kam zu dir in deinen heiligen Tempel". Luther erinnert mit Ex 20,24 an die Verpflichtung der Israeliten, Gott nur an dem Ort anzubeten, den er als den Ort bestimmt hat, wo er „leiblich" zugegen sei. Das war in der historisch ungenauen, jedoch traditionell vorgegebenen und von Luther übernommenen Vorstellung die Bundeslade, nachdem sie im Tempel von Jerusalem ihren Platz gefunden hatte. Zwei Cheruben schmückten (nach Ex 25,17–22) ihre Deckplatte, die Kapporet, was die Vulgata nach dem Vorbild der Septuaginta philologisch inkorrekt mit „propitiatorium" übersetzt und Luther dementsprechend mit „Gnadenstuhl", für die Vorstellung identisch mit einem Thron. Das sei im Tempel der ausgezeichnete Ort von Gottes gnädiger Gegenwart gewesen, meinte die christliche Tradition. In diesem Sinn deutet Luther die Anrede im Gebet des Königs Hiskia (2Kg 19,15; Jes 37,16 a): „HERR Zebaoth, du Gott Israel, der du uber den Cherubim sitzest".[201] Er verbindet damit den Brauch der Israeliten, das Gebet in der Richtung zum Jerusalemer Tempel zu verrichten und auch innerlich das Herz dorthin zu richten, weil sie nur den einen Gott Israels anrufen wollten (vgl. 1Kg

---

[200] Wochenpredigten über Mt 5–7, 1530–1532, zu Mt 6,7–13, WA 32, 419,1–3.7–19.30–34 Dr.
[201] Luthers Übersetzung von Jes 37,16 a seit 1528 (Version 1545), WA.DB 11 I, 113.

8,48; Dan 6,11). Das bedeutet für die messianische Erfüllung der alttestamentlichen Gottesgewißheit, daß im Christentum alle Gebete sich an Jesus Christus zu orientieren haben, nachdem in ihm Gott Mensch geworden ist.

> Also musten auch alle die ym lande odder ausser dem lande, wenn sie beten wolten, yhr gebet dahin richten und yhr hertz hefften an die stet, da Gott leyblich wonete durch sein wort, Auff das sie keynen andern Gott anbetten denn den, der uber den Cherubin sass auf dem gnaden stuel [vgl. Ex 25,17–22; 26,34; Hbr 9,5]. Dahin musten alle gebet komen. Gleich wie nu zu unser zeit ym newen testament alle unser gebet mussen zu Christo komen, wilcher ist unser gnaden stuel [Röm 3,25; Hbr 4,16], das wyr auch keynen andern Gott widder wissen noch anbeten noch anruffen sollen on [:außer] den, der ynn dem menschen Jhesu Christ wonet leyblich. Denn es ist auch sonst keiner mehr.[202]

Jesus Christus wird mit dem Christus-Titel im christlichen Glauben als der Messias anerkannt; darum wird in seinem Namen Gottes Heil für alle Menschen verkündigt und geglaubt. Er bestimmt als neuer Gnadenstuhl die innere, geistliche Richtung des christlichen Gebetes. Von ihm bekennt der christliche Glaube, daß er, der Mensch gewordene Gottessohn, der erhöht ist zur Rechten Gottes, überall gegenwärtig ist, da ihm Gottes Wesen zukommt. Damit ist für das christliche Gebet jede Art von kultischer Ortsgebundenheit hinfällig geworden. Das Gebet „im Namen Jesu Christi" hat eine Gewißheit, die ebenso von kultischen Fesseln wie von Bedingungen der Würdigkeit des Beters befreit ist. Auf die Gebetsformel „im Namen Jesu Christi" kommt es nicht an; Gewißheit hat in seinem Gebet nur der Glaube, dem im Evangelium die Erfahrung von Gottes väterlicher Güte erschlossen ist, wie das auch aus dem Gebet des Jona herauszuhören ist. Dort findet Luther eine Gotteserfahrung ausgesprochen, die sich von der echt christlichen nicht unterscheidet. Er schreibt zu Jona 2,8 a:[203] „Da meine seele bey mir verzagt, Gedacht ich an den HERRN":

> Zu erst [V. 8a] gibt er gnade und geyst, das hertz auffzurichten, das es an gottes barmhertzickeit gedencke und lasse die gedancken vom zorn faren, wende sich von Gott dem richter zu Gott dem vater. Aber das ist nicht menschen krafft [...] der geyst und sonst niemand kan an den herrn gedencken. Wenn aber das geschicht, das des herrn gedechtnis yns hertz kompt, da geht ein newe liecht auff, da blickt das leben widder her, da wird das hertz widderumb küne zu ruffen und zu bitten. So ists denn auch gewislich erhöret.[204]

Wie das Gebet des Glaubens seine Gewißheit gewinnt aus der Präsenz des geoffenbarten Gottes, läßt Luthers Interpretation des Eingangsverses im Gebet des Königs Hiskia (Jes 37,16) erkennen. Hiskia spricht sein Gebet in einer Situation politischer und religiöser Bedrängnis. Während der Belagerung Jerusalems durch die Assyrer (701 v. Chr.) läßt deren Herrscher Sanherib durch eine provokative Botschaft dem König Hiskia vor Augen malen, daß bereits andere von den

---

[202] Der Prophet Jona ausgelegt, 1526, zu Jona 2,8 b, WA 19, 230,12–20.
[203] Luthers Übersetzung von Jona 2,8 a seit 1532 (Version 1545), WA.DB 11 II, 265.
[204] Der Prophet Jona ausgelegt, 1526, zu Jona 2,8 a, WA 19, 229,29–230,6.

7.4 Das Gebet des Glaubens

Assyrern besiegte Völker von ihren Göttern nicht gerettet worden sind.[205] Die politische, militärische Überlegenheit der Assyrer beruht nach altorientalischer Vorstellung auf der Überlegenheit von Assurs Gott über alle anderen Götter. Dieser Vorstellung will sich Hiskia in Treue zur Jahwe-Religion nicht fügen. Um Jahwe anzurufen, geht er in den Tempel. Er beginnt sein Gebet mit der Anrede an Gott, der im Tempel über der Bundeslade in ausgezeichneter Weise gegenwärtig ist und deshalb angerufen wird als „HERR Zebaoth, du Gott Israel, der du uber den Cherubim sitzest".[206] Der Gott, der nur in Jerusalem im Allerheiligsten des Tempels über der Lade gegenwärtig sein will, ohne selbst sichtbar zu sein, ist – in Luthers Deutung – verglichen mit dem Gott, dessen sich die Assyrer mit ihrer gewaltigen Macht rühmen, ein schwacher, unscheinbarer Gott. Indem Hiskia zu ihm mit vollem Vertrauen betet, schämt er sich nicht der Schwachheit seines Gottes, stößt er sich nicht an dessen Torheit, läßt er sich nicht von der Macht der Assyrer irritieren.[207] Luthers Exegese profiliert die Konfrontation der Religion Israels mit der Religion der Assyrer. Der Gott Israels erwartet, daß Glaube und Gebet den Ort sowie die Art und Weise beachten, die er für seine Gegenwart bestimmt hat. Dabei besteht für Luther eine Kontinuität zwischen der Gegenwart Gottes als „Herr Zebaoth, der über den Cherubim thront" im Alten Testament und der Gegenwart Gottes in Jesus Christus, der im Neuen Testament unter der Bezeichnung „Gnadenstuhl" an die Stelle des über den Cherubim thronenden Herrn Zebaoth getreten ist.[208] Deshalb spricht Luther in seiner Auslegung von einer Gemeinsamkeit des Offenbartseins Gottes in der Religion Israels und der christlichen Religion. Dieser Gott offenbart sich nicht so, wie ihn der Mensch im Verlangen nach vorweisbarer Macht und Majestät imponierend erleben möchte. Dieser Gott will in seiner dem Menschen schwach und töricht erscheinenden Präsenz aufgesucht werden. Luther erinnert seine Hörer daran, daß wir uns hüten sollen, Gott in seiner Majestät zu erforschen.[209] Wer Gott in dessen un-

---

[205] Für Luthers Interpretation ist unerheblich der erzählende Rahmen, innerhalb dessen die religiöse Provokation mit gleichem Kern in zwei Botschaften formuliert ist, in Jes 36,14–20 und Jes 37,10–13. Hiskias Gebet folgt in der Erzählung auf die zweite, ihn unmittelbar treffende Botschaft.

[206] S.o. Anm. 201.

[207] Jesaja-Vorlesung, 1528–1530, WA 31 II, 235,20–24: Iste verus esset deus, cuius cultus divinitus institutus erat [vgl. Ex 20,24b; Dtn 12,5] super Cherubyn et in Israel. Igitur hic rex [Hiskia] stat fide, quamvis videatur deus suus infirmus, conclusus, sedens in Cherubyn in una civitate, Assiriorum autem deus fortis et validus videatur, tamen in illa infirmitate sui dei non scandalizatur, in illius stultitia non offenditur [vgl. 1Kor 1,23f], in Assirii potentia non confunditur.

[208] Luther bezieht den Titel „Dominus Zebaoth" nicht auf die Herrschaft über himmlische Heerscharen, ebd. WA 31 II, 235,13f: Nos autem ‚deum exercituum' dicimus, qui solus pugnat in terris in sua ecclesia contra sathanam. – In diesem Sinn muß in Luthers Lieder Nr. 26, Ein feste Burg ist unser Gott, Strophe 2 verstanden werden, WA 35, 456,8–16.

[209] Luther läßt hier Prov 25,27 anklingen, ein mit dem Diktum sokraticum verwandtes Schriftwort, das er verwendet, wenn er Prädestinationsängste zerstreuen will (s.o. Kap. 7.3 bei Anm. 157); ebd. WA 31 II, 236,4–7: necesse est nos non offendi neque in illius maiestate (quae

scheinbarer Gegenwart im Glauben ergreift, hat im Glauben die Gewißheit, diesem Gott allein seien alle Herrschaften unterworfen. Auf beide Schritte, deren zweiter nicht vor dem ersten getan werden darf, verteilt Luther die zwei Halbverse der Gebetsanrede Hiskias.[210] So wird ihm Hiskias Gebet zu einem hervorragenden Beispiel für das Gebet des Glaubens.

Wird das Gebet im Glauben verstanden als Gebet im Namen Jesu Christi, dann ist dem Gebet alles Werkhafte genommen. Dann weiß der Beter in der Gewißheit seines Christus-Glaubens, er könne sich ohne Nebengedanken mit allem, was ihn bewegt an Gott wenden und der Erhörung seines Gebetes gewiß sein. Er ist frei von der Meinung, er selbst und sein Gebet müßten irgendwelche Bedingungen erfüllen, damit er bei seinem Gebet Gewißheit der Erhörung haben könnte. Das kann man Luthers Auslegung von 1Pt 1,3 entnehmen.

Also sagt S. Paul zun Römern am 5. [V. 1.2] ‚Wyr haben eyn zugang zu Gott ym glawben', nicht durch uns selb, sondern ‚durch Christum'. Drumb müssen wyr Christum bringen, mit yhm kommen, […] alles durch yhn und ynn seynem namen thun, was wyr mit Gott handeln wollen. Das meynet S. Peter hie [1Pt 1,3] auch, und will also sagen: Wyr wartten gewißlich des lebens, wie wol wyr noch hie auf erden sind. Aber das alles nicht anders, denn durch die auferstehung Christi, darumb das er erstanden und gen hymel gefaren ist, und sitzet zur recht hand Gottis. Denn darumb ist er hynauff geffaren, das er uns seynen geyst gebe, auff das wyr new geporn werden, und nu durch yhn durfften zum vatter komen und sprechen: ‚Siehe ich kome fur dich und bitte, nicht also, Das ich mich auf mein gebete verlasse, sondern darumb, das meyn herr Christus fur mich tritt und meyn fursprecher ist'. Das [1Pt 1,3] sind alles fewrige wortt, wo eyn hertz ist, das do glewbt, wo nicht, so ist es alles kallt und gehet nicht zu hertzen.[211]

Das Gebet ist mit seiner Gewißheit gewissermaßen umklammert vom Glauben und dessen Gewißheit. Der Glaube vertraut für die eigene Person grenzenlos auf Gottes Güte, ohne an ihr zu zweifeln. Was der Glaubende darüber hinaus von Gott erbittet, setzt die drei ersten Vaterunser-Bitten voraus. Das gibt dem Beter Gelassenheit bei seinen eigenen Bitten, während sein Glaube an Gottes Gnade uneingeschränkt bleibt.

Das ists, das wyr auch offt gesagt haben, Gleuben soll man on zweyffel und on mas [:ohne Einschränkung] Göttlicher gütte. Aber bitten sollen wyr mit der mas, das seyn ehre, seyn reich und wille sey, auff das wyr nicht seynem willen, zeyt, stett, mas odder namen setzen, sondern das alles yhm frey heym geben [:anheimstellen]. […] wo wyrs seynem willen heym stellen und begeren, was yhm gefellt, so kann ers nicht lassen, er thutt widder, das

---

scrutari non potest [vgl. Prov 25,27]) neque infirmitate. Saepius dixi vobis, ut caveatis vos a scrutatione maiestatis divinae, quia non est pro nostro capite, est nobis terrori et oppressioni haec cognitio.

[210] Ebd. WA 31 II, 236,7–12: Tu siste pedem et cor tuum in propitiatorio Christo [vgl. Rom 3,25; Hbr 4,16] et altiora non scrutare. Sicut hic rex dicit: [V. 17a] ‚Tu es deus super Cherubyn'; [V. 17b] ‚Tu solus omnium regnorum terrae'. Primo [V. 17a] incipit in infirmitate et in stultitia apprehendit deum suum, deinde [V. 17b] ad altiora ascendit fide illum esse solum deum omnium regnorum. Optimum exemplum orationis, in qua videmus fidem veram.

[211] 1. Petrus-Brief ausgelegt, 1523, zu 1Pt 1,3, WA 12, 268,4–17.

uns gefellt. Der glaub macht, das er gunstig [:gnädig] ist. So macht solch gelassen gebet, das er gibt, was wyr bitten.[212]

---

[212] Fastenpostille, 1525, zu Mt 8,1–13, WA 17 II, 76,15–23. – Vgl. im Kontext ebd. 75,36–76,13: Das hie der aussetzige seyn gebett so messiget und spricht [Mt 8,2 b]: ‚Herr, so du willt, kanstu mich reynigen', ist nicht zuverstehen, als zweyffelt er an Christus gutte und gnade. […]. Sondern ist so zu verstehen. Der glaube zweyffelt nicht, das Got gutten willen habe zur person, wolle und gonne der selben alles gutt. Aber das ienige, das der glaube bitt und furgibt [:vor Augen stellt], ist uns nicht bewust, obs uns gutt und nutze sey, das weys aber Gott alleyn, darumb bitt der glaub also, das ers alles heym stellet dem gnedigen willen Gottis, […] Damit bleybt aber gleich wol der glaube an Gottis gnedigem willen gewiss und sicher, er gebs odder gebs nicht, wie auch S. Paulus sagt, Röm 11 [Röm 8,26], das wyr nicht wissen, was odder wie wyr bitten sollen.

Kapitel 8

Die christliche Ethik der Nächstenliebe

8.1 Die Nächstenliebe als Frucht des Glaubens

Auf die zentrale Frage der Ethik, welche Werke des Menschen in Wahrheit „gut" – theologisch gleichbedeutend: „gerecht" – genannt werden können, gibt Luthers reformatorische Theologie die Antwort, daß allein die von der Freiheit des Glaubens getragenen Werke der Nächstenliebe als gute Werke gelten können. Das ergibt sich aus dem inneren Duktus seiner Schrift Von der Freiheit eines Christenmenschen.[1] Wie beide Teile sachlich zusammenhängen, muß man den grundsätzlichen Ausführungen entnehmen, mit denen er im zweiten Teil des Traktates zu den Werken der Nächstenliebe überleitet.[2]

Daß die Werke des Menschen vor Gott das Prädikat „gut" verdienen, ergibt sich nicht, wie man leicht meinen könnte, daraus, daß sie Werke der Nächstenliebe sind. Vielmehr sind selbst die Werke der Nächstenliebe vor Gott nur dann gut, wenn schon vorweg der handelnden Person das Prädikat „gut" zukommt. Ein schlagendes biblisches Argument ist für Luther das Jesus-Wort, allein der gute Baum bringe gute Früchte, hingegen der schlechte Baum lediglich schlechte Früchte (Mt 7,17f und 12,33). Die menschliche Person ist als „gut" bestimmt, wenn sie – dem ersten Teil des Freiheitstraktates zufolge – durch den Glauben, durch das Vertrauen auf das Evangelium in das heilvolle Gottesverhältnis versetzt ist und so eine gerechte und freie Person ist.

Vera itaque sunt haec duo verba ‚Bona opera non faciunt bonum virum, sed bonus vir facit bona opera,	Drum seyn die zween spruch war: ‚Gutte frum werck machen nymmer mehr ein guten frumen man, sondern eyn gutt frum man macht gutte frum werck,
Mala opera non faciunt malum virum, sed malus vir facit mala opera',	Boeße werck machen nymmer mehr eynen boeßen man, sondern ein boeßer man macht boeße werck',
Ita ut semper oporteat ipsam substantiam seu personam esse bonam ante omnia opera bona, et opera bona sequi et provenire ex bona persona.	alßo, das allweg die person zuvor muß gut und frum sein vor allen gutten wercken, und gutte werck [müssen] folgen und außgahn von der frumen gutten person.

---

[1] Vorbereitet ist die im Freiheitstraktat thematische Relation von Glaube und Nächstenliebe in dem kurz vorher verfaßten Traktat Von den guten Werken, 1520, WA 6, 202–276.
[2] In Von der Freiheit eines Christenmenschen, 1520, sind das die Kapitel 23 und 24, WA 7, 32,4–33,28; ihnen entspricht in De libertate Christiana, 1520, die Partie ebd. 61,26–63,7.

Sicut et Christus dicit ‚Mala arbor non facit bonos fructus. Bona arbor non facit malos fructus' [Mt 7,18]. Clarum autem est, quod fructus non ferunt arborem, nec arbor crescit in fructibus, Sed e diverso arbores ferunt fructus, et fructus crescunt in arboribus. Ut ergo necesse est, arbores esse priores fructibus suis, et fructus non faciunt arbores neque bonas neque malas, sed econtra arbores tales, faciunt tales fructus,	Gleych wie Christus sagt: ‚Ein boeßer bawm tregt keyn gute frucht. Ein gutter bawm tregt keynn boße frucht' [Mt 7,18]. Nu ists offenbar, das die frucht tragen nit den bawm, ßo wachßen auch die bawm nit auff den fruchten, sondern widerumb, die bawm tragen die frucht, und die frucht wachßen auff den bawmen. Wie nu die bawm mussen ehe seyn, den die frucht, und frucht machen nit die bawm wider gutte noch boese, sondern die bawm machen die fruechte,
Ita necesse est, primum personam ipsam hominis esse bonam vel malam, antequam faciat bonum vel malum opus, et opera sua non faciunt eum malum aut bonum, sed ipse facit opera sua aut mala aut bona. […]	Alßo muß der mensch ynn der person zuvor frum oder boeße seyn, ehe er gutte oder boeße werck thut, Und seyne werck machen yhn nit gutt odder boeße, sondern er macht gutt odder boeße werck. […]
Ita res se habet et in operibus hominum, qualis est ipse, sive in fide, sive in infidelitate. tale est et opus eius, bonum, si in fide, malum, si in infidelitate factum fuerit. Non autem id convertitur, ut quale sit opus, talis fiat et homo in fide vel infidelitate.	Alßo seyn die werck des menschen auch, wie es mit yhm stettt ym glauben oder unglauben, darnach seind seyne werck gutt oder boeße. Und nit widerumb [:umgekehrt], wie seyne werck stehn darnach sey er frum odder glaubig,
Opera enim, ut non faciunt fidelem, ita nec iustum.[3]	die werck, gleych wie sie nicht glaubig machen, ßo machen sie auch nit frum.

Die Herrenworte von dem Bestimmtsein der Früchte durch die essentielle Qualität des Baumes haben für Luther den gleichen argumentativen Wert wie die markanten Paulus-Sätze über die Rechtfertigung des Sünders durch den Glauben vor allen Werken.

Den Fundamentalsatz, „das dem glauben yhe [:jedenfalls] alleyn, on allen tzusatz der werck, werde tzugeeygent die vergebung der sund und rechtfertigunge"[4], untermauert Luther in einer Publikation von 1522 zunächst mit vier Stellen aus dem Römerbrief – Röm 3,28; 4,3; 5,1; 10,10[5] – und ergänzt das durch die Gleichnisworte Jesu in Mt 7,17 f und Mt 12,33[6], um daraus zu folgern:

---

[3] De libertate Christiana / Von der Freiheit eines Christenmenschen, 1520, WA 7, 61,26–62,6 / 32,4–26. – Der Sinn des mehrfach vorkommenden Wortes „frum" ist aus dem lateinischen Text leicht zu erkennen.

[4] Predigt, 17.8.1522, über Lk 16,1–9, von Luther publizierte Fassung, WA 10 III, 284,7 f. – Ebd. 283,31–284,1: das der glaub on alle werck, on allen verdienst den menschen versune mit gott und frum [:gerecht] mache.

[5] Die vier Paulus-Stellen ebd. WA 10 III, 284,1–5.

[6] Ebd. WA 10 III, 284,9–15.

Alßo ists stracks war, das der mensch on alle gutte werck und fur allen gutten wercken muß tzuvor frum [:gerecht] seyn, das [:so daß] es klar ist, wie unmuglich es sey, das er durch werck sollt frum werden, wo er nicht zuvor frum ist, ehe er die gutten werck thut.[7]

Der Glaube trägt die Prädikate „gut" und gerecht" nicht in sich selbst, sondern weil er selbst wesenhaft auf das Evangelium bezogen ist (vgl. Kap. 7.1), vermittelt er diese Prädikate dem Menschen. So liegt der letzte Grund für das Gerecht- und Gut-Sein des Menschen und seiner Werke im „Wort Gottes, das im Evangelium Gottes Gnade in Christus predigt und anbietet", damit es gehört und geglaubt werde. Der Mensch, der im Vertrauen auf das Evangelium von der Sünde zur Gerechtigkeit, vom Tod zum Leben, aus der Entfremdung von Gott zum Versöhntsein mit Gott befreit wird, ist vor Gott gerecht und gut. Das Prädikat „gut" erhalten seine Werke, weil sie in der Freiheit des Glaubens wurzeln,

Darumb schleust sichs hie mechtiglich, das ettwas grössers und kostlichers da seyn muß denn alle gutte werck sind, da durch der mensch frum [:gerecht] werdt und gutt sey, ehe er guttis wirck. [...] Dasselb grosse und kostlich ding ist, das edle wortt gottis, das ym Evangelio gottis gnade ynn Christo predigt und anbeutt. Wer das horet unnd glawbt, der wirtt da durch frum unnd gerecht. Darumb heyst es auch eyn wortt des lebens, eyn wortt der gnad, eyn wortt der vergebung. Wer es aber nicht höret odder nicht glawbt, der kann ßonst ynn keynem weg frum werden. Alßo sagt S. Peter Act 15 [Apg 15,9] Das gott die hertzen durch den glawben reynige, denn welcher artt das wortt ist, der artt wirtt auch das hertz, das dran glawbt und hanget. Nun ist das wortt lebendig, rechtfertig [:gerecht], warhafftig, reyn und gutt etc.[8]

In einer anderen theologischen Perspektive erscheint der Glaube als Wurzel guter Früchte in Luthers deutscher Antwort auf die lateinische Bekräftigung der sieben Sakramente der römisch-katholischen Kirche, die unter dem Namen König Heinrichs VIII. von England erschienen war.[9] Mit dem Bild vom Baum und seinen Früchten sowie mit anderen neutestamentlichen Stellen – Apg 15,9; Röm 10,10; 1Joh 3,9 – unterstreicht Luther erneut, daß der Mensch gerecht und gut sein müsse, wenn seine Werke gut sein sollen.[10] Er schreibt dann ganz ungeschützt, Unglaube trage seine Früchte in Ehebruch, Mord und Haß, während der Glaube, weil er dem Wort Gottes verbunden ist und darin seine Kraft hat, keine Sünde tut.

---

[7] Ebd. WA 10 III, 284,15–19. – Luther folgert ebd. WA 10 III, 284,19–21: Denn Christus bestehet feste, da er sagt [Mt 12,34] ‚Wie kundt yhr gutts reden, weyll yhr böse seytt?' Alßo auch, wie kund yhr gutts thun, weyll yhr böse seytt?

[8] Ebd. WA 10 III, 284,22–33. – Der im letzten Satz des Zitates enthaltene Gedanke hat eine Parallele im Freiheitstraktat, 1520, WA 7, 53,15–33 / 24,22–25,4, v. a. in den Sätzen 53,15 und 53,26 f / 24,22 und 24,33 f.

[9] Antwort deutsch auf König Heinrichs von England Buch, 1522, WA 10 II, 227–262. – Die Schrift hat relativ wenig parallele Züge zu Luthers lateinischer Entgegnung Contra Henricum Regem Angliae, 1522, WA 10 II, 180–222. – Gegen Luthers Schrift De captivitate Babylonica ecclesiae, 1520, richtete sich die Schrift von König Heinrich VIII.: Assertio septem sacramentorum adversus Martinum Lutherum, hg. von Pierre Fraenkel (CCath 43), 1992.

[10] Antwort deutsch (wie Anm. 9), WA 10 II, 259,37–260,9.

> Wer glewbt, der mag [:kann] nicht ehbrechen oder sund thun, wie Johannes sagt [1Joh 3,9], denn das wort gotis, daran er hanget, ist allmechtig unnd gottis krafft, Röm 1 [V. 16]. Das lesset yhn nicht fallen noch sincken, sundiget er aber, ßo ist gewiß der glawb tzuvor hynweg, und er vom wort gefallen, und ist unglawbe da. Wo aber unglawbe ist, da folgen nach seyne frücht, ehebruch, mord, haß etc. Darumb ehe denn die eußerliche sund geschicht, ist schon die gröst hewbt sund geschehen ynnwendig: der unglawb [vgl. Röm 14,23]. Darumb ists war, das keyn sund ist denn der unglaube, der ist sund und thut sunde. Und wenn es müglich were, das der unglawb kund [:könnte] von dem haß oder sund gescheyden [:geschieden] werden, ßo were es nicht sunde. Alßo wie der glawb alleyn alle gerechtickeyt ist und thutt, Alßo ist unnd thutt alleyn der unglawbe alle sund, daher tzeucht Christus keyn sund an Joan 14 [Joh 16,9] denn den unglauben, da er spricht: ‚das ist die sund, das sie nit glewben an mich'.[11]

Luthers Ausführung wirkt wie eine massiv moralische Wertung von Unglaube und Glaube und nötigt zu weiterer Klärung. Zweierlei wird hier wie auch sonst vielfach stillschweigend vorausgesetzt, erstens Luthers neues Glaubensverständnis (s. o. Kap. 7.1) und zweitens eine Redeweise, die sich auf das Wesen des Glaubens bezieht, das nicht ohne dessen Relation zu Gesetz und Evangelium begriffen werden kann. Abgesehen von diesen beiden Punkten macht in Luthers Sicht der Christenmensch die konkrete Selbsterfahrung, daß sich in ihm seine bleibende Gottesentfremdung in Sünden wie Haß und Neid regt. Da eine theologische Ethik nicht absehen kann vom Phänomen des Gesetzes mit Gottes Gebot, Gutes zu tun, ist es für Luthers theologische Ethik besonders brisant, in welche Relation er das Gesetz und den Glauben bringt, obwohl er dem Gesetz mit seinen Werken jede Bedeutung für das Heil des Menschen abspricht und das Gerecht-Werden des Menschen durch das Evangelium sogar als Befreiung vom Gesetz versteht.

Eine erste Auskunft zu diesem Problem gibt Luther in der Weihnachtspostille, 1522, bei der Auslegung von Gal 4,1–7, dem Episteltext für den 1. Sonntag nach Weihnachten. Von vornherein will er das Mißverständnis ausschließen, das Tun guter Werke werde durch die reformatorische Rechtfertigungslehre sinnlos, ein Vorwurf, gegen den sich schon Paulus wehren mußte. Im Gegenteil, das Herrenwort Mt 5,17 soll voll in Geltung bleiben, wird von Luther allerdings so interpretiert, daß durch Christus der Glaube grundgelegt werde, der zunächst den Menschen als Person gut macht, so daß er dann auch gute Werke vollbringt.

> Dieweyll denn nu Christus furwirfft alle werck des gesetzs und furdertt tzuvor der person benedeyung und gütte, ßo hatts eyn scheyn, als furwerff er gutte werck und wolle aufloßen alle gesetz, ßo er doch aller erst recht leret gutte werck zu thun. Darumb spricht er widder solchs wehnen [Mt 5,17]: ‚yhr solt nit wehnen, das ich kommen sey, das gesetz auffzuloßen', damit [:dadurch] das ich die werck des gesetzs furwerff. ‚Ich wiß mehr erfullen' durch den glawben ynn mich, der die person zuvor gutt mache und alsdenn recht gutte werck thu. Alßo auch S. Paulus Röm 3 [V. 31], da er alle werck des gesetz furwarff und den glawben alleyn auffwarff, sprach er: ‚Wie dunckt euch, tzubrechen wyr hiemit das gesetz? Da sey gott fur, wyr richten das gesetz hiemit recht auff'. Eben wie itzt auch die leutt sagen, man

---

[11] Ebd. WA 10 II, 260,29–261,4. Die Sätze haben keine Parallele in der lateinischen Entgegnung.

wolle gutte werck vorpieten, wenn wyr furwerffen der stifft und kloster leben ynn yhren wercken, ßo wyr doch gern wollten, das sie tzuvor recht glawbten, dadurch die person gutt und gebenedeyet wurd ynn Christo, Abrahamß samen [Gen 22,18], und alsdenn gutt werck thetten.[12]

Mit dem Christus-Glauben wird der Mensch in ein anderes Verhältnis zum Gesetz versetzt. Denn, wie Paulus Gal 4,4f schreibt, hat Gott seinen Sohn Mensch werden lassen und „unter das Gesetz getan, damit er die, die unter dem Gesetz waren, erlöste, damit wir die Kindschaft empfingen". Unter dem Gesetz lebt und handelt der gottentfremdete Mensch, solange er dem Gesetz in einer unfreien Weise gerecht zu werden sucht. Sein Handeln ist motiviert entweder durch Furcht vor Strafe oder durch Erwartung von Vorteil oder Lohn, ganz gleich, ob er sich von einer säkularen oder einer religiösen Moral bestimmen läßt.[13] So oder so lebt der Mensch unter dem Gesetz unfrei wie in einem Kerker. Das erläutert Luther mit einer allegorischen Deutung der Erzählung von der Befreiung des Petrus aus dem Gefängnis, Apg 12,4ff, wo es heißt, Petrus sei mit zwei Ketten gefesselt gewesen.

Dißer kerker ist das gesetz, darynnen unßer gewissen gefangen ist und mit unwillen unter yhm; denn niemant thut freywillig das gut vom gesetz gepoten und lessit das böse vom gesetz vorpotten, sondern auß furcht der peyn muß ers thun oder thuts umb lohns willen. Diese furcht oder das drewen und das lohn oder die hoffnung des lohns sind diße tzwo ketten, die uns unter dem gesetz ym kerker behallten.[14]

Im Gegensatz zur Unfreiheit unter dem Gesetz ist der durchs Evangelium befreite Christ in seinem Glauben nicht davon entbunden, das Gute zu tun und das Böse zu unterlassen; im Gegenteil: die Freiheit vom Gesetz bedeutet für ihn ein Freisein von dem Zwang des Gesetzes und von der Motivation seines Handelns durch Furcht vor Strafe und Erwartung eines Lohns. Sein Handeln geschieht nicht in der Unfreiheit einer Knechtschaft, sondern in der Freiheit einer Kindschaft im Gottesverhältnis. Was Gott vom Menschen als Tun des Guten und Unterlassen des Bösen will, das wird in der geistlichen Freiheit vom Gesetz ungezwungen, „aus freier Liebe und lustigem Willen" bejaht und getan. Das „Du sollst" des Gesetzes hat sich verwandelt in ein ungezwungenes „Ich will". Dieses Verhältnis zu den ethischen Forderungen Gottes an den Menschen vergleicht Luther ungeschützt mit der Selbstverständlichkeit der leiblich kreatürlichen Akte menschlichen Lebens, womit er andeutet, daß das „Ich will" nicht mit einem moralischen Vorsatz verglichen werden kann.

---

[12] Weihnachtspostille, 1522, zu Gal 4,4f, WA 10 I 1, 359,4–18. Die „Benedeiung" als Inbegriff des messianischen Heils ist durch den Kontext vorgegeben, nachdem Gen 22,18 in den Gedankengang eingeflossen ist, ebd. 358,16ff.

[13] Ebd. WA 10 I 1, 358,16–369,5; in diesem thematisch einschlägigen Text taucht die doppelte unfreie Motivation mehrfach auf.

[14] Ebd. WA 10 I 1, 364,19–24; in der weiteren Ausführung der Allegorese tritt Christus an die Stelle des Engels (Apg 12,7–10).

> Darumb, nit seyn unter dem gesetz ist nit ßo viel gesagt, das man frey loß sey, boßis tzu thun, was man will, oder keyn gutt werck thun, ßondern es ist ßo viel gesagt, das man nicht auß furcht, tzwang und nodt des gesetzs, ßondern auß freyer liebe und lustigem willen guttis thue und boßis lasse, eben als were das gesetz nicht und gieng das weßen von yhm selbs naturlich dahynn. Gleych, als das der leyb isset, trinckt, dewet [:verdaut], außwirfft, schlefft, geht, steht, sitzt und dergleychen naturlich werck thutt, ist yhm keyn gesetz nott [...], ßondern thutts von yhm selb [...], furcht widder straff noch sucht lohn drynnen. Und mag wol gesagt werden: der leyb ist unter keynem gesetz, und doch drumb nit on werck, ia, voller werck, frey und selb willig. Sihe, eyn solch frey, naturliche willickeyt soll auch ynn uns seyn, das gutt tzu thun und das boße zu lassen.[15]

In seiner theologischen Sprache nennt Luther das Handeln in der Freiheit vom Gesetz ein ungezwungenes Handeln aus freiem Willen. Er denkt dabei nicht an den freien Willen, der sich von den moralischen Überlegungen der Vernunft leiten läßt. Er meint vielmehr eine Freiwilligkeit oder Spontaneität, die aus der Freiheit des Menschen von sich selbst, von der Sorge um sein Selbst entspringt. Den Gegensatz zwischen dem Geist der Unfreiheit unter dem Gesetz und dem Geist der Freiheit findet Luther vorgezeichnet im Gegensatz von Kain und Abel. Abgesehen von paulinischen Sätzen liefern ihm in diesem Zusammenhang zwei Psalmverse – Ps 50,14 b und Ps 110,3 a – die biblische Grundierung für den Geist der Freiwilligkeit.

> Das ist die geystliche freyheyt und erloßung vom gesetz, das meynt Paulus 1Tim 1 [V. 9]: ‚Dem gerechten ist keyn gesetz geben', das ist: er thutt alliß gutt unnd lesset allis böße von yhm selbs ungetzwungen, on furcht und on gesuch des lohns. Item Röm 6 [V. 14] ‚Ihr seytt nit unter dem gesetz, ßondernn unter der gnaden', das ist: yhr seyd kinder, nit knecht, yhr thut alles gutt ungetrieben und ungetzwungen, auß freyem willen. Item Röm 8 [V. 15]: ‚Ihr habt nitt empfangen den geyst, der do knechte macht ynn furchten, ßondern yhr habt empfangen den geyst, der kinder macht'. Das gesetzt [sic] gibt den furchtenden, knechtischen, Caynschen geyst, aber die gnade gibt den freyen, kindlichen, Habelschen geyst durch Christum, den samen Abrahe, davon Ps 50 [/51,14 b] sagt: ‚Herr, befestige mich mit dem freywilligen geyst'. Item, daher nennet Ps 109 [/110,3 a] Christus volck die ‚freywilligen ynn dem tag deyner krafft' etc. Alßo hatt Christus das gesetz erfullet und allis than auß freyem willen, nit auß nott und tzang des gesetz. Und on yhn ist niemand geweßen, wirt auch nit seyn, der auch alßo thue, er habs denn von und durch yhn, darumb sagt hie [Gal 4,4 f] S. Paulus, er [Christus] sey ‚unter das gesetz [getan] worden, das er die erloßet, die unter dem gesetz waren'.[16]

Der Geist der Freiheit und Kindschaft wird mit dem Christus-Glauben als ein unverfügbares Geschenk des Heiligen Geistes empfangen. In dem Glauben, der sich das Evangelium des Jesus Christus zu eigen macht, erfährt sich der Mensch erlöst von seiner Verurteilung durch das Gesetz und von der Knechtschaft unter

---

[15] Ebd. WA 10 I 1, 360,24–361,11.
[16] Ebd. WA 10 I 1, 361,11–362,8. – Luther zitiert die beiden Psalmverse in seiner frühen Übersetzung, vgl. aus den Jahren 1517 bzw. 1518 die Fassungen WA 1, 185,19 (Ps 51,14 b) und WA 1, 690,32 (Ps 110,3 a). Obwohl er beide Verse seit der Psalter-Ausgabe von 1524 (vgl. WA.DB 10 I, 266 / 267 und ebd. 476 / 477) anders übersetzt, behalten in beiden Texten die hebräischen Worte *nedabah* bzw. *nedaboth* ihr Gewicht für Luthers theologisches Denken.

dem Gesetz. Mit kühnen Worten spricht Luther von denen, die in der Freiheit des Heiligen Geistes leben. Sie leben, als ob es das Gesetz nicht gäbe; sie leben in Einklang mit Gottes Willen, wie Adam und Eva vor dem Fall in die Gottesentfremdung im ursprünglichen geschöpflichen Gehorsam lebten.

> Was ists gesagt [Gal 4,5], das er die erloßet, die unter dem gesetz waren? Das on tzweyffell er uns vom gesetz erloßet. Wie erloßet er aber vom gesetz? Wie gesagt ist, nit durch tzuprechen [:zerbrechen] unnd abethun des gesetzs, sondern durch gabe eynß freywilligen geystis, der allis thut ungetrieben, ungetzwungen, unangesehen das gesetz mit seynem drewen und lohn, gerad als were das gesetz nicht und thetts allis auß naturlicher artt, wie Adam und Heva thetten für dem fall. Wie gaht aber das tzu, das er uns solchen geyst gebe und vom gesetz erloße? Nit anders, denn durch den glawben. Denn wer do glawbt, das Christus darumb kommen sey und allis solchs than habe, das er uns erlösete, der ist gewißlich alßo erlößet, wie er glawbt, ßo geschicht yhm. Derselb glawbe bringt mit sich denselben geyst, der yhn zum kind macht, wie hie [Gal 4,5] der Apostell sich selb außlegt und spricht: Christus hab uns alßo vom gesetz erloßet, das wyr die gnadreych kindschafft ubirkemen. Das alles muß durch den glawben geschehen.[17]

Damit ist angedeutet, wie für Luther die Ethik der christlichen Religion darin gründet, daß der Mensch im Glauben an das Evangelium des Jesus Christus für sich selbst die Befreiung vom Gesetz erfahren kann. Bei denen, die das Evangelium im Glauben annehmen, wandelt sich durch den Heiligen Geist das innere, affektive Verhältnis zu Gottes Gesetz aus unfreier zu befreiter Motivation. Mit bereitwilliger Hingabe bejahen sie das Gesetz in Gestalt des Dekalogs als Gottes „heiliges, gerechtes, gutes Gesetz" (Röm 7,12).[18] Was in Jer 31,33 für die Zeit des messianischen Heils verheißen wird, geht bei ihnen in Erfüllung: „das sol der Bund sein, den ich mit dem hause Israel machen wil, nach dieser zeit, spricht der HERR, Ich wil mein Gesetz in jr Hertz geben, und in jren Sinn schreiben, Und sie sollen mein Volck sein, so will ich jr Gott sein".[19]

8.2 Die Nächstenliebe als Summe des Gesetzes

In einer intensiven Auslegung der Perikope Röm 13,8–10, der Epistel für den 4. Sonntag nach Epiphanias, legt Luther 1525 in seiner Fastenpostille[20] dar, warum

---

[17] Ebd. WA 10 I 1, 362,10–363,4.
[18] Operationes in Psalmos, 1519–1521, zu Ps 19,8a ‚Lex domini immaculata‘, WA 5, 553,36–554,1: Neque enim lex operibus, sed amore impletur nec vult operibus fingi, sed affectu amari. Ideo propheta [Ps 19,8] eos intuens, qui per verbum fidei accepto spiritu hilares et amantes facti sunt ad facienda ea, quae legis sunt, docet, quam sit sancta et iusta et bona lex [Rom 7,12], quae iis, qui sine spiritu sunt, amara, iniqua et dura videtur, cum non sit culpa legis, sed affectuum. – Ebd. 554,9–12: Quare etsi de lege domini, quae littera est, loquitur, quae in Decalogo scribitur, non tamen nisi de amata et iam e littera in spiritum rapta loquitur. Sic enim Hiere 32 [Jer 31,33] promisit ‚scribam legem meam in cordibus eorum et dabo in visceribus eorum'.
[19] WA.DB 11 I, 295 (Text 1545).
[20] Die Fastenpostille, 1525, ist die dritte und letzte von Luther selbst verfaßte und veröffentlichte Postille; wie die Advents- und Weihnachtspostille bietet sie eine Auslegung der Epistel-

das Gebot der Nächstenliebe – „Du sollst deinen Nächsten lieben wie dich selbst" (Lev 19,18; Mt 22,39) – als die „Erfüllung" oder Summe der sog. zweiten Tafel des Dekalogs angesehen werden muß, was Paulus hier in Röm 13,9 f noch deutlicher als in Gal 5,14 formuliert.[21] In diesem Zusammenhang reflektiert er wieder einmal das Verhältnis von Glaube und Nächstenliebe[22] sowie das Verhältnis von Gottes- und Nächstenliebe.[23] In das Nachdenken über das Verhältnis von Glaube und Nächstenliebe wird ausdrücklich das Phänomen des Gesetzes einbezogen. Gott fordert in seinem Gesetz, das heißt in seinen Geboten – daran erinnert Paulus in Röm 13,9 – die Werke der Nächstenliebe. Wird das Gesetz richtig, in seiner ganzen Tiefe verstanden, dann fordert Gott die Werke der Nächstenliebe vom Menschen in der Weise, daß er sie in freier Einwilligung in den Willen Gottes tut, also den affirmativen Sinn des Dekalogs gerne erfüllt. Der Mensch ist als Person von Gott gefordert. Die christliche Ethik kann nicht davon absehen, ob der Mensch als die von Gott entfremdete Person oder als die mit Gott versöhnte Person zum Handeln gefordert ist. In der Weise, wie das Gesetz dem Menschen unmittelbar fordernd entgegentritt, fordert es „nur die Werke und schweigt von der Person". Doch wenn dem Menschen als angesprochene Person bewußt wird, was in Wahrheit Gott von ihm fordert, dann geht ihm auf, er „selbst müsse eine andere Person werden". Es ist die heilsame, nicht in Verzweiflung treibende Anwendung des Gesetzes, der gute geistliche Gebrauch des Gesetzes, was Luther hier im Sinn hat.

> Nu ist des gesetzs art, das es die person angreyfft [:in Anspruch nimmt] und foddert solch gute werck von yhr und will nicht ablassen, es habe sie denn. So vermag die person solche werck on geyst und liebe nicht. Damit wird sie durchs gesetz gedrungen, sich zu erkennen, was yhr feylet, und ferner dencken, nemlich, das sie auch selbs zuvor anders werde, auff das sie dem gesetz muge gnug thun, denn das gesetze dringet nicht so hart auff die person alls auf die werck, ia, es foddert nur die werck und schweigt der person und lesst die person an dem werck foddern [:am Fordern von Werken] mercken, wie auch sie selbs musse eyn ander person werden.[24]

Der Glaube, der sich auf das Evangelium stützt, verändert die Person in der erwünschten Weise; er läßt Gottes Vergebung der Sünde erfahren und macht die Person vor Gott „angenehm und gerecht". Er verwandelt die Person durch die Gabe des Heiligen Geistes und der Liebe, so daß sie „mit Lust" Gutes tut. Indem der Glaube der Person das frohe Bewußtsein schenkt, aus der Gottlosigkeit be-

---

und Evangelienperikopen, und zwar für die Sonntage der Epiphanias- und der Fastenzeit; WA 17 II, 3–247.

[21] Die Interpretation von Röm 13,8–10 umfaßt ebd. WA 17 II, 88,11–104,8; die Exegese von Röm 13,9 beginnt, ebd. 100,6–8: Wie die liebe sey das heubtstuck aller gesetz ist gnug gesagt, das sie alle solche gepot [Röm 13,9 nennt die Gebote der 2. Dekalogtafel] ynn der Summa fasset, weyl sie nicht mehr achtet [:beabsichtigt], denn dem nehisten nutz und unschedlich zu seyn.

[22] Ebd. WA 17 II, 96,28–98,36.

[23] Ebd. WA 17 II, 98,37–99,32.

[24] Ebd. WA 17 II, 97,11–19.

8.2 Die Nächstenliebe als Summe des Gesetzes 399

freit und mit Gott versöhnt zu sein, vermittelt er mit dem Heiligen Geist die den Menschen in seinem Handeln bewegende Kraft der Nächstenliebe. Er erfüllt in grundlegender Weise das Gesetz, weil er die Person zu einem Tätigsein befreit, wie es vom Gesetz dem Willen Gottes entsprechend verlangt wird.

Wie wyr oft gesagt haben, glaub und liebe mus man also scheyden, das der glaub auff die person und die liebe auff die werck gericht sey. Der glaube vertilget die sund und macht die person angeneme und gerecht. Wenn aber die person angenem und gerecht worden ist, so wird yhr der heylige geyst und die liebe geben, das sie guts thut mit lust. [...] Wenn aber der glaube kompt, der macht eyn solche person, [es ist der Glaube] der die werck, vom gesetz erfoddert, geben kann, das heysst denn das gesetz erfullet. Darum redet S. Paulus feyn und eben [:genau so], wie die sach an yhr selbs ligt. Das gesetz foddert werck von der person und wird auch mit wercken erfullet. Also das man nicht so eygentlich sagen mag [:kann]: der glaube erfullet das gesetz, wie wol er die person zuricht und macht, das sie es erfullen kann, weyl das gesetz nicht die person, sondern die werck von der person foddert.²⁵

Recht lange kreisen Luthers Gedanken darum, wie Glaube und Liebe in unterschiedlicher Weise am Erfüllen des Gesetzes beteiligt sind. Einerseits geht es beim Glauben um den Menschen, der seine Gerechtigkeit vor Gott nicht durch die vom Gesetz geforderten Werke gewinnen kann, andererseits geht es bei der vom Gesetz geforderten Liebe um das vielfältige, ständig akute Verhältnis zum „Nächsten" in einer Freiheit, die der Glaube aus dem Evangelium schöpft. Diese Art der Nächstenliebe erfüllt „durch sich selbst" das Gesetz, während der Glaube die Liebe „darreicht", bereitstellt oder freisetzt, so daß der Glaube durch die Liebe zum Erfüllen des Gesetzes beiträgt.

Ob nu wol der glaube das gesetze nicht [er]füllet, so hat er doch das, damit [:womit] es erfüllet wird, denn er erwirbet den geyst und die liebe, damit es erfullet wird. Widderumb, ob die liebe nicht rechtfertiget, so beweyset sie doch das, damit [:womit] die person rechtfertig [:gerecht] ist, nemlich den glauben. Und summa, wie hie S. Paulus selbs davon redet [Röm 13,10b] ‚Die liebe ist des gesetzs erfullung', als solt er sagen: Es ist eyn ander rede, des gesetzs erfüllung seyn und des gesetzs erfüllung machen odder geben. Die liebe erfüllet also [:so] das gesetz, das sie selbs die erfüllung ist. Aber der glaub erfüllet also das gesetze, das er darreicht, da mit [:womit] es erfüllet wird. Denn der glaub liebet und wirckt, wie Gal 5 [V. 6] sagt: ‚Der glaub ist thettig durch die liebe'. Das wasser füllet den krug, der schenck füllet auch den krug, das wasser durch sich selbs, der schenck durchs wasser.²⁶

Welcher anthropologische Ort der Nächstenliebe zuzuweisen ist, kann man nicht leicht sagen. Luther gibt jedoch dazu einen Hinweis im Kontext seiner Auslegung von Röm 13,8–10.²⁷ Er mißbilligt eine anthropologische Unterscheidung, die ihm

---

²⁵ Ebd. WA 17 II, 97,7–11.19–26; die ausgelassenen Zeilen sind bei Anm. 24 zitiert. – Luthers Ausführungen müssen begriffen werden als Ergänzung zu seiner Verhältnisbestimmung von Glaube und Liebe im Vergleich mit dem guten Baum und seinen Früchten (Kap. 8.1).

²⁶ Ebd. WA 17 II, 98,13–23.

²⁷ Ebd. WA 17 II, 98,28–32: Und damit verwirfft S. Paulus der Sophisten trewme, die von der liebe also reden, das sie von eynander scheyden die eusserliche werck und die ynnerliche gunst [:Zuneigung] und sprechen, die liebe sey eyn ynnerliche gunst und habe den nehisten

aus der Scholastik bekannt war.[28] Demnach bezeichnete man die Liebe primär als eine innerliche Größe, nämlich als die „gunst", mit der man einem anderen Gutes gönnt, was auf eine tugendhafte Gesinnung der Liebe hinausläuft. Als etwas Sekundäres betrachtete man die äußerlichen Werke; man verstand sie als die Frucht des Wohlwollens der Liebe. Das paßt zu einer als Tugendqualität definierten Liebe, deren Akte erst noch in eigener Willensentscheidung hervorgebracht werden müssen. Luther hingegen unterstreicht, gestützt auf Paulus, den Tat-Charakter der Liebe in der Einheit von Täter und Tat: Der Glaube und mit ihm die Person ist der Täter und Erfüller des Gesetzes, die Liebe ist die Tat und somit die Erfüllung des Gesetzes. Ähnlich wie beim Glauben entfällt für Luther auch bei der Liebe eine Ortsbestimmung im Rahmen der traditionellen Seelen- und Tugendlehre, bei der die habituale Form der Tugend vorausgesetzt wird für erst noch hervorzubringende Werke. Anders als in der religiösen Tugendlehre gehören für Luther Glaube und Liebe in der Person des Menschen zusammen, ohne daß ihr Unterschieden-Sein aufgehoben wird. Wesentlich ist dabei, daß der Mensch sich in seinem Verhältnis zu Gott und zu den Menschen so versteht, wie er als Person vom Gesetz und vom Evangelium angesprochen wird.

Also bleybt der glaub der thetter und die liebe bleybt die that. Nu foddert das gesetz die that und zwinget damit den thetter, das er anders werde. Darumb wird es mit der that erfüllet, wilche doch der thetter thun mus. [...] Hie [Röm 13,8–10] sihestu, das S. Paulus liebe heyst nicht gunst allein, sondern gunstige wolthat, das der glaube und die person der thetter und der erfuller bleybe des gesetzs, wie er spricht [V. 8b]: ‚wer den andern liebt, hat das gesetz erfüllet', und die liebe sey die that und erfüllung, wie er auch sagt [V. 10b]: ‚Die liebe ist das gesetzs erfüllung'.[29]

Noch genauer trifft Luther das traditionelle Grundverständnis der christlichen Religion mit der Frage, ob die Gottesliebe nicht eher als die Nächstenliebe das Gesetz erfülle, da wir doch „Gott über alle Dinge" lieben sollen, auch mehr als den Nächsten.[30] Dem Herrenwort in Mt 22,39 entnimmt Luther nicht nur den gleichen Rang von Gottes- und Nächstenliebe, er geht noch weiter und folgert,

---

lieb, wenn sie yhm ynnerlich guts gonnet [:gönnt], die werck heyssen sie aber der liebe frucht etc. Das las faren.

[28] Luthers Angaben sind begrifflich etwas vage, da er die lateinischen Begriffe nicht nennt. Einen gewissen Anhalt für die scholastische Auffassung können zwei Sätze bei Thomas bieten; STh 2 II q.23 a.3 co.: [Die caritas sei] aliqua habitualis forma superaddita potentiae naturali, inclinans ipsam ad caritatis actum, et faciens eam prompte et delectabiliter operari. – STh 2 II q.24 a.1 co.: caritatis subiectum non est appetitus sensitivus, sed appetitus intellectivus, idest voluntas. Vgl. STh 1 II q.56 a.6; Sent. 3 d.27 q.2 a.3.

[29] Fastenpostille, 1525, WA 17 II, 98,25–36; ausgelassen ist der in Anm. 27 zitierte Passus.

[30] Ebd. WA 17 II, 98,37 f: Eyn ander frage: Wie die liebe des nehisten sey des gesetzs erfüllung, so wyr doch auch Got uber alle ding, auch uber den nehisten lieben sollen? – Die Frage wird in der scholastischen Theologie erörtert, z.B. bei Thomas, STh 2 II q.26 a.1 und a.2; Bonaventura, Sent.3 d.29 a.um. q.1 und ebd. dub.3; Biel, Sent.3 d.29 q.un. C (3,523 f.).

Jesus habe die Gottesliebe in die Nächstenliebe hineingezogen,[31] jedoch so, daß dadurch das erste Gebot keineswegs aufgehoben wird. Im ersten Punkt seiner Begründung legt Luther dar, Gott sei nicht mit Werken oder Wohltaten des Menschen gedient. Vielmehr soll der Mensch nach Gottes Willen alle Liebe, die sich in Werken und Wohltaten erweist, seinem Nächsten zuwenden. Gott selbst will, daß ihn der Mensch im Sinn des ersten Gebotes wirklich „für Gott halte" und „ihm glaube", also seinem Worte Glauben schenke. Was als gottesdienstliches Handeln geschieht und auch geschehen soll, hat der Nächstenliebe zu dienen, damit „der Nächste dadurch bekehrt und zu Gott gebracht werde".

Und das darumb: Auffs erst, das Gott unser werck und wolthat nichts [:keineswegs] bedarff [vgl. Apg 17,25]. Sondern hat uns damit zu dem nehisten geweyset, das wyr dem selben thun, was wyr yhm [:Gott] thun wöllten. Er [:Gott] darff nicht mehr, denn das man yhm gleube und für Gott hallte. Denn auch seyn [:Gottes] ehre, predigen und loben und dancken darumb geschicht auff erden, das der nehist da durch bekeret und zu Gott bracht werde. Und heysset doch auch alles Gottesliebe und geschicht auch Gott zu liebe, aber alleyn dem nehisten zu nutz und gut.[32]

Gott hat – so Luthers zweiter Grund – mit seinem Tod am Kreuz die Gottesliebe dorthin verwiesen, wo Nächstenliebe unter Kreuz und Elend des Menschen zur Tat wird. Ursprünglich war es dem Menschen gegeben, Gott mit Dank für die Gaben seines geschöpflichen Lebens zu lieben und zu verehren; dabei hätte er – das ist die innere Logik in Luthers Gedankengang – die Güter seines Lebens ganz selbstverständlich mit anderen geteilt. Weil das jedoch nicht mehr geschieht, hat sich Gott der nun unter den Menschen eingetretenen Not von „Hunger und Kummer", von „Unglück und Schanden" angenommen, hat sich selbst in das menschliche Elend der Gottesentfremdung hineinbegeben mit der Konsequenz des Kreuzestodes, damit nun „alle Werke der Liebe gerichtet sein sollen auf die elenden, notleidenden Nächsten". Dort, in den Notleidenden, „soll man Gott finden und lieben, da soll man ihm dienen und Gutes tun".

Auffs ander, so hat Gott die wellt zur nerryn gemacht und will hynfurt geliebt seyn auch unter dem creutz und elend, wie S. Paulus sagt, 1Kor 1 [V. 21]: ‚Weyl die wellt durch yhre weysheyt Gott ynn seyner weysheyt nicht erkennet, hats yhm gefallen durch törliche predigt selig zu machen die gleubigen'. Darumb hat er sich selbs auch an dem creutz ynn tod und iamer geben und das selb alle den seynen auffgelegt, das wer vorhyn [:zuvor] nicht hat wollen Gott lieben, das [:darum daß] er essen, trincken, gut und ehre hat geben, der mus yhn [:Gott] itzt lieben ynn hunger und kummer, ynn ungluck und schanden, das also alle werck der liebe gerichtet sollen sein auf die elenden nottdurfftigen [:notleidenden] nehesten. Da soll man Gott finden und lieben, da soll man yhm dienen und gutts thun,

---

[31] Ebd. WA 17 II, 99,1–3: Antwort: das hat Christus selbs auffgeloset, da er Mt 22 [V. 39] spricht: Das ander gepot sey dem ersten gleich und macht aus der liebe Gottis und des nehisten gleyche liebe. – Wie Luther das Gleichwerden von Gottes- und Nächstenliebe deutet, zeigt die folgende Begründung, in der zweimal (99,20 f.30 f) von dem Herunterziehen der Gottesliebe in die Nächstenliebe die Rede ist.
[32] Ebd. WA 17 II, 99,3–9.

wer yhm guts thun und dienen will, das also das gepot von der liebe Gottis gantz und gar herunder ynn die liebe des nehisten gezogen [:verlegt] ist.[33]

Der Schluß dieses Gedankens kehrt gleich noch einmal wieder, jetzt mit Anspielung auf Phil 2,7[34] und mit Zitat von Mt 25,42, um zu bekräftigen, daß Gott, der sich in Jesus Christus „der göttlichen Gestalt entäußert und die Knechtsgestalt angenommen" hat, in denen geliebt werden will, die auf anspruchslos dienende Liebe angewiesen sind. Deshalb werde das Gebot der Gottesliebe von denen verfehlt, die „in den Himmel gaffen" und Gott in seiner herrlichen Majestät lieben wollen.

Damit ist nu den schlipfferigen [:haltlosen] und fliegenden [:flatternden] geystern gewehret und das mal gesteckt [:Ziel gesetzt], die Gott alleyn ynn grossen herlichen dingen suchen, trachten nach seyner grösse und boren durch den hymel und meynen yhm zu dienen und zu lieben ynn solchen ehrlichen [:erhabenen] stucken, die weyl feylen sie seyn [:verfehlen sie ihn] und lassen yhn hie unden auff erden ynn dem nehisten fur uber gehen, darynn er will geliebt und geehret seyn. Darumb werden sie am iungsten tage hören [Mt 25,42]: ‚Ich bin hungerig gewesen und yhr habt mich nicht gespeyset' etc. Denn er hatt darumb sich der Göttlichen gestalt geeussert [:entäußert] und die knechtische gestalt angenomen [Phil 2,7], auff das er unser liebe gegen yhm herunder zoge und auff den nehisten hefftet, so lassen wyr die selben hie liegen und gaffen die weyl ynn den hymel und wollen gros Gottis liebe und dienst fur geben [:vortäuschen].[35]

Das Zitat des Gebotes der Nächstenliebe in Röm 13,9 als der Summe der zweiten Tafel des Dekalogs benutzt Luther zur Entfaltung von vier Kennzeichen der Nächstenliebe. Er zeigt anhand des Gebotes der Nächstenliebe, was als Kern und Stern der christlichen Ethik nach ihrem reformatorischen Grundverständnis anzusehen ist.

(1.) An erster Stelle ist beim Gebot der Nächstenliebe wie bei den Dekaloggeboten mit der Anrede an die zweite Person im Singular – „Du sollst" – hervorzuheben, daß jeder als verantwortliche Person unvertretbar angesprochen ist. Niemand kann diesen Anspruch delegieren. Ein Christ kann zwar in der Fürbitte Gott darum bitten, daß er einem Menschen Gnade und Hilfe widerfahren läßt. Keiner kann sich jedoch auf diese Weise dem Anspruch entziehen, daß er selbst in seinem Leben das Gebot der Nächstenliebe zu erfüllen habe.

Das erst [ist] die person, die lieben sol, da es [:das Gebot] spricht, ‚du selbst sollt lieben', das ist, die beste, nehiste und edliste person, die man zum werck bringen mag, Denn Gottis gesetz wird niemand fur den andern erfullen mügen [:können] eyn iglicher wirds müssen fur sich selbs erfullen, wie Paulus sagt Gal 5 [Gal 6,5]: ‚Eyn iglicher wird seyne last tragen'. Und 1Cor 5 [2Kor 5,10]: ‚Wir müssen alle fur dem richtstul Christi stehen, das eyn iglicher empfahe an seynem leybe, wie ers verdienet hat, es sey gut oder böse'. Darumb heysst es, ‚Du, du, du selbs sollt lieben'. Nicht las eynen andern fur dich lieben. Denn ob wol eyner

---

[33] Ebd. WA 17 II, 99,10–21.
[34] Innerhalb der Fastenpostille, 1525, hat Luther Phil 2,5–9 als Epistel für Palmarum ausgelegt, WA 17 II, 237–245.
[35] Ebd. WA 17 II, 99,22–32.

8.2 Die Nächstenliebe als Summe des Gesetzes

kann und soll fur den andern bitten, das yhm Gott gnedig sey und helffe, so wird doch niemand selig, er habe denn Gottis gepot fur sich selb erfullet. Darum nicht alleyn zu bitten ist fur iemand, das er ungestrafft bleybe, [...] sondern viel mehr, das er frum [:rechtschaffen] werde und Gottis gepot hallte.[36]

In der Formulierung schimmert die von Luther verworfene Meinung durch, daß der ethische Anspruch des Christ-Seins von den Angehörigen der geistlichen Orden in höherem Maße erfüllt werde als von den einfachen Christen und daß die religiösen Verdienste der Ordensgemeinschaften die einfachen Christen von deren geistlichen Defiziten entlasten könnten. In Luthers Sicht ist vielmehr jeder unvertretbar in eigener Person vom Gebot der Nächstenliebe gefordert.

(2.) An zweiter Stelle unterstreicht Luther die Radikalität im Gebot der Nächstenliebe. Denn in dem Gebot ist alles eingeschlossen, was zum Nutzen anderer Menschen getan oder erlitten werden soll. Die Nächstenliebe ist nicht beschränkt auf bestimmte Akte oder bestimmte Personen. Das unterscheidet sie von anderen Tugenden und macht sie zur umfassenden „Tugend aller Tugenden", so daß der traditionelle Begriff der religiösen Liebestugend dahinfällt (vgl. Kap. 7.1). Die von Gott gebotene Nächstenliebe soll die Person in ihrem Tun und Leiden bestimmen. Sie soll ethisches Prinzip sein für den Menschen „inwendig und auswendig", wie es Not und Nutzen des Nächsten erfordert, er sei ein Freund oder ein Feind.

Das ander ist die edliste tugent, nemlich die liebe, Denn er spricht nicht, Du solt deynen nehisten speysen, trencken, kleyden etc., wilchs doch auch köstlich gute werck sind, Sondern, du sollt yhn lieben. Die liebe aber ist das heubt, der brunn und gemeyne tugent aller tugent. Liebe speyset, trencket, kleydet, tröstet, bittet, löset, hillfft und redt. Was soll man sagen? Sihe [lies: Sie] ergibt sich selb mit leyb und leben, mit gut und ehre, mit allen krefften ynnwendig und auswendig zur not und nutz des nehisten, beydes feyndes und freundes, behellt nichts, damit [:womit] sie nicht diene dem andern. Darumb ist yhr keyne tugent zu gleichen, und mag auch [bei] yhr keyn eygen sonderlich werck ausgemalet [:herausgestrichen] odder genennet werden, wie man [bei] den andern stucklichen [:partiellen] tugenden thut, als da sind keuscheyt, barmhertzickeyt, geduld, sanfftmut etc. Die liebe thut allerley und leydet auch tod und leben und allerley auch fur den feynd, das wol S. Paulus hie sagt [Röm 13,9 b]: ‚Alle gepot sind ynn dem wort verfasset alls ynn eyner summa, Liebe deynen nehisten'.[37]

(3.) Die radikale Beanspruchung der Person durch die Nächstenliebe wird im dritten Gesichtspunkt ergänzt durch den universalen, uneingeschränkten Begriff des „Nächsten". Ohne Ansehen der Person, das heißt ohne Rücksicht auf Reichtum, Macht, Bildung, Frömmigkeit erstreckt sich das Gebot der Nächstenliebe auf andere Menschen. Darin widerstreitet es der am Eigennutz interessierten Liebe, die erlischt, sobald sie vom anderen keinen Vorteil mehr erwartet. Die

---

[36] Ebd. WA 17 II, 100,12–23.
[37] Ebd. WA 17 II, 100,24–101,4. Den Begriff der Tugend verwendet Luther hier, wie der Kontext zeigt, nicht in der von ihm abgelehnten aristotelischen Definition einer habitualen Qualität mit spezifischen Akten, vgl. Anm. 28.

von Gott gebotene Liebe unterscheidet nicht zwischen Freund und Feind, weil sie nicht am anderen das Liebenswerte für sich sucht, sondern nach der Art von Gottes Liebe ohne Ansehen der Person anderen Gutes tun will. Deshalb wird die Nächstenliebe aktiv vor allem gegenüber Menschen, denen sie zum Besseren verhelfen will, gegenüber Armen, Bedürftigen, Bösen, Sündern, Dummen, Kranken, Feinden. In solcher Absicht erweist sie Geduld und nimmt Leiden auf sich, findet zu jeder Zeit und bei jeder Gelegenheit genug zu tun.

Das dritte ist die aller edlest werckstat [:Betätigungsort] und der theureste freund, der zu lieben ist, Das ist der nehiste. Er [:Gott] spricht nicht: Du sollt lieben den reichen, gewelltigen, gelerten, heyligen. Neyn, die freye [:vorbehaltlose] liebe und das aller volkomnest gepot stücket [:zerstückelt] noch teylet sich nicht also ynn ettliche person, Sondern da ist keyn ansehen der person. Denn das thut die falsche, fleyschliche wellt liebe, die alleyne sihet auf die person und liebet, so lange sie nutz und hoffnung hat [vgl. Mt 5,46 f]. Wo nutz und hoffnung aus ist, ist die liebe auch aus. Aber diss gepott foddert die freye [:uneingeschränkte] liebe gegen yderman, unangesehen, wer er ist, er sey feynd odder freund. Denn sie sucht nicht nutz noch gut, sondern sie gibt und thut nutz und gut. Darumb ist sie am thettigesten und mechtigesten gegen die armen, durfftigen, bösen, sundern [:Sünder], narren [:Dummköpfe], krancken und feynden. Denn da findet sie zu dulden, leyden, tragen, dienen und wolzuthun alle hende vol, alle zeyt gnug, alle stett [:Gelegenheiten] bereyt.[38]

Gottes Gebot der Nächstenliebe macht jedem Angesprochenen bewußt, daß vor Gott alle Menschen gleich sind. Dadurch werden alle Standesunterschiede aufgehoben. Ein König oder Fürst sollte angesichts dieses Gebotes erkennen, daß vor Gott ein Bettler und Aussätziger sein Nächster ist, dem er nicht nur zu helfen schuldig sei, sondern, wie Luther unterstreicht, dem er mit den Mitteln seiner Macht zu dienen habe. Mit dieser Interpretation erinnert das Gebot die Mächtigen und Reichen an ihre soziale Verantwortung.

Und las uns hie mercken, wie dis gepott uns fur Gott alle gleich macht und alle unterscheyd der stend, person, ampt und werck auffhebt. Denn weyl das gepott allen und iglichen menschen geben ist, So mus eyn könig und furst (so er anders eyn mensch ist) bekennen, das der örmest [:ärmste] bettler und aussetziger seyn nehister und nichts geringer fur Gott sey, also das er yhm nicht alleyn schuldig ist zu helffen, sondern auch nach diesem gepot yhm zu dienen mit allem, das er hat und vermag. Denn so er yhn lieben sol, wie hie Gott gepeut, so folget, das er den betler sol lieber haben denn seyne kron und gantzes königreich, und wo es der bettler bedurfft, auch seyn leben fur yhn geben. Denn er ist yhm liebe schuldig und mus yhn seynen nehisten seyn lassen.[39]

Wissen wir, wer unser Nächster ist? Seine Antwort gibt Luther mit dem Jesus-Wort Mt 7,12, der sog. Goldenen Regel, die jedem Menschen ins Herz geschrieben sei, der jeder Mensch von Natur aus zustimmen muß, weil sie ihm bewußt macht, welche Erwartung an Nächstenliebe er selbst gegenüber anderen Menschen in

---

[38] Ebd. WA 17 II, 101,5–17. – Gemäß der oben berührten Zusammengehörigkeit von Glaube und Liebe als Täter und Tat kann Luther das ganze Tätigsein der Liebe auch dem Glauben zuschreiben und ihn ein „lebendig, schefftig, thettig, mechtig ding" nennen, Vorrede zum Römerbrief, 1522, WA.DB 7, 11,9; vgl. ebd. 11,10–12.19–22.

[39] Fastenpostille, 1525, WA 17 II, 101,18–27.

8.2 Die Nächstenliebe als Summe des Gesetzes 405

sich trägt. Durch diesen Rückgriff auf das natürliche Sittengesetz, verbunden mit Röm 2,15, erhält das Gebot der Nächstenliebe dieselbe Allgemeingültigkeit wie der Dekalog in Luthers Deutung. Mit dem Gebot der Nächstenliebe konfrontiert die christliche Religion den Menschen nicht mit einem neuen, zusätzlichen ethischen Anspruch; ebenso wie beim Dekalog muß sie ihn jedoch daran erinnern, was er vor Gott, seinem Schöpfer, anderen Menschen an Nächstenliebe schuldig ist. Die Goldene Regel ist ebenso wie das Gebot der Nächstenliebe affirmativ gefaßt; das verstärkt das Gewicht von Luthers affirmativer Dekalog-Auslegung. Wie hoch Luther den affirmativen Charakter der Goldenen Regel in ihrer Allgemeingültigkeit eingeschätzt hat, zeigt sein Umgang mit dem entsprechenden negativen Gebot in Tob 4,16, das er in der großen lateinischen Dekalog-Auslegung, 1518, zweimal unverändert, jedoch in einem Atemzug mit Mt 7,12 zitiert.[40] Später, 1534, wird in der ersten Wittenberger Gesamtausgabe der Deutschen Bibel Tob 4,16 schlankweg im Sinn von Mt 7,12 übersetzt.[41] Das unterstreicht die reformatorische Auffassung, das Christus-Evangelium des Neuen Testamentes stelle keine neuen ethischen Forderungen an den Menschen, die höheren Rang hätten als beispielsweise das negative Gebot in Tob 4,16. Im Mittelalter hingegen hat Ludolf von Sachsen (gest. 1377) Tob 4,16 dem moralischen Gesetz des Alten Testamentes zugewiesen und Mt 7,12 dem neutestamentlichen Gesetz mit dessen größerer Vollkommenheit.[42] Solches Abstufen ist Luther fremd.

Daraus sihe nu, was die wellt ist, wie weyt [entfernt] sie sey nicht alleyn von Christus exempel, [...] Sondern auch von disem gepott. Wo sind sie, die dis wörttlin kennen und verstehen, das der Nehist heysst? so doch auch das naturlich gesetz eben wie dis gepot ynn aller menschen hertz geschrieben steht [vgl. Röm 2,15]. Denn niemnd ist, der nicht

---

[40] Decem praecepta, 1518, beim 5. Gebot, WA 1, 480,1 f und beim 7. Gebot, ebd. 503,35–504,5: Nec potest regula melior tradi in hoc praecepto [...], quam ut quilibet, in quocunque negotio cum proximo egerit, ante omnia coram oculis ponat hoc dictum Christi, scilicet spirituale interpretamentum omnium praeceptorum [Mt 7,12]: ‚Quod vultis ut faciant vobis homines, et vos facite illis‘, Et illud Tobiae [Tob 4,16]: ‚Quod tibi fieri nolis, alteri non feceris‘; hoc enim aspecto facile quivis erudietur, quid et quomodo agere debebit in quocunque casu huius latissimi praecepti. Nam si tibi faves divitias, non autem proximo tuo, iam non habes caritatem, sed cupiditatem, et peccasti in hoc praeceptum. Es enim fur coram deo, quia id quod proximo debes, scilicet favorem rerum, abstulisti ab eo.
[41] Die Übersetzung von Tob 4,16 lautet seit 1534 unverändert, WA.DB 12, 120 / 121: Was du wilt das man dir thue, das thu einem andern auch. – Luthers Freund Justus Jonas (1493–1555) hat das Buch Tobias übersetzt, dessen Manuskript lag Luther vor, als er seine Vorrede schrieb. Ob Luther noch einzelne Stellen der Übersetzung geändert hat, läßt sich nicht sagen. In der im Frühjahr 1534 in Lübeck gedruckten niederdeutschen Vollbibel war Tob 4,16 originalgetreu übersetzt; vgl. Text-Apparat z.St. WA.DB 12, 120 und ebd. 108 Anm. 2 sowie ebd. S. XLVII f und LII.
[42] Ludolf von Sachsen, Vita Jesu Christi p. 1 c.39 n. 14 zu Mt 7,12: Cum ergo sit duplex praeceptum legis naturalis – unum negativum, de quo in Tobia [4,16] dicitur ‚quod ab alio tibi oderis fieri, vide ne aliquando alii facias‘, aliud affirmativum, de quo hic [Mt 7,12] habetur –, in hoc affirmativo negativum illud intelligitur. [...] Et istud affirmativum ad maiorem perfectionem obligat quam negativum, et ideo rationabile fit, ut affirmativum poneretur in Nova lege, quae maioris est perfectionis. Ibi [in der lex vetus] malum facere interdicimur, hic [in der lex evangelica] autem etiam malis bona facere iubemur.

fulet und bekennen müsse, das es recht und war sey, da das naturlich gesetz spricht [Mt 7,12]: ‚Was du dyr gethan und gelassen willt haben, das thu und las auch eym andern', das [:dieses] liecht lebet und leucht ynn aller menschen vernunfft, und wenn sie es wollten ansehen, was durfften sie der bucher, lerer odder yrgent eyns gesetzs? Da tragen sie eyn lebendig buch bey sich ym grund des hertzen.[43]

(4.) Beim vierten Punkt leitet Luther dazu an, mit dem Gebot der Nächstenliebe rückhaltlos sich selbst zu prüfen. Jeder solle bei sich selbst überlegen, in welchem Maße er sich selbst liebt, wie er – mit Nahrung, Kleidung und anderem – für sich selbst, für Leib und Leben sorgt und wie er eigene Not zu vermeiden sucht. Im Gebot der Nächstenliebe erhalte jeder in seiner realen Selbstliebe das beste Muster für die Liebe, die er anderen zuwenden soll. Jeder habe an sich selbst ein lebendiges Beispiel für die geforderte Nächstenliebe. Die Heiligen hingegen, beliebte Vorbilder für Ansprüche an das eigene Leben, seien vergangen und tot, mit anderen Worten: sie seien nie so unmittelbar und uneingeschränkt Maßstab der Nächstenliebe, wie ihn jeder bei ehrlicher Selbstprüfung im eigenen gegenwärtigen Leben finde. Nebenbei hat Luther damit das Beispiel der heiligen Elisabeth von Thüringen relativiert, die er vorher angeführt hat als eine hochstehende Adlige, die „den Armen, Bettlern und Aussätzigen" gedient habe.[44]

Das vierde ist das aller edlest exempel odder furbild. […] Nu gibt dis gepott eyn recht lebendig exempel, nemlich dich selbs, das exempel ist ia edler denn aller heyligen exempel. Denn die selben sind vergangen und nu todt. Dis exempel aber lebet on unterlas. Denn es wird yhe [:gewiß] yderman müssen bekennen, dass er fule, wie er sich liebet. Er fulet ia, wie hefftig er fur seyn leben sorget, wie vleyssig er seynes leybs wartet mit speys, kleyder und allem gut, wie er den tod fleucht und alles unglück meydet. Nu das ist die liebe deyns selbs, die sihestu und fulestu. Was leret dich nu dis gepott? Eben [dem Nächsten] dasselb gleich zuthun, das du dir thust, das du seyn leyb und leben sollt dyr gleich so viel lassen gelten als deyn leyb und leben. Sihe, wie hette er dyr kund [:können] eyn neher [:näherliegendes], lebendiger und krefftiger exempel geben, das ynn dyr selb so tieff stickt, ia du selber bist, gleich so tieff alls auch das gepott ynn deynem hertzen geschrieben steht?[45]

Luther beschließt seine Auslegung von Röm 13,8–10, indem er bei Röm 13,10 a „Die liebe thut dem nehisten keyn leyd"[46] daran erinnert, daß der Dekalog zwar in Form von Verboten spricht wie auch hier der Apostel. Doch wendet Luther das negative Verbot zu einem umfassenden affirmativen Gebot: Die Liebe fügt nicht nur niemandem Leid zu, sondern erweist jedem Wohltat. Wer einem anderen nicht in dessen Not hilft, obwohl er es könnte, der ist schuldig geworden an dessen Not, wenngleich er sie nicht verursacht hat.

---

[43] Fastenpostille, 1525, WA 17 II, 102,3–13.
[44] Ebd. WA 17 II, 101,32–34.
[45] Ebd. WA 17 II, 102, 27–39.
[46] So lautet Röm 13,10 a im Duktus der Gesamtauslegung, ebd. WA 17 II, 103,32, während der Vers innerhalb des Perikopentextes, ebd. 88,19, wiedergegeben ist wie seit 1522 in der Übersetzung des Neuen Testamentes, WA.DB 7, 71 (Version 1546): Die Liebe thut dem Nehesten nichts böses.

Die weyl die zehen gepott verpieten dem nehisten leyde und schaden zu thun, [...] folget der Apostel [Röm 13,10] der selben rede nach und spricht, die liebe hallte solchs und thu niemand leyd. Aber nicht alleyn thut sie niemand leyd, sondern yderman auch wol. Denn das heyst auch leyde gethan, wenn ich meinen nechsten lasse ym leyde sticken, so ich yhm helffen kann, ob ich gleich yhn nicht habe dreyn bracht. Denn so yhn hungert und ich speyse yhn nicht, so ichs vermag, ists gleich so viel, als lies und hies ich yhn hungers sterben.[47]

Der Mensch wird in seinem Gewissen vor Gott konfrontiert mit dem Gebot der Nächstenliebe in seiner ganzen Radikalität; er kann sich dem Gebot nicht entziehen, weil eigenes Gewissen und Herz es ihm bestätigen. Das Gebot der Nächstenliebe wird ihm nicht von der christlichen Religion auferlegt, da es als unausweichliches Gebot seiner menschlichen Verantwortung gegeben ist. Es wird ihm im reformatorischen Christentum nur bewußt gemacht. Es darf als Inbegriff des Gesetzes Gottes, das alle Menschen angeht, auch durch die christliche Predigt des Evangeliums nicht entschärft werden, als ob eine Gesinnungstugend der Nächstenliebe dem Christen genügen könnte. Mit dem Evangelium wird dem Menschen die Chance gegeben, aus dieser Not des Gewissens befreit zu werden, um in der Freiheit des Christenmenschen das Gebot der Nächstenliebe vollauf zu bejahen.

Wie wird dyrs nu fur Gott gehen, wenn du nicht liebest deynen nehisten? Da wird dich deyn eygn gewissen verdamnen, das solch gepott inn sich beschrieben [:geschrieben] sind, und das gantz leben als eyn exempel wird wider dich zeugen, das du nicht auch also than hast dem andern, wie dich deyn eygn leben so krefftig gelert hatt, mehr denn aller heyligen exempel.[48]

8.3 Die Nächstenliebe in den Verantwortungsfeldern menschlichen Lebens

Mit ihrer Eigenart als Frucht des Glaubens und Erfüllung des Gesetzes will die christliche Nächstenliebe sich in den drei Feldern gemeinschaftlichen Lebens (s. o. Kap. 4.4) verwirklichen.

(1) Der Hausstand

Die Ehe von Mann und Frau bildet das Fundament für das soziale Feld von Familie und Hausstand. Im Einklang mit der heiligen Schrift steht für Luther fest: Ehe und Familie sind gute Gaben des Schöpfers für den Menschen; sie müssen hochgehalten werden sowohl für die leibliche Kreatürlichkeit des Menschen als auch für seine Verantwortung vor Gott. Gleichzeitig bezeichnet Luther die Ehe als ein „weltlich Ding". Stets geht es ihm dabei um den Rechtsschutz der Ehe. Im

---

[47] Fastenpostille, 1525, WA 17 II, 103,34–104,6.
[48] Ebd. WA 17 II, 103,1–5.

reformatorischen Christentum hat die Ehe nicht mehr den sakralrechtlichen Status eines Sakramentes. Sie ist nicht mehr Gegenstand des kanonischen Kirchenrechts, sondern wird jetzt dem Schutz durch das weltliche Recht zugewiesen.

Es kann ia niemand leucken, das die ehe ein eusserlich weltlich ding ist wie kleider und speise, haus und hoff, weltlicher oberkeit unterworffen, wie das beweisen so viel keiserliche rechte daruber gestellet. So finde ich auch kein Exempel ym Newen Testament, das sich Christus odder die Apostel hetten solcher sachen angenomen, ausgenomen, wo es die gewissen beruret hat, als S. Paulus 1.Corinth 7.[49]

Den Ehestand dem weltlichen Recht zu unterstellen, bereitete einige Schwierigkeiten, weil das kodifizierte weltliche Zivilrecht der römischen Kaiser in mancher Hinsicht nicht ausreichte. Inwieweit Luther notgedrungen zu Problemen des weltlichen Eherechts, etwa der Ehescheidung,[50] Stellung genommen hat, kann hier ausgespart werden. Luther äußert sich mit dem Vertrauen auf gutes, von der Vernunft geleitetes Recht. In der Hauptsache will er als Theologe die Gewissen in Sachen Ehe unterrichten, das heißt für ihn, daß im Christentum die Verantwortung vor Gott für diese elementare Gestalt gemeinschaftlichen Lebens ins Bewußtsein gerufen wird. In diesem Sinn versteht er die entsprechenden Verse der Bergpredigt Jesu, also nicht als Teil einer sakralen Gesetzgebung. Ebenso wolle Paulus in 1Kor 7 „die Gewissen unterrichten".

Weil der Ehestand gar ein weltlich eusserlich ding ist [...] als das gar der vernunfft unterworffen ist, Gen 1 [V. 28]. Darumb was darinn die oberkeit und weise leute nach dem rechten und vernunfft schliessen und ordnen, da sol mans bey bleiben lassen. Denn auch Christus hie [Mt 5,32] nicht setzet noch ordnet als ein Jurist odder regent in eusserlichen sachen, sondern allein als ein prediger die gewissen unterrichtet, das man des gesetz[es] vom scheiden recht brauche, nicht zur buberey und eigenem mutwillen widder Gottes gebot. Darumb wollen wir hie auch nicht weiter faren denn das wir sehen, wie bei ihnen gestanden ist und sich die halten sollen, so Christen sein wollen.[51]

Luthers theologische Position ist eindeutig: Die Ehe ist durch Gottes Schöpfungswillen (Gen 1,28) ein „göttlicher Stand",[52] der den Schutz durch weltliches Recht benötigt, jedoch weder als Sakrament einem sakralen Recht unterworfen noch durch eine sakralgesetzliche, zölibatäre Lebensform überboten werden darf. Er verurteilt jede Geringschätzung der Ehe, sei es aus religiösen Gründen, sei es aus rein asketischen oder libertinistischen Motiven, die ihm aus der antiken Überlieferung bekannt waren und ihm auch bei manchen Zeitgenossen begegneten.

---

[49] Von Ehesachen, 1530, WA 30 III, 205,12–17. – Vgl. Traubüchlein, 1529, WA 30 III, 74,3–10.

[50] Zur Frage der Ehescheidung und anderen Rechtsfragen vgl. Von Ehesachen, 1530, 2. Teil, WA 30 III, 241–248.

[51] Wochenpredigten über Mt 5–7, 1530–1532, zu Mt 5,32, WA 32, 376,38–377,9. – Zu 1Kor 7 vgl. das Zitat bei Anm. 49. – Zu 1Kor 7 hat Luther einen exegetischen Traktat verfaßt: Das Kapitel 1Kor 7 ausgelegt, 1523, WA 12, 92–142.

[52] Traubüchlein, 1529, WA 30 III, 75,14: viel mehr sollen wir diesen Göttlichen stand ehren. – Vgl. Vorrede zu Johannes Brenz, Wie in Ehesachen christlich zu handeln, 1531, WA 30 III, 481,8: [...] dem Göttlichen werck und geschepffe, das wir den Ehestand nennen.

| Est vero Matrimonium Creatio, donum et ordinatio divina sicut politiae seu Magistratus.[53] | Die Ehe ist ein Gottlich geschepffe, Gabe und Ordenung, gleichwie die weltliche Oberkeit und ir regiment. |

Die Ehe – mit ihr die Familie und der Hausstand – ist die Hohe Schule der Nächstenliebe und einer elementaren christlichen Sozialkultur. Der Christ ist willens, im Ehestand in den geschöpflichen Erfahrungen mit Freud und Leid, in leichten und schweren Zeiten in Nächstenliebe fürsorglich mit dem Ehepartner und den Kindern sowie dem Gesinde gemeinschaftlich zu leben.

Jeder Mensch ist Tochter oder Sohn von Eltern; aus diesem Verhältnis wird er nie entlassen. Er bleibt unter dem vierten Dekaloggebot, Vater und Mutter zu ehren, auch wenn sie nicht mehr am Leben sind.

In der Auslegung des vierten Gebotes im Großen Katechismus, 1529, hält sich Luther, wie er selbst zugibt, reichlich lange bei dem gebotenen Ehren von Vater und Mutter auf; er versteht die Titel „Vater" und „Mutter" nicht nur im ursprünglichen, familiären Sinn, er bezieht sie in übertragener Bedeutung auch auf die Inhaber weltlicher und geistlicher Obrigkeit, von denen in der Ausübung ihres Amtes ein „väterliches Herz" zu erwarten sei.[54] Dem Ehren gibt er einen höheren Rang als dem Lieben, weil mit dem Ehren die Würde respektiert wird, die der anderen Person als ein verborgenes, unantastbares Geheimnis zu eigen ist, von Luther „Majestät" genannt. Darüber hinaus meint das vierte Gebot mit dem Ehren den Gehorsam gegenüber anderen Personen, denen eine gewisse Autorität verliehen ist.

Denn gegen brüder, schwester und dem nehisten ynn gemein befihlt er nicht hohers denn sie zulieben. [...] es ist viel ein höher ding Ehren denn Lieben, als das nicht alleine die liebe begreifft sondern auch eine zucht [:Respekt], demut und schewe als gegen einer maiestet alda verporgen.[55]

In anderem Zusammenhang weitet er das aus zu dem Bewußtsein, daß der Mensch in seinem Leben in vielfacher Hinsicht anderen Autoritäten „unterworfen" ist, oder neutraler gesprochen, daß er sich den unvermeidlichen Bindungen, durch die er anderen Menschen verpflichtet ist, nicht entziehen darf.

Dan [:Denn] es muß ein iglicher regiret unnd unterthan werden andern menschen. Derhalben wir sehen aber alhie, wie viel gutter werck in diessem gebot geleret werde, ßo all unser leben darinnen andern menschen unterworffen ist.[56]

---

[53] Contra 32 articulos Lovaniensium theologistarum, 1545, a. 44, WA 54, 428,13 f; Wider die 32 Artikel der Theologisten zu Löwen, 1545, Art. 46, ebd. 437,20 f.
[54] Großer Katechismus, 1529, WA 30 I, 147,20–157,11; ebd. 152,20–29: aus der eltern oberkeit fleusset und breitet sich aus alle andere. [...] Item so mus er [:der Herr des Hauses] auch gesind, knecht und megde zum hausregiment unter yhm haben. Also das alle die man ‚herrn' heisset an der Eltern stad sind und von yhn [:ihnen] krafft und macht zuregiren nehmen müssen. [...] Daher sie auch nach der schrifft alle ‚Väter' heissen, als die ynn yhrem regiment das vater ampt treiben und veterlich hertz gegen[über] den yhren tragen sollen.
[55] Ebd. WA 30 I, 147,24–29.
[56] Von den guten Werken, 1520, WA 6, 252,1–3.

Sollte zwischen Ehepartnern eine Differenz in der Einstellung zum Christentum auftreten, dann sollte ein Christ sich mit seinem „unchristlichen" Ehepartner nicht überwerfen, sondern die Glaubensdifferenz tolerieren und „Gott die Sache befehlen". Denn niemand kann einen anderen zum Glauben zwingen. Welche konkrete Situation Luther vor Augen hat, sagt er nicht. Am ehesten könnte er zu diesem Zeitpunkt, 1523, an den Fall denken, daß nur einer der Ehepartner sich dem reformatorischen Christentum anschließt, der andere hingegen am herkömmlichen Christentum festhält. Die Kluft wäre am stärksten zu spüren im Verhalten zum Bußsakrament und zur Eucharistiekommunion. Einer – das wäre in diesem Fall der vom reformatorischen Glauben erfaßte Ehepartner – solle dem anderen seine Glaubensauffassung darlegen, könne auch den anderen bitten oder „vermahnen", sich ihm anzuschließen, nur dürfe er keinen Zwang ausüben. Die Ehe solle im Frieden erhalten bleiben, da Gott ein Gott des Friedens ist.

‚Ym fride hatt uns Gott beruffen' (spricht er [1Kor 7,15]), das ist, das wyr sollen fridlich mit eynander leben, also, das auch eyn christlich gemalh [sic] sich nicht haddern soll mit seynem unChristlichen gemalh umb des glaubens odder unglaubens willen, noch sich von yhm scheyden, so seyn unChristlich gemalh yhn lesst Christlich leben, Sondern eyn iglichs soll das ander [:Gemahl] ynn seynem glauben lassen und Gott die sach befelhen. Denn zum glauben soll und kann man niemant zwingen noch treyben, sondern Gott mus yhn zihen mit gnaden, datzu sollen wyr leren, vermanen und bitten, nicht zwingen. Darumb soll eyn Christlich gemalh das eusserlich weßen ehlichs stands mit friden furen bey seynem unChristlichen gemalh, und dem selben widder trotzen noch drewen, widder mit lauffen noch mit iagen. ‚Denn Gott ist nicht eyn Gott des unfrids, sondern des frids', Rom 15 [1Kor 14,33, vgl. Röm 15,33]. Darumb leret er uns nicht unfride, sondern hellt uns zum friden.[57]

Der Traktat Von den guten Werken, 1520, warnt die Eltern vor einem Mißbrauch ihrer Ehre und Autorität dadurch, daß sie ihre Verantwortung vor Gott und ihr Vertrauen auf Gott, die ihnen durch die ersten drei Gebote bewußt sein sollten, ignorieren, indem sie ihren Kinder nur „weltliche" Wertvorstellungen vermitteln, wie Vergnügen, Besitz, Macht, Karriere, Prestige, was den Kindern gefallen mag.[58] Sollten sie jedoch die Fehlorientierung ihrer Eltern erkennen, dann seien sie – in dieser Hinsicht – vom Gehorsam gegenüber ihren Eltern dispensiert, weil Gott „höher zu achten" ist als die Eltern.

Wo nu die eltern ßo nerrisch seinn, das sie kinder weltlich tzihenn, sollenn die kinder yhnen in keinen weg gehorsam sein, dan got ist in den ersten dreyen gebotten hoher zuachtenn den die eltern. Weltlich aber zihen heyß ich das ßo sie leren nit mehr suchen, dan lust, ehre und gut odder gewalt disser welt.[59]

---

[57] Das Kapitel 1Kor 7 ausgelegt, 1523, zu 1Kor 7,15, WA 12, 125,6–18.
[58] Von den guten Werken, 1520, WA 6, 252,14–18: derhalben [wegen Mißachtung der ersten drei Gebote] mugen [:können] sie auch nit sehen, was den kindern gebricht, und wie sie die leren und tzihen sollen, darumb tzihen sie die tzur weltlichen ehren, lust unnd gutter, das sie nur den menschenn wolgefallen und yhe hoch kommen [:Karriere machen], das ist den kindern lieb, unnd sein gar gern gehorsam on alles widdersprechen.
[59] Ebd. WA 6, 253,1–5.

8.3 Die Nächstenliebe in den Verantwortungsfeldern menschlichen Lebens

Auch im Zusammenhang einer kritischen Betrachtung des bestehenden Kirchensystems[60] wird in diesem Traktat die Gehorsamsverweigerung gegenüber kirchlichen Autoritäten durch die Gebote der ersten Dekalogtafel legitimiert.

> Szo mussen wir nu die drey ersten gebot unnd die rechte taffel fur die hand nehmen, des sicher sein [:dessen sicher zu sein], das kein mensch, widder Bischoff, Bapst, noch engel [vgl. Gal 1,8], mag etwas gebieten oder setzen, das dissen dreyen gebotten mit yhren wercken entgegen, hynderlich odder nit furderlich sey, und ob sie solchs fur nhemen, so helt es und gilt nichts, so sundigen wir auch dran, wo wir folgen und gehorsam sein odder dasselb leydenn.[61]

Hinsichtlich des Gehorsams gegenüber weltlicher Obrigkeit argumentiert Luther in demselben Traktat nicht mit den ersten drei Geboten; statt dessen erinnert er an das Wort des Apostels Petrus (Apg 5,29): „Man muß Gott mehr gehorchen als den Menschen". Das konkretisiert er gleich noch anhand des fünften, siebenten und achten Gebotes.

> Wo es aber keme, wie offt geschicht, das weltlich gewalt und ubirkeit, wie sie heyssen, wurden einen unterthanen dringen widder die gebot gottis odder dran hyndernn, da gaht der gehorsam auß, unnd ist die pflicht schon auff gehabenn. Hie muß man sagen, wie sanct Peter [...] sagt [Apg 5,29]: ‚Man muß gott mehr gehorsam sein, dan den menschen'. [...] Als wen ein furst wolt kriegenn, der ein offentlich [:offenkundig] unrechte sach het, dem sol man gar nit folgen noch helffen, die weil got geboten hat, wir sollen unsern nehsten nit todten, noch unrecht thun. Item ßo er hiesse ein falsch getzeugnis geben, rauben, liegen [:lügen] odder betriegen, und des gleichen. Hie sol man ehe[r] gut, ehr, leyp unnd leben faren lassen, auff das gottis gebot bleybe.[62]

Auch im Großen Katechismus hat Luther bei der Auslegung des vierten Gebotes die verantwortliche Gemeinschaft des Hausstandes ausgedehnt auf die Verantwortung in weltlichen Herrschaftsbereichen sowie auf die seelsorgerliche Verantwortung im kirchlichen Leben.[63] Überall bestehe eine Fürsorgepflicht. Sie werde zwar im Dekalog nicht ausdrücklich genannt, ergebe sich jedoch aus dem vierten Gebot und aus der heiligen Schrift im ganzen. Wer gegenüber anderen Personen mit Autorität und Recht ausgestattet ist, sei es in der Familie oder im Hausstand, sei es im öffentlich weltlichen oder kirchlichen Leben, darf seine Aufgabe nicht eigensinnig, liederlich oder tyrannisch mißbrauchen. Er sollte sich seiner höchsten Verantwortung vor Gott, dem Schöpfer, bewußt sein. Zu solchem Verantwortungsbewußtsein habe er auch die ihm anvertrauten Menschen anzuhalten.

> Darneben were auch wol zu predigen den Elltern und was yhr ampt füret, wie sie sich halten sollen gegen denen, so yhn befohlen sind zu regieren. Welchs wiewol es ynn zehen

---

[60] Ebd. WA 6, 255,18–258,31. – In dieser Partie stößt man auf Gedanken, die wenig später im Reformationsappell An den christlichen Adel, 1520, wiederkehren.
[61] Ebd. WA 6, 256,37–257,6.
[62] Ebd. WA 6, 265,15–19. – Nach dem Zitat Apg 5,29 ist eingeschoben die Bemerkung, ebd. 265,19–21: Er sprach nit ‚man muß den menschenn nit gehorsam sein', dan das were falsch, sondern ‚gotte mehr dan den menschen'.
[63] Großer Katechismus, 1529, WA 30 I, 153,29 ff und 155,3 ff.

gepoten nicht ausgedruckt stehet, ist es doch sonst an vielen orten der schrifft reichlich gepoten, Auch will es Got eben ynn diesem gepot mit eingebunden haben, als er vater und mutter nennet. Denn er will nicht buben noch Tyrannen zu diesem ampt und regiment haben, gibt yhn auch nicht darumb die Ehre, das ist macht und recht zu regieren, das sie sich anbeten lassen, sondern dencken, das sie unter Gottes gehorsam sind und fur allen dingen sich yhres ampts hertzlich und trewlich annemen, yhre kinder, gesind, unterthanen etc. nicht allein zu neeren und leiblich zu versorgen sondern allermeist zu Gottes lob und ehre auff zuziehen. Darumb dencke nicht, das solchs zu deinem gefallen und eygener wilköre stehe, sondern das Gott strenge gepoten und auffgelegt hat, welchem du auch dafür wirdst müssen antworten.[64]

Als die Reformation sich in einigen Reichsstädten und Fürstentümern durchgesetzt hatte, unterstrich Luther nachdrücklich die Aufgabe der Eltern, für die Schulbildung ihrer Kinder zu sorgen. Das war nötig, einerseits weil es noch keine allgemeine Schulpflicht gab, andererseits weil man in Handwerker- und Bauernfamilien versucht oder sogar gewohnt war, die Kinder zu Hause zur Arbeit heranzuziehen, wobei mancher die Schul- und Universitätsbildung geradezu als unnütz verachtete. Nachdem Luther 1524 die städtischen Magistrate dazu aufgerufen hat, das Schulwesen auszubauen und für dessen Unterhalt zu sorgen, ermahnt er 1530 die Eltern, sich um die Schulbildung ihrer Kinder zu kümmern. Das schärft er ihnen ein als eine von Gott auferlegte Pflicht. Es müßten junge Menschen dazu herangebildet werden, daß sie Aufgaben im kirchlichen Leben und im öffentlichen Rechtsleben übernehmen. Diese beiden Felder des Gemeinschaftslebens seien von Gott gewollt. Deshalb liege es nicht im Belieben der Eltern, ob sie ihre Kinder für solche Aufgaben freigeben oder nicht. Nicht nur das Gedeihen der Gesellschaft nach Gottes Willen führt Luther ins Feld; zusätzlich macht er seine Ermahnung den Eltern schmackhaft mit weltlichem Einfluß und Ansehen. Gleichzeitig beklagt er, daß die Bürger nicht genug Geld herausrücken für die notwendigen Dienste in den beiden anderen Feldern, obwohl durch die Reformation viele Ausgaben für religiöse Zwecke weggefallen sind.[65] Es genüge keineswegs, nur die Trivialschule zu besuchen; denn das Gemeinwesen benötige unbedingt allerhand Leute gehobener Bildung, die in ausreichender Zahl nur aus der einfacheren Bevölkerung kommen können.[66] Es paßt genau in das Bild der damaligen Gesellschaft, wenn Luther weit ausholend die Ämter im kirchlichen und weltlichen Dienst beschreibt, die von begabten und entsprechend ausgebildeten jungen Christen zu bekleiden sind, ohne Rücksicht auf ihre Herkunft aus der unteren oder mittleren Schicht. Deren Eltern haben eine gesamtgesell-

---

[64] Ebd. WA 30 I, 156,4–17.
[65] Predigt, daß man Kinder zur Schulen halten solle, 1530, WA 30 II, 517–588. – Überliefert ist eine knappe lateinische Skizze von Gesichtspunkten, die dann in der Schrift weitläufig abgehandelt werden, WA 30 II, 509 f.
[66] Ebd. polemisiert er gegen die Leute, die eine Trivialbildung für ausreichend halten, um als Kaufmann bald Geld zu verdienen, WA 30 II, 577,32–578,18.

8.3 Die Nächstenliebe in den Verantwortungsfeldern menschlichen Lebens

schaftliche Verantwortung wahrzunehmen. Davon sollen drei Passagen einen Eindruck vermitteln.

Sihe dich umb inn aller Könige und Fursten höfe und inn Stedten und Pfarhen, was gillts, ob nicht dieser Psalm [Ps 113,5–8] mit vielen starcken exempeln drinnen regieret? Da wirstu finden Juristen, Doctores, Rethe, Schreiber, Prediger, die gemeiniglich arm gewest und ja gewislich allzumal Schüler gewest sind und durch die fedder so empor geschwungen und auff geflogen, das sie herrn sind, wie dieser Psalm sagt, und wie die Fursten land und leute regirn helffen. Gott wills nicht haben, das geborne Könige, Fursten, Herrn und Adel sollen allein regieren und herrn sein, Er will auch seine Betler da bey haben, Sie dechten sonst, die Eddel geburt macht alleine Herrn und regenten und nicht Gott alleine.[67]

Darumb las deinen son getrost studirn, und solt er auch die weil nach brot gehen, so gibstu unserm Herr Gott ein feines höltzlin, da er dir einen Herrn aus schnitzen kann. Es wird doch da bey bleiben, das dein und mein son, das ist: gemeiner leute kinder werden die welt müssen regiren, beide jnn geistlichem und weltlichem stande, wie dieser Psalm [Ps 113,5–8] zeuget, Denn die reichen geitz wanste können und wollens nicht thun [...] So vermügens [:können es] die gebornen Fursten und Herrn alleine nicht, Und sonderlich vermügen sie das geistlich ampt gar nichts [:keineswegs] verstehen, Also mus wol beide regiment auff erden bleiben bey den armen, mittelmessigen [:mittelmäßig begüterten] und gemeinen leuten und bey jhren kindern.[68]

Denn der kauffman sol mir nicht lange kauffman sein, wo die predigt und Recht fallen, [...] Wir Theologen und Juristen müssen bleiben odder [die Kaufleute] sollen allesampt mit uns untergehen [...] Wo die Theologen wenden [:verschwinden], da wendet Gottes wort und bleiben eitel Heiden, [...] Wo die Juristen wenden, da wendet das Recht sampt dem friede, und bleibt eitel raub, mord, frevel und gewallt, ja eitel wilde thiere.[69]

Der Grundtenor in Luthers Hausstandsethik liegt bei der Verantwortung vor Gott, im Großen Katechismus am Schluß der Auslegung des vierten Gebotes unüberhörbar ausgesprochen in einem Mahnwort, ja nicht die Fürsorgepflicht an Kindern und Gesinde zu vernachlässigen.

Da ist nu abermal die leydige plage, das niemand solchs warnympt noch achtet, gehen hyn als gebe uns Gott kinder, unser lust und kurtzweil daran zu haben, das gesinde wie ein kue odder esel allein zur erbeit zubrauchen, odder mit den unterthanen unsers mutwillens zu leben, lassen sie gehen, als giengs uns nichts an, was sie lernen oder wie sie leben. [...] Denn wollen wir feine geschickte leute haben beyde zu weltlichem und geistlichem regiment, so müssen wir warlich kein vleis, mühe noch kost [:Kosten] an unsern kindern sparen zu leren und erziehen, das sie Gott und der welt dienen mögen, Und nicht allein dencken, wie wir yhn gelt und gut samlen, [...] Darumb wisse ein yglicher, das er schuldig ist bei verlust Göttlicher gnade, das er seine kinder fur allen dingen zu Gottes furcht und erkentnis ziehe, und wo sie geschickt sind, auch lernen und studiren lasse, das man sie wozu es not ist brauchen künde.[70]

---

[67] Ebd. WA 30 II, 575,31–576,24. – Anschließend spricht Luther von seiner eigenen Schulzeit in Eisenach und seinem Universitätsstudium in Erfurt, das er „dem sauren Schweiß und der Arbeit" seines Vaters verdanke.
[68] Ebd. WA 30 II, 577,21–31.
[69] Ebd. WA 30 II, 30 II, 578,18–24.
[70] Großer Katechismus, 1529, 30 I, 156,18–35.

(2) Die kirchliche Gemeinschaft

Eine Ermahnung zu angewandter Nächstenliebe innerhalb der kirchlichen Gemeinschaft wurde im Verlauf der Reformation für Luther an zwei markanten Punkten akut, ein erstes Mal 1522 angesichts der reformatorischen Unruhen in der Wittenberger Stadtgemeinde, ein zweites Mal 1527, als durch Visitationen den Gemeinden des Kurfürstentums Sachsen eine möglichst einheitliche Gestalt des kirchlichen Lebens gegeben werden sollte.

A) Der Wittenberger Gemeinde hat Luther gleich nach seiner Rückkehr von der Wartburg eingeschärft, wie Glaube und Nächstenliebe im religiösen Miteinander der Christen aufeinander bezogen sein müssen, so daß der Christ weder den Glauben noch die Liebe verleugnet.[71] Obwohl Luther die brennende Situation der Wittenberger Gemeinde vor Augen hat, sind seine Ausführungen über Glaube und Nächstenliebe in der ersten Predigt grundsätzlich bedeutsam für das reformatorische Christentum. Er erinnert die Wittenberger an seine Predigten in früheren Jahren vor seinem Aufenthalt auf der Wartburg und ruft ihnen als erstes ins Bewußtsein, daß jeder Christ um seines Heils willen die zwei Hauptstücke des christlichen Glaubens für sich selbst ergreifen muß.[72] Nach den beiden Hauptstücken des Glaubensbewußtseins nennt Luther die Nächstenliebe als ein drittes, vom Glauben nicht zu trennendes und doch von ihm unterschiedenes Grundelement des Christseins, um dann an vierter Stelle die Geduld anzuschließen als ein zur Nächstenliebe wesenhaft hinzugehörendes Grundelement.

Zum dritten müsssen wir auch die liebe haben und durch die liebe einander thun, wie uns got gethan hat durch den glauben, on welche liebe der glaub nit ist. [... Zitat 1Kor 13,1] Alhie, lieben freundt, [...] das reich gottes, das wir sein, steet nit in der rede oder worten, sonder in der thättigkeit [vgl. 1Kor 4,20], das ist in der that, in den wercken und ubungen. Got will nit zuhörer oder nachreder haben, sonder nachvolger und uber [:Übende], Und das in dem glauben durch die liebe. Dann der glaub on die liebe ist nit gnugsam, ja ist nit ein glaub, sonder ein schein des glaubens.[73]

Zum Vierdten ist uns auch not die gedult: denn wer den glauben hat, got vertrawet und die liebe seinem nechsten erzeygt, in der er sich teglich ubt, ja der kan nit on verfolgungen sein, denn der teuffel schläfft nit, sonder gibt jm gnug zuschaffen, und die gedult wirckt und bringet die hoffnung [Röm 5,4], welche sich frey ergibt und in got sich geschwindet [:verliert, aufgeht], und also durch vil anfechtung und anstösse nympt der glaub ymmer zu und wirt von tag zu tag gesterckt. Sollichs hertz mit tugenden begnadet kann nymmer ruen noch sich erhalten, sonder geust sich widerumb auß zu dem nutz und wolthun seinem bruder, wie jm von got geschehen ist.[74]

---

[71] Beginnend am Sonntag Invocavit, 9.3.1522, predigte er bis einschließlich Sonntag Reminiscere, 16.3.1522, WA 10 III, 1–64 oberer Text; im Folgenden werden notwendige Textkorrekturen stillschweigend nach der Variante 27 vorgenommen.

[72] Predigt, 9.3.1522, WA 10 III, 1,7–2,14; s. o. Kap 7.2 bei Anm. 105.

[73] Ebd. WA 10 III, 3,5–7 und 4,6–11.

[74] Ebd. WA 10 III, 4,13–5,5.

Der Glaube muß auf dem unbedingt notwendigen Heilsgrund insistieren, der keine Kompromisse verträgt. Jedoch erst, wenn die Nächstenliebe hinzukommt, sind zwei Faktoren miteinander verbunden, die für das Leben des Christen und der christlichen Gemeinde konstitutiv sind.[75] Während der Christ bei der Grundwahrheit seines Glaubens in eigener Person Gewißheit hat, ohne auf andere Rücksicht nehmen zu müssen, fordert das gemeinschaftliche Leben in der Kirche von ihm Rücksichtnahme auf andere, die er aus Nächstenliebe übt. Im Blick auf die hektischen Versuche, in Wittenberg reformatorische Neuerungen durchzusetzen, konstatiert Luther in seinen Predigten, daß man in unnachsichtiger Weise die evangelische Freiheit ausgespielt habe, als man rigoros Altarbilder und Heiligenfiguren aus den Kirchen entfernte und dadurch andere in ihrer traditionsverbundenen Religiosität verletzte. Man nötigte in unduldsamer Eile beim Abendmahl die Kommunikanten, außer dem Brot sich nun auch den Kelch reichen zu lassen. Man verweigerte den Gläubigen die gewohnte Privatbeichte. Und weil einige Priester heirateten und manche Mönche das Kloster verließen, meldeten sich Stimmen, die die Ehe für alle Pfarrer sowie den Klosteraustritt für alle Mönche forderten. Man verfiel nach Luthers Urteil in eine neue Art von gesetzlichem Christentum. Wirklich notwendig für eine Erneuerung des Christentums sei indessen die Predigt des Evangeliums, damit die Herzen für den evangelischen Glauben gewonnen werden könnten. Nur so werde dem Wirken Gottes in den Herzen der Menschen Raum gelassen. Gewiß, der Glaube des Evangeliums vertrage sich nicht mehr mit der Meinung, man könne mit dem Stiften von Bildern Gott und den Heiligen einen frommen Dienst erweisen oder der Hauptsinn der Meßfeier liege in der Konsekrationshandlung des Priesters am Altar. Aber weil der befreiende Glaube des Evangeliums nicht mit Verboten erzwungen werde und sich nur auf die Wirkung des Wortes im Herzen der Menschen verläßt, verlange der Glaube eine duldsame Nächstenliebe unter den Christen, andernfalls werde das Wesen des Christus-Glaubens verfälscht.

[Luther beginnt die zweite Predigt mit einer Rekapitulation:] jr habt gestern gehört die hauptstück eins Christenlichen menschen, wie das gantze leben und wesen sei glauben und lieben. Der glaube ist gegen got gericht, die liebe gegen den menschen und nächsten mit wolthun, Wie wir entpfangen haben von got on unnsern verdienst und werck. Also seindt zwey dingk. Das eyne das nötlichest, das also geschehen muß, und nicht anders. Das ander das da frey ist und unnötig, das mag man halten oder nit, one gefer des glaubens unnd der hell. In den zweyen dingen muß die liebe handlen mit dem nächsten, wie uns von got geschehen, und muß also die rechte strasse geen weder zu der lyncken noch zu der rechten seytten fallen. In den dingen, die da müssen und von nötten seyn, (als da ist in Christum glauben) handelt die liebe dannoch also, das sie nit zwinget oder zu strenge fert.[76]

---

[75] S.o. Kap. 3.3.
[76] Predigt, 10.3.1522, WA 10 III, 13,16–14,8. – Daß man niemanden zum Glauben zwingen dürfe, betont Luther ebd. 15,4 ff; 18,10 ff.

Die Reflexion über die Zusammengehörigkeit von Glaube und Nächstenliebe im Leben der christlichen Gemeinde überträgt der Liebe eine doppelte Toleranz. Im Hinblick auf den heilsgewissen Glauben im Herzen jedes einzelnen Christen weiß die christliche Liebe, daß der Glaube niemandem aufgezwungen werden kann. Sie ist außerdem tolerant im Hinblick auf das, was in der Gemeinde an Unterschieden religiösen Verhaltens einzelner Christen zu berücksichtigen war, weil eben manche noch beim Pfarrer zur Beichte gehen oder beim Abendmahl noch nicht den Kelch gereicht bekommen wollten. Diese unterschiedlichen Verhaltensweisen veranlassen Luther, von glaubensstarken und -schwachen Christen zu sprechen und bei einigen, in der Umbruchsituation besonders relevanten Punkten des Gemeindelebens zur liebevollen Praxis zu ermahnen.

Also der glaub, muß allzeyt reyn und unbeweglich in unseren hertzen bleyben und mussen nit davon weychen, sonder die liebe beugt und lenckt sich, noch [:nach] dem unser nechsten begreyffen und volgen mag. Es sein ettliche, die künnen wol rennen, etlich wol lauffen, etlich kaum kriechen. Darumb müssen wir nit unser vermügen, sonder unsers bruders betrachten, uff das der schwache jm glauben, so er dem starcken volgen wolt, nit vom teuffel zerrissen werde.[77]

In der Wittenberger Situation 1522 zeigte sich eine Tendenz zur Intoleranz, von der die Frömmigkeit leicht infiziert ist, wenn sie Gleichförmigkeit in der äußeren Gestalt des Gottesdienstes erwartet und vergißt, was den wahren Kern des Christentums ausmacht. Das reformatorische Christentum mußte darauf achten, daß im Feld der religiösen Praxis ein Spielraum der Toleranz gewahrt bleibt.

Nach den ersten Jahren des Umbruchs mußte in den von der Reformation erfaßten Reichsstädten und Fürstentümern die öffentliche Gestalt des Christentums verbindlich, jedoch nicht sakralgesetzlich geregelt werden, und zwar in erster Linie die Gestalt der Gottesdienste und Sakramente. Manche religiösen Gebräuche konnten freigestellt werden; sie fielen unter den Begriff Mitteldinge oder Adiaphora. Bei ihnen forderte die Nächstenliebe immer wieder verständnisvolles Achtgeben auf das Gewissen des anderen.

Als der Kurfürst von Brandenburg 1539 in seinem Territorium die Reformation einführte und dabei möglichst viel an priesterlichem Ornat und Zeremonien beibehalten wollte, z. B. feierliche Prozessionen an der kurfürstlichen Domkirche, erbat sich der Berliner Propst Georg Buchholzer (1503–1566) von Luther dessen Rat. In seinem Antwortbrief führt Luther anschaulich vor Augen, wie der Adressat die evangelische Lehre und die Gestalt der von Christus gestifteten Sakramente unterscheiden solle von freibleibenden Zeremonien. Der Kurfürst müsse grundsätzlich zugestehen, daß er „wil lassen das Evangelium Jhesu Christi lauter, klar unnd rein predigen, on menschlichen zusatz, und die beide[n] Sac-

---

[77] Predigt, 9.3.1522, WA 10 III, 7,12–8,5. – Nach den drei ersten Predigten über das unbedingt Verbindliche und das Freibleibende im Christentum widmete Luther die nächsten fünf Predigten, 12. 3. bis 16.3.1522, den Themen: Bilder und Speisen, Abendmahl (2 Predigten), Nächstenliebe als Frucht des Abendmahls, Beichte.

8.3 Die Nächstenliebe in den Verantwortungsfeldern menschlichen Lebens 417

rament der Tauffe und des Leibs und Bluts Jhesu Christi nach seiner einsetzung reichen und geben".[78] Wegfallen müßten jedoch die Anrufung der Heiligen, „die teglichen Messen, auch die Vigilien und Seelmessen der Todten", ferner das Weihen von Wasser, Salz und Kräutern; bei den Prozessionen sollten keine konsekrierten Hostien mitgeführt werden; die Prozessionsgesänge sollten „reine Responsoria und Gesenge" sein.[79]

Welche Freiheit der Propst dennoch bei den gewünschten Prozessionen habe, hat Luther ihm drastisch humorvoll ausgemalt.

So gehet in Gottes Namen mit herumb und tragt ein silbern oder gülden Creutz unnd Chorkappe oder Chorrock [...], und hat ewer Herr, der Churfürst, an einer Chorkappe oder Chorrock nicht genug, die jr anziehet, so ziehet der[en] 3 an, Wie [Lev 8,7] Aaron der Hohe Priester 3 Röcke uber einander anzog, [...] haben auch jre Churfürstliche G[naden] nicht genug an einem Circuitu oder Procession [...], so gehet sieben mal mit herumb, Wie [Jos 6,4 f.16] Josua mit den Kindern von Israel umb Hiericho giengen, machten ein Feldtgeschrey und bliesen Posaunen. Und hat ewer Herr, der Marggrave, ja lust darzu, mögen jre Churfürstliche Gnad[en] vorher springen unnd tantzen mit Harpffen, Paucken, Zimbelrn unnd Schellen, Wie David vor der Lade des HERREN that, da die inn die Stadt Jerusalem gebracht ward [2Sam 16,14 f].[80]

Das reformatorische Christentum, das in seiner von Zusätzen gereinigten Gestalt vorher umschrieben worden ist, werde durch Zeremonien dieser Art nicht berührt, solange sich bei ihnen kein Mißbrauch einschleicht und ihnen keine religiöse Notwendigkeit zugeschrieben wird.

denn solche stück, wenn nur Abusus davon bleibet, geben oder nemen dem Evangelio gar nichts, doch das nur nicht eine not zur Seligkeit, und das Gewissen damit zuverbinden, daraus gemacht werde.[81]

Für das reformatorische Grundverständnis des Christentums blieb es erforderlich, daß einerseits die drei konstitutiven Faktoren – Lehre des reinen Evangeliums, Taufe und Abendmahl gemäß der Einsetzung durch Christus – und andererseits sonstige kirchliche Gebräuche ohne religiöse Gewissensbindung richtig miteinander verbunden waren. Die drei verbindlichen Größen begegnen deshalb in Schriftstücken, die Luther und die anderen Wittenberger Theologen 1540 verfaßten, als in der Vorbereitung auf die Religionsgespräche zwischen den protestantischen und den romverbundenen Reichsständen im evangelischen Lager die eigene Position abgesteckt werden mußte.[82]

---

[78] Luther an Georg Buchholzer, 4. (5.?) 12. 1539, Nr. 3421 WA.B 8, 625,12–15.
[79] Ebd. WA.B 8, 625,15–20.
[80] Ebd. WA.B 8, 625,20–33.
[81] Ebd. WA.B 8, 625,34–626,36. – Zu den freibleibenden Zeremonien rechnet Luther beim Abendmahl „die Elevation des Sacraments", die in Wittenberg mittlerweile abgeschafft worden sei, ebd. 626,41–50 (mit Anm.).
[82] In Betracht kommen zwei für Kurfürst Johann Friedrich verfaßte Dokumente, 7. und [18.] Januar 1540 – Nr. 3431 und Nr. 3436 WA.B 9, 8–11; 19–35 –, ferner ein an die Nürnberger Geistlichen gerichtetes Schreiben, [12.] Februar 1540, Nr. 3444 WA.B 9, 50–58.

B) In Luthers reformatorischer Perspektive sollte sich die Kirche als ein Feld gemeinschaftlichen Lebens neben Hausstand und öffentlicher Rechtsgemeinschaft betrachten (s. o. Kap. 4.4). Weil die Kirche der Reformation nicht durch ein von Gott gestiftetes religiöses Recht konstituiert wird, gestaltet sie ihre äußere institutionelle Ordnung durch den Gemeinschaftswillen derer, die in der Kirche für den öffentlichen Dienst am Wort Gottes verantwortlich sind.[83] Was das gemeinsame Band sein sollte, das die Gemeinden Kursachsens zusammenschließen sollte, brachte Luther zur Sprache, als in Kursachsen mit einer Visitation der Gemeinden ein erster Schritt zu einer territorialen Ordnung der kirchlichen Verhältnisse im evangelischen Geist unternommen wurde. Dazu gaben die Wittenberger Theologen den Visitatoren einen hauptsächlich von Melanchthon verfaßten „Unterricht" an die Hand, damit sie die Pfarrer in wichtigen Punkten der reformatorischen Lehre und kirchlichen Ordnung instruieren könnten. In seiner Vorrede zu diesem Unterricht der Visitatoren, 1528, schildert Luther, wie die Visitationsarbeit im Kurfürstentum Sachsen in Gang gekommen ist. Er sieht das ganze Vorhaben davon getragen, daß alle Personen, die verantwortlich am Leben der christlichen Gemeinde oder Kirche beteiligt sind, zusammengebunden sind durch das „Band der Liebe und des Friedens". Was er am Schluß schreibt, gibt der programmatischen Vorrede den letzten Nachdruck.

> Gott, der vater aller barmhertzickeit [vgl. 2Kor 1,3], gebe uns durch Christum Jhesum, seinen lieben son, den geyst der einickeit und krafft, zu thun seinen willen, Denn ob wir gleich auffs aller feinest eintrechtig sind, haben wir dennoch alle hende vol zu thun, das wir guts thun und bestehen ynn Göttlicher krafft. Was sollts denn werden, wo wir uneins und ungleich unternander sein wollten? [...] Darumb last uns wachen und sorgfeltig sein, die geistliche einickeit (wie Paulus leret [Eph 4,3]) zu halten ym bande der liebe und des fride[n]s, Amen.[84]

In seinem straff gefaßten Text erklärt Luther mit dem Wort „Liebe" – das heißt Nächstenliebe – den Gemeinschaftswillen zur tragenden Kraft evangelischer Kirchenordnung. Als er und auch andere die Notwendigkeit einer regionalen oder territorialen Ordnung des jungen evangelischen Kirchenwesens erkannt hätten, seien sie im Bewußtsein des allen Christen aufgetragenen Gemeinschaftswillens an ihren Landesherrn herangetreten, der sich offen zum evangelischen Christentum bekannte.

> Da haben wir [...] zur liebe ampt (welchs allen Christen gemein und gepoten) uns gehalten und demütiglich mit bitten angelangt den durchleuchtigsten hochgebornen Fürsten und herren [...] als den landsfürsten und unser gewisse weltliche oberkit von Gott verordenet, Das S. K. F. G. aus Christlicher liebe (denn sie nach weltlicher oberkit nicht schuldig sind)

---

[83] Das dokumentieren die zahlreichen evangelischen Kirchenordnungen; vgl. TRE 18, 1989, 670–703: Art. Kirchenordnungen, II.1 Evangelische. Reformationszeit (Anneliese Spengler-Ruppenthal).

[84] Vorrede zum Unterricht der Visitatoren an die Pfarrherrn im Kurfürstentum zu Sachsen, 1528, WA 26, 200,34–201,7. Der Unterricht der Visitatoren ist zwar von Melanchthon verfaßt, Luther war jedoch am Entstehen des Textes beteiligt.

8.3 Die Nächstenliebe in den Verantwortungsfeldern menschlichen Lebens

und umb Gotts willen dem Evangelio zu gut und den elenden Christen ynn S. K. F. G. landen zu nutz und heil gnediglich wollten etliche tüchtige personen zu solchem ampt [der Visitation] foddern [:auffordern] und ordenen [:einsetzen], Welchs denn S. K. F. G. also gnediglich durch Gottes wolgefallen gethan und angerichtet haben.[85]

Aus der Vollmacht des allgemeinen Priestertums der Christen zieht Luther hier die Konsequenz eines Gemeinschaftsbewußtseins der Nächstenliebe und hebt hervor, der Landesherr habe im Dienst der Liebe zum Wohl der Gemeinden und nicht in seiner weltlichen Regierungsvollmacht gehandelt, als er geeigneten Personen die Visitationsaufgabe übertrug. In der damaligen Situation der Gemeinden nach den ersten Jahren der nur schwach organisierten Reformation hielt Luther es für angemessen, daß der öffentlich für das Evangelium eintretende Landesherr sich im Dienst der „Liebe" an der Ordnung des Kirchenwesens beteiligt, da innerhalb des Reiches keiner der amtierenden Bischöfe sich der evangelischen Reformation angeschlossen hatte.

Weil nach dem Muster des „Unterrichts der Visitatoren" bei der Visitation die Verhältnisse in den Gemeinden geordnet werden sollten, hielt Luther es gleichzeitig für erforderlich, nun auch bei den Pfarrern an deren Gemeinschaftswillen der „Liebe" zu appellieren. Die kirchliche Ordnung der Reformation sollte keinesfalls mit dem „strengen Gebot" eines unantastbaren göttlichen Kirchenrechts erfolgen. Deshalb ist besonders der Passus zu beachten, in dem Luther den Pfarrern wie den Visitatoren ans Herz legt, sich bereitwillig in der Gemeinschaft des evangelischen Christentums zusammenzuschließen, bis eines Tages „Gott der heilige Geist" ein besseres Mittel als diese Visitation mit ihrem „Unterricht" bereitstellen würde. Der verschachtelte Satz erfordert eine gegliederte Wiedergabe.

Und wie wol wir solchs [das Visitationsvorhaben] nicht als strenge gebot konnen lassen ausgehen,
 auff das wir nicht newe Bepstliche Decretales auffwerffen,
sondern als eine historien odder geschicht [d. h. als situationsbedingtes Dokument],
 dazu als ein zeugnis und bekendnis unsers glaubens,
So hoffen wir doch, alle frume [:rechtschaffenen] fridsame Pfarherr[en],
 welchen das Euangelion mit ernst gefellet
 und lust haben einmütiglich und gleich mit uns zu halten,
 wie S. Paulus leret Philippenses 2 [V. 2], das wir thun sollen,
werden solchen unsers landes fürsten und gnedigsten herren vleys, dazu unser liebe und wol meynen
 nicht undanckbarlich und stöltzlich verachten,
 sondern sich willichlich, on zwanck, nach der liebe art solcher visitation unterwerffen
 und sampt uns der selbigen fridlich geleben [:mit ihr zufrieden geben],
bis das Gott der heilige geyst bessers durch sie odder durch uns anfahe.[86]

Wie soll aber mit denen verfahren werden, die nicht den erwünschten Gemeinschaftswillen aufbringen, die sich den Maßnahmen der Visitation widersetzen?

---
[85] Ebd. WA 26, 197,19–198,1.
[86] Ebd. WA 26, 200,10–21.

Luther spricht sehr allgemein von Leuten, die sich böswillig oder eigensinnig nicht in die evangelisch geordnete Kirchengemeinschaft einfügen und „ohne guten Grund" einen separatistischen Weg gehen wollen.

Wo aber ettliche sich mutwilliglich da widder setzen würden und on guten grund ein sonderlichs wollten machen, wie man denn findet wilde köpffe, die aus lauter bosheit nicht konnen etwas gemeins odder gleichs tragen, sondern ungleich und eigensynnig sein ist yhr hertz und leben, müssen wir die selbigen sich lassen von uns wie die sprew von der tennen sondern und umb yhren willen unser gleichs nicht lassen [:nach ihrem Willen nicht mit uns Gemeinschaft haben lassen].[87]

Es ist eine Konstellation, die wie damals so noch manches Mal auftreten sollte. Sobald jemand bei mangelndem Gemeinschaftsbewußtsein an irgendwelchen Punkten entweder der Lehre oder der kirchlichen Ordnung Anstoß nimmt und sich nicht geduldig auf ein Sondieren der Gründe einläßt, wird ein Mangel an Nächstenliebe im gemeinschaftlichen kirchlichen Dienst zur Ursache der Separation.

Ein anders gelagertes Problem brach dort auf, wo der Appell an den Gemeinschaftswillen auf den Willen traf, an der römisch-katholischen Tradition festzuhalten. Ließ es sich rechtfertigen, wenn evangelische Reichsstände in ihrem Gebiet dem römisch-katholischen Kultus die Duldung im öffentlichen Leben entzogen, nachdem sich bereits ein Großteil der Bevölkerung der Reformation geöffnet hatte? In der Vorrede zum Unterricht der Visitatoren hat Luther das Problem bündig so gelöst: Der Kurfürst besitze zwar keine Vollmacht zu Lehrentscheidungen und zur Ausübung der Kirchenleitung, als weltliche Obrigkeit habe er jedoch dafür zu sorgen, daß durch die öffentliche Religionspraxis keine Zwietracht oder gar Aufruhr unter der Bevölkerung entsteht.[88] Dieses Obrigkeitsrecht wurde allgemein so interpretiert, daß die weltliche Obrigkeit in der öffentlichen Religionspraxis nur eine einzige Religionsform dulden dürfe, jedenfalls keine, die als Gotteslästerung verurteilt werden müsse. Nach damaliger reformatorischer Auffassung galt die römisch-katholische Messe als Gotteslästerung.[89] Das verband sich mit dem Gedanken, bei öffentlicher Gotteslästerung drohe dem

---

[87] Ebd. WA 26, 200,22–28.

[88] Ebd. WA 26, 200,28–31: Denn ob wol S. K. F. G. zu leren und geistlich zu regirn nicht befolhen ist, So sind sie doch schuldig, als weltliche oberkeit, darob zu halten, das nicht zwitracht, rotten und aufrrhur sich unter den unterthanen erheben – Ein Beispiel solcher Herrschaftspraxis habe Kaiser Konstantin I., der Große, mit der Einberufung des Konzils von Nicäa 325 gegeben, ebd. 200,31–34.

[89] Luthers Gutachten für die Vertreter Kursachsens beim Reichstag Augsburg, [13. 7. oder kurz nach 7. 9.] 1530, Nr. 1715 (Beilage) WA.B 5, 614,7–10: Weil sie [:die evang Fürsten] aber das Euangelion fur recht erkennen und gewis sind, das solch Messedienst und klosterwesen stracks widder das Euangelion Gottslesterung ist, Sind sie schuldig gewest, dasselbige alles nicht zu leiden, So viel sie dazu recht und macht haben zu thun. – Umgekehrt wurde in Territorien der römisch-katholischen Obödienz die als Häresie verurteilte reformatorische Religionspraxis nicht geduldet. Erst der Augsburger Religionsfriede 1555 schuf eine Rechtsbasis für gewisse Ausnahmen innerhalb des Reiches.

ganzen Gemeinwesen Gottes Strafe.[90] Mit diesem Kriterium wurde in der Visitation der Gemeinschaftswille der Geistlichen geprüft. Ein von Liebe getragener Gemeinschaftswille mußte sich dem Prinzip der Einheitlichkeit des öffentlichen Gottesdienstes fügen. Zugleich hat Luther wiederholt unterstrichen, daß dabei niemand zum Glauben gezwungen werde;[91] mit anderen Worten, es sollte weder bei der Visitation noch sonst bei irgend jemandem mit inquisitorischer Methode nachgeforscht werden, welchen Glauben er bei sich selbst habe. Obgleich sein persönlicher Glaube keinem Zwang unterliege, sollte er sich jedoch in seinem Lebenswandel den allgemein geltenden Forderungen des Dekalogs unterwerfen.[92]

(3) Die weltliche Rechtsgemeinschaft

Der weltlichen Rechtsgemeinschaft wird von Luther eine Legitimität zuerkannt, die nicht von einer höheren sakralen Rechtsgemeinschaft überboten werden kann (vgl. Kap. 4.4 und 4.5). Nur deshalb kann er in hohen Tönen von der weltlichen Rechtsgemeinschaft unter ihrer Obrigkeit sprechen oder der reformatorischen Theologie zuschreiben, daß sie die weltliche Obrigkeit wieder in ihre wahre Würde eingesetzt habe. Anderseits ist Luther davon überzeugt, daß in der weltlichen Rechtsgemeinschaft Gerechtigkeit und Frieden nicht mit Selbstverständlichkeit herrschen. Es muß dafür gesorgt sein, daß Gesetzgebung und Rechtsprechung dem Gemeinwohl dienen. Das gibt den Christen Grund, die weltliche Rechtsgemeinschaft zu bejahen und sich aktiv an ihr zu beteiligen. Mit unterschiedlichen Gesichtspunkten wird das von Luther berührt, wobei er ohne weiteres sowohl mit Sätzen der Bibel als auch mit Einsichten der praktischen Vernunft argumentiert.

---

[90] Luther an Joseph Levin Metzsch auf Mylau, 26.8.1529, Nr. 1466 WA.B 5, 136,5–12: Wiewohl niemand zum Glauben zu zwingen ist, so soll wiederum dawider [:hingegen] nicht gestattet werden, daß sie die Lehre lästern, sondern sollen anzeigen ihren Grund und hören das Widerteil [:die Widerlegung]. Mögen [:Können] sie dann bestehen, gut; wo nicht, daß sie das Maul halten, und glauben bei sich selbst, was sie wollen. [...] Denn wo man's schaffen [:erreichen] kann, soll man in einerlei Obrigkeit zwieträchtige Lehrer nicht dulden, zu vermeiden weiteren Unrat [:Schaden, Unheil].– Vgl. den lateinischen Brief desselben Tages an Thomas Löscher, Pfarrer in Mylau, Nr. 1467 WA.B 5, 137,4–8, beginnend mit dem Augustin entlehnten Satz (s. o. Kap. 4 Anm. 224): Sicut ad fidem et euangelion nemo cogendus est.

[91] Gutachten (wie Anm. 89), WA.B 5, 615,58–62: Zum glauben odder unser lere sol man niemand zwingen, Ist auch bisher niemand dazu gezwungen, Sondern ist allein gewehret und verkomen [:zuvorgekommen] der lesterung widder unser lere geubt, welchs man ist schuldig gewest [...]. Denn es ist weit Ein anders zur lere zwingen und die lesterung widder die lere nicht leiden.

[92] An Joseph Levin Metzsch (wie Anm. 90), WA.B 5, 136,11–137,15: Und ob sie nicht glauben, sollen sie dennoch um der zehn Gebot willen zur Predigt getrieben werden, daß sie zum wenigsten äußerliche Werke des Gehorsams lernen. – Vgl. an Thomas Löscher (wie Anm. 90), ebd. 137,13–20, außer dem Dekalog solle man auch die Pflichten des Hausstandes und des öffentlichen Lebens den Leuten einprägen, gleichgültig ob sie dem Evangelium glauben oder nicht.

Wenn die öffentliche Rechtsgewalt in der Verantwortung für Frieden und Gerechtigkeit ausgeübt wird, dient sie allen Menschen, die konkret zu dieser Rechtsgemeinschaft gehören. Dann dient die öffentliche Rechtsgewalt in ihrer Weise der Nächstenliebe.

Wo nu die gesetze also weren ynn die liebe gezogen und wurden alle nach der liebe gemeystert [:unterworfen], so lege nichts dran, wie viel yhr were. Denn wer sie nicht mocht alle hören odder lernen, der kund doch ettliche, eynes odder zwey hören und lernen, ynn wilchen er doch die selbe lieb lernete, die ynn allen gelernet wird. Und wenn er sie alle horet und lernet, kund er die liebe nicht ynn allen erkennen, so mocht er doch der mal eyns [:irgend einmal] ynn eynem gesetz sie [:die Liebe] erkennen. [...] Alle wort dieser Epistel [Röm 13,8-10] schliessen und sagen, das die liebe meysterin sey uber alle gesetz.[93]

Ein der Nächstenliebe dienender Umgang mit dem weltlichen Recht ist keineswegs die Regel. Wiederholt faßt Luther die Gefahr ins Auge, daß das Recht zu rigoros angewandt wird. Davor warne das antike Sprichwort ‚Summum ius summa iniustitia‘; ‚Das strengest recht ist das allerstrengest unrecht‘. Ebenso warne davor der alttestamentliche Prediger (Pred 7,17): ‚Sey nicht alzu streng gerecht‘. Und Jesus habe deutlich gemacht (Mt 7,3-5), woran es dem Menschen bei solch lieblos harter Rechtspraxis fehle. Man wolle dann einem anderen einen Splitter aus dem Auge ziehen, bemerke jedoch nicht den Balken im eigenen Auge.

Widderumb, wo man die gesetz leret und treybt on liebe und ausser der liebe, [...] daselbs ist das gesetz nichts anders denn eyne plage und verderben. Da ist das sprich wort war: ‚Summum ius summa iniustitia‘. ‚Das strengest recht ist das allerstrengest unrecht‘. Und Salomon [Pred 7, 17]: ‚Noli nimium esse iustus‘. ‚Sey nicht alzu streng gerecht‘. Ja da lesst man balcken ynn unserm auge sticken [vgl. Mt 7,3-5] und [er]kennen yhn nicht und gehen damit umb [:verfahren so], das wyr das spenlin aus unser nehisten auge reyssen, da macht man blöde [:verschüchterte], erschrockene und verzagte gewissen on alle nott und ursach, dazu mit grossem schaden an leyb und seele. Und geschicht alda grosse mühe und erbeyt, und ist doch alles verloren.[94]

Wie sehr der Christ sich vor einem starren Umgang mit dem Recht zu hüten hat, beschäftigt Luther bei der Auslegung der Mahnung (Phil 4,5): „Ewre lindigkeyt last allenn menschen kund seyn".[95] Menschlicher Starrsinn verführe zu unverhältnismäßiger, unnachsichtiger Anwendung des Rechts und sei letztlich die Ursache von Kriegen und Jammer unter den Menschen.

Die starrigen aber und ungelinden, die niemant nichts tzu gutt hallten, ßondern alles nach yhrem kopf lencken und außfuren wollen, die machen alle wellt yrre, und sind ursach alles krieges und iamers auff erden, sprechen darnach, sie habens than umb des rechten willenn, das [:so daß] wol gesagt hatt auch der heyde: ‚Summum ius, summa [in]iusticia‘, ‚das hohist recht ist das hohist unrecht‘. Item Salomo Eccles 7 [V. 17]: ‚Sey nicht tzu viel

---

[93] Fastenpostille, 1525, zu Röm 13,8-10, WA 17 II, 91,31-92,7.
[94] Ebd. WA 17 II, 92,8-18. – Das antike Rechtssprichwort kennt Luther aus Terentius, Heautontimorumenos IV,5; 796.
[95] Adventspostille, 1522, WA 10 I 2, 173,26. – Außer in Phil 4,5 begegnet das Wort Lindigkeit in Luthers Übersetzung des Neuen Testamentes in Apg 24,4 und 2Kor 10,1.

8.3 Die Nächstenliebe in den Verantwortungsfeldern menschlichen Lebens

gerecht, und sey nicht tzu viel klug'. Denn wie das hohist recht das hohist unrecht ist, ßo ist auch die hohist weyßheyt, die hohist unweyßheyt, das will auch das sprichwortt: ‚Wenn die weyßen narrenn, ßo narren sie groblich'. Wenn gott sollt das gestrenge recht vollfuren alletzeyt ßo wurden wyr keyn augenblick leben. Nu aber preyßet S. Paulus ynn Christo solche lindickeyt und spricht 2Kor 10 [V. 1]: ‚Ich ermane euch bey der sennftmutt unnd lindickeytt Christi', das wyr auch sollen unßers synnes, rechtens, weyßheyt, klugheyt, eyn maße hallten, und uns lindern nach der andern gelegenheytt ynn allen stucken.[96]

Von Natur aus ist der Mensch geneigt, sein Ansehen und sein Recht gegenüber anderen in unterschiedlicher Weise geltend zu machen, anders gegenüber Reichen oder Vorgesetzten oder Freunden und Verwandten als gegenüber Armen oder Untergebenen oder Fremden. Gegen solches Unterscheiden im Umgang mit anderen Menschen wende sich nach Luthers Ansicht Paulus, wenn er zur Lindigkeit gegenüber allen Menschen auffordert. Die christliche Lindigkeit kenne keinen Unterschied zwischen Reich und Arm, zwischen Freund und Feind; die „vernünftige und natürliche Lindigkeit" sei hingegen gewohnt, so zu unterscheiden.

‚Alle menschen' [Phil 4,5], sind hie nicht tzuverstehen alle leutt auff erden, ßondern allerley menschen, beyde freunden und feynden, grossen und kleynen, herren und knechten, reych und arm, heymischen und unheymischen, eygenen und frembden. [...] Widder solche ungleyche und stuckliche lindickeyt redet hie S. Paulus, und will, das eyn Christliche lindickeyt sey rundt und gantz, eynem gleych wie dem andern, er sey freund odder feynd, yderman vertregt, und hellt sie tzu gutt, on alles auffsehen der person oder der verdienst. [...]
Alßo ist die vernunfftige und naturliche lindigkeyt linde gegen die reychen, grossen, frembden und freund und nicht gegen alle menschen; darumb ist sie falsch, eyttel, erlogen, gleysserey, und lautter blaßtuckerey [:Betrug] und eyn gauckelwerck fur gott.[97]

Abgerundet hat Luther sein Verständnis der christlichen Lindigkeit, indem er deren tragenden Grund mit der Exegese der letzten Wendung von Phil 4,5 anzeigt. Es ist die Gottesgewißheit des Christus-Glaubens, der den Christen von der Sorge um sich selbst befreit.

‚Der herr ist nahe' [Phil 4,5]. Wenn keyn got were, ßo mochtistu dich billich fur den boßen alßo furchten, aber nu ist nicht alleyn eyn gott, ßondern er ist nahe, er wirt deyn nicht vorgessen noch dich lassen, sey nur du gelinde allen menschen, und laß yhn fur dich sorgen, wie er dich erneere und schutze; hatt er dyr Christum geben, das ewige gutt, wie solt er nicht auch dyr geben des bauchs nodturfft?[98]

Hat ein Christ eine Rechtsfrage zu entscheiden, die zwischen zwei anderen Personen strittig ist, dann soll er den Grundsatz der Verhältnismäßigkeit beherzigen, von Luther – in Differenz zur Lindigkeit – als Billigkeit (griechisch επι-

---

[96] Ebd. WA 10 I 2, 178,15–179,2. – Zu dem von Luther zitierten deutschen Sprichwort vgl. seine Sprichwörtersammlung WA 51, 660 (721) Nr. 440.
[97] Ebd. WA 10 I 2, 179,21–23; 180,3–6; 180,13–16.
[98] Ebd. WA 10 I 2, 181,1–6. – So sehr diese Exegese überraschen mag, hat sie doch einen Rückhalt in den folgenden Worten von Phil 4,6 „Sorget nichts".

εἴκεια, lateinisch aequitas) bezeichnet.[99] Sie ist in Luthers Augen unerläßlich für eine situationsgerechte und wirklich humane Rechtsprechung; insofern folgt sie dem Gebot der Nächstenliebe oder der Goldenen Regel von Mt 7,12. Da Gesetze möglichst bündig formuliert sein sollten, können sie nicht auf alle denkbaren Situationen eingehen.[100] Wenn man deshalb immer nur streng nach dem Gesetz Recht sprechen wollte, würde nach alter Rechtsweisheit höchste Gerechtigkeit zum Unrecht.[101] Als Beispiel zitiert Luther den Rechtssatz „Wer Aufruhr begeht, ist des Todes schuldig". Wollte man nach diesem Grundsatz alle am Bauernaufstand 1525 Beteiligten als Schuldige zur Todesstrafe verurteilen, würde man ungerecht urteilen, vielmehr soll man nach Luthers Meinung die Beteiligten in drei verschiedene Gruppen unterschiedlicher Strafbarkeit einteilen.

> So sage ich nu: Ynn solchen fellen [...] sol das recht weichen und an seine stat die Billicheit regiren. Denn das recht spricht durre eraus: Auffrur ist des tods schuldig als Crimen laesae majestatis, Als eine sünde widder die oberkeit. Aber die Billicheit spricht also: ,Ja, liebes recht, es ist wie du sagest. Aber es kann geschehen, das zween ein gleich werck thun, aber doch mit ungleichem hertzen und meynunge'.[102]

Wer in einem Rechtsfall sein Urteil mit Billigkeit fällen will, wird die äußere und mit der nötigen Behutsamkeit auch die innere Situation des Beschuldigten in Erwägung ziehen. So zu verfahren, ist Gottes Wille; denn schon das Alte Testament unterscheidet zwischen Totschlag und Mord. Da beim Totschlag nicht böse Absicht vorausgesetzt wird, muß der Richter die Umstände sorgfältig prüfen und aus eindeutigen Anzeichen die Willenskomponente des Täters erschließen, damit nicht leichthin jemand behaupten kann, er habe nicht willentlich gehandelt.[103]

---

[99] Ob Kriegsleute in seligem Stande sein können, 1526, WA 19, 632,8–11: Solche tugent odder weisheit, die also kan und sol das strenge recht lencken und messen, nach dem sich die felle begeben, und einerley guts odder böses werck nach unterscheid der meynunge und der hertzen richtet, Die heyst auf Kriechisch ,Epiikia' [ἐπιείκεια], auf Latinisch ,Aequitas'. Ich nenne sie ,Billicheit'.

[100] Fortsetzung des eben angeführten Zitates, ebd. WA 19, 632,12 f: Denn weil das recht mus und sol einfeltiglich mit dürren, kurtzen worten gestellet werden, kan es gar nicht alle zufelle und hindernis mit einfassen.

[101] Ebd. WA 19, 630,9–15: wie es denn gehet auch ynn allen rechten, das man sie so gewis und eben nymer mehr kann stellen, es komen felle, die einen auszug gewinnen [:eine Ausnahme bilden]. Und wo man nicht den auszug liesse gehen, sondern folgete stracks dem rechten nach, so were es das aller grossest unrecht. Wie der Heyde Terentius sagt: ,Das strengest recht ist das aller grossest unrecht'. Und Salomo ynn seym Prediger [Pred 7,17a] leret auch, man solle nicht allzu [ge]recht sein sondern zu weilen vich wollen [ergänze: allzu] weise sein. – Zu den Zitaten s. o. Anm. 94. – Luther übersetzt Pred 7,17a seit 1524, WA.DB 10 II, 123 (Version 1545): Sey nicht all zu gerecht und all zu weise. – Vgl. zu Pred 7,17a Vorlesung über den Prediger Salomo, 1526, WA 20, 142,6–143,8.

[102] Ob Kriegsleute in seligem Stande sein können, 1526, WA 19, 630,16–27, unterscheidet Luther außer den eindeutig Schuldigen noch drei Gruppen solcher, die sich bei einem Aufruhr nicht wirklich des Mordes schuldig gemacht haben; ebd. 631,12–17 folgert er, daß in diesen Fällen mit „Billigkeit" geurteilt werden müsse.

[103] Deuteronomium cum annotationibus, 1525, zu Dtn 19,4, WA 14, 686,19–26: Vides hic pulchre, quomodo Epiiciam seu aequitatem in legibus requirat Deus, ut non secundum facta solum

8.3 Die Nächstenliebe in den Verantwortungsfeldern menschlichen Lebens

Ist beim Totschlag Nachsicht geboten nach dem Prinzip der Billigkeit, so verdient der Mord die ganze Strafe des Gesetzes. Beides ist in Luthers Augen von der Anteilnahme am Wohl des Gemeinwesens geboten. Einerseits erfordert dieses Interesse am öffentlichen Wohl, an der pax publica, daß Verbrecher nach der Strenge des Gesetzes bestraft werden. Demselben Interesse ist andererseits daran gelegen, mit Billigkeit die Strenge der Gesetze zu mildern und bei denen Nachsicht zu üben, die nicht vorsätzlich Schaden angerichtet haben und nicht den wahren Übeltätern zugerechnet werden dürfen.[104] Nicht nur, wenn mit Billigkeit nach den Gesetzen geurteilt wird, ist das ein Dienst der Nächstenliebe zum Wohl des Gemeinwesens, vielmehr geschieht auch ein rechtmäßig strenges Urteil im Sinn der Nächstenliebe, weil zum Wohl des Gemeinwesens die Rechtschaffenen vor erwiesenen Verbrechern geschützt werden sollen.

Von der weltlichen Obrigkeit, das heißt von denen, die im Rechtsleben für Gesetzgebung und Rechtsprechung verantwortlich sind, ist zu erwarten, daß sie ihr Amt im Dienste des Gemeinwesens ausüben und nicht eigennützig mißbrauchen. Das härteste Verdikt trifft alle, die ihre Obrigkeitsrechte zum eigenen Vorteil ausnutzen, statt sie „in der Liebe" wahrzunehmen.

Welcher nu eyn Christlicher furst sein will, der muß warlich die meynung ablegen, das er hirschen und mit gewallt faren wolle. Denn verflucht und verdampt ist alles leben, das yhm selb zu nutz und zu gutt gelebt und gesucht wirt, verflucht alle werck, die nit ynn der liebe gehen. Denn [:Dann] aber gehen sie ynn der liebe, wenn sie nicht auff eygen lust, nutz, ehre, gemach und heyl, sondern auff anderer nutz, ehre und heyl gericht sind von gantzem hertzen.[105]

Wer uneigennützig ohne Machtgelüste sein öffentliches Amt versieht, leistet der Gemeinschaft den größten Dienst. Deshalb warnt Luther vor einer Überbewertung der Gesetze für das Gedeihen der Gemeinschaft. Viel wichtiger als Gesetze sei der kluge Umgang der verantwortlichen Personen mit den Gesetzen. Wenn es an solcher Klugheit oder Besonnenheit fehlt, nützen die besten Gesetze nichts. Vertrauenswürdige Personen, die besonnen mit lebensnahem Rechtssinn ihre Entscheidungen treffen, ersetzen dem Gemeinwesen die besten Gesetze.

---

sed secundum voluntatem iudicari velit. Nam hoc exemplum [Dtn 19,5 f] generaliter trahendum est ad omnes leges, ut hic Mose expresse definit illum non esse reum homicidii, qui nullo odio sed casu aliquem occiderit nolens. Sed hic animus tamen certis signis et circumstantiis probari debet, ne cuivis liceat post factum dicere ,Non feci volens'.

[104] Ebd. zu Dtn 19,1, WA 14, 686,5–14: Exigit enim caritas, ut publicae paci provideatur, sed nisi mali coarceantur, pax constare non potest. Quare caritatis est leges strenue et sine misericordia administrare in vindictam malorum, ut serventur boni et pii. Rursus caritatis est legum rigorem aequitate remitti, ut misericordiam consequatur, qui similis quidem est malo et nocenti et tamen nec malus nec nocens est, quia nolens et invitus fecit.

[105] Von weltlicher Oberkeit, 1523, WA 11, 271,35–272,5.

Hoc scio, nullam rem publicam legibus feliciter administrari. Si enim prudens fuerit Magistratus, ductu naturae omnia felicius administrabit quam legibus; si prudens non fuerit, legibus nihil promovebit nisi malum, cum nesciat eis uti nec eas pro tempore moderare.	Aber das eine weiß ich, dass kein Gemeinwesen sich zufriedenstellend verwalten lässt durch Gesetze. Wenn nämlich die Obrigkeit klug ist, dann wird sie sich von der Natur leiten lassen und damit alles glücklicher handhaben, als sie es durch Gesetze könnte. Wenn sie es aber nicht ist, dann wird sie durch Gesetze nichts als Übel hervorbringen, fehlt ihr doch der Verstand, sie richtig anzuwenden oder sie an die Zeitumstände anzupassen.
Ideo in rebus politicis magis curandum est, ut boni et prudentes viri praesint quam ut leges ferantur; ipsi enim erunt optimae leges, omnem varietatem casuum vivaci aequitate iudicaturi.	Daher muss man in einem Gemeinwesen mehr darauf sehen, dass untadelige und vernünftige Männer an der Spitze stehen, als dass Gesetze erlassen werden; die werden dann nämlich die besten ‚Gesetze' sein, da sie in der Lage sind, alle Fälle in ihrer jeweiligen Besonderheit mit lebendigem Sinn zu beurteilen.
Quod si assit eruditio divinae legis cum prudentia naturali, plane superfluum et noxium est scriptas leges habere. Super omnia autem, Caritas nullis prorsus legibus indiget.[106]	Wenn aber gründliche Ausbildung in Gottes Gesetz zusammen mit natürlicher Klugheit da ist, dann ist es vollkommen überflüssig und schädlich, geschriebene Gesetze zu haben; vor allem aber: Die Liebe braucht durchaus keine Gesetze.

Sollen neue Gesetze für das Allgemeinwohl nützlich sein, dann sollten vor dem Erlaß des Gesetzes praktische Erfahrungen auf dem betreffenden Gebiet gesammelt werden. Das gilt in Luthers Augen ganz generell, im kirchlichen genauso wie weltlichen Rechtsleben. Für ihn ist es ein entscheidender Grund, dem Landgrafen Philipp von Hessen von der Einführung einer am Schreibtisch entworfenen Kirchenordnung für Hessen abzuraten, ehe er nicht Erfahrung gewonnen habe mit der regelungsbedürftigen Materie.

Denn ich wol weis, habs auch wol erfaren, das, wenn gesetze zu frue fur dem brauch und ubunge gestellet werden, sellten wol geraten. […] Wenn aber ettliche stuck ynn schwanck und brauch komen, so ist denn leicht, dazu thun und sie ordenen. Es ist fur war gesetz machen ein gros, ferlich, weitleufftig ding, und on Gotts geist wird nichts gutts draus. Darumb ist mit furcht und demut fur gott hie zu faren. Und diese mas zu halten: kurtz und gut, Wenig und wol, Sachte und ymer an.[107]

Der Inhaber weltlicher Rechtsgewalt hat nicht zuletzt beim militärischen Einsatz seiner Macht an den Schutz seiner Untertanen zu denken. Was er dabei zu bedenken hat, zeigt das Problem des reichsständischen Widerstandsrechtes. Der sächsische Kurfürst, der Luther und den reformatorischen Aufbruch in seinem Territorium in Schutz nahm, konnte wie auch andere reformationsfreundliche Reichsstände in die Situation geraten, daß entweder der Kaiser als ihr „Oberherr" oder gleichrangige Reichsstände ihn mit militärischer Gewalt maßregeln, um

---

[106] De captivitate Babylonica ecclesiae, 1520, WA 6, 554,24–32; LDStA 3, 325,41–327,13 – Das Zitat stammt aus einem Exkurs – WA 6, 553,22–560,18 –, der kritisch das kirchliche Eherecht beleuchtet und grundsätzliche Gedanken einschließt.

[107] Luther an Landgraf Philipp von Hessen, 7.1.1527, Nr. 1071 WA.B 4, 158,25–27.31–36.

8.3 Die Nächstenliebe in den Verantwortungsfeldern menschlichen Lebens

die Ausbreitung der Reformation zu verhindern. Luther argumentiert in der Frühzeit der Reformation: Wenn der Kaiser einschreitet, hat ein Reichsstand kein Recht zum aktiven Widerstand; er kann nur „mit bekentnis der warheyt" reagieren. Nimmt der Kaiser darauf keine Rücksicht, bleibt dem Reichsstand, christlich geurteilt, nur die Möglichkeit, mit gutem Gewissen „Unrecht um Gottis willen" zu leiden.[108] Diese Konstellation änderte sich mit dem Schlußdokument des Augsburger Reichstages 1530, als der Kaiser erklärte, er wolle mit militärischer Gewalt gegen die protestantischen Reichsstände vorgehen. Das weckte auf protestantischer Seite neues Reflektieren des Widerstandsrechtes gegenüber dem Kaiser. Mit reichsrechtlicher Argumentation fanden die protestantischen Reichsstände sich im Ernstfall zum Widerstand der Notwehr berechtigt, weil der Kaiser von einem Gremium der Reichsstände gewählt und nicht uneingeschränkt ihr Oberherr sei. Nur zögernd hat Luther diese Auffassung übernommen. In einer Disputation hat er, 1539, mit einer komplizierten theologischen Argumentation das Widerstandsrecht gegenüber dem Kaiser damit begründet, daß der Kaiser zu weitgehend dem Papst zu Diensten ist, wenn er wegen der Religionsfrage gegen die Protestanten vorgehen sollte.[109]

Ohne die gegenüber dem Kaiser geltenden Vorbehalte kann ein Reichsstand sich gegenüber anderen Reichsständen zur Wehr setzen, aber seinem Gegner soll er „auffs erst recht und frid anbieten". Erst wenn der Gegner darauf nicht eingeht, kann er sich zur Verteidigung auf den Kriegsfall einlassen, allerdings im Bewußtsein seiner Schutzpflicht gegenüber seinen Untertanen, nicht etwa in eigenem Machtinteresse.[110]

In solchem Fall rechtmäßiger Notwehr sind die Untertanen zum Kriegsdienst verpflichtet, auch die Christen mit ihrem Willen, aus Nächstenliebe sich für die Gemeinschaft einzusetzen. Den Kriegsdienst beschreibt Luther mit brutalen

---

[108] Von weltlicher Oberkeit, 1523, WA 11, 276,27–277,5.

[109] Disputation über Mt 19,21, 9.5.1539, WA 39 II, 39–51 (lateinischer Text der 91 Thesen mit zeitgenössischer deutscher Übersetzung). Die Thesenreihe setzt ein mit Mt 19,21 als Kontraposition zur folgenden Reflexion grundsätzlicher Fragen der reformatorischen Ethik, die vernetzt sind mit der Relation von erster und zweiter Dekalog-Tafel sowie mit der von Gott gewollten Unterscheidung der drei Veranwortungsfelder. Weil der Papst diese Unterscheidung mißachtet, wird daraus in den Thesen 51–70 das Widerstandsrecht evangelischer Christen selbst gegenüber dem Kaiser abgeleitet, falls er in der Ausübung seiner weltlichen Gewalt sich dem Willen des Papstes unterordnet. – Die Bedeutung von Mt 19,21 für die Ethik des Mönchtums zeigt sich z. B. bei Ludolf von Sachsen, Vita Jesu Christi, p. 2 c.11 n. 4.

[110] Von weltlicher Oberkeit, 1523, WA 11, 277,5-13: Ist aber der widderpart deynes gleychen oder geringer denn du oder fremder uberkeyt, ßo solltu yhm auffs erst recht und frid anbieten, wie Mose die kinder Israel leret. Will er denn nicht, so gedenck deyn bestes unnd were dich mitt gewallt gegen gewallt, wie Mose das alles feyn beschreybt Dtn 20 [V. 10]. Unnd hyrynnen mustu nicht ansehen das deyne und wie du herre bleybst, sondern dein unterthanen, den[en] du schutz und hilff schuldig bist, auff das solch werck ynn der liebe gehe. Denn weyl deyn gantzes land ynn der fahr steht, mustu wagen, ob dyr Gott helffen wollt, das es nicht alles verderbet werde. – Eine lateinisch abgefaßte Sachparallele bietet das vom sächsischen Kurfürsten erbetene Gutachten Luthers von Anfang 1523, Nr. 4222 (= 581a), WA.B 12, 39 f.

Worten, vielleicht um deutlich zu machen, daß ein Christ nicht anders Krieg führen könne, als damals üblich war, so daß das Vokabular auf die Zeitgenossen nicht ganz so brutal gewirkt haben mag. Er verschweigt nicht die Grenzen der Kriegführung: Frauen dürften nicht vergewaltigt werden, und sobald der Gegner sich ergeben hat, solle man ihm einen günstigen Frieden gewähren.

Und hyrynnen [im Fall rechtmäßiger Notwehr] sind die unterthanen schuldig zu folgen, leyb und gutt dran zusetzen. Denn ynn solchem fall muß eyner umb des andern willen seyn gut und sich selbs wagen. Und ynn solchem krieg ist es Christlich und eyn werck der liebe, die feynde getrost würgen, rauben und brennen und alles thun, was schedlich [:den Feinden Schaden zufügt] ist, biß man sie uberwinde nach kriegs leufften (on [:außer] das man sich fur sunden soll hütten, weyber und junckfrawen nicht schenden) Und wenn man sie uberwunden hatt, denen, die sich ergeben und demütigen, gnad und frid ertzeygen.[111]

Für den Fall, daß eine Obrigkeit einen unrechtmäßigen Krieg führen will, verneint Luther schlankweg die Gehorsamspflicht; denn Gott will, daß unter den Menschen das Recht herrscht, darum muß man auch in diesem Fall Gott mehr gehorchen als den Menschen.

Wie? Wenn denn eyn furst unrecht hette, ist yhm seyn volck auch schuldig zu folgen? Anttwortt: Neyn. Denn wider recht gepürt niemant zu thun, Sondern man muß Gotte (der das recht haben will) mehr gehorchen denn den menschen [Apg 5,29].[112]

Sollte jemand, der sich zum Gehorsam verpflichtet weiß, bei bestem Willen den unrechtmäßigen Kriegsgrund der Obrigkeit nicht erkennen können, dann leistet er nach Luthers Urteil seinen Gehorsam „on fahr der seelen"; auch im Ernstfall der bewaffneten Auseinandersetzung kann sich sein „gewissen unschuldig" fühlen.[113]

Zu den unrechtmäßigen Kriegshandlungen rechnet Luther einen Präventivschlag, wie ihn 1528 Landgraf Philipp von Hessen plante, als er durch ein Schriftstück, das sich erst später als gefälscht erwies, von antireformatorischen Kriegsabsprachen katholischer Fürsten erfuhr. Nachdrücklich warnte Luther vor einem militärischen Schlag, ehe man selbst in Notwehr sich verteidigen müsse; vielmehr versetze man durch eine Präventivaktion die Gegner in eine Situation der Notwehr. In eingehender Analyse der Situation legte Luther in einem für den kursächsischen Hof bestimmten Schreiben dar, daß auch eine Bündnisabsprache mit dem hessischen Landgrafen hinfällig werde, wenn dieser in präventiver Absicht gegen den Gegner vorgehen wolle.[114]

---

[111] Ebd. WA 11, 277,16–23. In den brutalen Worten klingt hier bereits das Vokabular an, das Luther 1525 verwendet in seinem Aufruf, aufgrund des geltenden Rechts den unrechtmäßigen Bauernaufruhr mit dem Schwert niederzuschlagen, Wider die räuberischen und mörderischen Rotten der Bauern, 1525, WA 18, 358,14 f; 361,25–28.

[112] Von weltlicher Oberkeit, 1523, WA 11, 277,28–31.

[113] Ebd. WA 11, 277,31–33: Wie? Wenn die unterthanen nicht wüsten, ob er recht hette oder nicht? Antwort: Weyl sie es nicht wissen noch erfaren kunden durch müglichen vleyß, so mügen sie folgen on fahr der seelen. – Das wird dann noch weiter ausgeführt.

[114] Brief an den kursächsischen Kanzler Brück, [28.3.1528], Nr. 1346, WA.B 4, 421–424; die

8.3 Die Nächstenliebe in den Verantwortungsfeldern menschlichen Lebens

Die Frage, wie es sich mit den Grundsätzen des Rechtslebens vereinbaren lasse, daß der Christ erfahrenes Unrecht ertragen und seine Feinde lieben solle (Mt 5,39.44), diese Frage, meint Luther, fände ihre Antwort, wenn der Christ für sich selbst Unrecht erträgt und sogar wohlbegründetes Recht für sich selbst nicht durchzusetzen sucht, es sei denn, er erfahre ohne eigenes Zutun den Schutz durch weltliche Gerichtsbarkeit. Für das Recht anderer jedoch, denen Unrecht geschieht, werde er sich einsetzen, kann es doch sein, daß die Betroffenen zu schwach sind, um sich ihr Recht zu suchen. Er wird auch nicht anderen – mit liebloser Anwendung von Mt 5,39 – den Rechtsverzicht zumuten, zu dem ihn sein eigener Glaube motiviert.

Auß dißem allen folget nu, wilchs der rechte verstand sey der wort Christi Mt 5 [V. 39] ‚yhr solt dem ubel nicht wider streben' etc. Nemlich der, das eyn Christen sol also geschickt seyn, das er alles ubel und unrecht leyde, nicht sich selb reche, auch nicht fur gericht sich schütze, Sondern das er aller ding nichts bedürffe der weltlichen gewalt und rechts fur sich selbs. Aber fur andere mag [:kann] und sol er [:der Christ] rache [:Strafe], recht, schutz und hülffe suchen und datzu thun, wo mit er mag [:kann]. Alßo [:So] soll yhm auch die gewallt [:Rechtsgewalt] entweder von yhr selb oder durch anderer anregen on sein eygen klage, suchen und anregen helffen und schützen. Wo sie das nicht thutt, soll er sich schinden und schenden lassen und keynem ubel widderstehen, wie Christus wortt [Mt 5,39] lauten.[115]

Alle Gedanken Luthers über das Feld des öffentlichen Rechtslebens laufen darauf hinaus, daß in der weltlichen Rechtsgemeinschaft sich Nächstenliebe verwirklicht, wenn Recht und Gesetze zum Wohl aller Glieder der Gesellschaft, besonders der schwachen und schutzbedürftigen, angewandt werden. Darauf hat der Christ zu achten, wenn er in diesem Sinn für gute Gesetzgebung und Rechtsprechung Sorge trägt. Darin erschöpft sich jedoch noch nicht die christliche Nächstenliebe. Der Christ handelt nicht nur so, wie er es dem anerkennenswerten weltlichen Rechtsleben schuldig ist, er versteht sich darüber hinaus als

---

warnende Passage beginnt, ebd. 423,64–69: Angreifen aber und mit Krieg solchem Rat der [gegnerischen] Fürsten zuvorkommen wollen, ist in keinem Weg zu raten, Sondern aufs allerhöhest zu meiden. Denn da stehet Gottes Wort [Mt 26,52]: ‚Wer das Schwert nimmet, der soll durchs Schwert umbkommen'. Nu ist hie kein Befehl, das Schwert zu brauchen, weil [:solange] der Widersacher Schuld und Tat noch nicht uberzeuget noch am Tage ist.

[115] Von weltlicher Oberkeit, 1523, WA 11, 259,7–16. – Ebd. 260,16–20: Szo ist nu (meyn ich) das wortt Christi [Mt 5,39.44] vereyniget mit den sprüchen, die das schwerd eynsetzen. Und das die meynung die[se] ist: Schwerd soll keyn Christen fur sich und seyne sache füren noch anruffen, Sondernn fur eynen andern mag und soll ers füren und anruffen, damit der boßheyt gesteuret und frumkeyt [:Rechtschaffenheit] geschutzt werde. – Daß alle Aufgaben der Gerichtsbarkeit für Christen in Betracht kommen können, begründet Luther noch einmal, ebd. 260,30–261,8. – Der Frage, ob der Kriegsdienst mit dem Christ-Sein vereinbar sei, hat Luther eine eigene Schrift gewidmet: Ob Kriegsleute auch in seligem Stande sein können, 1526, WA 19, 623–662; als Anlaß zu dieser Schrift nennt er später die an ihn gerichtete Frage, Auslegung des 101. Psalms, 1534/35, WA 51, 236,28 f: ob Kriegs leute (wo sie sonst gleubig weren) auch mit gutem gewissen kundten sold nehmen.

ein Schuldner der Nächstenliebe.[116] Dem Beweggrund der Nächstenliebe, mit dem der Christ dem Reich der Welt zugewandt ist, folgt Luther bis hin zu einer Selbstlosigkeit, die nicht etwas Gleiches für sich selbst erwartet.

Gleych wie er [:der Christ] auch alle ander werck der liebe thut, der[en] er nichts [:keineswegs] bedarff (denn er besucht die krancken nit darumb, das er selb davon gesund werde, Er speyset niemant, das er selb der speyße [be]dürffe) [vgl. Mt 25,35 f]: also dienet er auch der uberkeyt, nicht das er yhr[er] bedürffe, sondern die andern, das sie beschützt und die bösen nicht erger werden. Denn es gehet yhm nichts dran abe und schadet yhm solcher dienst nichts und bringt doch der welt großen nutz. [...] ßo es [:das Evangelium] doch eynen Christen zu ydermans knecht macht. Also gab Christus Mt 17 [V. 27] den zins grosschen, das er sie nicht ergert, so ers doch nichts bedurfft.[117]

8.4 Die ungebundene Nächstenliebe

A) Während die Nächstenliebe des Christen in den drei „Ständen" eingebunden ist in die jeweiligen Aufgaben gemeinschaftlichen Lebens, verwirklicht sie sich darüber hinaus auch in einer ungebundenen Weise der Hinwendung zu anderen Menschen. In seinem Bekenntnis, 1528, fügt Luther zur Beschreibung der drei „Orden" oder „Stände" noch eine kurze Bemerkung über den „allgemeinen Orden der christlichen Liebe" hinzu.

Uber diese drey stifft und orden ist nu der gemeine orden der Christlichen liebe, darynn man nicht allein den dreyen orden, sondern auch ynn gemein [:im allgemeinen] einem iglichen dürfftigen mit allerley wolthat dienet, als speisen die hungerigen, trencken die dürstigen etc. [vgl. Mt 25,35 f], vergeben den feynden [vgl. Mt 5,44], bitten fur alle menschen auff erden [vgl. Mt 5,44; Lk 6,28], leiden allerley böses auff erden [vgl. Mt 5,10-12.38-42; Joh 15,20; Röm 12,14] etc.[118]

In seiner Auswahl an „Wohltaten" nennt Luther hier zwei von den sog. Werken der Barmherzigkeit nach Mt 25,35 f, also Akte äußerlicher caritativer Hilfe, sodann zwei Akte innerer, geistlicher Nächstenliebe, wenn der Christ sogar seinen

---

[116] Auf diese doppelte Schuldigkeit kommt Luther in der Auslegung von Röm 13,8 a zu sprechen, Fastenpostille, 1525, WA 17 II, 89,27-37: So will nu hie [Röm 13,8 a] S. Paulus die Christen leren, das sie sich also sollen hallten gegen die oberkeyt und yderman, das niemant eyn klage odder anspruch zu yhn habe, als das sie yhm schuldig seyen nach euserlichem gesetz und regiment, [...] daruber [hinaus] auch thun mehr, denn [:als] solche schuld [:gegenüber dem Gesetz] foddert, und sich selbs unerfoddert [:freiwillig] zu schuldener [der Nächstenliebe] machen und dienen den ienigen, so keyn recht noch anspruch darum zu yhn haben. So spricht auch S. Paulus Röm 1 [V. 14]: ‚Ich byn eyn schuldener der kriechen und unkriechen' etc. Solche schuld macht den menschen so geschickt, das er mehr thut, denn von yhm gefoddert wird, darumb kompt er auch zuvor und gibt der oberkeyt und yderman nach euserlichem regiment, was er soll, das sie keyne schuld an yhm foddern durffen.
[117] Von weltlicher Oberkeit, 1523, WA 11, 253,33-254,10. Deutlich ist hier am Schluß die Parallele zu De libertate Christiana / Von der Freiheit eines Christenmenschen, 1520, 2. Teil, speziell zu WA 7, 67,19-32 / 36,20-37,4.
[118] Bekenntnis, 1528, WA 26, 505,11-15.

8.4 Die ungebundene Nächstenliebe

Feinden vergibt und für alle bittet, die dessen bedürfen; schließlich erweist der Christ Nächstenliebe, wenn er von anderen Böses erleidet, ohne es ihnen zu vergelten. Unausgesprochen gilt: Hilfsbedürftige aller genannten Arten gibt es immer, weil in keinem der drei „Stände" die Aufgaben der Nächstenliebe vollkommen erfüllt werden, so daß sich ein weites Feld ungebundener Nächstenliebe auftut.

Luthers Gebrauch jener Passagen der Bergpredigt (Mt 5,38–42.43–48), die von der Nächstenliebe als Verzicht aufs Vergelten von Unrecht sowie als Feindesliebe handeln, rechnet mit Mängeln des weltlichen Rechtslebens, weil eigentlich gut angewandtes weltliches Recht dem Unrecht leidenden Menschen helfen sollte. In seiner Übersetzung des Neuen Testamentes deutete Luther 1522 durch eine Glosse die Aufforderung Mt 5,39, dem Übel nicht zu widerstreben, in dem Sinn, der Christ solle nicht selbst Vergeltung üben für ihm widerfahrenes Übel, sondern solle das der öffentlichen Rechtsgewalt überlassen, er solle auch nicht deswegen selber vor Gericht gehen. Wenn einem anderen Menschen Unrecht geschehen ist, gebiete es jedoch die Liebe, daß man zugunsten dessen, der Unrecht erlitten hat, das Gericht anruft.[119]

Man möchte erwarten, daß Luthers Auslegung der Bergpredigt in Wochenpredigten, 1530–1532, zu Mt 5,38–48 auch auf die Nächstenliebe in ihrer ungebundenen Gestalt eingeht.[120] Die Interpretation verweilt des längeren bei dem Unterschied, daß der Christ einerseits im weltlichen Rechtsleben bestimmte Dienste übernimmt und darin als „Weltperson" handelt, während er andererseits als Christ – durch seinen Glauben – dem Reich Christi zugehört. Im Sinn der Unterscheidung der zwei Reiche (vgl. Kap. 4.5) heißt das, der Christ ist einerseits als Glied der weltlichen Rechtsgemeinschaft tätig, andererseits ist er in seinem Herzen ein Glied der Heilsgemeinschaft des Jesus Christus; er ist zugleich Weltperson und Glaubens- oder Christperson.[121] Ehe die Predigt über Mt 5,33–37 von der Teilhabe des Christen an der weltlichen Rechtsgemeinschaft spricht, wird in Luthers Auslegung dieser Bergpredigtsätze der Christ als einzelne Privatperson von Christus ermahnt, er solle selbst in seinem Herzen nicht auf „Rache", das heißt auf Vergeltung sinnen, wenn er Unrecht leidet.

Da kompt nu Christus [...] Lesset der oberkeit jr recht und ampt rein, leret aber seine Christen als einzele leute ausser dem ampt und regiment, wie sie fur ire person leben sollen, so gar das [Mt 5,39] sie keiner rache begeren und so geschickt seien, wenn sie jemand

---

[119] Randglosse seit 1522 zu Mt 5,39a „nitt widder streben", WA.DB 6,30: das ist, niemant soll sich selb rechen noch rach suchen auch fur gericht, auch nitt rach begeren. Aber die ubirkeyt des schwerds, sol solchs thun, vonn yhr selbs odder durch den nehisten aus lieb ermanet unnd ersucht. – Stark verkürzt lautet die Glosse seit 1541, ebd. 31 (Version 1546): Das ist, Niemand sol sich selbs rechen. Aber die Oberkeit des schwerts sol solchs thun, Rom 13 [V. 3f].

[120] Wochenpredigten über Mt 5–7, 1530–1532, WA 32, 299–544. Unbekannt ist, wer die Predigten für den 1532 erfolgten Druck bearbeitet und welche Predigtnachschrift er dabei verwendet hat. Den Ausführungen fehlen manche Nuancen der authentischen Theologie Luthers.

[121] Zur ethischen Relevanz des Begriffs „Glaubensperson" s. o. Kap. 8.1 bei Anm. 3.

auff einen backen schlegt, das sie bereit seien, wo es not were, den andern auch dar zu reichen und sich nicht allein mit der faust der rache enthalten sondern auch im hertzen, mit gedancken und allen krefften, Kurtzlich, er will ein solch hertz haben, das nicht ungedultig, rachgierig, noch fridbrechig sey.[122]

Anders verhalte es sich bei der von Christus voll anerkannten weltlichen Obrigkeitsherrschaft, unter der durch die Rechtspraxis Unrecht geahndet wird. Wie andere Menschen sei der Christ nur in leiblicher Hinsicht dem weltlichen Recht unterworfen, das im kaiserlichen Recht seine höchste Autorität hat. Darum seien hier zwei Personen gemeint, die der Christ beide gleichzeitig auf sich beziehen sollte.

Darumb lerne nur die unterscheid wol unter den zwo person[en], die ein Christ zugleich tragen mus auff erden, weil [:solange] er unter andern leuten lebt und der welt und des Keisers guter [:Güter] brauchen mus so wol als die heiden. Denn er hat eben das selb blut und fleisch, das er mus erhalten, nicht aus dem geistlichen regiment sondern aus dem acker und land, das des Keisers ist etc. [...] Wo nu solchs mit guter unterscheit gefasset ist, wie weit sich eines Christen und eine weltliche person strecket, so kanstu solche spruch [z. B. Mt 5,39 f] alle fein ortern und recht applicirn dahin sie gehoren.[123]

Werde der Christ aber nicht als Privatperson, sondern als ein Glied weltlicher Gemeinschaft – hier taucht die Gemeinschaft des Hausstandes auf – betrachtet, dann seien für ihn die Forderungen von Mt 5,39 f nicht relevant.

Sihe so reden wir jtzt von einem Christen in relatione nicht als von einem Christen [als einzelnem], sondern gebunden jnn diesem leben an ein ander person, so er unter odder öber jm odder auch neben jm hat, als herrn, frawen, weib, kind, nachbar etc., da [:wo] einer dem andern schuldig ist zu verteidigen, schutzen und schirmen wo er kan. Darumb were nicht recht, das man hie wolt leren [Mt 5,39 f] den andern backen herhalten und den rock zum mantel wegwerffen. Denn das were eben genarret, wie man sagt von einem tollen heiligen, der sich selbst lies die leuse fressen und wolt keine todten umb dieses texts willen, gab fur, man müste leiden und dem bösen nicht widderstehen.[124]

Wie Christen, die in einem Amt des Rechtslebens stehen, die Sätze von Mt 5,39 ff in gewissen Situationen anwenden könnten, davon ist in etwas blasser Weise die Rede, wenn gesagt wird, ein Christ werde das Verlangen haben, niemandem Böses zu tun, und werde es bedauern, wenn „dem Nächsten Leid geschehen"

---

[122] Ebd. WA 32, 387,35–388,4. – Vgl. ebd. 389,26–35: Das Evangelium aber hat sich nichts damit [:keineswegs mit weltlicher Herrschaft] zubekomern [:abzugeben], sondern leret wie das hertz fur Gott stehen und inn dem allen sol geschickt sein, das es rein bleibe und nicht auff falsche gerechtigkeit gerate. [...] das du sehest wo von Christus redet und wer die leute sind, den[en] er predigt, nemlich von geistlichem wesen und leben und fur seine Christen, wie sie fur Gott und inn der welt leben und sich [ver]halten sollen, das das hertz an Got hange und sich des weltlichen regiments noch keiner oberkeit, gewalt, straffe, zorn, rache nichts [:keineswegs] anneme.

[123] Ebd. WA 32, 391,23–31.

[124] Ebd. WA 32, 390,33–391,3. – Mit dem „tollen Heiligen" wird lt. Revisionsnachtrag z.St. auf einen altkirchlichen Heiligen, namens Zoilus lector, angespielt, von dem berichtet wird, Vitae Patrum 10, 171, ML 74,205: a multitudine pediculorum indesinenter consumebatur.

8.4 Die ungebundene Nächstenliebe

sollte; deutlicher hieße das: ein Christ werde im Dienst der weltlichen Rechtsgewalt auf gerechte Entscheidungen bedacht sein und es bedauern, wenn das nicht im gewünschten Maße gelingen sollte.

Also wenn ein Christ jnn einen krieg zeucht odder sitzet und recht spricht und straffet odder verklagt sein nehesten, das thut er nicht als ein Christ sondern als ein krieger, Richter, Jurist etc., behelt aber gleichwol ein Christlich hertz, der niemand begeret böses zuthun, und were jm leid, das dem nehesten solt ein leid geschehen, Und lebt also zugleich als ein Christ gegen jderman gleich, der allerley fur sich leidet jnn der welt, und doch daneben auch als eine welt person allerley helt, brauchet und thut, was land odder stad recht, burger recht, haus recht foddert.[125]

Es heissen Christus Junger, die er leret, wie sie fur sich selbs leben sollen ausser dem weltlichem regiment, Denn Christen sein [:Christsein] ist ein ander ding (wie gnug gesagt ist) denn ein weltlich ampt odder stand haben und furen, Darumb will er sagen: Wer im weltlichem regiment ist, den lasset dem bösen widderstehen, rechten [:Recht sprechen] und straffen etc. wie die Juristen und Rechte leren, Euch aber als meinen schulern, die ich lere nicht wie jr eusserlich regiren, sondern fur [:vor] Gott leben sollet, sage ich [Mt 5,39 f]: Jr solt nicht dem ubell widderstehen, sondern allerley leiden und gegen die, so euch unrecht odder gewalt thun, ein rein freundlich hertz haben, Und ob man dir den rock neme, das du nicht rache suchest, sondern ehe auch den mantel dazu lassest, wo du es nicht weren kanst etc.[126]

Die Auslegung von Mt 5,38 ff in dem überlieferten Text der Predigten über Mt 5–7 leidet an zwei Schwächen. Erstens wird die Nächstenliebe nur beiläufig erwähnt, und zwar als eine Gesinnung der Leidensbereitschaft, jedoch nicht als eine das Leben des Christen bestimmende Kraft, die den Christen zur aktiven Teilnahme am weltlichen Rechtsleben antreibt, damit sie der weltlichen Rechtsgemeinschaft zugute kommt. Zweitens erweckt die Auslegung den Eindruck einer Eigengesetzlichkeit des weltlichen Regiments, die der Christ unbesehen respektieren kann, wenn er ein weltliches Amt übernimmt.

Deutlicher kann man Luthers Auffassung der Jesus-Worte über die Feindesliebe in einer Predigt über 1Tim 1,5–7 erfahren, die allerdings ebenfalls nur in einer Druckbearbeitung vorliegt.[127] Was „Liebe aus reinem Herzen" (1Tim 1,5) sei, erläutert Luther durch Mt 5,44–47: Gott erwartet eine andere Art Liebe als die wählerische Liebe, die unter uns Menschen üblich ist und sich nach Sympathie und Antipathie richtet. Sie bleibt eine bettelarme Liebe. Die von Gott gebotene Liebe aus reinem Herzen ist eine umfassende Liebe wie Gottes eigene Liebe (Mt 5,45), die er über alle Menschen „ausschüttet", „niemanden ausgenommen, er sei gut oder böse, würdig oder unwürdig".

---

[125] Ebd. WA 32, 393,23–30.
[126] Ebd. WA 32, 394,13–23.
[127] Predigt, 24.11.1532, über 1Tim 1,5–7, WA 36, 352–375. Der von Kaspar Cruciger anhand einer eigenen Nachschrift besorgte Druck, 1533, trägt den Titel „Summa des christlichen Lebens". Anerkennend über Crucigers Ausgabe äußerte sich Luther in einer Tischrede, WA.TR 3,42 Nr. 2869 b.

Aber das heisst noch lange nicht liebe, das ich einen menschen odder zween aus male [:auswähle], welche mir gefallen und thun, was ich will, und den selbigen freundlich und günstig bin und sonst niemand, Es heisset eine parteken liebe [:Bettelliebe; armselige Liebe], die nicht ‚von reinem hertzen' gehet. [...] Denn ‚von reinem hertzen' gehet sie [die Liebe] also daher, Gott hat mir geboten, ich sol meine liebe lassen gehen gegen meinen nehesten und jderman gonstig sein, es sey mein freund odder feind, Gleich als der selbige unser himlischer Vater thuet, seine Sonne lesst auffgehen und scheinen, beide uber bose und gute [Mt 5,45], und denen am meisten gut thuet, die jn tag und nacht schenden und seiner güter misbrauchen mit ungehorsam, lestern, sunden und schanden. Item [Mt 5,45], Er lesst regen beide, uber danckbar und undanckbare, [...] Wo her thuet er das? Aus lauter reiner liebe, der sein hertz vol und uber vol ist und so frey eraus schuttet uber jderman, niemand ausgenomen, er sey gut odder bose, wirdig odder unwirdig.[128]

Verglichen mit der „göttlichen", ungeteilt frei jedem zugewandten Liebe bleibt die wählerische Liebe eine unfreie Knechtsliebe, die eigennützig das Ihre sucht. Sie entspringt nicht einem reinen, grundguten Herzen. Sie ist nicht wahre Nächstenliebe.

Das heisst eine rechtschaffene, Gottliche, gantze und vollige liebe, die niemand aus malet [:auswählt] noch sich stucket und teilet, sondern frey gehet uber alle, Die ander [vgl. Mt 5,46 f] ist eine schalcks liebe [:Knechtsliebe], wenn ich des gut freund bin, der mir dienet und helfen kann und helt mich inn ehren, Und den hasse, der mich verachtet und nicht mit mir helt, Denn sie gehet nicht aus dem hertzen, das grundgut und reine ist, gegen einem wie dem andern gleich, sondern das nur das seine suchet und vol eigener liebe steckt zu sich selbs, nicht zu andern, Denn er liebet niemand on [:außer] umb seinen willen, sihet nur darnach, was jm dienet, und suchet seinen nutz bey jederman, nicht des nehesten.[129]

Im Sinn von Mt 5,43 ff sprengt die Nächstenliebe aus reinem Herzen die menschlichen, moralischen Maßstäbe. So beantwortet Luther die Frage, wodurch das Herz rein werde, nicht mit einem moralischen Appell. Er gibt seiner Antwort eine charakteristische Wendung. Das Herz werde nur rein, wenn Gottes Wort, dem die Reinheit in höchstem Maße zu eigen ist, ins Herz gefaßt wird. Das Wort Gottes wird nicht, wie man vermuten könnte, mit dem Evangelium identifiziert, sondern mit dem Gebot der Nächstenliebe, das Jesus in Mt 5,43 f zur Feindesliebe steigert. Luther überbietet nicht das alte Gebot der Nächstenliebe (Lev 19,18; Mt 5, 43a) durch ein neues Gebot der Feindesliebe, vielmehr gibt er dem Begriff des Nächsten einen umfassenden Sinn: Das Gebot der Nächstenliebe trifft keine Auswahl zwischen Freund und Feind, zwischen gut und böse; es schließt niemanden aus, sondern gibt jedem den Namen „dein Nächster", selbst dem Feind. Wer das Gebot in diesem Sinn – der dem Gebot als Wort Gottes innewohnt und dem Kontext (Mt 5,45) entspricht – ins Herz faßt, der bekommt ein reines Herz.

Womit wird aber das Hertz rein? Antwort: Es kan nicht besser rein werden denn durch die höheste reinigkeit, welchs ist gottes wort, das fasse inns hertz und richte dich darnach, so wird es rein, Als hie, nim das wort fur dich [Lev 19,18; Mt 5,43a]: ‚Du solt deinen nehesten

---

[128] Ebd. WA 36, 358,18–32.
[129] Ebd. WA 36, 358,33–359,2.

lieben wie dich selbs', und richte dich darnach, [...] Denn weil er dich heisset den nehesten lieben, schleusset er keinen aus, er sey freund odder feind, from [:rechtschaffen] odder böse, Denn ob er gleich ein böser mensch ist und dir böses thut, so verleuret er umb des willen nicht den namen, das er nicht dein nehester heisse, [...] Darum (sage ich) wenn du jn so ansihest, wie dich das wort leret und weiset, so wird dein hertz rein und die liebe rechtschaffen, das du nicht ein sonderlich falsche unterscheid der person machest noch jn anders ansihest denn einen andern, der da from ist und dir guts thut.[130]

Im Herzen ereignet sich ein Wandel von einer Liebe, die das Liebenswerte sucht, zu einer lebenskräftigen Liebe, die aus sich heraus ohne Selektion sogar Feindesliebe zu sein vermag. Die eine Liebe, die an anderen Menschen angenehme, vorteilhafte Werte liebt, nennt Luther eine „geschöpfte oder geborgte Liebe"; die andere, von der Christus spricht (Mt 5,44f), nennt er eine „quellende", weil sie aus Gott wie aus einer Quelle gespeist wird.[131] Sie ist für „jederman offen"; sie will helfen, wo Hilfe nötig ist. Wer von solcher Liebe bewegt wird, bemerkt an seinen Feinden, daß ihnen in ihrer Feindseligkeit noch mehr fehlt als äußere Hilfe; deshalb bittet er Gott, er möge die verschlossenen, feindseligen Herzen verwandeln.

Wol ists war, das der frome [:Rechtschaffene] ist lieblicher [:liebenswerter] [...] Aber das ist noch nicht die rechte Christliche liebe, Denn ein Christ sol seine liebe nicht schepffen von der person, wie die welt liebe thut, als [...] ein geitz wanst von gelt und gut, ein herr odder Fürst von ehre und gewalt etc. Das heist alles ein geschepffte oder geborgte liebe, die klebt auswendig am gut, das sie an einer person sihet und nicht lenger weret, denn so lange das selbige da ist und [sie] sein geniessen kann, Diese [christliche Liebe] aber sol ein quellende liebe sein, von inwendig aus dem hertzen geflossen wie ein frisches bechlin odder wesserlin [...] Die heisset also [:spricht so]: ‚Ich liebe dich nicht darumb, das du from odder böse bist, denn ich schepffe meine liebe nicht aus deiner fromkeit als aus einem frembden brunnen, sondern aus meinem eigen quelbörnlin, nemlich aus dem wort, welchs ist inn mein hertz gepfropffet, Das heisset [Mt 5,43a]: Liebe deinen nehesten'. Da gehet sie reichlich eraus und jderman offen, der jr bedarff, und trifft beide, gute und böse, freund und feind, Ja den feinden wol allermeist bereit, als die es mehr bedürfen, das ich jn [:ihnen] helffe von jrem jamer und sunden und sonderlich inn dem höhesten gut, das ich fur sie bitte [vgl. Mt 5,44b] und alles thue, was ich vermug, das sie auch from [:gerecht], von sunden und Teuffel erlöset mögen werden.[132]

Am Schluß seiner Beschreibung der zwei Arten von Nächstenliebe, der „geborgten" und der frei „quellenden", unterstreicht Luther, daß die umfassende, auch den Feind einschließende Nächstenliebe nur dann im Herzen ihren Ursprung haben kann, wenn dort Gottes Wort lebendig ist. Wie Gottes Wort, in diesem Kontext Gottes Gebot der Nächstenliebe, mit verwandelnder Kraft dem Herzen zu eigen wird, bleibt hier unausgesprochen. Am ehesten darf man im Sinn seiner

---

[130] Ebd. WA 36, 359,31–360,2.
[131] Der Gegensatz erinnert an die letzte theologische These der Heidelberger Disputation, 1518, These 28, WA 1, 354,35 f: Amor Dei non invenit sed creat suum diligibile, Amor hominis fit a suo diligibili. – Vgl. die Erläuterung der These, ebd. 365,1–20 (Übersetzung LDStA 1, 61,6–33).
[132] Predigt (wie Anm. 127) über 1Tim 1,5–7, WA 36, 360,3–22.

Theologie annehmen, daß dies dort geschieht, wo der Glaube rückhaltlos dem Wort Gottes zustimmt und dadurch Gott die Ehre erweist.[133]

> Sihe, das heist eine liebe aus dem hertzen gequollen, nicht hinein getragen, Denn er findet an jenem [:dem Feind] nichts, daher er sie schepffe, Aber weil er ein Christ ist und das wort fasset, welchs an jm selbs gantz rein ist, machet das selbige sein hertz auch so rein und vol rechtschaffener liebe, das er gegen jderman seine liebe heraus fliessen und sich nicht hindern lesset, die person sey, wer odder wie sie wolle.[134]

In dieser Auslegung von Mt 5,43 ff öffnet sich die Nächstenliebe, sofern sie eine „Liebe aus reinem Herzen" (1Tim 1,5) ist, zur uneingeschränkten Feindesliebe. Luthers Ausführungen haben zwei Haftpunkte in den Worten Jesu: In Mt 5,45 weist Jesus hin auf Gottes sich frei ausschüttende Liebe im Gegensatz zur menschlich wählerischen Liebe. In Mt 5,43a erinnert Jesus an Gottes Gebot der Nächstenliebe, das im Herzen des Menschen eine sich frei zur Feindesliebe öffnende Nächstenliebe hervorbringen will. Beide Gedanken werden von Luther nicht ausdrücklich miteinander verknüpft. Sie verschmelzen jedoch, weil im zweiten Gedanken die menschlich wählerische Nächstenliebe abgewandelt wird zu der „geborgten", auf Vorteil bedachten Nächstenliebe, während in der Gestalt der „quellenden", voraussetzungslos offenen Nächstenliebe sich jene unterschiedslos ausgeschüttete Güte Gottes im Herzen des Menschen spiegelt. Das Gebot der Nächstenliebe wird im Munde Jesu nicht einem Gott strenger Majestät zugeschrieben, sondern dem Gott, der in Jesus sich als unser himmlischer Vater mitteilt, der seine Güte über alle ausbreitet.

B) Konkret anschaulich macht Luther die ungebundene Nächstenliebe bei dem komplexen Thema des „Wuchers".[135] Von einem zunächst kurz gefaßten Traktat über den Wucher, Ende 1519,[136] veröffentlichte er bald danach eine erweiterte Fassung, Anfang 1520.[137] Das Problem des Wuchers hat er später, 1540, noch einmal aufgegriffen in einer Mahnschrift an die Pfarrer, „wider den Wucher zu predigen",[138] weil ein großes Übel noch immer darin bestand, daß vor allem mit dem Zurückhalten der Ernteerträge an Getreide wucherisch spekuliert wurde.

---

[133] Vgl. De libertate Christiana / Von der Freiheit eines Christenmenschen, 1520, WA 7, 53,34–54–30 / 25,5–25.

[134] Predigt (wie Anm. 127) über 1Tim 1,5-7, WA 36, 360,22–28. – Ebd. 360,37–39: Aber so gehets recht, wenn es gehet aus Gottes wort, von reinem hertzen und rechtschaffenem glauben, Das mus der quell und born sein, so zuvor allen solchen dingen da sein sol.

[135] Zur Zeit Luthers war der Begriff „Wucher" nicht a priori ethisch negativ besetzt, ebensowenig die korrespondierenden lateinischen Begriffe usura und feneratio.

[136] Sermon von dem Wucher [1. Fassung], 1519, WA 6, 3–8.

[137] Sermon von dem Wucher [2. Fassung], 1520, WA 6, 36–60. – Mit einigen Änderungen bildet er den zweiten Teil im Traktat Von Kaufshandlung und Wucher, 1524, WA 15, 293–322; die Änderungen gegenüber 1520 sind verzeichnet ebd. 314–322.

[138] An die Pfarrherrn, wider den Wucher zu predigen, 1540, WA 51, 331–424.

8.4 Die ungebundene Nächstenliebe

Zwei Linien berühren sich in Luthers Äußerungen zum Thema des Wuchers, die Regulierung von Zinsabgabe durch weltliches Recht, ferner die mit der reformatorischen Theologie erwachte Besinnung auf eine neue christliche Orientierung der Ethik. In den Bereichen des Wirtschaftslebens, die von der Agrarwirtschaft geprägt waren, herrschte die Abgabe des Zehnten der von Jahr zu Jahr schwankenden Erträge. In den Bereichen, die in wachsendem Maße von der Geldwirtschaft abhingen, umging man inzwischen allgemein das einst in der europäischen Christenheit geltende Verbot des Ausleihens von Geld gegen Zinsen, indem man das Kapitalgeschäft mit Zins in raffinierter Weise als einen „Zinskauf" deklarierte. Auf diesem Feld, auf dem auch die kirchlichen Institutionen operierten, herrschte Willkür bei der Zinshöhe, die nicht wie beim Zehnten von der jährlichen Ertragshöhe abhing. Der sog. Zinskauf brachte die Schuldner vielfach in ruinöse Abhängigkeit von ihren Gläubigern. Das altkirchliche Zinsverbot für Christen wurde im Kirchenrecht noch immer fortgeschleppt, obwohl es im Wirtschaftsleben obsolet geworden war. Die reformatorische Absage an das römische Kirchenrecht erforderte eine neue Orientierung.

Den sog. Zinskauf hat Luther wiederholt pauschal verurteilt, wie beispielsweise in seinem Reformaufruf an den christlichen Adel, 1520.[139] Den Zehnten hingegen hat er befürwortet, nicht nur weil er biblisch fundiert war, sondern vor allem weil er von der Ertragslage abhing. Wenn er sich genauer dazu erklärte, verwies er auf das Beispiel Josefs, der als Bevollmächtigter des Pharao in den guten Jahren nur ein Fünftel der Getreideernte zurücklegen ließ [Gen 41,34].[140] Dem Beispiel Josefs folgend könnte möglicherweise die weltliche Obrigkeit im Zuge der Reformation die allgemeine Zinspraxis, den sog. Zinskauf, durchgreifend neu regeln.[141]

Beim Thema Wucher geriet der Diskurs unter manchen Anhängern der Reformation in eine Alternative zwischen dem Gesetz des Mose und der Bergpredigt Jesu. Auf der einen Seite tauchte die Meinung auf, man müsse das Wirtschaftsleben den entsprechenden Partien im Gottesgesetz des Mose unterwerfen; auf der anderen Seite wollte man Jesus-Worte, die man wie z.B Mt 5,42 als generelles Zinsverbot verstand, in einer erneuerten christlichen Gesellschaft gesetzlich verbindlich machen. Luther verwirft beide Ansichten, weil einerseits das geltende Landrecht in erforderlicher Weise ausgebaut werden solle und andererseits das Evangelium seines geistlichen Charakters nicht beraubt, also nicht in ein Gesetz umgemünzt werden dürfe. In seiner theologischen Reflexion kommt das ethische Prinzip der Nächstenliebe in beiderlei Hinsicht zum Tragen. Wenn das Wirtschaftsleben im Geiste der Reformation durch die weltliche Obrigkeit neu geordnet würde, dann sollte dieses Feld des öffentlichen Rechtslebens sich prak-

---

[139] An den christlichen Adel, 1520, WA 6, 466,13–30.
[140] Luther an Wolfgang Capito, 15.6.1524, Nr. 750 WA.B 3, 303,3–13.
[141] Luther an Herzog Johann Friedrich von Sachsen, 18.6.1524, Nr. 753, WA.B 3, 307,33–40.

tisch am Gedanken der Nächstenliebe orientieren.[142] Darüber hinaus bringt Luther mit Jesus-Worten der Bergpredigt die ungebundene Nächstenliebe ins Spiel.

Die theologische Problemlage skizziert Luther in einem knappen Gutachten, das er im Mai 1525 dem Rat der Hansestadt Danzig schickte.[143]

Das Gesetz Mosis ist tot und ganz abe, ja auch allein den Juden gegeben; wir Heiden sollen gehorchen den Landrechten, da wir wohnen [...]. Aber das Evangelium ist ein geistlich Gesetz, darnach man nicht regieren kann, sondern muß dasselbige jeglichem vor sich selbst stellen [:jeden selbst verantworten lassen], ob er alles tun oder lassen werde. Und man kann und soll auch niemanden dazu zwingen, gleich als zum Glauben, denn hier nicht das Schwert, sondern der Geist Gottes lehren und regieren muß. Darum soll man das geistlich Regiment des Evangelii ferne scheiden von äußerlichen weltlichem Regiment und ja nicht durcheinandermischen. Das evangelische Regiment soll der Prediger alleine mit dem Munde treiben und einem jeglichen seinen Willen allhier lassen; wer es annimmt, der nehme es an; wer es nicht will, der lasse es.[144]

Die bisherige, mit viel Willkür belastete Zinspraxis verträgt sich keineswegs mit der Bergpredigt Jesu. Es geht aber auch nicht an, daß evangelische Prediger dazu auffordern, wer es mit dem Wort Jesu in Mt 5,42 halte, solle die von ihm vertragsgemäß zu zahlenden Zinsen verweigern. Auch so würden nach Luthers Urteil die Worte Jesu als Druckmittel falsch angewandt. Der Gläubiger müsse von sich aus seine Zinsforderung mindern oder fallen lassen.

Als, daß ich ein Exempel gebe, der Zinskauf oder Zinspfennig ist ganz unevangelisch, da Christus lehrt [Mt 5,42]: ‚Leihet ohne Wiedernehmen!' Hier soll man nicht zufahren und alle Zwiespaltung [:jede Abweichung] stracks abtun nach dem Evangelio. [...] man solle es predigen und denen hingeben die Zinsen, denen sie gebühren, ob sie von ihnen selbst solch Evangelium wollen annehmen und den Zins fahren lassen oder nicht. Nicht weiter kann man sie dringen. Denn das Evangelium erfordert willige Herzen, die der Geist Gottes treibet [Röm 8,14].[145]

Ungerechtfertigt hohe Zinsforderungen können nur abgestellt werden, wenn im weltlichen Recht neue Regelungen auf den Grundsatz der Billigkeit oder Angemessenheit Rücksicht nehmen und demgemäß entschieden werden.

Aber das soll man tun mit den Zinsen, daß man menschliche Ordnung, Gesetze und Gebräuche in solchen Zinsen, so sie zu weit greifen, zurechtbringe und nach der Billigkeit, das man heißt επιεικεια oder aequitas, richte. Denn alle Gesetze und Gewohnheiten sollen

---

[142] Was Luther in den beiden soeben genannten Briefen für die Obrigkeit eines Magistrats und eines Landesherrn empfiehlt, kann man als Anwendung der Nächstenliebe im Feld des weltlichen Rechtslebens verstehen.

[143] Es ist ein „Zettel" als Beilage zu dem Brief an den Rat von Danzig, 5. (7.?) 5. 1525, Nr. 861 WA.B 3, 483f; die Beilage ebd. 484–486.

[144] Ebd. WA.B 3, 484,2–485,14. – Vgl. ebd. 485,38–40: Denn das Evangelium lehrt wohl frei alle Güter lassen fahren, aber wer mich dazu dringet oder zwinget, der nimmt mir das Meine.

[145] Ebd. WA.B 3, 485,14–24. Wer die von Luther erwähnten Ansichten damals vertreten hat, kann hier übergangen werden.

8.4 Die ungebundene Nächstenliebe

der natürlichen Billigkeit als ihrer Regel und Meisterin unterworfen sein. Wann man nun will die Zinse abtun, so muß man nicht zufahren und plötzlich alle abtun.[146]

Mit zwei Beispielen zeigt Luther, wie gemäß der „Liebe und Billigkeit" verfahren werden sollte. In manchen Fällen, nämlich wenn ein Pachtzins in Form von landwirtschaftlichen Erträgen erhoben wird, sollte die weltliche Zinsregulierung darauf abgestellt sein, daß solche Erträge nicht alle Jahre gleich gut ausfallen. In anderen Fällen sollte man im persönlichen beiderseitigen Einvernehmen auf die Vermögenslage desjenigen Rücksicht nehmen, der für ein geliehenes Gut Zinsen zu zahlen hat.

Will man denn ja nun die Zinse rechtfertigen [:gerecht regeln], so sind allda zwei Weisen. Die erste, daß man sie nach menschlichen Gesetzen zurechtbringe [...] also, wo es nicht ein Jahr trüge oder wenig trüge, daß auch der Zins darnach geringer werde, wie solches die natürliche Rechte lehren. [...] Die andere [Weise], daß man den Unterschied der Personen und Zeit ansähe und mit ihrem Willen handele also: Ist die Person gutes Vermögens und hat sie lange eingenommen [...], daß sie doch eines Teils der empfangenen Zins lasse am Hauptgut [:Kapital] abgehen; ist die Person aber alt und unvermögends, daß man ihr nicht also das Maul von der Krippen stoße und zum Bettler mache, sondern lasse ihnen die Zinse, solange sie leben und bedarben, wie das die Liebe und natürliche Billigkeit lehret.[147]

Bei diesen heiklen Fragen des Wirtschaftslebens hat Luther in gleicher Weise in späteren Jahren an das Gewissen des einzelnen appelliert und, indem er an Mt 7,12 und an „das natürliche Sittengesetz" erinnert, zur Selbstprüfung aufgefordert, damit das Gewissen wach bleibe.

Quaestiones tuae de usuris in re frumentaria nulla possunt certa definitione dirimi in tanta varietate temporum, personarum, locorum, eventuum seu casuum. Quare uniuscuiusque conscientiae oportet relictum esse, ut naturali lege sibi proposita sic cogitet: An velis tibi fieri, quod alteri facis? ‚Haec enim est lex et prophetae', ait Christus Mt 7 [V. 12]. Simul et illud observabit bona conscientia, quod Proverbiorum 11 [V. 26] scriptum est: ‚Qui abscondit frumenta, maledicetur in populis; benedictio autem super caput vendentium'. Et quae Amos 8 [V. 5] de	Deine Fragen wegen Gewinn bei Getreidehandel können durch keine eindeutige Definition entschieden werden bei so großer Verschiedenheit der Zeiten, der Personen, der Orte, der Ereignisse oder Fälle. Deshalb muß das dem Gewissen des einzelnen überlassen werden, damit er im Hinblick auf das natürliche Sittengesetz sich überlege: Willst du, daß dir geschehe, was du einem anderen tust? ‚Dies ist nämlich das Gesetz und die Propheten', sagt Christus Mt 7,12. Ein rechtschaffenes Gewissen wird zugleich beachten, was Sprüche 11,26 geschrieben ist: ‚Wer Korn zurückhält, dem fluchen die Leute, aber Segen kommt über den, der es verkauft'. Und was Amos 8,5 von den

---

[146] Ebd. WA.B 3, 485,24–30. – Anschließend führt Luther zwei Beispiele für unangemessene Zinsvereinbarung an, ebd. 485,30–38.

[147] Ebd. WA.B 3, 485,40–56. – Dem zweiten Aspekt gibt Luther besonderen Nachdruck ebd. 486,56–61: Kurzum: hierin auf diese Weise zu handeln, kann man kein Gesetze furschreiben, sondern es stehet alles in Ansehen der Person, welche man nach der Liebe und Billigkeit, durch Erkenntnis guter Leute, muß tragen und nicht verderben lassen, sonsten würde eitel Unrecht allda sein, wo man der Gestrengigkeit nach mit ihnen sollte fahren.

avaris dicit: ‚Ut augeamus Siclum et minuamus Epha'.¹⁴⁸ Habgierigen sagt: ‚Laßt uns den Preis steigern und die Waage fälschen'.

Im Kontext der Zinsfrage zitiert Luther an anderen Stellen die Goldene Regel von Mt 7,12 in einem Atem mit dem Gebot der Nächstenliebe Mt 22,39.

Drumb were nicht richtigers noch kurtzer unterweyßung ynn dißem und allen hendelln tzeytlichs guts, dann das eyn iglich mensch, ßo er mit seynem nehisten soll handelnn, ym [:sich] fursetzt diße gepott [Mt 7,12] ‚was du willt, das dyr eyn ander thet, das thu du yhm auch', und [Mt 22,39] ‚lieb denen nehsten alß dich selb', daneben bedecht, was er wollt von yhm selber haben, wan er an seyns nehisten stat were, ßo wurd sichs alles selbs leren und finden, da wurd man keyner recht bucher [:Rechtsbücher] noch richt [:Rechtsurteil] noch clag [be]durffen, ja alle sach wurden schnell bericht [:entschieden] und schlecht [:klar], dann einß iglichen hertz und gewißen wurd yhm sagen, wie er wolt mit yhm [:sich] gleych gehandelt, nach gelassen, geben und vorgeben haben, darauß er dann mußt schlissen, er soll eynem iglichen andernn auch ßo thun.¹⁴⁹

Bei seiner Unterweisung in christlicher Ethik hat Luther eine einheitlich christliche Gesellschaft vor Augen. Jeder kann in seinem Gewissen darauf angesprochen werden, ob er in Wahrheit Christ ist. Gleichwohl will Luther keine Ethik eines christlichen Überbaus lehren und kann die Goldene Regel (Mt 7,12) im Verbund mit dem biblischen Gebot der Nächstenliebe (Lev 19,18; Mt 22,39) auch als Gebot des natürlichen Sittengesetzes bezeichnen. Dabei bewegt ihn die Erkenntnis, daß die Gesellschaft in ihrer ethischen Praxis nur nominell christlich ist und es dringend nötig hat, in einer christlichen Ethik unterwiesen zu werden, die an das Gebot der Nächstenliebe appelliert. Das heißt: Wer sein Christ-Sein richtig begreift, wird im Feld der gesellschaftlichen Verantwortung bei Fragen der Wirtschaftsethik die Nächstenliebe mit den Gesichtspunkten der Billigkeit und des Angemessenen in Einklang bringen.

Drumb sehe jederman zu, nach seinem Gewissen, Wenn, wo, wie viel und wem, er solle oder müsse leihen oder geben. Hierin kann kein ander mas gesetzt werden, denn des Nehesten notdurfft und die Christliche liebe, so Gott gebotten hat, dem Nehesten zu erzeigen [Mt 22,39], wie wirs wolten in gleichem fall erzeigt haben von andern [Mt 7,12], wir weren freunde oder feinde.¹⁵⁰

Die christliche Nächstenliebe, die nach Luthers Verständnis des Christentums im befreienden Christus-Glauben wurzelt, kann nicht aufgespalten werden und verträgt keine Kasuistik. Aus sich selbst heraus beherzigt sie die Worte der Bergpredigt Jesu. Deshalb handelt die christliche Nächstenliebe nicht nur im Feld der gesellschaftlichen Verantwortung, sondern wird aus eigenem Antrieb, wenn die Situation es erfordert, zu einer ungebundenen Nächstenliebe bis hin zur Feindesliebe. Sowohl in seiner Schrift Wider den Wucher zu predigen, 1540, als auch im Wucher-Traktat, 1520, unterscheidet Luther im Anschluß an einige Jesus-Worte

---

[148] Luther an Georg Spalatin, 12.2.1544, Nr. 3970 WA.B 10, 532,7–15.
[149] Sermon von dem Wucher [2. Fassung], 1520, WA 6, 49,18–28.
[150] An die Pfarrherrn wider den Wucher zu predigen, 1540, WA 51, 393,18–22.

8.4 Die ungebundene Nächstenliebe

drei Stufen der anspruchslosen Nächstenliebe.[151] Auf der einfachsten Stufe liegt das Leihen von Geld oder Gut ohne jeden Zins (Mt 5,42 b). Auf der nächsten Stufe ist der Christ, wenn er darum gebeten wird, etwas herzugeben, das zu tun bereit, ganz gleich, wer ihn bittet (Mt 5,42 a). Solche Nächstenliebe bewährt sich auf einer dritten Stufe, wenn der Christ sogar auf gewaltsam entwendetes Gut willig verzichtet (Mt 5,40). In der früheren der beiden Schriften beschreibt Luther die drei Stufen, indem er mit dem unter Gewalt erlittenen Verzicht beginnt.

Der erst [Grad], ßo uns yemand ettwas zeytlicher güter nympt mit gewalt, sollen wirs nit alleyn leyden und faren lassen, ßondern auch bereyt sein, ßo er mehr nemen wolt, das selb auch zu lassen. Davon sagt unser lieber herr Jhesus Christus Mt 5 [V. 40]: ‚So yemand mit dir haddern will fur gericht, das er dir deynen rock nheme, dem las auch deynen mantell dartzu'. Diß ist der hochst grad yn dyßem werck, und ist nit ßo zuvorstehen, als ettlich meynen, man soll yhm den mantell hyn nach zum rock werffen, ßondernn das man den mantell auch lasse faren, nit widder strebe noch ungeduldig drob sey, noch widder hole.[152] Der [zweite Grad] ist, das wir sollen geben frey umbsonst yderman, der seyn [:dessen] bedarf oder begehrt. Davon sagt unßer herr Jhesus Christus auch Mt 5 [V. 42 a] ‚Wer von dir bittet, dem gib'. Und wie woll dißer grad vill geringer ist, dan der erst, ist er doch gar schweer und pitter denen, die mher schmecken die zeytlichen dan die ewigen gütter, dan sie haben nit ßovill vortrawen yn gott, das er sie erneren muge [:könne] odder wolle yn dißem elenden leben.[153] Der [dritte Grad] ist, das wir willig und gerne leyhen oder borgen sollen, an [:ohne] allen auffsatz [:Auflage] und zinß; davon sagt unser herr Jhesus Christus Mt 5 [V. 42 b] ‚Und wer von dir entleyhen odder borgen will, von dem kere dich nit', das ist, vorsags yhm nicht. Dyßer grad ist der aller geringste und ist auch ym alten Testament gepotten, do gott sagt Dtn 15 [V. 7 f]: ‚So yemand auß deynen brüdernn yn deyner statt arm wirt, soltu deyn hertz nit kegen yhm vorharten, noch deyn hand zu halten, ßondern solt sie auff thun und yhm leyhen alles weß er bedarff'. [...] seynd auch hie vill menschen, die den reychen odder gutten frunden gerne leyhen, mehr darumb, das sie gunst suchen odder yhn vorwandt seyn, dan das gott gepoten hatt.[154]

In der späten Schrift bespricht Luther die drei Grade in ihrer Steigerung.[155] Seine Intention hat sich insofern verlagert, als er jetzt die Prediger evangelisch

---

[151] Davon etwas abweichend nennt Luther in der nur skizzenhaft überlieferten Predigt, 1.11.1519, über Mt 5,1-10, bei der Seligpreisung Mt 5,7 drei Grade im Umgang mit veräußerbaren Gütern in der Abfolge von Mt 5,42 a, 42 b, 40, WA 9, 418,15-25.

[152] Sermon von dem Wucher [2. Fassung], 1520, WA 6, 36,16-22.

[153] Ebd. WA 6, 41,16-21.

[154] Ebd. WA 6, 47,5-18.

[155] An die Pfarrherrn wider den Wucher zu predigen, 1540, WA 51, 377,30-378,25: Denn also heist [:befiehlt] sein [Christi] Recht, und also leret er seine Christen, das sie mit zeitlichem gut dreyerley weise umbgehen sollen, Davon wir offt gesagt, Und Mt 5 [V. 42], Lk 6 [V. 30] klerlich stehet, Erstlich, das sie sollen gerne Geben, ‚Omni petenti te tribue', ‚Du solt jderman geben, der dich bittet'. Wer aber gibt, der wuchert freylich nicht, denn er gibt's umbsonst und begert nichs dafur, Darumb kann bey den Christen kein Wucher sein. Zum andern, Sollen sie gerne Leyhen odder jn [:sich] lassen abborgen, Davon sagt Christus Lk 6 [V. 35] ‚Mutuum dantes' etc. ‚Ihr solt Leyhen, und nichts davon hoffen' odder gewarten. Wer also Leyhet, der wird freylich auch nicht Wuchern. Zum dritten sol ein Christ jhm lassen nehmen, auch den Mantel zum Rock, davon Mt 5 [V. 40]. Darin er begreifft leiden, allerley unrecht und gewaldt, wie er selber sich deutet und da

gewordener Territorien direkt ermahnt, gegen die noch immer willkürlich überhöhten Zinsforderungen zu predigen und bei einem öffentlich bekannten „Wucherer" – das Wort ist nun negativ besetzt – Maßnahmen der Kirchenzucht anzuwenden, ihn nicht zum Abendmahl zuzulassen, ihm die Absolution und das kirchliche Begräbnis zu verweigern, solange er nicht mit erkennbarer Buße sich geändert hat.[156]

Die ungebundene Nächstenliebe, die den Worten der Bergpredigt folgt und im Verzicht auf eigenes Recht und eigenen Besitz gipfelt, entspringt beim Christen aus dem Glauben, der ihn von der Sorge um sich selbst befreit. In ihren drei Graden geschieht sie in bestimmten konkreten Situationen. Selbst im höchsten Grade des Verzichts realisiert sie das Gebot der Nächstenliebe, das alle Menschen angeht. Mit derselben Nächstenliebe achtet der Christ in den drei Feldern sozialer Bindung darauf, daß die dort geforderte Verantwortung sich an der Nächstenliebe orientiert und nicht der Meinung freie Bahn läßt, als dürften diese Felder irgendeiner Eigenständigkeit überlassen werden.

---

selbs spricht [Mt 5,41.44]: ‚Wer dich zwinget ein meyle wegs, mit dem gehe zwo, Thut wol denen, so euch verfolgen und hassen'. Wer nu solchs hellt und thut, wie kann der wuchern? – Ausführlich besprochen werden die drei Grade ebd. 380,22–391,28; 391,29–400,20; 400,21–413,25.

[156] Ebd. WA 51, 367,25–368,32.

Kapitel 9

Die christliche Kirche mit ihrem Auftrag

9.1 Die Unterscheidung von zwei Gemeinschaftsgestalten der Christenheit

A) Ungefähr in derselben Zeit, in der Luther Gottes Vergebung und mit ihr die Rechtfertigung des Sünders aus der sakralgesetzlichen Umklammerung des Bußsakramentes herausgelöst hat (Kap. 5.5), richtete er seine theologische Reflexion auf die Frage, inwieweit die kirchliche Praxis der Exkommunikation das geistliche Leben des Christen berühre. Das führte ihn zu grundlegenden Einsichten in sein reformatorisches Verständnis von Kirche. Mehrere Texte der Jahre 1518 bis 1520 geben Einblick in diesen Reflexionsprozeß. Am Anfang steht ein lateinischer Traktat über die Kraft des Bannes, der Sermo de virtute excommunicationis, Sommer 1518; in ihm hat Luther aus dem Gedächtnis Gedanken seiner Predigt zusammengefaßt, die er nach seiner Rückkehr von der Heidelberger Disputation, vielleicht gleich am 16. Mai, dem Sonntag Exaudi, über die Perikope Joh 15,26–16,4 gehalten hatte. Die Predigt erregte damals so viel Aufsehen, daß ohne Luthers Wissen aufgezeichnete Äußerungen über den Bann verleumderisch kolportiert und auf dem Reichstag in Augsburg sogar dem Kaiser bekannt wurden.[1] Für ein breiteres Publikum veröffentlichte Luther einen Sermon von dem Bann, Winter 1519/20.[2] Weniger ergiebig als diese beiden Traktate sind zwei kurze Disputationsthesenreihen jener Jahre.[3] Mehr zu beachten ist für Luthers Verständnis von Kirche seine große Disputation mit Johannes Eck im Juli 1519 in Leipzig. Unter den zur Disputation vorgesehenen, bereits publizierten Thesen wirkte die letzte These am sensationellsten durch Luthers Behauptung, daß der Superioritätsanspruch des römischen Bischofs über alle christlichen Kirchen erst seit 400 Jahren in päpstlichen Dekreten vertreten werde.[4] Zu dieser These

---

[1] Sermo de virtute excommunicationis, 1518, WA 1, 638–643; mit deutscher Übersetzung LDStA 3, 1–15. Zur Entstehung vgl. aus dieser Zeit die Briefe Luthers an Wenzeslaus Linck, 10.7.1518, Nr. 83 WA.B 1, 185 f,39–48, an Georg Spalatin, 31.8.1518, Nr. 88 WA.B 1, 191 f,4–10, an Johannes von Staupitz, 1.9.1518, Nr. 89 WA.B 1, 194,29–43, und Spalatins an Luther, 5.9.1518, Nr. 92 WA.B 1,201,33–41.

[2] Sermon von dem Bann, 1520 WA 6, 63–75.

[3] Disputationsthesen de excommunicatione, [1519], WA 9, 311 f. – Disputatio de excommunicatione, 1520, WA 7, 236.

[4] Disputatio et excusatio adversus criminationes D. Iohannis Eccii, 1519, WA 2, 161,35–38, These 13: Romanam ecclesiam esse omnibus aliis superiorem, probatur ex frigidissimis Romanorum pontificum decretis intra cccc annos natis, contra quae sunt historiae approbatae MC

veröffentlichte Luther kurz vor der Disputation eine ausgedehnte Begründung.[5] Dasselbe Thema behandelte er anschließend 1520 in der Auseinandersetzung mit dem Leipziger Franziskaner Augustin von Alveldt (ca. 1480–1535), der in konventioneller Weise das Papsttum als Institution des göttlichen Rechtes auf lateinisch und auf deutsch verteidigt hatte.[6]

Die Reflexion über den geistlichen Rechtsanspruch des Papsttums führte zu der Konsequenz, die Luther im grundsätzlichen Einleitungsteil des Reformaufrufes An den christlichen Adel deutscher Nation von des christlichen Standes Besserung, 1520, vorträgt. Hinter drei „Mauern" habe sich die kirchliche Hierarchie so gut verschanzt, daß sie eine Reform der Kirche von Grund auf verhindern könne. Durch die erste Mauer werde der geistliche Stand und mit ihm die kirchliche Hierarchie von dem Stand der Laien abgesondert und ihm durch eigene Vollmacht übergeordnet. Das werde verstärkt durch die zweite Mauer; sie sichere dem kirchlichen Lehramt des Papstes das höchste Entscheidungsrecht über die Schriftauslegung. Die dritte Mauer steigere noch zusätzlich die Vollmacht des Papstes. Denn, wie Luther wußte, hatte das Papsttum erst im Zuge der mittelalterlichen Entwicklung die Vollmacht gewonnen, Konzile einzuberufen, deren Tagesordnung festzulegen und deren Beschlüsse in Kraft zusetzen. Diese Vollmacht hatten die beiden Reformkonzile von Konstanz (1414–1418) und Basel (1431–1437) zu brechen versucht. Das Papsttum konnte jedoch danach seine Vollmacht zügig wieder aufrichten. Das Ergebnis erlebte Luther mit dem 5. Laterankonzil 1512–1517. Von den drei Mauern gibt Luther eine kurze Skizze:

> Die Romanisten haben drey mauren, mit grosser behendickeit, umb sich [ge]zogen, damit sie sich bißher beschutzt, das sie niemant hat mugen [:können] reformieren, dadurch die gantz Christenheit grewlich gefallen ist. Zum ersten, wen[n] man hat auff sie [ge]drungen mit weltlicher gewalt, haben sie gesetzt und gesagt, weltlich gewalt habe nit recht ubir sie, sondern widderumb [:umgekehrt], geystlich sey ubir die weltliche. Zum andern, hat man sie mit der heyligen schrifft wolt straffen, setzen sie da kegen, Es gepur die schrifft niemant außzulegenn den[n] dem Bapst. Zum dritten drewet man yhn mit einem Concilio, ßo ertichten sie, es muge [:könne] niemant ein Concilium beruffen den[n] der Bapst.[7]

Gleich am Anfang seines Reflexionsprozesses hat Luther ein wesentliches Element seines Kirchenverständnisses formuliert, das auch später grundlegend blieb. Er unterscheidet zweierlei Gemeinschaft der Gläubigen; die eine ist inner-

---

annorum, textus scripturae divinae et decretum Niceni Concilii [Konzil von Nicäa 325] omnium sacratissimi. – Die These ist Luthers Replik auf eine gegen ihn gerichtete These Ecks, die sich auf einen Satz Luthers in dessen Resolutiones disputationum de indulgentiarum virtute, 1518, stützt, WA 1, 571,16–20. – Bei dem decretum des Konzils von Nicäa ist dessen can. 6 gemeint, CorpIC Decretum Gratiani p. 1 Dist. 65 c.6 (RF 1, 251).

[5] Resolutio super propositione 13. de potestate papae, 1519, WA 2, 183–240; mit deutscher Übersetzung LDStA 3, 17–171.

[6] Von dem Papsttum zu Rom, 1520, WA 6, 285–324. – Zu den Schriften des Augustin von Alveldt s. u. Anm. 25.

[7] An den christlichen Adel, 1520, WA 6, 406,21–29.

lich und geistlich, die andere äußerlich und leiblich. Die geistliche Gemeinschaft charakterisiert er mit einer Augustin entlehnten Formel;[8] sie werde konstituiert durch das gemeinsame Gottesverhältnis der Christen in einem Glauben, einer Hoffnung, einer Liebe. Die leibliche Gemeinschaft bestehe im Gebrauch derselben Sakramente, die ein Zeichen seien für jene geistliche Einheit in Glaube, Hoffnung, Liebe. Darüber hinaus erstrecke sich die leibliche Gemeinschaft auf verschiedene andere äußerliche Gemeinsamkeiten wie Realien des Lebens, der Gewohnheiten, der Sprache, der Ansiedlung. Einseitig werden von Luther sozialkulturelle Faktoren genannt, während Faktoren des kirchlichen Lebens übergangen werden.

Est autem fidelium communio duplex: una interna et spiritualis, alia externa et corporalis.	Die Gemeinschaft der Gläubigen ist aber eine zweifache: Die eine ist innerlich und geistlich, die andere äußerlich und leiblich.
Spiritualis est una fides, spes, caritas in deum.	Geistlich, das ist: ein Glaube, eine Hoffnung, eine Liebe zu Gott.
Corporalis est participatio earundem sacramentorum, i.e. signorum fidei, spei, caritatis, quae tamen ulterius extenditur usque ad commuionem rerum, usus, colloquii, habitationis aliarumque corporalium conversationum.[9]	Leiblich, das ist: Teilhabe an denselben Sakramenten, das heißt den Zeichen des Glaubens, der Hoffnung, der Liebe, welche Teilhabe sich jedoch darüber hinaus erstreckt bis auf die Gemeinschaft an Dingen, Gewohnheiten, Gesprächen, Wohnung und anderen leiblichen Umgangsweisen.

In diesem Zusammenhang legt Luther darauf Wert, daß die geistliche Gemeinschaft nicht durch kreatürliche, also nicht durch menschlich verfügbare Mittel der Seele zuteil werden kann. Ebensowenig kann die geistliche Gemeinschaft der Seele auf menschlich verfügbare Weise entzogen werden. Es ist eine wahrhaft geistliche Gemeinschaft, die nur Gott schenkt, deren sich nur der Mensch selbst durch seine eigene Sünde beraubt.

Igitur sicut priore illa spirituali communione nulla creatura potest animam vel communicare vel excommunicatam reconciliare nisi deus solus,	Demnach: Wie in jener zuerst genannten geistlichen Gemeinschaft keine Kreatur eine Seele in die Gemeinschaft setzen oder, sofern sie ausgeschlossen wurde, mit ihr versöhnen kann, sondern nur Gott allein das vermag,
Ita non potest communionem eandem ulla creatura ei auferre seu eam excommunicare, nisi solus ipse homo per peccatum proprium.[10]	so kann auch keine Kreatur ihr diese Gemeinschaft nehmen oder sie aus ihr ausschließen, sondern nur der Mensch selbst kann das durch seine eigene Sünde.

Die Stoßrichtung des Textes zielt gegen den Anspruch der Kirche, daß sie durch das Instrument der Exkommunikation einen Gläubigen aus der geistlichen Ge-

---

[8] Augustin, Enchiridion c.1 n. 3, ML 40, 232, CChr.SL 46, 49,21–25: fide, spe, caritate colendum deum.
[9] Sermo de virtute excommunicationis, 1518, WA 1, 639,2–6; LDStA 3, 3,37–5,4.
[10] Ebd. WA 1, 639,7–10; LDStA 3, 5,5–10.

meinschaft derer, die das ewige Leben für sich erhoffen dürfen, ausschließen kann, und daß ein Exkommunizierter nur durch ein kirchenrechtlich geregeltes Verfahren das verlorene Gottesverhältnis wiedererlangen und mit Gott versöhnt werden kann. Das Kirchenrecht kannte bei der Exkommunikation nicht nur ein kleines innerkirchliches Verfahren mit dem Ausschluß von den Sakramenten, sondern auch eine große, schwerwiegende Exkommunikation, mit der Strafen im weltlichen Gemeinschaftsleben verbunden waren. Wie Luther sich in dem zitierten Traktat mit der kirchlichen Praxis der Exkommunikation befaßt, trägt für sein eigenes Verständnis von Kirche nicht so viel aus wie seine Unterscheidung von geistlicher und leiblicher Gemeinschaft. Er löst – das ist entscheidend – die geistliche Gemeinschaft aus dem Netz des herrschenden Kirchenrechts und definiert sie ausschließlich durch das Gottesverhältnis in Glaube, Hoffnung, Liebe, das nur durch eigene Sünde zerstört wird.

Der geistlichen Gemeinschaft gibt Luther im deutschen Traktat Von dem Bann, 1520, stärkeres Profil, indem er das Wort „Gemeinschaft" durch das lateinische Äquivalent „communio" mit jener „Gemeinschaft Christi und aller Heiligen" verknüpft, die er kurz vorher in einem Traktat über das Herrenmahl behandelt hat.[11] Hinsichtlich des Bannes unterstreicht er nun, daß der Glaube teilhaben läßt an der geistlichen Gemeinschaft, die den Christen mit Christus und allen anderen Glaubenden vereint. Es ist eine Gemeinschaft der Gnade, des Lebens und der Seligkeit. Es ist die Heilsgemeinschaft im Unterschied zu der leiblichen Gemeinschaft der Kirche, so daß auch beim Herrenmahl nur der Glaube an ihr Anteil gewinnt. Andererseits verliert der Mensch durch seinen Unglauben oder seine Sünde die Teilhabe an der Heilsgemeinschaft.

‚Communio' zu lateyn heysset ‚gemeynschafft', und ßo nennen das heylig sacrament die gelereten, da gegen ist das wortleyn „Excommunicatio", das heysset entsetzung der selben gemeynschafft, und ßo nennen die gelereten den Ban. [...] die gemeynschafft ist zweyerley, [...] Die erst gemeynschafft ist ynnerlich, geystlich, unsichtlich ym hertzen, das ist, ßo yhmand durch rechten glauben, hoffnung und lieb eyngeleybt ist yn die gemeynschafft Christi und aller heyligen, wilchs bedeutt und geben wirt yn dem sacrament [:Herrenmahl], und die ist das werck und crafft des sacramentis. Diße gemeynschaft mag [:kann] widder geben noch nehmen yrgent eyn mensch, er sey Bischoff, bapst, ja auch engell oder all creature[n], ßondernn alleyn gott selb durch seynen heyligen geyst muß die eyngissen ynß hertz des menschen, der do glaubt ynn das sacrament [...]. Alßo mag auch hieher

---

[11] Sermon von dem Sakrament des Leichnams Christi, 1519, WA 2, 742–758. – Luther spricht in diesem Kontext von den Glaubenden als den Heiligen, ebd. 743,7–12.20–22: Die bedeutung odder das werck dißes sacraments ist gemeynschafft aller heyligen; drumb nennet man es auch mit seynem teglichen namen Synaxis oder Comunio, das ist gemeynschafft, und Comunicare auff latein heyst diß gemeynschafft empfahen, wilchs wir auff deutsch sagen zum sacrament gehen, und kumpt daher, das Christus mit allen heyligen ist eyn geystlicher corper, [...] Alßo ist diß sacrament yn brott und weyn empfahen nit anders dann eyn gewiß tzeychen empfahen dißer gemeynschafft und eynleybung mit Christo und allen heyligen. – Ebd. 743,27–30: Dyße gemeynschafft steht darynne, das alle geystlich guter Christi unnd seyner heyligen mit geteyllet und gemeyn werden, und alßo liebe gegen liebe antzundet wirdt und voreynigt.

keyn ban reychen noch seyn, dan alleyn der unglaub odder sund des menschen selb, der mag sich selb da mit vorbannen und alßo von der gemeynschafft gnaden, leben und selickeyt absondernn.[12]

B) Aus dem Verständnis der Kirche als geistlicher Gemeinschaft schöpft Luther bereits 1519 bei seiner Vorbereitung auf die Leipziger Disputation ein Argument für die Interpretation des Herrenwortes Mt 16,18 f, eines Angelpunktes seiner Kritik am römischen Primatsanspruch.[13] Denn in Mt 16,18 f übergibt Christus die Schlüsselvollmacht nicht dem Petrus als einer Einzelperson; als eine geistliche Wirklichkeit übergibt er sie ausschließlich der Kirche als seinem geistlichen Leib, der in der Einheit mit Christus, dem Haupt dieses Leibes, durch dessen Geist lebendig ist. Für diese geistliche Gemeinschaft figuriert Petrus, zunächst als er, im Glauben auf den Heiligen Geist hörend, das Bekenntnis zu „Christus, dem lebendigen Sohn Gottes" spricht, sodann als er die Vollmacht der Schlüssel empfängt.

Non Simon Bariona haec [Mt 16,16] respondet, non caro et sanguis, sed revelationis paternae auditor. [...] is qui auditor est paternae revelationis, huic dantur claves non Petro, non filio Iohannis, non carni et sanguini. quod si ita est, pronum iam sequitur, quod nulli privato homini datae sunt claves, sed soli ecclesiae, quia de nullo privato homine certi sumus, habeat nec ne revelationem patris. Ecclesia autem ipsa est, de qua dubitari non licet, cum sit corpus Christi, una caro [vgl. Eph 5,29-31], eodem spiritu vivens quo Christus. Ipsa est Petrus ille auditor revelationis et acceptor clavium [Mt 16,16-19].[14]	Nicht Simon, Sohn des Jona, nicht Fleisch und Blut gibt diese Antwort, sondern der Hörer der väterlichen Offenbarung. [...] Demjenigen, welcher Hörer der väterlichen Offenbarung ist, dem werden die Schlüssel gegeben, nicht dem Petrus, nicht dem Sohn des Johannes, nicht Fleisch und Blut. Wenn das so ist, folgt mühelos, dass keiner privaten Person die Schlüssel gegeben sind, sondern allein der Kirche, weil wir von keiner privaten Person sicher wissen können, ob sie die Offenbarung des Vaters hat oder nicht. Die Kirche selbst ist es, an der man keine Zweifel haben darf, denn sie ist der Leib Christi, ein Fleisch mit ihm, und sie lebt aus demselben Geist wie er. Sie selbst ist Petrus, der Hörer der Offenbarung und Empfänger der Schlüssel.

In der Kurzen Form des Glaubens, 1520, einer katechetischen Auslegung des Credo,[15] hat Luther beim dritten Artikel sein Verständnis der Kirche verarbeitet, das er in Schriften des Jahres 1519, zuletzt in dem Sermon von dem Bann, vorgetragen hat. Kennzeichnend für sein reformatorisches Kirchenverständnis ist es, daß er die beiden Partikel „eine heilige christliche Kirche" und „eine Ge-

---

[12] Sermon von dem Bann, 1520, WA 6, 63,11-64,13.
[13] Resolutio super propositione 13. de potestate papae, 1519, WA 2, 190,17-25; LDStA 3, 37,25-42.
[14] Ebd. WA 2, 190,8-17; LDStA 3, 37,19-31. – Die Interpretation der Perikope Mt 16,13-20 umfaßt ebd. 187,38-190,40.
[15] Kurze Form des Glaubens, 1520, WA 7, 214,23-220,5; zu diesem Text vgl. Kap. 1 Anmerkung 47.

meinschaft der Heiligen" zu einem Ausdruck so zusammenzieht, daß die zweite Partikel, syntaktisch als Apposition, die erste erklärt.

Ich glaub, das do sey auf erden, ßo weyt die welt ist, nit mehr dan eyne heylige gemeyne Christliche kyrche, wilche nicht anders ist, dan die gemeyne odder samlung der heyligen, der frumen, glaubigen menschen auff erden, Wilche durch den selben heyligen geyst vorsamlet, erhalten und regiret wirt, und teglich ynn den sacramenten und wort gottis gemehret.[16]

Den Charakter der geistlichen Gemeinschaft erläutern danach zwei Sätze mit Formulierungen, die an oben zitierte Texte erinnern.[17] Bei der nächsten Partikel des dritten Credo-Artikels bindet Luther die Vergebung der Sünden an die Vollmacht, die Christus der geistlichen Gemeinschaft der Kirche gegeben hat. Das Vollmachtswort in Mt 18,18 dient ihm dazu, Mt 16,19 so zu deuten, daß Petrus als ein einzelner „an statt und bedeutung" der einen geistlichen Kirche die Schlüsselvollmacht erhält.

Ich glaub, das do sey yn der selben gemeyne, und sonst nyrgend, vorgebung der sund, [...] wilche bleybt, wo und wie lange die selben eynige gemeyne bleyb, Wilcher Christus die schlussel gibt und spricht Mt 18 [V. 18] ,Was yhr werdet auffbinden auff erden, soll auff gepunden seyn yn dem hymell'. Desselben gleychen zu dem entzelen Petro an statt und bedeutung der entzlen eynigen kirchen Mt 16 [V. 19] ,Was du wirst auffbinden' etc.[18]

Weil Luther in der Interpretation des apostolischen Glaubensbekenntnisses die ekklesiologische Doppelpartikel auf die geistliche Gestalt der Kirche deutet, im Unterschied zu ihrer leiblichen, institutionellen Gestalt, kann er nicht selten von der geistlichen Gestalt der Kirche sagen, es sei die Kirche des Glaubens oder des Glaubensbekenntnisses.

Die von Luther als Einheit aufgefaßten ekklesiologischen Partikel im dritten Artikel des Apostolikum zerlegt die katechetische Literatur des Spätmittelalters in zwei Lehrpunkte; dabei nimmt sie zur Partikel „Gemeinschaft der Heiligen" noch die folgende Partikel „Vergebung der Sünden" hinzu.[19] Den ersten der beiden Lehrpunkte beziehen die einschlägigen Werke auf die sakralrechtlich verfaßte Kirche, die das Heil vermittelt. Das wird beispielsweise deutlich, wenn der Nürnberger Dominikaner Johannes Herolt drei Gründe anführt, derentwegen man von der Kirche getrennt wird: die Todsünde, die Häresie, die Exkommuni-

---

[16] Kurze Form des Glaubens, 1520, WA 7, 219,1–5.
[17] Ebd. WA 7, 219,6–10.11–16. – Zum Inhalt vgl. oben Anm. 9–12.
[18] Ebd. WA 7, 219,17–25.
[19] Der Befund stützt sich auf folgende katechetische Werke: Johannes von Marienwerder, Expositio symboli apostolorum; anonyme deutsche Übersetzung: Erklerung der zwölff Artickel des Christlichen gelaubens, 1485 – Johannes Herolt OP, Discipulus de eruditione christifidelium compendiosus, 1509 – Stephan von Landskron, Die Hymelstraß, 1484. – Das anonyme Werk: Fundamentum aeternae felicitatis, 1503. – Für die traditionelle Auslegung des Symbolum apostolicum kommen in erster Linie katechetische Schriften in Betracht, weil die Meßliturgie das Symbolum Nicaenum zum festen Bestandteil hatte.

9.1 Die Unterscheidung von zwei Gemeinschaftsgestalten der Christenheit 449

kation.[20] Bei dem anderen Lehrpunkt, in dem die Gemeinschaft der Heiligen und die Vergebung der Sünden zusammengefaßt sind, reden die Interpreten von dem Heil, das ein vollgültiger, von der religiösen Liebestugend erfüllter Glaube in der Institution der Kirche findet.[21] Das kirchlich vermittelte Heil schließt den Ablaß ein, den die „Prälaten" aus dem „Schatz der Kirche" mal reichlicher, mal weniger reichlich schöpfen.[22] Für jede Sünde, sowohl für die Erbsünde als auch für die Aktualsünde, bietet die Kirche Heilmittel, bei denen an die Sakramente der Taufe und der Buße gedacht werden muß.[23]

Gleichzeitig mit seiner Interpretation der beiden ekklesiologischen Partikel im Glaubensbekenntnis wird Luther zurückhaltend gegenüber dem Begriff „Kirche". Er zieht es vor, vom geistlichen Leib Christi als der geistlichen „Gemeine" wie von einer geistlichen Kommune zu reden,[24] so daß dafür der heutzutage geläufige Begriff „Gemeinde" verkürzend wirkt; im gleichen Sinn spricht er von einer „Sammlung" oder „Versammlung" der Glaubenden oder von der „Christenheit". Immer sind diese Ausdrücke qualifiziert geistlich gemeint und bezeichnen eine im Glauben unter Jesus Christus lebende Gemeinschaft, selbst dann, wenn Christus nicht ausdrücklich als das Haupt dieser Gemeinschaft genannt wird.

---

[20] Johannes Herolt (wie Anm. 19), Tract. 22, zum Lehrpunkt „sanctam ecclesiam catholicam": Praescinditur autem quis ab ecclesia tripliciter. Primo propter quodcunque peccatum mortale […] Secundo propter haeresim. Tertio propter excommunicationem. Qui in aliquo praedictorum scienter mortuus esset, non esset cum fidelibus sepeliendus, nec esset pro eo orandum nec aliquod sacrificium offerendum.

[21] Johannes von Marienwerder (wie Anm. 19), Bl. 94v: Wer teilhafftig will werden der gemainschaft der heiligen der soll getrewlich glauben, demütiglich gehorsam sein und warhafftiglich liebhaben; wer den glauben zerbricht, der wirt ein ketzer; wer die gehorsam pricht, der wirt ein abschneider [:Schismatiker]; und wer die liebe zerpricht, der kumbt in den ban, und werden allso abgeschieden von gemainschafft der heiligen.

[22] Johannes Herolt (wie Anm. 19) Tract. 22, zum Lehrpunkt ‚communio sanctorum, remissio peccatorum': est sciendum quod indulgentiae veniunt de thesauro ecclesiae et sanctorum communione. Hunc thesaurum habent dispensare praelati ecclesiae plus et minus huic et isti dando secundum causam rationabilem. – Johannes von Marienwerder (wie Anm. 19), Bl. 110r, nennt bei diesem Lehrpunkt unter fünf Irrtümern an erster Stelle die Meinung, der Ablaß für Kirchbauten – er beruhte auf Geldgaben – sei nicht rechtens; J. v. Marienwerder rechtfertigt jedoch diesen Ablaß mit den Argumenten, der Zweck diene der Ehre Gottes und der Gläubige könne diesen Ablaß – wie andere Ablässe – nur erhalten, wenn er zuvor im Bußsakrament sich seiner Todsünde entledigt habe.

[23] Johannes Herolt (wie Anm. 19): Quoad secundum partem articuli, scil remissionem peccatorum, est tenendum quod omne peccatum sive sit actuale sive originale in ecclesia potest remediari et mederi.

[24] Er scheut nicht den Vergleich mit der städtischen „Gemeine" als einer Körperschaft der Bürger, Sermon von dem Sakrament des Leichnams Christi, 1519, WA 2, 743,11–17: Christus mit allen heyligen ist eyn geystlicher corper, gleich wie einer stat volck eyn gemeyn und corper ist, eyn yglicher burger des andern glydmas und der gantzen statt. Alßo alle heyligen seyn Christi und der Kirchen glid, die eyn geystlich ewige gottis stadt ist, und wer yn die selben stadt [auf]genommen wirt, der heyst yn die gemeyne der heyligen [auf]genomen und mit Christus geystlichen corper vorleybet und seyn glyd gemacht. – Vgl. ebd. 743,20–24.30–38.

Luther fand Gelegenheit, mit Verve seine Auffassung zu bekräftigen, daß im dritten Artikel des Credo die beiden ekklesiologischen Partikel gleichermaßen auf die geistliche Gemeinschaft der Glaubenden zu beziehen sind, als der Leipziger Franziskaner Augustin von Alveldt die Ansicht verfocht, der Heilsanspruch des Papsttums und mit ihm der römisch-katholischen Kirche sei im unantastbaren göttlichen Recht begründet.[25]

Die erste weyße noch der schrifft ist, das die Christenheit heysset eyn vorsamlunge aller Christgleubigen auff erden, wie wir ym glauben[sbekenntnis] betten ‚Ich gleub in den heyligenn geyst, ein gemeynschafft der heyligenn'. Dieß gemeyne odder samlung heysset aller der, die in rechtem glauben, hoffnung und lieb leben, also das der Christenheyt wesen, leben und natur sey nit leypliche vorsamlung, sondern ein vorsamlung der hertzen in einem glauben, wie Paulus sagt Eph 4 [V. 5]: ‚Ein tauff, ein glaub, ein her[r]'. Alßo ob sie schon sein leyplich voneinander [ge]teylet tausent meyl, heyssen sie doch eine vorsamlung ym geist, die weil ein iglicher prediget, gleubt, hofft, liebet unnd lebet wie der ander, wie wir singen von dem heiligen geyst: ‚Der du hast allerley sprach in die eynickeit des glauben vorsamlet'. Das heist nu eigentlich ein geistliche einickeit, vonn wilcher die menschen heissen ein gemeine der heiligen, wilche einickeit alleine gnug ist, zumachen eine Christenheit, on wilche kein einickeit, es sey der stad, zeit, personn, werck odder was es sein mag, ein Christenheit machet.[26]

Zwei weitere herkömmliche Weisen, von der Kirche zu reden, verwirft Luther vor allem, weil sie das unverfügbare Heilswirken des Heiligen Geistes mißachten. Zum einen ist das die Definition von Kirche durch den sog. geistlichen Stand der Bischöfe, Priester und Ordensleute. Dieser Sprachgebrauch sei nicht biblisch begründet, er beruhe nur auf dem Kirchenrecht.[27] Es kann hinzugefügt werden, daß durch diese Definition von Kirche außerdem die leiblich existierende Christenheit in zwei Stände zerteilt wird, den Stand der Geistlichen und den Stand der Laien oder des Kirchenvolkes. Zum anderen wird der Begriff des Geistlichen mißbraucht, wenn Besitztümer der Kirche als geistlich bezeichnet werden, was ebenfalls sakralrechtlich begründet war, weil die Kirche dadurch ihre Besitztümer dem allgemeinen weltlichen Recht entzogen hat.[28]

---

[25] Augustin von Alveldt OFM: Super apostolica sede, an videlicet divino sit iure nec ne, anque pontifex qui Papa dici caeptus est, iure divino in ea ipsa praesideat, 1520. – Wenig später publizierte Alveldt noch die kürzere deutsche Schrift: Ein gar fruchtbar und nutzbarlich Büchlein von dem päpstlichen Stuhl und von S. Peter und von denen, die wahrhaftige Schäflein Christi sind, die Christus unser Herr Petrus befohlen hat in seine Hute und Regierung, 1520.

[26] Von dem Papsttum zu Rom, 1520, WA 6, 292,37–293,12. – Zu der im Zitat auftauchenden Trias von Glaube, Hoffnung, Liebe s. o. Anm. 8. – Der Satz aus einem traditionellen Gesang vom Heiligen Geist ist frei nach einer lateinischen Antiphon zitiert, vgl. WA 35, 166 und 168 (Einführung zu Luthers Lieder Nr. 20, ebd. 448 f.).

[27] Im Zuge polemischer Auslassungen behandelt Luther diesen Sprachgebrauch, Von dem Papsttum zu Rom, 1520, WA 6, 296,19 f.24–27: Und vor allen dinggen heysset man hie den geistlichen stand die bischoff, priester und ordens leut [...] Wie wol nw dem wortlein ‚geystlich' odder ‚kirchen' hie gewalt geschicht, das solch euserlich wesen [einer Standeszugehörigkeit] alßo genandt wirt, ßo es doch allein den glauben betrifft, der in der seelen recht worhafftige geistliche und Christen macht, hat doch der prauch uber hand genommen.

[28] Ebd. WA 6, 297,22–26: Der dritte weyße zu reden, heysset man auch ‚kirchen' nit die

9.1 Die Unterscheidung von zwei Gemeinschaftsgestalten der Christenheit 451

Die geistliche Heilsgemeinschaft erfährt der einzelne Christ im Glauben für sich selbst, so daß er einbezogen ist in das Wirken des Heiligen Geistes innerhalb der universalen Christenheit. In beiden Katechismen bezieht Luther den dritten Artikel genauso wie die beiden anderen Artikel des Credo auf das Ich des seinen Glauben bekennenden Christen. Noch deutlicher als im Kleinen Katechismus bringt er im Großen Katechismus zum Ausdruck, daß der Christ im Glauben seiner Teilhabe an den Gütern der Heilsgemeinschaft gewiß ist, und daß der Heilige Geist solchen Glauben beim Hören von Gottes Wort erzeugt.

Das ist aber die meinung und Summa von diesem zusatz [‚Gemeinschaft der Heiligen']: Ich gleube, das da sey ein heiliges heufflein und gemeine auff erden eiteler heiligen unter einem heubt Christo, durch den heiligen geist zusamen beruffen, ynn einem glauben, synne und verstand, mit mancherley gaben, doch eintrechtig ynn der liebe, on rotten und spaltung. Der selbigen bin ich auch ein stück und gelied, aller gütter, so sie hat, teilhafftig und mitgenosse [vgl. 1Kor 1,9], durch den Heiligen geist dahyn gebracht und eingeleibet, dadurch das ich Gottes wort gehört habe und noch höre, welchs ist der anfang hynein zu komen.[29]

C) Die Christenheit ist in ihrem reformatorischen Selbstverständnis angewiesen auf eine äußerliche, leibliche Gemeinschaft, in der die notwendigen Dienste zur Vermittlung von Gottes Wort geschehen, die jedoch nicht in einem unantastbar göttlichen Recht verfaßt ist. Trotz der scharfen Trennlinie, die Luther zwischen der geistlichen Christenheit als der universalen Gemeinschaft im Christus-Glauben einerseits und der sakralgesetzlich verfaßten Kirche unter dem universalen Primatsanspruch des Papstes andererseits zieht, will er ein Kirchenregiment des Papstes anerkennen, sobald der römische Anspruch eines auf göttlichem Recht beruhenden Kirchenregimentes wegfiele. Das bedeutet, die römische Kirche müßte sich selbst nur als Partikularkirche unter anderen betrachten. Dem reformatorischen Kirchenbegriff entsprechend existiert die Christenheit nach ihrer äußeren Gestalt nur in einer Mehrzahl von Partikularkirchen. Im Mittelalter war es in der Folge des päpstlichen Universalanspruches gängig geworden, die orthodoxen Kirchen der Griechen und Russen als schismatisch oder sogar häretisch einzustufen. Dem widerspricht Luther, weil er die äußere, leibliche Gestalt der Christenheit durch die Kennnzeichen bestimmt, die als Grundlage der christlichen Religion bezeichnet werden können (s. o. Kap. 1.2). Daß die orthodoxen Kirchen die äußeren Kennzeichen des Christentums aufweisen, davon ist Luther mit gutem Grund überzeugt, obgleich sein Bild von den orthodoxen Kirchen in manchen konkreten Einzelheiten kümmerlich oder unzutreffend ist.

Christenheit, sondern die heuser zu gottis dienst erbawen, und weytter streckt man das wortlein ‚geystlich' in die zeitlichen gutter, nit der[er], die worhafftig geistlich sein durch den glauben, sondern [derer] die in der andern leyplichen Christenheit sein.

[29] Großer Katechismus, 1529, WA 30 I, 190,4–11. – Zu dem Anklang an 1Kor 1,9 vgl. die Randglosse seit 1530[1] zu 1Kor 1,9 „Gemeinschaft", WA.DB 7, 89 (Version 1546): Das ist: Ihr seid Miterben und Mitgenossen aller Güter Christi.

Grundsätzlich ermöglicht ihm sein Kirchenverständnis eine unbefangenere Sicht auf die Partikularkirchen, als vorher üblich gewesen ist.

[Man könne nicht behaupten], das alle andere Christen in der gantzen welt ketzer und abtrunige [Schismatiker] sein, ob sie gleich dieselben tauff, sacrament, Evangelium und alle artickel des glaubens mit uns eintrecticklich halten, außgenommen, das sie yhre priester und bischoffe nit von Rom bestetigen lassen, [...] als da sein die Moscobiten, weysse Reussen [:Weißrussen], die Krichen [:Griechen], Behemen und vil andere grosse lendere in der welt. Dan disse alle glewben wie wir, teuffen wie wir, predigen wie wir, leben wie wir.[30]

Die begriffliche Unterscheidung der beiden Gestalten der Christenheit wechselt. Luther bevorzugt die Begriffe geistlich, innerlich einerseits, leiblich, äußerlich andererseits. Die Begriffe sind eng verflochten mit der Rede vom Menschen in seinem zugleich geistlichen und leiblichen Bestimmtsein; zum Beispiel strukturiert Luther seinen Traktat Von der Freiheit eines Christenmenschen, 1520, mit dem anthropologischen Gebrauch des Begriffspaares innerlicher und äußerlicher Mensch.[31]

Drumb umb mehres vorstandts und der kurtz willenn wollen wir die zwo kirchem nennen mit unterscheydlichen namen. Die erste, die naturlich, grundtlich, wesentlich unnd warhafftig ist, wollen wir heyssen ein geystliche, ynnerliche Christenheit, die andere [Kirche] die gemacht und eusserlich ist, wollen wir heyssen ein leypliche, eußerlich Christenheit, nit das wir sie voneinander scheydenn wollen, sondern zu gleich [bestehen lassen], als wen ich von einem menschen rede und yhn nach der seelen ein geistlichen, nach dem leyp ein[en] leyplichen menschen nenne, oder wie der Apostel pflegt [Röm 7,22 f] ynnerlichen und eußerlich menschen zunennen, also [ist] auch die Christliche vorsamlung nach der seelen ein gemeyne in einem glauben eintrechtig [vereint], wie wol nach dem leyb sie nit mag [:kann] an einem ort vorsamlet werdenn, [je]doch ein iglicher hauff an seinem ort vorsamlet wird.[32]

Im dritten Artikel des Credo wird von der geistlichen Wirklichkeit der Kirche gesprochen. Sie ist als Gegenstand des Glaubens unsichtbar, weil der Glaube es stets mit unsichtbar Geistlichem zu tun hat. Dennoch hat Luther die beiden Gemeinschaftsgestalten nicht ausdrücklich als unsichtbare und sichtbare Kirche unterschieden.

Niemant spricht also ‚Ich gleub in den heyligen geist, ein heylige Romische kirche, ein gemeinschafft der Romer', auff das es klar sey, die heylige kirch nit an Rom gepunden, sondern ßo weyt die welt ist, in einen glauben vorsamlet, geistlich unnd nit leyplich. Dan was man gleubt, das ist nit leyplich noch sichtlich: die eußerlich Romische kirche sehen wir alle, drum mag sie nit sein die rechte kirche, die gegleubt wirt, wilche ist einn gemeine odder samlung der heyligen ym glaubenn, aber niemant siht, wer heylig odder gleubig sey.[33]

---

[30] Von dem Papsttum zu Rom, 1520, WA 6, 287,3-10.
[31] De libertate Christiana / Von der Freiheit eines Christenmenschen, 1520, WA 7, 50,5-12 / 21,11-17.
[32] Von dem Papsttum zu Rom, 1520, WA 6, 296,37-297,9.
[33] Ebd. WA 6, 300,34-301,2.

Indem die Adjektive „innerlich" und „äußerlich" den Menschen in seiner Konstitution und Wahrnehmung ansprechen, legen sie ohne weiteres nahe, daß von einer gegenwärtigen Wirklichkeit des Menschen die Rede ist, während die Adjektive „unsichtbar" und „sichtbar" zur Assoziation mit einer Idee und deren noch ausstehender Wirklichkeit verleiten. Da der Christ für sich selbst von beiden Gestalten christlicher Gemeinschaft eine Erfahrung macht, empfiehlt es sich auch nicht, nur die leibliche, äußerliche Gestalt als empirisch zu bezeichnen. Um die beiden Gestalten christlicher Gemeinschaft mit geeigneten Substantiven begrifflich zu unterscheiden, sollen im Folgenden die beiden Begriffe Heilsgemeinschaft und Dienstgemeinschaft verwendet werden, wobei zusätzlich die eine als geistliche, die andere als öffentliche Gemeinschaft charakterisiert werden kann. Der Begriff der Heilsgemeinschaft wurde bereits (Kap. 4.5) für Luthers Rede vom Reich Christi im Gegenüber zum Reich der Welt eingeführt. Der Begriff Dienstgemeinschaft kann das Feld des kirchlichen Lebens abdecken, das oben (Kap. 4.4) in der Drei-Stände-Lehre behandelt worden ist. In der Konzeption der drei Stände ist die leibliche Gestalt der Kirche beschrieben als eine Art von Sozialgemeinschaft neben Hausstand und weltlicher Rechtsgemeinschaft.

9.2 Die Verbundenheit der beiden Gemeinschaftsgestalten der Christenheit

A) Trotz der präzisen Unterscheidung von geistlicher und leiblicher Gemeinschaft der Christen sind beide miteinander verzahnt. Da die leibliche Gemeinschaft in den verschiedenen Gestalten von christlichen Partikularkirchen angetroffen wird, nennt Luther bestimmte „Zeichen" – genauer gesagt: Hinweis- oder Erkennungszeichen –, an denen man „merken" könne, wo man „in der Welt", das heißt in der sichtbaren Christenheit, einen Zugang zur unsichtbaren, geistlichen Gemeinschaft der Christenheit finden könne. Es seien nicht ortsgebundene oder strukturelle Merkmale der verfaßten Kirchen, vielmehr seien es Taufe und Herrenmahl sowie „das Evangelium". Wo man auf diese Merkmale stoße, da gäbe es gewiß auch „Heilige", also Menschen, denen Gott die Gemeinschaft an seinem Heil zuteil werden lasse, und seien es getaufte Kinder „in der Wiege", die nur durch Taufe und Evangelium zur Gemeinschaft der Heiligen gezählt werden können.

> Die zeichenn, da bey man eußerlich mercken kan, wo die selb kirch in der welt ist, sein die tauff, sacrament [:das Herrenmahl] und das Evangelium, unnd nit Rom, diß odder der ort. Denn wo die tauff und das Evangelium ist, da sol niemant zweyffeln, es sein heyligen da, und soltens gleich eytel kinder in der wigen sein.[34]

---

[34] Von dem Papsttum zu Rom, 1520, WA 6, 301,3–6.

Was Luther hier ins Feld führt, hat er im Laufe der Jahre mehrfach aufgegriffen und dabei die Anzahl der Erkennungszeichen erweitert. Den Vorzug verdienen seine Ausführungen im dritten Teil der Schrift Von den Konziliis und Kirchen, 1539. Luther hält daran fest, mit dem Bekenntnis des Apostolikum zu der „heiligen christlichen Kirche, Gemeinschaft der Heiligen" sei unter dem „blinden, undeutlichen" Wort „Kirche" schlicht „ein christliches, heiliges Volk" zu verstehen oder „eine Gemeinschaft der Heiligen, das ist, ein Haufe oder Versammlung solcher Leute, die Christen und heilig sind".[35] Wo Jesus Christus als der Erlöser durch sein Evangelium gegenwärtig wirkend im Glauben ergriffen wird, dort schafft der Heilige Geist die Gemeinschaft des „christlichen, heiligen Volkes". In denen, die zu dieser geistlichen Gemeinschaft gehören, bewirkt der Heilige Geist ein „Lebendig-Machen und Heiligen", eine ständige Erneuerung des Lebens unter dem radikalen Anspruch des Dekalogs.

Ecclesia sol heissen das heilig Christlich Volck, nicht allein zur Apostel zeit, die nu lengest tod sind, sondern bis an der welt ende, das also jmerdar auff erden im leben sey ein Christlich heilig Volck, in welchem Christus lebet, wirckt und regirt per redemptionem [:durch das Erlösen], durch gnade und vergebung der sunden, Und der Heilige geist per vivificationem et sanctificationem [:durch das Lebendigmachen und Heiligen], durch teglich ausfegen der sunden und erneuerung des lebens, das wir nicht in sunden bleiben, sondern ein neu leben füren können und sollen in allerley guten wercken, und nicht in alten bösen wercken, wie die Zehen gebot oder die zwo tafeln Mosi foddern. Das ist S. Paulus lere.[36]

In den weit ausholenden Ausführungen über das christlich heilige Leben, die mit einer Dekalog-Auslegung kombiniert sind, stößt der Leser auf die Frage: „Wobey wil oder kan doch ein armer jrriger Mensch mercken, wo solch Christlich heilig Volck in der welt ist?"[37] Nacheinander behandelt Luther sieben Erkennungszeichen, die er alle auf die erste Tafel des Dekalogs bezieht.[38] Da er in Verbindung mit der Dekalog-Auslegung „heilig" als Prädikat der Christenheit akzentuiert, verwendet er für einzelne Zeichen den Ausdruck „Heiltum" im Sinn von Heiligungs- und Heiligkeitszeichen.[39] In diesen Stücken ihrer Heiligung trägt die

---

[35] Von den Konziliis und Kirchen, 1539, WA 50, 625,3–5 und 624,15–18. Vgl. ebd. 625,13–15.

[36] Ebd. WA 50, 625,21–29. Zum Doppelausruck per vivificationem et sanctificationem, bei dem das Nicänum anklingt, vgl. ebd. 626,33 f, der heilige Geist heiße „Sanctificator oder vivificator".

[37] Ebd. WA 50, 628,19–21. Im Folgenden wird die Gegenwärtigkeit dieses Glaubensinhaltes hervorgehoben, ebd. 628,21–24: Es [:das christlich heilig Volk] sol ja in diesem leben und auff erden sein, denn es gleubt wol, das ein himelisch wesen und ewiges leben komen werde, Es hats aber noch nicht, darumb mus es noch in diesem leben und in dieser welt sein und bleiben bis zur welt ende.

[38] Ebd. WA 50, 628,29–642,32 werden mit jeweils erheblich divergierendem Umfang die sieben Punkte beschrieben: 1.) öffentliche Verkündigung von Gottes Wort (628,29–630,20) – 2.) Taufe (630,21–631,5) – 3.) Abendmahl (631,6–35) – 4.) Schlüsselvollmacht (631,36–632,34) – 5.) öffentliches Amt (632,25–641,19) – 6.) öffentliche Zusammenkunft zu Gebet, Gesang, katechetischer Unterweisung (641,20–34) – 7.) das „Heilthum des heiligen Creutzes" in Gestalt der Leiden in der Christusnachfolge (641,35–642,32).

[39] Das Wort „heiltum" bedeutet herkömmlich sowohl „Sakrament" als auch „Reliquie".

leibliche Christenheit an sich selbst zugleich die Erkennenszeichen für die geistliche Gemeinschaft unter ihrem Haupt Christus.

An erster Stelle nennt Luther mit Nachdruck das „heilige Gotteswort", und zwar dessen öffentliche Verkündigung.

Erstlich ist dis Christlich heilig Volck dabey zu erkennen, wo es hat das heilige Gotteswort, [...] Etliche habens gantz rein, Etliche nicht gantz rein, Die, so es rein haben [d. h. ohne Zusätze], heissen die, so gold, silber, eddelsteine auff den grund bauen, Die es unrein haben [d. h. mit Zusätzen], heissen die, so heu, stro, holtz auff den grund bauen, doch durchs feur selig werden [vgl. 1Kor 3,12–15]. [...] Dis ist das heubtstück und das hohe heubtheiligthum, davon das Christliche Volck heilig heisset, Denn Gotts wort ist heilig und heiliget alles, was es rüret [:berührt], Ja, es ist Gotts heiligkeit selbs, Röm 1, [V. 16]: ‚Es ist Gottes krafft, die selig machet alle, die dran gleuben', Und 2Tim 4 [V. 5]: ‚Es wird alles heilig durchs wort und gebet'.[40]

Als eine Gruppe von drei weiteren Zeichen folgen die beiden Sakramente der Taufe und des Herrenmahls sowie die öffentliche Anwendung der Schlüsselgewalt.

Zum andern kennet man Gottes Volck oder das Christlich heilig Volck an dem heiligen Sacrament der Tauffe, wo es recht, nach Christus ordnung geleret, gegleubt und gebraucht wird. Denn das ist auch ein öffentlich zeichen und köstlich Heilthum, dadurch Gottes Volck geheiliget wird. [...]
Zum dritten kennet man Gottes Volck oder ein Christlich heilig Volck an dem heiligen Sacrament des Altars, wo es recht nach Christus einsetzung gereicht, gegleubt und empfangen wird, Denn es ist auch ein öffentlich zeichen und theur heilthum, von Christo hinder sich gelassen, dadurch sein Volck geheiliget wird. [...]
Zum vierden kennet man das Gottesvolck oder heilige Christen an den Schlüsseln, die sie öffentlich brauchen, das ist, wie Christus Mt 18 [V. 15–18] setzt, Wo ein Christ sundigt, das der selbige solle gestraffet [:zurechtgewiesen] werden, Und so er sich nicht bessert, sol er gebunden und verstossen werden, Bessert er sich, so sol er losgesprochen werden. Das sind die schlüssel [vgl. Mt 16,19].[41]

Nach diesen vier Kennzeichen spricht Luther an fünfter Stelle von den öffentlichen Ämtern in der Christenheit, denen die vorher genannten vier Handlungen übertragen werden.

Zum fünfften kennet man die Kirche eusserlich da bey, das sie Kirchen diener weihet oder berufft oder empter hat, die sie bestellen sol, Denn man mus Bisschove, Pfarrher oder Prediger haben, die öffentlich und sonderlich, die obgenanten vier stück odder heilthum geben, reichen und uben, von wegen und im namen der Kirchen, viel mehr aber aus einsetzung Christi.[42]

Das sechste Kennzeichen besteht in der öffentlichen Zusammenkunft von Christen zu Gebet und Gesang, das heißt zum Gottesdienst; eingeschlossen ist

---

[40] Von den Konziliis und Kirchen, 1539, WA 50, 628,29–629,6. – Von den sieben Erkennungszeichen wird im Folgenden jeweils nur der klar formulierte Anfang zitiert.
[41] Ebd. WA 50, 630,21–23; 631,6–10; 631,36–632,3.
[42] Ebd. WA 50, 632,35–633,3.

einerseits die Verkündigung von Gottes Wort, andererseits die katechetische Unterweisung, die tatsächlich in der von Luther beeinflußten Reformation in speziellen Sonntagsgottesdiensten durchgeführt wurde.

Zum sechsten erkennet man eusserlich das heilige Christliche Volck am gebet, Gott loben und dancken öffentlich. Denn wo du sihest und hörest, das man das Vater unser betet und beten lernet, auch Psalmen oder Geistliche lieder singet, nach [:gemäß] dem wort Gottes und rechtem glauben, Item den Glauben, Zehen gebot und Catechismum treibt öffentlich, Da wisse gewis, das da ein heilig Christlich volck Gottes sey, Denn das gebet ist auch der theuren heiltumb [:Mittel der Heiligung] eins, dadurch alles heilig wird, wie S. Paulus sagt [1Tim 4,5]. So sind die Psalmen auch eitel [:echtes] gebet, darin man Gott lobet, dancket und ehret, Und der Glaub [:das Glaubensbekenntnis] und Zehen gebot, auch Gottes wort und alles eitel [:echte] heilthum, dadurch der Heilige geist das heilige volck Christi heiliget.[43]

Ist die Christenheit bei diesen sechs Zeichen mit ihrem öffentlichen Dienst erkennbar aktiv, so lenkt das siebente Zeichen den Blick darauf, daß das „Volk" der Christen um seines Christus-Glaubens willen der Verachtung und Verfolgung ausgesetzt ist, und zwar meistens in äußerlich wahrnehmbarer Weise.

Zum siebenden erkennet man eusserlich das heilige Christliche Volck bey dem Heilthum des heiligen Creutzes, das es mus alles unglück und verfolgung, allerley anfechtung und ubel (wie das Vater unser betet) vom Teufel, welt und fleisch [...] leiden, damit es seinem Heubt Christo gleich werde, Und mus die ursache auch allein diese sein, das es fest an Christo und Gottes wort helt, und also umb Christus willen leide, Mt 5 [V. 11]: ‚Selig sind die, so umb meinen willen verfolgung leiden'.[44]

Die Erkennungszeichen der christlichen Kirche sind auffallend eng verwandt mit den Punkten, von denen Luther 1528 gegenüber den Täufern erklärt, sie seien ein grundlegendes Gut der Christenheit, an dem die reformatorische Christenheit nicht rütteln solle. Die reformatorische Theologie wende sich nur dagegen, daß in der Papstkirche Zusätze hinzugekommen seien, durch die in der Lehre und Praxis der Kirche das Grundlegende des Christentums verdorben worden sei. Deshalb kann gesagt werden (vgl. Kap. 1.2), Luther wollte die ökumenische Grundlage der christlichen Religion wieder freilegen und deren echtes Grundverständnis zur Sprache bringen. Diese Intention der reformatorischen Theologie taucht im Kontext der Erkennungszeichen der christlichen Kirche erneut auf; zunächst versteckt, wenn Luther bei dem ersten der sieben Merkmale, dem Gotteswort, mit dem Bild von 1Kor 3,12–15 feststellt, daß das Gotteswort entweder rein oder unrein erhalten bleibt je nachdem, ob auf diesem Grund mit Gold, Silber, Edelsteinen oder mit Heu, Stroh, Holz gebaut wird.[45] Das besagt, daß die unverzichtbare Auslegung von Gottes Wort stets in einem Grundverständnis

---

[43] Ebd. WA 50, 641,20–29.
[44] Ebd. WA 50, 641,35–642,7.
[45] Ebd. WA 50, 628,29–629,1; s. o. bei Anm. 40.

9.2 Die Verbundenheit der beiden Gemeinschaftsgestalten der Christenheit

erfolgt, das befragt werden muß, ob es gegenüber dem Wort Gottes verantwortet werden kann.

Deutlicher wird die Frage nach dem Grundverständnis der christlichen Religion in der Schrift Wider Hans Worst, 1541, wo Luther in anderer Perspektive auf die Erkennungszeichen der Kirche zu sprechen kommt, obgleich der Begriff, wohl wegen der veränderten Fragestellung, nicht vorkommt. Den Vorwurf, die Protestanten seien von der alten Kirche abgefallen und wegen ihrer abweichenden Lehre als Häretiker zu verurteilen, wendet Luther zu der Antithese, in der Christenheit der Reformation sei die „rechte, alte Kirche" wieder ans Licht getreten, weil sie das echte apostolische Evangelium erneuert habe, während die römisch-katholische Kirche in Wirklichkeit eine „neue, falsche Kirche" darstelle, weil dort das ursprüngliche Christentum durch religiös verbindliche Traditionen verfremdet worden sei.[46] Die Frage „wo und wer die Kirche Christi sey"[47] müsse als Frage nach der „rechten alten Kirche" beantwortet werden. Diesen Titel beanspruche die Christenheit der Reformation – auf der ganzen Strecke spricht Luther im Wir-Stil – für sich. Das begründet er in elf Punkten.[48] An erster Stelle steht die Taufe, die von Christus gestiftet worden ist und seit der Zeit der Apostel in der ganzen Christenheit praktiziert wird. Weil im allgemeinen niemand ohne Taufe zu einem Christen wird, bedeutet sie eine elementare Gemeinsamkeit der reformatorischen und der herkömmlichen Christenheit.

> Erstlich, wird das niemand leugnen können, das wir so wohl als die Papisten herkomen aus der heiligen Tauffe, und Christen aus derselben genennet sind. Nu ist die Tauffe nicht ein newes, noch zu dieser zeit von uns erfunden, Sondern es ist eben die selbige alte Tauffe, die Christus eingesetzt, darin die Apostel und die erste Kirche, und alle Christen hernach bis daher getaufft sind. [...] So gehören wir gewislich in die selbe alte und gantze Christliche Kirche, die mit uns gleich, und wir mit jr gleich aus einerley Tauffe her komen [...] Die Tauffe aber ist das fürnemest und erste Sacrament, On welche die andern alle nichts sind [...] Darumb können uns die Papisten nicht mit warheit eine andere oder newe Kirche schelten oder Ketzern [:verketzern], weil wir der alten Tauffe kinder sind, so wol als die Apostel selbs und die gantze Christenheit, Eph 4 [V. 5]: ‚Einerley Tauffe'.[49]

Es ist im übrigen nicht nötig, die Liste der elf Punkte in Wider Hans Worst, 1541, mit den sieben Erkennungszeichen in Von den Konziliis und Kirchen, 1539, zu

---

[46] In Luthers Schrift Wider Hans Worst, 1541, bilden die Ausführungen zu diesem Thema – WA 51, 476,30–531,34 – einen Komplex, der wenig später als ein eigener Traktat gedruckt wurde; vgl. WA 51, 466f.

[47] Wider Hans Worst, 1541, WA 51, 478,24–26: Aber wir fragen, wo und wer die Kirche Christi sey, non de nomine, nicht vom namen, sondern vom wesen fragen wir.

[48] Ebd. WA 51, 479,20–487,20. – Die unterschiedlich umfangreichen Punkte sind: 1. Taufe (479,20–480,18) – 2. Herrenmahl (480,19–30) – 3. Schlüsselvollmacht (480,31–481,23) – 4. Predigtamt und Gottes Wort (481,24–482,16) – 5. apostolisches Glaubensbekenntnis (482,17–23) – 6. Gebet, Vaterunser (482,23–31) – 7. Anerkennung weltlicher Rechtsgewalt (482,32–483,25) – 8. Anerkennung des Ehestandes (483,26–484,16) – 9. Leiden (484,17–485,17) – 10. Verzicht auf Gewalt in eigener Sache (485,18–486,22) – 11. Armut der Kirche, v. a. der Pfarrer (486,23–487,17).

[49] Ebd. WA 51, 479,20–34.

vergleichen, da die Divergenz unerheblich ist und die vermehrte Zahl offensichtlich durch die veränderte Perspektive bedingt ist. An der Taufe läßt sich das fundamentale Problem besonders gut exemplarisch vorführen, nur muß man von dem vehement polemischen Ton in dieser Schrift hinwegsehen. In Luthers Sicht ist in der Kirche des Mittelalters die Taufe entwertet worden, weil man meinte, nach begangenen Sünden müsse der Christ dafür Gott eine ins Bußsakrament eingebundene Genugtuung leisten. Deshalb erklärte man zum einen das Bußsakrament zu einem Rettungsfloß nach dem Schiffbruch, den man durch die Sünde erlitten hat, zum anderen die Mönchsprofeß zu einer zweiten Taufe.

> Erstlich bleibt jr nicht bey der ersten alten Tauffe. Denn jr habt euch auffs newe viel andere Tauffe ertichet, und leret, die Erste tauffe sey durch Sünde hernach verloren, man müsse gnug thun durch eigen werck, [...] Und dis stücke, die Satisfactio, gnugthuung ist der anfang und ursprung, thür und eingang zu allen Grewlen im Bapstum, gleich wie in der Kirche die Tauffe der anfang und eingang ist zu allen Gnaden und vergebung der Sünden.[50]

Im weiteren Diskurs über die „rechte alte Kirche" und die „falsche neue Kirche" zeigt wiederum das Beispiel der Taufe, wie ein grundlegendes Merkmal der christlichen Religion im reformatorischen Christentum theologisch anders gedeutet wird und für das Leben des Christen einen anderen Sinn erhält. Gleichzeitig sieht Luther das reformatorische Christentum völlig im Einklang mit dem apostolischen Taufverständnis, so daß er der römisch-katholischen Kirche eine Abkehr von der „rechten alten Kirche" ankreiden kann. In Luthers Sicht ist es von Belang, mit welchem Taufverständnis der Christ lebt, ob er im Einverständnis der Papstkirche oder in einem unbefangenen Glauben sein Heil ganz von Christus erwartet, wie es dem Ursprungssinn der Taufe entspricht. Wem solch reiner Tauf-Glauben zuteil wird, gehört zur geistlichen Gemeinschaft von Kirche, die in Christus ihr Haupt und ihren Bräutigam hat. Seine Polemik gegen die Papstkirche mit ihrem offiziellen Taufverständnis steigert Luther aufs äußerste durch Anleihen bei der prophetischen Strafpredigt, z. B. des Hosea (Hos 1,2; 2,3 ff; 3,1), die eine Abkehr von Jahwe als religiöse Hurerei geißelte.

> Ir werdet alle gewislich getaufft in der rechten Tauffe der alten Kirchen, wie wir, sonderlich in der Kindheit, Und was also getaufft lebt und stirbt, bis in das siebend oder acht jar, [...] ist gewislich selig worden und wird selig, Daran zweivelen wir nicht. Aber wenn es gros wird, und ewr lügen predigt [...] höret, glaubt und folget, so wird's zur Teufels huren mit euch, und fellet ab von seiner Tauffe und Breutgam, wie mir mit andern geschehen, Bawet und trawet auf seine werck, wie jr Hurentreiber in ewrn Hurn heusern und Teufels kirchen predigt, So [:obwohl] es doch getaufft ist, zu trawen und zu bawen auff seinen einigen lieben Breutgam und HERRn Jhesum Christum, der sich selbs fur uns gegeben hat.[51]

---

[50] Ebd. WA 51, 487,24–488,21. Von der Entwertung der Taufe durch die Mönchsprofeß spricht Luther in diesem Zusammenhang deutlicher als von dem durch Hieronymus eingeführten Vergleich der Buße mit einem Rettungsfloß; Hieronymus, Epistulae 130, n. 9, ML 22, 1115, CSEL 56, 189,4–6, (vgl. z. B. De captivitate Babylonica ecclesiae, 1520, WA 6, 527,9–22; 529,22–24; De votis monasticis iudicium, 1521, WA 8, 595,28–35).

[51] Ebd. WA 51, 502,16–26.

9.2 Die Verbundenheit der beiden Gemeinschaftsgestalten der Christenheit 459

Weil der Glaube des Christen über seine Zugehörigkeit zur wahren geistlichen Christus-Gemeinschaft, der Kirche des dritten Credo-Artikels, entscheidet, ist das ekklesiologische Problem verkoppelt mit dem geistlichen Wesen der christlichen Religion, die in der leiblichen Kirche vermittelt wird. Ein Christentum des schlichten Glaubens an das Evangelium der Taufe kann es durch das Wirken des Heiligen Geistes in jeder christlichen Kirche geben, die als solche durch die Erkennungszeichen identifiziert werden kann; deshalb kann es dort überall passieren, daß ein Christ seinen eigenen Glauben in dem Sinn begreift, den Luther dem dritten Credo-Artikel im Kleinen Katechismus gibt.

Trotz des reformatorischen Bewußtseins, die rechte alte Kirche zu sein, bekennt Luther die Gemeinsamkeit mit der römisch-katholischen Kirche in den grundlegenden Stücken des Christentums. Die Kluft zwischen rechter alter Kirche und neuer falscher Kirche bricht auf, wenn notwendigerweise die gemeinsamen Stücke des Christentums für das religiöse Bewußtsein der Christen ausgelegt werden, wenn durch den öffentlichen Dienst der Kirche bei den Christen das heilsrelevante Grundverständnis ihres Christentums erzeugt wird, kurz: wenn die kirchliche Lehre den Christen sagt, in welcher Weise ihnen durch die Taufe und andere öffentliche Dienste der Kirche das Heil zuteil wird. Das Beispiel der Taufe macht deutlich, daß die kirchliche Lehre zum Tragen gekommen ist, als dem getauften Christen für ein bestimmtes Alter der Empfang der Firmung und von da an die sakramentale Beichte zur heilsnotwendigen Pflicht gemacht wurde. Diesen Kern des ekklesiologischen Gedankens muß man im Auge behalten, wenn Luther in seiner überschäumenden Polemik die beiden neutestamentlichen Texte 2Thess 2,4 und 1Joh 2,19 dazu benutzt, um darzulegen, daß zwar eine Gemeinsamkeit in den grundlegenden Stücken des Christentums, identisch mit dessen Erkennungszeichen, besteht, daß jedoch zugleich innerhalb dieses gemeinsamen Feldes der christlichen Religion sich ein Graben auftut zwischen dem reformatorischen Christentum und jenem Christentum, in dem unter der Autorität des Papstes die gemeinsame Grundlage durch Zusätze verfälscht worden sei. Seitdem er vom Papst als dem Antichrist spricht, betont er mit 2Thess 2,4 dessen Existenz innerhalb der durch ihre grundlegenden Stücke definierten Kirche; dieselbe Diskrepanz im Grundverständnis der gemeinsamen Grundlage des Christentums wird ausgedrückt in der reformatorischen Inanspruchnahme von 1Joh 2,19 für das Bewußtsein „Wir sind die alte rechte Kirche, ihr seid die neue falsche Kirche".

Denn wir bekennen nicht allein, das jr mit uns aus der rechten Kirchen komen seid, und mit uns in der Tauffe geschwemmet und gewasschen seid, durch das Blut unsers HERRN und Heilands Jhesu Christi [...], Sondern sagen, das jr auch in der Kirchen seid und bleibt. Ja wol, das jr drinnen sitzet und regirt, wie S. Paulus 2Thess 2 [V. 4] weissagt, das der verfluchte Endechrist im Tempel Gottes (nicht im Kuestall) sitzen wird etc. Aber von der Kirchen oder gelieder der Kirchen seid jr nicht mehr [vgl. 1Joh 2,19], Sondern in solcher heiligen Kirchen Gottes richtet jr auff solche ewr Newen abtrünnigen Kirchen [...], Abgötterey oder Newerey, dadurch jr die getaufften und erlöseten Seelen mit euch verfüret

[…] mit schrecklichem jamer und hertzen leid aller der, so solchs mit geistlichen augen sehen und erkennen.[52]

Die Existenz mehrerer äußerlich verschiedener Gestalten der christlichen Religion ist in Luthers Theologie vereinbar mit der ekklesiologischen Partikel im dritten Artikel des Glaubensbekenntnisses, weil es sich im Credo um die geistliche Gemeinschaft der Glaubenden handelt, die der Heilige Geist in seiner Freiheit dort vermittelt, wo die Erkennungszeichen des Christentums angetroffen werden.

B) Das Selbstbewußtsein der reformatorischen Christenheit stützt sich auf die Macht von Gottes Wort. Bei den sieben Erkennungszeichen in Von den Konziliis und Kirchen, 1539, gibt Luther dem äußerlich vernehmbaren Wort Gottes als dem ersten Zeichen so starkes Gewicht, daß es die anderen Zeichen eigentlich überflüssig macht. Denn Gottes Wort hat schöpferische Kraft und ruft das Gottesvolk ins Leben. Wiederum wird das Wort Gottes nur durch das Gottesvolk zur Sprache gebracht; so eng sind beide ineinander verschränkt. Alle regenerative, reformierende Kraft kann das Gottesvolk, die Kirche, nur vom Wort Gottes erwarten. Luther beruft sich auf Augustin, der geschrieben habe: „Die Kirche wird durch Gottes Wort hervorgebracht, genährt, großgezogen, gestärkt".

Wo du nu solch wort hörest odder sihest predigen, gleuben, bekennen und darnach thun, da habe keinen zweivel, das gewislich daselbs sein mus ein rechte Ecclesia sancta Catholica, ein Christlich heilig Volck, wenn jr gleich seer wenig sind, Denn Gottes wort gehet nicht ledig [:leer] abe, Jsaie 55 [V. 11]. […] Und wenn sonst kein zeichen were, denn dis allein, so were es dennoch gnugsam zu weisen [:Hinweis zu geben], das daselbs müste sein ein Christlich heilig volck, Denn Gottes wort kann nicht on Gottes Volck sein, widerumb [:umgekehrt] Gottes Volck kan nicht on Gottes wort sein, Wer wolts sonst predigen oder predigen hören, wo kein Volck Gottes da were? Und was kündte oder wollte Gottes Volck gleuben, wo Gottes wort nicht da were? […] Ist gnug, das wir wissen, wie das Heubtstück, heubtheiligthum feget [:reinigt], helt [:erhält], neeret, sterckt und schützt die Kirche, wie S. Augustinus auch saget: Ecclesia verbo Dei generatur, alitur, nutritur, roboratur.[53]

Bei seinem eminenten Interesse an Eigentümlichkeiten der biblischen, besonders der hebräischen Sprache ist Luther schon in frühen Jahren seiner theologischen Arbeit aufmerksam geworden auf die Metapher von Schwangerschaft und Geburt, mit der im Alten Testament das Verhältnis Gottes zu seinem Volk beschrieben wird.[54] Die Frucht exegetischer Reflexionen früherer Jahre hat in der Weihnachtspostille, 1522, an mehreren Stellen einen Niederschlag gefunden. Die

---

[52] Ebd. WA 51, 505,24–506,2. – Vgl. die Ausführungen ebd. 521,19–26 und 521,31–522,3, wo 521,32 f ausdrücklich 1Joh 2,19 zitiert wird.
[53] Von den Konziliis und Kirchen, 1539, WA 50, 629,28–630,2 und 630,16–18. – Das Augustin-Zitat läßt sich bisher nicht wörtlich belegen; eng verwandt ist es mit einem Satz Augustins, auf den WA 30 II, 688,1 RN hingewiesen wird, Contra litteras Petiliani 2, 5,11; ML 43, 260, CSEL 52, 25: Semen autem quo regeneramur verbum dei est, id est evangelium, unde apostolus dicit [1Kor 4,15]: ‚in Christo enim Iesu per evangelium ego vos genui'.
[54] Vgl. Hebräerbrief-Vorlesung, 1517/18, Scholion zu Hbr 1,3, WA 57 III, 101,3–14.

9.2 Die Verbundenheit der beiden Gemeinschaftsgestalten der Christenheit

Metapher, die in Jes 46,3 als Wort Gottes an sein Volk begegnet, greift Luther in ihrer vollen Bildhaftigkeit auf und deutet sie auf Gottes Wort in Gestalt des Evangeliums. Wer sich auf das Heilswort des Evangeliums verläßt, dem wird das Gotteswort zum Mutterleib, aus dem er neu geboren hervorgeht.

> Von der gepurtt hatt die schrifft viel rede an viel ortten. Denn gott nennet seyn eygen wortt und Evangelium matricem et vulvam [:Mutterleib und Gebärmutter], Jes 46 [V. 3]: ‚Höret mich [...] die yhr getragen werdet ynn meynem utter' [:Mutterleib, lat. uterus] odder unter meynem hertzen, wie die weyber sagen von yhrem kindtragen. Wer nu glewbt ynn solch Evangelium der wirt ynn gotttis utter empfangen und geporn.[55]

Das kräftige Bild für die geistliche Geburt „aus Gott durch das Evangelium" begegnet noch einmal in der Auslegung von Joh 1,13. Wieder wird daran erinnert, wie Leben entsteht, wenn eine Frau schwanger geworden ist, ihre Leibesfrucht sorgsam erwartungsvoll trägt und schließlich gebiert.

> Sihe, ßo ist er [:der Glaubende] new gepornn auß gott durch das Evangelium, ynn wilchem er bleybt, und lessit seyn liecht und dunckel [:das Licht der Vernunft mit ihrem Dünkel] faren. [...] Daher nennet unß S. Peter newe geporne kinder gottis, 1Pt 2 [V. 2]. Item, daher wirt das Evangelium gottis uter [:uterus] genennet, das er darynnen unß empfehet, tregt und gepiertt, wie eyn weyb eyn kind ynn yhrem uter empfeht, tregt und gepiertt. Jes 46 [V. 3]: ‚Höret mich, yhr ubriges arm hewffleyn; die ich trage ynn meynem uter' etc.[56]

Die Glaubenden werden als neugeborene Kinder Gottes angetroffen in der christlichen Kirche, in deren Doppelgestalt von leiblicher und geistlicher Gemeinschaft. Das zeigt sich an einer weiteren Stelle der Weihnachtspostille, wo Luther darüber nachdenkt, weshalb in der Perikope Lk 2,22–40 es nach dem Lobgesang des Simeon (Lk 2,29–32) von Vater und Mutter Jesu ohne deren Namensnennung heißt, sie hätten sich über das gewundert, was Simeon von ihrem Kinde gesagt hat. Die Erklärung findet Luther darin, daß hier in allgemeiner Weise von dem geistlichen Vater und der geistlichen Mutter des Jesus als des Christus die Rede ist. Die weitere Exegese läuft darauf hinaus, daß die christliche Kirche, das heißt die Gemeinschaft der Glaubenden, die geistliche Mutter und die Apostel wie auch andere Lehrer in der Christenheit den geistlichen Vater des Jesus Christus darstellen. Wo das Evangelium des Jesus Christus verkündigt wird, dort wird die Christenheit angetroffen, dort wird in der Christenheit Christus in den Menschen geboren, die als Glaubende durch das Evangelium neu geboren werden.

> Wer ist nu Christus geystlicher vatter unnd mutter? Er selb nennet seyne geystliche mutter Mk 4 [Mk 3,35], Lk 8 [V. 21]: ‚Wer da thut den willen meyniß vattern, der ist meyn bruder, meyn schwester und meyn mutter'. S. Paulus nennet sich selb eynen vatter, 1Kor 4 [V. 15]: [...] ‚ich hab euch yn Christo durchs Evangelium geporn' oder getzeuget. So ists nu klar,

---

[55] Weihnachtspostille, 1522, zu Tit 3,5, WA 10 I 1, 114,9–14. – Im Scholion zu Hbr 1,3 (s. vorhergehende Anm.) ist u. a. Jes 46,3 ein Beispiel für die zärtliche, mütterliche Fürsorge, die im hebräischen Äquivalent für das Verb „tragen" (portare) liege.
[56] Ebd. zu Joh 1,13, WA 10 I 1, 232,7–16.

das die Christliche kirche, das ist: alle glewbige menschen sind Christus geystliche mutter, und alle Apostel und lerer ym volck, ßo sie das Evangelium predigen, sind seyn geystlicher vatter. Und ßo offt eyn mensch von new glawbig wirt, ßo offt wirt Christus geporn von yhnen.[57]

Die leibliche Gemeinschaft der Christen bleibt auf die schöpferische Kraft des Evangeliums angewiesen und besitzt ihm gegenüber kein Verfügungsrecht. Der päpstliche Anspruch, mit eigener Autorität über die Auslegung der heiligen Schrift zu entscheiden, hat hingegen nach Luthers Meinung dazu geführt, daß man der vom Papst repräsentierten Kirche mehr glaube als dem Evangelium. Den Satz Augustins „Dem Evangelium würde ich nicht glauben, wenn mich nicht die Autorität der Kirche bewegen würde", habe man verdreht zu dem Satz: „Dem Evangelium würde ich nicht glauben, wenn ich nicht der Kirche glauben würde".[58] Während Luther das Augustin-Wort auf das Christ-Werden in der leiblichen Gemeinschaft der Kirche bezieht, habe die Kirche daraus eine Autorität über dem Evangelium abgeleitet. Dieses Kirchenverständnis seiner papalistisch denkenden Gegner verwirft Luther 1519 mit dem Satz „Die Kirche ist Geschöpf des Evangeliums". Gemeint ist nicht ein einmaliges Schöpfungsgeschehen, durch das die Kirche gestiftet worden ist, um dann als Institution göttlichen Rechtes zu existieren. Gemeint ist vielmehr ein ständiges Abhängig-Sein der Christenheit vom Gotteswort des Evangeliums. Als Geschöpf des Evangeliums ist die Kirche unvergleichlich geringer als das Evangelium. Das erläutert Luther mit zwei Sätzen des Neuen Testamentes, die von einem Geboren-Werden durch das Evangelium sprechen, die er kombiniert mit dem präsentischen Gotteswort von Jes 46,3, das er direkt auf das Evangelium bezieht.[59]

Luthers Kritik an dem Vollmachtsanspruch der Kirche, genauer: der bischöflichen Hierarchie, zielt noch auf einen anderen Punkt. Der höhere Rang des Evangeliums gegenüber der Kirche werde verletzt, wenn behauptet wird, die vier Evangelien – die mittelalterliche Kirche gibt ihnen innerhalb des Neuen

---

[57] Ebd. zu Lk 2,33, WA 10 I 1, 387,5-14. – Was in diesen Texten die bildhafte Sprache meint, sagt der Kleine Katechismus in der Erklärung des 3. Credo-Artikels mit wenigen Worten, 1531, WA 30 I, 367,4-368,3 (s. o. Kap. 2 bei Anm. 178).

[58] Resolutiones super propositionibus Lipsiae disputatis, 1519, ccl.12, WA 2, 429,33-430,6: Ad auctoritatem Augustini [Contra epistulam Manichaei c.5 n. 6, ML 42, 176, CSEL 25, 197] dico primum, esse eius vulgatam quorundam sententiam hanc: ‚Evangelio non crederem, nisi Ecclesiae crederem' id est, plus credo Ecclesiae quam Evangelio. Et quod haec eorum sit sententia, ex eo patet, quod Papae hinc tribuunt autoritatem interpretandae scripturae, soli etiam. [...] hinc sequitur, Papam et Notarios pallacii esse supra Evangelium ac per hoc supra deum, [...]. Qua sapientia Papam nobis hominem illum statuunt, de quo dicit Paulus [2Th 2,4a] ‚Qui extollitur supra omne, quod colitur aut quod dicitur deus'. – Den wahren Wortlaut des Augustin-Satzes zitiert Luther ebd. 430,17 f. – Ein Beispiel für dessen Entstellung bietet Biel, Sent.3 d.23 q.2 I10-15 (3, 415).

[59] Ebd. WA 2, 430,6-11: Ecclesia enim creatura est Evangelii, incomparabiliter minor ipso, sicut ait Iacobus [Jak 1,18]: ‚voluntarie genuit nos verbo veritatis suae', et Paulus [1Kor 4,15]: ‚Per Evangelium ego vos genui'. Unde idem verbum vocatur uterus et vulva dei Isa. 46 [V. 3]: ‚Qui gestamini in utero meo et portamini in vulva mea', quia scilicet ex deo nascimur et ‚portamur verbo virtutis suae' [vgl. Hbr 1,3].

Testamentes einen analogen Rang zu den fünf Büchern des Mose im Alten Testament – verdanken ihre Autorität den Bischöfen, die ihre Aufnahme in den neutestamentlichen Kanon entschieden haben. Das hält Luther für einen Fehlschluß. Wer der heiligen Schrift zustimme, habe deswegen ihr gegenüber keine höhere Autorität. Denn wenn z. B. Johannes der Täufer in Joh 1,29 und 1,36 Jesus als den Christus anerkennt und auf ihn hinweist, habe er deswegen keinen höheren Rang als Jesus. Ebenso dürfe keiner, der die heilige Schrift anerkennt und von ihrer Wahrheit überzeugt ist, im Verhältnis zu ihr eine gleichrangige oder übergeordnete Autorität beanspruchen; er bleibt ihr unterworfen, er bleibt ihr Schüler und kann ihre Wahrheit nur bezeugen.[60]

In der Anwendung seines auf dem Neuen Testament fußenden Sakramentsverständnisses (s. u. Kap. 9.4–6), demzufolge nur Taufe und Abendmahl als Sakramente gelten können, kommt Luther zu dem Urteil, die Kirche habe sich über das Gotteswort des Evangeliums hinweggesetzt, als sie zusätzlich einige kirchliche Handlungen zu Sakramenten erklärte. In der mittelalterlichen Theologie ist allerdings behauptet worden, die Kirche sei berechtigt gewesen, bestimmte kirchliche Handlungen in den Rang von Sakramenten zu erheben. Daß die Kirche dieses Recht habe, bestreitet Luther, als er bei seiner kritischen Sichtung der sieben Sakramente der lateinischen Tradition auf das Sakrament der Priesterweihe zu sprechen kommt.[61] Die Kirche dürfe sich vielmehr nur als Geschöpf von Gottes Wort verstehen; sie verdanke sich der in Christus zentrierten Heilszusage Gottes, deren Kraft die Kirche als Gemeinschaft glaubender Christen ins Leben ruft und am Leben erhält.

| Ecclesia enim nascitur verbo promissionis per fidem, eodemque alitur et servatur, hoc est, ipsa per promissiones dei constituitur, non promissio dei per ipsam. Verbum dei enim supra Ecclesiam est in | Die Kirche wird nämlich aus dem Wort der Verheißung durch den Glauben geboren, und sie wird durch dasselbe Wort genährt und erhalten. Mit anderen Worten: sie kommt durch die Verheißung Gottes zu Stande, nicht die Verheißung Gottes durch sie. Das Wort Gottes steht nämlich in ganz |

---

[60] Galaterbrief-Vorlesung, 1531, zu Gal 1,9, WA 40 I, 119,6–120,7 Ns (vgl. 119,23–120,22 Dr): Mendacium et Anathema [vgl. Gal 1,8f] est sentire, quod Papa dominus et arbiter super scripturam vel quod ecclesia habeat potestatem super scripturam. Et adhuc hodie faciunt in comitiis et hoc argumentum eorum: Nisi ecclesia approbasset 4 Evangelia etc. Ego approbo hanc scripturam, ergo [habeo potestatem] super scripturam; tenet consequentia a baculo ad angulum [:die Folgerung ist ein Fehlschluß; vgl. WA 39 I, 353,11]. Iohannes approbat Christum et confitetur [vgl. Joh 1,29.36] et digito monstrat, ergo est super Christum. Ecclesia approbat veram doctrinam, ergo etc. [Hingegen:] Paulus simpliciter seipsum, angelos de coelo, doctores in terra et quicquid est magistrorum, hoc totum rapit et subicit sacrae scripturae; huic [:sacrae scripturae] debent omnes obedire, subicere [Dr: subiacere]; non magistri, iudices, sed simplices testes, discipuli, confessores [Dr: esse debent]. Neque licet audire, dicere aliud quam hoc verbum.

[61] De captivitate Babylonica ecclesiae, 1520, De ordine, WA 6, 560,20–22: Hoc sacramentum Ecclesia Christi ignorat, inventumque est ab Ecclesia Papae; non enim solum nullam habet promissionem gratiae ullibi positam, sed ne verbo quidem eius meminit totum novum testamentum.

comparabiliter, in quo nihil statuere, ordinare, facere, sed tantum statui, ordinari, fieri habet tanquam creatura. Quis enim suum parentem gignit? Quis suum autorem prior constituit? Hoc sane habet Ecclesia, quod potest discernere verbum dei a verbis hominum.[62]	unvergleichlicher Weise über der Kirche, in welchem [:Wort] sie nichts aufzustellen, anzuordnen oder zu tun hat. Sondern sie muss sich darin aufstellen, anordnen und machen lassen als sein Geschöpf. Wer erzeugt denn seinen Erzeuger? Wer hätte je seinen Urheber verursacht? Nur das freilich kommt der Kirche zu, dass sie Gottes Wort von Menschenworten unterscheiden kann.

Das Verhältnis der Kirche zum Evangelium betrachtet Luther analog zu der Weise, wie in Joh 10,3–5 das Verhältnis der Schafe zu ihrem Hirten beschrieben ist: Die Schafe hören die Stimme ihres Hirten und indem sie ihr folgen, bezeugen sie, daß es in Wahrheit die Stimme ihres Hirten ist. Der Hirte verdankt seine Stimme und seine Autorität keineswegs seinen Schafen.[63] Mit dieser Argumentation gibt Luther zu erkennen, daß er unter „Kirche" die Gemeinschaft der Glaubenden versteht, die durch das Wort des Evangeliums existiert. Die Kirche ist in diesem Verständnis nicht durch eine Hierarchie strukturiert, die von Christus, dem göttlichen Gesetzgeber, mit einzigartiger Rechtsvollmacht ausgestattet worden ist und dadurch eine Autorität besitzt, der die Schriften des Kanon untergeordnet sind. Die Frage, was dem Evangelium Gewißheit verleihe, kann nicht mit dem Hinweis auf die Autorität der Kirche beantwortet werden. Das Evangelium trägt seine Gewißheit in sich selbst, weil es als Wort Gottes erfahren wird.[64]

C) Verknüpft werden die beiden Gestalten der Christenheit, weil es ein Zusammenwirken gibt zwischen dem äußerlich wahrgenommenen und dem glaubend ergriffenen Wort Gottes. Die geistliche Heilsgemeinschaft wird den Christen nur durch das leibliche Wort in der äußerlich wahrnehmbaren Christenheit vermittelt. Luthers vehementes Betonen des biblischen Gotteswortes provozierte bei einigen Anhängern der reformatorischen Bewegung eine Kritik, die ins Feld führte, die Bibel sei etwas Kreatürliches und könne wegen dieser Eigenart nicht geistliche Erfahrungen vermitteln. Damit meldete sich ein Spiritualismus zu

---

[62] Ebd. WA 6, 560,33–561,4; LDStA 3, 343,14–24.

[63] De potestate leges ferendi in ecclesia, 1530, WA 30 II, 687,23–28: Sic vocem Pastoris audiunt et probant oves, sed non faciunt, ut sit vox pastoris, nec ei autoritatem sed testimonium et confessionem, quod sit vera vox pastoris veri, Alienum autem non audiunt, sed fugiunt ab eo, Joh 10 [V. 3–5]. Ita Christi oves agnoscunt et probant vocem eius, sed non dant neque statuunt ei vocem, confitentur autem eam et damnant alienos. – Zur Ausgangsfrage vgl. ebd. 687,10–12.

[64] Ebd. WA 30 II, 687,29–34: Quis tunc certus est, ubi sit Euangelion? Respondetur: Et quis certus est, an sit Euangelion, etiamsi centies Ecclesia approbet autoritative Euangelion? Non enim ideo creditur, quia Ecclesia approbat, Sed quia verbum Dei esse sentitur, ut Thessalonicenses fecerunt. Act 17 [V. 11] et 1Thess 1 [V. 5]. Imo quis certus erit, an ulla sit Ecclesia in terra, nisi prius Evangelio credatur de Ecclesia docenti? Non enim primo ab Ecclesia Euangelion, sed ab Evangelio Ecclesiam primo habemus, [...] Certus erit de Evangelio unusquisque in semetipso testimonium habens spiritus sancti [vgl. Rom 8,16], hoc esse Euangelion, ut illi Act 2 [V. 4]. Postea proferendo ipsum credit, qui credit, non credit, qui non credit. Credens fit certus, incredulus manet incertus, Dominus autem congregat credentes in unum, ut fiat ecclesia.

Wort, der die Absage an die sakralgesetzlich verfaßte Kirche mit Luther teilte, jedoch selbst dem neuplatonischen Denken verhaftet blieb. In der Auseinandersetzung mit den Spiritualisten unter seinen Anhängern – programmatisch in der Schrift Wider die himmlischen Propheten, 1525 – spricht Luther von zwei miteinander verknüpften Weisen, in denen Gott durch das Wort des Evangeliums erfahren wird. Nur in Verbindung mit dem äußerlichen Wort, zu dem auch die beiden Sakramente gehören, läßt sich Gott in seinem innerlichen Wort vernehmen, indem er durch den Heiligen Geist dem Menschen den Glauben und andere Gaben geistlichen Lebens schenkt.[65]

So nu Gott seyn heyliges Euangelion hat auslassen gehen, handelt er er mit uns auff zweyerley weyse. Eyn mal eusserlich, das ander mal ynnerlich. Eusserlich handelt er mit uns durchs mündliche wort des Evangelij und durch leypliche zeychen, alls do ist Tauffe und Sacrament [d. h. Abendmahl]. Ynnerlich handelt er mit uns durch den heyligen geyst und glauben sampt andern gaben. Aber das alles, der massen und der ordenung, das die eusserlichen stucke sollen und müssen vorgehen. Und die ynnerlichen hernach und durch die eusserlichen komen, also das ers beschlossen hat, keinem menschen die ynnerlichen stuck zu geben on durch die eusserlichen stucke. Denn er will niemant den geyst noch glauben geben on das eusserlich wort und zeychen, so er dazu eyngesetzt hat, wie er Lk 16 [V. 29] spricht: ‚Las sie Mosen und die Propheten hören'. Da her auch S. Paulus thar [:wagt zu] nennen die Tauffe eyn bad der newen gepurt, darynnen Gott den heyligen geyst reychlich ausgeusst, Tit. 3 [V. 5], Und das mündlich Euangelion eyne Göttliche krafft, die do selig mache alle die dran glauben. Röm 1 [V. 16].[66]

Dem Heiligen Geist wird nichts genommen von seiner Freiheit, in der er dem menschlichen Willen nicht verfügbar ist.[67] Gleichwohl will Gott in seinem rettenden Wort nur dort durch den Heiligen Geist wirken, wo das „mündliche Wort des Evangeliums" wahrgenommen wird. Die Kategorie des „mündlichen Wortes des Evangeliums" hat hier wie auch sonst das volle Gewicht, das ihm nach reformatorischem Verständnis zukommt; „mündlich" darf nicht auf den wortwörtlichen Sinn reduziert werden als Gegensatz zu „schriftlich". Es ist das Evangelium der Heilszusage Gottes, das im Alten und vor allem im Neuen Testament

---

[65] Im Bekenntnis, 1528, beschreibt Luther in der kurzen Paraphrase des 3. Credo-Artikels ein doppeltes Wirken des Heiligen Geistes, WA 26, 506,3–12: Weil aber solche gnade [:Gottes Heilsgabe in Jesus Christus] niemand nütze were, wo sie so heymlich verborgen bliebe, und zu uns nicht komen kündte, So kompt der heilige geist und gibt sich auch uns gantz und gar, der leret uns solche wolthat Christi, uns erzeigt, erkennen, hilfft sie empfahen und behalten, nützlich brauchen und austeilen, mehren und foddern [:fördern], Und thut dasselbige beide [:in doppelter Weise], ynnerlich und eusserlich: Ynnerlich durch den glauben und ander geistlich gaben. Eusserlich aber durchs Euangelion, durch die tauffe und sacrament des altars, durch welche er als durch drey mittel odder weise zu uns kompt und das leiden Christi ynn uns ubet [:anwendet, vergegenwärtigt] und zu nutz bringet der seligkeit.

[66] Wider die himmlischen Propheten, 1525 (2. Tl.), WA 18, 136,9–23.

[67] Von der Freiheit des Heiligen Geistes in seiner Bindung an das Evangelium spricht Luther in einer knappen Wendung, ebd. WA 18, 139,23 f: Im selben wort kompt der geyst und gibt den glauben, wo und wilchem er will. – Die Wendung kehrt wieder in den Schwabacher Artikeln, 1529, Art. 7, sowie in den Marburger Artikeln, 1529, Art. 6 und 8; vgl. Kap. 5 Anm. 110. – Zum Sachverhalt vgl. De servo arbitrio, 1525, WA 18, 695,28–32.

bezeugt wird und durch den Heiligen Geist als gegenwärtiges Wort erfahren wird. Sobald das Evangelium als gegenwärtig befreiende Zusage geglaubt wird, ist zum äußerlichen, „mündlichen" Wort das entsprechende „innerliche" Wort hinzugekommen, das der Glaube als gegenwärtiges Wort für sich ergreift und nicht als etwas historisch Vergangenes zur Kenntnis nimmt. Die christliche Religion wird wahrgenommen in einem geschichtlichen Zusammenhang von äußerem Wort und kontingent erfahrenem inneren Wort, beide unterschieden und gleichwohl miteinander verknüpft. Im Kontext dieses Geschehens sind die beiden Gestalten der Kirche miteinander verknüpft.

Die apodiktische Rede von der Bindung des inneren, geistlichen Wortes an das äußerliche Wort des Evangeliums weist darauf hin, daß es Luther hier um das reformatorische Grundverständnis der christlichen Religion geht, weil mit der heiligen Schrift die geschichtliche Grundlage des Christentums unbedingt festgehalten werden muß, und zwar muß durch Auslegen der Bibel und katechetische Unterweisung für die Vergegenwärtigung des Evangeliums gesorgt werden. Bei dieser Vermittlung der christlichen Religion sieht Luther das reformatorische Christentum in der Front gegenüber zwei Arten von „Enthusiasmus". Nachdem er in den Schmalkaldischen Artikeln die verschiedenen Weisen behandelt hat, in denen die Kirche mit den äußerlichen Mitteln der Predigt und der Sakramente das Heil des Evangeliums mitteilt,[68] schärft er zusammenfassend ein, ja nicht das „mündliche, äußerliche Wort" geringzuschätzen wegen der doppelten Gefahr eines „Enthusiasmus". Für Luther und die Zeitgenossen unvergeßlich hatte Thomas Müntzer eine Art von Enthusiasmus proklamiert, und zwar in einer aggressiven, gegen Luther gerichteten Weise.[69] Als eine andere Art Enthusiasmus betrachtet Luther das Papsttum, weil es mit seinem Vollmachtsanspruch durch das Dekretieren von heilsverbindlichen Lehren und sakralem Recht sich die heilige Schrift verfügbar mache. Zur Charakteristik zitiert Luther aus dem Kirchenrecht einen Satz von Papst Bonifaz VIII.[70]

Und jnn diesen stücken [ebd. Artt. 4–8], so das mündlich, eusserlich wort betreffen, ist fest drauff zu bleiben, das Gott niemand seinen Geist oder gnade gibt on [:außer] durch oder mit dem vorgehend eusserlichen wort, Damit wir uns bewaren für den Enthusiasten, das ist geistern, so sich rhümen, on und vor dem wort den geist zu haben, und darnach die

---

[68] Schmalkaldische Artikel, 1538, Tl. 3 Art. 4. Vom Evangelio, WA 50, 240,28–241,5: [Das Evangelium] gibt nicht [auf] einerley weise rat und hülffe wider die sunde [vgl. ebd. 226,20 ff und 227,20 ff]; Denn Gott ist uberschwenglich reich jnn seiner Gnade. Erstlich durchs mündlich wort, darinn gepredigt wird vergebung der sunde jnn alle welt, welchs ist das eigentliche Ampt des Evangelij. Zum andern, durch die Tauffe. Zum dritten durchs heilig Sacrament des altars, Zum vierden durch die krafft der Schlussel, und auch per mutuum colloquium et consolationem fratrum, Mt 18 [V. 20] ‚Ubi duo fuerint congregati' etc.
[69] Vgl. Von den Konziliis und Kirchen, 1539, WA 50, 646,25–34.
[70] Mit dem von ihm wiederholt angeführten Papstdiktum zitiert Luther Bonifatius VIII., CorpIC, Liber Sextus I, 2 c.1 (RF 2,937): Romanus pontifex, qui iura omnia in scrinio pectoris sui censetur habere.

9.2 Die Verbundenheit der beiden Gemeinschaftsgestalten der Christenheit 467

Schrifft oder mündlich wort zu richten, deuten und dehnen jres gefallens, wie der Müntzer thet, und noch viel thun heutigs tages, die zwisschen dem Geist und Buchstaben scharfe richter sein wollen, und wissen nicht, was sie sagen oder setzen [:lehren, festlegen]; denn das Bapstum auch eitel Enthusiasmus ist, darin der Bapst rhümet, ,alle rechte sind im schrein seines hertzen', Und was er mit seiner Kirchen urteilt und heisst [:gebietet], das sol Geist und Recht sein, wen[n]s gleich uber und wider die schrifft oder mündlich wort ist.[71]

Wird auf der einen Seite die subjektive Geisterfahrung verabsolutiert, so wird auf der anderen Seite für den Amtsgeist des römischen Bischofs universale Autorität innerhalb der Kirche beansprucht. Luthers Verurteilung der beiden Arten von Enthusiasmus sei rückblickend in Beziehung gesetzt zu seiner Reflexion der Erkennungszeichen der Kirche, d. h. der äußerlichen grundlegenden Elemente der christlichen Religion. Sie bilden das geschichtliche Basiskriterium für die Christlichkeit der Kirchen. Je deutlicher die Erkennungszeichen begrenzt sind und je eindeutiger sich die Kirchen zu dieser Basis der christlichen Religion bekennen, desto leichter ist eine gesamtchristliche Kommunikation zwischen den Kirchen möglich. Luther hat die Erkennungszeichen in den beiden Schriften Von der Wiedertaufe, 1528, und Von den Konziliis und Kirchen, 1539, in einem klar begrenzten, geschichtlich begründeten Umfang abgesteckt. Mit dem Kriterium der Erkennungszeichen hat die reformatorische Christenheit einen offenen Blick für die partikularen Gestalten des Christentums gewonnen, so daß sie in ökumenischer Perspektive diese Kirchen auf Augenhöhe anerkennen kann. Das ermöglicht, den unentbehrlichen Diskurs über das Grundverständnis der christlichen Religion in Offenheit zu führen. Darüber hinaus wird der Diskurs erleichtert, wenn man die Unterscheidung zwischen „leiblicher" und „geistlicher" Gemeinschaft der Christen voraussetzt. Im Gefüge der drei „Stände" (vgl. Kap. 4.4) ist die „leibliche" Gemeinschaft der Christen eine Sozialgemeinschaft eigener Art mit der Aufgabe, die unverfügbare Heilsgemeinschaft als geistliche Wirklichkeit des Glaubens zu vermitteln. Deshalb hat das äußerliche Wort Gottes als erstes Erkennungszeichen eine grundlegende Bedeutung.

Wir reden aber von dem eusserlichen wort, durch menschen, als durch dich und mich mündlich gepredigt, Denn solchs hat Christus hinder sich gelassen [:hinterlassen] als ein eusserlich zeichen, dabey man solt erkennen seine Kirchen oder sein Christlich heilig Volck in der welt. Auch reden wir von solchem mündlichen wort, da es mit ernst gegleubt und öffentlich bekant wird fur der welt, wie er spricht [Mt 10,32 f.]: ,Wer mich bekennet fur den Leuten, den will ich bekennen fur meinem Vater' und seinen Engeln. Denn viel sind, die es wol wissen heimlich, aber wollens nicht bekennen, Viel habens, die aber nicht dran gleuben oder darnach thun, Denn wenig sind jr, die dran gleuben und darnach thun.[72]

---

[71] Schmalkaldische Artikel, Zusatz zu Art. 2–8 im Druck 1538, WA 50, 245,1–18. – Im Kontext demonstriert Luther am Beispiel der Kornelius-Geschichte, Apg 10, seine konkrete Vorstellung, wie im geschichtlichen Vorgang äußeres und inneres Wort miteinander verbunden sind, ebd. 246,5–18.
[72] Von den Konziliis und Kirchen, 1539, Tl. 3, WA 50, 629,16–24.

9.3 Die geistliche Vollmacht des allgemeinen Priestertums

A) In seinem Reformappell An den christlichen Adel deutscher Nation, 1520, hat Luther für das reformatorische Prinzip des allgemeinen Priestertums eine entscheidende Voraussetzung geliefert, indem er die „Mauer" zwischen dem Priesterstand und dem Kirchenvolk der Laien für hinfällig erklärte. Es ist der Text, der im Protestantismus zur Standardbegründung des allgemeinen Priestertums der Christen geworden ist.[73] Vier Punkte seien hervorgehoben.

(1.) Durch ihre Taufe sind alle Christen einem geistlichen Stande zugehörig. Sogleich bringt Luther durch einen verdeckten Rekurs auf Eph 4,5 das reformatorische Taufverständnis ins Spiel: Zusammen mit der Taufe konstituieren das Evangelium des Jesus Christus und der Glaube den geistlichen Stand aller Christen. Offenbar denkt Luther an eine Zugehörigkeit der Getauften sowohl zur „leiblichen" als auch zur „geistlichen" Gemeinschaft der Christen, weil die bisherige Absonderung eines geistlichen Standes vom Kirchenvolk wegfallen soll und gleichzeitig alle Christen als Glieder eines neu begriffenen geistlichen Standes angesprochen werden.

> Dan[n] [:Denn] alle Christen sein warhafftig geystlichs stands, unnd ist unter yhn kein unterscheyd, denn [:außer] des ampts halben allein, wie Paulus 1Kor 12 [V. 12 ff] sagt, das wir alle sampt eyn Corper seinn, doch ein yglich glid sein eygen werck hat, damit [:womit] es den anderen dienet; das macht [:bewirkt] allis, das wir eine tauff, ein Evangelium, eynen glauben haben [vgl. Eph 4,5] unnd sein gleyche Christen, den[n] die tauff, Evangelium und glauben, die machen allein geistlich und Christenvolk.[74]

(2.) Für die geistliche Gemeinschaft übernimmt Luther den Begriff des geistlichen Körpers oder Leibes Christi, der im Mittelalter auf dem Boden eines anderen Kirchenbegriffes als corpus Christi mysticum bezeichnet wurde. In Luthers Sicht ist Jesus Christus das „Haupt" dieser Gemeinschaft; von ihm empfangen alle Glaubenden als Glieder seines Leibes ihr geistliches Leben und ihre geistliche Vollmacht, für die Luther das Wort „Gewalt", lateinisch „potestas", gebraucht.[75] Er unterstreicht: Christus ist nicht das Haupt von zweierlei Gemeinschaften, nämlich einer geistlichen und einer weltlichen, sondern das einzige Haupt einer einzigen, eindeutig geistlichen Gemeinschaft. Sie verdient das Prädikat „geistlich", weil sie nicht sakralrechtlich verfaßt ist.

> Unnd das ist [von] sanct Paul Röm 12 [V. 4ff] und 1Kor 12 [V. 12ff] unnd Petrus 1Pt 3 [V. 9] [...] gesagt, das wir alle ein corper sein des heupts Jesu Christi, ein yglicher des andern glidmaß. Christus hat nicht zwey noch zweyerley art corper, einen weltlich, den andern geistlich. Ein heupt ist und einen corper hat er.[76]

---

[73] An den christlichen Adel, 1520, WA 6, 407,9–408,35.

[74] Ebd. WA 6, 407,13–19. – Verdeckte Anspielungen auf Eph 4,5 folgen ebd. 410,11 und 412,21.

[75] Ebd. WA 6, 408,2–4: Solche groß gnad und gewalt der tauff und des Christlichen stands haben sie uns durchs geystlich recht fast [:durchaus] nidergelegt und unbekant gemacht.

[76] Ebd. WA 6, 408,31–35. – Vermutlich übt Luther hier eine versteckte, doch für kundige

9.3 Die geistliche Vollmacht des allgemeinen Priestertums

(3.) Die neue Definition des geistlichen Standes erklärt – im Anschluß an 1Pt 2,9 und Apk 1,5 f; 5,9 f – alle Christen zu Priestern und Königen in einer Würde, die nichts Äußerliches an sich hat, jedoch erhaben ist über die traditionelle Würde von Priestern, Bischöfen und Päpsten.

> Dem nach ßo werden wir allesampt durch die tauff zu priestern geweyhet, wie sanct Peter 1Pt 2,9 sagt: ‚yhr seit ein kuniglich priesterthum und ein priesterlich kunigreych', und Apk [5,9 f; vgl. 1,5 f]: ‚Du hast uns gemacht durch dein blut zu priestern und kunigen'.[77]

(4.) Die mit der Taufe verliehene geistliche Vollmacht des allgemeinen Priestertums entwertet die herkömmliche Priesterweihe, die eine spezielle, unverlierbare priesterliche Vollmacht verliehen hat, auch nur von einem Bischof vorgenommen werden durfte und nicht mit dem einfachen Ritus der Handauflegung verwechselt werden darf. Die geistliche Vollmacht des allgemeinen Priestertums öffentlich auszuüben, steht nicht im Belieben des einzelnen Christen. Wer zum öffentlichen Amt in der Christenheit berechtigt ist, läßt Luther hier noch offen.

> Dan was auß der tauff krochen ist, das mag [:kann] sich rumen, das es schon [zu] priester, Bischoff und Bapst geweyhet sey, ob wol nit einem yglichen zymt [:ziemt, zukommt], solch ampt [aus] zu uben.[78]

Zwei weitere Schriften desselben Jahres lassen die theologische Tiefendimension des allgemeinen Priestertums der Christen erkennen. In dem Traktat, in dem Luther zum ersten Mal sein neues Abendmahlsverständnis entfaltet, hat er das kultische Meßopfer gewissermaßen entkernt. Das priesterliche Meßopfer ist nicht nötig, um das Opfer Christi zu vergegenwärtigen. Vielmehr kann dank des allgemeinen Priestertums jeder Christ in seinem Glauben sich Jesus Christus vergegenwärtigen, so daß er im Glauben mit dem erhöhten Jesus Christus verbunden ist und teilhat an dessen ewigem Priestertum, von dem sowohl Ps 110,4 als auch der Hebräerbrief sprechen.

> Aber […] sie meynen, allein der priester opffer die meß fur got, ßo [:während] doch […] solch weysse des opffers mag eyn iglich christen, wo er ist, und alle stund uben, wie Paulus sagt [Hbr 13,15] ‚Lasset uns durch yhn alltzeit opffern das opffes des lobiß' und Ps 109/110 [V. 4] ‚Du bist ein ewiger priester'. […] So wirts klar, das nit allein der priester die meß

Zeitgenossen erkennbare Kritik an der Bulle Unam sanctam (1302) des Papstes Bonifatius VIII. (1294–1303), DH 870–875. die unter Papst Leo X. vom 5. Laterankonzil in der Bulle Pastor aeternus gregem, 19.12.1516, bekräftigt worden war (DS 1445 Vorbemerkung). Die Bulle Unam sanctam hebt zwar mit Verweis auf Eph 4,5 die Einheit des geistlichen Leibes Christi hervor, betrachtet jedoch im Einklang mit der kirchlichen Tradition Petrus und dessen Nachfolger als Stellvertreter Christi; in dieser Eigenschaft teilen sie mit Christus, dem Haupt seines Leibes, die Verfügungsgewalt über die zwei „Schwerter", das geistliche und das weltliche. Das zeigt die Ambivalenz im mittelalterlichen Gebrauch des Begriffes „geistlich".

[77] Ebd. WA 6, 407,22–25.
[78] Ebd. WA 6, 408,11–13. – Vgl. ebd. 407,25–28: dan wo nit ein hoher weyen in uns were, den[n] der Bapst odder Bischoff gibt, ßo wurd nymmer mehr durch Bapsts unnd Bischoff weyhen ein priester gemacht, mocht [:könnte] auch noch [:weder] meß halten, noch predigen, noch absolvieren. – Der reformatorische Amtsbegriff wird weiter unten behandelt.

opfert, ßondern eynis yglichen solcher eygener glaub, der ist das rechtt priesterlich ampt, durch wilchs Christus wirt fur gott geopfert, wilchs ampt der priester mit den euserlichen geperden der meß bedeuttet, und sein [wir sind] alßo alsampt [:allesamt] gleych geystliche priester fur gott.⁷⁹

Der auferstandene und erhöhte Jesus Christus ist für den Glauben zu jeder Zeit der Erlöser, der sich als Opfer darbringt und den Menschen von seiner Schuld befreit, sofern der Mensch im Glauben diesen Dienst Christi für sich gelten läßt.

Denn alle die, ßo den glauben haben, das Christus fur sie ein pfarrer sey ym hymell fur gottis augen, und auff yhn legen, durch yhn furtragen yhre gepett, lob, nod und sich selbs, nit dran zweyffeln, er thu das selb und opffer sich selb fur sie, [...] unnd zweyffeln nit, es ist da alle sund vorgeben, gott gnediger vatter worden und ewiges leben bereyt, sihe, alle die, wo sie sein, das seyn rechte pfaffen, und halten warhafftig recht meß, erlangen auch damit, was sie wollen. Dan der glaub muß allis thun. Er ist allein das recht piesterlich ampt, und lesset auch niemant anders seyn; darumb seyn all Christen man pfaffen, alle weyber pffeffyn, es sey junck oder alt, herr oder knecht, fraw oder magd, geleret oder leye [vgl. Gal 3,28]. Hie ist kein untercheidt, es sey denn der glaub ungleych.⁸⁰

Bald danach hat Luther in dem Traktat Von der Freiheit eines Christenmenschen, 1520, aus dem allzeit gültigen Priestertum des Jesus Christus für alle Christen die priesterliche Vollmacht der Fürbitte und Lehre abgeleitet.⁸¹ Die Fürbitte meint, daß Christen im Gebet für andere Menschen vor Gott eintreten, weil Christus in priesterlicher Weise für uns Menschen vor Gott eintritt. Die Christen erfahren unmitttelbar in ihrem Herzen die Lehre Christi. Wie sie einander den Dienst der Lehre erweisen, wird nur angedeutet als ein wechselseitiges Unterweisen in der Sache Gottes.⁸²

Nec solum reges omnium liberrimi, sed sacerdotes quoque sumus in aeternum, quod longe regno excellentius, quod per sacerdotium digni sumus coram deo apparere, pro aliis orare, et nos invicem ea quae dei sunt docere. Haec enim sacerdotum officia sunt, quae prorsus nulli incredulo concedi possunt. Ita Christus nobis obtinuit, si in eum credimus, [...]	Ubir das seyn wir priester, das ist noch vil mehr, denn kuenig sein, darumb das das priesterthum uns wirdig macht for gott zu tretten und fur andere zu bitten. Denn fur gottis augen zu stehn und bitten, gepuert niemant denn den priestern. Alßo hatt uns Christus erworben,

---

⁷⁹ Sermon von dem neuen Testament, 1520, WA 6, 369,19–26; 370,7–11.

⁸⁰ Ebd. WA 6, 370,16–28.

⁸¹ De libertate christiana / Von der Freiheit eines Christenmenschen, 1520, WA 7, 56,26–34 / 27,10–16.

⁸² Ebd. WA 7, 56,31-33: Nec solum pro nobis orat et interpellat, sed et intus in spiritu nos docet, vivis doctrinis spiritus sui, quae duo sunt proprie offitia sacerdotis. / 27,13–15: Er bittet fur uns, Wie S. Paulus Röm 8 [V. 34] sagt. So leret er uns ynnwendig ym hertzen, wilchs sein tzwey eygentliche recht ampt eyniß priesters.

9.3 Die geistliche Vollmacht des allgemeinen Priestertums

et alter pro altero orare et omnia facere, quae videmus visibili et corporali officio sacerdotum geri et figurari.[83]

das wir muegen [:können] geystlich fur ein ander tretten und bitten, wie ein priester fur das volck leyplich tritt und bittet.

B) Nach seiner Exkommunikation hat Luther in den zwei parallel konzipierten Schriften De abroganda missa privata und Vom Mißbrauch der Messe, 1521, die traditionelle Aufgabe des Priestertums als nicht biblisch begründet verworfen und sich selbst definitiv davon verabschiedet. An ihre Stelle tritt der geistliche Dienst des allgemeinen Priestertums, den er durch drei Aufgaben charakterisiert, die, religionsgeschichtlich betrachtet, die drei klassischen Aufgaben von Priestern genannt werden können: Das Gebet, mit dem der Priester für die Gläubigen vor Gott einsteht; das Opfer, das er für die Kultgemeinde Gott darbringt; die Lehre, mit der er die Gläubigen im Gottesgehorsam unterweist. In dieser Reihenfolge bespricht Luther die drei Aufgaben[84] und begründet aus dem Neuen Testament, daß sie im allgemeinen Priestertum der Christen eine geistliche Erfüllung gefunden haben, weil durch Christus das kultgesetzliche Priestertum weggefallen ist. Mit dem Gebet verbunden ist die Lehre, mit der Christus – in Erfüllung alttestamentlicher Verheißungen – in der Zeit des messianischen Heils die Seinen für ihren Dienst unmittelbar unterweist. Mit anderen Worten: die Christen wissen in ihrem Glauben, wie sie in ihrer geistlichen Vollmacht mit ihrem Gebet für die Not anderer Menschen vor Gott einzustehen haben, ohne an Kultvorschriften gebunden zu sein.

Hoc sacerdotium spirituale est et omnibus Christianis commune. Omnes enim eodem, quo Christus, sacerdotio sacerdotes sumus, qui Christiani, id est, filii Christi, summi sacerdotis, sumus. Neque nobis ullo prorsus alio sacerdote et mediatore opus est praeter Christum [...]
Christianus quisque per seipsum orat in Christo habens per ipsum [:Christum], ut Rom 5 [V. 2] dicit, accessum ad deum, [...]
Sic et per seipsos a deo docentur promittente Jes 54 [V. 13] ‚Et dabo universos filios tuos doctos a domino', [...]. Hinc Christus Joh 6 [V. 45] appellat eos θεοδιδάκτους [theodidáktous]: ‚Est scriptum in prophetis [Jes 54,13]: Et erunt omnes docibiles dei'.[85]

Diß ist eyn geystlich priesterthum, allen Christen gemeyn, da durch wyr alle mit Christo priester sind, das ist, wyr sind kinder Christi, des hochsten priesters, wyr durffen auch keyns andern priesters odder mittlers denn Christum. [...]

Szo mag eyn iglicher Christen durch sich selbst ynn Christo betten unnd fur gott tretten, Röm 5 [V. 2], [...]
Szo wirt auch eyn iglicher Christen selbst von got unterweyst und gelert, Jes 54 [V. 13]: ‚Und ich will geben alle deyne kinder von gott gelert'. [...] Doher kompt, das Christus Joh 6 [V. 45] spricht: ‚Es ist ynn propheten geschrieben [Jes 54,13]: Und sie werden alle von gott geleret seyn'.

---

[83] Ebd. WA 7, 57,24–32 / 28,6–11.
[84] Im 1. Teil der beiden Schriften De abroganda missa privata / Vom Mißbrauch der Messe, 1521, setzt Luther das in Christus gegebene allgemeine Priestertum der Christen dem kultgesetzlichen Priestertum entgegen, WA 8, 414,28–426,25 / 485,29–500,8.
[85] Ebd. WA 8, 415,22–36 / 486,27–487,2.

Beim priesterlichen Dienst des Opferns legt Luther im Anschluß an Röm 12,1 dar, daß Christus mit seiner Selbsthingabe den Tieropfern des Alten Testamentes ein Ende gesetzt hat und nun die Christen im allgemeinen Priestertum dem Christus-Vorbild folgend sich selbst in geistlichem Dienst als Opfer darbringen. Um dem neuen Leben, das sie in ihrem Glauben empfangen, Raum zu geben, geben sie dahin, was in ihrer Existenz noch dem alten, gottentfremdeten Menschen angehört. Aus Gründen der Argumentation liegt hier der Ton voll auf dem Geschehen, mit dem sich der Christ in seiner Existenz dem Willen Gottes hingibt.

Hic [Rom 12,1] negare nemo potest, quin sacerdotale officium describat, quod est offerre seu sexhibere hostiam et rationabilem cultum, hoc est, ut non pecora irrationalia, sicut legis sacerdotes, sed se ipsos offerant. Quare hic locus sacerdotes facit. At communiter omnibus Christianis dicitur. Omnes enim sua corpora offerre debent deo in hostiam sanctam et rationale sacrificium. [...] quo verbo [Rom 12,1] simul universa legis sacrificia mystice interpretatur. Sic enim et Christus, summus sacerdos, prior sese sacrificavit, factus omnibus filiis suis sacerdotibus exemplum, ut sequantur vestigia eius, sacerdotio legis cum omni suo cultu perfectissime impleto per hoc novum sacerdotium et cultum eius.[86]	Hie [Röm 12,1] kann niemandt leucken, das er hie das priesterlich ampt beschreybe, wilchs nit anders ist, denn eyn vernunfftiges opffer, nit unvernunfftige küe odder kelber, wie ym gesetz, ßondern sich selber got opffern; diß soll aber allen Christen gemeyn seyn, darumb müssen alle Christen priester seyn. [...] Mit dem wortt hatt Paulus alle opffer des gesetz ercleret und auß gelegt. Alßo hat Christus, der höchste priester, erstlich sich selbst geopffert und durch seyn new priesterthum des gesetz priesterthum und all seyn ampt erfullet und [ist] eyn exempel worden allen seynen kindern und priestern, auff das sie seynen fußstapen nachfolgen.

Für die allen Christen verliehene Vollmacht der Lehre findet Luther eine passende Stütze im zweiten Halbvers von 1Pt 2,9, dessen erster Halbvers den neutestamentlichen Hauptbeleg für den Begriff des allgemeinen Priestertums liefert.

Item Petrus dicit omnibus Christianis [1Pt 2,9b]: ‚Ut virtutes annuntietis eius, qui de tenebris vos vocavit in admirabile lumen suum'. Quis Christianorum non est vocatus de tenebris? At huius est et ius et potestas, imo necessitas annunciandi virtutem sese vocantis.[87]	Und Petrus spricht tzu allen Christen [1Pt 2,9b]: ‚Auff das yhr des macht verkundiget, der euch auß dem finsterniß ynn seyn wunderbarlich liecht beruffen hatt'. Die weyl denn alle Christen auß dem finsterniß beruffen sind, ßo ist eyn iglicher verpflicht, auß tzu ruffen die macht des, der yhn beruffen hatt.

Als Diener des Geistes sind alle Christen dazu berufen, das Wort von Gottes reiner Gnade in seiner Vergebung der Sünde zu predigen, während dort, wo ein Priestertum des Buchstabens herrscht, die Lehre durch das Wort des Gesetzes

---

[86] Ebd. WA 8, 420,12–24 / 492,16–28. – Eine ergänzende Interpretation von 1Pt 2,5 unterstreicht mit einer Assoziation von Röm 8,13, was sich in der Existenz des Glaubenden ereignet, ebd. 420, 24–30 / 492,28–35. – Schließlich lenkt Luther mit einer ganzen Reihe von alttestamentlichen Zitaten den Blick noch auf das Opfer des Gotteslobes, das zum Lebensopfer des Christen gleichsam als dessen Wohlgeruch hinzugehöre, ebd. WA 8, 420,35–421,9 / 493,1–15.

[87] Ebd. WA 8, 422,35–38 / 495,19–23.

9.3 Die geistliche Vollmacht des allgemeinen Priestertums

bestimmt wird.[88] Weil alle zum Lehren befugt sind, ist gemäß 1Kor 14,40 eine geordnete Rücksichtnahme vonnöten.[89] Genauere Anweisung dafür gibt Paulus 1Kor 14,27–31, wo Luther auch die Vollmacht des Urteilens über rechte und falsche Lehre begründet findet.[90]

Die drei Aufgaben des allgemeinen Priestertums hat Luther in der Schrift De instituendis ministris ecclesiae, 1523,[91] auf sieben erweitert. Alle Aufgaben behandelt Luther mit scharfer Polemik gegen das sakralrechtlich verfaßte Priestertum der mittelalterlichen Kirche, dem er nun die geistliche Vollmacht aller Christen entgegensetzt. In der Siebenzahl der geistlichen Aufgaben[92] ist die Trias von Lehre, Gebet, Opfer zu erkennen. Gemäß dem Gefälle der reformatorischen Theologie liegt das Schwergewicht auf der Lehre, dem „Verkündigen der Wohltaten Gottes" (1Pt 2,9b), die der christliche Glaube in Christus erfährt; auf diese Weise kommt mit 1Pt 2,9 die ganze Kernstelle des allgemeinen Priestertums zum Tragen.[93] Ohne Schwierigkeiten kann Luther damit die beiden Sakramente der Taufe und des Abendmahls verknüpfen sowie die sog. Binde- und Lösegewalt. Diesem Viererkomplex schließen sich an die beiden geistlichen Aufgaben des Gebetes und des Opfers. An siebenter Stelle folgt die Aufgabe, über alle Lehre zu urteilen.

Primum vero et summum omnium, in quo omnia pendent alia, est docere verbum dei. Nam verbo docemus, verbo consecramus, verbo ligamus et solvimus, verbo baptizamus, verbo sacrificamus, per verbum de omnibus iudicamus, […]	Das Erste aber und das Größte von allen, von dem alles andere abhängt, ist, das Wort Gottes zu lehren. Denn durch das Wort lehren wir, segnen wir, binden und lösen wir, taufen wir, opfern wir, durch das Wort urteilen wir über alles. […]
Porro verbum idem est omnibus, sicut Isaias dicit [Jes 54,13]: ‚Dabo universos filios tuos doctos a domino'. Docti autem a domino sunt, qui ‚audiunt et discunt a patre', ut Christus interpetatur Joh 6 [V. 45]. Auditus autem est per verbum Christi, Rom 10 [V. 17].[94]	Nun ist aber das Wort dasselbe für alle, wie Jesaja sagt [Jes 54,13]: ‚Ich werde allen deinen Kindern geben, dass sie vom Herrn gelehrt sind'. Vom Herrn gelehrt sind aber die, die ‚vom Vater hören und lernen', wie Christus das in Johannes 6 [V. 45] auslegt. Das Hören aber geschieht durch das Wort Christi, Röm 10 [V. 17].

---

[88] In diesem Sinn zieht Luther 2Kor 3,6 heran, ebd. WA 8, 422,30–34 / 495,13–19.
[89] Ebd. WA 8, 423,1–8 / 495,24–33.
[90] Ebd. WA 8, 423,24f / 496,14f.
[91] De instituendis ministris ecclesiae, 1523, WA 12, 169–196; deutsche Übersetzung LDStA 3, 575–647.
[92] Ebd. WA 12, 180,1–4 lautet eine erste Aufzählung: Sunt autem sacerdotalia officia ferme haec: docere, praedicare annuntiareque verbum dei, baptizare, consecrare seu Eucharistiam ministrare, ligare et solvere peccata, orare pro aliis, sacrificare et iudicare de omnium doctrinis et spiritibus.
[93] Der 1. Petrus-Brief ausgelegt, 1523, behandelt 1Pt 2,9a WA 12, 316,4–318,22; anschließend 1Pt 2,9b, ebd. 318,23–320,12.
[94] De instituendis ministris ecclesiae, 1523, WA 12, 180,5–12 / LDStA 3, 603,23–32. – In lockerer Reihenfolge werden die geistlichen Dienste genannt, ebd. 187,37f.

Wenngleich der Viererkomplex eine Assoziation weckt mit den vier Diensten des öffentlichen Amtes (s. u. Kap. 9.4), muß doch betont werden, daß Luther hier die Vollmacht im geistlichen Priestertum aller Christen und nicht deren öffentliche Ausübung zum Thema hat. Die nicht öffentlich ausgeübte Vollmacht besagt auf Grund von 1Pt 2,9, daß die Christen, keiner ausgenommen, die „Wohltaten" Gottes, die sie mit der Befreiung vom Unheil zum Heil erfahren, nicht verschweigen, sondern erkennen lassen und mitteilen. Mit der Vollmacht erhalten die Christen einen entsprechenden Auftrag.

Primum igitur officium, nempe verbi ministerium, esse omnibus Christianis commune [...] probat illud 1Pt 2 [V. 9] ‚Vos estis regale sacerdotium, ut virtutes annuntietis eius, qui vos vocavit de tenebris in admirabile lumen suum'. [...] At Petrus illis non modo dat ius, sed praeceptum quoque, ut annuntient virtutes dei, quod certe est aliud nihil, quam verbum dei praedicare.[95]	Dass also das erste Amt, nämlich der Dienst am Wort, allen Christen gemeinsam ist, beweist [...] die Stelle aus 1Pt 2 [V. 9]: ‚Ihr seid das königliche Priestertum, dass ihr verkündigen sollt die Wohltaten dessen, der euch berufen hat von der Finsternis zu seinem wunderbaren Licht'. [...] Petrus gibt ihnen nicht nur das Recht, sondern auch das Gebot, die Wohltaten Gottes zu verkündigen, was sicher nichts anderes heißt, als das Wort Gottes zu predigen.

Der Dienst am Wort bedeutet für das allgemeine Priestertum ein mündiges Christ-Sein in einem Glauben, der sich seines Wesens bewußt ist, der dafür Gott danken und davon zu anderen Menschen sprechen kann. Gewiß nicht zufällig bringt Luther mit 1Pt 2,9b den Gedenkauftrag des Abendmahls direkt in Verbindung, um mit diesem Herrenwort den allen Christen aufgetragenen Verkündigungsdienst zu belegen. Die mittelalterliche Kirche interpretierte den Gedenkauftrag als die Übertragung der priesterlichen Vollmacht zum Vollzug des Altaropfers, so daß dadurch der Priesterstand vom Laienstand geschieden wurde.[96] Indem Luther den Gedenkauftrag ganz im Sinn von 1Pt 2,9 versteht, hält er alle Christen dazu an, das Heil, das ihnen Gott beim Abendmahl zuwendet, sich so bewußt zu machen, daß sie es in ihrer Weise verkündigen können, obwohl sie nicht mit dem öffentlichen Verkündigungsamt beauftragt sind.

Idem probat Christus per Matthaeum, Marcum, Lucam, ubi in cena novissima omnibus dicit [Lk 22,19; 1Kor 11,24]: ‚Hoc facite in meam commemorationem'. [...] At ea commemoratio aliud nihil est quam praedicare verbum, quemadmo-	Dasselbe heißt Christus bei Matthäus, Markus und Lukas gut, wenn er beim letzten Mahl zu allen sagt [Lk 22,19; 1Kor 11,24]: ‚Solches tut zu meinem Gedächtnis'. [...] Dieses Gedächtnis aber bedeutet nichts anderes, als das Wort zu predigen, wie Paulus es in 1Kor 11 [V. 26]

---

[95] Ebd. WA 12, 180,16–23; LDStA 3, 603,39–605,6.
[96] Mehrere polemische Sätze Luthers gegen diese Deutung des Gedenkmandates sind oben in den Zitaten ausgeklammert. Daß mit dem Gedenkmandat die Jünger zu Priestern eingesetzt worden sind mit der Vollmacht zum Vollzug der Wandlung von Brot und Wein zu Leib und Blut Christi im Altarsakrament, erwähnt in lapidarer Kürze Ludolf von Sachsen, Vita Jesu Christi, p. 2 c.56 n. 8: Dicens itaque: ‚Hoc facite in meam commemorationem', ordinavit eos in sacerdotes, et dedit eis potestatem conficiendi sacramentum Corporis et Sanguinis sui.

9.3 Die geistliche Vollmacht des allgemeinen Priestertums

dum Paulus exponit 1Kor 11 [V. 26]: ‚Quotiescunque enim manducabitis panem hunc et bibetis calicem, mortem domini annuntiabitis, donec veniat'. Mortem vero domini annuntiare est virtutes dei annuntiare, qui nos de tenebris vocavit in admirabile lumen [vgl. 1Pt 2,9b], [...] cum illis [verbis] Christus verbi ministerium hic imponat omnibus idem et aeque. Memoriam domini facere omnibus ius et praeceptum est, ut laudetur et glorificetur deus in virtutibus suis.⁹⁷

ausführt: ‚Denn sooft ihr von diesem Brot esst und aus dem Kelch trinkt, verkündigt ihr den Tod des Herrn, bis er kommt'. Den Tod des Herrn verkündigen heißt aber, die Kraft Gottes zu verkündigen, der uns aus der Finsternis in das wunderbare Licht berufen hat [vgl. 1Pt 2,9b] [...] weil Christus hier ein und denselben Dienst am Wort allen gleichermaßen aufträgt. Das Gedächtnis des Herrn zu pflegen, das ist Recht und Gebot für alle, damit Gott in seinen Taten gelobt und verherrlicht wird.

Unauffällig, jedoch beachtenswert, wird hier das Gedenkmandat von Lk 22,19 bzw. 1Kor 11,24 mit dem Vers 1Kor 11,26 verkoppelt, mit dem Paulus gleich nach dem Einsetzungsbericht den Christen von Korinth ihre Teilnahme am Herrenmahl als ein Verkündigen des Todes Christi deutet, eine Formulierung, die Luther sofort mit 1Pt 2,9 zusammenfügt.

Luther kann ohne Schwierigkeiten unter den sieben Diensten des allgemeinen Priestertums an zweiter Stelle die Taufe anführen. Er kann sich dafür auf die herkömmliche Praxis der Nottaufe berufen, die von einer Frau vollzogen wird, die nicht die sakralrechtliche Priesterwürde besitzt. In Luthers Sicht kommt bei diesem Sakrament die geistliche Vollmacht zum Vollzug, wenn auch bei der Nottaufe, die einen vollgültigen kirchlichen Dienst darstellt, das „lebenspendende Wort Gottes" über dem Täufling gesprochen wird. Nach seinem Taufverständnis (vgl. Kap. 9.5) geschieht das mit dem Aussprechen der Taufformel, die sich auf den Taufbefehl Christi als ein wirkungsmächtiges Gotteswort gründet.

Nam inter baptizandum profertur verbum dei vivificum, quod animas regenerat et a morte ac peccatis redimit, quod est incomparabiliter maius, quam panem et vinum consecrare, est enim summum illud officium in Ecclesia, nempe annuntiare verbum dei, Itaque et mulieres dum baptizant, legitimo funguntur sacerdotio, idque non privato opere, sed publico et Ecclesiastico ministerio, quod ad solum sacerdotem pertinet.⁹⁸

Denn beim Taufen wird das lebenspendende Wort Gottes ausgesprochen, welches die Seelen erneuert und von Tod und Sünden erlöst, was unvergleichlich größer ist als Brot und Wein zu segnen, weil ja das höchste Amt in der Kirche ist, das Wort Gottes zu verkündigen. Deshalb üben auch die Frauen, wenn sie taufen, das rechtmäßige Priesteramt aus – und das nicht in privater Tätigkeit, sondern in einem öffentlichen und kirchlichen Amt, wie es allein einem Priester zukommt.

---

⁹⁷ De instituendis ministris ecclesiae, 1523, WA 12, 180,33–181,7; LDStA 3, 605,20–35. – Vorher heißt es zu 1Pt 2,9b, ebd. 180,29–32: Caeterum, ut non est alia annuntiatio in ministerio verbi, quam communis illa omnibus, virtutis dei, ita non est aliud sacerdotium, quam spirituale illud et omnibus communi, quod Petrus hic definivit.

⁹⁸ Ebd. WA 12, 181,27–32; LDStA 3, 607,20–27. – Vgl. ebd. 182,36–183,1: Mulier baptizat et verbum vitae ministrat, quo peccatum deletur, quo mors aeterna tollitur, quo princeps mundi eicitur [vgl. Joh 12,31], quo coelum donatur, denique quo sese totam divina maiestas in animam effundit.

An dritter Stelle spricht Luther von der geistlichen Vollmacht aller Christen beim Abendmahl; wieder bildet den Kern seiner Ausführung das Gedenkmandat in den Abendmahlsworten Christi. Es wird deutlich: Die Voraussetzung der christlichen Abendmahlshandlung liegt nicht in einer speziellen priesterlichen Vollmacht, sondern in der allen Christen gemeinsamen priesterlichen Vollmacht. Sie umfaßt im Sinne Luthers das ganze Geschehen des Abendmahls in der Einheit der Christusworte, die gesprochen und wahrgenommen sein wollen, und der Gaben von Brot und Wein, die gereicht und in ihrer Weise empfangen sein wollen.

Tertium officium est consecrare seu ministrare sacrum panem et vinum. [...] dicimus et hoc officium esse omnibus commune, perinde atque sacerdotium, idque non nostra, sed Christi asserimus autoritate, dicentis in cena novissima [Lk 22,19; 1Kor 11,24]: ‚Hoc facite in meam commemorationem' [...]. At hoc verbum dixit Christus omnibus suis praesentibus et futuris, qui panem illum ederent et poculum biberent. Quicquid ergo ibi collatum est, omnibus collatum est. [...] Accedit testis Paulus 1Kor 11 [V. 23]: ‚Ego enim accepi a domino, quod et tradidi vobis' etc. Et hic Paulus ad omnes loquitur Corinthios, omnes faciens tales, qualis ipse fit, id est, consecratores.[99]	Das dritte Amt besteht darin, das heilige Brot und den heiligen Wein zu konsekrieren bzw. zu handhaben. [...] wir [...] sagen, dass auch dieses Amt ein allen gemeinsames ist gleichwie das Priestertum. Und wir behaupten das als wahr nicht kraft unserer, sondern kraft Christi Autorität, der bei seinem letzten Mahl gesagt hat: ‚Solches tut zu meinem Gedächtnis'. [...] Aber dieses Wort sprach Christus zu allen Seinigen, den gegenwärtig anwesenden und auch den zukünftigen, die dieses Brot essen und aus diesem Kelch trinken würden. Was also dort verliehen wurde, das wurde allen verliehen. [...] Dazu kommt Paulus als Zeuge, der in 1Kor 11 [V. 23] schreibt: ‚Denn ich habe von dem Herrn empfangen, was ich euch weitergegeben habe'. Hier spricht Paulus zu allen Korinthern, er lässt sie alle das sein, was er selbst war, nämlich Menschen, die Brot und Wein segnen.

Auch die Schlüsselgewalt, die an vierter Stelle folgt, erfordert lediglich die Vollmacht, die alle Christen zum Zuspruch von Gottes Vergebungswort ermächtigt. Denn der reformatorische Gebrauch der Schlüsselgewalt beruht auf der Vollmacht aller Christen, Gottes Wort auszurichten. Der Zuspruch von Gottes Sündenvergebung ist frei von sakralgesetzlichen Fesseln.[100]

Quin et supra diximus, Verbi ministerium esse omnibus commune. At ligare et solvere prorsus aliud nihil est quam Evangelium praedicare et applicare. Quid enim est solvere, nisi remissionem peccatorum coram deo annuntiare? Quid est ligare, nisi Euangelion aufferre	Ja, ich habe auch oben gesagt, der Dienst des Wortes sei allen gemeinsam. Aber Binden und Lösen ist schlechterdings nichts anderes als das Evangelium predigen und anwenden. Was nämlich heißt Lösen, wenn nicht die Vergebung vor Gott zu verkündigen? Was heißt Binden, wenn nicht das Evangelium wegzu-

---

[99] Ebd. WA 12, 182,19–33; LDStA 3, 609,20–40.
[100] Luther gibt einen Hinweis auf seine früheren Schriften zum Thema der Schlüsselgewalt, ebd. WA 12, 183,30–32: Nos autem omnes, qui Christiani sumus, habemus commune hoc officium clavium. Id quod libellis contra papam toties probavi et monstravi.

et peccatorum retentionem annunciare?[101]

nehmen und zu erklären, dass die Sünden behalten sind?

Das priesterliche Opfer – hier als fünfter Dienst, ansonsten einer in der Trias priesterlicher Dienste – begreift Luther wie schon 1521[102] als die Selbsthingabe der Christen in ihrer leiblichen Existenz nach dem Vorbild Christi. Darin verwirklicht sich ihr Lob- und Dankopfer, entspringt es doch der befreienden Heilsgewißheit, die sie dem Evangelium verdanken. Es erfaßt ihre leibliche Existenz in doppelter Hinsicht, einerseits im Widerstand gegen das eigene Selbstverhaftetsein (vgl. Röm 6,1–14) und andererseits in gelebter Nächstenliebe. In polemischer Antithetik gegen priesterliche Kultopfer wird mit 1Pt 2,5 das Opfer des allgemeinen christlichen Priestertums „geistlich" genannt, weil es nur in der Freiheit von aller Gesetzlichkeit wahres Opfer ist.

Quintum officium est sacrificare [...] Testes invocamus scripturas novi testamenti, [...] nullum esse in novo testamento sacrificium, nisi unicum illud omnibus commune, Rom 12 [V. 1], ubi Paulus nos docet sacrificare corpora nostra per crucifixionem, Sicut Christus suum pro nobis in ligno sacrificavit [vgl. Rom 6,1–14]. In hoc sacrificio complectitur sacrificium laudis et gratiarum actionis. Idem iubet Petrus, 1Pt 2 [V. 5], ut offeramus hostias spirituales per Christum acceptas deo, id est, nos ipsos, non aurum aut pecudes.[103]

Das fünfte Amt ist das Opfern. [...] Als Zeugen rufen wir auf die Schriften des Neuen Testamentes, [...] dass es im Neuen Testament kein Opfer gibt außer dem einen, das allen gemeinsam ist nach Röm 12 [V. 1], wo Paulus uns lehrt, dass wir unsere Leiber der Kreuzigung [der Begierden; vgl. Röm 6,12] zum Opfer bringen sollen, so wie Christus seinen Leib für uns am Kreuz geopfert hat. Unter diesem Opfer versteht Paulus das Opfer des Lobes und der Danksagung. Dasselbe befiehlt Petrus in 1Pt 2 [V. 5]: Wir sollen geistliche Opfer bringen, die Gott durch Christus angenehm sind, das heißt, wir sollen uns selbst opfern, nicht Gold oder Vieh.

Beim priesterlichen Gebet – hier als sechster Dienst, ansonsten einer in der Trias priesterlicher Dienste – hält Luther daran fest, daß in der Fürbitte der Christ vor Gott für andere einsteht, indem er sich in einem Mittlerdienst für sie verwendet. Dieser Gesichtspunkt wird davon umklammert, daß Christus mit dem Vaterunser, dem Herrengebet, alle Christen zu einem priesterlichen Gebetsdienst ermächtigt hat, so daß sie nicht auf einen kultischen Gebetsdienst mit höherer Vollmacht angewiesen sind.

---

[101] Ebd. WA 12, 184,31–35; LDStA 3, 615,24–29. – Vgl. die vorhergehenden Zeilen, ebd. 184,21–24: Claves sunt totius Ecclesiae et cuiuslibet membri eius, tam iure quam usu et omnibus modis, ut verbis Christi nullam vim faciamus, quibus absolute et generaliter omnibus dicit [Mt 18,15–18] ‚Sit tibi', et: ‚Lucratus es fratrem tuum', Et: ‚Quodcunque vos' etc.

[102] S.o. bei Anm. 86.

[103] Ebd. WA 12, 185,16–26; LDStA 3, 617,12–26. – Vgl. ebd. 186,1–3: Iam cum in Ecclesia sint tantum spirituales hostiae, sicut Petrus dicit [1Pt 2,5], hoc est, quae in spiritu et veritate fiunt [vgl. Joh 4,24], impossibile est eas offerri, nisi ab eo, qui spiritualis est, id est a Christiano, qui spiritum Christi habet.

Sextum officium est orare pro aliis. [...] Christus enim omnibus suis Christianis orationem illam dominicam tradidit. Qua sola satis abunde probare et confirmare possumus, sacerdotium esse unum et commune omnibus, [...] Cum enim orare pro aliis sit mediare et interpellare deum, quemadmodum decet solum Christum et omnes fratres eius (quandoquidem et papistae hoc maxime volunt esse sacerdotes, quod pro laicis Christianis orant [...]) hoc autem orare omnibus sit mandatum, certe omnibus simul mandatum est sacerdotio fungi.[104]	Das sechste Amt ist Beten für die anderen. [...] Christus nämlich hat allen seinen Christen das Gebet des Herrn gegeben. Aus diesem allein können wir schon zur Genüge beweisen und erhärten, dass das Priesteramt eines ist und für alle gemeinsam, [...] Da nämlich das Beten für andere ein Vermitteln und Eintreten vor Gott ist, wie es allein Christus und all seinen Brüdern [und Schwestern] zusteht (auch die Papisten wollen übrigens vor allem zu dem Zweck Priester sein, um für die christlichen Laien zu beten [...]), solches Beten aber allen aufgetragen ist, so ist gewiss allen zugleich aufgetragen, des Priesteramtes zu walten.

Im Christus-Glauben geschieht das Gebet der Christen in einem einzigartigen Gottvertrauen (vgl. Kap. 7.4).

Ceterum Christiani soli et omnes, ut soli clamant in spiritu [Rom 8,15; Gal 4,6]: ‚Abba pater‘, ita soli orant, ita soli sunt sacerdotes.[105]	Wie die Christen allein und allesamt im Geiste rufen [Röm 8,15; Gal 4,6]: ‚Abba, lieber Vater!‘, so beten sie auch allein, so sind sie auch allein Priester.

Die Vollmacht über die Lehre zu urteilen, die Luther 1521 im Kontext der Lehrvollmacht nur flüchtig berührt hat,[106] entwickelt er jetzt an siebenter Stelle als Vollmacht jedes einzelnen Christen.[107] Gestützt auf mehrere neutestamentliche Christus-Worte, vor allem auf das Wort Joh 10,27, kombiniert mit Joh 10,5, bindet er diese Vollmacht – die herkömmlich dem kirchlichen Lehramt zugeschrieben wird – an die Glaubensgewißheit jedes einzelnen Christen (vgl. Kap. 7.2). Jeder muß um seines eigenen Heiles willen seines Glaubens gewiß sein. Keiner wird gerettet, nur weil er der wahren Lehre sich anschließt, ohne sich dem Wort des Evangeliums mit persönlicher Gewißheit anzuvertrauen. Was für ihn aus den zitierten neutestamentlichen Stellen folgt, kleidet Luther in eine rhetorische Frage.

His et similibus multis locis tum, Evangelii, tum totius Scripturae quibus admonemur, ne falsis doctoribus credamus, quid aliud docemur, quam ut nostrae propriae quisque pro se salutis rationem habens, certus sit, quid credat et sequatur, ac iudex liberrimus	Was wird uns durch diese und viele ähnliche Stellen [...], in denen wir ermahnt werden, Irrlehrern keinen Glauben zu schenken, anderes gelehrt, als dass ein jeder, der persönlich die Einsicht hat, worin unser eigenes Heil besteht, Gewissheit habe, was er glaubt und befolgen will, und als jemand, der nach Joh 6 [V. 45] in-

---

[104] Ebd. WA 12, 186,15–26; LDStA 3, 619,20–35.
[105] 17 Ebd. WA 12, 187,27 f; LDStA 3, 623,3–5.
[106] De aborganda missa privata / Vom Mißbrauch der Messe, 1521, WA 8, 423,24 f. / 496,14 f.
[107] In das Jahr 1523 fällt auch die Schrift Daß eine christliche Versammlung oder Gemeine Recht und Macht habe, alle Lehre zu urteilen und Lehrer zu berufen, ein- und abzusetzen, Grund und Ursach aus der Schrift; WA 11, 408–416.

sit omnium, qui docent eum, intus a deo solo doctus, Joh 6 [V. 45]? Neque enim alterius doctrina vera vel falsa damnaberis aut salvus eris, sed tua solius fide. Doceat ergo quisquis, quod docet, tibi videndum est tuo summo periculo aut commodo, quid credas.[108]	nerlich von Gott allein gelehrt ist, ein ganz freier Richter sei über allen, die ihn lehren? Du wirst nämlich nicht auf Grund der wahren oder falschen Lehre eines anderen verdammt oder gerettet werden, sondern allein auf Grund deines eigenen Glaubens. Es möge also jeder lehren, was er lehrt – du musst zu deinem eigenen höchsten Schaden oder Gewinn zusehen, was du glaubst.

Die Vollmacht zum Lehrurteil ist nötig, weil die Wahrheit des Evangeliums ständig und überall der Gefahr der Verfälschung durch menschliche Lehre ausgesetzt ist. Der Christ ist deshalb zuallererst gehalten zu prüfen, ob er selbst für seine Person ausschließlich das Evangelium des Jesus Christus hören will; das kann ihn vor leichtfertigem Urteilen bewahren. Als Gegenstand des notwendigen Lehrurteils, das jedem Christen aufgetragen ist, kommen für Luther nicht Quisquilien spekulativer Lehre in Betracht. Zur Entscheidung steht das Evangelium, das mit der Person des Jesus Christus als Gottes Wort offenbart worden ist. Die Ermächtigung zum Lehrurteil formuliert Luther in der Schlußstrophe seines Liedes „Nun freut euch, lieben Christen g'mein" mit dem Vermächtniswort Christi an die Christen, das Evangelium hochzuhalten und sich vor dessen Entstellung in acht zu nehmen.

Was ich gethan hab und gelert, / Das solltu thun und leren,
Damit das reych Gotts werd gemert / Zu lob und seynen ehren,
Und hutt dich fur der menschen satz [:Satzung, Lehre], / Davon verdirbt der edle schatz,
Das las ich dyr zu letze.[109]

9.4 Das öffentliche Amt mit seinen Diensten

A) Nachdem der Priesterstand mit seiner abgesonderten sakralrechtlichen Würde dahingefallen und an seine Stelle das allgemeine Priestertum der Christen getreten ist, bedarf es einer neuen Bestimmung des öffentlichen Amtes. Denn selbstverständlich darf – davon ist Luther fest überzeugt – die Christenheit nicht auf das öffentliche Amt verzichten. Es erhält jetzt den Titel des öffentlichen Dienstes am Wort Gottes. Dieses Amt verträgt keine Willkür; es steht nur denen zu, die in geregeltem Verfahren dazu berufen werden.

Dan weyl [:während] wir alle gleich [:gleichermaßen] priester sein, muß [:darf] sich niemant selb erfur thun und sich unterwinden, an [:ohne] unßer bewilligen und erwelen das zuthun, des[sen] wir alle gleychen gewalt [:Vollmacht] haben, Den[n] was gemeyne

---

[108] De instituendis ministris ecclesiae, 1523, WA 12, 188,12-19; 623,37-625,5.
[109] Luthers Lieder Nr. 5, Strophe 10, WA 35, 425,18-24.

[:gemeinsam] ist, mag [:darf] niemandt on der gemeyne willen und befehle [:ohne Willen und Auftrag der Gemeinde] an sich nehmen.[110]

Jetzt, wo die Priester oder Pfarrer zu Bürgern werden (vgl. Kap. 4.4), verhält es sich in der Christen- oder Pfarrgemeinde mit dem Amtsauftrag ähnlich wie in der Bürgergemeinde. Wer in das Pfarramt berufen wird, hat für die Pfarrgemeinde eine herausgehobene öffentliche Verantwortung, ähnlich wie der Bürgermeister für die Bürgergemeinde. Der Amtsauftrag oder die Ordination verleiht in der reformatorischen Praxis dem Pfarrer keine unverlierbare geistliche Würde, während bisher der Geistliche in der traditionellen Priesterweihe mit einem bleibenden sakralen Gepräge (character indelebilis) gleichsam gestempelt wurde.[111] Muß in der evangelischen Pfarrgemeinde der Pfarrer von seinem Amt zurücktreten, so ist er wieder ein Christ wie alle anderen, wird doch auch ein Bürgermeister, wenn er sein Amt abgibt, wieder zu einem normalen Bürger.

Und wo es geschehe, das yemandt erwelet [würde] zu solchem ampt und durch seinen mißprauch wurd abgesetzt, ßo were ehr gleich wie vorhyn [:vorher]. Drumb solt ein priester stand nit anders sein in der Christenheit, dan als ein amptman: weil [:solange] er am ampt ist, geht er vohr, wo ehr abgesetzt, ist ehr ein bawr odder burger wie die andern. Alßo warhafftig ist ein priester nymmer priester, wo er abgesetzt wirt. Aber nu haben sie erticht Caracteres indelebiles, und schwetzen, das ein abgesetzter priester dennocht etwas anders sey, dan ein schlechter [:einfacher] leye.[112]

Noch prägnanter hat Luther 1535 in einer Predigt über Ps 110,4b das öffentliche Amt in der Christengemeinde verglichen mit dem Bürgermeisteramt in der Bürgergemeinde, zugleich aber auch unterstrichen, daß jemand, der zum Bürgermeister gewählt wird, bereits Bürger ist und das Bürgerrecht besitzt, dieses Recht also nicht erst mit dem Amt des Bürgermeisters erhält. Für den Christen setzt Luther bei diesem Vergleich voraus, daß er durch die Taufe die geistliche Würde des einzigartigen christlichen Priestertums empfangen hat.

Ideo [:Deswegen] sind sie [:die Pfarrer] nicht mher quam sicut in mundo [:als die weltlichen Amtsträger], da man haben mus amptleut. Als hie wird einer nicht ein burger, wenn er zu einem burgermeister erwelet wird, sondern er ist vor hin burger, da hat er sein burgerrecht von, darnach welet man in [:ihn] zum ampt aus dem hauffen der[er], die burger heissen, bringt also sein burger recht mit sich inn das burgermeister ampt, findets nicht drinn, sed respicitur tantum [:sondern beachtet wird nur] die geschicklichkeit, das er sol furstehen etc.[113]

---

[110] An den christlichen Adel, 1520, WA 6, 408,13–17.

[111] Nach kirchlicher Lehrtradition verleihen die drei Sakramente der Taufe, der Firmung, der Priesterweihe dem Empfänger ein unzerstörbares inneres Gepräge, vgl. Konzil von Florenz, 1439–1447, Bulle „Exsultate Deo" (zur Union mit den Armeniern), 22. Nov. 1439, DH 1313. – Vom character indelebilis des Priesters heißt es bei Biel, Sent.4 d.13 q.1 D21 (4 I, 388): potestas conficiendi [eucharistiam] fundatur in caractere ordinis sacerdotalis, qui est indelebilis; ergo auferri non potest.

[112] An den christlichen Adel, 1520, WA 6, 408,17–24.

[113] Predigt, 9.6.1535, über Ps 110,4b, WA 41, 208,6–12 Ns. – Vgl. ebd. 211,3–5 Ns : Man nenne

9.4 Das öffentliche Amt mit seinen Diensten

Wie schon früher unterstreicht Luther, daß das allgemeine Priestertum nicht jedem Christen ohne weiteres das Recht gibt, ein öffentliches Amt in der Gemeinde auszuüben.

Quamquam enim omnes sumus sacerdotes, tamen non possumus omnes praedicare [Denn obgleich wir alle Priester sind, können wir nicht alle predigen]. Da unterschieden [lies: unterscheiden] wir nicht das priesterampt, sed das dienstlich ampt, das man diene mit trost, absolviren etc., sonst des priesterthums halben sind wir alle gleich, [...] Es mus es [:Priester] einer vor hin sein, wenn er aber nu priester ist, kompt das ampt und macht ein unterscheid, Wenn ich nicht mher predigen kann oder will, trit ich wider inn den gemeinen hauffen, bin wie du, und prediget ein ander, Das ampt kunnen wir nicht alle haben.[114]

Die Differenz zwischen dem allgemeinen Priestertum und dem öffentlichen Amt des Pfarrers bringt Luther begrifflich zum Ausdruck in dem Satz:

Sacerdotem non esse quod presbyterum vel ministrum, illum nasci, hunc fieri.[115]	Ein Priester ist nicht dasselbe wie ein Pfarrer oder Diener. Zu jenem wird man geboren, zu diesem gemacht.

Die Christen werden durch die geistliche Geburt der Taufe zu Priestern geboren, und zwar ausnahmslos. So daß alle Christen in geistlicher Weise Priester sind.

Sacerdos enim novo praesertim testamento non fit, sed nascitur, non ordinatur, sed creatur. Nascitur vero non carnis, sed spiritus navitate, nempe ‚ex aqua et spiritu in lavacro regenerationis' [vgl. Joh 3,5; Tit 3,5]. Suntque prorsus omnes Christiani sacerdotes, et omnes sacerdotes sunt Christiani.[116]	Denn ein Priester, zumal im Neuen Testament, wird nicht gemacht, sondern geboren, nicht geweiht, sondern erschaffen. Geboren aber wird er nicht durch fleischliche, sondern durch geistliche Geburt, nämlich ‚aus Wasser und Geist im Bad der Wiedergeburt'. Und kurzum: Alle Christen sind Priester, und alle Priester sind Christen.

Die reformatorische Einschränkung des Priester-Titels auf das geistliche Priestertum hat zur Folge, daß der Titel nicht mehr für das öffentliche Amt verwendet wird, da auch das Neue Testament statt dessen von Presbytern oder Ältesten spricht.

Ein ampt ist nur auffgelegt [:aufgetragen], sed [:aber] das recht ist aller Christen, So heissen wir unsere prediger nicht sonderliche priester, On [:außer] man mag es heissen die Eltesten, das der name Priester gemeine bleibe Christo und seinen kindern, Post [:später] teile man die empter aus, das der hauffe nicht inn der irre gehe, und das das bekentnis offentlich gehe, quia [:denn] das ich hie predige, geschicht nicht inn eim winckel.[117]

---

uns, wie man wolle, allein, das man priesterlich wirdickeit lasse auff Christum bleiben, auff uns geerbet durch die tauffe etc.

[114] Ebd. WA 41, 209,4–13. – Vgl. ebd. 210,3 f: Das ampt aber macht mich nicht zu einen priester, sed ich mus es zuvor hin sein.

[115] De instituendis ministris ecclesiae, 1523, WA 12, 178,9 f; LDStA 3, 599,7. Der Satz ist in Luthers Text durch Großdruck hervorgehoben.

[116] Ebd. WA 12, 178,26–29; LDStA 3, 599,32–36.

[117] Predigt, 9.6.1535, über Ps 110,4 b, WA 41, 213,16–21. – Vgl. ebd. 207,11–208,3: Nunc dicemus de ministris Ecclesiae, quales sint parochi, doctores et alii. Item parentes, praeceptores, die das wort furen und das ampt haben, Illi [Christiani] non sunt sacerdotes propter officium, sed,

Für das leitende Gemeindeamt hat man im Zuge der Reformation an dem herkömmlichen Titel „Pfarrer" oder „Pastor" festgehalten; daneben hat sich noch der Titel „Prediger" eingebürgert, ohne daß dieser Titel das Recht zum Vollzug von Taufe und Abendmahl ausgeschlossen hätte.

Weil die christliche Gemeinde als Geschöpf von Gottes Wort nicht auf die öffentliche Predigt von Gottes Wort verzichten darf, müssen die Personen, denen das öffentliche Amt übertragen wird, dafür geeignet sein, sie müssen eine „Geschicklichkeit" besitzen, wie sie ähnlich in der Bürgergemeinde für das Amt des Bürgermeisters vorausgesetzt wird.[118] Wem das Amt eines Pfarrers oder Predigers in der Christengemeinde übertragen wird, muß die elementare Forderung des reformatorischen Christentums erfüllen, er muß mit der heiligen Schrift vertraut sein.[119] Die Auslegung der heiligen Schrift erhält mit der Reformation den Vorrang im öffentlichen Dienst des Pfarrers. Das erforderte nun ein Studium an der Universität,[120] wie es bisher vom „Priester" oder Pfarrer nicht in gleichem Maße erwartet wurde. Das Rüstzeug für das Studium der heiligen Schrift sollte mit dem Erlernen der biblischen Sprachen des Hebräischen und des Griechischen erworben werden. Der Anspruch der reformatorischen Theologie wurde von der Woge des Humanismus getragen. Dessen ist sich Luther bewußt gewesen. Dennoch hat er es dem unverfügbaren Wirken des Heiligen Geistes zugeschrieben, daß die neue Einsicht in das Wesen der christlichen Religion dem Studium der heiligen Schrift in ihren Sprachen zu verdanken ist.

Denn [...] wie wol das Euangelion alleyn durch den heyligen geyst ist komen und teglich kompt, so ists doch durch mittel der sprachen komen und hat auch dadurch zugenomen, mus auch da durch behallten [:erhalten] werden. [...] Und last uns das gesagt seyn, Das wyr das Euangelion nicht wol werden erhallten on die sprachen. Die sprachen sind die scheyden, darynn dis messer des geysts stickt. Sie sind der schreyn, darynnen man dis kleinod tregt. Sie sind das gefeß, darynnen man diesen tranck fasset. Sie sind die kemnot [:Kemenate, Kammer], darynnen diese speyse ligt.[121]

Bei der Seelsorge war der Pfarrer in der Gemeinde der Reformation befreit von den kirchenrechtlichen Zwängen der bisherigen Beichtpraxis. Er erhielt für die Unterweisung in der christlichen Religion in den Katechismen eine anders

---

ut dixi, a nativitate habent. Sed vocati sunt ministri vel, ut Evangelium vocat, seniores, Quia presbyter heisst ein alter, davon, das man gewelet hat die besten erfaren leute, die zu irem alter komen und gelert gewesen sind.

[118] So im Zitat bei Anm. 113.

[119] Ebd. WA 41, 208,3–6 Ns: Sic enim dicit Paulus [1Tim 3,6]: ‚Non neophytum' i. e. einen unerfarnen, qui non est doctus, sol konnen weis und schwartz [unterscheiden], versucht [:erfahren, kundig] sein in sacra scriptura, der heisst presbyter, ein alter. Das [lies: Da, nämlich 1Tim 3,6] stehet nicht das wort sacerdos.

[120] Ebd. WA 41, 213,11–13 Ns: Darumb [...] mus man amptleute ordenen, die studirn, es würde sonst ein unordnung und langsam [:schwerlich] ein Ecclesia werden, wenn ein nachbar solte dem andern predigen.

[121] An die Ratherren aller Städte deutschen Lands, daß sie christliche Schulen aufrichten und [unter]halten sollen, 1524, WA 15, 37,3–6; 38,7–11.

ausgerichtete Orientierungshilfe, als sie bisher in der katechetischen Literatur gegeben wurde.[122] Darüber hinaus bestand noch kein Verlangen nach besonderer Ausbildung für die individuelle Seelsorge in der Gemeinde.

Die Kongruenz der Christengemeinde mit der Bürgergemeinde hat zur Folge, daß für das öffentliche Amt in der Christengemeinde, genauso wie in der Bürgergemeinde, damals nur Männer in Betracht kamen und selbst in den Schulen nur Männer unterrichteten. Gewiß, die Würde des allgemeinen Priestertums der Christen wurde den Frauen gleichermaßen zuerkannt wie den Männern; diese Gleichheit gilt nach Gal 3,28 „in Christus" und ermächtigte sie, diese geistliche Vollmacht im privaten häuslichen Leben auszuüben, aber nicht im öffentlichen Leben der Christengemeinde. Wenn Frauen, abgesehen von Notsituationen, vom öffentlichen Dienst in der Gemeinde ausgeschlossen blieben, dann hielt Luther das für biblisch, vor allem für neutestamentlich begründet. Daß er diesen Ausschluß für naturrechtlich begründet hielt, darf theologisch nicht überbewertet werden; denn man muß fragen, ob solche naturrechtlichen Aspekte auch von geschichtlichen Gegebenheiten abhängig sind und sich wandeln können, sich also gerade in dieser Abhängigkeit in biblischen Texten niedergeschlagen haben.

War ists aber, das in diesem stück [:bei der Berufung ins öffentliche Pfarramt] der heilige Geist ausgenomen hat Weiber, Kinder und untüchtige Leute, sondern allein tüchtige mans Personen hiezu erwelet (aus genomen die not [:außer in Notsituationen]), [... (1Tim 3,2; Tit 1,6; 1Kor 14,34 werden angeführt)] Denn solch unterscheid auch die natur und Gottes Creatur gibt, das weiber [...] kein Regiment haben können, noch sollen, wie die erfarung gibt und Mose Gen 3 [V. 16] spricht: ,du solt dem Man unterthan sein', das Euangelion aber solch natürlich recht nicht auffhebt, sondern bestetigt als Gottes ordnung und geschepffe.[123]

B) An öffentlichen Diensten in der Christenheit nennt Luther zuweilen drei Dinge der kirchlichen Praxis. An erster Stelle nennt er das Evangelium und meint damit letztlich alles, was der Vermittlung des Evangeliums dient; hinzu kommen an zweiter und dritter Stelle die beiden Sakramente der Taufe und des Abendmahls. Ebenso meint das Wort „Predigt" in solchem Zusammenhang jede Art der Unterweisung in Gottes Wort.

Eusserlich aber [teilt sich der Heilige Geist mit] durchs Euangelion, durch die tauffe und sacrament des altars, durch welche er als durch drey mittel odder weise zu uns kompt und das leiden Christi ynn uns ubet [:anwendet, vergegenwärtigt] und zu nutz bringet der seligkeit [:zu unserem Heilsnutzen].[124]

---

[122] Als Beispiel diene Stephan von Landskron: Die Hymelstraß, 1484; von insgesamt 52 Kapiteln befassen sich 35 Kapitel mit den Geboten, den Sünden und der kirchlich geregelten Buße.
[123] Von den Konziliis und Kirchen, 1539, WA 50, 633,12–24.
[124] Bekenntnis, 1528, WA 26, 506,3–12. – Nach dem Kontext muß hier das Leiden Christi als Inbegriff der in Christus geschenkten Versöhnung angesehen werden; vgl. ebd. 507,07–11: Ynn dieser Christenheit, und wo sie ist, da ist vergebung der sunden, das ist ein königreich der gnaden [...], Denn daselbst ist das Euangelion, die tauffe, das sacrament des altars, darynn ver-

Die drei Dienste entsprechen den drei einfachsten Erkennungszeichen der christlichen Kirche (s. o. Kap. 9.2). Unter ihnen hat die äußerlich wahrnehmbare Vermittlung des Evangeliums einen Vorrang vor den beiden Sakramenten der Taufe und des Abendmahls.[125]

Die öffentlichen Dienste ergänzt Luther an vierter Stelle noch durch den Gebrauch der Schlüsselvollmacht. Das geschieht, weil das reformatorisch verstandene Amt der Schlüssel des „Lösens" und „Bindens" im öffentlichen Dienst des Pfarrers ausgeübt wurde, entweder wenn er die Sündenvergebung einer einzelnen Person zusprach, die ihm aus freien Stücken gebeichtet hatte, was akut ihr Gewissen beunruhigte, oder wenn er jemandem die Absolution und die Teilnahme am Abendmahl verweigerte, weil der Betreffende eine Sünde, die allgemein bekannt geworden war, z. B. unerlaubten Wucher, nicht eingestehen wollte. In dieser Weise war das traditionelle Bußsakrament des gesetzlichen Zwanges entkleidet worden, wurde auch nicht mehr als ein Sakrament betrachtet. In der neuen Gestalt erscheint die Schlüsselgewalt in der Schrift Von den Konziliis und Kirchen unter den vier erstrangigen Erkennungszeichen der Kirche.[126] In den Schmalkaldischen Artikeln behandelt sie Luther, nachdem er vorher dem Evangelium, der Taufe und dem Abendmahl drei Artikel gewidmet hat.[127]

In bildlicher Darstellung sind alle vier Dienste auf dem großen Altarretabel der Wittenberger Stadtkirche miteinander vereint.[128] Der quadratische Mittelteil zeigt die Abendmahlshandlung Jesu mit seinen Jüngern, von denen einige mit dem Porträt von bekannten Reformatoren oder Anhängern der Reformation dargestellt sind. Auf dem linken Flügel ist eine Taufhandlung mit Melanchthon als Täufer zu sehen. Der rechte Flügel zeigt Bugenhagen in der Ausübung der stilisiert gemalten Schlüsselvollmacht, indem er in seiner rechten Hand den Löseschlüssel der Sündenvergebung über einen in Reue knieenden Mann hält, während er mit dem Bindeschlüssel in seiner linken Hand einem reuelos da-

---

gebunge der sunden angeboten, geholet und empfangen wird, Und ist auch Christus und sein geist und Gott da selbs.

[125] Vgl. z. B. Ad librum Ambrosii Catharini responsio, 1521, WA 7, 720, 32–38: Quo ergo signo agnoscam Ecclesiam? Oportet enim aliquod visibile signum dari, quo congregemur in unum ad audiendum verbum dei. Respondeo: Signum necessarium est, quod et habemus, Baptisma scilicet, panem et omnium potissimum Evangelium: tria haec sunt Christianorum symbola, tesserae et caracteres. Ubi enim Baptisma et panem et Evangelium esse videris, quocunque loco, quibuscunque personis, ibi Ecclesiam esse non dubites.

[126] Von den Konziliis und Kirchen, 1539, Tl. 3, WA 50, 628,29 ff (1. das öffentliche Gotteswort); 630,21 ff (2. die Taufe); 631,6 ff (3. das Abendmahl); 631,36 ff (4. die Schlüsselgewalt). – Bei der privaten Beichte sprach der Pfarrer die Absolution mit Handauflegung, vgl. die lockere Aufzählung der vier Dienste ebd. 648,14–21.

[127] Schmalkaldische Artikel, 1538, Tl. 3, Art. 7 Von den Schlüsseln und Art. 8 Von der Beicht, WA 50, 243,12–244,5 und ebd. 244,6–30. Beide Artikel gehören zusammen. – Auf alle vier Dienste beziehen sich die anschließenden Ausführungen über das äußere und das innere Wort, ebd. 245,1–247,4.

[128] Das Werk stammt aus der Werkstatt Lucas Cranachs d. Ä.; es trägt das Datum des Jahres 1547.

vongehenden Mann die Absolution verweigert. Schließlich hat die Predella den theologischen Basisdienst zum Gegenstand: Auf der Kanzel einer Kirche predigt Luther der Gemeinde das Evangelium des gekreuzigten Jesus Christus.[129] Es ist der Dienst der Verkündigung von Gottes Sündenvergebung, von der heilvollen Befreiung des Menschen aus seinem Unheil.

Den Dienst der Schlüsselgewalt hat Luther sehr geschätzt, allerdings mit zwei Einschränkungen, die wesentlich waren für die Absage an das mittelalterliche Beicht- und Bußsakrament.[130] Erstens darf die Privatbeichte ja nicht unter einem generellen Zwang stehen; es muß vielmehr jedem Christen freigestellt sein, wann er in dieser Form den Zuspruch von Gottes Vergebung für sich wahrnehmen will. Zweitens darf nicht mehr eine Beichte aller Sünden, das heißt der seit der letzten Beichte vorgefallenen Sünden, gefordert werden; vielmehr genügt es, wenn der Christ das beichtet, was gerade sein Gewissen besonders beunruhigt. Nachdem Luther in seinem Bekenntnis, 1528, geschrieben hatte, Gottes Sündenvergebung sei nur dort in der Christenheit zu finden, wo „das Evangelium, die Taufe, das Sakrament des Altars" seien,[131] fügte er noch einen Abschnitt über die private Beichte hinzu, die zugleich als ein öffentlicher Dienst verstanden werden konnte, weil vorzugsweise der Pfarrer – in Wittenberg Johannes Bugenhagen als Pfarrer der Stadtgemeinde – diesen Dienst versah, und zwar für gewöhnlich sichtbar im Kirchenraum.

Auß dieser ursache halt ich vil von der heimlichen [:privaten] Beicht, weyl daselbst gots wort unnd absolution zur vergebunge der sünden heymlich und eim yglichen sunderlich [zu]gesprochen wirdt, unnd so offt er wil, darinn solch vergebung oder auch trost, rat unnd bericht [:Unterrichtung] haben mag, das sie gar ein theuer nützes ding ist für die seelen, so ferr, das man niemandt dieselbigen [Beichte] mit gesetzen und geboten auffdringe, sunder lasse sie frey sein, eim yglichen für seine not, wenn und wo er wil, derselbigen [Beichte] zugebrauchen, gleich wie es frey ist, rat und trost, bericht oder lere zuholen, wenn und wo die not odder wille fodert, unnd das man nicht alle sünde zu zelen oder zuberichten zwinge, sunder welche am meysten drucken, oder welche yemandt nennen wil.[132]

Die Schlüsselvollmacht wurde in manchen Gemeinden nicht nur in der Gestalt ausgeübt, wie sie auf dem Wittenberger Altarbild dargestellt ist, sondern auch noch in der anderen, aus dem Mittelalter überlieferten Gestalt der sog. „offenen Schuld". Dann sprach der Pfarrer nach der Predigt im Namen der Gemeinde

---

[129] Architektonisch ist die Kanzel verwandt der Kanzel in der Torgauer Schloßkapelle, zu deren Einweihung Luther die Predigt hielt, Sonntag 5.10.1544, über die Tagesperikope Lk 14,1–11, WA 49, 588–615 Ns (ebd. 837–839 Dr).

[130] Maßgeblich war zur Zeit Luthers die Vorschrift des 4. Laterankonzils 1215 unter Innozenz III., Cap.21, CorpIC Decretales Gregorii IX. lib.5 tit.38 c.12 (RF 2, 887), DH 812, beginnend mit der Auflage: Omnis utriusque sexus fidelis, postquam ad annos discretionis pervenerit, omnia sua solus peccata saltem semel in anno fideliter confiteatur proprio sacerdoti.

[131] Bekenntnis, 1528, WA 26, 507,7–11.

[132] Ebd. WA 26, 507,17–27. – Der von Luther verfaßte Absatz wurde in der von Wenzeslaus Linck besorgten Nürnberger Separatausgabe hinzugefügt, vgl. ebd. 507 Anm. 2 und Luthers Briefe an W. Linck, 14. 7. und 16.(?) 8. 1528, Nrr. 1294 und 1308, WA.B 4, 496,10–12 und 538,12–17.

ein Gebet, mit dem Gott um Vergebung der Schuld gebeten wurde.[133] Mit dem Verhältnis dieser allgemeinen Beichte zur Einzelbeichte brach ein Problem auf, dessen Lösung im Mittelalter und in der reformatorischen Theologie charakteristisch verschieden ausfiel. Im Mittelalter wurde die Auskunft gegeben, die allgemeine Beichte beziehe sich nur auf läßliche Sünden, während die schweren Sünden, die sog. Todsünden, die Einzelbeichte forderten, wenn der Priester in einem Akt kirchlicher Jurisdiktion die Absolution erteilt.[134] Luther und Melanchthon wurden um eine Stellungnahme gebeten, als es 1533 in Nürnberg zu einer öffentlichen Kontroverse kam, weil Andreas Osiander in seinen Predigten erklärte, es sei überflüssig oder sogar für das Christ-Sein verderblich, wenn neben der privaten Beichte und Absolution auch noch an einem Sündenbekenntnis der ganzen Gemeinde in manchen Gottesdiensten festgehalten werde. Der Rat der seit einigen Jahren ganz evangelischen Reichsstadt erbat von den Wittenberger Reformatoren theologische Klärung.[135] Die Wittenberger Antwort trägt die theologische Handschrift Luthers. Die im Gottesdienst gesprochene allgemeine Beichte und Absolution wird als eine Variante der Evangeliumspredigt verstanden. Denn die Predigt des Evangeliums von Gottes Sündenvergebung hat einen allgemeinen Adressatenkreis und gilt nicht direkt einer einzelnen Person. Die Vergebung des Evangeliums wirkt jedoch erst dort befreiend, wo dem Evangelium geglaubt wird. Gleiches gilt nicht nur von der allgemeinen Beichtabsolution, sondern auch von dem Zuspruch der Vergebung in der Privatbeichte, weil hier ebenfalls der Glaube dessen gefragt ist, der für sein Gewissen Gottes Hilfe sucht.

[Wir] wissen die offentlich gemein absolutio nit zu straffen [:mißbilligen] oder zu verwerffen, aus dieser ursach: Denn auch die predig des heiligen Evangelij selb ist im grund und eigentlich ein absolutio, darinn vergebung der sunden verkundigt wirt vielen personen in gemein und offentlich oder einer personen allein offentlich oder heimlich. Derhalben mag die absolutio offentlich in gemein und auch besondern heimlich gebraucht werden, wie die predig in gemein oder heimlich geschehen mocht und man sunst mocht viel in gemein oder jemand besonders allein trösten. Denn ob woll nit alle daran glawben, darumb ist die absolutio nit zu verwerfen, denn alle absolutio, sie geschehe in gemein oder besonders, mus doch also verstanden werden, das sie glawben fodder und denen hulfft, so daran glawben, wie auch das Evangelium selb allen menschen in aller welt vergebung verkundiget und nieman[den] von dieser universali außnimpt; Aber es foddert gleich woll

---

[133] Luther erwähnt den Brauch in Von den guten Werken, 1520, WA 6, 238,26–28: Disses gemeinen gebettis [des großen Fürbittengebetes] ist noch von alter gewonheit blieben ein anzeygung, wen man am end der predigt die beichte ertzehlet unnd fur alle Christenheit auff der Cantzel bittet.

[134] Biel, Sent.4 d.14 q.2 C13–17 (4 I, 448): Absolutiones [...] in publico factae [...], non sunt sacramentales, sed orationes ordinatae ad remissionem peccatorum venialium. [...] presbyter non per eas significat fieri absolutionem, sed petit, ut fiat. – Vgl. bei Biel die Definition des sacramentum paenitentiae, ebd. A6–10 (4 I, 445): Paenitentiae sacramentum est absolutio hominis paenitentis, facta sacerdote iurisdictionem habente, sub certa verborum forma cum debita intentione prolata ex institutione divina efficaciter significantium absolutionem animae a peccatis.

[135] Der Rat von Nürnberg an Luther und Melanchthon, 8.4.1533, Nr. 2008 WA.B 6, 446–448.

unsern glawben und hilfft diejenigen nicht, so nit daran glawben, und mus dennoch die universalis bleiben.[136]

Die Befürchtung, durch den Gebrauch der allgemeinen Beichtabsolution werde die Privatbeichte entwertet, wird in Wittenberg nicht geteilt. Die seelsorgerliche Hilfe durch die Privatabsolution wird nach Luthers Überzeugung weiterhin gesucht werden, wenn man weiß, daß das Evangelium sich an den Glauben jedes einzelnen wendet und die Privatseelsorge das Angebot der Gnade Gottes besonders gut einer Einzelperson vermitteln kann. Das Evangelium will immer direkt das Gewissen des einzelnen freisprechen. Wer sich dessen bewußt ist, wird ebenso gerne in seinem Glauben die allgemeine Beichtabsolution auf sich selbst beziehen.

Das aber hie mag bedacht [:befürchtet] werden, das nieman der privat absolution begern werde, so man die gemein hatt und bleiben lasßt, dazu sagen wir, das es die gestalt hatt in rechtem anligen, das die gewissen gleich wol dieses besondern trosts bedurffen; denn man mus die gewissen unterrichten, das der trost des Evangelij eim jeden in sonderheit gelte, und muß derhalben das Evangelium durch wort und Sacrament in sonderheit jedem applicirn, wir yhr als die verstendigen wißt, das in sonderheit ein jedes gewis[s]en darob streittet, ob yhm auch diese grosse gnade, die Christus anbeut, gehor. Da ist leichtlich zu verstehen, das man die privata absolutio daneben nit soll fallen lassen, und diese applicatio erheldt auch deutlicher den verstand des Evangelij und der gewalt der schlussel. Denn der gemeinen absolution wurden seer wenig leut wissen zu gebrauchen oder sich yhr annemen, so sie da neben dise applicatio nit erinnert, das sie sich auch der gemeinen absolutio annemen sollen, als sei sie jedes besonder und das eben dises das eigen ampt und werck des Evangelij sey, gewißlich sund vergeben aus gnaden.[137]

Indem sowohl bei der allgemeinen als auch bei der privaten Beichte alles Gewicht auf den Freispruch durch das Evangelium und dessen Aneignung durch den persönlichen Glauben gelegt wird, werden beide Gestalten von Beichte und Absolution in der reformatorischen Praxis zu Sonderformen der Predigt des Evangeliums.[138]

---

[136] Luther und Melanchthon an den Rat von Nürnberg, 18.4.1533, Nr. 2010 WA.B 6, 454,5–19.
[137] Ebd. WA.B 6, 454,19–455,34. – Das Fazit lautet, ebd. 455,34–37: Auß disen ursachen halden wir, das die gemein absolutio nit zu verwerfen, auch nit abzuthon sei und das man dennoch daneben die privat applicatio und absolutio erhalden soll. – Der anhaltende Konflikt in Nürnberg veranlaßte weitere Schreiben der Wittenberger Theologen, die auf derselben Linie blieben; noch mehr ins Detail ging das Schreiben vom 8.10.1533, Nr. 2052 WA.B 6, 527–530.
[138] Von den Konziliis und Kirchen, 1539, WA 50, 631,36–632,11, trifft Luther eine andere Unterscheidung von ‚öffentlichem' und ‚sonderlichem' Gebrauch der Schlüsselgewalt. Hier meint der öffentliche Gebrauch ein Bußverfahren gemäß Mt 18,15–18, das in der Alten Kirche praktiziert wurde, dem Mittelalter wenigstens theoretisch noch bekannt war und in der Reformation erneuert wurde bei öffentlich bekannten Vergehen, für die zwar die weltliche Jurisdiktion zuständig war, bei denen man aber zusätzlich in der Pfarrgemeinde die betreffende Person, solange sie unbußfertig war, durch den Bann vom Abendmahl ausschloß; vgl. Schmalkaldische Artikel, 1538, Tl.3, Art. 9, WA 50, 247,9–17.

C) Mit ihren drei oder vier Diensten soll die Christenheit das „austeilen", was Jesus Christus zum Heil der Menschen „erworben" hat. Diese von Luther seit 1525 explizit vorgetragene Relation hat einen Niederschlag gefunden in seiner Auslegung des zweiten und dritten Credo-Artikels im Kleinen Katechismus. Gottes Sündenvergebung müsse, so erklärt Luther 1525, in zwei Weisen zur Sprache gebracht werden: Es gehe einerseits darum, daß die Sündenvergebung durch Jesus Christus in seinem Kreuzestod, dem einmaligen Ereignis, „erworben" worden ist. Hinzukommen müsse andererseits das Austeilen des von Jesus Christus erworbenen Heils. Das Austeilen geschieht durch das Evangelium, und zwar nicht erst nach der Kreuzigung und Auferstehung Christi, vielmehr ist es von Anfang an geschehen, seitdem Gott in Gen 3,15 seine Heilszusage gegeben und dann an bestimmten Punkten der Geschichte erneuert hat, zum Beispiel in seinem Wort an Abraham Gen 22,18. Jesus hat mit seiner Verkündigung von Gottes Sündenvergebung in hervorragender Weise teilgenommen an der Geschichte des Austeilens von Gottes Heilsbotschaft. Das geschah auch, als er in seinem letzten Mahl seinen Jüngern Vergebung der Sünden zugesprochen hat. Deshalb kommt Luther in der Auseinandersetzung mit Karlstadts Abendmahlslehre auf diese fundamentale Unterscheidung zu sprechen.

Von der vergebunge der sünden handeln wyr auff zwo weyse. Eyn mal, wie sie erlangt und erworben ist, Das ander mal, wie sie ausgeteylt und uns geschenckt wird. Erworben hat sie Christus am creutze, das ist war, Aber er hat sie nicht ausgeteylt odder gegeben am creutze, Im abendmal odder Sacrament hat er sie nicht erworben, Er hat sie aber daselbst durchs wort ausgeteylet und gegeben, wie auch ym Evangelio, wo es predigt wird. Die erwerbunge ist eyn mal geschehen am creutze, Aber die austeylunge ist offt geschehen vorhyn [:vorher] und hernach, von der wellt anfang [Gen 3,15] bis ans ende, Denn weyl er beschlossen hatte, sie eyn mal zuerwerben, gallts bey yhm gleich viel, er teylet sie aus zuvor odder hernach durch seyn wort.[139]

Weil das Austeilen des Evangeliums dem Glauben das Christus-Heil vergegenwärtigt, wirkt es einer verkehrten heilsgeschichtlichen Orientierung des Glaubens entgegen. Verhindert wird ein „historisierender Glaube", gegen den sich Luther in der reformatorischen Abkehr von der mittelalterlichen Theologie und Frömmigkeit gewandt hat. Eine ähnliche Gefährdung christlicher Frömmigkeit diagnostiziert er jetzt bei Anhängern der Reformation, die ihrerseits das Heil wegen seines spirituellen Charakters nicht an eine extern kreatürliche, menschliche Vermittlung binden wollen und deshalb entweder auf die mentale Erinnerung an das Kreuzesgeschehen bauen oder durch Askese und Leiden mit Jesus gleichförmig werden wollen. Hingegen betont Luther, daß der Mensch auf das

---

[139] Wider die himmlischen Propheten, Tl.2, 1525, WA 18, 203,28–37. – Vgl. ebd. 205,12–15: Wenn man aber die austeylunge der vergebunge ansihet, so ist keyne zeyt da, sondern ist von anfang der wellt geschehen, wie auch Johannes ynn Apocal[ypsi] [Offbg 13,8] sagt, das das lamm Gottes sey von der wellt anfang getödtet.

gegenwärtige, menschlich kreatürliche Austeilen des Heils durch das Wort des Evangeliums angewiesen ist.

Will ich nu meyne sunde vergeben haben, so mus ich nicht zum creutze lauffen, denn da finde ich sie noch nicht ausgeteylet, Ich mus mich auch nicht zum gedechtnis und erkentnis hallten des leydens Christi [...] denn da finde ich sie auch nicht, sondern zum Sacrament odder Evangelio, da finde ich das wort, das mir solche erworbene vergebunge am creutz, austeilet, schenckt, darbeut und gibt.[140]

Einen christologischen Haftpunkt für seine Reflexion findet Luther in dem Christus-Wort Joh 8,51 „So jemand mein Wort hält, der wird den Tod nicht sehen ewiglich". Das Herrenwort legt in das Evangelium das Heil, das Gott den Menschen zugedacht hat. Erst durch das Evangelium erfahren wir von dem Heil, das von der Person des Jesus Christus nicht getrennt werden kann. Ohne das Wort des Evangeliums wäre Christus jedoch „uns unbekannt" geblieben; er wäre „für sich selbst alleine gestorben". Damit uns aber das Heil zugute kommt, das in Christus und seiner Selbsthingabe für uns bereit liegt, wird das Christus-Heil im Wort des Evangeliums ausgeteilt.

Wyr wöllen den schönen spruch [Joh 8,51] handeln. Er redet hie nicht vom wort des gesetzs, sondern vom Evangelio, wilchs ist eyn rede von Christo fur unser sund gestorben etc. Denn Got hat Christum nicht anders mügen [:können] ynn die wellt austeylen, er muste yhn ynns wort fassen und also ausbreyten und yderman furtragen. Sonst were Christus fur sich selbs alleyne und uns unbekand blieben, so were er denn fur sich selbs alleyne gestorben. Weyl aber das wort Christum uns fur tregt, so tregts uns fur den, der den tod, sund und teuffel uberwunden hat. Darum wer es fasset und hellt, der fasset und hellt Christum, und also hat er durchs wort, das er vom tod ewiglich los wird, der halben ists eyn wort des lebens, und ist war, wer es hellt, das der ‚den todt nicht sehen wird ewiglich' [Joh 8,51].[141]

Das Austeilen des Evangeliums geschieht in der ganzen biblischen Geschichte des äußerlichen Wortes, mit dem Gott seine Gnade zusagt.[142] In Jesus als dem Christus ist Gottes Heilswort in messianischer Erfüllung für alle Menschen entgrenzt worden. Mit seinem Spürsinn für die biblische Sprache und ihre Bilder entdeckt Luther in der Auslegung der Perikope Jes 9,1–6 (9,2–7 Vg) das Bild vom frohen Austeilen der Beute nach errungenem Sieg in dem Halbvers Jes 9,2 b, den er futurisch übersetzt und als prophetische Rede von der Siegesfreude auslegt, die

---

[140] Ebd. WA 18, 203,39–204,4. – Auf das Abendmahl angewandt, heißt das für Luther, ebd. 204,5–8: Das, wer eyn böse [:schlechtes] gewissen hat von sunden, der solle zum Sacrament [:Abendmahl] gehen und trost holen, Nicht am brod und weyn, Nicht am leybe und blut Christi, sondern am wort, das ym Sacrament myr den leyb und blut Christi alls fur mich gegeben und vergossen darbeut, schenckt und gibt.

[141] Fastenpostille, 1525, zu Joh 8,46–59, WA 17 II, 234,9–19. – Zu Luthers Randglosse bei Joh 8,51 vgl. Kap. 7 Anm. 128.

[142] In Luthers Verständnis gibt in derselben Perikope der Vers Joh 8,56 einen Hinweis darauf, daß Gottes Verheißungen schon vor dem Kommen des Messias volle Heilskraft hatten für alle, die sich darauf verließen; das besagt seit 1522 die Randglosse zu Joh 8,56 „Abraham", WA.DB 6, 363 (Version 1546): Alle Heiligen von der Welt anfang haben denselbigen glauben an Christum gehabt, den wir haben, und sind rechte Christen.

der Messias auslöst. Von dem Sieg Christi über die Mächte des Unheils redet der Prophet in dem folgenden Vers, der mit 1Kor 15,56 interpretiert wird.

Jesaja [Jes 9,2 b] schweigt des sieges und sagt von der ausbeute; denn bald hernach [Jes 9,3] wird er vom sieg sagen und wes der selbige sey; denn er ist nicht unser, das wir yhn hetten erobert, sondern die krafft und die frucht des sieges ist uns gegeben, das ist die ausbeute, wilche ist das heilige Euangelion, das wort des lebens, das bringt uns die frucht des sieges Christi, nemlich vergebunge und erlosunge von den sunden [...]. Das macht rechte froliche, sichere, freydige hertzen zu Gott und unerschrockene widder den teuffel und alle seine macht und bosheit.[143]

Die Erwartung des Messias und seines Sieges unterfüttert Luther mit einer metaphorischen Deutung von Davids Sieg über Goliath. Vor den Philistern mit ihrem gewaltigen Vorkämpfer Goliath mußten die Israeliten fliehen (vgl. 1Sam 17,11.24), bis David seinen Sieg errang.[144]

Aber nu unser David [d. h. Christus] den tod mit den sunden hat uberwunden, dafur wyr uns ymer furchten und fliehen musten, sind wir nu frölich und sicher, singen und sind guts muts, teilen die beute mit freuden aus, das ist wir verkundigen das Euangelion, loben und dancken Gott, trösten und stercken uns unternander und sagen: Sey frolich, dir kann niemand meher schaden thun, die sunde ist weg und vergeben, der tod ist uberwunden und aller zorn und ungnade auffgehaben. Hie ist eytel gnad und fride.[145]

Die Predigt vom Sieg Christi über die Mächte des Unheils, die den Menschen bedrängen, bleibt bezogen auf die Person des Jesus Christus und das geschichtlich einmalige Geschehen seines Kreuzestodes, das für alle Zeit gültig bleibt als Grund der messianischen Heilszusage im Evangelium.

Weltliche fursten lassen sich wol heben und tragen, furen und leyten von yhrem konigreich [:ihren Untertanen, ihrem Volk]. Aber dieser konig hebt, tregt, furet, legt, leytet die seinen. Das gehet nicht anders zu denn also: Am creutz trug er uns alle auff ein mal. Aber nu tregt er uns durchs Euangelion, das ist, es wird gepredigt, wie er uns dazu mal getragen hat und aller sunde, so wir gethan, thun oder thun werden, vergebung erworben hat.[146]

Bei den öffentlichen Diensten, durch die in der Christenheit das Christus-Heil „ausgeteilt" wird, ist bei genauerem Betrachten eine Differenz zu erkennen zwischen der öffentlichen Predigt des Gotteswortes sowie der Praxis der Schlüsselgewalt einerseits und den beiden Sakramenten der Taufe und des Abendmahls andererseits. Denn für die beiden Sakramente ist das reine Evangelium konstitutiv. Die beiden Dienste der Predigt und der Schlüsselgewalt können jedoch nicht darauf verzichten, das Bewußtsein von Gottes Gesetz wachzuhalten. Zur

---

[143] Die Epistel des Propheten Jesaja (Jes 9,1–6) ausgelegt, 1526, WA 19, 139,2–9.
[144] Vgl. ebd. WA 19, 139,13–17.
[145] Ebd. WA 19, 139,18–22.
[146] Ebd. WA 19, 152,16–22 gibt Luther diese Interpretation von Jes 9,5 b, in seiner Übersetzung, ebd. WA 19, 151,16: „Und seine hirschafft wird liegen auff seiner schulder". Im Hinblick auf die weltlichen Fürsten denkt Luther offenbar an eine Königsprozession, bei der der König auf einer Sänfte getragen wird und das Volk ihm vorausgeht.

Schlüsselgewalt gehört neben dem Löseschlüssel mit der Zusage der Sündenvergebung auch der Bindeschlüssel als Verweigerung der Absolution bei offenkundig fehlender Reue wegen eines ruchbar gewordenen Vergehens. Und die Predigt in dem weiten Sinn von mündlicher oder schriftlicher Unterweisung in der christlichen Religion darf nicht darauf verzichten, durch die Auslegung von Gottes Geboten auch bei den Christen die bleibende Verantwortung vor Gott und den Menschen wachzuhalten. Wenn das nicht geschieht, wird das Evangelium zur Schleuderware, wird die Gnade zur billigen Gnade. Das Evangelium darf nicht durch ein religiöses Gesetz verfälscht werden; als echtes Evangelium muß es deutlich unterschieden werden von dem Gesetz, das in Gestalt der Gebote Gottes alle Menschen angeht. Beim „Austeilen" der Heilsbotschaft darf das Evangelium nicht entstellt werden.

D) Sein reformatorisches Sakramentsverständnis hat Luther grundlegend in der damals sensationell wirkenden Schrift De captivitate babylonica ecclesiae, 1520, entwickelt.[147] Im Zuge einer kritischen Sichtung der seit dem Hochmittelalter verbindlichen sieben Sakramente kommt er zu dem Ergebnis, daß nur Taufe und Abendmahl als Sakramente anerkannt werden können. Zu Beginn seiner kritischen Sichtung spricht er jedoch von drei anerkennenswerten Sakramenten, zu denen er auch die Buße rechnet.[148] Gleichzeitig äußert er einen prinzipiellen Vorbehalt zum herkömmlichen Sakramentsbegriff; denn nach neutestamentlichem Sprachgebrauch sei das Sakrament der apostolischen Predigt eigentlich nur Jesus Christus, so daß die kirchlichen Sakramente nur als sakramentale Zeichen gelten müßten.

Principio neganda mihi sunt septem sacramenta et tantum tria pro tempore ponenda, Baptismus, Poenitentia, Panis [...], quanquam, si usu scripturae loqui velim, non nisi unum sacramentum habeam et tria signa sacramentalia.[149]	Zuallererst muss ich die Siebenzahl der Sakramente bestreiten und vorerst nur noch drei Sakramente aufstellen: die Taufe, die Buße und das Brot. [...] Feilich, wenn ich mich am Sprachgebrauch der Schrift orientieren wollte, so bliebe gar nur ein einziges Sakrament übrig sowie drei sakramentale Zeichen.

Bei der Analyse des Herrenmahls, wie es von den Synoptikern und Paulus in beachtenswertem Einklang bezeugt wird, ergeben sich Luther drei Kriterien für die

---

[147] De captivitate Babylonica ecclesiae, 1520, WA 6, 497–573, fand bald eine literarische Entgegnung in der Schrift König Heinrichs VIII. von England, Assertio septem sacramentorum adversus Martinum Lutherum (1521), hg. von Pierre Fraenkel (CCath 43), 1992. Etliche Sätze aus Luthers Schrift verurteilte Mitte April 1521 die Pariser Sorbonne in ihrer Determinatio [...] super doctrina Lutheriana; vgl WA 8, 267–290 und CR 1, 367–388.

[148] In De captivitate Babylonica ecclesiae, 1520, analysiert Luther nach einem einleitenden Teil die sieben Sakramente in der Reihenfolge: Herrenmahl, Taufe, Buße, Firmung, Eheschließung, Priesterweihe, letzte Ölung.

[149] Ebd. WA 6, 501,33–38; LDStA 3, 185,37–187,1. – An späterer Stelle entfaltet er seinen Vorbehalt gegenüber dem üblichen Sakramentsbegriff, ebd. 551,9–552,6. – Zur Sache vgl. Disputatio

Prüfung der anderen sechs Sakramente.[150] Die Sakramente müssen – erstens – eindeutig von Jesus Christus eingesetzt worden sein; folglich darf nicht, wie es in der Scholastik geschehen ist, auf theologischen Umwegen erschlossen werden, daß Christus noch weitere Sakramente gestiftet habe. Zu den Sakramenten muß – zweitens – eine unverkürzte Heilszusage gehören, wie sie für das Evangelium des Jesus Christus wesentlich ist; das Heil der christlichen Religion wird demnach dem Menschen nicht in verschiedenen Gestalten sakramentaler Gnade vermittelt, sondern in den neutestamentlich bezeugten Sakramenten durch das Wort des Evangeliums dem Sakramentsempfänger zugesprochen oder „ausgeteilt". Das Wort der Heilszusage muß – drittens – verbunden sein mit einem Zeichen, genauer gesagt: mit einer Zeichenhandlung; nur Taufe und Abendmahl erfüllen dieses Kriterium genauso eindeutig wie die beiden anderen Kriterien. Deshalb stellt Luther abschließend fest, daß von einem Sakrament der Buße nicht mehr die Rede sein könne.

Proprie tamen ea sacramenta vocari visum est, quae annexis signis promissa sunt. Caetera, quia signis alligata non sunt, nuda promissa sunt. Quo fit, ut, si rigide loqui volumus, tantum duo sunt in Ecclesia dei sacramenta, Baptismus et panis, cum in his solis et institutum divinitus signum et promissionem remissionis peccatorum videamus. Nam poenitentiae sacramentum, quod ego his duobus accensui, signo visibili et divinitus instituto caret et aliud non esse dixi [WA 6, 528,13–16] quam viam ac reditum ad baptismum.[151]	Es erschien uns freilich als ratsam, im eigentlichen Sinne nur das ein Sakrament zu nennen, was Verheißung mit beigefügtem Zeichen ist; die übrigen Verheißungen sind, weil sie nicht mit Zeichen verknüpft sind, einfach nur Verheißungen. Daraus ergibt sich, dass es bei strenger Handhabung des Wortgebrauchs nur zwei Sakramente in der Kirche Gottes gibt: Taufe und Brot; denn nur hier sehen wir beides zugleich: von Gott gestiftete Zeichen und die Verheißung der Sündenvergebung. Denn dem Bußsakrament, das ich den beiden zugesellt habe, fehlt das sichtbare und von Gott gestiftete Zeichen, und so sagte ich, dass es nichts anderes sei als Weg und Rückkehr zur Taufe.

Die drei Kriterien bleiben auch später für Luther maßgeblich für seine Sakramentslehre. Auf der Heilszusage und, in Relation zu ihr, auf dem Glauben liegt allemal ein stärkerer Nachdruck als auf dem sakramentalen „Zeichen" und auf der Einsetzung durch Christus. So werden in den Schmalkaldischen Artikeln bei der Taufe (Art. 5) und beim Abendmahl (Art. 6) die „Zeichen" und die Einsetzung durch Christus nur beiläufig erwähnt und bei der Schlüsselvollmacht (Art. 7) heißt es lediglich, sie sei „von Christus gegeben"; hingegen wird die Beichte (Art. 8), die in reformatorisch ungesetzlicher Form zur Sensibilisierung

---

de fide infusa et acquisita, 1520, These 18, WA 6, 86,7 f: 18. Unum solum habent sacrae litterae sacramentum, quod est ipse Christus Dominus. – Vgl. die Resolutio zu These 18, ebd. 97,7–24.

[150] Die Analyse des Herrenmahls in De captivitate babylonica ecclesiae war theologisch vorbereitet erstens durch den Sermon von dem Sakrament des Leichnams Christi, 1519, WA 2,742–758, zweitens, ganz unmittelbar, durch den Sermon von dem neuen Testament, d.i. von der heiligen Messe, 1520, WA 6, 353–378.

[151] De captivitate Babylonica ecclesiae, WA 6, 572,10–17; LDStA 3, 371,25–34.

des Gewissens empfohlen wird, mit der „durch Christus gestifteten" Schlüsselvollmacht verknüpft.¹⁵²

Bei beiden Sakramenten, sowohl bei der Taufe als auch beim Abendmahl, bildet die Zusage der Vergebung Gottes und des ewigen Lebens oder der ewigen Seligkeit eine Einheit, umfaßt somit das ganze, ungeteilte Heil. Das wird anschaulich, wenn man im Kleinen Katechismus die beiden parallelen Passagen über den Nutzen der Taufe und des Abendmahls miteinander vergleicht. Trotz unterschiedlicher Formulierung stimmt die Heilszusage überein.

Was gibt odder nützet die Tauffe? – Antwort. Sie wirckt vergebung der sunden, erlöset vom tod und teuffel und gibt die ewige seligkeit allen die es gleuben, wie die wort und verheissung Gottes lauten. Welch[es] sind solch wort und verheissung Gottes? – Antwort. Da unser Herre Christus spricht, Marci am letzten [Mk 16,16]: ‚Wer da gleubet und getaufft wird, der wird selig, Wer aber nicht gleubet, der wird verdampt'.¹⁵³	Was nützet denn solch essen und trincken? – Antwort. Das zeigen uns diese wort: ‚Fur euch gegeben und vergossen zur vergebung der sunden', Nemlich das uns jm Sacrament vergebung der sunde, leben und seligkeit durch solche wort gegeben wird, Denn wo vergebung der sunde ist, da ist auch leben und seligkeit.¹⁵⁴

Die Einheit des Heils in beiden Sakramenten bekräftigt Luther in seiner späten Entgegnung auf die 32 Artikel der Löwener Theologen, die Kaiser Karl V. in einem beigedruckten Mandat vom 14. März 1545 allen zur öffentlichen Lehre berechtigten Personen der habsburgischen Niederlande verbindlich gemacht hat.¹⁵⁵ In ihren Artikeln reproduzierten die Löwener Theologen die traditionelle Lehre, daß die Taufe und danach das Bußsakrament bei den Erwachsenen in diesem Leben Vergebung der Sünden bewirken, daß aber ewiges Leben nach dieser Weltzeit von den Gläubigen erhofft werden kann, sofern sie, ohne volle Heilsgewißheit zu haben, in Furcht und Zittern (vgl. Phil 2,12) sich in diesem Leben mit guten Werken Hoffnung auf den ewigen Lohn verschaffen.¹⁵⁶ Jeweils in einem Artikel wiederholt Luther sowohl für die Taufe als auch für das Abendmahl seine Ansicht von der Einheit des Heils als Einheit von Sündenvergebung und ewigem Leben. In seiner sowohl lateinisch als auch deutsch abgefaßten Entgegnung heißt es von der Taufe:

---

¹⁵² Schmalkaldische Artikel, 1538, Tl. 3, Art. 6–8, WA 50, 241–244.
¹⁵³ Kleiner Katechismus, 1531, WA 30 I, 380,6–9 und 381,1–4.
¹⁵⁴ Ebd. WA 30 I, 390,4–8. Luther zieht die beiden Heilszusagen im Brot- und Kelch-Wort zu einer Einheit zusammen.
¹⁵⁵ Articuli orthodoxam religionem sanctamque fidem nostram respicientes, a sacrae theologiae professoribus Lovaniensis universitatis editi; Löwen 1545. Über die zeitgenössischen Ausgaben informiert WA 54, 412–416, dem Abdruck des Textes, ebd. 416–422, sind abfällige Randbemerkungen hinzugefügt, die Kaspar Cruciger handschriftlich in einem Exemplar der Ausgabe Köln 1545 hinterlassen hat.
¹⁵⁶ In den 32 Artikeln der Löwener Theologen ist das summarisch der Inhalt von Artikel 8–12, WA 54, 418 f.

6. Baptisma est sacramentum tam adultis quam infantibus dandum ad remissionem peccatorum et salutem aeternam.[157]

7. Die Tauffe ist ein Sacrament, das man sol geben beide Jungen und Alten zur vergebung der sunden und zur ewigen seligkeit.

Im Hinblick auf das Abendmahl erklärt Luther:

17. Ad digne percipiendum necessaria est fides, qua firmiter creditur promittenti Christo remissionem peccatorum et vitam aeternam, ut sunt clara Verba in sacramento.[158]

18. Wirdiglich das Sacrament zu empfahen ist von nöten, das du gleubest und nicht zweivelst, Du habest darin vergebung der sunden und ewiges leben, wie dir Christus selbs mit hellen worten im Sacrament verheisst.

Die Zusage des Heils macht beide Sakramente zu Verkündigungshandlungen, zu Akten des „Austeilens" des in Jesus Christus allen Menschen eröffneten messianischen Heils. Die konkrete Gestalt der Handlung ist in beiden Sakramenten augenfällig verschieden. Gleichwohl ist beiden Sakramenten gemeinsam, daß sie zentriert sind auf die Zusage des Evangeliums, die an den Empfänger des Sakramentes gerichtet ist, der sich darauf in seinem Glauben verlassen kann.

63. fides, qua quis statuit sibi remitti peccata propter Christum, est in omni sacramento et verbo necessaria.[159]

64. Der Glaube, damit einer gewis helt, das jm seine sunde umb Christus willen vergeben sind, ist in allen Sacramenten und worten von nöten.

Weil die Heilszusage des Sakraments bekräftigt wird durch das Zeichen, das zur Handlung hinzugehört, ist das Zeichen einbezogen in das Geschehen, so daß die beiden Sakramente als Geschehen der Verkündigung zugleich Zeichenhandlungen sind. Luthers Blick richtet sich viel weniger auf die Elemente als solche, das heißt auf das Wasser bei der Taufe sowie auf Brot und Wein beim Abendmahl, sondern darauf, für welches Geschehen die Elemente von dem Evangeliumswort in Anspruch genommen werden. Das muß bei beiden Sakramenten gesondert ausgeführt werden.

---

[157] Wider die 32 Artikel der Theologisten zu Löwen, 1545, Art. 6 (lateinisch) bzw. Art. 7 (deutsch), WA 54, 425,8 f bzw. 431,10–12. – Gegenüber der lateinischen Fassung weicht in der deutschen die Zählung der Artikel ab wegen des zusätzlichen 5. Artikels, WA 54, 431,4–6: 5. Und wo nicht Gottes wort ist, da kan kein glaube sein, Sintemal auch gute Wercke nichts sind, wo sie nicht im glauben an Gottes wort geschehen.

[158] Ebd. Art. 17 (lateinisch), WA 54, 426,19–21; Art. 18 (deutsch) ebd. 432,10–12. – Entsprechend der mittelalterlichen Lehre bilden in den Artikeln der Löwener Theologen die Artikel über die Taufe und die Buße (Art. 2–7) einen Komplex, WA 54, 418.

[159] Ebd. Art. 63 (lateinisch), WA 54, 429,24 f; Art. 64 (deutsch) ebd. 441,5–7. – Bereits in frühen Disputationsthesen betont Luther, daß der Glaube, der sich auf die Heilszusage verläßt, für den fruchtbaren Sakramentsempfang notwendig ist.

9.5 Das Sakrament der Taufe

Das Sakrament der Taufe definiert Luther im Kleinen Katechismus mit dem Taufbefehl Mt 28,19:

Was ist die Tauffe? – Antwort. Die Tauffe ist nicht allein schlecht [:einfaches] wasser, Sondern sie ist das wasser jnn Gottes gebot gefasset und mit Gottes wort verbunden. Welchs ist denn solch wort Gottes? – Antwort. Da unser Herre Christus spricht, Matthei am letzten [Mt 28,19; vgl. Mk 16,15]: ‚Gehet hin jnn alle wellt, leret alle Heiden, Und teuffet sie jm namen des Vaters und des sons und des Heiligen geists'.[160]

Die Frage, welche Heilszusage Christus der Taufe gegeben habe, beantwortet Luther im Kleinen Katechismus mit dem Herrenwort aus dem parallelen Markus-Text, Mk 16,16: „Wer da gleubet und getaufft wird, der wird selig, Wer aber nicht gleubet, der wird verdampt".[161]

Mit Mk 16,16 hat Luther die Relation von Heilszusage und Glaube in seine Interpretation der Taufe eingeführt. Damit hat er dem Sakrament der Taufe das entscheidende reformatorische Grundverständnis verliehen, das ebenso uneingeschränkt für die Kindertaufe wie für die Erwachsenentaufe gelten sollte. Mit der Heilszusage von Mk 16,16 eröffnet er in De captivitate babylonica ecclesiae, 1520, seine theologische Deutung der Taufe.

Primum itaque in Baptismo observanda est divina promissio, quae dicit [Mc 16,16]: ‚Qui crediderit et baptizatus fuerit, salvus erit'. Quae promissio praeferenda est incomparabiliter universis pompis operum […]. Nam in hac pendat universa salus nostra; sic autem est observanda, ut fidem exerceamus in ea, prorsus non dubitantes, nos esse salvos, postquam sumus baptizati. Nam nisi haec assit aut paretur fides, nihil prodest baptismus, immo obest non solum tum cum suscipitur sed toto post tempore vitae.[162]	Zunächst also ist in der Taufe die göttliche Verheißung zu beachten, welche sagt: ‚Wer da glaubt und getauft wird, der wird selig werden'. Diese Verheißung ist dem ganzen Gepränge an Werken […] unvergleichlich vorzuziehen, hängt doch unsere ganze Seligkeit daran. Sie ist aber in dem Sinne zu beachten, dass wir unseren Glauben an ihr üben und gar keinen Zweifel daran aufkommen lassen, dass wir selig sind, nachdem wir getauft sind. Denn wenn dieser Glaube nicht vorhanden ist oder nicht erworben wird, dann hilft die ganze Taufe nichts, dann schadet sie sogar, und das nicht nur dann, wenn sie empfangen wird, sondern das ganze Leben lang danach.

Man hätte Luther völlig mißverstanden, wollte man annehmen, der Christ müsse glauben, daß er dem Taufritual seine „ganze Seligkeit" zu verdanken habe. Man muß sich vielmehr darüber im Klaren sein, daß er den Glauben in dessen Relation zu Gottes Heilszusage anders auffaßt als die mittelalterliche Kirche. Das

---

[160] Kleiner Katechismus, 1531, WA 30 I, 379,4–6; 380,1–4. – Vgl. Schmalkaldische Artikel, 1538, Tl. 3, Art. 5, WA 50, 241,7–10: Die Tauffe ist […] Gottes wort im wasser, durch seine einsetzung befolhen, oder wie Paulus sagt [Eph 5,26] Lavacrum in verbo. – Eph 5,26 übersetzt Luther, WA.DB 7, 207 (Version 1546): das Wasserbad im Wort.

[161] Kleiner Katechismus, 1531, s. o. Anm. 153.

[162] De captivitate Babylonica ecclesiae, 1520, WA 6, 527,33–528,1; LDStA 3, 255,31–41.

zeigt sich bei der Kindertaufe. Im Mittelalter erklärte die Kirche, bei der Kindertaufe sei der Glaube der Kirche entscheidend, weil das kleine Kind noch nicht glauben könne; denn das Kind könne noch nicht das Glaubensbekenntnis der Kirche sprechen und erst recht nicht dessen Lehre bewußt zustimmen.[163]

Wenn Luther, Mt 28,19 und Mk 16,16 miteinander verknüpfend, das Herrenwort zum tragenden Grund des Taufsakramentes macht, dann ist Mt 28,19 mehr als eine liturgische Formel; das Herrenwort nennt mit dem dreieinen Gott, der sich in Jesus Christus offenbart, den Grund des Heils. An diesen Heilsgrund bindet das Wort der Zusage in Mk 16,16 den Glauben des Täuflings. Sicherlich darf man voraussetzen, daß für Luther das apostolische Glaubensbekenntnis, das bei der Tauffeier von den Taufpaten bejaht wird, im Sinn seiner Katechismus-Auslegung verstanden ist als Ausdruck persönlicher Glaubensgewißheit des Christenmenschen. Zugleich ist Luther überzeugt von der Kraft des Wortes, mit dem der Pfarrer beim Taufakt zum Täufling spricht: „Und ich teuffe dich ym namen des vatters und des sons und des heyligen geysts".[164] Im Kontext der Taufhandlung hat dieses Wort für Luther den Charakter einer Heilszusage Gottes, die so viel Kraft besitzt, daß sie im Täufling Glauben schafft. Luthers Rede vom eigenen Glauben des Täuflings selbst bei der Kindertaufe entspringt seiner Gewißheit von der Lebensmacht des Gotteswortes. Ein psychologischer Befund liegt Luther fern. Ihm geht es um den sachlichen wie den zeitlichen Vorrang des Gotteswortes, das mit schöpferischer Kraft im Menschen den Glauben bewirkt.

Luther hat sich in seiner Theologie von einem rationalen Theismus verabschiedet. Ebensowenig begreift er den Glauben als einen kognitiven Akt des Anerkennens von objektiven Lehren. Bei ihrer gesetzlichen Forderung der Erwachsenentaufe folgten die Täufer[165] einem rationalen Christentumsverständnis. Sie setzten für die Taufe voraus, daß nur ein Erwachsener, der für vernünftige Entscheidungen verantwortlich ist, sich willentlich mit dem Ja zum christlichen Glaubensbekenntnis für seine Taufe entscheiden kann. Sie interpretierten Mk 16,16 im Sinn eines strengen Nacheinander von Glaube und Taufe, von Luther im Schema einer logischen Schlußfolgerung skizziert.

[Sie] sagen: Es stehet geschrieben [Mk 16,16]: ‚Wer da gleubet und getaufft wirdt, der wirdt selig'. Daraus machen sie einen solchen Schluss: Wer keine vernunfft hat, kann nicht gleuben, – Die Kinder haben keine Vernunfft oder Verstandt. – Drumb so konnen die

---

[163] Biel, Sent.4 q.2 G19–29 (4 I, 183): nota quod fides aliena, sine qua parvulis non datur remissio, non est fides offerentium parvulum ad baptismum [...] sed est fides ecclesiae. Creditur non a baptizante aut baptizato, sed ab ecclesia militante [...]. In adultis tamen requiritur fides propria, non ut recipiant sacramentum, sed ut consequantur gratiam, quae est res sacramenti.

[164] Das Taufbüchlein verdeutscht, 1523, WA 12, 45,34 f. – Vgl. Das Taufbüchlein verdeutscht, aufs neue zugerichtet, 1526, WA 19, 541,8 f. – In beiden Auflagen zitiert das Taufbüchlein zwar weder Mt 28,19 noch Mk 16,16, setzt aber beide Herrenworte voraus.

[165] Angesichts dessen, daß es in Europa – abgesehen von der jüdischen Diaspora – nur im frühesten Alter getaufte Christen gab, machte die Forderung der Erwachsenentaufe und deren praktische Anwendung die Täufer damals zu Wiedertäufern.

Kinder nicht gleuben, Und derhalben so solle man sie auch nicht teuffen. Und so irgendts [:irgendwo] Kinder getaufft werhen, die musse man wider teuffen, wen[n] sie zu ihrem manlichem aldter kemen.¹⁶⁶

Nicht erst die Auseinandersetzung mit den Täufern lenkte Luthers Blick auf die Perikope der Kindersegnung durch Jesus (Mt 19,13–15; Mk 10,13–16; Lk 18,15–17). Sie ist in der Fassung von Mk 10,13–16 bereits 1523 die einzige Schriftlesung in seinem Taufformular.¹⁶⁷ In einer Predigtauslegung von Mt 19,13–15 wird die Perikope für ihn zu einem Argument gegen die Täufer, die ihrerseits in diesem Text die „Kinder" metaphorisch auf demütige Christen bezogen haben.

Sie [die Täufer] sehen nicht, das Christus alhier redet von denen, so aldters halben Kinder sind und die auff dem arm getragen werden, den[n] alte leuthe pflegen einander nicht zu tragen. Nun saget der Evangelist Marcus [Mk 10,13–16], das sie kinder zu ihm trugen, und ehr nam sie auff seine arm und hertzet sie, [...] Drumb mus der Text jha verstanden werden, das grosse leuthe die kindlein getragen haben, den[n] sonst tregt nicht ein kindt das ander, so sind die kindelein auch nicht so gross gewesen, das sie hetten konnen selbst gehen.¹⁶⁸

Die Segnung der Kinder durch Jesus hat doppelten theologischen Wert: Zum einen legitimiert sie mit dem Verheißungswort (Mk 10,14): „Laßt die Kinder zu mir kommen und wehret ihnen nicht; denn solcher ist das Reich Gottes" die Taufe von Kindern, obwohl in ihnen noch nicht die „Vernunft" erwacht ist. Zum anderen besagt das folgende Herrenwort (Mk 10,15): „Wahrlich ich sage euch: Wer das Reich Gottes nicht empfängt wie ein Kind, der wird nicht hineinkommen", daß der Mensch sein Gottesheil nur empfängt, wenn er sich selbst dazu im Glauben empfangend wie ein Kind verhält und sich sein Heil nicht durch Leistungsgerechtigkeit verschaffen will, wenn er sich selbst nicht so versteht, wie das ihm die „Vernunft" einredet.

[Mk 10,13.16.14 a] klar saget: ‚Sie brachten zum Herrn Kindlein, das ehr sie segenet und die Hand auff sie leget und die Aposteln fhuren die an (nemlich die menner und weiber), so sie trugen'. Drumb sagen wir: Es sind kindlein gewesen, die noch nicht vernunfftig sind, nicht reden noch gehen konnen, noch auch nicht wissen, wie sie leben. Dan in kindern von zweien jharen, do ist nicht viel vernunfft innen, do ist nicht grosser witz und hohe sinne, sondern die Vernunfft ist gleich als noch begraben oder in die Erden tieff verschorren. So gehts auch aus diesem Text des Evangelisten Marci fein hernach, das der Kindlein Tauffe nicht zu verachten sej, den[n] alda wirdt gesaget [Mk 10,15]: ‚Warlich ich sage euch: wer das reich gottes nicht empfehet als ein kindlein, der wirdt nicht hinein kommen', das ist: wer nicht seine vernunfft todtet und begrebt und wirdt als ein kindlein, der kompt nicht ins himmelreich. [...] Will den Christus niemandt selig machen, ehr werde dan zu einem kinde, wie viel mehr macht ehr die selig, so vorhin [:zuvor] kinder sindt?¹⁶⁹

---

¹⁶⁶ Mt 18–24 in Predigten ausgelegt, 1537–1540, zu Mt 19,13–15, WA 47, 327,1–7.
¹⁶⁷ Das Taufbüchlein verdeutscht, 1523, WA 12, 45,3–8; vgl. zweite Fassung, 1526, WA 19, 540,9–14.
¹⁶⁸ Mt 18–24 in Predigten ausgelegt, 1537–1540, zu Mt 19,13–15, WA 47, 327,16–24.
¹⁶⁹ Ebd. WA 47, 327,31–38; 328,8–16.

Überall, wo Luther die Bedeutung des Glaubens für die heilvolle Wirkung der Taufe, besonders durch den Rekurs auf Mk 16,16, unterstreicht, hat er sein Verständnis des Glaubens im Sinn; er meint einen Glauben des reinen Vertrauens auf Gottes unbegreifliche Barmherzigkeit, einen Glauben, den das Gotteswort des Evangeliums im Menschen hervorbringt und der unter dem Evangelium zu einem kindlichen Grundvertrauen werden kann. Dieses Glaubensverständnis steht hinter seiner Auslegung der Perikope der Kindersegnung, die er in der Fassung Mk 10,10–16 höher schätzt als in der Fassung Mt 19,13–15.[170]

> Du must dich zu Christo tragen und fhuren lassen durch das Gottliche wortt, dan bistu theilhafftig des himelreichs. Ihr musset zu kinder werden, Kindlein gehören hieher, Kindlein tregt der Herr Christus, hertzet und umbfehet sie und gibt ihnen den Segen und spricht: ‚Solcher ist das Himelreich'. Wen[n] ich mich nun lasse tragen, so gibt mir Christus seine wercke und verdienst und das himelreich.[171]

Der Glaube kann dem Menschen entschwinden; denn er ist nicht zu verwechseln mit der Tugend stoischer Gelassenheit, vielmehr verdankt er sich der Heilszusage Gottes, die der Christ bei seiner Taufe empfangen hat. Die bei der Taufe im Namen des dreieinen Gottes gesprochene Heilszusage, die durch die Perikope von der Taufe Jesu (Mt 3,13–17) mit der Person des Jesus Christus untrennbar verbunden ist,[172] bleibt für den Getauften stets gültig. Er kann auf sie immer wieder zurückgreifen, um sich erneut der Bedeutung des Glaubens für sein Leben zu vergewissern. Der Christ kann sich in einer Situation der Anfechtung mit einem „Ich bin getauft" (baptisatus sum) ins Bewußtsein rufen, was ihm in der Taufe zugesprochen worden ist.[173] Die Tauferinnerung gilt nicht dem blanken Faktum des Rituals, sondern dem Gotteswort, das den Kern des Taufrituals bildet. Und den Täufern hält Luther entgegen, daß die eigene Entscheidung zur Taufe niemals einen so verläßlichen Grund der Heilsgewißheit geben kann, wie ihn Gottes Zusage vor und unabhängig vom Glauben gibt, zumal der Taufbefehl Mt 28,19 die Taufe verbindlich gemacht hat.

> Ich setze aber gleich, das die erste tauffe on glawben sey, Sage mir, welchs unter den zweien das grössest und furnemest sey, Gottes wort odder der glawbe? Ists nicht war? Gottes

---

[170] In der Markus-Version ist ihm offenkundig Vers 16 besonders wertvoll; er übersetzt ihn 1522, WA.DB 6, 176: und er umbfieng sie, und leget die hend auff sie, und segnet sie. – Dem Textapparat zufolge lautet das erste Verb – in der Vulgata: complexans eos – ab 1531[1]: hertzete sie.

[171] Mt 18–24 in Predigten ausgelegt, 1537–1540, zu Mt 19,13–15, WA 47, 329,10–15. – Vgl. ebd. 331,37–40: Ich weiss, wen[n] ich auch gleich schlaffe, das ich im glauben bin, und bin umfangen von Christo der mich hertzet und beruffet zum himelreich. Den[n] der Glaube ist in des Schlaffenden Hertzen, auch wen[n] ehr gleich stirbet.

[172] Mehrmals hat Luther in Predigten über Mt 3,13–17 die Taufe Jesu als Ursprungsgeschehen der christlichen Taufe vorgestellt.

[173] Genesis-Vorlesung, 1535–1545, Kollegnachschrift zu Gen 26,9, überliefert WA.TR 5, (293,5–296,35 Nr. 5658 a), 295,27–30: Alioquin illae cogitationes sunt diabolicae de praedestinatione. Ficht dich die cogitation an, so sprich: ‚Ego sum filius Dei, sum baptizatus, credo in Iesum Christum pro me crucifixum, laß mich zu friden, du Teufel!' Tum illa cogitatio te deseret. – Vgl. die Druckbearbeitung WA 43, 462,3–9.

wort ist grösser und furnemlicher denn der glawbe, Sintemal nicht Gottes wort auff den glawben, sondern der glawbe auff Gottes wort sich bawet und gründet, Dazu [:Außerdem], der glawbe ist wanckelbar und wandelbar, Aber Gottes wort bleibt ewiglich.[174]

Als sakramentale Zeichenhandlung bei der Taufe befürwortet Luther ein förmliches Eintauchen des Kindes im Taufbecken, die Immersionstaufe;[175] aber er billigt ein Besprengen des Kindes, die Aspersionstaufe, die auf dem Wittenberger Altarretabel dem damaligen Brauch entsprechend so dargestellt wird, daß über dem Taufbecken der nackte Rücken des Kindes mit Wasser besprengt wird. Die Zeichenhandlung beim Taufakt ist so eindeutig in der Stiftung der Taufe verankert und zugleich der Heilszusage untergeordnet, daß sich für Luther eine Reflexion über den sakramentalen Wert des Wassers erübrigt. Er distanziert sich von solchen Reflexionen, zu denen die Scholastiker durch den herrschenden Sakramentsbegriff veranlaßt waren. Sie mußten erklären, warum das Wasser der Taufhandlung mit der Kraft der Gnade ausgestattet ist.[176]

Was der Zeichenhandlung Sinn gibt, beantwortet Luther im Kleinen Katechismus in einem eigenen Absatz: Gottes Wort der Heilszusage und mit diesem zusammen der Glaube machen die Zeichenhandlung zu einem „Bad der Wiedergeburt und der Erneuerung des Heiligen Geistes" (Tit 3,5).

Wie kann wasser solche gross ding thun? – Antwort. Wasser thuts freilich nicht, Sondern das wort Gottes, so mit und bey dem wasser ist, und der glaube, so solchem wort Gottes jm wasser trawet. Den[n] on Gottes wort ist das wasser schlecht wasser und keine Tauffe, Aber mit dem wort Gottes ists eine Tauffe, das ist, ein gnadenreich wasser des lebens und ein bad der newen geburt jm Heiligen geist, wie S. Paulus saget zu Tito am dritten Capitel [Tit 3,5b–7]: ‚Durch das bad der widdergepurt und ernewerunge des Heiligen geists, welchen er ausgossen hat uber uns reichlich durch Jhesum Christ unsern Heiland, auff das wir durch desselben gnade gerechtfertigt, erben seien des ewigen lebens nach der hoffnung', das ist gewislich war.[177]

Die einmalige Taufe erstreckt sich in ihrer Heilsbedeutung auf das ganze Leben des Christen. Sie begleitet das Leben des Christen mit einem Verständnis von Buße ganz anderer Art als das traditionelle Bußsakrament. Ohne expliziten Rückgriff auf die Taufe sagt es die erste der 95 Thesen von 1517.[178] Im Kleinen Katechismus nennt Luther die anhaltende Lebensbedeutung der Taufe die „tägliche Reue und Buße", durch die „der alte Adam in uns" sterben oder – wegen des

---

[174] Von der Wiedertaufe, 1528, WA 26, 172,17–22. – Vgl. mit Betonung des Taufbefehls ebd. WA 26, 164,40–165,9 und 165,25–166,8.
[175] Sermon von dem Sakrament der Taufe, 1519, WA 2, 727,4–15; De captivitate Babylonica ecclesiae, 1520, WA 6, 534,20–24.
[176] Schmalkaldische Artikel, 1538, Tl. 3, Art. 6, WA 50, 241,12–25.
[177] Kleiner Katechismus, 1531, WA 30 I, 381,5–382,5. Luther zitiert Tit 3,5–7 nach der Fassung von 1522; ab 1530¹ heißt es in V. 7, WA.DB 7, 291: gerecht und erben.
[178] Thesen gegen den Ablaß, 1517, These 1, WA 1, 233,10 f: 1. Dominus et magister noster Iesus Christus dicendo [Mt 4,17] ‚Poenitentiam agite' etc. omnem vitam fidelium poenitentiam esse voluit.

Taufbades bildlich gewendet – „ersäuft werden" soll. Damit hat er katechetisch anschaulich Röm 6,4 interpretiert.

4. Frage. – Was bedeut denn solch wasser teuffen? – Antwort. Es bedeut, das der alte Adam jnn uns durch tegliche rew und busse sol erseufft werden und sterben mit allen sunden und bösen lüsten, Und widderumb teglich eraus komen und aufferstehen Ein newer mensch, der jnn gerechtigkeit und reinigkeit für [:vor] Gott ewiglich lebe.
Wo stehet das geschrieben? – Antwort. Sanct Paulus zun Römern am sechsten spricht [Röm 6,4]: ‚Wir sind sampt Christo durch die Tauffe begraben jm tode, das gleich wie Christus ist von den todten aufferweckt durch die herrligkeit des Vaters, also sollen wir auch jnn eim newen leben wandeln'.[179]

Die Taufe eröffnet dem Christen die Teilhabe an der geistlichen Heilsgemeinschaft; dazu leistet die leibliche Kirche nur ihren Dienst ohne sakralrechtliches Vereinnahmen des Getauften. Die lebenslängliche „Buße" wird getragen von der Freiheit des Christenmenschen. Der Heilige Geist gestaltet das Leben des neuen Menschen ohne moralische Anstrengung; wenn er das Leben des Christen „heiligt", unterwirft er ihn nicht einem ängstlichen Bemühen. Unter dem Evangelium des Jesus Christus erweist sich der Glaube als eine Lebenskraft des neuen Menschen im Widerstand gegen die Gottesentfremdung, die als Macht des alten Menschen der Christ in sich selbst erfährt. Daß nach einem Verlassen des in der Taufe freigesetzten Lebens jederzeit eine Rückkehr zu diesem Leben offensteht, ist einer der Gedanken in Luthers an Nuancen reicher Zusammenfassung des Tauf-Artikels im Großen Katechismus.

Also sihet man, wie ein hoch trefflich ding es ist umb die Tauffe, so uns […] Gott zu eigen macht, die sund dempfft und weg nympt, darnach teglich den newen menschen sterket Und ymmer gehet und bleibt, bis wir aus diesem elend zur ewigen herlicket komen. Darumb sol ein yglicher die Tauffe halten als sein teglich kleid, daryn er ymmerdar gehen sol, das er sich alle zeit ynn dem glauben und seinen fruchten finden lasse, das er den alten menschen dempfe und ym newen erwachse. Denn wollen wir Christen sein, so müssen wir das werck treiben, davon wir Christen sind, fellet aber yemand davon, so kome er widder hynzu. Denn wie Christus, der gnaden stuel [vgl. Röm 3,25], darumb nicht weichet noch uns wehret widder zu yhm zukomen, ob wir gleich sundigen, also bleibt auch alle sein schatz und gabe. Wie nu ein mal ynn der Tauffe vergebunge der sunden uber komen ist, so bleibt sie noch teglich, so lang wir leben, das ist den alten menschen am hals tragen.[180]

9.6 Das Sakrament des Abendmahls

A) In dem Sermon von dem neuen Testament, d.i. von der heiligen Messe, 1520, expliziert Luther zum ersten Mal seine reformatorische Abendmahlslehre, indem

---

[179] Kleiner Katechismus, 1531, WA 30 I, 382,6–383,8. – Wie grundlegend für Luther Röm 6,4 ist, um die Lebensbedeutung der Taufe zu begreifen, lassen zwei frühe Texte erkennen; Sermon von dem Sakrament der Taufe, 1519, WA 2, 728,10–29; De captivitate Babylonica ecclesiae, 1520, WA 6, 534-3–39.
[180] Großer Katechismus, 1529, WA 30 I, 222,7–20.

9.6 Das Sakrament des Abendmahls

er die Aufmerksamkeit der Leser auf das Herrenwort in den neutestamentlichen Abendmahlsberichten konzentriert.[181] Die Mahlworte über dem Brot und dem Kelch begreift Luther selbstverständlich als Gottesworte, sind es doch Worte des menschgewordenen Gottessohnes, ebenso wie die anderen neutestamentlichen Worte des Jesus Christus. Seine Worte sprechen den Hörer direkt an und erwarten von ihm, diesen Worten zu vertrauen.

Wen[n] der mensch soll mit gott zu werck kummen und von yhm ettwas empfahen, ßo muß es also zugehen, das nit der mensch anheb und den ersten steyn lege, sondern gott allein on alles ersuchen und begeren des menschen muß zuvor kummen und yhm ein zusagung thun. Dasselb wort gottis ist das erst, der grund, der felß, darauff sich ernoch [:hernach] alle werck, wort, gedancken des menschen bawen, wilchs wort der mensch muß danckbarlich auffnehmen und der gotlichen zusagung trewlich gleuben und yhe nit dran zweyffeln, es sey und gescheh also, wie er zusagt.[182]

Das Herrenwort bildet für Luther den Kern des Herrenmahls, wie es in den neutestamentlichen Berichten als Stiftung des christlichen Abendmahls geschildert wird. Genau dieses Mahl meint Luther, wenn er von der „Messe Christi" spricht, wobei er aus dem Herrenmahlsbericht bereits weitgehend die Zusätze gestrichen hat, die das Formular der römischen Messe enthielt.[183] Es ist ein Mahl, das durch die Mahlworte Christi den Charakter einer Testamentshandlung erhalten hat. Die Mahlworte Christi sind Zusagen des Heils für die Anwesenden. Testamentszusagen sind – gemäß Hbr 9,16 f. – Zusagen, die jemand im Hinblick auf seinen eigenen Tod gibt, damit seine Erben das versprochene Gut empfangen.

Alßo auch ym newen testament hat Christus ein zusagen oder gelubd than, an wilche wir glauben sollen und da durch frum [:gerecht] und selig werden, das sein die vorgesagte wort, da Christus sagt: ‚das ist der kilch des newen testaments', die wollen wir nu sehen. Ein testament heysset nit ein yglich gelubd, sondern ein letzter unwiderrufflicher will des, der do sterben will, damit er hynder sich lissit seyn gütter bescheiden und vorordnet, wilchen er wil, auß zu teylen, alßo (wie S. Paul sagt zun Heb[räern] [Hbr 9,16 f]) das eyn Testament muß durch den todt becrefftigt werden, unnd nichts gilt, die weyll der noch lebet, der das Testament macht; [...] dan [:denn] soll er ein testament machen, wie er sich vorspricht, ßo muß er sterben, soll er sterben, ßo muß er ein mensch sein, und ist alßo das klein wörtlein ‚Testament' ein kurtzer begriff aller wunder und gnaden gottis durch Christum erfüllet.[184]

---

[181] Sermon von dem neuen Testament 1520, WA 6, 355,21–28: Wöllen wir recht meß halten und vorstahn, ßo mussen wir alles faren lassen, was die augen und alle synn in dißem handel mugen [:können] zeygen und antragen [:an uns herantragen], [...] biß das wir zuvor die wort Christi fassen und wol bedencken, damit [:mit denen] er die meß volbracht und eyngesetzt und uns zu volnbringen bevolhen hatt; denn darynnen ligt die meß gantz mit all ihrem weßen, werck, nutz und frucht, on wilche nichts von der meß empfangen wirt.
[182] Ebd. WA 6, 356,3–10.
[183] Ebd. WA 6, 355,30 f hat Luther in der Wendung ‚der kilch des newen und ewigen Testaments' die Worte ‚und ewigen' noch nicht gestrichen.
[184] Ebd. WA 6, 357,10–27.

Das Wort „Testament" wird zum Ausdruck für eine Testamentshandlung, weil in der konkreten Situation der Mahlhandlung der Vermächtnisstifter zu den Vermächtnisempfängern spricht; die Zusage des Erbgutes unterstreicht er durch die doppelte Gabe von Brot und Wein, die in der Vermächtniszusage eine einzigartige Bedeutung gewinnen. In Luthers Sicht konstituieren sechs Faktoren diese Testamentshandlung.

> Nu sehen wir, wie vil stück yn dißem testament odder messe sein. Es ist zum ersten der testator, der das testament macht, Christus, zum andernn die erben, den[en] das testament bescheyden wirt, das sein wir Christen, zum dritten das testament an ym selbs, das sein die wort Christi, da er sagt: ‚das ist meyn leyb, der fur euch geben wirt, das ist mein blut, das fur euch vorgossen wirt, ein new, ewiges testament' etc. Zum vierden, das sigill oder wartzeychen ist das sacrament, brot und weyn, darunder sein warer leyb und blut, dan[n] es muß alles leben, was ynn disem testament ist [...]. Zum funfften das bescheydne gut, das die wort bedeutten, nemlich ablas [:Erlaß, Vergebung] der sund und ewigis leben. Zum sechsten die pflicht, gedechtniß odder begengniß, die wir Christo halten sollen [...] wie sanct Paulus dasselb außlegt 1Kor 11 [V. 26] ‚Als offt yhr eßet diß brott und trinckt dißen kilch, solt yhr vorkundigen das sterben Christi'.[185]

Bei der anders angelegten Analyse des Altarsakraments in De captivitate babylonica ecclesiae, 1520, nennt er drei Faktoren der Testamentshandlung, die er nicht numerisch geordnet entfaltet.[186] In seiner definitiven, parallel lateinisch und deutsch verfaßten Auseinandersetzung mit der römischen Messe,[187] wo er die Herrenworte der Mahlhandlung nacheinander in acht Punkten erörtert, entfaltet er an letzter Stelle die Faktoren der Testamentshandlung in einer Vier-Zahl bei dem Stichwort „testamentum". Das Gedenkmandat behandelt er jetzt in einem eigenen Punkt, und zwar im ersten.[188] Das Zusagewort und das Siegel, die 1520 gesondert aufgeführt worden sind, erscheinen jetzt in der Einheit des Zusagewortes, das Christus über Brot und Wein spricht.

Quattuor ergo integrant testamentum, Testator, Verbum vel codex nuncupationis et promissionis, Hereditas, Heredes, quae in hoc testamento videamus. [1.] Testator Christus est moriturus, [2.] Verba testamenti sunt, quae nunc verba consecrationis vocant. [3.] Hereditas est remissio peccatorum in testamento promissa. [4.] Heredes sunt omnes, qui credunt, nempe sancti et electi filii dei. Unde Apostolus Tit 1 [V. 1] fidem Christia-	Vier ding gehoren zu eym rechten, volkommen testament, Der bescheyder, die verheyssung mundlich oder schrifftlich, das erbgutt und die erben, wie denn alhie yn dießem testament klar fur augen ist. [1.] Der bescheyder ist Christus, der sterben wil. [2.] Die verheyssung sind die wort, damit brot und weyn gebenedeyet wirt. [3.] Das erbgutt, welchs uns Christus ynn seym testament bescheyden hatt, ist vergebung der sund. [4.] Die erben sind alle Christgleubige, nemlich die heyligen, außerwelten kinder gotts; derhalben heyst auch Paulus ad Titum 1 [V. 1]

---

[185] Ebd. WA 6, 359,13–34.
[186] De captivitate Babylonica ecclesiae, 1520, WA 6, 513,24–33 werden genannt: mors testatoris, hereditatis promissio, heredis nuncupatio.
[187] De abroganda missa privata / Vom Mißbrauch der Messe, 1521, WA 8, 411–476 / 482–563.
[188] Ebd. WA 8, 434,32–436,17 / 509,30–511,26.

9.6 Das Sakrament des Abendmahls

503

nam vocat fidem Apostolorum [lies: electorum].¹⁸⁹   den Christlichen glawben eyn glawben der auserwelten.

Indem Luther sein Abendmahlsverständnis unter dem Stichwort „Testament" entwickelt, setzt er sich zugleich mit der traditionellen Lehre von der Messe auseinander, insbesondere mit der Lehre von der zentralen priesterlichen Opferhandlung. Wenngleich es hier nicht angebracht ist, Luthers Auseinandersetzung mit der kirchlichen Meßtheologie im einzelnen zu analysieren, kann doch nicht völlig ausgeklammert werden, inwiefern sich die neue reformatorische Abendmahlslehre in ihren wichtigsten Eigenheiten von der traditionellen Lehre unterscheidet.

Das Herrenmahl der neutestamentlichen Berichte wird durch die Interpretation als Testamentshandlung des Jesus Christus eindeutig auf eine einmalige Situation bezogen. Der Vermächtnisstifter hat seinen eigenen Tod im Blick. Jesus Christus zelebriert mit seinen Worten und seinem Handeln jedoch nicht eine Art kultischer Vorwegnahme seines Opfertodes. Die neutestamentlichen Berichte schildern, wie Luther betont, eine einfache, schlichte Mahlfeier. Und das Gedenkmandat – Luther verweist vorzugsweise auf 1Kor 10,24 – ist der Auftrag an die Jünger, die Mahlhandlung zu wiederholen und dabei seine Testamentszusage mitzuteilen.¹⁹⁰ Mit der Deutung des Herrenmahls als Testamentshandlung hat Luther ein stärkeres Argument gegen das Meßopfer gewonnen, als wenn er mit der Einmaligkeit des Opfertodes Christi (Hbr 9,28) argumentiert hätte; denn das Argument der Einmaligkeit des Opfertodes Christi konnte entkräftet werden durch die Unterscheidung des blutigen Opfertodes Christi und des unblutigen kultischen Gedenkopfers. Die Bedeutung des Kreuzestodes Christi will Luther nicht schmälern. Die Testamentshandlung hat jedoch ihren eigenen Ort am Schluß des öffentlichen Wirkens Jesu Christi; seine Predigt der Verkündigung von Gottes Vergebung bekräftigt Jesus Christus in seinen Testamentsworten mit dem Willen zur Selbsthingabe für diese, seine Aufgabe. Mit dieser Sicht gibt Luther der Testamentshandlung des Jesus Christus einen unverwechselbaren Ort in dessen Wirken als Prediger des Evangeliums.

B) In der lateinischen Meßliturgie war seit Jahrhunderten der Bericht vom Herrenmahl fest eingefügt in Gebete des Priesters. Zu Gott hingewendet rezitierte der Priester den Bericht, der mit einem Relativpronomen an das vorhergehende Gebet anschloß.¹⁹¹ Nicht nur durch diesen Anschluß war der Bericht vom Her-

---

[189] Ebd. WA 8, 444,19–24 / 521,18–25.
[190] Ebd. WA 8, 434,34–435,2 / 509,31–39.
[191] Nachdem am Schluß des vorhergehenden Gebetes Jesus Christus genannt worden ist, schließt das zentrale Stück der Meßliturgie an mit den Worten: ‚Qui pridie quam pateretur accepit panem' etc. (‚Welcher am Tag vor seinem Leiden das Brot nahm' etc.) – Dazu heißt es bei Biel, Canonis missae expositio, lect. 34 A2–7 (2,1): Ista est pars quarta canonis principalis, in qua praemissis orationibus […] proceditur nunc ad sacrificii perfectionem, scilicet materiae

renmahl einbezogen in die Gebetsrichtung zu Gott hin, sondern auch durch direkt nachfolgende Gebete. Die Herrenworte über Brot und Wein waren nicht an gegenwärtig anwesende Gläubige gerichtet, vielmehr waren sie mit dem ganzen Bericht, einschließlich Gedenkmandat, zu einem kultischen Memorialgebet geworden, das getragen war von dem Gedanken, daß mit diesen Gebeten das Opfer Christi in kultischer Vergegenwärtigung Gott dargebracht wird.[192] Erst nach der großen priesterlichen Gebets- und Opferhandlung, dem Canon missae, folgte als neue Handlung die Kommunion. Zur täglichen Messe, zu der jeder Priester verpflichtet war, gehörte für gewöhnlich keine Gemeindekommunion; der Priester genoß, wie bei jeder Meßfeier, am Altar die beiden konsekrierten Gestalten von Brot und Wein, während bei der Gemeindekommunion den Gläubigen nur die eine Gestalt des Brotes gereicht wurde.

Aus der festen liturgischen Umklammerung durch Gebete hat Luther das Herrenmahl herausgelöst und gleichzeitig die Vermischung mit dem Opfergedanken verworfen, so daß die Herrenworte nun von der anwesenden Gemeinde als Worte gehört werden können, die an sie gerichtet sind. Das Abendmahl soll auch nur noch im Gemeindegottesdienst gefeiert werden. Die Herrenworte sind nun Worte des Evangeliums an die Gemeinde, das Abendmahl ist eine Verkündigungshandlung, verbunden mit der Kommunion der Gemeindeglieder, die sich das Abendmahl reichen lassen möchten. Präzis unterscheidet Luther zwei Richtungen der gottesdienstlichen Handlungen; an Gott gerichtet sind die Gebete, an die Gemeinde gerichtet sind die biblischen Lesungen sowie die Predigt, ebenso der Abendmahlstext, der sich in dieser Hinsicht nicht von der Lesung des Evangeliums unterscheidet. Luther nennt die beiden Richtungen „descendent" – das ist alle Verkündigung – und „ascendent" – das ist alles Gebet, also auch die traditionelle priesterliche Opferhandlung; für diese Differenz verwendet die neuere Liturgiewissenschaft die griechischen Lehnworte „katabatisch" und „anabatisch". Da Luther die reformatorische Abendmahls- oder Testamentshandlung, die er zuweilen als Messe bezeichnet, in ihrer Richtung klar unterscheidet von den gottesdienstlichen Gebeten, dringt er darauf, daß die gottesdienstlichen Akte nicht durcheinander gebracht werden. Für das Gebet setzt er voraus, daß im reformatorischen Gottesdienst alles Beten in der Gewißheit des extern im Evangelium verankerten Glaubens geschieht.

---

idoneae et sanctificatae consecrationem, qua panis vinique substantiae in verum corpus Christi et sanguinem substantialiter convertuntur.

[192] Vgl. Biel, Canonis missae expositio, lect. 85 F1–7 (4,101): Quamvis autem semel oblatus est Christus in aperta carnis effigie, offertur nihilominus cottidie in altari velatus in panis vinique specie. Non quidem quantum ad ea quae poenam important; […] sed ex aliis duabus causis eucharistiae consecratio et sumptio sacrificium dicitur et oblatio. Tum quia illius sacrificii veri et immolationis sanctae factae in cruce repraesentativa est et memoriale. Tum quia similium effectuum operativa et principium causale.

Non ergo sunt confundenda illa duo, Missa et oratio, sacramentum et opus, testamentum et sacrificium, quia alterum venit a deo ad nos per ministerium sacerdotis et exigit fidem, alterum procedit fide nostra ad deum per sacerdotem et exigit exauditionem. Illud descendit, hoc ascendit, ideo illud non requirit necessario dignum et pium ministrum, hoc vero requirit, quia deus peccatores non exaudit, qui novit per malos benefacere, sed nullius mali acceptat opus, sicut monstravit in Cayn [Gen 4,5] et Prov 15 [V. 8] dicitur: ‚Victimae impiorum abominabiles domino'. Rom 14 [V. 23]: ‚Omne, quod non est ex fide, peccatum est'.[193]	Man darf also beides nicht durcheinanderwerfen: Messe und Gebet, Sakrament und Werk, Testament und Opfer. Denn das eine kommt von Gott zu uns durch den Dienst des Priesters und fordert den Glauben, das andere nimmt von unserem Glauben den Ausgang, gelangt durch den Priester zu Gott und fordert Erhörung. Das eine steigt hernieder, das andere empor. Jenes braucht daher nicht unbedingt einen würdigen und frommen Diener, dieses aber sehr wohl, da ja Gott auf Sünder nicht hört. Er vermag zwar Gutes zu tun durch Böse, aber das Werk eines Bösen findet niemals Gefallen vor ihm, wie er an Kain gezeigt hat oder wie es Sprüche 15 [V. 8] heißt: ‚Der Gottlosen Opfer ist dem Herrn ein Gräuel!', oder Röm 14 [V. 23]: ‚Alles, was nicht aus dem Glauben kommt, ist Sünde'.

In seiner letzten Schrift zur reformatorischen Neugestaltung des Gottesdienstes, Deutsche Messe, 1526, hat Luther der Abendmahlshandlung eine „vermanung an die, so zum sacrament gehen wollen" vorangestellt; mit ihr soll der Pfarrer die Abendmahlsgäste an den Sinn dieser Handlung erinnern:

das yhr mit rechtem glauben des testaments Christi warnehmet und allermeist die wort, darynen uns Christus sein leyb und blut zur vergebung schenckt, ym hertzen feste fasset [...] Und darauff eusserlich das brod und weyn, das ist seynen leyb und blut, zur sicherung und pfand zu euch nemet. [...] Dem nach wollen wir ynn seynem namen und aus seynem befehl durch seyne eygene wort das testament also handeln und brauchen.[194]

An die Vermahnung soll sich gleich die Abendmahlsfeier anschließen, bei der Luther den psalmodierten Einsetzungsbericht und die Kommunion so eng zusammenziehen möchte, daß den Abendmahlsgästen – sie sind bereits beim Altar versammelt – Brot und Wein in zwei Akten jeweils nach den beiden Herrenworten gereicht werden.[195]

In den Christus-Worten zum Brot und zum Wein liegt für Luther das Hauptgewicht auf der Heilszusage; sie ist zusammengefaßt in der Verheißung der Sündenvergebung, das heißt lehrhaft gesprochen: in Gottes Zusage der Rechtfertigung des Sünders. Darin liegt eine einschneidende Konzentration auf den Heilssinn des Herrenmahls. Wie tief der Schnitt geht, läßt Gabriel Biels Meßauslegung schnell erkennen. Er spricht erstens von den Früchten des Meßopfers, das der Priester als kultische Repräsentation des Opfertodes Christi Gott darbringt,

---

[193] De captivitate Babylonica ecclesiae, 1520, WA 6, 526,13-21; LDStA 3, 251,31-42.
[194] Deutsche Messe, 1526, WA 19, 96,20-28. – Zu beachten ist der nachfolgende Wunsch, wie man es mit dem Text dieser oder einer anders abgefaßten Vermahnung halten möge, ebd. 96,29-97,11. – Eine anders formulierte Vermahnung hat Luther am 26.3.1525 dem Zwickauer Pfarrer Nikolaus Hausmann vorgeschlagen, Nr. 847 WA.B 3, 462,13-463,33.
[195] Deutsche Messe, 1526, WA 19, 99,5-14.

zweitens von den Früchten, die mit der eucharistischen Speise der Seele zugute kommen.¹⁹⁶ Wer dem Meßopfer des Priesters mit Andacht beiwohnt, hat einen allgemeinen religiösen Nutzen davon, der jedoch übertroffen wird von den Früchten der eucharistischen Speise, die Gabriel Biel in einer Reihe von zwölf Früchten beschreibt.¹⁹⁷ Von ihnen soll hier nur die zweite herausgegriffen werden, weil bei ihr von Sündenvergebung die Rede ist.¹⁹⁸ Bei näherer Betrachtung bleibt die Vergebung der sog. Todsünde und somit die Wiederherstellung der rechtfertigenden Gnade dem Bußsakrament vorbehalten, so daß nur „gewisse Überbleibsel", gewisse Schwächen, die die Todsünde in der Seele hinterlassen hat, durch einen würdigen Genuß der eucharistischen Speise behoben werden können.¹⁹⁹ Bestenfalls kann die würdige Eucharistiekommunion eine Todsünde beheben, die dem Gewissen bisher nicht bekannt gewesen ist, also nicht gebeichtet werden mußte, oder sie kann eine schwach bereute Sünde zum Verschwinden bringen, weil sie die nötige tiefe Reue weckt, wodurch jedoch die Beichtpflicht nicht erlischt.²⁰⁰ Das Schwergewicht liegt darauf, für die Teilnahme an der Kommunion in der von der Kirche geforderten Weise würdig zu sein; der Gläubige muß sich selbst prüfen, ob er innerlich würdig ist für den Genuß der kostbaren eucharistischen Speise.

Luther betont hingegen immer wieder, daß würdige Teilnahme am Abendmahl einzig abhängt von dem Glauben, der sich die Sündenvergebung zu Herzen nimmt, die ihm in den Christus-Worten zugesprochen wird. Die Sündenvergebung umfaßt das ganze Heil und schenkt im Christus-Glauben dem Gewissen volle Befreiung. Das findet Luther in den beiden Herrenworten ausgesprochen:

‚Quod pro vobis datur'. Item ‚qui pro vobis effundetur in remissionem peccatorum'. Hic signatur res ipsa promissionis, quae est remissio peccatorum [...] Quid amplius promittere potuit quam remissionem peccatorum. Quid est remissio peccatorum nisi gratia, salus, hereditas, vita, pax, gloria aeterna in ipso deo?²⁰¹

‚Welcher fur euch gegeben wirt'. ‚Welchs fur euch vergossen wirt tzu vergebung der sunde'. Hie wirt angetzeigt die gelobte [:versprochene] gnad, nachlassung der sund. [...] Was kündt er doch grössers vorheyssen haben, denn vergebung der sund, das nichts anders ist, denn gnad, frid, leben, erbteyll, ewige ehre und selickeyt ynn gott?

---

¹⁹⁶ Biel, Canonis missae expositio, lect. 85 D3–5 (4,99): sacrosancta eucharistia principaliter instituta est in sacrificium et in sacramentum seu cibum. Ideo omnem fructum sacrificii omnemque fructum spiritualis cibi influit atque gignit. – Die Früchte, die mit dem Vollzug des Meßopfers verbunden sind, behandelt Biel ebd. D5–N15 (4,99–108).
¹⁹⁷ Ebd. lect. 85O–86S (4,108–140).
¹⁹⁸ Ebd. lect. 85 P1–U15 (4,109–115): De secundo effectu, qui est relaxare pecccata.
¹⁹⁹ Ebd. lect. 85 P24–29 (4,110).
²⁰⁰ Ebd. lect. 85 P43–50 (4,111).
²⁰¹ De abroganda missa privata / Vom Mißbrauch der Messe, 1521, WA 8, 442,7–9.13–15 / 518,18–20.25–27. – Ähnlich umschreibt Luther das Heil, das dem Vertrauen auf die Testamentsworte Christi zuteil wird, am Schluß seines Abendmahlstraktates in De captivitate babylonica ecclesiae, WA 6, 526,28–33: Est enim testamentum hoc Christi medicina unica praeteritorum, praesentium et futurorum peccatorum, modo indubitata fide ei adhaeseris et credideris tibi

9.6 Das Sakrament des Abendmahls

C) Welche Bedeutung haben nach Luthers Verständnis beim Abendmahl die Gaben von Brot und Wein? Da es im Mittelalter üblich geworden war, am Gründonnerstag über das Abendmahl zu predigen, benutzte Luther 1523 diesen Tag, über die wahrhaft evangelische Abendmahlskommunion zu sprechen.[202] Offenkundig gingen in Wittenberg damals manche Gemeindeglieder zur Kommunion noch in der Meinung, es genüge zu glauben, daß „unter dem Brot sei Gottes Fleisch", weil in vorreformatorischer Zeit für viele bei der Kommunion solcher Glaube entscheidend gewesen war.[203] Deshalb hatte man damals den Kommunikanten die Hostie in den Mund gegeben, damit nichts zu Boden fällt. Aus demselben Grunde hatte man auf die Kelchkommunion der Laien längst verzichtet, ehe der Kelchentzug auf dem Konstanzer Konzil 1415 kirchenrechtlich sanktioniert wurde.[204] Luther schärft jetzt der Gemeinde ein, beim Abendmahl sei ein Glaube dieser Art unnütz. Der Christ solle sich nicht einfach eine heilige Speise geben lassen. Vielmehr solle der Christ sich fragen, was er im Abendmahl empfängt, und warum er selbst sich das Abendmahl reichen läßt. Die Doppelfrage zielt auf das neue, evangelische Verständnis des Abendmahls. Dem Christen soll bewußt sein, was Christus in seinen Worten beim Reichen von Brot und Wein zu ihm, dem Abendmahlsgast, sagt.

Darumb soll man fordt an die do dartzu gehen wollen, fragen, was sy do nehmen und warumb sie es nehmen, und die sollen also antworten: ‚Seht das sind die wort Christi, das er habe seyn leyb und blut fur mich dar gegeben, das mir meyn sunde sollen abgewaschen seyn, und darumb hat er mir hieher gestelt zum zeychen seyn blut und fleysch wie eyn Sygel, damit ich versichert soll seyn, ym sey also, Meyn sunden sind mir vergeben, und ich darauff sterben soll; seyn sterben, seyn todt, seyn blut und fleysch sind meyn und stehen fur mich'. Wo der glauben nit ist, do bleybe man darvon.[205]

Um einen derart bewußten Glauben zu fördern, möchte Luther einführen, daß Gemeindeglieder, die zum Abendmahl gehen wollen, vorher sich fragen lassen, ob sie für sich selbst das suchen, was ihnen Christus sagt und mit Brot und Wein gibt. Daraus ist in der von Wittenberg beeinflußten Reformation eine Institution mit dem Titel Abendmahlsverhör entstanden.[206] Das seelsorgerliche Gespräch zur Vorbereitung auf den Abendmahlsempfang war nicht identisch mit der öf-

---

gratuito dari id quod verba testamenti sonant. Quod si non credideris, nusquam, nunquam, nullis operibus, nullis studiis conscientiam poteris pacare. Fides enim sola est pax conscientiae, infidelitas autem sola turbatio conscientiae.

[202] Die Predigt, 2.4.1523, erschien gedruckt: Ein Sermon am grünen Donnerstag, 1523, WA 12, 476–493 (oberer Text, Dr I). Daneben existiert eine umfangreichere Druckfassung, ebd. 476–493 (unterer Text mit eigener Zeilenzählung, Dr II), vgl. dazu ergänzend WA 11, 77–80.

[203] Ebd. WA 12, 476,6–477,4 Dr I.

[204] Das auf dem Konzil von Konstanz am 15.6.1415 verabschiedete Dekret über den Kelchentzug wurde am 1.9.1425 von Papst Martin V. bestätigt, DH 1198–1200.

[205] Predigt, 2.4.1523, WA 12, 479,5–480,2 Dr I.

[206] Zumindest ein Druck – Wittenberg 1525 – der Predigt vom 2.4.1523 enthält einen Text mit fünf Fragen und Antworten zur Vorbereitung auf den Abendmahlsempfang, WA 11, 79 f. Obwohl der Text wahrscheinlich nicht von Luther verfaßt worden ist, stimmt er mit seiner

fentlichen Ausübung der Schlüsselgewalt. Am Ende dieser Gründonnerstagspredigt unterstreicht Luther, daß es keinen Beichtzwang mehr geben soll, aber „das wort der absolucion nicht umbsunst gegeben" sei; er empfiehlt, „gedenck, das du ynn gottlicher hulde bleybst und zu nemest"; denn die Absolution, aufgenommen als Gottes Wort, hilft, „das du eyn lust zu dem newen leben gewinnest".[207]

Den Reichtum des Abendmahls erfährt, wer die Worte Christi für sich selbst zu Herzen nimmt und Brot und Wein so empfängt, wie sie Christus ihm reicht als Bekräftigungszeichen oder Siegel zu seiner Heilszusage.

Aber wenn du daher kompst und alßo sagst: ‚sich [:siehe], das sind wort Christi, das seyn leyb und leben fur mich gestelt sey, das ich mich deß also kann annehmen als meynes eygens gutts, und des habe ich hye eyn zeychen', Seht also hilfft es dich, do empfehestu denn eyn uberschwencklichen grossen reychen schatz.[208]

Eine doppelte Frucht des Abendmahls rühmt Luther in dieser Predigt; die erste Frucht ist die Gewißheit der Teilhabe am Heil des Christus, die er hier wieder einmal als einen Tausch von Gütern beschreibt; eine andere Frucht besteht in einer ähnlich engen Verbundenheit mit anderen Menschen, die hier gestiftet wird. Beide Aspekte entnimmt er dem Paulus-Text 1Kor 10,16 f. In seiner Anwendung des Paulus-Textes spricht Luther bildhaft weniger vom Brot als vom „Kuchen", offensichtlich weil dieses Wort eher als Metapher für etwas Zusammengebackenes dienen konnte als das Wort „Brot".

Es sind zween nutze und frücht des sacraments. Die erste, die uns macht [zu] bruder[n] und miteerben Christi, also das wir werden eyn kuchen mit Christo. Die andere macht, daß wir auch werden eyn kuchen mit einander als mit dem nehisten. Die zwo frucht hat Paulus gesagt zu den Corinth[ern] am 10. [1Kor 10,17]: ‚Wir sind alle eyn brot, die wir essen von eynem brot'. Item [ebd. V. 16] ‚Ist's nicht so? Die wir brechen von eynem brot, das wir haben die gemeynschafft Christi?'[209]

Die enge Gemeinschaft mit Christus und seinem Heil entsteht beim Abendmahl nicht durch den Empfang der Mahlgaben, sondern durch den Glauben, der sich an die Christus-Worte heftet.[210] Wenn das Christus-Wort der Heilszusage und der Glaube sich verbinden, entsteht die Gemeinschaft, die Luther bildhaft

---

Gründonnerstagspredigt von 1523 überein. Zu der anschließend entstandenen Gattung der Texte für ein sog. Abendmahlsverhör vgl. WA 30 I, 661 f.

[207] Predigt, 2.4.1523, WA 12, 491,8 f; 492,7 f; 493,1 Dr I.
[208] Ebd. WA 12, 480,8–481,1 Dr I.
[209] Ebd. WA 12, 485,1–6 Dr I. – Vgl. zur ersten Frucht ebd. 485,6–487,3, zur zweiten ebd. 488,1–490,6.
[210] Ebd. WA 12, 485,11–486,7 Dr I: Nu, was hat denn Christus? Er hat das, das er ist ein herr uber todt, teuffel, helle und alle creaturen, ist allmechtig, gewaltig, weys, gerecht, frum und ist aller tugend vol. Seht, die gütter werden uns[er] alzumal. War durch? durch das werck, das du da thust, wenn du das sacrament nymst? Mit nichten, sonder durch den glawben, wenn du glawbest, das Christus sein leyb und leben für dich dar gesetzt habe, da mit wirstu auch eyn herr uber todt, teuffel, hell und alle creaturen, mechtig, frum und selig, nicht durch deyn lugen gerechtigkeyt [:erlogene, vorgetäuschte G.], sonder Christi, der fur dich steht.

„Kuchen" und, wie er es gerne tut, als einen Tausch beschreibt, bei dem Christus das Unheil des Menschen auf sich nimmt, um ihn an dem Heil des Versöhntseins mit Gott teilhaben zu lassen. Und der Glaube gibt dem Gewissen einen Rückhalt unabhängig von allem, was der Mensch bei sich selbst vorweisen kann.

Zum ersten, wie geht das zu, […] das wir eyn kuch werden mit yhm? Also [geht's zu], das wir alles, was seyn ist, uns zu eygnen, das unßer gewyssen fort an nicht auff sich, sondern auff die blosse gnade Christi sich erwege und ergebe. […] Sihe, so wirstu eyn kuchen mit Christo, das wir tretten mit yhm ynn ein gemeynschafft seiner gutter, und er ynn ein gemeynschafft unßer gutter, So flicht sich denn ynn einander, das sein gerechtikeyt meyn wirt, meyn ungerechtickeyt seyn, seyn gutes leben mein, mein boßes leben seyn, und Summa summarum, er nympt sich alles unßers dinges an wie des seynen, und wir nehmen uns widerumb des seinen an wie der unsern [Dinge]. Sihe, wenn du da hin kompst, was wiltu mehr? Do bist du schon im paradeys und bist selig.[211]

Diese für ihn grundlegenden Gedanken hat Luther zwei Jahre später in einer Predigt am Gründonnerstag erneut vorgetragen, manches noch nachdrücklicher als 1523. Der Einsetzungsbericht spricht zwar von dem letzten Mahl des Herrn mit seinen Jüngern als etwas Vergangenem; was jedoch die Herrenworte sagen, will gegenwärtig gehört und geglaubt sein. Wer die Herrenworte nicht im Glauben auf sich selbst bezieht, hat keinen Nutzen davon und sollte lieber auf die Kommunion verzichten.[212] In den Herrenworten vernimmt der Glaubende, Christus gebe sich ihm mit seinem Leib und Blut unter Brot und Wein so zu eigen, daß die Gerechtigkeit Christi und alles, was Christus hat, ihm, dem Glaubenden, verläßlicher ist als sein eigener Leib und sein eigenes Leben. Einen deutschen Satz, in dem Luther nach einem Zitat von Joh 6,56 einprägsam von dem Tausch Heil gegen Unheil spricht, hat die Predigtnachschrift wortwörtlich festgehalten.[213]

---

[211] Ebd. WA 12, 485,6–10; 486,8–487,3 Dr I. – Wenn der Glauben angefochten wird, findet er im Abendmahl Rückhalt, ebd. WA 12 483,1–7 Dr I: Darumb muß mans recht gebrauchen, wie die wort klingen: ‚Sihe das ist meyn leychnam, der fur euch' etc. Sihe do horestu, das fur dich gegeben sey, das es dir geschehen sey, das hilfft und erquickt eyn[en], wenn yhn der teuffel antast, das du sagen kanst ‚Ja es ist war, Ich bin ein sunder, ich bin unreyn' (wenn er dir die sunde furhelt), ‚aber ich habe hie das unschuldig blut Christi, der hohen majestet sigel. Sihe was wiltu [mir] denn thun? mit dem bin ich eyn kuchen worden', do mus er denn weychen.

[212] Predigt, 13.4.1525, WA 17 I, 174,7–9 Ns: Omnino ergo opus est, ut quisque credat se illum esse hominem, pro quo hoc corpus datum et sanguis effusus est in remissionem peccatorum, hanc fidem adfer ad sumptionem huius Sacramenti, sine hac fide nemo accedat. – Ebd. 176,7 f. Ns: ‚Indigne sumit' [1Kor 11,29] qui fidem hanc non adfert, das er ein kuch wird mit Christo.

[213] Ebd. WA 17 I, 175,2–11 Ns: [Nach Zitat von 1Kor 11,24.25] Quare ita dat mihi corpus et sanguinem suum Christus, ut ea in aeternum habeam. Si ergo hoc verum est, item hoc, quod iustitia Christi et omnia, quae habet, mea sit, et longe certius, quam quod corpus meum et sanguis meus sint mea, necesse est, ut credam illud pro me datum, hunc pro me effusum esse. Et hoc est, quod Christus dicit Joh 6 [V. 56] ‚Qui manducat carnem meam et bibit sanguinem meum, manet in me et Ego in eo'. Denn Christus und ich werden so ineinander gebacken, das mein sund und tod sein werden und sein gerechtigkeit und leben mein eigen werden. In summa fit hic commutatio felicissima [:Insgesamt geschieht hier der beglückendste Tausch].

Als zweite Frucht schafft das Abendmahl unter den Menschen eine Gemeinschaft, die in der ersten, auf Christus bezogenen Gemeinschaft verwurzelt ist.[214] Im Brot und im Wein findet Luther ein Bild für den Vorgang, bei dem viele einzelne Körner zu Mehl zermahlen und viele einzelne Beeren beim Keltern zerdrückt werden. Jedes Korn und jede Beere trägt zum Entstehen von Brot und Wein bei, weil jedes Korn und jede Beere bereit ist, sich verwandeln zu lassen, Eigenes für andere preiszugeben, damit etwas Gemeinschaftliches zustande komme.

Seht, ist es nicht also? Die korner, wenn sie tzermalen werden, so sprengen sie sich ynn einander, keyns behelt seyn mel bey yhm [:sich], sondern mengens ynn einander, biß es als [:alles, ganz] eyn ding wirt. Item also mit dem weyn auch, die beer werden also zerdruckt, das keynes fur sich selbst seinen safft und kraft hat, sondern eynes wirdt des andern safft und krafft.[215]

Übertragen heißt das: Dem Glauben, der für sich beim Abendmahl die befreiende Zuwendung des Jesus Christus erfährt, entspringt die Liebe, die sich selbstlos anderen Menschen zuwendet, um ihnen in ihrer Not zu helfen.

Seht, also sind wyr auch eyn brot, wenn wir glawben, das keyner ist für sich selbst, sondern eyn yeglicher wyrfft und breyt sich unter den anderen durch die liebe. Wenn du arm bist, schwach, ungesundt, Byn ich eyn Christ, so gibe ich mich do hyn ynn alle deyne nott, entbreche [:zerbreche] mich wie eyn korn und werde gleych [:gleichsam] zu meel; do issest du mich, das ist, du geneussest meyn; all mein leben gehet dyr zu gutt.[216]

D) Die lebhafte Kontroverse über das Abendmahl innerhalb des jungen Protestantismus, die in der Auseiandersetzung mit Karlstadt begann[217] und im Konflikt mit Zwingli ihren Höhepunkt erreichte,[218] veränderte die Perspektive in Luthers Abendmahlslehre. Seine innerprotestantischen Gegner teilten mit ihm, allerdings mit anderen Argumenten, die Ablehnung des römisch-katholischen Meßopfers. Sie teilten jedoch nicht seine Interpretation der neutestamentlichen Herrenmahlsberichte. Der Streit wurde weitgehend als exegetischer Streit ausgetragen, bei dem die fundamentaltheologischen Differenzen leicht in den Hintergrund gerieten. Das Hauptgewicht erhielt die Deutung des „ist" in den Mahlworten. Luthers Gegner bestritten mit ihrer Exegese die Gegenwart des Leibes und Blutes Christi in Brot und Wein; sie machten Luther mehr oder weniger

---

[214] Predigt, 2.4.1523, WA 12, 488,9–11 Dr I: Und so wyr denn mit Christo eyn kuchen sind, so wirckt das selbige soviel, das wyr auch unter einander eyn ding werden.

[215] Ebd. WA 12, 488,11–17 Dr I.

[216] Ebd. WA 12, 488,17–489,3 Dr I. – Es folgt die Umkehr der Relation in der Erfahrung von Hilfe durch einen Christen mit Wort, Tat und Fürbitte, ebd. 489,4–8.

[217] Auf mehrere Schriften zur Abendmahlsfrage, die Karlstadt 1524 veröffentlicht hatte, reagierte Luther mit seiner in zwei Teilen publizierten Schrift Wider die himmlischen Propheten, 1525, WA 18, 62–125 und 134–214.

[218] Aus der Kontroverse mit Zwingli gingen zwei große Schriften Luthers hervor: [1.] Daß diese Worte Christi ‚Das ist mein Leib' etc. noch fest stehen, 1527, WA 23, 64–283. – [2.] Vom Abendmahl Christi, 1528, WA 26, 261–509. Der dritte Teil dieser Schrift, ebd. 499–509, gewann unter dem Titel Bekenntnis, 1528, eine eigene Überlieferung.

offen zum Vorwurf, er habe sich nicht hinreichend von der traditionellen Wandlungs- oder Transsubstantiationslehre verabschiedet. Der Baseler Reformator Johannes Ökolampad (1482–1531) formulierte 1525 die Streitfrage, indem er die Frge nach dem strittigen Wesen des Herrenmahls von dessen Nutzen für den Christen trennte.[219] In einer Predigt am Vorabend des Gründonnerstags, 28. März 1526, hat sich Luther auf die getrennte Diskussion dieser zwei Gesichtspunkte eingelassen.[220] So zu unterscheiden war allerdings abträglich für das Grundlegende seiner Abendmahlstheologie, nämlich für das Verständnis der Herrenmahlsworte als einer direkten Heilszusage des Jesus Christus, die im Glauben der anwesenden Christen wahrgenommen werden will. Mit minimalen Differenzen verfochten Ökolampad sowie Zwingli und dessen Anhänger eine signikative Deutung: Das „ist" bei Brot und Wein habe nur den Sinn des Hinweisens auf Leib und Blut Christi, die deshalb nicht als gegenwärtig angenommen werden sollen. Um so energischer vertrat Luther seine Ansicht, das „ist" müsse ernst genommen werden, es dürfe weder zu einem Bedeuten oder Hinweisen abgeschwächt noch durch den Gedanken einer Verwandlung von Brot und Wein umgedeutet werden. Für Luther bleibt das „ist" eingebunden in die Worte, die Christus als seine Heilszusage an die Anwesenden spricht.[221] – Lapidar formulieren die Schmalkaldischen Artikel, 1537/38:

Vom Sacrament des Altars Halten wir, das brod und wein im Abendmal sey der warhafftige leib und blut Christi.[222]

---

[219] Johannes Ökolampad: De genuina verborum Domini expositione, 1525; in einem Nachwort an die „Brüder, die in Schwaben Christus verkündigen" nennt er, Bl. L6r, als sein Thema die Sachfrage, was die Eucharistie sei und auf welche Weise das Brot Leib sei (quidnam sit Eucharistia et quomodo panis sit corpus), weil er nicht – er denkt an die Wittenberger – nur vom Gebrauch der Eucharistie in der Mahlfeier (de solo usu Eucharistiae apud plebem) reden wolle. – Vierzehn schwäbische Theologen antworteten mit dem von Johannes Brenz verfaßten und am 21.10.1525 in Schwäbisch-Hall unterzeichneten Syngramma Suevicum (gedruckt 1526), vgl. Luthers Erste Vorrede zum Schwäbischen Synngramm, 1526, WA 19, 457–461, und seine Zweite Vorrede zum Schwäbischen Synngramm, 1526, ebd. 529 f.

[220] Am Anfang der Predigt, 28.3.1526, WA 19, 482,4–499,4 Ns, nennt Luther die zwei Gesichtspunkte, die er anschließend getrennt behandelt, (1.) die Präsenz des wahren Leibes und Blutes Christi in Brot und Wein, (2.) der innere Nutzen, den der Glaubende von dem Sakrament hat; WA 19, 482,9–14 Ns (vgl. 482,15–25 Dr). Die Druckbearbeitung dieser Predigt sowie der beiden Predigten des nächsten Tages, des Gründonnerstag, erschien als Sermon von dem Sakrament des Leibes und Blutes Christi, 1526, ebd. 482,15–523,18.

[221] Darauf beruhen die Reflexionen, mit denen Luther 1541 genauso wie 1520 seine Kritik an einer Transsubstantiation von Brot und Wein beim Abendmahl verbindet mit der Kritik an einer spekulativen Christologie: De captivitate Babylonica ecclesiae, 1520, WA 6, 510,25–512,6; ganz analog die Aufzeichnung über die Transsubstantiation, 12.6.1541, WA.B 9, 443–445 (Beilage zu dem Brief an Johann und Georg von Anhalt, 11. / 12.6.1541, Nr. 3629 WA.B 9, 437–439 / 440–442).

[222] Schmalkaldische Artikel, 1538, Tl.3, Art. 6, WA 50, 242,4–7. – Am Schluß desselben Artikels hält Luther der römischen Transsubstantiationslehre entgegen, ebd. 243,6–11: es reimet sich mit der Schrifft auffs beste, das brod da sey und bleibe, wie es S. Paulus selbs nennt [1Kor 10,16] ‚Das brod das wir brechen', Und [1Kor 11,28] ‚also esse er von dem brod'.

Was hier wie eine objektive Gleichsetzung klingt, wird von Luther häufig mit den Präpositionen „in" oder „unter" oder beiden zugleich wiedergegeben, wenn er sagt, daß im Abendmahl „in und unter" Brot und Wein den Kommunikanten Leib und Blut Christi gereicht werden. Und er fügt hinzu, daß Brot und Wein beim Abendmahlsgeschehen „in Gottes Wort gefaßt" sind. Denn für ihn gründet sich die Gegenwart von Leib und Blut Christi ausschließlich auf die Mahlworte Christi, die an die Anwesenden gerichtet sind.

Was ist nu das Sacrament des Altars? Antwort: Es ist der ware leib und blut des HERRN Christi ynn und unter dem brod und wein durch Christus wort uns Christen befohlen zu essen und zu trincken. [...] das Sacrament ist brod und wein, aber nicht schlecht brod noch wein, so man sonst zu tisch tregt, sondern brod und wein ynn Gottes wort gefasset und daran gebunden. Das wort (sage ich) ist das, das dis Sacrament machet und unterscheidet, das es nicht lauter brod und wein, sondern Christus leib und blut ist und heisset.[223]

Durch Luthers steifes Insistieren auf dem „ist" droht nun die im Mahlwort Christi sich ereignende Präsenz von Leib und Blut Christi verkürzt zu werden im Kontext einer objektivierenden Lehre. Das widerspricht der wahren Intention Luthers, weil er das Abendmahl als ein gegenwärtiges Geschehen versteht. Er betont gegenüber Zwingli, daß Christus selbst die anwesenden Kommunikanten in den Mahlworten anspricht und dabei mit den angebotenen Mahlgaben sich selbst als Heilsgabe für sie identifiziert.[224] Die Worte Christi über Brot und Wein sind in Luthers Sicht eingebunden in die ganze Abendmahlsrede Christi. Alles, was Christus hier sagt, konstituiert das Mahlgeschehen. Anders als Zwingli betrachtet Luther die imperativischen Herrenworte zu Brot und Wein „Nehmet" etc. als eine Einheit mit den jeweils folgenden Worten, in denen Jesus Christus sich selbst nach „Leib" und „Blut" mit den dargereichten Gaben identifiziert. Und durch das Gedenkmandat sind die Christen beauftragt, künftig mit der Abendmahlshandlung Jesus Christus zu verkündigen. In der Vollmacht der christlichen Verkündigung werden die Christusworte zu Worten, in denen Christus selbst gegenwärtig wird.

Also ists freilich war, das uns Christus nirgent hat gesagt diese buchstaben ‚Yhr solt aus brod meinen leib machen'. Was ists auch von nöten? Er hat aber gesagt, wir sollen diese wort ynn seiner person und namen, aus seinem befelh und geheisse sprechen ‚das ist mein leib', da er sagt ‚Solchs thut'. Wir machen auch seinen leib nicht aus dem brod [...] Ja, wir sagen auch nicht, daß sein leib werde aus dem brod, sondern wir sagen, sein leib, der lengest gemacht und worden ist, sey da, wenn wir sagen ‚Das ist mein leib', Denn Christus heist uns nicht sagen: ‚Das werde mein leib', odder ‚da machet meinen leib', sondern ‚das ist mein leib'.[225]

---

[223] Großer Katechismus, 1529, WA 30 I, 223,22–30. – Vgl. Kleiner Katechismus, 1531, ebd. 388,4–7: Was ist das Sacrament des altars? – Antwort. Es ist der ware leib und blut unsers Herrn Jhesu Christi, unter dem brod und wein, uns Christen zu essen und zu trincken, von Christo selbs eingesetzt. [Es folgt der Einsetzungsbericht.]

[224] Vom Abendmahl Christi, 1528, WA 26, 284,34–285,2.

[225] Ebd. WA 26, 287,22–30. – Vgl. ebd. 285,14–18: wenn wir seiner einsetzunge und heissen [:Vollmacht] nach ym abendmal sagen ‚das ist mein leib', So ists sein leib, nicht unsers sprechens

9.6 Das Sakrament des Abendmahls

Die Christusworte geben in Luthers Auffassung eine gegenwärtige Zusage der Sündenvergebung. Diese Ansicht wird von Zwingli und seinen Anhängern nicht geteilt. Sie verstehen das Abendmahl als eine Feier des Gedenkens an den Kreuzestod Christi; die christliche Gemeinde bekennt sich mit der Abendmahlsfeier zu der Erlösung, die sie dem einstigen Tod Christi verdankt und als wahre Lehre des Neuen Testamentes glaubt. Zu solcher Feier versammelt sich nach Zwinglis Willen in Zürich die Gemeinde viermal im Jahr. Die Abendmahlsfeier ist in dieser Sicht als Erinnerungsfeier zugleich ein Akt des gläubigen Dankens und Bekennens, der bezogen ist auf ein vergangenes Heilsereignis. Indem die zur Abendmahlsfeier versammelten Gläubigen dankbar des Kreuzestodes gedenken, vergegenwärtigen sie sich mental dieses Ereignis; ihr Glaube gedenkt eines vergangenen historischen Ereignisses. Solchen Glauben, der das Heilsbewußtsein auf ein vergangenes Faktum bezieht, verwirft Luther nun auch im Streit mit Zwingli. Wieder geht es ihm darum, daß die Heilsbedeutung des Todes Christi wie in der ganzen christlichen Verkündigung so in besonderer Weise im Abendmahl „ausgeteilt" und vergegenwärtigt wird. In der äußerlich vernehmbaren Christus-Verkündigung erfährt der Glaube unverfügbar innerlich Christus als den, der sein Heil austeilt.

Christus hat ein mal der sunden vergebung am creutz verdienet und uns erworben, Aber die selbigen teylet er aus, wo er ist, alle stunde und an allen orten, Wie Lucas schreibt ult. [Lk 24,46 f] ‚Also stehets geschrieben, das Christus muste leiden und am dritten tage aufferstehen (Da stehet sein verdienst) und ynn seinem namen predigen lassen busse und vergebung der sunden' (da gehet seines verdiensts austeilung), Darumb sagen wir, ym abendmal sey vergebung der sunde nicht des essens halben, [...] sondern des worts halben, dadurch er solche erworbene vergebung unter uns austeilet und spricht ‚das ist mein leib, der fur euch gegeben wird', Hie hörestu, das wir den leib als fur uns gegeben essen und solchs hören und gleuben ym essen, drumb wird vergebunge der sunden da ausgeteilet, die am creutz doch erlanget ist.[226]

Theologisch reicher gefüllt kommt dieser Gedanke im Großen Katechismus zur Sprache. Ohne bestimmte Namen zu nennen, greift Luther den Einwand auf, daß im Abendmahl mit der Kommunion von Brot und Wein keine Sündenvergebung geschehen könne. Keineswegs, so antwortet Luther, empfängt man Sündenvergebung durch die Gabe von Brot und Wein, die für sich genommen Brot und Wein sind. Daß überhaupt Gottes Vergebung für alle Menschen „erworben" worden ist, kann nicht vom Kreuzestod Christi getrennt werden. Aber was dort als Heilsgut sich aufgetan hat, muß mit dem Wort des Evangeliums uns angeboten und zugeeignet werden. Das geschieht in besonderer Weise im Abendmahl, weil Christus in den Mahlworten die anwesenden Kommunikanten mit dem „für euch" direkt anspricht. Mit seinen Worten identifiziert sich Jesus Christus – in

---

[...] halben, sondern seines heissens halben, das er uns also zu sprechen und zu thun geheissen [:aufgetragen] hat und sein heissen und thun an unser sprechen gebunden hat.
[226] Ebd. WA 26, 294,25–36. – Vgl. ebd. 295,34–36 und 296,32–297,9.

der Identität seiner Person, die den Kreuzestod erlitten hat – mit den Gaben von Brot und Wein, so daß in diesen Christusworten zweierlei geschieht; Christus gibt seine Heilszusage und zugleich identifiziert er die Gabe von Brot und Wein mit seinem Leib und Blut.

Wie kann brod und wein die sunde vergeben odder den glauben stercken? So [...] wir solchs nicht von brod und wein sagen, als [:wie] an yhm selbs brod brod ist, sondern von solchem brod und wein, das Christus leib und blut ist und die wort bey sich hat. Dasselbige [:Leib und Blut Christi], sagen wir, ist yhe [:jedenfalls] der schatz und kein ander, dadurch solche vergebunge erworben ist. Nu wird es uns ia nicht anders denn yn den worten ‚Fur euch gegeben und vergossen' gebracht und zu geeignet. Denn darin [:in den Worten der Zusage] hastu beides, das es Christus leib und blut ist, und das es dein ist als ein schatz und geschenke. [...] Doch wie gros der schatz fur sich selbst ist, so mus er ynn das wort gefasset und und gereicht werden, sonst würden wirs nicht können wissen noch suchen.[227]

Das Sakrament des Abendmahls steht und fällt mit den Christusworten zu Brot und Wein, die mit ihrer Zusage den Glauben jedes einzelnen Kommunikanten ansprechen. Indem Jesus Christus, der auferstanden und zur Rechten Gottes gegenwärtig ist, in seinem Wort die Abendmahlsgäste anspricht, teilt er ihnen sein Heil aus und macht im Vollzug der Mahlhandlung die Gabe von Brot und Wein zum „Zeichen" oder Unterpfand seines Heils. Weil sich die Abendmahlsgäste in ihrem Glauben auf die Heilszusage des Jesus Christus verlassen, empfangen sie dessen Leib und Blut „in und unter" Brot und Wein als „Pfand und Zeichen" des Heils.

Nu sihe weiter auch die krafft und nutz, darumb endlich [:schließlich, eigentlich] das Sacrament eingesetzt ist, welchs auch das nötigste daryn ist, das man wisse, was wir da suchen und holen sollen. Das ist nu klar und leicht eben aus den gedachten worten ‚Das ist mein leib und blut fur euch gegeben und vergossen zur vergebunge der sunde'. Das ist kürtzlich soviel gesagt: darumb gehen wir zum Sacrament, das wir da empfahen solchen schatz, durch und yn dem wir vergebunge der sunde uberkomen [:erhalten]. Warumb das? Darumb das die wort [...] uns solchs geben. Denn darumb heisset er mich essen und trincken, das es mein sey und mir nütze als ein gewis [:verläßliches] pfand und zeichen, ia eben das selbige gut, so [:das] für mich gesetzt ist wider meine sunde, tod und alle unglück.[228]

Die Abendmahlshandlung wird getragen von dem Evangelium des Jesus Christus, das ausschließlich den Glauben der angesprochenen Abendmahlsgäste erwartet. Damit beantwortet Luther jetzt wie schon in der frühen Gestalt seiner reformatorischen Abendmahlslehre die Frage nach der rechten Würdigkeit für die Kommunion. Seine Antwort verweist auf den Glauben, der sich auf die Heilszusage der Abendmahlsworte verläßt. So ausschließlich ist der Glaube gefragt, daß auch hier jenes „Glaubst du, so hast du" anklingt (vgl. Kap. 7.2).

---

[227] Großer Katechismus, 1529, WA 30 I, 225,24–35. – Ebd. 226,2–11: Denn obgleich das werck am creutz geschehen und die vergebung der sund erworben ist, so kan sie doch nicht anders denn durchs wort zu uns komen. [...] Nu ist yhe das gantze Euangelion und der artikel des glaubens ‚Ich gleube eine heilige Christliche kyrche, vergebung der sunde' etc. durch das wort ynn die Sacrament gesteckt und uns fur gelegt.
[228] Ebd. WA 30 I, 224,33–225,6.

[Mit Nutzen empfängt das Abendmahl] wer da solchs gleubt, wie die wort lauten und was sie bringen. Denn sie sind nicht stein noch holtz gesagt odder verkündigt, sondern denen die sie hören, zu wilchen er spricht ‚Nemet und esset' etc. Und weil er vergebung der Sunde anbeutet und verheisset, kann es nicht anders denn durch den glauben empfangen werden. Solchen glauben foddert er selbs yn dem wort, als er spricht: ‚Fur euch gegeben und fur euch vergossen', als solt er sagen: Darumb gebe ichs und heisse euch essen und trincken, das yhr euchs solt annemen und geniessen. Wer nu yhm solchs lesset gesagt sein und gleubt, das war sey, der hat es. Wer aber nicht gleubt, der hat nichts, als ders yhm lesset umbsonst furtragen und nicht will solchs heilsamen guts geniessen. Der schatz ist wol auffgethan und yderman fur die thur, ia auff den tisch gelegt, es gehört aber dazu, das du dich auch sein annemest und gewislich dafur haltest, wie dir die wort geben.[229]

Man mußte sich fragen, weshalb die Teilnahme am Abendmahl empfohlen wird, obwohl das Abendmahl dem Christen dieselbe Zusage der Sündenvergebung bringt, wie sie ihm auch sonst mit dem Evangelium zugesprochen wird, sei es in der Predigt des Gottesdienstes, sei es im privaten seelsorgerlichen Absolutionswort. Die Antwort liegt auf der Hand: Im Abendmahl erfolgt der Zuspruch der Sündenvergebung im Kontext der Mahlhandlung und ist dadurch mit einem „Zeichen" verbunden. Die Teilnahme an dieser sakramentalen Handlung kann den Christen in seinem Glauben bestärken. Keine gesetzliche Auflage soll die Christen zur Teilnahme am Abendmahl veranlassen.[230] Hingegen galt seit dem 4. Laterankonzil, 1215, die Vorschrift, daß der mündig gewordene Christ mindestens einmal im Jahr, vorzugsweise in der Osterzeit, zur Kommunion gehen soll, nachdem er vorher bei einem Priester die sakramentale Beichte abgelegt hat.[231] Luther mußte feststellen, daß der Wegfall dieses Kirchengebotes bei manchen Leuten zur Gleichgültigkeit gegenüber dem Abendmahl führte.[232] Andere fühlten sich vom Abendmahl abgehalten, weil die reformatorische Lehre ein ernsthaftes Verlangen nach diesem Sakrament erwartete, oder weil sie ihren Glauben für stark genug hielten, so daß sie ihn nicht noch zusätzlich durch das Abendmahl stärken wollten.[233]

Luther entgegnet mit drei Gründen, die zum Abendmahlsgang motivieren sollten. Eine erste Motivation findet er im Gedenkmandat, das gewiß nicht als ein zwingendes Gebot aufgefaßt werden darf; es ist auch kein Ritualgebot, das bestimmte Zeiten oder andere äußere religiöse Bedingungen festlegt.[234] Da Jesus Christus keineswegs ein Gesetzgeber gewesen ist, wird das Gedenkmandat ver-

---

[229] Ebd. WA 30 I, 226,20–32.
[230] Ebd. WA 30 I, 227,19–21: Nu ists war, was wir gesagt haben, man sol bey leib niemand treiben noch zwingen, auff das man nicht widder eine newe seelmörderey anrichte.
[231] Concilium Lateranense IV., 1215, Cap. 21 „Omnis utriusque sexus fidelis", DH 812; s. o. Anm. 130.
[232] Großer Katechismus, 1529, WA 30 I, 227,9–14.
[233] Ebd. WA 30 I, 227,14–17: Und lassen sich etliche hyndern und davon schrecken, das wir gelert haben, es solle niemand dazu gehen on die hunger und durst fülen, so sie treibt. Etliche wenden fur, es sey frey und nicht vonnöten und sey gnug, das sie sonst gleuben.
[234] Ebd. WA 30 I, 228,7–25.

standen als ein von Christus gesprochenes, ermunterndes Mahnwort an die Christen, um ihres Christ-Seins willen das von ihm gestiftete Abendmahl nicht zu verachten.[235]

Die zweite, noch stärkere Motivation liegt in der Heilszusage im Abendmahlswort Christi, die der Christ als eine freundliche Einladung auf sich selbst beziehen darf.[236] Die dritte Motivation kann dem Bewußtsein der eigenen inneren Not entspringen. Der Christ wird ermuntert mit „fröhlichem", befreiendem Glauben sich im Abendmahl das Evangelium des Jesus Christus mitteilen zu lassen.

> Zu dem sol dich deinethalben treiben dein eigene not, so dir auff dem hals ligt, umb welcher willen solch gebieten, locken und verheissen geschicht. Denn er spricht selbs [Mt 9,12]: ‚Die starcken [be]dürffen des artzts nicht sondern die krancken', das ist die müheselig und beschweret sind [vgl. Mt 11,28] mit sund, furcht des tods, anfechtung des fleischs und Teuffels. Bistu nu beladen und fülest dein schwacheit, so gehe frölich hin und lasse dich erquicken, trösten und stercken.[237]

Wer das Christus-Wort der Sündenvergebung im Glauben vernimmt, der erfährt dadurch Gottes Liebe. Er erfährt die Zuwendung der alles umfassenden liebevollen Macht des Gottes, der in Jesus Christus Mensch geworden ist. In seinen Invocavit-Predigten, vom 9. bis 16. März 1522, legt Luther der Wittenberger Gemeinde die wahre geistliche Gabe des Abendmahls ans Herz, die der Glaube empfängt. Hier erfahre der Glaube Gottes unermeßliche Liebe, die dann als Frucht des Abendmahls eine grenzenlose Nächstenliebe hervorbringe. Von Gott, der sich als Grund des Heils erweist, rühmt Luther in grandios bildhafter Weise, Gott selbst sei „ein glühender Backofen voller Liebe, der da reicht von der Erde bis an den Himmel".

> Nun wollen wir von der frucht dieses sacraments, welche die liebe ist, reden, das wir uns also lassen finden gegen unserm nächsten, wie es [lies: uns] von got geschehen ist; nun haben wir von got eyttel liebe und wolthat empfangen, dann Christus hat fur uns gesatzt und geben gerechtickeit und alles, was er hatt, alle seyne guter uber uns außgeschüttet, welche nyemants ermessen kann, keyn engel kann sie begreyffen noch ergründen, dann got ist ein glüender backofen foller liebe, der da reichet von der erden bis an den hymmel.[238]

---

[235] Ebd. WA 30 I, 229,2–8.
[236] Ebd. WA 30 I, 230,33 f im Kontext von 230,24–34. – Vgl. ebd. 230,39–231,2: [das Abendmahl sei zu verstehen] als eitel heilsame, tröstliche ertzney, die dir helffe und das leben gebe beide an seele und leib. Denn wo die seele genesen ist, da ist dem leib auch geholffen. – Die Motivation des Dankes für Gottes Angebot des Abendmahls hat Luther dann zum Gegenstand seiner Vermahnung zum Sakrament des Leibes und Blutes Christi, 1530, gemacht, WA 30 II, 595–626.
[237] Großer Katechismus, 1529, WA 30 I, 231,15–20.
[238] Predigt, 15.3.1522, WA 10 III, 55,10–56,3. – In der Predigt, 9.6.1532 p.m., über 1Joh 4,16 verwendet Luther erneut das Bild vom Backofen für Gottes Liebe, mit der er sich selbst in seinem Wesen mitteilt, WA 36, 424,2–425,2 Ns.

Literaturhinweise*

Zu Luthers Theologie – im Ganzen und in umfassenden Themen

Althaus, Paul: Die Theologie Martin Luthers; (1962) ⁷1994
Barth, Hans-Martin: Die Theologie Martin Luthers. Eine kritische Würdigung; 2009
Bayer, Oswald: Martin Luthers Theologie. Eine Vergegenwärtigung; 2003
Beutel, Albrecht: In dem Anfang war das Wort. Studien zu Luthers Sprachverständnis (HUTh 27); 1991
Beutel, Albrecht (Hg.): Luther Handbuch; (2005) ²2010
Degkwitz, Sebastian: Wort Gottes und Erfahrung. Luthers Erfahrungsbegriff und seine Rezeption im 20. Jahrhundert (Beiträge zur theologischen Urteilsbildung 6); 1998
Ebeling, Gerhard: Evangelische Evangelienauslegung; (1942) ³1990
Ebeling, Gerhard: Luther. Einführung in sein Denken; (1964) ⁵2006
Ebeling, Gerhard: Lutherstudien; Bd. 1, 1971, Bd. 2, Tl.1–3, 1977–1989, Bd. 3, 1985
Ebeling, Gerhard: Wort und Glaube, Bd. 1, (1960) ³1967; Bd. 2, 1969; Bd. 3, 1975; Bd. 4, 1995 [alle Bände enthalten Beiträge zur Theologie Luthers]
Ebeling, Gerhard: Umgang mit Luther; 1983
Ebeling, Gerhard: Wie ist Luthers Theologie als ein Ganzes darstellbar? (hg. von Ulrich Köpf); LuJ 77, 2010,15–27
Führer, Werner: Das Wort Gottes in Luthers Theologie (GTA 30); 1984
Grane, Leif: Modus loquendi theologicus. Luthers Kampf um die Erneuerung der Theologie (1515–1518) (AThD 12); 1975
Harnack, Theodosius: Luthers Theologie mit besonderer Beziehung auf seine Versöhnungs- und Erlösungslehre; 1. Abteilung: Luthers theologische Grundanschauungen; 1862; 2. Abteilung: Luthers Lehre von dem Erlöser und der Erlösung; 1886; neue Ausgabe beider Bde. 1927
Hermann, Rudolf: Luthers Theologie (Ders.: Gesammelte und nachgelassene Werke, Bd. 1; hg. von Horst Beintker); 1967
Hermann, Rudolf: Studien zur Theologie Luthers und des Luthertums (Ders.: Gesammelte und nachgelassene Werke, Bd. 2; hg. von Horst Beintker); 1981
Hirsch, Emanuel: Lutherstudien; 3 Bde. (Gesammelte Werke, Bd. 1–3); 1998/99
Holl, Karl: Gesammelte Aufsätze zur Kirchengeschichte; Bd. 1: Luther; (1921), ⁷1948
Hoffman, Bengt R.: Luther and the Mystics. A re-examination of Luther's spiritual experience and his relationship to the Mystics; 1976
Joest, Wilfried: Ontologie der Person bei Luther; 1967
Korsch, Dietrich: Martin Luther, zur Einführung; (1997) ²2007
Lohse, Bernhard: Luthers Theologie in ihrer historischen Entwicklung und in ihrem systematischen Zusammenhang; 1995

---

* Das Lutherjahrbuch verzeichnet seit 1929 (Jahrgang 11) in der Lutherbibliographie die neuesten Titel von Monographien und Aufsätzen.

Mostert, Walter: Glaube und Hermeneutik. Gesammelte Aufsätze., hg. von Bühler, Pierre/
  Ebeling, Gerhard; 1998
Mühlen, Karl-Heinz zur: Nos extra nos. Luthers Theologie zwischen Mystik und Scholastik
  (BHTh 46); 1972
Mühlen, Karl-Heinz zur: Art. Luther, Martin, II. Theologie, TRE 21, 1991, 530–567
Peters Albrecht: Kommentar zu Luthers Katechismen, hg. von Gottfried Seebaß; 5 Bde.
  1990–94
Ringleben, Joachim: Gott im Wort. Luthers Theologie von der Sprache her; 2010
Seeberg, Erich: Luthers Theologie; 2 Bde., 1929/1937
Stolt, Birgit: Martin Luthers Rhetorik des Herzens; 2000
Wengert, Timothy J.: Harvesting Martin Luther's reflections on theology, ethics, and the
  church; 2004
Wolf, Herbert (Hg.): Luthers Deutsch. Sprachliche Leistung und Wirkung (Dokumentation
  germanistischer Forschung 2); 1996

In der Reihe *Kommentare zu Schriften Luthers*, hg. von Thomas Kaufmann,
liegen bisher vor:

Rieger, Reinhold: Von der Freiheit eines Christenmenschen/De libertate christiana
  (KSLuth 1); 2007
Führer, Werner: Die Schmalkaldischen Artikel (KSLuth 2); 2009
Kaufmann, Thomas: An den christlichen Adel deutscher Nation von des christlichen
  Standes Besserung (KSLuth 3); 2014

Zu Kapitel 1

Bauer, Karl: Die Wittenberger Universitätstheologie und die Anfänge der Deutschen
  Reformation; 1928
Feil, Ernst: Religio. Die Geschichte eines neuzeitlichen Grundbegriffs vom Frühchristen-
  tum bis zur Reformation; 1986
Lienhard, Marc: Identité confessionelle et quête de l'unité. Catholiques et protestants face
  à l'exigence oecuménique; 2004
Schwarz, Reinhard: Die gemeinsame Grundlage der christlichen Religion und deren
  strittiges Grundverständnis Eine von Luther angeregte Unterscheidung mit ökumenischer Relevanz; ZThK 106, 2009, S. 41–78

Zu Kapitel 2

Armbruster, Jörg: Studien zu Luthers Bibelvorreden; Diss. Theol. 2002
Arndt, Erwin: Luthers deutsches Sprachschaffen. Ein Kapitel aus der Vorgeschichte der
  deutschen Nationalsprache und ihrer Ausdrucksformen; 1962
Bachmann, Michael (Hg): Lutherische und Neue Paulusperspektive. Beiträge zu einem
  Schlüsselproblem der gegenwärtigen exegetischen Diskussion; 2005
Besch, Werner: Die Rolle Luthers in der deutschen Sprachgeschichte (Schriften der Philo-
  sophisch-historischen Klasse der Heidelberger Akademie der Wissenschaften 12); 1999

Beutel, Albrecht: Erfahrene Bibel. Verständnis und Gebrauch des verbum dei scriptum bei Luther (in: Ders.: Protestantische Konkretionen. Studien zur Kirchengeschichte; 1998, 66–103)

Bluhm, Heinz: Martin Luther. Creative Translator; 1965

Bornkamm, Heinrich: Luther und das Alte Testament; 1948

Bornkamm, Karin: Luthers Auslegungen des Galaterbriefs 1519 und 1531. Ein Vergleich; 1963

Brecht, Martin: Text, Wort, Glaube. Studien zur Überlieferung, Interpretation und Autorisierung biblischer Texte (AKG 50); 1980

Buchholz, Armin: Schrift Gottes im Lehrstreit. Luthers Schriftverständnis und Schriftauslegung in seinen drei großen Lehrstreitigkeiten der Jahre 1521–28 (EHS.T 487); 1993

Grane, Leif / Schindler, A. / Wriedt, M. (Hg.), Auctoritas Patrum [I]. Contributions on the Reception of the Church Fathers in the 15th and 16th Century (VIEG Beih. 37); 1993; Auctoritas Patrum II (VIEG Beih. 44); 1998

Hilberath, Bernd Jochen: Luthers Schriftprinzip als bleibende Herausforderung für die römisch-katholische Theologie und Kirche; LASR 7, 2010, 111–134

Hoffmann, Walter u. a. (Hg.): Das Frühneuhochdeutsche als sprachgeschichtliche Epoche; 1999

Kaufmann, Thomas: Luthers „Judenschriften". Ein Beitrag zu ihrer historischen Kontextualisierung; (2011), ²2013

Lüpke, Johannes von: Erleuchtung durch das Wort Gottes – Aufklärung durch die Vernunft; LASR 7, 2010, 41–70

Ohst, Martin: Luthers „Schriftprinzip"; LASR 7, 2010, 21–39

Schildt, Joachim: Martin Luther und die deutsche Bibel (Schriften der Wartburg-Stiftung Eisenach 3); 1983

Siegert, Folker (Hg.): Kirche und Synagoge, 2012

Slenczka, Notger: Das Evangelium und die Schrift. Überlegungen zum „Schriftprinzip" und zur Behauptung der „Klarheit der Schrift" (in: Ders.: Der Tod Gottes und das Leben des Menschen. Glaubensbekenntnis und Lebensvollzug; 2003, 39–64)

Smolinsky, Heribert: Streit um die Exegese? Die Funktion des Schriftarguments in der Kontroverstheologie des Hieronymus Emser (in: Decot, Rolf / Vinke, Rainer [Hg.]: Zum Gedenken an Joseph Lortz, 1887–1975. Beiträge zur Reformationsgeschichte und Ökumene, 1989, S. 358–375)

Spehr, Christopher: Luther und das Konzil; (BHTh 153); 2010

Stolt, Birgit: Luthers Übersetzungstheorie und Übersetzungspraxis (in: Junghans, Helmar [Hg.]: Leben und Werk Martin Luthers von 1526 bis 1546, 2 Bde.; 1983, 241–252.797–800)

Stolt, Birgit: „... und fühl's im Herzen ...". Luthers Bibelübersetzung aus der Sicht neuerer Sprach- und Übersetzungswissenschaft; ZThK 98, 2001, 186–208

Volz, Hans: Martin Luthers deutsche Bibel. Entstehung und Geschichte der Lutherbibel; hg. von Wendland, Henning; 1978

Wallmann, Johannes: Der alte und der neue Bund. Zur Haltung des Pietismus gegenüber den Juden (in: Ders.: Pietismus-Studien, 2008, [259–283] 262–266)

Zu Kapitel 3

Korthaus, Michael: Kreuzestheologie. Geschichte und Gehalt eines Programmbegriffs in der evangelischen Theologie (BHTh 142); 2007

Loewenich, Walther von: Luthers Theologia crucis; (1929) ⁶1982

Loofs, Friedrich: Der articulus stantis et cadentis ecclesiae; ThStKr 90, 1917, 323–420

Rieger, Reinhold: Von der Freiheit eines Christenmenschen / De libertate christiana (KSLuth 1), 2007
Schwarz, Reinhard: Die Umformung des religiösen Prinzips der Gottesliebe in der frühen Reformation. Ein Beitrag zum Verständnis von Luthers Schrift „Von der Freiheit eines Christenmenschen" (in: Moeller, Bernd [Hg.], Die Frühe Reformation in Deutschland als Umbruch; SVRG 199, 1998, 128–148)
Schwarz, Reinhard: Luthers Schrift „Von der Freiheit eines Christenmenschen" im Spiegel der ersten Kritiken; LuJ 68, 2001, 47–76
Seils, Martin: Die Sache Luthers; LuJ 52, 1985, 64–80

Zu Kapitel 4

Bell, Theo: Divus Bernhardus. Bernhard von Claivaux in Martin Luthers Schriften (VIEG 148); 1993
Beiner, Melanie: Intentionalität und Geschöpflichkeit. Die Bedeutung von Martin Luthers Schrift ‚Vom unfreien Willen' für die theologische Anthropologie; 2000
Beutel, Albrecht: „Gott fürchten und lieben". Zur Entstehungsgeschichte der lutherischen Katechismusformel; in: Ders.. Protestantische Konkretionen. Studien zur Kirchengeschichte; 1998, 45–65
Dietz, Thorsten: Der Begriff der Furcht bei Luther (BHTh 147); 2009
Ebeling, Gerhard: Zur Lehre vom triplex usus legis in der reformatorischen Theologie (in: Ders., Wort und Glaube, Bd. 1; 50–68)
Gerdes, Hayo: Luthers Streit mit den Schwärmern um das rechte Verständnis des Gesetzes Mose; 1955
Härle, Wilfried: Luthers Zwei-Regimenten-Lehre als Lehre vom Handeln Gottes; MJTh 1, 1987, 12–32
Heckel, Johannes: Lex charitatis. Eine juristische Untersuchung über das Recht in der Theologie Luthers; (1953) ^{2}1973
Heintze, Gerhard: Luthers Predigt von Gesetz und Evangelium (FGLP 10, 11); 1958
Joest, Wilfried: Gesetz und Freiheit. Das Problem des tertius usus legis bei Luther und die neutestamentliche Paränese; (1951) ^{4}1968
Joest, Wilfried: Ontologie der Person bei Luther; 1967
Kibe, Takashi: Frieden und Erziehung in Martin Luthers Drei-Stände-Lehre, ein Beitrag zur Klärung des Zusammenhangs zwischen Integration und Sozialisation im politischen Denken des frühneuzeitlichen Deutschlands; 1996
Rieske-Braun, Uwe: Glaube und Aberglaube. Luthers Auslegung des Ersten Gebotes 1516/18; LuJ 69, 2002, 21–46
Schloemann, Martin: Natürliches und gepredigtes Gesetz bei Luther. Eine Studie zur Frage nach der Einheit des Gesetzesauffassung Luthers mit besonderer Berücksichtigung seiner Auseinandersetzung mit den Antinomern (TBT 4); 1961
Schulken, Christian: Lex efficax. Studien zur Sprachwerdung des Gesetzes bei Luther im Anschluß an seine Disputationen gegen die Antinomer; 2005
Schwarz, Reinhard: Luthers Lehre von den drei Ständen und die drei Dimensionen der Ethik; LuJ 45, 1978, 15–34
Stamm, Heinz-Meinolf: Luthers Stellung zum Ordensleben (VIEG 101); 1980
Wöhle, Andreas H.: Luthers Freude an Gottes Gesetz. Eine historische Quellenstudie zur Oszillation des Gesetzesbegriffes Martin Luthers im Licht seiner alttestamentlichen Predigten; 1998

Wolf, Ernst: Habere Christum omnia Mosi. Bemerkungen zum Problem „Gesetz und Evangelium" (in: Ders.: Peregrinatio II. Studien zur reformatorischen Theologie; 1965, 22–37)

Zu Kapitel 5

Allgaier, Walter: „Der fröhliche Wechsel" bei Martin Luther. Eine Untersuchung zur Christologie und Soteriologie bei Luther unter besonderer Berücksichtigung der Schriften bis 1521; 1966
Bayer, Oswald: Promissio. Geschichte der reformatorischen Wende in Luthers Theologie; (1971) ²1989
Beer, Theobald: Der fröhliche Wechsel und Streit. Grundzüge der Theologie Martin Luthers (SlgHor.NR 19); (1974) ²1980
Beisser, Friedrich: Hoffnung und Vollendung (HST 15); 1993
Brecht, Martin: Rechtfertigung oder Gerechtigkeit? Überraschungen auf den Spuren von Luthers Bibelübersetzung; LuJ 77, 2010, 81–105
Hailer, Martin: Rechtfertigung als Vergottung? Eine Auseinandersetzung mit der finnischen Luther-Deutung und ihrer systematisch-theologischen Adaption; LuJ 77, 2010, 239–267
Hermann, Rudolf: Luthers These „Gerecht und Sünder zugleich". Eine systematische Untersuchung; 1960
Herms, Eilert: Das fundamentum fidei. Luthers Sicht (in: Härle, Wilfried/Neuner, Peter [Hg.]: Im Licht der Gnade Gottes. Zur Gegenwartsbedeutung der Rechtfertigungsbotschaft (Studien zur systematischen Theologie und Ethik 42), 2004, 115–133)
Loewenich, Walther von: Duplex iustitia; 1972
Iwand, Hans-Joachim: Rechtfertigungslehre und Christusglaube. Eine Untersuchung zur Systematik der Rechtfertigungslehre Luthers in ihren Anfängen; 1930 (Neudruck 1961)
Joest, Wilfried: Paulus und Luther. Simul Iustus et peccator; KuD 1, 1955, 269–320
Jüngel, Eberhard: Zur Freiheit eines Christenmenschen. Eine Erinnerung an Luthers Schrift; 1978
Jüngel, Eberhard: Das Evangelium von der Rechtfertigung des Gottlosen als Zentrum des christlichen Glaubens; 1998
Lohse, Bernhard: Gesetz, Tod und Sünde in Luthers Auslegung des 90. Psalm (in: Ders.: Evangelium in der Geschichte. Studien zu Luther und der Reformation; 1988, 379–394)
Mannermaa, Tuomo: Der im Glauben gegenwärtige Christus. Rechtfertigung und Vergottung (AGThL.NF 8); 1989
Ohly, Friedrich: Gesetz und Evangelium. Zur Typologie bei Luther und Lucas Cranach; zum Blutstrahl der Gnade in der Kunst (Schriftenreihe der Westfälischen Wilhelms-Universität Münster, NF 1); 1985
Pesch, Otto Hermann: Theologie der Rechtfertigung bei Martin Luther und Thomas von Aquin. Versuch eines systematisch-theologischen Dialogs (WSAMA.T); (1967) ²1985
Peura, Simo: Mehr als ein Mensch? Die Vergöttlichung als Thema der Theologie Martin Luthers von 1513 bis 1519 (VIEG 152); 1994
Pinomaa, Lennart: Der Zorn Gottes in der Theologie Luthers; 1938
Rolf, Sibylle: Zum Herzen sprechen. Eine Studie zum imputativen Aspekt in Martin Luthers Rechtfertigungslehre und zu seinen Konsequenzen für die Predigt des Evangeliums (ASTh 1); 2008
Schwarz, Reinhard: Das Heil der christlichen Religion im Verständnis Martin Luthers; BThZ 25, 2008, 379–407

Schwarz, Reinhard: Prophetische Rede vom messianischen Heil. Jes 9,1–6 in Luthers Auslegung von 1525/26 (in: Hartenstein, Friedhelm / Krispenz, Jutta / Schart, Aaron [Hg.]: Schriftprophetie; 2004, 431–458)
Stolle, Volker: Luther und Paulus. Die exegetischen und hermeneutischen Grundlagen der lutherischen Rechtfertigungslehre im Paulinismus Luthers (Arbeiten zur Bibel und ihrer Geschichte 10); 2002

Zu Kapitel 6

Bandt, Helmut: Luthers Lehre vom verborgenen Gott. Eine Untersuchung zu dem offenbarungsgeschichtlichen Ansatz seiner Theologie; 1958
Bayer, Oswald / Gleede, Benjamin (Hg.): Creator est Creatura. Luthers Christologie als Lehre von der Idiomenkommunikation (TBT 138); 2007
Bornkamm, Karin: Christus – König und Priester. Das Amt Christi bei Luther im Verhältnis zur Vor- und Nachgeschichte (BHTh 106); 1998
Elze, Martin: Das Verständnis der Passion Jesu im ausgehenden Mittelalter und bei Luther (in: Geist und Geschichte der Reformation; AKG 38, 1966, 127–151)
Herms, Eilert: Luthers Auslegung des Dritten Artikels; 1987
Jansen, Reiner: Studien zu Luthers Trinitätslehre (BSHST 26); 1976
Jüngel, Eberhard: Quae supra nos, nihil ad nos. Eine Kurzformel der Lehre vom verborgenen Gott im Anschluß an Luther interpretiert; EvTh 32, 1972, 192–240
Kärkkäinen, Pekka: Luthers trinitarische Theologie des Heiligen Geistes (VIEG 208); 2006
Kim, Yong-ju: Crux sola est nostra theologia. Das Kreuz Christi als Schlüsselbegriff der Theologia crucis Luthers (EHS, R.23, Bd. 863); 2008
Köpf, Ulrich: Produktive Christusfrömmigkeit (in: Landmesser, Christof u. a. [Hg.]: Jesus Christus als die Mitte der Schrift. Studien zur Hermeneutik des Evangeliums; 1997, 823–874)
Köpf, Ulrich: Art. Passionsfrömmigkeit, TRE 27, 1997, 722–764
Leoni, Stefano: Trinitarische und christologische Ontologie bei Luther; LuJ 65, 1998, 53–84
Markschies, Christoph: Luther und die altkirchliche Trinitätstheologie (in: Ders. / Trowitzsch, Michael [Hg.]: Luther – zwischen den Zeiten, 1999, 37–85)
Rieske-Braun, Uwe: Duellum mirabile. Studien zum Kampfmotiv in Martin Luthers Theologie (FKDG 73); 1999
Schwarz, Reinhard: Gott ist Mensch. Zur Lehre von der Person Christi bei den Ockhamisten und bei Luther; ZThK 63, 1966, 289–351
Schwarz, Reinhard: Die Stiftung der christlichen Religion und Kirche durch Jesus Christus nach der Matthäus-Auslegung des Nikolaus von Lyra (in: Beutel, Albrecht / Rieger, Reinhold [Hg.]: Religiöse Erfahrung und wissenschaftliche Theologie; 2011, 471–492)
Wolff, Jens: Metapher und Kreuz. Studien zu Luthers Christusbild (HUTh 47); 2005

Zu Kapitel 7

Ebeling, Gerhard: Luthers Seelsorge. Theologie in der Vielfalt der Lebenssituationen an seinen Briefen dargestellt; 1997
Grosse, Sven: Heilsgewißheit des Glaubens. Die Entwicklung der Auffassungen des jungen Luther von Gewißheit und Ungewißheit des Heils; LuJ 77, 2010, 41–63

Härle, Wilfried: Der Glaube als Gottes und/oder des Menschen Werk in der Theologie Luthers (in: Ders.: Menschsein in Beziehungen. Studien zur Rechtfertigungslehre und Anthropologie; 2005, 107–144)
Herms, Eilert: Gewißheit in Martin Luthers „De servo arbitrio"; LuJ 67, 2000, 23–50
Mennecke-Haustein, Ute: Luthers Trostbriefe (QFRG 56), 1989
Mikoteit, Matthias: Theologie und Gebet bei Luther. Untersuchungen zur Psalmenvorlesung 1532–1535 (TBT 124); 2004
Rieger, Reinhold: Ungläubiger Glaube? Beobachtungen zu Luthers Unterscheidung zwischen Glaube und Unglaube; KuD 53, 2007, 35–56
Schulz, Frieder: Die Gebete Luthers. Edition, Bibliographie und Wirkungsgeschichte; 1976

Zu Kapitel 8

Althaus, Paul: Die Ethik Martin Luthers; 1965
Hammann, Konrad: Luthers und Melanchthons Bildungsprogramm. Bildung im Dienst des Evangeliums (in: Spehr, Christopher [Hg.]: Reformation heute; Bd. 1: Protestantische Bildungsakzente; 2014, 15–33)
Mau, Rudolf: Liebe als gelebte Freiheit der Christen. Luthers Auslegung von Gal 5,13–24 im Kommentar von 1519; LuJ 59, 1992, 11–37
Rieth, Ricardo: „Habsucht" bei Martin Luther. Ökonomisches und theologisches Denken, Tradition und soziale Wirklichkeit im Zeitalter der Reformation (AKThG 1); 1996
Rohls, Jan: Geschichte der Ethik; 1999
Schmidt-Voges, Inken: „Si domus in pace sunt..." Zur Bedeutung des „Hauses" in Luthers Vorstellungen vom weltlichen Frieden; LuJ 78, 2011, 153–185
Stegmann, Andreas: Die Geschichte der Erforschung von Martin Luthers Ethik; LuJ 79, 2012, 211–303
Stegmann, Andreas: Bibliographie zur Ethik Martin Luthers; LuJ 79, 2012, 305–342
Stegmann, Andreas: Luthers Auffassung vom christlichen Leben; 2014
Stümke, Volker: Das Friedensverständnis Martin Luthers. Grundlagen und Anwendungsbereiche seiner politischen Ethik (ThFr 34); 2007
Suda, Max Josef: Die Ethik Martin Luthers (FSÖTh 108); 2006

Zu Kapitel 9

Diestelmann, Jürgen: Usus und Actio. Das heilige Abendmahl bei Luther und Melanchthon; 2007
Grönvik, Lorenz: Die Taufe in der Theologie Martin Luthers (AAAbo.H 36.1); 1968
Goertz, Harald: Allgemeines Priestertum und ordiniertes Amt bei Luther (MThSt 46); 1997
Grötzinger, Eberhard: Luther und Zwingli. Die Kritik an der mittelalterlichen Lehre von der Messe als Wurzel des Abendmahlsstreits (ÖTh 5); 1980
Hammann, Konrad: Ecclesia spiritualis. Luthers Kirchenverständnis in den Kontroversen mit Augustin von Alveldt und Ambrosius Catharinus (FKDG 44); 1989
Höhne, Wolfgang: Luthers Anschauungen über die Kontinuität der Kirche (AWTL.NF 12); 1963
Hilgenfeld, Hartmut: Mittelalterlich-traditionelle Elemente in Luthers Abendmahlsschriften (SDGSTh 29); 1971

Huovinen, Eero: Fides infantium. Marin Luthers Lehre vom Kinderglauben (VIEG 159); 1997

Kinder, Ernst: Der evangelische Glaube und die Kirche. Grundzüge des evangelisch-lutherischen Kirchenverständnisses, (1958) ²1960

Korsch, Dietrich (Hg.): Die Gegenwart Jesu Christi im Abendmahl; 2005

Lienhard, Marc: L' Évangile et lÉglise chez Luther (CFi 153); 1989

Mann, Frido: Das Abendmahl beim jungen Luther; 1971

Mühlen, Karl-Heinz zur: Zur Rezeption der Augustinischen Sakramentsformel „Accedit verbum ad elementum, et fit sacramentum" in der Theologie Luthers; ZThK 70, 1973, 50–76

Ringleben, Joachim: Das Mahl Christi mit seiner Kirche; 2006

Schwab, Wolfgang: Entwicklung und Gestalt der Sakramententheologie bei Martin Luther (EHS.T 79); 1977

Schwarz, Reinhard: Der hermeneutische Angelpunkt in Luthers Meßreform; ZThK 89, 1992, 340–364

Simon, Wolfgang: Die Messopfertheologie Martin Luthers. Voraussetzungen, Genese, Gestalt und Rezeption (SuR.NR 22); 2003

Trigg, Jonathan D.: Baptism in the Theology of Martin Luther (SHCT 56); 1994

Vajta, Vilmos: Die Theologie des Gottesdienstes bei Luther (FKDG 1); (1952) ³1959

Wendebourg, Dorothea: Die Reformation in Deutschland und das bischöfliche Amt (in: Dies.: Die eine Christenheit auf Erden; 2000, 195–224)

Wendebourg, Dorothea: Essen zum Gedächtnis. Der Gedächtnisbefehl in den Abendmahlstheologien der Reformation (BHTh 148); 2009

Register der Personen und sonstigen Autoritäten

(Antike, Alte Kirche, Mittelalter, Reformationszeit)*

Für die großen Quelleneditionen gelten folgende Abkürzungen:
CorpIC Corpus Iuris Canonici, ed. E. L. Richter, E. Friedberg, 2 Bde., ²1879, 1881 (Nachdruck 1959), (abgekürzt RF)
CChr.SL Corpus Christianorum.Series Latina
CR   Corpus Reformatorum
CSEL   Corpus scriptorum ecclesiasticorum Latinorum
DH   Denzinger, Heinrich: Enchiridion symbolorum, definitionum et declarationum de rebus fidei et morum – Kompendium der Glaubensbekenntnisse und kirchlichen Lehrentscheidungen; hrsg. von Peter Hünermann, 43. Aufl. Freiburg 2010
GCS   Die griechischen christlichen Schriftsteller der ersten drei Jahrhunderte
ML   Migne, Patrologia Latina

Agricola, Johann (1492/94–1566) 90^{37}, 359^{111}
  Dreihundert gemeiner Sprichwörter, 1529
Akten der deutschen Reichsreligionsgespräche im 16. Jahrhundert (abgekürzt: ADRG) $337^{39,40}$, 338^{42}
  Bd. 3 I und II, hg. von Klaus Ganzer und Karl-Heinz zur Mühlen, 2007
Alexander Halesius [Alexander von Hales] (1185–1245) 108^3, 120^{48}, 207^{52}
  Summa theologica, 4 Bde., 1924–1948 (abgekürzt: STh)
Angelus de Clavasio (gest. 1495) 237^{151}
  Summa Angelica de casibus conscientiae, 1502
Anonym: Fundamentum aeternae felicitatis, 1503 317^{170}, 448^{19}
Aristoteles 37^{41}, 156^{179}, 314^{157}
  Opera, hg. von Immanuel Becker, 1831
Augustin von Alveldt (ca. 1480–1535) 444^6, 450^{25}
  Super apostolica sede, an videlicet divino sit iure nec ne, anque pontifex qui Papa dici coeptus est, iure divino in ea ipsa praesideat, 1520
  Ein gar fruchtbar und nutzbarlich Büchlein von dem päpstlichen Stuhl und von S. Peter, 1520
Augustinus [Aurelius Augustinus] (354–430) 1^2, $33^{28,29}$, 40^{53}, 43^{61}, $49^{80,81}$, 56^{107}, 61^{129}, 90^{33}, 110^{11}, 171^{224}, $313^{156,157}$, 327^7, 340^{50}, 341^{52}, 346^{72}, 445^8, 460^{53}, 462^{58}

---

* Die Liste erfaßt ausschließlich die Anmerkungen; die erste Ziffer nennt die Seitenzahl; die hochgestellte Ziffer nennt die Anmerkung. Nicht aufgenommen sind in diese Liste Personen, die nur beiläufig außerhalb der Anmerkungen erwähnt werden. Nicht aufgenommen sind ferner Autoren von Schriften, zu denen Luther eine Vorrede verfaßt oder gegen die er seine eigene Schrift gerichtet hat. – Zu Augustin und Hieronymus nennt die Liste nicht die einzelnen in den Anmerkungen nachgewiesenen Werke. – In den Anmerkungen werden bei einigen Werken für die zitierte Stelle in Klammer Band und Seite der in diesem Register verzeichneten Edition genannt.

Bernhard von Clairvaux (1090–1153) 49⁸¹, 143¹⁴²,¹⁴³
   Opera, ed.crit., hg. von Jean Leclercq u. a., 8 Bde., 1957–1977
Biblia cum glosa ordinaria, Nicolai de Lyra postilla, moralitatibus eiusdem, Pauli Burgensis additionibus, Matthiae Thoring [:Doering] replicis, Basel 1508–1508 66¹⁵⁶, 80¹³, 340⁵⁰
Biblia Vulgata, anonyme Beigabe „Ne nesciens" 60¹²⁶,¹²⁸, 61¹²⁹,¹³¹
Biel, Gabriel (vor 1410–1495) 37⁴⁴, 80¹³, 120⁴⁸, 141¹³⁶, 145¹⁵¹, 150¹⁶³, 157¹⁸¹, 206⁴⁹, 207⁵⁰,⁵², 220⁹⁰,⁹¹, 266⁹, 281⁵⁵, 291⁸², 313¹⁵⁶, 326³,⁴, 327⁶⁻⁹, 333²⁵, 340⁵⁰, 350⁸⁶, 351⁸⁷, 359¹¹², 400³⁰, 480¹¹¹, 486¹³⁴, 496¹⁶³, 503¹⁹¹, 504¹⁹², 506¹⁹⁶⁻²⁰⁰
   Collectorium circa quattuor libros Sententiarum, hg. von Wilfrid Werbeck, Udo Hofmann, 4 Bde., 1973–1992
   Canonis missae expositio, hg. von Heiko A. Oberman, William J. Courtenay, 4 Bde., 1963–1967
Bonaventura (um 1217–1274) 49⁸¹, 60¹²⁷, 61¹²⁹,¹³⁰, 108³, 109¹⁰, 110¹¹, 141¹³⁶, 142¹³⁹, 145¹⁵¹, 207⁵², 351⁸⁷, 359¹¹², 400³⁰
   Opera theologica selecta; Editio minor, 5 Bde., 1934–1964
Bonifatius VIII. (Papst 1294–1303) 466⁷⁰, 468⁷⁶
   CorpIC, Liber Sextus I, 2 c.1 (RF 2, 937)
   CorpIC Extravag. comm. I, tit.8 c.1 (RF 2, 1245): Bulle Unam sanctam, 1302, DH 870–875
Breitkopf (Laticephalus), Gregor (um 1472–1529) 156¹⁷⁹
   Summa philosophiae moralis quam Aethicen dicunt Aristotelis ad Nicomachum, 1504
Brenz, Johannes (1499–1570) 511²¹⁹
Bugenhagen, Johannes (1485–1558) 219⁸⁷, 337⁴⁰, 339⁴⁶

Cajetan de Vio, Jakob [Cajetan] (1469–1534) 326³, 335³⁵
   Tractatus de fide et operibus, 1532, in: Opuscula omnia, 1587 (Nachdruck 1995), 288–292
Clemens VI. (Papst 1342–1352) 239¹⁵⁸
   CorpIC Extravag. commun. V, tit.9 c.2 (RF 2, 1304–1306): Bulle Unigenitus Dei Filius, 1343, DH 1025–1027
Cochläus, Johannes (1479–1552) 334²⁹
   De gratia sacramentorum, 1522
Corpus Iuris Canonici, ed. E. L. Richter, E. Friedberg, 2 Bde., ²1879.1881 (Nachdruck 1959) 8²⁰, 33²⁸, 35³³, 171²²⁴, 312¹⁴⁷
Cranach, Lucas d. Ä. (1472–1553) 187¹, 191¹⁰, 193¹⁹, 194²⁰, 306¹²⁷, 484¹²⁸
Cruciger, Kaspar (1504–1548) 219⁸⁷, 338⁴¹, 433¹²⁷, 493¹⁵⁵

Dietrich, Veit (1506–1549) 229¹²¹,¹²²
   In Hoseam prophetam enarratio, 1545
Dürer, Albrecht (1471–1528) 11³⁰
Dungersheim, Hieronymus (1465–1540) 91³⁹, 266⁸

Eck, Johannes (1486–1543) 272²³, 338⁴², 343⁵⁸, 344⁶³
   Positiones quas Eckius defendet in studio Lipsensi contra novam doctrinam (1. Fassung mit 12 Thesen, 29.12.1518), WA 9, 208f (zur 2. Fassung mit 13 Thesen, 14.3.1519, vgl. WA.B 1, 319–323)
   Enchiridion locorum communium adversus Lutherum et alios hostes ecclesiae (1525–1543), hg. von Pierre Fraenkel (CCath 34), 1979
Emser, Hieronymus (1478–1527) 15³⁸,³⁹, 27², 28³, 32²⁴, 37⁴³, 38⁴⁶,⁴⁷, 39⁵⁰⁻⁵³
   Luther und Emser. Ihre Streitschriften aus dem Jahre 1521, hg. von Ludwig Enders, 2 Bde., 1890/91
   Schriften zur Verteidigung der Messe, hg. von Theobald Freudenberger (CCath 28); 1959

Erasmus von Rotterdam, Desiderius (1466/69–1536) 223[97], 321[186], 322[188,190,191]
   Opera omnia, 1703–1706 (Nachdruck 1961/62) (abgekürzt: LB)
   Ausgewählte Schriften, lateinisch und deutsch, hg. von Werner Welzig, 1967–1980 (abgekürzt: AS)

Fisher, John (1469–1535) 34[31]
   Assertionis Lutheranae confutatio, 1523, in: Opera omnia 1607 (Nachdruck 1967), 272–745

Gerson, Johannes (1363–1429) 147[158], 157[181]
   Oeuvres complètes, hg. von Palémon Glorieux, 10 Bde., 1960–1973
Glossa ordinaria, siehe unter Biblia
Gregor I. (Papst 590–604) 290[79], 299[111], 333[25]
   Moralia, ML 75, 509–1162 + 76, 9–782; CChr.SL 143–143B
   Homiliae in Evangelia, ML 76, 1075–1314; CChr.SL 141, 1–411
   Epistolae, ML 77, 441–1328; CChr.SL 140 + 140A
Grünewald, Matthias (1480–1528) 306[128]

Heinrich VIII. (König von England 1509–1547) 393[9], 491[147]
   Assertio septem sacramentorum adversus Martinum Lutherum (1521), hg. Pierre Fraenkel (CCath 43), 1992
Herolt, Johannes (gest. 1468) 448[19], 449[20,22,23]
   Discipulus de eruditione christifidelium compendiosus, 1509
Hieronymus [Sophronius Eusebius Hieronymus] (347/48–420) 8[20], 35[33], 145[150], 146[157], 322[188], 458[50]
Homer: Ilias 313[157]
Hoogstraten, Jakob van (um 1465–1527) 325[1]
   Epitome de fide et operibus, 1525
Hrabanus Maurus (um 780–856) 319[176]
Hugo Ripelin von Straßburg (um 1200–1268) 137[117,120]
   Compendium theologicae veritatis, 1506
Hus, Jan (1369–1415) 138[121,122]
   De ecclesia, ed. Samuel Harrison Thomson, 1956

Isidor von Sevilla (560–636) 10[25]
   Etymologiae sive origines, ed. W. M. Lindsay, 1957

Joachim von Fiore (1130–1202) 312[146,147]
Johannes von Marienwerder (1343–1417) 269[18], 448[19], 449[21,22]
   Expositio symboli apostolorum (handschriftlich erhalten); anonyme deutsche Übersetzung: Erklerung der zwölff Artickel des Christlichen gelaubens, 1485
Jonas, Justus (1493–1555) 405[41]

Karlstadt, umgangssprachlich für: Andreas Bodenstein von [:aus] Karlstadt (1486–1541) 140[132], 510[217]
Konstantin I., der Große (Kaiser 306–337) 420[88]
Konzile
Konzil von Nicäa, 325 420[88]
   can. 6 – CorpIC Decretum Gratiani p. 1 Dist. 65 can.6 (RF 1, 251) 443[4]
   4. Laterankonzil, 1215, Cap. 21, DH 812 243[175], 485[130], 515[231]

Konzil von Florenz, 1439–1447, Bulle Exsultate Deo, 22.11.1439, DH 1310–1328   18[45], 243[175], 480[111]
5. Laterankonzil, 1512–1517; Bulle Pastor aeternus gregem, 19.12.1516, DH 1445   468[76]
Konzil von Trient, 1545–1563, Decretum de iustificatione, 13.1.1547, c.11, can.18; DH 1536, 1568   145[151]

Latomus, Jacobus (um 1475–1544)   146[155,157], 343[60]
   Articulorum doctrinae fratris Martini Lutheri per theologos Lovanienses damnatorum ratio ex sacris literis et veteribus tractatoribus, 1521 (abgekürzt zitiert: Articulorum damnatorum ratio)
Lehrartikel der Löwener Theologen, 1545   237[150], 493[155,156], 494[158]
   Articuli orthodoxam religionem sanctamque fidem nostram respicientes, a sacrae theologiae professoribus Lovaniensis universitatis editi, Löwen 1545 (Text der 32 Artikel WA 54, 417–421)
   Hauptartikel unsers wahren allgemeinen Glaubens, von den Gelehrten der heiligen Schrift der Universität zu Löwen zusammengestellt, Köln 1545
Lehrurteil der Löwener Theologen, 1519 [ausgefertigt am 7.11.1519]   146[154], 342[55], 343[59]
   [Wittenberger Druck mit Luthers Responsio] Condemnatio doctrinalis librorum Martini Lutheri per quosdam magistros nostros Lovanienses et Colonienses facta. Responsio Lutheriana ad eandem condemnationem, 1520, WA 6, 174–180, Luthers Responsio ebd. 181–195
Lehrurteil der Pariser Theologen [ausgefertigt am 15.4.1521]   138[125]
   Determinatio theologorum Parisiensium super doctrina Lutheriana, [Wittenberger Druck mit Melanchthons Apologia pro Luthero] 1521, CR 1, 367–388, 399–416
   Luthers Übersetzung mit seinem „Gegenurteil" und Melanchthons „Schutzrede". 1521, WA 8, 267–312
Leo X. (Papst 1513–1521)   31[16], 32[22], 302[119], 342[55], 344[64]
   Bulle Exsurge Domine, 15.6.1520; DH 1451–1492
Lichtenberger, Johannes (gest. 1503)   154[170]
   Pronosticatio Latina […] de novo emendata, 1492
Linck, Wenzeslaus (1483–1547)   485[132]
Löwener Theologen, siehe unter Lehrartikel etc. und unter Lehrurteil etc.
Ludolf von Sachsen (gest. 1378)   108[4], 137[118,120], 349[83], 405[42], 429[109], 474[96]
   Vita Jesu Christi, ed. Ludwig-Maria Rigollot, 1870, 4 Bde.

Mechthild von Hackeborn (1241–1298)   353[95]
Melanchthon, Philipp (1497–1560)   2[3], 140[132], 162[197]
Minucius Felix (2. oder 3. Jh.)   322[188]

Nikolaus von Lyra (um 1270–1349)   49[80–82], 51[89], 354[99,100]
   Postilla super totam Bibliam, 1492 (Nachruck 1971), 4 Bde.
   siehe auch unter Biblia

Ökolampad, Johannes (1482–1531)   511[219]
   De genuina verborum Domini expositione, 1525
Origenes (gest. um 253/254)   299[108]

Paltz, Johannes von (um 1445–1511)   51[89]
   Werke, Bd. 3: Opuscula (SuR 4), 1989
Pariser Theologen, siehe unter Lehrurteil etc.
Paulus von Burgos (gest. 1435), siehe unter Biblia

Pelagius (gest. 418) 145[150]
  Libellus fidei ad Innocentium, ML 45, 1716–1718
Petrus von Ailly [Petrus Alliacensis] (1350–1420) 312[151]
Petrus Lombardus (1095/1100–1160) 141[136], 145[151], 312[146], 350[86]
  Libri IV Sententiarum, 2 Bde., ²1916, bzw. Sententiae in IV libros distinctae; ³1971–1981
  Glossa in Psalmos, ML 191, 61–1296

Reuchlin, Johannes (1455–1522) 10[25], 72[179]
  Werke, Bd. 4,1, 1999
  De rudimentis linguae Hebraicae, 1506
Rommingius, Johannes 156[179,180]
  Parvulus philosophiae moralis ad philosophi aemulationem exaratus arguto nuper commentariolo enarratus, 1516

Sachsen, Herzogtum (Linie der Albertiner)
  Herzog Georg, der Bärtige (1471, 1500–1539) 169[220], 171[226]
  Akten und Briefe zur Kirchenpolitik Herzog Georgs von Sachsen, Bd. 1 (1517–1524), 1905
Schäufelin, Hans (um 1480–um 1540) 188[2,3]
Sedulius (5. Jh.) 298[105]
  Opera omnia, hg. von Johannes Huemer (CSEL 10), 1885
[Pseudo-]Sokrates 322[188], 373[159]
Staupitz, Johannes von (um 1468–1524) 137[119], 207[52]
  Sämtliche Schriften, 1979ff
Stephan von Landskron (gest. 1477) 125[71], 317[171], 359[112], 448[19], 483[122]
  Die Hymelstraß, 1484 (Faksimile 1979)
Symbole der Alten Kirche (vgl. Die drei Symbola des Glaubens Christi, 1538, WA 50, 262–283)
  Symbolum Apostolicum, DH 30, WA 50, 263,18–30 263[1]
  Symbolum [Pseudo-]Athanasianum, DH 75–76, WA 50, 263,31–265,38 263[1], 295[96], 299[109], 311[144]
  Te Deum, sog. Ambrosianischer Lobgesang, WA 50, 265,39–266,31 263[1]
  Symbolum Nicaeno-Constantinopolitanum, DH 150, WA 50, 282,26–283,10 263[1], 311[144]

Tauler, Johannes (um 1300–1361) 207[52], 361[116]
  Predigten, hg. von Ferdinand Vetter, 1910 (Nachdruck 1968)
Terentius (um 190–159 v. Chr.) 422[94]
Thomas von Aquin (1225–1274) 80[13], 108[3], 141[136], 142[139], 145[151], 148[159], 220[91], 317[171], 340[50], 400[28,30]
  Summa Theologiae, hg. von Petrus Caramello, 1948–1950 (abgekürzt: STh)

Vitae Patrum (6. Jh.) 432[124]

Weltgerichtsspiele 189[6]
  Berner Weltgerichtsspiel, hg. von Wolfgang Stammler (TSMA 15), 1962
  Hansjürgen Linke: Die deutschen Weltgerichtsspiele des späten Mittelalters. Synoptische Gesamtausgabe, 2 Bde., 2002

Register der zitierten Luther-Texte*

(1) WA – Werke
(in der Reihenfolge der WA-Bände, außer bei den ersten fünf Rubriken)

Randbemerkungen aus der Erfurter Studienzeit
Randbemerkungen zu Augustin, 1509/10, WA 9, 5–15.16–27 / AWA 9, 153–249.564–646 23[48], 90[33]
Randbemerkungen zu Petrus Lombardus, 1509–1511, WA 9, 29–114 / AWA 9, 258–560 23[48]

Predigten aus den Jahren 1514–1517, WA 1, 20–141, vgl. WA 59, 333–338 (Sammlung des Valentin Ernst Löscher)
Predigt, 24.2.1517, WA 1, 138–141 208[54]

Predigten aus den Jahren 1519–1521, WA 9, 329–676, vgl. WA 59, 339–347 (Sammlung des Johannes Poliander)
Scholia in librum Genesis, 1519–1521, WA 9, 329–415 49[83]
Predigt, 1.11.1519, WA 9, 416–419 441[151]
Predigt, 25.12.1519, WA 9, 439–442 90[35]
Predigt, 8.4.1520, WA 9, 445–449 49[84]
Predigt, 2.2.1521 a.m., WA 9, 565–571 94[50]
Predigt, 2.2.1521 p.m., WA 9, 571–575 211[67]
Predigt, 31.3.1521 a.m. (Ostersonntag), WA 9, 657–661 300[114]
Predigt, 1.4.1521 (Ostermontag), WA 9, 665–672 265[6]

Römerbrief-Vorlesung 1515/16, WA 56, 1–154 (Glossen), 155–528 (Scholien) 152[166], 341[52]

Hebräerbrief-Vorlesung, 1517/18, WA 57 III, 3–91 (Glossen), 93–238 (Scholien) 286[67], 299[111], 460[54]

---

* Das Register ist nach den Abteilungen der WA gegliedert. Bei allen Abteilungen bezieht es sich ausschließlich auf die Anmerkungen, deren hochgestellte Ziffern jeweils den Seitenzahlen folgen. Die Anmerkungen enthalten alle für den Gang der Darstellung nötigen Nachweise.
In Abteilung A werden die Titel der Schriften Luthers in derselben modernisierten und gekürzten Form wie in den Anmerkungen angeführt. Die weggelassenen Worte oder der ganze Originaltitel werden in eckiger Klammer hinzugefügt. Ohne Kennzeichnung wird Luthers Name und in einigen Fällen das Adjektiv „heilig" weggelassen. – Die Jahreszahl nennt das Jahr des zitierten Druckes, während bei Vorlesungen und Predigten angegeben wird, wann Luther sie gehalten hat. Wenn Luther an demselben Tag zwei Predigten gehalten hat, stehen hinter dem Datum die Abkürzungen a.m. (ante meridiem): vormittags, p.m. (post meridiem): nachmittags.

WA 1

Die sieben Bußpsalmen, 1517, WA 1, 158–220 – [2. Fassung, 1525, WA 18, 479–530] $79^{9,10}$, 80^{12}, 132^{97}, 207^{53}, 208^{57}, 240^{161}, 259^{227}, 265^{7}, 267^{10}

Disputatio contra scholasticam theologiam, 1517, WA 1, 224–228 157^{182}

Thesen gegen den Ablaß [Disputatio pro declaratione virtutis indulgentiarum], 1517, WA 1, 233–238 $238^{152,154}$, 239^{159}, 499^{178}

Sermo de poenitentia, 1518, WA 1, 319–324 242^{167}, 243–$244^{172-178}$, 245^{183}, 341^{54}

Duo sermones de passione Christi, 1518, WA 1, 336–345 80^{14}, 90^{37}

Heidelberger Disputation [Disputatio Heidelbergae habita], 1518, WA 1, 353–374 1^{2}, 23^{49}, 227^{116}, 228^{117}, 278^{42-44}, 341^{52}, 435^{131}

Decem praecepta, 1518, WA 1, 398–521 125^{65}, 131–133^{93-103}, 134–$136^{110-116}$, 145^{152}, 146^{153}, 151^{165}, 405^{40}

Resolutiones disputationum de indulgentiarum virtute, 1518, WA 1, 525–638 31^{13}, 115^{31}, $138^{124,125}$, 238^{152}, $239^{155,160}$, 240–$241^{162-166}$, 341^{54}, 342^{56}, 351^{89}, 443^{4}

Disputatio de remissione peccatorum, 1518, WA 1, 629–633 242^{168}, 244^{178}, 245^{183}

Sermo de virtute excommunicationis, 1518, WA 1, 638–643 443^{1}, $445^{9,10}$

Ad dialogum Silvestri Prieratis responsio, 1518, WA 1, 647–686 33^{27}

Auslegung von Psalm 109 /110, 1518, WA 1, 689–710 $281^{53,54}$, 283^{60}

WA 2

Acta Augustana, 1518, WA 2, 28–33 $239^{156-158}$, 241^{165}

Sermo de triplici iustitia, 1518, WA 2, 43–47 256^{217}

Auslegung deutsch des Vaterunsers, 1519, WA 2, 80–130 361^{118}

Sermon von der Betrachtung des Leidens Christi, 1519, WA 2, 136–142 90^{37}

Sermo de duplici iustitia, 1519, WA 2, 145–152 91^{39}, 256^{217}

Disputatio et excusatio adversus criminationes D. J. Eccii, 1519, WA 2, 158–161 443^{4}

Sermon von dem Gebet und Prozession in der Kreuzwoche, 1519, WA 2, 175–179 $383^{194-196}$

Resolutio super propositione 13. de potestate papae, 1519, WA 2, 183–240 30–31^{12-15}, 31–32^{17-21}, 343^{58}, 444^{5}, $447^{13,14}$

Leipziger Disputation [Disputatio J. Eccii et M. Lutheri Lipsiae habita], 1519, WA 2, 254–383 / WA 59, 433–605 $30^{10,11}$, 31^{15}, $246^{185,186}$, 302^{119}

Resolutiones super propositionibus suis Lipsiae disputatis, 1519, WA 2, 391–435 $31^{15,16}$, 32^{22}, 151^{165}, 302^{119}, 343^{58}, 344^{63}, 462^{58}

Galaterbrief-Kommentar [In epistolam Pauli ad Galatas commentarius], 1519, WA 2, 443–618 12^{32}, 35^{33}, 120^{47}, 305^{125}

Sermon von der Bereitung zum Sterben, 1519, WA 2, 685–697 209^{61}

Sermon von dem Sakrament der Buße, 1519, WA 2, 713–723 242^{169}, $244^{178,179}$, $245^{183,184}$, $248^{196,197}$, $333^{26,27}$, 360^{113}

Sermon von dem Sakrament der Taufe, 1519, WA 2, 727–737 242^{169}, 266^{8}, 499^{175}, 500^{179}

Sermon von dem [hochwürdigen] Sakrament des [heiligen wahren] Leichnams Christi [und von den Bruderschaften], 1519, WA 2, 742–758 242^{169}, 446^{11}, 449^{24}, 492^{150}

WA 5

Operationes in Psalmos, 1519–1521, WA 5, 19–673 [WA 5, 19–368 erneut ediert in AWA 2, 1–648] 42^{58}, 43^{61}, 79^{11}, 218^{83}, 329–330^{12-15}, 331^{18-21}, 371^{151}, 397^{18}

WA 6

Sermon von dem Wucher [1. Fassung], 1519, WA 6, 3–8 436^{136}

Kurze Auslegung des Vaterunsers, 1519, WA 6, 21f 363^{123}

Disputationsthesen de excommunicatione, [1519], WA 9, 311f 443^{3}

Sermon von dem Wucher [2. Fassung], 1520, WA 6, 36–60 436^{137}, 440^{149}, $441^{152-154}$

Sermon von dem Bann, 1520, WA 6, 63–75 443^2, 447^{12}
Disputatio de fide infusa et acquisita, 1520, WA 6, 85f 491^{149}
Resolutio disputationis de fide infusa et acquisita, 1520, WA 6, 88–98 491^{149}
Condemnatio doctrinalis librorum Martini Lutheri per [quosdam magistros nostros] Lovanienses et Colonienses facta. Responsio Lutheriana [ad eandem condemnationem], 1520, WA 6, 174–180, Luthers Responsio ebd. 181–195 146^{154}, 343^{59}
Von den guten Werken, 1520, WA 6, 202–276 125^{66}, 134^{106}, 181^{249}, 328^{10}, 330^{17}, 381^{190}, 391^1, 409^{56}, 410–411^{58-62}, 486^{133}
Von dem Papsttum zu Rom, 1520, WA 6, 285–324 245^{180}, 444^6, 450^{26-28}, $452^{30,32,33}$, 453^{34}
Sermon von dem neuen Testament [das ist von der heiligen Messe], 1520, WA 6, 353–378 49^{84}, 50^{85}, $470^{79,80}$, 492^{150}, 501–$502^{181-185}$
An den christlichen Adel [deutscher Nation von des christlichen Standes Besserung], 1520, WA 6, 404–469 28^3, 39^{51}, 437^{139}, 444^7, 468–469^{73-78}, $480^{110,112}$
De captivitate Babylonica ecclesiae [praeludium], 1520, WA 6, 497–573 11^{31}, 16^{42}, 17^{44}, $50^{86,87}$, 101^{82}, 102^{83}, 242^{170}, 244^{178}, 245^{180}, 297^{102}, 312^{149}, 346^{70}, 350^{84}, 351^{89}, 359^{110}, 426^{106}, 458^{50}, 463^{61}, 464^{62}, 491–$492^{147-151}$, 495^{162}, 499^{175}, 500^{179}, 502^{186}, 505^{193}, 506^{201}, 511^{221}
Disputatio de non vindicando, 1520, WA 6, 575 6^{13}
Adversus [execrabilem] Antichristi bullam, 1520, WA 6, 597–612 342^{57}
Wider die Bulle des Endchrists, 1520, WA 6, 614–629 342^{57}

WA 7

De libertate Christiana / Von der Freiheit eines Christenmenschen, 1520, WA 7, 49,5–73,15 / 20,24–38,15 14^{36}, $76^{1,2}$, 86–87^{24-28}, 91^{39}, 94^{50}, 189^5, 204^{45-47}, 212–213^{69-73}, 215–216^{75-77}, 259^{229}, 279–281^{48-52}, $282^{56,57}$, $283^{59,60}$, 328^{11}, 330^{17}, 336–337^{36-38}, 391–392^{1-3}, 393^8, 430^{117}, 436^{133}, 452^{31}, 471–472^{81-83}
Assertio [omnium articulorum per bullam Leonis X. damnatorum], 1520, WA 7, 94–151 33–34^{28-32}, 35–37^{34-42}, 49^{82}, 138^{121}, 259^{228}, 312^{149}, 334^{29}, 343^{62}, 344^{65}, 345^{68}, 346–$347^{72,73}$, $352^{90,91}$
Grund und Ursach [aller Artikel so durch römische Bulle verdammt sind], 1521, WA 7, 309–457 33–34^{29-31}, 49^{82}, 259^{228}, 343^{62}, 344–$345^{65,66}$, 345–$346^{68,69}$, 346–$347^{72,73}$, $352^{90,91}$
Warum des Papstes Bücher verbrannt sind, 1520, WA 7, 161–182 245^{182}
Kurze Form der Zehn Gebote, des Glaubens, des Vaterunsers, 1520, WA 7, 204–229 20^{47}, 36^{38}, 125^{67}, 128^{82}, 131^{92}, 250^{201}, 317^{169}, 447–448^{15-18}
Disputatio de excommunicatione, 1520, WA 7, 236 444^3
Enarrationes epistolarum et evangeliorum, 1521, WA 7, 463–537 6^{12}, 145^{149}, 149^{160}, 228^{118}, 246^{187}, 247^{192}, 276^{36}, 277^{39}, 306^{128}
Auf das überchristlich Buch Emsers Antwort, 1521, WA 7, 621–688 27^2, $32^{25,26}$, 39^{49}, 40–42^{54-57}, 43–$44^{61,62}$, 245^{182}
Ad librum [eximii Magistri nostri Mag.] Ambrosii Catharini responsio, 1521, WA 7, 705–778 484^{125}

WA 8

Rationis Latomianae confutatio, 1521, WA 8, 43–128 $146^{156,157}$, 151^{164}, 196^{23}, 250–$253^{204-208}$, 260^{230}, 302–$305^{117-124}$, 343^{61}
Von der Beichte [ob die der Papst Macht habe zu gebieten], 1521, WA 8, 138–185 10^{28}, 13^{35}, 27^1, 37^{45}, 245^{181}
Der 36./37. Psalm Davids, 1521, WA 8, 210–240 37^{43}, 44^{63}
Urteil der Theologen zu Paris. Ein Gegenurteil, 1521, WA 8, 267–294 [Luthers Vorrede und Nachwort ebd. 267 und 290–294] 138^{125}
Themata de votis, 1. Reihe, 1521, WA 8, 323–329 6^{14}, 81^{15}, 140^{132}
Themata de votis, 2. Reihe, 1521, WA 8, 330–335 140^{132}

Register der zitierten Luther-Texte   533

Das Evangelium von den zehn Aussätzigen [Lk 17,11–19], 1521, WA 8, 340–397 37[45]
De abroganda missa privata, 1521, WA 8, 411–476 16[41], 358[109], 382[193], 471–473[84–90], 478[106], 502–503[187–190], 506[201]
Vom Mißbrauch der Messe, 1521, WA 8, 482–563 16[41], 358[109], 382[193], 471–473[84–90], 478[106], 502–503[187–190], 506[201]
De votis monasticis iudicium, 1521, WA 8, 573–669 135[113], 140–141[133–135], 141[137], 143[143], 144[145,147,148], 340[51], 341[53], 458[50]

WA 10 I 1 + 10 I 2
Klein Unterricht [was man] in den Evangelien [suchen und gewarten soll], 1522, WA 10 I 1, 8,12–18,3 45[65], 84–86[18–23], 208[56]
Weihnachtspostille, 1522 WA 10 I 1, 1–8,11; 18,4–728 51[88], 52[93], 63[139–141], 67[160], 82[16], 92[41,42], 140[131,133], 141[138], 142[140], 144[145,146], 174[232–234], 226–227[112–115], 246[188], 260–261[231–233], 288–289[73–77], 306[126], 332[23], 335[31], 341[53], 356[103,104], 395–397[12–17], 461–462[55–57]
Adventspostille, 1522, WA 10 I 2, 1–208 48[78], 92[43], 143[141], 190[7], 205[48], 210[63–65], 228[118], 246–248[188–195], 270[20], 276–277[36–40], 306–307[128,129], 422–423[95–98]
Fastenpostille, 1525, s. u. WA 17 II
Sommerpostille, hg. von Stephan Roth, 1526, WA 10 I 2, 213–441 + 22, 425–432 190[8]
Sommerpostille, hg. von Kaspar Cruciger, 1544, s. u. WA 21 + 22

WA 10 II
Von Menschenlehre zu meiden [und Antwort auf Sprüche, so man führet, Menschenlehre zu stärken], 1522, WA 10 II, 72–92 10[27], 27[1], 28–29[4–7]
Contra Henricum Regem Angliae, 1522, WA 10 II, 180–222 393[9]
Antwort deutsch auf König Heinrichs von England Buch, 1522, WA 10 II, 227–262 393–394[9–11]
Betbüchlein, 1522, WA 10 II, 375–482 20[47], 317[169]

WA 10 III
Predigten des Jahres 1522, WA 10 III, 1–435
  Acht Predigten, sog. Invocavit-Predigten, 9. 3. (Invocavit) bis inklusive 16.3.1522 (Reminiscere) 414[71]
  Predigt, 9.3.1522, WA 10 III, 1–13 357[105–107], 414[72–74], 416[77]
  Predigt, 10.3.1522, WA 10 III, 13–20 415[76]
  Predigt, 11.3.1522, WA 10 III, 21–30 168[218]
  Predigt, 15.3.1522, WA 10 III, 55,10–56,3 516[238]
  Predigt, 27.4.1522, WA 10 III, 80–85 352–353[93–96], 356[104]
  Predigt, 3.5.1522, WA 10 III, 113–119 97[65]
  Predigt, 9.6.1522, WA 10 III, 160–169 14[36], 272–275[25–33]
  Predigt, 17.8.1522, WA 10 III, 283–292 221–222[92–96], 292–293[4–8]
  Predigt, 14.9.1522, WA 10 III, 332–341 97[65]
  Predigt, 21.10.1522, WA 10 III, 352–361 211[67,68]
  Predigt, 22.10.1522, WA 10 III, 361–371 96–98[57–66]
  Predigt, 24.10.1522, WA 10 III, 371–379 162[197]
  Predigt, 25.10.1522, WA 10 III, 379–385 162[197]
  Predigt, 1.11.1522, WA 10 III, 400–407 221[92], 221–222[94,95], 253[210]

WA 11
Predigten des Jahres 1523 (Nachschriften Rörers)
  Predigt, 9.3.1523, WA 11, 55–57 384[198]
  Predigt, 2.7.1523, WA 11, 141–144 201[38]

Von weltlicher Oberkeit [wie weit man ihr Gehorsam schuldig sei], 1523, WA 11, 245–281 95^{51}, 161^{193}, 162–$166^{198-214}$, 167–$168^{216-218}$, 169–$171^{221-225}$, $172^{228,229}$, 425^{105}, 427^{108}, 428–$429^{110-113}$, 429^{115}, 430^{117}

Adversus [armatum virum] Cokleum, 1523, WA 11, 295–306 334^{30}

Daß Jesus Christus ein geborner Jude sei, 1523, WA 11, 314–336 63^{138}, 63–$68^{142-165}$, 194^{20}

Daß eine christliche [Versammlung oder] Gemeine Recht [und Macht] habe, alle Lehre zu urteilen [und Lehrer zu berufen, ein- und abzusetzen, Grund und Ursach aus der Schrift], 1523, WA 11, 408–416 478^{107}

Von Anbeten des Sakraments [des heiligen Leichnams Christi], 1523, WA 11, 431–456 2^3, 202^{41}

WA 12

Das Taufbüchlein verdeutscht, 1523, WA 12, 42–48 496^{164}, 497^{167}

Brief an die Christen im Niederland, 1523, WA 12, 77–80 96^{56}

Das Kapitel 1Kor 7 ausgelegt, 1523, WA 12, 92–142 324^{196}, 408^{51}, 410^{57}

Brief an die Christen in Riga, Reval und Dorpat, 1523, WA 12, 147–150 93^{44}, 96^{54}

Sendbrief an die Gemeinde der Stadt Eßlingen, 1523, WA 12, 154–159 93^{45}, 94^{47-49}

De instituendis ministris ecclesiae, 1523, WA 12, 169–196 $473^{91,92}$, 473–478^{94-105}, 479^{108}, $481^{115,116}$

Formula missae et communionis, 1523, WA 12, 205–220 $15^{37,38}$, 16^{40}, $17^{43,44}$

1. Petrus-Brief ausgelegt, 1523, [1. Bearbeitung] WA 12, 259–399 193^{18}, 361^{115}, 388^{211}, 473^{93}

Predigten des Jahres 1523, WA 12, 400–702

    Predigt, 2.4.1523, WA 12, 476–493 $507^{202,203}$, 507–$509^{205-211}$, $510^{214-216}$

    Predigt, 14.5.1523, WA 12, 555–565 $332^{23,24}$

    Predigt, 2.7.1523, WA 12, 608–617 201^{38}

WA 14

2. Petrus- und Judas-Brief ausgelegt, 1523/24, WA 14, 14–91 275^{35}

Genesis-Predigten [Predigten über das 1. Buch Mose], 1523/24, WA 14, 97–488 Nss [s. u. In Genesin declamationes, 1527, WA 24, 1–710 Dr] 51^{90}, 108^6, 109^8, $112^{18,19}$, $113^{21,23-25}$, $114^{27,28}$, 115^{30}, 116^{34}, 261^{234}, 281^{55}

Deuteronomium [Mosi] cum annotationibus, 1525, WA 14, 497–744 6^{11}, 125^{70}, 128^{83}, 424–$425^{103,104}$

WA 15

An die Ratherren aller Städte [deutschen Lands], daß sie christliche Schulen aufrichten [und halten sollen], 1524, WA 15, 27–53 158^{183}, 482^{121}

Wider den neuen Abgott, 1524, WA 15, 183–198 272^{24}

Von Kaufshandlung und Wucher, 1524, WA 15, 293–322 436^{137}

Brief an die Christen zu Straßburg [wider den Schwärmergeist], 1524, WA 15, 391–397 87^{29}

Predigten des Jahres 1524

    Predigt, 31.7.1524, WA 15, 664–671 102^{84}

WA 16

Exodus-Predigten [Predigten über das 2. Buch Mose], 1524–1527, WA 16, 1–646; 17 I, 512–515 125^{68}

Unterrichtung in Mose [Unterrichtung wie sich die Christen in Mosen sollen schicken], 1526, WA 16, 363–393 45^{66}, 56^{108}, 119^{43}, 119–$120^{45,46}$, 121^{52}, 123–124^{56-62}, 126^{75}, 127^{80}, 129^{85}

Auslegung von Ex 19f, 1528; WA 16, 394,10–528,6 119^{44}, 125^{69}, 126^{76}, 127^{78}

WA 17 I
Predigten des Jahres 1525
   Predigt, 13.4.1525, WA 17 I, 173–177 509^{212,213}
   Predigt, 5.6.1525, WA 17 I, 271–273 278^{41}
   Predigt, 19.11.1525, WA 17 I, 469–474 190^{8}

WA 17 II
Fastenpostille, 1525, WA 17 II, 3–247 103^{90}, 364^{128}, 389^{212}, 397–400$^{20-28}$, 400–404$^{30-39}$, 406–407$^{43-48}$, 422^{93,94}, 430^{116}, 489^{141}

WA 18
Wider die himmlischen Propheten, 1525, WA 18, 62–125 (1. Tl.); 134–214 (2. Tl.) 88^{30}, 98^{67}, 128^{82,84}, 129^{86}, 225^{110}, 465^{66}, 488–489^{139,140}
Christliche Schrift [an Herrn Wolfgang Reißenbusch [...] Sankt Antonius Ordens], sich in den ehelichen Stand zu begeben, 1525, WA 18, 275–278 352^{92}
Wider die räuberischen und mörderischen Rotten der Bauern, 1525, WA 18, 357–361 428^{111}
De servo arbitrio, 1525, WA 18, 600–787 2^{3}, 38^{48}, 223–225$^{98-109}$, 321^{186,187}, 322^{189}, 323$^{192-194}$, 465^{67}

WA 19
Deutsche Messe, 1526, WA 19, 72–113 364^{127}, 384^{197}, 505^{194,195}
Die Epistel des Propheten Jesaja (Jes 9,1–6) [so man in der Christmesse lieset] ausgelegt, 1526, WA 19, 131–168 193^{19}, 230^{124}, 230–232$^{126-130}$, 358^{108}, 490$^{143-146}$
Der Prophet Jona ausgelegt, 1526, WA 19, 185–251 386^{202}
Erste Vorrede zum Schwäbischen Synngramm, 1526, WA 19, 457–461 511^{219}
Sermon von dem Sakrament des Leibes und Blutes Christi, 1526, WA 19, 482–523 511^{220}
Zweite Vorrede zum Schwäbischen Synngramm, 1526, WA 19, 529 f. 511^{219}
Das Taufbüchlein verdeutscht, aufs neue zugerichtet, 1526, WA 19, 537–541 496^{164}, 497^{167}
Ob Kriegsleute in seligem Stande sein können, 1526, WA 19, 623–662 424$^{99-102}$, 429^{115}

WA 20
Vorlesung über den Prediger Salomo, 1526 [Annotationes in Ecclesiasten, 1532], WA 20, 7–203 (Ns / Dr) 353^{97}, 424^{101}
Predigten des Jahres 1526
   Predigt, 26.2.1526, WA 20, 280–287 249^{199,200}
   Predigt; 25.11.1526, WA 20, 561–580 71^{174}
Vorlesung über den 1. Johannes-Brief, 1527, WA 20, 599–801 104^{93}

WA 21 + 22
Sommerpostille, hg. von Kaspar Cruciger, 1544, WA 21, 203–551; 22, 3–423 198^{27}

WA 24
In Genesin declamationes, 1527 / Über das 1. Buch Mose. Predigten, 1527, WA 24, 1–710 Dr lat./dt. [s. o. Genesis-Predigten, 1523/24, WA 14, 97–488 Nss] 108^{6}, 109^{9}, 110^{12}, 113^{21,24}, 114$^{26-28}$, 115^{30}, 116–118$^{32-41}$, 261–262$^{234-237}$

WA 25
Jesaja-Vorlesung, 1528–1530, WA 25, 87–401 [Druckbearbeitung, 1532, ^{2}1534; s. u. WA 31 II, 1–585 Ns] 233^{135}

WA 26
Vorlesung über den 1.Timotheus-Brief, 1528, WA 26, 4–120 177[240]
Von der Wiedertaufe [an zwei Pfarrherrn], 1528, WA 26, 144–174 7[17], 8–9[20–24], 499[174]
Vorrede zum Unterricht der Visitatoren, 1528, WA 26, 195–201 418–420[84–88]
Vom Abendmahl Christi, 1528, WA 26, 261–498 154[171], 512–513[224–226]
Bekenntnis, 1528, WA 26, 499–509 154–155[171–174], 155[176], 318[173,174], 430[118], 465[65], 483[124], 485[131,132]

WA 28
Wochenpredigten über Joh 16–20, 1528/29, WA 28, 43–479 219–220[87–89]
Predigten über das Deuteronomium [Dtn 1,1–9,11], 1529, WA 28, 509–763 12[33], 134[107–109]

WA 30 I
Katechismuspredigten, 1528, WA 30 I, 2–122 125[64], 127[79], 196[21]
Großer Katechismus, 1529, WA 30 I, 132–182 125[63], 126[72,77], 134[106], 267–268[12–16], 269[19], 317[170,172], 319[179], 321[184], 349[82], 360[114], 361[117], 361–362[119–122], 363[124,125], 380[188], 381–382[191,192], 409[54,55], 411[63], 412[64], 413[70], 451[29], 500[180], 512[223], 514–515[227–230], 515–516[232–237]
Kleiner Katechismus, 1531, WA 30 I, 346–402 [erste vollständige Wittenberger Buchausgabe der unvollständig erhaltenen Wittenberger Erstausgabe 1529] 72[178], 125[63], 126[72,77], 130[88–91], 133[105], 159[185,186], 268[17], 290[78], 319–320[179–181], 346[71], 349[82], 360[114], 361[119], 381[189], 384[199], 462[57], 493[153,154], 495[160,161], 499[177], 512[223]

WA 30 II
Vorrede zu Justus Menius, Oeconomia Christiana, 1529, WA 30 II, 60–63 159[184]
Vom Kriege wider die Türken, 1529, WA 30 II, 107–148 161–162[195,196]
Vorwort zum Libellus de ritu et moribus Turcorum, 1530, WA 30 II, 205–208 5[10]
Glossen zum Dekalog, 1530, WA 30 II, 358f 126[72], 349[79], 368[140]
Von den Schlüsseln, 1530, WA 30 II, 435–464 / 465–507 (Hs / Dr) 37[45], 245[182], 350[85], 351[88]
Predigt, daß man Kinder zur Schulen halten solle, 1530, WA 30 II, 517–588 159[184], 412–413[65–69]
Vermahnung zum Sakrament des Leibes und Blutes Christi, 1530, WA 30 II, 595–626 516[236]
Sendbrief vom Dolmetschen, 1530, WA 30 II, 632–646 78[7]
De loco iustificationis [Entwurfsnotizen], (1530), WA 30 II, 657–676 103[92]
De potestate leges ferendi in ecclesia [Entwurfsnotizen], (1530), WA 30 II, 681–690 37[45], 245[182], 464[63,64]

WA 30 III
Traubüchlein [für den einfältigen Pfarrherrn], 1529, WA 30 III, 74–80 408[49,52]
Schwabacher Artikel, 1529, WA 30 III, 86–91 225[110], 465[67]
Marburger Artikel, 1529, WA 30 III, 160–171 225[110], 465[67]
Von Ehesachen, 1530, WA 30 III, 205–248 408[49,50]
Vorrede zu Johannes Brenz, Wie in Ehesachen christlich zu handeln, 1531, WA 30 III, 481–486 408[52]
Sendschreiben an die zu Frankfurt/M., 1531, WA 30 III,558–571 359[112]

WA 31 I
Das schöne Confitemini, [an der Zahl der 118. Psalm, ausgelegt], 1530, WA 31 I, 65–182 (das vorbereitende Scholion, 1529, ebd. 49–64) 209[60], 365–368[129–140], 369[142]

WA 31 II
Jesaja-Vorlesung, 1528–1530, WA 31 II, 1–585 Ns – [s. o. WA 25, 87–401 Druckbearbeitung, 1532, ²1534] 71^{174}, 229^{122}, 232$^{131-134}$, 233$^{136-138}$, 270^{20}, 307–308$^{131-134}$, 310^{139}, 387–388$^{207-210}$

WA 32
Predigten des Jahres 1530
    Predigt, 16.4.1530, WA 32, 28–39 (Entwurfsnotizen ebd. 547f) 99$^{68,70-74}$
    Predigt, 17.4.1530 a.m., WA 32, 39–47 300^{113}
    Wochenpredigten über Mt 5–7, 1530–1532, WA 32, 299–544 138^{125}, 139^{127,128}, 385^{200}, 408^{51}, 431–433$^{120-127}$

WA 34 I + 34 II
Predigten des Jahres 1531
    Predigt, 11.4.1531 a.m., WA 34 I, 301–310 309^{136,137}

WA 35 Luthers Lieder, WA 35, 411–473
    Nr. 1, Ein neues Lied wir heben an 96^{55}
    Nr. 4, Aus tiefer Not schrei ich zu dir 250^{202}
    Nr. 5, Nun freut euch, lieben Christen g'mein 199^{30}, 207^{51}, 211^{66}, 219^{84}, 279^{46}, 294^{92,93}, 301^{116}, 316–317^{167,168}, 479^{109}
    Nr. 9, Christum wir sollen loben schon 298^{106}
    Nr. 10, Gelobet seist du, Jesu Christ 294^{94}, 298^{107}
    Nr. 13, Mit Fried und Freud ich fahr dahin 200^{37}
    Nr. 16, Christ lag in Todesbanden 198^{28,29}, 211^{66}, 214^{74}, 294^{91}
    Nr. 17, Jesus Christus, unser Heiland, der den Tod überwand 250^{203}
    Nr. 18, Komm, Gott Schöpfer, Heiliger Geist 319^{175}
    Nr. 19, Nun bitten wir den Heiligen Geist 319^{178}
    Nr. 20, Komm, Heiliger Geist, Herre Gott 319^{177}, 450^{26}
    Nr. 21, Gott der Vater wohn uns bei 201^{40}
    Nr. 24, Mitten wir im Leben sind 199^{31}, 202^{42}
    Nr. 26, Ein feste Burg ist unser Gott 387^{208}
    Nr. 31, Vater unser im Himmelreich 199^{33}, 363–364^{126,127}, 384^{197}
    Nr. 33, Christ, unser Herr, zum Jordan kam 199^{31}
    Nr. 35, Vom Himmel kam der Engel Schar 203^{44}, 288^{72}

WA 36
Predigten des Jahres 1532
    Predigt, 24.11.1532, WA 36, 352–375 433–435$^{127-130,132}$, 436^{134}

WA 37
Predigten des Jahres 1533
    Predigt, 6.1.1533 p.m., WA 37, 5–9 301^{116}
    Predigten, 16./17.4.1533, WA 37, 35–72 324^{195}
    Predigt, 19.10.1533, WA 37, 174–179 249^{198}
    Predigten, 18.–20.12.1533, WA 37, 211–226 48^{77}

WA 38
Summarien über die Psalmen [und Ursachen des Dolmetschens], 1531, WA 38, 9–69 369^{145}
Kleine Antwort auf Herzog Georgen [nächstes] Buch, 1533, WA 38, 141–170 139^{129,130}, 143^{144}, 150^{163}, 353^{98}

Eine einfältige Weise zu beten [für einen guten Freund], 1535, WA 38, 358–375   125[67], 126[73], 320[182], 363[126]

Annotationes in aliquot capita Matthaei, 1538, WA 38, 447–665   47–48[75–77]

WA 39 I + 39 II

Disputationen (ab 1533/35) [die Nachschriften dokumentieren jeweils den Disputationsvorgang]

Thesenreihe 1/2 über Röm 3,28, 11.9.1535, WA 39 I, 44,1–48,30 / 48,31–53,12   83[17]

Disputatio de homine, 1536, WA 39 I, 175–177   196–197[22,25]

Disputatio de potestate concilii, 1536, WA 39 I, 184–187   30[9]

Disputatio de veste nuptiali (Mt 22,1–14), 15.6.1537, WA 39 I, 265 (Thesen), 266–333 (Nss)   215[76], 353[97]

Disputatio 2. contra Antinomos, 12.1.1538, WA 39 I, 419–485; 39 II, 419–425.427f (Nss)   90–91[36,38,40]

Thesenreihe 5 gegen die Antinomer, 6.9.1538, WA 39 I, 354,15–357,38   90[36], 235–237[140–149]

Disputatio 3. contra Antinomos, 6.9.1538, WA 39 I, 489–584 (Nss)   129[85]

Disputation über Mt 19,21, 9.5.1539, WA 39 II, 39–51 (Thesen, lat., dt.); 52–91 (Nss)   156[177,178], 427[109]

Disputatio de divinitate et humanitate Christi, 28.2.1540, WA 39 II, 93–96 (Thesen), ebd. 97–121 (Nss)   291[82], 295[96], 297[101], 298[104,105], 299[108.109]

Disputation über Hbr 13,8, 7.7.1542, WA 39 II, 187–190   54–55[99,100], 56[107], 78[6], 138[125]

Thesen Contra Satanam et synagogam ipsius, [1542], WA 59, 720–723   347–349[75–79]

Disputatio de fide iustificante, 24.4.1543, (Thesenreihe 1/2) WA 39 II, 235,1–237,19 / 237,20–239,4   347[74]

Disputatio de unitate essentiae divinae, 24.8.1543, WA 39 II, 253–255 (Thesen), ebd. 255f (Ns)   310[141], 311[143], 312[146,147], 312–313[154,155], 320[183]

Disputatio de trinitate, 12.12.1544, WA 39 II, 287–289   310–311[141–143], 312[148–151,154], 320[183]

Disputatio de distinctione personarum in divinitate, 3.7.1545, W 39 II, 339–342   310[141], 311[145], 312[150], 320[183]

WA 40 I-III

Galaterbrief-Vorlesung, 1531, WA 40 I, 39–688; 40 II, 1–184   4–5[7–8], 83[17], 89[32], 176–177[237–239], 182[252,253], 216–218[78–83], 229[119], 300[113], 309[138], 355[101,102], 463[60]

Vorlesung über Ps 51, 1532, WA 40 II, 315–470   3–4[4–6], 152[167], 335[33]

Vorlesung über die Stufenpsalmen [Ps 120–134], 1532/33, WA 40 III, 9–475   5[9], 369[143], 370–371[146–150]

Vorlesung über Ps 90, 1534/35, WA 40 III, 484–594   201[39]

Vorlesung über Jes 9 [V. 1–6], 1543/44, WA 40 III, 597–682   138[121], 230[125]

Additio zu Hos 13,12–14, 1545, WA 40 III, 760–775   229[121]

WA 41

Predigten des Jahres 1535

Predigten, 30. 5., 5. 6., 9.6.1535, über Ps 110,4, WA 41, 167–215   283–287[61–68,70,71], 480–481[113,114], 481–482[117–120]

Predigt, 11.7.1535, WA 41, 375–381   198[27]

WA 42–44

Genesis-Vorlesung, 1535–1545, WA 42–44   51[89], 108[5], 109[7], 110–111[13–17], 112[20], 115[31], 159–160[187–192], 161[194], 201[39], 260[230], 312[152], 372[153,155], 373[159], 375[164], 498[173]

WA 45
Predigten des Jahres 1537
  Predigt, 27.5.1537, WA 45, 89–93 38[48]
  Predigt, 21.11.1537, WA 45, 265–297 316[165]

WA 46 + 47
Predigten des Jahres 1538
  Predigt, 6.1.1538, WA 46, 133–139 293[87]
  Auslegung von Joh 1–2 [in Predigten], 1537–1538, WA 46, 538–789 300[115]
  Auslegung von Joh 3–4 [in Predigten], 1538–1540, WA 47, 1–231 271[22]
  Mt 18–24 in Predigten ausgelegt, 1537–1540, WA 47, 232–627 178[241], 497[166,168,169], 498[171]

WA 48
Bucheinzeichnungen WA 48, 1–297
  Nr. 176 210[62]
  Nr. 203 200[35]
  Nr. 205 200[36]

WA 49
Predigten des Jahres 1541
  Predigt, 25.12.1541, WA 49, 233–254 313–316[156–164,166], 321[185]
Predigten des Jahres 1544
  Predigt, 5.10.1544, WA 49, 588–615 Ns, 837–839 Dr 485[129]

WA 50
Schmalkaldische Artikel, 1538, WA 50, 192–254 77[3–5], 78[8], 197[24], 258[225,226], 306[127], 307[130], 466[68], 467[71], 484[127], 487[138], 493[152], 495[160], 499[176], 511[222]
Die drei Symbola [oder Bekenntnis] des Glaubens Christi, 1538, WA 50, 262–283 263–264[1–5], 295[96], 299[109], 310[140], 311[144,145]
Wider die Sabbather, 1538, WA 50, 312–337 63[137], 69[167,168], 71[174,175]
Wider die Antinomer, 1539, WA 50, 468–477 234[139]
Von den Konziliis und Kirchen, 1539, WA 50, 509–653 100–101[75–81], 155[175], 290–291[79–81], 292–294[84–90], 454[35–38], 455–456[40–45], 460[53], 466[69], 467[72], 483[123], 484[126], 487[138]

WA 51
Predigten des Jahres 1546
  Predigt, 15.2.1546, WA 51, 187–196 63[137]
Auslegung des 101. Psalms, 1534/35, WA 51, 200–264 429[115]
An die Pfarrherrn, wider den Wucher zu predigen, [Vermahnung], 1540, WA 51, 331–424 (Hs / Dr) 440[150], 441–442[155,156]
Wider den Eisleben, 1540, WA 51, 429–444 234[139]
Duodecim consilia evangelica [papistarum], (1540/41?), WA 51, 459f 138[121–123,126]
Wider Hans Worst, 1541, WA 51, 469–572 (Hs / Dr) 457–459[46–52]
Sprichwörtersammlung, WA 51, 645–662 43[60], 423[96]

WA 53
Supputatio annorum mundi, 1541 [2. Aufl. 1545], WA 53, 22–182 198[26], 200[34]
Von den Juden und ihren Lügen, 1543, WA 53, 417–552 69–71[168–174], 71[176]
Vom Schem Hamphoras und vom Geschlecht Christi, 1543, WA 53, 579–648 48[77], 70[169], 71[174]

Randbemerkungen zu Porchetus Salvaticus, Victoria adversus impios Hebraeos, [ca. 1543], WA 60, 237–239 69[169]

WA 54
Von den letzten Worten Davids, 1543, WA 54, 28–100 69–70[169,170], 208[55], 291[83], 294[95], 312[153]
Vorrede zu Bd. 1 der lateinischen Schriften, 1545, WA 54, 179–187 152[166]
Contra 32 articulos Lovaniensium theologistarum, 1545, WA 54, 425–443 (lat.; dt.) 16[42], 237[150], 409[53], 494[157–159]

(2) WA.B – Briefe
(einschließlich Gutachten)*

WA.B 1
an Georg Spenlein OESA, 8.4.1516, Nr. 11 WA.B 1 219[86]
an Albrecht, Erzbischof von Mainz, 31.10.1517, Nr. 48 WA.B 1 242[171]
an Jodocus Trutvetter, 9.5.1518, Nr. 74 WA.B 1 1[1]
an Wenzeslaus Linck, 10.7.1518, Nr. 83 WA.B 1 443[1]
an Georg Spalatin, 31.8.1518, Nr. 88 WA.B 1 443[1]
an Johannes von Staupitz, 1.9.1518, Nr. 89 WA.B 1 443[1]
Georg Spalatin an Luther, 5.9.1518, Nr. 92 WA.B 1 443[1]
an Georg Spalatin, 12.2.1519, Nr. 145 WA.B 1 279[45]
Studie über Joh 6,37–40 für Georg Spalatin, 12.2.1519, Nr. 145 (Beilage) WA.B 1 279[45], 297[99,100]

WA.B 2
an Georg Spalatin, 10.12.1520, Nr. 361 WA.B 2 237[151]
an Melanchthon, 13.7.1521, Nr. 418 WA.B 2 162[197]
an Melanchthon, 9.9.1521, Nr. 428 WA.B 2 140[132]
an Wolfgang Stein, 11.12.1522, Nr. 552 WA.B 2 281[55]

WA.B 3
an Georg Spalatin, 22.1.1523, Nr. 574 WA.B 3 64[148]
Gutachten für Kurfürst Friedrich den Weisen, Anfang 1523, Nr. 4222 (=581a) WA.B 12 427[110]
an Herzog Karl III. von Savoyen, 7.9.1523 Nr. 657, WA.B 3 93[46], 95[51]
an Wolfgang Capito, 15.6.1524, Nr. 750 WA.B 3 437[140]
an Herzog Johann Friedrich von Sachsen, 18.6.1524, Nr. 753 WA.B 3 437[141]
an Georg Spalatin, 1.11.1524, Nr. 789 WA.B 3 321[186]
an Nikolaus Hausmann, 17.11.1524, Nr. 793 WA.B 3 321[186]
an Nikolaus Hausmann, 26.3.1525, Nr. 847 WA.B 3 505[194]
Gutachten für den Rat von Danzig, 5. (7.?) 5. 1525, Nr. 861 (Beilage) WA.B 3 438–439[143–147]
an König Heinrich VIII. von England, 1.9.1525; Nr. 914 WA.B 3 95[52]

---

* Genannt wird erstens der Adressat und das Datum des Schriftstückes, zweitens die Nummer des Schriftstückes und der Band der Abteilung WA.B. Nicht genannt wird die Seitenzahl des betreffenden Schriftstückes, weil jedes Schriftstück anhand der Nummer in der Abteilung WA.B leicht gefunden werden kann. Schriftstücke aus den Nachträgen (in WA.B 12) werden bei dem Band eingeordnet, in den das Stück nach seinem Datum gehört.

WA.B 4
an Kaspar Müller, 26. 5 1526, Nr. 1013 WA.B 4 6[16]
an Landgraf Philipp von Hessen, 7.1.1527, Nr. 1071 WA.B 4 426[107]
an Wenzeslaus Linck, 14. 7. und 16.(?) 8. 1528, Nr. 1294 und 1308, WA.B 4 485[132]
an den kursächsischen Kanzler Brück, [28.3.1528] Nr. 1346 WA.B 4 428[114]

WA.B 5
an Joseph Levin Metzsch auf Mylau, 26.8.1529, Nr. 1466 WA.B 5 173[231], 421[90,92]
an Thomas Löscher, Pfarrer in Mylau, 26.8.1529, Nr. 1467 WA.B 5 173[231], 421[90,92]
an die Prediger zu Lübeck, 12.1.1530, Nr. 1520 WA.B 5 256[217]
an Hieronymus Weller, 19.6.1530, Nr. 1593 WA.B 5 376–377[169,170,173]
an denselben [Juli 1530], Nr. 1670 WA.B 5 377[171,172]
an denselben, 15.8.1530, Nr. 1684 WA.B 5 377[174,175]
Gutachten für die Vertreter Kursachsens beim Reichstag Augsburg 1530, [13. 7. oder kurz nach 7. 9.] 1530, Nr. 1715 (Beilage) WA.B 5 420[89], 421[91]

WA.B 6
an Barbara Lißkirchen, 30.4.1531, Nr. 4244a (=1811) WA.B 12 371[152], 372[154], 373[156], 374–375[161–165]
an Johannes Brenz, 12.5.1531, Nr. 1818 WA.B 6 89[31]
an Jonas von Stockhausen, 27.11.1532, Nr. 1974 WA.B 6 378–379[179–184], 380[187]
an Frau von Stockhausen, 27.11.1532 Nr. 1975 WA.B 6 379[185,186]
Nürnberg, der Rat der Stadt, 8.4.1533 an Luther und Melanchthon, Nr. 2008 WA.B 6 486[135]
(mit Melanchthon) an den Rat von Nürnberg, 18.4.1533, Nr. 2010 WA.B 6 487[136,137]
(mit Bugenhagen, Jonas, Melanchthon, Cruciger) an den Rat von Nürnberg, 8.10.1533, Nr. 2052 WA.B 6 487[137]

WA.B 7
an Joachim von Anhalt-Dessau, 23.5.1534, Nr. 2113 WA.B 7 376–377[168,170,176], 378[178]
an denselben, 26.6.1534, Nr. 2122 WA.B 7 378[177]
an Justus Menius, 24.8.1535, Nr. 2227 WA.B 7 201[39]
an Justus Jonas, 24.8.1535, Nr. 2228 WA.B 7 201[39]
an Georg von Anhalt, 17.9.1535, Nr. 2244 WA.B 7 201[39]
Antworten auf schriftliche Fragen Melanchthons, (1536), Nr. 4259a WA.B 12 257–258[221–224,226]

WA.B 8
an Georg Buchholzer, 4. (5.?) 12. 1539, Nr. 3421 WA.B 8 417[78–81]

WA.B 9
an Kurfürst Johann Friedrich, 7. und [18.] Januar 1540, Nr. 3431 und Nr. 3436 WA.B 9 417[82]
an die Nürnberger Geistlichen, [12.] Februar 1540, Nr. 3444 WA.B 9 417[82]
(mit Bugenhagen) an Kurfürst Johann Friedrich, 10. oder 11.5.1541, Nr. 3616 WA.B 9 337–339[40–45]
an Graf Albrecht von Mansfeld, 23.2.1542, Nr. 3716 WA.B 9 372[153,155], 376[166]
(mit Bugenhagen) an Kurfürst Johann Friedrich, 29.6.1541, Nr. 3637 WA.B 9 337[40], 339[46]
Aufzeichnung für Georg von Anhalt, 12.6.1541, Nr. 3629 (Beilage) WA.B 9 298[103], 511[221]

WA.B 10 und 11
an Melchior Frenzel, 13.7.1542, Nr. 3767 WA.B 10 296[97]
an Georg Spalatin, 12.2.1544, Nr. 3970 WA.B 10 440[148]

Memoriale (für Georg von Anhalt, 10.7.1545?), Nr. 4133 WA.B 11 102–103[84–91]
an seine Frau, 7.2.1546 Nr. 4201, WA.B 11 296[98]

(3) WA.DB – Deutsche Bibel
(jede Unterabteilung in der Reihenfolge der Bände)

1. Revisionsprotokolle und Luthers handschriftliche Eintragungen in seine Handexemplare
Revisionsprotokoll, 1539–1541, zu Gen 4,4, WA.DB 3, 174,9–12 260[230]
Revisionsprotokoll 1544, zu Röm 3,23, WA.DB 4, 325 189[4]
Eintragungen in Psalter-Handexemplare, WA.DB 4, 515–516 103[92], 104–105[95–98], 219[85], 232[131]

2. Revidierte Vulgata, Wittenberg 1529
WA.DB 5 48[79], 67[159], 335[34]

3. Deutscher Bibeltext
Mt 11,13, WA.DB 6, 52 191[10]
Mk 10,16, WA.DB 6, 176 498[170]
Joh 1,29, WA.DB 6, 328 191[12]
Joh 15,22, WA.DB 6, 391 348[78]
Röm 1,17, WA.DB 7, 38 192[13]
Röm 1,18, WA.DB 7, 30 191[11]
Röm 2,13, WA.DB 7, 35 181[250]
Röm 3, 20, WA.DB 7, 38 191[9]
Röm 3, 23–26, WA.DB 7, 39 255[214]
Röm 3,23, WA.DB 7, 38 189[4]
Röm 4,15, WA.DB 7, 40 191[9]
Röm 5,18, WA.DB 7,44/45 254[213]
Röm 8,1, WA.DB 7, 53 345[67]
Röm 13,10a, WA.DB 7, 71 406[46]
1Kor 15,55.57, WA.DB 7, 134 192[15]
1Kor 15,56, WA.DB 7, 135 189[5], 198[29]
2Kor 5,20f, WA.DB 7,153 303[121]
Gal 2,19, WA.DB 7, 179 229[120]
Gal 5,6, WA.DB 7, 187 335[34]
Eph 5,26, WA,DB 7, 207 495[160]
Phil 3,9, WA.DB 7, 220/221 256[220]
1Tim 1,5, WA.DB7, 261 133[104]
Tit 3,5–7, WA.DB 7, 291 499[177]
1Pt 1,2, WA.DB 7, 300 193[17]
1Pt 2,14, WA.DB 7, 304 165[211]
Gen 4, 4b.5a, WA.DB 8, 46/47 260[230]
Gen 49,10, WA.DB 8, 194 67[159]
Ex 25,17ff, WA.DB 8, 278/279 5[9]
Hiob 40,25 / 41,1, WA.DB 10 I, 89 299[110]
Ps 50,14b, WA.DB 10 I; 266/267 396[16]
Ps 109,3 / 110,3, WA.DB, 10 I, 476/477 396[16]
Ps 109,4 / 110,4, WA.DB 10 I, 476/477 283[61]
Ps 130,2 / 131,2, WA.DB 10 I, 543 369[144]

Prov 25,27b, WA.DB 10 II, 84/85 373[157]
Pred 7,17, WA.DB 10 II, 123 424[101]
Pred 7,29, WA.DB 10 II, 123 110[12]
Jes 7,14, WA.DB 11 I, 43 194[20]
Jes 37,16a, WA.DB 11 I, 113 385[201]
Jer 31,33, WA.DB 11 I, 295 397[19]
Jona 2,8a, WA.DB 11 II, 265 386[203]
Tob 4,16, WA.DB 12, 120/121 405[41]
Sir 3,22.23a WA.DB 12, 159 373[158]

4. Vorreden

Vorrede zum Neuen Testament, 1522/1546, WA.DB 6, 2/3–12/13 45–46[67-71], 47[73,74], 52–53[94-97], 59[122], 60[127], 62[134,135], 171[227], 202[41], 203[43]
Vorrede zum Römerbrief, 1522/1546, WA.DB 7, 2/3–26/27 153[168], 178–181[242-248], 181[251], 256[219], 332[22], 404[38]
Vorrede zum 1. Korintherbrief, 1522/1546 WA.DB 7, 82/83–86/87 208–209[58,59]
Vorrede zum Hebräerbrief, 1522/1546, WA.DB 7, 344/345 62[132]
Vorrede zum Jakobus- und Judasbrief, 1522/1546, WA.DB 7, 384/385–386/387 62[133,136]
Vorrede zur Johannesoffenbarung, 1522, WA.DB 7, 404 – 1530/1546, ebd. 406/407–420/421 62[133]
Vorrede zum Alten Testament, 1523/1545, WA.DB 8, 10/11–34/35 45[64], 55–56[101-106], 57[109], 57–58[111-115], 59[117-119,121], 108[1], 119[42], 120–122[49-55], 175[235]
Vorrede zu Hiob, 1524/1545, WA.DB 10 I, 4/5–6 59[120]
Vorrede zum Psalter, 1524, WA.DB 10 I, 94–97 – 1528/1545, ebd. 98/99–104/105 59[120]
Vorrede zu den Sprüchen Salomos, 1524, WA.DB 10 II, 2–4 59[120]
Vorrede zu den Büchern Salomos [Sprüche, Prediger, Hoheslied], 1534/1545, WA.DB 10 II, 6/7–10/11 59[120]
Vorrede zum Neuburger Psalter, 1545, WA.DB 10 II, 155–157 59[120]
Vorrede zu den Propheten, 1532/1545, WA.DB 11 I, 2/3–14/15 59[116]
Titel und Register der Apokryphen, 1534/1545, WA.DB 12, 2/3 60[125]
Vorrede zum Buch Tobias, 1534/1545, WA.DB 12, 108/109–110/111 405[41]

5. Randglossen

zu Mt 5,9 „Friedfertigen", WA.DB 6, 27 253[209]
zu Mt 5,39a „nitt widder streben", WA.DB 6,30 / 31 431[119]
zu Mt 22,11f „hochzeitlich Kleid", WA.DB 6, 99 215[76]
zu Joh 8,51 „mein Wort", WA.DB 6, 363 364[128], 489[141]
zu Joh 8,56 „Abraham", WA.DB 6, 363 489[142]
zu Joh 15,22a „keine Sünde", WA.DB 6, 391 348[78]
zu Röm 2,14f „von Natur", WA.DB 7, 35 128[82]
zu Röm 3,23a „Sie sind alle Sünder", WA.DB 7, 39 255[215]
zu Röm 3,25 „bis an her", WA.DB 7, 39 255[216]
zu Röm 5,18 (ganzer Vers), WA.DB 7, 45 254[213]
zu Röm 8,1 „Verdammliches", WA.DB 7, 53 345[67]
zu Röm 13,5 „Gewissen", WA.DB 7, 69 166[214]
zu Röm 13,6 „Schos geben", WA.DB 7, 69 166[215]
zu Röm 14,23 „aus dem glauben", WA.DB 7, 73 340[49]
zu 1Kor 1,9 „Gemeinschaft", WA.DB 7, 89 451[29]
zu 1Kor 13,2 „allen Glauben" WA.DB 7, 123 340[47]
zu 1Kor 13,13 „die grössest" WA.DB 7, 123 340[48]
zu 1Kor 15,55 „Der Tod ist verschlungen in den Sieg", WA.DB 7, 135 198[29]

zu 2Kor 3,6 „Buchstaben" und „Geist" WA.DB 7, 147   43[59]
zu 2Kor 3,13–15 „Decke", WA.DB 7, 147   43[59]
zu Gal 5,3 „schuldig", WA.DB 7. 187   335[32]
zu Eph 5,32 „Geheimnis" WA.DB 7, 207   212[72]
zu Gen 3,8 „Tag küle war", WA.DB 8, 45   115[29]
zu Gen 3,8 „Adam", WA.DB 8, 45   108[2]
zu Gen 3,15b „Der selb", WA.DB 8, 45   52[92]
zu Gen 3,15b „in die Ferse stechen", WA.DB 8, 45   118[39]
zu Gen 9,6 „durch Menschen", WA.DB 8, 59   161[194]
zu Gen 14,18 „trug brot", WA.DB 8, 73   281[55]
zu Gen 49,10 „scepter", WA.DB 8, 195   69[166]
zu Dtn 4,2b „bewahren", WA.DB 8, 569   10[26]
zu Hiob 40,25 / 41,1 „Leviathan", WA.DB 10 I, 89   299[110]
zu Jes 5,12f „Werk", WA.DB 11 I, 37   330[16]
zu Sir 50, 25 „frölich hertz", WA.DB 12, 287   333[28]

(4) WA.TR – Tischreden
(Nachträge und Ergänzungen WA 48, 384–713)

WA.TR 1, 159,33, Nr. 369   130[87]
WA.TR 1, 376,4–10, Nr. 795   51[89]
WA.TR 1, 542,25–27, Nr. 1067 (Parallele WA.TR 3, 175,22–24 Nr. 3115)   133[104]
WA.TR 3, 42, Nr. 2869b   433[127]
WA.TR 3, 370,10–14, Nr. 3512   71[174]
WA.TR 4, 517,10f, Nr. 4795   71[174]
WA.TR 4, 619,21–620,6, Nr. 5026   71[174]
WA.TR 5, 293–296, Nr. 5658a (WA 48,363f)   372[153,155], 373[159], 375[164], 498[173]
WA.TR 5, 420,12–17, Nr. 5889t   232[131]
WA.TR 6, 67,6–70,12, Nr. 6600 (WA 48, 646–648)   296[97]
WA.TR 6, 71,17–22, Nr. 6602 (WA 48, 649,10–13)   89[31], 256[218]
WA.TR 6, 87,32–88,3; 88,16–22, Nr. 6628   270[21]
WA.TR 6, 105,5–8, Nr. 6663   199[32]
WA.TR 6, 148,29–153,15, Nr. 6727   257[221]